Le Siècle

HECTOR MALOT.

L'AUBERGE DU MONDE

PARIS
BUREAUX DU SIÈCLE
RUE CHAUCHAT, 14.

CATALOGUE
Des publications littéraires du SIÈCLE.

PARIS, 14, RUE CHAUCHAT.

AVANTAGES RÉSERVÉS AUX ABONNÉS DU JOURNAL LE SIÈCLE.

Tout Abonné au SIÈCLE a droit, en outre la prime gratuite, à une remise de cinquante pour cent sur le prix marqué de tous les ouvrages que renferme ce Catalogue.
Les demandes des départements doivent être affranchies et contenir leur montant en un mandat sur la poste ou à vue à l'ordre de M. le Directeur-Gérant du Siècle. On devra ajouter à la demande le prix du port, qui est, par chaque volume, de 1 franc pour ceux de la première catégorie; de 75 centimes pour ceux de la deuxième; de 50 centimes pour ceux de la troisième; de 25 centimes pour ceux de la quatrième.

Première catégorie.

MUSÉE LITTÉRAIRE.

1re série. — Les sept Péchés capitaux: l'Orgueil, l'Envie, la Colère, la Luxure, la Paresse, l'Avarice, la Gourmandise, E. SUE. Prix : 6 fr.

2e série. — Les Catacombes de Paris, Élie BERTHET, la Gorgone, DE LA LANDELLE; Gabrielle, Mme ANCELOT. Prix : 6 fr.

3e série. — Marcel, FÉLICIEN MALLEFILLE; Les Frères de la Côte, E. GONZALÈS; Le Conseiller d'État, F. SOULIÉ; Le Notaire de Chantilly, L. GOZLAN; Herminie Sénéchal, Hélène Raynal, PAUL FÉVAL. Prix : 6 fr.

4e série. — Le Chemin le plus court, ALPH. KARR; Esaü le lépreux, EMMANUEL GONZALÈS; Blanche Mortimer, ADRIEN PAUL. Prix : 6 fr.

5e série. — Une Haine à bord, DE LA LANDELLE; Les Chauffeurs, E. BERTHET; Le Bossu, P. FÉVAL. Prix : 6 fr.

6e série. — Les Excentricités de Sir Georges, Nicotte, ADRIEN PAUL; Une Vengeance, Mme LÉONIE D'AUNET; Les Mendiants de Paris, Mme CLÉMENCE ROBERT; ? (Nouvelle) Thérésa, ADRIEN PAUL. Prix : 6 fr.

7e série. — Le Chevalier de Floustignac, À côté du bonheur, A. PAUL; Les Émigrants, E.BERTHET; Un Corsaire sous l'Empire, FULGENCE GIRARD; L'Or est une chimère, la Traite des blanches, Sans Famille, MOLÉRI. Prix : 6 fr.

8e série. — Thadeüs le Ressuscité, M. MASSON et A. LUCHET, La Belle novice, E. GONZALÈS; Le Marquis de Monclar, Mme Leblanc, MOLÉRI, Le Nouveau monde, O. COMETTANT. Prix : 6 fr.

9e série. — Frère et sœur, A. LUCHET; Ivanhoé, WALTER SCOTT (trad. de Victor Perceval); La Dryade de Clairefont, E. BERTHET; Les Proscrits de Sicile, E. GONZALÈS. Prix : 6 fr.

10e série. — Les Géans de la mer, DE LA LANDELLE; Le Vengeur du mari, EMMANUEL GONZALÈS. Prix : 6 fr.

11e série. — L'Homme des bois, ÉLIE BERTHET; En Amérique, en France et ailleurs, OSCAR COMETTANT; Bernard le potier de terre, Étienne Giraud, MOLÉRI; les Duels de Valentin, ADRIEN PAUL. Prix : 6 fr.

12e série. — Une Dette de Jeu, Les finesses de d'Argenson, ADRIEN PAUL; La Famille Guillaume, Suzanne, MOLÉRI; Le Gentilhomme verrier, ÉLIE BERTHET; Le Chasseur d'hommes, EMMANUEL GONZALÈS. Prix : 6 fr.

13e série. — Robin Hood, PIERCE EGAN (traduction de Victor Perceval); Marcelline Vauvert, FULGENCE GIRARD. Les Sabotiers de la forêt Noire, ÉMANUEL GONZALÈS; les Martyrs de la Pologne, LOUIS NOIR. Prix : 6 fr.

14e série. — La Belle argentière, Vte PONSON DU TERRAIL; Les Anabaptistes des Vosges, les Marquards, une Noce dans le Poitou, ALFRED MICHIELS; Sur nos Grèves. Prix : 6 fr.

15e série. — Le Serment des quatre valets, Vte PONSON DU TERRAIL; Souvenirs d'un simple Zouave, L. NOIR. Prix : 6 fr.

16e série. — La Reine des barricades, PONSON DU TERRAIL; Jeanne de Valtelle; C. BLANC; Les Mémoires d'un Ange, E. GONZALÈS; Les Chasseurs de chamois, A. MICHIELS. Prix : 6 fr.

17e série. — Comment on aime, ÉTIENNE ENAULT; Le Brouillard sanglant, LOUIS NOIR; Les Sept baisers de Buckingham, E. GONZALÈS et MOLÉRI; Le Curé du Pecq, Jean Lebon, GUSTAVE CHADEUIL. Prix : 6 fr.

18e série. — Jacques la Hache, LOUIS NOIR; Les petits drames bourgeois, MOLÉRI; La Double vue, ÉLIE BERTHET; Les Trois fiancées, EMMANUEL GONZALÈS. Prix : 6 fr.

19e série. — Le Colon d'Algérie, E. BERTHET; Les Amours du Vert-Galant, la Mignonne du roi, une Princesse russe, le Serment de la veuve, Giangurgolo, Jacqueline, l'Épave, les Jardins de Monaco, E. GONZALÈS; La Terre promise, Iambo, un Don Juan sur le retour, Partie et Revanche, MOLÉRI. Prix : 6 fr.

20e série. — Le beau Galaor, Vte PONSON DU TERRAIL; L'Hôtesse du Connétable, E. GONZALÈS; La Contessina, VICTOR PERCEVAL; Le Calvaire des Femmes, M.-L. GAGNEUR. Prix : 6 fr.

21e série. — La seconde jeunesse du roi Henri, PONSON DU TERRAIL; L'Épée de Suzanne, E. GONZALÈS, Campagno du Mexique, L. NOIR; les Cyniques, etc. J. VILBORT. Prix : 6 fr.

22e série. — Chroniques de la marine française (République), FULGENCE GIRARD; Contes d'une nuit d'hiver, ALFRED MICHIELS; le Dragon rouge, LÉON GOZLAN; la Tour du télégraphe, ÉLIE BERTHET. Prix : 6 fr.

23e série. — Contes des Montagnes, A. MICHIELS; le Faubourg mystérieux, L. GOZLAN; Souvenirs de Fontainebleau, A. LUCHET; Un Mariage sous le Second empire, H. MALOT; Les Prussiens en Alsace-Lorraine, RACH. Prix : 6 fr.

24e série. — Jean Bart et Charles Keyser, — Les Grands de Portugal, l'Usurier sentimental, —la plus heureuse des Femmes, —l'École de la vie, DE LA LANDELLE. Prix : 6 fr.

25e série. — Les Drames de l'honneur: —l'Enfant trouvé, —Histoire d'une conscience, — Mademoiselle de Champrosay, ÉTIENNE ENAULT; les Crimes inconnus, E. BERTHET. Prix : 6 fr.

26e série. — Chroniques de la marine française (Empire), FULGENCE GIRARD; Les Muscadins, JULES CLARETIE. Prix : 6 fr.

27e série. — Une Belle-Mère, H. MALOT; Léa, ALFRED ASSOLANT; Le père Brafort, ANDRÉ LÉO; La Conquête de Plassans, ÉMILE ZOLA. Prix : 6 fr.

Deuxième catégorie.

ŒUVRES CHOISIES D'EUGÈNE SUE.

Tome 3e. 2e PARTIE. — Latréaumont. — Jean Cavalier ou les Fanatiques des Cévennes. — Le Colonel de Surville, Godolphin-Arabian. Prix : 4 fr. 50

Tome 3e. 1re PARTIE. — La Salamandre. — Atar-Gul. — Plick et Plok. — La vigie de Koat-Ven. Prix : 4 fr. 50

Tome 3e. 2e PARTIE. — La Coucaratcha. — Le Commandeur de Malte. — Le Morne-au-Diable. — Les Aventures de Hercule Hardi; Kardiki. Prix : 4 fr. 50

NOUVELLES ET ROMANS CHOISIS D'ÉLIE BERTHET.

1re PARTIE. — Le Colporteur, le Val d'Andorre, ... — La Maison murée, le Pacte de famine, ..., le Dernier alchimiste, la Tour de Vizim, le Chasseur de marmottes. — Le Roi des ménétriers. — Le Nid de cigognes. — La Mine d'or. Prix : 4 fr. 50

Tome 1er. 2e PARTIE. — L'Étang de Précigny. — Richard le fauconnier, La Ferme de l'Osraie. — La belle Drap... le château d'Auvergne. — Le Réfractaire, le Cadet de Mandie. Prix :

Tome 2e. 1re PARTIE. — Bastide Rouge, Roc... Hante. — Mystères de la Famille, — Spectre du Braconnier, Château de Montbrun.

Tome 2e. 2e PARTIE. — Le dernier Irlandais, —suisse, — Une Maison de Paris. — La Marquise de la Nièce du Notaire, La Convulsionnaire, Le Père Marquis de Beaulieu, les deux Mourants. Prix :

Tome 3e. 1re PARTIE. — L'Oiseau du désert, le d... de Mer, le Juré. Prix : 6 fr.

NOUVELLES ET ROMANS CHOISIS D'A. DE LAVERGNE.

Tome 1er, 1re PARTIE. — La Recherche de l'inconnue. — La Famille de Marsal, — L'Aîné de la famille. — Un gentilhomme d'aujourd'hui. Prix : 4 fr. 50
Tome 1er, 2e PARTIE. — La Duchesse de Mazarin — La Circassienne. — La Pension bourgeoise, le Chevalier du silence, le Comte de Mansfeldt, le Secret de la confession. — Le Cadet de famille. Prix : 4 fr. 50
Tome 2e, 1re PARTIE. — La Princesse des Ursins. — Il faut que jeunesse se passe. — Les Trois aveugles, le Dernier seigneur du village. — La Marquise de Contades, le Livre du mezouar, la Course au clocher, Brancas le Rêveur. — Le Château de la Brosse-Saint-Ouen, la Dernière hymne de Santeuil, Anne d'Arcona, Hannah Glenmore, le Brasero. Prix : 4 fr. 50
Tome 2e, 2e PARTIE. — Le lieutenant Robert. — Ruines historiques de France. — L'Ut de Poitrine. — Pauline Butler, les Suites d'une Passion, la Sainte d'Offémont, le Dernier more de Grenade, la Force, le bourgeois de Bayeux, le jeune Boufflers. Prix : 4 fr. 50
Le Veau d'or, P. SORIÈ et LÉO LESPÈS. Prix : 4 fr. 50
Esaü le Lépreux, E. GONZALÈS. Prix : 4 fr. 50
Les Géants de la mer, DE LA LANDELLE. Prix : 4 fr. 50

Troisième catégorie.

EUGÈNE SUE. — L'Orgueil, 2 fr. 50. — L'Envie, la Colère, 2 fr. 50.
ÉLIE BERTHET. — Les Catacombes de Paris, 2 fr. 50. — Les Emigrants, 2 fr. 50. — L'homme des bois, 2.50. — La Marquise de Norville, la Nièce du Notaire, la Convulsionnaire, le Père Xavier, le Marquis de Beaulieu, les deux Mourants, 2.50. — Le Gentilhomme verrier, 2.50. — Le colon d'Algérie, 2 fr. 50.
PAUL FÉVAL. — Les Amours de Paris, 2 fr. 50. — Le Bossu, 2 fr. 50.
DE LA LANDELLE. — La Gorgone, 2.50. — Les Grands de Portugal, l'Usurier sentimental, 2.50.
Vte PONSON DU TERRAIL. — La jeunesse du roi Henri : La Belle argentière, 2.50; Le Serment des quatre valets, 2.50; La Reine des Barricades, 2 fr. 50.
CLÉMENCE ROBERT. — Les Mendiants de Paris, 2 fr. 50.
M. MASSON et A. LUCHET. — Thadéus le Ressuscité, 2 fr. 50.
MOLÉRI. — L'Or est une chimère, la Traite des blanches, Sans famille, 2 fr. 50. Les Petits drames bourgeois, 2 fr. 50.
OSCAR COMETTANT. — Le Nouveau monde, 2 fr. 50. — En Amérique, en France et ailleurs, 2 fr. 50.
WALTER SCOTT (trad. Victor Perceval). — Ivanhoé, 2 fr. 50.

PIERCE EGAN. — Robin Hood, par V. Perceval, 2 fr. 50
E. GONZALÈS. — Chasseurs d'hommes, 2 fr. 50. — Mémoires d'un Ange, 2 fr. 50. — Amour du Vert Galant, Mignonne du roi, Princesse russe, Serment de la veuve, Giangurgolo, Jacqueline, Epave, Jardins de Monaco, 2 fr. 50.
A. DE LAVERGNE. — Famille de Marsal, 2 fr. 50. — Pension bourgeoise, Chevalier du silence, Comte de Mansfeldt, Secret de la confession, 2 fr. 50. Lieutenant Robert, 2 fr. 50.
L. NOIR. — Les Martyrs de la Pologne, 2 fr. 50. — Souvenirs d'un simple Zouave, 2 fr. 50 Jacques la Hache, 2 fr. 50.
M.-L. GAGNEUR. — Le Calvaire des femmes, 2 fr. 50.
FULGENCE GIRARD. — Sur nos Grèves, Giulia Falconi, 2.50. — Chroniques de la marine française (République), 2.50. — Chroniques de la marine française (Empire), 2.50.
ÉTIENNE ENAULT. — Comment on aime, 2 fr. 50. L'Enfant trouvé, 2 fr. 50.
JULES CLARETIE. — Les Muscadins, 2 fr. 50.
HECTOR MALOT. — Un Mariage sous le second empire, 2 fr. 50. — Une Belle-Mère, 2 fr. 50. — L'Héritage d'Arthur, 2 fr. 50.
ANDRÉ LÉO. — Le Père Brafort, 2 fr. 50. — La grande Illusion des petits bourgeois, 2 fr. 50.

Quatrième catégorie.

ÉLIE BERTHET. — Le Colporteur, le Val d'Andorre, la Croix de l'affût, 1 fr. 20. — La Maison murée, le Pacte de famine, une Passion, le Dernier alchimiste, la Tour Zizim, le Chasseur de marmottes, 1 fr. 20. — Le Roi des ménétriers, 1 fr. 20. — Le Nid de cigognes, 1 fr. 20. — La Mine d'or, 1 fr. 20. — L'Étang de Précigny, 1 fr. 20. — Richard le fauconnier, la Ferme de l'Oseraie, 1 fr. 20. — La Belle drapière, le Château d'Auvergne, 1 fr. 20. — Le Réfractaire, le Cadet de Normandie, 1 fr. 20. — La Dryade de Clairefont, 1 fr. 20. — La Bastide rouge, la Roche tremblante, 1 fr. 20. — Les Mystères de la famille, 1 fr. 20. — Le Spectre de Châtillon, 1 fr. 20. — Le Braconnier, le Château de Montbrun, 1 fr. 20. — Le dernier Irlandais, 1 fr. 20. — Le Vallon Suisse, 1 fr. 20. — Une Maison de Paris, 1 fr. 20. La Double vue, 1 fr. 20. — La Tour du Télégraphe, 1 fr. 20. — L'Oiseau du Désert, 1 fr. 20. — Le douanier de Mer, 1 fr. 20. — Le Juré, 1 fr. 20. — Les Crimes inconnus, 1 fr. 20.
EUGÈNE SUE. — La Luxure, la Paresse, 1 fr. 20. — L'Avarice, la Gourmandise, 1 fr. 20.
LÉON GOZLAN. — Le Dragon Rouge, 1 fr. 20. — Le Faubourg mystérieux, 1 fr. 20.
E. GONZALÈS. — Les Frères de la Côte, 1 fr. 20. — La Belle novice, 1 fr. 20. — Les Proscrits de Sicile, 1 fr. 20. — Le Vengeur du mari, 1 fr. 20. — Les Sabotiers de la forêt Noire, 1 fr. 20. — Les sept baisers de Buckingham, 1 fr. 20. — Les Trois fiancées, 1 fr. 20. — L'Hôtesse du connétable, 1 fr. 20. — L'Épée de Suzanne, 1 fr. 20.
A. LUCHET. — Frère et Sœur, 1 fr. 20. — Souvenirs de Fontainebleau, 1 fr. 20.
P. FERNEY. — Hermione Sénéchal, Hélène Raynal, 1 fr. 20.
DE LA LANDELLE. — Une Haine à bord, 1 fr. 20. — Jean Bart et Charles Keyser, 1 fr. 20. — La plus heureuse des femmes, 1 fr. 20. — L'École de la vie, 1 fr. 20.
LÉONIE D'AUNET. — Une Vengeance, 1 fr. 20.
FULGENCE GIRARD. — Un Corsaire sous l'Empire, 1 fr. 20.

— Marcelline Vauvert, 1 fr. 20.
MOLÉRI. — Le Marquis de Monclar ou un Gentilhomme d'autrefois, Madame Leblanc, 1 fr. 20. — Bernard le potier de terre, Étienne Giraud, 1 fr. 20. — La Famille Guillaume, Suzanne, 1 fr. 20. — La Terre promise, Iambo, un Don Juan sur le retour, Partie et Revanche, 1 fr. 20.
ALEXANDRE DE LAVERGNE. — La Recherche de l'inconnu, 1 fr. 20. — L'Aîné de la famille, 1 fr. 20. — Un Gentilhomme d'aujourd'hui, 1 fr. 20. — La Duchesse de Mazarin, 1 fr. 20. — La Circassienne, 1 fr. 20. — Le Cadet de famille, 1 fr. 20. — La Princesse des Ursins, 1 fr. 20. — Il faut que jeunesse se passe, 1 fr. 20. — Les Trois aveugles, le Dernier seigneur du village, 1 fr. 20. — La Marquise de Contades, le Livre du mezouar, la Course au clocher, Brancas le Rêveur, 1 fr. 20. — Le Château de la Brosse-Saint-Ouen, la Dernière hymne de Santeuil, Anne d'Arcona, Hannah Glenmore, le Brasero, 1 fr. 20. — Ruines historiques de France, 1 fr. 20. — L'Ut de poitrine, 1 fr. 20. — Pauline Butler, etc., 1 fr. 20.
ALFRED MICHIELS. — Les chasseurs de chamois, 1 fr. 20. — Contes d'une nuit d'hiver, 1 fr. 20. — Contes des montagnes, 1 fr. 20.
CASIMIR BLANC. — Jeanne de Valbelle, 1 fr. 20.
LOUIS NOIR. — Le Brouillard sanglant, 1 fr. 20. — Campagne du Mexique, 1 fr. 20.
G. CHADEUIL. — Le Curé du Pecq, Jean Lebon, 1 fr. 20.
V. PERCEVAL. — La Contessina, 1 fr. 20. — L. DESNOYERS et V. PERCEVAL. — Une Femme dangereuse, 1 fr. 20.
Vte PONSON DU TERRAIL. — Le beau Galaor, 1 fr. 20. — La seconde jeunesse du roi Henri, 1 fr. 20.
J.-M. VILBORT. — Les Cyniques, etc., 1 fr. 20.
ÉTIENNE ENAULT. — Histoire d'une conscience, 1 fr. 20. — Mademoiselle de Champrosay, 1 fr. 20.
ALFRED ASSOLANT. — Léa, 1 fr. 20.
ÉMILE ZOLA. — La Conquête de Plassans, 1 fr. 20.

Paris. — Imprimerie J. Voisvenel, 14, rue Chauchat.

CATALOGUE
Des publications littéraires du SIÈCLE.
PARIS, 14, RUE CHAUCHAT.

AVANTAGES RÉSERVÉS AUX ABONNÉS DU JOURNAL LE SIÈCLE.

Tout Abonné au SIÈCLE a droit, en outre la prime gratuite, à une remise de cinquante pour cent sur le prix marqué de tous les ouvrages que renferme ce Catalogue.
Les demandes des départements doivent être affranchies et contenir leur montant en un mandat sur la poste ou à vue à l'ordre de M. le Directeur-Gérant du SIÈCLE. On devra ajouter à la demande le prix du port, qui est, par chaque volume, de 1 franc pour ceux de la première catégorie; de 75 centimes pour ceux de la deuxième; de 50 centimes pour ceux de la troisième; de 25 centimes pour ceux de la quatrième.

Première catégorie.

MUSÉE LITTÉRAIRE.

1ᵉ série. — Les sept Péchés capitaux: l'Orgueil, l'Envie, la Colère, la Luxure, la Paresse, l'Avarice, la Gourmandise, E. SUE. Prix : 6 fr.

2ᵉ série. — Les Catacombes de Paris, Élie BERTHET, la Gorgone, DE LA LANDELLE; Gabrielle, Mme ANCELOT. Prix : 6 fr.

3ᵉ série. — Marcel, FÉLICIEN MALLEFILLE; Les Frères de la Côte, E. GONZALÈS; Le Conseiller d'État, F. SOULIÉ; Le Notaire de Chantilly, L. GOZLAN; Herminie Sénéchal, Hélène Raynal, PAUL FÉBVAL. Prix : 6 fr.

4ᵉ série. — Le Chemin le plus court, ALPH. KARR; Ésaü le lépreux, EMMANUEL GONZALÈS; Blanche Mortimer, ADRIEN PAUL. Prix : 6 fr.

5ᵉ série. — Une Haine à bord, DE LA LANDELLE; Les Chauffeurs, E. BERTHET; Le Bossu, P. FÉVAL. Prix : 6 fr.

6ᵉ série. — Les Excentricités de sir Georges, Nicette, ADRIEN PAUL; Une Vengeance, Mme LÉONIE D'AUNET; Les Mendiants de Paris, Mme CLÉMENCE ROBERT; ? (Nouvelle) Thérésa, ADRIEN PAUL.

7ᵉ série. — Le Chevalier de Floustignac. A côté du bonheur, A. PAUL; Les Emigrants, E. BERTHET; Un Corsaire sous l'Empire, FULGENCE GIRAUD; L'Or est une chimère, la Traite des blanches, Sans Famille, MOLÉRI. Prix : 6 fr.

8ᵉ série. — Thadéus le Ressuscité, M. MASSON et A. LUCHET. La Belle novice, E. GONZALÈS; Le Marquis de Bionclar, Mme Leblanc, MOLÉRI, Le Nouveau monde, O. COMETTANT.

9ᵉ série. — Frère et sœur, A. LUCHET; Ivanhoe, WALTER SCOTT (trad. de Victor Perceval); La Dryade de Clairefont, E. BERTHET; Les Proscrits de Sicile, E. GONZALÈS. Prix : 6 fr.

10ᵉ série. — Les Géans de la mer, DE LA LANDELLE; Le Vengeur du mari, EMMANUEL GONZALÈS. Prix : 6 fr.

11ᵉ série. — L'Homme des bois, ELIE BERTHET; En Amérique, en France et ailleurs, OSCAR COMETTANT; Bernard le potier de terre, Étienne Giraud, MOLÉRI; les Duels de Valentin, ADRIEN PAUL. Prix : 6 fr.

12ᵉ série. — Une Dette de Jeu, Les finesses de d'Argenson, ADRIEN PAUL; La Famille Guillaume, Suzanne, MOLÉRI; Le Gentilhomme verrier, ELIE BERTHET; Le Chasseur d'hommes, EMMANUEL GONZALÈS. Prix : 6 fr.

13ᵉ série. — Robin Hood, PIERCE EGAN (traduction de Victor Perceval); Marcelline Vauvert, FULGENCE GIRAUD. Les Saboutiers de la forêt Noire, EMMANUEL GONZALÈS; les Martyrs de la Pologne, LOUIS NOIR. Prix : 6 fr.

14ᵉ série. — La Belle argentière, Vte PONSON DU TERRAIL; Les Anabaptistes des Vosges, les Marquards, une Noce dans le Poitou, ALFRED MICHIELS; Sur nos Grèves,

Giulia Falcom, FULGENCE GIRAUD; Prix : 6 fr.

22ᵉ série. — Le Serment des quatre valets, Vte PONSON DU TERRAIL; Souvenirs d'un simple Zouave, L. NOIR. Prix : 6 fr.

24ᵉ série. — La Reine des barricades, PONSON DU TERRAIL; Jeanne de Valtelle; C. BLANC; Les Mémoires d'un Ange, E. GONZALÈS; Les Chasseurs de chamois, A. MICHIELS. Prix : 6 fr.

25ᵉ série. — Comment on aime, ETIENNE ENAULT; Le Brouillard sanglant, LOUIS NOIR; Les Sept baisers de Buckingham, E. GONZALÈS et MOLÉRI; Le Curé du Pecq, Jean Lobon, GUSTAVE CHADEUIL. Prix : 6 fr.

26ᵉ série. — Jacques la Hache, LOUIS NOIR; Les petits drames bourgeois, MOLÉRI; La Double vue, ELIE BERTHET; Les Trois fiancées, EMMANUEL GONZALÈS. Prix : 6 fr.

27ᵉ série. — Le Colon d'Algérie, E. BERTHET; Les Amours du Vert-Galant, La Mignonne du roi, une Princesse russe, le Serment de la veuve, Giangurgolo, Jacqueline, l'Épave, Mes Jardins de Monaco, E. GONZALÈS; La Terre promise, Iambo, un Don Juan sur le retour, Partie et Revanche, MOLÉRI. Prix : 6 fr.

28ᵉ série. — Le beau Galaor, Vte PONSON DU TERRAIL; L'Hôtesse du Connétable, E. GONZALÈS; La Contessina, VICTOR PERCEVAL; Le Calvaire des Femmes, M.-L. GAGNEUR. Prix : 6 fr.

29ᵉ série. — La seconde jeunesse du roi Henri, PONSON DU TERRAIL; L'Épée de Suzanne, E. GONZALÈS, Campagne du Mexique, L. NOIR; les Cyniques, etc. J. VILSONT. Prix : 6 fr.

40ᵉ série. — Chroniques de la marine française (République), FULGENCE GIRAUD; Contes d'une nuit d'hiver, ALFRED MICHIELS; le Dragon rouge, LÉON GOZLAN; La Tour du télégraphe, ELIE BERTHET. Prix : 6 fr.

41ᵉ série. — Contes des Montagnes, A. MICHIELS; le Faubourg mystérieux, L. GOZLAN. Souvenirs de Fontainebleau, A. LUCHET; Un Mariage sous le Second empire, H. MALOT; Les Prussiens en Alsace-Lorraine, RACH. Prix : 6 fr.

42ᵉ série. — Jean Bart et Charles Keyser, — Les Grands de Portugal, l'Usurier sentimental, — la plus heureuse des Femmes, — l'École de la vie, DE LA LANDELLE.

43ᵉ série. — Les Drames de l'honneur: — l'Enfant trouvé, — Histoire d'une conscience, — Mademoiselle de Champrosay, ETIENNE ENAULT; les Crimes inconnus, E. BERTHET. Prix : 6 fr.

44ᵉ série. — Chroniques de la marine Française (Empire), FULGENCE GIRAUD; Les Muscadins, JULES CLARETIE. Prix : 6 fr.

45ᵉ série. — Une Belle-Mère, H. MALOT; Léa, ALFRED ASSOLANT; Le père Brafort, ANDRÉ LÉO; La Conquête de Plassans, ÉMILE ZOLA. Prix : 6 fr.

Deuxième catégorie.

ŒUVRES CHOISIES D'EUGÈNE SUE.

Tome 2ᵉ. 2ᵉ PARTIE. — Latréaumont. — Jean Cavalier ou les Fanatiques des Cévennes. — Le Colonel de Surville, Godolphin-Arabian. Prix : 4 fr. 50

Tome 3ᵉ. 1ʳᵉ PARTIE. — La Salamandre. — Atar-Gul. — Plick et Plok. — La vigie de Koat-Ven. Prix : 4 fr. 50

Tome 3ᵉ. 2ᵉ PARTIE. — La Coucaratcha. — Le Commandeur de Malte. — Le Morne-au-Diable. — Les Aventures de Hercule Hardi; Kardiki. Prix : 4 fr. 50

NOUVELLES ET ROMANS CHOISIS D'ÉLIE BERTHET.

1ʳᵉ PARTIE. — Le Colporteur, le Val d'Andorre, ..., La Maison murée, le Pacte de famine, ..., le Dernier alchimiste, la Tour de Zizim, le Chasseur de marmottes. — Le Roi des ménétriers. — Le Nid de cigognes. — La Mine d'or. Prix : 4 fr. 50

Tome 2ᵉ. 2ᵉ PARTIE. — L'Étang de Précigny. — Richard le fauconnier, la Ferme de l'Osfraie. — La belle Drapière, le château d'Auvergne. Le Réfractaire, le Cadet de Mandio. Prix

Tome 3ᵉ. 1ʳᵉ PARTIE. — Bastide Rouge, Roc Hante. — Mystères de la Famille. — Spectre de Braconnier, Château de Montbrun.

Tome 3ᵉ. 2ᵉ PARTIE. — Le dernier Irlandais-suisse. — Une Maison de Paris. — La Marquise de la Nièce du Notaire, La Convulsionnaire, le Père Marquis de Beaulieu, les deux Mourants. Prix

Tome 3ᵉ. 1ʳᵉ PARTIE. — L'Oiseau du désert, le ... de Mer, le Juré. Prix : 4 fr.

NOUVELLES ET ROMANS CHOISIS D'A. DE LAVERGNE.

Tome 1er, 1re PARTIE. — La Recherche de l'inconnue. — La Famille de Marsal, — L'Aîné de la famille. — Un gentilhomme d'aujourd'hui. Prix : 6 fr. 50
Tome 1er, 2e PARTIE. — La Duchesse de Mazarin — La Circassienne. — La Pension bourgeoise, le Chevalier du silence, le Comte de Mansfeldt, le Secret de la confession. — Le Cadet de famille. Prix : 6 fr. 50
Tome 2e, 1re PARTIE. — La Princesse des Ursins. — Il faut que jeunesse se passe. — Les Trois aveugles, le Dernier seigneur du village. — La Marquise de Contades, le Livre du mezouar, la Course au clocher, Brancas le Rêveur. — Le Château de la Brosse-Saint-Ouen, la Dernière hymne de Santeuil, Anne d'Arcona, Hannah Glenmore, le Brasero. Prix : 6 fr. 50
Tome 2e, 2e PARTIE. — Le Lieutenant Robert. — Ruines historiques de France, l'Ut de poitrine, Pauline Butler, les Suites d'une Passion, la Sainte d'Offémont, le Dernier mere de Grenade, la Force, le bourgeois de Bayeux, le jeune Bouffiers. Prix : 6 fr. 50
Le Veau d'or, F. SORIEL et LÉO LESPÈS. Prix : 6 fr. 50
Esaü le Lépreux, E. GONZALÈS. Prix : 6 fr. 50
Les Géants de la mer, DE LA LANDELLE. Prix : 6 fr. 50

Troisième catégorie.

EUGÈNE SUE. — L'Orgueil, 2 fr. 50. — L'Envie, la Colère, 2 fr. 50.
ÉLIE BERTHET. — Les Catacombes de Paris, 2 fr. 50. — Les Émigrants, 2 fr. 50. — L'homme des bois, 2 50. — La Marquise de Norville, la Nièce du Notaire, la Convulsionnaire, le Père Xavier, le Marquis de Beaulieu, les deux Mourants, 2 50. — Le Gentilhomme verrier, 2 50. — Le colon d'Algérie, 2 fr. 50.
PAUL FÉVAL. — Les Amours de Paris, 2 fr. 50. — Le Bossu, 2 fr. 50.
DE LA LANDELLE. — La Gorgone, 2 50. — Les Grands de Portugal, l'Usurier sentimental, 2 50.
Vte PONSON DU TERRAIL. — La Jeunesse du roi Henri : La Belle argentière, 2 50 ; le Serment des quatre valets, 2 50 ; La Reine des Barricades, 2 fr. 50.
CLÉMENCE ROBERT. — Les Mendiants de Paris, 2 fr. 50.
M. MASSON et A. LUCHET. — Thadéus le Ressuscité, 2 fr. 50.
MOLÉRI. — L'Or est une chimère, la Traite des blanches, Sans famille, 2 fr. 50. Les Petits drames bourgeois, 2 fr. 50.
OSCAR COMETTANT. — Le Nouveau monde, 2 fr. 50. — En Amérique, en France et ailleurs, 2 fr. 50.
WALTER SCOTT (trad. Victor Perceval). — Ivanhoe, 2 fr. 50.

PIERCE EGAN. — Robin Hood, par V. Perceval, 2 fr. 50
E. GONZALÈS. — Chasseurs d'hommes, 2 fr. 50. — Mémoires d'un Ange, 2 fr. 50. — Amours du Vert-Galant, Mignonne du roi, Princesse russe, Serment de la veuve, Giangurgolo, Jacqueline, Épave, Jardins de Monaco, 2 fr. 50.
A. DE LAVERGNE. — Famille de Marsal, 2 fr. 50. — Pension bourgeoise, Chevalier du silence, Comte de Mansfeldt, Secret de la confession, 2 fr. 50. Lieutenant Robert, 2 fr. 50.
L. NOIR. — Les Martyrs de la Pologne, 2 fr. 50. — Souvenirs d'un simple Zouave, 2 fr. 50. Jacques la Hache, 2 fr. 50.
M.-L. GAGNEUR. — Le Calvaire des femmes, 2 fr. 50.
FULGENCE GIRARD. — Sur nos grèves, Giulia Falcone, 2 50. — Chroniques de la marine française (République), 2 50. — Chroniques de la marine française (Empire), 2 fr. 50.
ÉTIENNE ENAULT. — Comment on aime, 2 fr. 50. L'Enfant trouvé, 2 fr. 50.
JULES CLARÉTIE. — Les Muscadins, 2 fr. 50.
HECTOR MALOT. — Un Mariage sous le second empire, 2 fr. 50. — Une Belle-Mère, 2 fr. 50. — L'Héritage d'Arthur, 2 fr. 50.
ANDRÉ LÉO. — Le Père Brafort, 2 fr. 50. — La grande illusion des petits bourgeois, 2 fr. 50.

Quatrième catégorie.

ÉLIE BERTHET. — Le Colporteur, le Val d'Andorre, la Croix de l'affût, 1 fr. 20. — La Maison murée, le Pacte de famine, une Passion, l'Alchimiste, la Tour Zizim, le Chasseur de marmottes, 1 fr. 20. — Le Roi des ménétriers, 1 fr. 20. — Le Nid de cigognes, 1 fr. 20. — La Mine d'or, 1 fr. 20. — L'Étang de Précigny, 1 fr. 20. — Richard le fauconnier, la Ferme de l'Oseraie, 1 fr. 20. — La Belle drapière, le Château d'Auvergne, 1 fr. 20. — Le Réfractaire, le Cadet de Normandie, 1 fr. 20. — La Dryade de Clairefont, 1 fr. 20. — La Bastide rouge, la Roche tremblante, 1 fr. 20. — Les Mystères de la famille, 1 fr. 20. — Le Spectre de Châtillon, 1 fr. 20. — Le Braconnier, le Château de Montbrun, 1 fr. 20. — Le dernier Irlandais, 1 fr. 20. — Le Vallon Suisse, 1 fr. 20. — Une Maison de Paris, 1 fr. 20. — La Double vue, 1 fr. 20. — La Tour du Télégraphe, 1 fr. 20. — L'Oiseau du Désert, 1 fr. 20. — Le douanier de Mer, 1 fr. 20. — Le Juré, 1 fr. 20. — Les Crimes inconnus, 1 fr. 20.
EUGÈNE SUE. — La Luxure, la Paresse, 1 fr. 20. — L'Avarice, la Gourmandise, 1 fr. 20.
LÉON GOZLAN. — Le Dragon Rouge, 1 fr. 20. — Le Faubourg mystérieux, 1 fr. 20.
E. GONZALÈS. — Les Frères de la Côte, 1 fr. 20. — La Belle novice, 1 fr. 20. — Les Proscrits de Sicile, 1 fr. 20. — Le Vengeur du mari, 1 fr. 20. — Les Sabotiers de la forêt Noire, 1 fr. 20. — Les sept baisers de Buckingham, 1 fr. 20. — Les Trois fiancées, 1 fr. 20. — L'Hôtesse du connétable, 1 fr. 20. — L'Épée de Suzanne, 1 fr. 20.
A. LUCHET. — Frère et Sœur, 1 fr. 20. — Souvenirs de Fontainebleau, 1 fr. 20.
P. FERNEY. — Hermione Sénéchal, Hélène Raynal, 1 fr. 20.
DE LA LANDELLE. — Une Haine à bord, 1 fr. 20. — Jean Bart et Charles Keyser, 1 20. — La plus heureuse des femmes, 1 20. — L'École de la vie, 1 20.
LÉONIE D'AUNET. — Une Vengeance, 1 fr. 20.
FULGENCE GIRARD. — Un Corsaire sous l'Empire, 1 fr. 20.
— Marcelline Vauvert, 1 fr. 20.
MOLÉRI. — Le Marquis de Monclar ou un Gentilhomme d'autrefois, Madame Leblanc, 1 fr. 20. — Bernard le potier de terre, Étienne Giraud, 1 fr. 20. — La Famille Guillaume, Suzanne, 1 fr. 20. — La Terre promise, Iambo, un Don Juan sur le retour, Partie et Revanche, 1 fr. 20.
ALEXANDRE DE LAVERGNE. — La Recherche de l'inconnu, 1 20. — L'Aîné de la famille, 1 20. — Un Gentilhomme d'aujourd'hui, 1 20. — La Duchesse de Mazarin, 1 20. — La Circassienne, 1 20. — Le Cadet de famille, 1 20. — La Princesse des Ursins, 1 20. — Il faut que jeunesse se passe, 1 20. — Les Trois aveugles, le Dernier seigneur du village, 1 20. — La Marquise de Contades, le Livre du mezouar, la Course au clocher, Brancas le Rêveur, 1 fr. 20. — Le Château de la Brosse-Saint-Ouen, la Dernière hymne de Santeuil, Anne d'Arcona, Hannah Glenmore, le Brasero, 1 fr. 20. — Ruines historiques de France, 1 20. — L'Ut de poitrine, 1 20. — Pauline Butler, etc., 1 fr. 20.
ALFRED MICHIELS. — Les chasseurs de chamois, 1 20. — Contes d'une nuit d'hiver, 1 fr. 20. — Contes des montagnes, 1 fr. 20.
CASIMIR BLANC. — Jeanne de Valbelle, 1 fr. 20.
LOUIS NOIR. — Le Brouillard sanglant, 1 fr. 20. — Campagne du Mexique, 1 fr. 20.
G. CHADEUIL. — Le Curé du Pecq, Jean Lebon, 1 fr. 20.
V. PERCEVAL. — La Contessina, 1 fr. 20. — L. DESNOYERS et V. PERCEVAL. — Une Femme dangereuse, 1 fr. 20.
Vte PONSON DU TERRAIL. — Le beau Galaor, 1 fr. 20. — La seconde jeunesse du roi Henri, 1 fr. 20.
J.-M. VILBORT. — Les Cyniques, etc., 1 fr. 20.
ÉTIENNE ENAULT. — Histoire d'une conscience, 1 fr. 20. — Mademoiselle de Champrosay, 1 fr. 20.
ALFRED ASSOLANT. — Léa, 1 fr. 2).
ÉMILE ZOLA. — La Conquête de Plassans, 1 fr. 20.

Paris. — Imprimerie J. Voisvenel, 14, rue Chauchat.

Le Siècle

L'AUBERGE DU MONDE

PREMIÈRE SÉRIE.

Le Siècle

L'AUBERGE DU MONDE

PAR

HECTOR MALOT

PREMIÈRE SÉRIE.

PARIS
AUX BUREAUX DU JOURNAL, RUE CHAUCHAT, 14,
PRÈS LA RUE LAFAYETTE.

1876

Hector Malot.

L'AUBERGE DU MONDE.

PREMIÈRE PARTIE.

LE COLONEL CHAMBERLAIN.

I

La cour d'honneur du Grand-Hôtel était pleine de mouvement et de tapage.

Les voitures entraient, sortaient, se suivant sans interruption et s'enchevêtrant parfois dans un désordre qui, s'il donnait aux étrangers une assez mauvaise idée de l'habileté de main des cochers parisiens, montrait au moins que pour la langue ils étaient prompts à l'attaque et à la riposte.

Aux fiacres chargés de bagages, aux voitures de place plus ou moins dépenaillées, aux omnibus de chemin de fer, succédaient des calèches de grande remise, correctement attelées, conduites par de majestueux cochers, qui s'arrêtaient devant le perron pour y déposer des femmes et des jeunes filles en toilette de promenade ou de visite.

Sur la terrasse de ce perron, à l'ombre de quelques dattiers cultivés dans des bacs, se tenait une double rangée de spectateurs qui, assis sur des chaises ou appuyés sur le balustre, regardaient curieusement ce spectacle mouvant.

Dans ce public ainsi rassemblé en cet espace resserré, se trouvaient des représentants de toutes les nationalités du monde :

Des Anglaises roides, importantes, installées là comme partout où elles s'établissent pour un jour ou pour une année, c'est-à-dire en maîtresses qui sont chez elles, de par la toute-puissance de l'argent ;

Des Allemandes grandes, grosses, larges, le visage ouvert par un rire voulu, habillées de vêtements qui semblaient ne pas tenir sur elles ;

Des Américaines fines, délicates, ravissantes, malgré leur pâleur inquiétante ;

Des Espagnoles aux prunelles mobiles et habiles, qui lançaient des éclairs de tous côtés ;

Des Turcs coiffés du fez rouge ;

Des Péruviens ou des Brésiliens au teint jaune, les doigts cerclés de pierreries ;

Des Africains à la tête crépue,

Des Chinois à la tête pelée.

Tous ces gens, qui se touchaient les coudes, regardaient devant eux sans se dire un seul mot, comme des muets ou comme des sourds ; de temps en temps, une femme se haussait jusqu'à l'oreille de son mari, une fille se penchait dans le cou de sa mère, et rapidement, à voix étouffée, on échangeait une observation sur la toilette, la tenue, la beauté ou la laideur de ceux qui défilaient devant cette galerie.

Devant les tables du café, il y avait aussi foule, et, en écoutant durant quelques instants les appels des consommateurs, on pouvait avoir une idée des façons multiples dont est susceptible la prononciation du mot « garçon », selon qu'il sort d'une bouche européenne, américaine ou asiatique.

A l'une de ces tables, la mieux placée pour voir tout ce qui se passait dans la cour, aussi bien sur le perron qu'à la porte du télégraphe, du bureau de réception des voyageurs et de la caisse, se tenait un jeune homme que tout Parisien, même sans être un observateur bien sagace, devait reconnaître immédiatement pour un compatriote.

Étendu sur deux chaises, les mains dans les poches, la tête légèrement renversée en arrière, il promenait autour de lui un regard circulaire qui cherchait à tout voir et à tout embrasser, allant rapidement des bagages qu'on déchargeait aux groupes du perron, et de ses voisins de table aux voyageurs qui piétinaient impatiemment sur place en attendant leur voiture.

Que cherchait-il? qu'étudiait-il?

Le certain, c'était qu'il se servait de ses yeux d'une façon alerte, en homme qui sait regarder et à qui rien n'échappe.

Tout à coup ces yeux, toujours en mouvement, s'arrêtèrent sur la porte de la caisse, où venait de paraître, s'entretenant avec un employé de l'hôtel, un gentleman qui portait sa nationalité de citoyen des États-Unis écrite sur son visage allongé et son menton pointu.

Aussitôt, abandonnant sa position horizontale et se dressant vivement, le jeune Parisien poussa un sifflement d'appel qui fit lever les yeux et tourner la tête à plus d'un de ses voisins.

Mais, paraissant se soucier fort peu qu'on l'observât ou qu'on ne l'observât pas, il continua ses coups de sifflet saccadés et pressés comme ceux d'une locomotive en détresse, jusqu'à ce que celui auquel ils s'adressaient eût tourné les yeux de son côté. Alors il lui fit signe de la main de venir s'asseoir à sa table.

D'un geste calme, l'Américain répondit qu'il viendrait quand son entretien serait terminé.

Et, de fait, presque aussitôt il traversa en quelques enjambées la double chaussée de l'entrée.

— Bonjour, Farnham, dit le Parisien.

— Bonjour, Méline, répondit l'Américain en secouant la main qui lui était tendue; comment! diable, êtes-vous ici?

— Pour mon métier, parbleu! L'assassinat faiblit; pas de mariage dans le *high-life*; pas de dîners dont on puisse publier le menu; la foudre fait relâche; les chiens attendent les chaleurs pour devenir enragés; pas de viols intéressants; pas d'incendies; pas d'explosions de fabrique de produits chimiques, qui plongent des centaines d'infortunés dans la misère. C'est dégoûtant! Il faut bien se rabattre sur l'étranger à Paris. Parole d'honneur! si l'exposition universelle n'arrivait pas, il y a des jours où l'on n'aurait rien à se mettre sous la dent. Qu'est-ce que vous prenez? l'absinthe?

— Il est un peu tôt.

— Il n'est jamais trop tôt pour commencer, seulement il est quelquefois trop tard pour finir. Tiens, c'est un mot. Le trouvez-vous drôle?

— Qui est drôle?

— Vous n'avez pas compris. Ça ne fait rien. Imprimé et mis dans la bouche d'un homme en vue, il fera son effet; d'ailleurs mon métier n'est pas d'inventer des mots, mais de répéter ceux que j'entends.

— Cela va bien le reportage?

— Eh! mon cher, il n'y a plus que ça. Qu'est-ce qui s'intéresse à la politique aujourd'hui, 28 mars 1867. Personne. A quoi bon d'ailleurs? où ça peut-il nous mener? A une révolution. Qui est-ce qui désire une révolution en France en ce moment? Réunissez cent personnes, demandez-leur si elles veulent le renversement de l'Empire: vous n'en trouverez pas dix, vous n'en trouverez pas cinq qui vous répondront oui. On discute la loi sur la contrainte par corps au Corps législatif en ce moment, qu'est-ce qui lit ça? Les créanciers, les débiteurs, et puis après? M. Guillaume Petit soutient que la contrainte par corps est inutile; M. Goerg, qu'elle est indispensable. Voilà vraiment de quoi passionner le public, est-ce qu'il connaît M. Guillaume Petit, Est-ce qu'il a jamais entendu parler de M. Goerg? Il faut pourtant mettre quelque chose dans les journaux, si l'on veut pousser à la vente et soutenir l'abonnement. Quoi? Le roman? On n'en fait plus. Des variétés? Il n'y a que ceux qui les écrivent qui les lisent. Reste le reportage, et voilà sa force.

— Vous êtes pratique.

— Je m'en flatte. Littéraire, non; pratique, oui. Un grand homme a dit: « J'ai vu les mœurs de mon temps et j'ai écrit cette histoire. » Moi qui ne serai jamais un grand homme, je dis: « J'ai vu le goût de mes compatriotes et j'ai écrit ce qui pouvait lui plaire. » Voilà pourquoi vous me trouvez ici. De quoi se préoccupe-t-on présentement? De la grande exposition qui va ouvrir dans trois jours, de l'entrée des étrangers dans Paris, de l'invasion des barbares.

— Vous venez voir si les barbares arrivent.

— Précisément.

— Et trouvez-vous qu'ils sont assez nombreux?

— Ça commence, mais j'attends mieux. Paris, rebâti, embelli, est désormais le lieu de rendez-vous de l'univers entier; des cinq parties du monde, on doit y accourir pour y dépenser son argent, s'y amuser, y vivre. Où trouverez-vous, n'importe où, en Europe, en Amérique, une ville qui, comme Paris, soit créée spécialement pour le plaisir? A Londres, on travaille et l'on s'ennuie ; à Berlin, on parade et l'on joue avec des fusils à aiguille. Vous autres, Américains, vous avez un mot assez caractéristique pour une de vos villes, Boston, je crois ; comment dites-vous?

— Que Boston est *the hub of the universe*.
— C'est-à-dire?
— Le moyeu de l'univers.
— Eh bien ! mon cher, nous autres Parisiens, qui sommes moins pompeux dans nos expressions, nous disons tout simplement que Paris est *l'auberge du monde*. « Entrez, messieurs les étrangers ; que faut-il vous servir? On trouve à *l'auberge du monde* grands et petits appartements, le boire, le manger, et tous les divertissements moraux ou autres qu'on peut désirer. Chez nous, vous êtes chez vous ; commandez. Nous avons un personnel de quatre cent mille personnes, hommes et femmes (et quelles femmes!), qui n'attend qu'un signe pour aller au devant de vos désirs. » Vous comprenez, mon cher, que ce personnel, qui se prépare depuis plusieurs mois à recevoir cette invasion, est curieux de savoir si elle commence et dans quelles conditions elle se fait. Sont-ils bien affamés, les barbares? Combien sont-ils ? Cent, cinq cents, dix mille, cent mille ? C'est moi qui ai annoncé avant-hier que j'avais rencontré trois officiers prussiens en uniforme se promenant sur le boulevard, et c'a été la grande nouvelle du jour.

— Eh bien ! j'ai une nouvelle de ce genre à vous donner, si vous la voulez ?
— Comment, si je la veux ? Vite, vite.
— Le colonel Chamberlain sera à Paris le 10 avril.
— Ah !
— Cela vous laisse froid.
— Dame ! j'avoue que votre colonel Chamberlain m'est parfaitement inconnu ; arrive-t-il avec son régiment ?
— Mieux que ça ; il arrive, précédé d'une dépêche que nous venons de recevoir et que voici :

« American Bank,
» rue de la Paix,
» Paris.

» Veuillez me retenir, Grand-Hôtel, appartement confortable, beau salon, une chambre maître, une chambre domestique, le tout premier étage, fenêtres et balcon sur le boulevard, séjour de trois mois au moins ; arriverai 10 avril. Réponse New-York.

» Colonel CHAMBERLAIN. »

— Montrez un peu, dit le reporter.
— Trouvez-vous qu'un gentleman qui se paye une dépêche par câble de 40 mots à 12 f. 50 cent. le mot, plus 131 fr. 35 cent. pour la réponse, c'est-à-dire qui dépense 693 fr.85 c. rien que pour retenir son appartement, mérite être présenté à votre public?
— Le fait est que cela est assez yankee. Combien dites-vous que coûte la dépêche ?
— 693 fr. 85 cent., plus 6 fr. par dix mots pour Londres.
— Alors c'est un nabab, votre colonel ?
— Mieux que cela, c'est le propriétaire des plus riches sources de pétrole de la Pensylvanie.
— Mais alors c'est un personnage, votre colonel, une curiosité ; personne ne le connaît. Je vais l'inventer. Dites-moi tout ce que vous savez ou au moins tout ce que vous pouvez raconter sur lui.

II

— Si vous attendez de moi, continua l'Américain, une biographie ou un portrait du colonel Chamberlain, je ne pourrai pas vous satisfaire : je ne connais pas son histoire en détail et ne l'ai jamais vu.
— Dites ce que vous savez ; j'inventerai ce qui sera indispensable pour relier vos renseignements, ou je m'arrangerai pour laisser deviner ce que je ne pourrai pas inventer. D'abord, quel âge a-t-il ? Jeune, vieux, marié ?
— Jeune, vingt-sept ou vingt-huit ans, pas marié.
— Beau garçon ?
— Cela, je n'en sais rien ; je vous ai dit que je ne l'avais jamais vu. Ce que je vous rapporte, je l'ai entendu raconter dans notre maison ou je l'ai lu dans les journaux américains, car maintes fois ils ont cité son nom pendant la guerre, et si vous n'étiez pas dans une ignorance qu'on peut appeler véritablement française à l'égard de tout ce qui se passe au delà du Rhin ou de la Manche, vous en sauriez à peu près autant que moi.
— Ne vous gênez pas, cher ami ; vos critiques me laissent froid. C'est aux étrangers de savoir ce qui se passe en France, ce n'est pas aux Français de chercher ce qui se passe à l'étranger.
— Ce qui ne vous empêche pas de m'interroger sur le colonel Chamberlain.
— Ça, c'est différent ; affaire de moment, voilà tout.
— En tous cas, le colonel est doué d'une qualité spéciale et personnelle, qui, en dehors des circonstances présentes, lui mérite

l'attention et la sympathie des Français.

— Vous savez, si c'est un héros, le genre est démodé.

— Ce n'est pas de cela que je veux parler ; il est d'origine française.

— Bigre ! voilà qui devient intéressant. Il a donc eu une bonne fée pour marraine, qui l'a doué à son berceau, comme dans les féeries ? Pourquoi ne me disiez-vous pas tout de suite que c'était le prince Charmant ?

— Sous le règne de votre roi Louis-Philippe, un ouvrier du faubourg Saint-Antoine, gravement compromis dans les mouvements révolutionnaires, se sauva en Angleterre, puis de là aux États-Unis. C'était le père du colonel.

— Il est de fait, ce nom de Chamberlain a une tournure française.

— Ce que fut la vie de cet émigrant en arrivant à Philadelphie, l'histoire ou plus justement les histoires que j'ai entendues n'en parlent pas ; sans doute elle fut celle de tous ceux qui débutent par la misère.

— C'est le fils qui nous intéresse.

— Pour arriver à ce fils, il faut un mariage : ce mariage a lieu. L'ouvrier parisien, devenu bûcheron du côté des monts Alleghany, épouse la fille d'un bûcheron comme lui, une Américaine d'origine anglo-saxonne. De ce mariage naît notre colonel vers 1838 ou 1839. Ici se trouve une grande lacune dans ce que e sais.

— Je la comblerai, si cela est nécessaire à mon récit.

— Ce que furent l'enfance de notre personnage et sa jeunesse, je l'ignore. Comment fut-il élevé, reçut-il de l'instruction ?

— Et le pétrole ?

— J'y arrive. La Pensylvanie, vous le savez, est couverte en grande partie de forêts ; ce sont même ces forêts qui lui ont donné son nom, *Sylvæ* de Penn. Notre bûcheron travaillait dans la contrée qui longe les monts Alleghany. En parcourant sans cesse ces forêts, il remarqua en certain endroit un liquide huileux qui sortait de terre et s'accumulait dans des cavités, où il formait des petits étangs qui répandaient dans leur voisinage une odeur infecte. Ce liquide jaillissait avec une telle force que, durant l'hiver, il brisait les couches de glace de plus d'un pied d'épaisseur. Aux abords de ces sources, on entendait des bruits souterrains. Chamberlain savait voir et réfléchir, et, bien qu'il ne fût ni savant ni ingénieur, il comprit qu'il pouvait tirer parti de sa découverte. La fortune jusque là lui avait été cruelle. Il n'avait pas d'argent. Il sut trouver des gens qui lui en donnèrent, ce qui est plus difficile que de trouver des sources de pétrole ; il sut même se faire une large part dans l'association qu'il forma avec ses capitalistes, et un beau jour les puits qu'il creusa dans la partie de la forêt qu'il avait achetée débitèrent 200,000 litres d'huile en vingt-quatre heures, c'est-à-dire qu'ils produisirent quelque chose comme 40,000 fr. par jour.

— 40,000 francs par jour ! le colonel Chamberlain a 40,000 francs de rente par jour ?

— Il faut faire la part de ses associés ; mais mettons seulement la moitié, et ce sera déjà quelque chose.

— 20,000 francs par jour, qu'est-ce que cela peut faire par an ? Vous, Farnham, qui jonglez avec les chiffres, vous devez voir cela tout de suite.

— 7 millions 300,000 francs, sans compter les revenus du capital économisé.

— C'est un joli budget, dont plus d'un roi se contenterait.

— D'autant mieux qu'un colonel n'a pas les dépenses obligatoires d'un roi ; aussi le colonel a-t-il pu se payer le luxe d'une dépêche de quarante-six mots, sans encourir le reproche de la prodigalité.

— Je trouve même que loger à l'hôtel avec un pareil revenu est assez misérable.

— Vous parlez en Français ; chez nous, les personnes les plus riches demeurent dans les hôtels pour ne pas avoir l'ennui des domestiques. Si le colonel est d'origine française par son père, il ne faut pas oublier qu'il a été élevé à l'américaine.

— Maintenant il vous reste à m'apprendre comment il est devenu colonel.

— La découverte des sources de pétrole faite par le père remonte à 1861, qui est l'année, vous devez vous en souvenir, où commença la guerre de sécession. Tandis que le père s'occupait d'exploiter son affaire, le fils prenait du service dans l'armée du Nord. Ce que furent ses débuts, je ne le sais pas. Jeune, inconnu, il resta confondu avec tant d'autres. Seulement, plus heureux que beaucoup de ses camarades, il ne laissa ses os ni à Bull's-Run ni à Frederiksburg, ni à Chattanooga. La première fois où il se met en évidence, c'est dans l'étonnante course de Sherman, du Mississipi à l'Atlantique, en 1864 ; puis dans la campagne de Sherman à travers la Georgie. Chamberlain, qui est colonel de cavalerie, joue un rôle des plus brillants, dont tous les journaux ont parlé. La guerre aurait duré, il serait devenu assurément un de nos meilleurs généraux. Au reste, si vous aviez besoin de renseignements sur ce sujet, je vous mettrais en relation avec des gens qui ont fait campagne avec le colonel et qui pourraient vous parler de lui en connaissance de cause.

— Pour cela, je vous remercie ; nous rentrerions dans la catégorie du héros et ça manque de nouveauté. J'aime mieux l'homme au pétrole et aux millions de revenu. C'est peut-être moins noble, mais c'est plus original.

— Alors vous trouvez que mon colonel peut être présenté à votre public ?

— C'est-à-dire, mon cher ami, que vous m'avez rendu un véritable service en me communiquant cette nouvelle ; vous verrez quel parti j'en tirerai pendant huit jours. Je veux que notre colonel soit une curiosité quand il arrivera.

— Si vous vouliez bien ne me faire figurer en rien dans tout cela, je vous en serais reconnaissant.

— Soyez tranquille, je ne suis pas de ceux qui citent leurs sources et qui montrent leurs témoins : c'est un mauvais système qui vous oblige à avoir toujours ces sources ou ces témoins, et quand on ne les a pas, ce qui arrive quelquefois, pour ne pas dire souvent, on est embarrassé. Non, vous resterez dans la coulisse ; seul, le colonel paraîtra en scène. Voulez-vous voir comment ?

— Volontiers.

— Premier article pour un journal à informations. « Toujours bien informés, nous sommes les premiers à annoncer une nouvelle qui va faire sensation : le colonel Chamberlain a retenu ses appartements au Grand-Hôtel ; il arrivera à Paris le 10 du mois prochain. Chacun sait que le colonel Chamberlain, qui a joué un rôle si brillant dans la guerre de sécession, est propriétaire des plus riches sources de pétrole de l'Amérique ; ces sources produisent par jour trois ou quatre cent mille litres de pétrole, d'une valeur de 60 à 80,000 francs. »

Il s'interrompit dans sa récitation.

— Ici vous savez que l'exactitude n'est pas nécessaire, elle rebute même notre lecteur.

Puis, continuant :

« C'est donc d'un revenu annuel d'une quinzaine de millions que jouit le colonel Chamberlain. Il n'a pas encore 30 ans, il n'est pas marié. Il vient à Paris pour s'amuser. Aux armes, citoyennes ! » — Maintenant passons au second article pour le journal de nouvelles : « Tandis que nous en sommes encore, en France, à ne nous servir que rarement et mesquinement du télégraphe (une invention française cependant), voici l'usage qu'en font les Américains : hier le Grand-Hôtel a reçu, venant de New-York, une dépêche de quarante-six mots, qui avait pour objet de retenir un appartement. Or, comme le savent tous ceux qui sont en relations d'affaires avec l'Amérique, chaque mot transmis par le câble coûte 12 fr. 50 c. A cela, il faut ajouter 131 fr. 35 c. pour la réponse ; plus, 6 fr. par dix mots pour Londres. C'est donc quelque chose comme 700 fr. qui ont été dépensés, rien que pour retenir une chambre. Il est vrai que celui qui a fait cela est le plus riche propriétaire des sources de pétrole de la Pensylvanie. »

S'interrompant de nouveau :

— Vous voyez l'article ; je le termine par quelques considérations sur le service télégraphique, et demande s'il n'est pas honteux qu'un grand pays comme la France n'ait point un câble à lui et soit obligé d'emprunter celui de l'Angleterre, — son ennemie autrefois, sa rivale aujourd'hui. Cette note patriotique donnera de l'accent à mon récit.

— Maintenant je passe au troisième, à celui du journal sérieux, dont le lecteur veut être instruit ; plus d'avertissements aux cocottes, plus de réflexions sur la télégraphie, mais des détails précis sur le pétrole, ce produit minéral qui tend à prendre une si grande importance dans les usages ménagers. Ici je me renforce avec un dictionnaire géologique. Puis j'arrive au colonel Chamberlain, le propriétaire des sources de la Pensylvanie qui va venir visiter notre exposition, et alors je fais un portrait du colonel, ce héros de la guerre de sécession, qui, au lieu de laisser sa peau à Bull's Run et Chattanooga... Comment écrivez-vous ce diable de nom ? deux o, n'est-ce pas ?

— Oui.

— Au lieu de laisser sa peau à Chattanooga, a aidé puissamment le général Sherman dans son étonnante campagne, etc. etc. Qu'il arrive donc, votre colonel : vous verrez comme il sera reçu.

— Un mot seulement. Si vous faites un portrait du colonel, que vous n'avez jamais vu, n'oubliez pas que l'Américain d'aujourd'hui ne ressemble plus à celui qu'on montrait, il y a quelques années, sur le théâtre et dans les livres ; il ne taille plus des petits morceaux de bois et ne chique pas toujours. C'est le citoyen libre d'un grand pays, car l'Amérique est un grand pays, — *a very big country*.

— Bon ! Je mettrai ça dans un autre article, qui sera le quatrième. Cela vous sera agréable. Et puis je ne serais pas fâché de poudrer ma prose de quelques mots anglais, ça fera bien : — *A very big country*. — Qu'est-ce que veut dire *big* ?

— Grand, gros.

— C'est entendu : l'Amérique est un grand pays, et, quand on y rencontre des citoyens qui chiquent et crachent sur leurs voisins, on peut être certain qu'on a devant soi des Allemands.

III

En annonçant son arrivée à Paris pour le 10 avril, le colonel Chamberlain avait calculé sur la traversée ordinaire des paquebots transatlantiques, qui est de neuf ou dix jours.

Mais il avait compté sans les difficultés de a saison.

En passant sur les bancs, le vapeur qui le portait avait rencontré des glaces, de ces grands icebergs détachés des banquises de Terre-Neuve, qui, en arrivant dans les eaux tièdes du Gulf-Stream, produisent d'épais brouillards, et il avait fallu ralentir la vitesse : au lieu de quinze nœuds, se contenter de dix. Pendant deux jours, le sifflet d'alarme avait fonctionné sans arrêt.

La conséquence naturelle de cette mauvaise traversée avait été un retard dans l'arrivée.

Le 12 avril au matin, un voyageur qui était venu à pied, portant un sac en cuir à la main, était entré au bureau du Grand-Hôtel et avait demandé qu'on le conduisît à l'appartement qui avait été retenu pour le colonel Chamberlain.

C'était un homme d'une trentaine d'années, souple et dégagé dans sa démarche, de haute taille, aux épaules larges, aux reins vigoureux, ce qu'on appelle un solide gaillard. Mais ce qui frappait surtout en lui, c'était sa tête pleine de force et en même temps de douceur.

Un observateur correct dans ses goûts eût facilement trouvé à blâmer dans cette tête, originale à coup sûr, mais: précisément par cette originalité, s'éloignant du comme-il-faut traditionnel, notamment la barbe, qui était trop longue, et les cheveux, qui étaient mal taillés ; la peau du visage eût pu aussi être justement critiquée, car elle était hâlée par le grand air, rougie par le soleil, et comme collée sur des pommettes dont la saillie était assurément trop prononcée.

Cependant à qui n'était pas esclave quand même du bon goût, il ne fallait pas un long examen pour se convaincre que celui qu'on avait devant soi n'était pas le premier venu, que c'était un homme et, mieux encore, un homme qui pouvait, lorsqu'il le voulait, plaire à tous.

Si la barbe était longue, elle était soyeuse; si la chevelure paraissait négligée, cela tenait à la finesse des cheveux, qui, frisant naturellement, s'enroulaient en grosses boucles fauves souvent emmêlées les unes dans les autres.

Mais ce qui ne pouvait pas être critiqué, ce qui n'avait pas besoin d'être expliqué, c'était une bouche fine, entre les lèvres de laquelle se montraient des dents d'une blancheur admirable ; c'étaient des yeux animés de ce regard puissant qui, remuant les âmes, les échauffe ou les glace, en tous cas les domine ; c'était un front ouvert, sur lequel se lisaient tous les nobles instincts.

Il avait fait sa demande en français, d'une voix douce et polie.

L'employé auquel il s'était adressé le regarda rapidement, et, ne voyant en lui qu'un homme dont le vêtement était d'une coupe négligée, qui était venu à pied, portant lui-même sa valise, et qui par conséquent ne devait être qu'un mince personnage, ne se dérangea pas de sa besogne; mais, se tournant vers un autre employé :

— Conduisez monsieur à l'appartement du colonel Chamberlain, dit-il.

Le second employé, se modelant sur l'exemple du premier, qui sans doute était son supérieur, se mit en route, mais sans prendre la valise de celui qu'il accompagnait.

On monta ainsi au premier étage.

En entrant dans le salon dont on lui avait ouvert la porte, le voyageur jeta sa valise sur un fauteuil; puis, allant tout droit aux fenêtres, il sortit sur le balcon et resta longtemps à regarder à droite et à gauche le mouvement du boulevard.

— Très-bien ! dit-il en revenant dans le salon, c'est cela.

— M. le colonel sera content ? demanda l'employé.

— Comment, sera ? Mais il l'est : c'était cela que je voulais, la vue du boulevard, la vue de Paris ; le reste importe peu.

— Monsieur serait donc le colonel lui-même ?

— Mais oui.

— Mais alors je vais aller chercher M. l'inspecteur. Que monsieur le colonel me pardonne ; je ne pouvais pas savoir... je fais mes excuses à monsieur le colonel.

— C'est bon.

Si l'employé, au lieu de vivre à Paris dans le respect de la richesse et la foi du pourboire, avait traversé l'Atlantique, il aurait été moins surpris du calme du colonel.

N'étant jamais venu en Europe et ayant l'habitude des hôtels américains, où les gentlemen en sont souvent réduits à porter eux-mêmes leurs malles et à cirer leurs bottes, le colonel n'avait même pas remarqué qu'on lui laissait la valise dans les mains et qu'on le traitait avec sans-gêne.

Bientôt l'inspecteur parut, et, plus adroitement que l'employé, il recommença les excuses de celui-ci : on avait attendu M. le colonel le 10, on l'avait attendu le 11 ; mais le 12, naturellement on avait été moins attentif.

— Au reste, nous n'étions pas les seuls à attendre M. le colonel ; hier il est venu plus de dix personnes pour le voir.

— Comment cela ? Quelles personnes ? Mon banquier est le seul que j'aie prévenu.

— Oui, mais les journaux ont annoncé l'arrivée de M. le colonel.

— De quoi se mêlent les journaux ? qui les a chargés de cela ?

— Je ne sais pas, mais en tous cas ils l'ont fait dans les meilleurs termes ; ils ont parlé des campagnes de M. le colonel, de sa fortune.

— Ah ! voilà qui est ridicule !

— Et c'est sans doute la nouvelle de l'arrivée de M. le colonel, propagée par la voie des journaux, qui a décidé les visites de ces personnes. Elles croyaient M. le colonel à l'hôtel depuis le 10.

— Et le nom de ces personnes ?

— Je vais faire monter à M. le colonel les cartes et les lettres qui ont été laissées ou envoyées pour lui.

Au bout de quelques minutes, on apporta au colonel une certaine quantité de lettres et de cartes.

Resté seul, il était retourné sur le balcon, et, s'accoudant sur la rampe, il s'était mis de nouveau à regarder le mouvement du boulevard.

Il revint alors dans le salon, et, d'un brusque mouvement de main, étalant les lettres sur la table où elles avaient été posées, il examina d'un coup d'œil les adresses.

Mais il ne reconnut pas l'écriture d'une seule. Il y en avait une dont les caractères étaient hésitants et mal formés ; une autre, au contraire, semblait un modèle de calligraphie ; l'une, dont le papier exhalait un parfum pénétrant, était évidemment de la main d'une femme, tandis que celle qui se trouvait à côté dans une grande enveloppe grise carrée était d'un commerçant ou d'un homme d'affaires : les unes, portant un timbre d'affranchissement avaient été envoyées par la poste, les autres, sans timbre, avaient été apportées directement à l'hôtel.

— Que diable ! ces gens que je ne connais pas peuvent-ils me vouloir ? se demanda le colonel.

Et durant quelques instants il promena une main distraite sur ces lettres, comme s'il ne savait par laquelle commencer ; puis, souriant à demi et en même temps haussant les épaules, il prit celle qui était parfumée et l'ouvrit.

Elle ne contenait que quelques lignes d'une écriture fine.

« On a vu hier le colonel Chamberlain.
» S'il est un homme discret, comme on a de
» bonnes raisons pour le croire, on le prie
» de se trouver demain, à 4 heures, dans la
» serre des palmiers du jardin de l'exposi-
» tion. S'il est disposé à écouter une confi-
» dence qui pour lui aura de l'intérêt, il
» devra porter à sa boutonnière le bouton
» d'une rose blanche ; alors on ira à lui sans
» crainte. Est-il nécessaire de dire qu'il de-
» vra être seul ? »

Cette lecture achevée, il se mit à rire franchement.

— Hier, dit-il, on m'a vu hier ! Voilà une rencontre qui est singulièrement en avance, et dire que sans elle j'aurais peut-être fait la sottise de croire à cette confidence.

Puis il passa à une autre, à celle dont l'adresse était informe.

« C'est une femme qui vous écrit, monsieur le colonel, et en arrière de son mari, pour vous demander un secours. Cela est bien hardi à moi, qui ne vous connais point ; mais voir souffrir ceux qu'on aime donne tous les courages. Mon mari est un grand artiste, qui est venu à Paris pour se faire connaître. Nous comptions sur des protections, elles nous ont manqué. Pas une seule porte ne s'est ouverte devant lui, et Dieu seul sait toutes celles où nous avons frappé depuis six mois, lui et moi. Aujourd'hui nous sommes sans ressources, tout ce que nous pouvions vendre est vendu, et il ne nous reste plus qu'à mourir, lui, mon enfant et moi. J'ai vu votre nom dans un morceau de vieux journal ; l'inspiration m'est venue de m'adresser à vous. Ah ! comme je voudrais trouver des paroles pour vous convaincre que je ne vous trompe pas. Mais quelles paroles ? Je ne suis qu'une pauvre femme dont la tête est égarée par la misère affreuse de ceux qu'elle aime. Je ne puis pas même vous dire : « Venez voir par vos yeux, » car je ne pourrais jamais expliquer à mon mari que j'ai mendié en son nom. Voilà pourquoi je vous prie, si vous m'accordez quelque chose, de me l'adresser poste restante, à Paris, aux lettres A. B. X. J'ai encore une prière à vous faire : si vous nous refusez le secours que je vous demande, nous n'aurons plus qu'à nous jeter tous les trois dans la Seine ; alors, en voyant le nom de mon mari dans les journaux, ne dites point à ceux qui le connaissaient que je vous ai écrit.

« ZÉLIE L.... »

Le colonel recommença la lecture de cette

lettre ; puis, la regardant, il réfléchit pendant assez longtemps.

— Qui sait ? dit-il enfin.

Et, prenant une enveloppe dans son portefeuille, il y glissa deux billets de banque.

Mais, en écrivant à l'adresse « poste restante, » il secoua la tête à plusieurs reprises; cependant il ne reprit pas les billets.

— Et quand je serais trompé, dit-il, ce n'est pas par un refus que je veux me rappeler mon arrivée à Paris.

Et il continua à ouvrir les autres lettres.

La première qui lui tomba sous la main était d'un photographe qui lui demandait d'avoir l'honneur de faire son portrait, pour le classer dans sa galerie des célébrités contemporaines.

La seconde, d'un capitaliste qui lui proposait une affaire qui devait rapporter cent pour un:

« Si je m'adresse à vous, monsieur le colonel, c'est parce que vous êtes Américain, et que l'esprit d'initiative a abandonné la vieille Europe, pour aller vivifier la jeune Amérique. »

Il y avait encore une demande de secours pour une bonne œuvre ; puis une invitation à aller visiter de vieux tableaux des grands maîtres Raphaël, Titien, Veronèse, Rembrandt, absolument authentiques, et qu'on pourrait avoir à bon prix en achetant la galerie entière.

D'autres restaient encore à ouvrir, mais il les repoussa sur la table.

— Assez comme cela, dit-il; voilà un agréable début, et, si cela continue ainsi, je m'amuserai bien à Paris. J'aime mieux le boulevard.

Il allait retourner sur son balcon, lorsqu'on frappa à sa porte.

Un domestique entra.

— M. le colonel veut-il recevoir?

— Oh! non, personne, dit-il brusquement.

— C'est qu'il y a un monsieur qui m'a remis sa carte et qui attend.

— Dites que j'arrive, que je suis fatigué, que je dors, que je vous voudrez.

— C'est ce que j'ai dit; ce monsieur a insisté, il voulait entrer quand même.

— Allons, donnez-moi cette carte.

Le colonel lut :

Gaston de Pompéran.

— Gaston ?... Faites entrer.

Et, suivant le domestique qui sortait, il se dirigea vers la porte.

IV

Comme le colonel arrivait à la porte du salon, il se trouva en face de M. de Pompéran, qui entrait lentement, marchant à pas comptés.

Si cette visite avait eu un témoin, celui-ci aurait été frappé du contraste curieux qui existait entre ces deux hommes, aussi différents que s'ils avaient été de deux races éloignées l'une de l'autre.

Celui-ci plein d'aisance, celui-là plein de roideur.

Le colonel, négligé dans sa tenue, naturel dans toute sa personne, des pieds à la tête ;

M. de Pompéran, peigné, rasé, cravaté, habillé, ganté, chaussé, avec la correction la plus irréprochable.

Cependant, malgré ce contraste, ils s'abordèrent comme deux amis intimes, qui ont vécu de la même vie, mais bien entendu en conservant l'un et l'autre et en marquant bien chacun son caractère.

Le colonel tendit à son ami ses deux mains largement ouvertes, comme s'il voulait le prendre dans ses bras et l'embrasser.

Tandis que celui-ci avança à peine sa main droite, dont les doigts restèrent serrés les uns contre les autres.

— Comment, cher ? dit M. de Pompéran, restant debout au milieu du salon, tenant sa canne d'une main et son chapeau de l'autre; comment, c'est par un journal que j'apprends votre arrivée en France ? On annonce que vous êtes à Paris depuis le 10, c'est-à-dire depuis deux jours, et je ne vous ai pas vu ; je n'ai pas même reçu un mot, une simple carte de vous. Voilà, permettez-moi de vous en faire l'observation, qui n'est pas correct.

— Vous auriez raison, si...

— Permettez, interrompit M. de Pompéran en levant sa canne par un mouvement sec, je crois n'avoir pas tort.

— Au moins êtes-vous dans l'erreur quant aux dates.

— Comment cela?

— J'arrive à l'instant même.

— Ceci est un point de rectifié, mais il n'en reste pas moins établi que les journaux ont été avertis de votre voyage avant moi.

— Pas par mon fait, je vous l'affirme : lorsque ce voyage en Europe a été décidé du jour au lendemain, j'ai envoyé une dépêche à mes banquiers pour les prier de me retenir un appartement. Je ne sais comment les journaux français en ont été informés et surtout comment ils ont trouvé intéressant de s'occuper d'un aussi petit personnage que moi. Cela es' fort déplaisant, et, en tout cas, cela m'a valu déjà une série d'ennuis assez agaçants.

— Comment, vous, Américain, vous vous plaignez des journaux?

— En Amérique, je ne m'en plaindrais pas, car nous sommes habitués à ce genre d'indiscrétion ; mais il me déplaît d'être annoncé en France comme une espèce de phénomène. Bien que je sois Américain de naissance, je n'en ai pas moins certaines idées françaises. Enfin ces annonces m'ont valu ce tas de lettres que vous voyez sur cette table ; si, chaque matin, je reçois ainsi des demandes de secours, des propositions d'affaires ou même des rendez-vous, cela rendra mon séjour en France peu agréable.

— Aussi pourquoi avez-vous adressé votre dépêche à vos banquiers, au lieu de me l'envoyer? Vos banquiers auront parlé de votre prochaine arrivée à quelque journaliste, et celui-ci n'a eu rien de plus pressé que de faire de longues tartines sur le propriétaire des sources de pétrole de Pensylvanie, sur sa fortune, etc. etc., cela était obligé ; tandis qu'avec moi, vous étiez assuré de la discrétion. Mais c'est à mon point de vue que je me place pour me plaindre, non au vôtre, et c'est en mon nom que je dis que votre procédé n'a point été correct : vous auriez dû vous rappeler tous les services que vous m'avez rendus en Amérique et me mettre à même de vous prouver que je ne les avais pas oubliés.

— Ne parlons pas de cela.

— Parlons-en au contraire, car c'est sur ces obligations que sont établis mes droits. Quand les chances de la guerre m'ont fait votre prisonnier, vous m'avez traité en ami, non en ennemi. Et pourtant il eût été juste et correct que vous eussiez pour moi des procédés tout différents, car enfin je n'étais pas un Géorgien, j'étais un Français, et en cette qualité je me mêlais de ce qui ne me regardait pas.

— Vous aviez des parents dans le Sud.

— Évidemment, si je n'avais pas voulu ménager l'héritage de ma tante, qui m'a échappé d'ailleurs, je ne me serais pas jeté dans cette guerre ; mais cette raison était une mauvaise raison, qui ne justifiait pas mon intervention. Quels que fussent mes torts envers vous, homme du Nord, vous les avez oubliés. Votre maison, vos amis, vos relations, tout ce qu'un galant homme peut offrir, vous l'avez mis à ma disposition pendant tout le temps que j'ai passé en Amérique. Aujourd'hui vous venez en France, à Paris, où je suis chez moi ; vous devez me donner la satisfaction de faire pour vous ce que vous avez fait pour moi. Bien entendu, je ne vous offre pas ma bourse ; celle que j'ai eue autrefois est si légère maintenant qu'elle ferait triste mine, et puis la vôtre est si grosse que mon offre serait ridicule. Mais j'ai des amis, j'ai des relations, j'ai quelque expérience du monde parisien, des plaisirs de Paris : prenez-moi pour guide ; usez de moi, de mon temps, de mon dévouement. Voilà ce que je me crois en droit de réclamer, d'exiger. Est-ce dit ?

M. de Pompéran avait débité ce discours avec le plus grand calme, toujours debout, scandant ses phrases d'un petit coup de canne. Lorsqu'il fut arrivé à la péroraison, il fit passer cette canne sous le bras qui tenait déjà le chapeau, de manière à avoir la liberté de sa main droite, qu'il tendit alors au colonel.

Mais, dans ce mouvement, il ne laissa pas paraître le moindre entraînement.

Pour le colonel, il prit la main avec effusion, et longuement, cordialement, il serra les doigts de son ami.

Alors seulement, M. de Pompéran trouva convenable d'accepter le fauteuil que plusieurs fois le colonel lui avait avancé.

— Ainsi vous m'appartenez, reprit-il ; c'est entendu, n'est-ce pas? Seulement, avant de ratifier cet engagement solennel, permettez-moi une question. Avez-vous des affaires ici ? ou bien ne venez-vous à Paris que pour votre plaisir? Je ne pense pas qu'il y ait indiscrétion à vous poser ces questions.

— Pas le moins du monde.

— D'autant mieux que, si vous me répondez que vous avez des affaires, je ne vous demanderai pas lesquelles ; ce que je désire, c'est une simple indication qui serve à régler nos relations.

— Eh bien! je vous réponds que, pendant mon séjour à Paris, je n'aurai à m'occuper que d'une seule affaire ; seulement elle est d'une importance décisive pour moi.

— Il suffit.

— Pourquoi donc ? Je n'ai aucune raison pour ne pas vous en parler, bien au contraire : il s'agit d'un mariage.

— Pour vous ?

— Pour moi.

— Vous venez à Paris pour vous marier ?

— Je n'en sais rien encore, je viens voir si je me marierai.

— Si c'est une femme que vous venez chercher, j'insiste sur ma proposition ; je suis à vous, disposez de mes relations.

— La femme que je dois épouser n'est point à chercher ; ce qui reste à décider, c'est de savoir si je l'épouserai ou ne l'épouserai pas. En deux mots, voici de quoi il s'agit : J'ai perdu mon père, il y aura un an le 7 mai. Vous savez quelle affection j'avais pour lui. Avant de mourir, mon pauvre père, qui se sentait perdu, a pu m'adresser ses dernières recommandations. « Si je suis devenu un homme, m'a-t-il dit, c'est à mon frère Antoine que je le dois; Antoine est un modèle de droiture, d'honneur et de dévouement. Si les circonstances de la vie nous ont séparés et si je ne l'ai pas revu depuis trente ans, il n'en est pas moins pour moi un frère chéri ; mieux qu'un frère, un père. Antoine a une fille qui doit être âgée d'une quinzaine d'années. Vas à Paris, vois cette enfant et, si elle te plaît, épouse-la ; tu payeras ma dette envers mon frère. Ce n'est point un ordre que je te donne ni une volonté que je t'impose. Je ne sais ce qu'est ma nièce, si elle peut te plaire ou si elle est digne de toi. Antoine n'a pas eu comme moi la chance de faire fortune ; il est resté, tu le sais, ouvrier. Mais, quelle que soit sa position, je suis sûr qu'il a élevé sa fille dans des idées de devoir et d'honneur, qu'il en a fait une honnête fille, une femme de cœur, à moins d'avoir rencontré en elle une mauvaise nature, ce qui n'est pas probable. Va donc à Paris, vois Thérèse, et ne te marie pas avec une autre sans savoir si celle-ci peut être ta femme. » Voilà ma position, mon cher ami. Je ne suis pas fiancé à ma cousine, je ne suis pas obligé de l'épouser; mais il est possible que ce mariage se fasse.

— Vous épouseriez la fille d'un ouvrier parisien, vous ?

— Et pourquoi pas? Qu'était mon père? un bûcheron. Qu'était ma mère? une couturière. Comment ai-je commencé à être élevé en ouvrier. Tout à coup la fortune s'est fait un jeu de nous enrichir, mais elle n'a pas mis un sang bleu dans mes veines ni des idées aristocratiques dans ma tête. Je ne dis pas que j'épouserai Thérèse, parce qu'elle est la fille d'un ouvrier parisien, mais je ne dis pas davantage que je ne l'épouserai jamais, parce qu'elle n'est que la fille d'un ouvrier ; je dis que je ne sais pas ce que je ferai. Si Thérèse me plaît, je serai heureux de réaliser le désir de mon père; si elle ne me plaît pas, je ne l'épouserai pas, voilà tout. Je dois avant tout voir, et c'est pour cela que je viens à Paris. J'aurais fait ce voyage plus tôt, si la mort de mon père ne m'avait pas obligé à régler, avant mon départ, de grosses affaires fort compliquées. Aussitôt libre, je suis parti, et me voilà.

— Ce mariage ne se fera pas.

— Et pourquoi donc ?

— Avec votre éducation, vous ne pouvez pas prendre pour femme une petite fille qui n'a pas été élevée; avec votre fortune, vous ne pouvez pas épouser une ouvrière, ce ne serait pas correct.

— Voulez-vous donc que ma fortune épouse une autre fortune ?

— Ce n'est pas cela que je dis; je veux que la position, je veux que la supériorité sociale que vous devez à votre fortune, vous donne en mariage une autre supériorité. En un mot, j'estime que, tel que vous êtes, vous pouvez choisir votre femme parmi les vingt ou trente jeunes filles qui sont à la tête du monde européen.

— N'oubliez pas, cher ami, interrompit le colonel en riant, que je ne suis qu'un marchand de pétrole, autrement dit une sorte d'épicier.

— Quelle niaiserie ! Vous êtes une force sociale, la plus puissante de notre temps. Si vous voulez en faire l'expérience, laissez-vous conduire, et vous verrez les pères, les mères, les femmes, les jeunes filles, venir à vous; vous n'aurez pas à chercher, vous n'aurez qu'à vous défendre au contraire, de manière à rester libre pour le jour où il vous plaira de choisir entre toutes celle que vous voudrez. Et vous épouseriez une ouvrière ? Allons donc ! Dotez-la votre cousine, c'est tout ce que vous lui devez.

Le colonel secoua la tête par un geste qui disait qu'il n'était pas homme à se laisser toucher par de pareils arguments.

— Au reste, continua M. de Pompéran, je suis bien bon de vous tenir ces discours; vos yeux vous en feront de plus éloquents. Mais en attendant vous m'appartenez; je suis le premier arrivé, je ne vous quitte plus. Que voulez-vous faire aujourd'hui ?

— Rien; attendre mon valet de chambre, qui doit arriver avec mes bagages.

— C'est toujours le fidèle Horace ?

— Toujours.

— Eh bien ! quand Horace sera arrivé, vous vous habillerez, nous dînerons ensemble ; nous irons à la première représentation de la *Grande-duchesse de Gerolstein*, aux Variétés ; puis, après le théâtre, je vous conduirai dans une maison où je vous ferai connaître quelques-uns de mes amis et plusieurs de mes amies.

V

La maison dans laquelle Gaston de Pompéran voulait mettre le colonel en relations avec quelques-unes de ses amies était celle de Mlle Françoise Hurpin, connue au théâtre et dans le monde parisien sous le nom de Raphaëlle, qu'elle s'était choisi comme plus décent et mieux fait pour la gloire.

On pendait ce soir-là la crémaillère dans le nouvel appartement du boulevard Haussmann, que Raphaëlle venait de se faire donner par la société en commandite qui l'exploitait ou qu'elle exploitait, selon le sens que l'on voudra attacher aux mots, et l'on devait rencontrer dans ses salons, en hommes et en femmes, une partie de ce qu'on est convenu d'appeler *tout Paris*.

De là l'empressement avec lequel on avait recherché les invitations, qui avaient été peu nombreuses, au moins pour les femmes.

Après le théâtre, M. de Pompéran fit monter le colonel en voiture, et bientôt l'on arriva au boulevard Haussmann.

— Vous savez, n'est-ce pas, dit M. de Pompéran, que je vous conduis dans un monde assez mélangé? Bien entendu, je parle des hommes;car, pour les femmes, elles se valent toutes ou à peu près. Autant que possible, je vous ferai connaître ceux avec qui vous allez vous rencontrer. Mais comme les simples noms ne vous diront pas toujours ce qu'il est bon de savoir, comme, d'un autre côté, je ne pourrai pas toujours vous avertir, enfin, comme nous sommes exposés à trouver des étrangers qui en ce moment affluent à Paris et que je ne connais pas, je vous prie de prendre bonne note d'une indication que je vais vous donner. Je n'avoue pour mes amis et par conséquent je ne recommande à votre confiance que ceux qui m'appelleront par mon prénom ou que j'appellerai moi-même par le leur. Quant aux poignées de mains, quant aux témoignages de politesse, n'y attachez aucune importance. Lorsqu'on vous entendra m'appeler Gaston, et lorsqu'on m'entendra vous donner le nom d'Édouard, mes amis sauront ce que cela signifie.

— Je m'en souviendrai, je vous remercie.

— Maintenant, une question : êtes-vous toujours le beau joueur que j'ai connu?

— Lorsque je n'avais que la pension que mon père me faisait, la grosse pension, il est vrai, le gain et la perte me donnaient des émotions que je n'éprouve plus maintenant; aussi ai-je peu joué ces derniers temps. Cependant si l'on m'invite à me mettre à une table de jeu, je ne refuserai pas ; je ne veux pas que vous ayez à rougir de moi. Seulement je suis sans argent.

— On vous en donnera.

— J'aimerais mieux envoyer un mot à Horace, qui m'en apportera; l'hôtel n'est pas bien éloigné, ce sera vite fait. Il est mon intendant et mon caissier.

Le plus grand nombre des invités de Mlle Raphaëlle était déjà arrivé, lorsque le colonel et Gaston de Pompéran entrèrent dans le salon.

Au mouvement qui se fit et aux yeux curieux qui se fixèrent sur lui, le colonel comprit qu'il était attendu avec une curiosité qui déjà au théâtre lui avait été fort désagréable.

Vivement la maîtresse de la maison fit quelques pas au devant de lui, la main tendue, comme si elle recevait un ami ; puis, après quelques paroles de politesse plus intimes qu'il ne convenait de convenir avec un inconnu, elle le força de prendre place près d'elle.

Les conversations avaient cessé, tous les regards étaient ramassés sur le colonel ; dans les coins du salon et dans les embrasures des fenêtres seulement, on parlait à voix basse et l'on se communiquait ses observations sur le Yankee; près de lui, on se taisait, on regardait et l'on attendait.

On n'eût pas reçu un roi avec plus de déférence.

Le silence devenant embarrassant, Raphaëlle le rompit :

— Eh bien ! monsieur le colonel, êtes-vous content de votre soirée? demanda-t-elle ; on dit que c'est un succès.

Ordinairement, lorsqu'une pareille question est posée, il y a dix voix pour répondre : « C'est un grand succès, c'est une *jordure*, ça ne fera pas le sou! » car les nouvelles de théâtre se propagent à Paris, surtout dans ce monde, avec une rapidité électrique. Qu'on donne une première au Gymnase, aux Variétés, au Palais-Royal, ce qu'on appelle une grande première, le soir même, dans le faubourg Saint-Honoré, aux Champs-Élysées, à Montmartre, dans le centre de Paris comme aux extrémités, il y a tout un public qui sait si la pièce a réussi ou si elle est tombée; et cette opinion, qui ne s'appuie pas sur des raisons esthétiques, qui devance la critique de huit jours, est presque toujours la bonne : les journaux auront beau faire et démontrer que la pièce est exécrable, si ce public a dit et répété que c'était un succès, c'en est un, — au moins de vogue et d'argent.

On attendait la réponse du colonel, car on était curieux de l'entendre parler.

Avait-il de l'accent?

Et puis, qu'allait-il dire?

Avait-il de l'esprit ou bien n'était-ce qu'un grossier marchand? Les colonels américains, qu'est-ce que c'est ? des majors de table d'hôte.

Quant à sa personne, on l'avait déjà examinée et jugée.

— C'est un bel homme.

— Un fantoche militaire.

— Trop de cheveux.

— Des yeux superbes.

— Un tempérament.

Chacun s'était prononcé, en se plaçant bien entendu à des points de vue différents, selon que l'on était homme ou femme et que l'on parlait sans parti-pris, avec ou sans jalousie, sans envie.

Enfin le colonel leva la main; il allait parler.

— Soirée charmante, dit-il; pour moi, la pièce est une des plus gaies que j'aie vues.

— C'est un succès, n'est-ce pas?

— Sur cela, je ne saurais me prononcer; je ne sais pas ce qui constitue un succès à Paris. Je suis un Huron.

Il n'avait pas d'accent, il parlait comme tout le monde; sa voix était bien timbrée, ni trop claire ni trop sourde.

— Est-ce que M. le colonel Chamberlain n'a pas été choqué, lui un militaire, des plaisanteries plus vives qui sont dirigées contre les militaires? Je n'ai vu que le premier acte; il y a là un général qui se montre bien ridicule.

Celui qui avait fait cette observation, en s'avançant de deux ou trois pas dans le cercle formé autour du colonel, était une sorte de colosse portant sur son habit une chaînette de décorations, et s'exprimant lentement, gravement, avec un accent allemand.

— Ce sont précisément ces plaisanteries, répondit le colonel, qui m'ont le plus diverti, et tel est l'esprit des auteurs, leur habileté, leur légèreté de touche, qu'un militaire qui voit leur pièce ne peut que rire de leur général, de même qu'un diplomate doit s'amuser de leur diplomate; il me semble que, si j'étais prince, je prendrais un plaisir extrême à cette parodie d'une petite cour.

— Très-fin, dit une voix.

En même temps, celui qui avait parlé salua le colonel de la main.

— Bravo! continua-t-il; on ne saurait mieux dire, c'est cela même.

Celui qui applaudissait ainsi, comme s'il tenait à se mettre en avant et à se faire connaître du colonel, était un homme de 58 à 60 ans, à barbe noire, beaucoup trop noire, à physionomie souriante et caressante, s'exprimant avec un accent italien très-prononcé.

Quelques personnes entrèrent dans le salon et vinrent serrer la main de Raphaëlle.

Le colonel profita de ce mouvement pour quitter la place en vue qu'il occupait et rejoindre son ami.

— Eh bien! dit celui-ci en l'emmenant dans un petit salon, vous voyez, mon cher Édouard, quel est votre prestige : vous a-t-on reçu en épicier, comme vous vous qualifiez, ou bien en puissant de la terre?

— Oh! dans ce monde...

— Je ne dis pas que nous soyons dans le meilleur, mais nous ne sommes pas non plus dans le pire. Avez-vous vu l'effet que vous produisez sur les femmes? Vous n'avez qu'à jeter votre mouchoir, si le caprice vous en prend : il n'y en a pas une ici qui ne soit prête à se précipiter à plat ventre ou à marcher, les pieds en l'air, pour l'aller ramasser. A commencer par Raphaëlle, toutes n'attendent qu'un signe. J'avoue que je serais curieux de voir la jolie guerre que cela produirait. Tenez, regardez dans l'embrasure de la porte : quels yeux elles attachent sur moi! Avant le souper, toutes m'auront demandé de vous les présenter. Le puis-je?

— Sans aucun danger.

— Elles ne vous plaisent point?

— Il ne leur manque qu'une chose pour être irrésistibles, mais pour moi cette chose est décisive : la jeunesse. Est-ce que ces femmes d'un âge raisonnable ont pour unique fonction de montrer les bijoux qu'elles ont gagnés?

— Il n'y a ici que des célébrités, et, dans toutes les carrières, il faut longtemps pour acquérir la gloire ou simplement se faire un nom.

— Alors c'est leur célébrité qui leur impose cette gravité? On dirait que nous sommes chez des puritaines : pas de gaieté, pas de laisser-aller. Je croyais le demi-monde plus amusant, en tout cas plus libre. Que fait-on ici? Il y a un pianiste bien embarrassé devant son instrument : quand il joue de la musique sérieuse, personne n'écoute; quand il joue des valses ou des quadrilles, personne ne bouge. Encore un coup, que fait-on?

— Voulez-vous que nous partions?

— Pas du tout, je ne suis pas ennuyé; je suis étonné, ce qui n'est pas la même chose. Et puis, si les femmes me laissent indifférent, j'ai remarqué des hommes que je désire connaître. Je ne suis pas venu en France uniquement pour m'amuser, j'y suis venu aussi pour m'instruire; une tête ravagée et vieillie ne produit pas le même effet sur les épaules d'un homme que sur celles d'une femme. Il me semble qu'il n'y a pas que des célébrités féminines ici. Mais d'abord dites-moi donc, je vous prie, quel est ce personnage à l'accent allemand qui a paru surpris que j'aie ri de plaisanteries dirigées contre les militaires, et cet autre aux manières italiennes qui s'est cru obligé de me couvrir de son approbation.

— Deux célébrités précisément. L'une est le baron Lazarus, un financier, un agent politique, diplomatique, je ne sais trop; en tous cas, un homme plein d'activité, d'habileté et de finesse, de ruse sous son apparente placidité. Il a des affaires partout, à Francfort, à Vienne, à Berlin, à Paris, à Londres, et partout il y mène avec lui une fille ravissante, sa fille Ida, le type de la poésie allemande. L'autre est le prince Mazzazoli, un Italien, un faiseur ruiné, qui a lancé de grandes entreprises pendant les premières années de l'Empire et qui, malgré son astuce, s'est laissé rouler par ses associés. Aujourd'hui il ne compte plus pour se refaire que sur une nièce qui est une merveille ; si la brune Carmelita n'épouse pas un empereur, un grand-duc ou un roi de la finance, le prince Mazzazoli est un homme à la mer. Je trouve très-caractéristique la façon dont il a voulu se faire remarquer de vous : défiez-vous de lui.

— Pourquoi donc ?

Mais M. de Pompéran ne put pas répondre : plusieurs de ses amis s'étaient approchés, et il avait dû abandonner les confidences intimes pour le cérémonial des présentations.

En quelques instants, le colonel avait entendu une dizaine de noms qu'il était habitué à lire dans les journaux de sport et de *high-life* : le duc de Charmont, Chicot-Palluel, Sainte-Austreberthe, d'Espoudeilhan, d'Ypréau, Montrévault; et la conversation était devenue générale entre ces hommes du même monde, parmi lesquels quelques-uns, le duc, d'Ypréau, d'Espoudeilhan, Montrévault, de Pompéran, se traitaient en amis.

Tout à coup il se fit un mouvement dans le grand salon.

— Ah ! voici Amanzaga qui arrive, dit Gaston.

Puis se tournant vers le colonel :

— Vous vous plaigniez, mon cher Edouard, de la froideur de cette soirée; il est possible que vous vous plaigniez bientôt de sa chaleur. Amanzaga est l'artificier qui va allumer l'incendie. Je parie vingt-cinq louis qu'avant cinq minutes on va jouer un jeu d'enfer.

— Pourquoi a-t-on invité cet individu ici ? demanda le duc de Charmont.

— Il va partout, répondit Sainte-Austreberthe.

— Si c'est une raison pour vous, mon cher vicomte, répliqua le duc, ce n'en est pas une pour moi.

VI

Comme le duc de Charmont et le vicomte de Sainte-Austreberthe s'étaient tournés vers de nouveaux arrivants, le colonel put demander à Gaston de Pompéran quel était au juste cet Amanzaga.

— Un joueur, un Péruvien, un Brésilien, je ne sais trop; il est célèbre pour avoir fait sauter les banques du Rhin. Il est diversement jugé : pour les uns, c'est un grec; pour les autres, un honnête homme. Tout ce que je peux affirmer, c'est que je l'ai vu perdre de très-grosses sommes.

A ce moment, un domestique vint avertir le colonel que son valet de chambre l'attendait.

— Voilà une curieuse coïncidence, dit Gaston en riant.

— Quelle coïncidence?

— Votre argent arrive au moment où Amenzaga fait son entrée.

— Cela ne m'oblige pas à jouer.

— Non, mais cela vous rend le jeu facile. Au reste, je vous avoue que pour moi j'en suis enchanté ; j'aurai ainsi plaisir à vous voir lutter contre le terrible Amenzaga, qui nous a tous plus ou moins plumés, et, comme vous n'avez pas moins de calme que lui, comme, d'un autre côté, j'ai la conviction que finalement la victoire appartient toujours aux gros bataillons, j'espère que vous nous vengerez. Allez donc chercher le convoi de munitions que vous apporte Horace.

Le valet de chambre du colonel était un jeune nègre magnifique, qu'un créole lui-même, malgré le préjugé de la couleur, devait admirer, tant il y avait de force et de souplesse dans sa taille athlétique, de bonté dans ses yeux, aussi doux que ceux d'un terre-neuve, de joyeuse humeur dans son sourire. Beau, on ne pouvait pas dire qu'il le fût en le jugeant d'après les principes d'esthétique établis pour les blancs et par les blancs; mais en tous cas superbe de puissance et de vie, sans rien de ce qui si souvent constitue l'infériorité de la race noire : le front déprimé, les mâchoires en saillie, les jambes arquées, les genoux fléchis, le cou tendu en avant, tous ces caractères qui rapprochent l'homme du singe.

Assis dans l'entrée, il attendait tranquillement son maître, et les invités qui arrivaient s'arrêtaient curieusement devant lui pour regarder cette admirable statue de bronze.

Lorsqu'il vit son maître sortir du salon, il se leva vivement, et son visage noir s'éclaira d'un sourire qui découvrit ses dents blanches.

— Tu m'as apporté ce que je t'ai demandé? dit le colonel en l'attirant dans un angle.

— Voici les billets, dit Horace en tirant de ses poches plusieurs paquets noués en liasses d'égale épaisseur, et puis je vous ai apporté aussi votre revolver.

Disant, il sortit de sa poche de côté un revolver à crosse d'ivoire dont le canon nickelé, frappé par la lumière, jeta des reflets argentés.

— Veux-tu bien cacher cela tout de suite, dit le colonel en riant; crois-tu que nous sommes dans une ville neuve du Far-West, et que je vais jouer avec des *rowdies*?

— Il n'y a pas de voleurs à Paris?

— Je n'en sais rien, mais on ne se défend pas d'eux avec un revolver; emporte.

— C'est égal, si mon colonel veut bien le permettre, je vais l'attendre.

— Mais non, va-t-en.

— Je vous en prie, maître; et puis, je vous assure que j'étais très-bien à ma place : les femmes blanches qui passent n'ont pas à Paris le même regard que les femmes blanches à Boston ou à New-York.

Haussant doucement les épaules, le colonel rentra dans les salons.

En son absence, un changement s'était fait dans le grand salon; les siéges avaient été poussés contre les murs et au milieu un espace était resté vide.

Dans cet espace, deux domestiques apportèrent une longue table en bois qu'ils avaient été chercher dans la cuisine.

Au milieu de ce salon tout chargé de dorures, au milieu de ces tentures et de ces meubles de satin, sur ce tapis dont les fleurs roses et le fond blanc avaient tout l'éclat du neuf, cette table sur laquelle on voyait des taches de graisse mal lavées et des brûlures produisait un singulier effet.

Mais bientôt le bois brut disparut sous un grand rideau bleu dont on couvrit la table, et, sur ce rideau Amenzaga, tenant dans ses doigts un morceau de craie, dessina des lignes comme on en voit sur les tables de trente et quarante.

A ce moment, la maîtresse de maison s'approcha.

— Ah! messieurs, je vous en prie, dit-elle, ne jouez pas chez moi.

Mais ces paroles furent accueillies par une explosion de murmures et de cris.

— Tu veux donc qu'on se regarde comme des chiens de faïence?

— Pourquoi nous as-tu invitées?

— Jouez au whist, dit-elle.

— Mettons Raphaëlle à la porte.

— Eh bien! alors, si vous jouez malgré moi, au moins promettez-moi de ne pas jouer gros jeu.

— Raphaëlle est un ange ; c'est la Providence des familles.

— Petit jeu, c'est entendu; c'est juré, mère de famille.

— M. Amenzaga a la banque.

Celui-ci se fit prier un moment, mais bientôt il s'assit à la place du banquier. Alors, en quelques secondes, la table fut entourée : les femmes, tout à l'heure si calmes, « si chiens de faïence, » s'étaient subitement animées ; les attitudes voulues avaient été oubliées, le naturel avait reparu, les bouches s'étaient ouvertes : on parlait, on criait, on se querellait, pour obtenir les bonnes places autour de la table.

— Mesdames et messieurs, dit Amenzaga en mettant des rouleaux et des billets sur le tapis, il y a 50,000 francs à la banque.

Cependant le pianiste continuait de frapper sur son instrument et de jouer l'*Invitation à la valse.*

Il était bien question de valse : on alla lui dire de se taire.

Les femmes s'étaient assises autour de la table et les hommes se tenaient debout, à côté d'elles ou derrière leurs chaises. Bien entendu, ce n'était point le hasard qui avait disposé ce groupement, mais le choix : chacune s'était arrangée pour avoir son ou ses banquiers à portée de la main.

— Faites votre jeu, dit le banquier, le jeu est-il fait?

Le baron Lazarus vint se placer derrière le banquier. L'or et les billets ayant été placé sur le tapis, le jeu commença.

Debout, à une certaine distance de la table, le colonel regardait, mais l'idée ne lui vint pas de jouer lui-même.

Plusieurs coups furent joués, gagnés ou perdus, et il remarqua que le baron pointait toujours pour la banque, comme s'il avait eu une foi aveugle dans la chance du banquier ou bien comme s'il avait été son associé.

Ce banquier trichait-il? Rien ne l'indiquait, car il perdait et gagnait alternativement. Quand les femmes gagnaient, elles mettaient une partie de leur gain dans leur poche.

En venant à cette soirée, le colonel avait été animé par une véritable curiosité. Qu'y verrait-il, que s'y passerait-il? Il n'en savait rien, mais enfin il avait le pressentiment qu'il devait s'y passer quelque chose. Il était chez une des comédiennes célèbres de Paris, avec des femmes dont les noms étaient connus de tous; il lui semblait qu'il ne devait pas assister à une soirée bourgeoise.

Jusque là son attente avait été trompée. Au lieu de la maison d'une courtisane telle que son imagination la lui avait montrée, un intérieur d'honnête femme meublé avec un certain luxe, mais sans rien d'extravagant ou d'insolent ; au lieu de femmes provoquantes, entraînantes, belles ou étranges, de vieilles comédiennes et des cocottes flétries, qui jouaient la dignité et le comme-il-faut. Eh quoi! c'était là Paris? c'était là cette vie parisienne? Une table de cuisine et une banque de 50,000 francs! Dans tous ces regards, la soif du gain ; dans aucun, la passion du jeu!

Comme il allait s'éloigner pour s'asseoir dans un coin, la maîtresse de la maison s'approcha de lui.

— Comment, dit-elle, vous ne jouez pas, monsieur le colonel? Vous allez vous ennuyer; voulez-vous que je vous tienne compagnie?

Il aimait mieux jouer.

— Je jouerais volontiers, dit-il, si j'avais une associée et si j'avais charge des intérêts d'une autre; vous plaît-il d'être la mienne?

S'il lui plaisait d'être l'associée du colonel! Elle lui prit le bras et alors ils s'approchèrent de la table.

Bien que les joueurs soient ordinairement peu sensibles à ce qui se passe ailleurs que sur le tapis où leurs yeux sont attachés, l'entrée au jeu du colonel produisit une certaine sensation. Une femme qui avait passé près de lui, au moment où Horace lui remettait des liasses de billets et lui tendait un revolver, avait raconté cette histoire en l'arrangeant. On savait que l'habit du colonel était doublé de billets s'élevant au moins à un million, et que dans ses poches il portait deux revolvers.

Qu'allait-il se passer ?

S'il perdait, brûlerait-il la cervelle à Amenzaga ?

Plus d'une joueuse se disait que cela pouvait arriver, car chacun sait que c'est l'habitude des Américains.

Cependant cela n'arriva point.

Il est vrai que le colonel, au lieu de perdre, gagna, et qu'alors il lui était vraiment difficile de trouver un prétexte pour loger quelques balles dans la poitrine du banquier.

— Voulez-vous jouer pour moi ? avait-il dit à Raphaëlle.

Et il s'était contenté de lui tendre les billets et de ramasser ceux qu'ils gagnaient.

Dégagé de toute préoccupation, il s'était amusé à regarder les joueurs. Au premier coup, il n'y avait rien eu de particulier, chacun avait suivi son inspiration propre. Ce coup, il l'avait gagné. Alors il s'était produit un curieux changement : tout le monde, même le baron Lazarus, s'était mis à jouer le jeu qu'il jouait lui-même ; aussitôt qu'il avait fait placer sur la table ses billets par Raphaëlle, on le suivait.

Au septième coup, Amenzaga se leva et déclara que la banque avait sauté.

Alors il y eut un tonnerre d'applaudissements, auxquels Raphaëlle ne prit pas part. Peut-être cette réserve lui fut-elle imposée par sa qualité de maîtresse de maison, ou peut-être plus simplement par l'embarras où elle aurait été de se servir de ses mains, qui toutes deux étaient pleines de billets.

On vint féliciter le colonel, comme s'il avait remporté une glorieuse victoire.

— Un calme admirable, dit le baron Lazarus, et non moins de promptitude dans la décision.

— Je le savais bien, s'écria Gaston de Pompéran, que vous seriez notre vengeur.

Les femmes aussi l'avaient entouré pour le complimenter ; il y en avait qui tournaient autour de lui, l'examinant curieusement, cherchant sans doute si elles ne découvriraient pas dans ses poches les canons de ses revolvers.

— Il me semble qu'il serait convenable d'adresser quelques paroles bien senties au vaincu, dit une voix.

— Raphaëlle, consolez donc M. Amenzaga.

Mais Raphaëlle, penchée sur la table, comptait les billets et en faisait deux tas.

— Gardez tout, dit le colonel lorsqu'elle lui tendit sa part ; nous compterons plus tard.

Libre alors de reprendre son rôle de maîtresse de maison, elle voulut s'occuper du vaincu, mais elle ne le trouva point ; on lui dit qu'il était sorti.

— Il s'est sauvé, cria une voix.

— Il a eu peur.

Mais, à ce moment même, il rentra dans le salon, et se dirigea vers le colonel.

— Vous plairait-il de m'accorder ma revanche ? dit-il ; seulement j'ai été si malheureux au trente-et-quarante que je vous propose le baccarat.

— Volontiers, répliqua le colonel.

De nouveau on entoura la table, les raies de craie furent effacées sur le tapis ; le colonel et Amenzaga se trouvèrent placés en face l'un de l'autre ; celui-ci ramassa les cartes éparses çà et là, et les arrangea devant lui.

La véritable bataille allait commencer ; la curiosité de tous était vivement surexcitée : qui serait vainqueur ?

Si cette curiosité s'était portée moins passionnément sur cette question, elle aurait pu faire une remarque intéressante.

C'étaient les cartes qui avaient servi au trente-et-quarante qu'Amenzaga avait arrangées ; cependant, dans le paquet entassé devant lui, toutes ne paraissaient pas avoir fait le même usage : il y en avait qui formaient une tranche un peu plus blanche.

VII

— Je tiens ce qu'on voudra, dit Amenzaga en levant le bras droit.

Alors le jeu commença.

Chacun s'était placé selon le hasard ou selon ses sympathies, et le plus grand nombre des joueurs ou des curieux s'était entassé autour du colonel, les uns à ses côtés, à droite, à gauche, les autres derrière son fauteuil.

Amenzaga, au contraire, qui habituellement avait près de lui une galerie nombreuse, se trouvait presque abandonné : il était le vaincu, et le colonel le vainqueur. Cependant le baron Lazarus lui était resté fidèle, et, debout derrière lui, il semblait le couvrir de sa large protection ; en tous cas, par l'emplacement qu'il occupait, en se tenant les jambes écartées et les coudes en dehors, il empêchait qu'on serrât le banquier de trop près et qu'on lui enlevât la liberté de ses mouvements.

Le colonel ne jouissait pas du même avantage; littéralement on l'étouffait en le serrant et en se penchant sur ses épaules; Gaston de Pompérant, tout le premier, qui, sans jouer lui-même, voulait être en bonne place pour jouir de la victoire de son ami et de la défaite de son ennemi; puis quelques femmes qui, enviant la bonne chance de Raphaëlle, voulaient être à même de profiter d'une occasion favorable, si elle se présentait.

— Pourquoi ne me prendrait-il pas pour associée? se demandait chacune d'elle; il a bien pris Raphaëlle, et assurément il n'y a pas de comparaison à établir entre nous. Il est vrai que nous sommes du même âge; mais, pour tout le reste, quelle différence entre elle et moi! Et tout le monde sait de quel côté est l'avantage : cet Américain n'est pas assez niais pour ne pas s'en apercevoir.

En réalité, l'Américain ne pensait nullement à cela.

Autant il avait montré d'insouciance en jouant au trente-et-quarante, autant maintenant il paraissait attentif et réfléchi.

A qui resterait la victoire?

Les premiers coups ne permirent pas de préjuger le résultat, ils s'étaient partagés à peu près également, et si le colonel avait l'avantage c'était de peu.

Encore cet avantage le devait-il bien plus à sa façon de jouer qu'à la chance elle-même.

On sait que le baccarat consiste à chercher le point de neuf, ou tout au moins le chiffre le plus rapproché de ce point; le banquier donne deux cartes à son adversaire et deux à lui-même ; on peut se contenter de ces deux cartes ou en demander une nouvelle. Cela fait, chacun déclare son point, et celui qui est le plus près de neuf gagne.

Le système du colonel était de s'en tenir généralement à ses deux cartes, et de n'en prendre une nouvelle que lorsque son point était extrêmement faible; c'était quelquefois pousser la hardiesse jusqu'à l'imprudence, mais au jeu les témérités sont souvent heureuses. En cette circonstance, celles du colonel lui avaient réussi.

Après être passé en différentes mains, le talon était revenu dans celles d'Amenzaga, et le premier coup qu'il avait joué, il l'avait gagné.

La mise du colonel était de 10,000 fr., il l'avait alors doublée.

Amenzaga avait donné les cartes et il avait de nouveau gagné.

— Quarante mille francs, dit le colonel d'une voix tranquille.

— Je mets dix mille francs dans votre jeu, dit le baron Lazarus à Amenzaga, voulez-vous?

— Volontiers.

Tous les yeux étaient attachés sur les mains du banquier; le silence s'était fait dans les salons, on ne remuait plus.

Lentement Amenzaga donna les cartes l'une après l'autre.

Il y eut un moment d'attente qui, bien que très-court, parut long à toutes ces impatiences.

Le colonel, comme de coutume, déclara se contenter de celles qu'il avait reçues.

Le banquier en fit autant.

On compta les points.

Six pour le colonel,

Huit pour le banquier.

Un seul mot s'échappa de toutes les poitrines, gonflées par l'émotion :

— C'est trop fort.

Seul le colonel avait conservé son calme et sa sérénité, car les mains du banquier étaient agitées par un léger tremblement.

— Quatre-vingt mille, dit-il.

— Je mets vingt mille francs dans votre jeu, dit le baron Lazarus à Amenzaga.

— Volontiers.

Comme le banquier donnait les cartes avec lenteur, s'assurant bien avec les doigts qu'il n'y en avait pas deux collées l'une sur l'autre, quelques voix l'excitèrent à se hâter.

— Allez donc.

Le colonel se tint à son point, le banquier au contraire se donna une carte nouvelle.

— Cinq, dit le colonel.

Amenzaga avait neuf.

Il y eut une explosion de cris et la partie se trouva un moment interrompue par les commentaires : on remarqua que si le colonel avait demandé la carte que le banquier avait prise, elle n'eût point amélioré son jeu, tandis qu'elle aurait donné à celui-ci le point le plus élevé.

Alors on se regarda dans les yeux, et l'on échangea quelques propos à voix basse.

Mais le colonel rétablit le silence en annonçant qu'il faisait 160,000 francs.

Comme le baron Lazarus ne disait rien, le banquier se tourna vers lui.

— Eh bien! monsieur le baron, ne vous intéressez-vous plus dans mon jeu? demanda-t-il.

— Non, monsieur; c'est assez.

— Alors banco! dit Amenzaga.

Les deux adversaires présentaient alors un contraste curieux: tandis que le vaincu était impassible, calme sur son siège, respirant librement, promenant autour de lui des regards souriants, le vainqueur au contraire paraissait sous l'impression de l'inquiétude et de la gêne, il s'agitait sur son fauteuil, et, pendant qu'il serrait fortement dans sa main gauche le talon qui lui restait, il introduisait souvent sa main droite entre sa cravate et son cou comme pour respirer; ses yeux couraient sur la table, allant de l'un à l'autre furtivement.

Comme il se préparait à donner les cartes, le prince Mazzazoli, qui s'était approché de Raphaëlle, prit celle-ci par la main.

— Madame, lui dit-il à l'oreille, il faut que je vous parle.

— Tout à l'heure, prince.

— Non, venez tout de suite; tout à l'heure il sera trop tard.

Alors, écartant les personnes qui gênaient leur passage, il l'entraîna malgré elle à l'extrémité du salon.

Pendant ce temps, le banquier avait donné les cartes, et un grand cri, poussé par toutes les bouches, avait annoncé que de nouveau il avait gagné : sept points pour le colonel, huit pour lui.

Les exclamations se croisaient, et le tumulte était tel qu'on ne s'entendait plus, tout le monde criant en même temps.

Cependant, au milieu du désordre, on voyait Raphaëlle courir vivement çà et là.

Après quelques secondes d'entretien avec le prince, elle avait quitté celui-ci pour venir prendre par le bras un monsieur à l'air vénérable qu'elle avait tiré à l'écart, et, d'une voix haletante, avec des gestes précipités, elle lui aurait adressé quelques paroles.

Mais le patriarche avait paru ne pas comprendre ou tout au moins ne pas vouloir faire ce qu'elle lui demandait.

Alors, l'abandonnant, elle avait couru à un autre qu'elle avait emmené dans un coin opposé.

Mais, comme le premier, celui-là avait secoué la tête et s'était retiré.

Elle s'était retournée vers un troisième, qui, après quelques secondes d'hésitation, avait fait comme le second; puis enfin à un quatrième, sans être plus heureuse.

Une de ses amies l'avait alors arrêtée au passage et vivement elles avaient échangé quelques explications; Raphaëlle paraissait exaspérée.

— Aucun ne veut intervenir, dit-elle, pas un seul n'ose se mettre en avant.

— Amenzaga n'est pas terrible.

— Ce n'est pas d'Amenzaga qu'ils ont peur, c'est de l'éclat, c'est du monde; l'un de sa femme, celui-là de sa fille. Ah! si Anatole pouvait être là.

Le duc de Charmont, qui avait remarqué les allées et venues de la comédienne et qui l'avait suivie des yeux, s'approcha d'elle.

Alors elle parut lui répéter les explications qu'elle avait déjà données.

— Bon, dit-il, je m'en charge; bien que je ne sois rien dans la maison, je vais prendre leur rôle. Vous allez voir.

Et il se dirigea vers la table.

Le silence s'était peu à peu rétabli, et les adversaires étaient toujours en face l'un de l'autre.

— Trois cent vingt mille francs! dit le colonel.

— Banco! répondit le banquier.

Mais, au moment où il prononçait ce mot, une main se posa sur la sienne, celle qui tenait les cartes.

— Un moment, dit le duc de Charmont sans se presser et gardant sa nonchalance habituelle.

— Qu'est-ce à dire, monsieur le duc! s'écria Amenzaga, voulant dégager sa main.

— Je vais vous l'expliquer, mais ne dérangez pas votre main.

Le banquier, au contraire, fit un brusque mouvement; sa main s'échappa de celle du duc, et les cartes s'éparpillèrent sur le tapis.

— Que personne ne touche à ces cartes, s'écria le duc.

— Et pourquoi donc? cria le banquier.

— Puisque vous voulez que je vous le dise, je vais vous donner satisfaction; il n'est pas besoin pour cela de longues paroles : ces cartes sont préparées, et vous êtes un voleur!

Amenzaga voulut s'élancer sur le duc, mais celui-ci l'arrêta du regard.

— Monsieur le duc, s'écria le joueur, vous m'outragez; je suis gentilhomme comme vous.

— Vous êtes un voleur, et vous allez rendre l'argent que vous avez empoché ou j'envoie chercher la police.

— Je vous affirme sur l'honneur que j'ai joué loyalement.

— Allons donc! Vous avez ajouté au talon un paquet de cartes préparé à l'avance; tenez, on reconnaît ces cartes à la blancheur de la tranche.

— Je vous donne un démenti formel, je n'ai pas apporté de cartes. Tous ceux qui me connaissent vous diront que je joue loyalement. Monsieur le baron, dites donc à ces messieurs qui je suis.

— Mais je ne vous connais pas, dit le baron Lazarus.

— Vous vous êtes associé à mon jeu.

— Oui, mais je me suis retiré quand j'ai vu que la chance était trop fidèlement avec vous.

— Allons, continua le duc, restituez; comme je n'ai pas joué, ce n'est pas pour moi que je parle, mais pour ceux que vous avez volés : c'est pour M. le colonel Chamberlain.

Le colonel avait quitté son fauteuil et il avait été s'adosser à la cheminée, d'où il regardait cette scène sans y prendre part.

A ce mot, il intervint:

— Je ne demande rien, dit-il.

— Oui, mais moi je demande mes 3,000 francs, s'écria une femme.

— Et moi, mes 17,000.

— Et moi, mes 12,000.

Pendant plus d'un quart d'heure, ce fut une confusion de réclamations, de cris et d'explications. Amenzaga était tiraillé de tous les côtés, son habit était déchiré ; cependant il continuait à tenir tête à tous tant bien que mal, répétant à chaque instant qu'il était gentilhomme, qu'il n'avait pas triché.

— Refaisons nous-mêmes son paquet avec ses cartes, dit le duc.

On eut bientôt retrouvé les cartes dont les tranches étaient plus blanches.

Mais il ne se rendit pas et se défendit encore longtemps : la sueur tombait de son visage et la voix lui manquait.

Enfin il vint vers le colonel.

— C'est à vous que je fais appel, dit-il, et, pour vous prouver ma loyauté, je consens à rendre ce que j'ai gagné, mais alors vous me donnerez la main.

— Je vous donne mon argent, dit le colonel en riant ; mais ma main, non.

Et, lui tournant le dos, il passa dans un autre salon, d'où il entendit pendant longtemps les cris et les réclamations.

Quand il sortit enfin de cette maison, il trouva Horace qui l'attendait.

— Je n'avais pas eu tort d'apporter le revolver, dit le nègre ; si mon colonel l'avait posé sur la table de jeu, je crois qu'on ne l'aurait pas volé. Il y a des *rowdies*, à Paris.

VIII

Le colonel avait su par Raphaëlle le rôle important que le prince Mazzazoli avait joué en cette affaire.

En réalité, s'il n'avait pas perdu le coup de 320,000 francs et peut-être le suivant, qui eût été de 640,000 francs en doublant toujours l'enjeu, c'était à l'intervention du prince qu'il le devait.

Cela, à coup sûr, méritait bien quelques mots de remerciements.

Il l'avait donc cherché pour s'acquitter de ce devoir de politesse, mais inutilement ; sans attendre la fin de la discussion, le prince s'était retiré.

Il avait alors demandé l'adresse du prince, afin de pouvoir lui faire une visite le lendemain.

Il est vrai que cette journée du lendemain, il en avait disposé pour aller voir son oncle ; mais, en faisant visite au prince d'assez bonne heure, cela ne changerait rien à son plan. Il lui resterait ensuite tout le temps nécessaire pour se rendre rue de Charonne, où demeurait Antoine Chamberlain, et étudier tout à son aise celle qui deviendrait peut-être sa femme.

Il était convenable de ne pas différer la visite au prince ; car, en réalité, c'était quelque chose comme un million que celui-ci lui avait épargné.

Mais, le lendemain ou plus justement, le matin, lorsqu'il se leva, les choses ne se présentèrent point comme il les avait arrangées en se couchant.

Horace, en entrant dans sa chambre, lui remit une lettre qui avait été apportée par M. le baron Lazarus, avec grande recommandation de ne pas l'égarer.

Puis il le prévint qu'un monsieur attendait son lever depuis deux heures.

— Je t'avais dit que je ne voulais recevoir personne.

— J'ai exécuté fidèlement la consigne vis-à-vis de tous ceux et toutes celles qui se sont présentés : celui-ci pour vous entretenir d'une affaire importante, celui-là pour autre chose ; tous, j'en suis certain, pour vous demander de l'argent. Mais je n'ai jamais pu me débarrasser de ce monsieur, très-aimable d'ailleurs ; il m'a fait causer, et, de son côté, il m'a conté des histoires très-amusantes. Enfin, ne pouvant pas le renvoyer, je l'ai gardé. J'ai vu dans ma vie des gens habiles et entreprenants à forcer les portes, mais jamais plus que ce monsieur ; il m'a remis sa carte.

— Il se nomme.

— Meline.

— Je ne le connais pas.

— Je pense que monsieur fera bien de le recevoir ; c'est, je crois, le seul moyen de le renvoyer.

— Alors tu feras entrer ; mais voyons cette lettre d'abord.

Disant cela, le colonel déchira l'enveloppe qui renfermait une lettre et une petite feuille de papier lithographié et ressemblant à un chèque.

La lettre était courte.

« Monsieur,

» Vous trouverez ci-inclus un chèque de
» trente mille francs. Cette somme est celle
» que je vous ai gagnée cette nuit chez
» Mlle Raphaëlle. Quand je dis gagnée, je me
» sers d'un mot impropre ; car on ne peut
» pas considérer comme gagné ce qui est le
» produit d'un vol, alors même qu'on était
» d'une entière bonne foi en s'associant avec
» le voleur. Je vous prie donc de reprendre
» ces trente mille francs qui vous appartiennent. Ce serait, aux yeux de ma conscience, me faire le complice de M. Amenzaga
» que de les conserver. C'est bien assez
» qu'une imprudence, que je regrette, m'ait
» donné la fâcheuse idée de m'intéresser dans
» le jeu de ce malheureux.

» De cette déplorable soirée il me restera

» cependant un bon souvenir, puisque j'ai eu
» le plaisir d'y faire la connaissance d'un parfait gentleman.

» Agréez, monsieur, l'assurance de mes
» sentiments de haute estime. »

« LAZARUS,
» rue de Colisée, 38. »

— C'est le baron Lazarus qui a apporté cette lettre?

— Lui-même ; il est venu ce matin de bonne heure ; il a demandé si vous pouviez le recevoir ; je lui ai répondu que j'avais ordre de tenir votre porte fermée. Alors il a écrit cette lettre.

— Bien; maintenant fais entrer ton monsieur très-aimable, je le recevrai en m'habillant.

Meline ne se fit pas attendre.

— Vous avez voulu me voir? demanda le colonel, répondant légèrement au salut du reporter.

— Oui, monsieur le colonel, et, si j'ai été indiscret, je vous fais mes excuses.

— Vous permettez que je m'habille?

— J'aurai plaisir à assister à votre toilette.

— Ah! vraiment? fit le colonel étonné.

— Mon Dieu, monsieur, dit le reporter tout en allant çà et là dans la chambre, je m'aperçois que vous trouvez ma visite étrange.

— Ce n'est pas seulement la visite.

— Le visiteur aussi, n'est-ce pas?

Le colonel se mit à rire.

— Vous avez ri; je crois le moment favorable pour vous donner toutes les explications que vous pouvez désirer. Le but de ma visite est de vous voir dans votre intérieur, et de pouvoir ainsi offrir à mes lecteurs le portrait d'un gentleman sur qui tout Paris a les yeux fixés en ce moment.

— Eh bien! regardez-moi, mais je vous serai reconnaissant de faire vite; d'ailleurs, à parler franchement, je désire que mon portrait ne soit point offert à vos lecteurs. Je ne suis point un personnage public, et, par suite d'indiscrétion maladroite, on ne s'est déjà occupé que trop de moi à Paris. Si, malgré mon désir, vous persistez dans votre portrait, vous me rendrez service en disant que je suis bourru et mal accueillant pour toutes les demandes qu'on m'adresse. Si vous me débarrassez des demandeurs et des visiteurs, vous m'aurez rendu grand service.

— Je vous en débarrasserai, mais à condition que j'inspirerai confiance par la façon dont je parlerai de vous. Comment voulez-vous qu'on me croie si, aux premiers mots, il est évident que je ne vous connais pas. Et puis, permettez-moi de vous dire que la seule manière d'en finir avec des visites dans le genre de la mienne, c'est de vous livrer à moi sans résistance.

— Vous arrangez les choses à votre convenance.

— C'est vrai, mais votre intérêt est d'accord avec le mien : laissez-moi faire de vous un portrait ressemblant, complet, et il n'y aura pas à le recommencer. Si, après moi, des confrères se présentent, vous n'aurez qu'à les renvoyer à mon étude.

— Alors, monsieur, interrogez-moi; que voulez-vous que je vous dise?

— Ne craignez rien, je ne vais pas vous demander l'histoire de vos campagnes. D'ailleurs, en causant avec vous depuis cinq minutes, j'ai appris à peu près ce que j'avais besoin de savoir; et puis j'ai passé deux heures dans la compagnie de votre valet de chambre qui ne m'ont pas été inutiles.

— Il m'a dit que vous l'aviez fait parler.

— De lui et sur lui, non de vous, colonel; je laisse à d'autres cette besogne de rapporter des propos de domestiques. C'est par induction que cette conversation avec votre beau nègre a pu m'instruire : le valet bien souvent explique le maître. Le vôtre est une personnalité; c'est un type, ce nègre, qui est convaincu de la supériorité des noirs et qui prend plaisir à chercher les faiblesses et les vices des blancs pour en triompher. Je me promets de le revoir avant son départ de Paris; il sera alors bien curieux à entendre si, pendant son séjour ici, il a continué ses observations. Je lui achèterai ses mémoires, qui seront, je crois, fort drôles; son admiration pour les blanches promet des aventures.

— Horace est un grand enfant, il a des enfants la curiosité et la naïveté.

— Paris le vieillira. Mais pour revenir à ce qui vous est personnel, je dis que les sentiments qu'il éprouve pour son maître jettent une vive lumière sur le caractère de ce maître. Etre aimé de sa femme, de ses amis, c'est assurément une belle chose; mais être aimé de son domestique, voilà qui est prodigieux. Et ce n'est pas une affection ordinaire, ce n'est pas seulement du dévouement, du respect; c'est une véritable adoration.

— Les circonstances m'ont permis de lui sauver la vie.

— C'est beaucoup, et cela explique sa reconnaissance; mais il y a plus chez lui : sa tendresse pour vous n'est pas tout à fait celle qu'on éprouve pour ceux qui nous ont donné la vie, mais bien plutôt celle qu'on trouve dans son cœur pour ceux à qui on l'a donnée, je veux dire celle d'une mère pour son enfant. Sans doute il est assez ridicule de dire que ce grand garçon, si beau de force, si viril, vous aime comme une mère, et cependant c'est le seul mot juste. Avec quel orgueil il parle de vous! Il n'a pas besoin, je vous assure, d'énumérer vos qualités pour faire comprendre à ceux qui l'écoutent qu'à son sens vous les avez toutes.

Tout en parlant ainsi, il ne s'était point assis ; mais il marchait doucement par la chambre, examinant chaque chose.

Tout à coup il s'interrompit pour ramasser une paire de gants, sur laquelle il avait failli poser le pied.

Mais, avant de la remettre sur la table, il l'entr'ouvrit pour regarder le numéro.

— Vous gantez 7 1/4 ?
— Cela fait partie du portrait ?
— Assurément ; la main a son importance.

Continuant son examen, il alla à la table de toilette.

— Ah ! vous vous servez de parfumerie française, mais vos brosses sont américaines.

Puis, revenant vers un fauteuil sur lequel Horace avait déplié une chemise :

— C'est de la toile de Hollande, cette chemise, n'est-ce pas ? dit-il.
— La parfumerie, les brosses, la chemise, tout cela fait partie du portrait ?
— Mais sans doute. Si vous étiez chez vous, au lieu d'être à l'hôtel, je descendrais à votre cuisine et compterais vos casseroles ; il ne me reste pour *accessoires* que vos objets corporels, il faut bien que je les utilise de mon mieux. Par bonheur, j'aurai deux détails qui feront contraste : dans une armoire, j'ai vu douze paires de bottes et douze paires de bottines, ce qui est bien yankee ; puis, sur votre table de nuit, vous avez un volume de Musset, ce qui est bien Français. Je crois que mon étude sera réussie ; cependant il y a une chose qui lui donnerait un fameux relief, mais je n'ose trop vous la demander brusquement.
— C'est maintenant que vous avez de ces scrupules ; ne vous gênez donc pas, je vous prie.
— Alors, puisque vous le permettez, voyons franchement, vous n'avez pas quelque vice caché ?

Le colonel se mit à rire.

— Oh ! avouable ; un petit vice caractéristique, qui soit un plumet. Ça ne nuit pas dans le monde, bien au contraire. Non, pas vice. Eh bien ! alors une manie ? Une manie originale, curieuse ? Pas de manies. Alors un tic ? Quel est le mot que vous répétez le plus souvent dans la conversation.
— Je n'ai jamais eu le temps de me regarder vivre et je ne m'écoute pas parler : demandez cela à Horace.
— Oh ! pour lui vous êtes la perfection. Enfin je sens que je ne peux pas vous confesser malgré vous, et il ne me reste plus qu'à me retirer après vous avoir remercié. Je tâcherai de vous prouver ma reconnaissance en vous débarrassant des importuns et des demandeurs ; seulement c'est une race qui ne se rebute pas facilement.

Le reporter parti, le colonel put achever sa toilette.

Par le fait de la lettre du baron Lazarus, ses dispositions pour la journée se trouvaient une fois encore modifiées.

Non-seulement il devait une visite au prince Mazzazoli, mais de plus il en devait une autre au baron.

Heureusement la rue du Colisée n'est pas éloignée du rond-point des Champs-Élysées, où demeurait le prince ; il ferait les deux visites l'un après l'autre.

Ensuite il irait au faubourg Saint-Antoine.

Car enfin elle avait aussi son importance, cette visite qui pouvait décider sa vie.

Comment était-elle cette petite Thérèse ?

Ce n'était pas de ce jour qu'il se posait cette question et qu'il l'examinait.

Le moment était venu de la résoudre.

IX

L'hôtel que le baron Lazarus habitait, rue du Colisée, était bâti au milieu d'un jardin.

En devanture sur la rue, on trouvait une grande maison à cinq étages ; puis, après avoir passé sous la porte cochère de cette maison et traversé une cour, on arrivait devant la grille d'un petit jardin parisien, c'est-à-dire frais et vert pendant les mois d'avril et de mai, poussiéreux et brûlé pendant tout le reste de la belle saison.

Lorsque le colonel sonna à cette grille, ce jardin était dans toute sa splendeur ; le gazon était d'une verdure veloutée, les arbustes commençaient à ouvrir leurs feuilles printanières, et, en bordure le long des massifs, courait un long cordon de myosotis en fleurs. Ce myosotis n'était pas le fameux *vergissmein nicht* d'au delà du Rhin, mais l'espèce cultivée en France, qui lui ressemble jusqu'à un certain point, au moins de loin. Pour qui n'était pas botaniste ou jardinier de profession, il pouvait y avoir illusion ; pour le Parisien habitué aux romances et aux *lieder*, c'était l'Allemagne toute pure. De même pour celui qui avait fait le voyage des bords du Rhin, l'hôtel, enguirlandé de vignes vierges et de glycines, était aussi la maison allemande.

A la demande du colonel, on répondit que M. le baron Lazarus était en ce moment occupé, mais qu'il recevrait.

— Veuillez remettre ma carte à M. le baron, dit le colonel en entrant dans un salon d'attente ; si ma visite le dérange en ce moment, je reviendrai.

Presque aussitôt le domestique revint dire

que M. le baron serait libre dans quelques minutes.

Dans le salon où le colonel était assis, se trouvaient déjà deux personnes qui attendaient, deux jeunes gens qui s'entretenaient en allemand.

Pendant que le colonel parlait au domestique qui l'avait introduit, ils s'étaient tus ; mais bientôt ils avaient repris leur conversation en se contentant de baisser la voix.

Le colonel s'était exprimé dans un français si pur d'accent, que ces jeunes gens l'avaient pris pour un Français qui, comme tous ses compatriotes, ne devait pas entendre un mot allemand.

Malheureusement ce raisonnement ne se trouvait pas juste : le colonel, élevé dans un pays où il y a autant d'Allemands que d'Irlandais, parlait la langue allemande aussi bien que la langue anglaise.

Il put donc suivre la conversation des deux jeunes gens, et cela sans l'écouter, presque malgré lui.

— Je tiens de source certaine que c'est le baron qui a fait publier la dépêche fausse relative aux armements de la France et à l'achat des quinze mille chevaux par des agents français en Hongrie.

— Et moi, je vous affirme que c'est lui qui a fait publier dans les journaux français les correspondances pour démentir l'armement des forteresses du Rhin.

— Alors il joue double jeu ?

— C'est probable.

— La hausse dans un pays, la baisse dans l'autre ; cette question du Luxembourg lui donne la partie belle.

— Réussira-t-il ?

— Je le pense. Il a appliqué à l'Allemagne le système financier mis en pratique en France pendant les premières années de l'Empire, et je crois que ce système, qui fait appel aux petites bourses, à l'économie du paysan et du bourgeois, produira de bons résultats.

— Pour lui.

— Bien entendu. Il est incontestable que l'Allemagne est mûre pour la spéculation, et qu'avant peu elle sera prise de la fièvre de l'agiotage.

— Le baron ira-t-il jusque-là ?

— Je le pense.

— On dit sa situation bien embarrassée.

— Il a tant de ressources et sait si bien se retourner !

— Enfin, pour revenir à l'histoire de la dépêche, je vous affirme ce que je vous ai dit. Au reste, il vous est facile de constater vous-même les relations du baron avec les correspondants de plusieurs de nos journaux. Allez un jour, entre 4 et 5 heures, au café qui fait le coin de la rue Notre-Dame-des-Victoires et de la rue Brongniart : vous verrez Karl Miller, le secrétaire du baron, donner le mot d'ordre, Retournez-y entre 11 heures et minuit : vous verrez le même Miller apportant les dernières nouvelles.

A ce moment, on vint prévenir le colonel que M. le baron l'attendait.

— Voilà une visite, s'écria le baron Lazarus, qui me surprend bien agréablement.

Et, avec toutes les démonstrations d'une véritable satisfaction, il prit la main du colonel et la serra longuement.

— Vous avez reçu mon petit mot ?

— Et le chèque qu'il renfermait : c'est précisément ce chèque qui m'amène près de vous.

— Vraiment ? Ai-je oublié quelque formalité ?

— Je vous le rapporte ; vous comprenez, monsieur le baron, que je ne puis pas reprendre cet argent.

— Vous refuseriez cette restitution ?

— Assurément je ne puis pas accepter un argent que vous avez loyalement gagné.

— C'est bien le mot, loyalement gagné ; mais ce mot n'est vrai que si vous le complétez en ajoutant que ce que j'ai loyalement gagné l'a été malhonnêtement par celui qui tenait les cartes. Or ce n'est point avec moi que vous avez joué, c'est avec lui ; donc vous n'avez pas perdu cet argent, qui vous a été volé.

Et le baron se mit à rire d'un rire formidable qui fit trembler les vitres.

— Je vous défie, s'écria-t-il, de réfuter ce raisonnement.

— Cependant....

— Je sais d'autant mieux ce que vous m'allez dire que je me le suis dit moi-même, et voilà pourquoi je ne vous ai point restitué cette somme hier soir. On nous accuse, nous autres Allemands, d'avoir l'esprit lent. Cela est possible, et il est bien certain que tout d'abord, sous l'impression que me causait mon gain, — car je ne cache pas que j'aime à gagner, — je me suis donné les raisons que vous voulez m'opposer, et j'ai trouvé que ces 30,000 francs m'appartenaient. Mais j'ai une habitude journalière à laquelle je ne manque jamais ; c'est, avant de m'endormir, de faire mon examen de conscience. Cet examen m'a éclairé ; car, grâce à Dieu, ma conscience ne me trompe jamais, et ce matin je vous ai reporté un argent qui ne m'appartenait pas.

— Comme il ne m'appartient pas davantage, à mon tour, je vous l'apporte.

— Je ne l'accepterai point.

— Et moi, je ne le reprendrai pas.

La discussion dura assez longtemps sur ces deux mots qui revenaient sans cesse.

— Cet argent n'est pas à moi.

— Ni à moi.

— Je ne peux pas l'accepter.

— Ni moi non plus.

Mais, tandis que le colonel mettait de l'animation dans cette dispute, le baron riait d'autant plus fort qu'elle se prolongeait davantage; on voyait ses larges épaules secouées par son rire, qui résonnait dans sa poitrine.

Enfin il cessa de rire.

— Je crois que j'ai trouvé un moyen de nous donner satisfaction à tous deux, c'est que ni l'un ni l'autre nous ne prenions cette somme : offrons-la aux malheureux. Cela vous convient-il ?

— Parfaitement.

— Mais, bien entendu, ce sera en votre nom que le don sera fait.

— Pas du tout, ce sera au vôtre.

— Ne recommençons pas, dit le baron et pour cela convenons que le don sera anonyme. Maintenant, comme il s'agit de savoir à qui il sera fait, je vous propose que ce soit au profit de mes compatriotes. Nous avons à la Villette une colonie de pauvres Allemands. Voulez-vous qu'ils héritent de vos 30,000 francs ?

— Volontiers.

— Alors je m'entendrai avec qui de droit pour la distribution de cette somme, et vous rendrai compte de ce qui sera fait.

Les choses étant ainsi réglées, le colonel se leva pour se retirer; mais le baron ne voulut pas y consentir, il le retint à deux mains. Il éprouvait pour le colonel une véritable sympathie, une grande estime.

Puis, pour lui prouver cette sympathie, il voulut lui présenter sa fille.

— On ne voit en moi que l'homme d'affaires, mais il y a un autre homme que je dissimule; car, dans ce Paris si charmant, il n'est permis d'afficher que ses vices. C'est l'homme de la famille, le père : je ne vis que par ma fille, et toutes mes joies me viennent d'elle : je veux que vous la connaissiez, je veux surtout qu'elle vous connaisse. Passons chez elle ; nous allons la surprendre.

Disant cela et sans attendre la réponse du colonel, il le prit par dessous le bras et lui fit traverser deux ou trois pièces du rez-de-chaussée.

Arrivé devant une porte, il s'arrêta.

— Entrons sans frapper, dit-il, pour mieux la surprendre.

Et il ouvrit la porte.

Assise devant une table et occupée à écrire, une jeune femme leur tournait le dos ; on ne voyait que ses épaules sur lesquelles tombaient deux grosses nattes de cheveux blonds, noués à leur extrémité avec des rubans bleus.

Au bruit de la porte, elle se retourna.

— Oh ! papa, dit-elle, *lieber papa*.

Le baron alla vivement à elle et, se penchant sur son front, il l'embrassa.

Puis la prenant par la main :

— Ma chère Ida, dit-il en français, j'ai voulu te présenter à mon ami M. le colonel Chamberlain, et voilà pourquoi nous sommes venus te surprendre dans ta retraite de jeune fille.

Cette retraite présentait une singulière réunion de meubles et d'objets qu'on ne voit pas souvent ensemble.

Devant une fenêtre ouvrant sur le jardin, se trouvait un aquarium où couraient dans la lumière des cyprins dorés ; devant une autre, était placée une volière pleine d'oiseaux des îles. Sous le portrait d'une femme blonde, était un piano ouvert, avec une partition sur le pupitre; sur un chevalet à crémaillère, était exposé un petit tableau en train, mais sur le point d'être achevé, représentant un paysage alpestre, dans le genre de Calamo. Sur un fauteuil, étaient entassés quatre ou cinq torchons en grosse toile écrue, dont l'un n'était pas fini de marquer; l'aiguille, enfilée de coton rouge, était piquée dans un coin. Enfin, sur la table de travail, était ouvert un livre de comptes où se montraient des colonnes de chiffres; d'un côté de ce livre, un trousseau de clefs; de l'autre, une boîte à monnaie, dans laquelle les pièces étaient scrupuleusement rangées d'après leur valeur.

Assurément une jeune fille à marier ne pouvait pas être surprise en un moment plus favorable; car toutes les qualités qu'on peut exiger d'une femme se montraient dans cet intérieur, qui parlait d'une façon si claire. Dans l'aquarium et la volière, on reconnaissait une amie de la nature; dans le piano et le chevalet, une artiste; dans le livre de compte et le trousseau de clefs, une femme de ménage.

Que demander de plus ? La beauté de la femme.

Cette jeune fille, que son père tenait par la main, avait mieux que la beauté, le charme.

C'était une vierge de Van Eyck ou d'Hemling : mince, svelte, avec des cheveux d'un blond pâle qui encadraient une tête d'une beauté gracieuse; les yeux étaient candides, le regard était naïf.

— Vous voyez, dit le baron en montrant le livre de comptes, nous avons apporté l'Allemagne à Paris. Ma fille n'est pas une Parisienne; elle ne trouve pas qu'elle s'avilit en ordonnant ma maison et en veillant aux soins du ménage : ce qui, bien entendu, ne l'empêche pas de cultiver ses talents. Il y a temps pour tout dans une vie bien ordonnée.

Puis, après quelques paroles de politesse, qui s'échangèrent entre le colonel et la jeune fille sur la peinture, sur la musique, sur Paris, le baron se leva et ouvrit la porte-fenêtre qui donnait sur le jardin.

— Voilà mon intérieur, dit-il en reconduisant le colonel jusqu'à la grille de sortie. Quand vous serez las de Paris, de son bruit et de ses plaisirs; quand vous aurez besoin de vous retremper dans la vie de famille, venez nous voir.

Ils se séparèrent à la grille après avoir échangé de longues poignées de mains.

Mais avant de s'éloigner, le colonel se retourna : elle avait vraiment quelque chose de patriarcal, cette maison au milieu des fleurs et de la fraîche verdure.

X

Un jour, un de ces sportsmen de hasard, que le fumier de cheval fait de temps en temps pousser comme un champignon sur le turf parisien, s'était trouvé riche. Sa vie jusque là s'était passée dans les Champs-Elysées à aller d'une écurie à une autre, et bien souvent en ses années de misère, il s'était choisi la maison qu'il habiterait, si jamais la chance lui souriait. Quand la chance lui était arrivée, il n'avait eu rien de plus pressé que de réaliser son rêve, et dans un entre-sol du rond-point il s'était fait arranger un appartement avec toute la prodigalité d'un parvenu que la fortune a enrichi d'un coup. Naturellement il s'était pris au sérieux, et il s'était si bien cru quelqu'un, qu'il avait voulu que le mobilier qu'il s'offrait enfin, après l'avoir si longtemps vainement désiré, portât la marque de sa personnalité : le bois des meubles, les tentures, les rideaux, les tapis, le cuir des chaises, la vaisselle, la verrerie, tout avait reçu ses initiales sculptées, imprimées, gravées, tissées aux endroits les plus apparents.

Malheureusement cette fortune s'était en allée comme elle était venue; un jour, celui-là ressemblait peu au premier, le sportman ruiné avait trouvé prudent de passer la Manche, pour s'éviter l'ennui de rencontrer des créanciers indiscrets.

Que faire d'un mobilier si riche en initiales ? Le vendre, cela n'était pas facile. Heureusement le propriétaire de l'appartement l'avait acheté en bloc, et le laissant en place il avait loué son entre-sol meublé, au lieu de le louer non meublé. Qu'importait à un étranger de passage à Paris d'avoir sans cesse sous les yeux des objets marqués d'un nom inconnu ? il n'était pas chez lui et ces objets ne lui appartenaient pas.

C'était cet appartement qu'habitait le prince Mazzazoli, avec sa sœur la comtesse Delmonte et sa nièce Carmelita.

Au temps de sa splendeur financière, c'est-à-dire après le coup d'État, le prince avait acheté un riche hôtel du quartier de la Chaussée-d'Antin, où il avait donné de belles fêtes; mais, lorsque les désastres étaient arrivés, puis la ruine, puis la misère, l'hôtel avait été mis en vente et le prince n'avait plus eu que son cercle pour domicile : où couchait-il, on l'ignorait; c'était au cercle qu'il recevait sa correspondance, et c'était au cercle que le trouvaient ceux qui avaient affaire à lui. Chaque jour, sans jamais une minute de retard, il arrivait à onze heures, après avoir déjeuné, disait-il, et chaque soir, il partait à sept heures, « pour aller dîner. » Où? C'était un mystère. Jusqu'au lendemain, il était invisible.

Tout à coup il avait disparu, et il était resté absent une dizaine d'années, sans que personne pût dire, d'une façon précise, ce qu'il était devenu, ce qu'il faisait, s'il reviendrait ou ne reviendrait pas à Paris. Cependant des bruits vagues avaient de temps en temps rappelé son nom à ceux qui, en France, se souvenaient encore de lui.

On racontait qu'il était en Italie, retiré dans un vieux château de l'Ombrie ou des Abruzzes, enfin dans des montagnes sauvages. Que faisait-il là ? Les propos différaient. Pour les uns, il ne faisait rien; pour les autres, il faisait de faux billets de banque. Ceux qui se prétendaient bien informés disaient qu'il vivait là tout simplement avec deux femmes, une vieille et une jeune, qui le nourrissaient.

D'autres sans nier cette histoire de femmes l'expliquaient : ces deux femmes étaient la mère et la fille, l'une sœur, l'autre nièce du prince. Ce n'était pas seulement pour vivre tranquille, sûr de son gîte et de son pain quotidien, que le prince était venu habiter le château patrimonial des Belmonte. Rejeté du monde parisien comme une épave, incapable de reconquérir une situation dans les affaires même médiocre, il s'était tourné d'un autre côté, et dans cette nièce il avait trouvé une mine nouvelle à exploiter.

Que voulait-il en faire?

Une danseuse.

Une chanteuse.

Ceux qui ne voient pas les choses en beau disaient qu'il voulait la vendre.

Ceux au contraire qui admettent moins facilement le mal disaient qu'il voulait la préparer à un grand mariage, sur lequel il bâtirait pour lui une position inexpugnable.

Où était le vrai dans toutes ces hypothèses ?

Il y avait cependant un fait certain, attesté par des gens qui savaient ce qu'ils disaient, c'est qu'il s'était vraiment établi à Belmonte chez sa belle-sœur, auprès de sa nièce, et que pendant sept années il n'avait pas eu d'autre occupation que l'éducation de cette enfant. Le grand seigneur ruiné, le spéculateur qui un moment avait tenu la fortune dans sa main, s'était fait précepteur. Ce qu'il ne savait pas, il l'avait appris pour l'enseigner.

La tâche pour lui avait été d'autant plus rude que cette admirable tête de jeune fille ressemblait à celle de la fable : une beauté éclatante d'une pureté de dessin irréprochable et point de cervelle, ou plus justement un esprit rétif à tout ce qu'on voulait lui apprendre. Combien de fois le maître, se sauvant exaspéré d'auprès de son élève, s'était-il écrié : *E una sciocca* (c'est une oie), *una sciocca, una sciocca.*

Et puis quelle existence dans ce vieux château perdu au milieu des montagnes et des bois ; comme il avait été bâti pour durer aussi longtemps que le monde, ses derniers propriétaires avaient jugé inutile de l'entretenir et de le réparer ; les dalles de pierre du grand escalier étaient si creusées, si usées, brisées par places, qu'il fallait poser son pied avec une certaine adresse pour ne pas rouler jusqu'au bas ; dans le pavage en poterie étrusque qui formait le parquet de tous les appartements, on suivait des passages creux, usés par le frottement des pas ; sur la toiture, les chevrons avaient cédé en plus d'un endroits, et il s'était fait des trous par lesquels entraient et sortaient les nombreux oiseaux de nuit qui habitaient les greniers ; point de carreaux à la plupart des fenêtres, plus de fenêtres même à quelques baies ; cinq ou six pièces seulement, au milieu de ces enfilades de chambres et de salles, étaient à peu près habitables ; c'étaient celles où pendant sept années, avaient vécu le prince, la comtesse et Carmelita.

Un jour enfin ils avaient quitté cette triste maison. Carmelita venait d'atteindre ses 18 ans ; elle était à point, il n'y avait qu'à promener d'exposition en exposition cette belle fleur sauvage.

Tout d'abord on les avait vues dans les villes d'eaux d'Allemagne ; puis, au commencement de l'hiver 1866-1867, ils étaient venus s'établir à Paris, dans l'appartement des Champs-Élysées. Paris allait recevoir la visite du monde entier : le moment était favorable aux desseins du prince, quels qu'ils fussent.

Pendant que le prince habitait le château de sa sœur, il avait, dans ce pays riche en antiquités de toutes sortes, réuni jour par jour, pièce par pièce, une collection qu'il avait apportée avec lui à Paris, et, dans l'appartement de l'ancien sportman, loué pour raisons forcées au nom de la comtesse Belmontel, il avait exposé cette collection de bronzes et de poteries étrusques, de faïences italiennes, d'ivoires, de verreries antiques, de monnaies et de sceaux conventuels.

Cela avait été le premier appât tendu à la curiosité parisienne. On ne pouvait pas dire : « Venez voir ma nièce, qui est un chef-d'œuvre », tandis qu'on pouvait inviter les gens à venir « visiter ma collection. »

Toutes les mains qui se seraient fermées devant celles du prince, demandant quelque chose, s'ouvrirent lorsqu'on fut bien certain qu'il ne demandait rien et qu'il avait renoncé aux affaires. Ses anciens amis le reconnurent, et des relations pendant dix ans brisées, se rétablirent.

Carmelita, conduite par sa mère et son oncle, fit son début sur la scène parisienne. Il fut éclatant : il n'y eut qu'une voix dans tout Paris pour parler de la beauté de la jeune Italienne.

Quel changement ! et combien était grande la distance des Apennins aux Champs-Élysées.

Cependant cette vie nouvelle, en apparence si brillante, tenait encore par plus d'un côté, à l'ancienne, et, pour les curieux qui veulent tout savoir, il y avait sous cet éclat des points mystérieux et par cela seul intéressants à chercher.

Chaque jour, vers midi, on voyait la comtesse et sa fille aller à Saint-Philippe-du-Roule ; la mère faisait allumer un cierge et s'agenouillait ; ses lèvres s'ouvraient et se fermaient, ses mains se joignaient avec un élan passionné ; tandis que debout, près d'elle, sa fille se tenait droite, immobile, les lèvres closes, les yeux calmes.

A l'heure où Paris élégant va faire son éternelle promenade au bois, on voyait les deux Italiennes, assises à l'une de leurs fenêtres, en toilette, regardant le défilé des voitures ou plutôt exposées devant ce défilé. Au moment où les voitures commencent à revenir, elles montaient dans un landau découvert, et, à leur tour, elles allaient au bois, croisant les équipages qui descendaient.

Le soir, on les voyait dans quelques salons ou au théâtre.

C'était là leur vie au grand jour, mais quelle était celle de l'intérieur ?

Pour avoir réponse à cette question, il aurait fallu interroger ou écouter les gens de la maison, alors que le soir, chez le concierge, on s'occupait des Italiennes.

— Jamais on n'a monté de vin chez elles.
— Jamais on n'a vu un os dans le seau d'ordures que leur vieille Marietta vide tous les matin. — Elle n'ont pas de blanchisseuse. — Quand on monte chez elles le matin, on sent, dans les appartements, le roussi des fers à repasser. — Un jour, en montant une lettre, j'ai vu des chemises étendues dans la cuisine pour sécher.

Quand le colonel Chamberlain sonna à la porte de l'appartement des Champs-Elysées, ce fut la vieille Marietta, vêtue de son costume de paysanne des Abruzzes, qui vint lui ouvrir.

Elle le fit entrer dans un parloir, et, ayant pris sa carte, elle la porta au prince, qui se trouvait dans le salon.

Lorsque celui-ci lut le nom du visiteur, il se mit à rire silencieusement ; puis, entr'ouvrant rapidement la porte d'une pièce voisine, qui était la chambre de Carmelita :

— Vite, dit-il, à ta toilette, en un tour de main ; ton peplum blanc, le collier de camées, les cheveux bouffants. Tu entreras dans le salon, tu paraîtras surprise de me trouver en compagnie; je te présenterai, tu salueras, ne diras rien, et tu te retireras aussitôt.

Ces instructions données d'une voix rapide, il se retourna vers Marietta et lui dit d'introduire le colonel.

Ce n'est point un vain mot que la bonne grâce italienne, et il est bien certain que, lorsqu'un Italien a un intérêt à être aimable, il l'est plus que personne.

Le colonel fut reçu d'une façon charmante, et cette visite, qui s'était présentée comme une corvée désagréable, fut un plaisir pour lui.

Le prince était occupé à lui montrer quelques pièces de sa collection, lorsque tout à coup la porte du salon s'ouvrit devant une jeune fille vêtue de blanc.

En apercevant le colonel, elle montra une légère confusion et fit un pas en arrière.

Mais le prince alla au devant d'elle et, la prenant par la main, il la présenta au colonel.

Après s'être inclinée, elle continua son chemin et traversa le salon pour sortir par une porte opposée : sa démarche était celle d'une déesse sur les nues.

Ce fut une apparition lumineuse dans ce salon sombre.

Et quand le colonel, après avoir quitté le prince, se trouva dans les rues, en route pour le faubourg Saint-Antoine, il ne vit rien de ce qui l'entourait, ni gens ni choses; ses yeux avaient été éblouis et ils gardaient encore les impressions troublantes de leur éblouissement.

XI

Bien que la course soit longue des Champs-Elysées à la Bastille, le colonel avait voulu la faire à pied.

Heureux de se trouver enfin dans Paris, il ne voulait pas qu'une voiture, l'emportant plus ou moins rapidement, l'empêchât de voir ce qui se rencontrerait sur son chemin.

Le plaisir pour lui était de marcher, de s'arrêter, de flâner et de regarder tout à son aise ce qui lui plaisait dans ces rues qu'il parcourait pour la première fois.

Au moins tel avait été le plaisir qu'il s'était promis.

Mais, une fois en route, il ne pensa guère à regarder autour de lui, ni à flâner, ni à s'arrêter.

Son esprit était resté dans l'entre-sol du prince, et c'était machinalement qu'il marchait, insensible à ce qui l'entourait.

Quelle admirable créature que cette jeune fille!

Et il se surprit à répéter son nom :

— Carmelita, Carmelita.

Quels beaux cheveux noirs! quel pur profil!

Mais se trouvait-il quelque chose dans ce front bas, dans ces yeux clairs, sans profondeur?

Que cachait cette physionomie calme et froide?

Est-ce que cette froideur apparente était réelle? n'était-elle pas démentie par ces nuances rosées qui couraient sous la peau brune?

Elle n'avait pas seulement la beauté, cette Carmelita ; elle avait encore l'étrangeté, le mystère.

Ce que son ami Pompéran lui avait dit revenait à sa mémoire : « Si Carmelita n'épouse pas un empereur ou un roi, c'en est fait du prince Mazzazoli. » Et pourquoi n'en épouserait-elle pas un? Assurément personne plus qu'elle n'était digne d'un pareil mariage. Reine, elle l'était.

Levant les yeux, il fut tout surpris de trouver devant lui une haute colonne en bronze, que dominait une statue dorée, s'envolant dans les airs.

C'était la colonne de Juillet ; il arrivait à la place de la Bastille.

Ainsi il avait parcouru tous les boulevards, sans en avoir conscience.

Alors il haussa les épaules par un geste involontaire, il avait honte de lui-même. Quelle folie!

Puis, voulant secouer l'impression qui pesait sur son esprit, il se mit à regarder la colonne et à promener ses yeux aux quatre coins de la place.

C'était donc là cette place célèbre, dont le nom était tant de fois revenu dans les récits de son père. Cette ouverture à gauche était l'entrée du faubourg Saint-Antoine; cette maison dont la façade était bariolée de couleurs voyantes, c'était celle de l'épicier Pépin. Son père avait été un de ces combattants républicains qui, dans cette maison (en juin 1832), s'étaient si bien défendus, qu'il avait fallu le canon pour les en déloger.

Ce souvenir chassa celui de la jeune Itahenne; ses yeux et son esprit s'ouvrirent à ce qu'il voyait.

Combien souvent son père lui avait-il raconté ces batailles des rues! L'exilé aimait à revenir en France de cœur et d'esprit, et, pendant les soirées d'hiver, il n'avait pas de plus grand plaisir que de parler à son enfant, qui l'écoutait bouche béante, de son fameux faubourg, le *faubourg de la Gloire,* comme on l'appelait autrefois, le *faubourg* pour tout dire en un mot.

Son histoire était la leur.

Jacques Chamberlain, le premier dont on parlât, avait été un des vainqueurs de la Bastille; plus tard, avec Westermann, son ami, et l'Américain Fournier, il avait été aux Tuileries, le 10 août, et il avait jeté à bas la royauté; plus tard encore, en 1830, combattant entre ses deux fils, malgré ses 76 ans, il avait été tué par la balle d'un soldat de la garde royale.

Les fils avaient continué le père, et le nom de Chamberlain était depuis 89 resté vivant dans le faubourg.

Il s'arrêta un moment devant la maison qui fait le coin de la rue de la Roquette et du faubourg Saint-Antoine, et, avec ses souvenirs d'enfance, il reconstitua le combat de 1832 tel qu'il s'était passé : à la fenêtre d'angle, son père avait vu trois de ses amis successivement blessés près de lui.

Rue de Charonne, il s'arrêta encore devant la maison où l'on avait porté son grand-père frappé à mort.

Puis il continua son chemin; son esprit n'était plus aux Champs-Elysées, et il eut des yeux pour voir des gens qui passaient près de lui, descendant la rue en portant sur leur tête ou sur leur dos des meubles neufs. Combien de fois son père lui avait-il parlé de la *trôle!* Dans ces gens, il reconnut des ouvriers qui, en cette journée du samedi, allaient tâcher de vendre aux marchands en gros ou aux Auvergnats le meuble qu'ils avaient fabriqué dans leur semaine. Il fallait de l'argent, on ne pouvait pas attendre.

Par les récits de son père, il connaissait assez bien la maison où avait vécu son grand-père, et où vivait maintenant son oncle, pour la trouver sans numéro; de loin il la reconnut comme s'il l'avait déjà vue; il reconnut la porte cochère flanquée de deux appentis, les enseignes peintes sur les bossages des pilastres, la grande cour pleine de ferraille d'un côté, et de l'autre de billes de bois des îles; puis, au fond de cette cour, la vieille maison à façade sculptée, qui autrefois dépendait de l'hôtel Mortagne, qu'habita Vaucanson, et qui depuis a été appropriée tant bien que mal à des usages industriels et à des logements d'ouvriers.

Entrant par cette grande porte, et tournant à droite sans hésitation, comme un vieux locataire, il frappa à la fenêtre du concierge. Mais les concierges de la rue de Charonne ne ressemblent pas à leurs confrères des beaux quartiers de Paris; ils ont souvent autre chose à faire qu'à garder leur loge. Personne ne lui ayant répondu, le colonel traversa la cour et monta l'escalier qui dessert l'aile gauche de la maison.

Il connaissait son chemin : au quatrième étage, la porte en face. Le nom de Chamberlain avait été gravé dans le bois, par les deux frères, à la pointe du couteau, et, pour cette œuvre d'art, ils avaient reçu en payement une correction, également partagée entre eux, par la main paternelle.

Mais il eut beau frapper à cette porte, elle était fermée; personne ne répondit. Il écouta et n'entendit aucun bruit à l'intérieur.

Que voulait dire ce silence?

Un samedi, pas de travail; il y avait là quelque chose d'inexplicable pour lui.

Il frappa de nouveau.

Alors une porte s'ouvrit sur le palier, et une femme parut tenant, dans ses bras un enfant chétif; tandis que deux autres enfants, non moins pâles et non moins chétifs, se pendaient à sa robe, qui semblait devoir leur rester aux mains par lambeaux.

— Vous demandez les Chamberlain? dit-elle.

— Est-ce qu'ils ne demeurent plus ici?

— Oui, mais ils sont tous partis à l'exposition, rapport à ce qu'Antoine est délégué; et puis le manchot est sorti pour promener ses oiseaux.

— Et savez-vous s'ils vont rentrer?

— Le manchot, pour sûr, et il ne va pas tarder.

A ce moment, on entendit un pas traînant dans l'escalier et le pépiment d'oiseaux.

La femme se pencha par-dessus la rampe et regarda dans la cage.

— Voilà le manchot, dit-elle; il vous renseigna.

Bientôt arriva sur le palier un homme qui portait deux cages attachées sur un bâton; non-seulement il était manchot, mais encore il boitait.

— Voilà un monsieur qui demande après vous, dit la femme.

Alors le manchot, ayant posé ses cages sur le palier, tira une grosse clef de sa poche, et, ayant ouvert la porte, il fit entrer le colonel.

— Excusez, dit-il, si vous avez attendu, mais j'étais sorti un moment pour promener les petits.

Disant cela, il montra ses oiseaux, tout en s'occupant à accrocher les cages à la fenêtre. Dans l'une de ces cages, se trouvaient deux moineaux parisiens, deux pierrots, et dans l'autre un seul.

— Vous savez, continua le manchot, au printemps, ces petites bêtes, ça s'ennuie, ça a envie de courir; alors je vas, de temps en temps, quand je peux, les promener dans le terrain de la fabrique; il y a de l'herbe déjà verte, ça leur fait plaisir. Seulement, je suis obligé de les mettre dans deux cages, parce que je vais vous dire, il y a deux mâles et une femelle, et si les mâles étaient ensemble ils se tueraient, jaloux qu'ils sont comme des Turcs. N'est-ce pas, Pistolet?

Il prit le moineau qu'il appelait Pistolet et le posa sur sa tête, puis il continua d'aller et venir. Sa boiterie balançait l'oiseau comme s'il eût été sur une branche secouée par le vent.

— Est-ce que M. Chamberlain sera longtemps sans revenir? demanda le colonel.

— Je ne crois pas, mais je ne peux pas vous dire au juste. C'est la première fois qu'il va à l'exposition, et vous pensez bien qu'il aura eu des choses à examiner, et de près; mais vous pouvez l'attendre. Seulement, si c'est pour un travail pressé, je peux vous dire qu'il ne lui serait pas possible de s'en charger, pour le moment j'entends.

— Il y a de l'ouvrage?

— On ne peut pas le dire, et il y a bien à se plaindre; seulement, pour Antoine, il y a toujours de l'ouvrage. Quand on ne peut pas se passer des gens, il faut bien les faire travailler. Ah! s'ils pouvaient se passer de lui.

C'était dans un atelier que l'homme aux moineaux avait fait entrer le colonel, et, tout en parlant, tout en écoutant, celui-ci regardait autour de lui.

Au plafond, étaient suspendues des pièces de bois, placées là pour sécher, sans gêner le travail; sur les établis, étaient posées les pièces en train; contre les murs, étaient accrochés des modèles dessinés sur du papier ou des plâtres, des gouges, des ciseaux, des outils de toute sorte; on marchait sur des copeaux de toutes couleurs : blancs, rouges, noirs.

— Est-ce qu'il n'y avait pas autrefois plus d'établis dans cet atelier? demanda le colonel? Il me semble qu'on avait peine à y circuler.

— Autrefois? Ah! oui, du temps de Jacques Chamberlain, c'est vrai. Mais Jacques Chamberlain était ébéniste, il avait des aides, et Antoine est sculpteur, il n'a que Michel avec lui. Voilà comment vont les choses : le père était menuisier, le fils est sculpteur. Vous l'avez connu le grand Jacques?

Disant cela, le manchot porta sa main ouverte à son front en faisant le salut militaire, sans doute pour honorer le grand Jacques.

Puis, regardant le colonel avec plus d'attention :

— Mais non, dit-il; vous n'avez pas pu le connaître, Jacques a été tué en 1830, et pour sûr vous n'étiez pas encore né. Ça vous ferait 37 ans, et vous n'avez pas cet âge-là.

— Je l'ai connu par mon père, qui me parlait de lui.

— Ah! votre père le connaissait?

— Et l'aimait, l'admirait.

— Tout ça ce n'est pas étonnant; votre père était un homme juste, voilà tout.

— Mon père était son fils.

— Son fils, son fils? mais alors... alors vous, si c'est ainsi, vous êtes le fils d'Édouard, vous êtes le colonel. C'est Antoine et Thérèse qui vont être contents, depuis si longtemps qu'ils parlent de vous.

Les exclamations du manchot avaient été si bruyantes, ses mouvements avaient été si brusques, que Pistolet, inquiet, avait quitté son perchoir chevelu, pour aller se poser sur un morceau de bois, où il pépiait avec colère.

Sans s'inquiéter de lui, son maître s'approcha du colonel, et lui tendant la main :

— Et moi aussi, je suis content, dit-il; donnez-moi une poignée de main.

Comme le colonel le regardait avec surprise :

— Donnez, donnez; j'ai été l'ami de votre père.

XII

— Est-ce que votre père ne vous a jamais parlé de moi? demanda le manchot.

— De vous? seriez-vous le beau-frère de mon oncle?

— Moi, je serais Soriçul?

Sans doute, la question était bien étrange, car elle provoqua chez le manchot une longue hilarité.

— Que vous me preniez pour Soriçul, reprit-il enfin, lorsqu'il eut recouvré la parole, Soriçul si gros, si gras, tandis que moi je suis si maigre, si chétif, si cocasse, car enfin, il n'y a pas à dire, je suis cocasse avec ma jambe cassée et mon bras coupé : voilà ce qui me fait rire. Non, ce que je vous demandais, c'était si votre père n'avait jamais prononcé devant vous le nom de Denizot.

— Le petit Denizot?

— Eh! oui, le petit Denizot. Au temps où il a quitté Paris, j'étais le petit Denizot, c'est vrai; tandis que maintenant je suis le manchot; ça rime, mais ce n'est pas la même chose. Enfin il vous a parlé de moi, je suis bien aise de savoir ça. S'il ne vous a pas dit que le petit Denizot était devenu le manchot, c'est qu'il ne l'a pas appris. Antoine est si cachottier.

Comme le colonel avait fait un mouvement de surprise :

— Ne croyez pas, continua vivement Denizot, que ce que je dis là c'est pour mal parler de votre oncle. Si quelqu'un pouvait mal parler de lui, ce ne serait toujours pas moi; car, si je suis encore de ce monde, c'est à lui que je le dois; si j'ai un morceau de pain, si j'ai un lit, c'est à lui que je les dois. Et voilà précisément pourquoi il n'aura rien dit de moi à votre père, tout simplement pour ne pas raconter ce qu'il avait fait. Voilà votre oncle : quand il se tait, c'est qu'il a du mal à dire des gens ou du bien de lui.

— Vous travaillez avec lui ?

— Travailler, moi ! Vous ne m'avez donc pas regardé, que vous m'adressez pareille question ? A quoi voulez-vous qu'on soit propre quand on a une jambe plus courte que l'autre et qu'il vous manque un bras, le bon encore, le droit ? Ça a commencé par la jambe, une balle en 48. Heureusement les mains me restaient, et, sans être un artiste comme Antoine, j'étais encore assez bon ouvrier pour gagner ma vie. Mais, aux journées de décembre, c'est le bras droit qui est emporté par un boulet. Que faire quand j'ai été guéri ? Mourir de faim. Il n'y a pas d'hôtel des Invalides où l'on reçoive ceux qui se battent pour leur idée : il n'y a que Cayenne. C'est alors qu'Antoine m'a dit : « Venez chez moi, mon pauvre Denizot. » J'y suis venu et depuis j'y suis resté. Mais pour travailler, ce qui s'appelle travailler de mon métier, non; je fais ce que je peux, pas grand'chose, la cuisine, les commissions. Mais qu'est-ce qu'on peut attendre d'un boiteux et d'un manchot ?

Puis se frappant le nez en riant :

— Et d'un bavard ? ajouta-t-il; car enfin je suis là à causer avec vous, au lieu de mettre mon souper sur le feu. Excusez si je vous vous laisse seul.

— Mais il me semble que nous pouvons aussi bien causer dans la cuisine que dans l'atelier, dit le colonel que ces détails sur son oncle intéressaient vivement.

— Pour cela, bien sûr; c'est facile, si vous voulez.

Et ils passèrent dans la cuisine, dont la porte ouvrait sur l'atelier.

Ceux qui ont eu l'occasion d'entrer dans les logements des ouvriers du faubourg Saint-Antoine savent ce que sont les cuisines de ces logements : une cheminée de chambre dans laquelle est placé un petit fourneau en fonte ou en terre. Il n'en était point ainsi chez Antoine Chamberlain ; la cuisine n'était point une chambre pleine de lits, mais une pièce dans laquelle on préparait et l'on mangeait le repas de la famille.

Dans un coin, on voyait un poêle en fonte dont le corps et les tuyaux étaient noircis à la mine de plomb ; à côté, sur un buffet, des casseroles en fer étamé et en poterie ; sur les planches de ce buffet, des assiettes en faïence à fleurs et des verres en verre ; au milieu, une table en hêtre lavée à l'eau de savon ; dans l'angle opposé au poêle, un pupitre, et au-dessus une petite étagère, sur les rayons de laquelle étaient rangés des brochures et une vingtaine de volumes dont le dos était fatigué et noirci.

— Souvent, dit le colonel, voulant reprendre l'entretien où il avait été interrompu, mon père m'a parlé du bon cœur de son frère.

— Votre père vous a dit ce qu'il savait avant de quitter Paris, mais c'est depuis cette époque qu'il faut avoir vu Antoine pour le connaître. Il y a des gens qui soutiennent que plus on vieillit, plus on s'endurcit : eh bien, Antoine, en vieillissant, est devenu encore meilleur. Il ne faut pas croire qu'il n'y a qu'à moi qu'il a tendu la main : nous sommes des centaines qui lui devons tout ; encore présentement nous sommes trois ici, chez lui, comme si nous étions ses enfants.

— Trois ?

Tout en parlant, Denizot avait empli le poêle de charbon, et il s'occupait à l'allumer, soufflant avec ses lèvres, car il lui aurait été impossible de manœuvrer un soufflet.

— Oui, trois, continua-t-il : moi, Sorieul et Michel. Sorieul, vous me direz que c'est le mari de la sœur de sa femme ; mais où en trouverez-vous des gens qui nourriront leur beau-frère pendant des années et des années ? Dans ce que je dis là, il n'y a rien contre Sorieul. Il est vrai qu'il a été un temps où je lui en voulais de ne pas travailler ; mais à ce moment les affaires allaient mal, Antoine ne gagnait pas grand'chose, et on comptait les morceaux de pain à la maison. Depuis, j'ai compris qu'il avait des raisons pour rester enfermé dans sa dignité.

— Pour tout ce qui est de l'enfance de mon oncle Antoine et de sa jeunesse, je sais beaucoup de choses, car mon père avait plaisir à en parler ; mais mon oncle n'était pas marié quand mon père a quitté la France, et je ne sais presque rien de ce qui s'est passé depuis cette époque. Aussi je ne comprends pas très-bien que M. Sorieul ait des raisons de dignité pour ne pas travailler.

— Vous savez que Sorieul est un penseur, n'est-ce pas ? Eh bien ! comment voulez-vous qu'il écrive ce qu'il pense avec un gouvernement comme celui que nous avons. Quand on n'a pas la liberté de tout dire, on ne dit rien. C'est ce qu'il appelle montrer la dignité du silence.

— Ah ! je comprends.

— N'est-ce pas ? C'est là ce qui l'empêche d'écrire dans les journaux ; il serait obligé de faire des concessions et il n'en veut pas faire. Il est vrai qu'il y a des gens qui soutiennent que c'est simplement la paresse qui le tient ; de même qu'autrefois il y en avait qui prétendaient, du temps de son mariage, que s'il avait épousé une ouvrière, lui un bourgeois, lui un monsieur, c'était pour se faire nourrir par elle. Mais tout ça, c'est injuste. S'il a épousé une ouvrière, c'est que c'était son idée ; si maintenant il n'écrit pas, c'est que ce n'est pas son idée ; voilà tout. Quant à être paresseux, un homme qui ne se couche jamais avant une heure du matin, non. Au reste, Antoine le comprend bien aussi, car jamais il ne lui a adressé la plus petite observation. Vous me direz : c'est son beau-frère. Bon ! Mais Michel ?

— Qu'est-ce que c'est, Michel ?

— C'est un enfant qu'Antoine a adopté. La mère avait été enlevée à Lambessa, l'enfant restait tout seul sur le pavé de Paris ; Antoine l'a pris avec lui, comme il m'avait pris moi-même, et voilà comment nous sommes trois de plus autour de la table.

— Est-ce que le jeune Michel,... car il est jeune, n'est-ce pas ?

— Vingt-quatre ans.

— Est-ce que le jeune Michel a aussi des raisons pour ne pas travailler ?

— Ah ! non, par exemple. Allez à l'exposition, et vous verrez les sculptures d'une bibliothèque qui vous diront si Antoine a su faire de Michel un vrai artiste et un bon ouvrier. Ce que je vous raconte là, je voudrais le raconter à tout le monde, parce que ça prouve qu'il y a une justice dans les choses, et que quand on fait le bien, c'est le bien qui vous vient, tandis que quand on fait le mal, c'est le mal. Ainsi qu'est-ce qui est arrivé avec Michel ? C'est que le pauvre enfant abandonné est devenu le meilleur sculpteur de tout le faubourg, et que si aujourd'hui Antoine peut s'occuper de toutes ses commissions ouvrières, de ses fondations de sociétés, et de tout le reste, c'est parce qu'il a Michel avec lui.

— Ils travaillent ensemble ?

— Michel n'a jamais voulu nous quitter et ne nous quittera pas ; il ne serait pas un homme, s'il faisait ça. Vous voyez donc qu'Antoine n'a pas à se plaindre d'avoir tendu la main à Michel ; c'est la même chose pour Sorieul. Si Sorieul n'avait pas été à la maison, qu'est-ce qu'auraient fait les enfants, Anatole et Thérèse ? Ils auraient été aux écoles tout simplement ; tandis que Sorieul s'est occupé d'eux, il les a instruits, et tout ce qu'il sait ou plus justement tout ce qu'ils devaient apprendre, il le leur a enseigné. Vous me direz qu'avec Anatole, ça n'a servi à rien et ne l'a pas empêché de mal tourner.

— Anatole ?

— Vous ne savez pas que depuis deux ans il a quitté la maison ? Eh bien ! retenez-le pour ne pas en parler au père : c'est son grand chagrin, c'est notre chagrin à tous.

— Mais enfin qu'a-t-il fait ?

— Il ne veut rien faire justement, et voilà le mal. S'il avait voulu, il aurait été l'égal de Michel ; mais le métier l'a ennuyé, il n'a pas voulu rester ouvrier, il a voulu être artiste, et il n'a été rien du tout.

— Où est-il ?

— Ici, à Paris. Il vit avec des femmes, des comédiennes, des cocottes, comme il dit, et, comme c'est le plus beau garçon qu'on puisse voir, il n'en manque pas. Mais, si Sorieul n'a pas réussi avec Anatole, vous verrez tout à l'heure ce qu'il a fait de notre Thérèse : il est vrai que le frère et la sœur, ce n'est pas la même nature. Mais enfin, si Thérèse n'avait pas eu son oncle, elle ne serait pas devenue toute seule ce qu'elle est aujourd'hui, une perfection. Au reste je n'ai pas à vous en parler, vous allez la voir, et si par malheur vous pouvez être honteux de votre cousin, vous ne pourrez qu'être fier de votre cousine.

Le feu bien allumé commençait à ronfler, et Denizot avait placé sur la plaque une poêle dans laquelle il avait disposé des tranches de foie. Tout à coup, en cherchant dans le buffet, il se frappa le nez d'un coup de poing, ce qui était son geste habituel.

— Allons, bon ! s'écria-t-il, voilà que j'ai oublié la grillade de Sorieul. Qu'est-ce qu'il va dire ? Il ne plaisante pas là-dessus. Bien que gros et gras, il a l'estomac délicat ; notre nourriture lui fait mal, elle l'empêche de penser. Il lui faut des côtelettes, des grillades, du vin cacheté. Ça se comprend, n'est-ce pas ? c'est un monsieur. Je vais lui chercher sa grillade. Voulez-vous, pendant ce temps-là, me surveiller mon foie ? Si vous voyez qu'il brûle, tournez-le tout bêtement à la fourchette, sans essayer de le sauter.

Et il sortit en se hâtant ; dans l'escalier, on entendit son pas inégal.

Qu'eût dit Gaston de Pompéran, l'homme correct, s'il avait vu son ami qu'il voulait marier à « l'une des trente jeunes filles qui pouvaient marcher à la tête du monde européen », enfermé dans une cuisine du faubourg Saint-Antoine et suivant attentivement, la fourchette à la main, la cuisson d'un morceau de foie.

Quelle curieuse « indiscrétion » pour Moline le reporter, s'il avait su quel personnage jouait en ce moment le propriétaire des mines de pétrole de la Pensylvanie.

Comme le colonel riait à cette idée, il entendit un grand bruit de pas et de voix dans l'escalier.

C'était son oncle qui rentrait.

C'était Thérèse.

XIII

En sortant, Denizot avait tiré la porte de la cuisine sur lui, et elle s'était fermée. Mais la cloison était assez mince pour que le colonel entendit cependant ce qui se disait dans l'atelier.

— Entrez, monsieur, dit une voix grave; je vais vous remettre votre mémoire, il est dans le tiroir de mon établi.

Le colonel ne voyait pas ceux qui venaient d'entrer dans l'atelier, mais ces paroles lui disaient que son oncle n'était pas seul. Aussi au lieu d'aller au devant de lui, comme il en avait eu tout d'abord l'intention en entendant la porte du palier s'ouvrir, resta-t-il devant le fourneau.

Il attendrait que le visiteur fût parti ou bien que Thérèse entrât dans la cuisine.

Mais le visiteur ne partit point immédiatement, et un bruit de serrure lui indiqua que Thérèse, au lieu de venir dans la cuisine, était passée dans une autre pièce.

— J'ai lu votre mémoire, continua la voix grave; je l'ai lu avec toute l'attention dont je suis capable, et depuis j'y ai longuement réfléchi.

— Et vous ne voulez pas le présenter à vos camarades? demanda une voix plus jeune.

— Je ne le peux pas.

— Cependant vous reconnaissez qu'il renferme de bonnes idées.

— Oui, mais il en renferme aussi de dangereuses, dont je ne veux pas accepter la responsabilité.

— La responsabilité serait pour l'auteur seul, il me semble?

— Moi, il me semble le contraire; d'ailleurs, si vous trouvez que ma responsabilité ne serait pas engagée, mon concours vous est inutile.

— Et vous le refusez.

— Je le refuse.

— Mais vos raisons, ne voulez-vous pas au moins me les faire connaître?

— Je vous les ai données; mais, puisque vous insistez, je ne refuse pas de m'expliquer franchement. Peut-être cela vaut-il mieux d'ailleurs. Malgré toutes ses habiletés de rédaction, le but de votre mémoire se montre clairement : au fond, c'est l'excitation à la guerre contre les patrons. Eh bien! ce n'est pas la guerre que je veux, c'est l'accord. C'est facile de pousser l'ouvrier contre le patron, et l'on ne s'en est pas fait faute en ces dernières années. On est sûr d'être écouté par un grand nombre de travailleurs quand on leur dit qu'ils ont tous les droits et que les patrons ont tous les torts. C'est un moyen presque certain d'acquérir une popularité, qu'on exploite ensuite au profit de tels ou tels intérêts. Il a été un temps où nous nous laissions prendre à ce jeu, mais maintenant nous commençons à y voir clair. Pour mon compte, je n'ai jamais voulu flatter mes camarades, j'ai cherché à leur dire la vérité, voilà tout. Vous voyez donc bien que je ne peux pas soutenir votre mémoire. Voilà ma première raison.

— La première? Alors vous en avez une seconde?

— Non moins grave; car votre mémoire poursuit encore un autre but, moins clairement indiqué celui-là, mais non moins dangereux : c'est de remettre la direction du mouvement social aux mains du gouvernement afin que celui-ci s'en fasse un instrument d'action politique. Il y a déjà quelque temps qu'on cherche à nous amener là et qu'on nous fait des avances pour nous attirer. Eh bien! je vous le dis en toute sincérité, pour nous ces avances sont des menaces. Vous me connaissez mal, mon cher, en me croyant capable de tout sacrifier à la question sociale; pour moi, cette question est solidaire de la question politique. Il est vrai que depuis 1862, malgré certaines calomnies de nos ennemis comme malgré certaines inquiétudes de nos amis, j'ai cru devoir mettre à profit toutes les facilités qui résultaient pour nous des circonstances, mais je n'ai jamais entendu sacrifier le citoyen à l'ouvrier. Si l'on a pu se tromper là-dessus, je vous le dis aujourd'hui pour que cela soit bien su.

L'entretien en resta là.

Après quelques paroles insignifiantes, le colonel entendit la porte du palier s'ouvrir et se refermer : l'homme au mémoire était sorti.

Le moment était venu d'entrer dans l'atelier, mais aussitôt la voix d'Antoine reprit :

— Vous voyez, mon cher Hermann, quelles tentatives on fait auprès de nous. Dites-le à nos frères d'Allemagne; car tous les gouvernements agissent de même façon, tous comprennent qu'il est de leur intérêt d'utiliser à leur profit le mouvement social, et c'est seulement dans l'emploi des moyens qu'ils diffèrent. Vous avez le tort là-bas d'user en ce moment vos forces sur un point exclusif, c'est-à-dire dans ce que vous appelez la lutte des classes. On vous détourne de la politique et l'on vous égare. Expliquez à vos compatriotes que c'est une faute. On se trompe, ou bien on les trompe. La tactique est partout la même, mais partout aussi la vérité est la même : c'est la liberté politique qui vous donnera la liberté sociale. Prêchez cette vérité dans vos congrès, comme je la prêche ici et la prêcherai toujours.

A ce moment la porte de la cuisine s'ouvrit devant une jeune fille vêtue d'une robe de laine grise.

En apercevant le colonel devant le fourneau, la fourchette à la main, elle recula instinctivement d'un pas.

— C'est Denizot qui m'a chargé de surveiller sa poêle, dit le colonel en souriant; mais je commence à être inquiet, car je ne sais pas si je n'ai pas laissé tout brûler.

Elle restait indécise, se demandant sans doute quel pouvait être ce grand diable barbu et chevelu qui avait plutôt l'air d'un croquemitaine que d'un cuisinier.

— Mais, monsieur, dit-elle, en restant les bras à demi tendus en avant et les mains ouvertes dans l'attitude de la surprise.

— Si vous n'avez pas confiance dans un ami de Denizot, au moins n'ayez pas peur de votre cousin.

— Ah! père, s'écria-t-elle en tournant la tête vers l'atelier, mon cousin Edouard !

Il fit quelques pas au devant d'elle, tandis que de son côté elle venait au-devant de lui. Alors tous deux, en même temps, ils se donnèrent la main.

— Père, père! cria-t-elle.

Mais, tout entier à son entretien, Antoine ne répondit pas.

— Ne dérangez pas mon oncle, dit le colonel; j'ai tout le temps d'attendre.

Sans avoir égard à cette recommandation, elle alla vivement à la porte de l'atelier.

— Père, répéta-t-elle.

— Eh bien ! quoi? répondit enfin Antoine, levant la tête.

— Mon cousin Edouard.

— Edouard?

— Eh bien ! oui, Edouard, s'écria Denizot, qui rentrait à ce moment même, le fils de votre frère, votre neveu. Je lui ai donné mon foie à soigner; je parie qu'il l'a laissé brûler.

Abandonnant son interlocuteur, Antoine Chamberlain s'était dirigé vers la cuisine.

— Ah! mon garçon, dit-il en tendant les deux mains au colonel.

Puis, se reprenant lorsqu'il eut vu ce garçon :

— Monsieur...

— Monsieur.... interrompit le colonel en souriant.

— Mon cher neveu, acheva Antoine, je suis heureux de vous voir.

— Et moi aussi très-heureux, mon cher oncle, de me trouver enfin dans cette maison, qui a été celle de mon père.

— Il y a longtemps que nous vous attendions, dit Thérèse.

— Si longtemps que nous ne comptions plus sur vous.

— Les affaires m'ont retenu.

— Je savais bien que le foie serait brûlé, interrompit Denizot. C'est votre faute, Edouard ; si vous le trouvez dur en le mangeant, il ne faudra vous en prendre qu'à vous.

En regardant ce foie cuire dans la poêle, le colonel n'avait pas eu l'idée qu'il en mangerait sa part ; mais, puisqu'il paraissait tout naturel qu'il partageât le souper de ses parents, il ne voulut pas répondre par un refus à cette invitation indirecte.

— Je ne m'en prendrai qu'à moi, dit-il en riant, et ne me plaindrai pas, soyez tranquille.

— Je vous avais pourtant bien recommandé... continua Denizot.

— Assez, interrompit Antoine; nous avons mieux à faire qu'à parler de ces niaiseries. Si mon neveu Edouard veut bien partager notre souper, il le prendra tel qu'il est.

— Mon couvert à la place qu'occupait mon père, répliqua le colonel : c'est tout ce que je demande.

En entendant ces paroles, Thérèse avait ouvert une armoire pour atteindre une nappe. D'un geste le colonel l'arrêta.

— Mon père mangeait-il sur une nappe? demanda-t-il avec un sourire.

— Non, dit Antoine.

— Eh bien ! ma cousine, laissez ce linge dans l'armoire; le fils n'est pas plus grand seigneur que ne l'était le père.

Elle n'insista pas, et, refermant l'armoire, elle se mit à disposer le couvert sur la table, tandis qu'Antoine passait dans l'atelier pour congédier son ami Hermann.

Pendant qu'elle allait et venait du buffet à la table et de la table au buffet, le colonel la regardait.

Ce n'était pas encore une femme, mais ce n'était déjà plus une enfant. Ce qui restait enfant en elle était bizarre : une tête trop grosse, des bras trop maigres et trop longs, des mouvements trop brusques. Mais ce qui déjà était femme modifiait cette impression première, et, à l'étudier d'un peu plus près, il devenait certain, pour qui savait voir, qu'avant peu elle serait vraiment belle, avec ce charme parisien qui se trouve surtout dans la physionomie, et qui bien souvent rend séduisantes des femmes sans nulle beauté.

Bientôt Antoine rentra; le couvert était préparé, et le souper fini; le moment était venu de se mettre à table.

— Là était la place de votre père, dit Antoine, voulez-vous la prendre ?

— N'attendons-nous pas M. Sorieul? demanda le colonel.

— On n'attend jamais Sorieul, car on serait exposé à attendre toujours. Sorieul n'est pas un régulier; peut-être arrivera-t-il dans deux minutes; peut-être au contraire ne rentrera-t-il que demain ou après-demain. Thérèse, appelle Michel, je te prie.

Et le colonel vit entrer le jeune ouvrier dont Denizot lui avait parlé.

C'était un homme au visage énergique, auquel le colonel eût donné une trentaine d'années, s'il n'avait su son âge, assez beau garçon, mais avec des yeux noirs trop petits, dont l'éclat et la mobilité produisaient une impression de trouble, quand on voulait les fixer.

Le colonel n'eut pas le loisir de savoir s'il avait bien ou mal soigné la cuisine; car, pendant tout le temps que dura le souper, il dut répondre aux questions de son oncle.

Malgré leur affection, les deux frères n'avaient point eu le temps de s'écrire fréquemment ni longuement. C'était la vie entière de son père, depuis l'arrivée de celui-ci en Amérique, que le fils devait reconstituer et raconter.

La soirée s'écoula sans que personne eût conscience du temps, et minuit sonna, qu'ils étaient encore les coudes sur la table.

— Savez-vous ce que vous devriez faire? dit Antoine à son neveu; ce serait de venir passer la journée de demain avec nous. Non pas ici, mais à la campagne. Il faut que vous sachiez que j'ai une passion, la pêche à la ligne, et c'est lundi que ferme la pêche. Il ne me reste donc que la journée de demain. Dans une demi-heure, je vais prendre le train de minuit et demi, à la Bastille, pour aller coucher à Gournay, et me trouver à ma place demain au jour levant. Thérèse, accompagnée de Denizot, viendra me rejoindre demain matin. Voulez-vous venir aussi? Nous aurons toute notre journée à nous. Prenez le train à la gare de l'Est, descendez à Chelles, venez à pied jusqu'au pont de Gournay; suivez la rive de la Marne, en remontant le courant, vous êtes certain de me trouver. Cela vous convient-il? Pour moi, pour nous, ce sera un plaisir.

Le colonel hésita un moment.

— Oh! mon cousin, dit Thérèse.

— J'irai, dit-il en tendant la main à son oncle.

XIV

Dans son long récit, le colonel n'avait rien dit du désir qui lui avait été exprimé par son père, relativement à un mariage avec Thérèse.

A quoi bon parler de ce projet avant de savoir s'il était réalisable.

Or sa réalisation dépendait de lui seul, il était donc inutile d'en entretenir les autres avant d'avoir décidé en lui-même le parti qu'il prendrait.

Avant tout il fallait savoir s'il pourrait aimer sa cousine.

Puis ensuite il faudrait voir si celle-ci serait disposée à se laisser aimer par lui et à répondre à cet amour.

Jusqu'au jour où son père lui avait fait part de ses dernières volontés ou plus justement de ses dernières intentions, le colonel n'avait guère pensé au mariage ou tout au moins son esprit avait envisagé cette idée à peu près comme celle de la mort.

Il se marierait un jour, comme il mourrait un jour; voilà tout. Cela arriverait dans un avenir indéterminé, en tout cas lointain.

Mais, depuis cette communication de son père, il avait dû serrer d'un peu plus près cette idée de mariage, et, par le fait seul de l'examen, elle avait pris une forme sensible et s'était rapprochée de lui.

Ce n'était plus à une époque indécise et confuse qu'il devait se marier, mais à une date qu'on pouvait prévoir à peu près et qui ne dépasserait pas quelques années.

A dire vrai, il désirait que cette date fût plutôt éloignée que rapprochée: il ne s'ennuyait point d'être garçon, il était même souvent heureux de se sentir libre, libre dans sa vie, dans son esprit, dans son cœur.

Qui pouvait savoir ce qu'il trouverait dans le mariage?

Il n'avait point de dynastie à continuer, et le nom de Chamberlain pouvait s'éteindre avec lui, sans que cela fît un vide dans l'humanité.

D'un autre côté, il n'avait point à chercher dans un mariage des arrangements de fortune ou de position.

A la femme qu'il choisirait, il ne devait donc demander qu'une seule chose; mais cette chose, il y tenait absolument, et il était parfaitement décidé à ne se marier jamais, s'il ne la trouvait pas telle qu'il la voulait.

Cette chose, c'était... l'amour.

Il fallait qu'il aimât celle qu'il épouserait.

Et il fallait qu'elle l'aimât.

L'ambition, la fortune, n'étaient rien pour lui.

La promesse du bonheur était tout.

Il savait parfaitement, — et il n'avait pas eu besoin des paroles de son ami Pompéran pour cela, — il savait que l'éclat de sa fortune adoucissait singulièrement les regards des jeunes filles qui se fixaient sur lui, et que plus d'une était disposée à trouver tous les mérites à ses millions.

Mais justement ce n'était point avec ses millions qu'il voulait adoucir et séduire celle vers laquelle il serait entraîné par un sentiment naissant. Ces millions même ne devaient être pour rien dans cette séduction.

En un mot, il voulait être aimé pour lui-même.

Sans doute cela était bien troubadour, bien ridicule, il en convenait volontiers; mais il prétendait que sa fortune, qui lui donnait tant de droits, devait encore lui donner celui-là.

Tous les plaisirs, il pouvait les acheter; tous ses désirs, il pouvait les satisfaire; mais aimer, être aimé, la fortune n'y pouvait rien.

Jusqu'à un certain point, elle pouvait provoquer l'amour, ou tout au moins un semblant d'amour, dans une âme de jeune fille ; mais à son cœur, à lui, elle ne pouvait pas donner une pulsation nouvelle, plus vive et plus chaude.

Qu'une jeune fille le fît battre, ce cœur, qu'elle allumât en lui un amour sincère, et, quelle qu'elle fût, ouvrière ou princesse, elle devenait sa femme.

Thérèse serait-elle cette jeune fille?
L'aimerait-il?
Elle-même, l'aimerait-elle?

Ce furent les questions qu'il examina en revenant à son hôtel, après avoir conduit son oncle à la gare de Vincennes.

Les boulevards étaient déserts, les omnibus avaient cessé leur service, et seuls quelques fiacres couraient cahin caha sur la chaussée, regagnant leurs dépôts. Sur le trottoir, de rares passants marchaient rapidement, tandis que, le long des maisons closes, des sergents de ville allaient lentement, deux à deux, faisant leur ronde.

Si, pendant la journée, il avait pu, au milieu de la foule et des voitures, s'absorber dans le souvenir de Carmelita, il put encore bien plus librement à cette heure, dans le silence et la tranquillité, penser à Thérèse, qu'il venait de quitter après être resté longtemps près d'elle.

La nuit était calme et douce, étoilée dans un ciel profond, et il y avait vraiment plaisir à aller droit devant soi sur l'asphalte polie : les idées se suivaient sans secousse et sans interruption.

L'aimerait-il?

La question ne se posait plus devant son esprit maintenant dans les mêmes conditions qu'autrefois.

Autrefois, lorsqu'il avait réfléchi à ce sujet, il avait trouvé qu'il n'y avait guère qu'une raison pour amener ce mariage, c'était celle qui résultait du désir exprimé par son père mourant, tandis qu'il y avait toutes sortes de probabilités qui, se réalisant, devaient l'empêcher. Quelle était cette Thérèse que son père, sans la connaître, voulait lui donner pour femme? Un laideron peut-être. Pourquoi ne serait-elle pas une enfant désagréable ou grossière ? Dans cet ordre d'idées, tout était possible, et ce n'était point se faire l'esclave de préjugés que de croire qu'une jeune fille, née et élevée dans le milieu où le hasard de la naissance l'avait placée, ne pourrait pas être sa femme.

Maintenant il l'avait vue, et les probabilités dans le mauvais sens ne s'étaient pas réalisées.

Elle n'était point un laideron, il s'en fallait de tout : déjà charmante au contraire et pleine de promesses.

Elle n'était ni désagréable ni grossière, et, par suite d'un concours bizarre de circonstances, le milieu dans lequel elle avait grandi n'avait point exercé une influence mauvaise sur son éducation.

Par ce qu'il venait de voir, d'apprendre, d'entendre, il avait la preuve qu'Antoine Chamberlain était bien tel que son père le lui avait représenté : homme de cœur, de raison, de générosité et de droiture, et l'on devait admettre que ces qualités, il les avait transmises à son enfant.

Mais, à côté des exemples qu'elle avait trouvés auprès de son père et qui devaient faire d'elle une honnête femme, elle avait en plus reçu les leçons de son oncle, qui lui avait donné l'instruction d'une fille bien élevée ; car, chose curieuse, cet homme, qui avait manqué sa vie et qui enfermait sa paresse « dans la dignité du silence, » avait eu cependant le bon sens et le courage de s'occuper de temps en temps de ces deux enfants qui grandissaient près de lui, et de les faire travailler quand il était en train. Il est vrai que cette instruction n'était nullement brillante; mais elle avait pourtant une certaine étendue et surtout une solidité qui, pendant cette longue soirée, s'était montrée plusieurs fois.

Telle qu'elle était, cette petite Thérèse, on pouvait donc l'aimer.

Sans doute elle n'avait pas produit sur lui une impression qui ressemblât en rien à l'amour, mais en tous cas elle n'avait pas produit non plus le plus léger sentiment de répulsion. Elle avait de sérieuses qualités, et dès maintenant il était évident qu'elle serait bientôt une femme agréable. Il n'était donc pas impossible qu'elle fît naître alors en lui cet amour qu'il voulait avant tout trouver dans son cœur.

Ce jour venu, s'il venait jamais, l'aimerait-elle ?

Cette seconde question s'imposait à son esprit, non moins importante que la première et en tous cas plus difficile à examiner.

S'il pouvait analyser et mesurer l'impression que Thérèse venait de produire sur lui, il ne pouvait par contre savoir celle qu'il avait produite sur Thérèse.

Leur rencontre même avait eu un côté grotesque, peu fait pour inspirer l'amour ; ne le verrait-elle pas toujours tel qu'il lui était apparu, la fourchette à la main, embarrassé devant un fourneau?

Resterait-il toujours pour elle un cousin? Sur ce point, le doute était entier.

Comme il n'était point de ces superbes vainqueurs qui croient qu'ils n'ont qu'à paraître pour éblouir, il trouvait tout naturel que Thérèse, dans cette soirée, n'eût point paru troublée et qu'elle fût restée avec lui une bonne petite fille, simple et naturelle,—une cousine.

La seule chose qui eût pu lui fournir un indice eut été de savoir si au moins elle avait le cœur libre, et si cet élève d'Antoine, ce garçon aux yeux sombres, ce Michel qui vivait dans son intimité, n'était pour elle qu'un ami. Mais rien n'avait pu l'éclairer.

Et c'était même un peu pour examiner cette situation qu'il avait accepté l'invitation de son oncle. À la campagne, en tête à tête avec Thérèse, il trouverait bien sans doute l'occasion d'apprendre ce qu'il voulait avant tout savoir. Il l'interrogerait et, si elle ne voulait pas parler, il la regarderait.

Comme il rentrait à l'hôtel, il trouva Horace qui l'attendait dans l'attitude impatiente et affairée d'un homme qui a des choses graves à dire.

— Eh bien! qu'est-ce que tu as? demanda le colonel; je te vois ta figure des grands bavardages.

— Mon colonel n'a pas lu les journaux ce soir?

— Non, je n'en ai eu ni le temps ni le désir.

— Alors mon colonel ne sait rien?

— De ce qu'il y a dans les journaux, non assurément.

— Mais il n'a rien appris dans les maisons où il a été?

— Non.

— Eh bien! votre adversaire de l'autre nuit, M. Amenzaga, votre voleur enfin, a été volé. On lui a pris tout ce que vous aviez eu la...

— La...?

— La bonté, la générosité... exagérée de lui laisser. On s'est introduit dans la chambre de l'hôtel qu'il habite, on l'a bâillonné dans son lit; comme il a été surpris au milieu de son sommeil, il n'a pas pu pousser un cri. Alors on a ouvert ou forcé ses serrures et on lui a enlevé tout ce qu'il vous avait volé; puis on l'a laissé bâillonné dans son lit, on a refermé la porte de sa chambre, et l'on est tranquillement sorti par la grande porte de l'hôtel. Le tour était joué et même, il faut le dire, proprement joué.

— Sait-on qui a joué ce beau tour que tu admires?

— Ce que j'admire, c'est que votre voleur ait été lui-même volé; je suis content qu'il ne profite pas de votre argent. Par malheur, il en profitera peut-être, car on a arrêté un homme qu'on croit le voleur de votre voleur, et, si on retrouve l'argent, on le rendra à votre filou, qui, lui, ne vous le rendra jamais. Au reste, si monsieur veut lire les journaux, je les ai tous achetés pour lui.

Le récit d'Horace était exact ou tout au moins conforme à celui des journaux. Cependant le colonel lut un détail que son domestique avait omis comme insignifiant et qui jeta le trouble dans son esprit:

« Ce qu'il y a de caractéristique dans ce vol, c'est qu'il s'est produit dans des conditions à peu près semblables à celui qui a été commis, il y a trois semaines, chez M. d'Espoudeilhan. Comme M. d'Espoudeilhan, M. Amenzaga a été volé à la suite d'une soirée dans laquelle il avait gagné une somme considérable. Comment, par qui a-t-on su que ces messieurs avaient gagné ces sommes, et cela assez vite, pour les voler dans la nuit même où ils avaient joué, la justice pourrait bien avoir trouvé une réponse à ces questions, car celui qu'elle a arrêté est soupçonné d'avoir fourni les indications nécessaires pour commettre ces vols. C'est un de ces hommes sans profession, qui vivent on ne sait comment, ou plutôt on ne le sait que trop, dans le monde interlope; celui-là se nomme Anatole. Bien entendu, il soutient qu'il est innocent. »

Anatole? ce fut ce nom qui troubla le colonel.

Mais il s'efforça de chasser cette idée qui avait frappé son esprit.

Il y avait à Paris, « vivant dans le monde interlope, » comme disait le journal, bien des gens sans doute qui s'appelaient Anatole.

XV

Le lendemain, au moment où le colonel allait descendre déjeuner, Gaston de Pompéran entra dans sa chambre.

— Cher ami, dit celui-ci, je viens déjeuner avec vous, puis après je vous emmène à Longchamps.

— Votre idée de déjeuner est heureuse et je vous remercie de l'avoir eue; celle d'une promenade à Longchamps l'est beaucoup moins, car je ne peux pas vous accompagner.

— Comment! ne voulez-vous pas venir aux courses? C'est la seconde journée, elle sera très-intéressante: tous nos grands chevaux de l'année dernière, Gontran, Vertugadin, Victorieuse, sans compter les jeunes, Patricien, Ruy-Blas. Il y aura beaucoup de monde; vous trouverez là une partie du tout Paris qui était avant-hier soir aux Variétés et une autre qu'il faut que vous connaissiez.

— Je peux d'autant moins aller avec vous au bois de Boulogne, que j'ai promis de passer la journée sur les bords de la Marne.

— Comment ! sur les bords de la Marne ? Mais, mon cher, un homme de notre monde qui se respecte ne va pas sur les bords de la Marne : cela n'est pas correct.

— Je croyais que les bords de la Marne étaient très-beaux.

— Il ne s'agit pas de cela et je n'en sais rien; mais ce que vous devez savoir, vous, c'est qu'un Parisien de Paris ne dépasse la rue Richelieu que pour une première aux Variétés ou au Gymnase ; dans l'Ouest, tant que vous voudrez; dans l'Est, jamais. En tout cas, j'espère que vous allez me sacrifier vos bords de la Marne et venir avec moi. Il le faut, je vous ai promis.

— Mais, de mon côté, je me suis promis moi-même.

— Hier on a parlé de vous chez la marquise de Lucillière ; elle veut vous connaître, et je me suis engagé à vous présenter à elle aujourd'hui. Songez, mon cher Edouard, que la marquise est la reine de notre *highlife;* vous avez dû voir son nom cité souvent dans nos journaux. Une réunion où elle ne va pas n'existe point; sa cour est composée de tout ce qu'il y a de distingué à un titre quelconque : diplomates étrangers, financiers, grands seigneurs, lord Fergusson, le prince Scratoff, Serkis-Pacha, le duc de Mestosa.

En écoutant cette énumération, le colonel se mit à sourire.

— Vous riez? interrompit Pompéran.

— Je ris de voir qu'auprès de cette reine du monde parisien, il n'y a que des étrangers.

— Peut-être est-ce cette qualité d'étranger qui lui plaît en vous, je n'en sais rien; mais, en tout cas, elle tient à vous voir; elle n'a pas d'Américains dans sa galerie.

— Est-ce galerie ou ménagerie?

— Mon cher Edouard, ne plaisantez pas avec Mme de Lucillière. Nos femmes du demi-monde vous ont laissé froid l'autre soir, et jusqu'à un certain point je comprends votre calme; mais vous ne connaissez pas Mme de Lucillière. Le baron Hardinge s'est ruiné pour elle, d'Arsac s'est brûlé la cervelle, le petit Noris a été mourir aux Eaux-Bonnes.

— Voilà qui est tout à fait encourageant et qui véritablement doit me décider.

— D'abord vous n'êtes pas ruinable; ensuite vous n'êtes pas poltrinaire: le sort de ceux dont je viens de vous parler ne vous est donc pas réservé. Celui qui vous attend, je ne le connais pas et ne le prévois pas. Ce que je sais seulement, c'est que Mme de Lucillière désire vous voir, et que vous ne pouvez pas ne pas vous rendre à ce désir. Que voulez-vous que je lui dise ?

— Que je suis pour aujourd'hui engagé ailleurs.

— Cela a l'air d'une défaite.

— Ce n'en est pas une. Hier j'ai été voir mon oncle et ma petite cousine; vous savez, celle dont je vous ai parlé.

— Ah! mon Dieu! celle que vous devez épouser si...

— Précisément.

— Affreuse, n'est-ce pas, horrible ?

— Mais pas du tout; charmante.

— Vous plaisantez.

— Charmante, je vous assure.

— Elevée à la diable ?

— Très-bien élevée par un oncle qui lui a donné une instruction sérieuse.

— Et vous épousez ?

— Ah ! ceci est une question d'un autre genre.

— Pardonnez-moi de vous l'avoir posée; dans ma stupéfaction, elle m'a échappé.

— Je voudrais y répondre, mais je ne sais ce que je ferai dans l'avenir; pour le présent, je sais seulement que je passe la journée au bord de la Marne avec cette petite cousine qui n'est ni affreuse ni horrible, qui n'a point été élevée à la diable, et que je désire étudier d'un peu près, pour voir si j'exécuterai ou n'exécuterai pas les volontés de mon père. Vous devez comprendre, cher ami, que toute instance de votre part ne changerait rien à ma détermination. Je vous ai dit que je n'avais qu'une seule affaire sérieuse à régler à Paris, et qu'en dehors de cette affaire je vous appartenais entièrement. C'est de cette affaire qu'il s'agit aujourd'hui, je réclame donc ma liberté. Vous me présenterez à Mme de Lucillière un autre jour, demain, quand vous voudrez. Pour aujourd'hui, expliquez-lui ma situation.

— Je m'en garderai bien. Vraiment, mon cher Edouard, vous êtes un peu trop Huron de croire que je vais aller dire à la marquise que si je ne lui amène pas mon ami le colonel Chamberlain, c'est que ledit colonel va s'ébattre sur les bords de la Marne avec une petite cousine à lui, une jeune ouvrière de la rue Saint-Antoine.

— Rue de Charonne.

— Cela se vaut; mais, mon cher, malgré le prestige que vous donne vos millions, vous seriez coulé du coup. On n'a pas de cousines ouvrières, ou n'en a pas qui demeurent rue de Charonne.

— Dois-je tuer mes parents?

— Non; mais vous êtes assez riche pour les placer dans une position qui ne soit pas déshonorante pour vous. Faites-leur une rente, et expédiez-les à la campagne, loin, très-loin, le plus loin possible.

— Et vous croyez qu'ils accepteraient? Vous nous connaissez mal, mon cher Gaston, eux et moi ; eux, en pensant qu'ils cesseraient de travailler pour vivre à mes dépens ; moi, en me supposant capable de leur faire une proposition de ce genre. Mais assez là-dessus, je vois bien que nous ne pourrions pas nous entendre ; nous n'avons pas les mêmes idées. Que pourriez-vous me répondre, si je vous disais, ce qui est vrai, que je suis fier de mes parents et du nom qu'eux et moi nous portons.

— Dame...

— La politesse vous empêcherait de parler sincèrement, n'est-ce pas? Il vaut donc mieux ne pas agiter ces questions entre nous. Allons déjeuner.

C'était précisément parce qu'il était fier de ses parents et du nom de Chamberlain que le colonel n'osait interroger son ami sur le vol commis chez Amenzaga.

Malgré sa curiosité d'être fixé sur ses soupçons, il avait peur d'apprendre la vérité et de les voir confirmés.

S'ils devaient l'être, il ne voulait point que ce fût par quelqu'un devant qui il aurait à rougir.

Aussi, depuis l'arrivée de son ami, retenait-il les questions qui lui montaient aux lèvres.

Cet Anatole, quel était-il?

Mais, en déjeunant Gaston de Pompéran, qui ne pouvait plus parler de Mme de Lucillière, la discussion ayant été close par le colonel de manière à ne pas permettre de la rouvrir, se rejeta sur le vol.

N'était-ce pas abominable. Avait-on jamais vu chose pareille !

— Ce n'est pas du vol que je parle, s'écria-t-il, et même, à vrai dire, personne ne plaint Amenzaga ; on est même plutôt disposé à lui rire au nez. C'est de Raphaëlle.

— Qu'a-t-elle donc fait ? les journaux ne parlent pas d'elle.

— Ce qu'elle a fait ! Comment, voilà une fille qui, depuis que nous l'avons lancée, n'a eu pour amants que des honnêtes gens, des hommes de notre monde, qui tous avaient un nom, et vous demandez ce qu'elle a fait?

— L'accuse-t-on de complicité dans ce vol?

— S'il n'y avait que cela, on pourrait peut-être lui trouver des circonstances atténuantes ; car enfin le vol s'explique et se comprend quelquefois. Mais, non ; elle prend pour amant de cœur un faubourien, un pâle voyou.

— On connaît cet amant? demanda le colonel, qui ne put retenir cette question.

— On sait que c'est une vulgaire canaille et c'est bien assez. Au reste, voici comment cela a été découvert ; les journaux n'en ayant rien dit, vous devez l'ignorer. En voyant l'énorme tas de billets qui grossissait à chaque coup devant Amenzaga, Raphaëlle, qui avait quitté la table, a dit : « Ah ! si Anatole pouvait être là ! » Ce mot a été entendu et répété à Amenzaga, ce qui prouve, remarquez-le bien, qu'il avait un ami, c'est-à-dire un complice dans la réunion. Dans sa déclaration à la police, Amenzaga a naturellement commencé par rapporter ce propos, qui était significatif, et naturellement aussi la police a commencé par rechercher quel était cet Anatole. Il ne lui a pas fallu longtemps pour découvrir qu'il était depuis plusieurs mois l'amant de Raphaëlle. Cela fait, il restait à trouver M. Anatole lui-même. Deux heures après, il est arrêté dans un café borgne du faubourg Saint-Honoré, au moment où il allait se mettre à jouer au billard : ce qui, paraît-il, est son unique occupation.

— Quel rôle a-t-il joué dans le vol?

— Ce n'est pas lui qui s'est introduit chez Amenzaga. On en a la preuve par ce fait, que Amenzaga est certain d'avoir mordu à un doigt celui qui le bâillonnait. Or tous les doigts de M. Anatole sont intacts, sans trace de morsure. On suppose qu'il a prévenu un complice qu'il y avait un coup à faire chez Amenzaga, et que c'est ce complice qui a exécuté le vol. Ce qui donne une grande force à ces soupçons, c'est que des sergents de ville ont vu ce joli monsieur se promener longtemps sous les fenêtres de Raphaëlle pendant que nous étions chez elle, et qu'on l'a vu aussi s'entretenir avec un individu inconnu. C'est évidemment cet inconnu, bien renseigné par Anatole, qui a commis le vol. Vous voyez maintenant la marche des choses, n'est-ce pas : Raphaëlle disait à son amant ce qui se passait chez elle ou chez ses amies, et celui-ci, opérant sur des renseignements précis, mettait ses complices en action. Voilà comment a eu lieu le vol chez d'Espoudeilhan et celui d'Amenzaga.

— Mais alors, si cela est ainsi, Raphaëlle elle-même serait aussi complice de ces vols?

— Non, au moins cela n'est pas probable. Raphaëlle se laissait naïvement tirer des renseignements par son amant : voilà son rôle, et il est assez ignoble. Où allons-nous, mon cher, si nos maîtresses prennent pour amants des gens de cette espèce?

— Et pourquoi vous-mêmes prenez-vous des maîtresses de cette espèce?

— Comment ! vous la défendez?

Mais telle n'était pas l'intention du colonel, son observation n'avait été provoquée que par l'indignation de son ami :

— Une femme à nous, un faubourien ! n'est-ce pas abominable?

Tout ce que voulait le colonel, c'était apprendre quel était ce faubourien ; mais Gaston ne savait rien autre chose que ce qu'il avait déjà dit : « Un pâle voyou, » et c'était tout. Il est vrai que pour son exaspération c'était bien assez. Pour lui, qu'importait le nom de cette espèce !

Lorsqu'après le déjeuner, Gaston fut parti, le colonel résolut d'aller chez Raphaëlle elle-même et de la faire parler. C'était le parti le plus simple à prendre. Par elle, il arriverait bien sans doute à savoir si ses pressentiments étaient fondés.

Mais, comme il approchait de la maison du boulevard Haussmann, où demeurait Raphaëlle, une victoria s'en éloignait, au trot rapide de deux chevaux enguirlandés de rubans, qui faisaient sonner joyeusement leurs grelots.

Une femme, à demi couchée dans cette voiture, laissait flotter au vent les plumes rouges et les dentelles blanches de son chapeau.

C'était Raphaëlle, en toilette printanière, qui partait pour les courses.

Il était trop tard pour l'arrêter.

Alors le colonel, appelant un cocher qui passait, se fit conduire à la gare de l'Est.

Le lendemain, il serait temps de chercher à savoir si ce « pâle voyou » était bien décidément le frère de Thérèse.

XVI

Lorsqu'en venant de Paris, on descend à la station de Chelles, on trouve, en sortant de la gare, une route qui est coupée par la voie ferrée : celle de ces deux routes qui va vers la gauche conduit à Chelles; celle qui va vers la droite, au pont de Gournay.

Ce fut celle-là que prit le colonel, et il n'eut pas à marcher bien longtemps pour arriver au bord de la Marne.

Bien que la distance de Gournay à Paris ne soit pas beaucoup plus grande que celle de Champigny ou de la Varenne, la Marne à Gournay n'est pas du tout la Marne de la Varenne, de Champigny, de Joinville ou de Créteil.

Les canotiers, même ceux qui font les voyages de découverte, s'aventurent rarement jusque là ; car rien ne les attire dans ces parages lointains, où rien ne rappelle les plaisirs de l'île Fanac. Pas de bals à Gournay, pas de cafés-concerts, pas de chevaux de bois, pas de galerie devant laquelle on puisse montrer ses bottes et marcher les jambes écartées.

Un vieux château, entouré de vastes jardins ombragés; une petite église, basse, moussue, telle qu'en voudrait pas le plus pauvre village de la Bretagne ou de la Savoie; vingt ou trente maisons de paysans : c'est là tout Gournay. A la tête du pont, entre le canal et la Marne, on trouve bien, il est vrai, quelques guinguettes et quelques restaurants, mais sans les splendeurs et le tapage de la *Tête Noire*, de Jullien ou de Jambon.

Lorsqu'on remonte l'une ou l'autre rive de la Marne, à partir de ce pont, on est en pleine campagne. Plus de maisons aux volets verts, plus de jardinets fleuris, plus de berceaux, plus de rocailles, plus de jets d'eau faisant danser des boules dorées; mais les champs et la grande culture, du blé, des prairies, des bois et de la terre labourée. L'odeur de la friture est remplacée par celle de l'herbe et des feuilles; la musique du cor, par le souffle du vent dans les branches ; la chanson de la canotière, par celle de la bergeronnette.

C'est là le charme de ce pays; à quelques lieues seulement de Paris, il est, pour le plaisir des yeux, déjà loin de Paris.

Par suite d'un bienheureux hasard, les ingénieurs, qui d'ordinaire transforment si désagréablement les pays dans lesquels ils travaillent, sont venus ajouter quelque chose aux agréments naturels de celui-là.

Pour racheter la pente de la Marne, pour éviter ses détours et ses bancs de sable, on lui a creusé un canal latéral dans les prairies voisines ; de sorte que la vieille rivière, maintenant abandonnée par la navigation, est revenue à cet état primitif qui devait être le sien avant l'invention des bateaux à vapeur et de la simple batellerie, alors que ses eaux coulaient librement, sans avoir rien à faire qu'à arroser ses bords.

Dans son lit, que ne sillonnent plus les péniches et les trains de bois, les graviers et les vases se sont accumulés où le courant les a poussés, et çà et là ils ont formé de petits îlots cachés sous l'eau pendant la saison des pluies, émergés pendant les beaux jours et couverts alors de la verdure des joncs et des roseaux.

Sur ses bords, les chemins qu'autrefois les chevaux de halage piétinaient, sont devenus des sillons gazonnés où pousse en toute liberté une végétation foisonnante de plantes herbacées et de buissons, qui se mêlent et qui luttent entre eux, les plus forts étouffant les plus faibles pour prendre peu à peu toute la place au soleil.

Lorsqu'on parle des environs de Paris, il faut toujours, bien entendu, faire une distinction entre les jours de semaine et les jours de fête; car tel village calme, et mort le jeudi, change du tout au tout le dimanche.

Si le colonel était venu à Gournay un jour de semaine, il eût trouvé les berges de la rivière déserte, et sur l'eau il n'eût vu, de loin en loin, qu'un vieux bachot amarré à une perche flexible, et dans ce bachot un ou deux hommes occupés à tirer du sable.

Mais la journée du dimanche avait peuplé cette solitude; sur la rivière on voyait çà et là deux ou trois canots montés par des promeneurs pacifiques, qui ramaient tranquillement, et sur les berges, aux endroits propices, des pêcheurs à la ligne plus pacifiques encore, qui, immobiles comme des bonshommes de plâtre, ne quittaient pas des yeux leur flotteur.

Le colonel s'approchait d'eux; puis, après s'être assuré qu'aucun n'était son oncle, il continuait son chemin, marchant doucement, regardant le paysage qui l'environnait. Depuis qu'il avait débarqué à Calais, c'était la première fois qu'il se trouvait en pleine campagne libre de voir à son aise ce qui lui plaisait; car jusque là la rapidité du train express qui l'avait amené à Paris avait brouillé les objets devant ses yeux; et de la France il n'avait encore vu que ce qu'on aperçoit en chemin de fer, des arbres et des maisons qui passent comme des boulets de canon, et tout au loin des horizons aux lignes confuses.

Maintenant chaque chose qui l'intéressait, l'arrêtait.

Ces grands arbres à feuillage d'un vert jaune, il les reconnaissait pour les avoir vus dans leur patrie: c'étaient des peupliers de Virginie. Au contraire, ces têtards aux troncs creux n'avaient point la même tournure que les saules d'Amérique: par leur feuillage d'un gris cendré, par leurs chatons jaunes, c'étaient des saules; par la forme de leur tronc noueux s'évasant dans le haut, c'étaient des arbres pour lui nouveaux. Ces herbes, il les connaissait pour les avoir rencontrées dans les forêts de son pays natal; celles-là, au contraire, il en ignorait le nom.

Nouveaux aussi étaient les aspects des champs cultivés, nouvelle était la physionomie générale du pays.

C'était la France, et mieux encore, pour lui, fils de Parisien, l'Ile-de-France. Sans doute, cela manquait de beautés nobles et puissantes, de grandes scènes de la nature telles qu'il avait pu en rencontrer souvent dans ses voyages à travers l'autre continent, et cependant cela lui paraissait plein d'une douceur charmante qui lui parlait au cœur et l'émouvait.

Comme ces bois étaient frais et ces gazons verts! comme ces perspectives semblaient ménagées pour la joie de l'esprit! comme il y avait de la grâce dans les contours sinueux de la rivière et dans la teinte grise dont le printemps avait revêtu les lointains! comme tout ce paysage était calme, tranquille, heureux, fait de nuances délicates et de beautés légères qui donnaient des ailes à la pensée!

Il était fier du pays de ses pères.

Il y avait déjà assez longtemps qu'il marchait, suivant le cours de l'eau, lorsqu'il aperçut une sorte de construction en bois, édifiée sur un bateau plat; elle se trouvait placée en face d'une île, sur un petit bras de la rivière, qu'elle barrait entièrement, soit avec sa propre masse, soit avec un batardeau et des vannes. Ces vannes, et surtout une grande roue dont les palettes verdies laissaient pendre dans la rivière de longues traînées d'herbe, disaient que cette construction était un moulin.

Mais ce moulin avait-il jamais tourné pour moudre quelque chose sous ses meules? ou bien n'était-ce pas plutôt une fabrique *paysagesque*, placée là pour produire un effet harmonieux?

Le certain, c'est que cet effet était tout à fait réussi et qu'un peintre bien inspiré n'eût pas trouvé mieux. Au-dessus du toit en planches, recouvert de mousses, de grands peupliers penchaient leurs troncs lisses, et leurs grosses têtes rondes, se joignant d'un bord à l'autre, enchevêtraient leurs branches feuillues. Des aunes, des saules et des osiers, garnissaient les berges de l'île, et de la rive on voyait cette masse de verdure se refléter dans l'eau, au milieu des larges plaques vertes des nénuphars.

En regardant autour de lui, le colonel aperçut au pied d'un tremble, dont les racines avaient été affouillées par le courant, un pêcheur aussi immobile que le tronc de l'arbre lui-même. C'était son oncle.

Il s'approcha de lui. Mais l'oncle Antoine ne bougea pas et ne leva pas les yeux; seule la main qui tenait la ligne décrivait un mouvement horizontal, allant lentement de gauche à droite, pour suivre le bouchon qu'entraînait le courant.

Ce fut seulement au moment où il allait relever sa ligne qu'Antoine, ayant détaché ses yeux de ce bouchon, aperçut son neveu près de lui.

Mais, de sa main qui était libre, il lui fit signe de marcher légèrement et de parler à voix basse.

La matinée avait été mauvaise, maintenant le poisson commençait à mordre.

Ne voulant pas déranger son oncle dans un pareil moment, le colonel demanda où était Thérèse, qu'il ne voyait pas. N'était-elle pas venue?

Et, à ce mot, il se dit en lui-même qu'il aurait peut-être bien fait de ne pas venir non plus.

Mais il se trompait: Thérèse était venue le matin, comme il avait été décidé la veille; elle était là, à deux pas, dans l'oseraie, occu-

pée à cueillir des herbes et des fleurs, ce qui l'amusait beaucoup plus que la pêche.
— Seule ?
— Toute seule. Michel n'a pas pu venir : il s'est trouvé mal à l'aise ce matin ; c'est la première fois que cela lui arrive de manquer une partie de pêche. Pour la pêche comme pour la sculpture, c'est mon élève, et maintenant l'élève vaut bien le maître.
— Et Denizot ?
— Ah ! Denizot est là ; seulement Denizot ne pêche pas, le pauvre garçon : avec son bras, cela ne lui serait pas facile. Et puis il aime mieux s'asseoir à une table et boire une bouteille en chantant des chansons : c'est sa manière de se promener à la campagne ; il ne quitte pas le *Moulin flottant*. Et, puisque nous parlons de lui, je veux profiter de l'occasion pour vous recommander de ne pas le pousser à boire.
— Soyez tranquille, répondit le colonel, souriant à cette recommandation.
— Cela pourrait vous amuser, et il est si facile à entraîner ; avec cela il a la tête faible. C'est là son seul défaut. Tous les hommes aiment à sortir d'eux-mêmes, n'est-ce pas ? Quand Denizot a bu quelques verres de vin, il refait sa vie en même temps que celle des autres, et il arrange le monde à son gré : tous heureux.
Mais pour le moment le colonel n'avait pas souci de Denizot ; il quitta son oncle et se dirigea vers l'oseraie.
Tout en marchant, une idée préoccupait son esprit.
— Pourquoi Michel n'était-il pas venu ? Que signifiait ce malaise subit que rien ne faisait pressentir la veille ? Il eût aimé à voir le jeune ouvrier auprès de Thérèse, dans la liberté de la campagne.
Comme il cherchait un passage pour pénétrer dans l'oseraie, il aperçut accrochés à une branche une robe grise et un petit chapeau de feutre.
C'était la robe qu'il avait vue la veille sur les épaules de Thérèse ; elle se trouvait à l'entrée d'une coulée verte qui devait conduire à l'endroit où Thérèse était occupée à cueillir des fleurs.
Il releva les branches enchevêtrées qui obstruaient le passage, et, à quelques pas devant lui, il aperçut la jeune fille, qui lui tournait le dos ; elle était assise sur le gazon, sous le couvert d'un saule, et autour d'elle étaient éparpillées des brassées d'herbes, de fleurs et de roseaux, tandis que dans une petite anse une grosse gerbe de ces mêmes fleurs, arrangée en bouquet, trempait dans l'eau.
Elle était vêtue d'un corsage blanc à manches, qui lui montait jusqu'au cou, et d'un jupon court, qui laissait voir ses pieds chaussés de souliers.

Un Parisien eût peut-être trouvé que cette jeune fille, qui accrochait sa robe à un arbre pour ne pas la mouiller, manquait de tenue et de distinction ; mais le colonel arrivait d'un autre monde, et ainsi court-vêtue, assise au milieu de ses fleurs, sous l'ombre changeante de son saule, elle lui parut charmante. Cette rencontre rachetait celle de la veille.
Au bruit qu'il fit en écartant les branches, elle tourna la tête de son côté.
— Ah ! mon cousin ? s'écria-t-elle.
Et son visage s'éclaira d'un sourire.

XVII

Le colonel avait rapidement franchi la distance qui le séparait de Thérèse ; mais, en arrivant près de celle-ci, il s'était arrêté, ne sachant où poser les pieds au milieu des herbes et des fleurs étalées sur le gazon.
— Et que voulez-vous faire de tous ces herbages, ma petite cousine ? dit-il en riant.
— Des herbages !
— Je veux dire de toutes ces fleurs des champs et des eaux.
— À la bonne heure ! Je veux les emporter à Paris.
— Et à Paris ?
— À Paris, je veux les mettre dans mon jardin.
— Vous avez donc un jardin ?
Elle partit d'un grand éclat de rire qui découvrit ses dents blanches.
— Comment ? si j'ai un jardin ! Mais certainement j'en ai un, grand comme cela.
Avec un roseau qu'elle tenait en ce moment dans sa main, elle décrivit un carré de deux mètres environ.
— Cela ne vous paraît pas superbe. Je suis moins difficile que vous. Au reste, quand vous viendrez à la maison, je vous le montrerai et je suis certaine que vous changerez de sentiment. C'est sur la fenêtre de ma chambre qu'il est ce jardin, et il va de la fenêtre à la gouttière : c'est une belle caisse en chêne solidement construite par Michel.
— C'est lui qui vous l'a donnée ?
— Pour ma fête, l'année dernière. D'abord je voulais y cultiver des fleurs, que je semais moi-même ou que j'achetais au Château-d'Eau. Et c'est par là que j'ai commencé ; mais les fleurs poussent mal à Paris, sur les toits. Sans doute, c'est très-agréable de voir grandir une plante qu'on a semée ; mais, d'un autre côté, c'est chagrinant de la voir s'étioler et dépérir. A quoi bon avoir des fleurs à soi, si elles sont laides ? Je suis ainsi faite, que l'amour de la propriété ne m'entraîne pas à

trouver une chose belle par cela seul qu'elle est à moi. J'aime mieux ce qui est beau et ne m'appartient pas que ce qui est laid et m'appartient.

— Mais c'est très-bien raisonné cela, ma petite cousine.

— N'est-ce pas. Alors voyant que je ne pouvais pas arriver à avoir de belles plantes en les cultivant moi-même sur ma fenêtre, j'ai renoncé au jardinage, et, au lieu de faire pousser mes fleurs, je les ai prises toutes poussées dans les champs. Tous les dimanches, j'en emporte une ou deux gerbes, que je fais vivre tant bien que mal dans l'eau, sur ma fenêtre. Voulez-vous que je vous montre les champs où je fais ma récolte?

Elle avait achevé de lier avec des brins de jonc, les herbes et les roseaux étalés autour d'elle; sa gerbe solidement serrée, elle alla la mettre tremper dans la rivière auprès de celle qui s'y trouvait déjà.

Alors ils sortirent de l'oseraie.

— Père, cria-t-elle, je vais me promener sur la berge avec mon cousin.

— Bon, mes enfants, répondit Antoine sans lever la tête; mais ne vous éloignez pas trop du moulin, je crains la pluie.

Alors ils se mirent à marcher doucement sur la berge, côte à côte.

— C'est ici, dit-elle, que tous les dimanches, depuis le printemps jusqu'à l'hiver, je viens faire ma moisson.

— Mais il me semble qu'il n'y a pas de fleurs en toute saison.

— Oh! bien sûr; on ne trouve pas toujours comme maintenant ces beaux iris jaunes, ces reines des prairies, ces jonquilles, ces aubépines, ces prunelliers; mais toujours il y a des roseaux, des joncs, des prêles, et presque toujours aussi il y a des graminées, si jolies lorsqu'elles sont en épi.

— Non-seulement vous aimez les fleurs, ma chère cousine, mais encore vous les connaissez : voilà qui est rare chez une fille élevée dans une ville.

— Il le faut bien.

— Pourquoi donc le faut-il?

— Vous ne savez donc pas que c'est mon métier?

— C'est votre métier de connaître le nom des plantes?

— Non-seulement leur nom, mais leur forme, leur couleur, et bien d'autres choses encore.

— Vous m'avez fait tant parler de moi hier soir, qu'il ne m'est plus resté de temps pour apprendre quoi que ce soit de vous.

— Alors je veux bien vous dire comment j'ai été amenée à m'occuper de fleurs. Je n'étais encore qu'une petite fille quand mon père me mit un crayon entre les doigts. Vous savez que j'ai perdu ma mère à l'âge de trois ans, et pour mon père il ne lui était pas toujours facile de m'amuser; je m'amusais toute seule à dessiner auprès de lui, pendant qu'il travaillait. Tout naturellement, sans y penser, je fis des progrès assez rapides; je voyais les objets sous leur forme vraie, et je les reproduisais assez exactement sur les morceaux de bois qui me servaient de papier. Si j'avais été homme, cela me donnait un métier, j'aurais travaillé avec mon père; mais la sculpture sur bois est trop dure pour une main de femme. Il fallait donc chercher autre chose. Alors mon oncle, qui sait tout et qui connaît tout le monde, décida que j'apprendrais la peinture à l'aquarelle, afin de peindre un jour sur porcelaine. Avez-vous vu des sculptures de mon père?

— Non, je n'ai aperçu dans l'atelier que des pièces ébauchées.

— Eh bien! si vous en aviez vu, vous sauriez que mon père s'est toujours appliqué à travailler d'après nature; c'est là son mérite et ce qui fait sa réputation. Ses animaux, ses plantes, ses fleurs, ses fruits, ne sont point des animaux ou des fleurs de fantaisie, comme on en fabrique tant dans le faubourg : ce sont des copies. Bien entendu, il a tenu à me faire travailler d'après ses principes, et c'est ainsi que chaque dimanche j'ai emporté des plantes et des fleurs qui devaient me servir de modèles pendant la semaine. Quand vous reviendrez nous voir, je vous montrerai ce que je fais. Cela n'est pas aussi bien que je le voudrais, mais enfin je commence à comprendre ce qui me manque, et c'est déjà quelque chose ; et puis, on ne me donne plus des cornets, des coupes, et tous ces petits objets de pacotille qui se fabriquent pour être vendus dans les fêtes. J'ai en ce moment une commande de six assiettes. Dans un an, quand je n'aurai plus à travailler pour mon oncle, je pourrai, avec ma peinture sur porcelaine, gagner 6 ou 8 fr. par jour. N'est-ce pas un bon métier pour une femme?

Ce babillage était intéressant pour le colonel, parce qu'il lui montrait Thérèse sous un certain jour ; mais, tout en l'écoutant, il se demandait comment il en arriverait à l'interroger sur les points qui le touchaient plus particulièrement. Ces derniers mots lui offrirent l'ouverture qu'il avait jusque-là vainement cherchée.

— Assurément, dit-il, c'est là un métier excellent, et, à tous les avantages que je lui vois, il en joint un inappréciable : c'est de vous placer au-dessus du besoin, et par là de vous permettre de ne vous marier que comme vous voudrez et quand vous voudrez.

— Me marier, moi? s'écria-t-elle en frappant ses deux mains l'une contre l'autre et en riant.

— Et pourquoi pas ? Le mariage n'est-il pas la grande affaire de la vie ? n'êtes-vous pas assez jolie pour vous marier ?

— Ah ! mon cousin.

— Cela vous fâche que je vous dise que vous êtes jolie ?

— Cela me fâche si c'est un compliment, parce que je voudrais qu'il n'y eût entre nous ni compliments ni cérémonie.

— Et si c'est la simple vérité ?

— Alors... alors cela ne me fâche pas ; au contraire, et franchement même cela me fait plaisir, parce qu'il m'est agréable qu'on me trouve jolie.

— Si vous êtes jolie, et vous l'êtes réellement, croyez-en ma sincérité, pourquoi ne vous marieriez-vous pas ? Voulez-vous me le dire ?

— Parce que je suis une fille difficile à marier, tout simplement, et pas pour autre chose. Que suis-je par ma position ? Une ouvrière, fille d'ouvriers, rien de plus. Que suis-je par la manière dont j'ai été élevée ? Une sorte de demoiselle. Oh ! une bien petite demoiselle, je le sais mieux que personne ; mais enfin une espèce particulière qui se rapproche de la demoiselle au moins par certains côtés de son éducation. Qui voulez-vous que j'épouse ? Qui voulez-vous qui m'épouse ? Vous souriez.

— Je souris de voir une jeune fille de seize ans, vraiment charmante, se dire qu'il n'y a pas en ce monde de mari pour elle.

— Ce n'est pas cela que je pense, et je crois même qu'il y en a plusieurs ; seulement ceux qui voudront de moi seront faits de telle sorte que probablement je ne voudrais pas d'eux, tandis que ceux dont je voudrai bien ne voudront certainement pas de moi.

— Vous parlez de cela comme devant n'arriver que dans un avenir éloigné ; est-ce qu'il ne s'est pas déjà présenté de ces maris de l'une ou l'autre catégorie, de ceux qui voudraient de vous, comme de ceux que vous voudriez ?

— Mais c'est ma confession que vous me demandez là, mon cousin.

Il eut un moment d'embarras, car sa question était vraiment bien directe et franchissait les limites d'une simple conversation.

Mais elle se mit à rire.

— Notez, dit-elle, que je veux bien vous répondre, seulement il est entendu que vous prenez le rôle d'un confesseur.

— Non, ma chère cousine, mais d'un ami, d'un parent qui a vécu jusqu'à ce jour loin de vous, qui ne sait rien ou presque rien de vous, qui a pour vous la plus vive sympathie, et qui désire vous connaître mieux, afin de vous aimer davantage.

Il lui prit la main, et la serra, tandis qu'elle le regardait avec deux grands yeux étonnés et curieux.

— Si je vous ai posé ma question, continua-t-il, c'est parce qu'il m'avait semblé qu'auprès de vous pouvait se trouver un de ces maris.

— Près de moi ? Et où cela ?

— Mais chez vous.

— Chez nous ?

— Michel, par exemple.

Elle eut un geste de contrariété, ses sourcils se plissèrent, et elle se mordit les lèvres.

— Sans doute, dit-elle après un moment de silence, Michel a toutes sortes de qualités et personne ne les connaît et les apprécie mieux que moi ; mais Michel, c'est mon camarade, nous avons pour ainsi dire été élevés ensemble ; est-ce qu'on épouse son frère ?

— Je n'avais pas pensé à cela.

— Et puis, ce qui fait que je suis difficile à marier, c'est que je suis très-exigeante : ainsi je veux un mari qui m'aime.

— Cela est très-juste.

— Que j'aime.

— Cela est plus juste encore. Mais quelles qualités doit-il réunir, ce mari, pour que vous l'aimiez ?

— Beaucoup de qualités : d'abord il faut qu'il ne soit pas vieux.

— Cela se comprend.

— Ni trop jeune ; il ne doit pas avoir moins de vingt-cinq et il ne doit pas en avoir plus de trente. Ensuite il faut qu'il me plaise.

— C'est aussi très-raisonnable ; mais comment faut-il être pour vous plaire ?

— Ni beau ni laid, cependant plus près de la beauté que de la laideur, avec un point lumineux dans le visage qui attire le regard ; qu'il ait de beaux yeux par exemple, des yeux qui parlent. Ensuite il faut qu'il ait de la bonté dans le cœur, de la générosité dans les idées, de la fierté dans les sentiments. Oh ! pour cela je serai féroce. Enfin, pour tout dire en un mot, il faut qu'il y ait en lui quelque chose de supérieur ; car ce n'est pas seulement de l'amour que je veux avoir pour lui, mais encore de l'estime, du respect.

— Et quelle est cette supériorité que vous exigez ?

— Sans doute je m'explique mal et ne trouve pas le mot convenable. Mais, si pendant le dîner vous pensez à ce que nous venons de dire, vous me comprendrez. Mon oncle va venir dîner avec nous. Comparez-le à mon père. Mon oncle sait tout ce qu'on peut savoir, il parle admirablement, il est très-bon ; pour moi, ce n'est pas un homme supérieur. Mon père au contraire en est un, bien que pour mille choses il soit au-dessous de mon oncle.

Elle se tut, et il ne poussa pas plus loin ses interrogations.

Alors comme ils marchaient en silence, tout à coup elle s'arrêta.

— Et mon père, dit-elle, qui nous avait recommandé de ne pas nous écarter? Voyez comme le moulin est loin derrière nous.

Elle s'était retournée avec vivacité : la brusquerie de son mouvement fit envoler un martin-pêcheur qui d'un jet traversa la rivière rapide comme une balle ; sous les rayons obliques du soleil couchant, son plumage d'azur éblouit leurs yeux comme un éclair.

— Voulez-vous revenir sur nos pas? dit-elle.

XVIII

L'interruption de Thérèse était venue distraire le colonel d'une façon désagréable, car ce changement dans leur promenade avait amené nécessairement un changement dans leurs idées : l'esprit se laisse facilement aller à suivre le mouvement des jambes: elles vont, il va; elles s'arrêtent, il s'interrompt lui-même.

Pour le colonel, il eût volontiers continué l'entretien commencé. Cette confession de Thérèse l'intéressait ; il avait plaisir à entendre la jeune fille expliquer franchement ses désirs et ses croyances, surtout il était heureux de trouver en elle des sentiments analogues à ceux qui étaient en lui.

Mais l'esprit de Thérèse avait sauté d'un sujet à un autre, et il était difficile de la remettre dans le cours d'idées qu'il lui avait fait prendre un peu malgré elle.

En se retournant, ils s'étaient trouvés en face du soleil couchant, qui emplissait le ciel de grandes lueurs rouges, que coupaient çà et là des bandes jaunes.

C'était un de ces couchers de soleil comme on en voit souvent à Paris, mais comme on n'en voit que là, et qui sont dus sans doute aux vapeurs et aux poussières qui, flottant au-dessus de la grande ville, décomposent la lumière et séparent ses rayons.

— Aimez-vous la France? demanda Thérèse en étendant sa main dans la direction de l'ouest, par un large geste qui embrassait tout ce que leurs yeux pouvaient apercevoir.

— Ne suis-je pas Français par mon père?

— Ce n'est pas cela que je veux dire, je vous demande si le pays même vous plaît. Songez que je n'ai jamais été à plus de dix lieues de Paris; qu'en fait de rivière, je ne connais que la Marne et la Seine; en fait de montagnes, que la butte Montmartre; en fait de paysages, que celui qui se déroule là devant nous. Et curieusement je voulais savoir comment vous jugiez ce que moi je trouve très-beau; car je sais très-bien qu'il faut avoir des termes de comparaison pour se faire une idée juste des choses. Peut-être tout cela vous paraît-il vulgaire et mesquin, à vous qui avez vu les grands fleuves et les solitudes sans nom de l'Amérique.

— Chaque pays a ses beautés propres.

— Vous ne voulez pas vous engager; mais, c'est égal, je persiste dans mon sentiment. Cette rivière qui coule dans un lit de verdure, ces osiers aux branches d'or, ces peupliers dont les feuilles bruissent, ce vieux moulin couvert de mousse, cet escalier en planches vaseuses qui descend dans l'eau, tout cela me paraît très-beau, et il me semble que je pourrais le faire sentir à d'autres, s'il m'était permis de le reproduire tel que je le vois. Mais pour cela, il faudrait travailler beaucoup plus qu'il ne m'est possible, il faudrait étudier, il faudrait être une artiste, et je ne suis qu'une ouvrière.

Puis se mettant à rire doucement :

— Vous voyez, dit-elle, c'est un peu comme pour mon mariage : un rêve.

C'était le mot qu'il attendait, il allait pouvoir reprendre la conversation au point où elle avait été interrompue. Mais, à ce moment même, Thérèse agita son mouchoir en l'air, faisant des signes à une personne qui venait au devant d'eux.

— Mon oncle Soriou, dit-elle en se tournant vers son cousin.

C'était en effet Soriou qui arrivait, marchant lentement, gravement, le chapeau à la main, laissant flotter au vent les basques de son habit noir et ses longs cheveux gris.

Il fallut renoncer à tout entretien intime, et répondre sérieusement aux politesses de l'oncle de Thérèse, qui avait quitté Paris exprès pour avoir le plaisir de passer la journée avec « le colonel. »

— Ne croyez pas, dit-il en tendant la main au colonel, que je vous parle ainsi par politesse banale ; ma nièce vous dira que j'ai rarement le temps de quitter Paris pour venir me délasser à la campagne.

Ce que Soriou n'ajouta pas, bien que cela n'eût été que conforme à l'exacte vérité, c'est qu'il ne s'était point arraché à ses occupations parisiennes pour avoir seulement le plaisir de passer la journée avec le colonel.

En apprenant le matin par Thérèse l'invitation d'Antoine, il avait poussé les hauts cris. « Comprenait-on une pareille idée? inviter un homme comme le colonel à venir dans une guinguette? » Et généreusement il s'était aussitôt décidé à réparer la sottise de son beau-frère. Lui aussi, il viendrait au *Moulin flottant*, et le colonel trouverait au moins quelqu'un à qui parler. Par sa conversation, il s'efforcerait de racheter la vulgarité de la guinguette.

Partant de cette idée que c'était à lui qu'il appartenait de soutenir l'honneur de la famille Chamberlain, il accapara le colonel « citoyen de la grande république » et ne permit à personne de prendre la parole.

Pour commencer, il lui expliqua la guerre de sécession dans ses causes, ses incidents et résultats.

Rien ne put l'arrêter, personne ne put l'interrompre.

Quand Antoine, qui avait cessé de pêcher, vint les rejoindre, il continua son récit; quand Denizot arriva à son tour, il continua de plus belle, heureux d'avoir un plus grand nombre d'auditeurs. Il connaissait mieux que le colonel les batailles auxquelles celui-ci avait pris part; une fois même, il le colla sur un détail topographique. Il est vrai qu'il le fit avec des ménagements, mais enfin il le colla.

Lorsqu'on arriva devant la passerelle qui met le *Moulin-Flottant* en communication avec la terre ferme, il en était à expliquer comment Grant avait réussi là où Mac-Clellan avait échoué.

Devant cette passerelle, était un terre plein qui servait de jardin et de salle à manger au moulin; on y voyait des tables posées sur des pieux, des tabourets en bois brut, des tonnelles, un jeu de boules et une balançoire.

Le colonel crut trouver dans cette balançoire un moyen pour échapper au flot de paroles qui le noyait, et il proposa à sa cousine de la balancer.

— Oh! quel bonheur! s'écria-t-elle.

Et, d'un bond, elle sauta sur l'escarpolette.

Sorieul parut très-surpris qu'un homme tel que le colonel préférât à sa conversation instructive le plaisir de lancer en l'air une petite fille telle que Thérèse; mais, après être resté un moment interloqué, il vint se placer auprès du colonel et reprit son récit au point où il l'avait interrompu:

— Pardonnez-moi, dit celui-ci; mais l'attention que j'apporte à vous écouter m'empêche de suivre le mouvement de la balançoire; d'ailleurs, je suis de votre avis, Burnside a eu tort.

Et il s'appliqua si bien à balancer Thérèse, qui criait toujours : « Plus haut! plus haut! » que Sorieul fut obligé de renoncer à se faire écouter. Ce serait pour plus tard.

Il y avait une dizaine d'années qu'Antoine venait presque tous les dimanches au *Moulin-Flottant*; aussi y trouvait-il des soins et des égards particuliers. Le samedi soir ou plus justement le dimanche, lorsqu'il arrivait à 3 heures du matin, la porte était ouverte pour le recevoir et l'abriter jusqu'au soleil levant. Pour dîner avec sa fille, Michel et Denizot, on lui réservait dans le moulin même une petite chambre où ils étaient chez eux.

Quand Sorieul se trouvait quelque part avec son beau-frère, c'était lui qui tout naturellement commandait; cela lui revenait de droit en sa qualité d'homme du monde. Il plaça donc le colonel à sa droite. Heureusement celui-ci, dans cet arrangement, eut comme compensation le plaisir d'avoir Thérèse vis-à-vis de lui et de pouvoir ainsi la regarder et l'étudier à son gré; lorsqu'il levait les yeux, son regard se croisait avec celui de sa cousine. Il la voyait manger gentiment avec l'appétit d'une Parisienne qui a couru toute la journée en plein air; quand elle buvait, il voyait sa tête se pencher en arrière avec un gracieux mouvement de cou et ses paupières s'abaisser à demi sur ses yeux.

Cela lui donna des forces pour supporter la conversation de Sorieul.

Abandonnant l'Amérique, celui-ci félicitait le colonel d'avoir choisi, pour visiter la France, le moment de l'exposition universelle, bien que quant à lui personnellement il ne fut pas du tout satisfait de cette exposition. Il y avait trop de canons et d'armes de guerre. Cet entassement était un contre-sens en l'an 1867. Qui pouvait s'intéresser à cela? Pour lui, il avait une manière de visiter l'exposition qui lui évitait la vue odieuse de ces machines de destruction qui dataient d'un autre âge. Il allait s'asseoir au Trocadéro, et, en regardant à ses pieds les toitures de l'énorme monument, il pensait! Il pensait à la tranquillité, à la félicité qui allait commencer pour le monde. En se mêlant, les peuples apprenaient à se connaître, à s'aimer. Le règne des rois guerriers est fini, celui de la charrue et des machines industrielles commence; l'ère de la fraternité universelle s'ouvre.

Cela dura longtemps ainsi, et ce qu'il y avait d'admirable, c'est que parler ne l'empêchait pas de manger. Les morceaux de pain, de viande et de poisson, étaient les virgules qui ponctuaient son discours; il avait un art merveilleux pour vider son verre aux passages qui exigeaient un repos.

Alors, dans ces moments de repos, on entendait le clapotement de l'eau sous le moulin.

Si fertile que fût le sujet de l'exposition, il finit cependant par s'épuiser, mais pour cela Sorieul ne renonça pas à la parole: l'heure était venue d'une conversation plus intime, et il éprouvait le besoin d'expliquer le caractère de son beau-frère Antoine et le sien propre.

Antoine était un artiste vraiment remarquable dans son métier, et il s'y connaissait lui, Sorieul; Antoine avait toutes les aptitudes, à ce point que sans instruction première, il était arrivé, poussé par les nécessités de la politique, à exprimer, soit par la parole, soit par la plume, ses idées d'une façon nette et précise. Il lui manquait bien entendu la forme; mais comment acquérir la forme, lorsque pendant douze ou quinze heures par jour on est emprisonné dans un travail manuel : le métier tue l'intelligence.

Pour lui, il avait pu, Dieu merci! échapper à ce suicide et garder le respect de lui-même. S'il n'écrivait pas les grandes idées qui bouillonnaient dans son cerveau, c'était simplement parce qu'elles n'étaient pas encore à point, et aussi parce que l'époque n'était pas favorable à leur divulgation. Mais ce temps viendrait. En attendant, il les répandait par la parole, ces idées, et il préparait les esprits à les recevoir ; malgré les difficultés qu'il rencontrait, il accomplissait courageusement sa mission d'apôtre. Aussi le craignait-on ; la police le filait.

La nuit eût pu se passer dans ces explications, car elle avait la vertu de délier la langue de Sorieul ; mais il fallait gagner la station de Fontenay pour prendre le dernier train, c'est-à-dire faire deux lieues à pied à travers la campagne. On se mit donc en route après s'être partagé entre tous, Sorieul excepté, les fleurs de Thérèse.

Il fallut au colonel de la diplomatie pour rester seul avec Thérèse; car Sorieul, qui aimait à parler en marchant, tout aussi bien qu'en mangeant, ne voulait pas le lâcher; enfin il parvint à faire prendre les devants aux trois hommes, et à les suivre de loin avec la jeune fille.

Aussitôt qu'ils furent seuls il revint au sujet qui le préoccupait.

— Tantôt, dit-il, nous avons été interrompus ; voulez-vous que nous reprenions notre entretien ? Vous ne m'avez parlé que des maris dont vous ne voudriez pas, et non de ceux dont vous voudriez. Laissez-moi vous dire, ma chère petite cousine, que, s'il en était un qui répondît à cette condition, votre mariage serait maintenant possible et même facile, car je mets à votre disposition la dot nécessaire pour l'assurer.

— Oh ! mon cousin.

— Ne me refusez pas ; la fortune de mon père est à ma famille.

— Je ne vous refuse pas, je dis seulement que ce mari n'existe pas.

— Vous n'avez choisi personne ?... Oh ! en rêve, bien entendu.

— Personne, ni en rêve, ni en réalité ; d'ailleurs, vous savez bien que je vous ai dit que je voulais que mon mari m'aimât, et personne ne m'aime... au moins que je sache.

Le colonel se tut, et ils marchèrent assez longtemps, côte à côte, en silence.

La nuit était douce, sans lune, mais dans le ciel brillaient des étoiles scintillantes ; tandis qu'au delà du plateau d'Avron s'étendait un grand nuage rouge, formé par la réverbération des lumières de Paris. Partout, autour d'eux, s'ouvraient des profondeurs insondables, dans lesquelles les choses se brouillaient confusément. Seule, la rivière qu'ils côtoyaient était lumineuse, réfléchissant les étoiles qui la criblaient de trous d'or. Que d'étoiles ! elles éblouissaient.

Tout à coup Thérèse s'arrêta et se retourna pour voir une dernière fois ce coin de pays qu'ils allaient quitter pour entrer dans un village:

— Il semble que le ciel soit ce soir sur la terre, dit-elle.

Sa voix était tremblante.

— Appuyez-vous sur mon bras, dit-il; nous serons mieux pour marcher.

Et ils restèrent ainsi serrés l'un contre l'autre jusqu'à la station.

XIX

Le colonel ne put rentrer que très-tard à son hôtel ; car, en descendant du chemin de fer, Sorieul voulut à toutes forces le reconduire.

Ce n'était pas seulement en belles paroles que Sorieul était riche, en grandes idées, en principes élevés ; il avait aussi des connaissances pratiques qu'il trouvait utile de faire partager à son nouvel ami, « au neveu de son brave Antoine. » Un étranger qui arrive à Paris peut quelquefois se trouver bien embarrassé, même avec de l'argent dans sa poche : cela est incontestable, n'est-ce pas ? Eh bien ! il voulait que son expérience évitât ces embarras au colonel. Ce fut dans ce but qu'il lui indiqua un endroit où l'on pouvait trouver un verre de bonne bière quand tous les cafés de Paris étaient fermés, et un autre où l'on pouvait se faire servir une excellente soupe à l'oignon et au fromage. Il n'y avait que les vrais noctambules qui connaissaient ces bons coins ; mais tout le monde, à un moment donné, ne pouvait-il pas devenir noctambule ?

Le colonel avait cette qualité du parfait soldat de pouvoir dormir quand il voulait et comme il voulait, autant et aussi peu qu'il lui convenait. En se couchant, il s'était dit qu'il dormirait tard, sa matinée devant être employée à faire visite à Raphaëlle, ce qui ne pouvait pas avoir lieu de très-bonne heure, et il avait prévenu Horace de ne pas l'éveiller.

Aussi sa surprise fut-elle grande de s'entendre appeler le matin.

— Quelle heure est-il donc? demanda-t-il en ouvrant les yeux.

— Huit heures et demie.

— Je t'avais dit de me laisser dormir; va-t-en.

— Ce n'est pas possible : il y a là une jeune fille qui demande à voir mon colonel.

— Au diable, les jeunes filles !

— C'est ce que je lui ai dit poliment, bien entendu ; elle n'a pas voulu y aller.

— Donne-lui ce qu'elle demande.

— Elle demande mon colonel, et c'est pour cela que je me suis permis de vous réveiller.

— Tu es insupportable.

— J'ai fait tout ce que j'ai pu pour la renvoyer; à la fin, elle m'a dit qu'elle était votre cousine. Alors je suis entré.

— Ma cousine ! Thérèse ! Ici !

— Elle est dans le salon, elle attend mon colonel; elle paraît très-émue.

— Que se passe-t-il ?

En un tour de main, le colonel fut habillé, et vivement il entra dans le salon.

Thérèse ne s'était point assise, mais elle marchait en long et en large avec impatience; lorsqu'elle vit le colonel entrer, elle accourut.

— Oh! mon cousin, mon cousin ! s'écria-t-elle d'une voix tremblante.

Il lui prit les deux mains dans les siennes.

— Qu'avez-vous, chère enfant? votre père...

— Ce n'est pas de père qu'il s'agit. Si vous saviez. Mon Dieu ! comment vous dire ? Anatole, mon frère...

Alors il comprit que ses pressentiments ne l'avaient pas trompé.

— Arrêté ? dit-il.

— Vous le saviez?

— J'avais lu les journaux et j'avais eu un mauvais pressentiment.

— Oh! il est innocent ! croyez-le, mon cousin.

— Je veux le croire, mais que savez-vous? Ne me cachez rien.

— Je suis venue pour tout vous dire, afin que vous le sauviez.

— Moi, chère enfant ! et que puis-je dans ce pays, où je ne connais personne ?

— Je ne sais pas, mais vous chercherez, vous trouverez ; dites-moi que vous trouverez, dites-moi que vous ne l'abandonnerez pas. Je suis sûre qu'il n'est pas coupable.

— Je ne l'abandonnerai pas, je vous le promets.

— Ah! vous êtes bon, j'en étais certaine ; aussi je n'ai pas hésité à venir. Tout de suite, c'est à vous que j'ai pensé en apprenant la terrible vérité.

— Mais qu'avez-vous appris ? en détail, racontez-moi tout.

Et doucement il la força à s'asseoir près de lui en gardant ses mains dans les siennes. Elle était haletante, l'oppression l'étouffait.

— Calmez-vous, dit-il, et, si cela peut vous donner de la force de penser que vous avez en moi un ami dévoué, soyez assurée que je ferai tout, le possible, l'impossible pour vous aider.

Elle releva sur lui ses yeux troublés, et longuement elle le regarda avec une émotion qui en disait plus que de longues paroles ; en même temps, elle lui serrait les mains.

— En rentrant hier soir, dit-elle, nous avons trouvé Michel dans l'atelier ; il avait l'air de travailler, mais j'ai bien vu tout de suite qu'il ne travaillait pas. Il paraissait tout sombre. Pendant que mon père avait le dos tourné, il m'a fait un signe à la dérobée : ce qui m'a bien étonné. Mais je l'ai été encore bien davantage, lorsque s'approchant de moi il me glissa un papier dans la main. Mon premier mouvement fut de jeter ce papier, mais Michel me lança un coup d'œil si expressif que je le gardai. Aussitôt que je fus dans ma chambre, je l'ouvris et le lus. Il ne contenait que ces quelques mots écrits au crayon : « Il faut que je vous parle ce soir même; quand tout le monde sera endormi, sortez doucement, vous me trouverez sur le palier. » Quelques jours plus tôt, je n'aurais pas hésité, si étrange que fût cette demande ; mais...

— Mais?

— Mais ce que vous m'aviez dit de Michel me revint à l'esprit, j'eus peur et décidai de ne pas sortir. Mais bientôt j'eus honte de cette mauvaise pensée, et quand je crus que je pouvais ouvrir les portes sans être entendue, j'allai sur le palier. J'y trouvai Michel qui m'attendait assis sur une marche. Alors, avec toutes sortes de précautions, il me dit qu'un grand malheur nous frappait tous et il m'apprit que mon frère était en prison. Il paraît qu'on vous a volé une très-grosse somme au jeu, une fortune.

— Je l'ai perdue au jeu, le soir même de mon arrivée à Paris.

— Eh bien ! on accuse Anatole de l'avoir fait voler par des gens qui seraient ses complices. Il aurait su qu'un étranger avait gagné cette somme, par une comédienne qui est.... sa maîtresse, et alors il aurait combiné le vol. Ici il y a des choses embrouillées que je ne comprends pas ou qui m'ont été mal expliquées par Michel. Enfin ce qu'il y a de certain, c'est qu'Anatole a été arrêté et qu'il est en prison. Michel l'avait appris dans la journée, et il avait attendu mon retour afin de nous entendre tous les deux pour cacher la vérité à mon père. Tel fut le récit de Michel. Que faire ? J'étais bouleversé, car je comprenais comme Michel que cette affreuse nouvelle était pour tuer mon père, s'il l'apprenait. Bien qu'il ne parle jamais d'Anatole, il pense sans cesse à lui ; il l'a tant aimé, il en était si fier. Quel coup, s'il lisait dans un journal ou bien si on lui disait que son fils était en prison accusé de vol ! Comment empêcher cela ? Alors l'idée me vint de m'adresser à vous.

— Bien, ma cousine.

— Je ne vous connais pas beaucoup, mon cousin ; mais je suis sûre que vous êtes un homme de cœur et d'énergie. Cela ne s'apprend pas avec le temps, cela se sent tout de suite ; je ne me trompais pas, puisque vous nous tendez la main.

— Vous avez eu raison de penser que vous trouveriez en moi un ami dévoué.

— Je fis part de mon idée à Michel ; mais il la repoussa. Que pouviez-vous dans un pays qui n'était pas le vôtre ? Et puis, si vous interveniez auprès de mon père, cela n'éveillerait-il pas ses soupçons au lieu de les écarter. La discussion dura longtemps entre nous, et je le quittai sans nous être mis d'accord. Les réflexions de la nuit m'ont confirmé dans mon idée, et ce matin, aussitôt qu'il m'a été possible, je suis sortie en apparence pour aller rue Paradis-Poissonnière, chez le fabricant qui me donne à travailler, en réalité pour venir ici. Je vous en prie, mon cousin, sauvez Anatole.

Cette confiance que Thérèse mettait en lui l'avait vivement touché, mais d'un autre côté elle le jetait dans un embarras dont il ne savait comment sortir. Que pouvait-il faire ? que devait-il répondre ?

Comme il ne disait rien, elle continua, se méprenant sur les causes de ce silence.

— Je vous assure, mon cousin, qu'Anatole est innocent. Si vous saviez comme il était bon ; il ne pensait qu'aux autres et il n'avait pas de plus grand plaisir que de nous faire des cadeaux. Avec cela toujours de bonne humeur, prenant tout en riant. Ce n'est pas possible qu'il soit coupable. Il a eu bien des torts envers notre père, c'est vrai ; mais de là à voler, il y a un abîme, et je suis certaine qu'il ne l'a pas franchi. Vous verrez, vous verrez qu'il est innocent. Au reste ce que je vous demande, c'est d'obtenir la preuve de cette innocence ; car, pour notre père, c'est là ce qu'il faut. S'il apprend que son fils a été arrêté, et cela peut arriver sans que tout ce que nous tenterons réussisse à l'empêcher, il faut qu'on puisse lui dire en même temps qu'il y a eu erreur et lui prouver qu'Anatole est innocent.

Évidemment l'idée était bonne ; mais pour l'exécuter il fallait d'abord qu'Anatole fût véritablement innocent ; puis il fallait ensuite réunir les preuves de cette innocence.

Sans parler des difficultés qu'il voyait à l'accomplissement de cette tâche, le colonel dit à Thérèse qu'il allait faire ce qu'elle demandait et, sans perdre un instant, commencer ses démarches.

— Pour l'activité et le dévouement, soyez assurée que je justifierai la foi que vous avez mise en moi.

De nouveau elle le regarda ; dans ses yeux, roulaient encore des larmes retenues, mais ils n'exprimaient plus l'anxiété, comme lorsqu'elle était arrivée. Désolée elle l'était encore, mais non plus désespérée.

Elle se leva pour partir.

Mais, avant de s'éloigner, elle adressa une dernière demande à son cousin.

— Voudrait-il la prévenir du résultat de ses démarches ? Elle ne pourrait pas revenir au Grand-Hôtel ; mais, le soir, à huit heures elle pourrait se trouver sous les galeries de la place Royale.

Il promit d'être exact à ce rendez-vous, qui avait cela de bon de ne pas provoquer les soupçons d'Antoine. Place Royale, ils pourraient pendant quelques minutes s'entretenir librement.

A ce soir.

Et ce fut elle à son tour qui longuement, à plusieurs reprises, lui serra les mains dans une étreinte nerveuse.

Il n'y avait pas dix minutes qu'elle était sortie, quand Horace vint prévenir son maître qu'un homme, qui n'avait qu'un bras et qui s'appelait Denizot, demandait à voir le colonel, se disant certain d'être reçu.

Lui aussi, Denizot venait d'apprendre qu'Anatole avait été arrêté, et tout de suite il avait eu la pensée de s'adresser au colonel, afin que celui-ci le fît relâcher sans retard.

— Car vous comprenez que, si notre pauvre Antoine apprend que son fils est en prison, cela peut le tuer. Combien de fois je lui ai entendu répéter : « Nous autres, nous devons être irréprochables. » Qu'est-ce qu'il dirait, s'il apprenait la vérité ? Il faut donc que demain Anatole soit libre.

— Et comment cela ?

— C'est vrai, n'est-ce pas, ce qu'on dit de votre fortune ? Eh bien ! il faut l'employer à cela. Vous n'êtes pas un homme à marchander, allez-y franchement.

— Mais, mon brave Denizot, la fortune n'a rien à voir là dedans.

A ce mot, Denizot se mit à sourire silencieusement.

— Bonnes à dire ces choses-là, mais on sait ce qu'on sait ; allez-y franchement.

Et il fut impossible au colonel de changer l'idée de Denizot.

— Maintenant, vous savez, dit celui-ci en s'en allant, je n'affirme pas que le garçon ne soit pas coupable. Bon enfant, c'est vrai, bon vivant, mais capable de tout. Quand il était gamin, je l'ai vu en faire de si roides, qu'il peut bien avoir arrangé cette grosse volerie. Seulement ce n'est pas une raison pour qu'on ne le relâche pas; on en a vu de plus coupables que lui se tirer d'affaire. Je vous le dis, parce que j'en suis sûr, allez-y franchement. Et puis, quand vous aurez réussi, je vous demanderai encore une chose : Mettez une grosse somme dans la main d'Anatole, à condition qu'il s'en ira en Amérique, en Australie, quelque part enfin. Voyez-vous, le mieux pour tous, pour lui, pour son père, pour sa sœur, pour vous peut-être...

— Comment! pour moi?

— Vous ne connaissez pas le particulier : le mieux, c'est qu'il soit loin d'ici. Croyez-en quelqu'un qui le connaît à fond : bon enfant, mais canaille. Oh! là, là!

XX

Denizot avait des idées si particulières sur la justice, que le colonel trouva tout naturel qu'il se fût adressé à lui pour faire mettre Anatole en liberté; cette libération étant une affaire d'argent pour le manchot, il avait été où il savait trouver de l'argent.

Mais Thérèse?

Ce n'était point à l'homme d'argent qu'elle avait pensé dans son désespoir, et l'idée de fortune n'avait été pour rien dans son inspiration. Si elle était venue à lui, c'était poussée par la sympathie, l'estime et la confiance; elle avait cru à la toute-puissance de son secours, parce qu'elle avait foi en lui.

Ce fut sous cette impression qu'il se rendit chez Raphaëlle aussitôt que Denizot l'eut quitté, car il était indiqué que c'était par la comédienne qu'il devait commencer ses démarches. Si elle ne pouvait pas faire mettre Anatole en liberté, elle devait au moins, mieux que personne, savoir comment rendre évidente l'innocence de son amant, si innocence il y avait.

Mais la femme de chambre qui répondit à son coup de sonnette et vint lui ouvrir la porte lui annonça, avec toutes les démonstrations d'un vif regret, que madame ne pouvait pas recevoir, attendu qu'elle était couchée et souffrante.

— Prévenez votre maîtresse que c'est le colonel Chamberlain qui demande à la voir pour une affaire de la plus haute importance.

— J'ai bien reconnu M. le colonel, mais même pour lui je ne peux pas réveiller madame.

Il mit un louis dans la main de la caméristo; mais tout en acceptant le louis celle-ci refusa de manquer aux ordres de sa maîtresse : il s'agissait de la santé de madame.

C'était dans l'entrée que cette discussion avait lieu ; tout à coup on entendit une clef grincer dans la porte du palier, et cette porte s'ouvrit devant Raphaëlle elle-même qui rentrait.

— Votre femme de chambre m'assurait que vous étiez au lit et souffrante, dit le colonel en riant.

— Madame sera sortie sans que je l'entende, répliqua la camériste, qui ne se démonta pas ; si madame m'avait prévenue, je l'aurais accompagnée au bain.

Mais ce n'était point une toilette de bain, une toilette du matin, que portait Raphaëlle; c'était une toilette de course, celle que précisément le colonel lui avait vue la veille en voiture.

Sans relever ce détail, qui ne le regardait pas d'ailleurs, il lui dit qu'il avait à l'entretenir d'une chose très-grave et qu'il la priait de donner des ordres pour qu'on ne les dérangeât point.

— M. le colonel a vu comment je savais défendre une porte, dit la camériste en souriant; il peut être tranquille.

Raphaëlle, passant la première, introduisit le colonel dans un petit boudoir attenant à sa chambre à coucher. Le meuble de ce boudoir, dont les murs et la porte étaient capitonnés de lampas de la Chine, se composait d'un large canapé, d'un petit bureau en laque et d'une seule chaise ; mais ce qui attirait surtout le regard, c'était, suspendu vis-à-vis le canapé, le portrait d'un jeune homme vêtu d'un veston de velours gris, à la boutonnière duquel éclatait une fleur rouge.

Raphaëlle fit asseoir le colonel sur le canapé, et elle resta elle-même debout pour se débarrasser de son mantelet et de son chapeau.

— C'est d'un de vos amis, dit le colonel, qui est mon parent, mon cousin, que j'ai à vous entretenir.

— Anatole? Vous le reconnaissez! s'écriat-elle. Ah! colonel, vous êtes un homme!

— J'étais venu hier pour vous parler de lui, dit-il sans paraître touché de cet éloge; mais, au moment où j'arrivais devant votre porte, vous partiez pour les courses.

— Il l'a bien fallu, et vous ne devez pas me condamner en croyant que j'allais là pour m'amuser au lieu de rester à pleurer dans ma chambre. M'amuser! J'avais bien le cœur à m'amuser! Et je me suis vraiment bien amusée pendant cette journée et cette nuit. Si vous saviez, si je pouvais tout vous dire... Un seul mot : il l'a fallu. Anatole lui-même m'eût dit de faire comme j'ai fait.

— Vous devez comprendre, continua-t-il, que je n'ai pas à m'occuper de ce que vous avez fait ni à l'apprécier en bien ou en mal; je viens seulement vous demander ce que vous savez à propos de cette affaire.

Pendant qu'il parlait, elle avait ouvert un tiroir à secret du bureau, et elle avait placé dedans une liasse de billets de banque qu'elle avait tirée de la poche de sa robe.

— Ce que je sais, dit-elle en poussant vivement le tiroir, qui se referma seul, c'est qu'il est innocent, oh! cela, je vous le jure!

— Cependant il y a un mot de vous qui, si vous l'avez dit, fournit une arme à ceux qui l'accusent. On prétend qu'on vous a entendu dire à l'une de vos amies, au moment où M. Amenzaga entassait mes billets devant lui : « Ah! si Anatole était là! »

— Ce mot est vrai; mais ce qui est faux, c'est le sens qu'on lui donne. Vous allez le voir. Il faut que vous sachiez tout et vous le saurez.

Vivement elle vint s'asseoir sur le canapé auprès du colonel.

— Vous allez jouer votre coup de 160,000 francs; le prince Mazzazoli me prit à part et me dit que, comme vous étiez volé par M. Amenzaga, je devais faire cesser le jeu. Il me donna la preuve de ce vol en me montrant les cartes dont les tranches étaient plus blanches. C'était bien difficile à une femme de faire cesser le jeu dans une pareille circonstance. Je m'adressai à une personne qui avait le droit d'intervenir et de parler haut chez moi, parce qu'elle était chez elle; mais cette personne eut peur du scandale, en réalité peur de sa femme, et elle refusa de s'interposer entre vous. Je courus à une autre qui elle aussi pouvait jusqu'à un certain point parler; mais celle-là refusa aussi, par peur de sa fille. Cela me gêne terriblement ce que je vous dis là, mais je sens qu'il faut le dire. Je courus à un troisième, à un quatrième : ils refusèrent, celui-ci pour une raison, celui-là pour une autre. Ce fut alors que, dans un moment d'exaspération devant cette lâcheté, je dis à Balbine, mon amie intime : « Ah! si Anatole était là. » Ce mot fut entendu par une autre, et depuis répété. Que voulait-il dire? Une seule chose, qui était qu'Anatole dans la position de ceux qui venaient de refuser d'intervenir, n'aurait point eu leur lâcheté et aurait su empêcher qu'on continuât de vous voler. Vous comprenez maintenant si ce mot eût une charge contre lui.

Il était évident, si les choses s'étaient passées ainsi, que ce mot, qu'on avait faussement interprété, n'avait plus aucune importance; mais il restait à savoir, pour prouver l'innocence de l'accusé, s'il n'avait pas pu donner à un complice les renseignements qui avaient fait commettre le vol.

Ce fut sur ce point que le colonel interrogea la comédienne.

Celle-ci répondit que la partie de jeu avait eu lieu entre deux heures et deux heures et demie, qu'Anatole était venu chez elle à deux heures trois quarts seulement, et que comme il y était resté jusqu'à huit heures du matin, il n'avait pu prévenir personne. Si on l'avait vu s'entretenir sur le boulevard avec un inconnu, c'était avant qu'il entrât, c'est-à-dire quand il ne savait rien.

— Et qui peut prouver qu'il est resté chez vous de trois heures moins un quart à huit heures du matin?

— Moi d'abord et puis le concierge, qui l'a vu monter et qui a dû le voir descendre. Malheureusement le concierge est parti le matin, à neuf heures, pour son pays, au fond de la Nièvre, dans un village perdu, où il n'y avait pas moyen d'envoyer de dépêche; mais il revient demain, et alors nous pourrons prouver l'innocence d'Anatole.

— Vous la donnerez, cette preuve? J'entends que vous affirmerez ce que vous venez de me raconter.

— Si je la donnerai! Et pourquoi donc ne la donnerais-je pas? Parce que ce sera faire connaître la vérité? Eh bien! on la connaîtra. Je la leur ai déjà dite d'ailleurs. Hier ils sont venus me reprocher d'avoir pour amant un faubourien, « un pâle voyou », comme l'a appelé votre ami Gaston de Pompéran. C'était abominable, honteux, inimaginable, non pas l'amant, mais le faubourien. Sont-ils bêtes!

Elle s'était levée et, debout, adossée à la cheminée, elle parlait avec les gestes dramatiques et la mélopée traînante du théâtre; car si peu comédienne qu'elle fût, elle l'était assez cependant pour ne pas pouvoir se débarrasser de son éducation théâtrale, même lorsqu'elle était entraînée par un sentiment sincère; les paroles étaient vraies, mais le ton était faux.

— J'ai pour amant un faubourien. Eh bien! oui, c'est vrai. J'ai pris ce faubourien pour amant, parce qu'il a du sang dans les veines, parce qu'il a un cœur dans la poitrine; tandis qu'eux, ils n'ont ni cœur, ni sang, ni rien qui vive, et qu'ils ne sont que des marionnettes et des crevés. Ils le méprisent parce qu'il les supporte. Et eux, est-ce qu'ils ne se supportent pas les uns les autres? Ils veulent une femme connue qui fasse parler d'eux, qui les pose, qui soit leur gloire; la seule, bien entendu, qu'ils acquerront jamais. Mais elles coûtent cher, les femmes connues. Alors, comme on est économe ou bien comme on ne peut pas aller plus loin qu'une certaine somme, on ferme les yeux et les oreilles, on ne vient qu'à des heures bien réglées; on ne veut rien entendre, rien voir, rien croire. Si vous saviez comme tout cela est lâche, plat, misérable.

Et ils veulent que nous les aimions, nous qui les connaissons. Ah! si l'une de nous voulait raconter tout ce qu'elle sait.

Le colonel examinait curieusement cette femme que la colère et la passion animaient.

Elle continua:

—Voyou, pâle voyou, les imbéciles...

Puis, s'interrompant tout à coup pour passer dans sa chambre, d'où elle revint aussitôt en apportant un album qu'elle posa sur les genoux du colonel:

—Regardez donc dans cet album, dit-elle, si parmi tous ceux qui s'étaient là il y en a un seul qui vaille le pâle voyou.

Et, de sa main tendue, elle montra le portrait suspendu vis-à-vis le canapé.

—C'est lui? demanda le colonel en regardant avec surprise ce portrait.

—Je l'ai fait placer ici hier, et maintenant il y restera toujours. Le voilà, le pâle voyou; regardez-le.

Le colonel n'avait pas besoin de cet encouragement; il était certain que le pâle voyou était un beau garçon et même un trop beau garçon : la tête, fine, couronnée de cheveux noirs arrangés d'une façon prétentieuse, était vraiment jolie, mais avec quelque chose de fuyant dans le front et d'hésitant dans le regard, qui produisait une impression d'inquiétude. On se demandait quel était cet homme, et l'on restait sans trouver une réponse. Le visage sans barbe était efféminé, le torse au contraire était vigoureux. Au reste nulle ressemblance avec son père ni avec sa sœur.

—N'est-ce pas qu'il est beau, dit Raphaëlle d'une voix émue, et qu'on doit être fière de l'aimer? Et je l'aime; il est à moi, à moi seule. Je ne me suis pas associée avec mes amies pour l'avoir, je n'ai pas besoin de combiner des heures pour lui laisser sa liberté; il est à moi, le jour, la nuit, quand je veux... et il m'aime. Si je ne l'aimais plus, il me tuerait. Si je vous dis que je n'ai vécu que depuis que je le connais, me croirez-vous?

Alors, s'asseyant sur le canapé et prenant l'album, qu'elle ouvrit :

—Lequel de ceux qui sont là, peut remuer le cœur d'une femme et lui donner une sensation nouvelle? Est-ce celui-ci? est-ce celui-là?

Tournant les feuillets de l'album d'une main dédaigneuse, elle était arrivée au portrait du duc de Charmont.

—Oui, dit-elle en s'arrêtant, en voilà un qui est un homme; mais ses maîtresses il les méprise comme s'il était honteux de les avoir aimées une minute. Tous les autres sont jetés dans le même moule : qui en connaît un les connaît tous. A vivre près d'eux, avec eux, l'ennui vous gagne, l'écœurement, et à la longue on se laisse aller à chercher quelque chose qui vous secoue et vous change.

Puis s'arrêtant et fermant l'album :

—Mais pourquoi vous dire tout cela? Vous n'en avez pas souci, n'est-ce pas? et peu vous importe de savoir quelle influence Anatole a pu exercer sur moi. Ce que vous voulez, c'est être certain qu'il n'est pas coupable et que je ferai tout pour prouver son innocence. Eh bien! cette certitude, vous pouvez l'avoir. Quand une femme comme moi aime un homme comme lui, elle ne l'abandonne pas.

XXI

Anatole était-il innocent?

Il paraissait résulter du récit de Raphaëlle qu'il ne pouvait pas être coupable.

Mais quelle valeur accorder à ce témoignage d'une femme qui voulait sauver son amant?

Serait-il d'ailleurs confirmé par celui du concierge, ce témoignage?

Et puis, quand il le serait, tout cela formerait-il un ensemble suffisant pour faire mettre Anatole en liberté ou, en attendant cette libération, pour affirmer son innocence et la prouver?

En un mot, dans ce que le colonel venait d'obtenir, y avait-il de quoi rassurer Antoine, si celui-ci avait appris l'arrestation de son fils?

Évidemment non. Comment lui dire : « Votre fils n'est pas coupable, et la preuve, c'est que sa maîtresse le soutient innocent ? »

Ce n'était pas là ce qu'avait demandé Thérèse.

Il fallait plus.

Il fallait profiter de ces témoignages pour organiser une défense active qui, en peu de jours, fît relaxer Anatole, et prouvât pour tous qu'il était bien innocent.

Mais la tâche ainsi entreprise était grosse de difficultés pour le colonel.

Comment organiser cette défense? à quelle porte frapper? à qui s'adresser? quelles influences mettre en jeu?

Autant de questions devant lesquelles il restait embarrassé, sans savoir comment les aborder.

Il était depuis trois jours seulement en France, et il n'avait qu'une idée assez confuse des formes et des usages de la justice française. A Paris, il ne connaissait personne, excepté son ami Gaston de Pompéran.

Il était dur d'aller dire à cet ami, si étroitement enfermé dans certains principes : « L'amant de Raphaëlle, le faubourien, le pâle voyou, le voleur présumé d'Amenzaga.

est mon cousin, et je viens vous demander aide ou conseil pour le tirer de prison. »

Cependant ce fut à cette résolution qu'il s'arrêta.

La veille, en n'osant point interroger franchement son ami, pour éclaircir ses soupçons, il avait été arrêté par un sentiment de honte; mais maintenant ce sentiment, si légitime qu'il fût, devait céder devant un autre d'un ordre plus élevé. Ce n'était plus de lui qu'il s'agissait, de son amour-propre et de sa fierté; c'était de son oncle, c'était de Thérèse, c'était de l'engagement qu'il avait pris envers celle-ci.

En sortant de chez Raphaëlle, il se fit conduire rue Boissy-d'Anglas, chez son ami Pompéran.

— J'allais chez vous, dit celui-ci en voyant entrer le colonel, car je vous ai arrangé pour ce soir une petite partie à laquelle vous ne pouvez manquer.

— Précisément je ne suis pas libre ce soir, répliqua le colonel.

— Vous reprendrez votre liberté pour moi, ou bien alors il sera démontré que vous ne me traitez pas en ami.

— Mais...

— Il n'y a pas de mais. Au reste, je n'ai qu'à vous expliquer mes arrangements pour que vous compreniez que tout refus de votre part est impossible, ou tout au moins qu'il me placerait dans une situation ridicule. Hier, en arrivant à Longchamps, les premières paroles de Mme Lucillière sont pour me demander de vos nouvelles. Vous ne sauriez croire combien d'amis vous vaut la façon dont vous avez joué contre Amenzaga. « Et votre ami le colonel Chamberlain? me dit-elle. » Je lui explique que vous avez un devoir de famille à remplir, un vieil oncle à embrasser, et que vous n'avez pas pu venir. Alors l'idée me passe, pour racheter votre absence, de dire que j'ai arrangé avec vous un combat de rats contre mes terriers pour le lundi soir.

— Vraiment? interrompit le colonel.

— Je sais; c'est absurde, tout ce que vous direz sera juste, mais écoutez la fin pour comprendre que vous ne pouvez pas le dire. Il faut que vous sachiez que j'ai deux terriers comme il n'y en a pas à Paris. Quand j'ai dû renoncer aux chevaux de courses pour des raisons que vous sentez, sans qu'il soit nécessaire que je les explique, j'ai voulu me consoler de cet abandon forcé par un autre genre de sport moins dispendieux. C'est alors que j'ai rapporté de Londres un bull-terrier avec lequel j'ai organisé des combats de rats comme on n'en avait pas encore vu en France: en vingt-cinq minutes, *Betsy* étrangla cinquante rats pour son début. Vous pouvez vous imaginer quel fut son succès, et je puis ajouter quel fut le mien.

Depuis j'ai dressé un autre chien *The Hangman*, qui est arrivé à tuer jusqu'à soixante-cinq rats en vingt-cinq minutes. La marquise de Lucillière n'a jamais vu mes chiens et bien souvent elle m'avait demandé à assister à l'un de ces combats. C'est ainsi que j'ai été amené à lui proposer la partie de ce soir, et à la lui présenter comme organisée avec vous, tandis qu'en réalité elle était improvisée par moi seul. Maintenant, en bonne conscience, pouvez-vous m'abandonner? Je vous ai promis hier, et vous n'êtes pas venu. Je vous promets pour ce soir, voulez-vous me faire encore manquer à ma parole?

— Certes je ne le voudrais pas, mais...

— Ajoutez à tout cela que j'ai fait prendre deux cents rats.

— Mon cher Gaston, dit le colonel d'une voix grave qui montrait que ses paroles étaient sérieuses, je vous prie de m'écouter à votre tour, et vous verrez que j'ai par malheur de trop bonnes raisons pour vous refuser. Vous vous souvenez, n'est-ce pas, que je vous ai demandé hier, en deux mots, si l'on connaissait cet amant de Raphaëlle qui a été arrêté comme complice du vol d'Amenzaga; vous m'avez répondu que c'était un faubourien, un pâle voyou.

— Ah! mon pauvre ami, s'écria Gaston en prenant les mains du colonel, combien je suis désolé!

— Vous savez donc? demanda celui-ci, surpris de cette expansion tout à fait insolite chez un homme aussi calme.

— J'ai vu hier aux courses le juge d'instruction qui est chargé de cette affaire, et naturellement nous avons parlé de ce vol qui préoccupe tout Paris; il m'a dit que ce... garçon se nommait...

— Chamberlain?

— Précisément, Anatole Chamberlain, et qu'il avait été élevé rue de Charonne; alors j'ai pensé qu'il pouvait être votre parent.

— Mon cousin germain, le fils de mon oncle.

— Ah! mon ami, combien je suis fâché....

— De quoi? D'avoir dit que ce garçon était un voyou? S'il est coupable, vous ne l'avez pas qualifié assez sévèrement; s'il est innocent comme j'ai quelques raisons de le croire, il n'en est pas moins vrai que sa situation auprès de Raphaëlle permet de parler de lui avec un certain mépris. Vous n'avez donc point à vous désoler, et je me suis senti si peu blessé par vos paroles que j'ai pensé à vous pour me rendre service dans les circonstances difficiles où je me trouve.

— Parlez, que faut-il faire?

— Si M. Anatole est un vilain monsieur, son père est un modèle d'honneur et sa sœur est... sa sœur est la jeune fille dont je vous ai parlé. Vous comprenez donc que je m'intéresse à ce garçon, sinon pour lui, au moins pour sa famille, pour son père, pour sa sœur. J'ai même formellement promis à celle-ci de faire toutes les démarches possibles pour que l'innocence de son frère, innocence à laquelle elle croit, bien entendu, soit reconnue. Dans ce but, j'ai interrogé Raphaëlle, et voici ce qu'elle m'a appris.

Alors le colonel raconta sa visite à la comédienne, mais en ayant soin de ne pas parler des sentiments que celle-ci avait si franchement manifestés, et en se bornant à expliquer les circonstances qui semblaient prouver qu'Anatole ne pouvait pas avoir donné les renseignements au moyen desquels le vol avait été commis.

Puis il continua en disant à son ami, comment dans son embarras il avait pensé à lui demander conseil.

— En entrant chez vous, dit-il, je ne savais trop sur quoi devait porter votre concours; mais un mot m'a éclairé. Vous connaissez le juge d'instruction chargé de l'affaire, n'est-ce pas?

— Le Méhauté? Parfaitement, nous sommes liés.

— Eh bien! présentez-moi à lui.

— Vous voulez vous faire connaître comme le parent de ce... garçon? fit Pompéran avec un soubresaut.

— Je veux lui expliquer les choses telles que je les vois.

— Mais, mon cher ami je peux lui donner ces explications moi-même, et je vous promets que je le ferai avec chaleur, avec intelligence.

— Je ne doute ni de l'une ni de l'autre.

— Il me semble qu'il n'est pas nécessaire qu'un avocat croie à l'innocence de son client pour le bien défendre.

— Je ne prétends pas cela, mais j'ai pris un engagement et je tiens à l'exécuter.

— Cependant songez combien il serait fâcheux pour vous d'avouer cette parenté; sans doute on pourra dans le monde remarquer que votre nom est le même que celui de ce... garçon, mais cela n'affirme pas votre parenté. Pourquoi voulez-vous qu'on sache que le colonel Chamberlain est le cousin de M. Anatole? Je vous en prie, n'est-ce pas? cachons cela. Vous ne connaissez pas Paris. Le hasard permet que vous vous présentiez dans des conditions extraordinaires; on a les yeux fixés sur vous, et des yeux tendres, ne compromettez pas votre succès par une imprudence, si ce n'est pas pour vous, que ce soit pour moi.

Mais le colonel ne se laissa pas ébranler; il voulait voir le juge d'instruction, et Gaston dut céder à cette exigence.

— C'est bien, dit-il; je vais vous conduire au palais, ou plutôt, non, j'ai mieux à vous proposer. Au palais, Le Méhauté pourrait très-bien s'enfermer dans son rôle de magistrat et ne vous répondre que par des paroles vagues; il vaut mieux que je vous réunisse dans des conditions où vous ayez l'un et l'autre plus de liberté. Je vais l'inviter à venir ce soir à mon combat de rats.

— Et il viendra?

— Pourquoi ne viendrait-il pas? Parce qu'il est magistrat? On voit bien que vous ne connaissez pas Le Méhauté: sachez qu'il aime et pratique tous les sports. Je ne dis pas qu'il n'y ait pas encore des magistrats qui restent confits dans leur austérité; mais, Dieu merci! il y en a d'autres qui savent marcher avec leur époque et ne pas rester des momies d'un autre âge. Le Méhauté est de notre monde; c'est vous dire qu'il n'est point une momie. Nos amusements sont les siens; aussi pouvez-vous être certain d'avance qu'il acceptera mon invitation avec joie. Seulement, à ce propos, un conseil: ne paraissez pas surpris si vous le voyez parier pour ou contre mes chiens.

— Ah! il parie?

— Comment, s'il parie! Mais il a gagné hier une jolie somme avec *Patricien*... Ainsi, à ce soir, neuf heures, rue de Suresnes, n'est-ce pas?

Le colonel, ayant rendez-vous avec Thérèse à huit heures, pouvait très-bien se trouver à neuf heures rue de Suresnes; il accepta donc les arrangements de son ami.

Lorsqu'il arriva à huit heures précises, place Royale, il aperçut Thérèse qui l'attendait sous les galeries; elle vint vivement à lui, et, posant sa main tremblante sur le bras qu'il lui tendait.

— Eh bien? demanda-t-elle.

Alors il lui raconta ce qu'il avait fait et ce qu'il avait appris, en ayant soin seulement d'approprier son récit aux oreilles qui l'écoutaient.

— Vous voyez bien, s'écria-t-elle, qu'il est innocent!

Comme cette exclamation avait fait retourner des gens qui passaient, ils se mirent à marcher lentement sous la galerie, tantôt dans la lumière, tantôt dans l'ombre: elle, s'appuyant sur le bras qui la serrait doucement; lui, se penchant vers elle.

Les minutes s'écoulèrent rapidement dans cet entretien, et la demie en sonnant lui rappela qu'il devait être rue de Suresnes à neuf heures.

— Vous reviendrez demain ici, à la même heure, n'est-ce pas? dit-elle.

— Oui, demain, je vous le promets.

Ils se tenaient les mains dans les mains, les yeux dans les yeux.

Alors ils entendirent une voix qui disait d'un ton moqueur:

— Eh bien! ne vous gênez pas les amoureux.

Thérèse retira vivement ses mains et ils se séparèrent.

XXII

Neuf heures sonnaient à la mairie de la rue d'Anjou, quand le colonel descendit de voiture, à la porte de la maison de la rue de Suresnes, qui lui avait été indiquée par Gaston.

Cette maison, qui était une vieille et mauvaise masure, comme il s'en trouve plusieurs dans cette rue, était occupée par un marchand de fourrages, et avant d'entrer on respirait une odeur de paille et de foin.

Un domestique, celui de Gaston, se tenait sous la porte cochère, pour recevoir les invités de son maître et les introduire dans la salle où devait se livrer le combat des rats contre la célèbre *Betsy* et contre *thy Hangman*, plus célèbre encore.

On arrivait à cette salle en descendant les marches d'un escalier tournant, car c'était en réalité une vaste cave voûtée, qui avait été tant bien que mal disposée pour le combat.

Sur le sol, on avait répandu du sable jaune, et le long des murs, verdis par l'humidité, on avait accroché des lampes qui jetaient, dans toute la cave, une vive clarté. Au milieu de cette pièce, on avait construit une sorte d'arène, comme celle qui se voit dans les cirques; elle était en planches bien jointes, d'une hauteur de trois pieds à peu près, se terminant par un grillage en fil de fer qui la couvrait comme un couvercle, destiné à empêcher les rats de s'échapper par quelque bond désespéré. En se penchant par-dessus ce grillage, les spectateurs pouvaient suivre toutes les péripéties du combat, sans craindre qu'un rat leur sautât à la figure ou leur mordît les jambes.

— N'est-ce pas que mon cirque est bien disposé? dit Pompéran en venant au devant du colonel.

— Très-joliment.

— Le Méhauté n'est pas encore arrivé, mais il viendra certainement; Mme de Lucillière viendra aussi.

Les personnes avec lesquelles le colonel s'était rencontré chez Raphaëlle s'approchèrent pour lui serrer la main, et Gaston le présenta à celles qu'il voyait pour la première fois.

La conversation continua, roulant sur les courses de la veille; on regretta que le colonel n'y eût pas assisté.

— Très-jolies courses.

— Mais qu'ont donc les chevaux de Lucillière? Ils ne vont pas.

— Le marquis veut faire un coup.

— Lequel?

— Si le savais, je garderais le secret pour moi et j'en profiterais.

Puis, tout à coup, l'entretien tourna d'un autre côté.

— Devinez d'où je reviens? dit un nouvel arrivant.

— De Pontoise.

— Quelle bêtise! Je viens de la gare de Lyon, où j'ai mis d'Authevernes en wagon: il va à Rome rejoindre les zouaves pontificaux.

Et ce fut un feu croisé d'exclamations, de dénégations, d'explications.

— Au moment où l'on abolit la contrainte par corps? En voilà une idée!

— Est-ce que Mme de Blosseville ira passer l'hiver à Rome?

— Pour moi, dit d'une voix ronflante un vieux beau, qui se tenait roide, la taille serrée dans une redingote courte, j'approuve d'Authevernes et trouve sa détermination digne d'éloges.

— Parce que vous avez dépassé l'âge où l'on se fait zouave pontifical.

— Non, messieurs; mais tout simplement parce que d'Authevernes donne un exemple que je voudrais voir suivre. Où allons-nous, si nous ne nous groupons pas autour du trône pontifical? A la ruine! à la révolution!

— D'Oyat a raison.

— Personne ne dit qu'il a tort.

— Non, seulement il ne faut pas s'exagérer la puissance de Garibaldi; c'est un fantoche.

A ce moment, on entendit une voix claire retentir dans l'escalier; c'était Mme de Lucillière qui annonçait son arrivée.

Elle entra dans la cave comme un tourbillon et en riant aux éclats.

— C'est une descente aux enfers, dit-elle à Gaston en lui tendant la main.

Le colonel, n'étant pas au premier rang, put la regarder attentivement pendant qu'elle répondait à ceux qui s'empressaient près d'elle.

C'était une femme de vingt-six à vingt-huit ans, plutôt jolie que belle, grande et mince, qui dans sa démarche avait les mouvements légers et gracieux d'un oiseau. Son teint pâle avait de l'éclat. La tenue, le geste, la voix, le regard qu'elle jetait sur ceux à qui elle adressait un mot, tout en elle affirmait la puissance d'une femme habituée à être traitée en souveraine. Avec cela un air de noblesse et de distinction. Mais ce qui formait un contraste bizarre avec cette distinction, c'était sa façon de s'exprimer. Quelqu'un qui eût fermé les yeux et n'eût écouté que ses paroles sans avoir égard au timbre de la voix, aurait pu croire que c'était un homme qui causait joyeusement avec d'autres hommes et surtout librement en un langage plus que familier.

Mais le colonel n'eut pas le temps de pousser bien loin son examen. Gaston vint le chercher pour le présenter à la marquise, qui daigna elle-même faire quelque pas au devant de lui.

Cette présentation se fit sans aucune cérémonie, au moins de la part de la marquise qui tendit la main au colonel.

— Eh bien, dit-elle, s'adressant à Gaston, est-ce que cette petite fête ne va pas commencer? Sapristi! mon cher, ne nous faites pas droguer.

— Je n'attend plus que Le Méhauté.

— Tiens! vous l'avez invité? Elle est bien bonne. Il m'a gagné hier cent louis avec son *Patricien*. Si je pouvais les lui rattraper, ce serait assez drôle.

Le magistrat ne se fit pas longtemps attendre, et presque aussitôt le colonel vit entrer dans la cave celui pour lequel il était venu à cette réunion.

— Mon ami le colonel Chamberlain, dit Gaston; M. Le Méhauté, qui pourra, s'il le veut bien, mon cher Édouard, vous apprendre des choses fort curieuses sur ce Paris que vous ne connaissez pas.

Puis, les ayant mis ainsi en rapport, il s'occupa de sa petite fête.

Tandis que deux hommes apportaient une caisse grillée dans laquelle grouillaient des rats, il sortit un moment, et revint bientôt tenant dans ses bras un petit bull-terrier au pelage tout blanc.

Il le prit par la peau du cou, et l'élevant à la hauteur de la tête :

— Voici *Betsy*, dit-il.

On s'empressa autour de lui pour voir de près la célèbre *Betsy*.

C'était une bête de petite taille, avec une tête énorme, un museau écrasé, au-dessous duquel s'avançait la mâchoire inférieure, dont les crocs faisaient saillie; en tout, un horrible animal, dont la physionomie basse et méchante était relevée seulement par le courage, qui se montrait dans ses yeux sanglants.

Pendant que ceux qui avaient des connaissances techniques et spéciales discutaient la forme de la chienne, les hommes de service avaient fait glisser le fond à coulisse de la boîte grillée, et les rats étaient tombés dans l'arène, étourdis, ahuris.

— Il faut les laisser se remettre, dit une voix.

— Comme vous voudrez, répondit Gaston, qui avait peine à retenir sa chienne; seulement *Betsy* sent les rats, elle va m'échapper.

Dans l'arène, les rats couraient çà et là éperdus, se cognant, se mordant les uns les autres; leurs longues queues traçaient sur le sable jaune des festons fantastiques.

Pensant à son affaire bien plus qu'à la bataille qui allait se livrer, le colonel s'était placé auprès du juge; mais celui-ci n'était pas en disposition de parler d'autre chose que de cette bataille.

— Il y a cinquante rats, dit Gaston; regardez l'heure : dans vingt minutes, il n'en restera pas un seul en vie.

Alors prenant la chienne par la peau de l'échine, il la laissa tomber dans l'arène.

Poussant deux ou trois hurlements rauques, *Betsy* ne prit pas le temps de se reconnaître; d'un bond elle fondit sur un groupe de rats qui se trouvait à sa portée.

Ceux-ci n'attendirent pas l'attaque de la chienne; mais, lui tournant le dos, ils cherchèrent leur salut dans la fuite.

Où fuir? Partout, devant eux, se dressait l'enceinte circulaire de l'arène. Quelques-uns espérèrent s'échapper en sautant par dessus, mais ils vinrent frapper de la tête contre le grillage, qui, faisant tremplin, les rejeta rudement sur le sable.

Pendant ce temps, *Betsy* continuait sa course autour de l'arène; elle roulait comme une boule blanche au milieu de cette fourmilière noire, ne s'arrêtant pas pour mordre, et laissant derrière elle éventrés ceux qu'elle avait pu attraper.

Les rats, ayant sans doute compris que la fuite était impossible, voulurent enfin faire tête à leur ennemi; ils se massèrent et se retournèrent.

Mais *Betsy* passa à travers leur groupe comme l'eût fait un boulet de canon.

Cependant ce ne fut pas sans blessures : deux rats lui sautèrent au cou, et d'autres se cramponnèrent à ses flancs et à ses pattes; sa robe blanche se marbra de plaques rouges.

Le moment décisif était arrivé.

— Bravo! *Betsy*, cria Gaston, tiens bon! hip! hip!

Allait-elle se débarrasser des ennemis qui s'étaient jetés sur elle et qui la rongeaient?

Tout le monde était penché au-dessus du grillage.

— Qui veut les rats? dit la marquise. Je prends la chienne, 100 louis pour la chienne à égalité.

Personne ne répondit, mais on regarda l'heure; douze minutes s'étaient écoulées, il restait encore plus de vingt-cinq rats en vie.

— Eh bien! messieurs, continua la marquise, personne ne veut des rats?

Le colonel crut devoir intervenir.

— Cent louis contre *Betsy*, dit-il.

Sans se préoccuper des rats qui la tenaient, la chienne mordait à droite et à gauche ceux qui se pressaient autour d'elle; à chaque coup de croc on entendait les os craquer; elle ouvrait et fermait la mâchoire régulièrement comme une machine.

Bientôt elle put se retourner et casser les reins à ceux qui s'étaient attachés à ses flancs.

Cependant ceux qui la tenaient au cou n'avaient pas lâché prise; alors elle se coucha sur le sable et pesant de tout son poids du côté gauche, elle se débarrassa de ce côté; puis, répétant la même tactique, elle força celui qui la tenait à droite à se détacher, et vivement elle lui broya la tête.

Il ne restait plus que trois rats affolés; elle se jeta dessus, et, en moins d'une minute, ils roulèrent sur le sable, le ventre ouvert. Alors, se campant sur son derrière, elle poussa quelques aboiements de triomphe; elle était horrible à voir, pleine de sang et de sable, le museau déchiqueté, la peau crevée à vingt endroits. On l'applaudit furieusement.

Naturellement il y eut un moment de repos; mais les esprits étaient trop surexcités pour que le colonel pût engager l'entretien qu'il désirait avoir avec le juge.

D'ailleurs il avait à payer le pari qu'il avait perdu contre Mme de Lucillière.

Celle-ci paraissait radieuse; elle riait et parlait à haute voix, adressant un mot et un sourire à chacun.

— Mon cher colonel, dit-elle, vous êtes un brave; sans vous je ne faisais rien. Trop sages, ces messieurs; ils ne veulent parier qu'à coup sûr.

Puis, caressant la chienne malgré les souillures dont celle-ci était couverte:

— Bravo, la petite bête! dit-elle.

— Et l'entraîneur, ne l'applaudirez-vous pas? dit une voix, car cette savante férocité est le produit de l'éducation.

On discuta sur l'éducation que Gaston avait donnée à ses chiens.

— Voulez-vous faire une expérience curieuse? dit la marquise. J'ai à la campagne un furet que mon garde prétend être féroce pour les rats; je le ferai venir, et nous le comparerons aux chiens de Gaston. Voulez-vous vendredi prochain?

— Oui, vendredi! s'écria-t-on.

Mais d'Oyat se pencha à l'oreille de la marquise.

— Pas vendredi, dit-elle; je n'avais pas pensé tout d'abord que c'est vendredi-saint.

— C'est juste, dirent plusieurs voix.

— Alors mardi, mais dans la journée. Monsieur le colonel, j'espère que vous me ferez l'amitié d'être des nôtres.

XXIII

La seconde partie de la représentation fut à peu de chose près, la répétition de ce qu'avait été la première.

Au lieu d'avoir le pelage blanc comme Betsy, *the Hangman* l'avait tout noir, dur et ras; mais, pour la laideur de la physionomie, il ne le cédait en rien à la chienne, peut-être même cette couleur sombre lui donnait-elle quelque chose de plus horrible encore.

Au lieu de lui jeter cinquante rats dans l'arène, on lui en offrit soixante-quinze, et l'on augmenta de cinq minutes le temps du combat.

Enfin il y eut encore une autre différence, qui affirma glorieusement la supériorité de *the Hangman*.

Betsy avait paru prendre plaisir à ce combat, et elle avait montré un peu de l'ardeur instinctive du chien de chasse; mais par là elle s'était abandonnée à une sorte de passion qui avait failli compromettre son succès.

The Hangman, au contraire, avait été parfait de méthode et de tenue. Il ne s'était, point, comme *Betsy*, jeté inconsidérément sur les rats; mais, une fois qu'il avait touché le sable de l'arène, il s'était avancé vers eux d'un pas prudent et sûr, les enveloppant par sa marche savante, qui ne leur permettait pas de s'enfuir ou de se dérober en masse. Une fois arrivé à portée de mordre, il avait commencé à faire fonctionner ses terribles mâchoires lentement, mais régulièrement; chaque coup de croc était la mort de celui qui était atteint; et il avait continué d'avancer ainsi, sans se laisser troubler par les morsures furieuses de ses adversaires jusqu'au moment où le vide s'était fait autour de lui. Alors, par quelques bonds rapides, il s'était jeté à droite, à gauche, en avant, en arrière, poursuivant son carnage, sans s'interrompre ou se reposer une seconde, sans pousser un cri, sans faire un mouvement inutile. C'était véritablement la perfection mathématique de la boucherie.

— Vingt-trois minutes quinze secondes! s'écria Gaston lorsque tous les rats furent tués.

Et des applaudissements saluèrent ce cri de triomphe.

— Positivement, mon cher, dit M. d'Oyat, qui aimait à parler, voilà un sport qui vous fera honneur; on vous doit des remerciements pour son importation en France.

Et le colonel, qui avait demandé sa revanche à Mme de Lucillière, offrit à celle-ci les deux billets de banque qu'il venait de perdre.

Enfin le moment était venu où il allait pouvoir sans doute interroger le juge d'instruction.

Mais ce moment n'arriva pas encore, car pendant longtemps on parla de la qualité des deux chiens et du talent de leur maître. Comment engager un entretien particulier au au milieu de cette discussion générale !

Cependant il parvint à rappeler à Gaston dans quel but il était venu à cette représentation, et celui-ci, qui avait tout oublié au milieu de son triomphe, eut la complaisance de s'arranger pour emmener avec lui, quand tout le monde se retira, M. Le Méhauté et le colonel.

En chemin on ne parla que des chiens; mais, en arrivant devant sa porte, Gaston offrit au colonel le moyen que celui-ci attendait depuis si longtemps.

— Mon ami Chamberlain désire vous demander un renseignement, dit-il au juge; voulez-vous, si cela est possible, l'éclairer et le guider?

Puis, leur serrant la main, il rentra chez lui.

— Vous savez, dit le colonel, marchant auprès du juge, que je m'appelle Chamberlain et que je suis d'origine française ; mon père était Parisien. Le jeune homme qu'on a arrêté à propos du vol commis chez M. Amenzaga se nomme aussi Chamberlain : c'est mon cousin, le fils du frère de mon père. Voulez-vous me permettre de vous demander, en cette qualité, s'il s'élève des charges sérieuses contre ce jeune homme ?

Jusque là rien n'aurait pu donner à supposer à quelqu'un qui n'eût pas connu la qualité de M. Le Méhauté que celui-ci était magistrat : sa tenue comme sa conversation avaient été celles des amis de Gaston de Pompéran ; un gentleman, rien de plus, rien de moins. Mais la question du colonel fit apparaître l'homme de la loi, sa tête se redressa et sa physionomie s'assombrit.

— Mais, monsieur le colonel... dit-il d'une voix grave.

— Mon Dieu ! interrompit le colonel, je sais combien ma question est délicate et je comprends qu'elle vous paraisse indiscrète ; je vous demande donc avant tout la permission de l'expliquer. Avant de venir en France, je ne connaissais ma famille parisienne que d'une façon indirecte. J'ai trouvé dans le chef de cette famille un homme de cœur et d'honneur, et près de lui une jeune fille charmante. Cette jeune fille, en apprenant l'arrestation de son frère, qui, on ne doit pas l'oublier, a abandonné la maison paternelle depuis plusieurs années, s'est adressée à moi, et, me représentant quel serait le désespoir de son père si celui-ci était informé de cette arrestation, elle m'a prié de faire toutes les démarches nécessaires pour prouver l'innocence de son frère, — innocence à laquelle elle croit, bien entendu, — et pour organiser sa défense. J'ai accepté cette mission, et, pour commencer à la remplir, j'ai interrogé ce matin Mlle Raphaëlle, qui m'a donné des détails précis, desquels il paraît résulter que ce jeune homme ne peut pas être coupable. Elle prétend que son amant est resté chez elle depuis deux heures quarante-cinq minutes jusqu'à huit heures du matin ; elle prétend de plus que son concierge peut confirmer la vérité de son allégation. S'il en est ainsi, Anatole Chamberlain ne doit pas être complice de ce vol. C'était beaucoup d'avoir obtenu ce renseignement, mais ce n'était pas assez pour rassurer ce pauvre père et cette sœur désolée. J'ai voulu plus, et voilà comment j'ai été amené à vous demander s'il s'élevait des charges contre ce garçon, assez sérieuses pour affaiblir et détruire le témoignage de la comédienne ou de son concierge.

— Mais ce témoignage du concierge, nous ne l'avons pas encore, et rien ne prouve qu'il confirmera celui de Raphaëlle. Et puis, quand même nous aurions cette confirmation, l'innocence de l'inculpé ne serait pas prouvée ; car, sans avoir quitté la maison, il peut très-bien avoir fait avertir ses complices.

— Alors il me semble que ce serait à l'accusation de montrer comment cet avertissement aurait été donné ; jusqu'à présent elle se base, si je suis bien informé, sur ce fait, qu'Anatole Chamberlain a été vu s'entretenant vis-à-vis, les fenêtres de Raphaëlle, avec un inconnu, et elle part de là pour dire que c'est à cet inconnu qu'il a donné les renseignements au moyen desquels le vol a été commis. A cela, le témoignage de Raphaëlle répond que quand son amant s'est entretenu avec cet inconnu, il n'était pas encore entré chez elle, et que par conséquent il ne pouvait pas savoir si M. Amenzaga avait ou n'avait pas gagné la somme qui lui a été volée. Si ce témoignage est confirmé, il me semble que la base de l'accusation s'écroule.

Le juge d'instruction resta quelques instants sans répondre, et ils marchèrent côte à côte en silence.

Ils étaient arrivés devant la Madeleine. M. Le Méhauté, au lieu de suivre le boulevard, prit une des allées longeant l'église : l'endroit était désert et l'on pourrait s'y entretenir librement.

Après avoir fait quelques pas dans la direction de la rue Tronchet, il s'arrêta tout à coup, et se tournant vers le colonel :

— Vous vous intéressez beaucoup à ce jeune homme ? demanda-t-il.

— A lui, pas du tout ; je ne le connais pas,

et ce que j'ai appris jusqu'ici de sa vie est peu fait pour inspirer la sympathie. Mais je m'intéresse beaucoup à son père et à sa sœur.

— Eh bien ! je peux, si vous le voulez, vous le faire connaître, et vous comprendrez alors qu'avec un pareil sujet ces preuves d'innocence dont vous parlez doivent être bien fortes pour qu'on les admette. De sa famille je ne veux rien dire, puisque vous déclarez que le père est un homme d'honneur, auquel vous vous intéressez.

— Que j'estime et que je suis tout près d'aimer.

— Cependant il y a un fait qui doit être relevé, c'est que ce père de famille est un incorrigible insurgé ; depuis 1830 jusqu'en 1851, il a joué un rôle actif dans toutes les insurrections parisiennes, et, depuis que Paris est tranquille, grâce au pouvoir fort qui nous gouverne, il s'est placé à la tête du mouvement ouvrier ; on peut même dire qu'il a organisé ce mouvement, ce qui lui a donné une grande autorité sur ses camarades. En un mot, c'est un meneur.

— Ah ! sur cela, interrompit le colonel en souriant, je passe condamnation ; seulement soyez certain que, si Antoine Chamberlain mène ses camarades, c'est dans la bonne voie.

— Ceci est affaire d'appréciation ; ce que je veux dire, c'est que ce père de famille n'a point inspiré à son fils le respect des lois. Il lui a fait donner, il est vrai, une certaine instruction ; mais cette instruction, mal dirigée par celui qui la donnait et mal digérée par celui qui la recevait, a produit les plus tristes résultats : Anatole Chamberlain n'est point une brute ou un sot, c'est un homme intelligent qui n'emploie son intelligence qu'à la satisfaction des mauvais instincts qui étaient en lui et des vices qu'il a acquis. Le premier fait relevé à sa charge est une manœuvre de chantage : à dix-huit ans, il est l'amant d'une femme mariée qui occupe une certaine position dans le commerce parisien, et il exploite la faiblesse de cette femme pour se faire écrire des lettres dont il tâche de tirer profit. Vous voyez qu'il est précoce ; c'est même cette précocité qui l'a sauvé, car dès cette époque il méritait qu'on l'envoyât en prison.

— La prison l'eût-elle amendé ?

— Je ne sais pas ; mais, à coup sûr, elle l'eût mis dans l'impossibilité de nuire, et c'est quelque chose au point de vue social. Après ce beau début, on perd sa trace pendant quelque temps ; puis on le retrouve en relations suivies avec un homme des plus dangereux, un véritable bandit, le *Fourrier*, qu'on appelle ainsi parce qu'étant au régiment, il a volé la caisse et s'est fait condamner aux travaux forcés. Le *Fourrier*, qu'on appelle encore *Grain-de-Sel* parce qu'on ne peut pas le prendre ; la *Prestance*, parce qu'il a une belle tenue, et Couleuvrel, qui est son vrai nom. Ce *Fourrier* a organisé une sorte de bande, composée de jeunes gens auxquels il demande pour tout mérite d'être beaux garçons. Le rôle de ces jeunes gens consiste à devenir les amants des cuisinières et des femmes de chambre qui veulent bien se laisser tromper par eux. Une fois introduits dans les maisons, ils observent les habitudes des maîtres, ils volent des clefs, ils prennent des empreintes, et un beau jour la maison est dévalisée, sans effraction, sans assassinat, sans aucune circonstance aggravante, par des complices que le *Fourrier* met à l'œuvre ; car pour lui il n'opère jamais lui-même. Comprenez-vous maintenant combien ces relations avec cet habile voleur donnent de gravité à la liaison d'Anatole avec Raphaëlle ? Ayant mis la main sur un jeune homme beau, bien bâti, intelligent, brillant, n'est-il pas présumable que le *Fourrier*, au lieu d'en faire l'amant d'une cuisinière, l'a placé auprès d'une femme à la mode, chez laquelle on peut se procurer toute sorte de renseignements utiles, et, sans que j'entre dans les détails de l'instruction de cette affaire, ce qui ne m'est pas possible, ne voyez-vous pas aussi combien la justice doit être circonspecte avec un pareil personnage, et ne pas se contenter d'apparences de preuves ?

— Oui, sans doute.

— Notez bien que je ne dis pas que le témoignage du concierge n'aura pas son importance, mais enfin c'est à voir et à peser. Pour le moment, il me parait donc difficile que vous calmiez l'inquiétude de ceux qui vous intéressent, autrement qu'avec le témoignage de Raphaëlle. Maintenant je vous promets que, s'il survient quelque incident favorable à ce garçon et que je puisse en parler, vous en serez le premier informé.

Sur ce mot, le juge d'instruction tendit la main au colonel et se sépara de lui ; mais il avait fait à peine quelques pas, qu'il revint :

— Vous m'avez parlé d'organiser sa défense, dit-il, et je m'aperçois que je ne vous ai pas répondu à ce sujet. Ne vous préoccupez pas de ceci, d'abord parce qu'il n'y a rien à faire en ce moment, ensuite parce que M. Anatole a des protecteurs qui ne l'abandonneront pas et qui feront tout pour qu'on leur rende.

Et comme le colonel le regardait avec surprise :

— Ceci est, je crains bien, un autre vilain côté du personnage, dit-il en réponse à ce regard. Au revoir, colonel ; bonsoir.

XXIV

Le colonel eut bientôt la preuve que Raphaëlle avait été sincère en promettant de défendre son amant, car dès le lendemain il vit la comédienne entrer chez lui, légère et radieuse.

— Il sera libre demain! s'écria-t-elle dès la porte.

Puis, ce premier cri lancé, elle prit le siége que le colonel lui avançait et commença son récit.

— Et je vous assure, dit-elle, que si on le met en liberté, c'est que son innocence crève les yeux, car ils ont tout fait pour le trouver coupable, jusqu'à envoyer un agent de police dans la Nièvre, chercher mon concierge et l'amener devant le juge d'instruction, afin qu'il ne pût communiquer avec personne et se faire faire la leçon. Mais la chose a précisément tourné contre eux. Le concierge a raconté ce qu'il savait, et son récit s'est trouvé en tout conforme au mien.

— Ainsi il est prouvé qu'il est arrivé chez vous à 2 heures 3/4 et qu'il n'en est sorti qu'à 8 heures.

— Absolument prouvé. Il paraît que le juge d'instruction a menacé le concierge de le faire arrêter comme faux témoin ; mais celui-ci, qui était sûr de son fait, a persisté dans sa déclaration, qui démontre jusqu'à l'évidence qu'Anatole n'est pas sorti et que personne n'est monté.

— Alors pourquoi ne l'a-t-on pas mis en liberté immédiatement ?

— Ah ! je n'en sais rien, mais il paraît que ce témoignage du concierge ajouté au mien n'eût pas encore été suffisant, si la défense d'Anatole n'avait été prise par quelqu'un qui a le bras long.

Ce mot de Raphaëlle, venant après les paroles du juge d'instruction, donna le désir au colonel de savoir quels étaient ces protecteurs du frère de Thérèse.

Il y avait là un point obscur qu'il pouvait être intéressant d'éclaircir, et de Raphaëlle la lumière serait sans doute plus facile à obtenir que de tout autre.

— Vous ne m'aviez pas parlé de cette personne au bras long, dit-il.

— A quoi bon? il n'était pas utile de vous faire savoir que quelqu'un s'occupait d'Anatole.

— Et pourquoi donc ?

— Simplement parce que vous auriez pu vous en rapporter à l'influence de cette personne et ne rien faire vous-même.

— Est-ce qu'il est indiscret de vous demander le nom de ce protecteur au bras long?

— Je ne crois pas. D'ailleurs il ne s'est pas caché, et c'est ouvertement qu'il a pris la défense d'Anatole.

— Et pourquoi serait-il caché ?

— On voit que vous venez de loin, colonel.

— Oh ! de très-loin ; mettez que je suis un Iroquois qui ne sait rien de rien, un Huron, un sauvage qui sera heureux d'être guidé par vous à travers votre civilisation ; et, pour commencer, dites-moi, je vous prie, pourquoi le protecteur d'Anatole se serait caché.

— Mais parce qu'il n'est pas du tout agréable de se présenter quelque part et de dire : « Rendez-moi mon ami, qu'on vient d'arrêter sous une accusation de vol. »

— Ah ! cela est juste; je n'avais pas vu cette raison.

— Soit que le comte Roqueblave ne l'ait pas vue non plus, soit que la voyant il l'ait dédaignée, il y a un fait certain, c'est qu'il n'a pas ménagé ses démarches en faveur d'Anatole.

— Et qu'est-ce que le comte Roqueblave ?

— Un personnage ; sénateur, administrateur de grandes compagnies, enfin une puissance.

— Maintenant, une dernière question : en quelle qualité le comte Roqueblave protége-t-il Anatole ?

— Ah ! voilà précisément le délicat.

— Vous savez, c'est l'Iroquois qui vous interroge, ne voyant pas pour quelles raisons un personnage tel que M. le comte Roqueblave, haut placé, âgé, je suppose...

— Une vieille momie.

— Je ne vois donc pas quelles relations peuvent exister entre un personnage ainsi posé et Anatole.

La comédienne parut embarrassée et resta un moment sans répondre.

— Est-ce que vous avez connu la mère d'Anatole ? dit-elle enfin.

— Non.

— Elle n'était pas votre parente autrement que par son mariage avec le frère de votre père?

— Non.

— Vous ne vous intéressez donc pas à elle d'une façon particulière ?

— Pas du tout.

— Alors cela facilite ma réponse à votre question. Il paraît qu'autrefois le comte Roqueblave a connu la mère d'Anatole, à une certaine époque, vous comprenez.

— Allons donc ! Je n'ai jamais entendu parler de cela. La mère d'Anatole était une honnête femme, son mari avait pour elle l'affection la plus tendre, et je suis certain qu'ils formaient un ménage heureux.

— Vous savez, cela n'empêche pas les sentiments; en tout cas, je ne puis vous dire que ce que je sais, et ce que je vous répète là c'est le récit d'Anatole lui-même.

— Comment ! Anatole vous a dit que sa mère.

— Comme vous j'ai été surprise de le voir chez le comte Roqueblave sur le pied de l'intimité ; je l'ai interrogé en ne lui cachant pas combien cela paraissait étrange, et c'est alors qu'il m'a donné l'explication que je viens de vous répéter. Au reste, il est certain que le comte vient d'agir envers lui comme un père ; sans son aide toute-puissante, Anatole serait encore en prison. Cela est si facile d'allonger les formalités ; le comte, au contraire, a abrégé les délais, et, après le témoignage du concierge, il a obtenu la promesse qu'Anatole serait mis en liberté demain. Aussitôt que j'ai eu cette bonne nouvelle, j'ai voulu vous l'apporter.

— Maintenant, dit le colonel après l'avoir remerciée, j'ai encore un service à vous demander. Il est probable qu'aussitôt libre, Anatole accourra chez vous.

— Vous pouvez en être sûr.

— Eh bien ! voulez-vous me l'envoyer ? Je ne puis pas le voir chez son père, où il ne va pas ; je ne puis pas aller chez lui, puisque je ne sais pas où il demeure. Je vous prie de l'engager à venir me voir, je désire le connaître.

— Je vous l'enverrai ; seulement, pas demain. Demain il est à moi.

Cette nouvelle était bonne à porter à Thérèse.

Malheureusement pour le colonel, elle était gâtée par les circonstances au milieu desquelles elle se présentait.

Quel était ce comte Roqueblave, dont il entendait parler pour la première fois d'une façon si étrange ? Était-il possible que cette paternité fût vraie ? était-il possible qu'Anatole l'eût avouée si légèrement, sans craindre de souiller la mémoire de sa mère ?

Alors quel homme était-il ?

Il y avait là plusieurs questions qui s'agitaient confusément dans une obscurité qu'il pouvait être imprudent de sonder d'une main trop hardie, car au fond on pourrait bien trouver la fange.

Bon enfant, avait dit Denizot en parlant d'Anatole, mais canaille. Jusqu'où allait cette canaillerie, et ce mot était-il suffisant pour qualifier un pareil caractère ? Ne ferait-il pas mieux de s'en tenir à ce qu'il avait appris, sans chercher à aller plus loin ?

En tous cas, ce qu'il fallait pour le moment, c'était que Thérèse n'apprît pas comment se produisait la mise en liberté de son frère. Qu'elle le sût libre, c'était assez. Puisqu'elle ne le voyait pas et n'avait aucune relations avec lui, il n'y avait pas nécessité à la mettre sur ses gardes par quelques mots qui lui fissent sinon connaître, tout au moins pressentir la vérité. Qu'elle gardât ses illusions le plus longtemps possible, la lumière éclaterait toujours trop tôt : c'était son frère après tout ; ils avaient été élevés, ils avaient grandi ensemble.

Comme le colonel se préparait à partir pour la place Royale, on lui remit une lettre de son oncle Antoine, qui ne contenait que ces quelques lignes :

« Si votre temps n'est pas pris, mon cher
» neveu, et si vous pouvez venir passer une
» heure dans la soirée, rue de Charonne, vous
» me rendrez service. Dans le cas où je ne
» vous verrais pas ce soir, je me rendrais
» chez vous demain matin, avant 8 heures.
» J'ai à vous entretenir d'une affaire grave,
» pour laquelle j'ai besoin de votre concours
» et de votre dévouement.
» ANTOINE CHAMBERLAIN. »

Que signifiait cette lettre ? Antoine avait-il appris l'arrestation de son fils ? Quelle était cette affaire grave pour laquelle il demandait un concours dévoué ?

Thérèse peut-être pourrait répondre .s questions.

En tout cas, après l'avoir vue, il ir..t rue de Charonne.

Thérèse n'était point encore arrivée, ma. il n'eut pas longtemps à l'attendre.

Bientôt il la vit paraître au bout de l galerie, marchant rapidement, et de loin il la reconnut à sa tournure aisée et légère, avant d'avoir aperçu son visage.

Prenant plaisir à la voir s'avancer ainsi, tantôt dans l'ombre, tantôt dans la lumière, selon les caprices du gaz, il ne pensa pas à aller au devant d'elle, et il attendit qu'elle vînt à lui.

— Eh bien ? dit-elle.

— Demain il sera en liberté.

Alors il lui raconta que l'innocence d'Anatole avait été prouvée par un témoignage décisif, et qu'on avait la promesse formelle de sa libération pour le lendemain.

Puis ensuite il lui parla de la lettre qu'il venait de recevoir, et lui demanda si elle savait ou prévoyait quelle pouvait être cette affaire grave.

Mais elle ne savait rien de précis, seulement son père paraissait sombre et préoccupé. Il était sorti pendant la plus grande partie de la journée, il n'avait pas dîné, et il venait de rentrer, parce qu'il avait chez lui une réunion de camarades et d'amis. Cependant elle ne croyait pas qu'il eût appris l'arrestation d'Anatole.

Ils se mirent en route pour la rue de Charonne, marchant côte à côte.

Mais ils avaient fait à peine quelques pas qu'il s'arrêta :

— Ne voulez-vous pas prendre mon bras ? dit-il.

— Mais si, je veux bien.

Et elle appuya doucement sa main sur le bras qu'il lui tendait.

Pendant quelques secondes, ils marchèrent sans parler.

— Puisque vous n'avez pas peur de prendre mon bras aujourd'hui, dit-il, pourquoi hier avez-vous retiré si vivement votre main, lorsque ce passant nous a crié : « Ne vous gênez pas, les amoureux ? »

Elle ne répondit pas.

— Je comprends très-bien qu'il vous déplaise qu'on croie que nous sommes des amoureux, mais il me semble que cela doit vous déplaire aussi bien le mardi que le lundi.

— Ce n'est pas parce que cela me déplaisait que j'ai retiré ma main hier, et il est facile de comprendre pourquoi aujourd'hui je la laisse sur votre bras.

— Pourquoi cette différence entre aujourd'hui et hier, je vous prie ?

— Parce qu'hier je n'avais pas de raison à donner à mon père, si on lui disait qu'on nous avait vus en tête-à-tête, nous cachant, tandis qu'aujourd'hui j'en ai de toutes naturelles. Nous nous sommes rencontrés, et nous faisons route ensemble pour aller à la maison : est-il étrange que vous me donniez le bras, ne suis-je pas votre cousine ?

— Et c'est seulement à votre père que vous avez pensé en retirant votre main ?

— Mais certainement ; de qui donc voulez-vous que j'aie peur ?

— C'est juste, vous avez raison. Je ne suis qu'un sot, tandis que vous, vous êtes une brave petite fille, au cœur droit et franc.

Pourquoi était-il un sot, et elle pourquoi était-elle une brave petite fille ? Elle ne le demanda pas ; mais, levant la tête vers lui, elle le regarda longuement.

Alors il détourna les yeux et parla de choses insignifiantes.

Bientôt ils arrivèrent rue de Charonne, et en montant l'escalier, ils trouvèrent Denizot assis sur la première marche du palier.

— Antoine est avec les amis, dit-il ; alors, vous comprenez, je garde la porte.

— Si vous voulez venir dans ma chambre, dit Thérèse, je peux vous faire entrer sans passer par l'atelier ; vous verrez père quand ses amis seront partis.

XXV

Thérèse avait pris le colonel par la main, et, passant la première, elle l'avait introduit dans une pièce obscure.

— Voulez-vous ne pas bouger avant que j'aie allumé une lumière, dit-elle en lui abandonnant la main.

Cette lumière allumée, il vit que ce que Thérèse avait appelé sa chambre était à vrai dire un atelier, car le lit, caché dans une alcôve fermée par des rideaux en perse fleurie, n'était point apparent, tandis que le regard était tout d'abord attiré par une grande table en bois blanc, sur laquelle se trouvaient étalés tous les objets nécessaires au travail de la peinture sur porcelaine ; contre les quatre murs étaient attachées avec des clous, à chaque coin, des esquisses et des gravures. Point de glace, point d'objets de toilette. Deux chaises en paille pour tout meuble, et une petite bibliothèque dont les rayons étaient chargés de livres. Mais, contrairement à ce qui se voit dans la plupart des ateliers, on remarquait dans celui-là un véritable luxe de propreté ; le carreau, passé à la couleur rouge, brillait comme un miroir, et les barreaux des chaises semblaient sortir des mains du vernisseur.

Deux portes donnaient accès dans cette chambre ; l'une ouvrait sur l'entrée, l'autre sur l'atelier d'Antoine. Bien que cette dernière porte fût fermée, on entendait de la chambre tout ce qui se disait dans l'atelier ; et, aux premiers mots, le colonel comprit que les amis qu'Antoine avait réunis discutaient en ce moment une question politique. De là, sans aucun doute, la précaution prise par Denizot de monter la garde dans l'escalier.

— Voulez-vous prévenir mon oncle que je suis arrivé ? dit-il ; qu'il ne se dérange pas, mais qu'il sache que je suis là.

— Il a dû nous entendre.

— Cela n'est pas certain, et je serais bien aise qu'il sût que de cette chambre il m'est impossible de ne pas entendre ce qui se dit de l'autre côté, même en me bouchant les oreilles.

Elle fit ce qui lui était demandé et passa dans l'atelier.

Mais presque aussitôt elle reparut.

— Mon père vous prie de l'attendre, dit-elle ; la réunion sera bientôt terminée.

Alors le colonel, voulant s'éloigner de cette cloison trop mince, se dirigea vers la fenêtre qui était restée ouverte.

— Je vous avais promis de vous montrer mon jardin, dit Thérèse ; le voilà. Vous voyez que nos fleurs se sont bien conservées.

En effet, les fleurs, arrangées dans des vases qu'on ne voyait pas, n'étaient point défraîchies et les herbes avaient conservé leur verdure.

Le colonel voulut engager une conversation avec Thérèse qui l'empêchât d'entendre ce qui se passait dans l'atelier, mais après quelques paroles il comprit que tout ce qu'il ferait dans ce sens serait inutile, et que rien n'empêcherait le bruit des voix d'arriver jusqu'à eux d'une façon nette et intelligible.

— Ainsi, disait la voix qui parlait en ce moment, tu nous refuses, Antoine ?

— Je vous répète ce que je vous ai dit, je ne peux pas accepter.

— Tu ne peux pas? C'est la première fois que tu prononces un mot pareil.

— C'est vrai, et je vous promets qu'il me coûte; car vous devez bien penser, sans qu'il soit nécessaire que je fasse des phrases pour vous le dire, que je suis sensible à la confiance que vous mettez en moi. Si j'avais jamais travaillé pour notre cause en vue d'une récompense, celle que vous m'offrez aujourd'hui serait celle que j'aurais désirée. Mais, encore une fois, je ne peux pas accepter.

— Je ferai remarquer, dit une autre voix, que quand nous avons parlé, il y a quelque temps, de notre intention devant Antoine, il n'a pas dit qu'il ne pourrait pas accepter.

— Cela est vrai, mais alors les circonstances n'étaient pas ce qu'elles sont maintenant.

— Allons donc!

— Pour moi, je veux dire.

— Si Antoine ne peut pas accepter, dit une petite voix flûtée, il me semble que nous ne devons pas insister; il est assez grand pour savoir ce qu'il doit faire. Et, d'autre part, je répète à propos de lui ce que j'ai toujours soutenu: c'est qu'il n'y a pas d'hommes indispensables. Ce que l'un ne fait pas, un autre peut le faire.

Il s'éleva quelques murmures, qui furent aussitôt couverts par une voix forte qui ne s'était pas encore fait entendre.

— Si Jaccoud parle ainsi, dit cette voix, c'est qu'il n'a pas vu Antoine à l'œuvre.

— Je n'ai pas attaqué Antoine! cria la voix flûtée.

— Non, seulement vous avez parlé comme quelqu'un qui ne le connaît pas, et c'est tout naturel, puisque vous arrivez de votre province. Moi aussi, en principe, je pense qu'il n'y a pas d'homme indispensable; mais, quant à l'affaire présente, je soutiens que nous avons besoin d'Antoine, qu'il nous le faut, et je vais vous le démontrer en vous rappelant son rôle dans ces derniers temps. Le coup de 1852 avait été si rude qu'on en était resté comme paralysé, et l'on peut bien dire que pendant dix ans nous avons dormi en France; d'autres sont peut-être restés éveillés, mais nous autres nous dormions. Est-ce vrai?

— Oui! oui! dirent plusieurs voix.

— Les vieux n'avaient plus le cœur à rien, les jeunes pensaient à autre chose.

— C'est à l'exposition de Londres qu'on a commencé s'éveiller; on avait un tel besoin de se secouer et de se remuer, qu'on se serait jeté sur n'importe quelle idée. C'était la première fois que des travailleurs de divers pays se trouvaient réunis pour tâcher de s'entendre et de s'organiser. Naturellement on a dit bien des paroles inutiles, et il y a eu plus d'aspirations que d'idées pratiques; les Anglais voulaient traiter le travail par les grèves, qui leur semblaient un remède unique; les Français voulaient tout simplement revenir à la vie. Dans tout ce qui a été entrepris alors, je pourrais, si j'en avais le temps, vous montrer la main d'Antoine, et une main habile tout autant que ferme. Si vous l'aviez vu, si vous l'aviez entendu, à son retour de Londres, vous comprendriez quelle secousse c'a été pour nous.

— C'est vrai! dirent quelques voix.

— Bientôt arrive la crise des cotonniers. Ce n'est pas inutilement qu'on a réveillé le principe de la solidarité. Des ouvriers, des frères, des Français, souffrent et meurent de faim: que pourrait-on faire pour eux? Vous savez ce qu'on a fait, vous, Jaccoud, puisqu'une partie des secours a passé par vos mains pour vos camarades de la Normandie, et vous aussi, Molh, puisqu'il en a été de même pour vos camarades de l'Alsace. Mais comment on l'a fait, vous ne le savez pas et je veux vous le dire.

— Cela n'est pas nécessaire en ce moment, interrompit Antoine.

— Je ne pense pas comme toi, et je trouve au contraire que c'est en ce moment qu'il convient de le rappeler, d'abord parce que c'est une réponse à Jaccoud, et puis parce qu'il en résulte un enseignement, un exemple bon pour tous. C'était bien de vouloir faire quelque chose; mais avec quoi et comment venir en aide à ceux qui souffraient quand on n'avait rien et que l'on n'était rien? Malgré les difficultés, on ne s'est pas découragé; on s'est réuni comme on a pu, où l'on a pu, en se cachant tantôt dans une salle de marchand de vins, tantôt ailleurs, et l'on a cherché ensemble. C'est alors que se montrent et se font connaître ceux qui ont des idées, de l'activité et du dévouement. Tant bien que mal on arrive à une sorte d'organisation; on fait imprimer des circulaires, et dans l'*Almanach du commerce* on cherche des adresses pour envoyer ces circulaires dans les ateliers. Le premier argent que nous avons obtenu pour ces frais qu'il fallait payer au jour le jour, — car on ne nous aurait pas fait crédit, — c'est Antoine qui nous l'a apporté: cent francs qui lui avaient été donnés non par des travailleurs, mais par un bourgeois, et notez qu'il ne lui avait pas caché à quoi ils devaient servir et le but que nous poursuivions. C'est avec cela et comme cela qu'on s'est mis en marche. Mais le gouvernement avait introduit partout une telle défiance, que beaucoup de ceux auxquels nous nous adressions voyaient en nous des mouchards; le plus souvent, on ne nous répondait pas, on avait peur de nous.

— C'est vrai; si la souscription a donné

quelque chose, c'est par suite de relations personnelles.

— Enfin, de cet effort il est resté une organisation ; on s'était groupé, on se sentait les coudes, mais pour cela cependant tout le monde n'était pas d'accord. Combien de luttes entre ceux qui, ayant souffert pour la révolution, ne s'inquiétaient que de la révolution au nom de laquelle ils croyaient avoir seuls le droit de parler, et ceux qui, cherchant tout d'abord une réforme sociale, voulaient bien aider la révolution, mais à condition que cette fois elle ne laisserait pas de côté cette réforme. Si l'on ne s'est pas séparé, si on ne s'est pas divisé, à qui l'a-t-on dû ?

— A Antoine, répondit une voix.

— A Antoine, c'est vous qui le dites, et d'un seul mot vous rappelez son rôle. Mais ce n'était pas tout de mettre l'accord entre nous et d'inspirer assez de confiance aux uns et aux autres pour être écouté par tous. ; si, d'un côté, il fallait être assez ferme pour résister à ceux qui croyaient qu'ils devaient être tout parce qu'ils avaient combattu pour la république ou parce qu'ils avaient été proscrits, d'un autre côté, il fallait être assez fin pour ne pas se laisser entraîner par ceux qui proposaient aux travailleurs de se jeter sur les patrons, et bien voir que, s'ils nous offraient la bourgeoisie à dévorer, c'était, en fin de compte, pour faire les affaires de l'Empire et non les nôtres. Je ne dis pas qu'Antoine a été le seul à voir cette manœuvre, mais je soutiens qu'il a été l'un des plus habiles à la déjouer, et que par son attitude, par son exemple, il a empêché bien des esprits de s'égarer. Est-ce vrai encore cela ?

— Oui, oui !

— Eh bien ! pour me résumer, je soutiens qu'en ce moment nous devons employer tous les moyens pour décider Antoine à ne pas persister dans son refus. Le gouvernement, voyant l'influence que prend notre association, veut introduire parmi nous des gens à lui, de manière à nous dominer et à nous diriger ensuite dans la voie qui lui conviendra. Dans ce but il provoque des réunions pour discuter nos questions et arriver à une entente. Nous, de notre côté, nous avons intérêt à nous servir du gouvernement et à mettre à profit, dans notre intérêt, certaines facilités qu'il nous offre. Sans doute, s'il s'agissait de rester ferme au poste, en refusant toute entente cela serait bien simple, et pour mon compte j'accepterais bien cette mission ; dire non et toujours non, n'est pas difficile, il suffit de ne pas se laisser gagner ou intimider. Mais ce n'est pas ainsi que les choses se présentent, et ce n'est pas là ce que nous devons faire. C'est au plus malin des deux. Voilà pourquoi je veux qu'Antoine soit notre homme, et pourquoi je vous prie de vous réunir à moi pour le décider. Je ne dis pas qu'il est indispensable, je ne dis pas que si par malheur la mort venait à l'atteindre, nous n'aurions qu'à disparaître nous-mêmes ; mais je soutiens que présentement il est l'homme qui me paraît le plus capable de soutenir nos intérêts utilement et habilement, avec fermeté et aussi avec souplesse.

— C'est notre avis à tous ! dit la voix de Jaccoud avec son accent normand, et si tout à l'heure j'ai fait une observation, elle avait pour but de prendre la défense d'Antoine et non de l'attaquer : il peut avoir des raisons pour refuser, et nous n'avons pas le droit de le contraindre.

— Si, nous en avons le droit ! s'écria violemment celui qui venait de parler, et c'est Antoine qui n'a pas le droit de nous abandonner !

— Je ne vous abandonne pas, mes amis ! Je reste avec vous ; seulement, je demande à ne pas sortir des rangs. Croyez bien que je suis avec vous de tout mon cœur et que je veux y rester. Ce que je refuse, ce n'est pas de combattre ; c'est seulement le poste que vous voulez me donner et qu'il m'est impossible d'accepter en ce moment. Il m'en coûte de répondre ainsi à votre démarche, qui me touche vivement ; mais j'ai des raisons pour cela. N'insistez donc pas, et, au lieu de perdre notre temps, cherchons ensemble celui que nous devons choisir.

— C'est toi, Antoine.

— C'est vous que nous choisissons ! dirent toutes les voix.

— Encore une fois, je vous dis que cela est impossible ; je ne peux pas, je ne dois pas accepter.

— Ah ! mon Dieu ! murmura Thérèse, mon père sait tout.

XXVI

Ce mot était le premier qu'ils eussent échangé depuis que la discussion s'était sérieusement engagée dans l'atelier.

Si tout d'abord le colonel n'avait pas voulu écouter cette discussion, il avait bien vite compris qu'il ne lui était pas possible de ne la pas entendre, et alors il avait observé le silence que Thérèse gardait elle-même.

Mais, si leurs lèvres étaient restées closes, par le regard ils avaient échangé leurs pensées, se communiquant leurs impressions à mesure que la discussion à laquelle ils assistaient silencieux, suivait son cours.

— C'est mon père, disait le regard de Thérèse.

Et d'un coup d'œil il s'associait à cette fierté filiale.

Mais il arriva un moment où le regard ne suffit plus pour exprimer les sentiments que le refus persistant d'Antoine provoquait en eux.

Et, en même temps que Thérèse s'écriait à mi-voix : « Mon père sait tout, » elle tendait sa main au colonel, qui la prenait et la gardait dans les siennes.

La voix qui avait si longuement parlé avait repris de nouveau :

— Si tu as un empêchement, au moins fais-nous le connaître.

— J'en ai.

— Nous sommes assez tes amis pour que tu t'expliques franchement avec nous. Ce n'est pas une raison à donner à ceux au nom de qui nous parlons que de leur dire : « Antoine n'a pas pu accepter. » Tu ne nous a pas habitués à cela. Tandis que tant d'ouvriers dans ta position se tenaient éloignés de nous, trouvant sans doute que des artistes comme eux n'avaient rien de commun à démêler avec des travailleurs comme nous, tu as toujours partagé nos efforts et nos peines; comment veux-tu que nous expliquions ton abstention ?

— C'est juste, cela, dit une voix.

— Tu sais aussi bien que nous que ce n'a pas été sans peine qu'on a décidé de voir ce qu'il y avait de bon à tirer des avances qui nous sont faites. Les uns sont entrés en défiance, les autres ont dit que nous nous engagions imprudemment dans des concessions qui nous perdraient. Que veux-tu que l'on pense quand on te verra te retirer et rester à l'écart? Quelle situation feras-tu à celui qui prendra ta place? D'avance ton abstention n'est-elle pas une accusation ? Précisément parce qu'on t'estime et qu'on a confiance en toi, on sera en défiance contre lui. « Pourquoi a-t-il accepté, quand Antoine a refusé? » dira-t-on. Lui-même se sentira-t-il bien ferme et sera-t-il bien certain d'être dans la bonne voie ?

— Crois-tu que ces réflexions, je ne les ai pas faites? dit Antoine d'un ton désolé.

— Et cependant tu persistes dans ton refus.

— Il le faut; encore un coup, je le dois.

A ce mot prononcé avec un accent désespéré, Thérèse serra la main de son cousin, et celui-ci répondit à cette étreinte: ils n'avaient pas besoin qu'Antoine s'expliquât pour sentir les souffrances de ce malheureux père.

— Certainement, continua la voix, quand tu nous dis que tu dois faire ou que tu ne dois pas faire une chose, cela est grave et donne à réfléchir ; mais précisément pour cela tu te trouves engagé à nous donner les raisons qui te déterminent.

— Et si ces raisons ne regardent que moi seul, si elles me sont personnelles?

— Il me semble que l'intérêt de tous doit passer avant celui d'un seul, c'est là une vérité qui pour toi n'est pas nouvelle.

— Cependant, dit une voix qui n'avait pas encore parlé, Antoine doit être seul juge pour apprécier s'il doit ou ne doit pas se taire.

— Sans doute, mais alors la question se pose pour lui dans ces termes : son intérêt à se taire est-il supérieur à celui que nous avons, nous, à le faire parler? C'est de cela que je le rends juge, et j'ai assez d'estime pour lui pour croire qu'il se prononcera en faveur de la seule justice, quand bien même elle serait contre lui.

Il y eut un moment de silence, qui parut éternel à Thérèse. Qu'allait-il dire ? Elle tenait ses yeux posés sur ceux de son cousin, et son angoisse se trahissait dans les tremblements de sa main, qui peu à peu s'était refroidie.

— Vous avez raison, dit enfin Antoine d'une voix plus ferme, ce n'est pas à moi que je dois penser; vous avez le droit de me demander les motifs d'une détermination qui vous engage. Pardonnez-moi d'avoir balancé à vous les donner; c'est une faiblesse, une lâcheté de père.

— Oh ! mon Dieu ! murmura Thérèse.

— Quand j'aurai dit le mot que la honte qui me serre à la gorge m'empêchait de prononcer, vous comprendrez pourquoi je voulais me taire, et alors vous m'excuserez peut-être.

Il y eut un nouveau moment de silence.

— D'ailleurs à quoi bon vouloir cacher la vérité, continua Antoine, quand demain, après-demain, elle sera connue de tous, si elle ne l'est déjà? Mais ce qui est vraiment cruel...

Sa voix eut un tremblement.

— Ce qui est contre nature, c'est qu'elle sorte de ma bouche ; à l'exception de Jaccoud et de Mohl, vous tous qui êtes ici, vous avez connu mon fils, et vous savez que malheureusement il n'est pas devenu ce que j'avais espéré.

A ce mot, le colonel se leva comme pour se diriger vers la porte; mais Thérèse le retint.

— Eh bien ! continua Antoine, mon fils a été arrêté sous une accusation de vol, et en ce moment il est en prison. Vous comprenez maintenant pourquoi je vous refuse, et vous sentez pourquoi je ne voulais pas vous donner les motifs de mon refus?

Il se fit un brouhaha dans l'atelier, un bruit de pas mêlé à des exclamations.

Évidemment on s'était levé pour entourer Antoine et lui serrer la main.

— Mon pauvre Antoine!

— Mon pauvre ami !

Puis, après un moment de trouble, une voix s'éleva et dit :

— Après tout vous n'êtes pas responsable de votre fils.

— Assurément, dirent d'autres voix.

Mais Antoine coupa court à ces paroles.

— Voulez-vous donc, s'écria-t-il, qu'on dise de moi : Celui qui parle au nom des travailleurs, c'est Antoine Chamberlain, le père d'Anatole Chamberlain, qui a passé devant la cour d'assises. » Je vous l'ai dit bien des fois, nous devons être irréprochables. Il y a des gens qui, sans nous connaître, se figurent que nous sommes des brigands capables de tout. Voulez-vous justifier leurs croyances en choisissant le père d'un homme accusé de vol ? Vous savez que je ne suis pas un voleur, mais que voulez-vous que pensent de moi ceux qui ne me connaissent pas ? Croyez-vous que le nom de Chamberlain ne sera pas un épouvantail pour eux ? On mêlerait le fils et le père de bonne foi ou de mauvaise foi, et les plus bienveillants parmi ceux qui ne nous connaissent pas ne manqueraient pas de dire : « Ils n'ont donc pas mieux parmi eux qu'ils ont choisi ce Chamberlain. »

— Mais ton fils peut n'être pas coupable, interrompit une voix.

À ce mot, le colonel, qui s'était laissé retenir, s'avança vers l'atelier, suivi de Thérèse, et ouvrant vivement la porte :

— Je puis vous assurer, dit-il, que demain Anatole sera mis en liberté.

Cette brusque entrée et ces paroles produisirent naturellement un mouvement de surprise générale.

On se regarda les uns les autres avec un étonnement dans lequel il y avait même une certaine inquiétude.

Quel était ce nouveau venu qui surgissait ainsi à l'improviste ? D'où sortait-il ? que voulait-il ? comment était-il là ?

Pour des gens qui vivaient dans la crainte incessante de la police, c'étaient là des questions capitales.

Antoine se chargea d'y répondre.

— Mon neveu, dit-il en prenant le colonel par la main, le fils de mon frère Édouard ; ceux d'entre vous qui ont connu le père peuvent donner la main au fils. Heureusement il y a encore en ce monde des fils qui continuent leur père.

Deux des personnes qui étaient dans l'atelier tendirent la main au colonel ; mais celui-ci, ne voulant pas que son oncle restât sous l'impression de ses dernières paroles, se hâta de raconter comment il avait appris la mise en liberté prochaine d'Anatole. Prévenu par Thérèse de l'arrestation d'Anatole, il s'était occupé de celui-ci, et il savait que des témoignages certains avaient démontré son innocence ; il avait été victime d'une erreur et d'un fâcheux concours de circonstances.

On s'entretint un moment de ce sujet, puis bientôt on reprit la discussion au point où l'entrée du colonel l'avait interrompue.

— Maintenant, dit celui qui avait soutenu cette discussion, il me semble que tu n'as plus de raison pour refuser.

Mais Antoine secoua la tête à plusieurs reprises.

— J'ai mon fils, dit-il, et ce qui vient de se passer me montre qu'il m'est interdit de me mettre en évidence. Je suis d'avis que les enfants ne doivent pas supporter les fautes de leurs parents, mais par contre je crois que les parents ont une part de responsabilité dans celles de leurs enfants. Un fils n'élève pas son père, tandis qu'un père élève son fils ; je suis responsable de l'éducation que mon fils a reçue près de moi. Autrement élevé, autrement dirigé, Anatole ne serait pas devenu ce qu'il est. Il n'y a donc que justice à ce que je paye maintenant pour lui. Tout ce que je demande, c'est que demain, dans six mois, dans un an, ce payement que j'attends ne me coûte pas trop cher. Laissez-moi donc ma place dans vos rangs, mes chers camarades, et ne mettez en avant que des hommes qui puissent soutenir fièrement les regards de tous. Cela, maintenant je ne le pourrais plus, et la force qui était en moi, vous ne la retrouveriez pas. Dans vos rangs, au contraire, je serai prêt à tout entreprendre, à tout faire, sans épargner mon temps, ma fatigue, ma peine, pour le triomphe de notre cause.

Toutes les instances qu'on fit auprès de lui pour ébranler sa résolution furent inutiles, et sa réponse fut toujours la même : « Soldat, tant que vous voudrez ; officier, jamais ! »

Et, à la façon dont il le prononça, il fut bien évident qu'on ne le vaincrait pas.

Alors tous ceux qui étaient là vinrent lui serrer la main, les uns avec un mot d'amitié, les autres avec une étreinte qui valait les paroles les plus éloquentes, et un à un ils s'en allèrent, laissant quelques minutes s'écouler entre chaque départ.

Resté seul avec son oncle et sa cousine, le colonel dut recommencer son récit, qu'il arrangea, bien entendu, sans parler de la protection du comte Roqueblave.

Lorsqu'il se tut, Antoine garda le silence pendant assez longtemps, perdu dans ses réflexions.

— Est-il vraiment innocent ? dit-il enfin d'une voix sourde.

Alors le colonel recommença ses explications, puis il dit qu'il avait l'intention de voir Anatole le lendemain ou le surlendemain.

— Je crois qu'il serait bon qu'il quittât Paris, où de mauvaises relations ont pu l'entraîner, et s'il veut, aller en Amérique, je lui proposerai de lui faire une situation dans l'exploitation de nos puits, qui peut-être le tentera.

— Voudra-t-il quitter Paris? dit Antoine ; voudra-t-il travailler? Un fils en qui j'avais mis tant d'espérances !

Et il se cacha la tête entre les mains.

Il était accablé ; son visage énergique, calme et ferme, était bouleversé.

La soirée se passa à parler des avantages qu'Anatole pourrait trouver dans la situation qui lui serait offerte.

— L'espérance de faire fortune peut changer sa vie, dit le colonel.

— La fortune elle-même changera-t-elle son caractère? Ne peut-on pas faire plus de mal quand on a la terrible puissance que donne l'argent?

Quand le colonel se retira, Antoine l'accompagna jusque dans la rue, et ils marchèrent côte à côte assez longtemps sans parler.

Enfin Antoine s'arrêta :

— S'il accepte de partir tout de suite, dit-il, tâchez de savoir quel train il prendra ; et puis demandez-lui son portrait... pour sa sœur.

XXVII

Le colonel était curieux de voir Anatole et de rechercher lui-même s'il était possible de tendre la main à ce garçon qui paraissait si profondément enfoncé dans le bourbier parisien.

Mais, d'un autre côté, la pensée de cette entrevue n'était pas sans lui causer un certain embarras.

Quelle attitude prendre avec lui, quel langage tenir?

L'accueillir en cousin? Cela était difficile, pour ne pas dire impossible : il eût fallu ne rien savoir de lui.

Lui parler sévèrement? De quel droit? Aux premiers mots, Anatole pouvait aussi bien se mettre à rire que se fâcher ; il était peu probable qu'il fût en disposition d'écouter un discours de morale, et ce serait déjà quelque chose d'heureux, s'il voulait bien permettre qu'on s'occupât de ses affaires. La seule bonne chance était qu'il fût sensible à une offre d'argent, et encore de quel poids une proposition de ce genre pèserait-elle sur lui?

Ce fut seulement le lendemain de sa mise en liberté qu'Anatole se présenta chez le colonel.

Il entra léger, la tête haute, le regard souriant, et il vint au colonel, la main tendue.

— On m'a rapporté, dit-il, la part que vous avez bien voulu prendre à ma libération, et je viens vous remercier de vos démarches, mon cher cousin.

Le colonel resta un moment interloqué devant cette aisance. « Mon cher cousin, » cela était dur, et dur aussi était le serrement de main qui avait accompagné ces paroles.

S'il avait mieux connu la vie parisienne, il aurait retrouvé dans l'attitude, le geste et l'accent d'Anatole, une copie à peu près exacte ou plutôt, comme on dit au théâtre, une imitation de Berton le père, quand celui-ci jouait les aimables *gredins*. C'était le même port de tête, le même regard voilé, le même geste sec et anguleux. Mais, tandis que le comédien ne pouvait jamais se débarrasser entièrement de sa distinction native, sa doublure était parfaite des pieds à la tête ; en lui, tout était naturellement *gredin*, et c'était la distinction qui était jouée. Avec cela une tenue correcte : une redingote courte boutonnée, serrée à la taille, bouffant aux hanches ; un pantalon gris demi-collant, des gants clairs, et dans les mains une petite canne dont la pomme d'écaille était marquée de ses initiales incrustées en or.

Le colonel, heureusement pour lui, n'avait pas besoin de beaucoup de temps pour se remettre d'une surprise, fût-elle des plus vives.

— Vous a-t-on prévenu, dit-il, que j'avais manifesté le désir de vous voir?

— Parfaitement, on s'est acquitté de cette commission ; mais ne l'eût-on pas remplie que je me serais fait un devoir et un plaisir de rendre visite à mon cousin pour me mettre à sa disposition. Si je puis vous être utile, usez donc de moi, mon cher cousin.

Décidément la parenté s'accentuait d'une façon fâcheuse, mais le colonel ne laissa rien paraître du sentiment que cette expansion provoquait en lui.

— Précisément, répondit-il, c'est pour me mettre moi-même à votre disposition que j'ai désiré vous voir.

— C'est ce qu'on peut appeler alors une coïncidence sympathique.

— Vous savez, continua le colonel, que la fortune a favorisé le travail de mon père. Si bien qu'aujourd'hui je me t   ve, moi son héritier, à la tête d'un des gra   établissements industriels de l'Amériqu   ous étiez le neveu de mon père, vous êtes le fils d'un homme pour lequel mon père avait une affection et une estime profonde. J'ai donc certains devoirs à remplir envers vous. Ceci expliqué, pour justifier un concours que vous ne demandez pas, j'ai une proposition à vous faire : Vous convient-il d'accepter une position dans mon établissement?

— En Amérique?

— Sans doute.

— Ma foi ! mon cousin, vous m'avez parlé

franchement; je veux vous imiter et tout en vous remerciant de votre proposition, vous dire que je ne peux pas l'accepter.

— Ah !

— Vous savez, c'est très-gentil ce que vous venez de me dire là et je vous donne ma parole que je vous en suis reconnaissant.

— Mais vous n'acceptez point?

— Quitter Paris? Ah ! non; vous savez, il n'y a pas moyen, je mourrais d'ennui là-bas, c'est l'exil.

— Mais cet exil, comme vous dites, pourrait ne pas être très-long.

— Il le serait toujours trop; quand même j'en reviendrais, je serais fini. La belle affaire d'avoir une fortune quand on ne peut plus s'en servir. Je vois des gens qui s'exterminent à travailler tant qu'ils sont jeunes, se promettant de s'amuser quand ils seront vieux. Moi, ce n'est pas mon système; le plaisir est fait pour la jeunesse, comme la jeunesse est faite pour le plaisir. Pour manger, il faut des dents; pour sauter, il faut des jambes; pour s'amuser, il faut toutes sortes de qualités qu'on n'a plus quand on est vieux. Voilà, mon cher cousin, pourquoi je ne peux pas accepter votre proposition. Peut-être me donnerait-elle la richesse, mais cette richesse arriverait trop tard pour que j'en profite, ce n'est donc pas la peine de se tuer pour l'acquérir. On a toujours le temps de travailler, tandis que les années où l'on peut jouir pleinement passent vite : il ne faut pas les laisser échapper.

Le colonel ne s'attendait pas à trouver un philosophe dans « son cher cousin; » il fut donc assez surpris de l'entendre débiter ce raisonnement d'un ton moqueur, mais cette fois il ne se laissa pas interloquer.

— Je comprends qu'on veuille jouir de la vie, dit-il; mais encore faut-il qu'elle se présente dans certaines conditions.

— Est-ce pour mon arrestation, que vous dites cela?

— Pour votre arrestation d'abord, et puis aussi pour autre chose. Ainsi, je croyais que après cette arrestation qui a fait un terrible tapage dans Paris, vous auriez intérêt à disparaître pendant un certain temps.

— Pour qu'on croie que je me sauve; ce serait avouer que je suis coupable.

— Ce serait simplement prouver que les propos tenus sur votre compte sont faux. Songez que pour obtenir votre liberté, Raphaëlle a été forcée à tout dire, tout expliquer, et que ces explications commentées par des gens qui ne vous aiment pas, deviennent de véritables accusations contre nous.

Anatole ne répondit pas, et le colonel crut qu'il l'avait touché en faisant allusion aussi délicatement que possible à sa situation auprès de la comédienne; mais il ne tarda pas à comprendre combien était grande son erreur.

— Pourquoi ne m'avez-vous pas dit, fit Anatole en promenant la paume de sa main sur la boule de sa canne, que vous aviez vu le père, et que c'était lui qui vous avait demandé de m'expédier en Amérique; ma vie déréglée gêne la sienne.

— J'ai vu votre père, il est vrai ; mais c'est moi qui lui ai soumis cette idée, et non lui qui me l'a suggérée.

— Enfin ça l'arrange, n'est-ce pas? Eh bien mon cher cousin, désolé de vous empêcher de réussir dans votre ambassade; mais, je vous le répète, il n'y a pas moyen. Au reste, je ne vous en veux pas; l'intention n'était pas mauvaise. Seulement, quand vous avez eu cette idée, vous ne me connaissiez pas ; mais maintenant que vous me connaissez, dites-moi franchement, est-ce que vous trouvez que j'ai été fabriqué pour l'exportation ?

Disant cela, il se leva et pirouetta sur un talon pour retomber légèrement sur son autre jambe.

— Article de Paris tout pur, dit-il en continuant, fait pour être employé et usé à Paris. Je n'irai donc pas en Amérique, et je vous suis reconnaissant de votre proposition. Mais si, comme vous le disiez tout à l'heure, vous croyez avoir certains devoirs à remplir envers moi, je suis tout disposé à me servir de votre bon vouloir dans le cas où il vous conviendrait de me le continuer.

— Voulez-vous vous expliquer?

— Volontiers. Le genre de vie que je mène et auquel vous avez fait allusion tout à l'heure, je ne l'ai pas choisi après délibération et de parti-pris ; mais j'ai été amené à l'accepter parce que je ne pouvais pas en prendre un autre.

— Voulez-vous me permettre de vous interrompre pour une observation?

— Parfaitement, ne vous gênez pas.

— De ce qu'on m'a dit de vous, il résulte que vous êtes un artiste de talent.

— C'est-à-dire que j'ai un métier aux mains, n'est-ce pas?

— Celui de votre père.

— Mettez que j'aurais pu être un ouvrier de talent, et vous serez dans le vrai; mais voilà précisément le mal. Puisqu'on vous a parlé de moi, vous savez que mon éducation n'a pas été celle des ouvriers du faubourg, si bien que quand j'ai été homme, il s'est trouvé que j'étais trop artiste pour rester ouvrier, et d'autre part que je n'avais pas assez de talent pour devenir un vrai artiste. Que faire? Deux choses se présentaient : se résigner à rester ouvrier ou bien manger de la vache enragée pendant dix ans ; étudier, travailler pour devenir artiste. Malheureusement la résignation, ça n'est pas mon fort, et, d'un autre côté, la vache enragée, je ne l'aime pas; tandis que j'aime le plaisir. C'est donc le plaisir qui l'a emporté, il me semble que c'est bien naturel.

— Cependant...

— Ah! je ne vous empêche pas de penser autrement; liberté entière, je ne parle que pour moi. Seulement je conviens volontiers que ce genre de vie que j'ai été forcé de prendre a ses ennuis, personne ne le sait mieux que moi, et vous ne pourriez m'en dire moins que ce que je vous en dirais moi-même; et puis où ça peut-il me conduire? Je n'en puis sortir que par un bon mariage que je ferai un jour ou l'autre, c'est certain, parce que j'ai une tête à ça.

Sur ce mot, il se regarda complaisamment dans la glace, et, du bout de ses doigts, il arrangea une boucle de ses cheveux qui avait pris un mauvais pli.

— Voyez-vous, continua-t-il, il y a des gens qui refont leur vie manquée avec un mariage. C'est comme ça que mon oncle Sorieul s'est marié; seulement, avec ses idées humanitaires, il a épousé une ouvrière qui a travaillé pour lui. Moi qui ne suis pas dans ces idées-là, j'épouserai une femme qui n'aura pas besoin de travailler et qui m'apportera une existence toute faite, large et facile. Seulement quand cela arrivera-t-il? Je vous concède que ça peut traîner, d'autant mieux que je ne serai pas arrangeant; j'ai des exigences et je n'en démordrai pas.

— Et c'est pour vous aider dans ce mariage que vous réclamez mon concours?

— Non, non; je ferai mon choix tout seul, et pour mener mon affaire, je n'aurai besoin de personne. Mais en attendant je l'accepte, ce concours que vous voulez bien me proposer.

— Et pourquoi? Que voulez-vous faire?

— Si vous me demandiez ce que je ne veux pas faire, j'aurais plus facile à vous répondre. D'abord, comme vous devez bien le penser, je ne veux pas reprendre mon métier, j'en ai assez, et pour cela d'ailleurs je n'aurais pas besoin de vous; ensuite je ne veux plus devenir artiste. Quand j'étais jeune, j'aurais pu me jeter là-dedans tête baissée; on a des idées, on voit des choses qui vous entraînent. Mais, à mon âge, non; je ne donne plus dans ces balançoires-là. Je la connais, la vie des artistes, et je sais de quoi est faite leur paresse, dont parlent les bons bourgeois. On m'offrirait dix ans de vie assurée et la gloire au bout que je n'en voudrais pas. Et pourtant ça été mon rêve; combien de fois je me suis dit : « Si j'avais seulement deux ans devant moi pour piocher tranquillement! » Mais c'est quand on est tout jeune qu'on rêve.

— Quel âge avez-vous?

— Vingt-deux ans d'après mon acte de naissance; mais en réalité je suis un peu plus vieux pour l'expérience, et c'est précisément pour cela que je ne commettrai point la sottise d'accepter un travail qu'il faut faire soi-même. Il y a assez longtemps que, de père en fils, nos mains se fatiguent; pour moi, j'en ai assez, et ne veux maintenant qu'une position dans laquelle je pourrai faire travailler les autres. Chacun son tour. C'est donc pour cela que j'ai besoin de vous.

— Et quelle position voulez-vous?

— Pour le moment je n'en sais rien, car en venant ici je n'étais pas préparé à votre proposition. Mais je chercherai, et vraiment il faudrait que je fusse bien maladroit pour ne pas trouver, si toutefois vous persistez dans votre offre.

— Je ne me retire jamais quand je me suis avancé; je vous avais proposé un séjour en Amérique, parce que je le croyais salutaire pour vous. Cela ne vous convient point; je n'ai pas le droit de vous contraindre. Vous souhaitez que je vous aide en France; nous verrons.

— Parfaitement, et soyez certain que vous n'aurez pas longtemps à attendre.

XXVIII

La visite d'Anatole jeta le colonel dans de pénibles réflexions.

Non pas qu'elle lui eût appris sur « son cher cousin » des choses auxquelles il ne devait pas s'attendre.

Prévenu par Denizot, renseigné dans une certaine mesure par Raphaëlle, éclairé par M. Le Méhauté, il savait à l'avance qu'il ne trouverait pas en lui un bon petit jeune homme, simple et naïf.

Cependant la façon dont Anatole avait, dans cette entrevue d'une demi-heure, affirmé son caractère était bien faite pour lui causer une certaine surprise et en tous cas pour l'inquiéter.

Qu'il fût tel ou même pire qu'il venait de se montrer, cela n'avait pas une importance directe au point de vue de leurs relations personnelles; car ces relations ne s'établiraient jamais entre eux ou, si forcément elles s'établissaient, elles n'iraient pas bien loin.

Mais ce pâle voyou, si justement qualifié par Gaston, ce jeune gredin si réussi, était le frère de Thérèse, et c'était là le fait grave, le fait capital.

Quelle ressemblance existait entre le frère et la sœur?

Physiquement cette ressemblance était nulle, et, à les voir l'un à côté de l'autre, sans connaître leur parenté, on n'eût jamais imaginé qu'ils étaient frère et sœur.

Mais moralement?

Ce n'était point d'un coup d'œil qu'on pouvait décider cette question, le dedans ne se livre pas comme le dehors.

Sans doute les dissemblances morales paraissaient au premier abord aussi complètes entre eux que les dissemblances physiques.

Mais il ne fallait pas oublier que les femmes ne se livrent pas comme les hommes, et, d'un autre côté, il fallait considérer aussi que Thérèse n'avait que seize ans, tandis qu'Anatole en avait vingt-deux. Que serait-elle, lorsqu'elle aurait l'âge de son frère? Lui-même, qu'était-il, lorsqu'il n'avait que l'âge de sa sœur?

Il n'était pas possible qu'il fût devenu ce qu'il paraissait être depuis sa sortie de la maison paternelle : la fréquentation seule du *Fourrier* ou d'autres gens de même sorte n'était pas suffisante pour expliquer le degré de perfection qu'il avait atteint, et, pour le juger avec justice, il fallait chercher en lui ce qu'il devait à la nature et à son éducation première.

La part de la nature, il était assez difficile de la démêler, après l'avoir si peu pratiqué; mais celle de l'éducation se laissait plus facilement deviner, alors qu'on connaissait Sorieul.

Évidemment l'influence de cet esprit chimérique avait joué un rôle important dans cette éducation, et l'on retrouvait la trace du maître dans plus d'une des idées de l'élève, notamment dans sa spéculation matrimoniale. Son aveu sur ce point avait été significatif : « Mon oncle Sorieul a épousé une femme qui travaillait pour lui; moi, j'en épouserai une qui me dispensera de travailler. J'ai une tête à ça. »

De toutes les paroles d'Anatole, celles-là avaient le plus fortement frappé le colonel.

Assurément sa manière d'entendre la vie, en ramenant tout au plaisir, était chose grave, alors surtout que son père lui avait constamment donné l'exemple du devoir et du sacrifice. De même bien grave aussi était ce mépris du travail chez un fils d'ouvrier, qui, depuis son enfance, avait vu le travail pratiqué et honoré.

Mais tout cela, si plein de menaces que ce fût, était encore moins inquiétant pour le colonel que les idées d'Anatole sur le mariage; car, si Thérèse partageait ces idées, elle ne pouvait pas devenir sa femme.

Arrivé à ce point de son raisonnement, il jeta avec colère son cigare et il l'écrasa d'un violent coup de pied.

Ce mouvement qu'il avait fait sans en avoir conscience, et sous le coup d'une irritation nerveuse, lui révéla combien vive avait été sa contrariété en pensant que Thérèse, elle aussi, pouvait chercher une spéculation dans le mariage.

Depuis le jour où il l'avait vue pour la première fois et où, s'en revenant dans la nuit, il avait agité la question de savoir si elle pouvait ou ne pouvait pas être sa femme, il n'avait plus recommencé l'examen de cette question; mais doucement, sans raisonner, sans chercher à justifier ou à condamner un sentiment qu'il ne s'était même pas avoué, il s'était laissé prendre par le charme que cette petite fille avait exercé sur lui.

Car c'était bien vraiment le charme qui se dégageait d'elle, comme d'une fleur un parfum.

Rien de brillant, d'éclatant, mais quelque chose de subtil qui vous pénétrait et ne s'effaçait plus.

Près d'elle on n'était point ébloui et même, en l'étudiant, on pouvait facilement la critiquer; mais, lorsqu'après l'avoir quittée on revenait à elle par la pensée, on lui trouvait quelque séduction dont on n'avait point été tout d'abord frappé, et qui surgissait du souvenir pour ne plus disparaître. C'était une attitude, un geste, un sourire, un pli de lèvres.

Combien de fois, en fermant les yeux, l'avait-il revue, assise au milieu de ses fleurs, dans son corsage blanc, le visage éclairé par un sourire ; et à ce souvenir s'unissait, sans raison explicable, celui de ce martin-pêcheur qui avait traversé la rivière devant eux, en laissant derrière lui comme un rayon de lumière.

Combien de fois s'était-il répété, les lèvres closes, ces quelques mots, dont la musique l'avait doucement touché : « Il semble que le ciel soit cet soir sur la terre ! »

Il ne la connaissait que depuis quelques jours, et déjà les souvenirs s'enchaînaient les uns aux autres.

Mais cette visite du frère l'avait rejeté dans la réalité.

Qu'était la sœur?

Évidemment, à s'en tenir à ce qu'il avait vu et à ce qu'il savait d'elle jusqu'à ce jour, elle pouvait être sa femme.

Elle était assez charmante pour qu'il l'aimât.

Et, d'un autre côté, il avait trouvé dans Antoine un caractère qui devait lui faire désirer de resserrer les liens qui l'unissaient déjà à ce digne homme.

Mais ce mariage, possible et facile à arranger avant la visite d'Anatole, devenait difficile, pour ne pas dire impossible, après cette visite.

Maintenant, avant d'aller plus loin, il fallait voir et savoir.

L'idée d'avoir un pareil beau-frère devait donner à réfléchir.

Et plus encore celle que cette jeune fille était la sœur d'un pareil chenapan.

Ah! si la paternité du comte Roqueblave était vraie!

Et il se prit à imaginer qu'elle pouvait l'être.

Alors tout s'expliquait d'une façon logique et naturelle.

Anatole était moralement aussi bien que physiquement le fils de ce comte, gredin et chenapan; tandis que Thérèse était la fille d'Antoine, l'honnête homme. Les vices d'Anatole étaient le résultat de l'hérédité, comme l'étaient les qualités de Thérèse; l'un et l'autre, ils tenaient leur caractère et leur tempérament de leur père.

Mais après s'être abandonné durant quelques minutes à cette idée, il la rejeta loin de lui, se disant qu'elle devait être fausse et qu'elle avait été sûrement inventée par Anatole, dans un mouvement de vanité, pour s'attribuer une noble origine, ou bien encore, dans quelque circonstance honteuse, pour expliquer ce qui était inexplicable.

Alors il revint à la réalité pour l'étreindre d'une main ferme.

Il y avait un fait brutal, Thérèse était la sœur d'Anatole; dans ces conditions, il ne devait donc pas se laisser aller au sentiment naissant qui, d'accord avec les dernières volontés de son père, l'entraînait vers elle.

Au contraire, il devait rester calme et froid comme un juge; il devait l'étudier avec patience et demander au temps de la lui faire connaître telle qu'elle était dans la réalité.

Alors, mais alors seulement, si après une longue fréquentation il la trouvait la jeune fille qui lui était apparue tout d'abord, il pourrait revenir à ses idées de mariage.

Bien arrêté à ce plan de conduite qu'il se promit d'exécuter fidèlement, il se rendit rue de Charonne pour raconter à Antoine comment Anatole avait accueilli la proposition d'un voyage et d'un établissement en Amérique.

Thérèse était seule.

Quand elle apprit que son frère ne voulait pas quitter Paris, le colonel crut remarquer en elle un mouvement de satisfaction.

Alors il s'arrêta dans son récit et la regarda à fond d'un œil dur.

Elle baissa les yeux devant ce regard qui la fouillait et parut confuse.

— Comme vous me regardez, dit-elle.

— C'est qu'il m'a paru voir que vous étiez satisfaite du refus de votre frère?

— C'est vrai, dit-elle; il me semblait que c'était un exil.

— Ce mot a été précisément celui de votre frère, dit-il d'un ton rude.

— Eh bien! je vous assure qu'Anatole ne mérite pas l'exil. Il y a un malentendu entre lui et notre père, et, comme ils ne se voient pas, ce malentendu ne peut pas cesser; mais il me semble que, si vous voulez bien intervenir entre eux, vous pourrez les rapprocher. Vous verrez comme mon père sera heureux. Je ne sais vraiment pas comment il aurait supporté le départ d'Anatole. Depuis deux jours il ne mange plus, et, la nuit, je l'entends marcher dans sa chambre. Je voudrais le distraire, mais je ne sais quoi inventer. Si encore nous avions la pêche, mais elle est fermée, et si nous allons lundi au *Moulin-Flottant*, le désœuvrement l'attristera encore davantage.

Les premières paroles de Thérèse avaient blessé le colonel. Décidément elle ressemblait à son frère jusqu'au point d'avoir les mêmes idées et les mêmes mots que lui; mais cette sollicitude pour son père et cette tendresse inquiète changèrent ce sentiment de répulsion.

— Voulez-vous que je vous aide? dit-il.

— Ah! si vous vouliez! s'écria-t-elle.

— Certainement je le veux, et je vais demander à mon oncle de passer avec moi la journée de dimanche.

— Non pas dimanche, parce qu'il va à l'exposition, avec plusieurs de ses amis, pour un rapport; mais celle de lundi, qui est jour de fête.

— Et où irons-nous?

— Où vous voudrez.

— Voulez-vous que je vous mène en voiture aux courses du bois de Boulogne, ensuite nous rentrerons dîner à Paris tous ensemble?

— Ah! les courses, quel bonheur! Je ne les ai jamais vues.

Antoine, accompagné de Sorieul, rentra sur ce mot, et le colonel lui raconta comment Anatole avait refusé de partir pour l'Amérique.

— Je m'en doutais, dit Antoine en baissant la tête.

— Vous savez, continua Sorieul, ce qui est lointain ne l'a jamais intéressé; il lui faut des choses d'une consommation immédiate.

Le colonel, ne voulant pas laisser s'engager une conversation sur ce sujet, qui ne pouvait être que pénible pour Antoine, fit son invitation pour le lundi.

Mais Antoine refusa: les courses, cela n'avait aucun intérêt pour lui. Cependant, comme il vit un nuage passer sur le visage de sa fille, il revint sur ce refus, et il fut convenu que le colonel irait aux courses avec Sorieul et Thérèse, tandis qu'Antoine passerait la journée à l'exposition; le soir, on dînerait ensemble.

En se retirant, le colonel croisa dans la cour Denizot, qui rentrait, et l'idée lui vint d'interroger celui-ci sur la naissance d'Anatole.

Mais Denizot affirma la parfaite honnêteté de la femme d'Antoine ; il l'avait connue, bien connue. Jamais un mot ne s'était élevé contre elle, jamais le plus léger soupçon ; elle aimait fidèlement son mari, et ils étaient les gens les plus heureux du monde. Quant au comte Roqueblave, c'était la première fois qu'il entendait prononcer ce nom.

— Vous ne pouvez pas comprendre que Thérèse soit la sœur d'Anatole, n'est-ce pas ? Et pourtant elle l'est, soyez-en certain.

XXIX

C'était une grande affaire pour Thérèse que d'aller aux courses ; c'était son entrée dans le monde, son début dans la vie de plaisir.

Car jusqu'à ce jour elle n'avait vraiment rien vu, et ses promenades du dimanche au *Moulin flottant* avaient été ses seules distractions.

Si étrange que cela puisse paraître pour un enfant de Paris, le pays du monde où l'on aime peut-être le plus les spectacles, elle n'avait jamais mis les pieds dans un théâtre, empêchée qu'elle en avait toujours été par son oncle Soriuel.

— Je te défends bien de voir ça, — avait toujours dit celui-ci lorsqu'elle avait parlé de quelque pièce nouvelle dont elle avait lu le titre sur une affiche ou bien dont elle avait entendu parler, — c'est inepte. La décadence a frappé l'art dramatique, comme tous les autres arts. Assurément il y aura une rénovation artistique, comme il y aura une révolution politique. Mais en attendant il faut s'abstenir et ne pas se salir l'esprit de toutes ces grossièretés et de toutes les sottises qui encombrent la scène.

Et en attendant la rénovation promise, on s'était abstenu. Antoine, il est vrai, avait quelquefois proposé d'aller à la Gaîté ou à la Porte-Saint-Martin ; mais Soriuel n'avait jamais voulu y consentir.

— Je vous ai invité à ne pas lire les journaux que vous achetez tous les jours, attendu qu'ils sont ineptes ; vous ne m'avez pas écouté. C'est bien ; en réalité, c'est votre affaire. Mais pour Thérèse c'est différent. Je me suis chargé d'elle, je veux qu'on me laisse la diriger comme je l'entends. Si elle est en disposition d'émotions dramatiques en ce moment, je lui sacrifierai ma soirée et lui lirai une tragédie de Corneille ou de Voltaire.

Il est incontestable que le *Cid* ou *Mahomet* constituent ce qu'on appelle une bonne lecture et ne peuvent pas salir l'esprit. Mais ce n'est pas seulement pour entendre de beaux vers qu'on va au théâtre et pour voir ce qui se passe sur la scène. La salle aussi est un spectacle et pour beaucoup de gens plus curieux que celui que donnent les comédiens : c'est une école où l'on vient prendre des leçons de plus d'une sorte.

Cette école, Thérèse n'en avait jamais franchi la porte ; mais l'eût-elle assidûment fréquentée que cela ne lui eût pas été de bien grande utilité en ce moment, car malgré son inexpérience des usages du monde elle était assez intelligente pour deviner qu'une toilette de théâtre n'est point une toilette de courses.

Or c'était cette question de toilette qui la préoccupait et l'embarrassait.

Quand le colonel lui avait proposé d'aller aux courses, elle avait accepté sans réfléchir, entraînée par un mouvement spontané. Les courses, quel bonheur ! et elle n'avait vu que les équipages, les chevaux, la foule, le brouhaha, les toilettes, les grandes dames du beau monde.

Mais le colonel parti, la réflexion était arrivée.

Alors ses yeux s'étaient détachés du spectacle que son imagination lui montrait, et elle s'était vue elle-même. Quelle figure allait-elle faire au milieu de ces femmes élégantes ? Quelle toilette serait la sienne au milieu de ces toilettes de la mode ?

Si la réponse à cette question était facile, par contre elle n'était pas rassurante ; car dans sa garde-robe elle n'avait que deux toilettes : une pour l'hiver, une pour l'été.

Si elle avait dû aller aux courses avec son père et avec Michel, elle ne se serait pas inquiétée de cette question de toilette, le temps seul aurait décidé si elle devait revêtir sa robe sombre ou sa robe claire.

Mais, avec son cousin, la situation était bien différente ; elle ne voulait pas qu'il fût exposé à rougir d'elle. Sans doute elle ne pouvait pas avoir la prétention de rivaliser avec les femmes à la mode, mais encore fallait-il qu'elle ne fût pas ridicule.

A cette pensée, elle voulut prévenir son cousin et le prier de renoncer à cette promenade. Mais sous quel prétexte se dégager ? quelles raisons donner à son père, qui certainement se moquerait d'elle si elle avouait la vérité, et à son oncle, qui se promettait, selon son expression, « de faire une intéressante étude de l'anglomanie en France ? »

Serait-elle vraiment ridicule ?

Elle poussa son verrou, et ouvrant l'armoire où était soigneusement serrée sa toilette d'été, elle étala la robe et le corsage sur deux chaises, et plaça sa toque sur la table.

Elle n'était vraiment pas mal cette robe,

et la toque était aussi très-gentille. En regardant les journaux illustrés à la vitrine d'un libraire, elle avait vu dans la *Vie parisienne* une toque qui jusqu'à un certain point ressemblait à la sienne; seulement elle avait comme ornement une aile d'oiseau en aigrette, tandis que la sienne n'avait rien. Mais peut-être une aile d'oiseau n'était-elle pas très-cher? et avec un peu de goût on pouvait sans doute la poser soi-même. Dans le journal, la femme qui était coiffée de ce toquet portait ses cheveux sur ses épaules en tresses nattées avec des rubans. Ce dessin avait pour titre « Retour des courses »; on pouvait donc aller aux courses avec une toque de ce genre et les cheveux pendants.

Si elle essayait pour voir comment elle serait ainsi.

Le verrou était poussé: elle se déshabilla et défaisant ses cheveux, qui étaient simplement arrangés en deux grosses torsades, elle les natta et les attacha avec un ruban bleu; puis, ayant revêtu sa robe habillée et s'étant coiffée de sa toque, elle laissa pendre ses cheveux sur ses épaules.

Il lui était difficile de se voir dans le petit miroir dont elle se servait habituellement; mais en le changeant de place et en l'inclinant plus ou moins, elle parvint à se figurer à peu près ce qu'elle devait être.

Alors elle resta assez longtemps les yeux fixés sur son miroir, se souriant à elle-même, et se disant qu'il fallait laisser les choses telles qu'elles avaient été décidées.

Évidemment une aile d'oiseau donnerait une toute autre tournure à sa toque; il lui faudrait aussi des gants frais et des bottines neuves.

Elle compta ses économies, elle avait 43 francs, sans doute ce serait assez, et même il était probable qu'elle pourrait acheter des gants à deux boutons, ce qui se fait de mieux; elle irait sans scrupule au bout de son argent.

Non, décidément non, elle ne demanderait pas à son cousin de renoncer à cette promenade.

Le lendemain elle fit ses acquisitions et le soir elle se mit au travail avec activité, en chantant doucement. Elle avait cent choses à faire de ses mains: sa lingerie, un col, des manches à monter.

Elle pressait le souper pour se mettre plus tôt à l'ouvrage.

Le samedi, Soreuil, qui aimait à faire chaque chose posément en prenant son temps et ses aises, manger posément, parler posément, se fâcha presque de cette hâte.

— Ce ne sera bientôt plus la peine de s'asseoir à table, dit-il; on ne sait seulement pas ce qu'on mange.

— Thérèse est pressée, dit Michel d'un ton de reproche.

— Mais oui, répondit-elle en riant.

Et sans se fâcher de l'aigreur qu'il y avait dans cette observation, elle prit son aiguille.

Mais Michel n'était pas dans des dispositions aussi pacifiques; il s'approcha d'elle et regardant ce qu'elle faisait:

— Je ne vous ai jamais vu pareil empressement à la couture, dit-il.

— Il faut bien que j'aie fini.

— Vous êtes donc devenue coquette maintenant?

Elle le regarda un moment, surprise de cette persistance dans la mauvaise humeur; puis, baissant les yeux sur son aiguille:

— Cela dépend, dit-elle.

Mais elle n'avait pas lâché ce mot qu'elle le regretta et voulut le corriger.

— Cela dépend du temps, dit-elle vivement.

— Vous seriez plus franche en disant des personnes, répliqua-t-il d'une voix sourde. Déjà la richesse agit sur vous. Ah! Thérèse, je n'aurais jamais cru que vous vous laisseriez ainsi éblouir par la fortune.

— Eh bien! qu'avez-vous donc là-bas? demanda Antoine.

— C'est Michel qui me reproche de me laisser toucher par la fortune de mon cousin Édouard, répondit Thérèse.

— Je crois que Michel se trompe, dit Antoine. En tous cas, il ne peut pas reprocher à Édouard d'avoir voulu nous éblouir. Depuis qu'il est près de nous, personne ne s'est aperçu qu'il était riche. Pour mon compte je craignais certaines propositions; mais heureusement il a eu assez de cœur pour nous les épargner. Dimanche il a dîné avec nous, lundi nous dînons avec lui. Je l'ai traité selon nos habitudes, il nous traitera selon les siennes: rien de plus juste.

Le colonel avait promis de venir prendre Soreuil et Thérèse à une heure; à midi et demi, Thérèse était prête. Le dernier coup d'œil qu'elle donna à son miroir amena un sourire sur ses lèvres; elle était fière de son aile de perdrix et elle regardait avec satisfaction les deux boutons de ses gants.

A une heure moins quelques minutes elle entendit une voiture qui s'arrêtait dans la rue; aussitôt elle courut à la chambre de son oncle.

— Mon oncle, êtes-vous prêt?

Soreuil, qui, du 1er janvier au 31 décembre, portait son éternel habit noir, était toujours prêt; cependant, ce jour-là, il avait failli se trouver en retard, car il avait voulu faire au colonel l'honneur d'une chemise blanche, d'une barbe fraîche et de mains lavées au savon.

Ils descendirent et rencontrèrent le colonel montant l'escalier.

Quand ils arrivèrent à la porte de la rue,

Ils trouvèrent des enfants et des femmes qui entouraient la voiture du colonel. Cette calèche brune, à roues grises, réchampies de brun, attelée de deux grands chevaux aux harnais brillants, avait fait sensation dans la rue de Charonne.

Quand Thérèse s'assit sur les coussins en soie gris d'argent, elle fut moins fière de son aigrette et se demanda avec une certaine inquiétude si sa toilette simple n'était pas en désaccord avec cette belle voiture.

Mais les chevaux partirent, et cette inquiétude s'envola ; elle fut tout à la joie de se sentir entraînée rapidement et doucement.

Ce sentiment dura tant qu'ils furent rue de Rivoli, mais sur la place de la Concorde l'inquiétude revint.

A ce moment même arrivait par le pont un équipage à la Daumont ; les jockeys en veste de satin cerise étaient coiffés de toques de velours bleu recouvrant à demi leurs perruques poudrées ; les chevaux, libres dans leurs harnais, portaient sur leur tête des fleurs naturelles qui se perdaient dans des flots de rubans bleus et cerise. Dans cette voiture se tenait à demi renversée une femme seule en toilette bleu-bleuet d'une fraîcheur printanière.

En même temps, mais du côté opposé, c'est-à-dire par la rue Royale, débouchait une victoria dans laquelle se montrait une femme tout en rose : chapeau rose, gilet rose, casaque rose, jupe rose.

La voiture s'engagea dans les Champs-Elysées et les équipages qu'elle suivit ou dépassa devinrent de plus en plus nombreux ; sur le siège d'un *four-in-hand*, un gentleman, un camellia blanc à la boutonnière, conduisait gravement ses chevaux, qui piaffaient ; puis venaient des demi-daumont, des coupés, des clarences, des phaétons, tout ce que la carrosserie a su inventer, et, dans ces équipages, on voyait des femmes jeunes, vieilles, jolies, laides, mais toutes en toilettes éblouissantes, les unes par leur luxe, les autres par l'éclat des couleurs.

En arrivant à l'Arc de Triomphe, l'inquiétude de Thérèse était devenue de l'angoisse ; elle n'était plus fière de son aile d'oiseau et se faisait petite dans le coin de la calèche, heureuse si elle avait pu se cacher et disparaître entièrement.

XXX

L'avenue de l'Impératrice s'ouvrait devant eux et s'allongeait entre sa double bordure verte jusqu'à l'entrée du bois, dont le feuillage printanier se détachait en gris sur le fond sombre des collines qui bordent la Seine.

Aussi loin que les yeux pouvaient s'étendre, on ne voyait sur la chaussée que des voitures qui se suivaient à la file ; tandis que, sur les bas côtés des piétons, s'avançaient plus lentement, sans regarder devant eux, la tête tournée vers les équipages qui les dépassaient. Sur ce long ruban qui se déroulait ondoyant à perte de vue, c'était une confusion éblouissante de couleurs joyeuses : le rayonnement des panneaux et des glaces des voitures, le vernis des cuirs, l'or des livrées, l'argent et le cuivre des harnais, l'acier des chaînes et des mors, tout cela se mêlait, miroitait flamboyait et lançait des éclairs.

— Joli spectacle, dit Sorieul, et fait à souhait pour ceux qui aiment l'éblouissement des couleurs.

Comme Thérèse ne disait rien et paraissait absorbée dans sa réflexion, le colonel lui demanda si ce tableau mouvementé qui se déroulait sous leurs yeux ne lui paraissait pas joli.

— Trop beau, dit-elle.

— Ce que tu dis là, répliqua Sorieul, est simplement une exagération nerveuse de petite fille.

Puis, après avoir débité gravement cette réflexion physiologique, il continua ses observations de curieux.

— Ce qui m'étonne, dit-il en montrant de la main une daumont qui passait au milieu de la chaussée, rapidement menée par ses deux jockeys en livrée à l'anglaise—chapeaux gris à cocardes, casaques rayées et culottes de peau — ce qui m'étonne, c'est qu'une femme élégante adopte ce genre d'équipage. Sans doute l'équipage en lui-même est gracieux, mais quelle vue bizarre pour une femme délicate que celle qui lui est offerte par ces jockeys, s'enlevant et se baissant selon le trot des chevaux.

Le cocher qui conduisait la calèche du colonel était un homme tranquille et majestueux ; il avait en conséquence pris la queue des voitures pacifiques, laissant le milieu de la chaussée aux gens pressés ou tapageurs.

Tout à coup il se fit un mouvement dans la foule : les piétons se retournèrent et, s'arrêtant pour la plupart, ils vinrent se ranger sur le bord de la chaussée ; leurs yeux, dirigés tous d'un même côté, semblaient chercher au loin et attendre. En même temps, s'éleva une légère rumeur, et les voitures se tassèrent pour laisser libre le milieu de l'avenue.

Thérèse, ne pouvant voir ce qui provoquait ainsi l'attention derrière leur voiture, se retourna.

Alors elle vit venir, au milieu du vide de l'avenue, un piqueur, portant une livrée vert et or, monté sur un beau cheval bai ; puis, arrivant derrière, à une petite distance, une daumont conduite par des jockeys dont on n'apercevait encore que les casquettes vertes, enveloppées d'une touffe de filets d'or pendants.

Bientôt le piqueur se rapprocha, les rejoignit et les dépassa ; puis la daumont arriva et courut un moment, côte à côte avec leur calèche. Sur le siége de devant se tenaient, dans l'attitude de deux figures de cire, deux messieurs à grosses moustaches, la taille serrée dans leur redingote ornée d'une rosette rouge ; leurs mains bien gantées restaient immobiles sur leurs cuisses, comme si elles y eussent été collées. Sur le siége de derrière, était assis tout seul un personnage qui, légèrement penché en avant, s'inclinait à droite et à gauche, promenant sur la foule et sur les voitures des yeux sans regard ; ses grosses moustaches cirées en pointes s'abaissaient sur une impériale, et sous son chapeau ses cheveux luisants s'avançaient de chaque côté de ses oreilles, descendant sur ses joues blêmes : ce qui attirait l'attention dans cette figure éteinte, c'était un nez osseux et charnu.

— Vive l'empereur ! crièrent deux ou trois voix dans la foule.

Et, sans regarder qui poussait ces cris, l'empereur leva lentement sa main jusqu'au rebord de son chapeau et lentement la reposa sur son genou.

La daumont avait dépassé la calèche. On ne voyait plus que le dos rond de Napoléon III, et sa tête qui se balançait lentement de chaque côté, avec un mouvement régulier, comme celui de ces figures de porcelaine qui ne s'arrêtent plus lorsqu'on leur a donné une impulsion.

— Vous savez, dit Sorieul à mi-voix, qu'il est entouré de Corses.

Le colonel cherchait où pouvait être cette armée de Corses, lorsque dans une clarence qui suivait immédiatement l'équipage impérial, il aperçut M⁰ᵉ de Lucillière, qui, du bout de la main, lui fit un salut.

Entraîné d'un trot rapide par deux chevaux de Norfolk aussi beaux de forme que d'allure, le clarence eut bientôt rejoint la calèche. Alors la marquise, apercevant Thérèse qu'elle n'avait pas encore pu voir, prit son binocle pour la regarder, et, pendant tout le temps que le clarence longea la calèche, elle resta, le binocle à la main, lorgnant Thérèse, qui, sous cet examen à bout portant, rougissait et ne savait quelle contenance tenir.

— Voilà une jolie femme, dit Sorieul, lorsque le clarence se fut éloigné. Vous la connaissez, colonel ? est-ce une vraie dame ?

— C'est la marquise de Lucillière.

— Est-ce curieux, une vraie marquise ? A quoi diable cela se reconnaît-il ? Pour moi, je suis incapable de distinguer en quoi les vraies diffèrent des fausses.

Ils avaient dépassé les fortifications, et la calèche roulait entre une double rangée de curieux, qui, assis sur les chaises du trottoir, regardaient le défilé des voitures.

— Tous ces gens ont vraiment une attitude singulière, dit Sorieul, poursuivant ses réflexions autant pour l'instruction du colonel que pour sa propre satisfaction. Sont-ils là pour prendre plaisir au défilé des équipages ou bien pour poser devant ce défilé ? Il faut convenir que nous sommes un peuple de comédiens.

Mais Thérèse ne s'adressait pas les mêmes questions que son oncle, et pour elle tous ces regards étaient lancés par des yeux curieux ; aussi son inquiétude, qui, depuis l'examen de la marquise de Lucillière, avait été toujours augmentant, était-elle devenue une véritable angoisse.

Ils arrivaient sur les bords du lac, et deux routes s'ouvraient devant eux : celle de gauche, déserte en ce moment ; celle de droite, dans laquelle s'engouffraient les voitures, qui se rapprochaient et se tassaient.

— Si nous prenions de ce côté ? dit Thérèse, montrant l'allée déserte.

— Et pourquoi donc ? répliqua Sorieul, ce n'est pas le chemin de l'hippodrome.

— Mais mon cousin ne tient peut-être pas à aller aux courses, le bois paraît si beau de ce côté.

Et sa main resta étendue dans la direction des sapins qui dressent leurs troncs grêles entre le lac et la route.

Pendant que Sorieul se récriait contre cette fantaisie de petite fille, le colonel, sans rien dire, examinait Thérèse, se demandant si c'était là vraiment une fantaisie et ce qui pouvait la provoquer.

Jusqu'au Pré-Catelan, il resta silencieux ; alors, se penchant tout à coup en avant, du côté opposé à celui de Sorieul, et prenant dans sa main une des nattes qui pendaient sur les épaules de Thérèse :

— Ma petite cousine, dit-il à mi-voix, de manière à être entendu d'elle seule, avec des cheveux beaux comme ceux-là, on est toujours en toilette.

Elle avait levé les yeux, et, durant quelques secondes, elle l'avait regardé ; mais un flot de sang, lui montant au visage, lui fit fermer les paupières : son cœur brûlait, un frisson avait couru dans ses veines, de la tête aux pieds.

Quand elle reprit le sentiment des choses matérielles, la calèche roulait doucement sur une herbe épaisse, et l'on n'entendait plus que le bruit de l'acier et le craquement des harnais. Ils étaient arrivés, et, par-dessus les voitures auprès desquelles ils étaient venus se ranger, on apercevait les tribunes, déjà occupées par des femmes dont les toilettes aux couleurs vives faisaient des taches claires sur le fond sombre des gradins.

Les courses étaient commencées ; un tourbillon de casaques bleues, blanches, rouges, jaunes, passa devant eux, rapide comme une vision, tandis que le gazon tremblait sous le sabot des chevaux.

Alors Sorieul, qui était venu pour tout voir, se leva et tâcha de suivre la course en communiquant tout haut ses observations.

— C'est le blanc qui est en tête, le jaune le rejoint, le rouge reste en arrière.

Et, dans les voitures voisines où l'on entendait ces exclamations, il y eut des rires et des moqueries en voyant cet homme en habit noir qui parlait des chevaux et les désignait d'une façon si primitive.

Une seconde fois, le tourbillon passa devant eux : c'était l'arrivée.

— Ils sont groupés, s'écria Sorieul ; il n'y a pas de premier.

Cependant des chiffres parurent instantanément sur un tableau, venant donner un démenti à cette affirmation et montrer que le juge avait su trouver un premier, un second, et même un troisième.

— Si j'y comprends quelque chose, s'écria Sorieul, je veux être pendu. Ce n'était point ainsi que cela se passait dans l'antiquité pour les courses de chars...

Mais ni Thérèse ni le colonel ne prêtèrent l'oreille à la dissertation qu'il entreprit sur les chars antiques : le char de guerre, le *currus triumphalis*, le *currus volucris* (αετου κρατ), le *currus falcatus* (c'est-à-dire armé de faux). Ils n'écoutaient pas, ils regardaient.

D'autres équipages étaient venus se ranger autour de leur calèche.

Dans l'un se trouvait le baron Lazarus, assis auprès de sa fille, la blonde Ida, qui portait un costume de bergère Watteau tout agrémenté de fleurs et de pompons. En apercevant le colonel, le baron lui adressa des deux mains un salut d'amitié, tandis qu'Ida s'inclinait doucement en souriant des yeux, des lèvres, des épaules, de toute sa personne.

Dans un autre équipage, un landau assez mal attelé, le colonel reconnut le prince Mazzazoli, et devant lui sa nièce Carmelita, assise auprès d'une vieille dame enguirlandée de dentelles, qui devait être la comtesse Belmonte. La toilette de Carmelita formait un curieux contraste avec celle de la jeune Allemande : autant l'une était gaie, autant l'autre était sévère, mais en tout cas admirablement choisie pour faire valoir la beauté classique de l'Italienne : la robe blanche et noire semblait copiée sur une forme de la Renaissance avec un corsage coupé carrément et de fausses manches très-longues tombant sur la jupe.

Le salut que le prince adressa au colonel fut encore plus amical que ne l'avait été celui du baron ; mais Carmelita se contenta d'incliner légèrement la tête, sans que le moindre sourire vint animer son visage de marbre.

Thérèse avait suivi les yeux du colonel.

— Comment, dit-elle, il y a quelques jours à peine que vous êtes à Paris et vous connaissez déjà toutes ces belles personnes ?

Alors il lui expliqua ce qu'étaient le prince Mazzazoli et sa nièce Carmelita, le baron Lazarus et sa fille Ida.

— Comme l'Allemande est jolie et comme l'Italienne est noble ; je n'avais jamais imaginé qu'il pouvait se rencontrer dans la vie réelle des femmes aussi belles. Ah ! mon cousin, vous n'auriez pas dû amener au milieu de ce beau monde, une petite fille comme moi.

— Vous n'avez donc pas entendu ce que je vous ai dit en venant ?

Elle rougit de nouveau.

— Si, n'est-ce pas ? Eh bien ! ne m'obligez pas à vous le répéter. Amusez-vous du spectacle que vous avez sous les yeux, et ne vous inquiétez pas du reste.

XXXI

Cependant les voitures s'étaient ajoutées aux voitures, et maintenant ils étaient entourés d'un quadruple rang d'équipages tassés les uns contre les autres, de telle sorte qu'il ne restait qu'un étroit passage entre chaque file.

La course terminée, ce passage avait été envahi ; on se pressait autour des voitures, ceux-ci pour serrer la main de leurs amis ou de leurs amies, ceux-là tout simplement pour voir de près les femmes à la mode.

Il y avait des femmes autour desquelles s'étaient faits de véritables rassemblements qui empêchaient la circulation. Dans certaines voitures, on montait d'un côté et on descendait de l'autre, exactement comme dans une baraque de saltimbanques.

Des bribes de dialogue qu'on saisissait de temps en temps expliquaient suffisamment le sujet qu'on traitait pendant ces courtes visites.

— J'irai te voir ce soir.
— Oui, mon petit chien.
— Toujours même adresse ?
— Toujours.

— Seras-tu visible à dix heures ?
— Non, viens seulement à dix heures et demie.

Dans une victoria qui se trouvait tout près de leur calèche, une femme seule était fort entourée. Elle portait une robe en satin gris avec des crevés rouges qui tiraient l'œil à vingt pas ; ses cheveux étaient d'une nuance jaune qui ne s'est jamais rencontrée dans la nature ; elle parlait plusieurs langues, le français avec un accent désagréable, l'anglais, l'allemand ; mais, comme si ce n'était point assez de ces différents idiomes pour faire comprendre ce qu'elle avait à dire, elle ajoutait parfois à ses explications une carte de visite qu'elle glissait dans la main de ceux qui la quittaient.

Derrière cette victoria, était un grand break sur les banquettes duquel perchaient une douzaine de collégiens dont plusieurs étaient en uniforme ; autour de leur képi, ils portaient des voiles verts, qui produisaient l'effet le plus drôlatique. Un panier de provisions était ouvert au milieu d'eux, et ils se passaient de main en main des verres où moussait le champagne ; pour boire, ils retiraient de leurs lèvres des cigares qui leur emplissaient la bouche. Parmi ces enfants émancipés, il y en avait un de treize ou de quatorze ans qui lançait à la femme aux cheveux jaunes des regards brûlants comme les rayons d'un miroir ardent ; lorsqu'elle avait un moment de liberté et n'était pas occupée à fourrer des cartes dans les mains de ses visiteurs, elle lui répondait avec des œillades en coulisse.

En regardant ce spectacle nouveau pour lui, le colonel aperçut son ami, Gaston de Pompéran, appuyé sur la portière d'une voiture de grand style, en conversation avec une femme d'un certain âge, enveloppée de dentelles. Mais, bien que leurs yeux se fussent croisés, Gaston ne parut pas avoir vu son ami, et se plongea au contraire plus profondément dans sa conversation en tenant sa tête obstinément baissée.

Voulait-il n'être pas vu ? voulait-il ne pas voir ?

Évidemment l'une de ces deux hypothèses était vraie, mais le colonel ne prit pas la peine de chercher laquelle. Que lui importait d'ailleurs ?

Il tourna donc la tête d'un autre côté, et se mit à regarder un cercle formé sur la pelouse par de grandes voitures, au-dessus desquelles étaient dressés des tableaux couverts de chiffres et des roues en cuivre : c'étaient des agences de poules et de paris.

La foule grouillait autour de ces agences, et il se faisait là un grand tapage, que dominaient de temps en temps quelques cris poussés d'une voix rauque :

— A 2 francs, à 3 francs la première !
— Qui veut un *chival* ?
— Tous les chevaux. Je parie contre.

A côté de ces voitures, disposées en bureaux roulants, avec des guichets protégés par des grilles de fer, d'autres spéculateurs avaient ouvert des agences plus modestes, les uns sous un parapluie rouge, les autres à l'ombre d'un drapeau tricolore ; ceux-ci avec une sacoche sur le ventre, et auprès d'eux une girouette fichée en terre ; ceux-là avec un simple chapeau à la main. Dans des fiacres, des femmes assises à la portière criaient la cote des chevaux.

— *Normandie*, la *Favorite* ! Je parie contre.
— Aimez-vous la loterie ? demanda le colonel en s'adressant à Thérèse.
— Quelle loterie ?
— Celle où l'on prend un numéro qui vous fait gagner quinze ou vingt fois votre mise, quand il sort au tirage.
— Je ne sais pas.
— Eh bien ! il faut voir ; je vais aller vous prendre un numéro.

Et, descendant de voiture, il se dirigea vers les agences de poules.

Mais, sur son passage, il devait rencontrer les équipages du baron Lazarus et du prince Mazzazoli.

Thérèse, qui le suivait des yeux au milieu de la foule, le vit s'arrêter auprès du baron et de sa fille, puis ensuite auprès du prince et de Carmelita.

Après quelques minutes d'entretien, il continua son chemin, et bientôt il disparut au milieu des voitures.

— Tu n'aurais pas dû accepter ce billet de loterie, dit Sorieul.
— Je n'ai pas osé refuser mon cousin.
— Sans doute, cela n'a pas d'importance pour lui ; mais je ne voudrais pas que tu prisses goût à ce genre d'émotion. La loterie est blâmable en soi et pernicieuse. Je ne comprends pas qu'on la tolère sur ce champ de course, et surtout telle qu'elle s'exerce. Ainsi j'ai vu tout à l'heure une agence dont l'adresse est petite rue de la Corderie. Eh bien ! il est fâcheux qu'on autorise ces sortes de maisons de jeu dans les quartiers des travailleurs. Que les gens riches jouent à la loterie, cela n'est pas bien dangereux ; au contraire, cela devient grave quand ce sont des ouvriers du Temple ou du Faubourg, qui prennent leur mise sur l'argent de la famille.

Si justes que pussent être ces considérations, Thérèse ne les écoutait que d'une oreille distraite ; son attention était ailleurs. Comme elle était jolie cette jeune Allemande dans son costume de théâtre, et comme elle était belle cette Italienne !

Après avoir donné un louis à un guichet

et reçu un petit carton en échange, le colonel s'en revenait vers sa voiture, lorsqu'il se sentit pris par le bras et arrêté.

Il se retourna, c'était son ami Gaston.

— Eh! que faites-vous ici? demanda celui-ci.

Le colonel montra son carton.

— Comment! s'écria Gaston, vous prenez des billets de poule? Mais, mon cher, cela ne se fait pas; un homme comme vous engage ses paris dans le *ring* et ne prend pas des billets dans ces agences.

— Ce n'est pas pour moi, c'est pour ma petite cousine, que j'ai amenée aux courses.

— Vous avez amené à Longchamps votre petite cousine de la rue de Charonne?

— Parfaitement; cela vous étonne?

— Dites que cela me renverse.

— Et pourquoi donc? le champ de courses est-il un salon à la porte duquel on doit faire ses preuves de noblesse? Je voulais donner une journée de plaisir à cette enfant; je l'ai amenée ici. Le plaisir en réalité est pour moi plus que pour elle. C'est une joie de suivre les étonnements et les émerveillements de cette petite fille qui n'a jamais rien vu.

— Je vous croyais plus Français qu'Américain, mais décidément le yankee l'emporte en vous: de là votre excentricité.

— C'est une excentricité de chercher à faire plaisir à ceux qui nous entourent?

— L'excentricité, cher ami, c'est qu'un homme dans votre position, sur qui tout Paris a les yeux, s'en vienne, dans une réunion comme celle d'aujourd'hui, avec une petite ouvrière. Je soutiens que c'est un défi qu'un yankee seul pouvait avoir l'idée de risquer; mais, mon cher Édouard, pensez donc...

— Voulez-vous que je vous présente à elle? dit le colonel en riant.

Cette proposition suffoqua si bien Gaston qu'elle lui fit perdre le fil du discours qu'il allait entreprendre. D'ailleurs, à quoi bon?

— Viendrez-vous au pesage? dit-il.

— Oui, peut-être, mais plus tard. Pour le moment, je vais porter ce carton à ma petite cousine; je donnerais mille louis pour qu'il lui en fit gagner une douzaine.

Tandis que le colonel regagnait sa voiture, Gaston traversait la piste et rentrait dans l'enceinte du pesage.

S'arrêtant contre la grille, il jeta un rapide coup d'œil sur les tribunes et les groupes de promeneurs qui passaient lentement devant lui.

Bientôt il aperçut celle qu'il cherchait, la marquise de Lucillière, assise sur une chaise, elle était entourée de son cercle ordinaire de fidèles, le prince Scratoff, le duc de Mestosa, et deux ou trois autres.

Il se dirigea vivement vers elle, et, forçant le duc de Mestosa à reculer sa chaise, il serra la main de la marquise.

— J'ai un service à vous demander, dit-il; pouvez-vous me donner quelques minutes?

— Messieurs, dit la marquise en souriant, vous voyez comme M. de Pompéran est sérieux; il s'agit de choses importantes.

Et, se levant, elle prit le bras de Gaston.

— Eh bien! dit-elle lorsqu'ils se furent éloignés de quelques pas, de quoi ou de qui s'agit-il? Faut-il intervenir entre vous et elle?

— Il ne s'agit pas de moi, mais de mon ami, le colonel Chamberlain.

— Je l'ai vu, votre ami, je l'ai dépassé dans l'avenue de l'Impératrice; il promenait dans sa voiture une petite fille drôlement fagotée, mais qui a des cheveux splendides et qui sera très-jolie un jour.

— C'est précisément de cette petite fille que je veux vous entretenir. Il faut que vous sachiez que cette petite fille est sa cousine et que, par suite d'arrangements de famille, il pourrait arriver qu'il l'épousât.

— Eh bien! qu'est-ce que cela vous fait?

— Comment voulez-vous que je laisse un homme dans la position du colonel épouser une petite fille qui n'est rien et qui n'a rien?

— Ah! çà, mon pauvre Gaston, vous êtes donc aussi atteint de la manie matrimoniale? Vous voulez que vos amis se marient pour vous.

— Non, mais je veux qu'ils se marient pour eux et pas pour des petites sottes. Ainsi, je veux que mon ami le colonel, s'il se marie, n'épouse qu'une femme digne de lui.

— Alors, auprès de qui m'envoyez-vous en ambassade? Voulez-vous Mlle Lazarus, Mlle Belmonte, Mlle?...

— Je veux que vous me compreniez et précisément vous vous amusez à me taquiner.

— Expliquez-vous.

— Je crains que mon ami le colonel ne pense comme vous à l'égard de cette petite fille et qu'il trouve dès maintenant qu'elle sera jolie un jour.

— Comment voulez-vous empêcher cela?

— Ce serait bien facile, si vous vouliez me comprendre.

Elle s'arrêta et, le regardant, elle partit d'un grand éclat de rire qui fit lever la tête à ceux qui passaient près d'eux.

— Eh bien! oui, dit-il, un sourire de vous, et mon ami est sauvé.

— Vous savez, mon cher Gaston que ce que vous me dites là est tout simplement révoltant.

— Dans la forme peut-être, mais au fond c'est en réalité une bonne œuvre. Il s'agit de sauver mon ami, et je viens en suppliant auprès de celle qui a la puissance d'opérer ce miracle. Il me semble que c'est un hommage rendu à votre beauté, à votre esprit, à..,

— Et c'est tout?

— Oui, c'est tout. Pourquoi ne vous amuseriez-vous pas à rendre amoureux — je ne demande pas que les choses aillent plus loin — un sauvage? L'amour d'un Huron se développant au milieu du monde parisien, cela peut être drôle; celle qui inspirerait cet amour pourrait trouver là des sensations nouvelles.

— Le fait est...

— N'est-ce pas? Ah! marquise, vous êtes un ange!

— Mais on ne le voit pas, votre Huron? Demain précisément notre combat de rats n'aura pas lieu, mon garde étant malade.

— Je vous le conduirai.

— Je l'inviterai à dîner pour samedi; seulement, j'inviterai aussi le baron Lazarus, avec sa fille, et le prince Mazzazoli, avec sa nièce.

— Ah! pourquoi?

— Parce que cela pourra être amusant. Ne me disiez-vous pas l'autre jour qu'ils visaient, l'un et l'autre, la grosse fortune de votre marchand de pétrole? Eh bien! je veux les voir manœuvrer.

XXXII

L'hôtel que le marquis de Lucillière habitait rue de Courcelles avait été bâti en 1862-1863, sur un terrain qui appartenait aux Lucillière dès le 17e siècle. Avant les expropriations qui ont bouleversé ce quartier, ce terrain faisait partie de vastes jardins au milieu desquels un bel hôtel avait été élevé sous la Régence pour l'aïeul du marquis; mais, lorsqu'on avait ouvert les boulevards et les avenues qui ont si profondément modifié les environs du parc Monceaux, l'hôtel avait été emporté, et ce qui restait de ses jardins dénudés s'était couvert de constructions appropriées à la vie telle qu'on la comprend aujourd'hui.

Le marquis, qui cherchait dans tout et partout matière à spéculation, avait trouvé une affaire superbe dans cette expropriation, et s'était arrangé pour en tirer tout le profit possible; après s'être fait payer ses terrains fort cher, il s'était fait donner en place de son vieil hôtel, dont il avait vendu lui-même l'ameublement et les matériaux, un hôtel neuf.

Au point de vue spéculatif, l'affaire avait donc été excellente; mais par contre, au point de vue du comfort et de l'agrément, elle avait été détestable.

Plus de beaux arbres, plus de gazons, plus de verdure, plus de grottes, de kiosques, de ruines datant de Carmontelle, plus de vastes dépendances pour les gens de service; un boulevard avait pris les jardins, et sur ce qui restait de terrain on avait construit dix ou douze hôtels, qui couvraient un espace superficiel moins grand que celui qu'ils remplaçaient.

L'hôtel que le marquis de Lucillière s'était fait ainsi livrer, clefs en mains, par la société qui avait entrepris l'exploitation de ses terrains, pouvait passer pour un modèle du genre d'architecture que la postérité désignera, avec toute justice, du nom de Napoléon III, si elle n'est pas ingrate pour cet empereur de la truelle.

L'espace se trouvant restreint par suite du prix d'acquisition des terrains, on avait commencé les économies par la suppression de tout ce qui n'était pas strictement indispensable. Ainsi pas de cour en façade, mais l'hôtel bâti directement sur la rue et ouvrant sur le trottoir sa porte cochère en chêne ornée d'applications de marbre vert et d'acier nickelé.

Sur un soubassement en pierres taillées à bossage dans le genre florentin, s'élève un rez-de-chaussée de style néo grec, surmonté d'un premier étage qui rappelle la Renaissance, et, pour couronner le tout, se dresse un immense couvercle carré à quatre pans, percé de mansardes, avec des ouvrages en plomb repoussé pour orner ses crêtes. Tous les goûts, le bon excepté, peuvent donc trouver des sujets de satisfaction dans cet édifice incohérent, où l'on a rapproché les styles sans les souder les uns aux autres.

Bien que construit d'après un système d'économie qui a fait sacrifier dans son plan général le bien-être, et dans son exécution la solidité, il présente cependant sur la rue une façade d'une richesse de décoration qui va jusqu'à la folie. Partout où l'on a pu, tant bien que mal, placer une sculpture, la pierre a été fouillée; partout où l'on a pu accrocher un ornement, on a choisi le plus voyant, le plus fleuri, celui qui devait produire le plus d'effet. Le règne végétal, le règne animal, femmes nues, amours, arbres, fleurs, fruits, tout a été mis à contribution : les corniches sont des plates-bandes de jardin potager; les tympans, des corbeilles de fleurs; les cariatides qui soutiennent les balcons ou les écussons semblent s'être déshabillées pour le passant et n'être là que pour lui faire de l'œil. Pas un fer qui n'ait été doré : appuis de fenêtres, balcons saillants, tout resplendit et flamboie. C'est une châsse.

Le rez-de-chaussée a été aménagé pour la vie mondaine, avec salons de réception, boudoirs, salle à manger; le premier, pour la vie intime, avec appartements séparés pour le marquis et la marquise. Sous les combles, habite, près de son précepteur, le jeune comte de Lucillière, un gamin de dix ans qu'on rencontre quelquefois dans les escaliers, mais qu'on n'a jamais vu à la table de ses père et mère.

Derrière l'hôtel, on a réservé une petite cour pavée, sur laquelle ouvrent les portes des écuries et des remises, de sorte que de la salle à manger on a sous les yeux le spectacle des palefreniers et des cochers vaquant à leur besogne, et que dans les jours de chaleur, malgré les soins de propreté qu'on peut prendre, on respire l'odeur âcre des écuries.

Si la décoration extérieure est brillante, la décoration intérieure est bien entendu éblouissante, et lorsqu'un jour de réception on entre pour la première fois dans le vestibule qui précède les salons, on est littéralement aveuglé.

Ce fut la sensation qu'éprouva le colonel Chamberlain, lorsqu'il se rendit le samedi à l'invitation que lui avait adressée la marquise; malgré lui, ses yeux se fermèrent.

Dans le premier salon, il trouva le marquis, qui se tenait là pour recevoir ses convives et leur serrer la main. C'était un petit homme chétif et maigre, avec une forêt de cheveux blonds qui semblait lui charger la tête d'un poids trop lourd; alerte cependant et vif, se soulevant sur la pointe des pieds pour parler, toujours en mouvement et en représentation.

Le colonel, qui avait abordé avec un certain mépris ce petit animal à mine chafouine, comprit, après deux minutes d'entretien, ce qu'il pouvait y avoir de séduction dans la politesse française lorsqu'elle est pratiquée par un homme de race, et ce fut sous le charme de cette politesse et de cette bonne grâce qu'il s'éloigna pour aller saluer la marquise dans le grand salon.

Déjà la plupart des convives étaient arrivés, et dès la porte d'un rapide coup d'œil, il en reconnut plusieurs: le prince Mazzazoli et sa nièce, le baron Lazarus et sa fille, puis quelques hommes qui avaient assisté au combat des rats.

Devant la cheminée, la marquise était assise sur un canapé, vêtue d'une robe de satin bleu à traîne avec un pardessus de dentelle; sur ses épaules, resplendissaient des nœuds de brillants, et dans ses cheveux des étoiles de diamants.

Elle reçut le colonel comme s'il eût été son ami depuis de longues années et le força à s'asseoir près d'elle.

— Prenait-il goût à la vie parisienne? Aurait-on le plaisir de le garder à Paris longtemps? pourquoi pas toujours?

Pendant deux minutes ce fut un bavardage charmant, elle avait pour lui la sollicitude d'une sœur.

Puis, deux jeunes gens étant venus la saluer, elle leur confia le colonel.

— M. le capitaine de Maisoncelles, M. le lieutenant Faron, dit-elle en les présentant; deux de nos plus brillants officiers. Vous pourrez parler bataille avec ces messieurs, colonel;— puis, prenant la pose du général Boum, en riant : — Vous savez, *couper* et *envelopper*, tout est là.

Sortant du cercle des canapés, le colonel gagna un angle du salon, suivi de ses deux officiers, et, pendant quelques minutes, on parla bataille comme disait la marquise. Mais bientôt la conversation changea, le capitaine aussi bien que le lieutenant ne paraissant pas désireux de s'engager à fond dans la guerre d'Amérique.

— J'ai bien regretté de n'avoir pas pu assister à votre concert, dit le capitaine; tout le monde parle de votre succès qui a été très-grand.

— Sans l'orchestre, les choses auraient assez bien marché; mais on ne peut pas s'entendre avec ces animaux de musiciens. Il y avait un mouvement qu'ils voulaient prendre lentement, tandis que moi je voulais prendre plus vite; ça été une guerre dont vous ne pouvez pas vous faire l'idée.

— Et qui l'a emporté?

— Eux, parbleu ! C'est votre conférence qui vous a empêché de venir?

— Précisément. Je parlais le lendemain, et j'avais des recherches à faire pour appuyer ma démonstration de quelques citations. D'ordinaire, vous savez, je parle d'abondance, et avec mon public l'effet est certain. Mais je savais qu'il y aurait des journalistes dans la salle, et je tenais à ne pas m'aventurer à la légère. La mauvaise presse me fait une guerre déloyale, comme si notre œuvre n'était au-dessus des attaques des partis: ramener les basses classes au respect de la foi et de la tradition.

Le colonel écoutait avec stupéfaction, se demandant quels pouvaient être ces deux brillants officiers, dont l'un parlait musique et l'autre conférences, lorsque Gaston de Pompéran, qui était arrivé depuis quelques instants, vint à point pour satisfaire sa curiosité.

Quittant les deux officiers, qui continuèrent à s'entretenir de leurs succès, ils revinrent dans le premier salon.

— Eh bien ! dit Gaston, vous avez fait la connaissance du lieutenant Faron, talent énorme, vous savez? Depuis Paganini, il paraît qu'on n'a pas joué de violon comme lui. Quant à Maisoncelles, il faut que vous l'entendiez; je vous conduirai à l'une de ses conférences. Si nous avions seulement cent officiers comme lui, la France, avant dix ans, serait revenue dans le bon chemin.

— La marquise me les avait présentés comme les plus brillants officiers de l'armée française ; je vois qu'elle s'est moquée de moi.

— Mais pas du tout Seulement, comme nous n'avons pas de guerre et comme nous n'en aurons pas de sitôt, il faut bien que des esprits intelligents trouvent à dépenser leur force et leur activité.

A ce moment, le colonel entendit annoncer un nom qui l'empêcha d'écouter son ami.

— M. le comte Roqueblave avait crié le valet.

Tournant aussitôt la tête vers la porte, il vit entrer un personnage qui marchait gravement, lourdement, le cou pris dans la cravate rouge de la Légion d'honneur comme dans un carcan.

— Pourrez-vous me présenter au comte Roqueblave ? demanda le colonel à son ami.

— Parfaitement ; seulement, mon cher ami, permettez-moi de vous dire que c'est là une idée bizarre. Bien que le comte soit une puissance par sa position et sa fortune, on n'a avec lui que les relations qu'on est obligé d'avoir.

— Et pourquoi donc ?

— Parce que c'est un vilain monsieur.

— Mes relations seront courtes, elles se borneront à quelques questions.

— Répondra-t-il ? Sous cette forme de phoque, se cache un esprit retors et délié ; la façon dont il est devenu sénateur vous le prouvera. Si Américain que vous soyez, vous devez savoir que l'empereur avait pour conseiller intime le baron Colomieu. La grande faiblesse de Colomieu, qui au fond était un brave homme, consistait à croire qu'il était un écrivain, et en conséquence il passait le temps qu'il avait de libre à faire des comédies, des vers et des romans exécrables. Un jour qu'il avait appelé un éditeur pour lui vendre un de ses romans, Roqueblave, qui n'était alors qu'une puissance financière, arrive au moment où Colomieu allait commencer la lecture du chapitre sur lequel il comptait pour enlever son éditeur. Roqueblave demande comme une grâce d'assister à la lecture. Colomieu, qui n'avait pas tous les jours un public, accorde cette grâce et commence. A la dixième page, Roqueblave soupire ; à la vingtième, il pleure ; à la trentième, il éclate en sanglots. En voyant cette émotion d'un vieux dur-à-cuir comme Roqueblave, l'éditeur est ému à son tour et paye le volume comme s'il eût été signé par un homme de talent ; il en vend difficilement cent cinquante exemplaires. Mais l'émotion de Roqueblave est récompensée : deux mois après, il est nommé sénateur.

Comme Pompéran achevait son récit, une porte s'ouvrit à deux battants et un superbe maître d'hôtel, majestueux et décoratif, annonça que madame la marquise était servie.

XXXIII

Il s'était fait un mouvement général, et la marquise s'était levée.

Il y avait près d'elle lord Ferguson, immobile et roide dans son flegme britannique ; le prince Scratoff, un colosse à barbe rousse ; Serkis-Pacha, gros, court, le cou dans les épaules, le ventre sur les cuisses ; le duc de Mestosa, petit, maigre, bilieux, les lèvres pâles, les yeux ardents, — tous ayant été ou étant ses amants, si l'on en croyait certains propos.

Lequel serait le préféré ?

Elle passa devant eux en souriant à chacun, et alla prendre le bras du comte Roqueblave, qui se laissa faire, sans paraître le moins du monde sensible à cette faveur ; pas un muscle de son visage flasque ne bougea, et il ne se donna pas la peine de chercher un mot de politesse ou un compliment ; il imprima seulement une légère courbure en avant à ses lourdes épaules, et, redressant sa tête, il se dirigea à pas lents vers la salle à manger.

— Qu'est-ce que le marquis peut bien vouloir tirer de Roqueblave ? murmura Gaston à l'oreille de son ami.

Mais ce n'était point l'heure d'examiner ce point délicat. Le marquis avait offert son bras à la comtesse Belmonte, et après avoir vivement déposé leurs chapeaux là où ils avaient pu trouver une place, quelques hommes s'étaient bravement avancés auprès des canapés, trois bras restaient tendus devant Carmelita, et deux s'arrondissaient de chaque côté d'Ida ; lorsque la file fut formée, Gaston et le colonel se mirent à la queue et entrèrent les derniers dans la salle à manger.

La lumière qui tombait du lustre et des candélabres, reflétée par les ors du surtout, la blancheur crue de la nappe et les facettes des cristaux, produisait un faisceau de clartés qui blessait la vue ; tandis que l'odorat au contraire était agréablement excité par l'odeur des viandes et des truffes se mêlant au parfum des fleurs.

La nécessité d'économiser l'espace qui avait dirigé la construction de l'hôtel se faisait sentir d'une façon fâcheuse dans la distribution de cette salle ; car l'architecte, en calculant théoriquement la largeur pour la table et les chaises, n'avait réservé qu'une place insuffisante pour le service. De là une certaine gêne pour circuler, qui fût facilement devenue de la confusion, sans le soin que prenait le maître de la maison d'indiquer d'un mot ou d'un signe, à chaque convive qui entrait, de quel côté il devait se diriger. Debout devant sa chaise, les yeux fixés sur la porte, le marquis s'acquittait de cette tâche avec une bonne grâce parfaite, et, à le voir haussant sa petite taille, souriant à chacun, étendant le bras avec noblesse, on pouvait deviner que ses ancêtres avaient été gentilshommes de la chambre.

Le colonel se trouva placé entre Ida et Carmelita, ayant à peu de distance, en face de lui, la marquise, qui avait à sa droite le comte Roqueblave et à sa gauche le baron Lazarus.

Lorsqu'on s'assit, le colonel disparut un moment sous les flots de tulle rose de la jupe d'Ida et sous la traîne blanche de Carmelita; mais bientôt les robes se tassèrent et le silence s'établit, troublé seulement par le tapotement argentin des cuillers.

Tout en mangeant lentement son potage, le colonel se demandait ce qu'il dirait bien à ses voisines, et ce n'était pas sans un certain embarras qu'il se posait cette interrogation.

Comment parle-t-on aux jeunes filles, alors qu'on n'a pas un sujet banal ? Quel thème commun pouvait-il exister entre lui qui arrivait de l'autre côté de l'Océan et elles, celle-ci venant de Berlin, celle-là de Florence?

La présomption et l'infatuation n'étaient pas ses défauts dominants, il se rendait justice et savait parfaitement qu'il n'était qu'un Yankee plus ou moins mal léché. Où aurait-il appris les mœurs et les usages de ce monde au milieu duquel il se trouvait pour la première fois ?

Il se plongea dans son assiette avec le recueillement d'un gourmand de profession, attendant qu'une occasion lui permît de se départir de son silence prudent.

Elle lui fut bientôt offerte; car la marquise, tout à ses devoirs de maîtresse de maison, n'oubliait aucun de ses convives et pour chacun elle avait un mot ou tout au moins, quand la distance ne permettait pas les paroles, un sourire qui disait : « Vous voyez que je pense à vous et que je suis à vous. »

Bien que n'étant séparée du colonel que par la largeur de la table, ce fut ce langage des yeux qu'elle employa avec lui, mais il était tellement clair qu'il n'avait pas besoin d'être traduit. Après un signe d'appel adressé au colonel, elle avait regardé Ida, puis ensuite Carmelita; alors, revenant au colonel, était restée les yeux sur lui en souriant.

— Vous avez auprès de vous deux jeunes filles charmantes, disait ce sourire, et c'est au vin qui emplit votre verre que vous faites des yeux tendres.

— Que dire ? demanda le regard du colonel.

Alors elle se mit à rire franchement en haussant légèrement les épaules ; puis, prenant la parole :

— Comment avez-vous trouvé nos courses dimanche? demanda-t-elle; vous êtes-vous amusé, colonel?

Évidemment les courses étaient un sujet qui permettait de parler pour ne rien dire ; comment n'y avait-il pas songé ?

Après avoir répondu à la marquise, il se tourna vers Carmelita, puis ensuite vers Ida : la glace était rompue.

Au reste, le silence avait partout cessé et des conversations particulières s'étaient établies, troublées seulement de temps en temps par quelques paroles plus hautes qui allaient d'un côté de la table à l'autre.

Et, pendant ce temps, les valets poudrés circulaient derrière les chaises, silencieux, graves comme des ombres, attentifs à leur service.

Seul entre tous les convives, le comte Roqueblave ne parlait pas, et le colonel qui l'examinait curieusement, avait remarqué qu'il n'avait pas encore dit un mot à la marquise. Assis carrément sur sa chaise, les reins appuyés contre le dossier, il mangeait lentement, mais continûment sans presser ou ralentir le mouvement régulier de ses fortes mâchoires, ne s'interrompant que pour vider son verre ou faire un léger signe affirmatif aux valets qui passaient les plats et les bouteilles. Sa serviette, maintenue par un coin dans la boutonnière de son habit, était étendue sur son large ventre, et elle recevait les gouttes de sauce et de jus qui tombaient de sa bouche, glissant en deux filets le long de son menton, qu'il ne prenait pas la peine d'essuyer. Pourquoi, pour qui se serait-il gêné. On l'avait invité à manger, il mangeait.

Le colonel avait passé une partie de sa vie auprès de gentlemen qui, dans les *eating-house*, avalaient, avec la voracité de gens affamés, les plats sur lesquels ils se jetaient, et, après avoir copieusement dîné en sept ou huit minutes, s'essuyaient la barbe et les doigts au coin de la nappe ; il n'avait jamais vu manger avec cette ignoble sérénité. Évidemment cet homme s'était placé au-dessus des vains préjugés du monde et la satisfaction de son appétit devait être sa seule règle, à table comme partout.

Le baron Lazarus au contraire se montrait empressé auprès de la marquise, et pour l'écouter ce n'était pas seulement de l'attention qu'on voyait sur son visage, c'était de l'admiration, presque du respect. De temps en temps elle se penchait vers lui, et alors il riait formidablement de ce qu'elle lui avait dit à mi-voix ; souvent leurs regards se fixaient en même temps sur le colonel, et alors ils reprenaient leur conversation intime, mais sans que le baron s'abandonnât à ses accès de grosse gaieté.

Que disaient-ils? Le colonel n'en prenait pas grand souci. Il n'était plus dans les mêmes dispositions qu'en s'asseyant à table. L'atmosphère de cette salle, la chaleur des vins, la gaieté qui se dégageait des choses environnantes, la beauté de Carmelita, le charme d'Ida, la séduction de la marquise, avaient fait battre son cœur plus vite : ils étaient excellents, ces vins; elles étaient ravissantes, ces femmes.

Et c'était avec un sentiment de béatitude qu'il écoutait le babil de la jeune Allemande.

— Paris était bien agréable à habiter, mais aussi bien fatigant. Toujours des fêtes, des soirées, des dîners, des bals, le théâtre. Pour elle, elle eût préféré une vie plus calme, plus recueillie, dans la tranquillité du foyer, avec une lecture le soir, un peu de musique, des amis intimes, près desquels on peut laisser parler son cœur; ou bien encore une retraite à la campagne, au bord de la mer, ou bien dans les montagnes, avec des promenades en toute liberté au clair de la lune, sous les grands bois, en écoutant le vent.

A sa gauche, Carmelita parlait beaucoup moins, et lorsqu'il lui adressait la parole, elle ne répondait guère que par un mot. Mais ce mot, elle le prononçait d'une voix harmonieuse qui seule était une séduction; puis elle tournait vers lui son beau visage, et tant qu'il lui causait, elle demeurait les yeux grands ouverts, comme si elle voulait qu'on lût dans son âme la réponse qu'elle ne daignait pas formuler avec ses lèvres. Mais que se trouvait-il dans cette âme? le colonel était malhabile à le deviner, car ces grands yeux noirs sur lesquels il se penchait ne s'ouvraient pas pour lui; c'était une eau tranquille recouvrant un abîme sans fond.

Comme à un certain moment, vers la fin du dîner, il restait aussi les yeux plongés dans ceux de l'Italienne, il crut sentir un frôlement contre son pied. Tout d'abord il n'y prit pas attention; sans doute c'était la traîne de la robe. Mais au contact se joignit bientôt une légère sensation de chaleur qui le pénétra. Alors il releva les yeux sur elle; elle ne baissa pas les siens et se laissa regarder, sans que l'expression de son visage changeât, sans que sa prunelle s'agrandît ou se rapetissât, calme, impassible.

Se trompait-il? Mais non. Alors il se dit qu'elle ne devait pas avoir conscience de ce contact, qui en tout cas devait être involontaire.

Comme il agitait ces questions, assez ému, ne parlant pas, les conversations continuaient sur un ton plus élevé.

— Pour moi, disait le comte Roqueblave, j'ai toujours soutenu que la solution de la question sociale et économique était bien facile : il s'agit tout simplement de forcer l'ouvrier à travailler davantage et de le payer moins; s'il résiste, en avant et rrran.

— Eh bien! baron, dit le duc de Mestosa, s'adressant au baron Lazarus, ne nous laisserez-vous pas tranquilles? Vous savez que positivement vous devenez un sujet de trouble; on ne peut pas vivre paisiblement avec la menace de votre force militaire suspendue sur toutes les têtes.

— Mais nous ne menaçons personne, répondit le baron en riant avec bonhomie; où avez-vous jamais vu des gens plus pacifiques que nous?

— Ce qui n'empêche pas, dit Serkis-Pacha, que tout le monde a peur.

— Mais, de quoi? interrompit le baron.

— On ne sait pas au juste, mais on a peur, et c'est une sensation désagréable.

— Tout le monde n'a pas peur, répondit fortement le capitaine de Maisoncelles, et je connais des gens qui envisagent la guerre avec confiance et espérance.

— C'est le refrain du soldat, dit la marquise en riant.

Sur ce mot, elle se leva et prit le bras du comte Roqueblave.

Le colonel hésita un moment : à qui offrirait-il son bras? Elle était délicieuse, la petite Allemande, avec son clair de lune et ses grands bois; mais l'Italienne!... La sensation chaude qui avait couru dans ses veines le décida.

Toutes deux s'étaient levées, et tandis que Ida ne paraissait attentive qu'à étaler sa robe derrière elle, Carmelita se tenait droite devant lui, attendant.

Ce fut à elle qu'il présenta son bras arrondi.

XXXIV

Lorsque tout le monde fut entré dans le salon, la marquise, abandonnant le comte Roqueblave sur le fauteuil où elle l'avait déposé, vint au devant du colonel.

Elle marchait légèrement, la tête haute, souriant à tous, le visage coloré, les yeux brillants; elle avait bien dîné, car elle était habile à faire plusieurs choses à la fois, les réussissant toutes également dès là qu'elle les entreprenait, et le soin de veiller sur ses hôtes ne l'avait point obligée à se négliger elle-même. Le colonel, qui l'avait observée et longuement regardée, avait remarqué qu'elle savait manger, et qu'elle aimait les vins blancs ainsi que le champagne, qu'elle buvait à petits coups, sans retirer ses lèvres de la coupe avant qu'elle fût vide.

Elle prit le bras du colonel comme elle eût fait avec un camarade, et doucement elle le poussa dans un petit boudoir si exigu qu'il n'y avait placé que pour un divan et une jardinière pleine de plantes à feuillage coloré.

— Eh bien ! dit-elle en le faisant asseoir, vous ne vouliez pas commencer l'entretien avec vos voisines; mais, une fois en train, il me semble que vous aviez bien été. Que racontiez-vous donc à Mlle Belmonte pour qu'elle eût un tel éclat dans les yeux, et la blonde Ida que vous disait-elle avec sa tête penchée ? Charmantes, n'est-ce pas, l'une et l'autre ?

— Mais assurément.

— Comme vous dites cela froidement ; votre regard est moins habile à dissimuler. Voyons, franchement, laquelle préférez-vous ?

— Franchement, je n'en sais rien.

— Allons, décidément, fit-elle avec une petite moue, vous ne voulez pas de moi pour confidente. Vous avez tort, je sais garder un secret et à l'occasion donner un bon conseil.

— Mais je n'ai pas de secret, je vous assure.

— Pas même en ce qui touche la jolie enfant que vous promeniez dimanche ?

— Cette enfant est ma cousine.

— Rien que votre cousine ?

— Mais...

— Oh ! je veux dire pour le moment. Vous voyez, colonel, que vous ne savez pas mentir; vous vous troublez.

— Il est vrai...

— Ne croyez pas que je veuille vous faire un reproche de ce qui à mes yeux est une qualité rare. La franchise, le trouble, mais c'est charmant; vous êtes un homme unique, et la sympathie qu'on éprouve tout d'abord pour vous, car vous savez vous êtes un personnage sympathique, cette sympathie tourne vite à l'estime et à l'amitié quand on vous connaît. Seulement cette qualité, précieuse pour vos amis, peut être dangereuse pour vous par certains côtés. Vous êtes seul à Paris; j'entends que vous n'avez pour ami que M. de Pompéran, qui connaît sans doute très-bien la vie parisienne, mais enfin qui n'est qu'un homme.

Ils étaient placés de telle sorte que la marquise tournait le dos à la porte du salon, tandis que le colonel lui faisait face. Depuis qu'ils étaient en tête à tête, il avait vu lord Fergusson, Serkis-Pacha et le prince Seratoff, venir successivement l'un après l'autre, dans l'embrasure de cette porte regarder curieusement ce qui se passait dans le boudoir. Mais chaque fois le marquis, qui se tenait là comme pour assurer la tranquillité de leur entretien, avait arrêté ces importuns et les avait réunis autour de lui. A son tour, le duc de Mestosa vint aussi jeter un coup d'œil dans le boudoir; mais le marquis ne fut pas plus complaisant pour lui qu'il ne l'avait été pour les autres, et il l'arrêta aussi en le prenant galement par le bras comme s'il avait quelque chose d'intime à lui dire.

Voyant cela, le colonel se leva.

— Qu'avez-vous donc ? demanda la marquise en tournant la tête vers le salon.

Alors se mettant à rire :

— Ne prenez pas souci, continua-t-elle, et achevons ce que je voulais vous dire. Au reste c'est affaire de quelques mots. Si vous croyez avoir jamais besoin, je ne dirai pas des conseils, mais des renseignements, des éclaircissements que peut donner une femme du monde qui par sa position voit et entend beaucoup de choses, venez à moi, je me mets entièrement à votre disposition. Vous êtes assuré de me trouver tous les samedis et je serai heureuse de vos visites. Est-ce dit ?

Il voulut la remercier, mais elle l'interrompit.

— Ne me remerciez pas. Quoi de plus intéressant pour une femme de mon âge que de parler d'amour et de mariage, alors surtout qu'on le peut faire d'une façon désintéressée.

Là-dessus elle se leva et lui prit le bras.

Mais, au moment où ils allaient rentrer dans le salon, le colonel, qui, malgré l'étrangeté de cette communication, n'avait pas oublié le comte Roqueblave, la pria de le présenter à celui-ci.

— Ah ! parfaitement; cependant je dois vous avertir, pour commencer mon rôle, qu'il n'est pas amusant, le comte.

— Ce n'est pas pour le charme de son esprit que je désire le connaître, mais seulement pour lui demander un renseignement que j'ai intérêt à connaître.

Ils allèrent rejoindre le comte, qui n'avait pas bougé de dessus son fauteuil, et la présentation fut bientôt faite par la marquise, qui aussitôt après s'éloigna pour reprendre son rôle de maîtresse de maison.

La marquise avait eu pleinement raison en disant que le colonel ne savait pas mentir, mais pour être complète elle eût dû ajouter qu'il ne savait pas non plus biaiser. Il était de ceux qui, voulant apprendre une chose, trouvent que le meilleur moyen est de procéder franchement, par interrogation directe ; ce fut donc le chemin droit qu'il prit pour poser au comte Roqueblave la question qui, pendant tout le dîner, l'avait préoccupé.

— Si j'ai tenu à honneur de vous être présenté, dit-il en s'asseyant sur une chaise qui l'approcha du fauteuil où le comte était étalé, c'est que j'avais des remercîments à vous adresser.

— A moi, monsieur? et pourquoi donc?

— Pour avoir bien voulu vous occuper d'une personne à laquelle je suis attaché par des liens de parenté.

— Ah! très-bien! dit le comte avec indifférence.

— Et qui porte le même nom que moi, cette personne étant le fils du frère de mon père; en un mot, mon cousin Anatole Chamberlain, qui, grâce à vous, a été remis en liberté.

Ces paroles produisirent un effet magique; le comte était renversé dans son fauteuil, la tête en arrière, le ventre bombant, les jambes allongées reposant sur les talons, l'attitude d'un homme qui n'a qu'un souci en ce monde, bien digérer après avoir bien dîné, et qui se moque parfaitement des règles de la bienséance.

Brusquement il se redressa et, s'asseyant sur son fauteuil, il posa ses pieds à plat sur le tapis.

— J'ai su, continua le colonel, la part que vous avez bien voulu prendre à cette libération, les démarches que vous avez bien voulu faire, et j'ai tenu à vous en remercier.

— M'intéressant à lui, je devais ne pas l'abandonner.

— C'est de cet intérêt que je vous suis reconnaissant.

— Il a travaillé pour moi il y a un an; je lui ai trouvé du talent, et je me suis pris de sympathie pour lui.

— Ah! c'est depuis un an seulement que vous le connaissez?

— A peu près.

Le colonel eût voulu continuer l'entretien; mais le comte avait appelé le baron Lazarus d'un signe de main, et devant un tiers il était difficile, pour ne pas dire impossible, de pousser plus loin un interrogatoire auquel le comte ne semblait pas d'ailleurs vouloir se prêter.

Du reste, un fait ressortait de cet entretien : le comte ne connaissait Anatole que depuis un an. Ce fait était-il vrai? LÀ était toute la question. Ce n'était point dans un salon, sous les yeux de vingt personnes, qu'elle pouvait être éclaircie par les interrogations plus ou moins adroites.

Comme le colonel s'éloignait, laissant en tête-à-tête le comte Roqueblave et le baron Lazarus, Gaston de Pompéran vint le prendre par le bras

— Que diable avez-vous demandé au vieux Roqueblave? dit-il en riant. Vous avez remis sur ses jambes cet animal ruminant d'une façon grotesque et qui nous a bien fait rire.

Mais le colonel ne répondit pas à cette question : il y avait là un mystère qu'il ne lui convenait pas de traiter légèrement et auquel en tous cas il désirait ne mêler personne. Précisément parce qu'il avouait sa parenté, il tenait à ménager l'honneur de son nom.

— Je voudrais bien fumer un cigare, dit-il.

Ils passèrent dans le fumoir, où le prince Mazzazoli, à cheval sur une chaise, racontait une histoire égrillarde à un groupe de convives qui riaient aux éclats; tandis que, dans un coin opposé, le capitaine de Maisoncelles, reprenant sa discussion du dîner, démontrait qu'au point de vue français, jamais moment n'avait été plus favorable pour entreprendre une grande guerre. Nous avions la première armée du monde; l'Autriche était pour nous; l'armée prussienne, formée d'éléments hétérogènes, était en pleine décomposition : ce serait une campagne d'un mois, six semaines au plus.

Quand le prince eut terminé son histoire, il vint s'asseoir auprès du colonel.

— Charmante réunion, n'est-ce pas? Le colonel aimait-il la vie parisienne! Quelle femme ravissante que Mme de Lucillière! Et Mlle Lazarus n'était-elle pas vraiment une beauté idéale!

Alors il entreprit l'éloge de la jeune Allemande; elle avait toutes les grâces natives et toutes les qualités qu'on peut acquérir.

Mais ce panégyrique, dans lequel on ne trouvait pas un mot de critique nettement formulé, fut fait de telle sorte que la conclusion qui s'en dégageait prouvait jusqu'à l'évidence que Mlle Lazarus ne pouvait être qu'une femme détestable pour le mari qui l'épouserait : sa beauté, fragile, un souffle la détruirait; ses qualités, exquises chez une jeune fille, nulles chez une femme.

Tout cela fut insinué avec une physionomie gracieuse, le sourire sur les lèvres, la caresse dans l'accent et dans le geste. Cependant, l'étudiant de près, on eût pu remarquer sur son visage mobile quelque chose de goguenard qui, dans le feu de la conversation, arrivait à l'expression grotesque d'un bon comédien bouffe.

Sans doute il eût longtemps continué sur ce ton, si le baron Lazarus n'était pas venu les interrompre : devant le père, il était difficile de continuer à accabler la fille de louanges.

Au reste, le baron avait un mot particulier à dire au colonel, et il fallut bien que le prince lui cédât la place.

Ce mot était tout simplement pour demander au colonel à quelle heure il pourrait le recevoir le lendemain; il s'agissait de lui faire une visite pour le prier à dîner rue du Colisée. Il y aurait le marquis et la marquise de Lucillière, le prince Mazzazoli, la comtesse Belmonte et sa fille.

Et aussitôt, à son tour, il entreprit l'éloge de Carmelita, qui fut exactement le pendant de celui d'Ida.

Seulement, tandis que le prince avait procédé avec finesse, le baron procéda avec bonhomie ; c'était la franchise qui parlait par sa bouche : il n'avait jamais vu de plus belle statue que Carmelita ; mais ce ne serait jamais qu'une statue, bonne à placer sur un piédestal et à admirer.

Quand le colonel rentra dans le salon, qui, pendant son absence, s'était rempli d'invités à la soirée, le baron et le prince restèrent seuls dans le fumoir.

— Savez-vous ce que me disait le colonel Chamberlain ? demanda le baron. Il me parlait de votre nièce avec enthousiasme, elle a produit sur lui une impression extrêmement vive ; j'ai cru un moment qu'il allait me charger de vous demander sa main. Mes compliments, mon cher prince.

— Les miens, mon cher baron, car ce qu'il vous a dit de ma nièce, il me l'a dit de votre fille, et j'ai eu la même pensée que vous.

— Vous plaît-il que je voie ce qu'il peut y avoir de réel sous cet enthousiasme ?

— Mon Dieu ! non, je vous remercie. Sans doute sa fortune est belle, mais après tout ce n'est qu'un marchand. C'est donc avec un parfait désintéressement que je vous propose de faire pour vous ce que vous voulez faire pour moi.

— Mille remerciments, cher ami ; cette fortune est trop grosse. Je veux pour ma chère fille une honnête médiocrité.

XXXV

Le colonel sortit de chez la marquise, l'esprit agité, le cœur ému.

Jamais il n'avait éprouvé pareil trouble, jamais il ne s'était senti aussi irrésolu, aussi embarrassé.

Jusque-là, en effet, la décision avait été le côté dominant de sa nature, et toutes les fois qu'il s'était trouvé en face d'une difficulté, il avait vu tout de suite, d'un coup d'œil sûr, par où il devait l'aborder et finalement en sortir : en tout et partout, un excellent officier de cavalerie, prompt à l'attaque comme à la défense.

Mais les conditions étaient changées, et ce coup d'œil, il ne le trouvait plus en lui.

Au lieu de voir clairement sa situation, avec le fort et le faible, le bon et le mauvais, il restait indécis, hésitant, n'osant pas avancer, ne voulant pas reculer, comme si tout à coup il avait été frappé d'aveuglement.

Et cela le dépitait, le fâchait contre lui-même.

Pourquoi donc sa volonté était-elle maintenant faible et chancelante ?

Lorsqu'il était arrivé à Paris, son cœur était parfaitement libre, et, s'il y avait de l'incertitude dans son esprit, elle ne portait que sur le point de savoir s'il réaliserait ou ne réaliserait pas les intentions exprimées par son père.

Encore cette incertitude était-elle pleinement légitime : ne connaissant pas celle qui était désignée par un mourant pour devenir sa femme, ne sachant pas ce qu'elle était physiquement ce qu'elle était moralement, ce qu'avait été son éducation, quels étaient ses goûts, quelles étaient ses idées, ses habitudes, il était tout naturel qu'il ne fût pas fixé à ce sujet.

— Je verrai.

Il l'avait vue, et il était plus incertain qu'il ne l'avait jamais été.

Toutes les conditions qu'il avait mises à son mariage s'étaient réalisées, une seule exceptée, et cependant il n'avait pas pu se décider à prendre Thérèse pour femme.

Il s'était promis de ne pas se laisser entraîner par le sentiment naissant qui l'attirait vers Thérèse, et cependant il n'avait pas pu lui résister.

La journée passée au bois de Boulogne avec elle, en lui révélant la puissance de ce sentiment, l'avait mis en défiance contre sa propre faiblesse.

Cette journée de promenade il l'avait organisée pour être agréable à Thérèse, qui paraissait heureuse de voir un spectacle nouveau, mais en même temps il avait pensé que pour lui ce serait une occasion de l'étudier et d'apprendre à la connaître.

N'était-ce point à cette résolution qu'il s'était arrêté après la visite d'Anatole ?

Mais il ne l'avait point étudiée, et cette journée lui avait appris bien plus de choses sur lui-même que sur Thérèse.

Au lieu de rester calme et froid, enfermé dans le rôle de juge qu'il s'était tracé, il s'était associé au plaisir de Thérèse, s'amusant de ses surprises, jouissant de ses joies.

Le beau moyen, vraiment, pour connaître une jeune fille, de prendre ses cheveux et de les presser dans ses mains en la regardant longuement ! Comme cela est fait pour donner du calme et de la froideur !

Ils étaient superbes, ces cheveux, souples, fins, soyeux, et il n'était pas nécessaire de les manier pour le savoir.

Où s'arrêterait-il, s'il ne savait pas résister à de pareils entraînements ?

Quel effet cet acte de folie avait-il produit sur Thérèse ? n'avait-il point été une révélation pour elle ?

Sans doute il était parfaitement sage, avant de s'arrêter à une résolution définitive et irrévocable, de vouloir étudier celle qui devait devenir sa femme ; mais encore fallait-il que celle qui était l'objet de cet examen ne sût pas dans quel but il se faisait ; car, si elle le devinait, son cœur pouvait se laisser prendre.

Il n'y avait en lui aucune fatuité, mais d'un autre côté il n'y avait non plus aucune humilité; s'il ne se croyait pas irrésistible, il ne se croyait pas repoussant.

Il pouvait donc très-bien arriver que si Thérèse voyait ou soupçonnait ses intentions, elle se prît pour lui d'un sentiment tendre qui devînt rapidement de l'amour. Quoi de plus naturel et de plus légitime! Pourquoi fermerait-elle son cœur à ce sentiment, puisqu'il devrait la conduire à un mariage ?

Qu'elle l'aimât : s'il devait l'épouser, c'était parfait, c'était leur bonheur à tous deux.

Mais qu'elle l'aimât, alors qu'après un examen plus ou moins long, il ne la prenait pour femme : c'était affreux, pour elle la désolation, le malheur.

Quels reproches n'aurait-elle pas à lui adresser!

— Vous m'avez laissé comprendre que je serais votre femme; confiante en vous, en votre loyauté, en notre parenté, je n'ai point étouffé l'amour qui peu à peu s'est emparé de moi, excité chaque jour par votre présence, encouragé par vos attentions, développé par vos caresses, et maintenant, quand je vous aime, vous me repoussez! Pourquoi avez-vous joué avec mon cœur ?

Et lui, quels remords n'éprouverait-il pas ? Il n'était pas de ceux qui disent : « Ce n'est rien, c'est une femme qui souffre par ma faute et qui crie en attendant qu'elle se console. »

Il ne voulait pas qu'on souffrît par sa faute et Thérèse moins que toute autre, la chère enfant, elle si simple, si tendre, si charmante! Ces beaux yeux pleureraient, la fièvre pâlirait ces lèvres roses, la douleur imprimerait son masque crispé sur ce visage souriant. Non!

Mais alors, puisqu'il ne savait pas garder le calme et l'impassibilité du juge, il fallait qu'il renonçât à ce rôle qu'il s'était tracé.

Et en même temps il fallait qu'il prît aussi la résolution de renoncer à ce mariage, car ce serait folie d'épouser Thérèse, sans savoir jusqu'à quel point elle pouvait ressembler à son frère.

Telles étaient les pensées qui, depuis la promenade du bois de Boulogne, avaient agité son esprit et auxquelles ce dîner venait d'ajouter de nouveaux éléments de trouble.

En écoutant le bavardage de la blonde Ida, il s'était dit qu'il n'y avait qu'à se laisser charmer par cette jolie chanson sentimentale, et que ce serait un moyen simple autant qu'agréable d'oublier Thérèse.

En sentant les yeux ardents de Carmelita plongés dans les siens, en frémissant lorsque son pied avait frôlé celui de l'Italienne, ou plus justement lorsque celui de l'Italienne avait, volontairement ou inconsciemment, touché le sien, il s'était dit encore qu'il n'y avait qu'à se tourner de ce côté, et que ce serait un moyen tout aussi simple et tout aussi agréable d'oublier Thérèse.

Mais ces idées, enfantées par la sensation immédiate, n'avaient pas pris corps devant la réflexion.

Oublier Thérèse, ce n'était pas ce qu'il demandait.

Ce qu'il voulait, c'était ne pas subir trop fortement son influence, et en même temps c'était qu'elle-même ne sût pas davantage celle qu'il pouvait exercer sur elle.

Or ce n'était pas un résultat de ce genre que pouvaient produire les chansons d'Ida ou les yeux de Carmelita. Un seul était possible et précisément il le conduirait beaucoup plus loin qu'il ne lui convenait d'aller ; un pas fait vers l'une ou vers l'autre, et il ne pourrait ni s'arrêter ni revenir en arrière.

La belle affaire, en vérité, de se jeter dans un mariage pour en éviter un autre.

Séduisante, Ida; superbe, Carmelita! Mais Thérèse ?

Et puis, ce n'était pas à Ida, ce n'était pas à Carmelita que s'appliquait l'engagement qu'il avait pris envers son père; c'était à Thérèse.

Ainsi Thérèse revenait toujours et s'imposait à lui.

Mais, précisément pour cela, il voulait l'écarter et la tenir à une distance où un moment d'entraînement ne pourrait pas la mettre dans ses bras.

S'il la prenait pour femme, il ne fallait pas que ce fût dans un élan passionné.

Sans doute il y aurait peut-être un moyen d'arriver à ce résultat, ou tout au moins il en entrevoyait un confusément.

Ce qu'il craignait auprès de Thérèse, c'était une surprise, un mouvement irrésistible et irréfléchi, comme celui auquel il avait cédé en prenant ses cheveux.

Par là il pouvait se trahir et éveiller en elle des idées qu'elle n'aurait pas spontanément ou, si elle les avait, les préciser d'une façon dangereuse.

Il se connaissait et il savait combien, en restant l'esprit toujours et exclusivement occupé de cette jeune fille, il lui serait difficile de se résister à lui-même.

Une seule chose pouvait lui donner le calme et la force nécessaires pour voir Thérèse sans danger, c'était précisément de n'être point exclusivement occupé d'elle.

Elle était vraiment délicieuse, la marquise de Lucillière, et la femme la plus désirable qu'il eût jamais vue, la plus séduisante. Et avec cela une exubérance de vie qui eût ressuscité un mourant. Ses yeux aux prunelles jaunâtres illuminaient le salon, et ils avaient tant de vivacité, de gaieté, d'esprit, de puissance pour exprimer tous les sentiments, qu'ils pouvaient supprimer la parole. Pas un moment de lassitude ou d'ennui, toute à son plaisir comme à celui des autres.

Depuis qu'il la connaissait, il avait entendu raconter sur elle des histoires fort peu édifiantes; mais qu'importait? Il ne s'agissait pas de la prendre pour femme. Avec elle, rien d'irrévocable, d'irréparable. Et puis étaient-elles vraies, ces histoires? Avec sa liberté d'allure, son mépris de l'hypocrisie, son insouciance des vertus bourgeoises, elle devait largement donner prise à la médisance, comme à la jalousie. Enfin, quand même il y aurait quelque chose de fondé dans ces propos, il était évident que rien ne pourrait jamais lui faire perdre ses ailes, et que comme une hirondelle, elle s'élancerait toujours, radieuse et immaculée, même d'un bourbier; rien de terne ne pouvait s'attacher sur son plumage lustré.

A cette pensée, il se prit à sourire intérieurement.

— Pourquoi pas?

Les yeux qu'elle attachait sur lui, pendant leur tête-à-tête du boudoir, n'étaient pas pour le tenir à une distance respectueuse; de même que son offre de le guider dans la vie parisienne n'était pas faite pour le décourager. Ils parleraient d'amour.

Et pourquoi non?

Le rôle de confidente peut entraîner loin, et ce n'est pas impunément qu'on joue avec ces mots brûlants.

Pour la première fois depuis huit jours, il vit clair autour de lui, et sa route lui apparut, débarrassée des obscurités qui la cachaient.

Au bout de cette route et comme but, mais à une distance encore éloignée, Thérèse, qui, pendant le temps qu'il mettrait à parcourir cette distance, opérerait lentement et sous ses yeux sa transformation de petite fille en femme.

Le long de cette route, pour l'empêcher d'aller trop vite, la marquise.

XXXVI

Anatole avait voulu mettre à profit les propositions d'aide qui lui avaient été faites par le colonel, et plusieurs fois il était venu annoncer à « son cher cousin » qu'il avait trouvé une position telle qu'il la désirait.

La première fois, il s'agissait d'une association dans une direction de théâtre. Jusque là cette direction, il est vrai, avait assez mal marché; mais cela tenait à la gêne des directeurs, leurs bénéfices s'engouffraient dans les intérêts de ce qu'ils devaient et dans les frais de poursuites. Mais le théâtre était bon; avec une mise de fonds on dégageait la situation et l'on courait à la fortune. Le « cher cousin » avait répondu à cette ouverture qu'une telle position ne pouvait convenir qu'à un homme de théâtre, et il avait refusé d'être, sous le nom d'Anatole, le bailleur de fonds attendu comme le Messie par de pauvres diables aux abois.

La seconde position trouvée par Anatole avait été celle d'associé dans une agence de courses, et cette fois encore le colonel avait refusé, en expliquant un peu plus longuement que, s'il voulait bien aider son cousin, c'était à travailler et non à spéculer.

Enfin, deux jours après, il était de nouveau revenu à la charge; l'affaire était superbe et sûre, une maison de photographie faisant un chiffre considérable de bénéfices. Cette fois, le colonel s'était montré disposé à ouvrir sa caisse; la photographie était un travail et, jusqu'à un certain point, elle se rapprochait des premières occupations d'Anatole. Il n'avait mis qu'une seule condition à son concours, qui était que le vendeur dirigeât la maison pendant une année encore, de manière à former Anatole et à l'initier à tous les secrets de son métier. Mais celui-ci ne l'entendait pas ainsi, il voulait être maître tout de suite, et pour le métier il jugeait inutile de l'apprendre, son intention formelle étant de diriger sa maison et non « d'opérer lui-même. »

A ce mot, le colonel avait resserré les cordons de sa bourse, et Anatole s'était alors fâché :

— Ma foi! mon cher cousin, avait-il dit en prenant son ton dégagé, si vous voulez me faire travailler pour gagner sûrement de l'argent avec moi, je ne serai pas votre homme. Renonçons donc aux affaires ; je vois que nous ne pourrions pas nous entendre. Nous n'en serons pas moins bons amis, au contraire.

Mais c'était là un mot peu sincère; s'il riait des lèvres, au fond du cœur il était assez vivement dépité.

Aussi ne se gêna-t-il pas pour dire partout et tout haut que son cousin n'était qu'un ladre et un esbroufeur.

A quoi Raphaëlle répliqua que ce qui lui arrivait était bien fait. Pourquoi aussi voulait-il travailler? est-ce qu'il était bâti pour cela? Il voulait donc se ranger, devenir un bon bourgeois? Peut-être pensait-il à se marier. Ah! quelle bonne tête il aurait en père de famille, avec sa femme au bras et ses enfants marchant devant lui !

Et elle lui avait ri au nez.

Cette réponse avait été aussi, à peu de choses près, celle de son ami Coulouvret, le fameux *Fourrier* dont le juge d'instruction avait parlé au colonel.

Introuvable pour la police, le *Fourrier* n'était cependant pas impalpable, et, pour ses amis de même que pour ses employés (c'était le nom qu'il donnait à ceux qui travaillaient sous sa direction), il était visible tous les jours impairs dans une maison de la rue Montorgueil, en plein Paris.

Seulement il fallait le découvrir, et cela était assez difficile, grâce aux précautions compliquées dont il s'entourait.

C'était dans un bureau de placement, dont la directrice était à lui, qu'il recevait ses employés, et ce bureau avait son entrée rue Montorgueil ; mais le *Fourrier* ne passait jamais par cette entrée, et toutes les surveillances qui avaient été organisées avaient constaté les allées et venues de jeunes gens, de jeunes femmes, ce qui était naturel dans un bureau de placement, sans avoir jamais aperçu le *Fourrier*.

Et cependant, tandis qu'on le guettait à la porte, il était là tranquillement installé dans son salon de réception.

Bien entendu, il n'y tombait pas du ciel et son moyen n'avait rien de miraculeux ; il consistait tout simplement à entrer dans la boutique d'un marchand de vin de la rue Marie-Stuart et à sortir par une crémerie de la rue du Petit-Lion.

Lorsqu'il avait fondé son association, le *Fourrier* était parti de ce principe que si la police met la main sur une bande de voleurs, c'est le plus souvent parce que cette bande est mal organisée ou plutôt parce qu'elle n'est pas organisée du tout et qu'elle opère au hasard ; de sorte que la lutte est à peu près impossible contre un ennemi dont la force principale est l'organisation. Il avait donc voulu parer à ce désavantage, et les premières affaires qu'il avait faites avaient servi à lui constituer des fonds de premier établissement.

Tout d'abord il avait loué un appartement rue Montorgueil sous le nom d'une femme dont il était sûr, et dans cet appartement il l'avait installée comme directrice d'un bureau de placement. Ce bureau était la base de son industrie ; c'était lui qui devait fournir des renseignements de toutes sortes sur les domestiques aussi bien que sur les maîtres. Sur un écusson à fond rouge, on lisait en lettres blanches : *Maison de confiance. Mme Rouspineau. Indispensable à la bourgeoisie, au commerce, à l'enseignement, à l'industrie et à tous les corps d'état, pour le placement du personnel qui leur est utile On répond de la probité et de la moralité de chaque employé.* Qui se fût douté, en lisant cette belle enseigne, que dans la pièce la plus reculée de ce bureau se tenait un des plus dangereux bandits de Paris ?

C'était quelque chose d'avoir un salon pour recevoir ses complices et combiner tranquillement avec eux les bons coups à faire, tandis que tant d'autres n'ont que l'abri d'une carrière ou d'un pont. Mais ce n'était pas tout.

Il fallait arriver à ce salon par une autre porte que celle qui servait aux complices, car du jour où la police pourrait constater que le *Fourrier*, dit *Grain-de-Sel*, dit la *Prestance*, avait des relations dans ce bureau, tout serait fini.

Heureusement pour lui, le quartier se prêtait parfaitement à cette combinaison : le pâté de maisons, en effet, qui se trouve rue Montorgueil, entre la rue du Petit-Lion et la rue Marie-Stuart est peu épais, de sorte que quelques maisons de la rue Marie-Stuart joignent celles de la rue du Petit-Lion ; il avait donc pu s'assurer une entrée dans l'une de ces rues et une sortie dans l'autre. Pour cela, il n'avait eu à faire que des travaux peu importants, qui étaient restés inconnus des concierges, et à placer à sa porte d'entrée, comme à sa porte de sortie, des gens à lui.

Tout cela s'était si bien exécuté qu'il n'y avait pas un de ses complices qui sût par où il arrivait dans son salon de la rue Montorgueil ni par où il en sortait.

On soupçonnait que dans une alcôve fermée se trouvait une porte secrète communiquant avec une maison voisine ; mais, comme cette alcôve ne s'était jamais ouverte devant personne, jamais on n'avait pu voir si cette porte existait ou n'existait pas. Seulement ce qui rendait son existence probable, c'était le soin avec lequel l'alcôve était fermée ; on ne met pas une serrure Fichet à une porte d'alcôve rien que pour enfermer un lit.

C'était dans ce salon que le *Fourrier* avait reçu Anatole, lorsque celui-ci avait été lui rendre compte de son échec auprès du colonel. Le *Fourrier* ayant proposé cette affaire, il était juste qu'il fût informé l'un des premiers qu'elle n'avait pas réussi.

Pour arriver auprès du *Fourrier*, à l'heure à laquelle les affidés savaient que le maître était à son cabinet d'affaires, il fallait d'abord s'adresser à Mme Rouspineau, la directrice du bureau de placement. Après avoir échangé avec elle le mot de passe, qui était renouvelé chaque fois, celle-ci entrait dans sa chambre ; puis, de sa chambre, elle passait dans le salon du maître et elle adressait à celui-là la demande du visiteur. Si le maître répondait qu'il pouvait recevoir, le visiteur était introduit ; si au contraire la réponse était négative, il était renvoyé à un autre jour.

En entrant, Anatole avait trouvé le *Fourrier* assis devant un guéridon, en train de se préparer un grog au rhum.

C'était un homme de 38 à 40 ans, de haute taille, large d'épaules, plein de force, et méritant très-justement, par sa façon de se tenir la tête haute et le buste développé, son surnom de la *Prestance*. Cette tête avait une physionomie arabe, avec un nez aquilin, des lèvres épaisses et des yeux noirs dont le regard était dur. Ses cheveux étaient coupés court, son visage était soigneusement rasé et sur ses joues s'étalait une large ligne bleuâtre, allant d'une oreille à l'autre, comme on en remarque chez les prêtres et les comédiens.

— Eh ! ma belle, dit le *Fourrier*, quand Anatole eut achevé son récit, tu n'as que ce que tu mérites ; comment, tu es assez chose pour aller avouer hautement que tu ne veux pas « opérer toi-même ? » Mais pense donc que, si ton cousin t'a proposé de te fournir des fonds pour t'acheter un établissement, c'est à condition que tu travailleras de tes propres mains.

— Ah ! zut alors.

— Bon ! ça se dit tout bas ces choses-là, mais ça ne se crie pas dans les oreilles d'un homme qui croit que le travail est moralisateur. Car tu sais qu'il veut te moraliser, ton cousin l'Américain, et voilà ce qui explique sa générosité ; il trouve que tu es gênant pour le nom qu'il porte, il a peur de quelque éclaboussure. S'il t'avait casé dans une bonne position bourgeoise, où tu aurais eu à travailler du matin au soir, il aurait été plus tranquille ; il ne faut pas lui en vouloir.

— Je ne lui en veux pas.

— Tu es bon enfant, et j'avoue qu'à ta place je prendrais la chose avec moins de philosophie.

— Que m'importe !

— Comment ! que t'importe ? Tu es le cousin d'un homme qui a plusieurs millions de revenu. Cet homme vient à Paris, il t'appelle près de lui, et il te propose... de te donner... à travailler... Et tu es content ?

— C'est de toi-même que vient l'idée de cette maison de photographie.

— C'est-à-dire que, te voyant décidé à devenir un bon bourgeois en boutique, j'ai pensé à te faire acheter cette photographie, parce qu'il pouvait être utile à mes intérêts d'avoir là quelqu'un qui me serait dévoué,— car tu m'es dévoué, n'est-ce pas, ma belle ?

— Mais...

— Je ne te demande pas de protestation ; j'ai mieux que ça entre les mains pour m'assurer ton dévouement, quand même l'idée te prendrait d'être ingrat envers ton bienfaiteur. Je dis donc que j'ai pensé à te faire acheter cette photographie ; mais, si j'avais été ton cousin, je ne me serais jamais imaginé de t'offrir... à travailler. Aussi, je te le répète, je suis épaté de ta philosophie.

— Et que ferais-tu à ma place ?

— C'est sérieusement que tu me le demandes ?

— Mais certainement.

— Tu me demandes ce que je ferais si j'étais le cousin d'un homme qui a plusieurs millions de rentes, qui n'a pas d'enfants, qui n'est pas marié, et dont par conséquent je serais l'héritier naturel. Eh bien ! je vais te le dire.

A ce mot, il pressa la boule d'une sonnerie à air ; presqu'instantanément la porte s'ouvrit, et Mme Rouspineau parut sur le seuil, où elle s'arrêta respectueusement.

— Adélaïde, dit-il, donne-nous de l'eau chaude et un verre ; puis tu nous laisseras, et, si l'on vient pour me voir, tu diras que je ne puis pas recevoir. J'ai à causer avec Anatole sérieusement, longuement, et je ne veux pas être dérangé. Qu'on attende !

Mme Rouspineau était habituée à une obéissance orientale : entendre, c'est obéir. Une minute après avoir reçu cet ordre, elle revint avec une cruche en porcelaine pleine d'eau bouillante, et, l'ayant posée sur le guéridon, elle sortit et ferma la porte.

XXXVII

— Fais ton grog, dit le *Fourrier* en poussant le cruchon d'eau chaude devant Anatole.

Puis, tandis que celui-ci mélangeait le rhum avec l'eau, il continua :

— Il est bien entendu, n'est-ce pas, que notre homme est à la tête d'une fortune considérable et qu'il n'a pas d'autre héritier que toi ?

— C'est-à-dire mon père.

— Bon ; mais comme ton père, se fera loger, un jour ou l'autre, une balle dans la poitrine sur une barricade, il ne compte pas. D'ailleurs, échapperait-il à cette balle et aux autres chances qu'il a pour ne pas demeurer longtemps de ce monde, que ta position n'en serait pas moins superbe. Quand on est le fils d'un homme qui a hérité de plusieurs millions de rente, il n'est pas difficile de trouver d'aimables capitalistes qui vous escomptent à un taux raisonnable la mort d'un père qui ne peut pas vous déshériter ; car il ne pourrait pas te déshériter, le papa Chamberlain. La loi le plus souvent est une fameuse gredine ; mais quelquefois elle a du bon.

— Ça dépend de la position qu'on occupe.

— Ce que c'est que d'être l'élève d'un philosophe, comme on trouve tout de suite le mot d'une situation ! Nous n'avons rien, la loi nous gêne ; nous avons quelque chose, elle nous sert. Voilà, c'est bien simple. Enfin, dans le cas présent, la loi est pour toi, et elle t'attribue où elle attribue à ton père — ce qui est tout un, je te l'ai démontré, — l'énorme fortune de notre Américain. Pour cela, que faut-il ? Une chose bien simple : que notre Américain passe de vie à décès. Et tu demandes ce que j'aurais fait si j'avais été à ta place ? Vrai ! tu es naïf. Enfin j'ai pitié de ton jeune âge, et je veux bien t'expliquer quelle aurait été ma conduite. Tu as laissé éteindre ton cigare, c'est flatteur pour moi : je vois que tu m'écoutes avec attention.

Et de fait, les deux coudes posés sur le guéridon, les yeux fixés sur ceux du *Fourrier*, il était si attentif, qu'il avait laissé son cigare s'éteindre entre ses lèvres à demi ouvertes.

Il prit l'allumette que le *Fourrier* lui présentait, mais son cigare ne voulut pas brûler.

— Tu n'as plus de souffle, fit le *Fourrier* en riant ; quel succès ! Je me hâte donc de continuer pour ne pas te faire languir. Je suis à ta place, c'est-à-dire Anatole Chamberlain lui-même. Mon cousin le colonel Chamberlain arrive à Paris ; il manifeste le désir de me voir, et je vais lui rendre visite. Je ne lui demande rien, parce que je suis fier ; mais j'attends qu'il me propose quelque chose, parce que je sais quels sont mes droits.

— C'est ainsi que j'ai fait.

— Il me propose d'aller en Amérique. J'accepte.

— Tu aurais accepté ?

— Parfaitement, et je te dirai tout à l'heure dans quel but ; car tu ne me supposes pas assez nigaud, je l'espère, pour croire que je me serais résigné à cet exil rien que pour être agréable à mon généreux cousin. D'ailleurs mon exil n'aurait pas été long : le temps d'aller et de revenir par le vapeur le plus rapide. Toi, tu as refusé le voyage et tu as accepté tout bonnement une position à Paris : ce qui, permets-moi de te le dire, était plus que naïf, car il était à peu près certain que ton cousin ne te proposait quelque chose que pour que tu refuses, de manière à avoir le droit de crier bien haut qu'il avait voulu tout faire pour toi, mais que tu n'avais pas accepté ; de sorte que ce n'était pas sa faute, si tu restais dans la misère, tandis que lui se pavanait dans sa splendeur.

— Il y a peut-être du vrai là-dedans.

— Sois assuré que tout est vrai. Donc voici comment les choses se sont passées, et c'est au moment où tu as l'orgueil de ne pas vouloir te contenter d'une photographie dans laquelle tu devrais travailler du matin au soir que je prends ta place. Maintenant je suis Anatole Chamberlain, et c'est comme tel que je pense et que j'agis. Tout d'abord, le refus de mon cousin m'a vexé.

— C'est ce qui est arrivé.

— Mon dépit ne dure pas longtemps, car enfin on peut se consoler de n'avoir pas à dire cinquante fois par jour : « Ne bougeons plus. » Consolé, j'envisage la situation avec calme, et je crois que mon cousin est un mauvais chien, qui veut me laisser crever de faim, tandis que lui se collera des indigestions de truffes à plein ventre. Je raisonne et, comme je suis un philosophe pratique, je reconnais que cela n'est pas juste, que mon cousin manque à tous ses devoirs envers sa famille, et qu'en conséquence, vu en outre les circonstances aggravantes qui résultent de son énorme fortune, il mérite qu'on ne garde envers lui aucune pitié. Je me serais contenté de quelques centaines de mille francs de rente ; mais, puisqu'il refuse de m'avancer une part de ce qui m'appartient par droit d'héritage, c'est l'héritage entier que je veux et plus vite que ça, car je n'ai pas le temps d'attendre. Tu suis mon raisonnement, n'est-ce pas ?

— Tu me fais peur.

— Nous avons donc nos nerfs ? Tu bois ton grog trop faible ; force le rhum, il te calmera.

Disant cela, il prit la bouteille de rhum et remplit le verre d'Anatole, qui était presque vide. Puis continuant :

— J'ai rendu mon jugement. Il ne s'agit plus que de le faire exécuter ; car je ne peux me charger moi-même de cette exécution, non par lâcheté, ma main ne tremblerait pas, mais par prudence, parce que, si je faisais la chose moi-même, je serais immédiatement *pincé*, et ce n'est pas quand on va jouir d'une fortune dont l'idée seule donne le vertige qu'on s'expose à se faire envoyer à la *butte*.

A ce mot d'argot, qui signifie la guillotine, Anatole eut un frisson ; mais le *Fourrier* parut ne pas s'en apercevoir et continua :

— Heureusement j'ai, — je suis Anatole Chamberlain, — j'ai des amis, et parmi eux un solide matin qui n'a pas froid aux yeux et qui a plusieurs tours dans son sac : c'est le *Fourrier*. Je me décide à aller le trouver, certain d'avance que de notre entrevue, il ne pourra rien résulter que de bon pour moi. C'est un homme de ressources, et de plus il a l'esprit assez ouvert pour comprendre à demi-mot, sans vous obliger à mettre les points sur les *i*, ce qui est quelquefois gênant. Est-ce là ce que tu penses du *Fourrier* ?

— Oui, murmura Anatole.

— Tu arrives donc ici. Maintenant ne nous embrouillons pas : je suis toi et tu es moi.

Il se leva, et se dirigeant vers la porte, il

joua son entrée, marchant comme Anatole en tournant légèrement sur les talons.

— Eh bien! mon vieux *Fourrier*, dit-il d'une voix grêle, je viens te faire mes adieux.
— Comment! tu pars, ma belle? fit-il en reprenant sa voix naturelle. — Oui, je m'en vais en Amérique. — En Amérique? toi! — J'ai réfléchi et j'accepte aujourd'hui la proposition de mon cousin le colonel. — Mais tu l'as repoussée autrefois. — Je te dis que j'ai réfléchi. Tu sais que, si par hasard mon cousin venait à mourir, par accident ou autrement, je serais son héritier. — Mais ton cousin est plein de force. — Sans doute, mais un malheur est si vite arrivé. Suppose un moment qu'au lieu de mourir de sa maladie ou par un accident, mon cousin est tué? comment; je n'en sais rien, mais enfin tu conviendras avec moi que cela peut arriver. — Certainement il y a tant de brigands à Paris. — Ah! ce ne sont pas les brigands que je redoute le plus, ce sont des amis à moi ou à toi. — Comment? à moi!

Il s'interrompit, et, quittant le ton du dialogue de théâtre qu'il avait adopté, il prit celui de la conversation naturelle.

— Nous ne nous embrouillons pas, n'est-ce pas? Toi, c'est moi; c'est-à-dire que tu me racontes que tu as peur de tes amis et des miens, et que je te demande pourquoi. Là-dessus tu continues : « C'est que dans mes amis comme dans les tiens, il peut s'en trouver un qui, l'esprit affolé par cette idée que, si mon cousin venait à mourir, je serais son héritier, s'en aille planter son couteau entre les deux épaules du colonel Chamberlain, le soir, au coin d'une rue déserte ou ailleurs. Alors qu'est-ce que ferait la justice? Sa première idée serait assurément de chercher à qui ce crime profite, et elle trouverait sans peine que c'est à mon père et à moi. Mon père, elle la laisserait probablement tranquille, parce qu'en dehors de la politique, il n'a que de bons antécédents. Mais moi, c'est différent. J'ai eu l'ennui d'être compromis dernièrement dans le vol Amenzaga, et je ne m'en suis tiré qu'avec peine; de plus, il ne serait pas difficile de découvrir que j'ai été en relations avec celui qui a fait le coup. Alors mon affaire serait tout à fait mauvaise. Voilà pourquoi je pars. C'est par prudence. Si, pendant mon absence, ce coup de couteau était donné entre les deux épaules du colonel, il serait impossible de prouver que j'ai poussé la main qui tenait ce couteau, et, si malgré tout on venait à m'accuser, ma défense serait commode : mon bras n'a pas douze cents lieues de long. Ai-je écrit? montrez mes lettres. Il faudrait bien m'acquitter et m'envoyer en possession de l'héritage. Adieu donc, mon vieux *Fourrier*. » Et là-dessus, je m'en irais sans en dire davantage, bien certain que mes paroles ne seraient pas perdues. — Tu m'as demandé ce que je ferais, si j'étais à ta place; je viens de l'expliquer en peu de mots. Maintenant à ta santé!

Et, d'une main ferme, il tendit son verre plein à Anatole, mais la main de celui-ci était si agitée qu'elle jeta quelques lampées de rhum sur le guéridon.

Durant quelques minutes, ils se regardèrent les yeux dans les yeux ; mais, autant le regard du *Fourrier* était assuré et provoquant, autant celui d'Anatole était troublé et fuyant. Il avait posé son verre sur le guéridon, et il se tenait les épaules hautes, les bras serrés au devant de la poitrine.

Cependant il fit effort pour réagir contre l'impression qui le dominait et il grimaça un sourire.

— Sais-tu pourquoi je ne viendrais pas te trouver, comme tu l'as imaginé? dit-il.
— Je m'en doute.
— Non, tu ne t'en doutes pas, et je vais te le dire : c'est parce que si, par impossible, ce que tu as prévu dans tes combinaisons se réalisait, tu me ferais si bien chanter, que de mes mains l'héritage passerait, morceau par morceau, entre les tiennes.

Le *Fourrier* éclata de rire :

— Tu te crois bien malin, s'écria-t-il, en me disant cela. Tu me prends donc pour un imbécile? Ainsi tu te figures qu'en paraissant raisonner, calculer, faire le fort, je ne devinerai pas ta frayeur. Tiens, tu ne seras jamais qu'une femmelette, incapable d'envisager une situation d'un œil ferme et de prendre une résolution d'homme. C'est le couteau qui te fait peur. Tu aurais dû te mettre dans la pharmacie ; la poudre à succession serait ton affaire. Tu as peur que je te fasse chanter. Mais est-ce que j'aurais aux mains d'autres armes que celles que j'ai maintenant?
— Celles que tu as suffisent bien.
— En ai-je abusé? T'ai-je tourmenté? Je t'ai demandé des services que tu pouvais me rendre, c'est vrai; mais il me semble que cela était juste. En tous cas, ça ne t'a pas coûté très-cher.
— Il s'en est fallu de peu.
— C'est pour ta prison que tu dis ça. Que veux-tu? il n'y a pas de plaisir sans peine. Compte ce qu'ont rapporté tes quelques jours de prison, et tu verras qu'à ce prix-là l'affaire était bonne ; si Strafford n'avait pas passé la Manche avec le magot, elle eût été assez belle pour se croiser les bras. Mais pour revenir à ta peur du chantage, je dis que tu n'es qu'un nigaud ; sans doute, si tu ne voulais rien donner à ceux qui t'auraient procuré l'héritage, on pourrait te faire chanter, et rien ne serait plus juste. Mais tu ne serais pas assez bête pour ça. Est-ce que ça te gêne-

rait de prendre deux ou trois millions dans le tas, pour récompenser un ami? Tu ne t'en apercevrais seulement pas; tandis que l'ami, lui, aurait sa fortune faite, et pourrait vivre désormais en bon bourgeois, marguillier et conseiller municipal. Quant à toi, avec une fortune pareille, que ne serais-tu pas? — le roi de Paris. Dis donc, roi de Paris, ça ne t'éblouit pas?

Il se leva et s'inclinant jusqu'à terre:

— Je dépose mes hommages aux pieds de Votre Majesté.

Puis se redressant:

— Mais restons-en là pour aujourd'hui. Tu réfléchiras. Pour le moment, j'ai des affaires. Au revoir.

Comme Anatole se dirigeait vers la porte pour sortir, d'un signe il le rappela.

— Tu sais, dit-il, que si tu te décides à partir pour l'Amérique, tu n'as pas besoin de venir me faire tes adieux et me jouer la petite comédie que je viens de représenter pour toi. Tu ne m'auras rien dit, rien demandé; tu seras parti, voilà tout. Qu'il arrive quelque chose ou qu'il n'arrive rien en ton absence, — car enfin il peut très-bien ne rien arriver, — ça ne te regarde pas, et tu peux t'en laver les mains, non-seulement dans le présent, mais encore dans l'avenir, non-seulement devant le monde, mais encore devant toi-même.

XXXVIII

Tandis que le *Fourrier* et Anatole s'occupaient du colonel, celui-ci, de son côté, pensait à « son cher cousin » et cherchait à reprendre l'affaire de la photographie au point où les exigences d'Anatole l'avaient rompue.

Sur le premier moment, il avait été blessé du sans-gêne du « cher cousin » et de son insolence; mais il s'était dit bien vite qu'il ne fallait pas se montrer trop susceptible avec un pareil personnage, et que pour Antoine comme pour Thérèse, il valait mieux mettre toute question de dignité de côté.

Il avait donc été trouver le photographe et il avait arrangé les choses de telle sorte qu'Anatole serait seul maître de l'affaire, du jour où il prendrait la maison, son prédécesseur ne devant rester près de lui pendant un an qu'en qualité de premier employé.

Puis, cela disposé ainsi, le colonel avait écrit chez Raphaëlle au « cher cousin » de venir le trouver.

Mais le « cher cousin » ne s'était pas pressé de répondre à cette lettre, et c'était au bout de quelques jours seulement qu'il avait daigné se rendre au Grand-Hôtel un matin.

Alors le colonel lui avait expliqué les arrangements pris par lui avec le photographe.

Pendant qu'il parlait, Anatole se tenait, les yeux fixés sur le tapis, dans une attitude contrainte.

— Cela ne vous convient pas? demanda le colonel; il me semble cependant que cette combinaison est pour vous très-avantageuse, et je vous promets que vous ne trouverez pas en moi un commanditaire gênant. A vrai dire, vous serez seul maître, et, si je reste en apparence votre commanditaire, c'est pour vous obliger à garder cette maison, sans qu'il vous soit possible de la vendre par un coup de tête, un jour d'ennui ou autrement.

— C'est précisément cette défiance qui est blessante.

Le colonel eut un mouvement d'impatience, mais il se continт.

— Me refusez-vous? demanda-t-il après un moment d'attente.

— Sans doute, je vous suis très-reconnaissant; seulement...

— Ah! il y a un seulement.

— Seulement j'hésite, parce que je voudrais éviter entre nous toutes causes de froissement; je me connais, je n'ai pas le caractère facile, et, si je sens que j'ai au-dessus de moi un surveillant auquel je devrai des comptes, cela suffira pour que je ne veuille pas lui en rendre. Que voulez-vous? on n'est pas parfait.

— Mais si le surveillant, comme vous l'appelez, ne demande rien?

— C'est égal, il sera là.

— Faut-il que je disparaisse et retourne en Amérique?

Anatole hésita un moment; il était pâle, et, de temps en temps, il se mordait fortement les lèvres comme pour revenir à lui.

Le colonel, qui l'observait, était vivement surpris de cette émotion. Que se passait-il donc en lui? Il semblait qu'il était sous le poids d'une oppression étouffante.

Enfin il leva la tête.

— Vous parliez de l'Amérique, dit-il d'une voix rauque.

— Sans doute; je vous demandais si, pour vous sentir libre, il fallait qu'il y eût l'Atlantique entre nous.

— Précisément, c'est cela même; je pensais qu'il fallait mettre la mer entre nous.

— Alors, dit le colonel en riant, pour que vous acceptiez cette affaire, il faut que je reprenne le paquebot tout de suite. Convenez, mon cher cousin, que la proposition est bizarre, au premier abord, et qu'il faut un certain temps pour l'envisager sans rire.

— Je vous assure que je n'ai pas envie de rire.

— Il est vrai que vous n'avez pas l'apparence gaie.

— C'est que la résolution que j'ai à prendre est terrible... je veux dire lourde pour moi ; il s'agit non pas que vous alliez en Amérique, mais que... j'y aille moi-même.

— Vous acceptez ma première proposition ? s'écria le colonel.

— C'est-à-dire que je balance.

— Mon cher cousin, je veux être franc j'avais certaines préventions contre vous, je l'avoue loyalement.

— Ah !

— Oui, je le confesse, vous m'inspiriez des craintes ; mais ce que vous venez de m'annoncer me ramène à vous. Cela est bien. Vous reconnaissez que vous avez eu tort, vous revenez sur une mauvaise inspiration. Allons, tout n'est pas perdu.

— Vous aviez donc bien mauvaise opinion de moi ? demanda Anatole d'un ton rogue.

— C'est-à-dire que vous m'aviez inquiété ; mais je vois que je me trompais, je vous fais amende honorable.

Et, pour la première fois, le colonel tendit la main à son cousin. Mais celui-ci, qui d'ordinaire était prodigue de démonstrations de ce genre, n'avança pas la sienne ; au contraire, il la recula brusquement en baissant la tête.

— Vous refusez ma main ? dit le colonel.

— Non, mais...

— Mais vous vous éloignez de moi, comme si je vous faisais peur ou horreur.

— Ce n'est pas cela ; mais, en acceptant la main que vous me tendez, je vous tromperais.

Le colonel leva les deux bras au ciel avec le geste d'un homme qui ne comprend rien à ce qu'il voit.

— Je ne suis pas décidé, pas du tout décidé, continua Anatole d'une voix saccadée ; je crois même que je ne partirai pas. Je ne peux donc pas accepter vos compliments. Je ne suis pas ce que vous pensez ; non, je ne le suis pas.

Et il se cacha la tête entre ses deux mains.

— Ah ! s'écria-t-il tout à coup, c'est atroce ; non, je ne partirai pas.

Le colonel crut comprendre enfin la cause de ce trouble et de ces hésitations.

— Il aime Raphaëlle, se dit-il, et il ne peut pas prendre la résolution de l'abandonner.

Et il lui sut bon gré de ce sentiment. Il ne l'avait pas cru capable d'amour. Il s'était trompé. Décidément le « pâle voyou » valait mieux qu'il ne l'avait jugé. Tout n'était pas pourri en lui. Loin de Paris et des compagnons qui sans doute l'avaient entraîné, il pouvait redevenir un homme. Il fallait donc qu'il partît. Maintenant il n'était plus question seulement de l'expédier au delà des mers pour s'en débarrasser ; il s'agissait de le sauver. Ce voyage serait le salut, l'âge viendrait, et avec lui la raison, la dignité, la conscience.

Pendant que le colonel suivait ce raisonnement, Anatole s'était levé ; mais il restait hésitant, évidemment partagé entre deux influences aussi fortes l'une que l'autre.

— Il faut faire acte d'autorité, se dit le colonel, ou bien il ne partira pas.

Alors, se levant à son tour, il se plaça devant la porte.

— Mon cher cousin, dit-il d'un ton enjoué, il faut que vous me donniez aujourd'hui une marque de déférence. Je suis votre aîné, j'ai une certaine expérience de la vie. Je vous demande donc de vous en rapporter à moi et de vous laisser guider. Voulez-vous prendre cet engagement ?

— Mais...

— Pas de mais. Oui ou non, voulez-vous me promettre de m'obéir jusqu'à demain ? Nous sommes aujourd'hui samedi, je vous demande une obéissance passive jusqu'à ce soir ; je vous fixerai l'heure dans quelques instants en descendant avec vous. Croyez que c'est dans votre intérêt, et que de votre engagement résultera un grand bien, pour vous d'abord et pour tous ceux qui vous tiennent de près. Voyons, mon cher cousin, ayez confiance en moi, et prouvez-moi que vous me jugez un homme de bon conseil.

Puis comme il ne répondait pas :

— Je devine ce qui vous retient à Paris et vous empêche de partir, continua le colonel, et je sens que si vous restez livré à vos hésitations vous n'aurez jamais la force de partir. Je ne vous blâme pas, bien au contraire.

— Ah !

— A mes yeux, une passion sincère est toujours respectable. Elle vous aime, vous l'aimez, vous ne pouvez vous arracher à votre amour ; je comprends cela. Cependant il faudra bien que cet amour se termine un jour ou l'autre par une séparation. Eh bien ! laissez-moi prendre le rôle du chirurgien qui tranchera d'une main prompte les liens qui vous retiennent. En ces sortes d'affaires, ce qu'il y a de plus douloureux, c'est l'indécision. Vous vous confiez à moi et voici ce que nous faisons. Ce soir, part du Havre un vapeur pour New-York. Nous prenons le chemin de fer immédiatement, je vous conduis au Havre et vous installe dans votre cabine.

— Vous voulez, vous ?

— Mais certainement. Ne prenez pas souci de moi ; je sais ce que c'est que l'irrésolution. Que je vous conduise seulement à la gare, et vous pouvez très-bien, arrivé au Havre, prendre le premier train qui vienne à Paris, au lieu de prendre le bateau qui part pour New-York. Je serai près de vous et ne vous quitterai que lorsque le capitaine montera sur la passerelle; vous n'aurez pas le temps de débarquer, et quand vous arriverez à New-York, les dix jours de traversée auront calmé la fièvre de la séparation. Vous serez plus raisonnable. D'ailleurs vous aurez à vous occuper, et d'une façon qui, je l'espère, ne vous sera pas désagréable; là-dessus vous pouvez vous en rapporter à moi. Allons, en route!

Anatole était dans un véritable état d'angoisse, la sueur perlait sur son front pâle.

— Non, dit-il enfin, c'est impossible, je ne partirai pas.

— Je vous emmène de force, je vous emporte.

— Si vous saviez...

— Je ne veux rien savoir.

Puis sonnant:

— Horace, dit-il au valet de chambre, qui parut aussitôt, prépare mon sac de voyage, mon nécessaire de toilette, du linge pour quinze jours, un pardessus, une couverture; dépêche-toi vite.

Alors se tournant vers Anatole :

— Vous aurez ainsi ce qui vous sera indispensable pour la traversée. A New-York, vous monterez votre garde-robe à neuf.

Anatole voulut encore résister, mais le colonel lui ferma la bouche.

— Laissez-moi écrire une lettre qui vous recommandera à mon représentant, dit-il, je n'ai que quelques minutes. Si vous voulez écrire vous-même un mot, mettez-vous là.

Anatole resta un moment indécis, puis, s'asseyant, il écrivit une lettre ne contenant que deux mots: « Je pars. » Elle était adressée à Mme Rouspineau, rue Montorgueil, à Paris.

Une heure après, ils étaient installés dans l'express du Havre : le colonel dans un coin, Anatole en face de lui.

Mais bientôt celui-ci changea de place, et comme ils n'étaient que trois voyageurs dans leur compartiment, il alla prendre le coin opposé à celui du colonel et sur la même ligne, de sorte que leurs regards ne se rencontrèrent plus.

Le voyage se fit silencieusement. Anatole était sombre et paraissait accablé. De temps en temps, il se mettait une main devant les yeux, comme si la lumière lui eût fait mal.

— Pauvre garçon, se disait le colonel, comme il souffre !

Et il respecta cette douleur. A Rouen seulement, pendant l'arrêt, il lui adressa la parole. Ce fut pour lui demander son portrait... pour Thérèse. Précisément Anatole avait dans son carnet plusieurs portraits-cartes ; il en remit un au colonel.

On arriva au Havre. Ils n'avaient que juste le temps de se faire porter en voiture au quai des transatlantiques. La vapeur s'échappait des cheminées du *Péreire* avec un bruit rauque.

Ils montèrent à bord.

Le colonel voulut l'installer lui-même dans sa cabine, et là il lui glissa dans la main un rouleau d'or.

Puis ils remontèrent sur le pont : l'heure du départ était arrivée,— de la séparation, des adieux !

— Allons ! pas d'émotion, dit le colonel; pas de regrets, mon cher cousin. Au revoir ! au revoir !

— Adieu, colonel.

Il n'avança pas la main; le colonel la lui prit presque de force : elle était glacée.

On pressait le colonel de débarquer.

Anatole l'arrêta.

— Vous l'aurez voulu, dit-il d'une voix étouffée.

— Oui, à moi la responsabilité, c'est entendu. Au revoir.

Bientôt les amarres tombèrent dans l'eau calme du bassin.

XXXIX

Le colonel accompagna le *Péreire* jusqu'au bout de la jetée ; puis, quand le vapeur, sortant enfin du chenal, entra dans la pleine mer en accélérant sa marche, il s'appuya le dos contre la muraille du phare, et resta les yeux attachés sur cette grande masse noire, qui s'éloignait majestueusement, insensible au mouvement des vagues.

Qu'adviendrait-il de ce garçon ?

D'autres, plus profondément plongés que lui dans le mal, avaient été sauvés par le travail.

Et, pendant que le navire, laissant derrière lui un sillage blanc, s'enfonçait dans l'horizon empourpré par les feux obliques du soleil couchant, le colonel suivit cette pensée :

S'il était le fils d'Antoine, le vrai frère de Thérèse, il devait y avoir en lui un fonds d'honneur et de droiture. Il n'avait que vingt-deux ans. Un jour, dans quelques années, il reviendrait sans doute en France, digne de son père, digne de sa sœur.

C'était une épreuve qui, jusqu'à un certain point, s'étendait à elle, aussi bien qu'à lui : ils devaient s'expliquer l'un par l'autre.

Qu'allait-elle dire de ce départ ?

Le vapeur, suivant sa route, n'était plus qu'un point sombre qui se détachait sur le ciel rouge. Bientôt sa coque s'abaissa au delà de la courbure extrême de l'horizon, et l'on ne vit plus que ses mâts qui semblaient flotter sur la mer.

Alors le colonel quitta la jetée et rentra en ville. A dix heures, il reprit le chemin de fer;

à quatre heures du matin, il était à Paris ; à midi, il frappait à la porte de l'atelier d'Antoine.

Ce fut Thérèse qui vint lui ouvrir.

— Ah! mon cousin, dit-elle joyeusement, quel bonheur! Vous venez passer la journée avec nous? Père, c'est mon cousin Edouard.

Et elle le fit entrer dans la cuisine, où Antoine était encore à table vis-à-vis Sorieul, qui, s'étant trouvé en retard, commençait seulement son déjeuner.

— J'avais comme un pressentiment, dit Sorieul, que vous viendriez nous demander à déjeuner ; soyez le bienvenu, mon cher Edouard.

Et Sorieul; enchanté d'avoir un convive qui lui permettrait de manger lentement et de parler longuement, voulut faire place au colonel.

Par malheur, son pressentiment le trompait : le colonel avait déjeuné.

— J'arrive du Havre, dit celui-ci.

— Ah! mon Dieu! murmura Thérèse.

Antoine ne parla pas ; mais le colonel, qui l'observait, le vit pâlir. Comme Thérèse, il avait compris ce qu'annonçaient ces simples mots.

Pour Sorieul, ne devinant rien, il se récria sur l'imprévu de cette nouvelle.

— Vraiment, dit-il, il n'y a que les Américains pour se décider ainsi. Je regrette que vous ne m'ayez pas prévenu, j'aurais eu plaisir à vous accompagner. Croiriez-vous que je n'ai jamais vu la mer. Cela est pourtant. Grand spectacle qui parle à l'âme.

Mais le colonel n'était pas en disposition de prêter une oreille complaisante à ces propos creux.

— Je n'étais pas seul, dit-il.

— Anatole! s'écria Thérèse.

— Je l'ai embarqué hier soir, à bord du *Péreire*, pour New-York.

— Ah! mon cousin! murmura Thérèse.

Antoine continua de garder le silence, mais une pâleur mortelle décolora son visage énergique.

— Anatole parti pour l'Amérique! s'écria Sorieul, parti sans être venu nous faire ses adieux! Voilà véritablement ce qui me surpasse; et permettez-moi de vous dire, mon cher Edouard, que vous, homme de cœur et d'éducation, vous n'auriez pas dû tolérer un pareil manquement à toutes les convenances; je dirai plus. à tous les devoirs. Je suis surpris, je suis peiné d'apprendre qu'Anatole a oublié qu'il avait un père, une sœur, un oncle qui l'avait élevé et qui lui avait donné des leçons dont il ne s'est pas souvenu.

Disant cela, Sorieul se versa un plein verre de vin, qu'il vida, comme s'il voulait refouler l'émotion qui lui montait à la gorge.

— N'accusez pas trop Anatole, répliqua le colonel; il fût sans doute venu vous faire ses adieux, si je lui en avais laissé le temps.

— C'est vous qui l'en avez empêché! s'écria Sorieul.

— Je ne l'ai pas empêché. Seulement, quand il m'a parlé de son départ, je l'ai trouvé si irrésolu que j'ai cru que je devais brusquer ce départ, bien certain qu'il n'y avait que ce moyen pour l'assurer. Livré à lui-même, Anatole serait resté à Paris.

— Eh bien ? s'écria Thérèse.

— Eh bien! ma chère cousine, je puis vous affirmer que cela eût été mauvais pour lui ; d'ailleurs, en agissant comme je l'ai fait, je crois m'être conformé aux intentions de mon oncle.

Sans répondre, Antoine confirma ces paroles par un signe de tête affirmatif.

— Anatole à Paris était entouré de mauvais amis qui l'ont éloigné de cette maison. Il n'y avait qu'un moyen de le soustraire à leur influence pernicieuse : je l'ai employé. Si le médecin, pour le sauver, vous avait dit qu'il fallait lui couper un membre, vous n'auriez pas hésité, n'est-ce pas ? J'ai été ce médecin.

Les yeux de Thérèse s'étaient emplis de larmes qu'elle s'efforçait de retenir.

— Soyez persuadée, ma chère cousine, continua le colonel, que ceux qui vont en Amérique ne sont pas perdus. Mon père en est un exemple pour vous frappant, il me semble. Et cependant qui l'attendait, lorsqu'il a mis le pied sur la terre américaine ? Personne. Il n'avait pour tout capital que ses bras et son intelligence. Ce n'est pas là le cas de votre frère, qui va trouver mon représentant pour le recevoir. Il ne sera donc pas seul. A Paris, je ne pouvais rien ou presque rien pour lui; à New-York, à Philadelphie, à Chicago, je peux tout ce qu'il voudra. Il n'aura qu'à étendre la main, s'il veut faire fortune.

— Mon neveu, je vous remercie, dit Antoine d'une voix frémissante ; vous avez été un frère pour lui.

— Le fait est, dit Sorieul, qui abandonnait souvent ses idées pour prendre celles des autres, qu'il défendait alors avec plus d'énergie que les siennes, le fait est que ce voyage peut lui être salutaire. Le spectacle des grandes scènes de la nature a toujours été bon pour une âme souffrante. Quant à moi, qui ai toujours vécu dans la fournaise parisienne, je suis sûr que j'éprouverais un grand bien à me trouver au milieu des solitudes du *Far-West* ou à descendre le cours du Meschacébé.

Il en était resté à ce nom poétique du Mississipi ; mais le colonel, qui souriait souvent lorsque Sorieul lui faisait connaître l'Amérique, n'avait pas en ce moment l'esprit disposé à la raillerie : il interrompit assez brusquement cette dissertation.

— Si votre frère n'est pas venu vous faire ses adieux, dit-il en s'adressant à Thérèse, au moins il a pensé à vous et sa dernière pensée au moment du départ a été pour...

Il hésita un moment, ne sachant comment il devait parler à ce père qui se tenait là devant lui, morne et accablé ; mais presqu'aussitôt il continua :

— Sa dernière pensée a été pour sa famille.

— Bien cela, bien, très-bien ! dit Sorieul.

— Et voici ce qu'il m'a remis pour vous, continua le colonel en tendant à Thérèse le portrait qu'il avait demandé à Anatole.

Elle étendit la main ; mais ses larmes, longtemps contenues, s'échappèrent irrésistiblement.

Alors Sorieul, avançant le bras, prit le portrait et le regarda.

— Il a encore embelli, dit-il, depuis que je ne l'ai vu. Ah ! le beau garçon, le beau garçon ! Voyez donc.

Et il tendit le portrait à Antoine ; mais celui-ci, après un moment d'hésitation, détourna la tête.

— C'est pour Thérèse, dit-il.

Il se fit un silence pénible pour tous, même pour Sorieul, qui claquait de la langue en se frottant lentement les mains de l'air d'un homme qui voudrait parler, mais qui ne trouve rien à dire.

— Sévérité trop grande, dit-il enfin, et par là mauvaise pour celui qui se l'impose contrairement aux lois de la nature. L'enfant, en partant, a montré qu'il était capable de s'améliorer et qu'il le voulait.

Antoine secoua la tête d'un geste désespéré.

— Enfin il est parti, s'écria Sorieul.

— Qui sait pourquoi? répliqua tristement Antoine. Attendons son retour pour nous réjouir de son départ.

Pendant que ces paroles s'échangeaient lentement entre les deux beaux-frères, Thérèse avait pris le portrait des mains de son oncle et elle était sortie.

Bientôt elle rentra, tenant d'une main le portrait, qu'elle avait placé dans un petit passe-partout, et de l'autre un marteau et des clous.

Contre la cloison en planches qui séparait la cuisine de l'atelier, était accroché son portrait, fait du temps où elle n'était encore qu'une petite fille : cheveux courts frisant sur les épaules, physionomie enfantine.

Elle s'approcha de la cloison et, décrochant son portrait, elle le remplaça par celui de son frère ; puis, cela fait, elle enfonça un clou à une petite distance sur la même ligne, de telle sorte que les deux portraits se faisaient vis-à-vis.

— Je m'ennuyais toute seule, dit-elle ; comme cela nous nous regarderons.

Mais ce n'était pas seulement le vis-à-vis qu'elle avait cherché dans cet arrangement : les portraits étaient placés de telle façon, qu'Antoine, lorsqu'il était assis à la table, ne pouvait pas lever les yeux sans les trouver devant lui.

Comme elle passait près de son père pour reporter le marteau dans l'atelier, il la prit dans son bras et, l'attirant contre lui, il l'embrassa longuement.

Il ne dit pas un seul mot, mais cette étreinte et ce baiser valaient les plus éloquentes paroles.

Le colonel suivit Thérèse dans l'atelier.

— Ma chère petite cousine, dit-il en lui prenant la main, vous êtes de la brave cœur ; vous avez trouvé le seul moyen d'adoucir le chagrin de votre pauvre père, sans le blesser. C'est bien, très-bien.

Elle le regarda, surprise de ce compliment, mais encore plus troublée de l'émotion qu'il y avait dans la voix de son cousin.

— Je vais emmener père au *Moulin flottant*, dit-elle ; voulez-vous venir passer la journée avec nous?

Il hésita un moment.

— Depuis un mois, les fleurs ont poussé ; je suis sûre que les berges de la rivière ne sont qu'un bouquet. Nous retrouverons peut-être notre martin-pêcheur.

— Et peut-être aussi les étoiles sur la rivière.

Elle rougit et détourna ses yeux, troublée.

Puis, se mettant à sourire :

— Et, peut-être les étoiles aussi, dit-elle.

Comme il restait sans répondre :

— Eh bien ! dit-elle.

Il avait eu le temps de réagir contre l'émotion qui venait de le surprendre, et dont la vivacité justement lui prouvait combien il était peu maître de lui. Qu'adviendrait-il de cette promenade?

— Je regrette de ne pouvoir pas vous accompagner, dit-il enfin, mais ma journée est prise.

— Ah ! comme c'est mal à vous.

— Je ne savais pas que vous iriez au *Moulin flottant*, et de plus je ne savais pas que ce voyage au Havre m'amènerait aujourd'hui chez vous.

— C'est juste, dit-elle ; pardonnez-moi, je n'avais pensé qu'à mon père... et à moi.

Ils rentrèrent dans la cuisine, et bientôt Antoine et Thérèse furent prêts à partir.

Le colonel les conduisit jusqu'à la gare de la Bastille.

— Ne venez-vous pas avec nous, mon neveu? demanda Antoine, lorsqu'il voulut les quitter.

— La journée de mon cousin est prise, dit Thérèse.

Une fois encore, il eut un mouvement d'hésitation et ses lèvres s'ouvrirent pour dire qu'il partait avec eux; mais il regarda Thérèse, et elle lui parut si charmante qu'il eut peur de lui et garda le silence.

Ils se séparèrent et il resta seul sur le trottoir; il était de si méchante humeur qu'il repoussa rudement un homme qui l'avait coudoyé.

Alors, faisant signe à un cocher, il monta en voiture. Il y avait courses au bois de Boulogne, il était certain de rencontrer Mme de Lucillière.

XL

C'était pour la marquise de Lucillière que le colonel se rendait aux courses; mais, tant que dura le trajet, et il est long, de la place de la Bastille à l'hippodrome de Longchamps, ce fut à Thérèse qu'il pensa, ce fut Thérèse qu'il eut devant les yeux.

Comme elle avait délicatement compris les secrets sentiments de son père.

Comme elle avait gentiment enfoncé son clou dans la cloison.

A cette pensée, il se prit à sourire.

Décidément il fallait qu'il fût bien sensible aux charmes de Thérèse, pour avoir trouvé des séductions nouvelles dans une opération aussi vulgaire que celle qui consiste à cogner sur un clou à coups de marteau.

Et cela précisément le confirma dans sa résolution de voir la marquise.

Une promenade avec Thérèse, sur les bords de la Marne, eût été, dans les dispositions qu'il constatait en lui, tout à fait dangereuse. S'il avait imposé silence à ses lèvres, aurait-il pu faire taire ses yeux.

Il trouva la marquise devant les tribunes, assise sur deux chaises, entourée de son cercle de fidèles.

Elle ne lui fit pas son accueil souriant; mais, du bout de la main, elle lui envoya un bonjour rapide.

Cependant il persista à l'aborder, et il fallut bien que ceux qui l'entouraient écartassent un peu leur chaise.

Alors elle lui serra la main du bout des doigts négligemment.

— On ne vous a pas vu hier, dit-elle d'un ton de reproche.

Le colonel comprit les causes de cette froideur. Il avait promis à la marquise de passer la soirée chez elle, mais son voyage au Havre l'avait naturellement empêché de tenir son engagement. De là ce dépit chez une femme qui n'était point habituée à attendre.

— J'étais au Havre, dit-il, où j'avais été appelé par une affaire urgente; je suis rentré à Paris ce matin seulement.

— Alors vous devez être fatigué, dit-elle en lui montrant par un sourire qu'elle acceptait cette excuse du voyage au Havre.

Puis, s'adressant à un jeune homme qui se tenait près d'elle, un genou posé sur une chaise, les reins cambrés, suçant sans dire un mot la pomme de sa canne, qu'il semblait vouloir avaler :

— Mon cher Calixte, dit-elle, allez donc voir, je vous prie, ce qu'on fait contre *Trocadero*.

Puis, quand le « cher Calixte » se fut éloigné, heureux de cette mission de confiance, elle donna la chaise qu'il occupait au colonel.

Sans doute c'était une grande faveur que d'être admis dans le cercle intime de cette femme à la mode, sur laquelle tout Paris avait les yeux, et ce nouveau venu accueilli comme un ami de dix ans ou comme un amant du lendemain faisait bien des envieux. Mais le colonel, insensible à ce sentiment de vanité, eût préféré le tête-à-tête à ces honneurs publics qui le gênaient bien plus qu'ils ne le servaient.

Il ne savait pas parler à demi-mot de manière à n'être compris que de celle à laquelle il voulait s'adresser, et cette position l'exposait à garder un silence ridicule.

Heureusement elle lui vint en aide.

— Combien je regrette, dit-elle en se penchant à son oreille de manière à n'être entendue que de lui seul, que vous ne soyez pas venu hier soir. Nous allons partir après les courses avec Mlle Lazarus et Mlle Carmelita pour Chalençon, où nous resterons trois ou quatre jours; vous auriez pu nous accompagner.

Comme il la regardait, se demandant ce que c'était que Chalençon, elle comprit cette interrogation muette.

— Chalençon, dit-elle à haute voix, est une terre sur les confins de la forêt de Marly.

— C'est à Chalençon que se trouve le haras du marquis, dit le prince Seratoff.

Mais le « cher Calixte » vint annoncer la cote de *Trocadero*, et la marquise ne fut plus occupée qu'à faire des chiffres sur son livre de paris.

Son crayon d'or courait sur le papier avec une rapidité que lui eût enviée un *bookmaker* ou un agent de change.

— Prenez-moi *Jeune-Première* pour deux cents louis, dit-elle à Calixte, et donnez *Trocadero* pour cent.

— *Jeune-Première* vous appartient? demanda le colonel, croyant que la marquise pariait pour un des chevaux de son mari.

Mais à cette question chacun répondit par un sourire moqueur, la marquise exceptée, qui, elle, partit d'un franc éclat de rire.

— Mon cher colonel, dit-elle, je ne parie

jamais pour l'écurie du marquis, attendu que si je connais ses chevaux, je ne sais jamais ce qu'il en veut faire.

Ce mot dit légèrement jetait sur les habitudes du marquis une lumière assez vive pour que le colonel ne poussât pas ses questions plus loin. Sans être très au courant des choses du sport, il les connaissait assez cependant pour savoir qu'il est de règle stricte qu'un propriétaire ne doit faire courir ses chevaux que pour gagner, et la réponse de Mme de Lucillière venait de lui apprendre que cette règle n'était pas celle du marquis.

La marquise était de nouveau plongée dans ses calculs; quand elle les eut terminés, elle prit le bras du colonel.

— Allons voir les chevaux, dit-elle.

Et, sans se soucier de sa cour, elle s'éloigna, s'appuyant doucement sur le bras qu'elle avait choisi.

Pendant quelques secondes, il marcha près d'elle sans parler, car il voulait s'engager entièrement, et une assez vive émotion le serrait à la gorge.

Mais il était colonel de cavalerie et il avait vingt-huit ans : en avant !

— Combien je vous suis reconnaissant de m'avoir accordé cette promenade, car j'ai mille choses à vous dire.

— Ah ! vraiment ?

— Et il est si difficile de vous entretenir.

— Cependant je vous assure que je suis toute disposée à vous entendre; n'est-ce pas moi qui vous ai proposé d'être votre confidente ? Pourquoi n'êtes-vous pas venu hier ?

— Je ne pouvais pas retarder ce voyage au Havre, je vous assure.

— Nous aurions été plus libres.

Et de fait, au milieu de la foule qui encombrait l'enceinte du pesage, il était assez difficile d'avoir un entretien intime. A chaque instant, la marquise se penchait à droite et à gauche, distribuant des inclinaisons de tête en réponse aux saluts qu'on lui adressait, tandis que le colonel marchait près d'elle, la tête haute, les épaules effacées, le chapeau immobile.

Ils avançaient lentement, et, avant de pouvoir risquer une parole, il fallait regarder devant, derrière, autour d'eux, qui pouvait les entendre.

Au milieu de cette foule, la marquise paraissait pleinement à son aise, tandis que pour lui il se sentait gêné et embarrassé.

— Nous allons donc parler d'amour ? dit-elle en se haussant vers son oreille ; voyons.

Mais à ce moment ils passaient devant la rotonde où s'assemble le *ring*, et les vociférations des parieurs rendaient toute conversation impossible, à moins de crier à pleine voix.

Le colonel eût voulu marcher plus vite pour échapper à ces cris qui venaient l'interrompre si mal à propos ; mais les gens qui se pressaient là et barraient le passage n'étaient pas disposés à se déranger pour une femme, quelle qu'elle fût : le *book* à la main, ils couraient de l'un à l'autre, criant la cote, sans prendre souci de ceux qu'ils bousculaient.

Comme ils sortaient enfin de cette cohue, la marquise s'arrêta.

— Voulez-vous me donner un moment ? dit-elle.

Et elle fit un signe à l'un des parieurs, qui, se détachant du groupe, vint vivement vers eux.

— Combien *Trocadero* ? dit-elle.

— Trois contre un.

— Cent louis contre *Trocadero*.

Et, abandonnant le bras du colonel, elle inscrivit ce pari sur son carnet, tandis que le *bookmaker* en faisait autant sur le sien.

— Combien *Jeune-Première* ?

— Quatre contre un.

— Cent louis pour *Jeune-Première*.

Et sans même porter la main à son chapeau, le *bookmaker* s'éloigna en courant pour aller se perdre dans le *ring*.

La marquise prit le bras du colonel, mais ce n'était pas le moment de reprendre l'entretien interrompu, car penchée en avant, tenant son crayon de la main droite et son carnet de la main gauche, elle recommençait de nouveaux calculs.

— Vous aimez donc bien les chevaux ? demanda-t-il lorsqu'elle eut fermé son carnet.

— Il faut que je gagne mille louis aujourd'hui, dit-elle en riant.

La foule était moins compacte, ils allaient pouvoir s'entretenir sans craindre les oreilles curieuses.

Devant eux, on promenait sur le gazon les chevaux qui allaient courir, et des sportsmen les regardaient défiler d'un air recueilli en faisant à haute voix des observations techniques.

Un de ces sportsmen s'approcha de la marquise.

— Avez-vous vu *Jeune-Première* ? demanda-t-il.

— Non.

— Elle est bien nerveuse. Couvrez-vous, c'est un conseil que je vous donne.

Et il retourna admirer la promenade circulaire des chevaux, dont plusieurs déjà étaient sellés.

— Voulez-vous que nous retournions au *ring* ? dit la marquise, s'adressant au colonel.

Ils retournèrent au *ring*, où les vociférations avaient augmenté d'intensité.

La marquise eût voulu pénétrer dans cette cohue, mais cela n'était pas possible pour une femme, à moins de faire d'avance le sacrifice de sa traîne. Comme ils restaient à une certaine distance en attendant, le colonel sentit les doigts de la marquise se crisper nerveusement sur son bras d'une façon qui prouvait qu'elle était impatiente et inquiète.

Enfin le *bookmaker* parut et vint vers sa cliente, toujours courant.

Alors s'engagea entre lui et la marquise une conversation rapide, à laquelle le colonel ne comprit pas grand'chose, si ce n'est que Mme de Lucillière avait fait plusieurs paris sur d'autres chevaux.

— Maintenant, dit-elle après avoir régularisé les écritures de son carnet, je suis plus tranquille. Voyons, causons. Vous disiez donc...

Mais les jockeys étaient déjà en selle et les chevaux passaient devant eux pour se rendre sur la piste.

— Voici *Trocadéro*, dit-elle, montrant un cheval dont le jockey portait les couleurs, les bleues et rouges, célèbres sur le turf; puis voici *Jeune-Première*. N'est-ce pas que la pouliche est jolie? Du courage, la belle!

La course allait commencer ; le colonel comprit que la marquise devait désirer la voir. Ils revinrent devant les tribunes, portés par la foule qui les enveloppait.

— Trouvez-moi une chaise, dit-elle ; nous resterons ensemble.

Il eut la bonne chance d'en apercevoir une et il put l'apporter à la marquise, qui la plaça contre la grille en fer qui sépare la piste de l'enceinte du péage.

Pendant ce temps, les chevaux étaient partis. Vivement la marquise monta sur sa chaise pour suivre la course, s'appuyant d'une main sur l'épaule du colonel,

Pour lui, il ne voyait rien ; mais, aux crispations de la main de la marquise, il devinait les péripéties de la course.

Tout à coup, dans le silence qui s'était établi, on entendit le galop précipité des chevaux qui arrivaient; la terre trembla, une clameur s'éleva au-dessus de la foule.

— *Trocadero ! Trocadero !*

La marquise descendit de sa chaise, et, prenant le bras du colonel :

— Je perds mille louis ! dit-elle. Maintenant, mon cher colonel, causons. Qu'avez-vous donc à me dire ? Je vous écoute.

Mais il n'avait plus rien à dire : le moment n'était pas heureux.

Ce fut ce qu'il expliqua en quelques mots, tandis que la foule s'amassait pour faire une ovation au vainqueur.

— Ah ! vous croyez? répliqua la marquise. Je vous assure pourtant que je n'ai jamais été mieux disposée à vous entendre ; mais comme vous voudrez. Au reste, si rien ne presse, remettons la chose à demain. Voici ce que vous ferez : vous prendrez le train de Saint-Germain et vous viendrez passer deux ou trois jours avec nous à Chalençon. Voulez-vous ?

Il la regarda.

— A Chalençon, on est plus libre qu'ici, dit-elle en riant.

— Alors à demain : j'accepte avec plaisir.

— Vous n'aurez qu'à prendre une voiture à la gare de Saint-Germain : tous les cochers connaissent Chalençon.

— A demain alors.

XLI

Le lendemain matin, après avoir donné l'ordre à Horace de partir dans la journée pour Chalençon, en emportant les bagages nécessaires à un séjour de quarante-huit heures chez la marquise, le colonel prit le train de Saint-Germain.

Il voulait profiter de cette excursion pour visiter le vieux château et déjeuner sur la célèbre terrasse, au pavillon d'Henri IV; pourvu qu'il arrivât à Chalençon une heure avant le dîner, c'était bien assez.

Délicieuse assurément la marquise, mais pas au point de lui enlever la liberté de l'esprit, et c'était là précisément ce qui le séduisait ; à l'avance il était à peu près certain de ne pas se laisser entraîner trop loin. L'influence qu'elle exerçait sur lui n'était pas telle qu'il dût s'absorber entièrement en elle, et devenir insensible à tout autre plaisir qu'à celui de penser à elle ou de la voir.

Les choses s'arrangèrent ainsi qu'il les avait disposées.

Et ce fut seulement vers deux heures qu'il se mit en route pour Chalençon ; mais, au lieu de prendre une voiture, comme la marquise le lui avait recommandé, il voulut faire le chemin à pied. Des indications qui lui avaient été données et qui confirmaient celles de sa carte, il résultait que c'était une distance de dix à douze kilomètres à parcourir, et pour lui c'était un agrément plutôt qu'une fatigue.

Il y avait longtemps qu'il n'avait marché, cette route à travers la campagne d'abord, puis ensuite à travers la forêt de Marly, par une belle journée, serait un vrai plaisir.

Il partit donc gaiement.

Le temps était clair, le soleil doux ; il faisait une de ces journées de printemps où l'on se sent heureux de vivre. L'air qu'on respire, la senteur des herbes et des feuilles nouvelles, le chant joyeux des oiseaux, la clarté du ciel, tout se réunit pour donner au corps l'énergie vitale et à l'esprit l'allégresse.

Pourquoi n'aurait-il pas été pleinement heureux ?

Il avait la santé,
Il avait la fortune.
L'heure présente lui donnait toutes les satisfactions qu'il pouvait désirer.
L'avenir lui souriait.
Dans le passé, aucun souvenir pénible qui l'empêchât de remonter avec plaisir le chemin qu'il avait parcouru.

Et il allait gaillardement, la tête haute, s'arrêtant de temps en temps pour ne pas se laisser entraîner.

Qu'avait-il besoin de forcer le pas?

Alors il prenait plaisir à regarder autour de lui : à ses pieds, les champs bien cultivés en vignes et en jardins ; puis au delà, par-dessus le cours de la Seine, le bois du Vésinet et tous les villages semés dans la plaine légèrement accidentée, jusqu'à la silhouette confuse des hauts monuments de Paris : l'Arc de Triomphe, le dôme des Invalides.

Et, quand sur son chemin se trouvait un château, il restait à l'examiner curieusement.

Peut-être l'achèterait-il un jour, car il était bien probable, si ses espérances se réalisaient, qu'il se fixerait en France.

C'était la patrie de son père, ce serait la sienne ; il n'avait pas un parent en Amérique.

Comme il s'arrêtait devant la grille d'un parc, il aperçut à une certaine distance, sur la route qu'il venait de parcourir, un homme qui, lui aussi, s'arrêtait ou tout au moins ralentissait sa marche.

Assurément il n'y avait là rien que de bien naturel, et il n'eût pas remarqué un fait aussi insignifiant, si la tournure de cet homme ne lui avait pas rappelé un individu à allure bizarre qui avait déjeuné, en même temps que lui, à l'autre bout de la galerie du pavillon Henri IV.

Sans doute ce personnage étrange, qui n'était ni un monsieur ni un ouvrier, mais un être hybride assez difficile à définir, avait bien le droit de manger au même restaurant que lui, de même que maintenant il avait bien le droit aussi de suivre la même route.

Mais ce qui était assez inexplicable, c'était que venant sur cette route, il ne l'eût pas dépassé.

On peut se suivre longtemps en gardant la même distance, mais pour cela il faut que les deux marcheurs aillent d'un pas régulier.

Or ce n'était pas là le cas du colonel, qui, depuis qu'il avait quitté Saint-Germain, avait marché d'une façon tout à fait fantaisiste, tantôt vite, tantôt doucement, en véritable papillon.

Comment se pouvait-il qu'un autre eût obéi aux mêmes caprices?

Cela n'était ni raisonnable ni explicable.

Ou plutôt une seule explication se présentait à l'esprit.

C'était que cette marche n'était point l'effet d'un caprice, cet homme le suivait.

Le colonel voulut voir si cette idée qui semblait logique se confirmerait par un fait.

Il s'assit sur une borne, en face la grille du parc qu'il examinait.

Non-seulement l'homme n'avança pas sur la route, mais tout à coup il devint invisible.

Pendant un moment de distraction de la part du colonel, il avait disparu.

Où était-il passé?

Était-il retourné en arrière? Mais, dans ce cas, on le verrait suivre la route en sens contraire.

Avait-il pris un chemin de traverse à droite ou à gauche? Mais le colonel était certain qu'il n'y avait pas de chemin de traverse débouchant sur la route à cet endroit.

Il fallait donc que cet homme se fût jeté dans le fossé ou dans un champ pour s'y cacher.

Alors son espionnage était prouvé.

Mais le colonel n'était pas homme à s'inquiéter longtemps pour si peu.

On verrait bien.

Et il continua sa route.

C'était à une courte distance du village de Fourqueux qu'il s'était arrêté ; il traversa ce village et, au bout d'une longue rue, il trouva l'une des portes de la forêt de Marly.

Il demanda son chemin à une paysanne qui ravaudait des bas, assise sur le seuil de sa maison ; elle lui dit qu'il avait à marcher tout droit pendant une heure à peu près, et qu'il trouverait alors à la sortie de la forêt un écriteau qui le guiderait.

Il entra dans la forêt.

Mais, après avoir marché durant quelques minutes, il se retourna.

L'homme le suivait toujours, gardant la même distance.

Décidément le doute n'était pas possible, c'était bien un espion.

Mais pourquoi, diable! l'espionnait-on? Dans quel but? au profit de qui?

Ce furent les questions qu'il se posa et qu'il examina les unes après les autres en continuant d'avancer.

Une seule hypothèse raisonnable se présenta à son esprit.

Un des fidèles de la marquise, piqué de jalousie, avait attaché cet espion à sa personne, afin de savoir au juste où il allait et ce qu'il faisait.

Et cette idée amena un sourire sur ses lèvres. Sans fatuité aucune : cela l'amusait.

D'un autre côté, cela prouvait aussi que les attentions de la marquise pour lui avaient été significatives, et cette confirmation, par un rival, de son propre sentiment, ne pouvait pas vraiment le fâcher.

Mais quel était ce rival qui recourait à de pareils moyens ?

Assurément c'était le duc de Mestosa ; ce ne pouvait être que ce petit avorton bilieux et rageur.

Pendant un certain temps, ces recherches occupèrent son esprit ; mais, quand il fut arrivé à cette conclusion, il commença à se dire qu'il était véritablement désagréable d'avoir cet estafier sur les talons.

Cela lui gâtait sa promenade.

A quoi bon avoir entrepris cette route à pied, s'il sentait derrière lui un escogriffe qui ne l'abandonnait pas plus que son ombre, s'arrêtant quand il s'arrêtait, marchant quand il marchait.

A la longue, cette idée avait quelque chose d'exaspérant chez un homme qui d'ordinaire était peu patient.

Et sa contrariété était d'autant plus vive, qu'il s'imaginait que s'il avait été seul, il aurait pris un plaisir extrême à traverser cette forêt.

Jamais bois au printemps n'avaient eu tant de grâce, jamais oiseaux n'avaient si bien sifflé, jamais frondaison nouvelle n'avait exhalé tant de bonnes senteurs.

Et personne sur cette route pour le troubler, si derrière lui il n'avait pas senti la présence de cet espion obstiné, dont il percevait les pas, sans même les entendre.

Il accéléra sa marche, puis il la ralentit.

Mais il eut beau faire, la même distance resta toujours entre eux.

Enfin, n'y tenant plus, il s'arrêta brusquement au milieu de la route et se retourna.

Son mouvement avait été si vif que l'homme, surpris, s'arrêta un moment ; mais bientôt il continua d'avancer lentement.

C'était là-dessus que le colonel comptait ; il ne voulait pas courir après cet homme, mais il voulait l'interpeller au passage et lui demander ce que signifiait cette étrange poursuite.

L'homme, voyant qu'on l'attendait de pied ferme, eut un moment d'hésitation, et le colonel eut peur qu'il lui échappât. Vivement il regarda autour de lui : la route courait droit sous bois sans que personne se montrât d'un côté ou de l'autre ; on n'entendait d'autre bruit que celui de la brise dans le feuillage et çà et là le cri d'un geai ou d'une pie.

Mais la crainte du colonel n'était pas fondée : l'homme continuait d'avancer avec une démarche rampante, ramassé sur lui-même, les mains dans les poches, n'ayant de vivacité que dans la tête, qu'il haussait pour voir au loin devant lui ou qu'il tournait brusquement pour regarder derrière.

A mesure qu'il approchait, le colonel pouvait le mieux examiner.

Il était vêtu d'un paletot court, boutonné, et coiffé d'un chapeau de feutre mou qui lui cachait une moitié du visage ; quant à l'autre, elle disparaissait sous une épaisse barbe noire. En tout, l'apparence d'un homme que bien des gens n'auraient pas aimé à rencontrer seul au coin d'un bois.

C'était là précisément le cas du colonel, avec cette circonstance aggravante que ce n'était point au coin d'un bois qu'il faisait cette rencontre, mais en pleine forêt, loin de toute habitation et de tout secours.

Mais il était soldat et il n'avait jamais éprouvé le sentiment de la peur.

L'homme avançait toujours, rasant la terre avec sa démarche de loup.

Encore vingt pas et il allait rejoindre le colonel.

Alors celui-ci étendit le bras en avant, et d'une voix de commandement :

— Halte ! dit-il.

A ce geste, l'homme baissa la tête, comme s'il avait peur de recevoir une balle ; mais, voyant que le colonel n'avait rien dans la main, ni revolver ni canne, il la releva aussitôt avec un geste d'assurance et de défi.

— Eh bien ! qu'est-ce que c'est ? dit-il, et pourquoi me barrez-vous le chemin, vous ?

— Et vous, l'homme, pourquoi me suivez-vous ?

— Je ne vous suis pas, je marche ; la route n'est donc pas à tout le monde ?

— Pas de discussion ; écoutez ce que j'ai à vous dire. Vous préviendrez celui qui vous paye que je vous ai promis de vous casser les reins, si jamais je vous retrouvais derrière moi. Maintenant passez votre chemin et ne vous retournez pas, ou sinon gare à vous.

L'homme fit un geste comme pour s'élancer sur le colonel ; mais, brusquement s'arrêtant, il parut se résigner à obéir à l'ordre qui venait de lui être intimé.

Il s'avança donc lentement, comme pour passer son chemin ; mais, arrivé près du colonel, il sortit vivement ses mains de ses poches, la droite étant armée d'un long coutelas à manche de bois.

D'un bond il s'élança sur le colonel, le bras levé, et, avant que celui-ci eût pu penser à repousser cette rapide agression, le coutelas le frappa à l'épaule.

Le coup fut si violent que le colonel chancela.

XLII

Le colonel avait failli tomber ; mais, se redressant aussitôt, il s'élança à son tour sur l'assassin avant que celui-ci eût pu frapper un second coup.

Comme le coutelas allait s'abaisser de nouveau, ce fut le bras qui tenait ce coutelas que le colonel saisit à deux mains de manière à le maintenir levé.

Heureusement pour lui, le colonel était vigoureux et il s'était toujours maintenu en condition par l'usage journalier de l'escrime et des autres exercices du corps.

Mais la situation n'était pas égale : tandis que le colonel n'avait que sa force et son adresse pour se défendre, le brigand qui l'avait traîtreusement assailli avait à la main une arme terrible, bonne pour l'attaque comme pour la défense.

De plus, le colonel était blessé et il sentait son sang couler le long de sa poitrine.

Quelle était la gravité de cette blessure ?

Toute la question, question de vie ou de mort, était là.

Lui laisserait-elle la force nécessaire pour lutter ? Pendant la guerre, il avait reçu un formidable coup de baïonnette et, sur le moment même, il s'en était à peine aperçu; seulement après quelques minutes il était tombé de cheval, évanoui. Le coup de couteau valait-il le coup de baïonnette, et la même défaillance allait-elle se produire ?

Dans ce cas, il était un homme mort, et son ennemi le tuait tout à son aise, lorsqu'il serait tombé.

Ces idées traversèrent son esprit avec la rapidité de l'éclair.

Mais, loin de l'abattre, elles lui donnèrent la résolution de lutter jusqu'au bout, tant qu'il pourrait. Il était de ceux qui ne se découragent jamais et qui ne s'abandonnent pas, croyant qu'en tout et partout le salut est à ceux qui se défendent et veulent quand même se sauver.

Il fallait donc lutter.

Comme l'assassin, lui aussi, avait eu son moment de surprise en se voyant le bras serré avec une vigueur extraordinaire par celui qu'il croyait avoir frappé à mort, le colonel profita de cette surprise pour le pousser fortement et le faire tourner à demi sur lui-même.

Alors, abaissant fortement le bras armé du couteau et desserrant une de ses mains, il saisit le brigand à bras-le-corps par derrière et l'étreignit contre lui.

— Tonnerre, s'écria l'homme, tu vas me le payer.

Et il voulut se dégager de cette étreinte; mais, bien qu'il fût, lui aussi, vigoureux, il put à peine remuer.

Il était pris comme dans un étau, et malgré ses secousses il ne put pas se débarrasser.

— Si tu remues ainsi, dit le colonel, tu vas te piquer.

Cette raillerie exaspéra l'assassin :

— C'est moi qui vais te piquer, je te vais saigner comme un veau.

Et, faisant un nouvel effort, il dégagea un de ses bras et serra le colonel par-dessus le cou.

Mais celui-ci pendant ce temps était parvenu à joindre ses deux mains par dessus celle qui tenait le coutelas.

Encore un effort, et il le saisissait par le manche.

Sans doute son adversaire devina sa manœuvre, car ouvrant la main il laissa glisser le coutelas sur la route.

— Tu ne me saigneras pas, dit le colonel.

— Tout à l'heure.

— Maintenant à nous deux.

Et changeant de tactique le colonel ne chercha plus qu'à renverser son ennemi sous lui, mais en l'entraînant assez loin pour qu'en tombant il ne trouvât pas le couteau à portée de sa main.

Pendant quelques secondes, ils se tinrent enlacés; se serrant, se pressant, s'arc-boutant l'un contre l'autre, comme deux lutteurs dans l'arène.

Mais à la fin l'adresse l'emporta : ils roulèrent tous deux à terre : l'assassin était dessous, le colonel était dessus.

Qu'il pût le maintenir un moment ainsi, et il y avait chance pour qu'un secours lui arrivât.

Quelqu'un passerait bien sur cette route sans doute.

Il leva les yeux rapidement, mais il ne vit rien; quant à écouter, c'était impossible, car tous deux ahanaient en soufflant fortement.

L'homme, ayant touché la terre, voulait se relever; mais le colonel, appuyé sur lui, le tenait bien malgré ses coups de reins.

— Si tu bouges, dit-il, je te casse la tête à coups de poing.

— Je n'ai pas besoin de bouger, c'est toi qui vas me lâcher tout à l'heure.

— Compte là-dessus.

— Tu est saigné, mon bonhomme; tu pâlis déjà.

Le colonel, dans l'emportement de la lutte, avait oublié sa blessure; ce mot lui rappela tout le danger de sa position.

La défaillance, et ses mains s'ouvraient d'elles-mêmes.

Pendant combien de temps allait-il pouvoir maintenir son adversaire sous lui ?

Il fallait encore changer de méthode.

Brusquement il lança dans les yeux de son ennemi trois ou quatre coups de poing, rudement assénés par des mains habituées à la boxe; puis, se relevant, avant que celui-ci fût revenu de son attaque, il s'élança d'un bond sur le coutelas.

La situation s'était retournée : c'était lui maintenant qui avait le coutelas à la main.

L'assassin, un moment étourdi, s'était relevé, et, n'ayant pas vu le colonel ramasser le couteau, tant cela s'était fait rapidement, il s'avançait les poings fermés.

Sans reculer, le colonel lui présenta la pointe du coutelas.

— Eh bien! qui va saigner l'autre, hein?

A cette vue, l'homme sauta de trois ou quatre pas en arrière.

— Tonnerre! s'écria-t-il, c'est donc contre le diable qu'on m'a envoyé?

— Et qui t'a envoyé? Si tu me le dis, je te laisse aller.

— Pour me faire prendre demain?

— Non-seulement je ne te ferai pas prendre, mais je te donnerai 1,000 francs.

— Ça se dit ces choses là.

— Et ça se fait.

— Quand on a peur, oui ; mais quand on est sauvé.

— Je te les donne tout de suite.

— Ah! tu as 1,000 francs sur toi?

Le colonel crut qu'il avait touché la corde sensible de ce bandit, mais tout à coup celui-ci partit d'un éclat de rire.

— Eh bien! je vas te les prendre tes 1,000 francs, dit-il ; tu n'auras pas le chagrin de de me les donner.

— Viens les chercher.

— Tout à l'heure; ça ne presse pas.

Le colonel comprit ce que ce mot signifiait.

Le brigand attendait que la blessure eût produit son effet, et que le coutelas tombât tout seul de la main qui le tenait.

Sa pâleur en augmentant avait sans doute trahi son état de faiblesse, qui allait rapidement s'accroissant. Les efforts de la lutte l'avaient épuisé, le sang l'inondait et coulait jusqu'à terre, le cœur lui manquait et sa vue se brouillait.

Personne ne viendrait donc à son secours.

C'était l'heure cependant où Horace devait passer sur cette route, en voiture, pour se rendre à Chalençon.

Mais il eut beau regarder, il ne vit pas de voiture paraître sur cette route déserte; il eut beau écouter, il n'entendit pas d'autre bruit que le chant des oiseaux et la respiration haletante de son ennemi.

Encore quelques minutes, quelques secondes peut-être, et c'en était fait : ce misérable pourrait l'achever tout à son aise.

Cette idée lui rendit un peu de force:

Alors il ferma les yeux à demi et parut chanceler.

— Ah! ah! dit le brigand, ça saigne! ça saigne!

Le colonel trébucha.

— Ça va bien.

Le colonel tomba sur un genou.

— A la fin, ça y est! s'écria l'assassin avec un juron de triomphe.

Et il s'élança pour saisir le couteau, qui semblait prêt à tomber de la main inerte du blessé.

Mais alors le colonel serra les doigts ; puis, ayant ramené son bras contre lui, il le lança fortement en avant, et, par un coup terrible donné de bas en haut, il plongea le coutelas tout entier dans le ventre de son adversaire.

L'impulsion avait été si violente, qu'elle l'entraîna et qu'il tomba tout de son long sur la route.

Mais en même temps l'assassin tombait aussi, et son corps s'affaissait sur le bras du colonel.

Le colonel avait perdu connaissance. Combien de temps resta-t-il privé de sentiment? C'est ce qu'il lui fut impossible d'apprécier lorsqu'il revint à lui.

Il était extrêmement faible ; il ressentait à l'épaule et à la poitrine une terrible douleur ; son bras, toujours pris sous le corps du brigand, était paralysé.

Instinctivement il voulut le dégager, mais il ne put y parvenir.

Comment se défendre?

Mais, heureusement pour lui, il ne s'agissait plus de se défendre ; car, si son adversaire n'était pas mort, il était en tout cas incapable de remuer; il restait étendu sur la route, la face dans la poussière, inerte, sans mouvement.

A ce moment, le colonel crut entendre un bruit de roues et le trot d'un cheval.

Il écouta. Il ne se trompait pas : une voiture arrivait du côté de Saint-Germain.

Elle approchait.

Il leva un peu la tête.

C'était Horace.

— A moi! dit-il faiblement.

Mais cet appel était inutile : la voiture s'était arrêtée devant ces deux corps qui barraient la route, et Horace avait sauté à terre.

En entendant la voix de son maître il poussa une exclamation plaintive ; mais, sans se perdre dans des gémissements superflus, il courut à lui.

— Blessé, blessé?

— A la poitrine ; enlève ce corps qui m'écrase.

Le cocher était descendu de son siège, il aida Horace à soulever le corps de l'assassin.

— Mort! dit le cocher, en voilà de l'ouvrage.

Mais Horace ne s'arrêta pas à cette constatation ; agenouillé près de son maître, il avait fendu les vêtements de celui-ci avec un couteau et il cherchait la blessure.

Elle n'était que trop facile à trouver : elle commençait au haut de l'épaule et descendait jusqu'à la dernière côte. Par bonheur, un portefeuille avait empêché la pointe du coutelas d'atteindre le cœur, et la lame avait seulement fait une longue entaille sur la poitrine.

Horace avait pansé plus d'une blessure sur les champs de bataille; en quelques minutes, il eut posé un bandage fait avec des chemises et des serviettes sur la poitrine de son maître.

Puis, aidé du cocher, il avait placé le colonel à demi allongé dans la voiture, et l'on s'était mis en route pour le château de Chalençon, qui n'était qu'à une assez courte distance.

Quand la voiture arriva devant le château, tout le monde, la marquise, Ida, Carmelita, et tous les invités étaient sur le perron, car on avait vu que cette voiture apportait un blessé.

— Mon colonel, dit Horace, arrêté et blessé dans la forêt.

Vivement la marquise s'avança.

— Vous, colonel ! s'écria-t-elle.

Mais il ne répondit pas.

— Vite ! s'écria la marquise, qu'on le porte dans la chambre bleue, près de la mienne.

DEUXIÈME PARTIE.

LA MARQUISE DE LUCILLIÈRE.

I

Un assassinat en plein jour, à quelques lieues de Paris, au beau milieu d'une grande route, sur laquelle ordinairement la circulation est active, est un fait assez intéressant en lui-même pour provoquer la curiosité publique.

Mais, lorsqu'autour de ce fait se groupe une série de circonstances caractéristiques, — lorsque celui qu'on a tenté d'assassiner est un homme dont tout Paris s'occupe; — lorsqu'au lieu d'être mort sous le coup de couteau qui l'a frappé, ce qui simplifie toujours les choses, il n'a été que grièvement blessé, ce qui laisse place aux complications de l'inconnu et de l'incertain, en même temps qu'aux manifestations de la sympathie ; — lorsque cet assassinat a été accompagné d'une longue lutte dramatique, que chacun, pendant les premiers jours, peut raconter à sa manière en arrangeant ses péripéties suivant les caprices de son imagination, — alors cette curiosité peut se changer facilement en une véritable fièvre, si les journaux, n'ayant pas d'autre actualité sous la main, s'entendent pour l'éperonner d'heure en heure.

C'était ce qui s'était produit à propos de la tentative d'assassinat dont le colonel Chamberlain avait été victime dans la forêt de Marly.

Le lendemain, tout Paris ne parlait que de cet assassinat et ne s'occupait que du colonel.

Au théâtre, dans les salons, dans les cercles, on n'entendait que le nom de Chamberlain.

Sur les boulevards, à l'éternelle question « Eh bien ! quoi de neuf ? » la réponse était toujours la même :

— Vous savez que le colonel Chamberlain a été assassiné ?

— Ce colonel américain qui possède les plus riches sources de pétrole de la Pensylvanie ?

— Lui-même.

— Celui qui, le jour de son arrivée à Paris, a perdu quatre ou cinq cent mille francs dans une soirée chez une cocotte ?

— Chez Raphaëlle ; lesquels cinq cent mille francs n'ont pas profité à son adversaire, car ils ont été volés à celui-ci dans la nuit même où ils avaient été gagnés.

— Est-ce qu'on gagne cinq cent mille francs en une soirée ?

— Volés, si vous aimez mieux.

— Alors ce colonel Chamberlain était décidément voué aux aventures, et il a dû trouver qu'un voyage en France n'était pas aussi agréable qu'il se l'était imaginé. Savez-vous que ce n'est pas encourageant pour les étrangers ?

— Eh bien ! tant mieux, ils resteront chez eux. Est-ce que vous ne commencez pas à trouver que Paris est inhabitable avec tous ces étrangers qui s'abattent chez nous ? Moi j'en ai assez. Je vais m'en aller en Suisse ou en Allemagne, j'y trouverai peut-être des Français.

— Je connais quelqu'un qui doit être bien désolé de cet assassinat.

— Qui donc ?

— Le baron Lazarus, parbleu ! Vous savez qu'il était en train d'arranger un mariage entre sa fille, la blonde Ida, et le colonel; les millions de celui-ci avaient allumé son appétit allemand.

— Allons donc ! je sais de façon positive que le colonel devait épouser la nièce du prince Mazzazoli.

— Alors c'est un niais, votre colonel.

— Parce que ?

— Parce qu'on n'épouse pas une femme comme la belle Carmelita.

— Quoi qu'il en soit, les créanciers et les fournisseurs du prince Mazzazoli étaient déjà dans la joie; ils se voyaient payés dans un avenir prochain, et le couturier de la belle Carmelita, qui ne voulait plus continuer son crédit, avait promis de nouvelles toilettes. C'est là un fait qui en dit long, il me semble, et qui permet de conclure.

— Et moi, je vous affirme qu'il n'était question de mariage pour le colonel, ni avec la blonde Ida, ni avec la brune Carmelita, attendu qu'il était entre les mains de la marquise de Lucillière et que celle-ci n'aurait pas été assez simple pour rendre la liberté à un homme qui a plusieurs millions de revenu, et qui de plus est jeune et beau garçon.

— Vous savez, messieurs, que je vous admire avec tous vos mariages; c'est très-bien inventé. Malheureusement, pour l'appétit allemand du baron Lazarus et pour les créanciers du prince Mazzazoli, il n'y avait pas un mot de vrai dans toute ces histoires.

— Vous en avez une autre plus vraie?

— Assurément, le colonel devait épouser une de ses parentes, une jeune fille pauvre, et c'est pour ce mariage qu'il était venu en France. Je le tiens de Pompéran, et vous conviendrez que celui-là doit être bien informé; il était lié depuis plusieurs années avec le colonel et il avait été son prisonnier dans la guerre d'Amérique. Pompéran était désolé de ce mariage, c'était même très-amusant d'entendre ses gémissements à ce sujet; il cherchait une princesse pour son ami.

— Tout cela n'empêche pas que c'est en allant chez la marquise de Lucillière, et à une courte distance du château de Chalençon, que le colonel a été frappé, n'est-ce pas?

— Eh bien! qu'est-ce que cela prouve?

— Qu'il allait chez Mme de Lucillière, et c'est quelque chose.

— Ne peut-on pas aller chez Mme de Lucillière sans être son amant?

— Je ne dis pas ça.

— Alors votre observation ne prouve absolument rien.

— Je soutiens précisément qu'elle pourrait sinon prouver, au moins indiquer quelque chose, s'il y avait certitude que le colonel était l'amant de la marquise.

— Comment cela?

— Pourquoi ne pas admettre que c'est un rival qui a voulu se débarrasser du colonel?

— Parce que nous sommes en France, et que ce n'est point une habitude française de faire assassiner ses rivaux; on ne trouverait pas assez d'assassins et il faudrait se charger soi-même de cette vilaine besogne.

— Etes-vous bien sûr que vous soyons en France? Géographiquement, oui, j'en conviens; mais moralement Paris n'est plus Paris, c'est l'auberge du monde. On y rencontra des gens de tous les pays, qui naturellement apportent avec eux leurs mœurs et leurs habitudes. Pour s'en tenir à Mme de Lucillière, voyez comment est composée sa cour présentement: d'un Anglais, lord Fergusson; d'un Russe, le prince Serratof; d'un Espagnol, le duc de Mestosa; il s'y trouve même un Turc, Serkis-Pacha, sans compter, bien entendu, ceux que j'oublie ou ne connais pas. Pourquoi le Turc ou l'Espagnol n'auraient-ils pas importé chez nous les mœurs de leur pays? Il me semble qu'en Espagne le commerce des couteaux est lucratif, et qu'en Turquie la vie d'un homme qui vous gêne n'est pas sacrée.

— C'est bien grave ce que vous dites là.

— Notez que je ne dis rien du tout, je cherche; car enfin vous conviendrez que le colonel ne s'est pas tué lui-même, parce qu'il ne pouvait payer ses différences.

— Ce n'est pas probable.

— Alors comment la chose s'est-elle passée au juste?

— Ah! voilà.

Et chacun, bien entendu, avait une réponse à cette question.

Mais cette réponse n'était jamais la même, et autant de bouches, autant de récits.

Avant même que le nom du colonel Chamberlain fût prononcé, on avait inventé une sorte de légende sur le « crime de la forêt de Marly. »

On venait de trouver dans la forêt le cadavre d'un homme qui avait été assassiné sur la grande route; le corps était chaud encore, et le couteau de boucher avec lequel il avait été tué était resté dans le ventre. On ne pouvait rien imaginer de plus horrible que cette blessure; le couteau était entré jusqu'à la moitié du manche, tant le coup avait été violent; la mort avait dû être foudroyante. On ignorait le nom de ce malheureux, ses vêtements indiquaient un ouvrier aisé, il ne portait sur lui aucun papier de nature à constater son identité, il n'avait pas été volé. On était à la recherche de l'assassin, et il y avait tout lieu de croire qu'il serait prochainement entre les mains de la justice.

Ce récit de la première heure avait été celui d'un journal qui affichait la prétention d'être toujours bien informé, et qui dramatisait la mort d'un chat lorsqu'il n'avait rien de mieux à offrir à ses lecteurs naïfs.

Malheureusement pour ce récit, un autre était venu le contredire le soir même. Le journal bien informé avait été trompé par la rapidité de son information, et le cadavre trouvé dans la forêt était celui de l'assassin même, qui avait été tué dans la lutte.

Le blessé n'était autre que le fameux colonel Chamberlain, que tout Paris connaissait ; le colonel Chamberlain qui..., etc.

Recueilli sur la grande route par son domestique, il avait été transporté au château de Chalençon, chez le marquis de Lucillière. Aux piétinements qui avaient laissé leurs traces sur la route, aux mares de sang qui avaient rougi la poussière, on avait pu comprendre combien la lutte soutenue par le colonel contre son assassin avait été longue et terrible. Ce qu'il y avait de vraiment extraordinaire, c'était que le colonel eût pu s'emparer du couteau de l'assassin et tuer celui-ci avec cette arme, car l'homme trouvé mort sur la route était très-vigoureux.

Ce nouveau récit avait singulièrement embrouillé les idées du public.

Quel était l'assassin ?

Pour les uns, c'était cet inconnu ; pour les autres, c'était le colonel lui-même.

Un nouvel article était venu rétablir la vérité des faits.

L'assassin, disait la *Gazette des tribunaux*, qui, comme on le sait, est le journal officiel du crime, était l'inconnu ; si tout d'abord on avait pu croire que cet inconnu avait été victime d'un assassinat, cela tenait à ce que son cadavre avait été ramassé dans la forêt pa des paysans, qui l'avaient transporté au village de Fourqneux. De là les erreurs d'un premier récit, qui ne s'était occupé que de ce cadavre.

Malheureusement cette rectification était obligée de s'en tenir à des à-peu-près sur les circonstances du crime ; car, pour savoir la vérité entière, il aura fallu interroger le colonel, et celui-ci était resté plusieurs heures sans pouvoir répondre aux questions qu'on lui adressait.

Au moment où, en arrivant devant le perron du château, on l'avait descendu de voiture pour le placer sur un fauteuil et le transporter dans la chambre désignée par Mme de Lucillière, il avait été pris d'une syncope avec perte complète de connaissance.

Sa tête était tombée sur son épaule, et la marquise s'avançant vivement l'avait relevée et soutenue dans ses deux mains.

Cette tête était décolorée ; les lèvres blanches étaient à demi ouvertes, tandis que les yeux restaient clos.

Etait-ce un mort ?

Etait-ce un vivant ?

C'était ce que chacun s'était demandé, sinon franchement par la parole, au moins à la dérobée par un coup d'œil.

Tous les invités de la marquise étaient venus se grouper autour de ce fauteuil, et si parmi eux s'était trouvé un curieux ayant pour tout souci d'observer ce qui se passait autour de lui, il eût pu, rien qu'en examinant les physionomies, faire des remarques significatives, qui lui en eussent dit long sur les secrets sentiments de chacun.

Assurément c'était un tableau touchant que celui qu'offrait cet homme jeune et beau, peu d'instants avant plein de force, maintenant étendu sur ce fauteuil, le corps affaissé, les vêtements déchirés et souillés de sang et de poussière, si faible qu'on pouvait croire qu'il allait mourir d'une minute à l'autre.

Cependant, parmi ceux qui s'empressaient autour de lui et qui le regardaient, il y en avait plus d'un qui ne laissait pas paraître sur son visage la plus légère marque d'inquiétude ou de compassion.

— Il me semble qu'il est mort, dit le duc de Mestosa.

— S'il ne l'est pas, il n'en vaut guère mieux, répliqua le prince Seratoff.

— A quoi bon s'empresser autour de ce cadavre ? dit lord Fergusson à mi-voix ; il serait plus pratique de ne pas perdre de temps, et de se mettre tout de suite à la recherche des assassins, qui ne doivent pas être loin.

Et, comme le marquis venait de donner l'ordre à un domestique de monter à cheval, pour aller au galop chercher le médecin, Serkis-Pacha haussa les épaules.

— Le médecin arrivera trop tard, dit-il ; ce qui est fait est fait. On ne ressuscite pas les morts, et le colonel est bien mort.

Tandis que quelques-uns des hôtes du marquis montraient ainsi combien peu ils s'intéressaient au blessé, d'autres au contraire manifestaient hautement leur trouble et leur émotion.

— Mais c'est là un événement épouvantable ! s'écriait le baron Lazarus. Comment ? à deux pas de Paris, en plein jour, on peut être assassiné ! En France, en France !

— Il faudrait lui faire prendre un cordial, dit le prince Mazzazoli, s'approchant de la marquise. Cette syncope ne doit être causée que par la perte du sang ; ce n'est, il faut le croire, qu'une défaillance.

— Mais assurément, dit le baron, un homme jeune et fort comme lui ne meurt pas ainsi.

Ida se tenait auprès de la marquise, et, sans toucher au blessé, elle le regardait avec des yeux pleins de larmes.

Quant à Carmelita, elle restait immobile sur une marche du perron, mais son visage ordinairement impassible était bouleversé.

Près d'elle, sa mère détournait la tête du côté du parc, et ses lèvres s'agitaient comme pour murmurer une prière.

Au lieu de s'empresser autour du colonel, ce qui, à vrai dire, n'était pas indispensable, un des invités interrogeait le cocher de la voiture qui avait apporté le blessé : c'était M. Le Méhauté, le juge d'instruction.

Tout d'abord, son premier mouvement avait été de s'approcher du colonel ; mais, voyant que celui-ci n'était pas en état de l'entendre et encore moins de répondre aux questions qu'il voulait lui poser, il s'était adressé au cocher.

— Que savez-vous ?
— Rien.
— Vous n'avez pas assisté au crime ?
— Je n'ai assisté à rien du tout.
— Le colonel n'était donc pas dans votre voiture ?
— Nous avons trouvé ce monsieur, couché dans son sang, sur la route.
— Il était donc parti de Saint-Germain avant vous ?
— Ça, je ne peux pas vous le dire ; pourtant il faut le croire.

Le juge d'instruction eut un mouvement d'impatience, mais il se contint.

— Voyons, dit-il. racontez-moi ce que vous savez.

— Eh bien ! voilà : J'ai pris à la gare un voyageur nègre, avec des bagages, qui m'a dit de le conduire à Chalençon, et je suis parti. En route, ce voyageur nègre, qui parle français comme vous et moi, m'a dit qu'il allait au château rejoindre son maître chez le marquis de Lucillière, où il était invité à passer quelques jours ; et puis on a parlé de choses et d'autres, tout en trottant. Voilà qu'après avoir quitté Fourqueux depuis vingt ou vingt-cinq minutes, en plein bois, quoi ! nous apercevons de loin, barrant le passage, deux corps couchés sur la route. « Voilà de rudes pochards, que je dis, et pas gênés du tout ; on voit bien que c'est lundi. Je parie que nous allons être obligés de les déranger pour passer. — On boit donc comme cela en France ? que me répond le valet de chambre nègre. — Non, que je lui réplique ; ça ne se voit jamais. » Je disais ça, vous pensez bien, pour l'honneur du pays, parce que moi je ne suis pas pour qu'on se couche sur les routes quand on a bu un coup de trop, on peut bien entrer dans les bois. Nous avancions toujours, et les corps ne bougeaient pas. « On dirait qu'il y a des taches de sang sur la route, me dit le valet de chambre nègre. » Là-dessus, je lui ris au nez, parce que je voyais bien les taches sur la poussière, mais je ne pensais pas que c'était du sang. Tout à coup, voilà un des corps qui se soulève et qui crie d'une voix faible : « A moi ! — Mon maître ! » répond le nègre avec un grand cri, et il saute à bas de la voiture avant que j'aie eu le temps d'arrêter mon cheval.

— Ainsi le colonel était couché sur la route, à côté d'un autre homme, son assassin. Et cet homme ?

— Mort, monsieur, d'un grand coup de couteau dans le ventre ; car, pendant que le nègre se jetait sur son maître, moi naturellement et ne sachant pas que cet homme était un assassin, je m'occupais de lui, et, comme il était étendu le nez dans la poussière, je le retournais avec précaution. Mais la précaution était inutile, on pouvait le secouer : roide mort. Alors je l'ai traîné sur le bord du chemin, tandis que le nègre pansait son maître, et puis, adroitement qu'on peut dire, bien doucement, comme une mère qui aurait soigné son enfant. Je ne suis pas naturellement bien douillet, pourtant ça me remuait. C'est que pour une blessure, c'en est une terrible, depuis le haut de l'épaule jusqu'au ventre, une ouverture sur la poitrine, et le sang qui coulait. Je n'aurais jamais cru qu'un homme pouvait perdre tant de sang. Quand le pansement a été fait, nous avons bien doucement soulevé le pauvre monsieur, le nègre en le prenant par les épaules, — ce qui lui a fait pousser un cri, — moi par les jambes, et nous l'avons installé dans la voiture, sans crainte de perdre les coussins, pensant bien que s'ils étaient tachés de sang, on ne ferait pas difficulté pour me les payer, comme il est juste, n'est-ce pas ?

— Mais l'assassin ?
— Laissé sur le bas côté de la route, il n'y a pas crainte qu'on le vole, n'est-ce pas ? et il n'y a pas crainte non plus qu'il s'en aille tout seul ; car, pour être mort, je vous assure qu'il est bien mort. Il s'y connaît, le colonel, aux coups de couteau.

— Et comment est cet homme ?
— Vigoureux, bien bâti ; une barbe noire comme celle du diable.
— Quel âge ?
— Dans la quarantaine.
— Son costume ?
— Celui d'un monsieur qui n'est pas un vrai monsieur : un paletot de drap ; mais le paletot était-il propre ? Je n'en sais rien, tant il était couvert de sang et de poussière.
— Sa physionomie ?
— Ah ! dame, je n'en sais rien.
— Je veux dire son air ?
— Dame ! un homme qui vous regarde avec des yeux grands ouverts, immobiles, et qui est mort, vous comprenez ça n'a pas trop bon air.
— Bien, restez là à ma disposition, on aura besoin de vous.
— Si c'était un effet de votre part de dire un mot pour les coussins.

Pendant cet interrogatoire, le colonel avait été monté au premier étage par Horace et un domestique du château, la marquise marchant derrière eux et soutenant toujours dans ses mains la tête ballante du blessé.

Le marquis de Lucillière, le baron Lazarus, le prince Mazzazoli, Ida, Carmelita, étaient aussi montés, tandis que les autres invités restaient sur le perron.

Mais, lorsqu'on était arrivé dans la chambre désignée par la marquise, Horace avait demandé qu'on le laissât seul, avec un domestique, s'occuper de son maître.

Celui-ci avait besoin de calme.

Et lui-même avait besoin de liberté : ce n'était pas devant tout ce monde qu'il pouvait déshabiller son maître et le panser.

Alors il avait vivement débarrassé le colonel de ses vêtements; puis, après l'avoir étendu sur le lit, il avait, avec des plaques d'amadou, posé un nouveau bandage sur la blessure.

Elle saignait toujours, et il fallait arrêter cet écoulement, sous peine de voir le blessé mourir au bout de son sang.

Cependant la fraîcheur du lit et quelques gouttes de rhum, qu'on lui avait versé dans la bouche, avaient fait cesser la syncope.

Il avait ouvert les yeux et regardé autour de lui vaguement, comme s'il cherchait à comprendre où il était et ce qui s'était passé.

— Vous êtes au château de Chalençon, dit Horace; ne vous inquiétez pas, tout va bien, le médecin va arriver.

En effet, le médecin ne se fit pas attendre, et, aussitôt arrivé, il procéda à un pansement moins primitif que celui employé par Horace.

La blessure en elle-même n'était pas nécessairement mortelle; ce qu'il y avait de plus grave, c'était la faiblesse, que le médecin ne s'expliquait pas bien, ignorant la lutte que le colonel avait eu à soutenir.

— Est-il en danger? demanda vivement la marquise, qui attendait le médecin à la porte de la chambre.

— Avec un homme aussi solide et aussi sain, rien n'est désespéré; mais il nous faut un repos absolu.

II

Après la marquise, la première personne que le médecin trouva sur son passage fut le juge d'instruction.

— Eh bien! docteur, puis-je voir le blessé?

— Non, monsieur.

— Il faut que je l'interroge.

— En ce moment, il faut qu'il repose.

Une discussion rapide mais vive s'engagea sur ce mot. Le médecin ne céda pas; son malade lui appartenait.

— Non-seulement je ne puis pas vous laisser le voir, mais lui-même n'entendrait pas vos questions; il est dans un état de faiblesse extrême.

— Il a perdu beaucoup de sang?

— Beaucoup plus qu'une pareille blessure n'en devait laisser échapper naturellement.

Je présume qu'il a soutenu une longue lutte contre son assassin et qu'il a dû faire des efforts énergiques.

— Vous ne l'avez pas interrogé?

— Non, et cela vous prouve que vous ne pouvez pas l'interroger vous-même.

Bien que le crime eût été commis sur une commune de l'arrondissement de Versailles, et que par conséquent M. Le Méhauté n'eût pas qualité pour procéder à une instruction régulière en dehors du ressort de son tribunal, il voulait néanmoins, en attendant ses confrères de Versailles, qu'il avait fait prévenir, commencer dès maintenant une sorte d'enquête qui pût servir de base aux recherches de la justice.

— A quoi bon? dit Serkis-Pacha en le voyant se dépiter de ne pouvoir pas interroger immédiatement le colonel.

— Comment! à quoi bon?

— Puisque l'assassin est mort, le colonel a simplifié votre travail.

— Et ses complices?

— Où voyez-vous des complices?

— Je n'en vois pas, mais il peut en exister, et c'est là précisément ce que l'instruction doit rechercher. Cet homme n'était pas très-probablement un simple voleur de grand chemin, qui, rencontrant un voyageur convenablement vêtu, a eu tout à coup l'idée de se jeter sur lui pour l'assassiner et le dévaliser.

— Pourquoi cela ne serait-il pas? est-ce qu'il n'y a pas des voleurs de grand chemin en France?

— Il y en a partout, cependant je ne crois pas à ce voleur de grand chemin. Le colonel a dû être suivi depuis Paris par un homme qui le connaissait et qui cherchait un endroit favorable pour l'attaquer; cet endroit, il l'a trouvé dans la forêt, sur cette route en ce moment déserte, et l'attaque a eu lieu. Tout d'abord elle a surpris le colonel, mais il s'est bravement défendu.

— Oh! bravement? nous n'en savons rien, il me semble.

— Utilement, si vous aimez mieux, puisqu'il a tué celui qui voulait l'assassiner.

— C'est un roman, cela.

— Peut-être, cependant il y a bien des probabilités pour que ce roman soit la vérité. Vous voyez donc qu'il est indispensable de savoir quel est cet homme, et que sa mort, loin de simplifier notre travail, comme vous le disiez, le complique : vivant, nous aurions pu l'interroger, tandis que maintenant nous ne pouvons que constater son identité. Mais, quand nous saurons qui il est, ce sera un point de départ pour arriver à découvrir ceux qui ont armé son bras.

— Pourquoi ne voulez-vous pas qu'il se soit armé tout seul?

— Je ne veux qu'une chose, chercher. C'est pour cela qu'il y avait urgence à interroger le colonel, pour voir si ses explications confirmeraient mes soupçons ; mais, puisque le médecin ne le veut pas, je vais commencer par visiter le lieu du crime. Il est possible que je connaisse l'assassin, j'ai déjà vu comparaître devant moi tant de brigands.

— Bonne chasse ! Nous dînerons sans vous, mon cher juge.

Alors, prenant la voiture qui avait apporté le colonel au château, le juge d'instruction se fit conduire dans la forêt.

M. Le Méhauté n'eut pas besoin des explications du cocher pour trouver la place où la lutte avait eu lieu : des taches de sang faisaient de larges plaques noires sur la poussière blanche, et le gazon des bas-côtés conservait les empreintes des corps qui avaient foulé l'herbe.

— Et mon mort ? s'écria le cocher ; où est mon mort ?

Le mort avait disparu.

— Où aviez-vous placé le cadavre ?

— Je l'avais traîné là, sur le gazon, pour qu'il ne fût pas écrasé par les voitures qui passeraient.

Le juge d'instruction se demanda si les complices de l'assassin n'avaient pas enlevé le cadavre, afin d'entraver les recherches de la justice ; mais un paysan venant de Fourqueux le rassura à ce sujet.

Peu de temps après que la voiture qui emportait le colonel blessé s'était éloignée, des voituriers avaient passé sur le lieu du crime, et, trouvant un cadavre dans l'herbe, ils l'avaient chargé sur leur voiture pour le porter à Fourqueux. Ignorant ce qui s'était passé, ils croyaient que le corps était celui d'une victime et non celui d'un assassin ; comme il était chaud encore, ils espéraient que dans le village on pourrait le rappeler à la vie.

Mais on ne l'avait point rappelé à la vie, et le paysan venait de le voir, mort, à la mairie de Fourqueux.

Aussitôt le juge d'instruction, remontant en voiture, partit pour Fourqueux.

L'assassin était étendu sur un lit de paille, roide, les yeux démesurément ouverts, les traits du visage contractés par une grimace horrible ; une écume rougeâtre s'était coagulée autour de ses lèvres, qui laissaient voir sa langue à moitié sortie et serrée entre les dents.

M. Le Méhauté regarda longuement cette face énergique que la mort avait convulsée.

Mais sa mémoire, qui n'oubliait pas, ne lui rappela pas qu'il eût déjà vu cet homme ; pour lui, c'était un inconnu. Seulement, avec la pratique d'un juge d'instruction qui connaît les criminels, il eut la certitude que c'était un bandit.

Il donna l'ordre qu'on le fouillât.

On ne trouva dans ses poches que six pièces de 5 francs et quelques pièces de menue monnaie ; pas de portefeuilles pas de papiers. Le linge n'était pas marqué, le chapeau ne portait pas inscrit dans sa coiffe le nom du chapelier qui l'avait vendu.

Donc pas un seul indice qui pût inspirer les recherches, si ce n'est cette absence même d'indices qui devenait une sorte de témoignage pour affirmer que les précautions avaient été bien prises par des gens connaissant leur affaire.

Quel était cet homme ?

C'était pour le moment la première chose à découvrir.

Puisque c'était un voleur de profession, il devait être connu de la police de sûreté.

M. Le Méhauté, restant à Fourqueux, envoya son cocher à Saint-Germain porter au télégraphe une dépêche adressée au chef de la police de sûreté, pour lui demander un agent qui connût bien les repris de justice et les forçats libérés.

Puis, en attendant que cet agent arrivât, il s'installa à la mairie et fit comparaître devant lui les gens du village qui pouvaient savoir quelque chose.

Ses pressentiments, tels qu'il les avait expliqués à Serkis-Pacha, se trouvèrent bien vite confirmés par les témoignages qu'il recueillit.

Dix paysans avaient vu passer le colonel ; puis, peu d'instants après, l'homme qui était étendu mort.

La femme à laquelle le colonel avait demandé son chemin vint raconter comment, à une courte distance de la maison, « le monsieur qui lui avait parlé et qui était bien poli s'était retourné, comme qui dirait pour voir s'il n'avait pas quelqu'un sur les talons. »

Ainsi il ne s'était pas trompé, le colonel avait été suivi : l'assassin venait de Paris, c'était à Paris que le crime avait été préparé, c'était à Paris qu'était la tête qui avait combiné ce crime. L'assassin n'était sans doute qu'un instrument.

Ce n'était donc pas un vulgaire voleur de grand chemin, qui tue parce qu'il a faim : celui-là n'avait pas faim, l'argent qu'il portait le prouvait. S'il avait attaqué le colonel dans la forêt, c'était parce que l'endroit lui avait paru favorable à la perpétration de son crime, depuis un certain temps prémédité.

La préméditation était donc pleinement prouvée.

Maintenant ce qu'il restait à trouver, c'était le mobile du crime.

Dans quel but avait-on voulu assassiner le colonel ?

Pour le voler?

Cela était possible. Il n'était pas du tout déraisonnable d'imaginer que des voleurs, ayant appris par les journaux la grande situation de fortune du colonel, aient eu l'idée de l'arrêter et de le dépouiller. Un homme qui perd des centaines de mille francs au jeu, et qui les paye séance tenante, porte de grosses sommes sur lui. Il est donc bon à voler. Pour cela, il n'y a qu'à le trouver dans un endroit désert, loin de tout secours, et à se jeter sur lui; en le suivant adroitement, on est certain de rencontrer, un jour ou l'autre, une bonne occasion.

On avait donc pu le suivre et se jeter sur lui pour le voler.

Mais, d'un autre côté, on pouvait aussi avoir eu d'autres raisons pour le frapper.

La vengeance?

Un intérêt quelconque à le faire disparaître?

Mais le juge d'instruction sentit très-bien que sur ces derniers points, il ne pouvait se livrer qu'à des conjectures sans fondement.

Pour savoir s'il y avait des gens ayant intérêt à faire disparaître le colonel ou animés de sentiments vindicatifs contre lui, il fallait interroger celui-ci, et ce serait seulement après qu'il aurait parlé qu'on aurait à rechercher si ses ennemis ou ses rivaux étaient capables d'avoir préparé ce crime; jusque-là il était inutile de s'engager dans cette voie.

Ce fut seulement à huit heures du soir que l'agent de la sûreté arriva à Fourqueux.

Conduit devant le mort, il n'eut pas besoin de le regarder longtemps pour le reconnaître.

— C'est Nicolas, dit-il, plus connu sous le nom du *Tonquin*, qu'on lui a donné parce qu'il ressemble à un cochon.

L'agent salua.

Ce nom et ce surnom n'apprenaient rien au juge d'instruction, qui n'avait jamais entendu parler du *Tonquin*. Il interrogea l'agent.

— Si M. le juge d'instruction avait été à Paris il y a huit ans, répondit celui-ci, il aurait connu le *Tonquin*. C'est à cette époque que je l'ai arrêté. Il avait déjà été condamné deux fois par contumace pour vols avec effraction et escalade. Alors nous l'avons fait condamner aux travaux forcés à perpétuité pour tentative d'assassinat sur un voiturier qu'il avait attaqué la nuit sur la route de Saint-Denis : une affaire mal emmanchée, mal exécutée, qui l'a fait pincer tout de suite. C'était un homme d'exécution, bon pour un coup de main; mais pas de combinaison, pas de composition.

— Selon vous, il n'aurait donc pas pu préparer un crime avec une certaine adresse ni de longue main.

— L'exécuter avec vigueur, oui; le préparer habilement, non. Aussi ce n'est pas lui qui a combiné son évasion de Cayenne; on le croyait mort, mais il était si solide qu'il aura échappé là où les autres ont succombé.

— Êtes-vous certain de le reconnaître et de ne pas vous tromper? Après huit années, il est bien permis de faire une confusion.

— Après vingt ans, après cinquante ans, je l'aurais reconnu du premier coup d'œil. Est-ce qu'on oublie une face pareille, quand on l'a vue une fois? Au reste, il y a une chose qui va vous prouver que je ne me trompe pas. Le *Tonquin* est marqué d'une tache de lie de vin sur l'épaule droite; si nous trouvons cette tache sur ce cadavre, c'est bien le *Tonquin*, n'est-ce pas?

— Cherchez la tache alors.

En un tour de main, l'agent eut mis l'épaule à nu.

La tache de lie de vin qu'il avait annoncée ne se trouvait pas sur l'épaule; seulement, à la place qu'il avait désignée, on voyait une cicatrice rugueuse, grande comme la paume de la main.

— Ah! le brigand, s'écria l'agent, il a dénaturé son signalement; mais c'est égal, la cicatrice vaut pour moi la tache de vin. C'est Nicolas, je vous jure que c'est Nicolas.

— Si vous êtes certain de le reconnaître, c'est bien.

— Je peux l'affirmer aussi bien que j'affirmerais que l'invention de la cicatrice est du fait du *Fourrier*.

A ce nom, le juge d'instruction leva vivement la tête.

— Le *Fourrier*? dit-il; cet homme était en relation avec le *Fourrier*?

— Ils ont été compagnons de chaîne à Toulon, il y a huit ans.

— Depuis huit ans, se sont-ils revus? ma question est très-importante.

— Malheureusement je ne peux pas y répondre présentement. Le *Fourrier* s'est évadé au moment où on allait l'embarquer pour Cayenne; tandis que c'est des îles du Salut que Nicolas s'est sauvé, il y a environ dix-huit mois. Depuis cette époque, se sont-ils revus? Je n'en sais rien.

— C'est ce qu'il faut savoir.

— Dame! monsieur le juge d'instruction, cela n'est pas facile. Celui-là qui est mort ne peut pas parler, et le *Fourrier*, vous le savez est introuvable.

— Eh bien! il faudra le trouver.

L'agent secoua la tête.

— A mon retour à Paris, continua le juge d'instruction, je verrai M. le préfet de police et nous aviserons. Je n'admets pas qu'un homme tel que le *Fourrier* habite Paris, et qu'on ne puisse le trouver.

Le nom du *Fourrier* prononcé par hasard

avait ouvert une nouvelle voie au juge d'instruction.

Ce n'était plus la vengeance qui avait été le mobile de l'assassinat et ce n'était plus le vol seul.

M. Le Méhauté n'avait rien oublié de ce que le colonel lui avait dit à propos d'Anatole Chamberlain.

Ainsi il se rappelait parfaitement que celui-ci était le cousin-germain du colonel, et par conséquent qu'il était apte, en cette qualité, à recueillir un jour une part quelconque de cette immense fortune, si le colonel venait à mourir sans enfants ou sans avoir pu faire son testament. Pourquoi Anatole n'aurait-il pas voulu hâter ce moment ?

Pourquoi dans ce but ne se serait-il pas adressé au *Fourrier* ?

Et pourquoi celui-ci, qui avait pour système de ne rien faire par lui-même, n'aurait-il pas chargé de l'assassinat son ancien compagnon de chaîne ?

M. Le Méhauté revint à Chalançon en étudiant ces différentes hypothèses qui semblaient s'appuyer sur de solides probabilités.

Assurément c'était là qu'il fallait chercher la vérité.

Anatole avait eu l'idée du crime.

Le *Fourrier* l'avait combiné.

Le *Tonquin* l'avait exécuté.

Il y avait donc trois coupables : l'un étant mort, il en restait deux à prendre, mais pour cela il fallait avant tout obtenir les preuves de leur accord et de leur culpabilité.

Lorsqu'il arriva au château, il y trouva ses collègues de Versailles ; mais, comme le colonel était toujours dans le même état, ceux-ci n'avaient pas pu recevoir sa déposition.

Ce fut seulement le lendemain matin que M. Le Méhauté put pénétrer dans la chambre, et encore fallut-il pour cela qu'il engageât une véritable discussion avec le médecin.

Le colonel était bien faible encore, pâle comme les draps de son lit ; mais enfin il pouvait entendre ce qu'on lui disait et il pouvait répondre.

Il raconta donc en quelques mots les péripéties de la lutte qu'il avait dû soutenir contre son assassin.

— Si je ne l'avais pas tué, il est bien certain qu'il m'achevait, dit-il ; sans ses menaces, j'étais perdu. C'est par sa jactance que j'ai été sauvé ; je n'ai eu conscience de mon état que parce qu'il a commis la sottise de m'avertir. Il était temps, je ne le voyais déjà plus qu'à travers un brouillard. Alors j'ai réuni ce qui me restait d'énergie et d'intelligence dans un dernier effort et j'ai frappé. Si j'avais manqué mon coup, j'aurais été incapable d'en donner un second.

— Le premier a suffi, et je peux vous dire qu'il a fait l'admiration du médecin qui a procédé à l'autopsie.

— Pauvre diable !

— Ne le plaignez pas, c'était un brigand des plus dangereux.

— Vous savez qui il était?

— Un agent que j'ai fait venir de Paris l'a reconnu pour un forçat évadé de Cayenne, nommé le *Tonquin*.

— Un voleur alors, qui n'en voulait qu'à ma bourse.

Le juge d'instruction remarqua que le colonel avait prononcé ces quelques mots avec une sorte de satisfaction, comme un homme qui éprouve un soulagement à être débarrassé d'une pensée pénible.

— Vous ne vous connaissez pas d'ennemis, n'est-ce pas ? demanda-t-il ; pas de gens qui aient un intérêt à vous faire disparaître?

Le colonel se troubla un moment ; car cette question du juge était à peu près celle qui lui était venue à l'esprit, lorsqu'il s'était demandé pourquoi cet homme le suivait.

Mais il se remit bien vite.

— Je ne vois pas pourquoi on aurait voulu me faire disparaître, dit-il, tandis que je vois très-bien l'intérêt qu'avait ce pauvre diable à me dévaliser.

— Vous croyez donc que le vol seul était le mobile de cette attaque?

— Parfaitement.

— Eh bien ! je vous demande la permission de trouver autre chose que le vol dans cette tentative d'assassinat. Vous croyez que le vol était le principal, et l'assassinat l'accessoire ; moi je crois que l'assassinat était le but et que le vol n'aurait été qu'un incident.

— Je ne vous comprends pas.

— C'est que vous ne savez pas que ce forçat, ce *Tonquin*, votre assassin enfin, a été le compagnon de chaîne du *Fourrier*.

— Le *Fourrier* !

— Oui, le *Fourrier*, dont je vous ai parlé ; le *Fourrier*, qui, vous devez vous le rappeler, est en relations d'amitié et d'intérêts avec une personne qui vous touche par des liens de parenté. Cela ne vous dit rien ?

— Mais...

— Eh bien ! cela me dit à moi que le *Tonquin* a été l'instrument du *Fourrier*, et que celui-ci a été l'associé de quelqu'un qu'il faut bien que je nomme : Anatole Chamberlain.

— C'est impossible !

— Si vous mouriez, Anatole Chamberlain serait l'un de vos héritiers n'est-ce pas ? et votre fortune est assez grande pour tenter toutes les cupidités. Croyez-vous impossible que votre cousin, qui n'est pas, vous le savez, une conscience bien solidement trempée, ait voulu jouir de cette fortune? Ayant eu cette idée, croyez-vous impossible que le *Fourrier* aidant, ils soient arrivés à préparer le crime dont vous avez failli être victime?

— Mais assurément je le crois, s'écria le colonel, et je fais plus que le croire, je prouve le contraire, c'est-à-dire le mal-fondé de vos suppositions.

— Et comment cela, je vous prie?

— Anatole n'est pas en France.

— On vous l'a dit.

— Je l'ai conduit moi-même au Havre samedi soir, et j'ai accompagné le vapeur jusqu'à la jetée; il n'a pas pu débarquer, soyez-en certain. Vous voyez donc qu'il n'est pour rien dans ce crime.

— Je vois tout simplement qu'il s'est arrangé adroitement pour se créer un alibi. Ne devant pas commettre le crime lui-même, il était tout naturel qu'il voulût être loin de Paris au moment de l'assassinat. Cette absence faisait sa défense : « Je n'étais pas là, je ne sais pas ce que vous voulez dire. » Nous connaissons ces moyens de défense ; ce sont ceux qu'emploient les gens auxquels les crimes profitent, lorsqu'ils ont une certaine habileté. Or, je vous l'ai dit, le *Fourrier* est très-habile.

— Mais ce n'est pas Anatole qui a eu l'idée de ce voyage en Amérique.

— On vous l'a dit.

— Je lui ai fait presque violence pour l'embarquer.

— Ceci, c'est un degré d'habileté en plus, mais ne change pas mon idée.

— Si je ne l'avais pas entraîné, il ne serait assurément pas parti; quand je l'avais décidé, il faisait un nouveau retour en arrière.

— Alors c'était la défense *in extremis* d'une conscience aux abois. Il ne faut pas croire que les criminels soient complets et tout d'une pièce. Pour beaucoup, grâce à Dieu, un assassinat ne s'arrange pas comme une partie de plaisir. Il y a des luttes, des hésitations, des défaillances. Anatole, qui est jeune, a dû passer par là, et vous avez assisté à ces hésitations, et à ces défaillances : voilà tout. Au lieu de prouver son innocence, elles prouvent à mes yeux sa culpabilité. Soyez sûr que le crime a été arrangé comme je viens de vous le dire, et je me fais fort de vous le démontrer dans un temps déterminé.

— Ah! je vous en prie, si par impossible vous obteniez cette preuve, gardez-vous de me la donner. Je ne suis pas de ceux qui courent après la certitude ; je ne veux pas savoir s'il est coupable, et, lors même qu'il le serait, je voudrais l'ignorer.

— Malheureusement, mon cher colonel, l'affaire ne vous appartient pas; elle est aux mains de la justice, et il faut que l'instruction suive son cours.

III

C'était avec une entière conviction que le colonel avait répondu aux accusations du juge d'instruction.

Il ne croyait pas Anatole coupable.

Il ne comprenait pas qu'il pût l'être.

Mais lorsque M. Le Méhauté fut sorti, et qu'il réfléchit à ces accusations si nettement formulées et qui s'enchaînaient les unes aux autres avec une logique si rigoureuse, il se sentit ébranlé dans sa foi.

Il était évident que les faits, tels qu'ils venaient de lui être exposés et expliqués par le juge d'instruction, étaient possibles; il n'y avait pas malheureusement à le nier, cela avait pu se passer ainsi : aucune invraisemblance dans cet acte d'accusation.

Il était évident qu'Anatole pouvait avoir arrangé cet assassinat avec le *Fourrier*, il était évident aussi qu'il pouvait être parti en Amérique tout simplement pour se procurer un moyen de défense, enfin il était évident encore que ce misérable assassin pouvait n'être qu'un bras inconscient.

Maintenant ce qu'il s'agissait de savoir, c'était si moralement Anatole pouvait être coupable de cette complicité.

Et, sur ce point, les réponses négatives qui tout d'abord s'étaient présentées à son esprit perdaient singulièrement de leur solidité lorsqu'on les soumettait à un examen réfléchi.

Qu'Anatole fût capable d'un crime aussi bien que d'une infamie, cela ne pouvait pas être contesté : « capable de tout, » ce mot était le jugement de ceux qui le connaissaient et qui l'avaient aimé.

Alors ses hésitations, au moment du départ, n'auraient été qu'une comédie, et, s'il l'avait si bien jouée cette comédie, c'était parce que certains sentiments naturels se mêlaient, malgré lui et à son insu, à ceux qu'il voulait exprimer.

Cette pâleur, cette émotion, ces mains glacées, ce front baigné de sueur : voilà ce qui était naturel. Mais, au lieu d'attribuer ce trouble au chagrin du départ, n'était-il pas plus juste de l'attribuer maintenant aux angoisses d'une conscience aux abois, selon le mot du juge d'instruction?

Ce que ces réflexions avaient de douloureux pour le colonel, c'était qu'elles imposaient leurs conclusions à son esprit malgré lui.

Il ne voulait pas croire Anatole coupable, et, à chaque accusation qui se présentait, il cherchait des raisons pour la combattre et non pour l'appuyer.

Mais, tandis que les unes arrivaient difficilement, faibles et inconsistantes, les autres se pressaient en foule, solides et accablantes.

Anatole, il l'abandonnait sans peine ; mais Antoine, mais Thérèse.

Thérèse, sœur de l'homme qui avait voulu le faire assassiner !

Comme il se tournait et se retournait dans son lit, agité par ces pensées, Horace, qui se tenait silencieux dans un coin de la chambre, s'approcha doucement.

— Ah ! maître, dit-il, je vous en prie, ne vous tourmentez pas ainsi ; le médecin a tant recommandé que vous restiez en repos.

— Crois-tu qu'on repose par ordre ?

— C'est le juge qui vous a donné la fièvre avec ses questions. Je n'aurais pas dû le laisser arriver près de vous.

— Tu as raison, mieux eût valu qu'il ne me parlât pas de ses soupçons.

— Là, voyez-vous ! s'écria le nègre en joignant les mains ; je ne voulais pas qu'il entrât, je lui disais : « Maître repose ; » il n'a rien voulu entendre, il a passé malgré moi en disant que le médecin le permettait. Le médecin permettait qu'on vous vît, mais non qu'on vous tourmentât. Ne pouvait-il pas attendre ? Puisque l'assassin est mort, qu'importe le reste ?

— Oui, qu'importe le reste ?

— N'est-ce pas ? Mais non ; il leur faut des récits, à ces juges. Est-ce que je vous ai demandé de me raconter comment vous aviez été attaqué ? Vous êtes sauvé, l'assassin est mort : cela suffit pour le moment. Le reste viendra plus tard ; car, si je n'ose pas vous adresser des questions, ce n'est pas parce que je n'ai pas envie de savoir ce qui s'est passé, pour moi d'abord, et aussi pour répondre à ceux qui m'interrogent, sans que je puisse leur rien dire, puisque je ne sais rien.

— Et qui t'interroge ?

— Mais tout le monde, Mme la marquise de Lucillière, Mlle Lazarus, Mlle Belmonte ; ce matin, Mme la comtesse Belmonte m'a demandé un objet que vous portiez habituellement sur vous.

— Et pourquoi faire ?

— Mais pour faire dire une messe dessus. Ça c'est souverain. Vous vous moquez toujours de moi avec mes reliques, vous m'appelez sauvage ; mais vous voyez bien que voilà une vraie grande dame, une blanche, qui est aussi sauvage que moi.

— Cela te rend fier.

— Ah ! non, mais cela me donne davantage confiance. Si j'avais pu sortir, je serais allé trouver le prêtre ce matin et je lui aurais demandé une messe à votre intention ; mais Mme la comtesse Belmonte a eu la même idée que moi, et maintenant je suis rassuré.

— Tu n'as donc pas confiance dans le médecin ?

— Bon pour soigner, le médecin ; comme moi bon pour veiller et pour panser. Mais pour guérir, c'est le bon Dieu qui est bon, très-bon, le meilleur.

En entendant cette explosion de foi naïve, le colonel se mit à sourire.

Alors Horace, qui l'observait, battit des mains :

— Plus de colère, dit-il en riant, plus de tourments ; le mauvais juge est oublié. Vous avez souri. Je savais bien que la messe serait souveraine, et je suis bien heureux d'avoir donné à Mme la comtesse Belmonte ce qu'elle m'avait demandé.

— Et que lui as-tu donné comme fétiche ?

— Votre mouchoir taché de sang.

— Quelle niaiserie !

— Pas niaiserie du tout. Quand j'ai entendu sonner la cloche de l'église, je suis entré dans la chambre à côté : c'était justement le moment où le juge commençait à vous tourmenter. Alors moi je me suis mis en prière, et, tandis que Mme la comtesse Belmonte et Mlle Carmelita demandaient votre guérison dans l'église, moi je la demandais ici.

— Et que disais-tu ?

— Vous allez encore vous moquer de moi et m'appeler sauvage.

— Je t'assure que je n'ai nulle envie de me moquer de toi, bien au contraire.

— Je demandais au bon Dieu de vous envoyer un ange, qui vous verser dans les veines assez de sang pour remplacer tout de suite celui que vous avez perdu, et je vois bien que le bon Dieu vous a envoyé son ange.

— Tu as vu l'ange me faire l'opération de la transfusion du sang ?

— Ça non, je ne l'ai pas vu ; mais je vous ai vu sourire, et c'est la preuve que le bon Dieu a écouté ma prière, comme il a écouté celles de Mme la comtesse Belmonte et de Mlle Carmelita.

— Allons, tu es un bon garçon.

— Pas sauvage !

— Un bon cœur.

— Pas sauvage !

C'était la grande prétention d'Horace de n'être pas un sauvage, et on ne pouvait pas lui faire de plus grande joie que de lui dire qu'il était l'égal d'un blanc.

— Pas sauvage, dit le colonel en riant, ou tout au moins pas plus sauvage que...

— Oh !

— Pas plus sauvage que la comtesse Belmonte, ou, si la comparaison te déplaît, pas plus sauvage que la belle Carmelita, qui fait dire des messes sur des mouchoirs tachés de sang. Es-tu content ?

— Content que vous plaisantiez, oui, bien heureux ; car je me demandais tout à l'heure comment chasser le mauvais souvenir du juge, et le voilà envolé. Maintenant, il ne faut pas qu'il revienne. Il ne reviendra pas, n'est-ce pas? dites qu'il ne reviendra pas.

Comme la plupart des nègres, Horace n'était qu'un grand enfant, et volontiers il se laissait aller à traiter son maître en enfant, riant pour le faire rire, lui disant des paroles qui par elles-mêmes n'avaient pas grand sens, mais qui, par l'intonation, par l'accent, étaient pleines de sollicitude et de tendresse.

Malheureusement il n'était pas toujours très-adroit dans le choix de ses moyens, et, à la contraction qui assombrit le visage de son maître, il comprit qu'il avait eu tort de parler du juge et de rappeler lui-même ce souvenir qu'il voulait précisément écarter.

Maintenant qu'il était revenu, comment le chasser?

Pendant quelques instants, il tourna autour de la chambre, cherchant un moyen de réparer sa sottise. Chaque fois qu'il passait auprès de son maître, il le voyait absorbé dans de douloureuses réflexions.

Le juge, le maudit juge ! Comment avait-il été assez faible pour le laisser entrer, alors qu'il avait prié ceux qui voulaient voir son maître, le baron Lazarus, le prince Mazzazoli, le marquis de Lucillière, la marquise elle-même, de remettre leur visite au lendemain, afin qu'il pût se reposer ce jour encore.

Ce n'était pas seulement le repos du corps qui lui était nécessaire; c'était encore, c'était surtout celui de l'esprit.

Il s'approcha du lit, et d'une voix douce, presque joyeuse :

— Mon colonel, dit-il, j'ai un remords.

— Eh bien ! va trouver le curé.

— Ce n'est pas le curé que cela regarde, c'est vous, parce que la faute qui cause mon remords vous touche surtout.

— Alors tu voudrais te confesser.

— Je voudrais vous dire que ce matin M. le marquis et Mme la marquise de Lucillière ont demandé à vous voir.

— Ah !

— Oui; comme je leur disais que vous aviez passé une assez bonne nuit et que vous étiez calme, ils m'ont dit de venir vous demander si vous pouviez les recevoir.

— Et tu n'es pas venu ?

— Précisément c'est là ma faute.

— Leur as-tu dit que je ne pouvais pas les recevoir?

— Ah ! non; seulement je leur ai dit que je pensais que vu votre état de faiblesse, il valait mieux vous laisser reposer encore un jour, bien tranquillement.

— Pourquoi n'as-tu pas répondu cela au juge d'instruction ?

— Ah ! oui, le juge d'instruction. Est-ce que ces gens-là entendent ce qu'on leur explique, ils n'écoutent que ce qu'ils disent. C'est malgré moi que M. le juge d'instruction est entré. Pour en revenir à M. le marquis et à Mme la marquise, ils m'ont donc dit qu'ils ne voulaient pas vous troubler; seulement qu'ils vous priaient, quand vous vous sentiriez assez bien pour les recevoir, de les faire prévenir.

— Et tu ne m'as pas dit un mot de cela, bien entendu?

— C'est là ma faute, et mon excuse, si vous consentez à m'excuser, c'est que je croyais qu'il vous serait bon de n'être pas dérangé.

— Pourquoi n'as-tu pas répondu cela au juge d'instruction, encore une fois?

— Ah ! je vous en prie, ne me dites pas cela ; ma peine est assez grande. Mais enfin, puisque j'ai eu la faiblesse de laisser passer ce juge, ne pensez-vous pas maintenant que M. le marquis et Mme la marquise peuvent trouver mauvais que vous ne les receviez pas ? Je ne parle pas de M. le prince Mazzazoli ni de M. le baron Lazarus, qui eux aussi ont demandé à vous voir, parce qu'il me semble qu'envers eux, vous n'êtes pas tenu aux mêmes égards qu'envers M. le marquis et Mme la marquise.

— Ah ! vraiment? je te remercie bien de ce conseil.

— Voilà encore que vous vous moquez de moi; mais cela ne fait rien, parce que j'ai mérité beaucoup plus que ces moqueries, j'en conviens. Ce que je veux dire simplement, c'est que, comme vous êtes chez M. le marquis et chez Mme la marquise, vous ne pouvez pas faire moins pour eux que pour un étranger, tel que le juge d'instruction. Puisque vous avez reçu le juge, ne pourriez-vous recevoir M. le marquis.

— Tu as raison.

— N'est-ce pas? Seulement il est entendu que vous vous sentez bien.

— Assez bien pour une visite de quelques instants.

— Le juge ne vous a pas trop fatigué au moins ?

— Non.

— Cela ne vous donnera pas la fièvre de parler ?

— Je ne pense pas.

— Si je me permets de vous poser ces questions, mon colonel, c'est parce qu'ayant eu l'idée de cette visite, j'en aurai comme de juste la responsabilité, et je ne veux pas que par ma faute vous ayez un accès de fièvre.

— Va prévenir le marquis et la marquise que, quand ils voudront me faire l'honneur de venir me voir, je suis prêt à recevoir leur visite. Non-seulement tu n'auras aucune responsabilité pour ce fait, mon bon Horace, mais encore je te serai reconnaissant de m'avoir rappelé un devoir que la faiblesse seule m'a fait oublier. Tu l'as très-bien dit, je suis chez le marquis, et je lui apporte assez d'ennuis de toutes sortes pour le remercier de son hospitalité.

Horace ne se fit pas répéter cet ordre deux fois. Son idée avait réussi : la visite du marquis et de la marquise allait apporter une diversion aux pensées de son maître et faire oublier le souvenir du juge.

Mais le marquis venait de sortir, et la marquise se trouvait seule au château.

Cette réponse déconcerta un moment Horace ; cependant, après quelques secondes d'hésitation, il insista pour être admis auprès de Mme de Lucillière.

— Prévenez votre maître que je vous suis, dit-elle.

Et en effet, quelques minutes après, elle entrait dans la chambre du colonel.

En la voyant venir, il lui tendit sa main droite, qui était aussi pâle que la manche de sa chemise.

— Ne bougez pas, dit-elle, ou je retourne sur mes pas. Mon pauvre colonel, dans quel état je vous retrouve ! Et quand je pense que c'est mon invitation qui est la cause première de cet assassinat !

Elle lui avait pris la main et doucement elle l'avait pressée. Cependant cette pression, si douce qu'elle fût, avait amené une contraction douloureuse sur le visage du blessé.

— Vous voyez, dit-elle, je vous ai fait mal. Voulez-vous bien me remettre ce bras sur votre lit et ne plus remuer ?

Alors délicatement elle lui posa elle-même le bras sur le drap ; puis, attirant une chaise, elle s'assit auprès du lit, faisant face au colonel.

— Je ne suis pas médecin, dit-elle, cependant je me permets de vous donner une ordonnance : Je n'autorise de mouvements de votre part que des yeux et des lèvres ; si vous vous fatiguez, je quitte cette chambre aussitôt.

— Et si je ne me fatigue pas.

— Je reste près de vous, tant que vous me voudrez pour garde-malade.

Il attacha sur elle ses yeux allanguis et la regarda longuement.

— Oh ! cela, dit-elle en lui souriant, tant que vous voudrez. Pourtant il ne faudrait pas mettre dans ces yeux l'expression de sentiments trop vifs, de même qu'il ne faudrait pas que votre parole se laissât entraîner par trop d'animation. Avant tout, nous devons éviter la fièvre. N'oubliez pas que vous avez été blessé, sérieusement blessé. Dans quel état vous ai-je vu arriver, bon Dieu !

— Il est de fait que, plein de sang et de poussière, je devais être dans un état fort peu présentable.

— Dites que vous étiez horrible.

— Ah !

— Mais superbe. Je n'aurais jamais imaginé qu'après s'être roulé dans le sang et la poussière, avec des vêtements déchirés, le linge en lambeaux, on pouvait avoir si grande tournure. Positivement vous avez fait une entrée splendide. Au théâtre, vous auriez fait crouler la salle d'applaudissements ; ici vous avez fait couler des larmes.

— De quels yeux ?

— Mais de tous les yeux ; celles du baron Lazarus, du prince Mazzazoli, de la comtesse Belmonte.

— Et... ?

— Celles de Carmelita, celles d'Ida.

— Et... ?

— Ce n'est point assez ?

— Je ne dis pas cela ; je demande seulement si votre énumération est complète, afin de garder un souvenir ému de ces marques de sympathie.

— Alors, puisqu'il vous faut des comptes exacts, ajoutez à cette addition les larmes de la marquise de Lucillière, qui, je vous l'affirme, n'était point la moins bouleversée en voyant apporter à peu près mort celui qu'elle attendait plein de force et de belle humeur.

Il voulut étendre la main vers elle ; mais, d'un geste rapide, elle l'arrêta.

— Vous savez quelles sont nos conventions ? dit-elle. Pas de mouvements. La parole nous a été donnée pour traduire nos sentiments, et le regard pour exprimer ce que la parole est impuissante à dire. Donc, pas de mains. Mais vous pouvez parler tant que vous voudrez, je vous écoute ; vous pouvez regarder, je ne détourne pas les yeux.

Il ne parla pas ; mais, pendant plusieurs minutes, il resta les yeux attachés sur ceux de la marquise.

— Est-ce qu'il n'avait pas été convenu, dit-elle, que vous ne deviez pas mettre dans vos yeux l'expression de sentiments trop vifs ? Il me semble que vous oubliez cette clause de la convention, qui, en ce moment, est pour vous d'une si grande importance. Sans doute, je suis touchée de voir que vous attachez un certain prix au témoignage de ma sympathie, mais il est inutile de me le dire avec tant d'éloquence. Plus tard. En ce moment, je vous assure que je comprends à demi-mot. Songez que vous avez tout le temps de vous expliquer ; car vous pensez bien, n'est-ce pas, qu'avec une blessure comme la vôtre vous ne serez pas demain sur pied ?

— Mais je n'ai pas besoin d'être sur pied pour me faire porter à Paris.

— Vous faire porter à Paris ! Vous voulez vous faire porter à Paris ?

— Je voudrais ne pas abuser de votre hospitalité.

— Vous moquez-vous ?

LE SIÈCLE. — I.

— J'ai déjà reçu une blessure dans le genre de celle qui me retient sur ce lit, et peut-être même plus grave ; cependant cela ne m'a pas empêché de faire vingt-cinq lieues, dans une voiture d'ambulance, sur une route qui ne vaut pas celle de Chalençon à Paris.

— Il le fallait alors ; tandis que maintenant il faut que vous restiez ici jusqu'à votre complète guérison. Ceci est entendu, et le marquis viendra vous le signifier. S'il n'était à son haras, je l'enverrais chercher immédiatement ; cependant, si vous le voulez, je peux le faire prévenir.

— Non, je vous en prie.

— Je n'insiste que si vous vous obstinez dans votre idée de départ ; alors vous lui donnerez vos raisons et vous vous expliquerez tous deux. Au contraire, si vous comprenez que vous ne pouvez quitter Chalençon avant votre complet rétablissement, nous pourrons nous entendre. Qu'opposez-vous à cet arrangement?

— Mais mille raisons.

— Il n'y en a qu'une valable à mes yeux : êtes-vous attendu à Paris ? Votre absence, pendant un temps assez long, causera-t-elle un chagrin à quelqu'un ?

— Mais vous savez que j'arrive en France : comment voulez-vous que quelqu'un m'attende à Paris ?

— Alors vos mille raisons sont tout à fait insignifiantes. Vous êtes ici, je vous garde ; vous ne sortirez de Chalençon que lorsque vous pourrez retourner à pied à Saint-Germain. Seulement vous ne traverserez pas la forêt tout seul, car il paraît que vous êtes entouré de misérables qui en veulent à votre vie. M. Le Méhauté nous a laissé entrevoir des choses épouvantables.

— Et lesquelles ?

— Que votre vie était sérieusement menacée par des gens qui ont intérêt à votre mort. Seulement quels sont ces gens ? quels sont leurs desseins ? C'est ce qu'avec sa sotte discrétion de magistrat, il s'est bien gardé de nous apprendre.

— M. Le Méhauté a trop d'imagination.

— Beaucoup de finesse, une grande sagacité, une sorte de flair pour tout ce qui est crime ; mais je ne crois pas qu'il invente. Enfin ceci n'est pas mon affaire, et je reviens à ce qui nous touche. Je comprends que la perspective de rester seul dans cette chambre, pendant plusieurs semaines, soit faite pour vous effrayer ; aussi n'est-ce pas là ce que je vous propose. Je ne veux pas que Chalençon soit pour vous une prison, j'entends une prison où l'on pratique le système de l'isolement ; vous ne serez pas isolé, ce qui, dit le médecin, nuirait à votre rétablissement. Nous devions venir à Chalençon dans quelques semaines, nous avancerons notre arrivée.

— Mais, vous voyez, voilà déjà l'une des mille raisons que je voulais vous donner, tout à l'heure qui s'oppose à ce que j'accepte plus longtemps votre hospitalité.

— Alors vous vous expliquerez avec le marquis. En attendant, laissez-moi vous dire comment j'avais arrangé mon plan : je me faisais votre garde-malade ; tant que vous étiez trop faible pour quitter la chambre, je venais passer quelques heures avec vous, je vous lisais les livres que vous aimez, je vous faisais de la musique,—oh! pas de la grande musique, car je ne suis pas une musicienne bien savante, mais enfin je tapote à peu près tout ce qu'on veut ;— puis, quand vous étiez plus fort, je vous organisais quelques petites réunions agréables, et ainsi vous arriviez sans trop d'ennui au jour où vous pouviez rentrer dans la vie parisienne sans porter votre bras en écharpe. C'était mal imaginé ?

— Trop bien pour moi.

— Cependant vous n'en voulez pas.

— Mais.....

— Non, ne me donnez pas vos raisons. Je vais envoyer chercher le marquis.

Elle se leva.

— Je vous en prie.

— Vous ne voulez pas que j'envoie chercher le marquis ?

— Je veux.....

— Voulez-vous ce que je veux ?

Il hésita un moment. Elle était toujours debout près du lit.

— Oui, dit-il, ce que vous voudrez.

— Alors c'est bien ; le marquis peut examiner tranquillement ses poulinières, il n'a que faire ici.

Et elle se rassit.

IV

Ce qui le plus souvent fait la gravité des blessures, c'est l'état même du blessé. Chez un homme vigoureux et sain, une blessure sérieuse guérit facilement ; chez un homme débile, une blessure légère entraîne souvent la mort. C'est là ce qui explique comment, dans une guerre, les armées victorieuses perdent si peu de leurs blessés, tandis que les armées vaincues en perdent tant ; les vainqueurs bien nourris, bien vêtus, ont la force de résister là où les vaincus, affaiblis par la misère et les fatigues, succombent sans guérison possible.

Le colonel était vigoureux et robuste, jamais il n'avait été malade ; il supporta sa blessure de manière à faire l'admiration de son médecin.

— C'est un vrai plaisir de soigner un blessé tel que vous, disait celui-ci.

— Vous êtes bien bon, je vous remercie.

— Si l'on avait toujours des blessures pareilles à guérir, on ne verrait pas si souvent les malades accuser la médecine d'impuissance.

— Ni les médecins rejeter cette accusation sur les malades.

— N'est-ce pas juste le plus souvent. Que voulez-vous que fasse la médecine lorsqu'elle ne trouve pas dans un malade un seul organe solide? Où est l'impuissance? dans la médecine ou dans le malade? Nous ne pouvons pas créer des organes nouveaux ; que faire lorsqu'il est impossible de se servir de ceux que nous trouvons? « Je suis tombé à l'eau. Au secours! sauvez-moi, docteur. — Tendez-moi le bras que je vous repêche. — Ne tirez pas sur mon bras, il est pourri. — Alors je vais vous prendre par les cheveux. — Gardez-vous-en, je porte perruque. —Alors que voulez-vous que je fasse? noyez-vous. — Canaille de médecin ! — Canaille de malade ! » N'est-ce pas là le dialogue qui bien souvent, avec quelques légères variantes seulement, pourrait s'engager entre le médecin et le malade? Heureusement ce n'est pas votre cas, colonel ; on peut vous tirer par le bras et vous prendre par les cheveux.

— Tirez.

—C'est ce que je fais. Bientôt vous serez sur vos jambes, j'aurai tiré assez fort pour vous redresser.

Tandis que le médecin se félicitait de l'amélioration rapide qui se produisait dans l'état de son blessé, Horace de son côté s'applaudissait d'avoir remis à la comtesse Belmonte le mouchoir taché de sang. Il savait à quoi s'en tenir, lui, sur cette amélioration rapide, et, sans avoir vu l'ange verser du sang dans les veines de son maître, il était bien certain que cette opération avait eu lieu ; seulement elle avait dû se faire rapidement pendant qu'il avait le dos tourné : les anges ont tant de puissance. Et le médecin qui était fier de ses remèdes ! Aussi, chaque fois que celui-ci écrivait une ordonnance, Horace le regardait-il en souriant doucement. Il ne se moquait pas de lui, mais enfin il le prenait jusqu'à un certain point en pitié. Des remèdes, pourquoi des remèdes ? Est-ce que les remèdes peuvent agir sur un sang envoyé par le bon Dieu directement? Il n'y avait qu'une chose à faire : fermer au plus vite cette blessure par laquelle le vieux sang s'était échappé, et le sang nouveau avait été versé.

En considérant à ce point de vue la blessure de son maître, Horace en arrivait à se demander si elle n'était pas un mal pour un bien. En effet, son enfance s'était passée dans une famille française de la Louisiane, et il avait été élevé avec les principes de l'Eglise catholique, apostolique et romaine, en mêlant à ces principes toutes les idées superstitieuses de ses pères. Pour lui, en dehors de la foi, point de salut dans l'autre monde, point de bonheur dans celui-ci. Aussi était-ce avec un chagrin sincère qu'il voyait l'indifférence et le scepticisme de son maître. Dans un pays où toutes les religions et toutes les sectes ont des fidèles fervents, qui vont partout prêchant la bonne parole, il était peiné, presque humilié de cette indifférence, et volontiers il eût essayé de convertir son maître, n'était le respect craintif qu'il avait pour lui.

Maintenant, que l'opération de la transfusion du sang s'était faite et qu'un sang divin avait remplacé dans les veines du colonel un sang païen, pourquoi cette conversion n'arriverait-elle pas tout naturellement et facilement ? Quelle joie alors et quel triomphe ! car, aux yeux d'Horace, une seule qualité manquait au colonel pour être un parfait gentleman, celle de croyant: Selon son sentiment, c'était mauvais ton d'être incrédule, et il avait horreur du mauvais ton : on sait quels féroces aristocrates font les nègres, une fois qu'ils sont émancipés.

Cependant, malgré la rapidité vraiment miraculeuse avec laquelle se rétablissait le colonel, il y avait une chose qui, dans une certaine mesure, entravait la marche de la guérison : c'était la pensée d'Anatole.

Quand, par malheur, il venait à se rappeler les accusations du juge d'instruction, il cherchait à leur opposer des raisons qui les détruisissent, et c'en était fait alors du calme et du repos : la fin de la discussion à laquelle il se livrait en lui-même était fatalement un accès de fièvre.

Eclairé par l'expérience, Horace ne parlait plus du juge, mais tout bas il le maudissait.

Dans le trouble de la fièvre, le colonel le voyait lever les deux poings serrés avec des gestes menaçants.

— A qui donc en as-tu ?

— A celui qui vous a mis dans cet état, donc!

— Puisqu'il est mort.

— Pas assez.

Un jour qu'à la suite d'un accès de fièvre, il était tombé dans une sorte de somnolence, et que dans sa tête les choses réelles se mêlaient aux hallucinations d'une façon confuse, sans qu'il pût distinguer le vrai du faux, il lui sembla qu'Horace, qui venait de rentrer dans la chambre après une courte sortie, prononçait le nom d'Anatole Chamberlain.

— Pourquoi me parles-tu d'Anatole Chamberlain ? dit-il en s'éveillant tout à fait.

—Mais je ne vous ai pas parlé de M. Anatole.

— Tu n'as pas prononcé le nom de Chamberlain ?

— Si, mon colonel ; mais je n'ai pas prononcé le nom de M. Anatole Chamberlain. Je vous ai dit que M. Antoine Chamberlain venait d'arriver au château.

— Mon oncle !

— Avec Mlle Thérèse, et qu'ils vous priaient de les faire prévenir quand vous pourriez les recevoir.

— Tout de suite.

— C'était ce qu'ils désiraient ; mais, comme vous veniez d'avoir un accès de fièvre, je les ai priés d'attendre un moment.

— Eh bien ! va les chercher.

Bien souvent il avait pensé à son oncle, plus souvent encore à Thérèse, et plusieurs fois il avait voulu leur faire écrire par Horace : la crainte seule de leur visite l'en avait empêché ; il avait peur de leurs questions et d'une explication ; mais, maintenant qu'ils étaient arrivés, il ne pouvait pas les renvoyer sans les avoir reçus.

D'ailleurs ce n'est pas du tout la même chose de ne pas prévenir les gens que de les renvoyer. Alors que Thérèse était à Paris, il avait pu prendre la sage résolution de ne pas la faire venir ; mais maintenant qu'elle était venue de son propre mouvement, il ne pouvait pas persister dans cette résolution.

Il avait vu la mort d'assez près pour que son cœur affaibli eût besoin d'affection et se rejetât du côté de la famille, alors même que dans cette famille se trouvait celui qui semblait être son assassin.

Antoine, si droit et si loyal, ne devait pas porter la responsabilité de l'infamie de son fils, pas plus que Thérèse, si affectueuse et si franche, ne devait être enveloppée dans le dégoût qu'inspirait son frère.

Quoi que l'avenir amenât et décidât, il était bon, il était consolant, dans l'heure présente, de mettre sa main dans ces deux mains sympathiques : celle du père aussi bien que celle de la fille.

Ce fut donc avec un sourire de bonheur qu'il les reçut, lorsque précédés d'Horace, ils entrèrent dans sa chambre.

— Ah ! mon pauvre Edouard ! s'écria Antoine en le trouvant si pâle.

Thérèse ne dit rien ; mais il vit ses beaux grands yeux se mouiller de larmes, et ce témoignage muet de douleur le toucha plus que ne l'eussent fait les paroles les plus éloquentes.

— Vous me trouvez changé, n'est-ce pas ? mais je vais bien maintenant et je ne tarderai pas à être complètement guéri. Asseyez-vous là, près de mon lit, que je vous voie sans tourner la tête ; car je ne peux pas facilement bouger, à cause des bandages qui m'enveloppent.

— La blessure est horrible, dit-on ? demanda Antoine.

— Assez effrayante pour les yeux, mais en réalité peu grave. Qu'on ne dise pas que l'argent ne sert à rien ! C'est précisément le portefeuille qu'on voulait me voler qui a fait dévier le coup de couteau que mon assassin avait très-bien dirigé et très-bien frappé, il faut lui rendre cette justice. Par malheur pour lui, le portefeuille bien bourré a fait dévier la lame, qui m'a simplement fendu la peau de la poitrine, au lieu de me percer le poumon et le cœur, comme cela serait arrivé, si je n'avais eu de portefeuille ou si la poche de mon habit avait été du côté droit. Ce qui prouve que les tailleurs doivent toujours placer leur poche de côté à gauche.

Il parlait avec une sorte d'enjouement, et il avait seulement appuyé légèrement sur les mots qui disaient que l'assassinat avait eu le vol pour mobile.

Par là, il voulait bien affirmer, bien préciser, pour le cas où les accusations contre Anatole arriveraient jusqu'à Antoine et jusqu'à Thérèse, que pour lui il ne les admettait pas et qu'il croyait simplement à un vol.

Mais, tandis qu'il s'exprimait ainsi en plaisantant, Antoine et Thérèse l'écoutaient avec un visage sombre.

Il voulut insister sur cette affirmation de vol.

— Quel affreux bandit que ce voleur de grand chemin ! dit-il. Croiriez-vous, ma cousine, que souvent en dormant je revois son mauvais regard au moment où il m'a frappé, et c'est un rêve fort désagréable, je vous assure.

Puis il continua sur ce ton pendant assez longtemps, mais sans qu'Antoine ni Thérèse parussent l'écouter avec attention.

Evidemment ils étaient l'un et l'autre sous l'influence d'une préoccupation grave.

Etaient-ils fâchés de ce qu'il ne leur avait pas écrit ?

— J'aurais voulu vous écrire, dit-il, mais vous voyez vous-même que je ne peux pas me servir de ma main.

— Ce n'était pas à vous de m'écrire, mon neveu ; c'était à nous de venir vous voir, et c'est ce que nous aurions fait déjà, si nous avions connu le crime plus tôt. Mais c'est hier soir seulement que nous l'avons appris, car depuis plusieurs jours, étant pressé par le travail, je n'avais pas acheté de journaux. Hier enfin j'ai su qu'on avait tenté de vous assassiner et que vous étiez dans ce château, blessé dangereusement.

Sur ce mot, il fit un signe à Thérèse, et celle-ci se leva aussitôt.

— Qu'avez-vous donc, ma cousine ? demanda le colonel.

— Est-ce que je ne pourrais pas me promener un moment dans ces jardins ?

— Assurément ; mais quelle étrange idée ? vous êtes à peine arrivée.

— Oh! mon cousin, ce n'est pas que je désire vous quitter, croyez-le; mais mon père a besoin de s'entretenir avec vous.

Et, sans ajouter un mot, sans se retourner, elle sortit vivement.

— Vous avez à me parler en particulier? demanda le colonel, voyant son oncle demeurer silencieux, absorbé dans ses pensées.

— Oui, bien que j'eusse pu parler devant Thérèse, car elle sait à peu près ce que j'ai à vous dire; mais, en sa présence, je me serais trouvé encore plus mal à l'aise qu'avec vous seul.

Ceci devenait grave.

— Mon oncle, je vous écoute.

Mais, malgré cette invitation, Antoine ne parla pas.

Enfin, après être resté la tête basse, il la releva, et tenant ses yeux fixés sur ceux du colonel:

— Mon neveu, dit-il, vous avez voulu me donner le change tout à l'heure en essayant de nous représenter celui qui a tenté de vous assassiner comme un simple voleur.

— Et que voulez-vous qu'il soit?

— On l'accuse d'être le complice de... d'Anatole.

— Qui vous a dit?

— Je le sais.

— Cette accusation est fausse. Cet homme a tout simplement voulu me voler, soyez-en certain.

— Qui peut l'affirmer et qu'en savez-vous?

— Avez-vous des preuves de sa culpabilité?

— En avez-vous de son innocence?

— L'innocence se suppose, c'est le crime qu'on doit prouver. Où sont les preuves qui chargent Anatole?

— C'est pour moi que vous voulez le défendre, comme c'était pour moi et pour Thérèse que vous vouliez tout à l'heure nous donner le change.

— Je vous jure que je ne sais rien, ni contre Anatole ni pour lui, et que dans des conditions pareilles, il est impossible que j'admette ce crime comme prouvé.

— Comme probable?

— Non.

— Comme possible?

— Je... je ne sais pas.

— Ah! vous voyez bien.

— Et que voulez-vous que je vous dise, mon oncle? Tout est possible en ce monde; il est, si on le veut, possible que vous soyez vous-même complice de cet assassinat. L'absurde est possible.

— Cette complicité, la mienne, le juge d'instruction m'en a parlé.

— M. Le Méhauté?

— Je crois que c'est en effet son nom; enfin un juge d'instruction de Paris, qui vous connaît et qui était dans ce château au moment où l'on vous y a apporté mourant.

— M. Le Méhauté alors; mais comment l'avez-vous vu?

— Hier, dans la matinée, un agent est venu me chercher pour que j'aie à paraître au palais devant un juge d'instruction. Je ne me suis pas autrement inquiété de cette comparution, croyant que c'était quelque nouveau procès que le gouvernement nous intentait à propos de nos associations. Je me suis seulement étonné d'être mandé de cette façon, mais sans y attacher grande importance, et j'ai suivi l'agent que je n'ai pas interrogé, attendu que je n'aime pas à parler à ces gens-là. Le juge d'instruction m'a fait attendre ce qu'on attend ordinairement chez ces messieurs, puis il m'a reçu. Ce qui m'a frappé tout d'abord en entrant, c'est qu'il n'avait pas son greffier. « Vous êtes le parent du colonel Chamberlain? m'a-t-il demandé. — Oui, monsieur; son plus proche parent, le frère de son père, son oncle enfin. — Je n'ai pas à vous apprendre, n'est-ce pas, l'assassinat dont votre neveu a été victime? » A ce mot, vous pensez si j'ai été saisi: je vous avais quitté bien portant, et l'on m'apprenait que vous aviez été assassiné; pendant quelques instants, je suis resté sans trouver une parole à répondre.

— Mon brave oncle.

— « Dieu merci, continua le juge d'instruction, le colonel a pu se défendre et tuer son agresseur, mais il n'en est pas moins dangereusement blessé. — Et où est-il? — Au château de Chalençon, chez le marquis de Lucillière. » Voyant que vous n'étiez pas mort, je m'étais remis un peu, mais le juge d'instruction ne me laissa pas respirer. « Vous avez reconnu tout à l'heure, me dit-il, que vous étiez le parent le plus rapproché du colonel. — Sans doute. — Celui qui hériterait de lui, s'il venait à mourir intestat? — Je n'ai jamais pensé à cela. — Enfin cela serait ainsi, et, comme on a tout lieu de croire que ce n'est pas le vol seul qui a armé le bras de l'assassin, on cherche à qui profiterait la mort du colonel, et l'on trouve que c'est à vous. — A moi! — N'avez-vous pas reconnu que vous étiez l'héritier du colonel? » J'avoue, mon neveu, que je fus aussi frappé par cette accusation que je l'aurais été par la nouvelle de votre mort; mais cette fois je ne restai pas accablé, je voulus protester, me défendre. Le juge d'instruction m'arrêta.

— Comment?

— Oh! pour me rassurer, il faut lui rendre cette justice. « Bien que vous soyez signalé comme un homme de désordre, me dit-il, comme un révolutionnaire qui a figuré dans toutes les émeutes contre les gouvernements établis légalement, on ne vous accuse pas de complicité dans cet assassinat. » Là-dessus je me récriai pour faire comprendre au juge qu'on peut être un révolutionnaire sans être un assassin, mais il m'interrompit : « C'est bien, me dit-il ; une discussion sur ce point n'aboutira à rien. Je sais que vous êtes de ces gens obstinés dans leurs idées qui ne se laissent pas toucher par de bonnes raisons. Vous soutenez qu'un révolutionnaire n'est pas nécessairement un malhonnête homme; dans l'espèce, cela n'a pas d'importance, puisque, n'étant pas accusé, vous n'avez pas à expliquer vos antécédents. Mais, si vous ne l'êtes pas, il y a cependant quelqu'un qui vous touche de très-près, contre lequel s'élèvent des charges graves.

— Pauvre père!

— Oui, le moment fut cruel, quand le juge d'instruction en vint à m'interroger sur Anatole. Tout d'abord je me troublai, et je perdis la tête, tant j'étais ému. Cela naturellement produisit un effet déplorable sur le juge, qui crut que je voulais sauver par des mensonges celui qu'il appelait mon fils. Il me fallut longtemps et bien des paroles pour lui faire admettre que depuis plusieurs mois, des années même, je n'avais pas vu Anatole, et que par conséquent je ne pouvais répondre à aucune de ses questions. « Cela sera contrôlé, me dit-il, et, s'il le faut, je ferai comparaître votre fille. »

— Mais c'est affreux.

— Ce fut ce que j'essayai de dire, sans prononcer le mot, bien entendu. Il me répondit que la justice ne faisait pas de sentiment, et que pour obtenir la vérité, il fallait la chercher partout où l'on pouvait la trouver. A mon tour, je voulus l'interroger et savoir quelles étaient ces charges graves qui s'élevaient contre Anatole ; mais je compris aux premiers mots que je n'obtiendrais pas de réponse à mes questions, et même que les questions m'étaient interdites. Evidemment ce juge, qui se défiait de moi, n'allait pas me faire connaître les accusations contre lesquelles Anatole aurait à se défendre; mais vous, vous les connaissez sans doute, ces accusations, et je viens vous les demander.

— Mais, mon oncle...

— Ah ! parlez sans crainte, je suis prêt à tout entendre, et ce que vous me direz sera toujours moins terrible que ce que je me dis moi-même, à moins que vous n'ayez la preuve évidente de sa culpabilité.

— Mais, non, mille fois non, je n'ai pas cette preuve, et, sans les soupçons dont M. Le Méhauté m'a fait part, je n'aurais jamais eu l'idée qu'Anatole pouvait se trouver compromis dans cette tentative d'assassinat.

— Et quels sont ces soupçons? c'est là précisément ce que je suis venu vous demander, et ce que je vous supplie de me dire franchement; sans rien me cacher. Je suis un homme qui préfère à tout, la vérité, qu'elle quelle soit. Savoir. Ah ! je vous en conjure, arrachez-moi aux angoisses de cette horrible incertitude.

Le colonel se défendit longtemps, cherchant tous les moyens pour échapper aux questions qui le pressaient, aux supplications qui le troublaient, mais à la fin il fallut bien qu'il cédât et racontât en détail le long entretien qu'il avait eu avec le juge d'instruction, et dans lequel celui-ci avait dressé son acte d'accusation contre Anatole, ainsi que contre le *Fourrier*.

En écoutant ce récit, Antoine se cacha plus d'une fois la tête entre ses mains, bien que le colonel évitât de le regarder en parlant.

— Ah ! il est coupable, s'écria-t-il désespérément lorsque le colonel fut arrivé au bout de son récit, il l'est, cela est certain. Mon fils assassin! assassin de son cousin !

Alors le colonel lui donna les raisons qu'il avait déjà exposées au juge d'instruction pour défendre Anatole.

Mais, à chacune de ces raisons, Antoine secouait la tête sans rien dire, montrant, par ce geste désespéré, combien elles le persuadaient peu.

— Un seul mot ! s'écria-t-il, comme le colonel recommençait son plaidoyer en faveur d'Anatole. Dites-moi que pour vous il n'est pas coupable ; donnez-moi votre parole que vous le jugez, que vous le croyez innocent ?

Le colonel hésita.

— Vous voyez bien que vous le croyez coupable.

— Non, encore une fois, non. Est-il innocent, est-il coupable? Je vous répète ce que je vous ai déjà dit, je vous jure que je n'en sais rien.

V

A ce moment, Horace entra dans la chambre.

— Laisse-nous.

— Je vous demande pardon, mais Mme la marquise vient d'envoyer cette lettre par sa femme de chambre, avec ordre qu'elle vous soit remise aussitôt.

Et il tendit à son maître un plateau sur lequel se trouvait une lettre portant, pour toute suscription, ces quelques mots : « A lire tout de suite. »

Surpris, il prit la lettre; puis, levant la tête vers son oncle :

— Voulez-vous me permettre, mon oncle,

de voir ce que renferme cette lettre, qui paraît si pressée?

— Mais certainement.

Il ouvrit la lettre.

Elle ne contenait que quelques lignes, écrites rapidement :

« Mon cher colonel,

» Je viens de rencontrer, dans le parterre, votre jeune cousine; elle me dit qu'elle est venue vous voir avec son père. Si vous voulez garder vos parents près de vous, ou l'un d'eux, il est bien entendu, n'est-ce pas, que Chalençon vous appartient et que vous y êtes entièrement chez vous?

» Est-il besoin d'ajouter que, pour moi, je serai heureuse de voir de près cette jeune fille, qui paraît charmante.

» Amitiés.   » HENRIETTE. »

Antoine s'était levé et avait été se placer devant l'une des fenêtres ouvrant sur le parc, de sorte qu'il tournait le dos à son neveu.

Après avoir lu le billet de la marquise, celui-ci réfléchit un moment avant d'appeler son oncle.

Que devait-il faire?

Qu'y avait-il sous cette offre de la marquise?

Serait-elle vraiment heureuse, comme elle le disait, de voir Thérèse s'établir au château?

Antoine se retourna avant qu'il eût pris une résolution.

— Mon oncle, je suis à vous, dit le colonel.

Antoine revint près du lit.

— Je n'ai plus qu'un mot à ajouter sur ce malheureux sujet, dit-il, une prière à vous adresser.

— Parlez, mon oncle, et soyez sûr à l'avance que ce que vous voudrez, je le ferai.

— Il est certain que la justice va se livrer à des recherches pour trouver les complices de votre assassin. Votre ami le juge d'instruction...

— Il n'est pas mon ami.

— Je veux dire le juge d'instruction que vous connaissez m'a paru décidé à n'épargner ni son temps ni sa peine pour arriver à découvrir les coupables. Eh bien! ce que j'ai à vous demander, c'est que vous n'entraviez pas l'œuvre de la justice; il faut que les coupables d'un crime aussi abominable soient punis.

— Le plus coupable est mort.

— Pour moi, c'est le moins coupable qui est mort. Si les soupçons du juge d'instruction sont fondés, le plus coupable, c'est celui qui a eu l'idée du crime et qui a demandé qu'il fût commis à son profit.

— Mais ces soupçons sont-ils fondés?

— Je n'en sais rien; je dis seulement que, s'ils le sont, vous ne devez pas arrêter ou égarer les recherches de la justice. J'ignore si vous seriez disposé à le faire; mais, dans le cas où cela serait et où vous vous croiriez obligé, par égard pour moi, à ménager celui qui a mis le couteau aux mains de l'assassin, je vous demande de ne pas céder à une pareille pensée. S'il est coupable, il faut qu'il porte le châtiment de son crime, plus abominable pour lui que pour tout autre ; s'il est innocent, il faut que son innocence soit hautement reconnue.

Antoine parlait d'une voix brève qu'il s'efforçait d'affermir, mais sa pâleur et les gouttes de sueur qui mouillaient son front trahissaient la cruelle émotion qui l'étreignait.

Comme le colonel, touché de cette douleur, le regardait sans répondre :

— Ne voulez-vous pas prendre cet engagement que je vous demande? dit Antoine en insistant.

— Pourquoi prendre à l'avance des engagements dont les circonstances peuvent rendre l'exécution difficile ou dangereuse.

— Il n'est jamais dangereux d'accomplir son devoir ou s'il y a danger, on doit le braver.

— La loi ne demande pas le témoignage d'un parent contre un parent.

— Je ne sais au juste ce que demande la loi, mais je sais ce qu'exige ma conscience. Je vous en prie, mon neveu, si vous avez un peu d'estime pour moi...

— Dites un profond respect, mon oncle, une vive amitié.

— Eh bien! s'il en est ainsi, n'hésitez pas à prendre cet engagement que ma conscience m'oblige à vous demander.

— Et moi, mon oncle, ma conscience m'oblige à vous le refuser.

— Ah! mon neveu.

— Mon oncle, je comprends et sens les raisons qui ont déterminé votre démarche, et je vous estime davantage pour l'avoir faite.

— Alors...

— Mais nos conditions ne sont pas les mêmes, et j'ai des raisons sérieuses, moi aussi, pour refuser ce que vous me demandez. Quelles sont-elles? Il est inutile que je vous les développe, car cela ne pourrait amener qu'une discussion entre nous. Un mot suffit. Je ne sais pas si Anatole est coupable, et, jusqu'à preuve du contraire, je croirai qu'il est innocent; je veux qu'il soit innocent! Comprenez bien cela, mon oncle.

— Et moi, croyez-vous que je veuille qu'il soit coupable?

— Le voulant innocent, je ne vais donc pas donner moi-même le moyen de le trouver coupable ; ce serait absurde. D'ailleurs, fût-il vraiment coupable, qu'il ne le serait pas au degré que le juge d'instruction soupçonne. En admettant qu'il ait eu une part dans ce crime, j'affirme qu'elle aurait été des plus légères : ce ne serait pas lui qui en aurait eu l'idée première, ce ne serait pas lui qui l'aurait préparé et combiné. En tout, j'en suis certain, il aurait été dominé, entraîné, perdu par le *Fourrier*, qui, lui, si j'en crois le juge d'instruction, est un brigand de la pire espèce, brigand de la tête aux pieds, brigand complet. Remarquez que si Anatole avait subi l'influence de ce misérable, il faudrait admettre en sa faveur des circonstances atténuantes qui résultent de son âge. Or la justice n'entre pas dans ces considérations ; elle ne voit qu'une chose, la punition.

— Ne serait-elle pas méritée ?

— Peut-être ; mais ce n'est pas à ce point de vue que je me place, c'est au mien. Je ne demande pas une expiation. Un homme m'a attaqué, je l'ai tué ; pour moi tout est fini. Resterait maintenant Anatole, s'il était coupable, c'est-à-dire un homme qui porte le même nom que moi, mon cousin, le fils du frère de mon père. Eh bien ! je ne veux pas par mon fait mettre cet homme aux mains de la justice. Au contraire, je voudrais, si j'avais une preuve de son crime, aller à lui et lui dire : « Vous avez été entraîné par un misérable, je connais votre complicité, je pourrais vous perdre, je vous sauve. » Vous voyez, mon oncle, que nous ne pouvons pas nous entendre. Quittons donc ce sujet, terrible pour vous, pour moi assez douloureux pour n'y pouvoir pas penser sans me donner la fièvre. Disons donc que vous n'êtes venu ici que pour me voir ; je suis dans une position assez intéressante pour cela, il me semble. Allons, donnez-moi la main.

Antoine s'avança, les larmes dans les yeux.

— Ah ! pas trop fort, dit le colonel en souriant ; je suis douillet comme un enfant. Maintenant ne trouvez-vous pas qu'on pourrait faire revenir ma cousine. Elle aussi, je voudrais bien la voir, et je vous assure que pour mon repos cela vaudrait bien une discussion comme celle qui vient d'avoir lieu entre nous. Faites-lui donc signe par la fenêtre, si vous l'apercevez, de monter.

— Ah ! mon neveu, s'écria Antoine, on ne peut pas être plus généreux, plus délicat que vous.

Et les larmes qui roulaient dans ses yeux glissèrent sur ses joues.

Un homme qui pleure est ou ridicule ou profondément touchant ; cet homme au visage énergique, au caractère viril, qui pleurait à grosses larmes, n'était point ridicule.

— Allez donc à la fenêtre, mon bon oncle, dit le colonel ; vous apercevrez Thérèse sans doute.

Il fit ce qui lui était demandé, mais les larmes obscurcissaient ses yeux.

— Je ne la vois pas, dit-il d'une voix saccadée par l'émotion.

— C'est qu'elle se sera éloignée, dit le colonel. Puis pensant qu'il y avait là une occasion pour permettre à son oncle de calmer son émotion :

— Si vous alliez la chercher vous-même, dit-il, voulez-vous ?

— Oui, j'y vais.

Et il sortit.

— Le pauvre homme, se dit le colonel, si j'ai été malheureux en pensant qu'Anatole a voulu me faire assassiner, que ne doit-il pas souffrir, lui ? car il l'aime toujours, et malgré tout il est resté son père.

Il y avait à peine deux minutes qu'Antoine était sorti, lorsque la porte de la chambre s'ouvrit devant Thérèse.

— Votre père vous cherche.

— Je l'ai vu descendre ; mais je suis montée toute seule en courant, parce que moi aussi j'ai à vous parler.

Elle était haletante.

— Parlez, ma cousine, mais avant remettez-vous, pourquoi trembler ?

— Non, il faut que je profite de l'absence de mon père.

Elle se pencha sur le lit, après avoir instinctivement regardé autour d'elle pour voir si personne ne pouvait l'entendre.

— Mon cousin, dit-elle d'une voix précipitée, je sais que vous avez le cœur bon et généreux, et c'est à votre cœur que je viens faire appel.

— Mais, chère petite cousine, je suis à vous tout entier, et vous pouvez, je vous le jure, disposer de moi absolument ; vous ne savez donc pas combien je vous suis attaché, combien j'éprouve pour vous de sympathie, de tendresse, de...

Il s'arrêta, car il se sentait entraîné, et ses paroles pouvaient aller plus loin qu'il ne voudrait de sang-froid.

— Je crois, dit-elle, que vous avez bien voulu nous donner votre amitié, et c'est cette croyance qui m'encourage à risquer ma démarche.

— Comment, chère enfant, il faut que vous soyez encouragée pour vous adresser à moi, à moi votre cousin, votre ami, votre...

Il s'arrêta encore, décidément il n'était pas maître de lui.

Mais elle était tellement préoccupée par ce qu'elle avait à dire qu'elle ne parut pas avoir remarqué ces deux interruptions qui se succédaient si brusquement.

— Mon père est venu pour vous parler d'Anatole, n'est-ce pas ? dit-elle.

— Oui.

— Il le croit le complice de ceux qui ont voulu vous assassiner; mais cela n'est pas, cette complicité n'existe pas. Anatole est innocent, je vous le jure.

Elle prononça ces quelques mots avec une foi si exaltée, qu'il se demanda sans trop réfléchir si elle avait quelques raisons pour parler ainsi.

— Vous avez des preuves de cette innocence? dit-il.

— Je n'ai pas besoin de preuves, je la sens. Comment voulez-vous qu'Anatole ait eu la pensée de vous faire assassiner, vous son cousin, vous qui vous occupiez généreusement de lui?

— Vous n'avez donc pas parlé de votre conviction à votre père?

— Il n'a pas voulu me croire. Pour lui, Anatole est coupable, et il veut que par générosité vous n'arrêtiez pas le cours de la justice; il est coupable, il doit être puni. C'est là ce qu'il est venu vous demander, n'est-ce pas?

— Il est vrai.

— Eh bien! moi, mon cousin, je viens vous demander le contraire. Sans doute, vous devez trouver cela bien mal à moi de me mettre en opposition avec mon père, alors surtout que ce père est un homme estimé et respecté de tous; mais je vous prie de ne pas vous laisser toucher par cette considération et de ne voir que le but que je poursuis. Pour mon père, Anatole est coupable; pour moi, il est innocent. Nous ne pouvons donc pas agir de même l'un et l'autre à son égard. Et puis, je l'avoue, car je ne veux pas vous tromper, quand même je croirais Anatole coupable, je viendrais encore vous demander sa grâce; car, s'il n'est plus le fils de mon père, pour moi il est et il sera toujours mon frère. On ne le connaît pas, on ne sait pas ce qu'il y a de bonnes qualités en lui, que moi je puis affirmer pour les avoir éprouvées.

— Bien, ma cousine; je suis heureux de vous entendre parler ainsi et prendre hautement la défense de celui que tout le monde accuse.

— Ah! je savais bien que votre cœur m'entendrait. N'est-ce pas, mon cousin, que vous n'aiderez pas ceux qui veulent le perdre? Combien de fois a-t-on condamné comme coupables ceux qui réellement étaient innocents! Que faut-il pour cela? Le témoignage d'une personne qui inspire toute confiance.

— Alors ce que vous attendez de moi, c'est que je ne porte pas ce témoignage contre votre frère?

— C'est ce que j'ose vous demander.

— Eh bien! ma chère petite cousine, je ne le porterai pas, ce témoignage.

— Ah! mon cousin.

— Et pour cela j'ai de bonnes raisons en dehors de votre demande, c'est que je ne sais vraiment pas si votre frère est ou n'est pas coupable.

— Il ne l'est pas, je vous le jure.

— Je veux le croire.

— Songez donc que c'est impossible.

— C'est ce que je me suis dit, c'est ce que je me répète: le frère d'une jeune fille loyale, honnête, généreuse telle que vous, ne peut pas être un assassin.

— Oh! non, il ne l'est pas.

— C'est par vous, chère Thérèse, que je sens l'innocence de votre frère, et c'est pour vous que je ne veux pas qu'il soit coupable.

Elle le regarda longuement, comme pour comprendre ce qu'il y avait sous ces paroles.

— Ce que je veux dire vous sera expliqué plus tard, chère enfant. Pour le moment, ce qui vous tourmente, n'est-ce pas? c'est de savoir ce que j'ai répondu à votre père, me demandant de ne pas m'opposer à l'œuvre de la justice?

— Oui, c'est cela.

— Autant que je puis me rappeler mes paroles, car je n'ai pas en ce moment la tête très-solide, les voici: « Jamais, par mon fait, un homme qui porte le même nom que moi, qui est mon cousin, le fils du frère de mon père, ne sera mis aux mains de la justice. Au contraire je voudrais, si j'avais une preuve de son crime, — preuve que je n'ai pas et à laquelle je ne crois pas, — je voudrais aller à lui pour lui dire: « Vous avez été entraîné par des misérables; je pourrais vous perdre avec eux, j'aime mieux vous sauver » Voilà quelle a été à peu près ma réponse. Vous voyez, ma chère Thérèse, que tout seul, sur ce lit, je sentais comme vous. Maintenant laissez-moi vous dire que je suis heureux de cette union dans une même pensée.

Elle était debout près de lui, le regardant en face, lisant ses paroles dans ses yeux avant qu'elles arrivassent à ses lèvres.

Elle ne répondit rien.

Mais, se mettant à genoux, elle lui prit la main droite, qui était posée à plat sur le drap, et, dans un élan d'effusion, elle l'embrassa longuement.

Jamais il n'avait éprouvé pareille émotion, plus profonde et plus délicieuse.

— Oh! Thérèse, murmura-t-il, chère Thérèse!

Et, relevant sa main, il la lui posa sur la tête.

Pendant plusieurs secondes, plusieurs minutes peut-être, ils restèrent ainsi.

Sans en avoir bien conscience, il murmurait le nom de Thérèse, heureux de l'entendre, heureux de le prononcer.

— Thérèse, chère Thérèse!

Il la voyait transfigurée par la joie; mais elle ne le voyait point, car ses beaux yeux pâmés nageaient dans les larmes.

La première, elle s'arracha à ce trouble de joie.

Elle se releva.

Et essuyant ses yeux en souriant doucement:

— Maintenant, dit-elle, j'ai encore une grâce à vous demander.

— Qui vous dit que je n'ai pas été au devant de votre désir?

— C'est vous qui le direz tout à l'heure, mon cousin.

— Alors, vite, parlez.

— Peut-être ce désir n'est-il pas raisonnable, mais c'est vous qui prononcerez. D'ailleurs j'ai déjà assez changé de sentiment à son sujet pour ne pas me fâcher, quelle que soit votre décision. En venant, j'ai demandé à mon père la permission d'être votre garde-malade, en lui représentant que si quelqu'un devait être près de vous, c'était moi, assurément, votre plus proche parente. Mon père a compris mes raisons et il m'a accordé cette permission: « Oui, m'a-t-il dit, s'il y consent, car la parenté n'est pas nécessairement un lien sacré; elle peut être au contraire un obstacle à toute confiance; cela dépend du point de vue auquel on se place.

— Comment mon oncle a-t-il pu dire une pareille parole en pensant à moi d'abord, à vous ensuite?

— C'est par la réflexion seulement que je l'ai comprise et que j'ai senti ce qu'il y avait de désespoir dedans. Je suis donc arrivée ici avec l'intention de vous adresser ma demande; mais, en me promenant tout à l'heure dans le jardi, j'ai rencontré une belle dame qui m'a abordée. Je l'ai reconnue pour la marquise de Lucillière que j'avais vue aux courses de Longchamps, et elle même m'a reconnue aussi. En parlant, elle m'a dit qu'elle était votre garde-malade. Alors, bien entendu, j'ai renoncé à mon projet. Mais vous venez de vous montrer si bon, si généreux pour mon pauvre frère que je voudrais vous témoigner toute ma gratitude. Comment le faire, sinon en vous donnant mon temps et mon dévoûment? Oh! je ne prendrais pas la place de Mme de Lucillière; mais il me semble qu'une femme du monde comme elle, qui a des occupations, des devoirs, ne peut pas toujours être près de vous. J'y serais, moi, lorsqu'elle n'y serait pas. Voilà, mon cousin, ce que je vous demande.

Lorsqu'elle avait commencé à parler, il était loin de prévoir où elle voulait en venir; mais, à mesure qu'elle s'était expliquée, il s'était si bien laissé prendre par l'étonnement que quand elle se tut, il n'avait pas de réponse à lui faire.

Elle, sa garde-malade, dans ce château, auprès de Mme de Lucillière!

Elle, qu'il avait voulu fuir et qui précisément venait à lui!

Elle, dont il venait d'éprouver encore la toute-puissance, plus entraînante, plus irrésistible que jamais.

Non, c'était impossible.

Mais comment le dire ce non? Comment refuser cette offre si pleine de franchise et de naïveté, et qui était approuvée par la toute confiance du père de famille.

Elle attendit un moment qu'il lui répondit; puis, comme il ne parlait pas, cherchant ses paroles sans les trouver:

— Ma demande vous gêne, n'est-ce pas? dit-elle.

— Mais, je ne suis pas chez moi, et je cherchais un moyen de concilier les égards que je dois à M. de Lucillière qui me donne l'hospitalité, avec la reconnaissance que je vous dois à vous-même pour votre bonne pensée.

— Mme de Lucillière m'a demandé elle-même si je voulais être votre garde-malade.

Il fut déconcerté et ne sut plus que dire.

Ce fut elle qui, la première, prit la parole:

— Ne cherchez pas des explications pour m'adoucir votre refus, dit-elle; je vois bien que ma demande n'était pas raisonnable. Je vous en prie, oubliez-la.

— Au contraire, je m'en souviendrai toujours avec plaisir.

Elle le regarda, comme pour lui demander pourquoi il aurait plaisir à se rappeler une demande qu'il n'acceptait pas; mais elle ne lui adressa pas franchement cette question.

Heureusement Antoine en rentrant vint mettre fin à cette situation assez embarrassante pour le colonel, et même pénible; car, s'il n'avait consulté que son premier mouvement, il eût certes accepté la proposition de Thérèse.

— Je suis monté pendant que tu descendais, dit Thérèse à son père, et j'ai adressé à mon cousin ma demande.

— Eh bien? dit Antoine.

— Mon cousin m'a très-justement répondu qu'il n'était pas chez lui, et qu'il craignait d'être indiscret envers M. le marquis de Lucillière, qui lui offrait l'hospitalité, mais qui ne l'offrait pas à toute sa famille.

— C'est juste, cela, répondit Antoine.

Le colonel ne dit rien, mais il regarda Thérèse, qui détourna les yeux vers la fenêtre.

— Au moins, dit-il en s'adressant à tous deux, vous me donnerez votre journée.

— Oh! cela, bien entendu, répondit Antoine.

— Nous sommes à vous, mon cousin, tant que vous voudrez et comme vous voudrez, dit Thérèse.

— Pourvu que nous puissions prendre le chemin de fer américain ce soir à Port-Marly, cela suffit, dit Antoine.
— Je vous ferai reconduire en voiture.
— Mais, mon cousin..., interrompit Thérèse.
— Vous voulez dire que je ne suis pas chez moi, n'est-ce pas, répondit le colonel, et que je n'ai pas de voiture à ma disposition? Cela est vrai et je n'en veux pas demander une au marquis de Lucillière. Mais Horace a besoin à Saint-Germain, il ira à pied et il ramènera une voiture qui vous emportera ce soir.

VI

Thérèse ne laissa paraître aucune contrariété, aucune bouderie, à propos du refus qui avait accueilli sa demande.
Elle s'installa auprès du lit de son cousin, et se montra d'humeur aussi égale, aussi enjouée, que si elle avait obtenu tout ce qu'elle désirait.
— Ma petite cousine, lui dit le colonel à un moment où Antoine, placé sur le balcon, ne pouvait pas les entendre, vous êtes un ange.
— Vous vous moquez de moi, n'est-ce pas, mon cousin?
— Je parle sincèrement, je vous le jure, avec une émotion qui doit se trahir au dehors et vous prouver le sérieux de mes paroles.
— Et pourquoi donc suis-je un ange? dit-elle d'un ton enjoué; car je vous assure que je ne m'on doute pas.
— Parce que vous avez le caractère le mieux fait, le cœur le plus droit que je connaisse.
— Et cela suffit pour faire un ange, un caractère égal et un cœur droit? Vous n'êtes pas exigeant.
— Vous ne vous souvenez pas de la peine qu'on vous cause?
— Je me souviens de la joie qu'on me donne, et de ce que vous avez fait pour nous aujourd'hui, pour mon frère et pour moi, je ne l'oublierai jamais.
— Quel beau parc! dit Antoine en rentrant dans la chambre et en interrompant ainsi cet entretien; comme vous serez bien ici, en bon air, pour votre convalescence.
La journée s'écoula assez vite, et, comme le moment du départ approchait, la marquise fit demander au colonel s'il pouvait la recevoir.
Bien entendu, la réponse fut affirmative, et, quelques instants après, Mme de Lucillière entra dans la chambre.
Elle salua Antoine gracieusement et fit à Thérèse une petite inclinaison de tête avec un sourire, la traitant comme une personne de connaissance.
— Monsieur, dit-elle en s'adressant à Antoine, j'ai écrit tantôt un mot à notre cher colonel pour le prier de vous inviter à rester au château, si cela vous convenait. Notre ami ne m'a pas répondu et Horace vient de m'avertir qu'il avait amené une voiture pour vous conduire à Saint-Germain. Vous partez donc? Il ne m'appartient pas de vous retenir, ni vous, monsieur, ni votre charmante fille; mais j'ai tenu à vous dire que si vous vouliez rester auprès de votre neveu, nous serions heureux de vous recevoir. J'ai déjà mis le château à la disposition du colonel; mais qu'attendre d'un homme qui, le lendemain même de sa blessure, voulait partir pour Paris?
En prononçant ces derniers mots, la marquise regardait Thérèse, et elle vit passer sur son visage comme un éclair de joie.
— Oui, mademoiselle, dit-elle en insistant, il voulait partir, et il a fallu se fâcher pour le retenir.
Cette fois Thérèse ne broncha pas et elle regarda son cousin d'un œil impassible.
Pour Antoine, il n'avait rien vu de cette petite scène, et l'eût-il remarquée qu'il ne l'eût pas comprise.
Il était fort embarrassé de l'offre de la marquise; il ne savait pas se servir du langage de la politesse banale, et, pendant qu'elle parlait, il se demandait ce qu'il allait dire, car, ce petit discours étant à son adresse, c'était à lui d'y répondre. Heureusement il y avait dans ce discours un point qui n'était pas seulement de la politesse: ce fut ce point qu'il prit pour thème de sa réponse, et, bien que son remercîment fut un peu trop long et un peu trop oratoire, il s'en tira néanmoins pas mal. Pour exprimer combien il était touché des soins dont on entourait son neveu, il trouva des paroles émues qui lui montaient du cœur et qui portaient avec elles l'accent de la reconnaissance. Quant à lui, il tourna court, et dit simplement que les obligations du travail le rappelaient à Paris.
Pendant ce temps, Thérèse s'était rapprochée du lit du colonel.
— Ah! dit-elle à voix basse, je l'envie.
Son regard désigna la marquise.
— Elle vous soignera.
Puis aussitôt, changeant de ton:
— Vous nous ferez écrire, n'est-ce pas, mon cousin? dit-elle.
— Tous les matins par Horace, jusqu'au jour où je pourrai moi-même tenir une plume.
Jusque-là il y avait une question que le colonel n'avait point osé aborder, celle de leurs visites; mais au moment où ils allaient

partir, il ne pouvait pas ne pas leur en parler.

— Ne viendrez-vous pas me voir, mon oncle ? dit-il.

— Toutes les fois que vous voudrez, mon cher Edouard ; vous n'aurez qu'un mot à nous dire. En tous cas, dimanche assurément.

La marquise les conduisit elle-même à leur voiture ; puis, quand ils furent partis, elle remonta auprès du colonel, qu'elle trouva la figure assombrie.

— Je viens vous tenir compagnie, dit-elle, pensant qu'il vous serait agréable de ne pas rester seul en ce moment.

— Il m'est toujours agréable de vous voir.

— Votre figure est en contradiction avec vos paroles.

— Et que dit donc ma figure ?

— Que vous avez vos humeurs noires, est-ce vrai ?

— Il est vrai que l'entretien que j'ai eu avec mon oncle m'a inspiré de douloureuses réflexions, mais je ne suis pas pour cela dans des humeurs noires.

— Il n'y a que l'entretien que vous avez eu avec votre oncle qui vous a ainsi attristé ?

— La douleur de ce pauvre père est assez navrante pour émouvoir le cœur le plus dur, même celui d'un indifférent, et j'ai pour mon oncle une vive amitié, une profonde vénération : sous son apparence inculte, c'est un homme d'un grand caractère, d'une âme haute, d'un esprit large. Élevé dans un autre milieu, c'eût été un homme remarquable pour tous, tandis qu'il ne l'est que pour ceux qui le connaissent ; mais il l'est, soyez-en certaine.

— Je le crois, s'il vous plaît que je le croie.

— Eh bien ! en voyant le désespoir d'un homme pour lequel je professe une telle estime, vous devez comprendre que cela ne m'ait pas égayé.

— Pourquoi ne l'avez-vous pas retenu près de vous ?

— Parce qu'il vit de son travail et qu'il ne peut pas donner son temps.

— Et cette petite fille qui voulait être votre garde-malade ?

— M'était-il possible de l'accepter, alors que vous avez bien voulu m'offrir et me donner vos soins avec tant de bonne grâce ?

— Les soins de cette enfant n'eussent pas empêché les miens.

— Ils m'étaient inutiles, puisque j'ai les vôtres.

— C'est seulement pour cette raison que vous avez refusé sa bizarre proposition ?

— Et pour quelle raison autre voulez-vous que je ne l'aie pas acceptée ? à moins que ce ne soit encore pour celle que vous venez d'indiquer vous-même, en qualifiant cette proposition enfantine de bizarre.

— Ce n'est pas répondre cela, c'est interroger.

— Il me semble...

— Il me semble, moi, que vous ne montrez pas en ce moment votre franchise ordinaire, cette franchise admirable, qui fait que vous dites habituellement tout ce que vous pensez et que vous montrez tout ce que vous ressentez. Il ne faut pas perdre ainsi vos qualités natives, mon cher colonel. Songez donc que vous êtes un sauvage, ne devenez pas un civilisé comme tout le monde.

— Vous vous moquez de moi ?

— Un peu, mais convenez que vous ne l'avez pas volé. Comment ! je vous interroge sérieusement, et vous me répondez par ma question même ? Alors, puisque les rôles sont intervertis et que c'est à moi de m'expliquer, je vais le faire. Pourquoi je vous ai demandé, n'est-ce pas, si vous n'aviez pas une raison particulière de refuser la proposition bizarre, mais non enfantine de cette jeune fille.

— Je vous en prie...

— Non, non ! nous devons nous expliquer ; je m'explique et prends la franchise que vous abandonnez : le but de ma question était de savoir si vous n'aviez pas éloigné cette jeune fille par peur.

— Par peur ?

— Oui par peur, par peur d'elle et par peur de vous. Cela est clair, n'est-ce pas ? Peut-être me direz-vous que c'est indiscret ; mais au moins vous ne direz pas que ce n'est pas franc. J'avais envie de savoir une chose, je l'ai demandée ; je ne connais rien de plus primitif. Maintenant, pour rester dans le ton que vous m'avez forcé de prendre, vous êtes obligé de m'imiter. De qui avez-vous eu peur, d'elle ou de vous ?

— Mais...

— Mais n'est pas une réponse. Notez que ma question est bien naturelle, s'appliquant à une jeune fille, qui, dit-on, doit être votre femme un jour.

Le colonel eut un mouvement de contrariété. C'était la seconde fois que la marquise lui parlait de Thérèse, et rien ne pouvait lui être plus désagréable que ces interrogations.

— Vous m'avez déjà parlé de cette jeune fille, dit-il, et je vous ai répondu...

— D'une façon évasive ; voilà pourquoi j'y reviens. Ceux qui vous connaissent sont tellement affirmatifs à ce sujet, que je voulais savoir à quoi m'en tenir. Savez-vous ce que m'a dit votre ami Gaston, le jour où vous avez conduit votre jeune cousine à Longchamps.

— Gaston a été indiscret.

— Peut-être, mais je n'ai pas provoqué ses indiscrétions. Il est venu à moi avec une mine effaré, — autant que son visage froid peut être effaré, — et il m'a conté qu'il était désespéré, parce que vous, son ami, son cher colonel Chamberlain, vous étiez venu aux courses avec une jeune fille, charmante du reste, mais qui avait ce défaut capital à ses yeux que par suite d'arrangements de famille, elle pouvait devenir votre femme un jour, ce qui était abominable, attendu qu'elle n'avait rien. A cela, je lui répondis que c'était une sotte manie de vouloir que nos amis se mariassent pour nous. Mais il ne se tint pas pour battu et déclara qu'il fallait que vous fissiez un mariage digne de vous et de votre grande position. Là-dessus, vous ne devinerez jamais ce qu'il inventa et ce qu'il me proposa pour arriver à ce but?

— Il est de fait que je ne vois pas quel moyen il a pu inventer

— Tout simplement que je vous rende amoureux de moi, parce que, si vous m'aimiez, vous oublieriez naturellement votre petite cousine. Comment trouvez-vous votre ami?

— Je trouve que Gaston a une façon étrange de se mêler de ce qui ne le regarde pas, non-seulement à propos de moi, mais encore à propos de vous.

— C'est ce que je lui ai dit. Mais enfin de ce qu'il était venu me raconter, dans son accès d'indignation, il n'en résultait pas moins un fait positif : qui est ou, plus justement, qui était, en s'en rapportant aux assertions de votre ami, que vous deviez un jour ou l'autre épouser cette jeune fille. Voilà pourquoi j'ai cru pouvoir vous en parler sur un ton de plaisanterie, qui, je le vois bien, vous a fâché.

— Je n'admets pas ce mot ; rien de votre part ne peut me fâcher, je vous demande que cela soit bien entendu entre nous. Ce qui m'a... surpris, c'est de voir tout le monde s'occuper d'un mariage dont moi je ne m'occupe pas ; c'est de voir qu'on le regarde comme fait, quand, moi, je ne sais pas s'il se fera. Ce mariage en effet...

— Oh ! je vous en prie, interrompit Mme de Lucillière, quittons ce sujet, que je n'aurais pas dû aborder, puisqu'il vous est désagréable ; plus un mot, je vous prie.

— Au contraire, laissez-moi m'expliquer jusqu'au bout, je vous prie ; il le faut.

— Et pourquoi donc le faut-il?

Au point où les choses en étaient arrivées entre le colonel et la marquise, chaque mot de celle-ci, depuis que cet entretien était commencé, avait sa signification, alors même qu'il paraissait entièrement inoffensif. Jamais une parole d'amour n'avait été échangée entre eux, mais il était parfaitement entendu que le colonel aimait la marquise, et il était non moins admis que celle-ci ne se fâchait point qu'il l'aimât. Tel était le présent, l'avenir restant réservé.

— Je vous aime.
— Aimez-moi.
— Mais....
— Oh! pas d'engagements ; plus tard, nous verrons.

Voilà ce que par leurs regards, par leurs silences, de mille manières, des lèvres excepté, ils s'étaient dit vingt fois, cent fois.

Dans ces conditions, tout ce qui se rapportait à Thérèse avait donc une importance décisive.

Et ce n'était pas la seule curiosité qui inspirait les questions de Mme de Lucillière.

Mais ce qui rendait ces questions plus graves encore, c'était la façon dont elles étaient posées.

Dans les choses de cœur et de sentiment, les paroles ne sont rien ; le geste, le ton, la musique est tout. Ce qui trouble, ce qui convainc, ce qui entraîne, c'est un regard, une intonation, un silence.

Et Mme de Lucillière était un maître incomparable dans cet art si difficile de faire entendre ce qu'on ne dit pas.

Ce qu'elle disait, elle n'en prenait pas grand souci, ayant fait admettre par son entourage qu'elle avait l'habitude de dire tout ce qui lui passait par la tête à tort et à travers, mais elle veillait avec un soin extrême à sa diction et à sa mimique.

Elle parlait sur le ton de l'enjouement avec sa ravissante figure tout en l'air, les yeux brillants, les lèvres continuellement souriantes, les narines palpitantes, d'une voix gaie, la physionomie pétillante d'esprit, se voilant seulement de temps d'une nuance d'émotion que l'on contient.

— Pourquoi donc faut-il que vous m'expliquiez les projets de mariage qui ont pu exister entre vous et cette jeune fille? répéta-t-elle.

Il ne convenait pas au colonel de répondre en ce moment et d'une façon directe à cette question ; il la laissa donc tomber, mais il continua ce qu'il voulait dire :

— C'est mon père, à son lit de mort, qui a eu l'idée de ce mariage ; mais il ne me l'a pas imposé. De mon côté, je n'ai pas pris d'engagement. J'ai promis seulement de ne pas me marier, si je me mariais jamais, sans avoir vu la jeune fille qu'il me destinait.

— Et vous l'avez vue, il me semble?
— J'ai vu une enfant.
— Dites une jeune fille tout à fait charmante.
— Pour moi, elle n'est qu'une enfant.
— Ce qui veut dire?...
— Ce qui veut dire qu'arrivé à Paris, je n'ai pas eu de projet mieux arrêté que je n'en avais avant de quitter l'Amérique.

— Vraiment ?

— Je vous affirme qu'il n'a jamais été question de mariage entre elle et moi, ni entre moi et son père : tous deux même ignorent les intentions qui m'ont été manifestées par mon père, et, en les confiant à Gaston, je croyais lui confier un secret ; je regrette plus que je ne saurais le dire qu'il en ait abusé.

— C'est pour moi que vous dites cela ?

— Non, car vous êtes la seule personne, avec Gaston, à qui je l'aurais confié.

— Alors les choses ne sont pas du tout arrivées au point que je supposais ?

— Pas du tout.

— Mais elles peuvent y arriver, n'est-ce pas ?

— Cela dépend.

— De qui ? D'elle ou de vous ?

La question était tellement directe, qu'il hésita un moment.

— D'elle, de moi, et...

— Et ?

— Et de circonstances qui peuvent se produire.

— Ah ! l'inconnu alors. Eh bien ! n'en parlons pas.

— Cependant...

— Non, n'en parlons pas, je vous prie. C'est bien assez que je me sois engagée à l'étourdie dans cette question de mariage, n'allons pas plus loin.

Il y a une manière de dire n'allons pas là, qui précisément donne l'idée de faire ce qui est défendu.

C'était cette manière que la marquise avait employée : ses yeux étaient en désaccord complet avec ses lèvres, et, en défendant au colonel de s'expliquer sur les circonstances qui pouvaient empêcher son mariage avec Thérèse, elle provoquait justement cette explication.

Mais en agissant ainsi elle ignorait ce qui s'était passé entre le colonel et Thérèse dans cette visite, et ne pouvait pas savoir que l'influence de celle-ci était en ce moment trop puissante pour être entamée par un mot plus ou moins habile, par une réticence ou par un sourire.

Heureux d'abandonner un sujet qui lui était pénible, le colonel se tut.

Elle attendit un moment.

Puis, voyant qu'il ne s'engageait pas sur la voie qu'elle aurait voulu lui faire prendre, elle revint, par un chemin détourné, au point qui l'intéressait.

— Quand je pense, dit-elle, que, partant de l'idée que ce mariage devait se faire un jour ou l'autre, j'ai voulu vous arranger un tête-à-tête de plusieurs jours avec votre petite cousine. Comme c'était bien combiné ! Mais aussi comment s'imaginer qu'une jeune fille qui ne vous est rien aurait le caprice de vouloir se faire votre garde-malade ?

— C'est précisément parce qu'elle ne m'est rien, ou tout au moins parce qu'elle n'est que ma cousine, qu'elle a eu ce caprice, comme vous dites en parlant de son projet.

— Vous croyez.

— Il me paraît évident que si elle avait eu d'autres sentiments dans le cœur ou si elle avait supposé chez moi des intentions qu'elle ne soupçonne même pas, elle n'aurait jamais eu ce projet.

— Cela vous paraît démontré.

— Absolument, étant donnés son âge, sa droiture et, si vous permettez le mot, sa pureté.

— Oh ! parfaitement, attendu, mon cher colonel, que je crois à la pureté... d'intention de toutes les femmes, à plus forte raison dois-je croire à celle des jeunes filles. Enfin il n'en est pas moins vrai que je faisais une sottise en voulant vous ménager ce tête-à-tête, et que je répondais bien mal à la confiance de notre ami Gaston.

— Vous êtes-vous donc engagée à faire ce que désirait Gaston ?

— Savez-vous que votre question est plus que vive ?

— Mais...

— Mais vous êtes malade, je vous pardonne. D'ailleurs je conviens que jusqu'à un certain point je l'avais provoquée, en ne pensant qu'à l'amour que dans ce tête à tête de plusieurs jours, vous pouviez ressentir pour cette jeune fille. Il me semble qu'elle est assez jolie pour inspirer une passion, et puis les soins qu'elle vous aurait donnés, les longues conversations, les prévenances qu'elle aurait eues, sa position même de sœur de charité, est-ce que tout cela n'aurait pas eu quelque chose de poétique qui à la longue aurait pu vous émouvoir, si vous n'êtes pas de glace, ce que j'ignore.

— Vous savez bien...

— Je ne sais rien du tout et je ne veux rien savoir. Pas de paroles trop vives, n'oubliez pas que c'est là le fond même de notre convention. Vous n'êtes pas guéri, souvenez-vous-en. Maintenant cet amour eût-il été un bien ? eût-il été un mal ? Cela dépend, comme vous disiez tout à l'heure de ces circonstances mystérieuses que vous vouliez m'expliquer, et que je n'ai pas voulu, que je ne veux pas connaître, puisqu'elles ne me touchent pas, car elles ne me touchent point, n'est-ce pas ?

Il ne répondit pas ; alors elle continua :

— Pour cette jeune fille, que moi je trouve charmante, malgré qu'elle n'ait rien et qu'elle ne soit rien, comme dit Gaston, vous pouviez donc vous prendre d'une belle et bonne passion qui vous aurait conduit à un mariage, car je vous crois trop galant homme pour ne pas épouser une jeune fille que vous aimeriez : la belle affaire, et comme j'aurais été fière quand j'aurais connu la vérité. Maintenant, de ma sotte idée, il aurait pu sortir un résultat opposé à celui que nous venons d'examiner : c'est-à-dire que cette jeune fille aurait très-bien pu se prendre d'amour pour vous. Vous admettez cela, n'est-ce pas ?

— Je ne sais pas.

— Moi, je sais, et je vous assure que sur cet oreiller, avec ce visage pâle, cette grande barbe, ces yeux ardents, vous avez assez la physionomie d'un héros de roman ; et puis, quand on sait comment vous vous êtes défendu, on vous admire. Ainsi, moi, positivement je vous admire ; ah! pas comme héros de roman, mais comme homme de courage et de résolution, ce qui est bien quelque chose de notre temps. Eh bien! que serait-il arrivé. Si elle vous avait aimé, si vous-même vous l'aviez aimée ; c'était parfait ; mais, si vous aviez été insensible à cet amour, la pauvre enfant comme elle eût souffert, car il n'y a pas de plus grand malheur en cette vie que d'aimer qui ne nous aime pas. N'est-ce pas votre sentiment ?

— Assurément.

— Voilà pourquoi, revenant à mon point de départ, je dis que j'ai été folle et que vous, vous avez été sage. Aussi, mon cher colonel, sincèrement je vous félicite ; vous avez bien fait, très-bien fait de ne pas accepter les soins de cette jeune fille, et de vous contenter des miens, quels qu'ils soient. Au moins, avec moi, il n'y a pas de danger, n'est-ce pas ?

Et elle lui tendit la main.

VII

Mme de Lucillière n'avait point réalisé sa promesse de s'établir à Chalençon ; elle était retournée à Paris, et elle y était restée. Seulement elle venait presque tous les jours à Chalençon, tantôt pour quelques courts instants, tantôt pour la journée, du matin au soir.

Quant au marquis, il venait souvent aussi au château ou plus justement au haras pour visiter ses étalons et ses poulinières, et chaque fois il faisait une visite à son hôte, s'inquiétant de sa santé, s'informant de ses besoins, veillant, jusque dans les plus petits détails, à ce qu'il ne manquât de rien.

Parmi les nombreuses dissemblances qui existaient entre le mari et la femme, celle-là était une des plus caractéristiques. Tandis que la marquise ne s'occupait pas des choses de la vie et semblait n'être jamais chez elle, le marquis, au contraire, portait le souci de ces choses jusqu'à la minutie : c'était lui qui ordonnait la maison, commandait aux domestiques, donnait les clefs, et payait les mémoires après les avoir rigoureusement épluchés. La tête en l'air, son lorgnon sur le nez, se haussant à chaque pas, on le voyait sans cesse aller et venir, son carnet à la main, furetant partout, ouvrant les portes, regardant dans les coins, se baissant sous les meubles, passant son doigt sur les marbres pour voir s'ils avaient été essuyés ; et alors malheur au domestique en faute. La réprimande n'était pas longue, mais elle était vive.

— Les Lucillière ont été ruinés par leurs intendants, disait-il souvent.

A quoi les amis de sa femme répondaient tout bas que si les Lucillière avaient été ruinés par les intendants, ils avaient aussi très-probablement été continués par eux, car le marquis devait être le fils ou le petit-fils de quelque majordome ou de quelque homme d'affaires.

— On n'a pas cette passion du ménage, sans avoir été domestique en ce monde ou dans l'autre. Lucillière devrait mettre un manche à balai dans ses armes.

— Deux plumeaux croisés sur un livre de comptes.

— Avec cette devise : *Honni soit qui poussière laisse*.

— Ou bien celle-ci : *Lucillière lucet*.

Bien entendu, le colonel n'avait pas fait la plus légère allusion à l'engagement de la marquise, tout en en souffrant, et celle-ci, de son côté, n'avait pas paru se souvenir qu'elle l'avait pris.

Depuis qu'il avait quitté son lit, le colonel se tenait allongé dans un grand fauteuil devant la fenêtre, et de là il voyait la marquise arriver, lorsque sa voiture, quittant la route, prenait l'avenue du château.

De loin, avec son mouchoir qu'elle agitait, elle lui adressait son salut. La voiture se rapprochait, on entendait les roues crier sur le gravier de l'allée ; puis elle s'arrêtait. Presque aussitôt il se produisait un bruissement d'étoffes dans l'escalier. La porte de la chambre s'ouvrait brusquement, comme si elle était poussée par l'ouragan, et du seuil une voix joyeuse criait :

— Me voilà ; c'est moi! Comment allez-vous aujourd'hui ?

Et elle s'avançait vers le colonel, les deux mains tendues, le visage souriant, vive, légère, comme si ses pieds n'avaient pas posé sur le parquet et comme si elle avait eu des ailes pour la soutenir, sans qu'elle touchât la terre.

Alors c'était un gracieux caquetage, fait d'interrogations précipitées qui laissaient à peine place aux réponses.

— Vous avez passé une bonne nuit, n'est-ce pas? Oui, cela se voit à votre mine. De qui avez-vous rêvé? Pas de moi, j'en suis certaine. Plutôt de côtelettes et de poulet, comme hier, je parierais. O homme peu poétique, Américain grossier et affamé! Mais je ne vous en veux pas; je comprends que vous ayez faim après votre saignée et votre jeûne. Aussi, comme je prévoyais ce bel appétit, je vous ai apporté des provisions; j'ai donné des ordres pour qu'on les monte. Nous allons faire la dînette ensemble; moi aussi, j'ai une faim de loup. Horace, voulez-vous mettre le couvert, mon garçon?

Et Horace s'empressait d'obéir, car il était en admiration devant la marquise : chaque fois qu'elle se tournait vers lui, son visage s'épanouissait et l'on voyait ses trente-deux dents blanches briller comme des perles. Il n'était point surpris de l'affection qu'elle témoignait à son maître, et même cela lui paraissait tout naturel : une femme unique comme la marquise devait aimer un homme unique tel que le colonel Chamberlain, ils avaient été créés par le bon Dieu l'un pour l'autre. Mais enfin il lui savait gré de son entrain, de sa bonne humeur, de sa beauté, et de toutes ses qualités, qu'il énumérait les unes après les autres dévotement, comme s'il avait récité les litanies de la Vierge.

Bientôt la table était servie, et elle se plaçait vis-à-vis de son malade, qu'elle prenait plaisir à servir et à faire manger, exactement comme une petite fille qui joue à la dînette avec son bébé en carton-pâte : « Mange, bébé; sois bien sage, mange bien. »

Mais il n'y avait pas besoin d'adresser cette recommandation au colonel, qui, ainsi que le lui reprochait la marquise, rêvait souvent de côtelettes et de poulets.

Pour elle, il n'était pas non plus nécessaire de l'exciter à faire honneur à sa collation, et il était bien rare qu'elle ne fût pas en appétit; si cela arrivait parfois, elle ne refusait pas cependant de se mettre à table : du bout des dents, elle mordillait gracieusement une pâtisserie ou un fruit, et trempait ses lèvres dans un verre de vin.

La dînette achevée, elle faisait enlever la table; puis, lorsque Horace s'était retiré :

— Maintenant, disait-elle, que voulez-vous: lire, chanter, faire de la musique, raconter des histoires? Parlez, commandez; je suis ici pour que vous ne vous ennuyiez pas.

— Vous voir.
— Cela peut devenir monotone à la longue.
— Pas pour moi.
— Vous vous endormiriez.
— Essayez.
— Je vous préviens que, si vous bâillez, je me fâche.
— Et si je ne bâille pas?

— Alors c'est que vous aurez pris plaisir à votre contemplation, et je ne vous devrai pas de récompense; il me semble que ce serait plutôt vous qui m'en devriez une.
— Je suis prêt à m'acquitter.
— Je ne demande rien.

Elle s'asseyait en face de lui, et il restait les yeux fixés sur elle, la regardant, l'admirant, s'enivrant du charme qui se dégageait de sa beauté.

Elle ne disait pas un mot et se tenait les yeux mi-clos, en apparence insensible à ce qui l'entourait; cependant elle voyait très-bien les sentiments qui s'éveillaient et se développaient en lui, suivant exactement leur progression, comme si de sa main, qui restait posée sur l'appui de la fenêtre, elle lui eût tâté le pouls.

Ah! non, il ne bâillait point; ses joues se coloraient, ses yeux brillaient et jetaient de chauds rayons, ses lèvres étaient agitées d'une sorte de frémissement.

Elle attendait ainsi silencieuse jusqu'au moment où elle le voyait prêt à tendre les deux mains vers elle.

Alors, mettant vivement un doigt sur sa bouche :

— Maintenant, disait-elle, si nous parlions un peu. Vous savez que la chaîne de notre ami Gaston vient de se rompre. Depuis son retour d'Amérique, elle était rivée. C'était admirable. Une fidélité, une constance à n'y rien comprendre; avec cela, une retenue, une correction dans les relations apparentes, qui faisaient de Gaston un véritable modèle. Était-ce amour? était-ce modération forcée, s'expliquant par la position financière de notre ami, qui, vous ne l'ignorez pas, était complètement ruiné. Les paris étaient ouverts : les uns tenaient pour la fidélité; les autres, pour un sentiment moins délicat. Gaston vient de faire un héritage inespéré qui lui permet de reprendre son ancienne vie, et tout de suite il l'a repris; la chaîne est rompue. Je compte qu'il va venir un de ces jours vous annoncer, tout glorieux, cette transformation; car l'ambition de Gaston est d'être le dernier de nos gentilshommes : il n'a qu'une idée, faire parler de lui ou, comme on dit dans un certain monde, *épater* la galerie.

Quand elle n'avait pas d'histoire à conter, elle prenait un livre.

Ou bien, quand les livres l'ennuyaient, elle se mettait au piano, et ses doigts jouaient tout ce qui lui passait par la tête : une sonate de Mozart, qui lui était restée dans la mémoire du temps de son éducation, ou bien la chanson à la mode de la dernière opérette.

A vrai dire même, la chanson lui venait plus souvent sur les lèvres que la sonate dans les doigts.

Elle avait une véritable passion pour le

répertoire de Thérésa, et déclarait hautement que le *Sapeur* était un chef-d'œuvre et que la *Femme à barbe* était le dernier effort de l'esprit humain. Elle-même avait composé les paroles de plusieurs chansons de ce genre : *Une femme à la mer*, — *Ous'que ça me chatouille*, — *Oh ! la la, que c'est drôle !* qui auraient pu être chantées sur la scène de l'Alcazar avec succès. La musique de l'une était d'un prince ; celle de la seconde, d'un grand compositeur, qui s'était prêté à ce caprice, espérant bien en être récompensé ; celle de la troisième, d'un ambassadeur auprès de la cour des Tuileries.

Le colonel ne raffolait pas précisément de la *Femme à barbe*, et, bien que cette bouffonnerie lui parût assez drôle, il ne trouvait pas, comme la marquise, que c'était le dernier effort de l'esprit humain ; mais, chantée par cette bouche spirituelle, accentuée par cette voix mordante, mimée par ces yeux pétillants d'esprit, il l'eût éternellement écoutée, et toujours avec un nouveau plaisir.

« Tâtez, voyez... »

Eh ! oui assurément, il se fût volontiers assuré « que ce n'était pas de la chair, mais que c'était du *marbe*. »

C'était ainsi que leur temps se passait, rapidement pour tous deux.

Tout à coup la marquise, comme si elle sortait d'un rêve pour rentrer dans la réalité, regardait l'heure à la pendule.

— Ah ! mon Dieu ! je serai encore en retard aujourd'hui, s'écriait-elle ; comme toujours d'ailleurs.

Et elle se précipitait sur son chapeau et son mantelet, qu'elle jetait n'importe comment sur sa tête et sur ses épaules.

— Je vous verrai demain ?

— Eh ! oui assurément.

— A quelle heure ?

— Ah ! je ne sais pas ; mais je viendrai, soyez-en sûr.

— Adieu, alors.

— Au revoir, au revoir ! Est-ce qu'on se dit jamais adieu ? A demain !

— Sûr ?

— C'est juré.

Cependant, malgré cette promesse et malgré ce serment, il arrivait quelquefois qu'elle ne venait pas.

Alors la journée était longue pour lui à passer.

A l'heure à laquelle il l'attendait, il se mettait à la fenêtre, pas trop tôt, car il espérait toujours qu'elle lui ferait la joie de le surprendre, mais à l'heure juste ; puis, les yeux fixés sur l'avenue, il regardait, et, les oreilles tendues, il écoutait.

Le roulement d'une voiture sur la route arrêtait les mouvements de son cœur. Quelquefois c'était elle, mais quelquefois aussi ce n'était que la charrette d'un paysan ou une voiture étrangère qui ne tournait pas à l'avenue.

De nouveau, il attendait : les minutes, les heures se succédaient lentement.

Elle allait arriver : il en était sûr, il le sentait.

Elle n'arrivait pas.

Il s'en prenait à la pendule.

— Tu n'as pas mis cette pendule à l'heure, disait-il à Horace.

— Je vous demande pardon ; elle va comme votre montre, qui elle ne se dérange jamais.

— C'est égal, elle peut se déranger une fois par hasard ; va voir l'heure en bas.

Horace, qui savait à quoi s'en tenir, sortait de la chambre ; mais, ne se donnant pas la peine de descendre, il rentrait bientôt annoncer que la montre ne s'était pas dérangée.

Enfin il arrivait un moment où il devenait bien certain que la marquise ne tiendrait pas sa promesse. Cependant il ne quittait pas la fenêtre. Qui sait ? Est-ce que l'impossible n'est pas toujours possible pour ceux qui attendent et qui espèrent ? Elle avait pu être retardée, un accident avait pu se produire en route. Dans ces conditions, l'esprit est inépuisable en inventions.

Cependant, à mesure que la certitude qu'elle ne viendrait pas s'établissait, l'angoisse de l'attente diminuait d'intensité.

Ses yeux ne se tenaient plus obstinément fixés sur l'avenue, ses oreilles exclusivement ouvertes aux bruits seuls de la route.

Il regardait autour de lui les gazons veloutés du jardin et le jeune feuillage des arbres du parc, qui, comme les vagues d'une mer de verdure, ondulait sous la pression de la brise.

C'était le printemps : la saison était douce, et, sous les taillis du jardin, les rossignols sifflaient, tandis que, tout en haut des arbres, les pigeons ramiers faisaient entendre, du matin au soir, leurs roucoulements amoureux.

Pour quelqu'un dont le cœur et l'esprit eussent été libres, les heures passées à cette fenêtre eussent pu être agréablement remplies ; pour cela il n'y avait qu'à ouvrir les yeux et les oreilles.

En effet, bâti en amphithéâtre sur les confins de la forêt de Marly, le château voyait se dérouler devant lui un paysage fait à souhait pour le plaisir des yeux.

Immédiatement après la pelouse, qui touchait le perron, et à une assez courte distance, s'élevaient les toits du village, qu'on apercevait à travers une balustrade en pierre façonnée qui terminait une longue terrasse. Au delà du village s'étendait la plaine immense avec ses cultures aux couleurs variées et ses petits bouquets de bois, semés çà et là comme pour égayer sa nudité. A droite, le parc remontait jusqu'à la forêt, avec laquelle il se confondait. A gauche, se succédaient, le long d'un petit ruisseau qui va rejoindre la Maudre, des prairies encloses de haies basses, dans lesquelles paissaient en liberté les poulinières et les poulains du haras.

Tout cela n'était pas très-grand ni fait pour susciter des idées bien hautes; mais cependant il y avait là un mouvement, une vie, qui ne laissaient pas l'esprit s'endormir dans un repos monotone. On entendait les bruits du village, le roulement des charrettes, les chants des ouvriers, les cris des enfants, le marteau de la forge; puis tout à coup le hennissement d'une poulinière qui appelait son petit, ou le galop précipité d'une troupe de poulains qui traversaient la prairie comme une volée de mitraille, s'amusant à lutter de vitesse entre eux, sans se douter que ce qu'ils faisaient en ce moment par plaisir, ils devraient le faire plus tard par travail, devant une foule qui les applaudirait ou les invectiverait, selon qu'elle aurait gagné ou perdu de l'argent en pariant sur eux.

Mais le colonel était peu sensible à ce paysage et à ce mouvement, c'était la marquise qu'il attendait, et bien vite, s'il se laissait distraire un moment, il revenait à sa préoccupation.

Quelquefois alors qu'il n'espérait plus la voir arriver, une voiture apparaissait dans l'avenue.

C'était elle.

Mais non, c'était une visite qu'on venait lui rendre: le baron Lazarus, le prince Mazzazoli, qui parurent plusieurs fois au château, témoignant au colonel l'intérêt le plus vif, sans qu'il fût impossible de reconnaître lequel des deux était le plus inquiet; Gaston de Pompéran, qui vint raconter, tout glorieux, comme l'avait dit la marquise, l'histoire de son héritage, qu'il appelait une bonne fortune.

Ces visites étaient une déception; mais, le premier moment de contrariété passé, elles devenaient une distraction; tant qu'elles duraient, les minutes étaient moins longues.

Au nombre de ces visites, il y en eut une qui, commençant, comme toutes les autres, par la déception, ne se termina pas par la distraction.

Ce fut celle de M. Le Méhauté.

Depuis le jour de son interrogatoire, le colonel n'avait plus entendu parler du juge d'instruction, autrement que par son oncle Antoine.

A la façon dont le juge d'instruction entra dans sa chambre, le colonel vit tout de suite que l'affaire d'Anatole avait dû prendre une mauvaise tournure.

— Savez-vous, mon cher colonel, dit M. Le Méhauté, que c'est merveille de voir comme vous vous rétablissez?

— Vous dites cela comme si ce rétablissement allait trop vite.

— Il est de fait que, si vous aviez pu paraître devant les jurés dans l'état où vous étiez le jour où je vous ai interrogé, vous auriez enlevé d'emblée les condamnations même sans le secours du ministère public.

— Est-ce que je suis prêt de paraître devant les jurés?

— Le moment approche, et, si vous voulez, vous pouvez l'avancer.

— Ah! vraiment.

— C'est même pour cela que je viens vous voir. Vous aviez adressé Anatole Chamberlain au représentant de votre maison en Amérique, n'est-ce pas?

— Oui.

— Depuis avez-vous écrit à ce représentant de fermer sa porte devant celui qui avait voulu vous faire assassiner?

— Je ne lui ai rien écrit du tout.

— Comment! vous continuez votre bienveillance à votre assassin?

Le colonel ne répondit pas.

— Je n'ai pas à apprécier ce sentiment, continua le juge d'instruction; mais, en dehors de cet ordre d'idées que je n'aborde pas, laissez-moi vous dire qu'en agissant ainsi, vous entravez l'action de la justice. Si vous retirez votre protection à Anatole Chamberlain, il ne pourra pas rester en Amérique; il sera forcé de revenir en France.

— Je désire qu'il ne revienne pas en France.

— Je vois que vous persistez dans l'idée qu'il n'est pas coupable: que diriez-vous, si je vous prouvais qu'il l'est. Tenez, lisez cette lettre qui a été saisie à la poste comme le seront à Paris toutes celles qui seront adressées en Amérique à M. Anatole Chamberlain.

Le colonel prit la lettre que le juge lui tendait:

» Ma chère belle,

» Je t'écris poste restante, à New-York,
» comme nous en sommes convenus avant
» ton départ.

» J'aurais voulu t'envoyer une dépêche, et
» je l'aurais fait assurément si je l'avais pu;
» mais il y a impossibilité, pour plusieurs
» raisons que tu devineras sans que je te les
» explique.

» D'ailleurs à quoi bon une dépêche, quand
» je n'ai rien de nouveau ni d'important à te
» raconter?

» Quand je dis qu'il n'y a rien de nouveau,
» il faut entendre que l'affaire que tu sais
» n'est pas faite; elle a échoué, bêtement
» échoué. Je croyais cependant avoir bien
» pris toutes mes précautions et l'avoir mise

» dans les mains d'un homme capable. Mais
» que veux-tu? il faut toujours compter sur
» l'imprévu. Les plus grands généraux ont
» perdu des batailles sûres. C'est mon homme
» qui a eu la maladresse de se faire rouler.

» Sans doute on pourrait recommencer,
» mais je ne crois pas avoir des chances pour
» le moment; il faut attendre et voir avant de se
» décider, pour ne pas échouer une seconde
» fois, ce qui serait vraiment trop maladroit.

» Au reçu de cette lettre, je te prie de
» m'écrire pour me donner ton adresse là-
» bas, car je ne pense pas que tu aies l'in-
» tention de revenir de sitôt.

» Il n'est pas impossible que je te rejoigne,
» si mes affaires continuent à mal aller ici et
» prennent une mauvaise tournure, ce qui
» me parait assez probable. L'Amérique n'a
» rien qui me déplaise, au contraire.

» En attendant, crois à mon affection dé-
» vouée. ADÉLAÏDE. »

— Eh bien! c'est une lettre de femme, dit le colonel.

— C'est une lettre du *Fourrier*, répliqua vivement le juge, et elle annonce en termes détournés que votre assassinat à manqué. Maintenant croyez-vous à la culpabilité de votre cousin?

— Je ne crois à rien, monsieur le juge d'instruction, et ne veux croire à rien. De même que je n'ai rien fait et ne ferai rien pour ramener Anatole en France; au contraire, je ferai tout pour qu'il reste en Amérique.

— Mais, monsieur...

— Oh! je sais tout ce que vous pourrez me dire sur mes devoirs envers la justice. Je ne dois qu'une chose à la justice : mon témoignage sincère ; je le lui ai donné. Qu'elle n'attende de moi rien de plus.

VIII

Bien que les visites de Mme de Lucillière ne fussent pas précisément favorables au repos du colonel; bien que les heures d'attente pendant lesquelles il se donnait la fièvre fussent absolument mauvaises pour sa tranquillité, sa convalescence cependant avait suivi une marche assez régulière, et même elle avait été beaucoup plus vite qu'on ne devait l'attendre des circonstances au milieu desquelles elle s'accomplissait.

Il n'était pas survenu la plus légère complication du côté de la blessure; les forces s'étaient promptement rétablies, et, si la fièvre persistait encore, elle ne prenait pas un caractère sérieux pour le moment, menaçant pour l'avenir.

Elle surprenait le médecin, qui, bien entendu, ignorait la cause qui l'engendrait; elle ne l'inquiétait pas.

D'ailleurs le colonel prenait soin de le rassurer lui-même à ce sujet.

— Comment! encore le pouls fébricitant ce soir?

— Je me suis impatienté dans la journée et me suis donné un accès de colère.

— Il ne faut pas de cela. Un homme comme vous ne se met pas en colère ; c'est bon pour une femmelette de se laisser aller à l'impatience au point de se donner la fièvre. Savez-vous ce que je fais, moi, quand je sens que la colère va me prendre? Je compte jusqu'à cent, sans me presser : c'est un remède souverain.

Comme le lendemain le colonel avait encore eu la fièvre, le médecin avait demandé si son remède avait été employé.

— J'ai compté jusqu'à dix mille, et plus je comptais, plus je m'impatientais.

— C'est curieux.

La chose eût paru moins curieuse au médecin, si le colonel avait ajouté que c'était en attendant la marquise, qui n'était pas venue, qu'il s'était livré à ce calcul; mais il s'était bien gardé de cette confidence.

Enfin, après avoir permis à son malade de quitter le lit, le médecin lui avait promis de l'autoriser bientôt à quitter la chambre.

— Une petite promenade dans le parc, à l'ombre, vous fera grand bien et hâtera votre rétablissement ; je sais maintenant ce qui vous donne cette fièvre.

— Ah! vous avez trouvé pourquoi votre remède de compter jusqu'à cent n'était pas souverain avec moi?

— Parfaitement, avec vous il était détestable. Vous vous ennuyez, n'est-ce pas? Vous voulez quitter le château le plus tôt possible? Cela se comprend de reste. Vous n'êtes pas venu en France pour passer votre temps dans une chambre. C'est évident cela. Paris vous attire. A votre âge, quoi de plus naturel? De là votre impatience, vos accès de colère, et finalement la fièvre. C'est logique. J'espère vous donner bientôt la clef des champs et vous renvoyer dans ce Paris qui vous appelle avec ses séductions irrésistibles. Seulement, vous savez, il faudra être sage pendant les premiers temps; pas trop de fatigues, de la modération, mon cher malade, de la modération. C'est avant tout ce que je vous recommande, et ce sera le conseil que je vous répéterai en me séparant de vous, c'est-à-dire bientôt.

Le colonel avait gardé son sérieux en écoutant le médecin expliquer longuement les raisons naturelles et logiques pour lesquelles il s'ennuyait à Chalençon et voulait au plus vite retourner à Paris, dans ce « Paris plein pour lui de séductions irrésistibles. »

Eh! non, il ne voulait pas retourner à Paris; non, Paris n'était pas plein pour lui de séductions irrésistibles ; non, il ne s'ennuyait pas à Chalençon, au moins dans le sens que le médecins donnait à ce mot.

A Paris, plus de tête-à-tête avec la marquise, plus d'intimité ; il se rappelait leur promenade dans l'enceinte du pesage, et savait parfaitement que tout ce qui s'était présenté alors pour lui fermer la bouche se renouvellerait à Paris à chaque instant, à chaque pas, et à propos de tout.

L'heure n'était pas venue de quitter Chalençon pour Paris.

Mais ce n'étaient pas là des raisons « naturelles et logiques » à donner au médecin.

Cependant, d'un autre côté, il ne fallait pas que celui-ci persistât dans son idée ; car il était homme à déclarer tout haut et à qui voudrait l'entendre que maintenant son malade, qu'il avait sauvé de la mort, avait besoin de Paris et de ses distractions pour achever sa convalescence. Comment rester à Chalençon, si le médecin faisait part de sa découverte à M. de Lucillière?

— Je crois que vous avez très-habilement diagnostiqué mon cas, dit le colonel.

— N'est-ce pas ?

— Seulement vous poussez peut-être la logique un peu trop loin.

— Non, non, je sais pourquoi vous vous ennuyez; il vous faut des distractions.

— Pour cela, rien n'est plus juste; seulement, où vous allez un peu loin, c'est en pensant que je ne peux me distraire qu'à Paris ; je ne suis pas si affamé que cela de Paris, qui ne m'attire pas au point que vous croyez.

— Mais alors?

— Laissez-moi m'expliquer. Je vous répète que vous avez parfaitement trouvé que la cause de mon impatience, de mes colères et finalement de ma fièvre, c'était l'ennui. Mais cet ennui est amené et engendré par ma longue réclusion dans cette chambre ; dès que je pourrai sortir, prendre l'air, marcher, je ne m'ennuierai plus.

— Vous croyez ?

— J'en suis certain. Que suis-je ? Un soldat, un homme de mouvement ayant, l'habitude et par suite le besoin d'exercices violents, de fatigues.

— Il est de fait...

— Soyez assuré que c'est là ce qu'il me faut : je me connais, et où pourrai-je trouver ce bon air dont j'ai besoin, l'espace qu'il me faut? Pas à Paris. n'est-ce pas? J'étoufferais dans mon appartement du Grand-Hôtel. Tandis qu'à Chalençon, il me semble que je suis dans les meilleures conditions pour terminer ma convalescence. Seulement il faut que vous me permettiez de sortir.

— Je vous le permets pour demain.

— Alors plus d'ennui, mais des bonnes promenades dans les bois; ce qui me sera salutaire, car j'ai été élevé dans les forêts. Ainsi, docteur, je ne vous quitterai pas de sitôt, à moins que vous ne me renvoyiez.

— Mais pas du tout.

— Alors à vous l'honneur entier d'avoir commencé et achevé ma guérison.

Il y avait longtemps que le colonel attendait avec impatience cette autorisation de quitter la chambre qui allait enfin lui ouvrir les lèvres.

Sans doute, dans cette chambre, il avait toute liberté de s'expliquer avec la marquise tout aussi longuement, tout aussi franchement qu'il pouvait lui convenir ; lorsqu'elle venait passer la journée près de lui, personne, à l'exception d'Horace, ne dérangeait leur tête-à-tête. Maintes fois les occasions s'étaient présentées d'avoir cette explication, et toujours il l'avait retenue, imposant silence à ses lèvres.

En effet, ce n'était point en malade qu'il voulait s'adresser à Mme de Lucillière, car il était de ceux qui ont pour ainsi dire la honte de la maladie. N'ayant jamais éprouvé la plus légère indisposition depuis son enfance, il s'était habitué à l'idée qu'un homme dans un lit ou même simplement dans une chambre, sentant les drogues, est un être ridicule en lui-même, qui devient entièrement grotesque du moment qu'il demande autre chose que de la pitié ; les romans, un moment à la mode, dans lesquels on voit les amoureux poitrinaires faire leurs déclarations avec accompagnement de toux, avaient toujours provoqué son dégoût ou son hilarité.

Il était donc peu disposé à imiter ces héros plus sensibles que vigoureux, et ce n'était point avec le bras en écharpe, tremblant la fièvre, qu'il se serait exposé à parler d'amour à une femme pleine de santé, de gaieté, de vie, telle que la marquise.

Mais il aurait attendu à chaque instant qu'elle lui partît d'un éclat de rire au nez ou bien qu'elle eût quelque sourire de commisération qui l'eût encore plus profondément mortifié.

S'il parlait d'amour à Mme de Lucillière, et il y était plus que jamais décidé, il voulait que ce fût en toute liberté, sans avoir à craindre la raillerie de celle à laquelle il s'adresserait ou même sa propre faiblesse.

Ce serait bien assez d'avoir à craindre son émotion, sans être encore retenu par des préoccupations étrangères.

Sorti de cette chambre, il serait lui-même et retrouverait sa force et son assurance.

C'était en pleine lumière, au milieu des fleurs, avec le bruissement de la brise dans les feuilles, enveloppé des effluves du printemps, qu'on parlait d'amour à une femme qui était elle-même allégresse et lumière,—et non dans une chambre de malade, au milieu d'une atmosphère de pharmacie.

La marquise arrivait à Chalençon au moment où, après son entretien avec le colonel, le médecin sortait du château.

Elle fit arrêter sa voiture.

— Eh bien ! comment trouvez-vous notre malade ?

— Il va superbement : je l'ai autorisé à sortir demain dans le parc, l'exercice lui fera du bien et le grand air aussi. C'est un homme de la nature ; il a besoin de fatigues, il lui faut de l'espace. Voilà pourquoi Paris lui serait mauvais en ce moment. Je l'engage fort à rester à Chalençon, où il trouve tout ce qui est indispensable à sa convalescence.

— Et accepte-t-il ?

— C'est un excellent malade ; il ne résiste jamais aux ordres de son médecin.

— Soyez certain, docteur, que de notre côté nous ferons tout ce que nous pourrons pour garder le plus longtemps possible M. le colonel Chamberlain à Chalençon ; nous voulons qu'il nous doive la santé, après vous, bien entendu.

— Je sortirai demain, dit le colonel lorsque la marquise entra sa chambre. Viendrez-vous ?

— Je devais rester à Paris, mais je ne veux pas que cette bonne journée se passe sans moi ; je viendrai donc.

— De bonne heure ?

— De bonne heure.

— Et vous repartirez ?

— Vous voulez que je reste ici tout à fait ? dit-elle en le regardant avec un sourire où il y avait à la fois et de la raillerie et de la tendresse.

— Ce n'est pas cela que je voulais dire ; je demandais quand vous repartiriez ?

— Tard, le plus tard possible.

Le lendemain, le colonel se demanda s'il attendrait la marquise dans sa chambre ou bien s'il irait au devant d'elle.

En l'attendant dans sa chambre, il aurait le plaisir de descendre avec elle en s'appuyant sur son bras.

Mais, en allant au devant d'elle, il lui donnerait la preuve qu'il l'attendait avec impatience.

Ce fut à ce dernier parti qu'il s'arrêta, préférant au plaisir qu'il pouvait recevoir le plaisir qu'il pouvait donner : sans doute, la marquise serait sensible à son attention.

Un peu avant l'heure de son arrivée, il descendit donc sur ses jambes chancelantes cet escalier qu'il n'avait pas monté ; les marches lui semblèrent bien hautes, et la pierre sur laquelle il posait ses pieds lui parut bien dure.

Mais avec quel bien-être il respira le parfum des feuilles et des fleurs, lorsqu'il traversa le jardin !

Il savait parfaitement qu'il avait été touché par la mort et qu'il était pour ainsi dire un ressuscité. Comme il faisait bon vivre ! le bon soleil, les belles fleurs !

Les gens du château, qui ne l'avaient pas vu, mais qui avaient tant entendu parler de lui, le regardaient avec curiosité, et il les saluait affectueusement, heureux de revoir des hommes.

Il voulut aller jusqu'au bout de l'avenue, auprès de la maison du concierge, et là il s'assit sur un banc.

— Maintenant tu peux t'en aller, dit-il à Horace, qui l'avait accompagné.

Mais celui-ci ne l'entendait pas ainsi, et il fit très-justement observer à son maître que pour une première sortie, il y avait imprudence à rester seul.

— C'est précisément rester seul que je veux ; laisse-moi.

Horace hésita un moment ; mais bientôt il comprit pourquoi le colonel voulait être seul, et il s'éloigna. Seulement, au lieu de rentrer au château, il alla se placer derrière un arbre d'où il pouvait voir son maître sans être vu ; quand la marquise arriverait, il abandonnerait sa surveillance.

Au bout d'un quart d'heure environ, on entendit le trot de deux chevaux sur la route et le roulement d'une voiture ; puis, presque aussitôt le concierge, sortant de son pavillon, alla ouvrir la grille à deux battants.

Le colonel quitta son banc et s'avança au milieu de l'allée.

La voiture, qui arrivait rapidement, s'arrêta, et la marquise sauta à terre, légère comme un oiseau.

— Eh quoi ! dit-elle d'un ton de gronderie, vous ici ? Quelle imprudence !

— J'ai voulu vous voir plus tôt.

— Vraiment, dit-elle en lui prenant le bras et en le posant sur le sien.

— Je n'ai pas pu attendre.

— Et moi qui me faisais fête de vous aider à descendre l'escalier !

— Moi, je me suis fait fête de vous surprendre. Ai-je eu tort ?

— Je ne dis pas cela, et, puisque vous n'avez pas voulu vous servir de mon bras dans l'escalier, servez-vous-en au moins dans le parc. Allons, appuyez-vous, n'ayez pas peur ; je suis forte.

Elle l'entraîna doucement.

— Où voulez-vous aller ?

— Où vous voudrez, pourvu que nous soyons ensemble. Je ne connais pas ces jardins, ce parc que j'ai traversé, les yeux fermés, quand on m'a apporté ici comme un mort. Aujourd'hui, que je les ouvre, tout me paraît charmant : le printemps est plus beau cette année qu'il n'a jamais été, les feuilles ont une verdure veloutée que je ne connaissais pas, les fleurs exhalent des parfums que je respire pour la première fois. Il me semble que je nais à la vie, non comme un enfant dont les sens sont engourdis pour tout, excepté pour la souffrance ; mais comme un homme dont les sens, arrivés au plus haut degré d'excitation, sont prêts à jouir de tout.

Ils marchaient doucement, d'un même pas, sous les grands arbres de l'avenue, qui les couvrait de leur ombrage : c'était le colonel qui appuyait son bras sur celui de la marquise, et c'était elle qui réglait leurs pas ; pour l'écouter, elle se haussait vers lui, et alors elle posait presque sa tête contre son épaule.

— Eh bien ! dit-elle, vous vous taisez ?

— Vous riez de mon enthousiasme de collégien échappé.

— Ah ! certes, non ; je l'admire. Êtes-vous heureux d'avoir cette jeunesse et cette intensité de sentiment. Savez-vous que vous êtes un original dans notre monde, mon cher colonel?

— Vous disiez l'autre jour un sauvage.

— Précisément, et voilà pourquoi tout à l'heure je vous disais : « Vous vous taisez. » C'était une invitation très-sincère à continuer ; car, si vous êtes heureux de tout ce qui vous entoure, moi, je suis heureuse de vous entendre.

— Heureuse, dit-il en se penchant vers elle et en la regardant longuement.

— Oui, heureuse, très-heureuse. Vous êtes le nouveau, l'inconnu ; vous parlez une langue que je n'ai jamais entendue.

— Et que vous comprenez ?

— Oh ! cela pas toujours, ou tout au moins quand elle fait naître en moi des idées ou, plus justement, des sentiments qui me paraissent inexplicables. Ainsi comment se fait-il que, depuis que je vous connais, j'ai été entraînée maintes fois, et sans savoir pourquoi, à dire comme à faire bien souvent ce qui n'était ni dans mon caractère, ni dans ma nature, ni dans mes habitudes. C'est là ce que je me suis demandé et ce que maintenant je vous demande, puisque je ne trouve pas moi-même de réponse.

En parlant ainsi, elle tenait la tête levée vers lui, et ses yeux alanguis expliquaient ce qu'elle mettait d'obscur à dessein dans ses paroles embarrassées.

Aussi, complétées par le regard, ces paroles devenaient-elles parfaitement claires, et ne pouvait-il pas se méprendre sur leur sens.

— C'est que sans doute, dit-il après un moment de silence, vous subissez une influence qui vous domine et vous attire.

— Ah ! rien n'est plus vrai.

Bien qu'ils marchassent lentement, ils étaient sortis de l'avenue, et, après avoir suivi une allée du parc, ils étaient arrivés devant un pavillon entièrement caché sous une vigoureuse végétation de plantes grimpantes.

— Entrons là, dit Mme de Lucillière ; vous pourrez vous reposer un moment ; pour votre premier jour de sortie, il ne faut pas faire d'imprudence.

Il se laissa conduire, et il s'assit auprès de la marquise, sans avoir bien conscience de l'endroit où il se trouvait et des choses qui l'entouraient : son esprit était ailleurs, il était aux paroles qu'il venait d'entendre et qui faisaient bouillonner le sang dans ses veines.

— Comment êtes-vous ? dit-elle d'une voix maternelle.

— Ah ! je ne sais pas ; je vous en prie, ne parlons pas de cela ; je suis bien, très-bien, aussi bien qu'on peut être ; je ne me suis jamais senti aussi vivant ; reprenons plutôt ce que nous disions quand nous sommes entrés ici.

— Et que disiez-vous donc ou plutôt que disais-je moi-même ?

Elle le regarda comme si elle allait lire en lui, sur son visage et dans ses yeux, les dernières paroles qu'elle avait prononcées.

— Oh ! les paroles importent peu par elles-mêmes, dit-il ; c'est leur sens qui me touche et qui m'entraîne. Tout à l'heure précisément vous parliez de cette puissance mystérieuse qui s'exerce sur nous, sur notre cœur, sur nos idées, sur nos sentiments, sans que nous puissions comprendre l'influence qui nous domine.

— Ah ! oui, c'est vrai, et je vous demandais, n'est-ce pas, de m'expliquer à quoi tenait cette influence, d'où elle venait et, comment elle nous dominait à notre insu ? Vous avez réponse à cette question ?

— Oui, si vous voulez me permettre de parler franchement.

— Mais vous savez bien que ce qui me plaît par-dessus tout en vous, c'est votre franchise.

Il garda un moment le silence ; puis tout à coup, se tournant vivement vers elle, de sorte qu'ils se trouvèrent bien en face l'un de l'autre, les yeux dans les yeux.

— Si je tenais, dit-il, tant à passer avec vous cette journée où, pour la première fois, je redeviens moi-même en cessant d'être un malheureux malade, qui ne peut inspirer que la pitié.

— Dites la sympathie, l'intérêt, l'affection, le dévouement, tout ce que vous voudrez ; mais pas la pitié. Vous ne vous souvenez donc pas que je vous ai avoué, qu'au moment où l'on vous a descendu de voiture, je vous avais trouvé superbe.

— Si j'ai tenu si vivement à nous assurer ce tête-à-tête, c'est que je voulais reprendre ou plutôt avoir avec vous l'entretien que je vous avais demandé à notre dernière entrevue au bois de Boulogne.

— Entretien que je vous avais accordé et que vous n'avez pas abordé, disant, si je m'en souviens bien, que vous le remettiez à une heure où je serais plus libre de vous entendre.

— Et pour lequel je venais ici. Eh bien ! ce que je voulais vous dire au bois de Boulogne, ce que je voulais vous dire en venant ici, ce que j'ai résolu de vous dire pendant les journées de ma maladie, où j'ai pu mieux vous voir et vous mieux connaître, c'est que sur moi s'est établie une influence qui me domine et qui m'entraîne, mais qui n'exerce pas sa puissance sur mon cœur à mon insu : c'est que je vous aime.

— Vous, vous m'aimez !

— Je vous aime. Ah ! je vous en prie, ne détournez pas les yeux !

— Et pourquoi les détournerais-je ? Il n'y a rien dans vos paroles qui ne me rende parfaitement heureuse.

— Heureuse !

Et il étendit le bras pour l'attirer contre lui ; mais vivement elle se leva et, reculant de deux pas :

— N'oubliez pas où vous êtes ! dit-elle.

— Mais près de vous.

— Oui, près de moi ; mais chez M. de Lucillière, dans sa maison.

IX

Le colonel resta un moment déconcerté et — ce qui était plus grave dans sa situation, — décontenancé, le bras tendu, les yeux fixés sur ceux de la marquise, sans rien pouvoir lire de ce qui se passait en elle.

Sans être un don Juan de profession, il avait assez d'expérience des choses de ce monde pour savoir que quand un homme se décide à faire une déclaration formelle à une femme, il doit compter que cette déclaration lui coûtera beaucoup plus qu'elle ne lui rapportera, attendu qu'en amour les phrases qui ont incontestablement leur utilité, ne sont pas cependant le moyen à employer lorsqu'on veut arriver rapidement à un dénoûment immédiat.

En se décidant à dire à Mme de Lucillière « Je vous aime, » il ne s'attendait pas à ce qu'elle allait se jeter à son cou et lui murmurer à l'oreille « Je t'adore. »

Mais, d'un autre côté, il ne s'attendait pas non plus aux réponses étranges qu'il venait d'entendre.

Etait-il possible qu'elle fût sincère en paraissant surprise de son amour ? Est-ce qu'il n'y avait pas entre eux un accord tacite à ce sujet ? Si le mot amour n'avait pas été prononcé, le sentiment lui-même n'avait-il pas été déclaré et affirmé depuis longtemps en toutes circonstances et de toutes les manières ?

Elle se déclarait pleinement heureuse d'être aimée par lui et elle le repoussait.

Comment expliquer ces contradictions ?

Il n'avait ni le temps ni la présence d'esprit nécessaires pour réfléchir à cette situation bizarre, qu'il n'avait nullement prévue ; il fallait parler, il fallait répondre.

Mme de Lucillière était restée devant lui, à deux pas, et elle le regardait. Nul trouble en elle, nulle émotion apparente ; le sourire sur ses lèvres et dans ses yeux, qu'elle tenait attachés sur lui.

— Vous m'aimez ? dit-elle, ainsi vous m'aimez ?

Il n'y avait rien de décourageant dans ces paroles, ni dans l'accent avec lequel elles étaient prononcées, ni dans le geste qui les accompagnait.

Il voulut s'avancer vers elle ; mais, de sa main étendue en avant, elle le maintint sur le canapé.

— Je vous en prie, dit-elle, ne me forcez pas à reculer encore ; chaque pas que vous ferez en avant m'en fera faire un en arrière. Laissez-moi plutôt reprendre ma place près de vous.

— Ah ! venez.

— Oui, je viendrai ; mais quand vous m'aurez promis d'être aujourd'hui ce que vous avez été depuis que je suis votre garde-malade. Vous avez donc oublié nos conventions, quand je n'autorisais de mouvements de votre part que des yeux et des lèvres ?

— C'était au malade, au blessé, au mourant que vous aviez imposé cette convention.

— C'était pour vous que je l'avais imposée, aujourd'hui c'est pour moi que je vous la rappelle. Promettez-moi de vous la rappeler, promettez-moi de la tenir, et aussitôt je reviens près de vous.

— Et le puis-je ? Ne voyez-vous pas mon émotion ? Croyez-vous que, quand même je prendrais formellement l'engagement que vous me demandez, je pourrais rester maître de mes paroles ?

— Et qui demande que vous restiez maître de vos paroles ? Parlez, mon ami ; tout ce que vous avez dans le cœur, dites-le ; je serai heureuse de vous entendre. Vous m'aimez ? Dites-le, dites-le vingt fois. Répétez-le toujours. Je ne vous fermerai pas la bouche, pas plus que je ne fermerai mes oreilles. Ai-je donc montré que j'étais malheureuse ou fâchée tout à l'heure, quand vous m'avez dit vous m'aimiez ?

— Vous vous êtes éloignée de moi.

— Non quand vos lèvres, non quand vos yeux, m'avouaient votre amour, vous le savez bien. La franchise ne vous appartient pas exclusivement, mon ami ; moi aussi, je suis franche, et je ne cache ni mes sentiments ni mes émotions. Qui sait si ce n'est pas ce point de ressemblance et de sympathie qui tout d'abord nous a attirés l'un vers l'autre ? Quoi qu'il en soit ou plutôt parce qu'il en est ainsi, je ne vous ai pas imposé silence quand vous m'avez dit que vous m'aimiez. Cet aveu auquel j'étais loin de m'attendre venait me surprendre étrangement ; mais, je l'avoue, cette surprise était délicieuse. Vous m'aimiez, vous, vous qui m'inspirez tant de sympathie, tant d'estime ? vous, pour qui, pendant votre maladie, je m'étais prise d'une si vive affection ! Vous m'aimiez, vous m'aimiez. Quelle douceur dans votre voix ! Quelle passion dans vos yeux profonds ; qui laissaient lire jusque dans votre âme ! Et comme vous avez bien dit ces trois mots : « Je vous aime. » Quel charme ! Ah ! magicien, vous voyez si je suis franche et si je pense à cacher ou à dénaturer mes sentiments. Oui, j'ai été heureuse, pleinement heureuse, heureuse comme je n'imaginais pas qu'on pouvait l'être. Je ne sais ce qu'une autre femme eût éprouvé à ma place et en vous écoutant, je ne sais ce qu'elle eût dit ni ce qu'elle eût fait. Pour moi, j'étais heureuse ; je me suis laissée entraîner par la joie, sans réfléchir, sans penser, emportée par la sensation de l'heure présente.

En parlant, elle s'était insensiblement rapprochée, et, tandis qu'il restait assis sur le canapé, les yeux levés vers elle, buvant les paroles qui tombaient de ces lèvres, elle se tenait légèrement penchée vers lui, l'enveloppant de son regard, l'enfermant dans le cercle magique que ses bras traçaient en se mouvant doucement comme les ailes d'un oiseau charmeur.

— Vous ne vous vous êtes pas contentée des paroles, dit-elle en continuant, et je me suis éveillée de mon rêve poétique pour entrer brusquement dans la réalité. Votre bras, en s'étendant vers moi, a déchiré le nuage qui me portait. Mon ami, vous aviez oublié, n'est-ce pas, comme j'avais oublié moi-même, qui j'étais et où nous étions. Ah ! malheureux !

Elle se cacha le visage entre ses deux mains.

— Qui je suis ? reprit-elle. Non une jeune fille, maîtresse de sa main et de son nom : cela vous le savez.

— Libre de son cœur, et c'est à votre cœur que je m'adressais.

— Oui, libre de mon cœur, et si vous avez besoin que je vous le dise, c'est avec bonheur que je vous l'affirme : oui, le cœur libre, entièrement libre. Et c'est pour cela précisément que je vous écoutais avec tant de joie. Ah ! pourquoi votre bras est-il venu rompre le charme, et me rappeler qui j'étais et où nous étions. Cette maison, mon ami, est pour moi celle de mon mari, pour vous celle de votre hôte.

C'était toujours la même pensée qui revenait dans la bouche de Mme de Lucillière ; mais cette fois, précédée de ces explications, elle était facile à comprendre et n'avait plus rien de contradictoire avec le sentiment qu'elle avouait.

Qu'elle eût cette pensée de respect, elle, la marquise de Lucillière, telle qu'il la connaissait ou plutôt qu'elle qu'il avait cru la connaître jusqu'à l'heure présente : voilà ce qui était assez inexplicable et ce qui, dans tout autre moment, lui eût paru sans doute tout à fait incroyable.

Mais il n'était pas dans des conditions à douter de la parole de celle qui lui parlait, si étrange que pût être cette parole. Ce n'est pas quand une femme jeune, belle, séduisante entre toutes, vous dit qu'elle est heureuse de votre amour ; ce n'est pas quand elle demande qu'on lui répète cet aveu ; ce n'est pas quand elle vous sourit, quand elle se penche sur vous, quand elle vous trouble de son regard ému, quand elle vous enivre de son souffle, ce n'est pas alors qu'on peut l'étudier de sang-froid, peser ses paroles, interroger ses pensées. Est-ce que c'est tranquillement, avec l'esprit, qu'on les écoute, ces paroles ? est-ce qu'on raisonne ? est-ce qu'on réfléchit ?

Elle reprit après un moment de silence :

— Je vous ai adressé une demande, vous ne m'avez pas répondu.

— Et que voulez-vous, que demandez-vous ? s'écria-t-il.

— Une chose bien simple : l'engagement formel de vous rappeler où vous êtes et qui je suis.

Comme il se taisait, la regardant avec des yeux troublés :

— Eh bien ! demanda-t-elle.

Il secoua la tête.

— Tenez, dit-elle, laissez-moi simplifier ma demande ; je ne vous parle plus de cette maison, je ne vous parle plus de moi, je ne vous parle plus de personne autre que vous. Faites-moi la promesse de vous rappeler qui vous êtes vous-même, et je reprends ma place, là, près de vous, à vos côtés, pleine de confiance, heureuse de vous écouter, heureuse de vous voir.

— Ai-je ma raison ?

— Vous la retrouverez quand vous aurez

pris l'engagement de vous rappeler que vous êtes un homme d'honneur, et quand vous penserez que c'est en cet homme que je me fie, en celui qui a mon estime, mon affection. Ne le prendrez-vous pas cet engagement qui nous donnerait la liberté de nous entretenir, côte à côte, sans crainte, loyalement, franchement, à cœur ouvert? Allons, mettez votre main dans la mienne, regardez-moi.

Elle s'était encore rapprochée et elle le brûlait de son haleine.

Elle était si près de son visage qu'il ne la voyait plus que confusément.

Il rejeta sa tête en arrière pour mieux la regarder.

Et pendant quelques secondes ils restèrent ainsi : elle, les deux mains tendues ; lui, suspendu à ses lèvres entr'ouvertes, qui souriaient doucement.

— Allons, dit-elle, la main, donnez la main.

Il avança le bras ; elle lui prit la main, qu'elle serra dans les siennes.

— Maintenant jurez, dit-elle.

— Et que voulez-vous que je jure?

— Jurez que vous vous souviendrez que vous êtes un homme en l'honneur duquel je me fie.

— Mais....

— Oh ! ce n'est pas un serment pour l'éternité que je demande, et je veux tout de suite le limiter ; il ne vous engagera que jusqu'au jour où je vous le rendrai.

— Et si vous ne me le rendez jamais?

— Quel homme vous faites, quel Américain pratique! Allons, rassurez-vous. Je vous jure qu'un jour...

— Un jour?

— Oh ! je ne dis pas lequel ; mais enfin un jour qui arrivera... plus tôt que vous ne pensez... bientôt, peut-être, je vous le rendrai. Maintenant que j'ai juré, voulez-vous jurer à votre tour?

— Oui, tout ce que vous voudrez, je le promets, je le jure.

— La main dans la main?

— La main dans la main.

— Les yeux dans les yeux?

— Oui, je jure, je le jure!

Alors, par un mouvement rapide, sans lui avoir abandonné la main, elle se trouva assise près de lui comme elle était avant de se lever, un peu plus rapprochée seulement et mieux en face.

— Maintenant, dit-elle en rejetant sa tête en arrière, causons ; vous m'aimez, vous m'aimez donc? Oh ! il faut me le dire comme tout à l'heure, aussi bien, avec la même voix, avec les mêmes yeux ; il faut me le redire, il faut me le dire toujours, et toujours, et encore.

Puis, s'interrompant tout à coup et le regardant en riant :

— Mais nous ne pouvons pas causer librement, dit-il, si nous nous traitons ainsi sérieusement et avec cérémonie... Monsieur le colonel, Madame la marquise... Votre petit nom?

— Edouard.

— Bien. Désormais je vous appellerai ainsi. Voyons, comment cela sonne-t-il à l'oreille, Edouard? C'est un peu dur, n'est-ce pas? Mon cher Edouard, c'est beaucoup mieux. Ne trouvez-vous pas que cela donne tout de suite de la douceur : « Mon cher Edouard ! » Mais c'est charmant. Moi, vous le savez, je m'appelle Henriette. Dites un peu : Henriette.

— Henriette.

— Oh ! non, cela ne va pas. Malgré votre excellente prononciation française, vous avez quelque chose de trop aspiré, qui sent l'Anglais. Je ne pourrais pas m'entendre appeler ainsi. Essayez un peu : « Ma chère Henriette. »

— Chère Henriette !

— C'est parfait ; ce nom, que je n'aimais guère, est charmant, prononcé par vous.

— Ah ! chère Henriette, si vous pouvez être aussi adorable, comment, d'un autre côté, et en même temps pouvez-vous vous montrer aussi cruelle?

— Cruelle, moi ! En quoi donc voyez-vous que je suis cruelle?

— Et ce serment?

— Oh ! ne vous plaignez pas, mais plutôt réfléchissez, si vous avez l'esprit porté à la réflexion en ce moment, et vous verrez que ce serment contre lequel vous vous débattez n'est pas fait pour décourager votre amour, mais bien plutôt qu'il doit l'affermir. Que pensez-vous de moi, mon cher Edouard? Parlez franchement.

— Que vous êtes la femme la plus séduisante qui soit au monde.

— Oui, cela vous le pensez, je le crois, puisque vous m'aimez, et que la femme qu'on aime est toujours la plus charmante des femmes. Mais ce n'est pas cette réponse que ma demande cherchait ; nous n'en sommes plus à nous faire des compliments. Ce que je voulais savoir, c'était ce qu'on vous avait dit de moi dans le monde.

Comme il se taisait, ne sachant que répondre à cette question :

— Votre hésitation répond pour vous, reprit-elle, et, pour vous éviter l'embarras de répéter ce qu'on s'est chargé de vous apprendre, je vais vous le dire moi-même : on vous a expliqué, n'est-ce pas, que la marquise de Lucillière était une femme légère?

— Mais...

— Oh ! n'essayez pas de le nier. Je sais à peu près ce que dans un certain monde on pense de moi. Parce que je me suis placée au-dessus de sots préjugés bourgeois qui n'étaient ni de ma race ni de mon éducation, parce que j'aime mieux la compagnie des hommes qui pensent que celle des femmes qui bavardent, parce que je ne prends jamais souci du qu'en-dira-t-on et ne fais que ce qui me plaît, on a trouvé juste et naturel de dire, sans en rien savoir, que j'étais une femme légère. J'avoue qu'en général cela m'est parfaitement indifférent, et que je ne lèverais pas un doigt pour changer cette opinion courante; mais encore est-ce à condition qu'elle ne sera adoptée que par des gens qui ne me connaissent pas, et pour lesquels je n'ai ni estime ni affection. Que cette opinion, que vous aviez reçue toute faite, fût la vôtre lorsque vous êtes venu chez moi pour la première fois, cela n'avait pas d'importance, et je trouve tout naturel que, partant de cette idée, vous vous soyez dit que la marquise de Lucillière était une femme à laquelle il était agréable de plaire, en ajoutant tout bas que cela d'ailleurs ne devait pas être bien difficile, et qu'il fallait risquer l'aventure.

— Comment pouvez-vous penser?...

— Penser? Je ne pense pas, je suis certaine que telle a été votre idée première; et, si vous voulez être franc, vous avouerez que lorsque vous m'avez demandé un entretien au bois de Boulogne, c'était ainsi que vous raisonniez à mon égard. Est-ce vrai?

— Il est vrai que je ne vous connaissais pas alors comme maintenant.

— Cette phrase est pleine de politesse, mais je sais ce qu'elle veut dire. Il est vrai que vous trouviez alors que j'étais une femme assez jolie. Est-ce assez jolie?

— Adorable.

— Mettons adorable, cela ne fait rien à mon raisonnement. Enfin que j'étais une petite poupée qui ferait très-bien à votre boutonnière. Quand, plus tard, vous verriez mon nom dans les journaux de *high life* ou quand vous entendriez parler de moi, vous vous diriez avec un sourire de satisfaction : « Et moi aussi, j'ai été l'amant de cette jolie marquise! » Ne répondez ni oui ni non; c'est inutile. Je sais à quoi m'en tenir. Telle était donc à ce moment votre opinion à mon égard. Je vous plaisais, et même je vous plaisais d'autant mieux que je ne devais pas vous offrir une résistance invincible. De sorte que pendant votre séjour à Paris, je vous serais une distraction agréable.

Elle se tut un moment, attendant une réponse, mais il ne répondit pas.

Que dire en effet? N'était-ce pas ainsi que les choses s'étaient passées pour lui? n'était-ce pas précisément la distraction, la diversion à un sentiment sérieux, qu'il était venu chercher auprès de Mme de Lucillière? Pouvait-il nier qu'à l'époque dont elle parlait, tout ce qu'elle disait était vrai?

Elle continua :

— Vous êtes venu ici; mais alors les circonstances ont voulu que vous puissiez me mieux connaître, et vous avez vu que la petite poupée avait certaines qualités que tout d'abord vous ne soupçonniez pas. Vous vous êtes dit avec surprise que je valais peut-être mieux que ma réputation; l'expérience vous en a convaincu, et le caprice dont vous aviez bien voulu m'honorer est devenu peu à peu un sentiment plus sérieux, plus élevé : si bien que tout à l'heure vous venez de me faire l'aveu d'un amour que je crois sincère, et qui n'a plus rien, je l'espère, de la fantaisie qui l'a précédé. Supposons un moment que j'aie été la femme dont on vous avait parlé : qu'aurais-je fait en écoutant cet aveu? Assurément, avec les sentiments que j'éprouve pour vous, je ne vous aurais pas repoussé, et j'aurais mis ma main dans la main que vous me tendiez, sans résistance, sans penser à exiger ce serment. Auriez-vous été heureux?

— Vous le demandez? chère Henriette.

— Non, je ne le demande pas; je crois en effet que vous auriez été heureux, très-heureux, plus heureux même que vous ne l'êtes en ce moment, bien que ma main soit dans la vôtre; mais combien ce bonheur eût-il duré? Lorsque j'aurais été partie, vous auriez réfléchi, et vous vous seriez dit que décidément la marquise de Lucillière était bien la femme dont on vous avait parlé. Sans doute, vous n'auriez pas renié les quelques qualités réelles dont vous avez fait l'épreuve; mais pour le reste vous auriez confirmé le jugement du monde. Et pourquoi non? qui mieux que vous eût eu de solides motifs pour savoir à quoi vous en tenir? Le serment que j'ai eu la force d'exiger de vous empêchera, il me semble, ce triste dénoûment. Vous apprendrez à me mieux connaître, et vous achèverez dans les heures de l'intimité ce que vous avez commencé dans les heures de la maladie. Qui sait? la femme vaut peut-être mieux que la garde-malade. C'est à voir. Ne voulez-vous pas en tenter l'épreuve?

— Oui, ce que vous voudrez, tout ce que vous voudrez, rien que ce que vous voudrez.

— Vous verrez qu'à côté de la marquise de Lucillière, qui traverse la vie en riant, il y a une femme qui a un cœur. Alors vous m'aimerez autrement peut-être, vous m'aimerez mieux qu'en ce moment. C'est cet amour que je veux; c'est cet amour que vous me donnerez, n'est-ce pas, mon cher Édouard?

Ils restèrent longtemps les yeux dans les yeux, ne parlant pas.

La première elle se leva.

— Ne voulez-vous pas, dit-elle, que nous continuions notre promenade? Si vous n'êtes pas fatigué, je voudrais vous montrer deux ou trois endroits agréables de ce parc.

— Et que m'importe ce parc ? c'est vous, vous que je veux voir.

— N'aurez-vous pas plaisir, quand je ne serai pas ici, à revenir où nous aurons été ensemble ? N'aurez-vous pas plaisir à vous rappeler ce que nous avons vu ensemble ?

Ils continuèrent leur promenade, côte à côte, serrés l'un contre l'autre, parlant bas, s'arrêtant et restant longtemps en face l'un de l'autre, les mains unies dans une même étreinte.

La journée s'écoula comme un beau rêve ; les ombres, en s'allongeant dans les allées, les avertirent qu'il fallait penser à rentrer.

D'ailleurs le colonel avait les mains brûlantes et la tête en feu : c'était trop de fatigues, trop d'émotions pour ses forces.

Le médecin qui survint, surpris de cette recrudescence de fièvre, ordonna le lit et le repos.

Le colonel voulut résister, mais la marquise ne le lui permit pas.

— Que nous donneraient quelques heures de plus ? dit-elle.

— Vous allez donc partir ?

— Non, je vais dîner près de vous ; mais à condition que vous serez sage comme un malade ; laissez-moi reprendre mon rôle de garde-malade pour un jour, le dernier ; demain c'est la femme qui viendra vous voir.

Il fallut bien qu'il cédât et se remit aux mains d'Horace.

La marquise, comme elle le lui avait promis, dîna dans sa chambre, sur une petite table, en face de lui ; mais elle ne lui permit pas de parler.

— Si vous parlez, je pars ; si vous ne parlez pas, je ne vous quitte que quand vous serez endormi.

La nuit vint, on ferma les volets et on apporta une lampe.

Pendant assez longtemps, ils restèrent silencieux ; puis la marquise, prenant la lampe, passa dans la chambre voisine.

Elle resta longtemps absente.

— Que faisait-elle ?

C'était la question qu'il se posait, lorsque tout à coup il lui sembla entendre un pas léger sur le tapis.

On marchait doucement en se dirigeant vers son lit.

Qui venait ainsi ? Elle sans doute.

Mais l'obscurité ne laissait rien distinguer dans la chambre sombre.

— Vous êtes là ? dit-il.

On ne répondit pas. Mais presque aussitôt il sentit un souffle tiède lui passer sur la face, et deux lèvres brûlantes se posèrent sur ses lèvres.

Il voulut la retenir. Mais déjà elle s'était éloignée.

— A demain ! dit-elle de la porte.

— Henriette !

— A demain !

Et il entendit qu'elle descendait l'escalier en courant.

Deux minutes après, une voiture roula sur le sable du jardin.

Elle était partie.

— A demain ! à demain ! se répéta-t-il.

X

Le colonel ne dormit guère de toute la nuit.

Ce baiser n'avait pas calmé sa fièvre : c'était l'aveu, l'engagement qu'il avait en vain demandé pendant toute la journée, et qu'elle lui accordait enfin au moment du départ.

Elle l'aimait, elle était à lui.

Il attendit le lendemain avec une impatience qui par moment devenait une véritable angoisse.

Mais elle ne vint pas ; elle envoya un billet de quelques lignes pour s'excuser et dire qu'elle était, à son grand regret, retenue à Paris.

Quelle déception !

Viendrait-elle le lendemain ? Puisqu'elle avait manqué à sa promesse, elle pouvait bien encore ne pas la tenir ; quelle femme séduisante, mais décevante aussi, insaisissable comme l'oiseau qui se laisse approcher et s'envole lorsque la main se lève pour le prendre.

Cependant elle vint le lendemain, mais elle n'était pas seule : Mlle Belmonte était avec elle.

Comme il lui exprimait sa surprise et son mécontentement à propos de cette visite, elle se mit à rire.

— Soyez convaincu, dit-elle, que je n'ai pas pu ne pas l'emmener. Tout d'abord j'ai été contrariée de cette obligation, pour vous d'abord, qui, j'en étais certaine, seriez fâché de voir notre tête-à-tête rompu, et puis aussi pour moi, qui, non moins que vous, désirais ce tête-à-tête.

— Si vous l'aviez désiré comme moi...

— Vous ai-je montré que celui d'avant-hier m'avait été désagréable ? Je vous disais donc que tout d'abord j'avais été contrariée ; mais en y réfléchissant, j'ai trouvé que cette visite de la belle Carmelita avait quelque chose de bon. En ces derniers temps, je suis la seule femme que vous ayez vue, et tout naturellement vous m'avez accordé des perfections avec d'autant plus de libéralité que vous n'aviez pas de terme de comparaison.

D'un autre côté, on pourrait croire que vous êtes venu à moi, parce que, dans cette solitude, vous ne pouviez pas adresser vos hommages à une autre.

— Est-ce vous vraiment qui croyez cela?

— Je ne dis pas que je le crois, mais qu'on pourrait le croire. Cela est mauvais ; je veux que désormais vous ayez des points de comparaison, et je veux aussi que quand votre sourire viendra à moi, il soit une préférence. Je veux être choisie entre toutes : c'est mon orgueil, ma joie. Aujourd'hui j'ai amené la belle Carmelita, demain j'inviterai la charmante Ida à m'accompagner.

— Ah! je vous en prie, chère Henriette, ne faites pas cela.

— Et pourquoi donc? Il me semble qu'il y a une satisfaction réelle à se voir préférée à deux jeunes filles aussi différentes entre elles, mais aussi véritablement belles que Ida et Carmelita. D'ailleurs ce ne sont pas des indifférentes pour vous, si j'en crois notre ami Gaston

— Gaston ne sait ce qu'il dit et il parle beaucoup trop.

— En tous cas, je sais, moi, ce que j'ai pu observer non-seulement chez Ida et chez Carmelita, mais encore chez vous.

— Chez moi?

— Je sais voir. Affirmerez-vous que, le jour où vous avez dîné chez moi pour la première fois, vous étiez de sang-froid, lorsque vous vous êtes levé de table, et que vous êtes resté hésitant entre ces deux jeunes filles, qui, l'une et l'autre, attendaient votre bras. Croyez-vous que je n'ai pas remarqué le regard qui s'est échangé entre vous et Carmelita, lorsque vous vous êtes enfin tourné vers celle-ci. De pareils regards en apprennent long à ceux qui les saisissent. Il me plaît donc maintenant de vous mettre en leur présence, de sorte que vous puissiez choisir entre elles et moi. Ah! certes, je tiens à votre amour, mais il aura cent fois plus de prix à mes yeux et il me sera bien plus doux, s'il est une réelle préférence. Vous voilà donc, mon cher Edouard, transformé en berger Pâris; vous tenez la pomme entre vos mains, nous verrons à qui vous la donnerez : la Parisienne, l'Italienne, l'Allemande. Mais c'est là une situation très-drôle, je ferais une chanson avec cela. Il est bien entendu, n'est-ce pas, que nous nous présenterons devant vous dans un costume moins primitif que celui du tableau de Raphaël.

— Vous plaisantez.

— Et voulez-vous pas que je vous plaigne plutôt?

— Je voudrais que vous eussiez le sentiment des heures que nous allons perdre ainsi.

— Si vous m'aimez sincèrement, profondément, comme je le désire, si votre amour est une passion et non un caprice, nous aurons l'éternité devant nous. Qu'importent alors quelques heures perdues? L'expérience que je tente mérite bien que je les sacrifie pour obtenir le témoignage que je cherche. Soyez certain qu'en tout ceci je suis au fond beaucoup plus sérieuse que je ne le parais. Règle générale, mon ami, qui vous servira plus d'une fois avec moi, et c'est pour cela que je vous la donne : quand vous me voyez rire et plaisanter, défiez-vous, il y a quelque chose dessous.

Elle vint donc à Chalençon en se faisant accompagner presque toujours d'Ida ou de Carmelita, tantôt de l'une, tantôt de l'autre, quelquefois même de toutes les deux.

Mais le colonel était bien trop furieusement épris de sa « chère Henriette » pour se laisser toucher par d'autres yeux que par les siens.

Ce qu'elle avait expliqué en riant s'était bien vite réalisé : ce qui était caprice tout d'abord avait rapidement pris un caractère sérieux.

Ce mélange d'abandon et de retenue, de provocation et de résistance, de raillerie et de tendresse, avait été pour lui un aiguillon tout-puissant, qui, en quelques bonds, lui avait fait franchir une distance qui le surprenait lui-même, lorsque se retournant en arrière, il tâchait de voir le chemin qu'il avait parcouru.

— Eh quoi! en quelques jours, c'était là qu'il en était arrivé?

Et alors il se demandait s'il n'avait pas fait une imprudence en s'embarquant légèrement dans cette aventure.

Pour être vieille comme le monde, la maxime : « On ne badine pas avec l'amour, » n'en est pas moins toujours vivace, et peut-être allait-il faire l'expérience de sa toute-puissance.

Mais, quoi que la sage réflexion pût lui montrer dans l'avenir, il se sentait parfaitement incapable de revenir en arrière, entraîné, emporté qu'il était par un mouvement irrésistible.

Aussi avait-il hâte maintenant de quitter Chalençon et employait-il auprès de son médecin autant d'adroits détours pour partir tout de suite qu'il en avait employé naguère pour rester.

— L'air ne vous fait donc plus de bien? demandait le médecin.

— Je m'ennuie.

— Vous n'êtes donc plus un enfant des forêts?

— J'ai besoin à Paris.

— Allez-y, je vous le permets, mais revenez aussitôt.

— Non; j'ai besoin d'y rester.

— Pour votre plaisir?

— Pour mes affaires.

Et le médecin se disait que tous les malades sont fantasques, même ceux qui paraissent calmes et raisonnables.

Pour Mme de Lucillière, qui connaissait les vraies raisons de ce changement, elle ne se montrait pas mieux disposée à ce départ.

— Vous n'êtes donc pas heureux ici? disait-elle.

— J'espère être plus heureux à Paris, je ne serai pas chez vous.

— Et où nous verrons-nous? Au théâtre, aux courses, dans le monde où nous nous rencontrerons, croyez-vous que nous trouverons dans ces conditions la liberté dont nous jouissons ici?

— Une liberté au-dessus de laquelle pèse une contrainte n'est plus la liberté; si nous n'avons plus ces promenades dans ce parc, au moins je serai maître de moi.

— Encore une fois, où nous verrons-nous? Croyez-vous qu'une femme comme moi peut aller au Grand-Hôtel? Mais, mon ami, tout Paris le saurait le lendemain.

— Je ne tiens pas au Grand-Hôtel et je puis me loger ailleurs.

— J'aurais voulu, mon ami, que vous eussiez cette idée de vous-même et qu'elle ne fût pas suscitée par cette discussion. Est-ce que, si vous m'aimez sincèrement, vous pouvez rester dans un hôtel? N'est-ce pas me dire d'une façon indirecte : « Vous savez que le jour où je ne vous aimerai plus, je retourne en Amérique. » Est-ce que vous pouvez avoir la pensée de quitter jamais Paris, de vous éloigner de moi, de m'abandonner?

— Et qui vous a dit que je voulais quitter Paris?

— Personne. Mais qui me dit que vous voulez y rester? Rien, il me semble, ne l'annonce; au contraire, votre séjour à l'hôtel marque bien l'idée de départ.

— En Amérique, on demeure à l'hôtel souvent pour toute la vie.

— Nous ne sommes pas en Amérique, nous sommes en France. Est ce que ce ne serait pas me donner une preuve d'amour à laquelle je serais sensible et qui m'inspirerait confiance, que de vous établir à Paris d'une façon définitive? Qui vous en empêche? Avec votre fortune, vous pouvez vous passer toutes vos fantaisies, n'est-ce pas? Pourquoi n'achèteriez-vous pas un hôtel près du mien? Est-ce qu'il est digne d'un homme, dans votre position de rester en camp volant? Cela est par trop Américain. Je veux, si vous m'aimez...

— Si je vous aime!

— Oh! je ne parle pas du présent; je vois, je sens qu'en ce moment vous m'adorez. Mais cela ne signifie rien. Je dis donc que, si vous m'aimez, comme je désire être aimée par vous, sincèrement, pour toujours, je veux que vous soyez le roi du monde parisien. On veut bien m'accorder une certaine influence dans ce monde. Il me plaît de la mettre à votre service pour vous guider dans ce que vous ignorez, en votre qualité d'étranger. Vous avez tout ce qu'il faut pour obtenir cette royauté : la fortune d'abord, puis l'originalité, et toutes ces qualités qui font que vous êtes vous, c'est-à-dire une personnalité sur laquelle on est obligé malgré tout de fixer les yeux. Eh bien! je veux que vous ayez ce succès; je veux être fière de vous non-seulement dans l'intimité, mais devant tous. Peut-être penserez-vous que c'est une faiblesse ou tout au moins de la vanité mal placée. Je ne crois pas, et d'ailleurs je suis ainsi qu'il faut que j'aie l'orgueil de celui que j'aime. Mais, pour ce rôle que je vous veux voir prendre d'autorité, la première condition, l'instrument, si l'on peut dire, c'est l'hôtel où vous puissiez vous établir convenablement, recevoir, donner des fêtes, exercer votre royauté.

— Tout ce qui peut vous plaire me plaît, et, bien que je me sente peu de dispositions pour ce rôle, qui n'est ni dans ma nature ni dans mes moyens, et que je jouerai mal, je le prendrai, si cela vous est agréable; mais encore faut-il que je rentre à Paris. Ce n'est pas à Chalençon que cet hôtel viendra me chercher.

— Oh! j'ai mon idée. Ce que je viens de vous dire n'est pas improvisé; depuis que je sais que vous m'aimez, j'y pense, et je connais l'hôtel que je vous destine.

— Alors dites-moi vite où il est; demain il sera à moi, après-demain je pourrai vous y recevoir.

Mais les choses ne s'arrangèrent pas avec cette rapidité.

Mme de Lucillière voulut que le colonel visitât avant tout l'hôtel qu'elle avait en vue, et pour cela il fallut attendre qu'il pût faire le voyage de Paris.

Situé dans le quartier du parc Monceaux cet hôtel joignait par son jardin celui du marquis de Lucillière. Mais, tandis que l'un était tout flambant neuf, l'autre avait un caractère tout opposé. Il était resté en tout et pour tout un hôtel du 18e siècle, exactement comme s'il eût été touché de la baguette de la fée de la *Belle au bois dormant*, cent ans auparavant : grands appartements, vastes dépendances, beau jardin ombragé de vieux arbres. Il appartenait à une vieille famille de grande noblesse, appauvrie en ces derniers temps, mais qui était cependant encore assez à son aise pour attendre qu'il eût acquis une plus-value, lui permettant de se reconstituer une fortune en le vendant.

Le colonel chargea ses banquiers d'arranger cette affaire, et, comme ils avaient l'ordre de ne pas s'attarder dans des discussions et d'accorder tout ce qu'on demanderait, elle fut vite faite.

Mais ce n'était pas tout : il fallait maintenant lui faire subir quelques travaux d'appropriation indispensables, il fallait le meubler, il fallait mettre des chevaux dans les écuries et des voitures sous les remises; des fleurs dans la serre, des plantes dans le jardin; enfin il fallait y organiser le service que comportait une maison de cette importance, tout un monde de détails et de tracas.

Bien entendu, le colonel ne resta pas à Chalençon jusqu'au moment où son hôtel fut prêt à le recevoir, et il revint s'établir en attendant dans son ancien appartement.

Chaque jour il voyait la marquise mais chez elle, ou bien au bois, où bien dans les maisons où le hasard les réunissait ; jamais dans l'intimité du tête-à-tête.

Ces obstacles, au lieu d'affaiblir le sentiment qu'il éprouvait pour elle, l'avaient exaspéré ; maintenant, c'était une véritable possession, il ne voyait qu'elle, il ne vivait que pour elle.

Vingt fois, cent fois, il l'avait priée, suppliée, de le dégager de son serment, qu'elle lui rappelait sans cesse ; toujours elle avait résisté.

— Non, pas encore. Ce serment, je vous le rendrai, je vous le jure; mais laissez-moi choisir mon jour et mon heure, et surtout ne croyez pas que j'agis ainsi pour irriter votre amour : je veux, au contraire, l'éterniser. Vous m'aimez, je vous adore. Aussi je ne veux pas qu'un amour tel que le nôtre ait un dénoûment vulgaire. Oui, je pourrais vous remettre ce serment. Oui, je pourrais vous rendre heureux, car je ne doute plus de vous et sens que la passion que je demandais a envahi ce cœur tout entier. Mais je veux un bonheur plus grand, plus complet, pour vous, pour toi, pour moi. Je ne veux pas qu'il y ait entre nous une minute d'égarement, d'entraînement ; je veux que tout soit volontaire et recueilli. Enfin je veux un sanctuaire à nos souvenirs, où nous puissions toujours les retrouver intacts. Pressez vos gens.

Il n'avait pas besoin de cette excitation : chaque fois qu'il la quittait, il allait visiter son hôtel, pour presser les ouvriers, ou chez ses fournisseurs, pour les rappeler à l'exactitude, et, jetant l'argent à pleines mains, il obtenait des miracles.

Du sous-sol aux combles, l'hôtel était plein d'ouvriers, peintres, menuisiers, plombiers, tapissiers, qui travaillaient jour et nuit, en deux brigades, l'une remplaçant l'autre.

Un jour que le colonel traversait la salle à manger, il lui sembla reconnaître dans un ouvrier qui, tourné vers le mur, dessinait un panneau en bois, la tournure de son oncle Antoine.

Il s'approcha. C'était bien Antoine; mais celui-ci, absorbé dans son travail, ne l'avait pas vu venir. Il fallut que le colonel lui mît la main sur l'épaule pour qu'il levât les yeux.

— Comment, mon cher Édouard, c'est pour vous que je travaille?

— Vous n'en saviez rien ?

— Absolument rien. On m'a dit de venir relever ces panneaux, pour en faire deux neufs destinés à remplacer ceux qui sont pourris; je suis venu, sans demander le nom du propriétaire. Que m'importait, puisque ce n'était pas lui qui devait me payer; et puis, franchement, j'étais loin de me douter que le propriétaire, c'était vous. Comment! vous avez acheté ce bel hôtel ? Alors vous allez donc vous établir tout à fait à Paris ? En voilà une bonne idée, et pour nous de la joie, pour Thérèse comme pour moi. Nous disions toujours : Il retournera en Amérique! Mais non, vous restez à Paris. Ma foi ! mon neveu, une poignée de main. J'ai hâte de retourner à la maison pour y porter cette bonne nouvelle.

Le colonel avait une véritable affection pour son oncle, mais il fut fâché de cette rencontre.

Il n'était pas dans des conditions à vouloir qu'on lui parlât de Thérèse.

Il ne pensait que trop à elle, et d'une façon qui était gênante pour lui et pénible.

Thérèse! Qu'adviendrait-il maintenant du projet qu'il avait formé pour elle?

C'était là une question douloureuse, qui s'imposait trop souvent à lui et qu'il ne voulait pas examiner en ce moment.

Enfin son architecte put fixer le jour où il lui livrerait l'hôtel.

Ce n'était pas seulement par le colonel et la marquise que ce jour était impatiemment attendu, il l'était encore par une foule d'indifférents et de curieux.

Lorsqu'on avait su que le colonel Chamberlain avait acheté l'hôtel Nessonvaux, et qu'il le faisait approprier à son usage et meubler par un architecte à la mode, on avait recommencé à s'entretenir dans le monde parisien de ce fameux colonel, qui décidément fournissait d'inépuisables éléments à la curiosité publique : sa fortune d'abord, son assassinat ensuite, maintenant son hôtel. Donnerait-il des fêtes? qui inviterait-il ? comment pouvait-on le connaître?

Mme de Lucillière avait répondu affirmativement à la question des fêtes; ce n'était pas pour que l'hôtel restât clos et sombre qu'elle l'avait fait acheter par le colonel, et ce n'était pas en demeurant enfermé chez lui que celui-ci pouvait prendre le rôle qu'elle lui destinait.

Au mot de fête, le colonel s'était récrié: ce n'était pas pour donner une fête à des indifférents qu'il s'était imposé tant de peines et qu'il avait gagné quelques jours.

Mais elle l'avait calmé en souriant.

— Votre architecte vous promet votre hôtel pour dans dix jours, n'est-ce pas, c'est-à-dire pour le mardi? Eh bien! fixons cette fête au jeudi; le mercredi sera pour nous, pour nous seuls. Donnez des ordres pour que vos gens n'entrent que le jeudi matin, et disposez tout pour qu'il n'y ait mardi soir dans l'hôtel que le seul Horace, en qui j'ai pleine confiance; il suffira pour nous servir. Mardi soir, à onze heures, attendez-moi à la gare du Nord.

— Nous partirons.

— Non, je reviendrai de Montlignon, où j'aurai été le matin. Ayez une voiture de remise.

Le mardi, à l'heure convenue, il était à la gare du Nord, mais il eut peine à reconnaître la marquise dans la femme voilée qui lui prit le bras : elle était enveloppée dans un grand manteau qui ne laissait rien voir d'elle.

Ils firent la route de la gare à l'hôtel dans les bras l'un de l'autre.

Ce fut Horace lui-même qui leur ouvrit la porte et qui la referma derrière eux, sans laisser paraître qu'il avait reconnu la marquise.

L'hôtel était de plus en plus le palais féerique de la *Belle au bois dormant* : dans le vestibule, les lampadaires brûlaient, et dans les salons les lustres et les lampes étaient allumés; l'air était chargé du parfum des fleurs qui emplissaient les jardinières, et cependant personne, pas un bruit, dans ces vastes appartements, dont toutes les portes étaient ouvertes.

Mme de Lucillière s'appuyait sur le bras du colonel; il sentit qu'elle frissonnait. Il voulut l'attirer sur sa poitrine, elle le repoussa doucement.

— Et votre serment ? dit-elle.

Il eut un geste d'emportement, mais elle lui retint le bras, et d'une voix pleine de tendresse :

— Marchons, dit-elle; faites-moi voir notre hôtel.

Ils arrivèrent ainsi à la chambre du colonel.

Alors elle abandonna le bras sur lequel elle s'appuyait, et en un tour de main ayant jeté loin d'elle son chapeau et le manteau qui l'enveloppait, elle se montra vêtue d'une robe blanche. Ce fut une apparition, une transfiguration.

Il s'élança vers elle; mais, par un geste plein de noblesse, elle l'arrêta.

— Edouard, dit-elle, m'aimez-vous ? Je vous prie, à cette question comme à toutes celles que je vous poserai, répondez-moi simplement par oui ou par non. L'heure est solennelle pour nous, mon ami, car c'est elle qui va décider notre vie. M'aimez-vous?

— Je vous aime.

— M'estimez-vous ? oui, ou non ?

— Oui.

— Si j'étais libre, feriez-vous de moi votre femme ? Encore une fois, loyalement, un oui ou un non.

— Oui.

— Eh bien! alors je suis à toi.

Et, lui jetant les bras autour du cou, elle appuya sa tête contre lui en le regardant.

XI

Ce fut Mme de Lucillière qui remplit le rôle de maîtresse de maison dans la fête qu'elle avait voulu que le colonel donnât en prenant possession de son hôtel.

Rentrée chez elle le mercredi à minuit, comme si elle arrivait directement de Montlignon, ce qui sauvait les apparences (un jour de vingt-quatre heures ayant été seulement perdu dans le trajet de la gare du Nord à la rue de Courcelles), elle revint chez le colonel le jeudi, de bonne heure, pour veiller à l'organisation du dîner et de la soirée.

Et ce leur fut une journée nouvelle à passer ensemble, non plus, il est vrai, tout d'abord, dans l'intimité du tête-à-tête et portes closes, mais portes ouvertes et devant les gens de service qui se tenaient à leurs postes, depuis les cuisines du sous-sol jusqu'à la lingerie des combles.

Exécutant fidèlement les ordres qu'il avait reçus, Horace, promu aux fonctions d'intendant général, avait réuni tout le personnel dès neuf heures du matin et l'avait mis aussitôt au travail.

Fier de commander à des blancs et surtout à des blanches, il était vraiment magnifique d'importance, et, si le colonel avait été en ce moment disposé à la plaisanterie, il eût bien ri de le voir traverser les appartements, le jarret tendu, les épaules effacées, la tête haute et les yeux à quinze pas devant lui, les mains derrière le dos, dans l'attitude d'un grand seigneur de théâtre qui passe la revue de ses valets.

Mais la marquise, qui ne perdait jamais le sentiment des choses drôlatiques, et qui eût ri, à son lit de mort, d'un personnage comique, s'amusait fort de ce spectacle, et prenait elle-même un malin plaisir à mettre exprès Horace et le maître d'hôtel en présence.

Assez à son aise avec les valets inférieurs, Horace en effet était troublé toutes les fois qu'il avait une observation à adresser au maître d'hôtel, qui était un personnage digne et majestueux, portant jusque dans sa cravate la conviction de sa supériorité. Oubliant parfois son nouveau grade, Horace lui parlait à la troisième personne; puis, se reprenant aussitôt, il terminait brusquement la conférence par un geste sec, comme il convient d'ailleurs lorsqu'il s'agit d'un subalterne.

Quant au maître d'hôtel, qui savait parfaitement que le nègre possédait la confiance de son maître et tenait même les cordons de la bourse en tout ce qui touchait la maison, il écoutait les observations qu'il lui faisait, qu'elles fussent trop polies ou trop sèches, avec un même visage impassible; pas un muscle de sa face bien rasée qui bougeât; seulement, de temps en temps, passait dans ses yeux mi-clos un sourire imperceptible, que la marquise traduisait facilement: « Si tu crois que je te respecte, mauvais moricaud, tu sais que tu te trompes joliment ; je t'écoute parce que je suis payé pour cela. Mais je te méprise comme la boue de mes souliers, si un homme tel que moi peut souiller ses souliers de boue; tu n'es qu'un singe de grande taille, comme ton maître n'est qu'un parvenu de grande fortune. Moi, je suis un Parisien, pauvre, il est vrai, mais cela n'empêche pas que pour l'intelligence et les belles manières, je sois le roi de la création. »

Volontiers elle se fût ingéniée à renouveler ces petites scènes, ce qui lui était facile, en donnant des ordres à Horace pour qu'il les transmit au maître d'hôtel; mais, voyant que le colonel ne prenait pas le même plaisir qu'elle à cette plaisanterie et même s'en impatientait, elle l'abandonna.

D'ailleurs elle avait mieux à faire que de perdre son temps dans cette distraction.

C'était elle qui avait dressé les listes d'invitation pour le dîner et la soirée, et elle avait à repasser ces listes pour voir qui décidément elle aurait.

A l'exception de son ministre, de ses banquiers, et de quelques Américains avec lesquels il avait des relations d'amitié et qu'il avait dû par conséquent inviter, le colonel avait laissé toute liberté à Mme de Lucillière.

Il prêtait son hôtel et son nom; en réalité c'était la marquise de Lucillière, ou plus justement « la belle Henriette » comme on l'appelait dans le monde de son intimité, qui donnait cette fête pour son plus grand agrément à elle, pour celui de ses amis, et pour la mortification de ses rivales ou de ses envieuses.

— Il y a longtemps, lui avait-elle dit lorsqu'il avait été question de dresser cette liste, que j'ai dans l'esprit une fantaisie qu'il m'a toujours été impossible de réaliser : c'est de donner une fête dans laquelle il ne paraîtrait que de jolies femmes et des hommes remarquables à un titre quelconque, par leur nom, leur esprit, leur talent ou même leur beauté. Cela semble bien simple, n'est-ce pas ? Cependant, malgré toute l'envie que j'en avais, je n'ai jamais pu y arriver chez moi, attendu que les invitations sont toujours dominées par des considérations de famille, de relations, de positions, qui rendent un choix comme je le veux tout à fait impossible. Vous, par suite d'un hasard merveilleux, vous êtes en dehors et au-dessus de ces considérations : vous n'avez pas de famille.

Le colonel eut une contraction que Mme de Lucillière remarqua, mais sans comprendre toute l'étendue du sentiment qu'elle trahissait.

— J'entends, dit-elle en s'interrompant, que vous n'avez pas une famille qui se fâchera de n'être pas invitée à une soirée de gala; car je ne pense pas qu'il y aurait là un plaisir pour votre oncle tel que je le connais, ni même pour votre petite cousine. Pensez-vous le contraire ?

— Non.

— J'ai donc raison de dire qu'en ce qui touche cette soirée, vous n'avez pas de famille, et je vous assure, mon cher ami, que c'est parfois un agréable soulagement. Vous n'avez pas davantage de relations puisque vous arrivez à Paris. Enfin, par votre position indépendante, vous n'avez de ménagement à garder envers personne. Nous sommes donc libres d'inviter, qui bon nous semble, et de ne choisir que ceux qui réunissent les conditions que j'énumérais tout à l'heure. Cela vous convient-il ainsi ?

— Tout ce qui vous plaît est fait pour me plaire.

— Je veux qu'être reçu chez vous soit une distinction.

— Je vous suis reconnaissant de cette ambition; mais, si je me montre exigeant envers mes invités, mes invités par contre ne se montreront-ils pas justement exigeants envers moi ?

— Vous avez peur que ceux à qui vous adresserez une invitation ne l'acceptent pas.

— Pour moi, c'est assurément ce que je ferais. Le colonel Chamberlain ? Qu'est-ce que c'est que le colonel Chamberlain ? Un marchand de pétrole. Je ne vais pas chez ces gens-là.

— Ce n'est pas ainsi que les questions se poseront. — Une invitation du colonel Chamberlain. — Le riche Américain ? Celui qui a failli être assassiné en allant chez la marquise de Lucillière ? celui qui vient d'acheter l'hôtel Nessonvaux ? — Irons-nous ? — On dit que tout Paris y sera. — Ah ! non pas tout Paris, les invitations ont été sévèrement choisies. — Alors c'est différent, il faut voir ça. Quand le monde parisien prononce ce mot « il faut voir ça, » on fait de lui ce qu'on veut ; il irait chez le diable, si le diable ouvrait ses salons aux curieux. En tous cas, ceux qui pourraient être plus difficiles, viendront par cette raison que je les en prierai. Soyez donc tranquille sur le sort de vos invitations et laissez-moi seulement les faire à mon gré.

Aussitôt elle avait commencé à écrire les noms qu'elle choisissait, et les premiers inscrits avaient été ceux de lord Fergusson, Serkis-Pacha, le prince Sératoff, le duc de Mestosa.

Comme sa main courait rapidement sur le papier, le colonel l'avait arrêtée.

— Est-ce que vous trouvez, avait-il dit, que ces messieurs réunissent en eux les conditions que vous exigiez tout à l'heure ? Est-ce pour son talent que vous invitez lord Fergusson ? Le duc de Mestosa mérite-t-il l'honneur que vous lui faites par son esprit ? Serkis-Pacha est-il choisi pour sa beauté ?

— Ils sont de mon intimité, avait-elle répondu en riant, et cela suffit pour que je ne puisse pas ne pas les inviter; c'est également comme si vous n'invitiez pas le prince Mazzazoli et sa nièce, le baron Lazarus et sa fille.

— Je ne tiens pas du tout à les avoir.
— Vraiment ? Ni Ida ni Carmelita ?
— Ni l'une ni l'autre.
— Il faut cependant que nous les ayons; d'ailleurs elles sont assez jolies pour rentrer dans mon programme.

— Alors, à la suite de ces noms, je vous prie d'inscrire ceux de Jonathan Wright et de Belinda Wright.

— Et qu'est-ce que c'est que M. Jonathan Wright et que Mme ou Mlle Belinda ?

— Miss Belinda Wright, fille de Jonathan Wright, le plus riche marchand de viandes salées de Cincinnati.

— Un charcutier alors ?

— Précisément comme je suis un épicier; seulement la fortune du charcutier égale celle de l'épicier. De plus, Belinda Wright est digne de votre choix par sa beauté. Enfin ils sont de mon intimité, et j'ai failli devenir le mari de Belinda. Arrivés depuis peu à Paris, ils auraient le droit de se fâcher si je les oubliais.

— Écrivons Jonathan Wright et Belinda Wright : la fortune est un titre, comme le talent ou la beauté.

Quand la liste générale avait été close, Mme de Lucillière l'avait reprise pour voir quels noms seraient admis au dîner.

— Je voudrais, avait-il dit alors, que vous fussiez placée vis-à-vis de moi, si cela ne vous paraît pas trop caractéristique.

— Je suis au-dessus des critiques de ce genre.

— Maintenant voulez-vous me permettre de vous demander qui vous placerez à vos côtés ?

— Mais Serkis-Pacha à droite, et le prince Sératoff à gauche.
— Ah !
— Est-ce que cela ne vous convient pas ainsi ?

S'il avait été brave, il aurait franchement déclaré que cet arrangement le désespérait. Lorsqu'il avait commencé à s'attacher à Mme de Lucillière, l'intimité de celle-ci avec ceux qui formaient sa cour lui avait été assez indifférente; si les propos du monde étaient vrais, que lui importait ? Mme de Lucillière était une femme facile, disait-on ; eh bien ! tant mieux, elle le serait pour lui. Mais, à mesure que cet attachement s'était développé, l'indifférence à propos des sentiments que la marquise pouvait inspirer à ceux qui l'entouraient avait diminué ; bientôt même elle avait été remplacée par une véritable jalousie : facile pour lui, sa chère Henriette ne devait pas l'être pour d'autres.

Cependant il n'aurait jamais osé montrer ouvertement cette jalousie. Comment dire à une femme, qui portait si haut le respect de la maison conjugale : « La présence de ces étrangers me gêne, leur assiduité me fait souffrir ? » Eût-elle toléré une pareille observation. En cette circonstance, il avait eu un peu plus d'audace qu'à l'ordinaire, et, sans aller jusqu'à affirmer son mécontentement, il avait voulu néanmoins l'indiquer.

— Si vous mettez Serkis-Pacha et le prince Sératoff près de vous, avait-il dit, je vous prie de placer Belinda près de moi.
— Ah ! vraiment.

Et elle l'avait regardé assez longuement au fond des yeux ; puis, tout à coup partant d'un éclat de rire :

— Vous savez, cher ami, que si vous voulez exciter ma jalousie, vous perdez votre temps. Belinda fût-elle une merveille, je n'en serais pas jalouse. C'est un sentiment qui m'est absolument inconnu, je ne le comprends même pas. Je ne serai donc jamais jalouse de vous, mais par réciprocité je vous demande de n'être jamais jaloux de moi.

C'étaient ces listes ainsi dressées qu'il s'agissait de vérifier en les comparant aux réponses, pour voir quel serait au juste le nombre des convives du dîner.

Comme ils étaient occupés à cette vérification, assis l'un près de l'autre, devant une table, dans un petit salon, Horace ouvrit tout à coup la porte avec une brusquerie peu en rapport avec l'importance de ses nouvelles fonctions, et qui eût assurément fait hausser les épaules de pitié au maître d'hôtel.

— M. le marquis de Lucillière vient d'arriver, dit-il d'une voix saccadée.

— Eh bien ! qu'on le fasse monter, répondit tranquillement la marquise, sans même lever la tête.

Puis, comme le colonel reculait sa chaise pour s'éloigner d'elle :

— Ne vous dérangez donc pas, dit-elle. Tout ce que je vous demande, c'est d'écouter avec complaisance les observations du marquis, s'il juge à propos de vous en adresser, ce qui est probable; au reste, vous verrez qu'elles pourront vous être utiles, le marquis est un maître de maison incomparable.

Ce n'était pas la première fois que le marquis se présentait à l'hôtel, et souvent il était venu le visiter pendant les travaux; notamment les écuries qu'il avait fait aménager d'après ses plans et dans lesquelles il avait installé les chevaux qu'il avait lui-même achetés.

Il ne dérangea donc pas longtemps le tête-à-tête de sa femme et du colonel, et, après avoir visité les appartements de réception, le lorgnon sur le nez, en furetant partout, mais plus rapidement qu'à l'ordinaire, il se déclara satisfait.

— Mon cher colonel, dit-il, je vous fais mon compliment, tout cela est parfait et du meilleur goût.

Et il se tourna vers la marquise, comme pour lui demander si elle ne rentrait pas avec lui; mais celle-ci, prévenant sa question, déclara qu'elle avait encore à travailler avec le colonel.

— Je ne rentrerai guère à l'hôtel que pour m'habiller, dit-elle; si vous voulez bien être prêt pour sept heures, nous viendrons ensemble.

— Parfaitement.

Et, après avoir serré la main du colonel stupéfait, il se retira.

Lorsque le colonel, revenant de le reconduire, rentra dans le salon, il trouva la marquise debout, le visage souriant :

— Maintenant que cette visite que j'attendais est passée, dit-elle, nous pouvons être librement l'un à l'autre jusqu'à six heures. Fermez la porte, mon cher Édouard, et ne pensons plus qu'au présent, moi à toi, toi à moi.

— Enfin !

Cependant, un peu avant six heures, elle voulut reprendre son rôle de maîtresse de maison.

Comme il essayait de la retenir :

— Non, dit-elle, un dernier coup d'œil; laisse-moi te voler cinq minutes au profit de tes invités.

— N'allez-vous pas être à eux pendant toute la soirée ?

— Puisque nous serons en face l'un de l'autre ! Mais, à propos de ces invités, j'ai deux demandes à vous adresser : la première, c'est de me laisser fermer cette porte, dont j'emporterai la clef, pour ne vous la remettre qu'en sortant d'ici, cette nuit, la dernière. Votre maison va appartenir à tout le monde ce soir ; je ne veux pas qu'une autre femme que moi puisse entrer dans cette chambre; car, chez un garçon, on se croit volontiers tout permis. Ce n'est pas de la jalousie, croyez-le bien; mais c'est un sentiment plus haut, le respect de nous-mêmes.

Il ferma la porte lui-même et lui remit la clef.

— Ma seconde demande, dit-elle en prenant son bras pour parcourir de nouveau les appartements, est d'un ordre tout différent : je voudrais que vous me fissiez le serment de ne pas jouer.

— Il n'y a pas besoin de serment, une simple promesse suffit.

— Eh bien ! alors promettez-moi de ne pas jouer. La facilité avec laquelle vous perdez votre argent a tenté bien des cupidités. Je ne veux pas que l'homme que j'aime, que j'ai choisi entre tous, se laisse entraîner à devenir un joueur. Que vous importe l'argent gagné au jeu ? A rien, n'est-ce pas ? Vous n'en avez pas besoin. Alors ne jouez pas, et conservez pour un meilleur usage celui que vous pourriez perdre.

— Je ne jouerai pas, je vous le promets.

Ils parcoururent lentement les appartements; tout était prêt et parfaitement en ordre, mais les lumières n'étaient pas encore allumées pour ne pas donner trop de chaleur. Dans la demi-ombre du soir, la table de la salle à manger, couverte d'argenterie et de cristaux, lançait des éclairs ; des vases, des corbeilles et des jardinières, où les fleurs avaient été gracieusement disposées, s'exhalaient des parfums qui troublaient légèrement la tête.

La marquise était radieuse.

— Si votre hôtel brûlait ce soir, dit-elle, portes closes, sans que personne pût s'échapper, le monde parisien serait décapité demain. Nous aurons une belle soirée.

— Et si elle vous plaît, nous en aurons beaucoup d'autres : que ne ferais-je pas pour voir votre sourire ?

— Pour le moment, je ne vous demande qu'une chose : soyez charmant avec les femmes, hautain avec les hommes.

La marquise avait une qualité rare entre toutes : elle faisait chaque chose, même sa toilette, légèrement, rapidement, pour ainsi dire sans qu'on s'en aperçût. A sept heures et demie, accompagnée du marquis, elle était de retour chez le colonel ; personne n'était encore arrivé.

Mais bientôt les invités au dîner firent leur entrée les uns après les autres. Le colonel se tenait dans le premier salon pour les recevoir; la marquise, dans le second, mais placée de telle sorte qu'elle voyait chacun arriver.

A un moment, elle quitta le second salon

pour venir dans le premier ; une jeune fille accompagnée d'un vieux monsieur au visage rouge venait d'entrer: cette jeune fille qu'elle ne connaissait pas, était admirablement jolie, quoique très-maigre et très-pâle. Ce ne pouvait être que Belinda Wright.

Sans affectation et en prenant au contraire un air indifférent, la marquise s'approcha doucement pour entendre les paroles qui s'échangeaient entre cette jeune Américaine et le colonel.

— Il n'est pas étonnant que vous me trouviez changée, disait-elle ; j'ai engraissé de 3 livres depuis que je suis en Europe. A Londres, le 13 mars, je pesais 89 livres ; au Havre, le 5 avril, 90 livres ; à Paris, le 7 mai, 91 : il y a progression constante.

— Vous mangez toujours des tranches de *johnnycake* ?

— Oh! non ; je préfère la pâtisserie parisienne, qui est excellente. Je vous recommande le pâtissier de la Bourse, celui de.....

La marquise s'éloigna comme elle s'était approchée, elle en savait assez.

Pendant ce temps, le baron Lazarus et le prince Mazzazoli s'étaient retirés dans un salon où il n'y avait encore personne.

— Quand je pense, disait le baron, que j'ai eu la naïveté de vous féliciter, il y a quelque temps, à propos d'un certain mariage.

— Il est vrai ; vous voyez qu'il ne faut jamais se presser.

— Dame! cela me paraissait alors si évident que je me croyais certain de ce que je voyais et que je ne voulais pas attendre pour vous en féliciter. En effet, qu'est-ce que je désire, moi? Le bonheur de mes amis.

Et le baron Lazarus, ému au point d'avoir les yeux mouillés, serra la main du prince Mazzazoli, qui se prêta à cette marque de sympathie de la meilleure grâce du monde, en penchant en avant sa longue échine flexible.

— Et vous êtes de mes amis, des meilleurs, continua le baron.

— Comme vous êtes des miens, répliqua le prince. C'est précisément pour cela que, dans une simplicité égale à la vôtre, et qui, comme la vôtre, prenait sa source dans l'intérêt que je vous porte, j'avais cru pouvoir, moi aussi, vous féliciter de mon côté, à propos de ce mariage.

— Eh bien ! nous nous trompions tous deux ; ce qui prouve — nous pouvons bien nous dire cela — que nous sommes l'un et l'autre de pauvres observateurs.

— Je n'ai pas la prétention d'en être un.

— Ni moi non plus.

— Aussi faut-il reconnaître que nous pouvons très-bien nous tromper en ce moment, et avouer que ce que nous croyons voir peut ne pas exister.

— Parfaitement. Seulement cela peut exister aussi, et alors je me demande comment et quand cela finira.

— Et pourquoi voulez-vous que cela finisse?

— Parce que ces liaisons ne sont pas éternelles.

— Souvent elles sont longues.

— Souvent aussi elles sont courtes, dit le baron après un moment de réflexion. Combien de causes les abrègent! Sans compter que parfois les maris ouvrent les yeux, et que quand ils ne les ouvrent pas eux-mêmes, il se trouve des gens pour les leur ouvrir plus ou moins adroitement. Le monde est si méchant, à Paris surtout, où les langues sont terribles.

A ce moment, les deux battants de la porte de la salle à manger furent poussés du dedans par le majestueux maître d'hôtel : le dîner était servi.

XII

S'il était resté un peu de raison et de jugement dans l'esprit du colonel, il aurait pu faire des réflexions instructives sur les variations de paroles et les contradictions d'idées de sa chère marquise.

En effet, Mme de Lucillière, qui tout d'abord lui avait si rigoureusement imposé le respect de la maison conjugale, avait paru bientôt oublier complètement les principes qu'elle avait tant de fois émis à ce sujet, et pour le triomphe desquels elle avait exigé l'acquisition de l'hôtel Nessonvaux.

Un jour qu'il se plaignait de ne pas la voir plus souvent, elle l'avait arrêté net:

— Et pourquoi ne venez-vous pas plus souvent chez moi?

— Et le puis-je? J'y vais toutes les fois que j'ai une raison ou un prétexte pour m'y présenter.

— Pourquoi, au lieu de chercher, chaque fois que vous venez chez moi en dehors de mes jours, des prétextes plus ou moins adroits pour expliquer vos visites, ne vous êtes-vous pas ingénié à inventer une raison vraie, qui, une fois trouvée, vous servirait désormais tous les jours ?

— Et comment cela? Quelle raison ostensible puis-je avoir pour me présenter chaque jour chez vous ?

— Chez moi, je ne sais pas ; mais, chez le marquis, il me semble qu'il serait bien facile d'en trouver non pas une, mais dix, mais cent.

Il eut un mouvement de répulsion.

Elle haussa doucement les épaules ; puis, lui donnant une petite chiquenaude sur le bout du nez:

— Vous êtes un grand enfant, dit-elle en

riant, un sauvage, un animal primitif et antédiluvien. Est-ce que dans un pays civilisé, est-ce qu'à Paris, on se conduit comme vous le faites?

— J'ai commis une sottise?

— Une! Dites cent, dites mille, au moins en ce qui concerne le marquis. Votre attitude à son égard est véritablement inqualifiable. Comment! il est plein d'attentions et de prévenances pour vous, d'une politesse exquise, toujours dispos, toujours souriant, et vous, vous recevez tout cela avec raideur? C'est à peine si votre main s'avance lorsqu'il vous tend la sienne.

— Il est vrai, mais mon embarras et ma contrainte proviennent d'un sentiment tout autre que celui que vous croyez.

— Ne pensez pas que je me trompe sur la nature de ce sentiment; seulement laissez-moi vous dire que s'il y a une honnêteté louable à le ressentir, il y a une maladresse dangereuse à le montrer. Moi aussi, je souffre de la situation coupable que la passion nous a créée, et je puis dire que j'en souffre plus profondément que vous, en femme, en mère. Mais quoi? Est-ce une expiation à notre faute que de crier à pleine voix: « Je suis coupable! » Il n'y en a qu'une : la séparation et le repentir. La voulez-vous?

— Nous séparer!

— Vous ne le voulez pas; moi, je ne le pourrais pas. Alors veillez sur vous, je vous prie. A quoi bon cette roideur que je vous reproche?

— Elle n'est pas volontaire, et je me la reproche : je suis ainsi, parce que je ne peux pas être autrement.

— A qui peut-elle servir? Diminue-t-elle les torts que vous avez envers le marquis? est-elle une manifestation de votre fierté, de votre dignité?

— Elle est une conséquence de ma gêne, voilà tout : je ne suis qu'un sauvage, comme vous dites.

— Est-ce que les sauvages ne savent pas dissimuler? Il me semble que les grands chefs sont précisément les plus habiles dans la ruse, qui n'est après tout que la politique. Pour eux, ce n'est point abaisser leur dignité que de conformer leur conduite apparente à leur intérêt. C'est là justement ce que je vous demande. Je vous assure que le marquis a pour vous beaucoup de sympathie, même de l'amitié; mais, malgré cette amitié, il finira certainement par se fâcher des rebuffades qui accueillent ses avances. Avez-vous pensé à cela?

— J'y pense sans cesse.

— Une séparation serait déjà chose terrible pour vous et pour moi, n'est-ce pas. Cependant ce pourrait bien n'être pas tout. Sans doute le marquis voudrait savoir à quoi tient votre attitude; et, bien qu'il n'ait jamais manifesté la moindre jalousie, — il a trop vivement le sentiment du respect pour cela, — il ne tarderait pas à découvrir la vérité. Alors qu'arriverait-il?

Comme il restait sans répondre, elle continua :

— Vous n'osez pas répondre, n'est-ce pas? peut-être même n'osez-vous pas envisager cette expectative menaçante, et qui se réaliserait bien probablement si vous persistiez dans votre conduite. Changez-en donc, mon cher Edouard : c'est ce que je vous demande pour moi d'abord, pour mon repos, et puis pour notre amour.

Le colonel sentait toute la justesse pratique de ce raisonnement, cependant il souffrait de l'entendre formuler par la marquise.

Démêlant très-bien ce qui se passait en lui, elle n'insista pas, certaine que ce qu'elle avait dit suffirait pour amener bientôt le changement qu'elle désirait. C'était surtout devant elle que le colonel était gêné dans ses rapports avec le marquis ; il serait moins embarrassé et moins retenu lorsqu'il pourrait se dire que ses poignées de main n'étaient pas spontanées, mais qu'elles lui étaient imposées. On s'excuse volontiers lorsqu'on trouve des circonstances atténuantes dans le désir exprimé par celle qu'on aime; qui pourrait se montrer sévère pour une lâcheté que l'amour inspire?

Abandonnant donc ce sujet pénible, elle revint à la question qui lui avait été posée par le colonel.

— Vous me demandiez, n'est-ce pas, dit-elle, si je trouvais une raison ostensible qui justifiât votre présence chez moi, toutes les fois qu'il vous plairait de vous y présenter? J'en vois une, une excellente, et je suis même surprise qu'elle ne se soit pas présentée à votre esprit.

— Laquelle donc?

— Pourquoi ne vous intéresseriez-vous pas à l'écurie du marquis et ne parleriez-vous pas pour ses chevaux?

— Mais les choses du sport hippique n'ont aucun attrait pour moi.

— Il faut aimer ce que j'aime.

— Volontiers ; cependant faut-il encore l'aimer d'une façon intelligente et j'avoue que je ne connais rien ou presque rien aux courses de chevaux.

— Vous apprendrez, rien n'est plus simple. Le marquis se fera un plaisir de vous guider et d'un autre côté il sera très-satisfait, j'en suis certaine, de vous voir prendre un intérêt positif à son écurie : vous savez comme il en est fier.

Le colonel eût pu répondre que quelque temps auparavant, elle avait exigé de lui le serment qu'il ne jouerait pas, et que les paris sur les courses n'étaient pas autre chose très-souvent que le jeu avec d'habiles tricheries que les cartes ne comportent pas ; mais il n'en fit rien.

Elle voulait qu'il devînt un sportsman : il deviendrait sportsman, que lui importait ? Ce qu'il voulait, c'était la voir, la voir du matin au soir, tous les jours, toujours.

Quel chemin il avait parcouru depuis le moment où il s'était dit, pour la première fois, que cette jolie marquise de Lucillière serait une agréable distraction dans sa vie, une charmante diversion ! La distration était devenue une véritable possession, irrésistible et de tous les instants ; plus il la voyait, plus il la voulait voir, et chaque visite, chaque entrevue, le laissaient plus épris, plus passionné.

Mme de Lucillière ne s'était pas trompée en parlant de la satisfaction probable de son mari : le marquis se montra très-heureux de la demande du colonel.

— Il était évident, dit-il, qu'un jour ou l'autre cela devait arriver ; un homme tel que vous ne pouvait rester en dehors des choses du sport ; mais je n'en suis pas moins très-sensible à l'honneur que vous me faites de me prendre pour guide. Vous verrez quelles émotions donnent les courses lorsqu'on y est intéressé autrement que comme curieux. Un de nos hommes politiques, qui est un des auteurs du coup d'État de décembre et qui par conséquent se connaît en émotions, me disait qu'il n'avait jamais eu le cœur serré, les entrailles tordues comme dans la courte seconde où se décidait la victoire ou la défaite d'un de ses chevaux. Vous verrez, vous connaîtrez ces émotions, qui ne ressemblent en rien à celles du jeu : dans le jeu, il n'y a que l'angoisse de l'attente ; dans la course, il y a la lutte : on tient la victoire, on ne la tient plus ; on la reprend, on la perd encore ; le cœur bat, s'arrête et reprend.

Le colonel pensa qu'il était, par bonheur, encore assez jeune pour éprouver d'autres émotions que celles que donnent les cartes et les chevaux ; mais il garda pour lui cette réflexion.

Il se livra donc à l'expérience du marquis et commença, sous la direction de celui-ci, son éducation hippique, mais ce fut sans éprouver les serrements de cœur et les tortillements d'entrailles qui lui avaient été prédits. Qu'il perdît, qu'il gagnât, il restait impassible, et jamais on ne vit son visage se couvrir de cette pâleur jaune qu'on remarque si souvent chez les joueurs dans les moments décisifs.

Ce calme et cette froideur firent autant pour sa célébrité que son assassinat et ses fêtes.

— Quel estomac ! disait-on, c'est admirable !
Et cependant cet homme, que les grosses pertes aussi bien que les gros gains laissaient complètement insensible, sans que son cœur s'arrêtât ou battît plus fort, pâlissait ou rougissait pour un sourire ou un froncement de sourcil de la belle Henriette.

— Plus de cœur que d'estomac, disait celle-ci en riant lorsqu'il se plaignait, ou plutôt n'est-ce pas moins de cœur que d'estomac qu'il faut dire.

Mais, bien qu'elle plaisantât, elle était flattée de voir la puissance qu'elle exerçait. Ce qu'elle avait voulu s'était accompli : ce n'était point un caprice qu'elle avait inspiré, c'était une passion.

Bien que le moyen proposé par Mme de Lucillière eût amené des relations journalières entre les marquis et le colonel, celui-ci n'avait cependant pas obtenu tout ce qu'il avait demandé : s'il voyait la marquise plus fréquemment, il ne la voyait guère plus librement.

Alors à quoi bon perdre son temps et son argent d'une façon qui ne l'intéressait guère et ne lui donnait que la sensation de l'ennui ?

Souvent il se plaignait à elle de ce résultat, si contraire à la réalisation de ses désirs, mais bien entendu sans parler de la question d'argent, qui pour lui n'était que la petite question.

— Quand j'étais à Chalençon, disait-il, prisonnier dans ma chambre, vous trouviez bien moyen de venir passer avec moi des journées entières, non de temps en temps, mais presque tous les jours, et maintenant vous ne pouvez même pas me donner des heures.

— J'ai accompli alors des miracles et j'ai fait l'impossible, ce qui prouve combien vous m'étiez cher.

— Ce que vous faisiez alors, ne pouvez-vous pas le faire aujourd'hui ?

— Alors vous étiez malade et vous ne l'êtes plus, et puis, à ce moment, nous n'étions pas dans la saison, et maintenant nous y sommes ; j'étais donc plus libre que je ne le suis aujourd'hui, et je n'avais pas une infinité de devoirs, d'obligations, d'engagements, de visites qui prennent mon temps et le dévorent.

Comme il insistait :

— J'ai vu dans le monde, dit-elle avec impatience, de fort honnêtes gens qui se figurent que ceux qui n'ont pas un travail régulier et bourgeois, pour ainsi dire, ne font rien et sont maîtres de leur temps : ainsi, pour eux, le comédien est un paresseux, l'artiste un homme de plaisir, la femme à la mode une désœuvrée ; si on leur dit que le comédien apprend ses rôles de 9 heures du matin à midi, les répète de midi à 6 heures, les joue de 7 heures à minuit, ils sont étonnés; si on leur montre l'écrivain penché pendant douze ou quatorze heures sur son papier blanc, le peintre debout devant son tableau tout aussi longtemps, ils n'en croient pas leurs yeux; enfin, si on leur explique que la femme du monde qui ne fait rien n'a souvent pas une minute à elle, ils pensent qu'on se moque d'eux. Et bien! mon cher, vous appartenez jusqu'à un certain point à la classe de ces honnêtes gens, je ne dis pas par vos idées sur les artistes,—je ne sais pas quelles elles peuvent être,—mais par celles que vous avez sur les femmes du monde.

Puis, élevant la voix de manière à être entendue du marquis, qui était à un autre bout du salon, occupé à repasser les additions de son carnet, ce qu'il faisait régulièrement chaque soir avant de se mettre au lit, et même souvent plusieurs fois par jour :

— Savez-vous ce que le colonel me dit? demanda-t-elle.

Il voulut l'interrompre, mais elle continua en riant,—car c'était un de ses amusements de mêler tout à coup un tiers ou même son mari à ses entretiens intimes, qu'elle poursuivait alors avec des paroles à double sens et en jouant sur la corde roide de l'équivoque avec une légèreté qui plus d'une fois avait donné le frisson au colonel:

— Il soutient, dit-elle, que nous autres femmes du monde nous ne faisons rien, et que, si nous n'avons pas une minute à donner à nos amis, c'est que nous ne le voulons pas. J'ai bien envie, pour le punir, de lui imposer une pénitence.

Bien que le marquis n'aimât guère à être dérangé dans ses comptes, il était trop rigide sur les questions de politesse pour ne pas prêter l'oreille à cette interpellation, qui cependant l'intéressait beaucoup moins que l'opération à laquelle il se livrait. Il posa son carnet, et, levant la tête, avec cette figure attentive et curieuse qu'ont les confidents de la Comédie-Française lorsqu'ils sont tout à leur rôle :

—Une pénitence? dit-il,—car cette question appelait une réplique;—oui, sans doute, c'est une idée ; seulement, qu'elle ne soit pas trop sévère.

— Dure, pénible, à lui faire demander grâce : voilà ce qu'il a mérité.

Le colonel s'était rassuré.

— Ordonnez, dit-il.

— Vous jurez de m'obéir en tout et d'exécuter scrupuleusement ce qui vous sera ordonné?

— Je le jure!

— Eh bien ! voici ce que vous aurez à faire: Demain, à dix heures, vous arriverez ici, en costume du matin, et vous vous ferez accompagner d'une malle dans laquelle se trouveront une toilette de ville et une toilette de soirée.

— Alors vous n'avez pas l'intention de le mettre en cellule? demanda le marquis ; j'avais peur de la prison.

— Oh! pas du tout; bien au contraire. D'abord on vous conduira à une chambre qui vous appartiendra pour toute la journée; puis vous demanderez à me voir: les ordres seront donnés, on vous introduira. Si je vous fixe dix heures du matin, c'est que je vais ce soir dans trois maisons, et que je ne rentrerai pas avant une heure ou deux du matin ; sept heures de sommeil ne vous paraîtront pas trop, je pense ?

— Assurément non.

— Et vous n'exigerez pas que je diminue ces heures de repos pour mes amis, même les plus chers.

Il baissa les yeux, n'osant rencontrer ceux du marquis, car l'allusion était un peu trop directe.

— Vous ne l'exigez pas? continua-t-elle, c'est beaucoup de générosité de votre part. Donc, à dix heures, je serai à votre disposition ou plutôt vous serez à la mienne.

— Et que, diable ! voulez-vous lui faire faire? demanda le marquis ; cela pique vraiment ma curiosité.

— Rien que ce que je ferai moi-même dans ma journée, du matin au soir, mais tout ce que je ferai. Notre ami voyage pour s'instruire, n'est-ce pas? Eh bien ! il y aura là une étude intéressante pour lui, je pense : il apprendra ainsi ce qu'est la journée d'une femme qui ne fait rien, il verra à quoi nous passons notre temps.

— Mais vous allez l'ennuyer horriblement, s'écria le marquis; la pénitence est trop sévère, il n'a pas mérité une pareille punition. Je m'oppose à un pareil supplice : c'est de la barbarie.

Mais le colonel protesta contre ce mot : une journée pareille n'était pas une punition, c'était une récompense.

— La politesse vous oblige à ce compliment, continua le marquis, mais ne poussez pas la témérité jusqu'au bout, en route dérobez-vous.

Le marquis voulait-il un refus?

Ce fut ce que le colonel se demanda avec une certaine inquiétude.

— Si je n'accepte pas ce programme, dit-il après un moment de réflexion, ce n'est pas que je le considère comme une pénitence, mais je ne peux pas vraiment m'imposer ainsi pour toute une journée.

— Alors, dites tout de suite que vous reculez, s'écria-t-elle. Soyez lâche sans phrases, c'est le mieux. Mais je n'admets pas que vous reculiez ainsi. Vous avez voulu voir vous verrez; vous avez voulu savoir, vous saurez. Vous m'avez porté une sorte de défi, je l'ai accepté. Maintenant, j'exige que vous ne vous retiriez pas. En route seulement vous pourrez vous dérober, comme dit le marquis, si vous êtes fourbu.

Le colonel voulut persister dans son refus, elle ne lui laissa pas la parole.

— Non! non dit-elle. Demain à dix heures, je compte sur vous. Si vous ne venez pas, j'irai vous chercher. Évitez-moi cette démarche, ce serait une affaire de plus dans ma journée.

— Si vous retardiez l'épreuve, dit le marquis; demain est peut-être un jour exceptionnellement chargé.

— Comme le colonel voudra, dit-elle; demain, après-demain, dans huit jours, je suis à sa disposition. Si j'ai choisi demain, c'est parce que c'est le jour le plus rapproché, et d'autre part c'est parce que je ne pourrais pas ce soir, si j'avais des intentions peu loyales, changer mes arrangements. Il aura donc une journée prise au hasard, qui lui permettra de voir ce qu'elles sont toutes, ou à peu près. A demain.

Puis elle le quitta pour aller revêtir sa toilette de soirée.

Revenant chez lui, le colonel ne pensa, bien entendu, qu'au projet de la marquise.

Évidemment il n'y avait rien de sérieux dans cette épreuve singulière.

Ce qu'elle avait voulu, ce qu'elle avait recherché, ç'avait été simplement un moyen de donner satisfaction à ses plaintes et de lui accorder ce qu'il demandait.

Ils passeraient la journée ensemble; voilà la réalité.

Le reste était plaisanterie.

Mais combien habile avait-elle été dans toutes ces combinaisons; quelle souplesse d'esprit, quelle dextérité dans l'invention; comme tout était prévu, arrangé, et cette chambre pour la journée, et ces différentes toilettes.

Ne fallait-il pas être prévenu à l'avance pour savoir que tout cela n'était qu'un jeu, et que la vérité, c'était le tête-à-tête pour toute la journée?

Et, marchant dans sa chambre sans pouvoir se décider à se mettre au lit, il s'enthousiasmait au souvenir des intonations et des sourires de sa chère Henriette.

Ce n'était pas seulement parce qu'elle était la plus séduisante des femmes qu'il l'aimait, mais encore parce qu'elle était la plus fine et la plus spirituelle; ce n'était pas de l'esprit qu'elle avait, c'étaient tous les esprits, et avec cela ce charme inappréciable qui faisait qu'on ne s'éloignait jamais d'elle sans être heureux, emportant avec soi assez de bonheur pour défrayer les heures de la séparation, si longues qu'elles fussent.

Le lendemain, à dix heures, il arrivait chez elle.

Précisément le marquis sortait:

— Comment, vous êtes venu? dit-il. Eh bien! franchement, vous êtes bien bon de vous prêter à ce jeu. Un conseil, mon cher colonel, quand vous en aurez assez, vous savez, dérobez-vous; c'est bon pour les femmes, ces niaiseries-là.

Et le colonel le regarda s'éloigner sans hausser les épaules, malgré toute l'envie qu'il en avait.

— Oh! ces maris!

— Madame la marquise attend M. le colonel, vint lui dire une femme de chambre.

Et il suivit la camériste.

Enfin!

XIII

La marquise reçut le colonel dans son cabinet de toilette. Elle était vêtue d'une robe de chambre en cachemire blanc, tombant en larges plis droits comme la tunique antique, ses cheveux flottaient épars sur ses épaules et ses yeux encore ensommeillés disaient qu'elle était à peine éveillée. Charmante cependant, dans ce négligé, avec des grâces indolentes qui se révélaient à lui pour la première fois.

C'était la première fois aussi qu'il pénétrait dans ce cabinet de toilette, la pièce la mieux réussie de l'hôtel, au double point de vue de la commodité et de l'élégance: grande, bien éclairée, décorée avec goût, d'un côté communiquant avec une salle de bain, d'un autre avec une longue galerie, où, dans des armoires, étaient conservées et rangées en bon ordre toutes les toilettes de la saison courante. Rien qui traînât et qui offensât la vue, tout au contraire en place avec convenance et discrétion.

Bien qu'elle fût levée depuis quelques minutes à peine, Mme de Lucillière était déjà occupée à lire ses lettres, posées sur une petite table, à portée de son bras.

— Je vous attendais, dit-elle au colonel en lui tendant la main.

Puis après avoir échangé à voix basse quelques mots de tendresse, de manière à n'être pas entendue de la femme de chambre qui allait çà et là, elle lui montra de la main un fauteuil.

— Maintenant, dit-elle, installez-vous là, si vous voulez, ou sur le divan, et laissez-moi lire mon courrier. Ne bougeons plus comme disent les photographes; c'est commencé.

Et comme il la regardait avec étonnement:

— Eh bien! quoi, dit-elle, pourquoi cette surprise?

— C'est donc sérieux cette expérience? demanda-t-il à mi-voix.

— Comment? si c'est sérieux. Que vous étiez-vous donc imaginé?

— Rien.

— Mais encore?

— Que vous n'aviez voulu que me donner une journée, voilà tout.

— Assurément. Mais le moyen de vous la donner n'est-il pas précisément de jouer avec sérieux notre petite comédie? D'ailleurs je suis bien aise en même temps de vous convaincre que je ne vous trompe pas, quand je vous réponds quelquefois que ce que vous me demandez n'est pas possible. Maintenant prenez votre place de spectateur et laissez-moi à mon rôle.

Pendant qu'il allait s'asseoir sur le canapé, elle avait déchiré la bande d'un journal.

Elle fit un geste d'impatience.

— Que voyez-vous donc d'inquiétant ou de fâcheux? demanda-t-il.

— On a encore haussé à la petite bourse du soir: cela va nous obliger à une visite chez mon agent de change; je suis à la baisse.

Elle jeta le journal et prit une lettre qu'elle ouvrit.

— Quatre pages, dit-elle. Sophie, vous pouvez me coiffer.

Et, pendant que la femme de chambre peignait ses cheveux, elle lut ces quatre pages; puis, lorsqu'elle eut fini, elle en ouvrit une autre, et après celle-là une autre encore, puis des lettres de mariage, des billets de mort, des invitations, des enveloppes de cartes de visite.

Elle était coiffée.

Alors, prenant sur la table un buvard, elle commença à répondre à toutes ces lettres et à tous ces billets d'une main légère et rapide. Elle écrivait sur ses genoux, vivement, jetant sur le papier quelques lignes d'une écriture courue, mais cependant parfaitement lisible; puis, sans se relire, elle séchait dans le buvard la page écrite, pliait son papier d'un coup d'ongle, le glissait dans une enveloppe, sur laquelle elle mettait l'adresse, mais sans la fermer, laissant ce soin à la femme de chambre, qui s'en acquittait devant elle.

En moins d'un quart d'heure, elle eut ainsi devant elle, sur la table, une douzaine de petits billets ou de cartes portant quelques lignes manuscrites.

Le colonel la regardait émerveillé, se demandant ce qu'il devait le plus admirer de sa dextérité de main ou de sûreté d'esprit, qui n'hésitait pas une seconde, trouvant instantanément l'idée de la réponse à faire aussi bien que sa forme.

Cependant à son admiration se mêlait un certain sentiment d'inquiétude. De qui étaient ces lettres? pour qui étaient ces réponses? Elle ne lui avait jamais écrit à lui. Quatre pages! On n'écrit pas quatre pages indifférentes à une femme, encore moins quatre pages d'affaires.

Il eût pu, il est vrai, en s'approchant de la marquise, lire quelques-unes des suscriptions des lettres étalées sur la table; mais c'était là un acte d'indélicatesse qu'il n'eût pas commis, alors même qu'il eût été certain de surprendre ainsi, sans qu'on le vît, le nom d'un rival.

Tout à coup elle releva la tête, et, prenant dans un des tiroirs de la table un petit cahier cartonné comme ceux qui servent aux écoliers, elle s'adressa au colonel:

— Voulez-vous avoir la complaisance de vous tourner le nez du côté de la muraille? dit-elle.

Il la regarda, demandant, par un coup d'œil discret, s'il ne devait pas la laisser achever sa toilette.

— J'ai à faire, dit-elle en répondant à sa muette interrogation, ma rédaction sur la conférence de l'abbé Ciadoux; si vous me regardez, vous me donnerez des distractions et je n'y serai plus du tout. J'ai besoin de m'absorber dans mon sujet. Restez donc le nez dans le coin, je vous prie. Là, c'est très-bien. Maintenant je peux commencer, l'inspiration va me venir. Nous disons: « La femme chrétienne.. »

Et le colonel, qui s'était tourné vers la muraille, entendit la plume courir sur le papier. Sans doute l'inspiration était venue, et Mme de Lucillière avait trouvé ce que doit dire et ce que doit faire la femme chrétienne, telle que la voulait l'abbé Ciadoux.

Si le colonel avait eu le désir de savoir ce que les lettres contenaient, il avait maintenant la curiosité de voir comment Mme de Lucillière comprenait et expliquait la femme chrétienne.

La plume courait avec une telle rapidité que bien évidemment la main qui la tenait était inspirée.

Malheureusement on vint déranger la marquise: l'architecte demandait à la voir pour une affaire urgente; il fut reçu.

L'affaire urgente qui amenait l'architecte se rapportait à des travaux qu'il fallait exécuter sans retard aux bâtiments d'exploitation de la ferme de Blémur.

— Oh! pas de réparations, répondit la marquise: si l'on écoutait les fermiers, les fermages seraient entièrement consacrés aux réparations, et l'on serait propriétaire pour l'honneur. Le système de mon père était de pas faire de réparations; tant qu'il a vécu, il n'en a jamais autorisé.

— C'est justement parce que ce système a

été rigoureusement appliqué que les bâtiments de votre ferme tombent en ruine; si l'on n'entreprend pas dès aujourd'hui ce qui est indispensable, ils peuvent s'écrouler demain; alors il faudra les reconstruire à neuf; la ferme ne peut pas se louer sans bâtiments.

— Alors faites-moi un devis, mais seulement pour l'indispensable; je ne veux pas donner un palais à mon fermier ou à ses bêtes.

L'architecte sorti, elle se remit bien vite à sa rédaction, reprenant sans chercher sa phrase où elle l'avait arrêtée.

Mais bientôt encore elle fut interrompue: c'était le clerc de son notaire, qui venait lui demander des signatures; soit conscience professionnelle, soit désir d'allonger le temps auprès de la belle marquise de Lucillière, le jeune clerc voulut lire l'acte dont il était porteur, mais elle ne le lui permit pas.

— J'ai pleine confiance en votre patron, dit-elle; c'est le plus honnête des hommes. Montrez-moi où je dois signer. Cela suffit.

Et elle signa en plusieurs endroits, tout en donnant des ordres et des explications à sa femme de chambre pour ses toilettes de la journée.

Puis, quand le clerc de notaire se fut retiré, elle reprit sa rédaction; mais cette fois encore ce fut pour peu de temps; le docteur Horton demandait à la voir.

Elle avait pu recevoir l'architecte et le clerc de notaire, gens pour elle sans conséquence, dans son cabinet de toilette, mais elle se croyait obligée sans doute à plus d'égards envers son médecin.

— Voulez-vous tenir compagnie à Horton? dit-elle au colonel; dans quelques minutes, je vous rejoindrai.

— Mais si vous avez à lui parler?

— Je n'ai rien de particulier à lui dire: me trouvez-vous malade?

On conduisit le colonel dans un petit salon attenant à la chambre de Mme de Lucillière, où il trouva le docteur Horton.

Au bout de peu d'instants, la marquise vint les rejoindre, ayant revêtu une toilette de ville.

La visite d'Horton était plutôt d'un ami que d'un médecin : il savait très-bien que la marquise n'était pas malade, cependant il tenait à la voir de temps en temps, assez régulièrement. En cette saison de fatigue, il était bon de veiller sur soi; assurément il n'était pas le médecin aux drogues, mais un peu d'alcool pris avec discernement pouvait soutenir les forces ou les relever.

— Maintenant, dit la marquise quand Horton fut parti, nous allons déjeuner. Malheureusement je serai forcée de vous presser un peu, car je veux voir mon agent de change avant la bourse.

Elle sonna, et on leur apporta sur un grand plateau en argent un déjeuner substantiel : œufs, poisson, viande, légumes, thé et vin.

Le colonel espérait qu'il aurait alors quelques minutes de tête-à-tête, mais il n'en fut rien. Ils avaient à peine commencé de déjeuner qu'on introduisit deux religieuses, qui venaient chercher les bas de laine et les tricots que Mme la marquise avaient la charité de promettre pour leurs enfants.

La marquise n'avait point oublié sa promesse: elle avait acheté les bas et les tricots. Il fallut les voir. C'était très-beau, très-bon. Les pauvres petits allaient être bien heureux.

Le colonel fut ému. Il ne savait pas acheter des bas et des tricots aussi bien que Mme de Lucillière, mais il espérait que les bonnes sœurs voudraient l'excuser s'il leur laissait ce soin, et il leur glissa son offrande.

La porte fermée, Mme de Lucillière lui sauta au cou ; mais ce n'était pas le moment des longs épanchements. Il fallait trouver l'agent de change.

Ils montèrent dans le coupé de la marquise, et bientôt ils furent rue Richelieu. Il voulut l'attendre dans la voiture ; mais non, il fallait qu'il montât autant d'étages qu'elle et qu'il fît tout ce qu'elle faisait.

Mme de Lucillière n'était pas une femme qu'on laissait attendre; elle fit passer sa carte, et, bien que l'agent de change fût occupé, il la reçut aussitôt, les deux mains dans les poches de son gilet, le visage souriant, la bouche en cœur, en homme qui sait ce qu'on doit à une jolie femme.

— Désolé, il était désolé. Mais aussi pourquoi n'avait-elle pas voulu l'écouter ? Elle croyait avoir des renseignements, très-bien; mais elle jouait un jeu imprudent; la Bourse était décidément à la hausse.

Elle demanda à être reportée.

— Très-bien. Cependant le report était cher, peut-être vaudrait-il mieux faire un sacrifice immédiat ? Non. Alors elle serait reportée ; mais qu'elle n'oubliât pas son conseil. Il ne pouvait pas voir une femme jeune et charmante perdre son argent.

Alors elle présenta le colonel Chamberlain. A ce nom, l'agent de change s'inclina avec respect ; s'il avait de la considération pour la beauté, il en avait bien plus encore pour l'argent.

— Est-ce que le colonel voulait faire des opérations de bourse ? Non? C'était bizarre. Comment ? la grande fortune du colonel était due au commerce seul, sans le secours de la spéculation : plus bizarre encore !

Chez le notaire, la marquise n'attendit pas plus que chez l'agent de change : devant elle, les portes s'ouvrirent à deux battants.

— Elle voulait vendre sa ferme de Blémur,

On lui demandait des réparations qui allaient l'entraîner loin. Ne pouvait-on pas lui trouver un acquéreur pour cette ferme qui était d'excellent rapport? Elle avait besoin d'argent.

Et elle énuméra en homme d'affaires ce qu'elle valait.

— Assurément on la vendrait facilement et un bon prix ; mais c'était un immeuble dotal, et Mme la marquise était trop au courant des affaires pour ne pas savoir que le prix de vente devrait être employé en remplacement, et que par conséquent elle n'en pourrait rien toucher.

Et une discussion s'engagea, à laquelle le colonel ne comprit pas grand'chose : il vit seulement que la marquise entendait très-bien la langue des affaires, et qu'elle cherchait à se procurer de l'argent.

Bien que ce fût un sujet délicat à traiter entre eux, il lui adressa cependant quelques questions lorsqu'ils se retrouvèrent côte à côte en voiture, la main dans la main.

— Comment donc avait-elle à s'occuper d'affaires, alors que le marquis paraissait les connaître si bien et les aimer tant ?

— Je ne m'occupe que de mes affaires personnelles, c'est-à-dire de l'administration de la fortune qui m'a été constituée en dot, et dont le marquis a voulu que les revenus servissent à mon usage particulier : ma toilette, mes dépenses propres, etc. Pour le reste, c'est le marquis qui, bien entendu, dirige nos affaires et, par bonheur, il le fait plus habilement que moi. En ces derniers temps, j'ai été assez malheureuse : j'ai perdu de l'argent aux courses, j'en ai perdu à la Bourse; j'en ai perdu de toutes les manières, et je n'en ai gagné d'aucune. Mais il ne faut pas penser à cela.

— Et pourquoi ne faut-il pas penser à cela?

— Mais parce que rien n'est plus ennuyeux. Je veux vous fatiguer, je ne veux pas vous ennuyer. Au reste, la visite que nous allons faire maintenant va, je l'espère, racheter celles qui viennent d'amener entre nous ce désagréable sujet. Vous savez où je vous conduis? Chez un homme célèbre, chez une gloire parisienne ; en un mot, chez Faugerolles, le fameux couturier.

Si la marquise n'avait eu qu'à donner son nom chez l'agent de change et chez le notaire pour être aussitôt reçue avec toutes les marques de déférence dues à son rang, à sa réputation et à sa beauté, il n'en fut pas de même chez Faugerolles, où les plus grandes dames, les plus hautes et les plus illustres, étaient habituées à faire antichambre, sans oser se fâcher, tant était solidement établie la puissance du célèbre couturier.

Les instances de la marquise, ses chatteries, furent en pure perte.

— M. Faugerolles compose, il est enfermé avec ces dames ; il a donné l'ordre de ne le déranger pour qui que ce soit. Nous ne pourrons nous-mêmes entrer dans son salon que lorsqu'il aura sonné.

Il fallut bien que la marquise se contentât de cette réponse; elle alla s'asseoir avec le colonel dans un vaste salon dont l'ameublement sévère était du meilleur goût.

— Est-ce que nous allons rester là tant que ce monsieur voudra nous faire attendre? demanda le colonel, blessé qu'on se permît de ne pas recevoir une femme telle que sa chère marquise, aussitôt qu'elle se présentait.

— Ne parlez pas de ce monsieur avec ce dédain, mon ami. Faugerolles est, je vous assure, un grand artiste, et je trouve que ceux qui rient de son art ou en font fi sont des sots exactement au même titre que ceux qui font fi d'un grand peintre. Et encore avons-nous plus d'un grand peintre, tandis que nous n'avons qu'un Faugerolles. Pourquoi admire-t-on celui qui fait la femme belle sur une toile, et n'admire-t-on pas celui qui la fait belle dans la réalité? Est-ce qu'il n'y a pas là un art d'invention, un goût de composition, une science des couleurs ; et songez à quelles difficultés on se heurte, la mode, les exigences des femmes, leurs infirmités. Au reste, ce qui constitue la supériorité de Faugerolles, c'est qu'il a commencé par être peintre. C'est, dit-on, le fils d'une lorette et d'un commerçant : de sa mère, il a reçu le goût de la toilette, de son père, le sens des affaires. Après avoir débuté par la peinture, il l'a abandonnée, et il a fondé cette maison qui bien vite a acquis sa grande réputation. Il est vrai que Faugerolles ne possède pas seulement le génie de la toilette, il sait encore parler aux femmes la langue qui leur plaît. Ainsi à une femme maigre qui se plaint de sa sécheresse, il dira : « Madame, pour un homme qui connaît son art, le néant n'existe pas; de rien, cet homme doit faire quelque chose de fort joli et même de provoquant. » À une femme grasse qui se plaint de son ampleur, il dira : « Madame, pour un homme qui connaît son art, il n'y a rien de trop dans la nature; le tout est de saisir ce trop et de le façonner pour en faire quelque chose qui devient fort joli et même provoquant. »

Une porte qui s'ouvrit interrompit la marquise. C'était Faugerolles lui-même, entouré de quatre jeunes femmes, assez insignifiantes de figure, mais admirables de formes et de tournure; elles portaient des toilettes inachevées, attachées sur elles avec des épingles, et elles se mouvaient avec la lenteur mécanique d'un mannequin.

En apercevant sa cliente, Fougerolles vint

au devant d'elle et il s'excusa en deux mots d'avoir fait attendre.

C'était un homme jeune encore, de grande taille, avec une tête fine, trop jolie pour un homme. Ses cheveux blonds, qu'il portait longs, frisaient sur son cou ; son menton et ses joues, rasés de près, étaient passés au cold-cream et à la poudre de riz. Sa toilette était aussi trop soignée pour quelqu'un qui travaille : cravate de satin bleu, redingote noire serrée à la taille, pantalon gris. Lorsqu'il tendait la jambe, on voyait une petite bosse au-dessus de son genou : c'était sa jarretière supérieure, qu'il attachait comme les femmes qui veulent avoir des bas bien tendus.

— Je n'ai que vingt-cinq minutes à donner à Mme la marquise, dit-il, en tirant de son gilet une petite montre entourée d'un cercle de diamants ; je regrette de la taxer ainsi, mais pourquoi Mme la marquise ne m'a-t-elle pas écrit pour m'annoncer sa visite ? Je me serais entendu pour me tenir à sa disposition, elle n'aurait pas attendu, et moi je n'aurais pas été dérangé.

La marquise ne se montra pas blessée, elle s'excusa plutôt. Elle ne savait pas la veille qu'elle aurait besoin de le voir : c'était pour une toilette pressée.

— Alors ne perdons pas notre temps, les minutes marchent.

Et il se dirigea vers le salon d'où il était sorti.

Comme le colonel s'apprêtait à suivre la marquise, Fouguerolles se retournant le regarda avec surprise.

Alors la marquise lui expliqua en riant que c'était un pari : M. le colonel Chamberlain devait la suivre partout depuis le matin jusqu'au soir.

— Ah ! monsieur est le colonel Chamberlain ? dit le costumier.

Et il salua avec une certaine déférence ; il eut même la politesse de faire passer le colonel devant lui, ce qui était une faveur qu'il n'accordait à personne.

Avant d'entrer, il se retourna, et, s'adressant aux quatre jeunes femmes, qui étaient restées immobiles au milieu du salon :

— Mesdemoiselles, dit-il, veuillez passer lentement devant M. le colonel Chamberlain.

Puis, à mesure qu'elles défilaient, il désignait la toilette :

— Costume de campagne, 3,000 francs ; costume de ville, 4,000 francs ; robe de soirée, 6,000 francs.

Alors il ferma la porte, et, s'étant assis :

— Madame la marquise, je vous écoute, dit-il.

Si le colonel avait été surpris de la façon remarquable dont Mme de Lucillière parlait la langue des affaires, il fut émerveillé de la façon dont elle comprenait l'art de la toilette ! Depuis qu'il la connaissait, il avait pu voir quel était son goût pour s'habiller, mais il ne se doutait pas que ce goût reposait sur des connaissances sérieuses ; elle savait à fond l'histoire du vêtement, depuis la feuille de vigne d'Adam, et elle eût pu soutenir une discussion avec M. Chevreul sur la loi du contraste simultané des couleurs.

De là une hardiesse dans les idées, une sûreté dans l'invention, qui lui permettaient de se placer au-dessus des lois étroites de la mode et de les faire plier suivant les fantaisie de son imagination.

Fauguerolles, l'illustre Fauguerolles, routinier comme tous les gens de métier, commençait par se fâcher, déclarait que ce qu'elle proposait était matériellement impossible, que c'était un outrage à la tradition, une hérésie révolutionnaire ; puis peu à peu il se laissait toucher, la lumière se faisait dans son esprit, la conviction le pénétrait, et il en arrivait à trouver tout simplement sublime ce qu'il avait d'abord repoussé avec mépris.

— Si j'ai le talent de la toilette, vous en avez le génie, s'écriait-il. Positivement, c'est un don. S'il y avait seulement dix femmes comme vous en France, la face du monde serait changée ; nous pourrions faire une révolution non-seulement artistique, mais encore économique et sociale ; mais qu'attendre d'esprits timides qui se copient les uns les autres ?

Dans son enthousiasme, Fauguerolles oublia l'heure, et les vingt-cinq minutes se changèrent en une heure et demie.

Quand la marquise sortit, elle trouva dans le grand salon quatre ou cinq femmes de son monde qui poussèrent les hauts cris.

— Pouvait-on ainsi accaparer Fauguerolles ? c'était abominable, scandaleux !

— Mesdames, dit Fauguerolles avec l'autorité d'un homme qui rend des oracles, Mme la marquise de Lucillière n'est pas une cliente, c'est une collaboratrice. Quand je suis enfermé avec elle, elle ne m'accapare pas, c'est pour l'art que nous travaillons et la gloire de toutes. Vous verrez.

Mais ces dames, peu sensibles à cet éloge, n'avaient des yeux que pour le colonel ; elles se regardaient vivement entre elles, puis, après avoir échangé leurs observations dans un coup d'œil furtif, elles revenaient au colonel.

— Comment la marquise l'amenait avec chez elle Fauguerolles !

— Cela était caractéristique.

— Au moins ne crie-t-on pas ces choses-là sur les toits.

— L'enthousiasme de Fauguerolles se comprenait facilement.

— Maintenant comment lutter avec elle?

Mais ce fut quand le colonel et la marquise eurent quitté le salon que les propos se donnèrent librement carrière.

— Nous voici bien en retard, dit la marquise en s'asseyant dans le coupé, nous ne pourrons jamais regagner l'heure passée chez Fauguerolles.

— Et où allons-nous présentement?

— Chez ma modiste, chez mon bijoutier, chez mon fleuriste.

— Et nous rentrons?

— Nous allons chez La Jarrie, à qui j'ai promis séance pour mon portrait, puis chez ma mère, a qui je fais une visite chaque jour avant quatre heures.

Heureusement les conférences ne furent pas aussi longues avec la modiste, le bijoutier et le fleuriste, que l'avait été celle avec le costumier.

Cependant, en arrivant chez son portraitiste, Mme de Lucillière s'aperçut qu'elle ne pourrait lui donner que quelques minutes. Mais le peintre ne se montra pas peiné de ce contre-temps. Il travaillait à son portrait d'après une photographie disposée dans un appareil stéréoscopique pour la tête, et d'après une robe arrangée sur un mannequin pour la toilette; aussi ne se servait-il que très-peu du modèle vivant, seulement pour l'inspiration et non pour l'exécution. Il connaissait le public dont il était le peintre attitré et savait parfaitement qu'il ne fallait pas lui demander l'exactitude. Or, comme il était lui-même exact et régulier au travail, il employait tous les moyens qui pouvaient épargner le temps de ses clients et surtout le sien. Sans doute il n'arrivait pas ainsi à faire des *Joconde*, mais quelle femme du monde voudrait aujourd'hui son portrait compris et exécuté comme celui de Léonard de Vinci? L'expression, la flamme intérieure, la vie, c'est quelque chose; mais la robe! et précisément La Jarrie égalait dans son art l'illustre Fauguerolles dans le sien: chacun de son côté était le roi des costumiers.

Le peu de temps que Mme de Lucillière resta chez le peintre lui donna quelques minutes avant d'aller chez sa mère.

Elle fit arrêter sa voiture devant un pâtissier du boulevard. A monter et à descendre les escaliers, à parler, à soutenir des discussions, la faim était venue; elle avait besoin de reprendre des forces. Quelques gâteaux arrosés d'un verre de Porto, lui feraient attendre l'heure du dîner.

Précisément miss Wright se trouvait là, commodément assise devant une petite table, sa demoiselle de compagnie se tenant debout derrière elle.

— Ah! que vous avez bien fait de venir ici, dit-elle au colonel; pour le macaroni, c'est la meilleure maison de Paris; je vous recommande aussi Frascati pour les brioches mousseline, la place de la Bourse pour les religieuses, la rue de Rivoli pour les pains au foie gras, Rey pour les petits fours.

Et elle continua son énumération.

Comme le colonel lui faisait remarquer qu'elle n'avait pas perdu son temps depuis qu'elle était à Paris.

— J'ai engraissé de trois livres, dit-elle fièrement.

Puis elle reprit ses recommandations: il y avait dans le faubourg Saint-Germain un pâtissier qui faisait des gâteaux meringués excellents, il y en avait un autre dans le faubourg Saint-Honoré dont les pâtés aux crevettes étaient exquis. Il était impossible de mieux connaître Paris au point de vue de la pâtisserie.

En sortant, ils la laissèrent attablée, mangeant lentement, avec la conviction d'une conscience qui accomplit un devoir, et la marquise donna l'ordre au cocher de la conduire chez sa mère.

Mme de Corcy, la mère de Mme de Lucillière, habitait, au premier étage d'une des grandes maisons de la rue Royale, un appartement d'où elle ne sortait jamais. Elle avait été l'une des plus belles femmes de la cour de Louis-Philippe, à l'époque où le duc d'Orléans avait donné un peu de vie à cette cour honnête et bourgeoise. Ses aventures avaient fait assez de bruit pour laisser des souvenirs vivaces chez ceux qui avaient connu ce temps. Née dans une famille de financiers, elle avait épousé le marquis de Corcy, qu'elle avait complètement dominé et annihilé, car elle était une maîtresse femme. Malheureusement elle s'était un jour cassé la jambe dans une partie de chasse; des complications fâcheuses étaient survenues et elle était restée boiteuse, mais boiteuse à ne pouvoir plus faire un pas sans des béquilles. Ainsi frappée dans sa beauté, dont elle était follement fière, elle avait juré que personne ne verrait cette infirmité, et elle s'était condamnée à ne pas quitter son fauteuil. C'était alors qu'elle était venue habiter la rue Royale, car elle ne voulait pas renoncer au monde. Tout Paris passait sous ses fenêtres, et parmi les amis il s'en trouverait bien quelques-uns sans doute qui feraient arrêter leur voiture pour monter la voir. D'ailleurs elle avait su les attirer par deux appâts tout-puissants: l'esprit et la cuisine. Trois fois la semaine, il y avait table exquise chez elle et tous les jours spirituelle causerie. En échange, elle ne demandait à ses fidèles que de faire son whist, qui était devenu sa seule passion: de quatre à six heures, tous les jours, du commencement de l'année à la fin, elle jouait; puis de dix heures à minuit. Le reste du temps, elle était entièrement à ceux qui la visitaient, occupée à satisfaire leur gourmandise par une chair fine, ou à flatter leur vanité en leur donnant son esprit, qui était des plus délicats.

Mme de Lucillière avait trop le respect de sa mère, pour avouer que la visite du colonel Chamberlain n'était qu'une sorte de gageure; elle présenta donc cette visite comme un hommage que le colonel avait voulu rendre à la marquise, qu'il n'avait pas l'honneur de connaître encore.

Flattée de cette déférence, Mme de Corcy déploya son amabilité des grands jours. En l'écoutant, le colonel se demandait comment une vieille femme pouvait être aussi séduisante; il fut charmé, et pour la première fois il comprit ce qu'étaient les Parisiennes; la fille lui avait fait connaître la jeune Parisienne, la mère lui révélait la vieille.

— Combien je vous remercie de m'avoir amené chez votre mère, dit-il à la marquise lorsqu'il se retrouva seul avec elle; maintenant je comprends pourquoi je vous aime si passionnément; elle vous explique, et avec tout ce qu'il y a d'accentué en elle, les traits de son visage, aussi bien que les formes de son esprit, elle fait bien sentir vos qualités et les rend toutes visibles.

La marquise avait donné l'ordre au cocher de la ramener à l'hôtel, mais ce n'était point le tête-à-tête espéré par le colonel qui les y attendait.

C'était jour de la réunion de l'œuvre de charité, et c'était chez la marquise qu'elle devait avoir lieu; de quatre à cinq heures on travaillait pour les pauvres.

Déjà plusieurs dames étaient arrivées, et elles s'étaient mises au travail. Lorsqu'elles apprirent l'idée de la marquise, il y eut une explosion de rires: comment, un colonel devait assister à des travaux de couture? Quelles fantaisies bizarres avait cette chère marquise !

C'était précisément cette bizarrerie qui amusait la marquise.

Elle voulut la pousser jusqu'à ses dernières limites.

— Vous vous êtes engagé à faire tout ce que je fais moi-même, dit-elle en jetant au colonel un gilet en grosse laine commune.

— Mais je ne sais pas coudre, dit-il en riant.

— Aussi n'est-ce pas cela que je demande; au contraire, vous allez découdre les boutons de ce gilet qui ne sont pas vis-à-vis des boutonnières; faites bien attention de ne pas couper l'étoffe.

Les jeunes femmes trouvèrent ce jeu fort drôle, mais les vieilles parurent ne pas l'approuver: elles prirent des figures graves, qui montraient clairement qu'elles en étaient choquées. Que dirait M. le curé ?

Cependant, peu à peu, la glace se fondit, et, tandis que les ciseaux et les aiguilles marchaient, les conversations s'établirent; malheureusement pour l'instruction du colonel, on n'osa pas trop se livrer.

Aussi la séance ne fut pas longue: l'une après l'autre, ces dames prétextèrent des occupations qui les rappelaient, et, à cinq heures, la marquise et le colonel se trouvèrent seuls.

Enfin !

Mais c'était le moment d'aller au bois. N'était-ce pas une habitude, un devoir pour ainsi dire de chaque jour? Sans doute, elle était prête à y manquer, mais alors toutes les conditions de l'expérience ne seraient pas remplies.

Il n'avait rien à répondre.

— Allez donc vous habiller, dit-elle, tandis que je m'habille moi-même: vous avez dix minutes.

C'était toujours du bonheur que d'être près d'elle dans cette calèche, où si souvent il devait se contenter de la voir de loin, répondant par un sourire à son salut.

Il était près d'elle, leurs bras se frôlaient, elle avait un pied posé sur le sien, et quand il se penchait vers elle pour lui parler à l'oreille, il respirait le parfum qui se dégageait de ses cheveux.

Et puis quels regards attachaient sur lui ceux qui les saluaient: Serkis-Pacha, le duc, le prince, qui semblaient pétrifiés dans leur voiture !

— Si nous faisions un second tour du lac ? dit-il lorsque le premier fut achevé.

— Vous ne vous plaignez donc plus ?

Et elle ordonna au cocher de recommencer le tour du lac.

Mais il fallut bientôt rentrer: le marquis avait des gens d'affaires à dîner, et la marquise devait faire une nouvelle toilette.

A ce dîner, il fut, bien entendu, placé à sa droite; mais elle ne s'occupa pas plus de lui que de ses autres convives, car sa règle était de partager également ses attentions et ses sourires entre tous ceux qui s'asseyaient à sa table. Pas de préférence dans son amabilité, chacun en avait sa part, et tous l'avaient tout entière.

Le marquis portait trop loin la religion de la politesse pour parler devant le colonel d'affaires qui n'intéressaient pas personnellement celui-ci; mais ses invités n'eurent pas la même discrétion. Alors la marquise se mêla, par quelques mots, à l'entretien, et ce fut avec un bon sens pratique, une finesse ou une profondeur d'aperçus vraiment prodigieux: on eût parlé chinois devant elle qu'elle eût assurément répondu de manière à faire croire qu'elle avait compris.

La réunion dans le salon après dîner ne

fut pas heureusement très-longue ; ce n'était pas pour parler de futilités mondaines ou pour faire de l'esprit que le marquis avait réuni ses convives, ils avaient à traiter des affaires sérieuses.

Pour la dixième fois, le colonel, restant seul avec la marquise, prononça le mot dans lequel se résumaient ses espérances :

— Enfin !

Mais il l'avait dit trop tôt.

— Et Savinien que je n'ai pas encore vu ! s'écria la marquise.

Vraiment le colonel ne pouvait pas trouver mauvais que cette mère pensât à embrasser son fils, et même, malgré toute son admiration pour sa chère Henriette, il se permit de trouver qu'il était un peu tard pour se souvenir qu'elle l'avait oublié.

— Comme il faut que je m'habille pour les soirées où nous irons ce soir, dit-elle, nous allons, si vous le voulez bien, monter dans mon cabinet de toilette. Il n'est jamais si heureux que lorsque je lui permets d'assister à ma toilette ; il adore les chiffons ; c'est une fille.

Physiquement M. le comte Savinien de Lucillière ressemblait peu à une fille, c'était un jeune garçon d'une dizaine d'années, que son portrait peint par Hébert faisait assez bien connaître : visage maigre, teint verdâtre, yeux profonds entourés d'un cercle noir, poitrine étroite, tournure distinguée, regard intelligent et mélancolique d'un jeune homme de 20 ans.

Malgré son assiduité dans la maison, le colonel ne l'avait que peu souvent vu, car l'enfant habitait l'étage supérieur de l'hôtel avec son précepteur et ne descendait pas à la table de ses parents. Mais ce peu suffisait cependant pour qu'il ne lui fût pas sympathique. Il lui reprochait d'être un trop bon comédien, toujours au rôle qu'il se donnait, à ce point que lorsqu'il embrassait sa mère, il avait l'air de jouer la scène de la tendresse filiale : le geste, l'intonation, le regard, tout était maniéré.

Après avoir embrassé sa mère, il tendit la main au colonel, et revenant à sa mère, il l'embrassa de nouveau sur le front, sur les joues, dans le cou.

— Où allez-vous ce soir, lui demanda-t-il, regardant sa toilette de bal qu'elle allait revêtir.

Elle nomma plusieurs maisons.

— Trois soirées, dit-il, et je suis sûr que partout vous serez la plus jolie. Monsieur le colonel, est-ce que vous trouvez qu'il y a des femmes aussi jolies que maman ?

— Non assurément.

— J'en étais sûr.

Et de nouveau il l'embrassa ; puis, s'approchant de la robe, il la regarda.

— Je ne vous connaissais pas cette robe. Vous ne l'avez pas encore, mise n'est-ce pas ? Elle est de Fauguerolles ?

Abandonnant la robe il s'approcha d'une table de toilette et ouvrant plusieurs tiroirs les uns après les autres, il prit des boîtes et des flacons qu'il flaira. Ayant trouvé une boîte de poudre de riz, il l'ouvrit et se passa un nuage de poudre sur le visage en se regardant dans un petit miroir.

Alors il revint à sa mère, qui pendant ce temps avait été dans la pièce voisine revêtir sa robe, et il resta longtemps debout devant elle à la regarder, à la contempler avec admiration.

— C'est égal, dit-il, je vous aime mieux quand vous êtes coiffée moins en avant ; je l'ai dit déjà à Sophie, mais elle ne veut pas me croire.

La marquise pendant ce temps avait achevé sa toilette.

— Est-ce que vous allez déjà partir ? dit-il ; il est bien bonne heure.

— Tu veux que je reste encore avec toi, mon enfant ?

— Ah ! si vous vouliez ? dit-il en joignant les mains et avec un accent ému, que le colonel, malgré ses préventions, sentit sincère.

— Mais oui, je le veux.

— Alors, puisque vous êtes prête, nous allons descendre dans le salon ; il est éclairé, vous avez eu du monde ce soir.

— Volontiers, mais à une condition : je t'interrogerai sur ce que tu as fait cette semaine.

— Oh ! je veux bien, je suis sûr de répondre. M. Le Menu est content de moi.

— Eh bien ! nous allons faire descendre M. Le Menu ; je serai heureuse qu'il me fasse ton éloge devant toi.

M. Le Menu était un grand jeune homme pâle et timide, qui n'osait pas lever les yeux sur la marquise, qu'il adorait respectueusement de loin, et pour laquelle il faisait des vers, la nuit, qu'il n'avait bien entendu jamais montré à personne.

La marquise fut satisfaite de son examen : Savinien ne s'était point vanté, il avait vraiment bien travaillé ; sur l'Histoire sainte seulement, ses réponses laissèrent à désirer. A la façon dont l'enfant traitait Ruth et Booz, il semblait que ces personnages n'avaient pas pour lui grande importance.

Alors Mme de Lucillière adressa un petit discours au précepteur : elle ne le gronda pas, mais elle regretta, avec des paroles bien senties, qu'il négligeât l'histoire sainte. En effet, n'était-ce pas l'histoire par excellence, celle dont tout découlait ? Il ne fallait pas avoir à cet égard les idées de l'Université, surtout il ne fallait pas les appliquer.

Cette petite leçon donnée au pauvre précepteur, pâle d'émotion, et son fils bien embrassé, elle monta en voiture avec le colonel.

— Comment donc, demanda celui-ci, avec vos idées, n'avez-vous pas un abbé pour précepteur de votre fils?

— Parce que je ne veux mécontenter ni les jésuites, ni les dominicains, ni tous ceux qui ont intérêt à me donner un homme à eux et qui espèrent y arriver un jour. Je les laisse dans cette espérance, et par là je reste bien avec tous. De plus, s'il me plaît de dire quelquefois ce qui se passe chez moi, je ne veux pas qu'on l'apprenne par d'autres; ce grand garçon timide est la discrétion même.

Ce fut à deux heures du matin seulement que le colonel ramena enfin la marquise chez elle.

Dans chacune des trois maisons où elle s'était montrée, elle avait été, selon les prévisions de son fils, « la plus jolie » au moins aux yeux du colonel. Cependant une certaine amertume s'était mêlée à sa satisfaction : dans la première de ces maisons, elle avait rencontré le prince Seratoff; dans la seconde, le duc de Mestosa; dans la troisième, lord Fergusson.

— Il y a seize heures que nous sommes ensemble, dit la marquise en arrivant à son hôtel; comment, mon ami, trouvez-vous notre journée?

— Charmante, et je suis prêt à recommencer demain, tous les jours.

— Pour cela, il faudrait que vous fussiez mon mari, et ce n'est pas à souhaiter, il me semble, pour notre amour. Quels torts le marquis a-t-il envers moi? Un seul : il est mon mari.

XIV

En voyant M. de Lucillière chaque jour, en traitant avec lui fréquemment des questions d'affaires, le colonel avait peu à peu appris à le connaître, et il avait été surpris de trouver combien peu, sous un vernis brillant, il y avait de qualités sérieuses en lui.

A le regarder, à l'étudier, on ne pouvait s'empêcher de le comparer à ces articles de Paris, à ces bibelots qui, au premier coup d'œil, paraissent charmants et qui en réalité ne sont bons à rien.

— A quoi, diable! le marquis serait-il propre, s'il n'était pas M. le marquis de Lucillière? se demandait quelquefois le colonel.

Et il ne trouvait pas de réponse à cette interrogation.

Si l'on cherchait à savoir ce qu'il pensait, ce qu'il croyait, on n'arrivait pas davantage à un résultat.

Rien, toujours rien.

Ni foi religieuse ni foi politique, le scepticisme ou plutôt l'indifférence la plus complète : ces choses-là n'existaient pas pour lui, ça manquait d'actualité; ce n'était pas la peine de s'en préoccuper, de s'en embarrasser.

D'instinct il était pour la tradition, mais tout prêt cependant à accepter ou à subir ce qui était le moins conforme aux principes traditionnels.

Il l'avait bien prouvé en se laissant faire chambellan, alors que la cour des Tuileries tâchait de trouver quelques grands noms pour couvrir les aventuriers et les déclassés dont elle devait payer les services.

Qui obligeait le descendant des Lucillière à s'enrôler dans cette troupe? Absolument rien; et cependant, pour de très-médiocres avantages, il s'était laissé faire. N'ayant de haine ni de mépris pour rien ni pour personne, il était facile aux complaisances et aux concessions. Que lui importait? Après tout, ces gens-là étaient portés par le succès, et il avait une certaine considération pour tout ce qui réussissait.

Lorsqu'on l'avait bien tourné et retourné, examiné sous toutes les faces, lorsqu'on avait ausculté son cœur, mesuré son cerveau, comparé entre elles les diverses forces qui le dirigeaient, on arrivait à cette certitude qu'il n'y avait en lui qu'un mobile, qu'une passion, l'intérêt personnel se résumant dans une seule chose, l'argent.

Cependant cette découverte ne l'expliquait pas entièrement, car cette passion du gain eût dû le jeter dans le mouvement financier, et, avec son nom et sa fortune patrimoniale, il lui eût été facile de s'y faire une grande situation.

Or cette situation, il ne l'occupait pas, et il n'avait jamais pris part aux grandes opérations financières ou industrielles de son temps; au contraire il s'en était tenu prudemment à l'écart, et il ne s'était jamais occupé que de petites affaires, que de spéculations plus ou moins avouables, mais dans lesquelles, les risques pour lui étant nuls, les bénéfices étaient certains et relativement considérables.

C'était ainsi qu'il avait fondé son écurie de courses, qui, prudemment administrée, habilement dirigée, — trop habilement même, disaient quelques personnes, — était entre ses mains non une distraction, mais une excellente affaire, qui, chaque année, que ses chevaux eussent été victorieux ou battus, lui rapportait de gros bénéfices. Quelques rivaux ou des envieux insinuaient, il est vrai, qu'ils n'auraient pas voulu d'un argent gagné par les moyens que le marquis employait; mais celui-ci ne prenait pas souci de ces propos. Il n'y avait qu'une chose qu'il méprisât en ce monde, c'était l'opinion publique ; il avait l'argent, le reste importait peu.

Lorsqu'on était arrivé à ce point dans l'étude de ce caractère, on constatait que la passion du gain, unique mobile des actions et des idées du marquis, n'avait qu'un seul but, le gain pour le gain, l'argent pour l'argent lui-même et non pour les jouissances qu'il peut donner, c'est-à-dire que M. de Lucillière était un avare et n'était qu'un avare.

Tel il était en effet.

Ce fut peu à peu que le colonel arriva à cette conclusion, tant il lui paraissait invraisemblable qu'un homme tel que le marquis, avec son nom, ses habitudes, ses relations, pût être un avare.

Pour lui, l'avare, c'était Shylock, Harpagon ou Grandet; c'est-à-dire un être vieux, laid, mal élevé, ayant la passion de l'argent, parce que toute autre passion lui était interdite.

L'avarice était le dernier vice d'une nature épuisée, qui n'a plus de force que pour caresser des pièces d'or ou chiffonner des billets de banque. A 80 ans, on avait le droit d'être avare ; un paysan, même jeune, pouvait être avare ; mais le marquis n'avait pas 80 ans et il n'était pas paysan.

Élevé par des parents qui, pendant ses premières années, étaient plutôt pauvres que riches et qui travaillaient péniblement pour vivre, le colonel n'avait pas été habitué à voir adorer l'argent comme un dieu : ce que ses parents gagnaient, ils le dépensaient utilement.

Plus tard, quand la fortune était venue, — une fortune extraordinaire, miraculeuse, — il n'avait pas vu son père songer une minute à capitaliser cette fortune ou chercher à l'accroître par des spéculations. Trop simple pour dépenser pour lui-même la centième partie de ce qu'il gagnait, il employait chaque année des sommes considérables en fondations utiles à tous : à Philadelphie, à Pittsburg et dans plusieurs villages de la Pensylvanie, il y avait de nombreuses institutions richement établies et richement dotées qui portaient le nom de Chamberlain, l'ouvrier parisien.

Pour lui, devenu maître de cette fortune par la mort de son père, il avait tout naturellement continué les traditions paternelles, sans avoir l'idée qu'il pouvait faire autrement, et convaincu qu'on est assez riche quand les dépenses n'excèdent pas les recettes.

Aussi l'avarice du marquis était-elle pour lui une cause d'étonnements toujours nouveaux.

Pourquoi? Dans quel but?

Ses revenus étaient plus que suffisants pour le train de maison qu'il avait adopté.

Il n'avait qu'un enfant qui, recueillant la fortune entière, ajoutée à celle de Mme de Corcy, sa grand'mère, serait un jour dans une très-belle situation.

Pourquoi vouloir toujours gagner? C'était donc une manie.

Quoi qu'il en fût des causes de cette manie, il y avait un fait positif, avéré, c'est qu'elle existait ; mieux on connaissait le marquis, mieux on voyait jusqu'où elle pouvait l'entraîner et tout ce qu'elle pouvait lui suggérer d'extraordinaire et même, aux yeux du colonel, d'invraisemblable.

Cent fois, il avait été témoin de faits qui l'avaient stupéfié, lorsqu'un jour il fut non-seulement témoin, mais encore partie dans une scène qui lui montra ce qu'était vraiment cet homme, et ce qui se cachait sous ces dehors séduisants, sous cette politesse de manières, sous cette amabilité, sous cette distinction de langage.

Il était venu le matin chez le marquis et ils étaient sortis à pied ensemble.

Mme de Lucillière, qui était légèrement souffrante, gardait la chambre; il n'avait donc pas pu la voir.

Après avoir cheminé durant quelques instants à côté du marquis, qui se dirigeait vers l'intérieur de Paris, le colonel l'avait quitté en disant qu'il allait passer la journée à Saint-Cloud.

Le nom de Saint-Cloud lui était venu à l'esprit à l'improviste, car il n'avait nullement affaire à Saint-Cloud, son intention réelle étant de retourner à l'hôtel de la rue de Courcelles pour voir la marquise et passer quelques instants près d'elle.

Saint-Cloud avait été une raison à donner au marquis pour le quitter, et il s'était lancé dans ce mensonge comme il arrive bien souvent aux amants, qui, subitement pris d'une envie folle d'embrasser leurs maîtresses, inventent les histoires les plus ridicules et s'embarquent dans les aventures les plus imprudentes. Il n'avait pensé qu'à une chose : « Voir sa chère Henriette. »

Il était donc revenu rue de Courcelles à grands pas, et il avait forcé la consigne, à laquelle d'ailleurs la femme de chambre, qui savait à quoi s'en tenir, n'avait pas tenu bien rigoureusement.

— Si M. le colonel Chamberlain tient à voir Mme la marquise, s'était dit Sophie, c'est qu'il a ses raisons pour cela.

Et elle avait été prévenir sa maîtresse, qui aussitôt avait reçu le colonel avec empressement.

— Vous, cher ami?

— Je suis sorti tout à l'heure avec le marquis ; mais, le quittant en route, je lui ai dit que j'allais passer la journée à Saint-Cloud ; alors je suis accouru ici ; j'avais besoin de vous voir, de savoir. Comment vous trouvez-vous ?

— Un peu fatiguée seulement ; voilà pourquoi je ne suis pas sortie. Mais il faut que je vous gronde : encore un enfantillage.

— C'est un enfantillage de vouloir vous voir ?

— C'est un enfantillage d'employer de pareils moyens, quand vous pouvez me voir tout naturellement.

— Et comment cela ?

— Pourquoi, au lieu de sortir avec le marquis, ne m'avez-vous pas fait demander ostensiblement si je pouvais vous recevoir ? Vous vous doutez bien, n'est-ce pas, que j'aurais répondu affirmativement ? Vous auriez laissé le marquis sortir, et vous seriez monté chez moi. Rien n'était plus légitime. Tandis que toute cette invention n'est ni légitime, ni adroite.

— Que voulez-vous ? je n'ai vu qu'une chose, un instant à passer près de vous, et je n'ai plus réfléchi ; il est heureux que je n'aie pas inventé un prétexte plus maladroit.

— Dès là que vous vouliez un prétexte, celui-là n'est pas trop mauvais, à une condition cependant, c'est que le marquis ne rentre pas.

— Il ne rentrera pas ; il a des affaires pour toute la journée.

— Et si ces affaires ne se font pas ?... Vous conviendrez que cela est possible.

— Voulez-vous que je vous quitte ?

— Non, certes ; puisque vous êtes là, restez ; seulement, une autre fois, n'usez pas de pareils moyens, je vous prie.

— Vous avez raison.

— A quoi bon, puisqu'ils sont en réalité inutiles ?

Les minutes, les heures s'écoulèrent vite comme toujours, lorsqu'ils étaient ensemble.

Tout à coup, une petite chienne, nommée Zizi, qui était endormie sur un fauteuil, se mit à aboyer joyeusement.

Cette petite bête, fort jolie, toute mignonne et toute blanche, était un animal fort intelligent, qui avait un talent singulier. A sa façon d'aboyer on pouvait, avec un peu d'habitude, reconnaître qui entrait dans l'hôtel, bien entendu alors qu'il s'agissait de personnes qu'elle connaissait et voyait fréquemment. Ainsi une série de jappements joyeux annonçait sûrement l'arrivée du marquis pour lequel elle avait beaucoup d'affection ; si elle grondait sourdement, c'était le prince Scratof qu'elle n'aimait guère ; si elle se jetait sur la porte en aboyant avec fureur, c'était Serkis-Pacha qu'elle détestait du plus profond de son âme de chien. Pour le duc Mestodess, qui lui était indifférent, elle se contentait d'un appel. Enfin, lorsqu'elle avait senti lord Fergusson ou le colonel Chamberlain, pour lesquels elle avait une certaine sympathie, elle aboyait doucement en tapant de la queue. Encore était-il facile de distinguer lequel des deux elle annonçait ainsi : les battements de queue étaient plus précipités pour lord Fergusson, qui était plus ancien dans son amitié.

— Le marquis ! dit Mme de Lucillière.

Mais cet avertissement n'était pas utile, le colonel avait reconnu qui la chienne annonçait.

— Je ne puis cependant pas me montrer, dit-il vivement.

— Vous voyez combien votre invention a été fâcheuse.

— Ah ! ne me le dites pas.

— Je ne veux pas vous faire de reproches ; avisons plutôt à sortir d'embarras si le marquis veut me voir, ce qui est probable.

— Que faire ?

— Passez dans mon cabinet de toilette et fermez la porte qui ouvre sur le corridor : c'est par là seulement que pourrait vous surprendre Sophie. Quant au marquis, je vous promets qu'il n'entrera pas ; seulement je voudrais que vous fussiez pris d'une envie invincible de tousser ou d'éternuer, pour vous apprendre à ne plus nous exposer à pareil embarras. Allez vite, voici Zizi qui quitte son fauteuil : le marquis vient me voir.

Le colonel n'eut que le temps de passer dans le cabinet de toilette, dont il ne put pas même refermer la porte, car le marquis entrait.

— Vous êtes seule ? demanda le marquis.

— Avec qui voulez-vous que je sois ?

— Ce n'est pas ainsi qu'il faut comprendre ma question : j'ai voulu seulement constater que vous étiez seule, et en même temps j'ai voulu marquer que j'en étais bien aise. C'est pour vous en effet que je suis rentré.

— Vous êtes trop aimable.

— J'avais à vous entretenir d'affaires en particulier.

— Je suis souffrante et j'ai peu la tête aux affaires en ce moment ; ne serait-il pas possible de remettre cet entretien à une autre heure ?

— C'est impossible.

— Je vous en serais reconnaissante.

— Lorsque vous saurez de quoi il s'agit, vous verrez que je ne peux pas me rendre à votre désir.

— Cependant...

— Je vous répète, dit le marquis, dont la voix, jusque là moelleuse prit une intonation rude, qu'il s'agit d'une affaire sérieuse, urgente, et j'ajoute qui vous concerne personnellement, exclusivement.

— Alors, puisqu'elle m'est personnelle, je demande que nous la remettions à demain.

— Elle vous sera personnelle lorsque j'aurai remis sa solution entre vos mains ; jusque là je m'en trouve chargé, et il ne me convient pas de garder ce fardeau, qui est lourd, plus longtemps. Puisque vous êtes seule,..

Il sembla au colonel que ce mot était prononcé avec une intonation étrange et avec une sorte d'insistance.

— Puisque vous êtes seule, le moment est favorable de terminer cette affaire ; d'ailleurs plus tôt vous en serez chargée, mieux cela vaudra pour tous.

Le colonel n'avait nulle envie de connaître les affaires de Mme de Lucillière ; mais il ne pouvait pas quitter le cabinet de toilette, et il ne pouvait pas non plus empêcher ses oreilles d'entendre ce qui se disait à haute voix dans la pièce voisine.

— Je viens de chez Faugerolles, commença le marquis. Depuis longtemps je voulais faire cette visite, et je la différais toujours, par suite de ce sentiment qui nous porte souvent à fuir les mauvaises nouvelles. Je me doutais, en effet, que les nouvelles que j'apprendrais là seraient fâcheuses. Je ne me trompais pas. Fâcheuses, en effet, ont été les révélations qui ont répondu à mes questions, plus fâcheuses même que je ne prévoyais.

— Et sur quoi ont porté ces révélations fâcheuses ?

— Sur votre note.

— Ah ! Faugerolles vous a communiqué ma note ? Voilà qui est étrange et qui de sa part m'étonne beaucoup.

Il y eut dans ces trois mots « de sa part » une allusion pleine de dédain qui frappa le colonel et lui causa une certaine satisfaction : elle jugeait bien son mari.

— Faugerolles, continua le marquis, a commencé par chercher des faux-fuyants ; puis, après s'être longtemps débattu, il m'a dit que c'était Mme la marquise de Lucillière qui lui avait fait ces commandes, que c'était elle qui jusqu'à ce jour l'avait payé, et que c'était à elle, à elle seule qu'il devait communication de sa note, si elle la demandait. Vous conviendrez que j'aurais pu me fâcher d'une pareille réponse ; je n'en fis rien cependant. Je me contentai de représenter à l'illustre Faugerolles que sa réponse n'était pas polie, ce qui pouvait n'avoir que peu d'importance ; mais que de plus elle était maladroite et dangereuse, ce qui devenait beaucoup plus sérieux, surtout au point de vue de ses intérêts. Et j'expliquai à ce fameux costumier, qui connaît mieux la toilette que la loi, qu'en cas de contestation sur cette note, ce qui pouvait arriver, il serait bien grave de dire à un tribunal qu'il avait refusé au mari communication de la note de la femme. Comme je le prévoyais, cet argument direct le toucha ; il s'adoucit, me promit de m'envoyer sa note, ce que je ne voulais pas, car ce serait une note telle quelle et assurément fausse, et enfin, acculé dans ses dernières défenses, il se décida à me laisser prendre connaissance de votre compte sur ses livres mêmes : ce que je voulais, bien assuré d'avoir là, et là seulement, la vérité entière. Vous me suivez, n'est-ce pas ?

— Parfaitement ; mais, comme je sens ce que vous allez me dire, je vous prie de ne pas continuer.

— Et moi, je vous supplie de m'écouter, car je ne crois pas que vous sentiez tout ce que je veux vous dire. Ce que vous prévoyez, n'est-ce pas, c'est que je vais vous donner le chiffre de ce que vous devez, et je crois que vous aimez autant ne pas l'apprendre.

— Je vous supplie de n'en pas parler.

— Désolé de ne pouvoir pas vous obéir, mais c'est sur ce chiffre même que roule tout ce que j'ai à vous dire. Votre note pour l'année courante s'élève déjà à 153,455 francs, sur lesquels vous n'avez rien payé ; attendu que les payements que vous avez effectués en différentes fois ont été imputés sur votre note de l'année dernière, qui est loin d'être entièrement payée.

— Je le sais.

— Savez-vous aussi que sur cette note vous restez devoir 68,931 fr. Or, si nous additionnons 68,931 fr. et 153,455 fr., nous trouvons que vous devez à Faugerolles 222,386 francs.

Il se fit un moment de silence, mais bientôt le marquis reprit :

— Lorsqu'il a été convenu entre nous que je vous abandonnerais l'administration de votre fortune dotale, il était entendu, n'est-il pas vrai, que vous payeriez vos dépenses personnelles ? Or la dette de Faugerolles est par excellence une dette personnelle, faite par vous, pour vous ; cependant elle n'est pas payée.

— J'ai perdu de l'argent cette année dans plusieurs affaires où je devais en gagner.

— Oui, je sais ; vous avez même perdu des sommes considérables aux courses, ce qui vous était facile d'éviter en ne faisant que des opérations sur mes chevaux.

— Je ne fais pas de paris à coup sûr.

— Et moi, je ne fais que ceux-là ; mais ne discutons pas ce point, il y en a un plus important à vider entre nous. Ce n'est pas seulement pour vous révéler le chiffre de votre dette que j'ai entrepris cette explication, pénible autant pour moi qu'elle peut l'être pour vous. J'ai un intérêt sérieux qui me force à parler : vous comprenez en effet, vous qui possédez à un si haut point le sens des affaires, que ma situation est des plus mauvaises. Ainsi, à ne prendre qu'une hypothèse dont la réalisation est bien peu probable, mais néanmoins possible, qu'arriverait-il, si j'avais la douleur de vous perdre ? Vous êtes plus jeune que moi, pleine de force, pleine de santé, je le sais, et c'est précisément parce que je le sais que je puis aborder ce sujet. Il arriverait, n'est-ce pas, que je devrais payer ces 222,386 fr., qui ne seraient plus votre dette personnelle mais la mienne. Cela est-il juste ? Je ne vous fais pas l'injure d'attendre votre réponse : il ne faut donc pas que cela puisse arriver. Aussi je désire, j'entends que, d'ici à huit jours, vous ayez payé Faugerolles ; de plus, je désire aussi que, d'ici à un mois, vous ne deviez plus rien à votre bijoutier ni à votre modiste. Sans doute, je sais que cette exigence va vous mettre dans un certain embarras; mais, que voulez-vous ? je ne peux pas rester plus longtemps en face d'une pareille responsabilité. Vous me direz qu'une somme de cette importance ne se trouve pas du jour au lendemain. Cela serait juste, si vous deviez vous en tenir à vos seules ressources ; mais ce n'est pas le conseil que je vous donne. Puisque vous n'avez pas pu payer jusqu'à ce jour, vous ne le pourriez pas davantage maintenant.

— Alors ?

— Alors je vous engage à vous adresser à votre mère. Mon Dieu ! vous lui direz la vérité ! Mme de Corcy sait comment une femme peut se laisser entraîner. De plus, vous pourrez lui dire encore mes exigences ; je vous y autorise pleinement. Chargez-moi ; représentez-moi comme un mari barbare, comme un ogre, comme un nouveau Barbe-Bleue. J'y consens volontiers, si cela peut vous servir à obtenir d'elle la somme qui vous est indispensable ; car enfin qu'est-ce que je demande ? Que vous payiez ces dettes que je ne veux pas être exposé à payer moi-même un jour. Eh bien ! il faut être logique avec ses désirs. Je vous donne donc carte blanche ; tout ce que vous ferez pour vous procurer cet argent, d'avance je l'approuve. Votre mère peut très-bien trouver cette somme. Il est vrai qu'elle s'est déjà gênée pour vous venir en aide ; mais ce qu'on a fait une fois, on le répète presque toujours. Que si Mme de Corcy est obligée de supprimer pour cela quelques-uns de ses dîners exquis, sans doute ce sera une extrémité fâcheuse ; mais enfin elle ne perdra pas pour cela ses fidèles, elle a assez de qualités charmantes pour retenir ses amis près d'elle autrement que par les séductions de sa cuisine. Vous m'avez compris, n'est-ce pas ?

— Parfaitement. Un seul mot d'explication, je vous prie.

— Tout ce que vous voudrez.

— Si je ne puis pas payer ces différentes notes dans le délai que vous me fixez, qu'entendez-vous faire ?

— Mon Dieu ! une chose bien simple : demander aux tribunaux la réduction de ces mémoires, dont le chiffre, j'en suis certain, est exagéré dans des proportions insensées. Si je paye moi-même, vous devez comprendre que je désire payer le moins possible, et je suis convaincu que les tribunaux feraient bonne justice de ces mémoires. Dites donc à un juge que la toilette d'une femme peut monter par an à 153,155 francs !

— Vous feriez cela ?

— Parfaitement. Vous savez que je me soucie du qu'en-dira-t-on comme de cela.

Et, ayant fait claquer son ongle contre ses dents, il sortit.

XV

Le colonel était bouleversé.

Ah ! pourquoi avait-il eu la mauvaise idée de revenir ! Si elle devait souffrir de ces paroles de son mari, combien plus encore, en sachant qu'elles étaient entendues par lui ! Quelle humiliation pour elle ! Quelle honte !

Puis, de la marquise, sa pensée alla au marquis, de la femme au mari.

Quel homme ! Décidément ce n'était point l'élégant mannequin qu'il avait cru au premier abord, l'être nul, incapable du bien comme du mal, qu'il s'était sottement imaginé bien connaître et bien juger. Un abîme venait de s'ouvrir devant ses yeux ; quel en était le fond ?

Son esprit, violemment surexcité, sauta encore à un autre ordre d'idées.

Eh bien ! tant mieux après tout. Si tel était le mari, elle en aimerait davantage l'amant. Il n'avait jamais été une minute jaloux de ce mari ; mais enfin il avait cru qu'elle pouvait avoir de la sympathie pour lui, de l'estime, même de l'amitié. Mais non, elle ne pouvait, elle qui le connaissait bien, avoir que du mépris et du dégoût. Par là, leur union deviendrait nécessairement plus étroite ; ce serait dans ses bras que blessée et endolorie, elle se réfugierait.

Il allait ainsi d'une idée à une autre, brusquement, par sauts, selon les paroles de M. de Lucillière.

Lorsque celui-ci eut signifié que les 222,000 francs devaient être payés pour ainsi dire immédiatement, le colonel eut la pensée d'ouvrir doucement la porte du cabinet de toilette qui communiquait avec le corridor, de sortir sans bruit, de courir chez ses banquiers et d'envoyer immédiatement un de leur commis payer la note de Fauguerolles.

Quelle surprise pour Henriette et quel soulagement!

Mais la réflexion lui montra aussitôt que ce projet était fou et tout aussi maladroitement trouvé que l'avait été le prétexte de Saint-Cloud.

Après une première folie, il fallait tâcher de n'en pas faire une seconde, qui pourrait avoir des conséquences dangereuses.

Comment sortir de ce cabinet de toilette? comment sortir de la maison?

Mais ce n'était là que la petite difficulté de ce projet.

Pouvait-il dire à ses banquiers qu'il désirait payer la note de Mme la marquise de Lucillière? A quel titre? N'était-ce pas avouer leurs relations? Les avouer aux banquiers, aux employés de ceux-ci, et à Fauguerolles lui-même. Sans doute il pouvait aller payer cette note en personne et se passer ainsi de l'entremise des banquiers, mais Fauguerolles restait toujours. « Je viens vous payer la note de Mme la marquise de Lucillière avec l'argent que celle-ci m'a remis à cet effet. » Cela était bon à dire, mais le faire croire? Jamais le costumier n'ajouterait foi à une pareille invention; il pourrait parler, il parlerait sûrement. Jusqu'où iraient ses propos recueillis et colportés par la malignité? Alors qu'arriverait-il?

Que ferait le marquis, averti et éclairé? De quoi ne serait-il pas capable? On pouvait tout attendre de lui: l'impossible, l'invraisemblable, le monstrueux.

Alors à quoi se résoudre? quel parti prendre?

La porte par laquelle le marquis était sorti était fermée depuis quelques instants déjà, qu'il ne s'était encore arrêté à rien, hésitant, perplexe.

Il n'osait même rentrer auprès de la marquise.

Comment la regarder?

Que lui dire?

Il demeura ainsi assez longtemps, attendant qu'elle vînt elle-même dans le cabinet de toilette.

Enfin, ne la voyant pas venir, il se décida à entrer dans la chambre.

Elle était dans le fauteuil où il l'avait laissée, mais la tête cachée entre les mains, de sorte qu'il ne voyait pas son visage, incliné en avant.

Alors il s'approcha d'elle doucement à petits pas; puis, arrivé auprès de son fauteuil, il s'arrêta et attendit.

Elle ne releva pas la tête et n'abaissa pas ses mains.

D'une voix attendrie, il prononça son nom à plusieurs reprises.

— Henriette! chère Henriette!

Vivement elle écarta ses mains, et, le regardant avec un visage rouge de honte, aux traits convulsés:

— Allez-vous-en, dit-elle, je vous en prie! Que je ne vous voie pas!... Plus tard, pas en ce moment. Ah! pourquoi êtes-vous revenu?

Il demeura indécis.

— Épargnez-moi la honte de rougir devant vous, continua-t-elle. Je vous en prie, allez-vous-en. Plus tard, plus tard.

Il était lui-même trop mal à l'aise pour ne pas comprendre ce sentiment de honte.

D'ailleurs que pouvait-il lui dire?

Cependant, avant de se retirer, il lui prit la main et la serra dans une étreinte passionnée, mais en détournant les yeux.

— A demain, dit-il.

— Oui, demain, un autre jour.

Mais, comme il avait fait quelques pas du côté de la porte, elle le rappela:

— Edouard!

Il s'arrêta.

— Eh bien! non, s'écria-t-elle, ne partez pas! ne m'abandonnez pas!

Puis, de la main, l'appelant près d'elle, elle lui jeta les bras autour du cou.

— Embrasse-moi, dit-elle désespérément; mais embrasse-moi donc, fais-moi oublier.

Mais presque aussitôt le repoussant:

— Ne me regardez pas ainsi, dit-elle.

Et, appuyant son front contre lui, elle se cacha la tête.

Ils restèrent dans cette position pendant quelques minutes, qui furent terriblement longues pour le colonel, qui sentait très-bien que maintenant il fallait parler et qui précisément ne savait que dire.

Enfin il se pencha vers elle, et, lui parlant à l'oreille, à voix basse, doucement, comme s'il s'était adressé à un enfant accablé par une grande douleur, il lui dit par quelles émotions il avait passé en écoutant le marquis.

Puis il dit aussi les différentes idées qui avaient traversé son esprit.

— Vous auriez voulu payer vous-même la note de Fauguerolles? s'écria-t-elle en relevant la tête; mais alors vous voulez donc que tout Paris sache demain que je suis votre maîtresse?

— Oh!

— Le mot vous blesse; croyez-vous que c'eût été celui-là que le monde eût employé en parlant d'une femme qui aurait fait payer ses dettes par son amant?

— J'ai reculé devant mon moyen.

— Vous n'auriez pas dû y penser une seconde.

— Cependant je persiste plus que jamais dans l'idée qui me l'avait inspiré.

Elle le regarda comme si elle ne comprenait pas.

— Je veux dire, continua-t-il, qu'il ne faut pas que vous restiez exposée aux menaces qui viennent de vous être adressées, et que pour cela il n'y a qu'une chose à faire : payer Faugerolles, payer votre bijoutier, payer tous ceux à qui vous pouvez devoir.

— Hélas! oui, ce serait ce qu'il faudrait et ce que je voudrais.

— Ne croyez pas que je parle ainsi pour la vaine satisfaction de vous donner un bon conseil : je ne suis pas donneur de conseils théoriques. Si je vous indique ce qu'il faut faire, c'est qu'à côté je puis vous dire comment vous pourrez faire.

— Edouard! dit-elle.

Mais il parut ne pas comprendre ce qu'il y avait dans cet appel, que l'accent avec lequel il avait été prononcé et que le coup d'œil qui l'accompagnait, plein de prière et de fierté tout à la fois, rendaient cependant parfaitement intelligible :

« Veillez sur vos paroles, » disait la fierté.

« Épargnez-moi, » disait la prière.

Il continua :

— Avant d'aller plus loin, un mot, je vous prie, et une réponse franche, telle qu'elle doit sortir de votre bouche. Voici ma question : Mᵐᵉ de Corcy est-elle en état de vous fournir présentement les sommes dont vous avez besoin et croyez-vous pouvoir les lui demander?

Elle hésita un moment.

Du regard, il insista.

— Je pourrais demander ces sommes à ma mère, dit-elle enfin, et c'est même à elle seule que je pourrais m'adresser ; cependant je ne le ferai pas, car je sais que ma mère serait en ce moment, même en se gênant, même en empruntant, dans l'impossibilité absolue de me prêter les sommes qui me sont indispensables. J'ai déjà eu recours à elle et je l'ai épuisée. Ce n'est donc pas à elle que je m'adresserai.

— Maintenant voulez-vous me permettre de vous demander encore si depuis que vous êtes placée sous le coup de cette brutale exigence, il ne s'est pas présenté le nom d'une personne à laquelle vous pourriez demander ce prêt?

— Edouard !

— Je vous en prie, répondez-moi.

— Eh bien !... non.

— Ainsi l'idée ne vous est pas venue qu'il y avait près de vous un ami qui serait l'homme le plus heureux du monde, si vous lui donniez ce témoignage d'estime, de confiance et de tendresse, de vous adresser à lui ; si vous lui donniez cette joie, de ne pas attendre qu'il vous propose ce faible service.

— Il y a, en effet, près de moi un homme à qui je n'aurais pas hésité à demander ce service, s'il avait été toujours pour moi ce qu'il était il y a quelques mois, c'est-à-dire un ami, rien qu'un ami ; mais à qui je ne puis rien demander, de qui je ne puis rien recevoir, qui ne peut rien me proposer... maintenant...

Il se fit un moment de silence entre eux, car ces paroles démontaient le plan du colonel. Mais bientôt il reprit ; — car s'il avait une certaine timidité à aborder les situations difficiles, il avait par contre une invincible ténacité à continuer ce qu'il avait commencé; que les chances fussent pour lui ou contre lui, il ne renonçait jamais à ce qu'il avait entrepris et il allait quand même jusqu'au bout.

Il avait jusqu'alors parlé sur le ton de la consolation et de la tendresse, avec de doux ménagements, mais ce ton s'affermit lorsqu'il fut question de lutte.

— Vous avez voulu me fermer la bouche par vos dernières paroles, dit-il.

— J'ai voulu faire ce que je dois.

— Et c'est précisément parce que moi aussi je veux faire ce que je dois et tout ce que je dois, qu'il m'est impossible de m'incliner devant votre volonté.

— Mon ami...

— Est-ce à l'ami que vous vous adressez? Alors vous n'avez qu'un langage à tenir, celui de la franchise et de l'amitié.

Il attendit un moment une réponse ; elle ne lui en fit point.

— Alors ce n'est pas à l'ami, ce n'est pas au colonel Chamberlain, c'est...

— Edouard.

— Précisément c'est cela que je veux dire, c'est à Edouard que vous avez parlé. Eh bien ! voici quelle est la réponse de celui à qui vous vous êtes adressé, Edouard, celui que vous appeliez naguère votre cher Edouard.

— Naguère?...

— Celui que vous appelez votre cher Edouard prévient sa chère Henriette qu'il met aujourd'hui à sa disposition la somme dont elle a besoin.

— Pas un mot de plus ou je vous cède la place.

— Pas un mot de refus ou je vous donne ma parole que demain j'aurai quitté l'Europe et que vous ne me reverrez jamais.

— Comment ! vous m'aimez et vous me parlez ainsi?

— Vous m'aimez et c'est ainsi que vous agissez?

— Au-dessus de mon amour, il y a l'honneur.

— Votre honneur n'est point en cause, et je vous jure qu'il ne sera jamais en meilleures mains que les miennes; ne confondez pas l'orgueil et l'honneur. Votre orgueil? Je puis le blesser, car j'ai la parole mal habile toujours, et plus encore quand je suis entraîné. Mais votre honneur? Ce n'est point avec l'habileté qu'on juge ce qui touche à l'honneur, je suis donc bien certain de ne pas l'outrager: voilà pourquoi je parle librement, au risque de parler maladroitement. C'est précisément votre honneur que j'ai en vue, et aussi votre réputation, votre repos, notre amour. Comment voulez-vous que, devant de tels intérêts, je puisse garder le silence, même quand vous m'en priez?

Il avait parlé avec tant de véhémence qu'il fut obligé de s'arrêter, mais ce ne fut que pour quelques secondes; il reprit:

— Qu'arrivera-t-il, si vous n'accomplissez pas les conditions qui vous ont été imposées par le marquis? Il vous l'a dit lui-même: des procès. Voulez-vous que votre nom soit prononcé devant les tribunaux, soit imprimé dans les journaux avec des commentaires plus ou moins spirituels? Moi, je ne le veux pas. Il est vrai que je n'ai pas le droit de vouloir, si je ne suis que votre ami. Mais, puisque vous repoussez l'ami, il faut bien que vous m'accordiez un autre titre, et en même temps les droits que ce titre donne. C'est en vertu de ces droits que je parle. Si je les poussais jusqu'à l'extrême, je pourrais vous demander d'accepter la somme qui vous est nécessaire, et pour cela je n'aurais qu'à vous rappeler vos paroles: celles que vous prononciez le jour où chez moi, me rendant mon serment, vous avez mis votre main dans la mienne. Faut-il que je les rappelle, ces paroles?

— Croyez-vous que je les aie oubliées?

— Eh bien! ce n'est point ainsi que j'agis, et c'est tout simplement un prêt que j'offre à votre orgueil, puisqu'il m'est interdit de m'adresser à votre amour. Que serais-je à vos yeux? Rien qu'un débiteur, et il ne tiendra qu'à vous que je ne le sois pas longtemps. Le jour où vous voudrez me rembourser, vous n'aurez pas de lutte à soutenir contre moi. Ce que je réclame, ce que je désire, c'est que présentement vous ne restiez pas dans la position affreuse où l'on vient de vous placer. Vous n'en pouvez sortir que par un emprunt, c'est vous-même qui l'avez reconnu. Cet emprunt, vous ne pouvez pas le contracter loyalement, votre notaire vous l'a expliqué; vous ne pouvez donc l'obtenir que d'un ami. Eh bien! je soutiens que personne autre que moi n'a le droit d'être cet ami.

— Et moi, je ne puis pas avoir l'hypocrisie de me soutenir à moi-même que vous n'êtes que mon ami.

— Et ne suis-je pas mille fois plus qu'un ami? Ne suis-je pas vous? et, en vous épargnant des luttes, des humiliations et des chagrins, n'est-ce pas à moi-même que je les épargne? Voilà pourquoi il eût été tout naturel que vous prissiez cette somme comme je vous l'offrais : c'était la main droite qui la donnait à la main gauche. Vous ne l'avez pas voulu. Mais vous admettrez, n'est-ce pas, que je ne veuille pas, moi, que ce soit un autre qui vous rende ce service: votre mère ou moi. Votre mère ne peut rien pour vous, je reste donc seul.

Elle le regarda longuement sans parler. Alors, après quelques instants, il reprit, mais en changeant de ton et en parlant d'une voix douce et caressante :

— Chère Henriette, depuis que nous nous aimons, vous m'avez, sans en avoir conscience, causé un chagrin de chaque jour.

— Un chagrin?

— Ou plutôt vous m'avez privé d'une joie que je désirais chaque jour et qui chaque jour m'a échappé. Je suis ainsi fait — et en cela je crois bien que je ressemble à beaucoup d'autres — je suis ainsi fait que je n'imagine pas de plus grand plaisir que de procurer une satisfaction, que de causer une surprise joyeuse à ceux que j'aime. Eh bien! depuis que nous nous connaissons, j'ai vainement cherché quelle satisfaction je pourrais vous procurer, quelle surprise je pourrais vous causer. Vous connaissez tout, il n'y a rien que vous désiriez. J'ai eu beau me creuser la cervelle: je n'ai jamais pu trouver un cadeau à vous faire qui vous donnât une véritable joie, et par là m'en donnât une à moi-même, heureux de votre contentement.

— Quel enfantillage !

— Peut-être, mais quoi de plus vif que le plaisir ou le chagrin d'un enfant? Ce vif plaisir que j'ai si longtemps cherché, vous pouvez me le donner aujourd'hui; il est vrai que ce sera dans des circonstances pénibles; il est vrai aussi que ce ne sera pas un plaisir pour vous, mais enfin c'en sera un pour moi. Ne me refusez pas.

Elle se défendit longtemps encore; mais, sans se laisser repousser, il la pressa si bien, qu'il finit par obtenir non qu'elle acceptât sa proposition, mais au moins qu'elle ne la repoussât pas d'une façon définitive, sans l'avoir examinée dans le calme de la réflexion.

— Nous avons huit jours devant nous, dit-il; chaque jour nous en reparlerons, et j'ai l'espérance que ce que vous avez tout d'abord rejeté, vous finirez par l'accueillir, lorsque vous aurez vu qu'il n'y a que ce moyen de sortir de cette situation, pour vous aussi bien que pour moi; pour votre repos comme pour le mien, pour notre bonheur à tous deux. A demain !

Mais il n'attendit pas au lendemain pour revenir sur sa proposition et plaider à nouveau son acceptation.

Qu'eût-il dit qui n'eût pas été une répétition et qui par suite ne fût affaibli.

C'était sur la réflexion qu'il comptait, sur la solitude.

Aussi, au lieu de rentrer chez lui en sortant de chez Mme de Lucillière, se rendit-il rue de la Paix, chez ses banquiers, où il prit une somme de trois cent mille francs en trois cents billets.

Alors il revint chez lui et, prenant un livre relié du format des billets de mille francs, il déchira toutes les feuilles de ce livre et les remplaça par les trois cents billets.

Cela fait, il enveloppa lui-même ce volume ainsi composé d'images bleues, dans une grande feuille de papier qu'il ferma de plusieurs cachets de cire.

Puis, ayant écrit sur cette couverture le nom de la marquise, il envoya Horace porter ce volume rue de Courcelles.

— Tu demanderas à voir la marquise elle-même, et tu remettras ce livre entre ses mains. En même temps, tu lui diras, retiens bien mes paroles : « Voici un livre que mon colonel, avant de partir pour Saint-Cloud, où il doit rester trois jours, m'a chargé d'apporter à Mme la marquise, et de ne remettre qu'entre ses mains. » Et tu t'en iras sans autre explication.

Ce n'était pas en effet sur des explications que le colonel avait bâti son plan, mais sur la curiosité, et finalement sur la tentation pendant ces trois jours d'absence qu'il s'imposait réellement.

Horace s'acquitta exactement de sa commission.

— Comment! votre maître est parti pour trois jours? demanda la marquise; il m'avait promis de venir me voir demain.

— Je ne sais pas. Mais peut-être y a-t-il un mot d'explication dans le volume. Voilà tout ce que mon maître m'a chargé de dire à Mme la marquise.

Mme de Lucillière ne trouva pas le mot d'explication qu'elle chercha dans le volume, mais elle trouva les trois cents billets.

Elle écrivit au colonel. Le valet qu'elle envoya lui rapporta que le colonel était à Saint-Cloud. Le lendemain, on lui fit la même réponse.

Ce fut le troisième jour seulement que le colonel se présenta rue de Courcelles.

Mais la marquise n'était pas seule dans son salon, elle avait près d'elle le marquis et plusieurs personnes.

— Eh bien! demanda le marquis, vous êtes-vous amusé à Saint-Cloud ?

— Mais oui, je vous remercie.

Puis, laissant là le marquis, il tendit la main à Mme de Lucillière, qui la prit dans la sienne et la serra fortement.

— A propos, dit-elle en le regardant avec un sourire, j'ai reçu votre volume.

Elle fit une pause et le regarda : il était pâle comme son linge.

— Je l'ai dévoré, ajouta-t-elle.

Il respira.

— Alors je ne me trompais pas en espérant qu'il vous intéresserait?

— Quel livre? demanda le marquis.

— Un livre d'images, dit-elle en riant.

Ainsi il avait réussi.

Non-seulement elle avait accepté, mais encore elle en prenait galement son parti.

XVI

Le colonel n'en était plus à compter les contradictions de Mme de Lucillière.

Ainsi elle avait commencé par poser comme un dogme le respect de la maison conjugale, et bientôt elle l'avait attiré dans cette maison en le mêlant, presque malgré lui, aux affaires de courses du marquis.

Ainsi elle avait commencé par rejeter obstinément ses propositions d'argent, qui lui permettaient de sortir facilement et rapidement de la situation terrible dans laquelle son mari la plaçait. Pour lui faire admettre l'idée seule de cette combinaison, il avait fallu livrer une lutte formidable, discuter, ruser, et, du jour au lendemain, elle s'était si bien soumise à cette idée, que les 300,000 fr. n'ayant pas suffi pour payer ses dettes, elle lui avait elle-même demandé la somme complémentaire nécessaire au payement entier.

— Quel soulagement! avait-elle dit; jamais je ne me suis sentie si légère.

— Tout sera payé ?

— Tout : vous serez mon seul créancier, mais pas pour longtemps, je l'espère. C'était l'échéance de ces dettes qui me faisait perdre de l'argent ; je commettais les imprudences des gens pressés; et, pour avoir un peu, je risquais beaucoup. Maintenant je ne ferai que de sages opérations.

— Et pourquoi en faire ?

— Pour vous payer.

— Une femme telle que vous doit-elle toucher à l'argent autrement que pour le dépenser? devriez-vous avoir des relations avec des agents de change, des *bookmakers* ?

— Cela m'amuse.

— Vous rappelez-vous une promesse que vous avez exigée de moi ?

— Je crois, dit-elle en riant, que j'en ai déjà exigé beaucoup.

— Celle-là se rapportait au sujet qui nous occupe. Vous avez voulu que je vous fasse le serment de ne pas jouer ; si je vous demandais le même serment ?

— Je ne vous le ferais pas, car d'avance je sais que je ne le tiendrai pas.

— Si j'insistais, si je vous disais que cela me désole.

— Alors je vous arrêterais au premier mot, comme je le fais en ce moment ; le jeu m'amuse et les incertitudes de la spéculation me donnent des émotions auxquelles je suis habituée, et dont je ne pourrais pas me passer. Je comprends très-bien que vous n'ayez pas ces émotions. Que vous importe de gagner ou de perdre ?

— Je pourrais très-bien me donner ces émotions ; pour cela, je n'aurais qu'à engager des sommes considérables. Je vous assure que, si je m'exposais à payer plus que je ne peux je serais fort ému.

— Enfin je suis ainsi, et, je vous l'ai déjà dit cent fois, il faut m'aimer comme je suis, sans vouloir me changer ; je ne suis pas un animal perfectible. Je vous aime, je vous adore, je suis prête à tout faire pour vous ; mais demandez-moi de renoncer au jeu, à la toilette, au monde, j'aurai la douleur de vous refuser. Vous m'aimez telle que je suis, n'est-ce pas ?

— Faut-il répondre ?

— Non ; je le sais, je le vois, je le sens. Je dis donc que vous m'aimez telle que je suis. Pourquoi changer ? Qui peut savoir si vous m'aimeriez autrement ? C'est le papillon qui vous plaît. Coupez les ailes à ce papillon, et alors il est certain qu'il ne voltera plus çà et là, en zigzag, par bonds, et que vous n'aurez plus peur qu'il vous échappe ; mais aussi il ne brillera plus au soleil, il ne vous éblouira plus, ce ne sera plus qu'une vilaine chenille. Je ne veux pas devenir chenille, et vous, le voulez-vous ?

En parlant du papillon qui voltige çà et là, Mme de Lucillière avait paru voler elle-même, tant il y avait de grâce légère et de caprice dans ses mouvements.

Arrivée à sa conclusion, elle s'arrêta, et, venant se poser devant lui avec une attitude grave et recueillie, les bras croisés sur la poitrine et le menton dans la main :

— Cette fable montre, dit-elle — car vous comprenez que c'est une fable que je viens de composer à votre usage, mon ami ; — cette fable montre qu'il ne faut pas chercher à embellir celle qu'on aime, de peur de l'enlaidir.

Que répondre ?

Mille choses, quand on a sa raison et qu'on est de sang-froid.

Rien, quand on est sous le charme.

Et avec elle c'était ce qui arrivait toujours.

Loin d'elle, il trouvait mille objections à lui opposer, mille critiques à lui adresser.

Près d'elle il restait bouche close, les lèvres entr'ouvertes seulement par le sourire qui venait traduire aux dehors la joie profonde qu'il éprouvait à la regarder et à l'entendre.

Par cela seul qu'il était près d'elle, il se trouvait immédiatement transporté dans une atmosphère chaude et embaumée : son regard était un rayon de lumière, sa voix une musique, son souffle un parfum ; quelque chose de subtil, d'innomé, se dégageait d'elle et le pénétrait. Alors qu'importait ce qu'elle disait ? Est-ce que c'était avec les oreilles qu'il percevait ses paroles ? Est-ce que c'étaient ses paroles qu'il entendait ? C'était sa voix qu'il écoutait.

Il y a, de par le monde, de braves gens de sang rassis, qui se demandent comment un homme d'esprit peut subir l'influence absolue d'une femme bête, et qui restent sans réponse devant cette question mystérieuse. Ils n'oublient qu'une chose, c'est que ce n'est pas avec son esprit que cet homme écoute cette femme, et qu'ils ont entre eux un langage particulier pour s'entendre et se charmer ; ils s'aiment, voilà tout.

C'était là précisément le cas du colonel auprès de Mme de Lucillière : non pas que celle-ci fût bête, il s'en fallait de tout ; mais enfin, ce n'était pas avec son esprit seul qu'il écoutait le langage entraînant qu'elle parlait pour lui. Il l'aimait et il était sous le charme. Est-ce que si elle avait dit des inepties, cela eût empêché que la musique de sa voix fût la plus douce qu'il eût jamais entendue ? Qui s'est jamais soucié des paroles qui accompagnent une mélodie passionnée ?

Dans ces conditions, il ne pouvait donc être que fort peu sensible à ses contradictions d'idées comme à ses variations de conduite.

Elle voulait noir. C'était charmant. Évidemment il n'y avait que le noir en ce monde. Il le sentait comme elle.

Deux minutes après, elle voulait blanc. Le blanc devenait non moins charmant que ne l'avait été le noir. Évidemment il n'y avait que le blanc en ce monde.

D'où provenaient ces contradictions et ces variations, il ne se le demandait même pas. Que lui importait ?

Dans cette liaison avec cette femme charmante, il ne s'inquiétait pas de savoir où il allait, et il lui laissait la pleine direction de leur vie à tous deux.

Elle le rendait heureux, l'entraînant dans un tourbillon de plaisirs et d'agitations où il n'avait pas même le temps de voir ce qui l'entourait, exactement comme s'il eût été emporté dans un train de grande vitesse ; il n'avait qu'à se laisser rendre heureux, étroitement uni à elle dans ce mouvement vertigineux.

Tout ce qu'il demandait, tout ce qu'il exigeait, c'était que les liens qui les joignaient l'un à l'autre ne se relâchassent point un jour, au milieu de ces agitations.

La vie gaspillée en distractions frivoles, le temps perdu, l'argent dépensée, qu'était-ce pour lui?

Absolument rien. Il était jeune ; et il n'en était pas à faire le compte de ses jours, pas plus que celui de son argent.

A se laisser emporter par ce tourbillon il trouvait même un avantage : c'était de ne pas pouvoir revenir en arrière et de ne pas pouvoir penser.

Thérèse!

Ce souvenir lui était douloureux, et tout ce qui pouvait l'éloigner ou le chasser était le bienvenu.

Pourquoi penser à Thérèse, puisque c'était Henriette qu'il aimait, non pas d'un caprice inconsistant, mais d'un sentiment sincère et profond.

Sans doute, il n'y avait dans ce sentiment rien de ce qu'il avait ressenti, ce qu'il ressentait même toujours pour sa petite cousine ; mais enfin il existait, et c'était assez pour que tout ce qui se rapportait à Thérèse lui fût pénible.

Sa liaison avec Mme de Lucillière eût pris le caractère qu'il avait voulu tout d'abord lui donner, il eût pu continuer de voir Thérèse et rester à l'égard de celle-ci dans ses dispositions premières.

Mais ce n'était point ainsi que les choses s'étaient arrangées ; cette liaison était devenue plus qu'un caprice et qu'une distraction ; sans en avoir conscience il avait été entraîné beaucoup plus loin qu'il n'avait voulu tout d'abord aller.

Alors se sentant incapable de la rompre et de revenir en arrière, il s'était dit qu'il ne devait plus penser à Thérèse.

Il la verrait comme sa cousine, comme une aimable et bonne petite fille qu'elle était, douce, naïve, simple, pleine de cœur, avec des qualités de tendresse qui réjouissaient l'esprit et adoucissaient l'âme ; mais ce serait tout.

Il n'était pas homme en effet à diviser entre plusieurs son affection, et le partage lui paraissait quelque chose d'odieux, aussi bien envers lui-même qu'envers les autres ; une tromperie indigne d'un cœur droit.

Il aimait Henriette, Henriette le rendait heureux ; c'était à Henriette, à Henriette seule qu'il voulait penser.

Mais il advint qu'au moment même où il voulait rendre cette liaison plus étroite, et voir sa chère Henriette plus souvent encore et plus longuement que par le passé, des difficultés surgirent qui eurent précisément pour effet immédiat d'apporter des difficultés à leurs entrevues et d'abréger les heures qu'ils pouvaient passer en tête-à-tête.

Un jour, Mme de Lucillière, qui depuis quelque temps se montrait préoccupée et inquiète sans avoir voulu répondre aux questions pressantes qu'il lui adressait à ce sujet, déclara qu'elle avait des craintes sérieuses du côté de son mari

— Quelles craintes?

— C'est précisément ce que je me demande et ce qui me tourmente.

— Vous m'avez dit vous-même qu'il n'était pas jaloux.

— Assurément, et jusqu'à ce jour il avait paru ne pas connaître ce sentiment ; mais, depuis quelques semaines, il m'a révélé un sentiment que moi aussi je ne connaissais pas : la peur. Un danger nous menace : j'en suis certaine, je le sens.

— Quel danger?

— Si je le savais, je serais à moitié rassurée ; malheureusement je l'ignore et ne sais qu'une chose, c'est qu'il s'est fait dans le marquis, dans son humeur, dans son caractère, dans ses habitudes, des changements qui me paraissent singulièrement menaçants.

— Mais quels changements?

— Lui, qui ne m'avait jamais adressé une question, passe son temps maintenant à m'interroger, et il note soigneusement mes contradictions, quand il m'en échappe, ce qui arrive quelquefois, car lorsqu'on ment, on ne se rappelle pas ses mensonges et l'on se perd dans ce qu'on a dit. De plus, il interroge mes gens, j'en suis certaine, ma femme de chambre, mon cocher ; si je n'étais pas sûre de la discrétion de Sophie et du cocher que vous m'avez donné, nous serions perdus. Mais le marquis ira-t-il jusqu'à la somme qui ferait céder cette discrétion ? c'est ce que j'ignore, et vous comprenez qu'il y a là un tourment incessant.

— Il n'y a qu'à offrir à Sophie pour se taire une somme de beaucoup supérieure à celle qu'on peut lui donner pour la décider à parler. Ce n'est qu'une question d'argent.

— Peut-être, mais toutes mes craintes ne se bornent pas à Sophie. Le marquis, qui, par ce que je viens de vous expliquer, paraît avoir des doutes sur moi, paraît d'un autre côté porter ses soupçons sur vous. Sa jalousie n'est pas vague et indéterminée ; elle s'applique à une personne certaine, et cette personne, si j'en juge par certains indices, c'est vous.

— Et ces indices?

— J'avoue qu'ils sont très-faibles et qu'il faut toute mon inquiétude pour y attacher de l'importance. Ainsi ils se résument à peu près dans un seul point : le marquis, qui avait toujours parlé de vous avec la plus grande sympathie, vous reconnaissant toutes les qualités, vous donnant tous les mérites, se servant de vous enfin pour abaisser ou écraser ceux qu'il n'aime point, le marquis commence à trouver que ces qualités et ces mérites ne sont pas ce qu'il avait cru tout d'abord. Vous avez des défauts. Et maintenant il prend souvent plaisir à démolir, des mains mêmes qui l'avaient élevé, le piédestal sur lequel il avait dressé votre statue.

— Le marquis me connaît mieux.

— Plus on vous connaît, plus on vous aime.

— Quand on m'aime; mais, quand on ne m'aime point, on me juge à ma valeur : voilà tout. Il me paraît tout naturel que le marquis soit revenu de son enthousiasme inconscient.

— Vous parlez ainsi, parce que vous ne connaissez pas le marquis; autrement vous sauriez qu'il ne revient jamais sur une idée quand il l'a acceptée, ou sur une personne quand il l'a adoptée. Voilà pourquoi son changement à votre égard est grave à mes yeux. Pour que ce changement se soit opéré, pour qu'il soit devenu sensible, il faut qu'il se soit passé quelque chose de sérieux. Personnellement vous ne l'avez pas fâché?

— Je ne sache pas.

— Alors ce n'est point un fait de caractère qui l'a blessé, et je suis bien forcée de retomber dans mes craintes : il a des soupçons. Lesquels? jusqu'où vont-ils? Je n'en sais rien, et mes conjectures à ce sujet ne peuvent rester que dans un vague, pour moi tout à fait irritant : un danger que je vois, je le brave ; un danger que je sens, mais que je ne vois pas, me fait peur.

Qui pouvait avoir éveillé les soupçons du marquis?

Ce fut ce qu'ils cherchèrent sans arriver à une conclusion satisfaisante.

Des imprudences? C'était possible, mais en même temps c'était bien vraisemblable, étant donné le caractère du marquis.

Le payement des notes du couturier, du bijoutier et de la modiste? Cette hypothèse pouvait se présenter à l'esprit. Cependant elle n'était guère admissible, car Mme de Lucillière avait arrangé les choses de telle sorte que c'était sa mère qui avait paru lui fournir les sommes nécessaires à ces payements.

— Pour moi, dit Mme de Lucillière après avoir discuté toutes les causes qui pouvaient raisonnablement avoir provoqué les soupçons du marquis, pour moi, je ne crois pas que ces soupçons soient nés spontanément dans l'esprit de M. de Lucillière ; ils lui ont été plutôt suggérés.

Cette supposition s'était présentée à la pensée du colonel : pourquoi un rival n'aurait-il pas voulu se servir du mari pour se débarrasser de l'amant?

Mais il n'avait pas osé la formuler franchement, car c'était accuser l'un des amis de la marquise, et cela lui répugnait.

Mme de Lucillière ayant elle-même abordé cette idée, il risqua la question qui était sur ses lèvres :

— Et par qui?

Mais la réponse ne fut pas celle qu'il attendait.

— Par qui? dit-elle, c'est ce que je me demande. Par un de vos ennemis, par un envieux. Vous me direz que vous n'avez rien fait pour avoir des ennemis : cela n'empêche pas que vous en ayez, soyez-en sûr, et qui vous détestent d'autant plus qu'ils n'ont rien à vous reprocher. Quant à des envieux, vous devez comprendre qu'ils sont nombreux, n'est-ce pas?

La conclusion de cet entretien fut qu'il fallait s'entourer de précautions, veiller sur soi, et se voir moins souvent.

Les précautions, la prudence, le colonel les admettait parfaitement.

Mais ne plus se voir, c'était à quoi il ne voulait pas se résigner.

— Voulez-vous me perdre?

— Voulez-vous me désoler?

— Trouvez un moyen d'empêcher les soupçons du marquis.

— Et lequel?

— Cherchons.

Il chercha, il s'ingénia de mille manières ; mais le soupçon est de telle nature précisément que ce qu'on fait pour l'éloigner a presque toujours pour résultat certain de le rapprocher ; il en est de lui comme des précautions qu'on prend auprès d'une personne endormie et qu'on réveille par cela même qu'on fait tout pour ne la pas éveiller.

Ce fut Mme de Lucillière qui, au bout de quelques jours, terriblement longs pour le colonel, — car il était resté tout ce temps sans la voir, — trouva ce qu'il avait vainement cherché.

— Eh bien! demanda-t-elle en l'abordant, à quoi vous êtes-vous arrêté?

— A rien.

— Enfin quelles idées avez-vous eues?

— Aucune vraiment pratique, toutes plus maladroites et plus folles les unes que les autres.

— Dites.

— A quoi bon, puisque je n'en veux pas moi-même.

— Pour moi, je n'en ai eu qu'une, mais tellement bizarre, tellement originale, que je ne voulais pas vous la dire. Voilà pourquoi je vous demandais ce que vous aviez trouvé et à quoi vous vous étiez arrêté.

— Vite, vite, cette idée.

— Vraiment je n'ose pas.

— Je vous en prie; pensez à ce qu'ont été

ces journées pendant lesquelles nous avons été séparés.

Elle hésita un moment; puis enfin, se décidant et parlant rapidement pour en avoir plus tôt fini avec ce qu'elle avait à dire, détournant les yeux pour ne pas rencontrer ceux du colonel :

— L'entretien que vous avez entendu, enfermé dans mon cabinet de toilette, a dû vous faire connaître le marquis, comme si vous aviez vécu plusieurs années dans son intimité; car il a parlé en toute franchise, sans ménagement aucun, sans rien cacher de son caractère. Que pensez-vous de lui?

— Mais...

— Franchement répondez, car c'est de l'opinion que vous avez dû vous former alors, que dépend l'exécution de mon idée, possible ou impossible, selon ce que vous allez me dire.

— Eh bien! je pense que M. de Lucillière porte le souci de son intérêt personnel loin, très-loin, plus loin que personne ; je pense aussi...

— Ce que vous avez dit suffit, je n'ai pas besoin d'en savoir davantage, et, moins nous échangerons de paroles sur ce sujet, mieux cela vaudra.

— Alors votre idée n'est pas exécutable ?

— Au contraire ; au moins elle est à tenter, car c'est en partant d'une opinion qui est exactement la même que celle que vous venez d'exprimer, que cette idée m'est venue. Dans notre situation, que faut-il? Une seule chose : calmer les soupçons du marquis, qui en ce moment n'existent qu'à l'état vague et n'ont pas pris encore une existence matérielle, un corps, pour ainsi dire. Tout ce que nous ferons de direct dans ce but ira contre nos intentions. Si nous changeons notre manière d'être, — danger; si nous ne la changeons pas, — danger encore. Si vous êtes affectueux avec le marquis, — danger ; si vous êtes dur et fier, — danger toujours. Ce n'est donc pas en nous que nous devons chercher ce qui nous protégera, c'est dans le marquis lui-même. Je veux dire que c'est de lui que doit venir sa propre sécurité. Et pour cela je ne trouve qu'un moyen, qui est de le placer entre sa jalousie et son intérêt. De quel côté ira-t-il d'abord ? Hélas ! la réponse n'est pas douteuse : du côté de son intérêt. Si nous arrivons à arranger les choses de telle sorte que M. de Lucillière vole toujours en vous une personne qui est utile à son intérêt, il sera aveuglé par ce mirage et ne verra pas autre chose ; on ne cherche pas volontiers ce qu'on craint, tandis qu'on cherche obstinément ce qu'on désire. Il faut donc que M. de Lucillière cherche toujours à conserver de bonnes relations avec vous.

— Mais comment cela?

— Si je n'avais pas trouvé ce moyen, mon idée ne signifierait rien et je ne vous en aurais pas entretenu. En somme, ce moyen est assez simple : il consiste pour vous à devenir l'associé du marquis dans son écurie de courses, non plus en pariant pour ses chevaux, ce qui ne signifie pas grand'chose, mais en partageant avec lui la copropriété de ses chevaux et de son haras, ce qui a une importance considérable.

XVII

L'associé du marquis !

A ce mot, le colonel eut un mouvement de répulsion instinctive.

Et bien que la proposition lui fût faite par une bouche de laquelle il était habitué à tout accepter sans discussion et même sans réflexion, il resta hésitant sans répondre.

— Mon moyen ne vous paraît pas bon ? demanda Mme de Lucillière, alors n'en parlons plus.

— Ce n'est pas le moyen, et je crois comme vous qu'il pourrait placer le marquis dans des conditions où il ne penserait pas à voir en moi un rival.

— N'est-ce pas justement ce que nous devons chercher ?

— Sans doute.

— Eh bien ! alors ?

La réponse était difficile à tourner ; car bien que Mme de Lucillière ne dût avoir qu'une médiocre estime pour son mari, et sa proposition donnant la juste mesure de cette estime, ce n'était pas moins l'homme dont elle portait le nom.

Il se décida enfin.

— Il est certain, dit-il avec embarras, que pour nous, pour notre amour, le moyen est bon, mais pour moi...

— Comment ! pour vous ? S'il est bon pour nous, il serait mauvais pour vous. Il y a donc en vous plusieurs personnes : l'amant et l'homme, « mon cher Édouard » et M. le colonel Chamberlain ? Mais alors c'est admirable ; je connaissais le mystère de la sainte Trinité, je ne connaissais pas celui de la dualité.

— Vous plaisantez.

— Eh ! certes je n'en ai guère envie, mais cela ne vaut-il pas mieux que de se fâcher? Comment ! je me creuse la tête, pendant plusieurs jours et plusieurs nuits, pour sortir d'une situation qui tout d'abord paraît sans issue, en même temps qu'elle est pleine de dangers pour nous, pour vous comme pour moi, pour moi peut-être plus encore puisque c'est mon honneur qui est en jeu ? Avez-vous pensé à cela ? vous êtes-vous demandé ce qui arriverait, si le marquis voulait éclaircir ses soupçons ?

— Pouvez-vous en douter ?

— Vous y avez pensé, c'est bien et cela suffit. Je dis donc que je m'ingénie de mille manières pour écarter ces dangers et sortir de cette situation. Par miracle, je trouve un moyen. Vous déclarez vous-même qu'il est le seul praticable, et que de votre côté vous n'en voyez pas d'autre. Cependant vous n'en voulez pas. Il a des inconvénients à vos yeux qui vous le font repousser.

— Un seul.

— Et croyez-vous que je ne l'aie pas vu tout d'abord ? Aussi je vous dispense de me l'expliquer. J'aurais même été heureuse que vous fussiez resté assez maître de vous pour dissimuler l'impression qu'il vous causait. Soyez convaincu que, vous connaissant comme je vous connais, je n'aurais pas supposé une seconde que vous l'acceptiez le cœur léger ; mais j'aurais été touchée du sacrifice que vous vous imposiez d'un cœur ferme. Est-ce que vous vous imaginez que c'est gaiement que je suis venue vous entretenir de ce projet ? Supposez-vous qu'une femme prononce de pareilles paroles, sans avoir la gorge serrée ? Mais ce n'est point dans mon caractère de montrer les émotions douloureuses que je ressens. La douleur ne m'a jamais fait crier ; elle m'a fait rire souvent ; que ce rire soit bien naturel, c'est ce que je ne soutiendrai pas ; mais enfin ce sont des plaintes et des larmes dont j'ai horreur. Je croyais que, dans une certaine mesure, vous aviez ce caractère, et je vous en aimais d'autant. Je me trompais donc ?

— Ne croyez pas que je voulais me plaindre ; mon intention était seulement de vous expliquer....

— Ce que je sais aussi bien que vous, car vous ne vouliez point me parler de choses d'argent, n'est-ce pas ? D'ailleurs vous savez comme moi que vos intérêts, confiés au marquis, seront dans de bonnes mains.

— Ce n'était certes pas de cela que je voulais vous parler.

— Alors, je vous en prie, ne parlez pas. A quoi bon, puisque je sais ce que vous voulez me dire. Il y a des choses qui veulent n'être pas expliquées. Il y a des paroles qu'il est mauvais de prononcer. Vous avez manifesté une répugnance invincible à l'égard de mon moyen, le mieux est de ne pas aller plus loin.

Elle se leva.

— Vous chercherez, dit-elle ; moi, de mon côté, je chercherai aussi, et il faut espérer que nous trouverons autre chose. Je n'ai pas la sotte infatuation de croire que j'avais découvert la seule ligne de conduite possible pour nous. Seulement, en attendant que vous ayez trouvé ou que j'aie trouvé moi-même, nous allons malheureusement être condamnés à une grande circonspection. Vous sentez qu'il doit en être ainsi, n'est-ce pas ? Et je suis certaine que vous serez le premier à préposer de nous voir moins souvent. En attendant que nous puissions détourner les soupçons du marquis et peu à peu les supprimer, il ne faut pas commencer par les exaspérer, car le jour où nous aurions notre moyen il serait probablement impuissant. Persistez-vous dans votre désir de me voir après-demain, comme vous me l'avez demandé ? Si vous le voulez, je viendrai, car je n'aurai jamais la force de vous résister ni de vous refuser une joie qui n'est pas moins grande pour moi que pour vous ; mais qu'il soit bien entendu à l'avance que c'est une imprudence.

Ainsi posée, la question ne pouvait avoir qu'une solution.

Le colonel déclara qu'il accepterait le projet d'association.

La marquise refusa, il insista, et la discussion qui s'engagea alors se termina, bien entendu, par la défaite de Mᵐᵉ de Lucillière.

Mais comment arranger cette association ? Ce n'était pas le marquis qui pouvait la proposer au colonel.

C'était au contraire celui-ci qui devait la faire accepter par le marquis.

— Je crois que si vous allez tout simplement demander au marquis de vous associer dans son écurie, cela ne sera pas très-habile, dit Mᵐᵉ de Lucillière.

— Alors que faire ?

— Il faudrait, il me semble, que ce projet d'association vous fût proposé par le marquis lui-même.

— Vous vous chargez de lui suggérer cette idée ? dit le colonel, entrevoyant la possibilité d'être débarrassé de cette négociation, horriblement désagréable et pénible pour lui sous tous les rapports.

— Non, assurément.

— Je ne vois pas alors comment la lui suggérer moi-même.

— Tout simplement en lui demandant de vous vendre son écurie entière. Pourquoi le désir ne vous serait-il pas venu de la faire courir ? Rien n'est plus naturel dans votre position.

— Naturel pour qui ne connaît pas mon indifférence en fait de course.

— Cette indifférence passe pour de la froideur dans l'attitude ; on croit que vous ne voulez pas vous livrer et le marquis lui-même partage cette opinion. Il ne trouvera donc pas étrange que vous lui proposiez cette acquisition ; car, si vous voulez faire courir, vous ne pouvez pas avoir l'idée de fonder une écurie, ce qui vous prendrait beaucoup trop de temps, vous devez tâcher d'en acheter une solidement établie. Celle du marquis réunit toutes les conditions désirables. Il est donc logique que vous en ayez envie, et logique aussi que vous lui demandiez de vous la vendre. Sans doute, il s'agit d'une grosse somme, mais tout le monde sait que vous avez l'habitude de faire grandement les choses. Le marquis refusera ; car, pour rien au monde, il ferait le sacrifice de son écurie.

— Je comprends.

— Vous comprenez, n'est-ce pas, que vendre une chose ou accepter un copropriétaire pour cette chose est bien différent ? Ce sera, je le suppose, le raisonnement du marquis ; pour des raisons de moi connues et dans le détail desquels il est inutile d'entrer, je crois que le marquis sera bien aise de mettre la main en ce moment sur une grosse somme d'argent. En tout temps il serait sensible à ce plaisir ; mais présentement il le sera plus encore que jamais. Comment concilier ces deux désirs : celui de garder ses chevaux et celui de toucher une grosse somme ? Au point où nous en sommes arrivés, vous voyez ce moyen, n'est-ce pas ?

— Parfaitement.

— De lui-même et par la force seule des choses, il prendra naissance dans l'esprit du marquis ; ce sera une éclosion spontanée, ce que justement nous cherchons. Ne voulant pas se défaire de son écurie, et, d'un autre côté, voulant profiter de votre offre, le marquis, si vous le poussez adroitement, aura l'idée d'une association : il gardera la moitié de la propriété de l'écurie, il gardera sa direction, ce à quoi il doit tenir par dessus tout, et il vous cédera en propriété la seconde moitié, qu'il vous proposera lui-même comme arrangement et pour donner satisfaction à vos désirs. La chose ainsi posée, ce ne sera plus qu'une affaire à discuter entre vous.

— Il n'y aura pas discussion.

— Vous auriez tort de vous montrer trop facile. D'abord cela serait maladroit ; car, voulant l'écurie entière, vous devez être très-fâché de n'en avoir que la moitié. Et puis il ne me convient pas que dans cette circonstance, alors que vous n'agissiez que d'après mon inspiration, vos intérêts soient sacrifiés. Défendez-les au contraire et vigoureusement, car il est à prévoir qu'ils seront vigoureusement attaqués. Après tout, c'est une affaire.

— Pas pour moi, vous savez bien que je ne fais pas d'affaires.

— Il faut au moins que le marquis soit persuadé que vous en faites une, notre sécurité est à ce prix, et puis laissez-moi ajouter encore que l'estime du marquis pour vous sera proportionnée à votre habileté.

— Ce n'est pas son estime que je veux acheter, ne put s'empêcher de dire le colonel.

La marquise ne répondit rien, mais elle haussa les épaules ; décidément ce n'était et ce ne serait jamais qu'un sauvage.

— Et quand désirez-vous que j'entreprenne cette négociation ? demanda-t-il.

— Mais aussitôt que possible.

— Tout de suite alors.

Les choses se passèrent exactement comme la marquise les avait prévues.

A la proposition de vendre son écurie, M. de Lucillière poussa les hauts cris.

— Vendre ses chevaux ! Mais il les aimait, c'étaient ses élèves ; ses juments ! Mais il ne pourrait jamais s'en séparer.

On lui eût demandé à acheter son fils Savinien, qu'il n'eût pas témoigné plus de regrets.

Le colonel se montra touché comme il convenait de cette explosion de tendresse, et il regretta d'autant plus cette affection du marquis qu'il ait disposé à consacrer une grosse somme à cette acquisition.

— Une grosse somme vraiment ?

Et M. de Lucillière ouvrit les oreilles et se haussa sur la pointe des pieds comme pour mieux voir au loin qu'elle pouvait être cette grosse somme

— Celle que vous m'auriez fixée vous-même en toute conscience et d'après la valeur réelle de vos chevaux, que vous seul êtes en état d'apprécier.

— Ah ! vraiment, vraiment ? Cette envie de faire courir était donc bien vive ?

— Très-vive ; n'était-ce pas naturel dans sa situation ?

— Tout à fait naturel ; aussi était-il vraiment fâcheux de ne pouvoir pas la satisfaire. Mais c'était impossible, il ne pouvait pas se séparer de ses chevaux.

Et alors il proposa d'autres écuries, qu'on pourrait peut-être obtenir dans des conditions plus avantageuses.

Mais ce n'étaient pas d'autres écuries, que le colonel voulait, c'était celle du marquis et celle-là seulement ; il parlait depuis longtemps pour ses chevaux, il les connaissait, il s'intéressait à eux, lui aussi, il les aimait ; et puis, quelle autre valait celle-là ? Pour lui, il n'en voyait pas.

Il eût fallu n'avoir pas un cœur de propriétaire pour n'être pas sensible à ce compliment, et M. de Lucillière portait très-haut l'orgueil de ses couleurs du turf.

— Evidemment il était difficile de trouver l'équivalent de ce qu'il avait réuni avec tant de soins, de peines et de dépenses ; mais c'étaient justement ces soins et ces peines qui l'empêchaient d'accéder aux propositions tentantes qui lui étaient faites.

Le colonel comprenait très-bien que le

marquis ne voulût pas renoncer ainsi à avoir une écurie, alors que depuis longtemps c'était pour lui une occupation et un plaisir; aussi, en achetant celle que le marquis possédait actuellement, ne trouverait-il pas mauvais que celui-ci en fondât une autre immédiatement : ils lutteraient l'un contre l'autre, voilà tout.

Mais on ne fonde pas ainsi une écurie de courses du jour au lendemain, dans un pays qui possède aussi peu de chevaux de pur-sang que la France : ce fut ce que le marquis expliqua au colonel avec une compétence irréfutable.

— Alors il fallait décidément renoncer à cette idée.

— Mais non, mais non, s'écria le marquis; peut-être serait-il possible de tout concilier, et votre désir d'avoir une écurie et ma résolution bien arrêtée de ne pas me séparer de la mienne.

On était arrivé au moment décisif; le colonel eut honte de poser la question qui devait amener cette conciliation, cependant il se décida.

— Et comment cela? demanda-t-il avec un embarras qui pouvait passer pour l'incrédulité d'un homme qui ne voyait que des impossibilités devant lui.

— Vous avez prononcé un mot tout à l'heure qui m'a suggéré une idée, vous avez parlé de lutter l'un contre l'autre : pourquoi, au lieu de cette lutte, n'établirions-nous pas entre nous une association?

Le colonel, pour bien jouer son rôle, aurait dû pousser des cris de joie, mais il n'en eut pas le courage.

— L'idée ne vous sourit pas? demanda M. de Lucillière.

— Ce n'est plus la mienne.

— Au contraire, c'est absolument la vôtre. Que voulez-vous? Mon écurie. Je vous la donne, c'est-à-dire que je vous en donne la moitié. Au lieu d'être unique propriétaire, vous êtes copropriétaire, voilà tout. Et permettez-moi de vous dire qu'il y a là pour vous un avantage considérable : vous vous occupez depuis trop peu de temps des choses du sport pour trouver mauvais que je vous dise que vous n'en possédez pas encore toutes les finesses, ou, pour me servir d'un mot que je n'aime guère, mais qui est juste en cette circonstance, toutes les rouéries. Eh bien! il est certain que, si vous aviez été seul propriétaire, vous auriez été exposé, au moins pendant les premiers temps, à être trompé, disons le mot, à être volé. Tandis que, m'ayant près de vous, je vous préserverai de ce danger. D'un autre côté, je vous initierai à la partie technique du métier, que vous ne connaissez pas non plus, et qui ne s'improvise pas, je vous assure. Cela vous convient-il ainsi?

Le colonel, pour bien remplir son rôle, devait à ce moment se confondre en remercîments; il ne put pas s'y résigner, et resta froid pour le sacrifice que le marquis lui faisait.

Heureusement la question d'argent vint le tirer d'embarras.

Il fallut discuter les conditions de cette association que le marquis offrait si généreusement à son ami, rien que pour lui être agréable, et ce ne fut pas une petite affaire.

— Voici comment je comprends notre association, dit le marquis : nous estimons mon écurie et le haras à leur valeur, et vous me payez la moitié de cette valeur; de plus, nous estimons ce que l'écurie me rapporte de bénéfices en établissant une moyenne, et vous m'achetez, moyennant une somme déterminée, le droit de partager avec moi ces bénéfices à partir du jour de notre association ; car ce que je vous cède, c'est une affaire en plein succès, qui m'a coûté beaucoup de temps et d'argent, et vous ne voudriez pas que je vous fisse cadeau d'une position créée par moi seul.

Assurément le colonel ne voulait pas que le marquis lui fit un cadeau.

Mais bientôt il vit, lorsque les estimations furent établies, que ce danger n'était pas à craindre : le marquis n'avait pas du tout l'intention de l'accabler de sa générosité.

En parlant d'une grosse somme, il ne s'était pas fixé un chiffre déterminé, mais il avait compté largement à vue de nez ; cependant celui qui lui fut demandé dépassa de plus du double ses prévisions.

L'estimation du marquis était un véritable chef-d'œuvre, qu'un commissaire-priseur eût admiré : c'était complet, depuis *Haymarket*, le célèbre étalon anglais, estimé à la somme de 175,000 francs, jusqu'au balai qui servait à balayer l'écurie de ce noble animal, ledit balai et son manche estimés ensemble à la somme de 40 centimes.

Ce qui s'était fait pour *Haymarket* s'était reproduit pour tout, pour les juments, pour les *yearling*, pour les chevaux à l'entraînement, pour le matériel du haras, pour les casaques des jockeys : rien n'avait été oublié.

Mais où le marquis s'était surpassé, c'était dans l'estimation des bénéfices éventuels.

Que dire?

Discuter.

Ce fut ce que fit le colonel, mais tout juste autant qu'il fallait pour les convenances.

Quant à chercher à gagner l'estime du marquis, comme Mme de Lucillière le lui avait recommandé, il n'y pensa même pas; il avait hâte de terminer ce marché, de peur de le rompre dans un mouvement de dégoût.

Enfin il eut la satisfaction de compter au marquis la grosse somme qui avait décidé celui-ci à ce sacrifice.

— Je ne vous ai pas vendu Chalençon, dit M. de Lucillière, parce que c'est le château de mes pères ; mais il est bien entendu qu'il vous appartient comme à moi et que nous le partagerons. A partir d'aujourd'hui, vous pouvez donc venir vous y installer quand vous voudrez. Si légalement le haras et le château font deux, en réalité ils ne font qu'un.

C'était bien ainsi que le colonel l'entendait.

Cette association établit naturellement de nouveaux liens entre la marquise et le colonel ou plus justement elle leur donna toutes les facilités qu'ils pouvaient désirer pour resserrer ceux qui existaient déjà.

Partout où allait la marquise de Lucillière se trouvait le colonel Chamberlain, et souvent même ils arrivaient ensemble au théâtre, aux courses, dans les salons, avec ou sans le marquis.

Quelques méchantes langues se permettaient d'en rire et de les appeler le ménage à trois en parlant d'eux.

Mais heureusement d'autres langues mieux inspirées relevaient comme il convient ces sots propos.

Où irions-nous, si on laissait la médisance régler nos relations, surtout si on la laissait se manifester librement ?

Quelle règle doit diriger une société polie ? Celle des convenances

En quoi le colonel ou la marquise blessaient-ils les convenances ?

Mme de Lucillière n'avait-elle pas un mari ?

Ce mari n'était-il pas l'associé du colonel Chamberlain dans une écurie de courses qui était une des gloires du turf parisien ?

Alors quoi de plus naturel que de les voir vivre tous les trois dans une étroite intimité ?

On incriminait cette intimité. Que savait-on de positif à cet égard ? Rien, absolument rien.

Les convenances étaient sauvegardées.

Cependant, pour les sauvegarder mieux encore, il eût fallu que le colonel fût plus attentif à son rôle de sportsman, et cette attention passionnée, il ne l'avait pas.

Une réponse qu'il avait faite peu de temps après sa prise de possession de l'écurie était même restée célèbre.

Il avait deux chevaux dans une même course, et, comme on lui demandait avec lequel il voulait gagner, il avait répondu : « Avec le meilleur. »

Et le marquis avait précisément donné des ordres pour gagner avec le mauvais, ce qui précisément s'était réalisé.

Comme la réponse du colonel avait fait perdre d'assez grosses sommes à ceux qui avaient eu foi dans sa parole, on l'avait vivement discutée.

Le colonel Chamberlain deviendrait-il l'élève du marquis de Lucillière ?

— Messieurs, dit M. d'Oyat, qui avait assisté à cette discussion, notre ami le colonel n'a besoin d'être l'élève de personne. C'est un homme très-fort. La façon dont il a amené son association avec le marquis est un chef-d'œuvre.

XVIII

Mme de Lucillière eût été veuve que le colonel n'eût pas eu plus de facilités pour la voir, à toute heure, chez elle comme partout.

Souvent même ils se seraient trouvés moins libres, gênés qu'ils auraient été par des raisons de convenances que la présence du marquis supprimait : aussi, loin de les embarrasser ou de les entraver jamais, celui-ci les servait presque toujours.

Avec cela, parfait de bonne grâce et de politesse dans les relations publiques ou intimes avec son associé ; attentif à le consulter, soigneux pour lui rendre compte de ce qu'il faisait dans leur commun intérêt.

Il est vrai que si le colonel s'était montré défiant ou même simplement rigoureux de ce côté, il eût trouvé que dans les circonstances importantes le marquis oubliait presque toujours de consulter, ou même qu'après lui avoir demandé conseil, il n'agissait que d'après sa propre fantaisie, si conseils et fantaisie ne s'étaient point accordés.

Il est vrai que d'autre part, en examinant soigneusement les comptes qu'on lui rendait, il eût pu trouver qu'ils étaient peu clairs et peu précis : ce qui était bizarre, venant d'un homme qui maniait le crayon avec tant de dextérité et qui était si habile à dresser des états estimatifs.

Mais que lui importait après tout ? Ce n'était pas pour avoir une part égale dans la direction de l'écurie du marquis qu'il avait voulu cette association, pas plus que ce n'était pour avoir une part égale dans les bénéfices qu'elle pouvait donner.

Il n'avait recherché, il ne recherchait qu'une chose : la sécurité, et cette chose, il l'avait obtenue aussi complète qu'il la pouvait désirer.

Si le marquis avait eu pendant un moment des soupçons, il les avait bien vite perdus, pour revenir à la tranquille indifférence au point de vue de la jalousie qui semblait faire le fonds de son caractère ; on ne pouvait pas souhaiter un mari qui fût moins mari que celui-là. C'était à croire qu'il n'avait une femme que pour l'accabler des témoignages publics de sa déférence ou plus justement de sa galanterie, en restreignant ce mot au sens que la vieille société française lui avait donné, c'est-à-dire à la politesse dans les paroles et à l'empressement dans les manières.

Cependant, malgré cette facilité à se voir librement et cette sécurité, le colonel n'était pas pleinement heureux.

Car ce que Mme de Lucillière était avant qu'il l'aimât et qu'elle l'aimât elle-même, elle l'était toujours.

Rien n'avait été changé ni dans sa conduite ni dans ses manières.

Autour d'elle, même empressement.

De sa part, même encouragement.

Elle n'avait nullement congédié ses fidèles : lord Fergusson, Serkis-Pacha, le duc de Mestosa, le prince Seratoff, se montraient aussi assidus près d'elle, aussi attentifs à lui plaire que par le passé, et, à côté de ces intimes, que le colonel était sûr de rencontrer partout devant lui, se pressait une foule de courtisans, vieux, jeunes, beaux, laids, dont il ignorait souvent le nom, mais qui tous paraissaient être au mieux avec sa chère Henriette et étaient accueillis, à peu de chose près, comme elle l'accueillait lui-même.

Au temps de sa vingtième année, il avait eu pour maîtresse une comédienne française d'un des théâtres de la Nouvelle-Orléans, et ç'avait été pour lui une véritable souffrance, une profonde répulsion, presque du dégoût, que la liberté et la camaraderie qui sont le fond des mœurs du théâtre.

Quelle fut sa surprise et en même temps quel fut son chagrin de retrouver, dans les mœurs du monde de la marquise, quelque chose qui jusqu'à un certain point se rapprochait de la liberté et de la camaraderie de la bohème théâtrale.

En quoi Césarine, la comédienne, se laissant tutoyer et embrasser par tous les hommes de son théâtre, était-elle plus choquante que Mme la marquise de Lucillière, une des reines du *high-life* parisien, accueillant gaiement tout ce qu'on lui disait, souriant à tout et à tous, ne baissant ou ne détournant les yeux devant aucun regard, se laissant prendre la main par tous les hommes de son monde et l'abandonnant tout le temps qu'on trouvait plaisir à la presser ou même à la tapoter à petits coups, comme cela arrivait parfois avec quelque vieux galantin, qui lui parlait, penché sur elle, les yeux allumés, les narines dilatées, la frôlant des genoux et des bras.

Encore la différence des milieux donnait-elle à la comédienne des excuses que la marquise n'avait pas.

Rien ne pouvait être plus pénible pour le colonel que cette liberté mondaine, qui faisait de Mme de Lucillière la camarade encore plus que l'amie de presque tous les hommes de son intimité ; car ce qu'il aimait, ce qu'il estimait par-dessus tout chez la femme, c'était la délicatesse, la retenue, encore même qu'elle allât jusqu'à la froideur, le trop de ce côté lui étant moins désagréable que l'excès contraire.

Or Mme de Lucillière, qui était très-richement douée de toutes sortes de qualités charmantes et séduisantes, était absolument dépourvue de celles-là, à ce point que pour elle c'étaient des défauts.

— La retenue ! bon pour les petites filles ; et encore n'avait-elle jamais brillé par là, même au couvent.

Son grand charme au contraire, sa grande séduction sur beaucoup de ceux qui l'approchaient c'était l'art précisément de tout dire et de tout entendre. Personne comme elle pour engager et soutenir une conversation légère à demi-mot, avec des sourires, des silences, des réticences et des sous-entendus qui étaient la provocation même. Les propos salés ne l'effarouchaient pas ; dits avec esprit, elle les écoutait sans baisser les yeux, en riait franchement, et, quand elle les racontait elle-même, elle savait si bien les accommoder qu'ils devenaient un vrai régal. Près d'elle on restait l'esprit tendu, agréablement chatouillé. De là une provocation continuelle. Et ce qu'il y avait de particulier dans cette provocation, toute-puissante sur certaines imaginations, c'était qu'elle agissait surtout par le contraste : ainsi c'était en public, dans une fête en grande toilette de soirée, sous cent paires d'yeux qui la regardaient, qu'elle risquait ses propos les plus vifs, de même qu'elle écoutait les choses les plus scabreuses ; à l'église aussi, avec les courtisans qui l'accompagnaient ou qui déposaient longuement leur offrande dans sa bourse, elle avait adopté une façon de s'exprimer qui, pour être moins épicée, ne manquait pas cependant de hardiesse et de fantaisie. Combien de déclarations, qu'elle n'eût pas voulu écouter une minute, chez elle, porte close et en tête à tête, avaient été entendues jusqu'au bout avec une sourire dans les yeux et sur les lèvres, uniquement par cette raison qu'elles lui avaient été adressées par des gens qui, la connaissant bien, avaient procédé avec elle hardiment et dans des conditions où cela l'amusait.

De ces différences de goût et de caractère, résultaient naturellement bien des causes de division, qui, entre un amant moins épris et une maîtresse d'humeur moins facile, eussent amené fatalement, et dans un temps assez court, des querelles, des luttes, des brouilles, et finalement une séparation.

Entre eux, elles n'amenaient que des discussions qui, pour se maintenir toujours dans les limites de la modération, n'en étaient pas moins douloureuses pour le colonel.

Comme il était l'homme le moins querelleur du monde, et, d'autre part, comme la marquise ne prenait jamais les choses par le côté tragique, il arrivait presque toujours qu'ils évitaient ces occasions de discussion; cependant, malgré tout, il arrivait aussi qu'elles surgissaient parfois d'une façon inopinée, qui ne leur laissait pas le temps de la réflexion, et qu'ils étaient invinciblement entraînés là où ni l'un ni l'autre n'auraient voulu aller.

Ainsi, qu'il se fût fait une joie d'accompagner Mᵐᵉ de Lucillière quelque part, et que tout à coup, au moment où il se croyait sûr de quelques heures d'intimité, surgît un des fidèles ordinaires, lord Fergusson, le duc de Mestosa, ou un autre qui venait se jeter en tiers entre eux et rompre leur tête-à-tête, sans qu'elle en parût fâchée, alors il n'était pas toujours maître de cacher son mécontentement ou de contenir les mouvements de colère qui le soulevaient.

Il abandonnait le plus souvent la place au nouveau venu et, allant se mettre à l'écart, il regardait sa « chère Henriette » écouter gracieusement les propos de l'importun, rire de ce qu'il lui disait, lui répondre, s'appuyer sur son bras. Que disaient-ils? pourquoi ces silences?

D'autres fois, au contraire, il restait près d'elle et, lui serrant le bras contre le sien, il maintenait obstinément son droit; alors, se mêlant à l'entretien, il le dirigeait de telle sorte que c'était le nouveau venu qui était obligé de se retirer.

— Êtes-vous content? demandait-elle.

— Content de rester seul avec vous? Oui, je le suis.

— Content d'avoir montré bien ostensiblement que vous êtes mon amant. Pourquoi ne le criez-vous pas sur les toits? ce serait plus simple.

— Ce n'est pas là ce que j'ai voulu, vous le savez bien.

— Alors pourquoi, ne le voulant pas, l'avez-vous fait?

— Dois-je vous céder à tous?

— Qui parle de cela?

— Mais....

— Mais voyez vous-même comme vos paroles trahissent bien vos véritables pensées : « me céder! » Vous avez donc sur moi des droits de propriété que vous tenez à faire valoir et à défendre, quoi qu'il puisse arriver, « à tous; » je puis donc être pour d'autres ce que je suis pour vous?

— Je vous en prie, ne dénaturez pas plus mes paroles que mes intentions; je n'ai pas voulu dire ce que vous expliquez ainsi, pas plus que je n'ai voulu faire ce que vous me reprochez. J'étais près de vous, heureux de sentir votre bras sur le mien; je n'ai pas voulu céder la place à un importun : voilà tout.

— Ah! voilà tout. Alors pourquoi ces paroles hautaines et presque insolentes dans l'entretien auquel vous avez pris part? Pourquoi ces réponses tranchantes, ces regards furieux? Ne permettez-vous donc à personne de m'approcher lorsque je suis à votre bras?

— Je voudrais le permettre à tout le monde et ne ferais d'exception que...

— Ah! des exceptions. Et pourquoi des exceptions, je vous prie? pourquoi celui-ci et pourquoi pas celui-là?

— Parce qu'il y a autour de vous des gens dont la présence assidue est un outrage pour notre amour, et que je ne peux pas les voir vous approcher sans perdre le sang-froid et la raison.

— Ah! la jalousie.

— Eh bien, oui, je suis jaloux!

— Jaloux de tout le monde. Bien que ce soit un sentiment que je ne connaisse pas, il me semble que je le comprendrais jusqu'à un certain point si je vous voyais jaloux d'une personne déterminée, mais de dix, mais de vingt! A qui me voyez-vous témoigner une préférence marquée parmi ces gens dont la présence assidue auprès de moi est un outrage pour votre amour? Si un sourire, si une parole aimable, si une plaisanterie sont des souffrances pour vous, il ne fallait pas aimer une femme du monde; il fallait rester en Huronie, Huron que vous êtes; ou bien il fallait enlever une femme sauvage et vous établir avec elle dans une île déserte que vous auriez achetée. Encore auriez-vous trouvé moyen d'être jaloux de votre ombre ou des sourires qu'elle aurait donnés à son miroir, si vous aviez permis l'introduction dans votre royaume de cet engin pernicieux. Mais vous êtes à Paris et je ne suis pas une femme sauvage.

— Vous plaisantez.

— Voyons, sérieusement, mon cher Édouard, qui vous gêne particulièrement parmi ceux que vous appelez des « gens assidus? » Est-ce Serkis-Pacha? Allons, regardez-moi, et dites sans rire que c'est de ce bon Turc d'opéra comique que vous êtes jaloux.

Alors elle faisait la charge de Serkis-Pacha; puis ensuite celle de lord Fergusson, remarquable surtout par sa superbe carnation de homard cuit; celle du prince Seratoff, si agréable à regarder lorsqu'il se balançait avec la gentillesse d'un ours blanc; celle du duc de Mestosa, tournant continuellement comme une toupie allemande avec un ronflement charmant.

Et c'était si bien la caricature de ces originaux, elle était si drôle en balançant lentement la tête, comme le prince Seratoff, ou en tournant et en soufflant, comme le duc de Mestosa, qu'il n'y avait mécontentement ni colère qui pussent tenir contre ces singeries.

Comment être jaloux de gens qu'elle rendait si parfaitement ridicules et dont elle était la première à rire? se moque-t-on de ceux qu'on aime?

— Allons, c'est fini, n'est-ce pas? disait-elle en saisissant le sourire qu'elle épiait. Ne nous occupons donc pas des autres, quand nous ne devons penser qu'à nous-même.

— Eh bien! ne parlons que de nous, je le veux; mais alors laissez-moi vous dire que ce n'est point en donnant à tous votre vie comme vous le faites, à vos amis aussi bien qu'aux indifférents, qu'on peut être heureux ou rendre heureux celui qu'on aime. Je ne sais pas encore, bien que je la cherche depuis que je vous aime, quelle idée, quelle conception vous vous êtes faites de la vie et du bonheur; mais il est bien certain néanmoins que nos sentiments ne sont pas conformes sur ce sujet. Pour moi, le bonheur ne résulte point de mille petites émotions agréables qui s'ajoutent l'une à l'autre; mais d'une émotion unique, aussi grande, aussi intense que possible.

— Ce qui veut dire?

— J'admets parfaitement votre interruption, car je sens moi-même que j'exprime fort mal ce que pourtant je comprends fort bien. Je veux dire que si je vais serrer la main des vingt plus jolies femmes qui sont ici, cela me laissera à peu près insensible, tandis que si j'effleure seulement la vôtre, cela me causera une émotion profonde qui arrêtera les battements de mon cœur ou les précipitera. D'où provient cette différence? D'une seule chose: ces femmes ne me sont rien, tandis que vous m'êtes tout; c'est par vous que je vis, c'est pour vous; je n'ai qu'une pensée, vous; je ramène tout à un seul but, vous; je n'ai qu'un désir, vous. Enfin, pour moi, il n'y a qu'une femme au monde, vous; qu'une chose à faire, vous aimer; qu'un bonheur enviable, celui que vous donnez; qu'un malheur possible, celui qui vient de vous. Ah! chère Henriette, si vous sentiez ainsi, vous verriez la différence qu'il y a entre ma façon de comprendre le bonheur et la vôtre, et vous ne me demanderiez pas ce que je veux dire quand je parle de l'intensité de la sensation.

Alors elle le regarda longuement; puis, se haussant jusqu'à son oreille qu'elle effleura de ses lèvres:

— Mais c'est ainsi que je t'aime, dit-elle.

— Non, Henriette. Vous m'aimez, je n'en doute pas, mais pas comme je vous aime; car alors il n'y aurait qu'une chose en ce monde pour vous, notre amour; comme il n'y aurait qu'un homme, moi.

— Oui, toujours l'île déserte et la femme sauvage.

Pour lui, il était d'une entière bonne foi en parlant ainsi, et cette doctrine de l'exclusivité, de l'intensité dans la sensation, comme il disait, il la pratiquait d'une façon absolue: il était à elle tout entier et rien qu'à elle.

Si tout d'abord il avait pu croire que le sentiment qu'il éprouvait pour la charmante marquise de Lucillière n'était qu'un caprice qui s'éteindrait de lui-même après quelques jours ou quelques semaines, il n'avait pas tardé à mieux connaître la nature de ce sentiment, et, du jour où il en avait pu mesurer l'étendue et la profondeur, il s'y était abandonné entièrement, sans calcul, sans raisonnement, sans esprit de retour, et sans se dire: « J'irai jusque là, et alors je reviendrai en arrière. »

Aussi était-ce tout naturellement qu'il avait évité le tête-à-tête avec la blonde Ida, qui, pendant un certain temps, l'avaient intéressé. Qu'avait-il à demander à cette jeune fille? qu'avait il à attendre d'elle? Rien, absolument rien. Son bavardage sentimental n'avait plus aucun attrait pour lui, il ne le comprenait même plus. De même qu'il ne voyait plus les beaux yeux candides de la jeune Allemande, pas plus qu'il ne voyait ses cheveux d'un blond pâle, si fins et si longs, qu'il avait tout d'abord si fort admirés.

De même, c'était naturellement aussi qu'il avait autant que possible tenu le prince Mazzazoli à distance, se renfermant, à l'égard de la belle Carmelita, dans une réserve pleine de froideur. Il se rappelait bien que pendant plusieurs jours il avait pris une sorte de plaisir à répéter ce nom de Carmelita, et qu'alors il s'était dit que cette jeune fille aux cheveux noirs était certes la plus belle créature qu'il eût jamais vue, la plus étrange, la mieux faite pour provoquer l'admiration et la curiosité; mais alors il ne connaissait pas la marquise. Il se rappelait aussi tout ce qui s'était passé dans ce dîner où, pour la première fois, ils avaient été assis l'un près de l'autre, et la sensation chaude qui alors avait couru dans ses veines. Mais quoi! tout cela n'avait aucune signification; surtout il n'y avait là aucun engagement. Ida lui avait paru charmante, Carmelita admirable; il s'était approché d'elles: son cœur alors était libre.

Maintenant il s'en éloignait tout simplement, tout naturellement, parce qu'un sentiment profond s'était emparé de ce cœur et en avait chassé toute pensée, tout désir, qui ne se rapportaient pas à celle qu'il aimait.

Mais, pour Thérèse, ce n'était point avec cette simplicité, avec cette facilité, qu'il avait pris la résolution de s'éloigner d'elle.

Thérèse, qui n'avait point la beauté poétique d'Ida ni la beauté sculpturale de Carmelita, avait cependant suscité en lui une émotion autrement vivace que celle produite par ces deux jeunes filles, autrement profonde, autrement puissante.

L'idée qu'il pouvait épouser Ida ou Carmelita avait à peine effleuré son esprit;

L'idée que Thérèse serait sa femme un jour avait longtemps occupé son esprit et ému son cœur.

Toutes les qualités qu'il aimait dans une femme, il les avait trouvées dans Thérèse, avec cette séduction d'autant plus puissante qu'elle ne s'analyse pas et qui s'appelle le charme.

S'il avait pensé à Mᵐᵉ de Lucillière, ça avait été en réalité pour fuir Thérèse.

Enfin Thérèse était la femme que son père, à son lit de mort, lui avait demandé d'épouser et pour laquelle il était venu en France.

Envers elle, il était engagé, sinon par une promesse formelle, au moins par une sorte d'obligation morale. Ne réunissait-elle pas toutes les qualités, une seule exceptée, — et encore n'était-il pas certain que cette exception existât, — qu'il s'était lui-même posées comme condition à son mariage?

Tout le poussait donc vers elle irrésistiblement : son esprit, sa raison, son cœur.

Tout, excepté l'amour qu'il éprouvait pour Mme de Lucillière.

Dans cette condition, il devait donc se faire une loi rigoureuse de ne plus penser à Thérèse ni aux projets qu'il avait pu former, et de ne plus voir en elle qu'une brave petite femme, pleine de qualités exquises qui feraient assurément le bonheur de celui qu'elle voudrait bien choisir pour mari. Qui serait cet heureux mari? C'était ce qu'il ne devait même pas se demander, car elle avait un père pour la guider dans son choix.

Et cette loi, il l'avait tenue.

Celle qu'il aimait, c'était la femme la plus applaudie du monde parisien, et il y avait dans ce choix qu'elle avait fait de lui de quoi enorgueillir les plus orgueilleux.

C'était la plus spirituelle, la plus délicieuse des Parisiennes ; et dans son esprit, dans sa finesse, dans son entrain, il y avait des jouissances à ne jamais lasser les plus blasés.

Enfin celle qu'il aimait, c'était sa belle marquise, sa chère Henriette, pour tout dire en un mot.

XIX

Partant de cette idée qu'il devait être tout entier à la marquise, comme il l'était en réalité, sans distraction et sans arrière-pensée, le colonel avait interrompu presque complétement toutes relations avec son oncle Antoine, et par conséquent, avec Thérèse.

Sans doute cela lui était pénible, et d'un autre côté, après l'empressement qu'il avait mis à nouer ces relations au moment de son arrivée à Paris, il était assez étrange que sans raisons apparentes, il voulût les rompre tout à coup ; mais il n'y avait pas à s'arrêter à ces considérations, d'autres plus impérieuses lui faisant une loi d'agir ainsi.

Il ne pouvait pas passer les jours de la semaine auprès de Mme de Lucillière et le dimanche auprès de Thérèse, allant de l'une à l'autre, courant chez celle-ci en sortant de chez celle-là : il fallait choisir, et, ce choix s'étant fait de lui-même, à son insu, presque involontairement, il devait volontairement le confirmer maintenant.

Il le devait:

Pour lui d'abord, par délicatesse et loyauté envers la marquise;

Puis pour Thérèse, car les paroles de Mme de Lucillière, qui avaient si pleinement répondu à son propre sentiment, lui étaient souvent revenues à la pensée : « Que serait-il arrivé si Thérèse s'était éprise d'amour pour lui? Qu'arriverait-il maintenant qu'il ne pouvait qu'être insensible à cet amour? » Sans s'imaginer qu'il était irrésistible et qu'il devait fatalement porter le trouble dans le cœur de celles qu'il approchait, il n'était nullement insensé d'admettre que Thérèse pouvait se laisser attirer vers lui, alors surtout qu'ils vivraient dans une intimité plus ou moins étroite : elle avait des dispositions au romanesque, et, avec son cœur tendre, les choses pouvaient aller vite. Il ne fallait donc pas que cette intimité s'établît, et celle qui avait existé jusqu'à ce jour devait être interrompue. Rien n'indiquait que Thérèse eût encore subi cette influence ; il fallait, pendant qu'il en était temps, se placer dans des conditions où elle ne pourrait pas se développer.

Enfin, pour Antoine même, il y avait jusqu'à un certain point avantage à le voir moins souvent.

Les révélations du juge d'instruction avaient porté un coup terrible à ce malheureux père : son fils était-il coupable d'avoir voulu faire assassiner le colonel? C'était la question qui hantait son esprit et qui, le jour comme la nuit, se dressait à chaque instant devant ses yeux. On pouvait dire sans exagération qu'il n'avait pas d'autre pensée, et que pour lui tout tournait autour de cette terrible interrogation. Abandonnant presque entièrement les études et les occupations qui avaient été le but constant de sa vie, il s'était jeté à corps perdu dans son travail manuel, et jamais, même au temps de sa jeunesse, il n'avait abattu autant de besogne : il semblait qu'il voulût se fatiguer, s'épuiser, et se mettre ainsi dans l'impossibilité de réfléchir à autre chose qu'à ce qu'il faisait. Mais cette terrible interrogation revenait toujours s'imposer à lui, et toutes les fois qu'il voyait son neveu, c'était pour l'interroger à ce sujet.

— Où en était l'instruction ? La complicité d'Anatole était-elle prouvée ?

— Ni sa complicité ni son innocence, l'instruction était arrêtée. L'assassin étant mort, la justice était restée fort embarrassée ; il lui aurait fallu mettre la main sur les complices, et c'était précisément ce qu'elle n'avait pas pu faire. Avant tout, il aurait même fallu trouver quels étaient ces complices, et c'était ce qu'elle n'avait pas découvert. Des soupçons, des inductions, voilà tout ; rien de positif, pas un fait matériel qui pût servir de point de départ à une accusation fondée. La lettre sur laquelle M. Le Méhauté avait échafaudé tout son système, en prétendant qu'elle n'était point écrite par cette femme nommée Adélaïde, qui l'avait signée, mais qu'elle était du *Fourrier* lui-même ; cette lettre, qui, jusqu'à un certain point, était une charge contre Anatole, avait perdu presque toute valeur, car on avait reconnu, en consultant le dossier du *Fourrier*, que l'écriture du célèbre brigand n'était pas du tout la même que celle de la lettre, les experts en écritures étaient unanimes sur ce point. Quant au *Fourrier* lui-même, qu'on eût pu peut-être faire parler en l'interrogeant habilement, on ne l'avait pas trouvé : la police s'était déclarée impuissante, et, pour sauvegarder sa réputation, elle allait même jusqu'à soutenir que si elle ne trouvait pas le *Fourrier*, c'était par cette excellente raison qu'il n'était certainement pas à Paris et très-probablement pas en France. Bien entendu, M. Le Méhauté n'admettait pas cette explication : pour lui, le *Fourrier* était à Paris, et c'était lui qui avait conçu et arrangé l'assassinat du colonel au profit d'Anatole, son complice. Mais c'était là une conviction morale, l'entêtement d'un homme qui a chaussé une idée et qui ne veut pas l'abandonner. En réalité, rien, absolument rien de matériel, qui vînt montrer que la main d'Anatole avait pu se trouver dans cet assassinat. Il fallait donc reconnaître qu'il était innocent ; car ce n'est pas la culpabilité qui se présume, c'est l'innocence : il est absurde de soutenir qu'un héritier est nécessairement un assassin.

Cependant Antoine ne s'en était pas tenu à ces réponses de son neveu, et chaque fois qu'il l'avait vu, il l'avait pressé de questions à ce sujet.

Si de son côté le juge d'instruction cherchait la certitude de la culpabilité, le père du sien cherchait la certitude de l'innocence : ils étaient aussi obstinés l'un que l'autre. A tous deux il fallait une preuve quand même, et cette preuve précisément paraissait impossible à obtenir aussi bien pour celui-ci que pour celui-là.

Mais leur situation n'était pas la même, ce qui était dépit chez le juge était douleur et désespoir chez le père.

Tout ce qui pouvait apporter un aliment à cette douleur devait donc être sévèrement écarté, et par là il était bon qu'Antoine ne vît pas trop souvent son neveu, car tout le temps qu'ils passaient ensemble, il l'employait à parler de ce triste sujet, le tournant et le retournant dans tous les sens, et sortant toujours de ces entretiens plus anxieux et plus tourmenté que lorsqu'il les avait abordés.

Rien n'est plus doux assurément que de trouver de bonnes raisons pour justifier un acte douteux.

Bien que le colonel n'eût aucune hypocrisie dans le caractère, il fut heureux de se prouver par le raisonnement que toutes sortes de bonnes raisons existaient pour l'empêcher de continuer des relations suivies avec son oncle aussi bien qu'avec Thérèse ; elles furent sa justification. Il le fallait ; la nécessité, l'intérêt de tous l'exigeaient : grands mots dont on se paye trop souvent dans les moments difficiles et quand la conscience ne se sent pas tranquille.

Cependant, avant de rompre, il voulut les réunir tous une fois auprès de lui : puisqu'il s'installait à Paris, c'était bien le moins qu'il les invitât une fois chez lui.

Ce fut peu de temps après la fête donnée pour l'entrée en possession de son hôtel qu'il eut l'idée de cette invitation.

Bien entendu, il la communiqua à Mme de Lucillière, car il ne faisait rien sans la consulter, et surtout sans être bien certain qu'en prenant un arrangement, il ne perdait pas une occasion de la voir : tout dans sa vie étant subordonné à cette condition, pour lui déterminante.

La marquise voulut bien approuver cette idée, évidemment c'était un devoir à remplir envers ses parents.

— Seulement ne soyez pas trop aimable avec la petite cousine, dit-elle.

Comme il voulut se défendre :

— Bien entendu, ce n'est pas pour moi que je parle, ajouta-t-elle; c'est pour elle. Rappelez-vous ce que je vous ai dit à Chalençon lorsqu'elle voulait se faire votre garde-malade : il ne faut pas qu'elle s'éprenne pour vous d'une passion malheureuse; car elle serait malheureuse, n'est-ce pas ? Elle est sentimentale, la pauvre enfant, et, si je ne me trompe pas, il est très-probable qu'en cette vie elle sera victime de son cœur. Vous qui êtes plein de droiture et de loyauté, évitez-vous le remords de faire couler les larmes de ces jolis yeux; ne l'empêchez pas d'épouser un brave homme qui la rendra heureuse.

Il ne répondit rien à ces conseils, qui s'accordaient si bien avec ses inspirations, car il ne lui convenait pas d'avouer à Mme de Lucillière que comme elle, il craignait que des relations trop suivies avec Thérèse ne fussent fâcheuses pour celle-ci. Pour justifier ces craintes, il eût dû entrer dans des explications qu'il ne voulait pas donner, et cela autant par respect pour lui-même que pour Thérèse.

Il se contenta de dire qu'il ne se croyait pas un vainqueur invincible, mais Mme de Lucillière le plaisanta à ce sujet.

— Vous comprenez, dit-elle en riant, que ce n'est pas à moi qu'il faut conter ces choses-là, et si la confession publique était de mode dans notre société, ce qui, — je l'avoue, me paraîtrait fort intéressant, — je pourrais expliquer par mon propre exemple combien vous êtes dangereux ; car enfin j'espère que vous reconnaissez que, si je vous ai aimé, je n'ai pas cédé au premier venu, n'est-ce pas ? et que pour m'entraîner vous deviez avoir certaines qualités extraordinaires. Gardez ces qualités pour moi, et ne les déployez pas pour la petite cousine ; présentement c'est tout ce que je vous demande.

Si les circonstances avaient été encore ce qu'elles étaient au moment où le colonel prenait plaisir à emmener Thérèse aux courses du bois de Boulogne, peut-être n'eût-il pas compris Michel dans son invitation ; mais, après les changements qui s'étaient faits dans ses sentiments et surtout dans ses intentions, il insista beaucoup pour que le jeune sculpteur accompagnât ses amis, et il se fâcha presque du refus de celui-ci.

— Pourquoi M. Michel ne veut-il pas venir dîner chez moi ? demanda-t-il à Thérèse.

— Je n'en sais rien.

— Ses raisons ne sont que des défaites, il est évident que mon invitation lui est désagréable.

— Cela peut être, Michel n'est pas votre parent.

— Denizot non plus n'est pas mon parent, et il se fait une fête de venir dîner chez moi.

— Denizot ne doute de rien, il est partout à son aise ; Michel a plus de fierté.

Un mot vint sur les lèvres du colonel :

— Michel est jaloux.

Mais ce mot il ne le prononça pas, car c'était préciser une situation qu'il lui convenait de laisser dans l'ombre.

Et puis de quel droit s'inquiéterait-il de savoir si Michel était ou n'était pas jaloux ? Au temps où il pensait à prendre Thérèse pour femme c'était une question qu'il pouvait se poser ; mais maintenant à quel titre s'inquiéter des sentiments que Michel pouvait ressentir pour Thérèse, ou celle-ci pour Michel ?

Le colonel avait voulu que cette réunion fût tout à fait intime, et, avec son oncle et sa cousine, il n'avait invité que Sorieul et Denizot.

Cependant, d'un autre côté, puisqu'il les invitait pour leur faire connaître son hôtel, il avait voulu aussi que le dîner qu'il leur offrait fût servi avec le même luxe que s'il recevait les amis de Mme de Lucillière.

En cela, il n'obéissait pas à la pensée vaniteuse d'un parvenu qui veut étonner les gens, — car les étonnements de Sorieul ou de Denizot n'étaient pas pour flatter beaucoup son orgueil, — mais il voulait se donner le plaisir de leur révéler des jouissances pour eux inconnues.

L'hôtel était illuminé du haut en bas, toutes les pièces étaient pleines de fleurs nouvelles, et la table était dressée pour cinq convives comme elle l'aurait été pour cinquante, au moins avec le même appareil.

— Est-ce que c'est tous les jours ainsi chez vous, mon neveu ? demanda Antoine, s'arrêtant émerveillé au milieu du premier salon.

— Je suis entré aux Tuileries en 1818, s'écria Denizot ; mais, parole d'honneur c'était moins chic.

Thérèse ne dit rien, mais elle resta les yeux mi-clos, les narines dilatées, les bras à moitié étendus, éblouie par l'éclat des lumières, enivrée par le parfum des fleurs, émue par cette révélation d'un bien-être et d'un luxe qu'elle ne soupçonnait pas.

Pour Sorieul, il ne montra ni étonnement ni admiration ; mais, cassant une fleur de gardenia dans une jardinière, il la passa dans la boutonnière de son habit noir, et, s'installant commodément dans un fauteuil, la jambe droite jetée sur le genou gauche, de manière à tenir son pied dans sa main, il entama tout de suite l'entretien par quelques compliments dont les adjectifs étaient choisis avec soin.

Pendant le dîner, il fit, bien entendu, tous les frais de la conversation, et, tandis que

Denizot éprouvait un véritable embarras devant les nombreux verres placés devant lui et, pour simplifier les choses, tendait toujours son grand verre à tous les vins qu'on lui offrait, Sorieul ne se gênait pas pour parler au maître-d'hôtel en l'appelant tout simplement « mon garçon ».

Ce dîner fut pour ainsi dire un dîner d'adieu, à peu près comme si, à la veille de son départ pour l'Amérique, le colonel avait réuni une dernière fois ses parents; car, bien qu'il restât à Paris, il ne les vit guère plus que s'il y avait eu l'Atlantique entre eux; encore est-il certain que s'ils avaient été séparés par les mers, il aurait écrit à son oncle et à sa cousine, tandis qu'à deux pas il ne leur écrivait point.

Qu'il ne pensât pas à eux, que son souvenir ne le portât pas quelquefois auprès de Thérèse, dans sa petite chambre, ou bien sur les bords de la Marne : cela ne serait pas exact à dire. Souvent au contraire la petite cousine s'imposait brusquement à lui, et dans un éclair il la voyait comme si elle avait été devant ses yeux; mais enfin il ne les visitait que rarement et jamais il ne leur écrivait :

Qu'eût-il été faire rue de Charonne? savoir ce qu'ils pensaient de son abandon? C'était précisément la question pour laquelle il ne voulait pas de réponse.

Il y avait plusieurs semaines, plusieurs mois même qu'il ne les avait vus, lorsqu'un jour Antoine lui écrivit un mot pour le prévenir qu'il viendrait déjeuner avec lui le lendemain matin.

« Si demain ne vous convient pas, disait Antoine en terminant sa lettre, je vous prie de me fixer le jour où vous serez libre, car j'ai absolument besoin de vous voir pour vous demander un service. »

— Un service ! qu'est-ce que cela pouvait bien signifier ? De quel service Antoine pouvait-il avoir besoin ?

Il s'empressa de répondre qu'il serait le lendemain à la disposition de son oncle.

Et il attendit ce lendemain avec une véritable impatience.

Antoine ne demandait pas volontiers des services. De quoi pouvait-il être question ?

Antoine arriva à l'heure dite.

Et tout de suite le colonel voulut l'interroger.

— Déjeunerons-nous avec tout le luxe de valets que vous nous avez montré dans votre dîner? demanda Antoine.

— Nous déjeunerons en tête-à-tête, si vous le voulez, répondit le colonel.

— Eh bien! alors nous parlerons de l'affaire qui m'amène en déjeunant, si vous le voulez bien.

Le colonel donna des ordres en conséquence; et bientôt ils s'assirent en face l'un de l'autre devant la table servie.

— Peut-être vous êtes-vous douté de ce que je voulais vous dire? commença Antoine, C'est de Thérèse que je veux vous parler.

— Thérèse ?

— De son mariage.

— Thérèse se marie ?

Ce fut à peine s'il put prononcer ces trois mots, tant sa surprise avait été vive, tant l'émotion l'avait serré à la gorge.

— Non, Thérèse ne se marie pas, continua Antoine.

Il respira.

— Mais je voudrais qu'elle se mariât, et c'est pour cela que je suis venu vous demander votre appui.

— Mon appui, à moi?

— A vous, mon neveu, notre parent, notre ami, à elle comme à moi.

Antoine parlait, tout en mangeant lentement; mais le colonel ne mangeait point. Il se versa un grand verre d'eau, qu'il but pour faire passer le morceau de pain qu'il tournait et retournait dans sa bouche sans pouvoir le mouiller de salive.

— J'approche de la soixantaine, continua Antoine; mais quoique j'aie rudement travaillé dans ma vie, quoique j'aie aussi traversé des moment difficiles, j'étais, il y a quelques mois, plein de forces encore et je n'avais jamais eu l'idée que je pouvais mourir. Depuis malheureusement il s'est passé une chose qui m'a éprouvé et qui m'a fait sentir que je n'étais pas plus solide qu'un autre.

Il s'arrêta et passa sa main sur son front, comme pour chasser cette pensée.

Puis reprenant :

— Enfin je me suis dit qu'il était temps de s'occuper de ce qui devait arriver après moi. Que deviendrait Thérèse, si demain je disparaissais ?

— Mais, malgré le chagrin que vous avez éprouvé, interrompit le colonel, vous êtes resté vigoureux, mon oncle, tel, en apparence, que vous étiez lorsque je vous ai vu pour la première fois.

— Je ne dis pas que je dois mourir demain, mais que cela peut arriver, et que cette pensée que je n'avais pas, je l'ai maintenant; et cela suffit pour qu'il soit sage de prendre ses précautions. De plus, ce n'est pas seulement de maladie que je peux mourir. Je ne sais pas si, depuis que vous êtes en France, vous avez pu vous rendre compte de notre situation politique; mais la vérité est que, malgré son apparence de prospérité, l'Empire est fini. Il se tient encore debout, mais il est ruiné, pourri; il ne peut pas durer longtemps maintenant. Un jour ou l'autre, l'occasion de l'abattre peut se présenter. Ce jour-là, il faudra que ceux qui ont la foi dans le cœur ne s'épargnent pas, car il y a une telle indifférence générale, on s'est si bien déshabitué de toute initiative et de toute énergie, on s'est si bien laissé corrompre, que la masse sera difficile à entraîner. Vous savez ce qui revient le plus souvent à ceux qui se mettent en avant : une balle ou un coup de baïonnette. Cette perspective n'est certainement pas pour m'arrêter ; mais, tout en faisant son devoir, c'est un soutien de penser qu'on peut mourir pour son idée, sans nuire à ceux qu'on aime ; ce n'est pas être infidèle à sa patrie que de s'occuper de sa famille. Je serai plus tranquille, si je sais que derrière moi le sort de Thérèse est assuré, et qu'elle ne reste pas seule.

— Seule ? interrompit le colonel, que ce mot atteignit douloureusement.

— Oh ! ce n'est pas en pensant à la misère que je parle, continua Antoine ; je sais que vous lui viendriez en aide généreusement. Mais ce n'est pas uniquement la misère qui est à craindre pour une jeune fille de l'âge de Thérèse, qui reste sans père ni mère. C'est pour parer à ces dangers que j'ai pensé à la marier, afin de lui donner un soutien qui pût me remplacer si je venais à lui manquer. Elle n'est plus un enfant, et quoiqu'elle soit bien jeune encore, elle est cependant d'âge à se marier. Avec cela, bonne petite fille, douce, facile à vivre, droite de caractère et toute pleine de qualités pour devenir une excellente femme. Cela, je puis le dire, car je la connais mieux que personne.

— Vous lui rendez justice.

— Je le pense. Mais ces qualités qui sont en elle la rendent précisément difficile à marier dans notre position, car il est bien certain qu'elle ne peut pas épouser le premier venu, et sous peine d'être malheureuse, un homme qui ne soit pas digne d'elle. Par bonheur, cet homme, je l'avais sous la main, et je pense que vous ne serez pas surpris si je vous dis que c'est Michel.

Le colonel ne fut pas surpris, cependant il eut une contraction qui fut remarquée d'Antoine.

— Si vous croyez que Michel n'est pas digne de Thérèse, c'est que vous le jugez seulement sur l'apparence, qui a pu vous déplaire et justement, j'en conviens, car il s'est montré bien sauvage avec vous ; mais au fond je vous affirme qu'il vaut Thérèse ; et que pour moi je n'aurais pas souhaité un autre fils que lui : c'est tout dire en un mot. Mon parti arrêté, j'eus une explication avec Michel, et franchement je le prévins de mon projet. Je ne m'étais pas trompé dans certaines remarques qui m'avaient frappé : Michel aime Thérèse. Quoi de plus naturel ? Ils ont été élevés ensemble, elle a grandi près de lui, il a appris à la connaître, il l'a aimée. Il me l'avoua avec une franchise égale à celle que je mettais à le consulter. Il était l'homme le plus heureux de la terre. Cependant quand je lui dis qu'il pouvait adresser sa demande à Thérèse, cette joie tomba, et il me pria de la consulter moi-même avant tout. « Communiquez-lui votre projet, me dit-il, et si Thérèse s'y montre favorable, je lui parlerai ; je serais trop malheureux si elle me disait elle-même qu'elle ne m'aime point. Si elle me refuse, je veux qu'il me soit possible de rester pour elle ce que je suis en ce moment : son frère, et non un amoureux dédaigné, un mari refusé. » Il y avait du bon dans ce que demandait Michel. Je parlai donc à Thérèse de mon projet, sans lui dire que j'en avais fait part à Michel ; mais je n'eus pas avec elle le même succès, elle me refusa, et tout ce que je fis pour la décider fut inutile.

— Et que vous dit-elle pour expliquer ce refus ? demanda le colonel.

— Qu'elle ne veut pas se marier.

Le colonel hésita un moment, puis enfin il risqua la question qu'il avait sur les lèvres.

— Et… aime-t-elle quelqu'un ?

— Je n'en sais rien, et c'est précisément pour le savoir que je m'adresse à vous, pour que vous l'interrogiez, pour que vous la fassiez parler.

— Moi ?

— Vous. Elle a confiance en vous ; pour vous elle a de l'estime, de l'amitié, comme elle n'en a jamais eu pour personne. Après moi, vous êtes à ses yeux le chef de la famille ; si elle parle, ce sera à vous et non à un autre.

XX

Si le colonel avait été surpris d'entendre Antoine lui demander son appui pour marier Thérèse, il fut stupéfait quand celui-ci lui proposa d'interroger Thérèse pour savoir d'elle si elle aimait quelqu'un, et si c'était cet amour qui l'empêchait d'accepter Michel pour mari.

Si le premier rôle que son oncle lui proposait était délicat, le second était impossible, au moins pour lui.

Comment parler d'amour à cette jeune fille ? comment lui demander si elle aimait quelqu'un et qui elle aimait ?

Que dire, si elle répondait franchement, pensant qu'il lui parlait à son nom ?

Sans doute cela n'était pas probable : les jeunes filles, si franches qu'elles soient, ne se résignent pas ordinairement à de pareils aveux ; mais enfin ce n'était pas absolument impossible avec un caractère comme celui de Thérèse. Était-il sage de provoquer, par des questions plus ou moins habiles, une réponse que précisément on ne voulait pas connaître.

Mais ces raisons qui s'imposaient à lui pour l'empêcher d'accepter la mission qu'on voulait lui confier, il ne pouvait pas les donner à son oncle.

Comment dire à Antoine : « Je ne peux pas demander à Thérèse si elle aime quelqu'un, parce que j'ai peur qu'elle ne réponde affirmativement en avouant que celui qu'elle aime, c'est celui qui l'interroge.

Il se jeta donc dans des réponses évasives : il était bien jeune pour un une pareille confession; il serait maladroit; il n'obtiendrait rien sans doute.

— C'est possible, répliqua Antoine; je ne dis pas que Thérèse voudra s'expliquer, mais je crois que nous devons cependant essayer. Quant à la question de jeunesse dont vous parlez, je ne la juge pas comme vous ; c'est justement parce que vous êtes jeune que vous avez des chances de réussir là où j'ai échoué. On s'entend mieux quand on est jeune : il y a une sympathie, une confiance, un abandon qu'on ne trouve plus lorsque les âges ne s'accordent pas. Enfin, comme je vous le disais, Thérèse a une amitié pour vous qui lui déliera les lèvres certainement, si elles peuvent être déliées. Croiriez-vous qu'elle lit maintenant les journaux pour savoir si vos chevaux de course ont gagné, car elle a su que vous étiez l'associé de M. le marquis de Lucillière? Comme nous parlons souvent de vous entre nous, elle nous tient au courant de ce que vous faites. Il paraît qu'elle a ces renseignements par un journal appelé le *Sport*. Comment est-elle arrivée à savoir qu'il y a un journal appelé le *Sport* et à le lire, je n'en sais rien, mais tout est possible pour les curieuses. Cependant ce n'est pas tant la curiosité qui la guide que l'intérêt et l'amitié. Voilà pourquoi je vous parle de ce détail. C'est pour vous montrer quelle influence vous pouvez avoir sur elle. C'est à cette influence que je fais appel, mon cher neveu. J'espère que vous ne me refuserez pas votre concours. Vous pouvez beaucoup pour ma tranquillité, et vous qui mieux que personne savez quel est mon chagrin, vous voudrez m'aider à me rassurer, au moins de ce côté.

Que répondre à cette demande ainsi présentée? comment persister dans un refus?

Le colonel finit par céder.

— Il faudrait, dit Antoine en le remerciant, que pour cet entretien vous fussiez assurés de la tranquillité du tête-à-tête; car Thérèse ne parlera, ne se livrera que si elle est certaine de n'être pas entendue. Voulez-vous venir dimanche dîner avec nous au *Moulin-Flottant*? Je m'arrangerai pour être seul avec Thérèse; et dès lors vous pourrez vous entretenir librement.

C'était là un arrangement qui n'était pas du goût du colonel, mais que cependant il accepta, ne sachant trop quelles raisons donner pour le refuser.

Il subissait les ennuis des situations fausses, qui presque toujours nous entraînent à faire ce qui justement nous contrarie le plus vivement.

— Alors c'est entendu, dit-il, à dimanche; je vous rejoindrai sur les bords de la Marne.

— Soyez assuré que vous pouvez plaider la cause de Michel en toute conscience, c'est un brave cœur et un honnête homme ; avec lui Thérèse sera heureuse. Si je la quitte, je saurai que j'ai mis son bonheur en bonnes mains ; si je reste, j'aurai la satisfaction de la voir heureuse près de moi, sous mes yeux, car notre vie ne sera pas changée, et nous continuerons d'être ce que nous sommes maintenant, tous ensemble, plus étroitement unis seulement.

Il fallut que le colonel demandât son congé à Mme de Lucillière; car un dimanche, jour de courses à Longchamps, elle eût trouvé mauvais qu'il ne fût pas auprès d'elle, non pas qu'elle dût être à lui exclusivement, mais elle tenait à l'avoir à ses côtés, dans sa cour.

— Et où allez-vous dimanche? demanda-t-elle.

— Passer la journée, sur les bords de la Marne, avec ma petite cousine.

— Vraiment? Voilà les goûts champêtres qui vous envahissent, cher ami : symptôme grave, savez-vous?

Et elle le plaisanta avec plus de malignité qu'elle n'en mettait ordinairement dans ses railleries.

Mais quand il lui eut expliqué les raisons qui l'avaient obligé à accepter la mission que son oncle lui avait imposée, elle l'approuva fort.

— Je ne regrette qu'une chose, dit-elle en riant, c'est de ne pas vous voir dans votre rôle de confesseur. Mais je ne vous donne votre congé qu'à une condition : vous me raconterez ce qui sera arrivé, même si vous ne réussissez pas, ce qui est probable.

— Et pourquoi est-ce probable?

— Je ne sais pas, un pressentiment; enfin vous me direz le résultat.

— Le résultat, oui ; mais non la confession.

— C'est entendu, homme austère et discret.

Le dimanche, il partit pour les bords de la Marne.

Et, comme la première fois qu'il avait été

à Gournay, il prit le chemin de fer jusqu'à la station de Chelles.

En se retrouvant sur les bords de la rivière, l'aspect des arbres et des champs lui rappela qu'il y avait juste un an qu'il était venu là, cherchant, comme en ce moment, son oncle et Thérèse. C'était la même verdure grise du printemps, le même ciel pâle, le même temps douteux, sans froid et sans chaleur.

Instinctivement ses yeux coururent sur la rivière, cherchant le martin-pêcheur qui alors l'avait ébloui en rasant les eaux de son vol rapide; mais le martin-pêcheur n'était pas là, ce rayon lumineux s'était éteint, et il ne le retrouvait que dans son souvenir.

Que de choses s'étaient passées dans cette année ! En lui, que de changements !

Ce n'était plus pour savoir si Thérèse pouvait l'aimer qu'il venait, c'était pour tâcher d'apprendre si elle pouvait en aimer un autre.

L'année précédente, il aurait été peiné de découvrir en elle un sentiment tendre pour Michel; maintenant il devait être heureux de l'existence de ce sentiment.

Mme de Lucillière avait paru, et, dans le tourbillon qu'elle avait créé autour de lui, tout avait été emporté, entraîné irrésistiblement.

Mais aussi pourquoi s'était-il approché de la belle marquise, à l'étourdie, imprudemment, croyant qu'il pouvait jouer avec l'amour, et qu'après s'être avancé il serait libre de revenir en arrière ?

Au reste, ce n'était pas avec un sentiment de regret qu'il s'arrêtait à cette pensée : n'était-il pas heureux, n'aimait-il pas sa chère Henriette, ne l'aimait-elle pas ?

Ah ! s'il n'avait pas trouvé l'amour dans cette liaison, ce serait bien différent : il pourrait avoir des regrets et des remords, il pourrait souffrir de la démarche qu'il allait tenter.

Ou plutôt il n'aurait pas à en souffrir; car, au lieu de plaider la cause de Michel auprès de Thérèse, il plaiderait la sienne propre ; au lieu de parler pour un autre, il parlerait pour lui-même.

À mesure qu'il avançait en suivant la berge, il retrouvait tout dans l'état même où il l'avait vu pour la première fois : la rivière avec ses longues herbes entraînées et tordues par le courant, les arbres avec leurs feuilles nouvelles, les champs avec leurs prairies ou leurs blés qui commençaient à verdir ; le moulin était toujours à sa même place, avec son toit moussu et sa roue immobile aux palettes vernies.

Au pied du tremble où il avait aperçu son oncle, il le vit de nouveau, le bras étendu sur la rivière, tenant une ligne et allant lentement de droite à gauche pour suivre le bouchon que le courant entraînait.

— Vous êtes exact, dit Antoine en serrant la main de son neveu; je vous remercie d'être venu. Vous trouverez Thérèse dans l'oseraie. Je crois que vous pourrez la faire parler, car elle me paraît aujourd'hui dans des dispositions mélancoliques qui doivent disposer à l'épanchement. Voulez-vous la voir?

— Volontiers.

— Vous allez la surprendre, car je ne lui ai pas dit que vous deviez venir.

Et, se dirigeant vers l'oseraie, le colonel se demanda pourquoi Thérèse était mélancolique; mais il n'eut pas le temps d'examiner cette question, car, en approchant des osiers, il aperçut, accrochée à une branche, une robe grise avec un petit chapeau de feutre, et il fut tout surpris de sentir son cœur battre plus vite.

Quel contraste bizarre entre ce qu'il voyait et ses sentiments !

Autour de lui, les choses matérielles exactement telles qu'il les avait vues l'année précédente, à ce point qu'on pouvait croire que le cours de la vie avait été suspendu ; en lui, au contraire, un bouleversement complet.

Il n'eut pas comme la première fois à chercher un passage pour pénétrer dans l'oseraie, et, s'avançant doucement en écartant les branches avec précaution, il aperçut Thérèse assise sur le gazon.

Elle était vêtue d'un corsage blanc à manches qui lui montait jusqu'au cou et d'un jupon court qui laissait voir ses pieds chaussés de souliers.

C'était exactement ainsi qu'elle lui était apparue l'année précédente; mais, comme l'année précédente, elle n'était plus entourée de fleurs, d'herbes et de roseaux arrangés en gerbes et en bouquets. Sur le gazon, à portée de sa main, se trouvait un livre fermé qui disait qu'elle venait de lire, et dans ses doigts elle tenait une grande marguerite dont lentement et un à un elle effeuillait les pétales blancs.

Elle arrivait aux derniers.

— Pas du tout, dit-elle à mi-voix.

Il fit un pas en avant.

Elle tourna la tête vers lui en levant les yeux.

— Ah ! mon cousin, s'écria-t-elle.

Et vivement elle jeta loin d'elle la marguerite.

Alors son visage, qui tout d'abord avait trahi une certaine inquiétude, prit une expression souriante.

— Ainsi, dit-elle, c'est votre habitude de surprendre les gens? C'est de cette façon mystérieuse, à pas de chat, que vous m'êtes arrivé sur le dos l'année dernière.

— Vous vous souvenez donc de l'année dernière ?

Elle le regarda, sans répondre, en posant sur lui ses grands yeux étonnés.

— Moi aussi, je m'en souviens, dit-il, et en marchant le long de la rivière je pensais que chaque chose était dans le même état, comme si nous étions au lendemain du jour où je suis venu ici pour la première fois. C'est en vous regardant tout à l'heure que j'ai remarqué le premier changement qui m'ait frappé.

— En moi ?

— Non en vous, mais autour de vous. Où donc sont toutes les fleurs que, l'année dernière, vous réunissiez pour les emporter à Paris ?

— Je n'emporte plus de fleurs.

— Vous ne les aimez plus ?

— Mon travail en ce moment, dit-elle sans répondre à cette question directe, est changé ; depuis deux mois, je fais des figures grecques et j'en ai encore pour longtemps.

— Vos distractions aussi sont changées, il me semble : vous avez remplacé les fleurs par les livres.

— Lire, dormir, je voudrais que toute ma vie tînt dans ces deux mots.

— Vous avez des chagrins, ma chère petite cousine ?

Elle s'était levée ; une fois encore, elle évita de répondre.

— Voulez-vous que nous nous promenions sur la rive ? dit-elle.

Pendant assez longtemps, ils marchèrent côte à côte, sans parler.

Il était embarrassé pour commencer l'entretien, et chaque minute qui s'écoulait rendait son embarras plus pénible. Que dire ? Il fallait cependant qu'il parlât.

— Je vous demandais tout à l'heure, dit-il enfin, si vous aviez des chagrins.

— Et je ne vous ai pas répondu ?

— Précisément.

— C'est que je n'avais rien à vous répondre. Quels chagrins voulez-vous que j'aie en dehors de ceux que vous connaissez ? c'est ce que je vous demande à mon tour, mon cousin.

— Croyez bien que ce n'est pas la simple curiosité qui me fait parler, et que je ne reviens pas sur un sujet qui vous paraît pénible pour la seule satisfaction de vous interroger.

— Il me semble cependant que vous aimez beaucoup à interroger. Vous rappelez-vous tout ce que vous m'avez demandé, à cette place, l'année dernière ?

— Je me rappelle aussi vos réponses, et, si vous le permettez, je voudrais aujourd'hui continuer notre entretien de l'année dernière.

— Mais je n'ai rien à ajouter à ce que je vous ai dit alors.

— Comment, rien ?

— Rien.

Il se fit de nouveau un silence entre eux.

Le colonel ne savait comment continuer son interrogatoire : il aurait fallu une main de velours pour entr'ouvrir cette âme de jeune fille, et il n'avait qu'une main de soldat, rude et malhabile, qui ne pouvait que la froisser et la blesser.

Après quelques secondes de réflexion, son parti fut pris, ce fut celui de la franchise : il lui demanderait simplement ce qu'il voulait savoir et lui avouerait pourquoi il lui posait ces questions. Peut-être n'était-ce pas là un moyen bien adroit, mais en tout cas c'était le seul, à son sens, qui pût sauvegarder sa dignité ; il voulait bien plaider la cause de M. Michel, mais à condition que Thérèse saurait qui l'obligeait à parler.

— Si je vous pose ces questions, dit-il, c'est que j'en ai été prié par votre père.

— Ah ! c'est à la demande de mon père que vous êtes venu, dit-elle, et c'est elle qui vous avait fait choisir ce jour ?

Décidément il ne ferait que des maladresses ; mais, engagé dans cette voie, il ne pouvait pas revenir en arrière.

— Votre père, ma chère cousine, est tourmenté d'un désir dont l'accomplissement apporterait un grand calme dans sa vie : il voudrait vous marier. Il m'a chargé de vous entretenir de ce projet, pensant que l'amitié que vous voulez bien me témoigner vous engagerait à ne rien me cacher des objections que vous pouviez avoir contre cette idée.

— Je n'en ai qu'une : je ne veux pas me marier.

— Vous ne voulez pas ?

— Au moins présentement. Vous ne vous souvenez donc pas de ce que je vous ai dit l'année dernière ? Est-ce que c'était au nom de mon père que vous m'interrogiez alors ?

— Non, c'était au mien.

— Eh bien ! la réponse que je vous ai faite, je vous la répète.

— Mais vous ne m'avez pas dit l'année dernière que vous ne vouliez pas vous marier ; vous m'avez expliqué les raisons qui selon vous rendaient votre mariage difficile, voilà tout, et même, en faisant le portrait de celui que vous vouliez pour mari, vous reconnaissiez, il me semble, que vous étiez prête à accepter ce mari quand il se présenterait.

— S'est-il présenté ?

— Votre père en désire un qui... me paraît réunir en lui des qualités sérieuses.

— Que vous ai-je dit à cette place même, devant ce saule, quand, me demandant si près de moi ne se trouvait pas un mari, vous m'avez nommé Michel?

— Que Michel avait à vos yeux toutes sortes de qualités; mais qu'il avait aussi un défaut, qui était d'être votre camarade.

— Les conditions dans lesquelles Michel se trouvait alors ont-elles changé ?

— Non.

— Eh bien! pourquoi voulez-vous que j'aie changé moi-même, ce que Michel était pour moi, il l'est toujours: un camarade, un ami, un frère, rien qu'un frère. Tenez, puisque vous avez abordé cet entretien, je voudrais aller jusqu'au bout et vous dire ce que je n'ai pas pu dire à mon père. Assurément je comprends les raisons qui lui font désirer mon mariage, et je vous jure que je voudrais pouvoir lui donner satisfaction. Mais est-ce ma faute si je n'aime pas celui qu'il voudrait me donner pour mari. Il a toutes les qualités, tous les mérites, je n'en disconviens pas; mais suis-je en état de sentir et d'apprécier ces mérites? Que suis-je? Une petite fille, et les qualités qu'il me faudrait pour admettre que celles de Michel doivent me donner le bonheur, ne sont sans doute pas nées encore en moi. Qui sait? elles naîtront peut-être. Je n'ai que dix-sept ans, mon cousin : est-ce que vous croyez qu'il est bien sage de vouloir à cet âge m'imposer un mariage? Je n'aime pas Michel aujourd'hui, mais je peux l'aimer demain. Pourquoi ne pas attendre que cet amour soit né ?

— Parce que votre père voudrait voir ce mariage se faire le plus tôt possible.

— Tout de suite, il ne se fera pas.

— Et... plus tard ?

— Ah ! plus tard... Qui peut savoir ce qui se passera plus tard ?

A ce moment, un éclair attira leurs yeux sur la rivière : c'était un oiseau qui, rapide comme une flèche, l'avait traversée.

— Ah ! dit-elle, le martin-pêcheur, notre martin-pêcheur de l'année dernière : vous souvenez-vous ? C'est ici même que nous sommes revenus sur nos pas, pour retourner au *Moulin flottant*. Il faut en faire autant aujourd'hui. Père nous y rejoindra, et s'il nous fait attendre, pour passer le temps, vous me balancerez. Car vous savez, personne ne balance aussi bien que vous, aussi haut, aussi fort et en même temps aussi doucement ; voilà une qualité sérieuse... au moins pour une fillette de mon âge.

Il voulut reprendre la question de mariage.

Mais ce fut inutilement. Chaque fois elle détourna l'entretien.

Alors il n'insista plus.

Il avait fait ce qu'il avait promis.

Ce n'était pas sa faute si elle ne voulait pas de Michel pour mari.

Et, au fond du cœur, il éprouvait comme une sorte de satisfaction de ce refus.

Pourquoi ?

Ils arrivèrent au *Moulin flottant*, et la balançoire l'empêcha d'examiner froidement cette question.

XXI

Le colonel voyait Mme de Lucillière si facilement, si librement, qu'il était arrivé à une sécurité complète. Il n'y avait pas de raisons pour que les choses ne marchassent point toujours ainsi ou, s'il y en avait, il ne les voyait pas. D'où viendrait un danger? Le marquis était maintenant le mari le plus indifférent du monde, et, en dehors de ce qui était politesse et courtoisie ostensibles, il ne s'occupait jamais de sa femme.

Cependant Mme de Lucillière ne montrait pas une confiance aussi absolue, et souvent elle l'avertissait de se tenir sur ses gardes.

— Si jamais notre bonheur est menacé, disait-elle, ce sera certainement par votre jalousie insensée, qui vous fait commettre les imprudences et les maladresses les plus grosses; mais, après votre jalousie et à côté, il y a un autre danger dont vous ne prenez pas assez souci : c'est la jalousie des autres.

— Si les autres sont jaloux comme moi, c'est donc qu'ils ont comme moi le droit de l'être.

— Je ne parle pas de ceux-là; de ce côté, je suis pleinement tranquille ? personne, entendez-vous personne n'a le droit d'être jaloux de mon amour pour vous. Mais il y a des gens qui sont jaloux ou plutôt qui sont envieux de l'amour que vous avez pour moi; c'est contre ceux-là que je voudrais vous mettre en défiance.

— Et qui ?

— D'abord et instinctivement toutes les femmes de notre monde : les unes au point de vue personnel, comme si elles avaient éprouvé un préjudice propre ; les autres au point de vue théorique, pour le principe, par cette raison qui fait que tout naturellement on se dit : « Pourquoi elle et non moi? Qu'a-t-elle donc de plus que moi, cette marquise de Lucillière ? A-t-elle mes cheveux, a-t-elle mes yeux, a-t-elle mon esprit ? » Chacun bien entendu a la conviction de sa perfection ou tout au moins d'une perfection particulière.

— Pour les femmes, c'est possible et je n'en sais rien ; mais, pour moi, je vous assure que je ne me reconnais pas des perfections telles qu'elles doivent produire ce sentiment envieux. Qu'ai-je donc qui mérite qu'on me regrette ?

— Ne soyez pas trop modeste.

— Ce n'est pas modestie, c'est bonne foi. Encore si j'avais une particularité, une originalité; si j'étais seulement Horace, car vous savez que ce brave garçon marche à Paris de succès en succès. Lui qui me racontait sans cesse comment un de ses camarades, noir comme lui, s'étant permis d'embrasser une jeune Américaine, avait été enduit de poix, couvert de plumes et rôti vivant, a trouvé en France une compensation à ces cruautés dont ses frères sont victimes quelquefois de l'autre côté de l'Atlantique; il est devenu le héros, la coqueluche du demi-monde. Je ne le trouve plus maintenant que dormant ou mangeant des biftecks saignants, tant la vie qu'il mène est fatigante; contrairement à miss Wright, qui engraisse toutes les semaines, il maigrit tous les jours. Il paraît qu'on raconte de lui, dans le monde de ses triomphes, des histoires extraordinaires qui ont fait ses succès. D'indiscrétions en indiscrétions, on est arrivé à le mettre à la mode, comme Léotard; on se le dispute, on se l'arrache. Les heures sont trop courtes pour lui. Mais moi je ne suis pas noir, il n'y a pas d'histoire à raconter sur mon compte; je ne vois donc pas pourquoi l'on pourrait me regretter.

— Laissons Horace; pour vous, il me suffit de constater une chose évidente qui est l'envie. Maintenant, à côté de cette envie générale qui peut se traduire par des méchancetés ou des calomnies plus ou moins dangereuses, par des perfidies plus ou moins redoutables, il y a des regrets personnels dont nous devons, vous et moi, prendre souci : je veux parler d'Ida et de Carmelita, du baron Lazarus et du prince Mazzazoli. Voulez-vous me permettre de vous rappeler que c'est vous qui avez maintenu des relations suivies avec le baron et le prince, alors que moi je désirais les rompre et faisais tout pour m'éloigner d'eux ?

— Vous avez parfaitement raison, mais cela tient à un parti pris chez moi; je ne fuis jamais ceux dont je crois avoir quelque chose à craindre, au contraire je vais au devant d'eux ; quand j'ai un ennemi en face, il me paraît beaucoup moins dangereux que si je le sens dans l'ombre sans le voir. Je suis nerveuse, vous le savez, et je me fais plus facilement peur moi-même que je n'ai peur des autres. Voilà pourquoi j'ai voulu avoir Ida et Carmelita auprès de moi : justement parce que je savais que j'avais beaucoup à craindre d'elles.

— Vous qui vous élevez si fort contre ma jalousie, ne cédez-vous pas en ceci à la même inquiétude ?

— Nullement. Ce qui vous tourmente, ce sont les sentiments que je peux ressentir moi-même ; ce qui me préoccupe, moi, ce sont ceux qu'on éprouve pour vous. Je ne suis pas inquiète de vous, je le suis des autres, et je le suis d'autant plus que ces autres ont vu leurs projets contrariés par notre liaison. Ont-ils renoncé à ces projets ? Tout est là.

— Je ne veux pas que vous m'accusiez une fois encore de jouer la modestie; mais je vous assure que si les projets auxquels vous faites allusion ont existé, c'est d'une façon si vague, qu'ils n'ont jamais pris corps.

— Ceci n'est plus de la modestie, c'est de la naïveté ou, si vous aimez mieux, de l'ignorance. Pour nous, qui ne venons point de l'autre côté de l'Atlantique, nous savons parfaitement quelles étaient les espérances du baron et du prince : l'un voulait vous faire épouser sa fille, l'autre voulait vous donner sa nièce pour femme. Et ils avaient de bonnes raisons pour cela. Le baron Lazarus a entrepris des affaires considérables qui peuvent aussi bien échouer qu'elles peuvent réussir; demain il peut être une grande puissance, ce soir il peut tout aussi bien être un homme à la mer. S'il avait pour gendre un homme dans votre position de fortune, son crédit serait sauvé. Vous devez donc comprendre qu'il a vivement souhaité ce mariage quand il vous a vu débarquer à Paris et tomber chez lui, comme si vous lui étiez amené par la main de la Providence. Quant au prince Mazzazoli, sa situation n'est pas la même : il n'a pas entrepris de nombreuses affaires, comme le baron; il n'en poursuit qu'une, le mariage de sa nièce. Mais celle-là, il faut qu'elle réussisse ou il n'a qu'à aller cacher sa ruine dans les montagnes de l'Ombrie. Carmelita a été élevée, préparée, entraînée pour faire un grand mariage, exactement comme vous entraînez un cheval spécialement en vue de gagner un grand prix. Si ce mariage ne se réalise pas, le prince, sa sœur et sa nièce, ne sont pas des gens à la mer, ce sont des gens dans la boue. Fauquerolles n'habille Carmelita qu'en vue de ce mariage ; la comtesse fait dire des messes, tous les jours, à Saint-Philippe-du-Roule, pour sa réussite. S'il ne réussit pas, les créanciers, lassés, s'abattent chez eux.

— Pauvres gens !

— Vous êtes arrivé comme le messie longtemps attendu; vous avez été troublé par la beauté de Carmelita, qui évidemment a produit sur vous une profonde impression. J'en sais quelque chose, je l'ai vue. On a donc pu croire le mariage en bon chemin, et cette espérance a été si loin qu'on s'est lancé dans des dépenses qui étaient la réserve ; cette réserve engagée, il n'y avait plus que la ruine et la défaite. Tout à coup, vous vous êtes arrêté ou plutôt, ce qui est bien plus grave, vous vous êtes tourné d'un autre côté. Pensez-vous que le baron et le prince, que Carmelita et Ida, soient animés pour moi de sentiments bien tendres?

— Vous les traitez en amis.

— Pensez-vous qu'une rupture arrivant entre nous leur serait désagréable? Pensez-vous enfin que le prince et le baron soient des gens incapables de travailler à cette rupture, et d'y travailler habilement? Notez encore qu'ils ne manqueraient pas d'aides dans cette besogne, ni d'alliés, et défiez-vous, je vous prie, de la bonhomie allemande du baron aussi bien que de l'astuce italienne du prince: elles sont également à craindre. Tout ce qu'ils pourront faire pour nous séparer, soyez assuré qu'ils le feront et que tous les moyens leurs seront bons.

Le colonel n'avait pas tardé à reconnaître le bien-fondé de ces craintes et la justesse de ces pressentiments.

Chaque fois que le baron Lazarus pouvait le prendre en particulier, c'était pour entamer l'éloge de la marquise, mais un éloge enthousiaste, hyperbolique.

A l'entendre, on aurait pu croire que c'était lui qui était l'amant de Mme de Lucillière, tandis que le colonel n'était qu'un confident aux oreilles complaisantes.

— Quelle femme charmante que la marquise! quelle fée!

Pendant assez longtemps, son thème avait été celui-là : charmante, et tout ce qui résulte de ce mot pris comme base d'un caractère.

Puis il l'avait légèrement modifié :

— Quelle femme séduisante que la marquise! quelle enchanteresse.

Et, pendant plusieurs semaines, c'était sur cette corde qu'il avait exécuté ses variations. La fée était devenue une enchanteresse, on sentait les maléfices sous ses séductions.

Bien qu'Allemand, le baron connaissait toutes les finesses de la langue française et il savait les employer.

Après la fée bienfaisante, était venue la dangereuse enchanteresse.

Après l'enchanteresse, vint la sirène.

Il fallait l'entendre : on ne pouvait mettre plus de tendresse dans la voix, plus d'expansion dans le geste. S'il parlait ainsi, c'était parce que l'enthousiasme l'obligeait à confesser sa foi.

Assurément, à son âge, on ne pouvait pas incriminer ses intentions, on savait qu'elles étaient aussi pures que désintéressées, et c'était là justement ce qui lui permettait de relever, quand il les entendait, certains propos pleins de méchanceté et de perfidie.

Le colonel, lui, ne pouvait pas entendre ces propos; on se serait bien gardé de les lui communiquer, même par insinuation.

Ah! le monde parisien était vraiment bien méchant! Délicieuse ville que Paris; mais quelle corruption, surtout quelle propension fâcheuse à la médisance et même à la calomnie! Ainsi ne disait-on pas que la marquise de Lucillière.....

Mais, arrivé là, le baron avait été arrêté net par le colonel, et de telle sorte qu'il lui avait été impossible d'ajouter un seul mot.

Aller plus loin eût été s'exposer à se fâcher avec le colonel, et c'était cela précisément que le baron ne voulait pas.

Plusieurs fois il était revenu à la charge, en prenant les sentiers les plus doux et les détours les mieux ménagés; mais son adresse, aussi bien que sa bonhomie, avaient été en pure perte.

Soit qu'il sût, soit qu'il ne voulût pas savoir, il était évident que le colonel tiendrait toujours ses oreilles fermées à tout ce qu'on lui dirait de la marquise.

L'éloge même, il le supportait difficilement; comment lui faire admettre la plus légère parole de blâme?

Cet aveuglement était vraiment lamentable.

Repoussé par là et d'une façon si désastreuse qu'il était bien évident que toute tentative nouvelle serait inutile et même dangereuse, le baron s'était tourné d'un autre côté.

Si le colonel ne voulait pas apprendre la vérité sur sa maîtresse, le mari serait bien forcé de l'entendre sur sa femme.

Qu'importerait que ce fût le colonel qui se fâchât avec Mme de Lucillière, ou bien que ce fût le marquis de Lucillière qui se fâchât avec le colonel?

Théoriquement cela pouvait avoir de l'importance, pratiquement cela n'en avait aucune.

En réalité, la conclusion serait la même, c'est-à-dire qu'il y aurait rupture.

Et en somme c'était tout ce que désirait le baron.

Qu'elle vînt de celui-ci, qu'elle vînt de celui-là, il s'en moquait parfaitement : ce qu'il voulait, c'était qu'elle vînt.

Et même à agir sur le marquis il y avait un avantage certain, c'était de ne pas s'exposer à se brouiller avec le colonel.

Quant à se brouiller avec le marquis et avec la marquise, c'était ce dont le baron ne prenait pas souci.

Est-ce qu'un honnête homme comme lui, un digne père de famille pouvait tenir à des relations intimes avec un mari tel que le marquis, avec une femme telle que la marquise?

Allons donc! c'était outrager la morale que de les continuer plus longtemps, ces relations.

Et chacun savait à Paris que le baron Lazarus était l'homme moral par excellence; il s'était donné assez de peine à le dire et à le répéter lui-même pour que tout le monde eût admis cela comme prouvé. Sa réputation, Dieu merci ! était bien établie sous ce rapport. Parlez du baron Lazarus à quelqu'un de la finance ou de la spéculation, et toutes les réponses seront les mêmes.

— En affaire, un compère madré; mais pour le reste le meilleur homme du monde, la simplicité, la bonhomie en personne, et jovial et bon enfant : il n'y a qu'à l'entendre rire pour le connaître.

Seulement une difficulté se présentait tout d'abord dans l'exécution de ce plan, c'était d'avoir la preuve que le colonel Chamberlain était l'amant de la marquise de Lucillière.

Que cela fût, personne n'en doutait ; mais, avec un mari, il ne suffit pas de procéder par insinuation : il faut des preuves, alors surtout que ce mari est un marquis de Lucillière.

Car, si jusqu'à ce jour le marquis n'avait pas vu que sa femme était la maîtresse du colonel, c'est qu'il n'avait pas voulu le voir: il fallait donc le lui montrer de façon que la chose lui crevât les yeux.

Mais comment ?

Le baron savait que le colonel voyait chaque jour Mme de Lucillière chez elle. Mais que se passait-il entre eux, lorsque les portes était closes? cela était bien difficile à découvrir.

Le baron avait tâché de l'apprendre, pendant un séjour à Chalençon, en achetant Sophie, la femme de chambre de la marquise, qui devait en savoir long.

Mais Sophie, qui gagnait à se taire chaque jour beaucoup plus qu'on ne lui aurait donné pour parler une fois, avait repoussé les offres du baron, et, pour son propre plaisir, pour rire un peu toute seule, elle s'était amusée à le faire d'une façon pleine de simplicité et de naïveté, digne en tout point de la proposition qui lui était adressée.

Il était bien certain que par ce moyen le baron n'arriverait à rien, et qu'il fallait en employer un autre s'il voulait découvrir quelque chose.

Le colonel voyait-il Mme de Lucillière ailleurs que chez elle ?

Cela était probable, et certains indices, recueillis un à un et groupés les uns à côté des autres, tendaient à le prouver.

Ainsi le baron avait remarqué qu'à l'Opéra, au théâtre et dans certaines soirées, Mme de Lucillière se retirait de bonne heure.

Alors le colonel, qui allait partout où elle allait, se retirait toujours avant elle.

Ces deux départs n'avaient lieu ainsi séparément que lorsque le marquis n'accompagnait pas la marquise ; au contraire quand il venait avec elle ils partaient presque toujours tous les trois ensemble.

Il y avait là une réunion de circonstances caractéristiques.

Où allaient-ils ?

C'était ce qu'il fallait savoir.

Une fois le baron essaya de suivre la marquise, qui était partie de l'Opéra après le troisième acte de l'*Africaine* : se jetant dans une voiture de remise, il dit au cocher, auquel il donna un louis, de suivre un coupé noir qu'il lui désigna.

Mais, bien que le louis eût délié les bras du cocher et par suite les jambes du cheval, il lui fut impossible de suivre le coupé, qui filait avec une extrême rapidité, hardiment mené par un cocher habile et entraîné par deux excellents chevaux.

Au bout de deux minutes, le cocher de remise arrêta son cheval lancé au galop, et annonça tristement au baron qu'il ne voyait plus le coupé : « On n'a jamais conduit comme ça, dit-il pour s'excuser; pour sûr, c'est des voleurs. »

Le baron apprit bientôt que ces chevaux qui couraient si vite étaient un cadeau du colonel à la marquise.

Pour son service particulier, Mme de Lucillière possédait deux superbes chevaux de Norfolk, qui faisaient belle figure, attelés à son clarence, pour la promenade au bois. Le colonel, qui aimait les chevaux, avait été pris de pitié pour ces belles bêtes, et, voulant leur épargner le pénible service de la nuit, il avait offert à Mme de Lucillière deux chevaux moins beaux de forme, mais durs à à la fatigue et insensibles aux intempéries. Au moins c'était ainsi que l'histoire était racontée, et l'on avait imaginé, pour justifier ce cadeau, qu'il n'avait été qu'une sorte de remerciment adressé par le colonel au marquis lui-même, pour une grosse somme que celui-ci venait de lui faire gagner.

Mais le baron n'avait pas été dupe de cette histoire arrangée à plaisir : le colonel n'avait pas eu pitié des chevaux de Norfolk, et s'il en avait donné deux nouveaux à la marquise, c'était tout simplement pour qu'elle eût deux bêtes rapides, qui lui permissent d'échapper à toute poursuite et en même temps d'arriver promptement où elle voulait aller.

Mais où voulait-elle aller ?

C'était toujours la même question qui se présentait sous une autre forme.

Revenant au système qui lui avait si mal réussi avec Sophie, le baron voulut faire tâter le cocher. Mais celui-ci, qui était un Anglais plein de dignité, ne prit pas la chose comme la femme de chambre ; se campant sur ses hanches, et portant vivement ses deux poings fermés à la hauteur de son visage, il offrit à l'intermédiaire de M. le baron Lazarus de le boxer.

Il fallait une fois encore chercher autre chose.

Mais le baron n'était pas homme à se décourager facilement, d'ailleurs il avait plus d'un moyen d'action à son service.

On sait que Paris, avant la guerre, était balayé par une armée d'Allemands, qui, en grande partie, habitaient de misérables garnis de la Villette, et qui tous les soirs partaient de là pour se répandre dans tous les quartiers de la ville. Le baron Lazarus était très-connu, et jusqu'à un certain point populaire, dans cette colonie ; il s'était fait le protecteur de ces pauvres gens, et, en échange des services qu'il leur rendait, il leur demandait quelques petits renseignements, dont il avait parfois besoin, ou bien il les chargeait de quelque surveillance pour eux facile.

Ce fut ainsi que, s'étant fait désigner l'escouade chargée du balayage aux alentours de l'hôtel Nessonvaux, il trouva dans cette escouade une jeune femme à laquelle il confia la mission d'examiner les voitures qui pendant la nuit entraient dans cet hôtel ou stationnaient devant sa porte, en notant autant que possible les heures.

Au bout de huit jours, il sut ainsi que toutes les fois que le colonel sortait d'un théâtre ou d'une soirée avant la marquise, c'était pour rentrer chez lui. Mais, chose curieuse, il rentrait seul, et la porte, une fois fermée sur sa voiture, ne se rouvrait plus ; le gaz s'éteignait aussitôt, et l'hôtel semblait s'endormir : plus de mouvement, plus de bruit, plus de lumière.

Ne recevait-il pas la marquise? C'était bien invraisemblable. Alors pourquoi cette coïncidence dans le départ ?

Mais les Allemands ont des qualités de soin, d'exactitude et de persévérance, que les Français ne possèdent pas, et, lorsque ces qualités trouvent à s'exercer dans un sens conforme à leur goût inné pour la curiosité, elles arrivent à des résultats surprenants.

Ce fut ainsi que la jeune balayeuse, après avoir constaté que la grande porte de l'hôtel Nessonvaux ne s'ouvrait plus après la rentrée du maître, découvrit qu'une petite porte percée dans l'épaisseur du mur du jardin, sur la rue de Valois, s'ouvrait vingt-cinq ou trente minutes après cette rentrée.

Un coupé noir, attelé de deux chevaux qui arrivaient à toute vitesse, s'arrêtait devant cette petite porte. Une femme encapuchonnée descendait du coupé, refermait elle-même la portière, — car il n'y avait pas de valet de pied, — disait quelques mots au cocher, qui étaient toujours les mêmes : « Dans une heure ou dans deux heures ; » puis, tan-

dis que le coupé s'éloignait avec la même rapidité qu'il était venu, la femme poussait la porte, qui s'ouvrait, comme si elle était tirée de l'intérieur, et se refermait vivement sur elle.

Ces renseignements vinrent ainsi récompenser la persévérance du baron.

Maintenant il savait quand et comment Mme de Lucillière voyait le colonel.

Ils étaient entre ses mains.

XXII

Le baron Lazarus ne s'en tint pas aux renseignements de sa balayeuse ou tout au moins il voulut les contrôler par lui-même.

Il se rendit donc devant la petite porte qui lui avait été indiquée, non la nuit, pour attendre l'arrivée de Mme de Lucillière, mais tout simplement le jour, en curieux, les mains dans ses poches, d'un air parfaitement inoffensif et indifférent.

L'aspect de cette porte était plein d'innocence. Percée dans la meulière du mur du jardin, elle paraissait du dehors ne servir à aucun usage ; son bois disparaissait même sous une couche épaisse d'affiches de toutes couleurs collées les unes par-dessus les autres. Seulement, si l'on examinait de près ces affiches, on voyait qu'elles étaient déchirées au-dessous du linteau, ce qui prouvait que cette porte, en apparence abandonnée, s'ouvrait quelquefois, bien qu'on ne remarquât ni gonds ni serrure.

Après avoir constaté l'existence de la porte à l'extérieur, le baron voulut voir où elle donnait à l'intérieur de l'hôtel.

Pour cela, il n'y avait qu'à se présenter à une heure à laquelle le colonel n'était pas chez lui ; l'examen alors pourrait se faire facilement et tranquillement.

Ce fut ce moyen que le baron employa.

Quand on lui eut répondu que le colonel était sorti, il annonça l'intention de l'attendre et s'installa dans un salon du rez-de-chaussée, où il avait été introduit.

Mais il ne resta pas dans ce salon : ouvrant une porte vitrée qui donnait sur le jardin, il descendit dans ce jardin.

Quoi de plus naturel ? Chacun savait qu'il aimait les fleurs et les oiseaux à la folie. Le chant des oiseaux, le parfum des fleurs, le murmure de la brise dans les feuilles : cela lui rappelait la patrie allemande, qu'il regrettait chaque jour avec des accents non moins poétiques que Mignon pensant au pays où fleurit l'oranger. Dans ce Paris où il vivait exilé, il n'avait pas de plus grande joie que de penser à la campagne.

Tout en écoutant les moineaux qui se querellaient dans les arbres, tout en respirant la senteur des giroflées, tout en pensant à la campagne et à la patrie allemande, il se livra à son examen.

Malheureusement il ne trouva pas ce qu'il cherchait.

En effet, depuis qu'il avait, pour la première fois, visité le jardin de l'hôtel Nessonvaux, on avait construit dans ce jardin, le long d'un mur, une longue galerie vitrée, formant une sorte de serre, qui allait de l'hôtel à l'endroit même où devait s'ouvrir la petite porte.

Il essaya de pénétrer dans cette galerie, mais ce fut inutilement ; plusieurs châssis vitrés étaient entre-bâillés, mais les portes étaient fermées intérieurement.

Au reste, une visite minutieuse n'était pas nécessaire ; la façon dont cette galerie était construite et disposée suffisait pour indiquer l'usage auquel elle servait.

Ainsi, au lieu de prendre le mur exposé au midi pour y adosser cette serre, on avait pris le mur exposé au nord.

On avait donc voulu tout simplement mettre la petite porte de la rue en communication directe avec l'hôtel par un passage abrité.

Pendant que le baron était occupé à chercher cette petite porte et que pour cela, il s'était introduit la tête par un des châssis, on lui frappa doucement sur l'épaule.

Vivement il se retourna : le colonel était devant lui.

Malgré son aplomb ordinaire, le baron resta un moment sans parole, mais il se remit néanmoins assez vite.

— J'examinais cette serre, dit-il, que vous avez fait construire en ces derniers temps, n'est-ce pas ?

— Il y a quelques mois.

— Et je me demandais pourquoi vous l'aviez adossée au nord, car les serres se mettent ordinairement au soleil.

Cela fut dit avec une naïveté parfaite : c'était l'observation d'un ami des jardins, rien de plus.

Le colonel se laissa prendre à cette naïveté et le soupçon qu'il avait eu tout d'abord se dissipa.

Bientôt il disparut entièrement.

— Cette question que je me posais, continua le baron, a été résolue par l'examen un peu attentif auquel je me suis livré. En voyant les camellias qui garnissent cette serre, j'ai compris pourquoi elle était au nord et non au midi ; le camellia exige absolument l'exposition du nord. Voilà comme je suis : il me faut l'explication des choses, et, tant que je ne l'ai pas, je cherche et j'interroge. Mais c'est égal, vous m'avez fait une belle peur en me posant la main sur l'épaule. Aussi nerveux qu'une faible femme : qui croirait cela en me regardant ? Alors vous aimez beaucoup les camellias ? Vous avez bien raison, c'est une fleur superbe que j'adore.

Comment se défier d'un homme aussi nerveux qu'une faible femme et qui adore les camellias ?

Après une dissertation très-longue sur cette fleur, le baron Lazarus se décida à expliquer sa visite.

Elle avait un double objet :

D'abord inviter le colonel à venir passer la journée du samedi rue du Colisée, pour fêter l'anniversaire d'Ida ; ce serait une réunion intime, sans Parisiens, composée uniquement de cœurs simples, sensibles aux joies de la famille.

Ensuite il s'agissait de demander un service au colonel, une recommandation pressante pour l'Amérique.

Le baron était, en effet, grand demandeur de services, et en cela il se conduisait d'après certains principes de philosophie pratique, qui lui avaient toujours réussi. Pour lui, obliger les gens, c'était faire des ingrats, tandis qu'on pouvait au contraire se faire des amis rien qu'en demandant un service aux gens ; et puis, dans le cas présent, c'était un bon moyen pour détruire les derniers soupçons du colonel, s'il en gardait encore. Il était assez naïf, ce brave colonel, avec un fond de sentiments chevaleresques tout à fait primitif ; jamais il ne s'imaginerait qu'un homme qu'il obligeait pensait au même moment à le trahir.

Et de fait il ne l'avait pas pensé, et cette visite, qui pour lui avait commencé d'une façon assez inquiétante, s'était au contraire terminée joyeusement : il avait eu plaisir à obliger le baron.

Comment n'être pas sensible aux témoignages de reconnaissance de ce brave homme, alors qu'il les prodiguait avec une effusion véritablement si touchante ? En affaires, peut-être fallait-il se défier de lui ; mais, dans la vie privée, c'était assurément le meilleur homme du monde.

Maître du secret de Mme de Lucillière et du colonel, il s'agissait pour le baron d'en tirer le meilleur parti possible, c'est-à-dire qui amènerait sûrement la rupture, sans risquer de se compromettre.

Ce n'ét pas un esprit aventureux que M. le b a Lazarus, il ne faisait rien à la légère, et ne se décidait à une chose qu'après l'avoir étudiée sous toutes ses faces, en pesant le pour et le contre.

Le parti auquel il s'arrêta fut tout à fait élémentaire, car il était convaincu avec juste raison que les choses les plus simples sont toujours les meilleures.

Il consistait dans l'envoi d'une ou plusieurs lettres anonymes.

Sans doute, cela était bien vieux, bien usé; mais il n'avait aucun amour-propre d'inventeur, et en tout il ne considérait que le but qu'il poursuivait.

Cependant, tout en n'hésitant pas à employer ce moyen démodé, il le fit sien par le choix des personnes auquel il se proposa d'envoyer cette lettre, et dans ce choix, il y eut une certaine invention assez originale.

L'adresser au marquis de Lucillière, cela était bien vulgaire, bien grossier. D'ailleurs le marquis pouvait avoir, à l'égard des lettres anonymes, le superbe mépris de certaines personnes, et ne pas lire celle qu'il recevrait; de plus il pouvait, l'ayant lue, n'y prêter aucune attention. Enfin il pouvait encore, croyant qu'il était seul à la connaître avec celui qui l'avait écrite, la mettre tout simplement dans sa poche, et laisser aller les choses telles qu'elles allaient.

Il fallait donc qu'aucune de ces trois hypothèses ne pût se réaliser.

Pour cela, le baron ne trouva rien de mieux que de choisir pour destinataires de cette lettre le prince Mazzazoli d'abord, et ensuite lui-même, baron Lazarus.

Arrêté à ce projet, le baron le mit aussitôt à exécution.

S'enfermant au verrou dans son cabinet, il écrivit de sa plus belle écriture la lettre suivante:

« Une personne qui vous porte le plus vif
» intérêt, ainsi qu'à votre charmante fille, si
» pleine de vertus, est désolée de vous voir
» en relations intimes avec une femme qui
» n'est pas digne de la confiance que vous
» lui témoignez.

» En conséquence, elle appelle tout particulièrement votre attention sur la conduite
» de Mme la marquise de Lucillière.

» Si vous voulez savoir quelle est cette conduite, prenez la peine, un de ces soirs,
» d'aller vous promener devant le mur qui
» ferme le jardin de M. le colonel Chamberlain sur la rue de Valois.

» Alors vous verrez arriver, au trot rapide
» de deux chevaux, un coupé noir. De ce
» coupé, descendra une femme enveloppée de
» vêtements destinés à cacher sa taille et son
» visage. Devant elle, s'ouvrira une petite
» porte percée dans le mur, et, lorsqu'elle sera
» entrée, cette porte se refermera aussitôt et
» le coupé s'éloignera.

» Restez une heure ou deux devant ce
» mur, et vous verrez le coupé revenir; la
» petite porte s'ouvrira de nouveau et la
» femme remontera en voiture.

» Cette femme est la marquise de Lucillière, sortant des bras du colonel Chamberlain, son amant.

» Si vous ne pouvez pas la reconnaître,
» suivez le coupé, et vous le verrez bientôt
» entrer à l'hôtel de Lucillière.

» Si vous voulez savoir où donne la petite
» porte de la rue de Valois, profitez de
» vos relations avec M. le colonel Chamberlain pour vous promener dans la nouvelle
» serre ou plus justement la galerie qu'il
» vient de faire construire, et vous découvrirez, en cherchant bien, l'ouverture de
» cette porte.

» Alors vous serez au courant de tout ce
» manège, et le but que poursuit la personne
» qui vous écrit cette lettre sera atteint.

» L'amie dévouée de votre fille. »

Le baron eût trouvé facilement chez lui à faire copier cette lettre; mais il ne rentrait pas dans son système de se confier à ceux qui, à la rigueur, pouvaient le trahir.

Mettant son brouillon dans sa poche, il s'en alla donc dans le faubourg Saint-Denis, où, aux environs de la maison de santé, il avait remarqué l'échoppe d'un écrivain public.

— Veuillez me faire deux copies de cette lettre, dit-il; dans l'une, vous remplacerez « fille » par « nièce »: voilà les seuls changements à faire.

Puis il s'installa dans l'échoppe et attendit; la lettre copiée en deux exemplaires, il alla chez un autre écrivain public, à côté de la barrière, et lui fit écrire simplement deux adresses; sur l'une: « M. le prince Mazzazoli, rond-point des Champs-Elysées, » et sur l'autre: « M. le baron Lazarus, rue du Colisée. »

Alors, prenant une voiture qui passait devant la porte, il alla mettre ces deux lettres à la poste dans le faubourg Saint-Jacques.

Et, bien certain d'avoir ainsi rendu les recherches difficiles, si on en tentait, il rentra chez lui, avec la satisfaction d'avoir bien employé sa journée.

Aussi embrassa-t-il sa chère Ida tendrement, longuement en la pressant dans ses bras émus; il était un bon père.

— Tu sais, dit-il, que nous aurons le colonel Chamberlain samedi? Sois donc un peu plus aimable avec lui; je te trouve bien froide depuis quelque temps.

— A quoi bon être aimable pour le colonel? Il ne voit rien; il a toujours l'air de marcher dans son rêve, son esprit n'est jamais à ce qu'il dit.

— J'ai tout lieu de croire que cela va changer; d'ailleurs il suffit qu'il soit notre hôte pour que tu oublies ses distractions.

Le soir même, le baron reçut la lettre qu'il avait été mettre à la poste dans le faubourg Saint-Jacques.

C'était un mercredi, jour d'opéra de la marquise; on donnait la *Favorite*.

Le baron se rendit au théâtre, après avoir soigneusement placé sa lettre dans son portefeuille.

A huit heures et demie, le marquis et la marquise firent leur entrée dans leur loge, où, un quart d'heure après, le colonel vint leur faire une visite.

Puis il disparut, sans que le baron le revît dans la salle.

A dix heures environ, la marquise sortit avec le marquis; puis, quelques minutes après, celui-ci rentra seul dans la loge.

C'était le moment que le baron Lazarus attendait pour agir.

Il entra dans la loge, après s'être arrêté un moment devant une glace pour se faire une tête : il paraissait accablé, écrasé.

Toujours attentif aux devoirs de la politesse, le marquis de Lucillière s'empressa de lui demander ce qu'il avait : Ida était-elle malade?

— Je ne serais pas ici, dit le baron avec un profond soupir.

— Ah! c'est juste. Mais alors?

Alors la chose était tellement affreuse que le baron n'osait en parler.

— Il est ruiné, se dit le marquis, qui eut peur d'un emprunt et regarda la scène avec un intérêt subit.

Voyant que le marquis ne l'interrogeait plus, le baron recouvra la parole.

— C'est pour vous que je suis monté, dit-il en baissant la voix.

Le marquis parut ne pas entendre.

— Pour vous, continua le baron, et voilà pourquoi j'ai attendu le départ de Mme la marquise; car ce que j'ai à vous dire, si toutefois je puis le dire, demande à n'être entendu de personne.

Le baron avait compté sur la curiosité de M. de Lucillière, et il avait espéré que celui-ci l'aiderait par quelques questions qui faciliteraient sa tâche; mais il n'en fut rien, M. de Lucillière demeura impassible. Il lui fallut donc continuer quand même.

— Vous savez, dit-il, l'estime que je professe pour vous et combien, en ces derniers temps, les liens d'amitié qui m'attachent à vous ainsi qu'à Mme la marquise, se sont trouvés resserrés.

Cette fois, le marquis laissa paraître une certaine curiosité dans le regard qu'il attacha sur le baron : évidemment il était surpris de la tournure que prenait l'entretien. Que signifiait ce langage décousu? quelle était la cause de cette émotion?

Cependant il n'adressa pas de question au baron; mais, abandonnant la scène, il se tourna entièrement de son côté.

— Si je vous parle de mon amitié, continua le baron, c'est pour vous faire comprendre combien profondément j'ai été bouleversé en recevant, il y a quelques heures, une lettre dans laquelle il était question de Mme la marquise.

Ces paroles étaient adroitement arrangées pour surexciter l'intérêt de M. de Lucillière, cependant elles semblèrent provoquer un résultat contraire : les yeux du marquis, qui s'étaient allumés, s'éteignirent.

— Il s'agit de choses tellement graves dans cette lettre, poursuivit le baron, les accusations qu'elle formule sont ellement horribles, que tout d'abord, en la lisant, je me suis demandé si je devais vous la communiquer, et, depuis ce moment, j'ai changé dix fois de résolution, tantôt décidé à ne vous en rien dire, tantôt au contraire décidé à la remettre entre vos mains.

Le baron attendit un moment, pensant que M. de Lucillière allait allonger le bras pour demander cette lettre mais le marquis ne bougea pas, sa main resta posée sur le rebord de la loge, et ses yeux continuèrent de regarder dans le vague.

Il fallait continuer, et le baron commençait à se trouver assez embarrassé.

— J'ignore, dit-il, si les moralistes ont examiné la question de savoir si l'on doit ou si l'on ne doit pas communiquer à son ami une mauvaise nouvelle ou une accusation, alors même qu'on la croit fausse; mais j'aurais bien voulu avoir leur opinion sur ce sujet. En tout cas, je voudrais bien avoir la vôtre.

— Je n'en ai point.

— Supposez que vous avez reçu une lettre me concernant et contenant contre moi une accusation grave : que feriez-vous?

Le marquis hésita quelques secondes, enfin il se décida à répondre.

— Je n'aurais rien à faire, dit-il, car je n'aurais pas été plus loin que le premier mot; en voyant de quoi il s'agissait, j'aurais jeté la lettre au feu.

Le baron n'avait pas prévu cette réponse, qui le dérouta un moment; mais bien vite il se remit.

— Voilà le diable, dit-il, c'est que, ne pensant pas à mal, voyant au contraire des protestations d'intérêt pour moi et pour ma chère fille, j'ai lu cette maudite lettre jusqu'au bout, et voilà comment j'ai eu connaissance des ignobles calomnies portées contre Mme la marquise; qu'on accuse d'être la maîtresse de M. le colonel Chamberlain.

Autant le baron avait mis de lenteur dans ses premières paroles, autant il débita rapidement les dernières; en même temps, il tendit la lettre dépliée devant les yeux du marquis.

Pendant ce temps, les seigneurs de la cour

du roi Alphonse chantaient le chœur du quatrième acte : *Qu'il reste seul.... avec son déshonneur.*

Le visage du marquis se décolora entièrement, et ses lèvres se tordirent dans une contraction violente.

Instinctivement le baron ramena son bras gauche devant lui, comme pour s'en couvrir, tandis que le droit demeurait toujours étendu.

Enfin le marquis allongea la main et prit la lettre.

Il la lut lentement; puis, quand il l'eut achevée, il la lut une seconde fois.

Qu'allait-il dire?

Il la plia, et, la rendant au baron avec un calme parfait:

— Savez-vous où est en ce moment Mme de Lucillière? dit-il.

— Chez elle, j'en ferais le serment; car vous pensez bien que je n'ai pas ajouté foi une seconde à ces abominations, et que...

— Non; elle n'est pas chez elle, interrompit le marquis; elle est chez Mme de Corcy, sa mère, où je dois la reprendre en sortant du club.

— Ah! mon ami, s'écria le baron, quelle abomination, quelle perfidie! Mais pourquoi m'avoir écrit cette lettre, à moi?

— Parce qu'on connaissait votre profonde honnêteté, dit le marquis, et qu'on était bien certain, partant de cette connaissance, que vous me la communiqueriez.

— Vous pensez?

— Assurément, et cette tactique me dit qui a écrit cette lettre ou tout au moins qui l'a fait écrire.

— Vous auriez des soupçons? Ah! voilà qui serait heureux.

— Mieux que des soupçons, — une certitude.

— Vraiment?

Bien que le baron eût prononcé ce mot avec l'accent de la joie, il était cependant très-anxieux.

— Cette lettre, continua le marquis, est une manœuvre possible de la part de deux de mes rivaux, probable de la part d'un que je ne veux pas nommer. On trouve que mon association avec le colonel Chamberlain rend mon écurie trop formidable, on a peur de nous, et voilà à quels moyens on descend pour rompre notre association.

— Quelle infamie!

— Je vois clair dans ce jeu et ne donnerai point à mes concurrents la satisfaction qu'ils espèrent : le colonel n'est pas seulement mon associé; c'est encore, c'est avant tout mon ami, et je sais quelle confiance on peut avoir en lui.

Le baron paraissait accablé, et de fait il l'était.

— Vous savez, dit-il après un moment de silence, si j'aime Paris et la France? Eh bien! quand je vois de pareilles infamies, je n'ai plus qu'une pensée : c'est de me sauver en Allemagne, où, Dieu merci! de pareils crimes sont inconnus.

XXIII

Le baron Lazarus avait éprouvé plus d'une déception dans sa vie.

Mais jamais il n'avait échoué plus complétement.

Il fut si bien abasourdi qu'en descendant l'escalier de l'Opéra, il se demandait s'il ne rêvait point.

Était-ce possible?

Il s'en revint à pied rue du Colisée en examinant cette question.

Est-ce que vraiment la marquise de Lucillière était chez Mme de Corcy?

Est-ce que vraiment le marquis avait cru que cette lettre était une manœuvre de ses concurrents pour le fâcher avec le colonel et rompre ainsi leur association?

Non, mille fois non; cela n'était pas possible.

A ce moment, un cocher, qui passait, fit un signe au baron, pour se mettre à sa disposition.

S'il allait voir lui-même où était Mme de Lucillière?

Il monta dans la voiture qui s'était arrêtée et dit au cocher de le conduire rue de Valois.

Il n'était que onze heures et quelques minutes; si Mme de Lucillière, au lieu d'aller chez Mme de Corcy, avait été chez le colonel, elle devait être encore avec celui-ci.

En arrivant devant la petite porte, il fit arrêter la voiture; mais, au moment de descendre, il changea d'avis et dit au cocher de le conduire un peu plus loin, devant la grande porte d'une maison, et de stationner là.

La rue était complétement déserte, et si on le voyait se promener devant la petite porte du jardin du colonel, cela pourrait donner des soupçons au cocher de la marquise; d'un autre côté, la marquise pourrait l'apercevoir et le reconnaître lorsqu'elle monterait dans son coupé. Il valait donc mieux qu'il restât enfermé dans sa voiture, les yeux fixés sur la petite porte. Comme cela, il n'attirerait pas l'attention; il était tout naturel qu'une voiture stationnât à cette heure devant une maison, attendant quelqu'un.

Le baron était doué d'une patience admirable; il pouvait et il savait attendre des heures, des journées entières, sans ennui comme sans irritation.

Il se tenait les yeux attachés sur la porte

du jardin, et il pensait à son entretien avec le marquis.

Deux ou trois voitures lui donnèrent des alertes en arrivant rapidement dans la rue, mais elles ne s'arrêtèrent point.

Cependant l'heure marchait toujours. Minuit avait sonné, puis le quart, puis la demie, et la petite porte restait close, faiblement éclairée par la lumière vacillante d'un bec de gaz placé en face, mais de l'autre côté de la rue.

Il régnait un silence absolu dans le quartier, troublé seulement de temps en temps par le roulement sourd d'une voiture qui passait au loin; dans la rue même, aucun bruit, point de passants attardés rentrant chez eux, point de voitures.

Enfin un roulement rapide se fit entendre, accompagné du trot de deux chevaux sur le pavé.

Cette voiture venait sur le baron. Bientôt il aperçut deux lanternes poindre dans l'ombre, elles grandirent. La voiture arrivait. C'était un coupé sombre, celui de Mme de Lucillière.

Il s'arrêta brusquement devant le mur du jardin du colonel; en même temps, la petite porte s'ouvrit sans bruit; une ombre encapuchonnée traversa rapidement le trottoir et sauta dans le coupé, qui repartit aussitôt.

Cela se fit si vivement que quelqu'un qui n'aurait pas été prévenu aurait pu s'imaginer que c'était une vision fantastique qui venait de passer devant ses yeux. Cette femme ne touchait pas la terre; ces chevaux noirs, légers comme le vent, ne s'étaient pas arrêtés; cette voiture était une ombre. C'était la flamme vacillante du gaz qui avait fait croire que cette petite porte s'ouvrait; en réalité, elle était restée fermée.

Mais le baron savait à quoi s'en tenir, d'ailleurs il n'était pas homme à se laisser prendre à des visions fantastiques. Bon pour les enfants, le fantastique, le soir, à la veillée, au coin du feu; mauvais dans la vie réelle, en plein Paris.

La vérité était qu'il n'y avait point eu illusion et que cette femme était bien la marquise de Lucillière sortant de chez son amant, le colonel Chamberlain, et non de chez sa mère, Mme de Corcy.

Le seul doute qui restât au baron était sur le point de savoir si le marquis, en lui disant que Mme de Lucillière était rue Royale, l'avait trompé, ou s'il avait été trompé lui-même; s'il était de bonne ou de mauvaise foi dans cette affirmation; en un mot, s'il connaissait ou s'il ignorait la présence de sa femme chez le colonel.

Mais c'était là une question théorique, qui pratiquement n'avait pas un intérêt immédiat pour le baron; car l'expérience qu'il venait de tenter lui avait démontré que, si le marquis de Lucillière n'avait pas ouvert les yeux jusque là, c'était parce qu'il ne l'avait pas voulu; et tout ce qu'on essayerait dans ce sens serait en pure perte. S'il n'y a pas pires sourds que ceux qui ne veulent pas entendre, il n'y a pas pires aveugles que ceux qui ne veulent pas voir; pour le marquis la preuve était faite.

Évidemment le moyen employé par le baron était mauvais : ce n'était point offrir au marquis la possibilité de découvrir qu'il était trompé qu'il aurait fallu; ç'aurait été la tromperie elle-même qu'on aurait dû lui mettre devant les yeux, et de telle sorte qu'il lui fût impossible de les fermer. Au lieu de cette lettre, pour laquelle il avait trouvé une explication telle qu'elle, il aurait beaucoup mieux valu le prendre par la main, et, sous un prétexte quelconque, l'amener devant cette petite porte au moment où elle livrait passage à la marquise.

Mais quel prétexte mettre en avant?

L'aurait-il accepté? Serait-il venu?

Venant et voyant, ne serait-il pas encore sorti de cette épreuve par quelque explication plus ou moins habile et vraisemblable?

Enfin, en engageant la lutte de cette façon contre la marquise, ne se serait-on pas fâché avec le colonel?

Ces considérations furent la consolation du baron, qui s'endormit moins mécontent de lui qu'il ne l'était en sortant de l'Opéra.

D'ailleurs tout n'était pas perdu d'une façon irrémédiable.

Il fallait voir maintenant si la lettre adressée au prince Mazzazoli ne produirait pas quelque effet.

Car bien certainement celui-ci ne garderait pas le silence sur cette lettre. Peut-être ne la communiquerait-il pas au marquis, — et cela était assez probable, étant donnée la prudence italienne ;— mais à coup sûr il en parlerait à d'autre.

Quel effet cette accusation, divulguée et propagée par les amis comme par les ennemis de la marquise, produirait-elle sur le marquis, lorsque cette clameur l'envelopperait? Cela serait intéressant à voir.

Il faudrait suivre cette pression de l'opinion du monde. Au besoin même, on pourrait la développer en adressant quelques nouvelles lettres à ceux qui seraient en position de s'en servir utilement : l'écrivain public du faubourg Saint-Denis était toujours dans son échoppe, et il était toujours facile de prendre l'omnibus du faubourg Saint-Jacques. Quant aux ennemies de la marquise, elles ne manquaient pas.

En attendant que cette clameur s'élevât, le baron Lazarus voulut savoir ce que le prince Mazzazoli pensait de la lettre qu'il avait reçue.

Le lendemain matin, il se rendit donc au rond-point des Champs-Elysées.

Mais la vieille Marietta ne voulut pas le recevoir, car le prince n'était pas encore levé, et à aucun prix elle n'eût consenti à réveiller son maître.

Convaincu que la Providence lui devait un dédommagement pour ses malheurs passés, et qu'il finirait par avoir son jour, le prince Mazzazoli vivait dans l'attente de ce jour ; aussi se ménageait-il en conséquence. Il fallait qu'à ce moment il fût non-seulement vivant, mais encore en bonne santé, en état de jouir pleinement de la bonne chance qui lui arriverait.

De là tout un système de précautions méticuleuses qu'il prenait, en vue de se ménager. Ainsi il ne donnait jamais moins de dix heures au sommeil, et la maison voisine eût brûlé qu'il ne se fût pas levé avant que ses cheveux eussent commencé à roussir. Sorti de son lit, il se livrait à toutes sortes d'opérations hydrothérapiques ; puis il passait une nouvelle couche de teinture sur ses cheveux et sur sa barbe. Enfin il déjeunait d'une simple tasse de chocolat à l'eau, dans laquelle il trempait un petit pain d'un sou ; son seul repas solide étant le dîner, qu'il ne prenait jamais chez lui.

C'était seulement après tous ces soins, qui le menaient assez avant dans la journée, qu'il recevait ceux qui avaient affaire à lui ; car on comprend de reste qu'il ne pouvait pas se laisser voir pendant qu'il se teignait, pas plus que pendant qu'il déjeunait de son petit pain, misérablement, en faisant les morceaux menus pour qu'ils durassent plus longtemps.

Le baron, s'étant présenté trop matin, dut revenir trois heures plus tard.

Le prince, étant alors complètement séché et ayant déjeuné, le reçut avec toutes les démonstrations d'affabilité qui lui étaient habituelles.

Mais le baron avait pris une figure grave qui ne se laissa pas dérider.

— Mon cher prince, dit-il, je viens vous soumettre un cas délicat, pour lequel j'ai besoin de vos lumières et de vos conseils.

— Parlez, mon cher baron ; je suis à vous corps et âme, prêt à passer à travers le feu et l'eau pour vous obliger.

Bien qu'il fût toujours disposé à passer à travers les flammes et les vagues pour obliger ses amis, le prince, il faut le dire, ne s'était jamais mouillé qu'avec son appareil hydrothérapique, de même qu'il ne s'était jamais roussi qu'avec son fer à friser.

— J'ai acquis, dit le baron, une certaine réputation d'habileté en affaires, et je suis trop ami de la sincérité pour ne pas avouer que, dans une certaine mesure, cette réputation est méritée ; si je ne suis pas très-habile quand il s'agit de chiffres, au moins je ne suis pas trop maladroit. Mais, sortez-moi des affaires, je ne suis plus qu'un personnage lourd et embarrassé.

— Vous êtes trop modeste, mon cher baron, trop modeste en vérité.

— Non, je me connais et sais vraiment ce qui en est. Voyez-vous, je ne suis qu'un Allemand, et, pour toutes les relations du monde, pour ce qu'on peut appeler la diplomatie des salons, nous autres Allemands, nous avons la main lourde, tandis que vous autres, Italiens, vous l'avez d'une légèreté admirable. Il faut rendre à chacun ce qui lui appartient : vous avez vos qualités, comme nous avons les nôtres, et l'une d'elles précisément est pour nous de ne nous flatter jamais de folles illusions, bien différents en cela de ces pauvres diables de Français, si ridicules avec leur infatuation. C'est à cette légèreté de main que je viens faire appel dans des circonstances qui, je l'ai déjà dit, sont graves, très-graves.

— Je vous écoute, mon cher ami.

— Peut-être prévoyez-vous ce qui m'amène ou tout au moins une des choses qui m'amènent, car il n'est pas du tout impossible que vous soyez dans le même cas que moi, c'est-à-dire que vous vous trouviez en ce moment dans le cas où j'étais hier et où malheureusement je ne suis plus.

Bien que ce langage fût peu compréhensible, il avait cependant été parfaitement compris par le prince ; mais celui-ci ne jugea pas à propos de l'avouer.

— Voulez-vous me permettre de vous faire observer, dit-il, que ces paroles sont un peu obscures, au moins pour moi.

— Oh! je vais les expliquer, et mon intention n'est pas de rien embrouiller ou de rien dissimuler ; on dit que c'est un système que les catholiques emploient souvent avec leur confesseur, mais je ne suis pas catholique.

— Tous les catholiques ne sont pas des menteurs, je vous assure.

— Voyez! s'écria le baron, mais voyez donc comme je suis maladroit. J'ai besoin de vous et je commence par vous blesser dans votre foi religieuse.

— Oh! blesser...

— Non blesser, parce que vous êtes l'indulgence en personne, mais j'aurais pu blesser tout autre que vous. Cela ne justifie-t-il pas ce que je vous disais tout à l'heure de mon peu de tact? Enfin je reviens à ce qui m'amène près de vous. Hier, dans l après-midi, j'ai reçu une lettre abominable qui m'a jeté dans la consternation et l'indignation.

— Une lettre me concernant?

— Oh! non pas vous, mais notre ami le marquis de Lucillière ou plus justement la marquise.
— Et de qui était cette lettre?
— De personne. C'était une lettre anonyme, écrite d'une écriture qui m'est inconnue, et portant le timbre du bureau de la rue du Cardinal-Lemoine.
— Cette lettre vous avertissait que la marquise de Lucillière voyait le colonel Chamberlain, son amant, chez lui, en pénétrant par une petite porte.
— Comment?
— J'ai reçu la même lettre.
— Anonyme?
— Anonyme.
— Mais alors je ne me trompais pas, tout à l'heure, en prévoyant que vous pouviez vous trouver dans le même cas que moi? C'était à cette lettre que je faisais allusion.
— Et je ne vous ai pas compris; car comment penser que cette lettre abominable, comme vous dites, avait pu être envoyée en plusieurs exemplaires et que vous en aviez reçu un?
— Voici le mien, dit le baron, tirant la lettre de sa poche.
— Et voici le mien, dit le prince en allant prendre une lettre dans un tiroir fermé à clef.
— Voulez-vous me le montrer? demanda le baron en tendant la main.
— Volontiers.
Alors le baron prit la lettre et la lut lentement, en comparant le texte avec celui de son exemplaire, puis ensuite il compara non moins lentement les deux écritures.
— C'est bien la même écriture, dit-il, le même papier, le même timbre de la poste; c'est donc la même personne qui a envoyé ces deux lettres et qui par conséquent a dû en envoyer bien d'autres. Mais quelle peut être la personne, assurément de notre monde, capable d'une pareille infamie?
— Je vous le demande, dit le prince avec une simplicité parfaite.
— Et moi je me le demande depuis hier, sans être arrivé à une réponse satisfaisante. J'ai bien des soupçons, mais tellement vagues que je n'oserais prononcer un nom. Mais plût à Dieu que je m'en fusse tenu là, c'est-à-dire à rechercher qui pouvait être coupable de cette lâcheté. Malheureusement il n'en est pas ainsi. Voulez-vous me permettre une question?
— Volontiers.
— Après avoir lu cette lettre, qu'avez-vous pensé?
— Je me suis rappelé ce que vous me disiez le jour même où le colonel nous a donné une fête dans son hôtel; vous souvenez-vous?

— Mon Dieu! non, pas du tout.
— Eh bien! regardant la marquise et le colonel, vous vous êtes demandé si cette intimité durerait longtemps, et s'il ne se trouverait pas quelqu'un d'assez pervers, dans ce Paris si méchant, pour ouvrir les yeux à ce mari aveugle, au cas où il ne les ouvrirait pas de lui-même.
— Ah! oui, je me souviens maintenant.
— Et je me suis dit que vous étiez doué d'une terrible clairvoyance.
— En vous posant une question, ce n'était pas de cela que je voulais parler.
— Et de quoi donc vouliez-vous parler?
— Je voulais vous demander ce que vous aviez fait de cette lettre après l'avoir lue, ou tout au moins ce que vous aviez pensé devoir faire.
— Mon Dieu! je n'ai rien fait; j'ai plié cette lettre et je l'ai serrée soigneusement dans ce tiroir dont j'ai pris la clef dans ma poche.
— Ah! que n'ai-je fait comme vous! Dans l'indignation que me causait l'accusation; car, hélas! elle n'était qu'une confirmation de nos soupçons, les vôtres comme les miens.
— Comme ceux de tout le monde.
— Parfaitement, comme ceux de tout le monde. Dans l'indignation que me causait ce procédé infâme, il m'a semblé que je devais communiquer cette lettre au marquis.
— Vous avez fait cela? s'écria le prince.
— Je l'ai fait. Sans réfléchir, sous le coup de la colère, j'ai mis la lettre dans ma poche, et je suis allé à l'Opéra, où je savais trouver le marquis. Je suis monté dans sa loge quand la marquise a été partie, et, tout simplement, tout naïvement, en ami, — car j'ai, vous le savez, la plus vive amitié pour ce cher marquis, — je lui ai mis cette lettre sous les yeux.
— Et le marquis?
— Eh bien! il y a vraiment des grâces d'état. On m'eût remis cette lettre, j'aurais aussitôt couru chez le colonel, j'aurais enfoncé les portes et j'aurais tué ma femme et son amant. Mais je ne suis qu'un barbare. Le marquis, qui est un homme civilisé, très-civilisé, a pris les choses autrement. Il a lu cette lettre froidement, posément, plus posément que je ne l'avais lue moi-même, et, me la rendant, il m'a dit qu'il savait qui l'avait écrite.
— Ah! il sait qui l'a écrite?
— C'est un de ses rivaux, et cette lettre selon lui n'a d'autre but que de le fâcher avec le colonel, de manière à rompre leur association qui devient trop formidable et qui est une cause de ruine pour ses concurrents.
— Ah! vraiment?
— C'est là son explication, sa croyance, je veux dire. Quant à la marquise, il est parfai-

tement sûr de son innocence, et à l'heure où on l'accuse d'être chez le colonel, elle est tout simplement chez sa mère, Mme de Corcey.

— Ainsi cette accusation était fausse ?

— Il paraît ; en tout cas, le marquis la juge fausse.

— Vous aviez tout à l'heure indiqué une nuance capitale en disant que telle était son explication.

— Ah ! vous savez, je parle assez mal le français, et il ne faut pas voir des finesses là où bien souvent il n'y a que des fautes. Quoi qu'il en soit, voilà exactement comment les choses se sont passées ; et maintenant, ce que je veux vous demander, c'est la conduite que vous tiendriez avec le marquis si vous étiez à ma place, et si vous aviez commis la grosse sottise que je me reproche.

— Comment ! quelle conduite ?

— Oui, continueriez-vous de le voir, ou bien rompriez-vous toutes les relations ?

— Pourquoi rompre vos relations ?

— Parce que je serai désormais très-mal à mon aise avec lui.

— Et lui, comment a-t-il été avec vous après cette confidence ?

— Mais, comme à l'ordinaire.

— Il ne s'est pas fâché de votre démarche ?

— Pas le moins du monde fâché.

— Eh bien ! alors vous vous fâcheriez, vous, de ce qu'il ne se fâche pas, lui ? J'avoue que je ne comprends pas.

— Il est de fait...

— Qu'avez-vous voulu ? rendre service au marquis, n'est-ce pas ?

— Assurément.

— C'est ainsi qu'il a interprété votre démarche.

— Vous croyez ?

— Cela me paraît certain.

— Ah ! mon cher prince, vos paroles m'ôtent un poids bien lourd de dessus la poitrine.

Et le baron se répandit en remerciements.

Le prince le laissa aller ; puis, quand le premier élan de cette reconnaissance fut calmé :

— Voulez-vous me permettre une question à mon tour ? dit-il.

— Comment donc !

— Eh bien ! la voici : pensez-vous, comme le marquis, que le but de cette lettre était de fâcher le marquis et le colonel ?

— Ma foi ! très-franchement, je n'en sais rien.

— Eh bien ! moi, je crois qu'elle voulait surtout amener une rupture entre le colonel et la marquise. Seulement elle a été maladroite. Dans ce cas, ce qu'il fallait, ce n'était pas prouver au mari que sa femme le trompait ; c'était prouver à l'amant qu'il était trompé par sa maîtresse.

Le baron réfléchit un moment comme s'il ne comprenait pas ; puis tout à coup, se mettant à rire :

— C'est très-italien ce que vous me dites là.

— Et parisien aussi, vous le voyez.

XXIV

Le prince Mazzazoli était un esprit ingénieux et sagace, et, comme avec cela il n'était embarrassé par aucun préjugé, il appréciait ordinairement avec autant de finesse que de sûreté le mobile vrai des gens qui l'entouraient.

Cependant, après le départ du baron Lazarus, il resta assez perplexe, se demandant, sans trouver de réponse, ce qui lui avait valu cette étrange visite.

Que la raison donnée par le baron pût être vraie, il ne le pensa pas un seul instant ; évidemment ce n'était pas pour avoir une consultation au sujet de ses rapports futurs avec le marquis de Lucillière que M. Lazarus était venu lui conter cette histoire.

Mais alors pourquoi ?

Simplement pour lui communiquer la lettre anonyme qui accusait la marquise ?

Sans doute, cela était possible, et le baron, ayant cette lettre entre les mains, pouvait très-bien prendre le premier prétexte venu pour la communiquer à tout le monde et ainsi la rendre publique.

Mais, pour accepter cette explication, il fallait admettre que ce n'était pas le baron lui-même qui avait fait écrire ces lettres, et cela le prince Mazzazoli ne l'admettait pas.

Pour lui, c'était le baron qui avait découvert la petite porte, et qui, cette découverte faite, avait voulu en tirer parti. De là les lettres anonymes ; de là aussi la démarche auprès du marquis de Lucillière, qui, d'après les calculs du baron, devait amener une rupture entre la marquise et le colonel, et par suite, donner à celui-ci la liberté de se tourner vers Ida.

Arrivé à ce point de son raisonnement, le prince Mazzazoli eut un mouvement de dépit contre lui-même.

Quel besoin d'aller crier tout haut que lorsqu'on veut amener une rupture entre un amant et sa maîtresse, ce n'est point sur le mari de celle-ci qu'il faut agir, mais que c'est sur l'amant ?

Il n'avait pas pu résister au désir de donner une leçon pratique au baron, et il s'était livré lui-même.

— Quelle sottise !

Qui pouvait savoir si le baron, ayant échoué auprès du marquis, ne se tournerait pas maintenant du côté du colonel ?

Car il était évident que pour avoir entrepris cette campagne contre Mme de Lucillière, pour avoir poursuivi les recherches qui avaient amené la découverte de la petite porte et la preuve par conséquent que la marquise était la maîtresse du colonel, pour avoir inventé cette lettre anonyme, pour avoir risqué cette démarche hasardée et jusqu'à un certain point dangereuse auprès du marquis, il fallait que le baron désirât bien ardemment une rupture entre les deux amants.

Son échec avait pu le dérouter.

Ce mot, dit maladroitement, pouvait maintenant lui indiquer une nouvelle voie.

Cela était d'autant plus grave que sa visite indiquait bien clairement qu'il n'abandonnait pas la partie.

Il cherchait autre chose.

Quoi?

C'était ce que le prince ne voyait pas en ce moment.

Et cela précisément eût dû lui inspirer une extrême circonspection.

Ce n'est pas quand notre rival est embourbé qu'il faut lui tendre la perche; au contraire, une saine philosophie pratique enseigne que c'est le moment de lui jeter sur la tête tout ce qui nous tombe sous la main.

Agir autrement, c'est se lancer dans le chevaleresque, et le prince n'était pas du tout chevaleresque. A quoi bon? Qu'est-ce que cela rapporte? Il savait profiter des leçons de l'expérience et en tirer tout l'enseignement qu'elles peuvent donner. Une fois, dans son enfance, il avait eu un mouvement de générosité, et il en avait été récompensé de telle sorte qu'il n'avait jamais recommencé. Trois abeilles se noyaient dans un cuvier, il leur avait tendu le doigt pour les sauver de la mort; toutes trois avaient piqué ce doigt et, après ce payement généreux, s'étaient envolées.

Pourquoi alors avait-il commis la sottise de tendre son doigt au baron? Tout simplement par vanité, par besoin de briller, pour montrer qu'il connaissait la vie.

Eh bien! après? La belle affaire en vérité d'éblouir cet Allemand!

Heureusement le prince s'aimait trop, pour rester fâché longtemps contre lui-même.

Après un premier moment de dépit et de colère, il en vint à plaider les circonstances atténuantes, et finalement à trouver que sa maladresse ne pouvait avoir de conséquences fâcheuses pour lui.

En réalité, que pouvait-il résulter de son mot?

Une seule chose, à savoir : que le baron, n'ayant pas réussi auprès du marquis, voulût maintenant tenter l'aventure auprès du colonel, en prouvant à celui-ci que sa maîtresse le trompait.

Eh bien! il n'y avait rien de mauvais à cela. Tout au contraire ; car ce qu'il importait pour le moment, c'était que la liaison qui existait entre le colonel et la marquise fût rompue.

Que cette rupture fût amenée par tel ou tel moyen, cela ne signifiait rien.

Que ce moyen fût mis en œuvre par celui-ci ou par celui-là, cela n'avait pas d'importance.

Ou plutôt, si cela en avait une, elle était de telle nature qu'elle ne devait pas profiter celui qui serait reconnu comme l'artisan de cette rupture. Evidemment le colonel, quoi qu'il arrivât, saurait très-mauvais gré à celui qui se serait permis d'intervenir entre sa maîtresse et lui. Si on lui prouvait que Mme de Lucillière le trompait, il était à peu près certain qu'il ne ferait pas comme le marquis, il admettrait la preuve et ne remercierait pas celui qui la lui aurait apportée.

Il fallait donc laisser le baron se lancer dans cette entreprise et se tenir prudemment en position de profiter de ses maladresses et de ses coups de tête.

Car il était très-probable qu'il en commettrait, et de grosses et de lourdes; la façon dont il avait agi avec le marquis donnait les meilleures espérances de ce côté.

Avait-on jamais rien vu de plus gauche que cette démarche auprès du marquis?

Les lettres et le choix des personnes ne manquaient pas d'une certaine originalité ; mais la démarche elle-même, combien était-elle mal combinée!

Aucun art, aucune mesure. Le baron, en disant qu'il était maladroit, croyait être très-fin; en réalité, il se rendait justice. Quel ours ! Vraiment, ces hommes du Nord n'étaient que des barbares.

Et lui, homme du Midi, civilisé, affiné, se prit à sourire silencieusement.

Allons, allons, tout n'était pas encore perdu ; il fallait voir.

Il n'y avait qu'à laisser prendre les devants à ce lourdaud, et à se tenir derrière lui, prêt à profiter de ses sottises, quand il en commettrait, ou à le pousser, s'il n'en commettait point.

Au besoin on pourrait même le mettre sur la piste, et lui faire lever le gibier, qu'il n'aurait qu'à chasser à vue en donnant de sa grosse voix à pleins poumons. Ainsi l'on se ménagerait pour la curée, à laquelle bien entendu il n'aurait point part.

Et le prince Mazzazoli se frotta les mains : ce rôle lui convenait parfaitement et rentrait dans ses moyens aussi bien que dans ses goûts, car il aimait l'intrigue autant qu'il détestait le danger.

Non-seulement cette alliance tacite serait intéressante, mais encore elle serait très-probablement productive pour celui qui, à la fin de la lutte, serait assez habile pour écraser son allié et prendre sa place.

Or, cet homme habile, ce ne serait pas le baron ; ce serait lui, prince Mazzaroli. Celle que le colonel Chamberlain épouserait ne serait point Ida Lazarus, ce serait Carmelita Belmonte.

Car il n'était pas douteux pour lui qu'en se séparant de la marquise de Lucillière, le colonel fût prêt à accepter un mariage tel quel et à se donner à la femme qui saurait le prendre. Il sortirait de cette liaison brisé, anéanti, découragé, sans force et sans ressort, détaché de la passion et de la vie. Que ne pourrait-on faire de lui en l'entourant habilement, avec des précautions qui se feraient sentir, sans se laisser voir? Il arrive un moment où le noyé se cramponne à un brin de paille flottant près de lui ; le tout est de choisir l'heure à laquelle il convient de lancer sur l'eau ce fétu.

Il serait là et se chargerait lui-même de ce sauvetage.

Enfin le but qu'il avait poursuivi et qui lui avait échappé serait atteint.

Il était temps !

Car il était à bout sinon de force, au moins de ressources.

Il avait encore du courage pour poursuivre l'exécution de son plan, mais il n'avait plus de munitions pour continuer la lutte.

La bataille contre les créanciers était terrible, et il fallait la renouveler chaque jour en déployant des prodiges de finesse et d'adresse.

Tout d'abord, il s'était lui-même bravement jeté à la mer, et tout ce qu'il avait pu faire de dettes en son propre nom, il l'avait fait.

A cela il y avait plusieurs avantages : le titre de prince éblouit toujours les fournisseurs parisiens, qui, à cet égard, sont restés d'une naïveté primitive. Il avait donc pu, grâce à son titre s'ouvrir des crédits qui eussent été moins larges pour la comtesse Belmonte, et puis il fallait précisément ménager la comtesse comme réserve ; car, lorsque le prince serait partout entièrement brûlé, elle pourrait encore, et à son tour, trouver des fournisseurs peu exigeants sur la question du payement.

Pendant un certain temps, il avait pu marcher ainsi et faire marcher la maison de sa sœur et de sa nièce ; il n'avait pas payé un sou ; même pour un objet d'un franc, il faisait une note, et, si l'on se montrait peu disposé à ouvrir cette note, il refusait l'objet, poliment, il est vrai, en souriant, mais enfin il le refusait, et s'adressait ailleurs, sans jamais se rebuter, cherchant tant qu'il n'avait pas trouvé.

Mais, à la fin, il était venu un jour où dans ce Paris si vaste il n'avait plus trouvé que des portes fermées devant lui. Peu à peu, les créanciers, se fatiguant de ne pas entendre parler de règlement ou même d'à-compte, s'étaient présentés, les uns après les autres, au rond-point des Champs-Élysées, et, en apprenant que ce prince, pour lequel ils avaient eu tant de saluts et tant de sourires, habitait chez sa sœur, au nom de laquelle était l'appartement, ils avaient compris qu'ils ne seraient jamais payés qu'en paroles aimables et en promesses.

Alors la comtesse Belmonte était à son tour entrée en chasse ; mais elle n'avait pas l'aisance, l'habileté, les manières séduisantes, le parler brillant, éblouissant du prince, son frère. Pour vingt fournisseurs faciles, qu'il avait su trouver au temps où il avait commencé à se mettre au travail, elle n'en trouvait par deux ; encore se montraient-ils presque tout de suite exigeants.

Alors dans cet intérieur administré par la vieille Marietta avec une économie de paysanne montagnarde, on avait encore forcé l'économie.

Le déjeuner pour quatre personnes coûtait dix sous par jour, un sou de pain et un sou de chocolat pour le prince, sa sœur et Marietta ; deux sous de pain et deux sous de chocolat pour Carmelita, qu'il importait de ne pas laisser maigrir. Quand on ne dînait pas en ville, on mangeait des pâtisseries sèches, des fruits confits, des confiseries que le prince et la comtesse mettaient dans leurs poches, quand ils pouvaient faire main basse sur un buffet dans une maison où ils avaient passé la soirée. D'ailleurs dans ces maisons chacun d'eux mangeait sérieusement, à fond, en gens qui ne savent pas s'ils mangeront le lendemain, et, parmi ses mérites les mieux appréciés, le prince possédait celui d'être ce qu'on appelait autrefois « une belle fourchette. » Dans les maisons qui tiennent encore à honneur de donner chère fine à leurs invités, il était un convive charmant, mangeant beaucoup et mangeant bien, avec des paroles ou des sourires d'approbation qui partaient du cœur.

Mais le côté du manger, chez la comtesse Belmonte, était la petite affaire ; la grande, la capitale, c'était celle de la toilette et de la représentation. C'étaient les lingères, les modistes, les couturières, le costumier, pour les deux femmes ; c'était la location de la voiture et celle de l'appartement, ces deux dernières devant être régulièrement payées sous peine de mort immédiate.

Jusque là, on avait pu arriver à les payer ; mais elles avaient englouti, les unes après les autres, les principales pièces du musée du prince, qui maintenant était réduit à rien.

Comment irait-on, lorsqu'il n'en resterait plus une seule? et, question non moins grave, où irait-on ?

Faugerolles, tout d'abord ébloui par les paroles du prince et émerveillé par la beauté de Carmelita, avait consenti, en vue d'un mariage qui devait le payer, à ouvrir un crédit d'un an et l'avait ensuite prolongé de six mois, pour ne pas tout perdre, entraîné dans une sorte d'engrenage qui a ruiné tant de fournisseurs parisiens ; mais il déclarait maintenant ne vouloir pas aller plus loin. Toute la diplomatie, toute la rouerie du prince n'avait pu obtenir qu'un nouveau mois, et encore ç'avait été au prix de prières et même de pleurs, qui désormais laisseraient le couturier insensible.

Ainsi, de quelque côté qu'il se tournât, il ne voyait qu'abîmes autour de lui. Reculant chaque jour, il était parvenu au point extrême du rocher sur lequel il n'avait pu marcher qu'avec des prodiges d'adresse ; un pas de plus, ils étaient à la mer, sans secours possible ; la vague parisienne se refermerait sur eux, et tout serait dit : ses créanciers seuls parleraient de lui, et encore pour l'injurier.

Il avait si bien conscience de sa situation désespérée, que ne voyant pas venir le mari sur lequel il avait compté, il avait depuis quelques mois fait donner des leçons de chant à sa nièce.

En apparence, ces leçons n'avaient pour but que de compléter l'éducation musicale de Carmelita, commencée par lui.

Mais en réalité elles ne tendaient à rien moins qu'à la préparer au théâtre.

Sans doute, la chute était terrible ; mais encore le théâtre valait-il mieux que l'hôpital. Si elle n'avait pas le talent, elle aurait la beauté, et de plus elle aurait ce prestige que donne la naissance.

Bien qu'il comptât beaucoup plus sur ces deux moyens de succès que sur le talent, il n'avait pas voulu cependant que le jour où il faudrait aller débuter à la *Scala* ou la *Fenice*, elle fût exposée aux sifflets, et c'était pour les lui éviter qu'il la faisait travailler chaque jour avec un de ses compatriotes, nommé Lorenzo Beio, qui était un professeur de grand mérite.

Bien entendu, il n'avait pas été question de payement entre le prince et le professeur. Cependant les leçons de celui-ci n'étaient pas gratuites : si Carmelita se mariait, comme le prince l'espérait, elles seraient alors largement payées ; si au contraire, le mariage ne se faisant pas, Carmelita entrait au théâtre, elle accorderait à son professeur une remise proportionnelle à ses appointements.

C'était donc sérieusement qu'elle travaillait sous la direction de Lorenzo Beio, durement, avec ennui, mais aussi avec cette résignation placide qu'elle apportait à tout dans la vie : son professeur absent, elle ne faisait rien de ce qu'il lui avait imposé ; présent elle se pliait à tout ce qu'il exigeait, et s'il voulait prolonger la leçon, ce qui arrivait souvent, elle ne se révoltait point.

Telle était leur situation, quand le baron Lazarus était venu communiquer sa lettre au prince, — si complètement désespérée, que Lorenzo Beio, qui ne désirait pas le mariage de son élève, mais qui au contraire voulait son entrée au théâtre, s'occupait d'un engagement à la *Pergolèse*.

Cette lettre et cette visite donnèrent des forces nouvelles au prince et lui rendirent le courage: tout n'était pas perdu, il n'y avait qu'à attendre.

En reprenant son sourire des beaux jours, son amabilité, ses manières aisées et affables, sa familiarité protectrice, il recommença quelques tentatives auprès des fournisseurs les moins exaspérés.

Il ne venait pas leur faire une commande nouvelle, mais seulement leur donner l'assurance qu'ils seraient prochainement payés, très-prochainement ; ce n'était plus une affaire que de quelques jours ; le mariage de sa nièce était décidé ; un mariage superbe, splendide, digne en un mot de la beauté et de la naissance de Mlle Belmonte.

Si le fournisseur restait calme et froid en apprenant cette grande nouvelle, et répondait simplement :

— C'est bien.

Le prince n'insistait pas et après avoir salué avec une noble dignité il s'en allait ailleurs recommencer cette histoire, d'un visage joyeux.

Mais, si ce nouveau créancier laissait paraître un sourire dans ses yeux, s'il lui échappait un seul mot :

— Ah! vraiment?

Le prince aussitôt entrait dans des détails circonstanciés sur le futur mari de Carmelita, ne cachant que son nom, mais se répandant en renseignements précis sur sa fortune, et le résultat de ces confidences presque amicales était une nouvelle commande s'ajoutant à la vieille note déjà si longue.

Grâce à ces moyens, la vie devint moins difficile pour eux, et la main de la misère qui les étranglait se desserra un peu : on put renouveler le linge élimé jusqu'à la corde ; en engageant au mont-de-piété quelques-unes des fournitures nouvelles, on put même se procurer de l'argent sonnant.

Mais il fallait ménager ces ressources, cette fois bien décidément les dernières ; il fallait se hâter.

Ou plutôt il fallait que le baron Lazarus se hâtât.

Car d'entrer lui-même en action, le prince n'en avait pas le désir.

Se mettre en avant, au premier rang, à découvert, répugnait à son caractère, et il sentait très-bien que cette façon de combattre paralysait tous ses mouvements.

D'ailleurs que pouvait-il ?

Chercher la preuve que Mme de Lucillière n'était pas fidèle au colonel.

De cela il ne doutait pas ; mais de la conviction intime à la preuve matérielle, il y a loin souvent.

Pour obtenir cette preuve ou ces preuves, il fallait exercer une surveillance spéciale, et de tous les instants, sur la marquise, aussi bien que sur ceux qu'on lui donnait pour amants : Serkis-Pacha, lord Fergusson, le prince Seratoff, le duc de Mestosa, et quelques autres peut-être.

Mais cette surveillance, il ne pouvait pas la pratiquer lui-même, car il serait bien vite découvert, et alors tout serait perdu.

Comment se cacher avec sa grande taille et sa physionomie caractérisée. Partout on le reconnaîtrait ; d'un mot, on le désignerait sans doute ou sans erreur possible.

Il fallait donc qu'il fît exercer cette surveillance par un tiers habile et dévoué. Mais, hélas ! l'habileté et le dévouement se payent cher en ce monde, et, bien qu'il eût en vue un homme doué de cette habileté et capable mieux que personne d'exercer cette surveillance, il ne pouvait pas l'employer précisément parce qu'il était habile. En effet, cet homme qui connaissait bien le prince et sa position, ne se serait chargé de cette besogne que moyennant une forte somme, dont partie aurait dû être payée d'avance, et ce payement était en ce moment impossible.

Il n'y avait donc, à moins d'un bienheureux hasard, d'aide à attendre que du baron, et c'était le baron seul qu'il devait tout d'abord lancer en avant.

Mais comment ?

Il en était à chercher ce moyen d'action, qui devait être assez habilement choisi pour ne pas éveiller la défiance de son allié, lorsque ce hasard bienheureux, sur lequel il ne comptait guère, vint lui permettre d'obtenir lui-même, sans se compromettre en rien, ces preuves si ardemment désirées et si impatiemment attendues.

XXV

Malgré sa vie occupée, Mme de Lucillière trouvait le temps d'ajouter assez souvent une chanson nouvelle à son répertoire déjà si varié, et, si elle n'avait pas encore écrit une opérette, ce qui était sa grande ambition, elle espérait pouvoir le faire bientôt ; déjà elle avait trois ou quatre sujets en train, et plusieurs compositeurs plus ou moins titrés comptaient sur son poëme.

En attendant, elle avait en ces derniers temps écrit une chansonnette ayant pour titre : *le Serpent qui a avalé sa couverture*, dont ses intimes parlaient avec des éloges tels, qu'ils eussent suffi pour contenter les exigences d'un pianiste ou d'un ténor.

— Vous savez que la marquise a fait une chanson nouvelle : *le Serpent qui a avalé sa couverture ?*

— Eh bien ?

— Elle me l'a chantée ; parole d'honneur ! c'est renversant.

— Vraiment ?

— On n'a jamais rien fait de plus drôle, mais il faut l'entendre elle-même.

— Et de qui la musique ?

— Du prince de Kranitz ; on est enchanté en haut lieu de cette collaboration, on y voit comme un gage d'alliance.

— Quelle plaisanterie !

— Pas du tout ; la marquise de Lucillière a été félicitée à ce sujet.

— Pour le *Serpent qui a avalé sa couverture ?*

— Pour l'influence qu'elle exerce sur le prince de Kranitz.

— Enfin on ne peut pas l'entendre, cette histoire du serpent ?

— Il faut la demander à la marquise elle-même, car elle n'en a donné de copie à personne.

— Je la lui demanderai.

Il était de bon goût de parler de ce fameux serpent, c'était un sujet de conversation ; il y avait même des privilégiés qui fredonnaient le refrain :

Ce serpent,
Se repent,
A la pénitence
Il pense;
Ce serpent,
Ce serpent
Se sauve en *serrepentant.*

Pourquoi ce serpent pensait-il à la pénitence ? Qu'avait-il fait ?

Lorsque Mme de Lucillière trouva que la curiosité était suffisamment surexcitée, elle promit à ses intimes de les réunir un jour à Chalençon pour la première audition du *Serpent*.

Mais, comme il ne lui convenait pas de faire elle-même tous les frais de cette fête, et de donner à elle seule un véritable concert, elle invita pour la suppléer une chanteuse du Midi qu'on était en train d'inventer pour l'opposer à Thérésa.

Pendant longtemps Mme de Lucillière avait été fanatique de l'interprète de la

Femme à barbe et du *Sapeur*, et presque tous les soirs on la voyait dans les coulisses de l'Alcazar, où elle venait féliciter la célèbre chanteuse; elle lui avait même demandé des leçons. Ce n'était pas de l'admiration, c'était de l'engouement. Elle ne parlait que de Thérésa, il n'y avait que Thérésa; c'était une passion.

Mais d'autres femmes de son monde ayant été encore plus loin qu'elle dans cette fantaisie, elle était revenue en arrière.

— Thérésa n'était peut-être pas ce qu'on avait cru tout d'abord, et puis elle était toujours Thérésa.

Et chez elle la réaction avait été d'autant plus forte que parmi celles qui montraient le plus d'enthousiasme pour Thérésa se trouvait une grande dame fort à la mode, avec laquelle Mme de Lucillière avait été autrefois intime et qui était maintenant son ennemie.

Aussi avait-elle saisi avec bonheur l'occasion de se mettre en opposition ouverte avec cette ancienne amie, en donnant son appui à cette chanteuse nouvelle, qui arrivait de Toulouse, pleine de confiance et portée par le succès.

C'était une femme jeune encore qui se faisait appeler Rosa Calazans. Elle était de grande taille, large d'épaules, avec un visage énergique, qui semblait fait pour exprimer les passions violentes, sans aucunes grâces maniérées, mais vraiment beau de lignes simples: un nez droit, un front superbe, avec des sourcils épais ombrageant des yeux profonds, qui jetaient des flammes quand ils s'animaient et au repos languissants. En tout, une belle fille, mais d'une beauté singulière et étrange qui vous transportait loin du monde parisien.

Comment cette femme, qui n'avait rien d'égrillard ni de provoquant, avait-elle été amenée à chanter des chansons: cela était assez inexplicable. Cependant ceux qui l'avaient entendue disaient qu'elle était douée d'un remarquable talent, que tout ce qui était simple, primitif, naïf, naturel, elle le rendait admirablement, et qu'elle pouvait être la chanson populaire dans le bon sens de ce mot; il ne lui manquait pour cela que la chanson même. En attendant, elle chantait ce qu'on lui donnait, au hasard: bien, ce qui rentrait dans sa nature; médiocrement, ce qui s'en éloignait. Mais cette inégalité n'était pas un mal pour le succès; elle donnait un aliment à la curiosité publique. Ce qu'on savait de sa vie éveillait aussi cette curiosité: elle avait été la maîtresse d'un lutteur célèbre dans le Midi, de Marseille à Toulouse, qui s'était tué pour elle.

Au moment où le prince Mazzazoli cherchait des moyens pratiques et sûrs d'arriver au but qu'il entrevoyait, il reçut de la marquise pour lui, pour la comtesse Belmonte et pour Carmelita, une invitation d'aller passer quelques jours à Chalençon, pour entendre Rosa Calazans.

Rosa Calazans, aussi bien que toute autre chanteuse, ne lui inspirait qu'un médiocre intérêt, et il ne se serait assurément pas imposé les dépenses de ce déplacement, s'il n'avait pas espéré que dans l'intimité de la vie de campagne, il pourrait faire des découvertes utiles à son plan.

La marquise avait choisi pour sa réunion le jour de la fête de Chalençon, et c'était au son du mirliton que ses invités avaient fait leur entrée au château; quelques chevaux même avaient été effrayés par un tir au pigeon établi devant la loge du concierge.

Bien que le château fût vaste et disposé pour de grandes réceptions, le nombre des invités était tel, qu'on avait dû dresser deux tables: l'une dans la salle à manger, et l'autre dans le vestibule, décoré de plantes et d'arbustes à feuillage ornemental.

Ces invités comprenaient non-seulement les fidèles de la marquise: le colonel Chamberlain, Serkis-Pacha, le prince Scratoff, le duc de Mestosa, lord Fergusson, le prince de Kranitz, l'auteur de la musique du *Serpent*, le baron Lazarus et sa fille, mais encore un grand nombre d'amis et d'amies de Mme de Lucillière, qui étaient venus à Chalençon directement de Longchamps, et qui devaient retourner le soir même à Paris ou dans leurs châteaux des environs, la Celle, Saint-Cloud, Saint-Germain, Marly, Versailles.

Le dîner fut ce qu'étaient tous les dîners du marquis, exquis de chère, parfait de service, et Mme de Lucillière tint sa place à table comme si, au lieu de chanter le soir, elle devait tranquillement s'installer dans un bon fauteuil. Mais il n'était pas dans son caractère de se ménager ou de s'inquiéter.

Elle était si bien sûre d'elle-même qu'aussitôt qu'on fut passé dans le salon, elle fit asseoir le prince de Kranitz au piano.

Et tout de suite elle chanta une de ses chansons, qui avait eu un grand succès: *Une femme à la mer*, car elle ne voulait pas que sa protégée eût à subir l'inattention de convives qui dégustaient encore leur café; puis après celle-là, et avant que les applaudissements eussent cessé, elle en chanta une autre.

Alors seulement elle céda la place à Rosa Calazans. Le moment était favorable, chacun s'était installé à son gré: les femmes dans le salon, les hommes dans le billard et sur la terrasse du jardin, d'où, grâce aux fenêtres ouvertes, ils voyaient et entendaient aussi bien que s'ils eussent été dans le salon.

Mais on écouta à peine la chanteuse ; on était venu pour le *Serpent*, et c'était le *Serpent* qu'on voulait.

Ceux qui daignèrent lui prêter quelques secondes d'attention trouvèrent qu'elle manquait de « chien. »

— Quelle différence avec la marquise !

— Vous allez voir le couplet du « bastringue, » comme elle le dit.

— Et l'on attendait le couplet du « bastringue » et aussi celui du « caboulot ».

Pendant ce temps, Rosa Calazans chantait, glacée par l'indifférence qui l'accueillait, n'étant soutenue que par les applaudissements de la marquise et par les paroles encourageantes du prince de Kranitz, qui l'accompagnait.

Enfin elle arriva au bout de sa chanson, elle vit quelques mains gantées se lever en l'air pour la claquer doucement.

Puis tout de suite un murmure emplit le salon, et l'on entendit des voix crier :

— Le *Serpent* ! le *Serpent* !

Mme de Lucillière voulait parcourir le salon pour envoyer quelques-uns de ses fidèles complimenter la chanteuse, mais on l'entoura et on l'amena presque de force devant le piano.

Déjà le prince de Kranitz avait préludé.

Elle mit les deux mains sur son cœur et adressa un long sourire à ses invités.

A qui ce sourire était-il particulièrement envoyé? ce fut ce que le prince Mazzazoli, bien placé pour observer, tâcha de découvrir, mais sans y réussir. Tout d'abord il avait été chercher le colonel Chamberlain, puis du colonel il avait passé au prince Seratoff, puis au duc de Mestosa, puis à Serkis-Pacha, puis à lord Fergusson, pour revenir enfin au prince de Kranitz, qui restait les mains posées sur le piano et les yeux levés vers la marquise.

— Pas de jaloux ou tous jaloux.

Alors elle commença.

LE SERPENT

QUI A AVALÉ SA COUVERTURE.

I

Un serpent se dit un jour :
« Si j' mangeais ma couverture,
Cet acte contre nature,
Ferait du bruit à la cour. »
Là d'sus c't'animal cocasse,
Se dépêch' de l'avaler.
Ça lui faisait bien une masse,
Mais il pouvait respirer.
 Ce serpent,
 Ce serpent
Avait la panse
Très-dense ;

Ce serpent,
Ce serpent
Etait vraiment trop gourmand.

Un tonnerre d'applaudissements accueillit ce premier couplet, dominé seulement par quelques exclamations arrachées par l'enthousiasme.

— C'est très-drôle.

— Charmant.

— Renversant.

En tout cas, ce qu'il y avait de vraiment drôle, de vraiment renversant, c'était le contraste qui existait entre la chanteuse et la chanson. Comment croire que cette femme si pleine de distinction était l'auteur de cette extravagance.

Elle continua :

II

Après ce repas hardi,
Le serpent se met en route,
Pour aller casser une croûte,
Chez madam' de... Riquiqui.
On lui sert une poularde ;
Et pour mieux la digérer,
Il absorb' tout' la moutarde,
Y compris le moutardier.
 Ce serpent,
 Ce serpent
Fit une imprudence
Immense,
 Ce serpent,
 Ce serpent
Etait par trop imprudent.

Mme de Lucillière ne donna pas le temps aux applaudissements de se produire ; tout de suite elle reprit :

III

Un vieux duc très-distingué,
— Ça n'était pas l'duc d'en face, —
Lui dit : «V'nez donc que j' vous fasse
Voir un caboulot soigné. »
L'autre accepte l'ouverture,
Mais au fond ça l'en... nuyait.
Il sentait la couverture
Qui tout douc'ment remontait.
 Ce serpent,
 Ce serpent
Avait des transes
Intenses ;
 Ce serpent,
 Ce serpent
Etait vraiment bien souffrant.

Cette fois, il fallut qu'elle s'arrêtât, car il s'était élevé dans le salon, dans le jardin et dans le billard, un murmure approbateur qui couvrait les accords du piano. On applaudissait de la main et de la voix, sans cette retenue, sans cette restriction que les gens du monde apportent ordinairement à la manifestation de leurs sentiments.

Le prince de Kranitz frappa fortement la ritournelle, et le silence s'établit.

IV

Au bastringue, on lui fait d'l'œil,
Car il avait des bank-notes ;
Il valse avec les cocottes
A s'fair' descendre au cercueil.
Mais dans la grande aventure,
Comme il allait s'embarquer,
V'la-t-il pas la couverture
Qui, couic ! vient tout arrêter.
    Quel tableau,
    Quel tableau !
  La convenance
    S'offense.
    Quel tableau,
    Quel tableau !
Vraiment ça n'était pas beau.

Tandis que quelques femmes croyaient devoir se cacher derrière leur éventail pour ne pas voir le tableau, les hommes trépignaient d'enthousiasme. Des fleurs arrachées aux corbeilles et aux plates-bandes du jardin furent lancées à la chanteuse et vinrent tomber autour d'elle et sur son collaborateur.

On cria *bis*, mais elle ne se rendit pas à cette exigence.

V

La moral' de tout ceci,
C'est qu'en fait de couverture,
A deux, pendant la froidure,
Dessous on est bien... blotti.
Quant au malheureux reptile,
Dont l' cœur fit tic tac, tic tac,
I ne va plus dîner en ville,
Vu ses grands maux d'estomac.
    Ce serpent,
    Ce serpent
  A la pénitence
    Il pense ;
    Ce serpent,
    Ce serpent
Se sauve en serrepentant.

Ce *serrepentant*, roulant à l'infini sur des r, fut le bouquet de ce feu d'artifice. On s'était levé, quelques hommes avaient escaladé les fenêtres, et tout le monde entourait Mme de Lucillière, la complimentant, l'applaudissant, lui serrant les mains. C'était mieux qu'un succès : c'était un triomphe pour le poëte, aussi bien que pour le compositeur et la chanteuse.

Pendant un quart d'heure, on n'entendit que des exclamations d'enthousiasme.

Mais, après le premier enivrement du succès, Mme de Lucillière se rappela Rosa Calazans.

Prenant le bras du prince de Krantiz, elle alla trouver celle-ci dans le petit salon où elle s'était retirée et où elle était seule, sans que personne s'occupât d'elle, triste et sombre dans un coin :

— Je viens vous chercher, dit-elle ; à vous maintenant.

— Et que voulez-vous que je chante, madame, après un pareil succès ?

— Au contraire, l'instant est favorable ; vous trouverez un public entraîné. N'ayez pas peur : quelque chose de salé, d'épicé, bravement.

— Mais je n'ai rien de plus salé que ce que vous connaissez.

— C'est trop fade ; jetez-vous au feu intrépidement. Vous pouvez tout risquer, je vous y autorise ; il vous faut un succès n'importe comment. N'ayez qu'un souci : nous étonner, nous remuer.

— Mais comment ?

— Frappez fort, tout est là ; la glace brisée, vous direz ensuite ce que vous voudrez.

— Non, madame ; restons-en là, je vous prie.

— Pas du tout ; je n'y consentirai jamais. Il faut que ceux qui vont sortir d'ici, ce soir, répètent votre nom et parlent de vous. Voyons, que dites-vous le mieux ? Quel a été votre grand succès ? Avec quoi avez-vous produit le plus d'effet en public, dans le particulier ?

— Non, non, c'est impossible.

— Rien n'est impossible ici ; au contraire, c'est l'impossible qui nous remuera.

— Vous demandiez avec quoi j'avais produit le plus d'effet, c'est..... avec la *Marseillaise*.

— Ah ! voilà qui serait drôle.

— Je ne peux pas chanter la *Marseillaise* chez vous.

— Le fait est... Et pourquoi pas au surplus ? Rachel l'a bien chantée. C'est une idée. Et vous, prince, qu'en pensez-vous ? Pouvez-vous accompagner la *Marseillaise* ?

— Oui, je crois.

— Eh bien ! vous allez chanter la *Marseillaise*, et je crois que nous allons voir de drôles de têtes. Allons ! vite, venez.

Et sans laisser le temps de la réflexion à la chanteuse, elle la prit par la main et l'entraîna dans le salon.

L'impossible et souvent même l'absurde était ce qui entraînait la marquise.

Cette idée de faire chanter la *Marseillaise* chez elle lui paraissait en ce moment tout ce qu'il y avait de plus drôlatique au monde. La *Marseillaise* après le *Serpent qui a avalé sa couverture*, quel contraste cocasse ! Si elle avait eu le temps, elle aurait envoyé chercher les chantres de la paroisse pour leur faire chanter après le *Dies iræ*, et ensuite elle aurait terminé le concert en chantant elle-même : *Oh là là, que c'est drôle* une de ses chansons les plus salées. Mais il fallait se contenter de la *Marseillaise*, et c'était déjà quelque chose.

Se plaçant devant le piano dans l'attitude d'un régisseur qui parle au public, elle leva la main pour imposer silence.

— Je vous demande votre attention pour Mlle Rosa Calazans, dit-elle, qui va nous dire un morceau dont le choix a été arrêté entre nous.

Le prince de Kranitz s'était assis au piano. Aux premiers accords, une sorte de frisson courut dans le salon ; mais, comme on crut à une plaisanterie, à une parodie, on se mit à rire.

Mais ce n'était point une plaisanterie. Rosa Calazans avait commencé :

Allons, enfants de la patrie,
Le jour de gloire est arrivé.

Et, suivant le conseil de Mme de Lucillière, elle s'était jetée intrépidement au feu, donnant toute son âme, toute sa passion.

Elle s'était transfigurée, et elle était vraiment belle, d'une beauté farouche.

Mais on ne pensait guère à l'admirer ; on la regardait, on l'écoutait bouche ouverte, avec stupeur.

— Comment! ce n'était pas une plaisanterie? c'était sérieusement qu'on chantait cette abomination?

Avant qu'elle eût achevé le premier couplet, on vit M. de Lucillière, qui était au fond du salon, s'avancer en écartant précipitamment les groupes qui gênaient son passage.

Mme de Lucillière s'était assise sur un tabouret, auprès du piano ; il vint à elle, le visage enflammé.

— Eh quoi ! madame... dit-il.
— Comment ! vous ne la trouvez pas drôle? s'écria-t-elle en riant.

Le premier couplet était achevé ; mais le prince de Kranitz, voyant l'émotion produite, s'était arrêté.

A ce moment, par les fenêtres ouvertes, on entendit une clameur qui s'élevait sur la place du village, puis des bravos claqués par des mains vigoureuses vinrent ébranler les vitres.

De la place de la fête, qui se trouvait sous l'esplanade du château et à une distance assez courte, on avait entendu la chanteuse et on l'applaudissait.

— Encore, encore ! crièrent quelques voix; le second couplet ! Encore!

Puis, au bout de quelques secondes, une voix rude, mais puissante, se mit à chanter :

Amour sacré de la patrie,
Conduis, soutiens nos bras vengeurs.

— Eh bien ! madame, dit le marquis, vous voyez le beau résultat de cette folie.

Chacun s'était levé, des groupes s'étaient formés, et Rosa Calazans, abandonnant le piano, était sortie du salon.

XXVI

Tous les invités du marquis n'avaient pas quitté Chalençon le soir même de la fête si malencontreusement interrompue par l'étrange plaisanterie de Mme de Lucillière ; tandis que le plus grand nombre regagnait Paris ou les villages environnants, quelques-uns étaient restés au château, et parmi ceux-ci se trouvaient le colonel, le baron Lazarus et sa fille, le prince de Kranitz, le prince Mazzazoli, la comtesse Belmonte et Carmelita, qui devaient passer plusieurs jours à la campagne.

C'était là une circonstance favorable pour le prince Mazzazoli, qui pouvait ainsi, avec toute facilité, se livrer à des recherches, et en même temps entretenir à loisir le baron Lazarus.

Comme s'ils s'étaient entendus pour former une étroite alliance, ils ne se quittaient pour ainsi dire pas, et, aussitôt qu'ils en avaient la possibilité, ils se rapprochaient l'un de l'autre ; le plus souvent, c'était pour s'occuper de choses insignifiantes, mais parfois aussi pour traiter d'un mot décisif le sujet qui les intéressait tous deux.

Ce que le prince avait tout d'abord cherché, c'avait été de voir ou de deviner quels étaient les sentiments du marquis de Lucillière pour le baron Lazarus ; car, de ce que celui-ci avait été invité à Chalençon, il n'y avait rien à conclure. Le marquis était trop fin pour laisser ostensiblement à l'écart quelqu'un avec qui il aurait voulu rompre.

Malgré tout le soin qu'il avait apporté à son observation, il n'avait rien découvert. Le marquis était pour le baron ce qu'il avait toujours été, d'une affabilité exquise, et il fallait être prévenu pour savoir que cette affabilité était voulue, tant elle paraissait naturelle et spontanée.

Au reste, le baron rendait en témoignages affectueux prodigués au marquis ce que celui-ci lui donnait en politesses : pour tout le monde, ils étaient les meilleurs amis.

Qu'y avait-il sous ces démonstrations d'amitié? Ce fut ce que le prince ne put pas découvrir, au moins à l'égard du marquis ; car, pour le baron, il savait à quoi s'en tenir, et celui-ci d'ailleurs prenait soin de l'avertir plusieurs fois par jour de ses véritables sentiments.

Ce fut ainsi que deux jours après cette mémorable soirée du <i>Serpent</i>, il lui fit une confidence qui montrait que depuis son arrivée à Chalençon il n'avait pas perdu son temps.

— N'avez vous pas remarqué, dit-il, qu'il

règne une certaine froideur dans les rapports du marquis et du colonel.

— Oui, sans doute ; mais j'ai remarqué en même temps que tous deux apportaient un soin extrême a cacher cette froideur, et je ne l'ai devinée que par les précautions mêmes qu'il prenaient pour les dissimuler.

— Cela va mal.

— Est-ce que la lettre commence a produire un certain effet ?

— Oh ! pas du tout : ce n'est pas le marquis qui est mal avec le colonel, c'est le colonel qui est fâché contre le marquis.

— Vraiment.

— Positivement.

— Il est jaloux ?

— Peut-être, mais en tous cas ce n'est pas du marquis.

— Alors je ne comprends pas du tout.

Le baron se mit à rire d'une façon narquoise, en homme qui prend plaisir à affirmer sa supériorité.

— Je ne veux pas vous faire languir, dit-il enfin, et je vais vous conter ce que je sais. Qu'avez-vous fait dimanche pendant que la marquise nous chantait son *Serpent* ?

— J'ai écouté et j'ai regardé.

— Moi, je n'ai ni écouté ni regardé, au moins ce qui se passait dans le salon ; car justement parce que j'ai la passion de la musique, j'ai l'horreur de ces inepties parisiennes. Comment une femme intelligente et charmante peut-elle en arriver à s'amuser à de pareilles folies, comment des gens distingués peuvent-ils prendre plaisir à un pareil spectacle ? c'est ce que je me demande. Mais enfin ce n'est pas de cela qu'il est question pour le moment. Je vous disais donc que, pendant que vous applaudissiez cette insanité, je me promenais dans le parc avec M. de Vibraye, qui me racontait des choses fort intéressantes sur l'association du marquis et du colonel.

— Le colonel trouve qu'elle lui coûte bien cher ?

— Au contraire, il trouve qu'elle lui rapporte trop.

— Ça c'est une face nouvelle de la question, et je ne l'avais pas considérée de ce côté. Vous m'étonnez.

— Connaissez-vous les choses du sport ?

— Peu.

— Moi très-peu aussi, de sorte que je dois vous expliquer fort mal ce que M. de Vibraye m'a expliqué fort bien.

— Les détails importent peu.

— Au reste, si je ne suis pas clair, vous n'aurez qu'à interroger un de nos amis qui fasse courir : il nous renseignera, car tout le monde s'occupe de cette affaire en ce moment. Il paraît que le marquis a dans son écurie un cheval nommé *Voltigeur*, déclaré par lui poulain de deux ans, alors qu'en réalité il a trois ans.

— Mais c'est impossible !

— Votre interruption est précisément celle que j'ai faite à M. de Vibraye ; mais celui-ci a haussé les épaules et m'a donné des explications qui semblent démontrer que cela est possible pour un propriétaire de chevaux de courses, qui est possesseur d'un haras, c'est-à-dire de juments et d'étalons.

— Ce qui est le cas du marquis.

— Justement. Pour ce propriétaire, les formalités exigées par l'administration ou par la société d'encouragement, sont rudimentaires ; elles veulent seulement que ce propriétaire dresse un état des poulains nés chez lui, et que cet état soit signé par le directeur du dépôt le plus voisin et par l'inspecteur divisionnaire ; ces deux signatures, paraît-il, se donnent le plus souvent pour la forme.

— Il me semble que, pour quelqu'un qui n'entend rien aux choses du sport, voilà des détails précis.

— Ils sont de M. de Vibraye, je les ai retenus tant bien que mal ; si vous avez pu les comprendre, vous devez donc voir que pour un propriétaire qui veut exécuter une... supercherie, rien n'est plus facile : il n'a qu'à ne pas inscrire la naissance d'un poulain sur son état, et à déclarer vide la jument mère de ce poulain ; l'année suivante, il déclare son poulain, et celui-ci figure sur les états officiels comme âgé d'un an, quand en réalité il est âgé de deux ans. Il paraîtrait que c'est là le cas de *Voltigeur*, qui aurait été déclaré en 1866, alors qu'il aurait dû l'être en 1865.

— Ainsi *Voltigeur*, âgé en réalité de trois ans, courrait avec des chevaux de deux ans ?

— C'est ce qui vous explique qu'il les batte si facilement dans toutes les rencontres ; d'autant mieux que pour cette supercherie le marquis a choisi celui de tous ses poulains qui devait être le meilleur. Vous voyez donc que ce qui tout d'abord vous paraissait impossible est pratiquement possible. Maintenant est-il possible que moralement le marquis se soit rendu coupable d'une pareille fraude ?

— Assurément non !

— C'est ce que je pense aussi, mais ce que nous pensons l'un et l'autre ne fait pas l'opinion des intéressés et des gens compétents. Or il paraît que, parmi ces gens, l'opinion généralement admise est pour la fraude. De là des plaintes et des récriminations, qui sont parvenues aux oreilles du colonel.

— Mais cela est affreux pour lui, car il se trouve ainsi, par son association avec le marquis, complice de cette fraude ; et il est obligé d'empocher un argent qu'il sait mal gagné.

— On raconte qu'il a eu à ce sujet une explication plus que vive avec le marquis; mais que voulez-vous qu'il fasse?

— Qu'il rompe son association.

— C'est en même temps rompre sa liaison. Sa situation me paraît dramatique : d'un côté, sa probité et sa loyauté lui font une loi de rompre ; de l'autre, son amour l'oblige à gagner de l'argent malgré lui.

— Est-ce qu'il parie pour *Voltigeur*?

— Ah ! non, et c'est même cela qui a confirmé les soupçons. D'ordinaire il pariait d'assez grosses sommes pour ses chevaux ; depuis que ces bruits sont parvenus à ses oreilles, il refuse absolument tous les paris. Cela est significatif. On dit même que le marquis lui a fait des observations à ce sujet, et que c'est là ce qui a amené cette explication dont je vous parlais.

— Et le résultat de cette explication ?

— Aucun résultat. Les liens qui attachent le colonel à la marquise sont trop puissants pour se briser ainsi : d'abord il y a la séduction personnelle de Mme de Lucillière, qui, j'en conviens, est puissante, et puis il y a ce charme irrésistible qui résulte de sa position de femme à la mode. Songez donc, marquise et reine du *high-life*, quel attrait pour un Américain ! Tous ces républicains américains sont affolés de titres et de distinctions, et, bien qu'à moitié Français, le colonel subit ce prestige, comme s'il était un pur Yankee. Enfin, et quoi qu'il en puisse être, on ne voit rien d'apparent qui puisse annoncer une rupture ; je suis convaincu que le colonel se désole, mais en même temps il se résigne.

— Il faudrait un éclat.

— Précisément.

— Un scandale.

— Juste.

— Mais ce scandale ne peut être amené que par quelqu'un qui fait ordinairement des paris sur les courses ; il me semble que quelqu'un qui aurait engagé de grosses sommes sur *Voltigeur*, et qui naturellement les aurait perdues, pourrait aller trouver le colonel et lui représenter que ses paris n'avaient été engagés que parce qu'on comptait sur sa loyauté bien connue. Que dirait-il ? que ferait-il ? Evidemment il se trouverait dans une situation embarrassante.

— Terrible pour lui.

— Et qui pourrait le forcer à sortir de cette galère.

— Ce quelqu'un se rencontrera-t-il ?

— Vous êtes mieux au courant des hommes et des choses du sport que moi, et, par conséquent vous pouvez mieux que moi répondre à cette question.

Ils en restèrent là pour ce jour-là.

Mais le prince sentit très-bien que, si le baron lui avait fait cette confidence, c'était en vue d'en tirer un résultat, et qu'à un moment donné, de confidences en confidences, ils arriveraient à une conclusion.

Il n'y avait qu'à attendre ; l'affaire était en bon chemin, on pouvait espérer.

S'il avait connu la vérité entière, il eût pu espérer bien mieux encore.

En effet, le baron avait été bien renseigné ; son récit était exact, mais il n'était pas complet en ce sens qu'il ne donnait pas de détails sur l'explication qui avait eu lieu entre le colonel et le marquis.

Pendant assez longtemps, le colonel était resté sans comprendre les allusions plus ou moins directes qu'on lui adressait à propos de *Voltigeur* et les mots à double sens qu'il entendait à ce sujet.

Puis l'inquiétude lui était venue.

Que signifiaient ces allusions ?

Pourquoi ces plaintes de ceux qui avaient perdu leur argent ?

Pourquoi ces sourires des indifférents ?

Assurément il se passait quelque chose d'étrange, mais quoi ?

Avec un homme tel que le marquis, il y avait tout à craindre. Quelle combinaison avait-il inventée ?

Et, pour la première fois, il avait senti, dans toute leur étendue, les dangers de cette association.

Jusqu'où ne pouvait-il pas être entraîné, sans avoir conscience du chemin qu'on lui faisait parcourir ?

Cette situation était effrayante.

Qui croirait jamais qu'il ignorait les façons de procéder de son associé ?

Et quand même on rendrait justice à son ignorance, sa responsabilité n'en était pas moins engagée. Il partageait l'argent que le marquis gagnait, il devait donc partager aussi le bon comme le mauvais.

Plusieurs fois, il avait voulu pousser à bout ceux qui semblaient critiquer les victoires de *Voltigeur* ; mais toujours on s'était dérobé, et il n'avait trouvé personne pour lui répondre franchement et formuler en face une accusation directe ou un fait précis.

— Vous avez trop de chance, mon cher colonel.

— Ce n'est pas contre vous qu'on se dépite, c'est contre votre veine.

Telles avaient été ou à peu près les réponses qu'il avait pu obtenir.

Alors il s'était adressé à son ami Gaston de Pompéran.

Mais celui-ci s'était tout d'abord vivement défendu ; il ne savait rien, il n'avait rien entendu dire.

Il avait fallu que le colonel insistât en lui représentant qu'il croyait son honneur engagé, et que dans ces conditions un ami véri-

.table ne pouvait pas se refuser à la sincérité, si désagréable qu'elle pût être.

Alors Gaston de Pompéran avait dû confesser la vérité et rapporter les bruits qui couraient sur *Voltigeur*.

Le colonel avait été atterré.

Eh quoi! c'était là ce qui se cachait sous ces allusions?

Etait-ce possible?

Et il avait interrogé Gaston sur ce point; car, bien que copropriétaire d'une écurie de course, il connaissait assez mal les règlements qui régissent les chevaux de pur sang en France.

Les explications de Gaston avaient été à peu près les mêmes que celles que M. de Vibraye avait données au baron Lazarus; matériellement cette fraude était possible pour un propriétaire qui voulait la commettre.

Mais le marquis de Lucillière était-il capable de combiner et d'exécuter une pareille supercherie? c'était ce que Gaston se refusait à croire et ce qu'il avait toujours nié, alors même que *Voltigeur* lui avait fait perdre de l'argent. Il y avait là des accusations formulées par l'envie de concurrents malheureux ou par le dépit de parieurs battus.

Et il avait ainsi plus ou moins habilement plaidé les circonstances atténuantes.

Mais de son plaidoyer il était résulté un fait évident pour le colonel : ces accusations n'avaient pris de l'importance que parce qu'elles s'adressaient au marquis de Lucillière; on croyait à cette fraude, parce qu'on admettait que le marquis était capable de la commettre.

C'était là ce qu'il y avait de grave et de terrible pour lui; car il pensait justement, à l'égard du marquis, de la même façon que ceux qui l'accusaient.

Et cet homme était son associé, c'était lui qui dirigeait tout, qui faisait tout; il n'y avait qu'à le suivre et sans jamais savoir, par où il lui convenait de passer : par les sentiers détournés ou par le droit chemin.

Ainsi renseigné et fixé, le colonel s'était franchement expliqué avec le marquis en lui faisant part des accusations formulées contre *Voltigeur*.

— Croyez-vous donc que je ne savais pas tout cela? répondit M. de Lucillière en riant.

— Vous le saviez?

— Sans doute.

— Et vous n'avez rien fait?

— Que voulez-vous que je fasse? Avez-vous autre chose que le dédain à opposer à ces calomnies, qui ont pris naissance dans le cœur fielleux de quelques-uns de nos concurrents?

— Mais pourquoi faire courir *Voltigeur*?

— Parce qu'il a des engagements. Que diraient ceux qui ont fait des paris d'après ces engagements, si tout à coup, sans raisons sérieuses, je retirais *Voltigeur* et déclarais forfait dans tous ses engagements. Ne voyez-vous pas que ce serait leur faire perdre leur argent d'une façon peu délicate? Nos chevaux ne sont pas seulement à nous, ils sont encore jusqu'à un certain point au public. Je sais que ces principes ne sont pas partagés par tous les propriétaires, qui croient être maîtres absolus de leurs chevaux, mais ils sont les miens et je dois les observer. Vous devez donc comprendre que je ne peux pas ne pas faire courir *Voltigeur*. D'ailleurs pourquoi perdre bénévolement un argent que nous pouvons gagner? Ce serait véritablement agir avec un peu trop de naïveté.

— Ce serait donner satisfaction...

— A quoi? Ou plus justement à qui? A ceux qui ont inventé ces bruits. De sorte que quand on voudrait se débarrasser d'un cheval appartenant à une écurie rivale, il y aurait tout simplement à colporter une calomnie de ce genre Et puis ne voyez-vous pas que retirer *Voltigeur* du turf, ce serait passer condamnation. Que dirait-on? Une seule chose : « Ils ont eu peur, ils ont fait disparaître leur cheval. » Puis-je passer condamnation, puis-je m'exposer à paraître avoir peur, dans une affaire aussi simple aussi nette que celle-ci? car vous êtes bien convaincu, n'est-ce pas, que la naissance de *Voltigeur* est pleinement régulière.

Le colonel fut obligé de répondre qu'il avait cette conviction, cependant il persista dans son idée de ne pas faire courir *Voltigeur*.

— Permettez-moi de vous dire, répliqua le marquis, que ce serait tout simplement absurde, et que pour mon compte je n'y consentirai pas : je ne me retire jamais devant ce qui ressemble à une pression, d'où qu'elle vienne. Dieu merci! je suis, par mon nom et par ma position, placé au-dessus des calomnies dont je me soucie comme de cela.

Et il fit claquer son ongle contre ses dents.

Ce mot, le colonel l'avait déjà entendu; ce geste, il l'avait déjà vu dans une circonstance qui n'était pas sortie de sa mémoire. Quel fâcheux rapprochement!

Mais le marquis ne lui donna pas le temps de se perdre dans ses souvenirs.

— Permettez-moi aussi, dit-il, de vous faire observer que vous êtes beaucoup trop sensible aux propos du monde. Où irait-on, si l'on prêtait l'oreille à toutes les calomnies que répandent la malignité de nos ennemis et parfois la jalousie de nos amis? Ainsi qu'auriez-vous fait, étant à ma place, si l'on vous avait apporté un jour une lettre anonyme disant que tous les soirs la marquise de Lucillière s'introduisait chez le colonel Chamberlain par une petite porte de la rue de Valois?

Le colonel fut si rudement atteint par ces quelques mots dits légèrement, presque gaiement, en plaisantant, qu'il resta abasourdi, sans rien trouver à répondre.

— Auriez-vous ajouté foi à cette lettre? continua le marquis; auriez-vous organisé une surveillance pour surprendre la marquise? auriez-vous rompu toute relation avec le colonel Chamberlain? Non, n'est-ce pas? Vous n'auriez rien fait de tout cela; vous auriez dédaigné ces calomnies, comme je les ai dédaignées moi-même. Eh bien! mon cher ami, je vous engage à agir, à propos des bruits répandus sur *Voltigeur*, comme j'ai agi moi-même, à propos de ceux répandus sur la petite porte de la rue de Valois. Les uns ne sont pas plus fondés que les autres, ou plutôt, si vous aimez mieux, ils se valent. Et à cela il n'y a rien d'étonnant; car pour moi ils viennent d'une seule et même source, et ils sont inspirés en vue d'un seul et même résultat : on veut nous séparer. Je vous ai dit ce que j'ai fait; à vous de voir, mon cher ami, ce que vous voulez faire.

L'entretien avait été clos sur ce mot, qui était loin d'améliorer la position du colonel.

Au contraire, combien sérieusement l'aggravait-il.

Les explications du marquis n'avaient nullement éclairé la question du cheval de trois ans, et les doutes que le colonel avait étaient restés entiers, plutôt fortifiés qu'ébranlés.

Quant à la révélation de la lettre anonyme, elle était accablante.

Dans ces conditions, que faire?

Un seul parti se présentait pour lui :

Rompre son association avec le marquis,

Rompre sa liaison avec la marquise,

Mais, si l'association était facile à rompre, combien difficile était la liaison?

Il l'aimait, il l'adorait, cette adorable marquise, et chaque jour les racines que cette passion avait jetées en lui étaient devenues plus nombreuses et plus fortes ; maintenant il n'y avait pas une fibre de son être qui, par un point quelconque, ne fût attachée, soudée à elle.

Comment les arracher, ces racines? comment les briser, ces fibres?

Et cependant il le fallait.

L'honneur l'exigeait.

XXVII

Le lendemain du jour où le baron Lazarus avait raconté l'histoire de *Voltigeur* au prince Mazzazoli, celui-ci, vers dix heures du matin, était à la fenêtre de sa chambre; occupé à faire sécher en plein air ou plus justement à éventer la nouvelle couche de teinture noire qu'il venait d'appliquer sur ses cheveux et sur sa barbe.

Tout en se livrant à cette occupation, et en soulevant de temps ses cheveux, afin que l'air pénétrât jusqu'à la racine, le prince réfléchissait aux confidence, de la veille et aux résultats favorables qu'il en pouvait tirer.

Il y avait longtemps qu'il ne s'était senti l'esprit aussi libre, aussi dispos ; il n'avait point à craindre d'être relancé par un créancier exigeant et insolent ; il était assuré de bien déjeuner, tranquillement, longuement, et non d'une pauvre petite tasse de chocolat; enfin il jouissait du calme de la campagne et du bien-être d'un beau soleil, dont les rayons s'adoucissaient en traversant de légères vapeurs qui flottaient au-dessus des arbres du parc.

Décidément tout n'était pas perdu : les nuages se dissipaient, son couchant s'éclaircissait, il y aurait encore de beaux jours pour lui.

Que ne pourrait-il pas avec la fortune de sa nièce?

Dirigée par lui, Carmelita ferait ce qu'elle voudrait de son mari.

Il était assez primitif, ce bon colonel, surtout dans les choses d'argent.

En rentrant à Paris, on pourrait diminuer le nombre des leçons de Belo : il ne fallait pas que Carmelita se fatiguât ; au contraire, il importait de veiller à ce qu'elle gardât tout l'éclat de sa beauté.

Comme il suivait ces idées, tout en se tournant, tantôt à droite, tantôt à gauche, pour exposer successivement ses cheveux aux rayons du soleil, il entendit un bruit de voix au-dessous de lui : ces voix étaient celles de la marquise et de sa femme de chambre.

La chambre que le prince occupait était au second étage, celle de la marquise au premier.

Mais, par suite d'une disposition particulière, les fenêtres de la marquise ouvraient sur une terrasse, tandis que celles du prince ouvraient tout simplement sur le vide.

C'était sur cette terrasse que la marquise venait de s'asseoir, précisément au-dessous des fenêtres du prince. De telle sorte que celui-ci, en se penchant un peu, la voyait parfaitement, sans qu'elle-même pût le voir, à moins de lever la tête et de regarder en l'air : ce à quoi du reste elle ne paraissait nullement songer.

Elle était en toilette du matin, mais déjà prête pour descendre déjeuner.

— Apportez-moi un guéridon, dit-elle, mon buvard et un encrier.

Vivement la femme de chambre apporta tout ce qui lui était demandé et disposa le guéridon devant la marquise.

— Vous ne laisserez entrer personne, dit Mme de Lucillière ; j'ai des lettres à écrire, je désire être seule jusqu'à l'heure du déjeuner. Ne me dérangez pas. Si M. le colonel Chamberlain fait demander à me voir, vous répondrez que je suis occupée.

La femme de chambre rentra dans la chambre, et la marquise resta seule sur la terrasse, son guéridon devant elle.

Un moment, le prince avait espéré que la marquise recevrait le colonel sur cette terrasse, de telle sorte que de sa fenêtre il entendrait leur entretien : ce qui pouvait avoir de l'intérêt et lui apprendre des détails bons à connaître.

Cet ordre donné à la femme de chambre de ne laisser entrer personne le déconcerta. Que lui importait que la marquise écrivît des lettres ? il n'était pas de ceux, Dieu merci ! qui restaient en contemplation devant le chignon de Mme de Lucillière. Encore si par-dessus son épaule, il avait pu lire ce qu'elle écrivait.

Pendant ce temps, la marquise avait ouvert son buvard, et, dans une petite papeterie, elle avait pris du papier à lettres avec des enveloppes ; puis elle s'était mise à écrire.

Le prince, penché par-dessus l'appui de sa fenêtre, la voyait tracer des petites lignes noires sur le papier blanc ; mais les mots qui formaient ces lignes, il ne les distinguait pas.

A qui écrivait-elle ?

A l'un de ses amants sans doute.

Si l'on pouvait parvenir à s'emparer de sa lettre, quelle arme contre elle, et quel moyen d'action sur le colonel !

Mais comment s'emparer de cette lettre ?

Il n'y avait pas par malheur qu'à allonger le bras : un étage les séparait l'un de l'autre.

Quel supplice de voir ce petit morceau de papier, qui pouvait devenir l'instrument de sa fortune, à trois ou quatre mètres de sa main, et de ne pouvoir pas le prendre ! quel agacement de ne pouvoir pas voir les mots qu'elle traçait rapidement d'une écriture courue !

Il distinguait leur forme, s'ils étaient longs ou courts, mais non leur sens.

Comme il cherchait à reconnaître les lettres qui dansaient et se mêlaient devant ses yeux en se penchant par-dessus l'appui de la fenêtre, au point de s'exposer à tomber sur la tête de la marquise, s'irritant, s'exaspérant de son impuissance à déchiffrer ces maudites pattes de mouche, une idée lui traversa tout à coup l'esprit et le fit se redresser brusquement.

Avant de venir à Chalençon, il avait, comme la marquise et la plupart des invités de celle-ci, assisté aux courses de Longchamps et, suivant son habitude, il avait emporté sa lorgnette ; n'étant point, après les courses, rentré chez lui, il avait apporté cette lorgnette à Chalençon et elle se trouvait posée sur la cheminée de sa chambre.

Vivement il courut à cette cheminée et tira la lorgnette de son étui ; puis, examinant un arbre de la pelouse, il la mit au point sur les feuilles de cet arbre.

Alors, revenant doucement à la fenêtre et se penchant avec précaution, de manière à n'être pas aperçu par la marquise, si celle-ci levait par hasard les yeux, il braqua sa lorgnette sur la lettre qu'elle écrivait.

Mais il ne distingua rien tout d'abord et ne vit la lettre que confusément, à travers une sorte de brouillard.

Il comprit que son point était mauvais et qu'il ne devait pas être le même pour cette lettre, placée à trois ou quatre mètres, que pour l'arbre, placé à quinze ou vingt.

Alors il allongea les tubes de sa lorgnette au point de les développer presque dans leur entier.

Aussitôt les mots tracés par la marquise se dessinèrent nettement devant ses yeux.

C'était sa signature qu'elle écrivait à ce moment même : HENRIETTE.

Il allait donc lire cette lettre.

Mais, comme de la dernière ligne il remontait à la première, la marquise prit la feuille de papier et la plaça dans le buvard pour sécher l'encre.

C'était vraiment jouer de malheur, et le prince ne put retenir un geste de colère.

Echouer quand il allait réussir, la fortune le poursuivrait-elle donc toujours ?

Cependant la marquise continuait de sécher tranquillement sa lettre dans le buvard en passant sa main gauche, à plusieurs reprises, sur la première feuille de papier rose.

Lorsqu'elle jugea que l'encre était bue, elle reprit sa lettre et la plia en deux, puis elle la glissa dans une enveloppe.

Quel désappointement pour le prince ! Une minute plus tôt, il lisait cette lettre.

Mais il n'eût pas le temps de se perdre dans des regrets inutiles, déjà sur l'enveloppe elle écrivait l'adresse.

De nouveau il appliqua ses yeux sur sa lorgnette.

« Monsieur le duc de Mostosa. »

Ainsi c'était au duc de Mestosa que cette lettre était destinée ?

Ah ! que n'avait-il eu l'idée de se servir de sa lorgnette aussitôt que la marquise avait commencé à écrire : mot par mot, ligne par ligne, il aurait lu cette lettre, qui bien certainement lui eût appris des choses intéressantes et utiles.

Que n'eût-il pas pu faire avec des renseignements précis, comme ceux qu'il eût trouvés dans cette lettre !

L'adresse terminée, la marquise la plaça entre deux feuilles du buvard ; puis, quand elle l'eut ainsi séchée, elle la mit dans la poche de sa robe.

Ce soin prouvait que cette lettre, ne devait être ni égarée ni vue, c'est-à-dire que son contenu était important.

Comment se la procurer ?

La marquise allait-elle la jeter dans la boîte placée à l'entrée du vestibule ?

Cela n'était guère probable.

Car cette boîte était fermée par une petite porte vitrée, et, si elle ne voulait pas qu'on sût qu'elle écrivait au duc de Mestosa, elle ne s'exposerait pas à ce que quelqu'un, s'approchant par hasard ou volontairement de cette boîte, pût lire le nom écrit par elle sur l'adresse de cette lettre.

Et puis, quand même elle jetterait cette lettre dans la boîte, comment la prendre ?

Cette boîte était fermée à clef, et un domestique la vidait, deux fois par jour, pour porter à la poste les lettres qu'elle contenait.

Comment se procurer cette clef ? comment ouvrir cette boîte ?

Sans doute ce n'était pas là une difficulté insurmontable : il pouvait très-bien jeter lui-même une lettre quelconque dans la boîte, puis redemander cette lettre en disant qu'il avait changé d'avis et ne voulait plus la faire partir.

Mais pour cela il fallait se confier à un domestique, il fallait l'acheter peut-être ; en tous cas, il fallait s'exposer à une indiscrétion de sa part.

Or, comme il ne voulait à aucun prix courir lui-même ce danger, il pensa à révéler ce qu'il venait de voir au baron.

Moins prudent, le baron n'aurait pas sans doute ces scrupules, et bravement, lourdement, bêtement, il se chargerait de cette besogne, utile assurément, très-utile même, mais désagréable. Il y avait une fable sur ce sujet, et le prince ne l'avait pas oubliée :

..... Si Dieu l'avait fait naître
Propre à tirer marrons du feu,
Certes, marrons verraient beau jeu.

Puisqu'il n'était pas propre à ce travail, il fallait en charger celui qui pouvait l'accomplir ; s'il se brûlait les doigts, tant pis pour lui ; et puis, dans son rôle de Raton, il serait vraiment drôle, le gros baron Lazarus, bien plus près du cheval que du chat.

La marquise avait pris une nouvelle feuille de papier, et elle se préparait à écrire une seconde lettre.

Le prince se hâta de braquer sa lorgnette sur le guéridon.

La marquise avait commencé :

« *My dear.* »

Décidément la fatalité le poursuivait. Qui donc, au château, lui avait jeté le mauvais œil ?

Il ne savait pas l'anglais.

La marquise allait écrire une lettre qu'il lirait, mais qu'il ne comprendrait pas.

Il avait, dans son dépit, retiré les yeux de sa lorgnette ; machinalement il les remit et regarda de nouveau.

Les premiers mots seuls étaient en anglais ; le corps de la lettre, dont deux lignes déjà étaient écrites, était en excellent français, parfaitement lisible, parfaitement compréhensible.

« A mon grand regret, je n'ai pas pu vous » écrire hier, comme je vous l'avais promis... »

Enfin il tenait son secret.

La main glissait légèrement sur le papier, et, bien que l'écriture fût courue, elle était si nette et si distincte que le prince la lisait facilement, à mesure que les caractères étaient tracés.

« ... Les raisons, je vous les donnerai de » vive voix. Vous plaît-il que ce soit vendre- » di ? Si oui, comme je l'espère, attendez-moi » de trois à quatre heures. Si je suis en re- » tard, ce qui est possible, ne vous impa- » tientez pas et dites-vous bien que je vous » aime. » HENRIETTE. »

A tout prix, il fallait se procurer cette lettre, n'importe comment. « Je vous aime. » L'aveu était formel. La marquise n'était pas de ces femmes qui ne peuvent pas se résigner à parler franchement : elle écrivait comme elle agissait, sans ménagements d'aucune sorte et sans peur.

La charmante petite femme ; le prince eût été heureux de la féliciter.

Comme pour sa première lettre, elle avait placé celle qu'elle venait d'écrire dans le buvard et elle avait pris une enveloppe.

Mais le prince n'avait pas besoin de lire le nom qu'elle allait écrire, d'avance il le connaissait : c'était celui de lord Fergusson.

Cependant il resta la lorgnette braquée sur la table.

Ce fut effectivement ce nom que la marquise écrivit sur l'enveloppe.

Puis cette lettre rejoignit la première dans la poche de la robe.

Sans perdre de temps, elle se prépara à en écrire une troisième.

Etait-elle adorable ! C'était un ange.

Elle avait trempé la plume dans l'encrier, et déjà elle écrivait :

« Il vous a fallu votre vendredi, malgré
» tout ; vous l'avez voulu, vous l'avez exigé.
» Eh bien ! vous l'aurez, tyran ; mais désor-
» mais ne dites plus, n'est-ce pas ? que je ne
» fais pas tout ce que vous désirez. Vous
» voyez que pour moi vous avez supprimé le
» mot impossible. Est-ce assez pour calmer
» votre insupportable jalousie et vous con-
» vaincre ? Vous me donnerez la réponse
» à cette question vendredi, de quatre à
» cinq heures. A vendredi, votre vendredi.

» HENRIETTE. »

Pour qui cette lettre ?

Pour Serkis-Pacha ? pour le prince Seratoff ? pour un inconnu ?

Il n'eut pas longtemps à attendre pour être fixé sur ce point.

Pendant que la lettre séchait dans le buvard, Mme de Lucillière avait pris une enveloppe.

La lorgnette était attachée sur sa main, les caractères s'alignèrent sur le papier.

C'était pour le prince Seratoff.

Et quand l'adresse eut passé par le buvard, cette lettre rejoignit dans la poche celles qui s'y trouvaient déjà.

Décidément la bonne chance était pour lui, et, de même qu'il s'était demandé qui avait pu lui jeter la *jettatura*, il chercha qui avait pu lui porter bonheur.

La marquise était perdue, car il n'y avait pas à nier ces lettres ou à les expliquer; elles étaient précises et, grâce à Dieu, assez nettes dans leurs détails pour convaincre l'esprit le plus obstinément prévenu.

Malgré son aveuglement, le colonel verrait clair; il ne pourrait pas n'être pas ébloui et convaincu qu'il avait des rivaux.

Lord Fergusson, le prince Seratoff, et le duc de Mestosa aussi sans doute, car des deux dernières lettres on pouvait conclure que la première était du même genre.

Ce vendredi vraiment était bien employé.

Et la marquise, qui écrivait au prince Seratoff « votre vendredi. »

A cette pensée, le prince Mazzazoli eut un sourire, « son vendredi » et cet ours du Nord allait se réjouir.

Mais, si drôle que pût être cette pensée, il n'avait pas le temps de la caresser.

Il lui fallait ces lettres.

Car ces lettres, si compromettantes par elles-mêmes, ne révélaient aucun fait de nature à être rapporté.

La marquise était au mieux avec lord Fergusson, ainsi qu'avec le prince Seratoff, et probablement aussi avec le duc de Mestosa.

Il n'y avait là rien d'extraordinaire ou d'imprévu, cela était connu ou tout au moins soupçonné de tout le monde.

Qu'on vînt dire au colonel qu'elle aimait lord Fergusson et qu'elle donnait un rendez-vous au prince Seratoff, il demanderait, si toutefois il voulait bien écouter ce rapport, où ce rendez-vous devait avoir lieu.

Et précisément c'était là ce que les lettres ne disaient pas.

Il fallait donc que ces lettres mêmes fussent mises sous ses yeux.

Il n'y avait que ce moyen de le persuader de telle façon qu'il ne restât pas place dans son esprit au doute, dans son cœur à l'irrésolution.

Mais la difficulté était justement de les obtenir, et, malgré qu'il fût assez habile dans l'intrigue, le prince ne trouvait pas en ce moment de moyen certain et sûr de réussir.

Il fallait attendre et mettre les circonstances à profit.

Mais en attendant l'occasion ne lui échapperait-elle pas ? Que fallait-il pour que ces lettres tombassent directement dans la boîte du bureau de poste ? Un rien, un hasard ? Peut-être n'était-ce l'intention de la marquise était-elle de les garder dans sa poche jusqu'au moment où elle descendrait elle-même au village.

Alors il serait impossible de les avoir, car il ne pouvait pas espérer les prendre par force ou par adresse dans la poche de cette robe, où elles étaient bien cachées.

Ne serait-il donc arrivé si près du but que pour le manquer ?

Ces réflexions avaient rapidement traversé son esprit.

Et il restait incertain, irrésolu, plein d'impatience, nerveux et fiévreux.

La marquise avait repris la plume, il fallait suivre sa main.

« Prière à M. Faugerolles de vouloir bien se rappeler... »

Il ne chercha pas à en lire davantage, une lettre à Faugerolles ne l'intéressait pas. Cependant, réfléchissant toujours, cherchant, il resta les yeux fixés sur la table, et, bien que son esprit fût ailleurs, il ne perdit rien de ce que faisait Mme de Lucillière.

Ce fut ainsi qu'il la vit écrire à Faugerolles un billet de quatre ou cinq lignes ; puis, ce billet terminé, il vit qu'elle le plaçait dans le buvard.

Mais, lorsqu'elle voulut le reprendre, elle ne le retrouva pas tout d'abord, ayant perdu les feuilles entre lesquelles elle l'avait placé.

Alors elle ouvrit ces feuilles en plein, les unes après les autres.

C'était machinalement que le prince la regardait, sans prendre grande attention à sa recherche. Que lui importait !

Mais il remarqua que les lettres qu'elle avait placées dans le buvard aussitôt après les avoir écrites avaient laissé leur empreinte sur le papier, qui avait bu leur encre encore humide, et qu'elles s'y étaient imprimées pour ainsi dire.

Pour son esprit surexcité, cette remarque fut un trait de lumière.

Qu'il eût ce buvard, et il n'avait pas besoin des lettres. Le buvard était-il plus facile à obtenir que les lettres ? toute la question était là désormais.

Au moment où il réfléchissait à cela, la cloche du déjeuner sonna, et la marquise, qui venait d'écrire l'adresse de Fauguerolles, se leva pour descendre.

Qu'allait-elle faire du buvard ?

Elle ne s'en inquiéta pas, et, après avoir tâté sa poche par un mouvement machinal, pour être bien certaine que les lettres s'y trouvaient, elle rentra dans sa chambre.

Le buvard était resté sur le guéridon.

Le prince respira.

Il avait le temps de peser sa résolution.

Après quelques secondes, son plan fut arrêté ; mais il attendit encore pour le mettre à exécution.

Enfin, quand il pensa que tout le monde était à table, il prit un mouchoir, et, après l'avoir déplié, il le laissa tomber sur la terrasse, à deux pas du guéridon.

Cet artifice était imité de celui de Rosine : « Ma chanson est tombée ; courez donc, elle sera perdue. »

Il avait un prétexte pour se trouver sur cette terrasse, si on l'apercevait : il cherchait non pas sa chanson, mais son mouchoir, qui venait de tomber.

Il descendit et frappa à la porte de la chambre de la marquise. Personne ne lui répondit ; tout le monde était au rez-de-chaussée.

Alors il entra et courut à la terrasse.

Le buvard, bien entendu, était resté à sa place. Prendre ce buvard, il n'y fallait pas songer ; mais une feuille ou deux, celles qui gardaient l'empreinte des lettres : cela était sans doute possible.

Il ouvrit le buvard ; il se composait d'un cahier de gros papier rouge, dont les feuilles étaient réunies par un fil élastique attaché au maroquin en haut et en bas.

Rien n'était plus facile que d'enlever une ou deux de ces feuilles.

Il les chercha et les trouva.

Alors, les retirant avec précaution, il les mit dans sa poche, et, après avoir ramassé son mouchoir, il quitta la terrasse et sortit de la chambre. Personne ne l'avait vu.

XXVIII

Le prince remonta quatre à quatre dans sa chambre ; puis, après avoir mis en place, sous bonne serrure bien fermée à clef, les feuilles de papier buvard, il se hâta de descendre dans la salle à manger.

Il importait que sa présence fût constatée et que son retard à se mettre à table n'eût été que de quelques minutes.

Plus tard il aviserait à se servir pour le mieux de sa découverte ; pour le moment, il devait se montrer l'esprit libre et dispos, de manière à empêcher les soupçons de se porter sur lui.

Il avait du reste un sujet tout prêt et avec lequel il était assuré de provoquer la bonne humeur de la marquise, ainsi que de ses convives, — sa propre coquetterie, dont Mme de Lucillière plaisantait souvent.

— Avez-vous jamais vu le soleil se lever, mon cher prince ? demanda-t-elle lorsqu'il se fut assis sur sa chaise.

— C'est lui qui me fait toujours sa visite.

— Que vous ne lui rendez jamais.

— Nos heures ne sont pas les mêmes ; aujourd'hui il m'a réveillé.

— De bonne heure ?

— Trop tard, puisque je me levais seulement quand la cloche a sonné.

— Alors comment avez-vous pu être prêt ? demanda le prince de Kranitz, qui avait plus de légèreté dans les doigts que dans l'esprit et qui ne savait plaisanter qu'à coups de poing.

Mais le prince Mazzazoli prit en riant cette question un peu trop personnelle, et se moqua lui-même très-agréablement du beau noir de ses cheveux.

Jamais il n'avait été de si belle humeur ; il tint tête à tout le monde et mit les rieurs de son côté.

Il inventa même une théorie scientifique qui devait se graver dans la mémoire de ceux qui l'écoutaient et donner à ce déjeuner une date certaine.

S'il se teignait les cheveux et la barbe, ce qu'il avouait sans difficulté, ce n'était point par coquetterie, comme l'en accusaient ceux qui le connaissaient mal. Coquet, lui ! et pour qui ? bon Dieu ! C'était simplement par raison de santé. En effet, de quoi mourons-nous quand nous atteignons la vieillesse ? De refroidissement ; la chaleur nous abandonne, et avec elle la vie. Quels sont les corps qui se refroidissent le plus vite et le plus facilement ? Chacun sait que ce sont ceux de couleur blanche, tandis que ceux de couleur noire gardent leur calorique. De là sa teinture.

Là-dessus s'était engagée une discussion qui avait occupé tout le déjeuner.

Si bien que le but du prince avait été atteint : on se souviendrait de ce déjeuner et de sa théorie, — ce qu'il voulait.

Tranquille sur le sort de ses feuilles de papier buvard, il ne se pressa pas de remonter à sa chambre après le déjeuner.

A quoi bon ? Son intention n'était pas de faire immédiatement usage de ces feuilles ; au contraire, il voulait attendre et ne rien livrer au hasard.

Et puis il était curieux de voir comment Mme de Lucillière allait s'y prendre pour mettre ses lettres à la poste, et quelles seraient ses précautions.

Sous prétexte qu'elle l'avait tourmenté pendant le déjeuner et qu'elle lui devait une compensation pour les humiliations dont elle l'avait accablé, il s'attacha à elle et ne la quitta pas plus que son ombre.

— Cela vous donnera une leçon, disait-il en riant ; une autre fois, vous ne vous moquerez plus de moi.

Jusqu'à une heure assez avancée de l'après-midi, Mme de Lucillière ne se montra pas gênée par cette surveillance.

Mais alors elle annonça l'intention de descendre au village.

— Voulez-vous me permettre de vous accompagner ? demanda le prince Mazzazoli.

— Très-volontiers.

Et elle prit le bras qu'il lui offrait, sans témoigner la moindre contrariété.

C'était une visite au curé qui amenait la marquise au village ; mais, comme il s'agissait d'une chose intime, elle pria le prince de ne pas entrer au presbytère avec elle.

— Voulez-vous m'attendre ici ? dit-elle en lui abandonnant le bras.

Et elle lui désigna un banc en pierre placé à l'ombre d'un tilleul qui fait le centre d'une petite place.

A vrai dire cette petite place est la grande place de Chalençon, et c'est sur elle que se trouvent les deux monuments et les principaux établissements de la commune, l'église et la mairie, le presbytère, le bureau de poste et le café.

Avec ce qu'il savait, le prince ne pouvait pas être dupe de la marquise : la visite au presbytère était un prétexte, la raison vraie était la visite à la poste.

Aussi ne s'assit-il pas sur le banc que la marquise lui avait indiqué, mais se promena-t-il en long et en large devant la porte du presbytère.

Son attente ne fut pas très-longue ; au bout de quinze ou vingt minutes, Mme de Lucillière reparut.

Il lui offrit son bras, qu'elle accepta sans observation.

Comment ne parlait-elle pas de ses lettres, qu'en avait elle fait ?

C'était la question qu'il se posait en marchant, quand tout à coup elle lui abandonna le bras ; déjà ils étaient éloignés d'une centaine de pas de la poste.

— Un oubli, dit-elle.

Et elle se mit à courir vers la boîte aux lettres.

Cela avait été si vivement fait qu'elle avait franchi la moitié de la distance avant qu'il fût revenu de sa surprise.

Il ne pouvait pas courir après elle.

Et puis à quoi bon ?

Ne savait-il pas ce que ces lettres renfermaient, n'en avait-il pas la copie dans sa chambre ?

Alors plus que jamais il s'applaudit de son idée, car il lui aurait été certainement impossible de se procurer ces lettres, qui de la poche de la marquise passaient directement dans la boîte.

Doucement il alla au devant de Mme de Lucillière et ils remontèrent au château en devisant amicalement.

Le prince était enchanté des progrès que Carmelita faisait sous la direction de Lorenzo Bejo, elle devenait une vraie artiste.

Malheureusement elle allait sans doute être obligée de négliger la musique, peut-être même de l'abandonner entièrement.

— Et pourquoi donc ?

— Il était question d'un mariage qui très-probablement ne tarderait pas à se faire.

Le prince eût voulu être plus explicite avec une amie telle que la marquise ; mais, par suite de circonstances particulières, il était obligé à une extrême discrétion. Au reste, la marquise serait la première informée de ce mariage, qui paraissait assuré.

Mme de Lucillière ne se permit qu'une seule question, bien qu'elle fût étrangement surprise par cette communication.

— Ce mariage réaliserait-il les désirs du prince ?

— Il les dépasserait : superbe, splendide, digne de la beauté de Carmelita.

Il y avait là de quoi occuper l'esprit de Mme de Lucillière et l'empêcher de penser à autre chose.

Qui donc pouvait épouser Carmelita ?

Elle chercha curieusement, mais sans arriver à se fixer sur un nom d'une façon précise et définitive.

Le prince attendit jusqu'au soir pour examiner ses feuilles de buvard.

Et ce fut seulement quand il supposa que tout le monde était endormi dans le château qu'il se décida à ouvrir le meuble où il les avait serrées.

La porte de sa chambre fermée à clef et au verrou, la portière rabattue, les rideaux des fenêtres bien clos, il crut qu'il pouvait les atteindre sans danger.

Car il n'avait pu regarder ces empreintes que d'un rapide coup d'œil, et, bien que de loin elles lui eussent paru nettes et distinctes, il ignorait si elles pouvaient se lire facilement ou tout au moins clairement.

Toute la question était là, en effet ; il ne suffisait pas que le colonel vit que Mme de Lucillière avait écrit au duc de Mestosa, à lord Fergusson, au prince Scratoff ; car cela n'avait rien de bien extraordinaire : il fallait qu'il lût ce qu'elle avait écrit.

Avec des précautions infinies, il déplia les feuilles de papier rose et les regarda longuement.

Les empreintes étaient parfaitement distinctes, au moins dans le bas de chaque lettre, car les premières lignes dont l'encre avait commencé à sécher lorsque la marquise les avait placées dans le buvard, étaient plus pâles, quelques mots mêmes étaient mal formés.

Mais ces empreintes étaient naturellement renversées, et il fallait les lire de droite à gauche.

Cette opération simple et facile pour un typographe était au contraire fort embrouillée pour quelqu'un qui n'avait pas l'habitude de lire le caractère d'imprimerie.

A regarder ces empreintes, on ne voyait tout d'abord qu'une sorte de gribouillis indéchiffrable.

Mais si l'on prenait un petit miroir et si on le plaçait devant la feuille de papier en l'inclinant légèrement, les lettres, les mots, les lignes, venaient aussitôt s'imprimer sur sa face polie et l'on pouvait alors les lire couramment.

Le même résultat était obtenu avec plus de netteté encore, si l'on posait le miroir à plat sur une table et si l'on exposait au-dessus l'empreinte prise par le papier buvard.

C'était la lettre elle-même qu'on avait devant les yeux.

Ce fut ce moyen qu'employa le prince Mazzazoli, et il fut stupéfait du succès qu'il obtint.

Quelques mots dans les premières lignes étaient brouillés ou plus justement frustes, comme disent les antiquaires en parlant des médailles usées, et cela parce que l'encre avait déjà séché, mais les dernières étaient d'une netteté parfaite.

Ne voulant pas s'en tenir aux lettres du prince Scratoff et de lord Fergusson, qu'il connaissait, il chercha celle du duc de Mestosa, sur laquelle il avait braqué sa lorgnette trop tard, et il la lut avec la plus grande facilité, à l'exception des premières lignes.

Mais ce qui avait été imprimé sur le buvard était plus que suffisant pour éclairer le colonel.

Voici ce qu'il lut :

... « de vous voir vendredi, comme
» je l'avais espéré. J'irai à Paris, il est vrai ;
» mais je n'aurai pas une minute à moi. Me
» pardonnerez-vous ? Je m'en flatte, et ne
» veux pas croire que vous douterez un mo-
» ment de la tendresse, faut-il dire de l'a-
» mour de votre

» Henriette. »

Comme si ce n'était pas assez, le prince chercha encore quelque découverte nouvelle en promenant toutes les parties du buvard au-dessus de son miroir ; mais il ne trouva rien, si ce n'est une variante au dernier couplet du *Serpent* qui prouvait que Mme de Lucillière travaillait ses poésies et, bien que peu classique dans sa forme, suivait cependant les préceptes du sévère Boileau sur le polissage et le repolissage des vers.

Mais ce n'était pas de vers ni de poésie qu'il avait souci pour l'heure présente.

Son examen terminé, il serra de nouveau ces précieuses feuilles sous clef, et se mit au lit pour réfléchir à tête reposée au parti qu'il devait adopter et au plan qu'il devait se tracer.

Il était bien certain que la lecture de ces lettres allait amener une rupture entre le colonel et la marquise.

Si aveugle que fût le colonel, ses yeux s'ouvriraient.

Si épris qu'il pût être, il ne supporterait pas une pareille tromperie, et même c'était justement la puissance de son amour qui ferait la violence de son désespoir.

A quoi ce désespoir l'entraînerait-il ?

C'était là ce qu'il fallait examiner et autant que possible prévoir.

A l'égard de la marquise, cela n'inquiétait pas le prince ; il n'avait pas à s'occuper de ce que deviendrait Mme de Lucillière.

C'était le colonel seul qui l'intéressait.

Que ferait-il ?

La question était d'une extrême gravité.

Il pouvait quitter immédiatement Paris et retourner en Amérique.

Il pouvait provoquer le prince Scratoff, le duc de Mestosa, lord Fergusson, et se battre avec eux. Qu'il les tuât, c'était parfait ; mais qu'il se fît tuer par eux, c'était ce qu'il ne fallait pas.

Comment empêcher ce départ ? comment prévenir ce duel ? C'était ce que le prince ne voyait pas.

Et, pendant quelques instants, il fut embarrassé de la puissance de l'arme que le hasard venait de lui mettre aux mains, se demandant comment il devait s'en servir, sans s'exposer à se blesser lui-même.

Cependant il fallait se décider, et la situation, telle qu'elle se présentait, n'avait que deux issues : se servir de cette arme, si dangereuse qu'elle pût être, ou ne pas s'en servir.

Cette dernière solution était impossible. N'avait-il donc cherché si ardemment un moyen d'action que pour le repousser, lorsque la fortune le lui offrait ?

Si le colonel quittait Paris, il fallait le suivre ; voilà tout.

S'il se battait, il fallait courir les chances de ce duel : il pouvait tout aussi bien tuer ses adversaires qu'être tué par eux.

Et puis tous les duels ne sont pas fatalement mortels.

Enfin il y avait bien des probabilités pour que ce duel n'eût pas lieu. Sous quel prétexte, pour quelle raison, le colonel provoquerait-il ses rivaux ? Ils ne s'étaient pas conduits à son égard d'une façon déloyale, ils ne lui avaient pas enlevé une maîtresse : c'était lui plutôt qui était venu se jeter à travers une situation établie.

Il n'y avait donc pas à hésiter : il fallait franchement employer cette arme et courir les chances qu'elle pouvait faire naître, — les mauvaises comme les bonnes.

Les bonnes, il fallait prendre ses précautions pour en profiter.

Les mauvaises, il fallait autant que possible s'arranger pour s'en défendre et les neutraliser.

Il n'y avait donc qu'à ne rien faire à l'étourdie, à la légère, avec imprudence, et il importait de ne frapper qu'après avoir choisi son heure et s'être assuré les meilleures conditions possibles.

Rien ne pressait d'ailleurs, et ce n'était pas dans ce château, alors que le colonel n'avait que deux pas à faire pour courir chez sa maîtresse, qu'il fallait agir.

Au contraire, il y avait tout avantage à attendre qu'une explication immédiate ne pût pas suivre la lecture de ces lettres ; car, avec une femme telle que la marquise, il y avait tout à craindre d'une explication.

Elle avait parlé d'une absence de quelques jours qu'elle devait faire pour se rendre chez une de ses amies, à trente lieues de Paris ; il fallait profiter de cette absence et envoyer le buvard quand elle ne serait pas là. Arrivé à ce point de son raisonnement, le prince Mazzazoli n'alla pas plus loin pour ce soir-là : l'heure était venue de dormir. Il avait bien employé sa journée, et le succès qu'il voyait prochain lui faisait un devoir de se ménager ; ce n'était pas le moment de s'échauffer le sang et de se donner la fièvre.

Et il s'endormit en souriant. Depuis plus de vingt ans, il n'avait pas eu une aussi bonne journée ; enfin la veine lui revenait, il était temps.

Le lendemain, prétextant des affaires importantes, il quitta Chalençon pour rentrer à Paris.

Il avait besoin d'être seul et libre pour faire tous ses préparatifs.

Dans son plan, il y avait deux points principaux, desquels découlait tout le reste.

Le premier consistait à se procurer une somme d'argent suffisante pour quitter Paris et suivre le colonel, si celui-ci partait en voyage, comme cela était possible et même probable.

Le second, non moins important, consistait à trouver un agent habile et sûr, qui pût organiser une surveillance autour du colonel et savoir où il allait.

Pour un homme dans la position du prince, c'étaient là des difficultés qui eussent arrêté un esprit moins résolu, mais qui ne l'inquiétèrent point.

Il fallait de l'argent, il en trouverait n'importe comment.

C'était la dernière mise à risquer sur un coup assuré, il la risquerait.

Alors il se mit en chasse, avec le courage d'un homme décidé à ne rien négliger, à ne se laisser arrêter par rien pour réussir.

Lorsqu'on en est là, on trouve en soi des ressources inespérées.

Au bout de deux jours le prince était à la tête de sept mille cinq cents francs en argent. Le reste du musée, le mont-de-piété, les emprunts, les achats de marchandises neuves, tout avait été mis en œuvre.

Maintenant il pouvait agir.

Alors il avait été rendre visite à l'homme sur lequel il comptait pour surveiller le colonel, M. Max Profit, directeur de l'*agence des familles*, cette agence qui rendait tant de services en organisant, disait son prospectus, « des surveillances particulières, nocturnes et diurnes, citadines et villageoises, qui permettent de savoir ce qu'on soupçonne ou même de concevoir des soupçons qu'on n'avait pas. »

En deux mots le prince Mazzazoli avait mis M. Max Profit au courant de ce qu'il désirait, c'est-à-dire savoir d'une façon précise ce que M. le colonel Chamberlain ferait à partir du lundi suivant, où il irait, dût-on le suivre jusqu'au bout du monde, sans le perdre de vue.

Cela était possible, facile même ; seulement, bien que le système de l'*agence des familles* fût de n'exiger le payement des honoraires qu'après le succès, son habitude était de demander une provision pour faire face à des dépenses pouvant être considérables. Max

Profit demandait donc trois mille francs. Assurément il était plein de confiance dans le prince, mais les affaires étaient lourdes, les payements s'effectuaient mal ; il avait beaucoup d'argent dehors, sans compter celui qui ne rentrerait jamais.

On discuta longtemps, et à la fin on tomba d'accord sur une somme de mille francs en argent comptant.

En précisant ainsi, l'agent paraissait avoir des doutes sur ce payement comptant ; aussi laissa-t-il échapper une légère marque de surprise, lorsque le prince, ouvrant son portefeuille, tira d'une liasse deux billets de cinq cents francs qu'il déposa sur le bureau.

— Ainsi, c'est bien entendu, dit-il, on suivra le colonel partout où il ira et l'on m'avertira.

Les choses ainsi disposées, son agent en faction devant la porte du colonel, Mme de Lucillière à trente lieues de Paris, le moment était venu de frapper le grand coup.

Pour cela, le moyen à employer était des plus simples : c'était celui du baron Lazarus, — une lettre anonyme. Seulement le prince, plus circonspect et plus économe que le baron, ne recourut point à un écrivain public. Grâce à l'éducation qu'il s'était donnée, il possédait deux genres d'écriture absolument dissemblables : une cursive, dont il se servait habituellement, et une bâtarde ronde, qu'il n'employait que dans certaines circonstances particulières et qu'on ne connaissait pas.

Ce fut donc en bâtarde qu'il écrivit le billet suivant :

« Si vous voulez savoir quelles sont les re-
» lations qui existent entre Mme la marquise
» de Lucillière et le duc de Mestosa, le prince
» Seratoff et lord Fergusson, lisez les em-
» preintes tracées sur le buvard ci-joint.
» Pour cela, exposez ces feuilles de papier
» buvard au-dessus d'un miroir et lisez dans
» le miroir même. »

Puis, après avoir placé ce billet et les feuilles de buvard dans une grande enveloppe qu'il ferma de cinq cachets en cire, il porta ce paquet à la grande poste et le chargea en donnant un faux nom.

Cela fait, il rentra chez lui.

Il n'avait plus qu'à attendre les résultats de cette combinaison.

Quels seraient-ils ?

XXIX

Contrairement à ce qui se produisait toutes les fois que Mme de Lucillière devait faire une absence, le colonel avait été satisfait de la voir quitter Paris pour quelques jours.

Il aurait ainsi le temps de réfléchir avec calme et d'envisager sous toutes ses faces la situation que leur créait la connaissance qu'avait le marquis de la petite porte de la rue de Valois.

Car, sous le regard de celle qu'il aimait, sous sa puissance immédiate, il n'était pas maître de lui, et, quoi que la raison, la prudence et la dignité, lui commandassent, il ne pouvait vouloir que ce qu'elle voulait elle-même et lui suggérait.

Pendant son séjour à Chalençon, il s'était demandé s'il devait lui parler de la lettre anonyme reçue par le marquis, et il n'avait point osé le faire.

Que déciderait-elle en apprenant que son mari connaissait leurs rendez-vous ?

De les interrompre sans doute, et c'était justement ce qu'il ne voulait pas.

Assurément il était dangereux de continuer à se voir la nuit, comme ils s'étaient vus en ces derniers temps ; mais, avant de renoncer à ces entrevues chez lui, il voulait s'être assuré les moyens de les reprendre et de les continuer ailleurs.

Où ? C'était ce qu'il ne savait pas et ce qu'il voulait chercher.

En même temps, il voulait aussi examiner froidement la question de son association avec M. de Lucillière et décider s'il devait rompre cette association ou la continuer.

Ces deux points étaient assez graves pour exiger un examen attentif et recueilli.

D'un côté, c'était son amour qui était en jeu.

D'un autre, c'était son honneur.

Jamais il ne s'était trouvé dans une situation aussi critique.

Car jamais, jusqu'à ce jour, il n'avait aimé une femme d'un amour aussi ardent, aussi intense, que celui qu'il éprouvait pour sa chère Henriette.

Et jamais, jusqu'à ce jour non plus, il n'avait été engagé dans des affaires où son honneur pouvait se trouver compromis.

Comment continuer son association avec le marquis, sans devenir son complice ?

Comment la rompre, sans rompre en même temps sa liaison avec la marquise ?

Mme de Lucillière était partie le dimanche soir, et il s'était engagé envers lui-même à avoir pris une résolution avant son retour.

Aussi le lundi était-il resté chez lui, en donnant l'ordre de ne recevoir personne.

Il avait besoin de solitude, de recueillement.

C'était sa vie qui allait se décider.

Jusque vers cinq heures de l'après-midi, les ordres qu'il avait donnés avaient été fidèlement exécutés, et personne n'était venu troubler sa solitude.

Mais à ce moment un domestique entra

dans la bibliothèque, où il se trouvait, pour lui annoncer qu'un facteur de la poste demandait à le voir.

— Envoyez ce facteur à Horace.

— Ce n'est pas possible, il a une lettre chargée à remettre à monsieur.

— Eh bien! qu'il la remette à Horace.

C'était Horace en effet qui recevait ordinairement les lettres du colonel et qui le plus souvent y répondait.

Car ces lettres, pour la plupart, étaient des demandes de secours, des propositions d'affaires plus ou moins merveilleuses, tout le fatras dont le colonel avait été accablé en arrivant au Grand-Hôtel et qui l'avait suivi lorsqu'il s'était établi chez lui.

Tout d'abord Horace avait lu ces lettres avec conscience, et à chacune il avait fait une réponse autographe que le colonel signait.

Mais bientôt ils avaient été l'un et l'autre débordés : Horace n'avait plus le temps d'écrire et le colonel ne pouvait plus signer.

Alors le colonel avait fait imprimer une circulaire qui était envoyée en réponse à tous ceux qui adressaient une demande.

« Monsieur,
» Il m'est adressé un grand nombre de demandes comme la vôtre.
» A mon grand regret, je suis obligé de déclarer qu'il m'est impossible d'y donner suite.
» Je vous prie de recevoir mes excuses et mes salutations.
» Colonel CHAMBERLAIN. »

Cela avait simplifié les choses et donné un peu de répit à Horace, qui n'avait plus que des adresses à écrire: encore était-ce un travail qui lui prenait quelquefois plusieurs heures par jour.

— J'ai proposé au facteur de remettre sa lettre à M. Horace, continua le domestique ; mais cela n'est pas possible, il faut que monsieur signe lui-même.

— Alors qu'il entre.

Et le facteur avait remis au colonel une grande enveloppe fermée de cinq cachets de cire.

Pendant quelques instants, le colonel avait tourné et retourné cette enveloppe entre ses doigts, il avait regardé l'écriture de l'adresse; puis, comme cette écriture ne lui disait rien, pas plus que les initiales des cachets, il avait jeté sur le coin d'une table cette lettre, qui bien probablement n'était qu'une répétition de toutes celles dont on le bombardait.

— Celui-là aura reçu la circulaire, se dit-il, et, voulant être certain que sa lettre arrivera entre mes mains, il aura eu l'idée de la charger.

N'échapperait-il donc jamais aux mendiants ?

Ces demandes incessantes étaient en effet un de ses ennuis et de ses chagrins.

Comment les satisfaire ?

Horace avait eu la patience de noter et d'additionner toutes les demandes d'un mois, et leur total avait dépassé de beaucoup le revenu du colonel.

Pour se consoler de ses refus en masse, il donnait le plus qu'il pouvait à tous ceux qui lui étaient recommandés personnellement par des gens en qui il pouvait avoir confiance.

La lettre jetée, il n'y pensa plus et revint au sujet qui le préoccupait.

Ce fut le soir seulement que ses yeux tombèrent par hasard sur ces cinq grands cachets rouges qui reflétaient la lumière.

Il était précisément en ce moment dans une de ces dispositions d'esprit où l'on cherche volontiers une distraction machinale, où l'on déchire, sans trop savoir ce que l'on fait, une feuille de papier en petits morceaux, où l'on couvre sa pancarte de dessins informes, où l'on fait tourner ses doigts. Il prit cette grande enveloppe et pendant plusieurs minutes il la balança au bout de sa main, tout en restant profondément absorbé dans sa réflexion.

Puis, l'ayant posée de nouveau sur la table, il se mit à déchiqueter doucement la cire des cachets avec la pointe d'un canif.

Un cachet enlevé, il passa à un autre, sans avoir conscience de ce qu'il faisait, et, celui-là déchiqueté et brisé, à un troisième.

L'enveloppe alors s'ouvrit d'elle-même et laissa apercevoir des feuilles de papier buvard.

Cela attira son attention.

Qu'est-ce que cela pouvait bien être ?

Sa curiosité était éveillée.

Il tira le papier buvard de l'enveloppe, et en l'ouvrant, il trouva le billet du prince Mazzaroli.

Tout le monde sait que lorsqu'on pense fortement à une personne ou à une chose, et qu'on ouvre un livre ou une lettre dans lesquels se trouve le nom de cette personne ou de cette chose, ce nom vous saute aux yeux exactement comme s'il était écrit en caractères lumineux.

Ce fut ce qui arriva pour le colonel.

Le nom de Mme de Lucillière l'éblouit comme l'eût fait un éclair.

Vivement il prit le billet, et d'un coup d'œil il le lut dans son entier.

Une lettre anonyme. Quelle infamie !

Et il rejeta loin de lui le billet et les feuilles de papier buvard.

Qu'avait-il donc fait pour qu'on s'acharnât ainsi sur lui ?

Après le coup de couteau de la forêt de Marly, la lettre au marquis.

Après la lettre au marquis, celle qui venait de le frapper.

Assurément il ne la lirait pas.

Devait-il salir son esprit, souiller son cœur de ces calomnies?

Et il fit quelques pas pour sortir de la bibliothèque.

Mais l'esprit le plus droit est plein d'hypocrisie et de ruses pour se tromper lui-même.

S'il abandonnait ce billet et ce buvard, on les trouverait, on les lirait ; ces calomnies se répandraient.

Il les ramassa pour les brûler.

Mais, lorsqu'ils furent entre ses mains, il ne les brûla point.

Un horrible sentiment d'anxiété le serrait à la gorge.

Les soupçons qui pendant si longtemps l'avaient torturé le poussaient, sans qu'il pût leur résister.

Il pouvait savoir.

Ce n'était point une lettre anonyme qu'il lirait, ce seraient les lettres même de la marquise.

Et de nouveau les noms du duc de Mestosa, de lord Fergusson, du prince Seratoff, lui brûlèrent les yeux.

La tentation était trop forte.

Il prit un petit miroir à main, et, l'ayant posé à plat sur la table, il plaça l'une des feuilles du buvard au-dessus.

La signature HENRIETTE lui entra dans le cœur comme un coup de couteau.

Il remonta alors à la première ligne.

C'était la lettre au prince Seratoff :

« Il vous a fallu votre vendredi..... »

Et il la lut jusqu'à la dernière ligne.

« A vendredi, votre vendredi ! »

Était-ce possible?

Il suffoquait ; ses mains tremblaient tellement qu'il laissa échapper le papier sur la table.

Il était assommé, écrasé.

Et machinalement il se répétait :

— Non, non.

Mais cette révolte ne pouvait tenir contre l'évidence ; c'était bien l'écriture d'Henriette.

Il reprit la feuille de papier et, s'appuyant les deux bras sur la table, il l'exposa au-dessus du miroir.

Ce serpent
Se repent.

Il déplia la seconde feuille.

« My dear... dites-vous bien que je vous aime. »

Je vous aime !

Et c'était elle, c'était bien elle qui avait écrit ces trois mots que la veille encore elle lui disait, elle lui répétait si tendrement à lui-même.

C'était donc vrai, elle le trompait !

Comme elle s'était moquée de lui !

Lord Fergusson, le prince Seratoff, le duc de Mestosa ses rivaux !

Et pourquoi pas d'autres encore ?

Il promena chacune des parties des deux feuilles de papier au-dessus du miroir, mais il ne fit pas de nouvelles découvertes.

Et il en éprouva un mouvement de colère; il aurait voulu trouver la copie de dix lettres, de vingt lettres, pareilles à celles qu'il venait de lire.

Il se renversa dans son fauteuil et resta là à regarder les murs de la bibliothèque, qui dansaient devant ses yeux ; le plafond s'abaissait, le parquet se soulevait comme des vagues en un jour de tempête. Mais la tempête était en lui, et c'était dans son cœur, c'était sous son crâne que le sang frappait et bouillonnait en vagues furieuses.

Dieu merci ! elle n'était pas à Paris.

Et ceux qui lui avaient envoyé ces feuilles accusatrices avaient eu la charité au moins de choisir leur moment pour lui éviter un crime.

Et pourquoi ne l'aurait-elle pas trompé après tout ? pourquoi lui eût-elle été fidèle quand elle ne l'avait pas été aux autres ?

A une pareille tromperie, on ne devait répondre que par le mépris et l'abandon.

Il ne la reverrait pas.

Il quitterait Paris, il la fuirait.

Et, dans l'écroulement qui venait de se produire en lui, cette résolution lui donna une sorte de calme.

Il savait ce qu'il avait à faire.

Il souffrait horriblement, plus qu'il n'avait jamais souffert, plus qu'il n'avait jamais imaginé qu'on pouvait souffrir ; mais enfin sa raison n'était plus affolée, après avoir été entraînée en un tourbillon vertigineux, elle venait de s'arrêter à quelque chose de solide et de certain.

Il ne la verrait plus.

Immédiatement il se mit à son bureau et commença à lui écrire.

Pendant une heure, sa main courut sur le papier.

Les feuilles s'entassèrent devant lui.

Sa douleur, son désespoir, son indignation, sa fureur s'épanchaient en paroles rapides et violentes ; tout ce qu'il avait dans le cœur, il le disait, il le criait.

Ah ! comme il l'aimait !

Comme il l'aurait aimée !

Mais tout à coup il s'arrêta.

Peu à peu, en écrivant, sa fureur s'était apaisée, et la réflexion, la raison, avaient élevé la voix dans son esprit.

Ce n'était point ainsi qu'il devait se séparer d'elle.

Alors, ramassant les feuilles encore humides éparses autour de lui, il les avait portées dans la cheminée et les avait allumées.

Pourquoi dire qu'il était malheureux et qu'il souffrait?

Ces plaintes étaient une lâcheté.

Feraient-elles oublier cette trahison?

Seraient-elles une vengeance?

Un mot suffisait.

Il l'écrivit:

» Lisez le billet ci-joint et les feuilles de
» votre buvard qui l'accompagnaient, vous
» sentirez pourquoi je quitte la France ce
» soir même.

» ÉDOUARD CHAMBERLAIN. »

C'était assez.

Alors il réunit les feuilles du buvard, y joignit le billet du prince Mazzazoli et celui qu'il venait d'écrire lui-même; puis, ayant enfermé le tout dans une grande enveloppe, il écrivit sur cette enveloppe le nom de Mme de Lucillière.

C'était fini.

Pendant longtemps il resta la tête cachée entre ses mains, abîmé dans son désespoir.

Les heures de la nuit avaient marché, il régnait un silence de mort dans tout l'hôtel.

Cependant il fallait compléter sa résolution.

Où irait-il?

Il n'en savait rien.

Qu'importait après tout?

Au hasard, droit devant lui.

Là où il serait certain de ne pas la rencontrer.

Il prit un indicateur des chemins de fer, et il alla d'une ligne à l'autre; mais, à cette heure avancée, tous les trains des grandes lignes étaient partis.

Au reste, cela n'avait pas une grande importance pour lui: elle n'était pas à Paris, il serait encore temps le lendemain matin.

En feuilletant machinalement l'indicateur, un nom frappa ses yeux: Genève.

Pourquoi n'irait-il pas à Genève? En Suisse, dans les montagnes, il trouverait sans doute le calme et la solitude.

Il irait à Genève, cela était décidé.

Arrêté à cette résolution, il monta à la chambre d'Horace pour lui dire de préparer ce qui était nécessaire à leur voyage.

Il le croyait couché et ne voulait pas provoquer la curiosité de quelque domestique en le sonnant.

Mais Horace n'était point encore au lit.

Quand le colonel entra dans sa chambre, éclairée avec une lampe et trois ou quatre bougies, Horace était devant sa glace en train de faire pour la quatrième ou cinquième fois le nœud de sa cravate.

Il était en tenue de soirée: pantalon noir, bottines fines, linge blanc.

Deux bouquets, enveloppés de papier, étaient posés sur une table, au milieu de flûtes, de clarinettes et de cornets à piston.

Car, depuis son arrivée à Paris, Horace avait été pris d'une manie assez bizarre: il achetait tous les instruments de musique qu'il trouvait, et sa chambre en était mieux garnie que la boutique de bien des facteurs. Aux murailles étaient accrochés des violons, des trompettes, des trombones, des triangles et des tambours; mais ce qu'il aimait par-dessus tout, avec passion, avec folie, c'étaient les instruments à vent. Il ne pouvait pas voir une anche ou une embouchure sans être tourmenté aussitôt de l'envie de souffler dedans; tout le temps qu'il avait de libre, il l'employait à cet exercice, et s'il quittait une clarinette, un hautbois ou un basson, c'était pour prendre une trompette à coulisse un cor ou un fifre: le violon n'était pour lui qu'une simple distraction.

Et, chose curieuse, il ne jouait pas trop mal de tous ces instruments; au bout de huit jours, quinze jours, il connaissait le maniement de celui qu'il venait d'acheter et il passait à un autre.

— Tu te disposais à sortir? dit le colonel.

Horace regarda les bouquets d'un œil attendri.

— Oui, mon colonel.

— Il faut rester; nous partons demain matin en voyage et tu as nos malles à faire cette nuit.

— Un voyage, un vrai voyage, un long voyage?

— Peut-être, je n'en sais rien.

La figure souriante d'Horace s'assombrit.

Il hésita un moment; puis, prenant sa résolution avec effort:

— C'est de bonne heure que nous partons? demanda-t-il.

— A sept heures de l'hôtel.

— Alors, si mon colonel voulait le permettre:

— Quoi?

— Puisque nous ne partons qu'à sept heures, j'ai toute la nuit pour faire les malles; alors je pourrais sortir ce soir, je ne serais qu'une heure absent.

Et ses yeux se posèrent sur les deux bouquets avec une expression attristée qui n'avait pas besoin d'être traduite par la parole.

— Tu veux porter ces bouquets?

— Non, mon colonel; je veux porter mes remerciements pour leur envoi.

— Ah! on t'envoie des fleurs à toi?

Et le colonel se mit à rire d'un mauvais rire nerveux.

Puis, haussant les épaules:

— Imbécile! dit-il, grand niais!—

Horace le regarda avec stupéfaction, et vit pour la première fois combien la face de son maître était convulsée.

Tout à coup cette face s'adoucit et prit une expression désolée.

— Puisque tu devais sortir, dit le colonel, sors, amuse-toi bien, sois heureux, mon pauvre garçon. Seulement n'oublie pas que nous partons à sept heures. Je ne veux pas qu'on me conduise, tu iras chercher une voiture de place.

A six heures, Horace entra dans la chambre de son maître, et trouva celui-ci endormi sur un fauteuil, pâle, défait ; il ne s'était pas couché, et, vers le matin seulement, le sommeil l'avait saisi dans le fauteuil où il avait passé la nuit.

— Où allons-nous ? demanda Horace lorsqu'il eut fait placer les bagages sur le fiacre.

— Gare d'Orléans ! dit le colonel.

Mais à la Bastille il changea cet itinéraire, et fit dire au cocher d'aller à la gare de Lyon.

Quand Horace demanda deux places pour Genève, un voyageur, qui l'avait suivi au guichet, demanda une place pour la même destination.

Six jours après ce départ, le prince Mazzazoli reçut une dépêche télégraphique ainsi conçue :

« Horace Cooper, hôtel du *Rigi Vaudois*, » au Glion, par Montreux, canton de Vaud » (Suisse).

(Même hôtel.) » AUGUSTE. »

A cette dépêche, le prince répondit par une courte question :

« Combien durera ce séjour ? »

Et, deux heures après, il reçut la réponse qu'il demandait :

« Quinze jours ou trois semaines. »

TROISIÈME PARTIE.

IDA ET CARMELITA.

I

Il ne faut pas médire de la civilisation et de ses bienfaits.

Cependant on doit reconnaître qu'en ce qui touche spécialement la nature, ou plus justement le paysage, pour employer un mot moins vague, elle est plus souvent un mal qu'un bien.

Ainsi une contrée qu'elle a transformée et enrichie est-elle loin de valoir, pour le plaisir des yeux, ce qu'elle valait au temps où elle n'était qu'une contrée pauvre et sauvage.

Nulle part cette vérité n'apparaît plus évidente que sur les bords du lac de Genève.

Il y a cent ans, si l'on s'en rapporte à Rousseau, les pentes qui descendent des montagnes jusqu'au lac et qui s'étendent de Vevey à l'embouchure du Rhône, étaient couvertes de bois ou de prairies.

Aujourd'hui à la place des grands arbres se dressent de maigres échalas, et les prairies ont été remplacées par des vignes aussi belles, aussi riches que possible.

La civilisation a passé par là ; elle a défriché les bois, elle a mis les terres en culture, elle a construit des maisons et des murs, elle a dessiné des rues, elle a ouvert des boutiques, elle a enrichi le pays.

Mais, hélas ! enrichir n'a jamais été synonyme d'embellir.

Heureusement, dans un pays de montagne, la culture, si ambitieuse et si industrieuse qu'elle soit, ne peut pas tout envahir : la nature lui impose des limites qu'elle ne peut pas franchir ; et à une certaine hauteur elle doit, quand même s'arrêter, vaincue et impuissante.

Alors plus de vignes, plus de boutiques, mais des pâturages, des bois, des ravins, des rochers, — le paysage.

Cependant, là où les boutiques s'arrêtent, n'osant plus monter, les hôtels sont plus courageux, et de crêtes en crêtes ils s'élèvent toujours, invitant les touristes à les suivre.

Tout le monde sait que la Suisse est la patrie des hôtels, qui poussent spontanément sur son sol comme les pins et les champignons ; pas de village, pas de hameau, si pauvre qu'il soit ; pas de site, pour peu qu'il offre une curiosité quelconque, qui n'ait son auberge, son hôtel ou sa pension.

C'est ainsi qu'au hameau du Glion, au-dessus de Montreux, à une altitude de six à sept cents mètres, à la pointe d'une sorte de promontoire qui s'avance vers le lac, a été construit l'hôtel du *Rigi-Vaudois*.

La position, il est vrai, est des plus heureuses, à l'abri des chaleurs comme des froids, au milieu d'un air vif et salubre, en face d'un merveilleux panorama.

Si l'on ne veut pas sortir, on a devant soi les sombres rochers de Meillerie, que couronnent les Alpes neigeuses de la Savoie, et, à droite et à gauche, la nappe bleue du lac, qui commence à l'embouchure du Rhône pour s'en aller vers Genève, jusqu'à ce que ses rives s'abaissent et se perdent dans un lointain confus.

Au contraire, si l'on aime la promenade, on n'a qu'un pas à faire pour se trouver immédiatement sur les pentes herbées ou boisées qui descendent des dents de Naye ou de Jaman.

Deux chemins conduisent au Glion : l'un est une bonne route de voitures qui monte du lac par des lacets tracés sur le flanc de la montagne ; l'autre est un simple sentier qui serpente à travers les pâturages et le long d'un torrent.

Un soir, peu d'instants avant le toucher du soleil, le sommelier du *Rigi-Vaudois* vit arriver par ce sentier, deux voyageurs, ou plus justement deux promeneurs, car ils n'avaient pas le plus léger bagage avec eux.

L'un était un nègre, jeune encore, de taille athlétique, souple et vigoureux dans sa démarche, vêtu d'un costume de voyage qui portait dans sa coupe la marque d'un bon tailleur parisien.

L'autre était un blanc d'une trentaine d'années, de haute taille, aux épaules larges, aux reins solides ; il y avait dans son attitude quelque chose de militaire ; mais sa longue barbe fauve et ses cheveux frisants, qui bouclaient sur son cou, disaient que s'il avait été soldat, il était depuis assez longtemps en non-activité.

Tandis que le nègre marchait gaillardement, allègrement, le blanc, qui venait derrière lui, s'avançait la tête inclinée en avant comme un homme qui réfléchit beaucoup plus qu'il ne regarde.

Ils passèrent devant la porte de l'hôtel sans entrer, sans s'arrêter, suivant une allée courbe qui semblait conduire à l'extrémité du promontoire.

Effectivement cette allée finissait à une sorte d'esplanade d'où la vue s'étendait librement sur le lac et les hautes montagnes qui l'entourent.

Cette esplanade était en ce moment déserte; le blanc s'assit sur un banc de pierre, tandis que le nègre allait s'accouder à une certaine distance sur un parapet couvert de lierre et de plantes grimpantes.

Le soleil allait disparaître dans le ciel empourpré, et déjà les montagnes du couchant étaient noyées dans l'ombre, tandis que celles du côté du levant resplendissaient de teintes brillantes, qui dessinaient nettement toutes choses de leur base à leur sommet, maisons, bois, pâturages, rochers, neiges, et les rapprochaient pour celui qui les regardait.

Le soleil, qui n'était plus qu'un disque rouge sans rayons, s'était peu à peu abaissé, et son bord inférieur semblait s'être posé sur un pic dénudé; mais il n'y resta pas longtemps, lentement il s'enfonça, diminuant toujours, et bientôt il disparut complètement.

Cependant les montagnes, qui quelques instants auparavant étaient frappées en plein par ses rayons obliques, ne perdirent pas immédiatement leurs teintes brillantes, et ce ne fut que progressivement que l'ombre, partant de la surface blanche du lac, monta le long de leurs flancs, enveloppant, submergeant tout.

Tandis que la nuit commençait pour la terre, le ciel restait éclairé d'une lumière blanche qui, sur les contours de petits nuages semés çà et là, prenait une joyeuse teinte rose.

Mais ce qui surtout éblouissait les yeux et les émerveillait, c'était l'illumination qui couronnait les hautes cimes couvertes de neiges éternelles : il semblait que des feux se fussent allumés sur ces neiges, qui devenaient de plus en plus rouges à mesure que l'ombre s'élevait le long des montagnes.

Cependant cette ombre, qui peu à peu montait toujours, ne tarda pas à gagner aussi ces sommets et à les éteindre rapidement les uns après les autres.

Alors il se produisit un effet saisissant, bien fait pour émouvoir une âme troublée : toutes ces belles couleurs, éblouissantes quelques secondes auparavant, s'étaient changées presque instantanément en teintes blafardes, et ces neiges livides, qui maintenant formaient partout l'horizon, semblaient être un immense linceul qui allait descendre sur la terre morte pour l'envelopper et l'ensevelir.

Le promeneur, qui s'était assis sur le banc de pierre, resta longtemps immobile après que la nuit se fût complètement établie, la tête appuyée dans sa main, le coude posé sur son genou, les yeux perdus dans les profondeurs sombres du lac.

Puis, tout à coup se levant, il se dirigea vers le nègre, qui, paraissant d'humeur moins contemplative, se promenait depuis longtemps en long et en large dans l'allée et sur l'esplanade.

Voyant qu'il s'éloignait en lui tournant le dos, il l'appela à mi-voix :

— Horace !

Alors le nègre s'arrêta et revint vivement sur ses pas :

— Vous m'avez appelé, mon colonel ?

— Oui ; mais qu'est-ce que je t'ai demandé en quittant Paris ?

— C'est juste, mais l'habitude est plus forte que la volonté ; je tâcherai de ne pas vous appeler mon colonel.

— Je tiens à n'être pas connu ; ne me donne donc pas un titre qui pourrait mettre les curieux sur la piste, si toutefois nous rencontrons des curieux.

— Oui, mon colonel.

— Toujours, n'est-ce pas ?

— On ne m'a pas entendu.

— Parce qu'il n'y a personne autour de nous, tout simplement. Enfin ce n'est pas pour te gronder que t'ai appelé...

— C'est précisément parce que vous ne me grondez pas que je retombe toujours dans ma sottise; je vous en prie, grondez-moi, grondez-moi bien fort.

— Tu vas aller à cet hôtel, et tu vas demander si l'on peut me donner trois chambres ayant vue sur le lac. Je veux que ces chambres soient en communication les unes avec les autres. L'une me servira de chambre à coucher; la seconde, de salle à manger, car je veux prendre mes repas seul; la troisième sera pour toi. Si l'on te répond que toutes les chambres sont retenues, tu proposeras de payer double. Ce pays me plaît; je veux y rester quelques jours, peut-être quelques semaines. Arrange donc les choses pour que cela soit possible, j'y tiens.

— Alors nous ne retournons pas ce soir à Vevey ?

— Nous couchons ici, demain tu iras chercher les bagages. Tu donneras ton nom, et pas le mien.

— Mais pour les lettres ?

— Il ne viendra pas de lettres.

— Faut-il commander à dîner ?

— Oui, pour toi, si tu veux; pour moi, un morceau de viande froide dans ma chambre. Tu viendras m'apporter la réponse ici, je t'attends.

Tout d'abord on répondit à Horace qu'il était impossible de donner trois chambres dans ces conditions, que tous les appartements de l'hôtel étaient pris, et que ceux qui n'étaient pas occupés en ce moment étaient retenus par dépêches télégraphiques.

Mais, quand Horace eut annoncé qu'il était disposé à payer le prix qu'on lui demanderait pour ces chambres, et à faire un séjour de plusieurs semaines, les difficultés disparurent.

— Après tout, les dépêches télégraphiques ne parlaient pas de chambres ayant vue sur le lac, on en réserverait qui avaient vue sur la montagne, et l'on donnerait celles qu'il demandait à monsieur...

— Horace Cooper.

II

Si M. Horace Cooper avait été attentif à ce qui se passait autour de lui, il aurait remarqué à Vevey, en quittant avec ses bagages l'hôtel des *Trois-Couronnes*, qu'il était suivi par un voyageur qui les avait accompagnés depuis Paris; sur le bateau qui l'amena de Vevey à Montreux, il aurait retrouvé ce même voyageur; enfin il l'aurait aperçu encore près de lui au moment où, descendant du bateau à vapeur, il disait au cocher qu'il venait de prendre de les conduire au Glion, à l'hôtel du *Rigi-Vaudois*.

Mais pourquoi eût-il fait ces remarques ? Si un voyageur l'accompagnait ainsi, c'était par hasard, parce qu'ils allaient l'un et l'autre aux mêmes endroits; ce qui après tout est bien naturel.

Quant à soupçonner que ce voyageur les suivait et les espionnait, lui et son maître, cela ne s'était même pas présenté à son idée.

Espionner son maître, et pourquoi ?

Le colonel Chamberlain n'était-il pas libre d'aller où bon lui semblait, sans que personne eût le droit de s'en inquiéter ?

De qui relevait-il ? de qui dépendait-il ?

Sans doute Horace avait été tout d'abord très-surpris de leur brusque départ, et cette façon de quitter Paris, alors qu'il n'avait jamais été question de ce voyage en Suisse, lui avait donné à réfléchir.

La tristesse de son maître était aussi un fait significatif, car il n'était pas ordinaire que le colonel fût mélancolique, pas plus qu'il n'était habituel de le voir se mettre à table sans manger; au contraire, de belle humeur toujours, aussi bien que de bon appétit.

Mais ce départ subit ainsi que cette tristesse n'étaient nullement inexplicables.

Sans avoir jamais cherché à pénétrer les secrets de son maître, Horace n'avait pas pu rester dans la maison, les yeux fermés et les oreilles closes.

Eût-il voulu ne pas regarder, qu'il n'eût pas pu ne pas entendre.

A l'hôtel Chamberlain, il était universellement admis, sans contesté comme sans doute, que le colonel était l'amant de la marquise de Lucillière, et tout le monde savait que, si l'on avait construit une galerie mettant l'hôtel en communication avec la rue de Valois, c'était pour que la marquise, entrant la nuit par la petite porte de cette rue, pût arriver sans être vue à l'appartement du colonel.

D'un autre côté, à l'hôtel de Lucillière, il était non moins universellement admis que la marquise était la maîtresse du colonel: cela était de notoriété publique, et, si quelqu'un avait soulevé le plus léger doute, on lui aurait ri au nez, sans même se donner la peine de discuter cette naïveté par trop forte.

Une nuance cependant existait dans l'opinion adoptée par les deux maisons: tandis qu'à l'hôtel Chamberlain, on ne donnait qu'une seule maîtresse au colonel, à l'hôtel Lucillière on donnait plusieurs amants à la marquise, et l'on ne se gênait pas pour les nommer Serkis-Pacha, le prince Seratoff, le duc de Mestosa, lord Fergusson.

Sachant cela et encore bien d'autres choses plus précises, Horace ne pouvait pas être embarrassé pour deviner ce qui avait amené leur départ et ce qui causait la tristesse de son maître.

Il y avait eu brouille avec la marquise de Lucillière.

Quel avait été le motif de cette brouille, il ne le connaissait pas, mais il n'était pas bien difficile de le pressentir.

Le colonel avait été averti, ou bien il s'était lui-même aperçu que Mme de Lucillière le trompait, et, sous le coup de la colère, il avait voulu s'éloigner de Paris.

C'était à cette explication qu'il s'était arrêté en arrivant à Genève, et il s'était dit que cette tristesse ne durerait pas longtemps.

Le colonel se distrairait, se consolerait.

S'il avait quitté Paris, c'était parce qu'il avait l'horreur des discussions et des querelles, même des explications.

Aussi sa surprise avait-elle été des plus vives en voyant que le colonel ne paraissait pas songer à se distraire.

Arrivé à Genève, ils avaient fait l'ascension du Grand-Salève, puis celle des Voirons, et le colonel n'avait pas dit un mot.

A Lausanne, ils étaient montés au Signal, et il n'avait pas ouvert la bouche.

Il allait droit devant lui, marchant rapidement, regardant à droite et à gauche d'un air indifférent, comme un homme dont l'esprit n'est pas à ce qu'il voit.

Rentré à l'hôtel, il n'était pas plus sensible au plaisir de la table qu'il ne l'avait été à celui de la promenade.

Il se faisait servir seul et touchait à peine aux plats qu'il commandait.

La nuit jusqu'à une heure avancée il lisait dans son lit, au moins si l'on en jugeait par sa bougie qui était presque toujours complètement usée, et aussi par le nombre des volumes qu'il achetait. En arrivant dans une ville, sa première visite était inévitablement pour les libraires, et il rentrait à l'hôtel, les poches pleines de livres.

Alors à quoi bon voyager, si c'était pour ne rien voir dans la journée et pour passer la nuit à lire ?

Mais où la surprise d'Horace était devenue de la stupéfaction, ç'avait été quand son maître avait annoncé l'intention de passer plusieurs jours, plusieurs semaines même, au Glion, à l'hôtel du Rigi-Vaudois.

Comment ! plusieurs semaines sur cette montagne, mais alors c'était donc un exil qui ne finirait jamais.

Car il était bien certain que rien n'avait attiré, rien ne retenait le colonel dans cet hôtel. En quittant Vevey, le matin, pour venir au Glion, par Brent, Chaulin, Chernex et Songiez, le colonel n'avait nullement l'intention de s'établir au Rigi-Vaudois; cette idée s'était présentée à son esprit tout à coup en regardant le soleil se coucher, ou plutôt, il était assez probable qu'elle était née au fond d'un ravin où il était resté assis un moment pour se reposer. Le site était sauvage et triste à y mourir d'ennui au bout de quelques heures, et c'était là cependant que, pour la première fois depuis son départ de Paris, le colonel avait paru s'intéresser à ce qui l'entourait, aux pentes gazonnées où paissaient des vaches en faisant sonner leurs clochettes, aux amas de rochers éboulés çà et là, au torrent qui bouillonnait au fond du ravin, aux cimes élevées des montagnes qui les entouraient de toutes parts, ne laissant apercevoir le ciel que lorsqu'on se renversait en arrière.

C'était parce que l'hôtel était situé dans le voisinage de ce ravin que le colonel l'avait choisi ; c'était pour retourner là, pour s'isoler, pour s'ennuyer librement.

Mais alors cela devenait tout à fait grave et inquiétant.

Comment un homme tel que son maître, jeune, beau garçon, plein de force et de santé, pouvait-il se laisser ainsi abattre ?

Ce n'était pas la première fois qu'il était trompé par une femme.

A la Nouvelle-Orléans une comédienne qui était sa maîtresse avait été convaincue d'avoir un peu trop de tendresse pour un musicien de l'orchestre, et il n'avait fait qu'en rire, sans s'emporter ou sans se désoler autrement ; bien vite il s'était consolé et de la bonne manière.

A Pittsburg, même aventure ou à peu près lui était aussi arrivée avec une jeune modiste, et le dénoûment n'avait pas été tragique.

Certainement il n'y avait aucune comparaison à établir entre la comédienne ou la modiste, d'une part, et Mme la marquise de Lucillière, d'autre part.

Mais aussi il n'y avait nulle comparaison entre le dénoûment des premières tromperies et celui de la dernière.

Est-ce qu'on devait se désoler ainsi pour l'infidélité d'une maîtresse ?

Ne valait-il pas mieux se consoler, et cela le plus vite possible ?

Elles ne manquaient pas les femmes qui auraient été heureuses de faire oublier la marquise de Lucillière.

Sur ce point encore, Horace en savait long, beaucoup plus long même que son maître ; car, regardant autour de lui avec un esprit libre et désintéressé, il avait vu bien des choses, il avait fait bien des remarques, bien des observations qui assurément avaient échappé au colonel, absorbé, aveuglé par sa passion pour la marquise.

Pourquoi, rompant avec Mme de Lucillière, le colonel ne s'était-il pas tourné vers la belle Carmelita Belmonte ? Assurément elle ne l'eût pas repoussé.

Ou bien encore pourquoi n'avait-il pas demandé des consolations à Mlle Ida Lazarus ? Certainement la charmante Allemande ne les lui eût pas refusées, bien au contraire.

Cela ne valait-il pas mieux que venir s'enterrer dans ce pays de loups ?

Pour être exact, il faut dire que tout d'abord Horace n'avait pensé qu'à son maître et, avec la profonde affection qu'il éprouvait pour lui, il avait été effrayé de cette situation, telle qu'elle se présentait, mais insensiblement il en était venu aussi à penser à lui-même.

Si le colonel tenait à fuir Paris, il n'était pas, lui, dans les mêmes conditions. On ne l'avait pas trompé, on ne l'avait pas trahi, et avant son départ il avait pris des engagements, il avait fait des serments de revenir promptement, auxquels il ne voulait pas manquer.

Or maintenant qu'ils étaient installés dans cet hôtel, qui pouvait savoir quand et comment ils en sortiraient ?

III

Le colonel avait cru qu'en ne donnant pas son nom à l'hôtel, cela suffirait pour vivre tranquillement, librement, sans que personne s'occupât de lui et cherchât à savoir qui il était.

M. Horace Cooper, cela ne disait rien et n'appelait pas l'attention. Qui savait que le nom de Cooper fût celui de son valet de chambre ?

Et puis, pourquoi se serait-on inquiété de lui ? Qu'avait-il de particulier ? Ne pouvait-il point passer quelque part sans qu'on le regardât ? Comme le loup de la fable, il ne portait point écrit sur son chapeau : « C'est moi qui suis Chamberlain, le riche Chamberlain, celui dont les journaux ont si souvent parlé, celui qu'on a voulu assassiner. »

Il était un homme comme tant d'autres, et, ne demandant rien à personne, il se flattait qu'on ne voudrait bien rien ne lui demander à lui-même.

C'était pour avoir le repos, la solitude, la liberté qu'il était venu s'établir dans ce hameau.

Où les trouverait-il, sinon dans ces montagnes, dans ce petit hameau ?

Mais ces montagnes n'étaient pas désertes et ce hameau n'était pas sauvage.

En croyant qu'il trouverait là la solitude et la liberté, le colonel s'était trompé comme un homme en retard de cent ans ou comme un Huron.

Ce n'est plus en Suisse qu'on trouve la solitude ; pas plus que sur les côtes de Normandie ou de Bretagne, on a chance d'échapper à la vie parisienne.

Cela était possible autrefois ; aujourd'hui, Paris est partout ; on raconte des histoires du boulevard des Italiens en se promenant à travers les prairies de la Haute-Engadine et, sur les sommets des Alpes, il y a des gens qui saluent le soleil levant en sifflant l'air à la mode de la dernière opérette des Folies ou des Variétés.

Beaucoup moins désert que les villages de l'Engadine, beaucoup moins sauvage que les sommets des Alpes, l'hôtel du Rigi-Vaudois abritait en ce moment des gens qui avaient traversé Paris et qui connaissaient bien le monde parisien.

Parmi ces touristes, se trouvait une famille française qui précisément professait le fanatisme le plus ardent pour tout ce qui était Paris, vie parisienne, mœurs parisiennes, modes parisiennes, monde parisien.

Bien entendu, cette famille n'était pas parisienne, elle était bourguignonne, et elle possédait aux environs d'Auxonne un petit château où elle passait dix mois de l'année à faire des économies, s'éclairant avec de la chandelle, mangeant des pommes de terre, s'imposant des privations de toutes sortes.

Ces économies et ces privations n'avaient pour elle d'autre but que de concentrer ses ressources sur deux mois : l'un qu'elle passait à Paris au moment du grand-prix, l'autre qu'elle passait en Suisse, en Allemagne ou en Savoie dans quelque station à la mode.

Composée de trois personnes : une vieille mère coquette, Mme de Ratenelle, et ses deux enfants ; un fils, Joseph, non marié ; une fille, Hermance, non mariable ; cette famille n'avait dans le monde parisien que des relations peu nombreuses et tout à fait modestes ; cependant elle ne s'intéressait qu'à ce qui se passait dans ce monde et ne vivait que pour lui.

En arrivant à Paris, la première visite de Mlle de Ratenelle était pour Fauguerolles, à qui elle commandait une toilette qu'elle devait arborer au grand-prix. Mais chaque jour, depuis le moment de la commande jusqu'à celui de la livraison, elle venait passer une heure ou deux dans le salon de Fauguerolles sous prétexte de savoir si on ne l'oubliait pas, ou bien pour donner quelque instruction. En réalité, ce qu'elle voulait, c'était une occasion de rester le plus longtemps possible dans ce salon. Elle ne se plaignait pas d'attendre ; bien au contraire. Elle s'installait commodément, et elle regardait passer devant elle les clientes de Fauguerolles, en les étudiant et en se faisant nommer celles qu'elle ne connaissait pas. Rentrée à Auxonne, elle avait ainsi des renseignements précis sur le *high life*, qu'elle racontait en les arrangeant habilement. En même temps, pour appuyer ses récits, elle prêtait volontiers la dernière toilette de Faugerolles, qui devenait ainsi un modèle précieux pour les couturières d'Auxonne, de Dôle, de Poligny, et même de Dijon.

Pendant qu'elle était chez Faugerolles, son frère, qui avait la même passion qu'elle, s'établissait à une petite table du café qui fait le coin du boulevard et de la rue Scribe, et là il tâchait de trouver quelqu'un pour lui nommer les membres du jockey-club qui entraient ou qui sortaient. Aux premières représentations, il n'avait aussi souci que de voir les notabilités du vrai monde ou de la cocotterie ; et de même encore à Longchamps ou à Chantilly.

Tous deux avaient donc des histoires à peu près semblables à raconter dans leur province, et, comme avec cela ils étaient de fidèles abonnés du *Sport*, ils trouvaient sous la rubrique « déplacements et villégiature » des indications précises sur le mouvement du grand monde, qui leur permettaient d'en parler comme s'ils en avaient fait véritablement partie.

Comment douter de leurs relations parisiennes, lorsque les noms les plus connus se trouvaient à chaque instant sur leur bouche avec les détails circonstanciés? On les admirait, on les enviait, quand on ne se moquait pas d'eux.

On disait communément à Auxonne :
— Attendons que les Ratinelle soient revenus de Paris.

Ou bien encore :
— Quand les Ratinelle iront à Paris.

Les modes elles-mêmes étaient soumises à cette influence. Ce n'était plus pour Pâques ou pour l'Ascension qu'on commandait les toilettes d'été, on attendait le retour de Mlle Ratinelle « pour voir la dernière mode de Paris. » Il y avait des gens qui avaient du dépit, si leur chapeau était plus large de bords que celui que Joseph Ratinelle rapportait de Paris.

On comprend que de pareils fanatiques devaient connaître le colonel Chamberlain, qui, pendant la dernière saison, avait si souvent fait parler de lui.

Joseph Ratinelle savait au juste les sommes que le colonel gagnait dans son association avec le marquis de Lucillière.

Et Hermance racontait à ses intimes que c'était le colonel qui payait les notes de la marquise de Lucillière chez Faugerolles, et de belles notes, s'élevant à plus de cinq cents mille francs par an.

Si ce chiffre provoquait un mouvement d'incrédulité, elle affirmait qu'il lui avait été donné non par Faugerolles lui-même, qui était trop discret pour parler de ses clientes, mais par sa première demoiselle.

Toujours à l'affût de nouvelles parisiennes, le frère et la sœur interrogeaient tous les matins et tous les soirs les domestiques de l'hôtel du Rigi-Vaudois pour savoir le nom des nouveaux arrivants.

Lorsqu'on leur eut annoncé celui de M. Horace Cooper, de Pittsburg, en Amérique, cela ne les avait point tout d'abord intéressés.

Horace Cooper, cela ne signifiait rien pour eux. Un marchand américain sans doute, une espèce.

Mais toujours cherchant, toujours interrogeant, ils avaient bientôt appris que cet Horace Cooper, ce beau nègre qu'ils avaient rencontré, était le compagnon, probablement l'homme de confiance, peut-être même le valet de chambre d'un gentleman qui tous les matins quittait l'hôtel de très-bonne heure, pour n'y rentrer que dans la soirée, et dîner dans sa chambre, où il mangeait seul.

Là-dessus la curiosité du frère comme celle de la sœur s'étaient éveillées.

Quel pouvait être ce gentleman qui se cachait ainsi ? Le mystère dont il s'entourait rachetait ce que sa nationalité lui faisait perdre en intérêt à leurs yeux.

On avait guetté le gentleman, en tenant tout simplement grandes ouvertes les portes donnant sur le corridor par lequel il devait passer pour gagner sa chambre.

Comment ? ce gentleman n'était autre que le célèbre colonel Chamberlain !

Quelle surprise !

Et aussi quelle mine fertile en conversation !

Le lendemain soir, tout l'hôtel savait que le gentleman qui paraissait s'entourer de mystère était ce fameux colonel Chamberlain, ce riche Américain dont toute l'Europe s'était occupée lorsqu'il avait failli être assassiné, au milieu de la forêt de Marly, dans des circonstances bizarres, restées jusqu'à ce jour inexpliquées.

Et M. Joseph de Ratinelle était devenu le centre d'un cercle auquel il racontait les exploits des chevaux de course du colonel.

Tandis que dans un autre cercle, Mlle Hermance, qui n'était prude ni de manières ni de langage, racontait comment le colonel Chamberlain était l'amant de la fameuse marquise de Lucillière.

Ces récits, le frère et la sœur les avaient déjà faits vingt fois pour leurs amis d'Auxonne, en revenant de Paris.

Mais combien plus intéressants étaient-ils en Suisse, à l'hôtel du Rigi-Vaudois, alors que ceux qui les écoutaient pouvaient apercevoir le héros des histoires qu'on leur racontait.

On voulait des détails, et dans ces détails la précision et le mot propre.

Il y avait des interruptions.

— Comment ce colonel Chamberlain, si peu correct dans sa tenue, avait-il pu être l'amant d'une femme aussi distinguée que la marquise de Lucillière ?

Alors on ne répondait pas. Mlle de Ratinelle elle-même se taisait ; mais, si elle imposait silence à ses lèvres, elle laissait la parole à son sourire.

Elle se taisait encore bien plus obstinément quand on demandait comment le marquis de Lucillière avait toléré cette liaison connue de tout Paris, mais en même temps elle laissait aussi à son sourire le soin d'expliquer ce qu'elle ne voulait pas dire.

Les hôtes de l'hôtel du Rigi formaient à ce moment une société cosmopolite, qui savait comprendre à demi-mot les histoires de Mlle de Ratinelle et qui ne s'étonnait de rien ; d'ailleurs ceux qui ne comprenaient pas ou qui s'étonnaient, n'écoutaient pas ces récits.

A ceux-là, qu'importait le colonel Chamberlain ou la marquise de Lucillière ?

Mais il faut dire qu'ils étaient en petit nombre et que la majorité au contraire était très-friande de ces récits et des indiscrétions de Mlle de Ratinelle : récits et indiscrétions puisés bien entendu à bonne source et absolument authentiques. Ainsi elle recommençait l'histoire des dettes de la marquise payées par le colonel, seulement elle en augmentait le chiffre, ce n'était plus cinq cent mille francs, c'était un million. A Auxonne, les cinq cent mille francs suffisaient pour provoquer la stupéfaction ; mais, avec le public de l'hôtel du Rigi, il fallait forcer l'expression pour produire un certain effet.

Si les choses étaient ainsi, et personne n'en doutait, comment le colonel se trouvait-il seul à l'hôtel du Rigi-Vaudois ? Cette solitude ne semblait guère compatible avec cette passion extravagante dont on parlait.

Evidemment il y avait là quelque chose d'étrange, et cette question avait jeté un certain trouble dans les récits du frère et de la sœur, qui étaient restés sans pouvoir y répondre.

Mais ils n'étaient pas de ceux dont la curiosité se décourage facilement.

Ils avaient réfléchi, ils avaient regardé, ils avaient cherché.

Et bientôt ils avaient trouvé une explication qui leur avait paru tout à fait satisfaisante.

Sous le nom d'Horace Cooper, le colonel avait retenu trois chambres, et il avait exigé qu'elles fussent voisines les unes des autres. Pour qui cette troisième chambre qui ne servait à rien ? Assurément c'était pour la marquise de Lucillière, qui allait arriver, d'un jour à l'autre rejoindre son amant.

De là ces précautions et ce mystère.

Quelle bonne fortune pour les curieux et les curieuses ! Et il s'était formé un petit groupe de pensionnaires de l'hôtel qui ne parlait plus que du colonel Chamberlain.

On allait donc s'amuser un peu et avoir un inépuisable sujet de conversation.

Mais pour cela il fallait respecter l'incognito du colonel et le laisser dans la croyance qu'on admettait Horace Cooper comme vrai, ou bien, s'il avait des soupçons, il quitterait l'hôtel du Rigi et s'établirait ailleurs, à l'hôtel des Alpes, à l'hôtel Byron.

Bien que l'on se fût promis de s'enfermer dans cette réserve à l'égard du colonel, on ne sut pas tenir cette promesse, et, comme il arrive souvent, chacun crut pouvoir y manquer personnellement, s'en remettant à son voisin pour l'observer avec plus de fidélité.

Mais aussi comment résister à la tentation lorsque les hasards de la promenade vous faisaient apercevoir ce fameux colonel, assis au bord d'un ravin et lisant.

Au lieu de passer loin de lui, on passait aussi près que possible, et, par-dessus son épaule, on tâchait de voir le titre du livre qu'il lisait ?

Le soir, lorsqu'on l'entendait rentrer, comment avoir la vertu de ne pas ouvrir sa porte pour s'assurer qu'il était seul et que la marquise de Lucillière n'était pas là ?

Jeune fille, comment n'avoir pas envie de lever les yeux sur ce personnage dont on parlait comme d'un héros de roman : qu'y avait-il en lui de particulier ? en quoi ne ressemblait-il pas aux autres hommes ?

Et alors, au lieu de lever rapidement les yeux en passant, on les tenait attachés sur lui plus longtemps qu'on ne voulait ; on sentait qu'on avait tort et qu'on commettait une inconvenance, cependant on la commettait.

Alors c'était lui qui baissait les yeux ou les détournait, montrant manifestement qu'il se demandait pourquoi on le regardait ainsi.

Cependant la marquise de Lucillière ne venait pas.

Un jour enfin, on avait cru qu'on allait la voir arriver à l'hôtel du Rigi.

Une des personnes qui manifestaient le plus de curiosité à ce sujet avait été à Genève et au moment de prendre un des trains du matin pour revenir à Montreux, elle avait rencontré le colonel Chamberlain qui débarquait à Genève.

Bien certainement il avait été au devant de la marquise de Lucillière et il allait revenir avec elle le soir.

Cela ne faisait de doute pour personne,

tant cette explication concordait bien avec l'idée à laquelle on s'était arrêté.

Aussi, le soir, le dîner avait-il été expédié plus rapidement que de coutume, et l'on n'était point resté à table pour causer.

La famille de Ratinelle, qui avait ses chambres sur le même corridor que le colonel, avait adressé des invitations à celles des personnes qui, habitant un autre étage, n'auraient pas pu voir l'entrée de la marquise de Lucillière.

Et l'on s'était installé, portes ouvertes, de manière que le colonel et la marquise dussent passer sous le feu de tous les regards curieux qui guettaient si impatiemment leur arrivée.

A neuf heures, ils devraient arriver ; jamais les chambres n'avaient été éclairées avec un pareil luxe de lumières.

Le bruit d'une voiture s'arrêtant dans la cour serait le signal.

Mais on n'entendit pas de bruit de voiture ; à neuf heures et demie seulement, les pas d'un homme résonnèrent dans l'escalier, puis dans le corridor.

Tous les yeux se tournèrent du même côté.

C'était le colonel.

Mais le colonel tout seul.

Quelle déception !

Lorsqu'il eut fermé la porte de sa chambre, on se réunit chez Mme de Ratinelle pour se consoler.

— Eh bien ! elle n'est pas venue !

— Avez-vous remarqué comme le colonel était sombre ?

— Pas plus qu'à l'ordinaire.

— Beaucoup plus.

Alors un esprit subtil proposa une explication qui ouvrit un nouveau champ à la curiosité.

— Hier le colonel Chamberlain me faisait l'effet d'un homme qui s'impatiente en attendant, aujourd'hui c'est un homme désespéré après une attente vaine.

Mlle Hermance de Ratinelle était une jeune personne qui avait une certaine expérience de la vie humaine et des choses de la passion. Où et comment avait-elle acquis cette expérience ? C'est ce qu'il est inutile d'examiner en ce moment. Il suffit de la constater, et d'ailleurs la réponse qu'elle fit à cette explication de l'attitude du colonel montre suffisamment jusqu'où allait cette expérience.

— Autant j'étais convaincue hier de l'arrivée prochaine de Mme de Lucillière, dit-elle, autant je suis certaine aujourd'hui que cette arrivée n'aura pas lieu.

— Et pourquoi ? C'est vous qui la première avez parlé de cette arrivée.

— Je me suis laissée tromper, comme le colonel s'est laissé tromper lui-même. Nous sommes dupes tous deux : lui, très-probablement d'une promesse ; moi, des apparences.

— Ce qui veut dire ?

— Ce qui veut dire que Mme de Lucillière a envoyé le colonel au Glion tout simplement pour s'en débarrasser et avoir sa tranquillité et sa liberté à Paris, tandis qu'il l'attendait en Suisse, où elle ne devait pas venir.

— Mais c'est très-fort ce que vous dites là.

— Cela résulte tout simplement du caractère et des habitudes de la marquise de Lucillière. Quand on connaît ce caractère et ces habitudes comme je les connais, il n'est pas difficile de deviner comment les choses ont dû se passer. Le cœur de Mme de Lucillière est en train de faire une évolution nouvelle, voilà tout, et, comme le colonel Chamberlain était gênant près d'elle, elle l'a expédié au loin : c'est élémentaire.

— Alors ce pauvre colonel va se morfondre ici, pendant que Mme de Lucillière ne se morfond pas à Paris.

— Précisément.

— Mais c'est très-drôle.

— Nous allons voir quelle tête le colonel va faire.

— C'était à Genève qu'il fallait voir sa tête, à l'arrivée du train de Paris.

— Va-t-il rester ici à attendre ou bien plutôt ne va-t-il pas retourner à Paris ?

Sur ce point, il fut impossible de se mettre d'accord.

Ce fut ainsi que le colonel Chamberlain devint un sujet de distraction pour quelques pensionnaires de l'hôtel du Rigi.

— Partirait-il ?

— Resterait-il ?

C'était ce qu'on se demandait chaque jour, et, en attendant ce départ, les remarques, les observations et les commentaires continuaient.

Ainsi l'on, sut par le valet de chambre chargé de son appartement, qu'il brûlait régulièrement une bougie toutes les nuits et quelquefois même deux.

Il ne dormait donc pas.

En regardant le plateau sur lequel on lui servait son dîner et qu'on déposait sur une table du vestibule en le sortant de sa chambre, on constata qu'il laissait presque tout intact et que c'était à peine s'il touchait à son pain.

Il ne mangeait donc pas.

Que conclure de tout cela ?

Une seule chose, à savoir : qu'il éprouvait un profond chagrin et que dans les suppositions de Mlle de Ratinelle, il y avait une forte partie de vérité.

IV

C'était non-seulement un profond chagrin qu'éprouvait le colonel, mais encore un accablement, un abattement désespéré.

Il avait quitté Paris sous le coup d'une douleur furieuse, ne se sentant pas maître de sa raison et ayant peur de se laisser entraîner.

Il n'avait voulu qu'une chose : n'être pas exposé à se trouver face à face avec celle qui l'avait trompé.

Son départ de chez lui avait été un soulagement ; le coup de sifflet de la locomotive qui allait l'emporter un soulagement plus grand encore.

Il ne la verrait plus.

C'était fini.

Et comme toujours, l'irréparable avait apporté avec lui un sentiment de délivrance.

Maintenant qu'elle était pour jamais écartée de sa vie, morte, il ne lui restait plus qu'à chasser son souvenir et à faire l'oubli, à faire la nuit sur les derniers mois de son existence.

Les distractions de la route s'imposeraient à son esprit.

Il était un homme, et, dans des circonstances autrement critiques, il avait su se servir de sa volonté.

Qu'était-ce qu'un amour, qu'une passion à briser ? Une amputation à faire, voilà tout : il la ferait, de sa propre main, sans trembler et sans se plaindre.

N'était-elle pas déjà faite d'ailleurs par ce départ ? Maintenant ce n'était plus qu'une plaie à guérir, et elle se cicatriserait d'elle-même, à la condition de n'être pas trop délicatement soignée.

C'était pendant que le train l'emportait rapidement vers Genève qu'il réfléchissait ainsi et s'affermissait dans sa résolution, s'applaudissant lui-même de l'avoir prise.

Mais il n'avait pas tardé à reconnaître que les distractions de la route n'avaient pas la puissance qu'il leur avait attribuée, et qu'il existe une terrible différence entre ce que les yeux regardent et ce que voit l'esprit.

Ce qu'il regardait, le front appuyé contre la glace de son wagon, c'étaient les arbres, les maisons, les jardins, les champs, les bois et les eaux qui défilaient devant lui.

Mais ce qu'il voyait, c'était une image qui s'interposait entre lui et ces objets et qui flottait sur la vapeur humide de la ville, comme une apparition magique.

Cette image, c'était celle de Mme de Lucillière, celle d'Henriette.

Il voulait la chasser, il fermait les yeux pour ne pas la voir, il essuyait la buée de la vitre pour l'effacer ; elle ne disparaissait point et revenait toujours, il semblait que le souffle chaud qui sortait de sa poitrine dessinât nettement sur le verre les contours de cette image, comme ces paysages tracés à l'encre sympathique qui ne redeviennent visibles que lorsqu'on les expose à une haleine tiède.

Elle était là, elle le regardait, il plongeait les yeux dans les siens.

La charmante, la décevante créature, comme il l'avait aimée ! et maintenant il ne pouvait que la haïr, rougir de son amour, souffrir de son souvenir.

Dans ces conditions, le sentiment de délivrance qu'il avait éprouvé n'avait pas longtemps duré.

Délivré de quoi d'ailleurs ?

En réalité, il n'était nullement délivré, et un poids écrasant pesait sur son cœur meurtri.

La plaie, loin de se cicatriser, comme il l'avait espéré, fournissait toujours du sang et devenait le siège d'une douleur de plus en plus intense, qui ne lui laissait ni trêve ni repos.

Tout d'abord et avant de partir, il avait compté sur le mouvement du voyage pour apporter un dérivatif à cette douleur.

En route, constatant combien ce mouvement était peu efficace, il avait compté sur le calme d'une installation définitive, et c'était là ce qui l'avait déterminé à s'établir au Glion.

Mais le calme n'avait pas mieux réussi que le mouvement.

Partout, en wagon aussi bien que dans la solitude, il n'avait qu'une pensée dans le cœur, qu'une image devant les yeux, qu'un nom sur les lèvres : elle, elle et toujours elle, Henriette, sa chère Henriette.

De même il n'y avait qu'une question qui occupât son esprit, la nuit comme le jour, dans la veille comme dans le sommeil, toujours, sans relâche.

Pourquoi l'avait-elle trompé ?

Car, malgré sa passion, il n'allait pas jusqu'à se demander s'il était trompé et à douter des preuves qui avaient passé sous ses yeux.

Elle l'avait trompé, cela était certain ; ce qu'il avait lu ne s'était point effacé : « Dites-vous bien que je vous aime. — A vendredi, votre vendredi. — L'amour de celle qui sera pour la vie votre Henriette. » Ces mots avaient été imprimés sur sa chair avec un fer rouge ; non-seulement il les voyait toujours, mais toujours il ressentait leur atroce brûlure aussi violente qu'au premier moment.

Et il n'y avait pas de défense possible à opposer à ces témoignages accablants pour elle : c'était elle qui avait écrit ces mots, c'était son écriture qu'il avait lue. Il ne s'agissait pas d'accusation plus ou moins vagues, d'inductions plus ou moins fondées ; il y avait un fait matériel : il avait vu.

Et ce n'était pas une seule lettre qu'il avait vue, mais trois, plus graves, plus terribles les unes que les autres.

Alors pourquoi l'avait-elle aimé ?

Bien qu'il approchât de la trentaine, le colonel Chamberlain n'était point un profond psychologue.

Où eût-il appris cette science difficile, surtout où en eût-il acquis l'expérience et la pratique appliquées à l'étude de l'âme féminine ?

Sorti de l'école militaire de West-Point en 1860, à vingt-un ans il avait été presque aussitôt jeté au milieu de la guerre civile, et ce n'avait pas été dans les rudes expédition de Sheridan et Sherman qu'il avait trouvé le temps d'étudier attentivement les femmes. Lorsqu'on fait campagne sans repos pendant cinq ans, et des campagnes telles que furent celles de cette guerre de sécesssion, pendant lesquelles on parcourait quelquefois à cheval 500 milles en vingt-cinq jours, en pays ennemi, se battant contre de bonnes troupes, prenant et brûlant des villes, on a peu de loisirs pour suivre les caprices du cœur féminin.

S'il avait pu voir la naissance d'un sentiment, il lui avait presque toujours été impossible d'assister à sa dégénérescence et à sa mort : « A cheval ! » et il n'emportait avec lui qu'un bon souvenir.

Pour juger les femmes, il en était réduit à se prendre lui-même pour point de comparaison.

— Qu'eût-il fait lui-même dans ces circonstances ?

Or il n'y a méthode au monde pire que celle-là, plus étroite, qui donne de plus faux résultats.

Vous avez été élevé dans une école militaire; vous avez passé vos années de jeunesse sur les champs de bataille, au milieu des tristesses de la guerre civile, et c'est d'après votre nature façonnée dans ces conditions, c'est d'après votre caractère, vos habitudes, vos mœurs, que vous voulez juger une jeune femme qui s'est formée au milieu d'une société qui ne ressemble en rien à celle où vous avez vécu.

Elle est femme et vous êtes homme, elle est Parisienne et vous êtes Américain, et, de bonne foi, naïvement, vous vous demandez ce que vous auriez fait, si vous aviez été... elle.

Jamais il ne l'aurait trompée, pourquoi l'avait-elle trompé ?

Quelle femme était-elle donc ?

Sur ce point, il avait étrangement varié.

Tout d'abord il avait été à l'extrême et l'avait condamnée avec la dernière sévérité.

Elle l'avait trompé, c'était tout dire.

Si ceux qui l'espionnaient avaient pu l'approcher, alors qu'il suivait fiévreusement un sentier de la montagne, sans savoir où il allait, marchant pour marcher et user sa fureur, que de fois ne l'auraient-ils pas entendu murmurer :

— La misérable ! la misérable !

Et à ce moment ils auraient pu remarquer aussi que ses lèvres étaient contractées et qu'il enfonçait ses ongles dans les chairs de ses mains fermées.

Mais, après avoir été aussi loin que possible dans ce sens, il était revenu naturellement en arrière, et, au lieu de la condamner violemment, il avait cherché à la connaître et à la juger.

Quelle était-elle ?

Jusqu'au jour où il avait tenu entre ses mains ces horribles feuilles de papier, elle avait eu pour lui toutes les qualités et toutes les perfections.

Puis, brusquement, instantanément, quand il avait tenu entre ses mains les preuves de ses tromperies et de sa faute, elle avait eu tous les défauts et tous les vices.

Alors, pour la première fois, il avait commencé à comprendre quelle était cette femme qu'il avait adorée sans la connaître et que maintenant il ne devait plus revoir.

Ni un miroir de perfections ni un abîme de vices ; ce n'était ni dans l'un ni dans l'autre de ces extrêmes qu'étaient la vérité et la justice.

Charmante, oui.

Misérable, oui.

Mais avec des points intermédiaires qu'il fallait relever, si l'on voulait la connaître telle qu'elle était, avec un mélange de bon et de mauvais.

Un mot qu'il avait lu dans un écrivain philosophe lui revint à l'esprit et, l'appliquant à Mme de Lucillière, lui parut la bien juger ; ses sentiments valaient mieux que ses mœurs.

Évidemment ses mœurs étaient déplorables, et c'étaient elles les grandes coupables.

Le cœur valait mieux, sans rien de digne, il est vrai, sans rien d'élevé, mais cependant avec de bons sentiments.

Elle l'avait aimé.

Il n'eût pas osé le dire à un confident, mais avec lui il pouvait être sincère; il était certain qu'elle l'avait aimé d'un amour tel qu'elle le comprenait : point exclusif, point jaloux, mais agréable et facile, devant ne donner que des plaisirs, sans tous les chagrins et les emportements de la passion.

Avec cela, n'ayant pas conscience de la

fidélité, qui était pour elle une vertu bourgeoise, un préjugé à l'usage des petites gens.

Quant à la femme, rien ne pourrait faire qu'elle ne restât pas une adorable créature : la maîtresse la plus séduisante, la plus enivrante qu'on pût désirer. Combien de fois, pensant à l'influence qu'elle exerçait sur lui, et frissonnant de bonheur au souvenir des heures passées près d'elle, ne s'était-il pas rappelé une phrase écrite par Diderot dans un conte, qui est un des plus courts, mais en même temps un des plus profonds romans de notre littérature : « Elle n'a qu'un talent, et ce rare, ce sublime, ce merveilleux talent, c'est de me rendre plus heureux entre ses bras que je ne le fus jamais dans les bras d'aucune autre femme. »

Il lui fallut longtemps avant d'arriver à cet équilibre dans son jugement; car, malgré lui, il se laissait aller d'un excès à un autre.

Pendant une heure, il l'accablait de son mépris et de sa haine.

Puis tout à coup un rien, un souvenir, un mot qui lui revenait, un parfum qu'il respirait, la lui rappelaient avec toutes ses séductions; et alors, s'attendrissant, il se fût jeté à ses pieds, si elle avait été près de lui.

Mais lorsqu'il fut parvenu à envisager, d'un œil moins troublé et d'un esprit plus raisonnable, la situation ;

Lorsqu'il put penser à M#me# de Lucillière sans les emportements de la haine ou sans les défaillances de la passion, il entra dans une période de calme relatif.

Il avait été un enfant de se jeter dans cette passion, sans regarder, sans étudier celle qui la lui inspirait.

Pourquoi avoir exigé d'elle ce qu'elle ne pouvait donner ?

Pourquoi ne l'avoir pas prise telle qu'elle était, c'est-à-dire comme une charmante maîtresse ?

N'était-ce pas ainsi que tout d'abord il avait pensé à elle? n'était-ce pas ce rôle qu'il lui avait destiné ?

Alors que lui importait qu'elle eût ou n'eût pas de sérieuses qualités ? Il ne devait pas faire appel à ces qualités dans la liaison éphémère qu'il désirait.

Ne l'avait-on pas prévenu de sa légèreté ? ne lui avait-on pas dit et répété sur tous les tons qu'elle avait des amants?

Il n'avait pas pris souci de ces amants à ce moment où plus justement, pour être sincère, il fallait reconnaître qu'il s'était dit que cela devait plutôt le confirmer dans son dessein que de l'en détourner.

Il ne s'engagerait pas trop avant, il ne se laisserait pas entraîner ; cette liaison serait un caprice et non une passion.

Pourquoi la passion s'était-elle établie, envahissante, irrésistible? A qui la faute ? qui était coupable de cette folie ?

Il avait voulu jouer avec l'amour et il s'était laissé prendre à ce jeu.

M#me# de Lucillière n'avait pas changé ; elle était aujourd'hui ce qu'elle était un an auparavant, ce qu'elle avait été, ce qu'elle serait toute sa vie.

Mais, au lieu de comprendre cette nature et ce caractère, il s'était naïvement imaginé que par cela seul qu'il l'aimait, elle devait l'aimer d'un amour semblable à celui qu'il éprouvait pour elle.

Combien plus sage n'eût-il pas été au contraire de l'aimer d'un amour semblable à celui qu'elle éprouvait pour lui ?

L'un et l'autre, ils auraient été heureux dans le présent, et l'avenir aurait été réservé, comme tout d'abord il avait voulu qu'il le fût.

S'il avait su s'enfermer dans cette ligne prudente, comme sa situation maintenant serait différente de celle qu'elle était réellement.

S'attendant à une rupture, la regardant comme possible pour un jour ou l'autre, il n'aurait point éprouvé l'horrible douleur qui venait de l'anéantir, lorsqu'il avait fallu se séparer violemment de celle que peu à peu il était arrivé à prendre pour but de sa vie et à laquelle il se considérait comme lié pour l'éternité.

D'un autre côté, quelle différence encore plus grande et plus importante !

Ne demandant à cette liaison qu'une agréable distraction, il n'aurait point renoncé à ses idées de mariage, et sa petite cousine fût restée la femme qu'il épouserait un jour, suivant le désir, suivant la volonté de son père mourant ; il aurait continué de la voir, il aurait appris à la connaître, il se serait de plus en plus attaché à elle, et, quand son oncle Antoine serait venu lui parler d'un mariage pour Thérèse, il aurait répondu que le mari de Thérèse, ce serait lui.

Au lieu d'accepter le rôle malheureux qu'il s'était laissé imposer par faiblesse autant que par remords, il l'aurait rejeté loin de lui.

Il ne se serait point fait l'ambassadeur de Michel. Au lieu de plaider la cause d'un rival, il aurait plaidé la sienne propre ; au lieu de parler pour un autre, il aurait parlé pour lui.

Et il lui semblait que la réponse de Thérèse aurait été autre que ce qu'elle avait été. Elle n'aurait pas dit, elle n'aurait pas obstinément répété : « Je ne veux pas me marier, car je n'aime pas Michel aujourd'hui ; je ne peux pas le repousser absolument, car je ne sais pas quels seront plus tard mes sentiments. »

Sans doute cette réponse lui permettait de

reprendre maintenant ses anciens projets, et, puisque Thérèse avait réservé sa liberté, de lui demander d'être sa femme.

Mais cela était-il véritablement possible?

Loyalement pouvait-il adresser une pareille demande à Thérèse?

Sa liaison avec Mme de Lucillière n'eût-elle que ce qu'il avait tout d'abord voulu qu'elle fût, un simple caprice, il ne se serait fait aucun scrupule de revenir à celle qui serait restée sa fiancée.

Mais les choses ne s'étaient point passées ainsi; cette liaison n'avait point été un simple caprice, elle avait été une passion au contraire à laquelle il s'était donné tout entier.

Maintenant, qu'elle s'était violemment brisée, pouvait-il se retourner vers Thérèse?

Que restait-il d'intact en lui après ce terrible écroulement, qui le laissait écrasé, anéanti, et en tous cas pour longtemps sinon pour toujours endolori.

Qu'aurait-il de bon à offrir à cette jeune fille? quelle partie de son cœur était vivante et saine?

Ce qu'il voulait dans le mariage, ce n'était pas seulement que sa femme l'aimât, c'était encore qu'il aimât lui-même sa femme.

Pouvait-il, pourrait-il aimer maintenant?

Cette idée seule lui donnait le frisson et lui inspirait l'horreur.

Il n'y avait plus de femmes au monde pour lui.

Et d'ailleurs, alors même que son cœur ne se fût pas révolté à cette pensée d'un mariage possible, il n'aurait jamais osé maintenant demander à Thérèse d'être sa femme.

Ne s'était-il pas interdit à jamais de parler pour lui, le jour où il avait consenti à se faire l'avocat de Michel?

A ses propres yeux, comme aux yeux de Thérèse, cette position nouvelle qu'il voudrait prendre serait ridicule.

Aux yeux d'Antoine comme à ceux de Michel elle serait honteuse.

Dans ce rôle de confident qui agit dans son propre intérêt et pour lui-même, il y aurait quelque chose d'indélicat, ce serait un manquement à la confiance mise en lui.

Non, tout lui interdisait,—lui-même aussi bien que les autres,— de tourner les yeux vers Thérèse.

Elle aussi, elle était à jamais perdue pour lui.

Ah! comme il avait gaspillé, sacrifié sa vie!

Comme il avait follement engagé son honneur dans des aventures où il pouvait sombrer, tout aussi bien qu'avaient sombré son bonheur et son repos!

L'amant passionné de la marquise de Lucillière,

L'associé aveugle du marquis!

Dans quels abîmes tous deux, la femme et le mari, ne l'avaient-ils pas entraîné?

Mais s'il se sentait présentement incapable de rien faire pour son bonheur, il fallait au moins lutter pour son honneur et ne rien négliger pour le sortir de ce bourbier.

Le moyen à prendre pour cela était en réalité assez simple et assez facile : il consistait rompre ouvertement son association avec M. de Lucillière, de telle sorte que chacun comprît qu'il ne voulait pas se faire complice des procédés du marquis.

Ce n'était qu'une question d'argent, un sacrifice, et les sacrifices de ce genre n'étaient pas pour l'arrêter.

Il avait alors écrit une longue lettre à son ami Gaston de Pompéran, en le chargeant de procéder à la liquidation de son association avec le marquis de Lucillière pour leur écurie de courses.

Quittant Paris pour longtemps, disait-il, cette écurie ne l'intéressait plus, et d'ailleurs il ne voulait pas s'exposer à des pertes que son absence ne lui permettrait pas de prévenir ou d'atténuer; à cette éventualité, il préférait un sacrifice immédiat, une perte telle quelle, aussi lourde qu'il faudrait pour ne pas rester engagé.

Puis, voulant mettre Gaston de Pompéran en mesure de traiter cette affaire à fond et de la terminer, il avait voulu lui donner les pouvoirs nécessaires pour agir légalement, si le marquis recourait aux formes légales, et il s'était rendu à Genève pour faire faire une procuration en forme.

Sans doute, il y avait un inconvénient à dire qu'il était à Genève, mais cet inconvénient était moindre en tous cas que ceux qui pouvaient résulter d'une prolongation d'association avec le marquis.

C'était ce voyage à Genève qui avait donné lieu aux commentaires de Mlle de Ratinelle et qui avait fait croire qu'il allait au-devant de Mme de Lucillière.

Vraiment cette petite histoire était bien trouvée, et c'était bien à faire venir Mme de Lucillière au Glion qu'il songeait!

C'était bien l'absence de Mme de Lucillière qui causait ce profond chagrin qui intriguait si vivement les curieux de l'hôtel du Rigi!

V

Tous les pensionnaires de l'hôtel du Rigi-Vaudois qui s'occupaient du colonel Chamberlain n'avaient point adopté l'opinion de Mlle Hermance de Ratinelle, soutenant que Mme la marquise de Lucillière ne viendrait point au Glion, et qu'elle y laisserait le colonel se morfondre, tandis qu'elle profiterait de sa liberté à Paris.

Parmi ces pensionnaires il y en avait plusieurs qui attendaient l'arrivée de la marquise d'un jour à l'autre et qui même, dans leur confiance, faisaient bonne garde pour ne pas la manquer.

Leur persistance dans cette croyance résultait du séjour prolongé du colonel au Glion.

Assurément, si Mᵐᵉ de Lucillière l'avait envoyé en Suisse pour rester libre à Paris, il serait retourné lui-même à Paris le jour où il aurait reconnu qu'on l'avait dupé.

S'il ne partait point, c'était parce qu'il attendait son arrivée.

On pouvait donc l'attendre tout aussi bien que lui.

Et plus ou moins patiemment on l'avait attendue.

Seulement, comme les habitants d'un hôtel sont des nomades, plusieurs de ces curieux avaient été obligés de partir sans voir leur curiosité satisfaite, et il y en avait quelques-uns qui avaient fait promettre à Mˡˡᵉ de Ratinelle de leur écrire ce qui se passerait.

Pleine de complaisance pour ce genre de service, heureuse en même temps de se créer ainsi des relations, Mˡˡᵉ de Ratinelle avait pris avec une bonne grâce parfaite l'engagement qu'on lui demandait. Seulement elle avait cru devoir faire observer qu'elle n'aurait très-probablement pas à tenir sa promesse, attendu qu'il ne se passerait rien du tout : le colonel Chamberlain continuerait de s'ennuyer, puis un beau matin il déménagerait pour aller porter ailleurs ses chagrins d'amant trompé.

— Eh bien ! alors vous m'écrirez ce départ, qui deviendra la confirmation de vos prévisions. Nous verrons si vous avez deviné juste ou si vous vous êtes trompée.

— Je vous écrirai, si toutefois nous ne partons pas nous-mêmes avant ce pauvre colonel, qui paraît solidement établi ici et pour longtemps.

En effet, le colonel avait continué de demeurer au Glion, sans que rien annonçât qu'il avait l'intention de changer de résidence.

Il sortait le matin de bonne heure son *alpenstock* ferré à la main, un petit sac sur le dos, les pieds chaussés de bons souliers à semelles épaisses et garnies de gros clous, et il ne rentrait que dans la soirée, quand il rentrait ; car il arrivait souvent que ses excursions l'ayant entraîné au loin, il couchait dans un châlet de la montagne ou dans une auberge d'un village éloigné.

On ne le voyait guère, et il n'y avait que ceux qui avaient été prévenus par Mˡˡᵉ de Ratinelle qui pouvaient faire attention à lui.

Le soir, quand on entendait des gros souliers ferrés résonner dans le corridor on savait que c'était le colonel Chamberlain qui rentrait ; le matin, en entendant le même pas, on savait qu'il sortait.

Ceux qui occupaient les chambres situées sous les siennes entendaient aussi parfois, dans le silence de la nuit, la marche lente et régulière de quelqu'un qui se promenait, et l'on savait que cette nuit-là le colonel Chamberlain ne pouvant rester au lit avait arpenté son appartement.

Enfin ceux des pensionnaires qui dans la soirée allaient respirer le frais sur l'esplanade qui domine le lac, apercevaient souvent, en se retournant vers l'hôtel, une grande ombre accoudée à une fenêtre. C'était le colonel, qui restait là à regarder la lune brillant au-dessus des montagnes sombres de la Savoie et frappant les eaux tranquilles du lac de sa lumière argentée.

C'étaient là les seuls signes de vie qu'il donnât, et souvent même on aurait pu penser qu'il était parti, si l'on n'avait pas vu son valet de chambre promener mélancoliquement, dans le jardin de l'hôtel et dans les prairies environnantes, son ennui et son impatience.

— Cela durera donc toujours ainsi ? se disait Horace.

Mais ce mot, il le prononçait tout bas et lorsqu'il était seul.

Car, bien qu'il s'ennuyât terriblement au Glion et qu'il regrettât Paris au point d'en perdre l'appétit, il respectait trop la douleur de son maître pour se permettre une seule question sur ce séjour prolongé ou même la plus légère allusion.

S'il avait pu seulement écrire à Paris au moins il aurait ainsi expliqué son absence qui devait paraître incompréhensible. Que devait-on penser de lui ? Il avait la religion de sa parole, et c'était pour lui un vrai chagrin d'y manquer. A vrai dire même c'était sa grande inquiétude ; car de croire qu'on pouvait l'oublier ou le remplacer, il ne le craignait pas.

Un jour qu'il avait été s'asseoir sur la route qui monte de Montreux au Glion, à l'entrée d'une grotte tapissée de fougères qui se trouve à l'un des détours de cette route, il vit venir lentement, au pas, une calèche portant trois personnes : deux dames assises sur le siège de derrière, un monsieur placé sur le siège de devant.

Et tout en regardant cette calèche qui s'avançait cahin-caha, il se dit que les voyageurs qu'elle apportait allaient être bien désappointés en arrivant, car il n'y avait pas d'appartement libre en ce moment à l'hôtel.

Ah! comme il eût volontiers cédé sa chambre et celles de son maître à ces voyageurs, à condition qu'ils lui auraient offert leur calèche pour descendre, à la station où il se serait embarqué pour Paris.

Et de nouveau il avait recommencé ses lamentations en même temps que ses malédictions contre la Suisse. Quel pays, bon Dieu!

Cependant la voiture avait continué de monter la côte et elle s'était rapprochée.

Tout à coup il se frotta les yeux comme pour mieux voir.

L'une des deux dames était vieille, avec des cheveux gris et une figure jaune; l'autre était jeune et, des cheveux noirs et un teint éblouissant, qui renvoyait les rayons de la lumière.

Était-ce possible?

Il semblait que ces deux femmes fussent la comtesse Belmonte et sa fille la belle Carmelita.

Mais non, ce devait être une illusion : la comtesse et sa fille étaient à Paris, et elles n'étaient pas assez abandonnées du bon Dieu pour venir en Suisse.

Il s'était avancé sur le bord de la route pour mieux regarder au dessous de lui.

Mais à ce moment la voiture était arrivée à l'un des tournants du chemin, et brusquement les deux dames, qu'il voyait de face, ne furent plus visibles pour lui que de dos.

Seulement, par une juste compensation de cette déception, le monsieur qui leur faisait vis-à-vis devint visible de face.

C'était un homme de grande taille, avec une barbe noire, mais cette barbe était tout ce qu'on pouvait voir de son visage; car, en regardant d'en haut, l'œil était arrêté par les rebords de son chapeau qui le couvraient jusqu'à la bouche.

A un certain moment, il releva la tête vers le sommet de la montagne, et Horace le vit alors en face.

Il n'y avait pas d'erreur possible, c'était le prince Mazzazoli accompagnant sa sœur et sa nièce.

Quelle surprise!

Pendant que la voiture avançait, Horace se demanda quel effet cette arrivée allait produire sur son maître.

Serait-il heureux de voir la belle Carmelita?

Ou bien se trouvant dérangé dans sa mélancolie, ne quitterait-il pas le Rigi-Vaudois pour se cacher dans quelque pays plus désert.

Il y avait bien des raisons pour croire que cette dernière hypothèse était celle qui avait le plus de chance de se réaliser.

Quelle heureuse diversion cependant pourrait jeter dans leur vie la belle Italienne, si le colonel voulait bien ne pas se sauver au loin comme un sauvage.

N'était-ce pas à peu près cela qu'Horace souhaitait, alors qu'il ne pouvait pas prévoir la prochaine arrivée du prince Mazzazoli et de sa nièce?

C'était la bonne chance qui les envoyait.

Quel malheur qu'il n'y eut pas de chambres libres en ce moment à l'hôtel du Rigi-Vaudois!

Ces deux pensées contraires s'étaient présentées en même temps à son esprit.

Et pendant qu'il cherchait à arranger les choses pour le mieux, c'est-à-dire à trouver un moyen de garder le prince et sa nièce, la calèche était arrivée vis-à-vis la grotte.

En se retournant pour voir cette grotte que le cocher lui désignait du bout de son fouet, comme une curiosité du pays, le prince Mazzazoli aperçut Horace, et aussitôt, levant les deux bras au ciel dans un mouvement de stupéfaction, il cria au cocher d'arrêter.

— Comment! vous ici, Horace? s'écria le prince en se penchant en avant.

Horace s'était avancé.

— Est-ce que le colonel est en Suisse? demanda la comtesse Belmonte.

VI

A cette question de la comtesse Belmonte, Horace se trouva assez embarrassé; car, sans savoir si son maître serait ou ne serait pas bien aise de voir des personnes de connaissance, il n'avait pas oublié la consigne qui lui avait été donnée.

Comme il hésitait, ce fut Mlle Belmonte qui l'interrogea :

— Comment se porte le colonel? dit-elle.

Horace était ainsi fait qu'il ne savait ni résister ni rien refuser à une femme.

— Hélas! pas trop bien, répondit-il.

— Et où donc êtes-vous présentement? demanda le prince.

Horace en avait trop dit pour refuser maintenant de répondre.

Il dit donc que son maître et lui étaient depuis plusieurs semaines à l'hôtel du Rigi-Vaudois.

— A l'hôtel du Rigi-Vaudois, vraiment? Quelle bizarre coïncidence! c'était là justement qu'ils allaient.

— Le cocher nous disait qu'il n'y avait pas de chambres vacantes en ce moment, continua la comtesse. Est-ce que cela est vrai? le savez-vous?

Hélas! oui, il le savait et il fut bien obligé d'en convenir.

— Comment ! pas même trois petites chambres sous les toits ?

Cela, Horace ne pouvait pas le dire ; mais il pensait qu'il fallait, en tous cas, s'en assurer et monter jusqu'à l'hôtel pour voir.

— Voulez-vous prendre place auprès du cocher ? dit le prince ; vous nous introduirez, et puisque vous habitez cet hôtel depuis plusieurs semaines, vous nous recommanderez au *kellner*. On aura sans doute plus d'égards et de complaisances pour des amis de votre maître qu'on n'en aurait pour les premiers venus ; d'ailleurs le colonel pourra nous appuyer lui-même.

— Malheureusement cela ne serait sans doute pas possible, car le colonel n'était pas en ce moment à l'hôtel ; il était parti le matin pour une excursion dans la montagne, et il ne rentrerait probablement que dans la soirée.

A l'hôtel, le *kellner* répéta au prince Mazzazoli ce qu'Horace avait déjà dit :

— Il n'y avait pas d'appartement disponible en ce moment. Si Son Excellence avait pris la peine d'envoyer une dépêche quelques jours à l'avance, on aurait été heureux de se conformer à ses ordres ; mais on ne pouvait pas déposséder les personnes arrivées depuis longtemps, pour donner leurs appartements à des nouveaux venus, si respectables que fussent ceux-ci.

Horace voulut intervenir, mais ce fut inutilement.

— La seule chambre libre en ce moment est celle qui sert de salle à manger à votre maître, et encore n'est-ce pas ce qu'on peut appeler une chambre libre ; elle ne le deviendrait que s'il voulait bien la céder.

A ce mot, le prince, qui avait tout d'abord montré un vif mécontentement, se radoucit, et, se tournant vers Horace :

— Est-ce que le colonel tient beaucoup à cette chambre ? demanda-t-il ; en a-t-il un réel besoin ? Si je me permets cette insistance, c'est que nous nous trouvons placés dans des conditions toutes particulières. Le séjour de Paris, dans un air mou et vicié, a été contraire à la santé de Mme la comtesse Belmonte ; on lui a ordonné, comme une question de vie ou de mort l'habitation, pendant quelque temps dans une haute station atmosphérique, et c'est là ce qui nous a fait choisir le Glion, où, nous assure-t-on, son anémie et sa maladie nerveuse disparaîtront comme par enchantement, par miracle, dans cet air raréfié.

Le *kellner* crut devoir faire observer qu'au Glion ces guérisons étaient fréquentes ; c'était une station privilégiée sous tous les rapports, non-seulement pour la santé des malades, mais encore pour l'agrément, dans une contrée civilisée, et non sur des sommets sauvages.

— C'est bien là ce qui nous l'a fait choisir, dit le prince, et ce qui m'a empêché de retenir notre appartement, c'est que nous sommes partis tout à fait à l'improviste, sans nous en douter, le lendemain du jour où le médecin a rendu son ordonnance.

Assurément le *kellner* était vivement touché par ces raisons, mais que pouvait-il ?

Disant cela, il s'était tourné vers Horace comme pour remettre la solution de cette difficulté entre ses mains.

Mais, comme Horace ne répondait pas, le *kellner* continua :

— Nous avons bien en haut, tout en haut, sous les toits, deux chambres ou plus justement deux cabinets, mais qui ne sont pas habitables pour des dames ; si Son Excellence tient essentiellement à loger au Rigi, il n'y aurait qu'un moyen, ce serait que M. le colonel cédât la chambre lui servant de salle à manger, en même temps ce serait que M. Horace Cooper voulût bien abandonner aussi sa chambre et se contenter d'un cabinet sous les toits. Alors les deux dames auraient un appartement convenable. Il est vrai que Son Excellence et M. Horace Cooper seraient horriblement mal logés. Mais comment faire autrement en attendant le départ de quelques pensionnaires, départ prochain d'ailleurs et qui ne dépasserait pas deux ou trois jours ?

— Il faudrait voir le colonel, dit le prince car, malgré l'ennui que tout cela pourra lui causer, je suis certain qu'il ne nous refusera pas ce service dans les conditions critiques où nous nous trouvons.

Horace accueillit avec empressement cette idée qui le tirait d'embarras.

Car malgré toute son envie de retenir Mlle Belmonte, et de la voir se fixer au Glion, il n'osait prendre sur lui d'accepter l'arrangement proposé par le prince Mazzazoli ; il y aurait eu là en effet un acte d'autorité un peu trop violent.

Il fallait donc attendre le retour du colonel.

Mais à quelle heure aurait lieu ce retour ? c'est ce qu'Horace ne savait point ; tout ce qu'il pouvait affirmer, c'était que le colonel rentrerait sûrement coucher.

Le prince parut ne pas se désoler de ce contre-temps, et en réfléchissant Horace comprit que plus son maître rentrerait tard, plus il y aurait de chance pour qu'il cédât sa chambre : ce n'est pas dans la nuit qu'on met les gens à la porte.

Mlle Belmonte resterait donc au Glion, et le colonel serait bien forcé de se laisser distraire.

Cependant, assez inquiet sur la façon dont

son maître prendrait cette arrivée et cette installation au Glion, Horace voulut aller au devant de lui pour le prévenir.

Et tandis que le prince Mazzazoli faisait venir ses bagages de Montreux, en homme qui ne doute pas de l'acceptation de ses combinaisons, Horace quittait l'hôtel pour aller se poster sur le chemin par lequel il supposait que le colonel devait revenir de sa promenade.

Les heures s'écoulèrent sans que le colonel parût.

N'aurait-il pas pris un autre chemin ?

Déjà les ombres qui avaient envahi les vallées les plus basses commençaient à monter le long des montagnes et l'air se rafraîchissait.

Comme Horace se demandait s'il ne devait pas rentrer à l'hôtel, il aperçut son maître qui descendait le sentier au bout duquel il l'attendait.

Le colonel marchait lentement, le bâton ferré sur l'épaule, la tête inclinée en avant, comme un homme préoccupé qui suit sa pensée et ne se laisse pas distraire par les agréments du chemin qu'il parcourt.

Il vint ainsi, sans lever la tête, jusqu'à quelques pas d'Horace.

Mais l'ombre que celui-ci projetait sur le chemin l'arrêta et lui fit lever les yeux.

— Toi ? dit-il.

— Oui, je suis venu au devant de vous.

— Au devant de moi ? et pourquoi donc ? que se passe-t-il ?

Le colonel lança ces trois interrogations d'une voix rapide, brusquement, et Horace remarqua qu'il avait rougi.

— C'est M. le prince Mazzazoli qui est arrivé à l'hôtel.

— Le prince Mazzazoli ?

— Ainsi que Mme la comtesse Belmonte et Mlle Carmelita.

— Et qui leur a dit que j'habitais cet hôtel du Rigi ?

— Ils ne savaient pas trouver mon colonel.

— C'est encore là une de tes sottises, avec « ton colonel » ; on aura su qui j'étais.

— Je vous assure qu'ils ignoraient que vous étiez en Suisse.

— Comment sais-tu cela ?

— C'est le prince lui-même qui me l'a dit.

Et Horace expliqua comment il avait par hasard rencontré la calèche qui amenait le prince Mazzazoli à l'hôtel du Rigi, et comment le prince lui avait expliqué qu'il venait en Suisse pour la santé de la comtesse. Il fallait à celle-ci une habitation à une altitude élevée : c'était, disaient les médecins, une question de vie ou de mort.

— Je croyais qu'il n'y avait pas de chambres disponibles en ce moment à notre hôtel, interrompit le colonel.

— Justement il n'y en a pas.

— Eh bien ! alors ?

Horace entreprit le récit de ce qui s'était passé, comment le sommelier avait été amené par hasard, par force pour ainsi dire, à parler de la chambre que le colonel transformait en salle à manger, et comment le prince attendait l'arrivée du colonel pour lui demander cette chambre.

A ce mot, le colonel frappa fortement la terre de son *alpenstock*.

— C'est bien, dit-il, je ne rentre pas ; le prince se décidera sans doute à chercher plus loin ; tu diras que tu ne m'as pas rencontré. Je ne reviendrai que dans quelques jours.

— Ah ! mon colonel.

Et Horace, qui voyait s'évanouir ainsi le plan qu'il avait formé, essaya de représenter à son maître combien cette fuite était peu vraisemblable et surtout peu explicable.

Pendant quelques secondes le colonel resta hésitant ; puis tout à coup, comme s'il avait pris son parti :

— C'est bien, dit-il ; rentrons à l'hôtel.

— Puis-je prendre les devants pour annoncer votre arrivée ?

— Non ; je désire m'expliquer moi-même avec le prince.

VII

Après le départ d'Horace, le prince avait fait monter son bagage dans le cabinet qui lui était donné sous les toits, mais il avait voulu que les malles de sa sœur et de sa nièce restassent dans le vestibule de l'hôtel.

Avant de s'installer dans la salle à manger du colonel, il fallait attendre le retour de celui-ci.

Il était convenable de lui demander cette chambre.

Seulement, en même temps, il était bon de le mettre dans l'impossibilité de la refuser.

Où coucheraient la comtesse et Carmelita ?

Devant une pareille question, la réponse ne pouvait pas être douteuse.

C'était donc en costume de voyage que la comtesse et Carmelita avaient dîné à table d'hôte, où leur présence avait fait sensation.

Car, bien entendu, le prince Mazzazoli, la comtesse Belmonte et Carmelita étaient connus de la famille Ratinelle aussi bien que le colonel.

— Comment c'était pour attendre la belle Carmelita que le colonel Chamberlain était resté en Suisse ?

Voilà qui renversait toutes les suppositions.

Ce n'était donc pas Mme de Lucillière qui abandonnait le colonel.

C'était le colonel qui abandonnait Mme de Lucillière.

Alors le colonel épousait la belle Italienne. Quelle histoire !

Et après le dîner on s'était réuni pour discuter cette aventure.

Quel était ce prince Mazzazoli ?

La famille Ratinelle avait l'adoration de tout ce qui appartenait au grand monde parisien ; dès là qu'on faisait partie de ce monde, on devenait un personnage digne d'envie. On pouvait avoir une réputation plus ou moins douteuse, cela importait peu ; on n'en était pas moins au-dessus du commun des mortels.

Ce que Mlle de Ratinelle raconta sur le prince Mazzazoli et sa nièce, la belle Carmelita, fut donc inspiré par ce sentiment religieux.

— Le prince, un grand seigneur italien ; Carmelita, une merveille de beauté. Elle avait fait sensation aux bals des Tuileries, les journaux parlaient d'elle, c'était Fauguerolles qui l'habillait.

Que dire de plus ?

Ceux qui n'auraient pas été satisfaits de ces renseignements auraient été vraiment trop difficiles à contenter.

C'était donc pour rejoindre le colonel qu'elle venait au Glion.

Si la marquise de Lucillière arrivait aussi pour lui disputer le colonel, quelle aventure, quel drame peut-être !

Et ils seraient aux premières places pour le voir jouer.

Pendant qu'on s'occupait ainsi d'eux, le prince avec sa sœur et sa nièce s'étaient installés, pour prendre des glaces, autour d'une petite table, devant l'entrée de l'hôtel, de manière qu'il fût impossible au colonel de rentrer sans qu'ils le vissent.

Ceux qui les observaient curieusement remarquaient que le prince manifestait une certaine impatience ; de temps en temps, il se levait et regardait au loin, puis, en se rasseyant, il tambourinait avec ses doigts sur la table placée devant lui.

La comtesse était absorbée dans la dégustation d'une glace aux fraises.

Et la belle Carmelita, impassible sur sa chaise, le visage calme et froid, semblait indifférente à tout ce qui l'entourait, choses aussi bien que gens. Elle n'avait pas un regard pour le lac, à moitié noyé dans l'ombre, pas plus qu'elle n'en avait pour les pensionnaires de l'hôtel, qui attachaient leurs yeux sur elle. Quand son oncle ou sa mère lui parlait, elle répondait par un léger signe de tête ou par un seul mot.

— Je crois qu'elle est fâchée que le colonel ne soit pas là pour son arrivée, fit remarquer Mlle de Ratinelle.

— Au fait, c'est assez étrange.

— Peut-être ne l'attendait-il pas aujourd'hui.

— Assurément ; sans cela, il aurait bien été à Genève au devant d'elle.

— Elle en vaut, certes, la peine. Quelle admirable créature !

— Son front est trop bas.

— C'est romain.

— Ses cheveux sont trop noirs.

— Allez, mesdames, allez ; plus vous la critiquez, mieux vous reconnaîtrez sa puissance.

— Enfin elle n'a pas le sou.

— Le colonel est assez riche pour deux.

Cependant le colonel Chamberlain, suivi d'Horace, avait paru au bout du chemin qui de la montagne vient à l'hôtel.

En l'apercevant, le prince Mazzazoli se leva vivement et courut au devant de lui.

Jamais accueil ne fut plus chaleureux.

Quelle bonne fortune pour lui et pour ces dames !

Le colonel au contraire se montrait assez froid.

Cependant il s'était avancé vers la table, autour de laquelle la comtesse Belmonte et Carmelita étaient restées assises.

L'accueil de la comtesse fut aussi démonstratif que l'avait été celui de son frère.

— Quelle surprise ! c'était à n'y pas croire.

Pour Carmelita, elle s'était contentée de tendre la main au colonel et de poser sur lui ses grands yeux, qui s'étaient éclairés d'une flamme rapide.

Mais ce n'était pas seulement pour avoir le plaisir de serrer la main de ce cher colonel que le prince Mazzazoli attendait son retour avec impatience.

Il avait une demande à lui adresser, une prière, la plus importune, la plus inconvenante, mais qui lui était imposée par la nécessité.

— Je sais par Horace de quoi il s'agit, interrompit le colonel, et je suis heureux de mettre deux de mes chambres à la disposition de ces dames. Je regrette seulement que vous n'en ayez pas déjà pris possession en m'attendant, car vous deviez bien penser que je m'empresserais de vous les offrir.

Et, comme le prince se confondait en excuses en même temps qu'en remercîments, le colonel l'interrompit de nouveau.

— Je vous assure que vous ne me devez pas tant de reconnaissance. Au reste le sacrifice que je vous fais est bien petit, et je regrette même que les circonstances le rendent si insignifiant.

— Pour nous, il est considérable, répondit la comtesse ; pour moi...

— C'est en me plaçant à mon point de vue que je parle, continua le colonel.

— Il n'en est pas moins vrai que pour nous vous vous privez de vos chambres, dit Carmelita.

— Pour une nuit...

— Comment! pour une nuit? s'écria le prince.

— Je pars demain soir.

— Vous partez?

— Demain.

Ces deux exclamations échappèrent en même temps au prince et à la comtesse.

Quant à Carmelita, elle ne dit rien, mais elle attacha sur le colonel un long regard qui fit baisser les yeux à celui-ci.

Pour échapper à l'embarras que ce regard de Carmelita lui causait, il se jeta dans des explications sur son départ, arrêté depuis longtemps, dit-il, et qui ne pouvait être différé.

Si, au lieu de tenir les yeux baissés en parlant il les avait levés, il aurait pu voir que le prince lançait un coup d'œil à sa sœur et à sa nièce pour leur imposer silence.

Les paroles qui semblaient prêtes à sortir de leurs lèvres s'arrêtèrent, et le prince lui-même n'ajouta pas un mot à son exclamation qui lui avait échappé sous le coup de la surprise.

Puis presqu'aussitôt, prétextant la fatigue, il demanda au colonel la permission de conduire la comtesse à sa chambre.

Dans son état, elle avait besoin des plus grands ménagements.

Et tout bas il dit au colonel que la pauvre femme était bien mal et qu'un excès de fatigue pouvait la tuer.

En montant l'escalier, il prit le bras de la comtesse, et plusieurs fois il tourna la tête vers le colonel, qui venait derrière lui avec Carmelita, comme pour lui faire remarquer combien était faible la comtesse. Il était impossible de montrer plus de tendresse et plus de sollicitude, il était le meilleur des frères.

S'il n'avait pas été prévenu, le colonel n'aurait pas remarqué le plus léger changement dans la comtesse; elle paraissait être aujourd'hui dans l'état où il l'avait quittée à Paris, ni plus faible ni plus forte.

Cependant ces soins de la part d'un homme comme le prince, ordinairement peu tendre aux autres, indiquait une situation grave.

Aussi, de peur de la déranger par le bruit, ne se fit-il pas servir à dîner dans sa chambre; pour la première fois, depuis qu'il était à l'hôtel, il descendit dans la salle à manger.

C'était la première et ce serait la dernière; car il était bien décidé à partir le lendemain, comme il l'avait annoncé.

Où irait-il?

Il n'en savait rien.

Mais cela importait peu.

Ce qu'il voulait, c'était la solitude.

Et aux Diablerets, à Champery, au val d'Anniviers, au col du Jock, dans l'Engadine, il la trouverait sans doute plus facilement qu'au Glion.

En tous cas, si cette solitude n'était point absolue, il serait là avec des inconnus, dont il ne prendrait point souci, pas plus qu'il ne l'avait pris en rencontrant les regards curieux des pensionnaires du Rigi.

Ce qu'il voulait, c'était n'être point exposé à rencontrer dix fois, vingt fois par jour, le prince Mazzazoli ou Carmelita; car, en les apercevant, ce n'était point eux qu'il voyait, c'était la marquise de Lucillière, c'était Henriette.

VIII

Ce que le colonel eût voulu savoir et ce qu'il se demandait curieusement, c'était pourquoi le prince était venu au Glion.

Il n'avait point oublié, bien entendu, ce que Mme de Lucillière lui avait si souvent répété à propos des projets du prince et de ses espérances matrimoniales.

Il se pouvait donc très-bien que ce voyage au Glion n'eût pas d'autre but que l'accomplissement de ces projets et la réalisation de ces espérances.

Sachant ce qui s'était passé avec Mme de Lucillière, le prince aurait trouvé que le moment était favorable pour mettre Carmelita en avant et la présenter comme une consolatrice.

Alors la maladie de la comtesse Belmonte n'était qu'un prétexte pour expliquer ce voyage.

Il faut dire que le caractère du colonel n'était nullement disposé à l'infatuation, et que de lui-même il n'eût très-probablement jamais imaginé qu'on pouvait courir après lui pour le marier avec une jolie fille. Mais Mme de Lucillière lui avait si souvent parlé de ce projet du prince, que le souvenir de ces paroles ne pouvait pas ne pas l'inquiéter en présence d'une arrivée si étrange.

Seulement, pour que cela fût possible, il fallait deux choses:

D'abord que la comtesse de Belmonte ne fût pas malade,

Ensuite que son séjour au Glion eût été révélé.

Par qui, comment avait-il pu l'être?

Ses recommandations à Gaston de Pompéran avaient été telles, lorsqu'il lui avait écrit pour liquider son association avec le marquis de Lucillière, qu'il y avait certitude qu'une indiscrétion ne pouvait pas avoir été commise de ce côté.

Mais Horace?

Il le fit appeler et l'interrogea.

— Depuis que nous sommes en Suisse, as-tu écrit à Paris?

— Non, mon colonel; vous me l'aviez défendu, et, malgré toute l'envie que j'avais d'écrire, je ne l'ai pas fait. Je ne vous cache pas que cela a été dur, mais je vous ai obéi.

Il n'insista pas sur ce point, car il savait que devant une interrogation faite dans ces termes, Horace était incapable de mentir.

Il affirmait n'avoir point écrit à Paris, on devait le croire.

— Mais n'as-tu pas dit à quelqu'un ici qui j'étais?

— Non, à personne.

— Tu en es sûr?

— Très-sûr; même d'une façon indirecte, je n'ai rien dit qui pût donner à supposer que vous étiez le colonel Chamberlain. Cela aussi m'a été pénible, mais enfin j'ai respecté vos ordres.

Le colonel resta en présence de la question qu'il s'était posée; son séjour au Glion avait-il été connu du prince Mazzaoli, et cette connaissance avait-elle déterminé le voyage de Carmelita?

Mais en ce moment il était assez difficile de trouver une réponse précise à cette question.

Sans doute ce voyage et cette rencontre pouvaient avec de justes raisons paraître bizarres.

Cependant il pouvait aussi n'y avoir là qu'un effet du hasard, et la maladie de la comtesse Belmonte pouvait être vraie.

En tous cas, que cette rencontre eût été préparée ou qu'elle ne l'eût pas été, il n'y avait pour lui, alors qu'elle s'était produite, qu'une chose à faire.

Quitter le Glion,

Et s'en aller droit devant lui.

Ce qu'il ferait le lendemain, comme il l'avait annoncé.

Quand même Carmelita serait venue avec l'intention de le consoler, il n'était pas en disposition de se laisser consoler. Les femmes lui faisaient horreur, même les plus belles, et c'était de bonne foi qu'il se demandait comment un homme pouvait être assez faible, assez bête, pour mettre sa vie dans le sourire de deux beaux yeux. Cette bêtise, on pouvait la faire une fois; mais deux, non.

Lorsqu'il monta à sa chambre, il était donc parfaitement décidé à partir.

Il ouvrit sa porte avec précaution et il marchait doucement en évitant de faire du bruit, de peur de déranger ses voisines, lorsqu'il entendit frapper quelques petits coups à la cloison.

En même temps, une voix, — celle de Carmelita, — l'appela.

— Colonel, c'est vous, n'est-ce pas?

On parlait contre la porte qui mettait les deux chambres en communication intérieure et qui, alors qu'il occupait ces deux chambres, restait toujours ouverte.

Il s'approcha de cette porte, et répondant:

— Oui, c'est moi, dit-il.

— Je vous ai bien reconnu aux précautions que vous preniez pour ne pas faire de bruit; ne vous gênez pas, je vous prie. C'est moi qui suis votre voisine. J'ai le sommeil bon; quand je dors, rien ne me réveille. Bonsoir.

— Bonsoir.

Comment? il serait exposé tous les soirs à des dialogues de ce genre; à chaque instant dans le jour, il verrait Carmelita! Ah! certes non, et le lendemain il quitterait le Glion.

C'était le plus simple et aussi le plus sûr.

Ils ne le rejoindraient pas sans doute sur les sommets de l'Engadine ou de la Bella-Tola.

Le lendemain matin, comme il sortait de sa chambre, il trouva dans le vestibule le prince Mazzaoli qui se promenait en long et en large.

Le prince levé à une heure si matinale, cela était bien invraisemblable. Que se passait-il donc d'extraordinaire?

Le prince se chargea lui-même de le renseigner à ce sujet.

— Auriez-vous deux minutes à me donner? demanda-t-il en serrant la main du colonel.

— Mais tout ce que vous voudrez.

Et le prince, le prenant par le bras, l'emmena dans le jardin.

— Connaissez-vous Champéry? demanda-t-il; j'entends, y êtes-vous allé?

— Non.

— Et les Diablerets?

— Je n'y suis pas allé non plus.

— Et le val d'Anniviers?

— Je ne le connais que par les livres.

— Voilà qui est fâcheux. J'avais compté sur vous pour me tirer d'embarras: les livres, les guides, c'est parfait, mais dans notre situation ce n'est pas suffisant.

Avaient-ils donc l'intention de le suivre?

Il ne put pas retenir une question.

— Et que vous importe Champéry ou le val d'Anniviers?

— Il faut être franc, n'est-ce pas? D'ailleurs je voudrais ne pas l'être, que cela me serait impossible. Je vous demande des renseignements sur Champéry et les Diablerets, parce que mon intention est d'aller aux Diablerets, ou à Champéry, ou au val d'Anniviers, enfin dans un pays où ma pauvre sœur trouvera les conditions atmosphériques qui lui sont ordonnées; et si je choisis ces pays, c'est parce qu'ils ne sont qu'à une courte distance du Glion.

— Mais le Glion lui-même?

— J'avais choisi le Glion, parce que je le connaissais et que je savais que c'était la station par excellence pour ma malheureuse sœur. Mais nous ne pouvons pas rester au Glion. Vous m'avez demandé d'être franc, je veux l'être jusqu'au bout. Avec une bonne grâce parfaite, avec un élan spontané, vous avez bien voulu nous céder vos chambres; mais il est bien évident que notre présence vous gêne.

— Comment pouvez-vous penser ?

— Je ne pense pas, je suis certain. Pour des raisons que je n'ai pas à examiner, vous désirez être seul; notre voisinage vous incommode et vous trouble. Alors vous partez. Eh bien, mon cher colonel, cela ne doit pas être. Ce n'est pas à vous de partir, c'est à nous de vous céder la place.

— Permettez...

— Je vous en prie, laissez-moi achever. Nous sommes ici dans des conditions tout à fait particulières. Si vous n'aviez pas habité cet hôtel, nous n'aurions pas pu nous y faire recevoir. Nous ne sommes donc ici que par vous, par votre complaisance. Eh bien, mon cher colonel, il serait tout à fait absurde que vous fussiez victime de cette complaisance. Nous vous gênons; vous désirez la solitude, que vous ne pouvez plus trouver, nous ayant pour voisins. Nous nous en allons : rien n'est plus simple, rien n'est plus juste. Voilà pourquoi je vous demandais des renseignements sur les hôtels des environs, pensant que vous les connaissiez et ne voulant pas me lancer à l'aventure avec une malade.

— Jamais je n'accepterai ce départ.

— Et moi, jamais je n'accepterai le vôtre.

— Mon intention n'était pas de rester au Glion.

— Elle n'était pas non plus d'en partir aujourd'hui. De cela, je suis bien certain; j'ai interrogé Horace, qui ne savait rien, et qui assurément eût été prévenu si votre départ avait été arrêté avant notre arrivée.

Le colonel demeura assez embarrassé. Il ne lui convenait pas en effet de reconnaître qu'il quittait l'hôtel pour fuir la présence du prince et de Carmelita : c'était là une grossièreté qui n'était pas dans ses habitudes, ou bien c'était avouer sa faiblesse pour Mme de Lucillière, ce qui le blessait dans sa pudeur d'amant malheureux.

— Je vous affirme, dit-il après un moment de silence, que je ne comptais pas prolonger mon séjour ici longtemps encore.

— Longtemps encore, je l'admets ; ce que je n'admets pas, c'est votre départ immédiat.

— Devant partir un jour ou l'autre, il est bien naturel cependant que je vous cède tout de suite une chambre qui vous est indispensable, car vous ne pouvez pas rester dans le trou où vous avez passé la nuit.

— Un jour ou l'autre, je vous le répète, je comprends cela ; ce que je ne comprends pas, c'est aujourd'hui. Ainsi, voilà qui est bien entendu : si vous persistez dans votre intention de partir ce soir, c'est nous qui partons ce matin même pour les Diablerets ou pour Champéry, peu importe ; si au contraire vous restez pour quelques jours, nous restons, nous aussi, tout le temps qui sera nécessaire pour la santé de ma sœur.

Quelques jours !

Cela au surplus ne l'engageait pas à grand' chose ; sortant le matin de bonne heure, rentrant le soir tard, il ne verrait guère le prince et Carmelita. Dormir auprès d'une jeune fille, si belle qu'elle fût, n'avait jamais été dangereux.

Voilà comment, après avoir décidé de partir, il ne partit pas.

IX

Précisément parce qu'il était bien décidé à ne pas faire maintenant long séjour au Glion, le colonel Chamberlain pensa qu'il devait renoncer à son excursion habituelle.

Il n'était pas convenable de fuir le prince Mazzazoli, le jour même de son installation dans un pays qui lui était à peu près inconnu.

Et, dans les termes où ils étaient, la politesse exigeait qu'il se mît à sa disposition.

Il ne sortit donc point ce jour-là.

Ou tout au moins il ne sortit pas seul, pour s'en aller comme à l'ordinaire courir la montagne.

Comme il avait été dépossédé de la chambre dans laquelle il prenait ses repas, il dut déjeuner dans la salle à manger commune.

Au moment où il allait entrer dans cette salle, il se rencontra avec le prince, et celui-ci lui proposa de prendre place à la table qu'il s'était fait réserver, au lieu de s'asseoir à la grande table.

Il se trouva donc placé entre la comtesse et Carmelita, et, au lieu de lire tout en mangeant, comme il en avait l'habitude lorsqu'il était seul, il dut soutenir une conversation suivie.

Il avait une crainte assez poignante, qui était que la comtesse ou Carmelita vinssent à parler de Mme de Lucillière ; mais le nom de la marquise ne fut même pas prononcé, et, comme s'il y avait eu une entente préalable pour éviter les sujets qui pouvaient le gêner, on ne parla pas de Paris.

La comtesse ne s'occupa que de sa maladie, et Carmelita que du pays dans lequel elle allait passer une saison.

Elle montra même tant d'empressement à connaître ce pays, que le colonel se trouva pour ainsi dire obligé à se mettre à sa disposition pour la guider après le déjeuner.

— Nous commanderons une voiture dit le prince, et nous emploierons notre après-midi à visiter les villages environnants.

Cet arrangement n'était pas pour plaire au colonel, mais il ne pouvait guère le repousser.

D'ailleurs il ne se laisserait pas entraîner bien loin, puisqu'il partirait dans quelques jours.

Pendant que la comtesse et sa fille allaient revêtir une toilette de promenade, le prince prit le colonel par le bras et l'emmena à l'écart.

— Est-ce que vous avez reçu des lettres de Paris depuis votre départ? demanda-t-il.
— Non.
— Alors vous ignorez l'effet que ce départ a produit?

C'était là un sujet de conversation qui ne pouvait être que très-pénible pour le colonel; il ne répondit donc pas à cette question.

Mais le prince continua :
— Personne ne s'est mépris sur les causes qui ont provoqué votre brusque détermination.

Le colonel leva le bras, comme pour fermer la bouche au prince; mais celui-ci parut ne pas comprendre ce geste.

— Et tout le monde vous a approuvé, dit-il; il n'y a qu'une voix dans tout Paris.

Disant cela, le prince Mazzazoli tendit sa main au colonel comme pour joindre sa propre approbation à celle de tout Paris.

La situation était embarrassante pour le colonel. Que signifiaient ces paroles? Pourquoi et à propos de quoi l'avait-on approuvé? C'était une question qu'il ne pouvait pas poser au prince cependant.

— Je vous dirai entre nous, continua celui-ci, que Mme de Lucillière elle-même n'a pas caché son sentiment.

Ce nom ainsi prononcé le fit pâlir et son cœur se serra, mais la curiosité l'empêcha de s'abandonner à son émotion.

— Quel sentiment? se demanda-t-il. Qu'a-t-elle pu faire? qu'a-t-elle pu dire? Avait-elle donc parlé elle-même de leur rupture? alors comment l'avait-elle expliquée?

Si pénible que lui fût ce sujet, il ne lui était plus possible de ne pas l'aborder.

— Quel sentiment? demanda-t-il.

— Mais celui qu'elle a éprouvé en apprenant votre départ. D'abord, quand on a commencé à croire que vous aviez véritablement quitté Paris, on a été fort étonné; tout le monde avait pensé qu'il ne s'agissait que d'une excursion de quelques jours. Mais, en ne vous voyant pas revenir, on a compris que c'était au contraire un vrai départ. Pourquoi ce départ? C'est la question que chacun s'est posée, et, chez tout le monde, la réponse a été la même.

Sur ce mot, le prince Mazzazoli fit une pause et regarda le colonel en se rapprochant de lui.

— Trouvant votre responsabilité trop gravement compromise dans votre association avec le marquis de Lucillière, vous vouliez bien établir que vous n'étiez pour rien dans les paris engagés sur *Voltigeur*.

Le colonel respira : l'esprit et le cœur remplis d'une seule pensée, il n'avait nullement songé à cette explication, et il avait tout rapporté, dans ces paroles à double sens, à Mme de Lucillière.

Quel soulagement! Quelle délivrance!

— Un jour que l'on discutait votre départ mystérieux dans un cercle composé des fidèles ordinaires de la marquise, le duc de Mestosa, le prince Seratoff, lord Fergusson, Mme de Lucillière affirma très-nettement que vous aviez bien fait de quitter Paris. « Le colonel est un homme violent, dit-elle, un caractère emporté; il eût pu se fâcher en entendant les sots propos qu'on colporte sur les gains extraordinaires de *Voltigeur*, et avec lui les choses seraient assurément allées à l'extrême. Il a voulu se mettre dans l'impossibilité de se laisser emporter; je trouve qu'il a agi sagement. » Vous pensez, mon cher ami, si ces paroles ont jeté un froid parmi nous. Personne n'a répliqué un mot. Mais, la marquise s'étant éloignée, on s'est expliqué, et tout le monde est tombé d'accord sur la traduction à faire des paroles de Mme de Lucillière. Évidemment la femme ne pouvait pas accuser le mari franchement, ouvertement; mais, d'un autre côté, l'amie ne voulait pas qu'on pût vous soupçonner de vous associer aux procédés du marquis. De là ce petit discours assez obscur en apparence, mais au fond très-clair. Qu'en pensez-vous?

Le colonel ne répondit rien car ce qu'il pensait, il ne lui convenait pas de le dire.

— Ainsi, mon cher colonel, continua le prince, personne n'a eu un moment de doute sur les causes de votre départ, et tout le monde vous a approuvé. Vous auriez donc pu vous dispenser d'affirmer votre rupture par la mission confiée à notre ami Gaston de Pompéran. Ce n'est pas que je vous blâme au moins, je comprends très-bien que vous n'ayez pas voulu partager devant le public la responsabilité des agissements du marquis, et que par conséquent vous ayez tenu à ce que tout le monde sût bien que vous n'étiez plus son associé dans son écurie de course. Seulement le coup a été rude pour ce pauvre marquis, et, quand Gaston a annoncé tout haut — vous savez comme il dit les choses — qu'il avait reçu un pouvoir de vous pour procéder à la liquidation de votre association avec le marquis, ç'a été un véritable débordement contre ce pauvre marquis, qui m'a vivement peiné. Heureusement il n'est pas homme à baisser la tête ou à perdre son sourire; il a fait contre mauvaise fortune bon bon cœur, et, en somme je crois que tout finira pour le mieux. En tout cas, pour vous, je le répète, il y a eu approbation générale, et je suis probablement le seul qui ait regretté les instructions données par vous à Gaston; mais cela tient à ma vive amitié pour le marquis. J'aurais voulu le ménager. Comment? me direz-vous. Je n'en sais rien, et je comprends très-bien que vous ayez cédé à des considérations d'un ordre plus élevé, et pour vous d'une importance capitale.

Ce qui frappa le prince dans ce récit du prince, ce ne fut pas la partie qui se rapportait au marquis de Lucillière. Peu lui importait que celui-ci eût souffert ou n'eût pas souffert de la rupture publique de leur association. Si l'opinion du monde avait condamné le marquis, tant pis pour lui; il n'avait que ce qu'il méritait.

Ce fut la partie relative à la marquise elle-même.

Ainsi elle n'avait pas craint d'expliquer leur rupture en jetant la suspicion sur son mari. « Ce n'est pas avec moi qu'il a rompu, avait-elle dit; c'est avec M. de Lucillière. »

Ce fut pour lui une blessure nouvelle, la plus douloureuse qu'il eût reçue depuis le jour où il avait lu ces horribles lettres.

Elle tenait donc bien à ménager la jalousie de ses fidèles, qu'elle ne reculait pas devant une pareille explication.

Car, de croire qu'elle avait voulu donner le change à l'opinion publique, il n'en eut pas un seul moment la pensée; il savait trop bien le cas qu'elle faisait de cette opinion.

Ce qu'elle avait évidemment cherché, c'était une réponse aux questions de lord Fergusson, de Serkis-Pacha, du prince Scratoff, du duc de Mestosa, et de plusieurs autres encore peut-être, questions qui toutes s'étaient résumées dans un même mot:

— Pourquoi le colonel Chamberlain s'est-il fâché avec vous?

— Ce n'est pas avec moi, c'est avec mon mari, et la preuve qu'il tenait bien peu à moi, c'est qu'il n'a pas hésité à partir.

Et certainement ils avaient ajouté foi à ces paroles, et ils s'en étaient réjouis : ils étaient aimés, ils le savaient, ils en avaient la preuve.

A ce moment, la comtesse Belmonte et Carmelita descendirent dans le jardin, prêtes pour la promenade, et l'on monta en voiture.

Le prince s'étant placé vis-à-vis sa sœur, le colonel se trouva en face de Carmelita.

Il ne pouvait pas lever les yeux, sans rencontrer ceux de la belle Italienne posés sur les siens.

Quelle était belle!

La promenade fut longue et ils restèrent plusieurs heures ainsi en face l'un de l'autre.

— Est-ce qu'il y a des chemins de voiture pour aller sur les flancs de cette montagne? demanda Carmelita en rentrant à l'hôtel et en montrant du bout de son ombrelle les pentes boisées du mont Cubli.

— Non, répondit le colonel; il n'y a que des sentiers pour les piétons.

— Ne me demande pas de t'accompagner, dit le prince; tu sais que les ascensions sont impossibles pour moi.

— Oh! quand je voudrai faire cette promenade, ce ne sera pas à vous que je m'adresserai, mon cher oncle, dit-elle en riant; ce sera au colonel.

X

Un Français auquel une jeune fille propose d'aller courir les champs en tête-à-tête est généralement assez étonné.

Un Américain auquel on adresse la même proposition l'est beaucoup moins: on veut s'amuser avec lui ou bien l'on désire l'étudier au point de vue d'une affaire matrimoniale, rien n'est plus simple et plus naturel que cette promenade. Il accepte donc ou il refuse, selon sa fantaisie, mais il ne s'étonne pas.

Le colonel Chamberlain était Américain, ou tout au moins, s'il était Français par les sentiments il était Yankée par les habitudes et l'éducation; élevé à voir les jeunes filles user et abuser d'une liberté absolue, il ne pouvait pas être surpris de la proposition que lui faisait Carmelita d'aller parcourir les montagnes environnantes avec lui.

Seulement, comme cette proposition ne devait avoir pour lui aucun résultat agréable, bien au contraire, elle le fâchait.

— C'est assez de m'avoir pris ma chambre, se dit-il; me prendre maintenant mon temps, ce serait trop.

Et, le lendemain matin, à la première heure, il était parti en excursion, de manière à n'être pas exposé à refuser Carmelita, ce qui était presque impossible, ou à l'accompagner, ce qui n'était pas pour lui plaire dans les conditions morales où il se trouvait présentement.

Que dire à cette jeune fille dans ce long tête-à-tête?

Parler de choses indifférentes serait impossible. Malgré eux ils seraient entraînés dans leurs souvenirs : Paris, la marquise. Il ne voulait pas de confident, encore moins d'une confidente telle que la belle Italienne.

Il resta absent pendant deux jours, et ne revint qu'assez tard dans la soirée, bien décidé à repartir le lendemain matin.

Il avait cru qu'il pourrait rentrer dans sa chambre sans qu'on l'entendît, mais il s'était trompé.

Il n'y avait pas deux minutes qu'il était dans sa chambre, lorsqu'il entendit frapper deux ou trois petits coups à la porte-cloison; en même temps une voix, — celle de Carmelita, — l'appela :

— Vous rentrez, colonel?
— A l'instant.
— Vous avez fait bon voyage?
— Très-bon, je vous remercie.
— Est-ce que vous êtes mort de fatigue?
— Pas du tout.
— Ah! tant mieux.

Pourquoi tant mieux? Mais il ne risqua pas cette interrogation.

D'ailleurs Carmelita continua bientôt ses questions à mi-voix:

— Est-ce que la porte est condamnée de votre côté?
— Elle est fermée à clef.
— Et vous avez la clef?
— Elle est sur la serrure.
— De sorte que, si vous voulez, vous pouvez ouvrir cette porte?
— Mais pas du tout; il y a un verrou de votre côté.
— Je sais bien. Je dis seulement que, si voulez tourner la clef en même temps que je pousse le verrou, la porte s'ouvre.
— Parfaitement.
— Eh bien! alors, si vous n'êtes pas mort de fatigue, vous plaît-il de tourner la clef? moi, je pousse le verrrou.

Et en même temps il entendit le verrou glisser dans la gâche.

Il était un homme, et non une jeune fille qui doit se défendre contre les entreprises d'un séducteur.

Il serait donc parfaitement ridicule qu'il ne tournât pas sa clé, quand sa voisine n'hésitait pas à pousser son verrou et à ouvrir sa porte.

Il la tourna donc et tira la porte sur lui.

Carmelita apparut le visage souriant, la main tendue.

— Bonsoir, voisin, dit-elle.
— Bonsoir, voisine.

Et ils restèrent en face l'un de l'autre durant quelques secondes.

Devait-il entrer dans la chambre de Carmelita?

Il hésita.

Mais elle-même faisant un pas en avant, le tira de son hésitation.

Alors il recula et elle poussa la porte.

— Ma mère est endormie, dit-elle comme pour expliquer cette précaution, et son premier sommeil est ordinairement difficile à troubler; cependant, en parlant ainsi à travers les cloisons, nous aurions pu la réveiller. Voilà pourquoi je vous ai demandé d'ouvrir cette porte.

Elle ne montrait nul embarras et paraissait aussi à son aise dans cette chambre qu'en plein jour, au milieu d'un salon.

Et assurément il se sentait beaucoup moins libre qu'elle.

Cette visite à pareille heure était au moins étrange, pour ne pas dire plus. Que signifiait-elle?

— Depuis plus d'une heure, je guettais votre retour, dit-elle, et je croyais déjà qu'il en serait aujourd'hui comme il en avait été hier.

— Hier j'ai été surpris par la nuit à une assez grande distance, et je n'ai pas pu rentrer.

— Et où avez-vous couché?
— Sur un tas de foin, dans un chalet de la montagne.
— Mais c'est très-amusant cela.
— Cela vaut mieux que de coucher à la belle étoile, car les nuits sont fraîches dans la montagne; mais il y a quelque chose qui vaut encore beaucoup mieux qu'un tas de foin, c'est un bon lit.
— Vous aimez ces courses dans la montagne?
— J'aime la vie active, la fatigue; ces courses me délassent de la vie sédentaire que j'ai menée en ces derniers temps.
— Ah! vous êtes heureux.

Comme il ne répondait pas, elle continua :

— J'entends que vous êtes heureux de faire ce que vous voulez, d'aller où vous voulez, sans avoir à consulter personne. Savez-vous que, depuis moi, je ne suis plus une toute petite fille, je n'ai pu faire un pas sans la permission de mon oncle, et il faut dire que presque toutes les fois que je lui ai demandé d'aller à gauche il m'a permis d'aller à droite.

Disant cela, elle se mit à sourire, mais tristement, avec une mélancolie touchante.

Où voulait-elle en venir?

Elle était restée debout contre la porte poussée.

Elle s'avança dans la chambre, et, prenant une chaise, elle s'assit.

— Je vous donne l'exemple, dit-elle, car je ne veux pas tenir sur ses jambes un homme qui a marché toute la journée.

Il s'assit alors près d'elle, assez intrigué par la tournure que prenait cet entretien bizarre.

— Quel but pensez-vous que j'aie eu en vous priant d'ouvrir cette porte? demanda-t-elle.

— Dame!... je n'en sais rien... à moins que ce ne soit pour causer un instant.

— Vous n'y êtes pas du tout : j'ai une prière à vous adresser.

— A moi?

— Et qui me rendra très-heureuse, si vous ne la repoussez point.

— Alors il est entendu d'avance que ce que vous souhaitez sera fait.

— Non, rien à l'avance; écoutez-moi d'abord, et puis, selon que ce que je vous demanderai vous plaira ou ne vous plaira point, vous me répondrez. Vous souvenez-vous d'un mot que j'ai dit l'autre jour, à notre retour de notre promenade en voiture?

— A propos de quoi, ce mot?

— A propos d'une excursion dans la montagne.

— Parfaitement.

— Eh bien! ce mot m'a valu une vive remontrance de mon oncle, et, quand je dis remontrance, c'est pour ne pas employer une expression plus forte. Cependant cela ne m'a pas fait renoncer à mon idée, et plus mon oncle m'a dit que j'avais commis une sottise et une inconvenance en manifestant le désir de vous accompagner dans une de vos excursions, plus ce désir a été ardent. Cet aveu va peut-être vous donner une assez mauvaise idée de mon caractère, mais au moins il vous prouvera que je suis franche. Et puis ce désir n'est-il pas bien justifiable après tout? Je suis enfermée dans cet hôtel; ma mère est empêchée de sortir par sa maladie, mon oncle est retenu par son horreur de la fatigue et de la marche. Moi, qui ne suis pas malade et qui n'ai pas horreur de la marche, j'ai envie de voir ce qu'il y a derrière ces rochers qui se dressent du matin au soir devant mes yeux comme des points d'interrogation. N'est-ce pas tout naturel? Et voilà pourquoi je veux vous demander de vous accompagner quelquefois. Voilà ma prière. Enfin voilà comment j'ai été amenée à pousser ce verrou.

— Je vous ai dit que d'avance ce que vous souhaitiez serait fait, je ne puis que vous le répéter. Maintenant quand vous plaît-il que nous entreprenions cette promenade?

— Oh! ce n'est pas ainsi que les choses doivent se passer. Le grand grief de mon oncle, c'a été que je venais me jeter à travers vos projets d'une façon importune et gênante. Si demain matin je lui dis que je pars avec vous pour cette promenade, il comprendra que son discours n'a pas été très-efficace, et il le recommencera en l'accentuant. Le moyen d'échapper à ce nouveau discours, c'est que vous demandiez vous-même à mon oncle de me faire faire cette promenade; comme cela, il ne pourra plus parler de mon importunité. Le voulez-vous?

Il était bien difficile, pour ne pas dire impossible, de répondre : Non.

Il fut donc convenu, que le lendemain matin, le colonel adresserait sa demande au prince.

Carmelita, ordinairement impassible comme si elle était insensible à tout, se montra radieuse.

— Maintenant, dit-elle, je ne veux pas abuser plus longtemps de votre hospitalité. Bonsoir, voisin ; à demain.

Et, après lui avoir tendu la main, elle rentra dans sa chambre.

Mais presque aussitôt rouvrant la porte :

— Comment! dit-elle, vous n'ayez pas tourné la clef?

— Mais...

— Mais il le faut, de même qu'il faut que je pousse le verrou.

Puis, le regardant avec un sourire :

— Pour mon oncle, dit-elle ; pour nous, il n'y a ni clef ni verrou.

XI

C'était là un résultat qui était loin d'être conforme aux prévisions et aux arrangements du colonel.

Décidément il aurait mieux fait de suivre sa première inspiration et de partir tout de suite.

Mais il était trop tard maintenant pour le reconnaître; un engagement était pris, il n'y avait qu'à l'exécuter.

Au reste, il ne fallait pas s'exagérer l'ennui de cette promenade.

En soi, une excursion dans la montagne, en compagnie de Carmelita, n'avait rien de bien effrayant, et c'eût été niaiserie ou folie de se laisser aller pour si peu de chose à un dépit un peu vif.

Dans les conditions morales où il se trouvait, il pouvait très-justement désirer et rechercher la solitude; mais, si pour un jour elle était troublée, il n'y avait pas de quoi s'en désoler ou s'en fâcher.

Combien à sa place eussent été heureux de

ce tête-à-tête avec cette jeune fille si merveilleusement belle !

Combien lui-même l'eût-il été quelques mois auparavant, alors que pour l'avoir entrevue une minute à peine, il avait été si profondément troublé par l'éclat de sa beauté. Est-ce qu'en la quittant, il n'avait pas pris plaisir à répéter tout bas son nom :

Carmelita, Carmelita.

Est-ce qu'un soir, pour avoir frôlé son pied, il n'avait pas éprouvé une sensation chaude, qui avait couru dans toutes ses veines et avait fait battre son cœur plus vite.

Présentement la seule chose à examiner d'un peu près, le seul point inquiétant, c'était de savoir la raison vraie qui avait déterminé Carmelita à lui adresser sa demande de promenade.

Avec toute autre que la jeune Italienne, cette question ne se fût présentée pour lui, et dans cette demande il n'eût vu qu'un caprice, qu'une fantaisie de jeune fille, qui veut courir les bois en liberté, s'amuser et rire un peu, pendant que ses parents maussades ou malades gardent la chambre.

Mais avec Carmelita il n'en pouvait pas être ainsi.

On lui avait dit et répété si souvent de tous les côtés, ses amis comme les indifférents, Gaston de Pompéran, Mme de Lucillière et vingt autres, que le prince Mazzazoli voulait lui faire épouser sa nièce et poursuivait ce mariage comme sa dernière ressource, qu'il était impossible de ne pas prêter une certaine attention à ces paroles.

L'arrivée du prince et de sa famille au Glion n'était-elle pas une conséquence de cette poursuite matrimoniale ?

La demande de Carmelita n'en était-elle pas une autre ?

Le prince bien certainement ne devait pas croire que *Vo tigeur* était la cause déterminante du départ du colonel, il devait savoir qu'il y avait rupture avec Mme de Lucillière ; ne voulait-il pas mettre cette rupture à profit pour faire prendre adroitement par sa nièce une place devenue libre ?

De là son voyage en Suisse, de là la demande de Carmelita.

Plus d'une fois, le colonel avait eu les ennuis de la richesse, notamment quand on l'accablait de demandes de secours ou de proposition, d'affaires plus ou moins miraculeuses ; mais ces ennuis n'avaient rien de comparable au sentiment pénible qu'il éprouvait à se poser ces questions, à propos d'un pareil sujet, et à les examiner.

Combien de fois, depuis qu'il avait quitté Paris, ne s'était-il pas demandé, dans ses longues courses solitaires, si l'argent n'avait pas fait pour une bonne part l'amour de Mme de Lucillière, et si ce n'était pas l'argent aussi qui avait fait la complaisance et l'aveuglement du marquis ?

Maintenant allait-il donc se demander encore si c'était l'argent qui inspirait Carmelita ?

Toutes les fois qu'une main se tendait vers lui, fallait-il donc qu'il regardât, sous peine d'être souvent dupe, si elle était ouverte par l'amitié ou par l'intérêt ?

Quoi de plus attristant !

En qui avoir confiance ?

Toujours sur ses gardes, toujours douter, quelle liberté dans la vie.

C'était payer cher la fortune.

Cependant, en ces circonstances, c'était chose tellement grave qu'une liaison avec le prince Mazzazoli et surtout avec Carmelita, qu'il se promit de ne pas oublier les avertissements qu'il avait reçus.

Il était possible qu'ils n'eussent aucun fondement.

Mais, d'un autre côté, il était possible aussi que cette arrivée au Glion, de même que cette promenade, ne fussent pas le résultat d'un simple hasard.

C'était à voir.

Elle ne le prendrait pas de force pour mari, que diable !

Il venait de l'autre côté de l'Atlantique, et il connaissait les manœuvres des jeunes filles qui se livrent à la pêche des maris.

Par expérience, il connaissait les filets et les amorces qui servent à cette pêche, et il savait comment on leur échappe.

Le lendemain matin, il adressa donc au prince Mazzazoli la demande qui avait été arrêtée entre Carmelita et lui.

— C'est cette grande enfant, s'écria le prince, qui, j'en suis certain, vous a tourmenté pour vous accompagner dans vos excursions ?

— Elle a manifesté le désir de parcourir la montagne, et je suis heureux de me mettre à sa disposition.

— Vous êtes heureux d'aller où bon vous semble, librement, voilà qui est certain, et c'est bien assez que nous soyons venus vous chasser de votre appartement, sans encore vous prendre votre liberté. Excusez-la, je vous prie ; elle n'a pas pris garde à ce qu'elle vous demandait.

— Refusez-vous de me la confier ?

— Je refuse de vous ennuyer.

L'entretien ainsi engagé ne pouvait finir que par la défaite du prince.

Ce fut ce qui arriva.

Le consentement fut accordé, mais à une condition, et le prince la signifia lui-même à sa nièce :

— Pour une fois, bien, dit-il avec une certaine sévérité ; mais qu'il ne soit plus question de promenades de ce genre, j'entends que notre ami le colonel garde sa liberté.

Un quart d'heure après, Carmelita était prête à partir.

Jamais le colonel ne l'avait vue plus belle.

Elle avait revêtu un costume bizarre : une robe courte serrée à la taille par un ceinturon de cuir et modelant sa taille et ses épaules ; aux pieds, des souliers pris dans des guêtres ; sur la tête, un petit chapeau de feutre, sans plumes, mais avec un voile gris flottant au vent ; à la main, une longue canne.

— M'acceptez-vous ainsi ? dit-elle en posant sur lui ses grands yeux clairs. Je vous promets de vous suivre sans demander grâce, et de passer partout où vous passerez ; le pied est solide et je ne sais pas ce que c'est que le vertige.

Ils partirent sans qu'il pensât à se demander comment, en un quart d'heure, elle avait pu improviser ce charmant costume de montagne, qui était un vrai chef-d'œuvre longuement médité par l'illustre Fauguerolles, et sans qu'il se dît qu'il était assez étrange, alors qu'elle ne devait pas faire d'excursion, qu'elle eût dans ses bagages des objets aussi peu appropriés à une toilette ordinaire que des guêtres et une canne.

— Et où vous plaît-il que nous allions ? demanda-t-il après avoir marché pendant quelques minutes près d'elle.

— Mais où vous voudrez, dans la montagne, droit devant nous. Quand vous viendrez dans l'Apennin, si jamais vous nous faites le plaisir de nous visiter à Belmonte, je vous guiderai ; ici guidez-moi vous-même, car je ne connais rien. Tout ce que je désire, c'est aller le plus loin possible, le plus haut que nous pourrons monter.

Ils quittèrent bientôt le chemin pour prendre un sentier qui courait sur le flanc de la montagne en côtoyant le ravin et en coupant à travers des pâturages et des bois de sapins.

Personne dans ce sentier, personne dans les bois ; sur les pentes des pâturages, quelques vaches qui paissaient l'herbe verte ou qui venaient boire à des auges creusées dans le tronc d'un pin et qui, en marchant lentement, faisaient sonner leurs clochettes.

Ils avançaient, côte à côte, et quand le sentier devenait trop étroit pour deux, il prenait la tête, se retournant alors de temps en temps pour voir si elle le suivait.

Elle marchait dans ses pas, sur ses talons, et quand un filet d'eau rendait les pierres du sentier glissantes, il n'avait qu'à étendre le bras pour lui prendre la main et l'aider à sauter de caillou en caillou, ce qu'elle faisait d'ailleurs légèrement, sûrement, sans hésitation, en riant lorsqu'elle s'éclaboussait avec un bâton.

La journée était radieuse, et le soleil, qui s'était déjà élevé dans un beau ciel sans nuage, avait dissipé les vapeurs du matin, qui ne persistaient plus que dans quelques vallons abrités, où elles rampaient le long des rochers et des arbres comme des fumées légères.

Devant eux, la montagne qui se dressait comme une barrière de rochers pour former l'amphithéâtre de Jaman et des monts de Vevey ; derrière eux, le lac, dont les eaux brillaient comme un immense miroir.

En marchant, ils devisaient du spectacle qu'ils avaient sous les yeux, et Carmelita comparait ces montagnes à celles au milieu desquelles s'était écoulée son enfance.

De là un inépuisable sujet de conversation.

Ils montèrent ainsi pendant près de deux heures, sans qu'elle se plaignit de la fatigue ou demandât à se reposer.

Mais la matinée s'avançait et l'heure du déjeuner approchait.

Il avait emporté dans son sac du pain et de la viande froide, et il comptait sur une source qu'il connaissait pour leur donner de l'eau.

Bientôt ils arrivèrent à cette source, et pour la première fois ils s'assirent sur l'herbe.

— C'est là que nous allons déjeuner ? dit-elle.

— L'endroit vous déplaît-il ?

— Bien au contraire, et choisi à souhait non-seulement pour déjeuner, mais encore pour causer librement, en toute sûreté. Et précisément j'ai à vous parler. C'est même dans ce but, si vous voulez bien me permettre cet aveu, que je vous ai proposé cette promenade.

XII

Le colonel regarda Carmelita avec surprise.

Alors elle se mit à sourire.

— Je vous étonne, dit-elle.

— Je l'avoue.

— Vous avez donc cru que je voulais tout simplement faire une excursion dans ces montagnes ?

— J'ai cru ce que vous me disiez.

— Ce que je vous disais était la vérité, mais ce n'était pas toute la vérité : oui, j'avais grande envie de faire cette excursion pour le plaisir qu'elle pouvait me donner ; mais aussi j'avais grand désir de me ménager un tête-à-tête avec vous, dans lequel je pourrais vous adresser une demande pour moi très-importante.

— Je vous écoute.

— Ah! maintenant rien ne presse, car je ne crains pas que notre tête-à-tête soit troublé; déjeunons donc d'abord, ensuite je vous ferai mes confidences. N'écouterez-vous pas mieux? Pour moi, je parlerai plus facilement quand j'aurai apaisé mon appétit, car je meurs de faim.

Où voulait-elle en venir? que voulait-elle lui demander?

Sa curiosité du colonel était vivement excitée, cependant il ne lui adressa pas de question.

Ouvrant son sac, il en tira les provisions et les ustensiles de table qu'il renfermait.

Ces provisions et ces ustensiles étaient des plus simples : pour provisions, du pain, un poulet froid et du sel; pour ustensiles, deux couteaux, deux verres et deux petites serviettes; dans une gourde recouverte d'osier, du vin blanc d'Yvorne.

Le couvert fut bien vite mis sur un quartier de rocher, et ils s'assirent en face l'un de l'autre.

— Pour le plaisir que je me promettais, dit-elle, je suis servie à souhait.

Et, tout en mordant du bout des dents un os de poulet, elle promena lentement les yeux autour d'elle.

Assurément il y a en Suisse beaucoup de montagnes plus célèbres que les pentes des dents de Naye et de Jaman, cependant il en est peu où la vue puisse embrasser un panorama plus vaste et surtout plus varié.

Tout se trouve réuni, arrangé, disposé, composé pour le plaisir des yeux : les eaux, les bois, les champs, les prairies, les villages et les villes. Au loin, se confondant dans le ciel, les pics sauvages des Alpes, couverts de neiges éternelles, et qui, de quelque côté qu'on se tourne, vous entourent et vous éblouissent; à ses pieds, au contraire, le spectacle de la vie civilisé : les toits des villages qui réfléchissent les rayons du soleil, les bateaux à vapeur qui tracent des sillons blancs sur les eaux bleues du lac, et, dans les vallées, la fumée des locomotives qui court et s'envole à travers les maisons et les arbres. Les bruits de la plaine et des vallées ne montent point jusqu'à ces hauteurs, et dans l'air tranquille on n'entend que les clochettes des vaches ou le chant des bergers qui fauchent l'herbe sur les pentes trop rapides pour les pieds des troupeaux.

— Quel malheur que ces bergers ne nous chantent pas le *ranz des vaches!* dit Carmelita en souriant.

Et elle se mit elle-même à chanter à pleine voix cet air, tel qu'il se trouve écrit dans *Guillaume Tell.*

Puis, quand elle eut fini, se tournant vers le colonel :

— Comment trouvez-vous ma voix? demanda-t-elle.

— Admirable.

— Ce n'est pas un compliment que je vous demande, mais une réponse sincère; vous comprendrez tout à l'heure l'importance de cette sincérité.

— Tout à l'heure?

— Oui, quand je vous ferai mes confidences; mais le moment n'est pas encore venu, car ma faim n'est pas assouvie. J'accepte un nouveau morceau de poulet, si vous voulez bien me l'offrir.

Il se levait de temps en temps pour aller emplir leurs verres au filet d'eau qui, par un conduit en bois, tombait dans le tronc d'un gros pin creusé en forme d'auge.

Bientôt il ne resta plus du poulet que les os, et la gourde se trouva vide.

Alors, à son tour, elle se leva et, s'éloignant de quelques pas, elle se mit à cueillir dans l'herbe des violettes bleues et jaunes, des anémones printanières, des saxifrages et d'autres fleurs alpines, dont elle forma une petite botte.

Puis, revenant vers le colonel, qui pendant ce temps avait refermé son sac, elle jeta toutes ces fleurs sur l'herbe et, s'asseyant, elle commença à les arranger en bouquet.

Évidemment le moment de la confidence était arrivé.

Quelle allait être cette confidence?

C'était ce qu'il se demandait avec curiosité et même avec une certaine inquiétude. Que pouvait vouloir lui dire cette fille bizarre, ordinairement muette avec des attitudes de sphinx, et aujourd'hui bavarde, légère, et disposée à l'abandon?

— Il faut que je commence par vous avouer, dit-elle, que j'ai pour vous une grande estime et que vous m'inspirez une entière confiance.

— Pourquoi?

— Pourquoi? Ce serait bien long à expliquer et difficile aussi. Je vous demande donc à affirmer seulement cette estime et cette confiance pour vous faire comprendre comment j'ai été amenée à vous prendre pour confident.

Le colonel eût voulu répondre; mais, ne trouvant qu'une fadaise, il se contenta d'un signe de main pour dire qu'il écoutait.

— Vous savez, continua-t-elle, comment j'ai été élevée. Mon oncle a conçu le projet de me faire faire un grand mariage, et il a voulu me rendre digne des hautes destinées qu'il ambitionnait pour moi... et aussi un peu pour lui, il faut bien le dire. Ai-je ou n'ai-je pas profité de ses leçons? C'est une question que je n'ai pas à examiner, et sur laquelle je ne veux pas vous interroger; car vous ne pourriez me répondre que poliment, et c'est à votre sincérité que je fais appel. Quoi qu'il en soit, le grand mariage désiré ne s'est pas fait, et les rêves de mon oncle ne se sont point réalisés. Je suis sans fortune, cela explique tout.

— Ne croyez pas que tous les hommes ne recherchent que la fortune dans la femme qu'ils épousent.

— Je ne crois rien ; je constate que je ne suis pas mariée, et je l'explique par une raison qui me paraît bonne. Cependant j'avoue volontiers qu'elle n'est pas la seule. Pour que ces grands mariages réussissent, pour qu'une jeune fille qui n'a rien que quelques avantages personnels se marie, il faut, n'est-ce pas, que cette jeune fille travaille elle-même habilement à ce mariage, qu'elle trouve elle-même son mari, et qu'avec plus ou moins d'adresse, de diplomatie, de rouerie, de coquetterie, de persévérance, elle oblige elle-même ce mari à l'épouser. C'est au moins ainsi que se sont accomplis les beaux mariages qui ont servi d'exemple à mon oncle, et lui ont mis en tête l'idée de me donner pour mari un prince ou un empereur. Il avait eu d'illustres exemples sous les yeux et il avait cru que je pourrais les suivre. Par malheur pour le succès de son plan, je n'ai pas voulu, dans cette comédie du mariage, accepter mon rôle tel qu'il me l'avait dessiné. Il était très-important, ce rôle, très-brillant et assurément intéressant à jouer ; je l'ai transformé en un rôle muet.

Elle s'arrêta et, le regardant :

— Est-ce vrai ? demanda-t-elle.

— Très-vrai.

— Mais ce rôle, je n'ai pu l'accepter que par une sorte d'obéissance, sans réflexion pour ainsi dire, sans avoir conscience de ce que je faisais. Mon oncle me demandait de le remplir, je le remplissais en l'appropriant à ma nature ; j'obéissais à son ordre, et par cette soumission il me semblait que je m'acquittais de la reconnaissance que je lui devais. Il faut remarquer, si vous ne l'avez déjà fait, que je ne suis précoce en rien : mon esprit, mon intelligence, ne se sont ouverts que tardivement, peu à peu, si tant est qu'ils se soient ouverts. Je suis donc restée assez longtemps sans comprendre ce rôle, et surtout sans voir le résultat auquel j'arriverais, si je réussissais dans son dénoûment : c'est-à-dire à un mariage peut-être riche ou puissant, mais à coup sûr malheureux ; car, à vos yeux, n'est-ce pas comme aux miens, un mariage sans amour ne peut être que malheureux ?

— Assurément.

— Je comptais sur votre réponse. Quand j'ai compris où je marchais ou plutôt quand je l'ai senti, car je l'ai senti avant de le comprendre — disant cela, elle posa la main sur son cœur, — j'ai résolu ne de pas aller plus loin et de m'arrêter. Jamais position n'a été plus délicate que la mienne : je devais beaucoup à mon oncle, et, d'un autre côté, je me devais à moi-même de ne pas poursuivre des projets de mariage qui ne pouvaient faire que mon malheur, ainsi que celui du mari que j'épouserais. Comment sortir de cette difficulté ? J'y réfléchis longtemps. Mais, si difficile que soit une position, on trouve toujours moyen d'en sortir lorsqu'on le veut fermement.

Il écoutait, se demandant où allait aboutir cette étrange confidence et surtout pourquoi elle la lui faisait.

Quel rôle lui destinait-elle donc ?

Elle continua :

— Vous savez qu'en ces derniers temps, j'ai beaucoup travaillé la musique et que j'ai pris assidûment des leçons de chant. « Si je n'avais pas dû être une grande dame, j'aurais été une grande artiste, » me disait chaque jour mon professeur. Eh bien ! grande dame, je ne la serai point ; au contraire, je serai artiste. Dans quelques jours, je partirai d'ici, seule, pour l'Italie, et, sous un faux nom, je débuterai au théâtre.

— Vous ?

— Oui, moi. Voilà pourquoi j'ai voulu vous faire cette confidence. C'est pour vous prier d'être, au moment de mon départ, auprès de mon oncle et de ma mère, pour leur adoucir le coup que je leur porterai. J'ai cru que personne mieux que vous ne pouvait remplir cette mission, et c'est le service que je vous demande. Vous ne me le refuserez point, n'est-ce pas ?

Disant cela, elle lui tendit la main et ses yeux émus achevèrent sa prière.

Comédienne ! Quelle surprise ! quel coup de théâtre !

XIII

Pour le colonel, c'était plus que de la surprise qu'il éprouvait en réfléchissant à cette étrange confidence.

Comment ! cette jeune fille qui avait occupé, qui occupait un si haut rang dans la société parisienne, allait entrer au théâtre et se faire chanteuse ?

— Je vois que je vous surprends, dit-elle en le regardant.

— Vous me stupéfiez.

— Et pourquoi ? Que voulez-vous que je fasse ? Quelle position ai-je dans le monde. Je suis d'une noble famille, cela est vrai ; mon oncle est prince, cela est vrai encore. Mais après ? Ma famille est ruinée, et mon oncle est sans fortune ; voilà qui est non moins vrai. Dans cette situation, quelle espérance m'est permise?

— Mais celle qu'a eue le prince, celle qu'il a toujours, et qui me paraît,—laissez-moi vous le dire, sans mettre aucune galanterie dans mes paroles,—tout à fait légitime et parfaitement fondée.

— Vous voulez dire celle d'un mariage, d'un grand, d'un beau mariage?

— Sans doute; qui plus que vous fut jamais digne de ce mariage?

— Vous trouvez?

— Mais assurément.

Elle ne répondit pas et resta quelques secondes les yeux fixés sur lui.

— Si vous pensez ainsi, semblait dire son regard, pourquoi donc n'avez-vous pas été ce mari?

Mais cette réplique, elle ne la lui adressa pas directement.

— Quoi qu'il en soit, dit-elle en continuant le développement de son idée, ce mariage, ce beau mariage, ne s'est pas réalisé jusqu'à présent.

— Pouvez-vous croire qu'il ne se réalisera pas un jour ou l'autre? est-ce à votre âge qu'il est permis de désespérer?

— Où est-il ce mari?

Et le regard interrogateur qui, quelques secondes auparavant, l'avait troublé, se posa de nouveau sur lui.

— Est-ce vous? semblait-il demander.

Cette fois elle garda le silence moins longtemps, et reprenant :

— Depuis un an, nous avons vécu dans le même monde, l'un près de l'autre, de la même vie pour ainsi dire. Où l'avez-vous vu ce mari? Nulle part, n'est-ce pas? Il ne s'est pas présenté.

— De ce qu'il ne s'est pas présenté jusqu'à présent, s'en suit-il qu'il ne doive pas se présenter un jour?

— Assurément, je crois qu'il ne se présentera pas; mais je vais plus loin, et j'affirme qu'il ne devait pas se présenter. C'était à moi de l'aller chercher. Ce que je n'ai pas fait, alors que je ne me rendais pas bien compte de ma position, je le ferai encore bien moins maintenant, que je sais ce qu'elle est et que je raisonne. Je vous l'ai dit et je vous le répète, je veux mon indépendance; je veux celle de la vie; je veux aussi, je veux surtout celle du cœur. Si je me marie jamais, je veux choisir mon mari, non parce qu'il a un grand nom ou une grande position, mais parce qu'il me plaît; en un mot, parce qu'il m'aime et parce que je l'aime. Cela, je l'espère, ne vous paraît pas trop romanesque; je vous assure que je ne suis pas romanesque.

— Mais je n'ai jamais pensé qu'on devait s'excuser d'être romanesque; trop peu de gens, hélas! mettent le sentiment dans leur existence.

— C'est précisément cela que je veux : mettre le sentiment au-dessus des intérêts, et non les intérêts au-dessus du sentiment. Voilà pourquoi je tiens à être libre. Je sais que l'on me reprochera mon coup de tête. Comédienne! quelle bassesse! Appartenir à l'une des premières familles de l'Italie et se faire chanteuse, quelle folie! Et cependant j'ai une excuse. Puisque je suis destinée à jouer la comédie en ce monde, j'aime mieux la jouer au théâtre que dans la vie. Le rôle qu'on veut m'imposer et que je devrais accepter pour réussir me pèse et m'humilie, de sorte que je le joue aussi mal que possible et que je ne réussirai jamais ; tandis que celui que je veux prendre n'a rien qui m'effraye.

— Cependant...

— Oui, vous avez raison, ce que je dis là est inexact. Il y a une chose qui m'effraye et beaucoup, c'est de quitter mon oncle et ma mère.

Elle parut très-émue et s'arrêta un moment.

— C'est cette considération qui pendant longtemps m'a arrêtée, dit-elle en reprenant. J'ai hésité, j'ai été d'une résolution à une autre, décidée un jour à partir, le lendemain à rester près d'eux et à laisser les choses aller sans m'en mêler; car je sens, croyez-le bien, le chagrin que je vais leur causer. Pour ma ma pauvre mère, cette séparation sera terrible; pour mon oncle, elle ne le sera pas moins, puisqu'elle sera l'anéantissement de projets auxquels depuis sept années il a tout sacrifié : son temps, sa peine, sa fortune, ses plaisirs. On ne sait pas, on ne saura jamais ce qu'ont été les soins de mon oncle ; songez que ce qu'il ne savait pas, il a eu le courage, à son âge, de l'apprendre pour me l'enseigner. Et quel courage non moins admirable dans cet enseignement donné à une fille telle que moi! Certes, bien des fois ces leçons m'ont été pénibles et cruelles, mais je sens maintenant qu'elles n'ont pu l'être moins pour lui que pour moi.

De nouveau elle fit une pause pour se remettre.

— Et voilà de quelle récompense je vais le payer. Ah! cela est affreux. Qu'il sache au moins que je ne me sépare pas de lui, le cœur léger, par un coup de tête, sans ressentir les angoisses de cette séparation et sans compatir à son chagrin. Mais il le faut, et c'est justement la grandeur de ses sacrifices qui m'impose ma résolution et me rend son exécution obligatoire dans un temps rapproché, très-rapproché. Sur ce point, il faut que vous sachiez encore la vérité, et quelque confusion que j'éprouve à la confesser, vous devez la connaître.

Si elle éprouvait une véritable confusion à parler, il ressentait, lui, un réel embarras à l'entendre. Que dire? comment l'arrêter? que lui répondre?

— Vous ne devez pas ignorer, dit-elle en continuant, que mon oncle, après avoir possédé une grande fortune, a été ruiné par un terrible concours de circonstances désastreuses, dans lesquelles il a été victime de sa droiture et de sa bonté. Il avait voulu être homme d'affaires, et il n'avait aucune des qualités exigées pour ce métier. Il s'est donc ruiné, entièrement ruiné, perdant non-seulement sa fortune acquise, mais encore sa fortune patrimoniale et celle de sa sœur; c'est-à-dire que ma mère a été entraînée dans sa chute. Tout a été perdu, tout... sauf l'honneur pour lui comme pour nous. C'est même pour réparer cette perte à notre égard qu'il a poursuivi si ardemment l'exécution de son projet de mariage; il semblait que nous ayant pris notre fortune, il voulût nous en donner une autre plus grande. A ses yeux, il y avait là pour lui un devoir à remplir, et il l'a rempli courageusement jusqu'au bout, non-seulement en me donnant ses soins, mais encore en fournissant à nos besoins, à ceux de ma mère comme aux miens. Si je vous disais ce qu'il a fait, vous seriez émerveillé, car ce sont des miracles. On ne vit pas dans le monde où nous avons vécu et comme nous avons vécu, sans dépenser des sommes considérables, et il arrive un moment où les ressources s'épuisent, alors surtout que ces ressources sont précaires. Vous ne savez pas cela, vous qui possédez une immense fortune.

— Je n'ai pas toujours été riche.

— Nous, nous l'avons été, mais nous ne le sommes plus, et mon oncle, en ces derniers temps, n'a pu nous maintenir dans notre position que par de véritables prodiges. Ces prodiges, j'en suis certaine, il trouverait moyen de les répéter, tant que je ne serais pas mariée. Car c'est en nous maintenant dans le monde où nous avons vécu depuis notre arrivée à Paris que je pourrais seulement rencontrer le mari qu'il attend. Mais il épuiserait ce qui lui reste de forces dans cette tâche, et c'est ce que je ne veux pas. Voilà pourquoi je suis décidée à me séparer de lui. C'est, vous le voyez, autant par respect envers moi-même que par tendresse pour mon oncle. Convaincue que son projet ne peut pas réussir, par cette raison toute-puissante qu'il m'est impossible d'y mettre la main, je suis déterminée à sortir, coûte que coûte, de la position dans laquelle nous nous trouvons. Jusqu'à ce jour, ce qui m'avait arrêté, c'avait été la pensée du chagrin que j'allais causer à mon oncle, de son désespoir, de sa colère. Mais la bonne fortune a permis que nous vous rencontrions ici, et maintenant je puis poursuivre l'exécution de ma détermination. Sans doute son chagrin sera grand, mais au moins vous lui expliquerez les raisons qui me forcent à l'abandonner, et il comprendra que je ne suis point une ingrate. Voilà le service que je réclame de vous, et voilà pourquoi j'ai tenu si vivement à nous ménager cette promenade, qui devait me permettre de m'expliquer librement et de bien vous dire tout ce que je désire qui soit répété à mon oncle, ainsi qu'à ma mère. Je ne veux pas qu'ils m'accusent injustement et je remets ma cause entre vos mains : voulez-vous la plaider non-seulement pour moi, de façon qu'ils ne me condamnent pas, mais encore pour eux, de façon à adoucir leur douleur?

Que répliquer ?

Comment refuser ?

Il était d'autant plus embarrassé pour trouver des raisons à lui opposer, qu'au fond du cœur il approuvait cette résolution.

Ce n'était point un coup de tête, comme tout d'abord il l'avait cru, aux premiers mots; au contraire, c'était un acte réfléchi et raisonné.

Sans doute c'était chose grave que cette entrée au théâtre pour une jeune fille telle que Carmelita.

Mais cela ne valait-il pas mieux après tout que la chasse au mariage?

Dans cette résolution, il y avait un côté noble et viril qui le touchait : elle était d'une femme de cœur.

Il lui tendit la main :

— J'aurais bien des choses à vous opposer, dit-il; mais les raisons par lesquelles je vous combattrais, vous vous les êtes données vous-même, j'en suis sûr. Je suis à vous.

Elle lui prit la main et la serra dans une longue étreinte, en le regardant.

Puis tout à coup, s'arrachant à l'émotion qui l'oppressait :

— Vous plaît-il que nous nous remettions en route ? dit-elle. En avant ! et ne pensons plus qu'au plaisir de la promenade.

Et, se levant, elle attendit qu'il fût prêt à la suivre.

XIV

Eh quoi ! c'était là Carmelita !

Quelle différence entre la réalité et ce qu'il savait ou plutôt entre ce qu'il croyait savoir d'elle !

Que de fois lui avait-on répété le mot de la fable : « Belle tête, mais point de cervelle ! »

Assurément ceux qui parlaient ainsi ne la

connaissaient point ou bien c'était la jalousie et l'envie qui les inspiraient.

Non-seulement il y avait quelque chose dans cette cervelle, mais encore il y avait de nobles sentiments dans ce cœur.

Qu'il se fût trompé sur ce caractère, il n'y avait à cela rien de bien étonnant : il avait eu si peu d'occasions de la juger.

Mais qu'il eût cru les sots propos du monde quant à cette intelligence, voilà qui était véritablement par trop maladroit ; car il l'avait vue d'assez près, il s'était rencontré avec elle assez souvent, pour ne pas se laisser ainsi aveugler ou abuser.

Qui lui avait dit qu'elle était sotte? Mme de Lucillière, et il avait eu la naïveté de la croire.

Sotte, la jeune fille qui venait d'expliquer si clairement sa situation et de déduire avec tant de logique les raisons qui commandaient sa résolution.

C'était son silence obstiné, son recueillement, son apparente indifférence pour tout, qui avaient accrédité cette opinion. En la voyant toujours grave, regardant comme si elle ne voyait pas, écoutant comme si elle n'entendait pas, on avait conclu à la sottise, et, comme il n'y avait pas la plus légère critique à adresser à sa beauté, qui défiait la malveillance, on avait exploité cette accusation de sottise : « Belle tête, mais point de cervelle. » Cela est bien vite trouvé et complaisamment répété.

Maintenant il savait ce que cachait ce silence qui l'avait surpris lui-même plus d'une fois : elle ne parlait point pour ne pas s'avancer, pour ne pas s'engager.

Que de fois aussi lui avait-on dit et répété : « Défiez-vous de la belle Italienne et de son oncle, ne vous laissez pas prendre par eux. »

L'avertissement était parfaitement juste, appliqué au prince Mazzazoli.

Mais pour Carmelita l'était-il également ? C'était une question qui ne devait pas être examinée à la légère et tranchée d'un mot.

Sans doute, à s'en tenir à ce qu'elle venait de dire, il était évident qu'elle n'avait jamais voulu se prêter au rôle que son oncle lui avait imposé, et qu'elle n'avait jamais eu l'intention de le prendre pour mari, lui pas plus que tout autre.

Mais ces paroles étaient-elles l'expression de la vérité ?

Au contraire, n'étaient-elles point le développement habile de ce rôle ?

En disant qu'elle avait honte de se livrer à la chasse au mari, n'avait-elle pas pour but de le rassurer, de l'endormir, et de le prendre alors plus facilement ?

Ce début au théâtre n'était-il point une ruse ?

Enfin tout ce qu'elle venait de lui expliquer n'était-il point la mise en œuvre du plan du prince, et au lieu de parler pour elle sincèrement, n'avait-elle pas répété tout simplement une fable qui lui avait été apprise par son oncle.

Ces doutes se présentèrent à son esprit, mais sans le toucher, et il s'en voulut presque d'avoir pu les admettre un moment.

Il n'était point de ceux qui voient la vie en laid et qui ne croient qu'au mal.

Et bien certainement, si on ne lui avait pas répété tant de fois que le prince voulait lui faire épouser sa nièce, l'idée de cette machination ne fût pas née spontanément en lui.

Mais, malgré ces suggestions étrangères, il ne s'arrêta pas longtemps à cette idée.

Carmelita était sincère. Non, ces yeux limpides ne pouvaient pas l'avoir trompé ; non, cette belle bouche n'avait pas pu mentir.

Si grande que fût maintenant sa défiance contre les femmes, si profond que fût son mépris pour elles, il y avait un degré de fausseté et de tromperie devant lequel il fallait s'arrêter, sous peine d'être dupe de sa propre incrédulité.

D'ailleurs il fallait être logique.

Ou bien Carmelita était la belle bête qu'on disait, et alors on devait reconnaître qu'elle était pleinement incapable de jouer une scène telle que celle dont il venait d'être spectateur ;

Ou bien elle n'était pas sotte, et alors on devait reconnaître qu'en lui reprochant cette sottise, on la jugeait mal.

Dans ce cas, quelle confiance avoir dans les avertissements de ceux qui avaient parlé d'elle sans l'avoir étudiée ?

Si l'on s'était trompé sur son intelligence, ne pouvait-on pas aussi s'être trompé de même sur son caractère?

Pour lui, qui venait d'éprouver combien cette intelligence était différente de ce qu'il avait cru tout d'abord et de ce qu'on lui avait dit, il était tout porté à ne pas admettre un jugement plus que l'autre.

En raisonnant ainsi, il marchait derrière Carmelita, et, depuis qu'ils avaient quitté la place où ils avaient déjeuné, il ne lui avait pas adressé d'autres paroles que quelques mots insignifiants pour la guider.

Tout à coup il la rejoignit et lui prenant la main il la posa sur son bras.

Ce mouvement s'était fait si vite et d'une façon si brusque, si imprévue, qu'elle s'arrêta et le regarda avec stupéfaction.

— Le chemin devient difficile, dit-il, vous pourriez glisser.

Elle regarda alors le sentier.

Mais elle ne vit pas qu'il présentât la moindre difficulté : en tout semblable à ceux qu'ils avaient parcourus depuis leur sortie du Glion.

— Appuyez-vous sur moi, dit-il.

Elle fit ce qu'il demandait et doucement elle se serra contre lui, mais sans bien comprendre à quel sentiment il avait obéi.

Bien entendu, il ne lui donna pas d'explications, car il était assez difficile de dire que quelques instants auparavant, il était en défiance contre elle, tandis que maintenant il était rassuré.

Artiste, elle ne lui inspirait que de la sympathie ;

Jeune fille à marier, elle lui faisait peur.

Désormais il pouvait, pendant le temps qu'elle passerait au Glion, vivre librement près d'elle.

Il n'avait plus besoin d'abréger son séjour en Suisse.

Pendant tout le reste de la journée et tant que dura leur promenade, c'est-à-dire jusqu'au soir, Carmelita fut frappée du changement qui s'était fait en lui, dans son humeur, dans ses manières, comme dans ses paroles.

Jamais elle ne l'avait vu si aimable, en prenant ce mot dans le bon sens.

Il parlait de toutes choses, au hasard, librement, sans éviter certains sujets et sans réticences.

Lorsque leurs regards se croisaient il ne détournait point la tête, mais il restait les yeux levés sur elle.

En tout il la traitait comme une amie, comme une camarade.

Ce fut seulement quand la nuit commença à monter le long des montagnes qu'ils pensèrent à rentrer. Peu à peu ils s'étaient rapprochés de l'hôtel, mais sans souci de l'heure du dîner ; ils étaient restés assis dans un bois de sapins, causant, devisant, en jouissant à deux du spectacle du soleil couchant.

Jusque-là il y avait un mot qui s'était présenté plusieurs fois sur ses lèvres et qu'il avait toujours retenu, mais qu'il se décida alors à risquer.

Comme l'ombre avait commencé à brouiller les choses et à rendre le sentier qu'ils suivaient incertain, il lui avait de nouveau pris la main, et de nouveau elle avait marché près de lui en s'appuyant sur son bras.

— Et quand voulez-vous mettre votre projet à exécution ? demanda-t-il.

— Je ne sais trop. Tout est bien arrêté dans mon esprit, la date seule de mon départ n'est point fixée ; car vous pensez bien que je n'ai pas d'engagement signé qui me réclame, et puis la saison n'est pas bonne pour les théâtres, qui, pour la plupart, sont fermés. Enfin il m'en coûte cruellement de me dire : Tel jour, à telle heure, je ne verrai plus ma mère ni mon oncle.

A ce mot, elle s'arrêta, la voix troublée par l'émotion.

Et il la sentit frémissante contre lui.

Mais bientôt elle reprit :

— Je balancerai peut-être assez longtemps encore ce départ ; en tous cas, il aura lieu certainement avant celui de mon oncle. Quand je verrai ma mère rétablie, — car j'espère qu'ici elle va se rétablir promptement, — quand on parlera de rentrer à Paris, alors je partirai, et, bien entendu, on ne rentrera pas à Paris. C'était pour moi, pour mon mariage, que mon oncle et ma mère habitaient Paris ; quand ils n'auront plus le souci de ce mariage, ils retourneront à Belmonte, et j'aurai la satisfaction de penser que ma fuite a, de ce côté, ce bon résultat encore d'assurer la santé de ma mère. Seulement, pour que tout cela s'arrange dans la réalité, comme je le dispose en imagination, il faut que vous soyez au Glion vous-même, au moment où je me séparerai de mes parents. En me demandant quand je partirai, vous devez donc commencer par me dire quand vous comptez partir vous-même.

— Mais je n'en sais rien.

— Alors je ne sais moi-même qu'une chose, c'est que mon départ précédera le vôtre de quelques jours. Prévenez-moi donc quand vous serez prêt.

— Et d'ici là ?

— Quoi ! d'ici là ?

— Je veux dire : ne continuerons-nous pas ces promenades commencées aujourd'hui ?

— Oh ! avec bonheur ; avec bonheur pour moi, je veux dire. Seulement ne vont-elles pas vous ennuyer ? Je vous ai demandé déjà un assez grand service pour ne pas abuser de vous. Mon oncle prétend que vous aimez la solitude : est-ce vrai ?

— Cela dépend.

— De quoi ?

— Du moment, et surtout de ceux qui rompent cette solitude. Il y a des heures où j'aime mieux être avec moi-même qu'avec certaines personnes, et il y en a d'autres où j'aime mieux être avec certaines personnes que seul avec moi-même.

— Alors nous sommes dans une de ces heures ?

— Vous êtes de celles qui...

— Comment ! s'écria-t-elle en riant, vous me feriez un compliment, vous ?

Ils arrivaient à l'hôtel.

— Vous plaît-il que demain nous fassions l'ascension de la dent de Naye ? dit-il.

— Mais volontiers, puisque je suis une de ces personnes qui... et que nous sommes dans une de ces heures où...

— Alors à demain.

— C'est entendu, seulement demandez-moi à mon oncle.

Quand le prince Mazzazoli entendit parler de cette nouvelle promenade, il poussa les hauts cris et s'indigna contre sa nièce.

— Mais cette enfant est l'indiscrétion même ; je vous en prie, mon cher ami, ne cédez pas à ses caprices.

Puis tout à coup s'interrompant :
— Quand partez-vous ?
— Mais je ne sais trop.
— Alors je refuse mon consentement à cette promenade ; je ne veux pas que ma nièce vous gâte vos derniers jours passés au Glion et arrive ainsi à abréger votre séjour, ce qu'elle ferait assurément.

La discussion continua ; mais, comme la première fois, le prince finit par se rendre aux raisons du colonel ou plutôt par céder à ses instances.

La promenade du lendemain eut lieu.

Puis après celle-là ils en firent une troisième ; après cette troisième, une quatrième, une cinquième, et il devint de règle que chaque jour ils sortaient tous deux pour aller faire une excursion dans la montagne tantôt avant le déjeuner, tantôt après.

Il n'y avait plus de discussion à engager, une convention tacite s'était établie à ce sujet entre le prince et le colonel, et s'ils parlaient de ces promenades, c'était au retour et non au départ.

Jamais le prince ne proposa de les accompagner : les ascensions, ainsi qu'il l'avait dit, étaient impossibles pour lui.

Quant à la comtesse Belmonte, il était tout naturel qu'il ne fût pas question d'elle ; qu'eût-elle pu faire dans son état de santé ? Quelques pas à peine. Encore ces quelques pas ne les faisait-elle pas. Toute la journée, elle restait assise à sa fenêtre qu'elle ne quittait que deux fois par semaine pour aller au chemin de fer à Saint-Maurice, où un moine italien lui disait la messe pour elle ; messe étrange dans laquelle le prêtre consacrait une poudre que la comtesse rapportait au Glion et dont elle frottait légèrement les ustensiles de table dont le colonel devait se servir à son dîner. Pour cela elle descendait toujours la première dans la salle à manger, et après avoir pris à la dérobée une pincée de son philtre dans la petite boîte où elle le tenait soigneusement enfermé, elle en saupoudrait le verre, ainsi que la cuiller, la fourchette et le couteau du colonel ; puis ensuite, se cachant plus ou moins adroitement, elle faisait un signe de croix sur chacun de ces objets.

Plus d'une fois, malgré ses précautions, les garçons avaient surpris ce manège, auquel ils ne comprenaient absolument rien.

Quelques-uns des hôtes du Rigi l'avaient aussi surpris, mais sans le comprendre davantage.

— Voulait-elle empoisonner le colonel ?
— Quelle sottise !
— Bien au contraire.
— Alors que voulait-elle ?

Cette question, il faut le dire, n'avait été que faiblement étudiée, car la famille Ratinello avait été obligée de quitter le Rigi Vaudois, la somme consacrée à « son déplacement, » comme elle disait, étant épuisée, et il ne s'était trouvé personne capable de remplacer Mlle Hermance, si habile dans l'observation, si ingénieuse dans l'interprétation.

Ce départ avait été d'autant plus regrettable, au point de vue de la curiosité publique, qu'il avait eu lieu précisément à un moment où les remarques qu'on pouvait faire sur l'attitude du colonel Chamberlain et sur celle de Carmelita devenaient de plus en plus intéressantes, de plus en plus instructives.

Évidemment le colonel n'était plus avec la belle Italienne ce qu'il avait été tout d'abord à l'arrivée de celle-ci.

Ainsi, lorsqu'ils rentraient le soir à l'hôtel, revenant de leur excursion, ils ne se suivaient point, marchant l'un derrière l'autre, dans l'étroit sentier ; elle s'appuyait sur le bras du colonel, et, la tête légèrement inclinée vers lui, serrée contre lui, elle semblait écouter avec plaisir ou même avec bonheur ce qu'il lui disait. Elle-même parlait peu, mais souvent elle relevait la tête, et, sans avoir souci des pierres ou des trous de la route, elle restait les yeux fixés sur lui, comme si elle était suspendue à ses lèvres.

Comme si ce n'était pas assez de ces conversations qui se continuaient aussi avec cette intimité, après plusieurs heures de promenade passées en tête-à-tête, ils les reprenaient encore la nuit ou tout au moins le soir. Ainsi ceux qui habitaient au-dessus de l'appartement du colonel entendaient souvent pendant la soirée un bruit de paroles dans sa chambre, et il n'y avait pas à se tromper sur les voix qui prononçaient ces paroles : l'une de ces voix était celle du colonel ; l'autre était une voix de femme, et cette femme ne pouvait être que Carmelita.

— Elle va donc dans la chambre du colonel ?
— Alors !
— Que voulez-vous de plus ?
— Il me semble que c'est clair.
— Et l'oncle et la mère, que disent-ils ?
— Ils sont sourds.
— Et aveugles.

Cependant ceux qui raisonnaient ainsi et qui arrivaient à cette conclusion se trompaient.

Les apparences les abusaient au moins jusqu'à un certain point.

Assurément ils avaient raison de dire que le colonel n'était plus avec la belle Italienne ce qu'il avait été lors de l'arrivée de celle-ci au Glion.

Le mouvement de dépit et de colère qu'il avait tout d'abord ressenti contre le prince et même contre elle s'était bien vite calmé, pour passer insensiblement à un tout autre sentiment.

Il avait plaisir à l'emmener avec lui dans ses promenades, elle était une distraction ; elle l'empêchait de retourner par l'esprit à Paris et de penser à celle qui l'avait trompé. Si malgré tout un souvenir lui revenait et s'imposait à lui, il n'en était plus obsédé pendant toute la journée, sans pouvoir le chasser de devant ses yeux et l'arracher de son cœur ; elle lui adressait la parole, elle le regardait, elle lui tendait la main pour lui demander son appui, et le souvenir s'envolait.

Et c'était à elle qu'il pensait maintenant plus souvent, non pas que de parti pris il allât la chercher, mais l'impression immédiate la lui imposait. A vivre du matin au soir ensemble, une sorte d'accoutumance matérielle s'établit, et, lorsqu'il s'éloignait d'elle un moment, il la voyait encore, comme si son image était empreinte sur ses yeux ; de même qu'il entendait sa voix, comme si quelques-unes de ses paroles lui étaient répétées par un écho intérieur longtemps après qu'il les avait reçues.

Combien différente était-elle de ce qu'il l'avait jugée tout d'abord !

C'était là le mot qu'il se répétait sans cesse, et qui à son insu, sans qu'il en eût bien conscience, le ramenait à elle.

Mais de ces sentiments de plaisir et de joie qu'il éprouvait maintenant à se trouver avec celle, à ceux que les hôtes du *Rigi-Vaudois* supposaient, il y avait une immense distance à franchir, et il ne soupçonnait même pas qu'elle pût l'être jamais.

Aimer Carmelita, l'aimer d'amour : jamais cette idée n'avait effleuré son esprit. Elle était pour lui une amie, une camarade, rien de plus ; une admirable créature, une belle statue, voilà tout.

Cependant leurs promenades continuaient, longues ou courtes, selon les hasards de la journée, et Carmelita parlait souvent de son prochain départ, mais pourtant sans partir : ce séjour au Glion faisait tant de bien à sa mère, et, puisque le colonel ne partait pas lui-même, elle n'avait pas besoin de se presser.

Un matin, qu'ils s'étaient mis en route de bonne heure, ils avaient été surpris de la transparence et de la pureté de l'air, qui étaient si grandes qu'on apercevait des montagnes situées à une distance de dix ou douze lieues, comme si elles eussent été à quelques kilomètres seulement.

Comme ils regardaient ce spectacle, un montagnard, passant près d'eux, les salua et entrant en conversation avec eux, leur dit que cette rareté de l'air annonçait un orage prochain.

— Et pour quel moment cet orage ? demanda Carmelita.

— Oh ! cela, je ne peux pas le dire ; mais sûrement aussitôt que le vent se sera établi au sud-ouest.

— Est-ce que vous voulez que nous retournions à l'hôtel ? demanda le colonel lorsque le paysan se fut éloigné, marchant devant eux de son grand pas, lent, mais régulier.

— Pourquoi retourner ?

— Mais de crainte de l'orage.

— J'avoue que j'ai peur de l'orage, mais d'un autre côté j'ai envie aussi de voir un orage dans ces montagnes ; de sorte que, quand même je serais certaine que le tonnerro dût éclater avant une heure, je crois que je continuerais notre promenade.

— Alors continuons-la quand même puisque nous ne sommes certains de rien ; nous verrons bien.

— C'est cela, nous verrons bien.

XV

Après avoir rencontré le paysan qui leur avait prédit la prochaine arrivée d'un orage, Carmelita et le colonel avaient continué de gravir lentement le sentier, qui, à travers des prairies et des bois, courait en des détours capricieux sur le flanc de la montagne.

A vrai dire, rien, pour des personnes qui n'étaient pas du pays, n'annonçait que cet orage fût prochain.

— Je crois que ce paysan a voulu nous faire peur, dit Carmelita.

— Et pourquoi ?

— Pour rien, pour s'amuser, pour le plaisir de nous faire retourner sur nos pas et de nous voir pris de panique.

— Cependant il me semble que nous ne sommes pas dans des conditions atmosphériques ordinaires. Je ne parle pas seulement de cette transparence de l'air qui nous permet de voir à des distances considérables, ce qui, dans tous les pays du monde, est un signe à peu près certain que le temps va changer et se mettre à la pluie ; je parle encore d'une gêne dans la respiration qui n'est pas habituelle à cette altitude. J'ai assez pratiqué ces montagnes en ces derniers temps pour avoir remarqué qu'à mesure qu'on s'élève au-dessus du lac et de la plaine, on respire plus facilement, en même temps que le corps devient plus léger et l'esprit plus vif. Aujourd'hui c'est le contraire qui se produit, on étouffe; moi au moins.

— Moi aussi.
— Mes pieds sont lourds.
— Les miens aussi.
— Alors vous voyez bien qu'il doit y avoir de l'orage dans l'air.
— Peut-être. Mais je n'ai pas besoin de l'orage pour m'expliquer l'espèce de malaise que j'éprouve; j'ai de bonnes raisons, de trop bonnes raisons, pour respirer difficilement aujourd'hui.
— Mais, si vous êtes souffrante, il faut rentrer.
— Souffrante, je ne le suis point vraiment ; je suis oppressée, voilà tout.

Il s'arrêta pour la regarder, et il vit qu'en effet elle paraissait sous le poids d'une émotion assez vive ou tout au moins d'un trouble.

— Vous avez envie de me questionner ? dit-elle.
— Il est vrai.
— Pourquoi ne le faites-vous pas franchement ? Je n'ai rien à vous cacher, et je puis très-bien vous dire ce qui me cause cette oppression ; ce n'est point une souffrance physique, c'est un tourment moral. N'êtes-vous pas mon confident ? Hier j'ai reçu une lettre de mon maître de chant, dans laquelle il me dit qu'il m'a trouvé un engagement en Italie, et que je dois me hâter de partir, sinon pour débuter, au moins pour me mettre à la disposition de mon directeur. Je n'ai donc plus que quelques jours à passer ici.
— Ah !
— Peu de jours, très-peu de jours, et j'avoue qu'au moment de prendre cette grave détermination, je suis émue, très-émue.

Elle s'arrêta un moment.

Puis bientôt, continuant :

— Il m'en coûte, il m'en coûte beaucoup de me séparer de ma mère, d'abandonner mon oncle, et, je dois le dire aussi, pour être sincère, il m'en coûte de renoncer à cette vie tranquille, heureuse, que je menais ici, pour me jeter dans l'inconnu.
— Et pourquoi renoncez-vous à cette vie tranquille ?
— Puis-je faire autrement et pensez-vous que je sois revenue sur ma résolution ? Elle est aujourd'hui ce qu'elle était au moment où je vous l'ai fait connaître ; seulement, prête à la mettre à exécution, je la trouve plus cruelle, plus pénible qu'alors que j'avais quelques jours devant moi, qui me semblaient devoir se prolonger jusqu'à une époque que je ne déterminais pas. Maintenant cette époque est fixée ; ce n'est plus quelques

jours que j'ai devant moi, c'est seulement quelques heures.
— Quelques heures ?
— Demain j'aurai quitté le Glion ; après-demain, je serai en Italie.
— Vous partez demain ?
— Cette promenade est la dernière que nous ferons ensemble... au moins dans ce pays, dont je garderai un si bon, un si doux souvenir.

Disant cela, elle se retourna et promena lentement ses regards sur la plaine et sur le lac qui derrière eux s'étendaient à leurs pieds.

Une larme semblait rouler dans ses paupières et mouiller ses yeux, qui brillaient d'un éclat extraordinaire.

— Voilà la maison où j'ai passé les meilleurs jours de ma vie, dit-elle en montrant le toit de l'hôtel, qu'on apercevait tout au loin, confusément, au milieu de la verdure.

Puis, se retournant de nouveau et regardant du côté de la montagne :

— Voilà la fontaine où nous avons déjeuné, dit-elle en levant la main, et où vous avez si patiemment écouté mes plaintes.

Alors, secouant la tête comme pour chasser une pensée importune :

— Vous plaît-il que nous déjeunions là encore aujourd'hui, dit-elle, pour la dernière fois ?
— Je vous conduisais à cette fontaine.
— C'est cela, allons-y, et vienne l'orage, pour que la journée soit complète.

Ils continuèrent de gravir le sentier qu'ils suivaient, marchant lentement, tous deux silencieux et recueillis.

Carmelita paraissait sous le poids d'une vive et pénible émotion.

Lui-même, comme il l'avait dit, se sentait l'esprit moins libre, le corps moins dispos que de coutume.

Sans doute c'était l'influence de l'orage qui pesait sur eux.

Et cette influence, s'ajoutant chez Carmelita à son angoisse morale, devait produire les changements qui se montraient en elle.

Jamais il ne lui avait vu les yeux si brillants, si pleins de rayons lumineux.

Jamais elle n'avait montré pareille langueur dans ses mouvements.

Elle respirait lentement, péniblement, et, marchant derrière elle, il voyait ses épaules se soulever et s'abaisser comme si la montée la mettait à bout de souffle.

Quand elle se retournait vers lui, elle le regardait plus longuement, plus profondément qu'elle ne l'avait jamais fait.

Que voulait-elle ?

Que cherchait-elle ?

A un certain moment, pensant qu'elle était

LE SIÈCLE. — I. 17

fatiguée, il la pria de s'appuyer sur lui et lui tendit la main.

Mais elle n'avança pas la sienne.

— Non, dit-elle, je ne suis pas fatiguée; allons toujours.

Si elle n'était pas fatiguée, elle était au moins haletante.

L'orage, c'était l'orage.

A mesure que la matinée s'écoulait, le temps devenait de plus en plus lourd.

Pas un souffle de vent; le feuillage des hêtres immobile, sans un bruissement; pas d'autres bruits que ceux de l'eau des sources qui s'écoulait çà et là en clapotant sur les cailloux qui barraient son passage; au loin, quelques faibles tintements des clochettes des vaches.

Cependant rien, si ce n'est cette pesanteur de l'air n'annonçait qu'un orage fût prochain: le ciel était bleu, sans nuages, et le soleil dardait ses rayons avec une intensité peu ordinaire.

Ils arrivèrent enfin à la fontaine où Carmelita avait appris au colonel qu'elle était décidée à abandonner sa mère et son oncle pour entrer au théâtre.

Ils s'assirent sur les pierres où ils s'étaient assis le jour de cette confidence, et, de temps en temps seulement, le colonel se leva pour aller chercher l'eau qu'ils mêlaient à leur vin.

Mais leur entretien fut moins libre, moins facile; il semblait que Carmelita fût embarrassée de parler ou tout au moins qu'elle eût peur d'aborder certains sujets, et souvent elle garda le silence, s'enfermant dans ce mutisme qui autrefois lui était habituel.

Cependant, lorsqu'elle se taisait ainsi, elle ne détournait point les yeux; au contraire elle les tenait attachés sur le colonel, et lorsque celui-ci levait la tête, il la voyait muette, immobile, le regardant avec cette puissance de fascination énigmatique, si bizarre chez elle, avec ce sourire étrange des lèvres et des yeux si attrayant, si séduisant, si inquiétant.

— Vous vous souviendrez de ma prière, n'est-ce pas? dit-elle, et toutes mes explications, vous les répéterez après mon départ?

— Je les répéterai.

— Qu'ils ne doutent pas de ma tendresse, c'est là surtout ce que je veux.

— Soyez certaine qu'ils n'en douteront point.

— J'ai foi en vous; c'est en vos mains que je remets leur consolation, s'il est vrai qu'ils peuvent être consolés.

Elle garda de nouveau le silence; puis bientôt, continuant le même sujet:

— J'ai encore une demande à vous adresser, dit-elle: me permettez-vous de vous écrire et voulez-vous me promettre de m'écrire vous-même? C'est par vous, par vous seul que je puis savoir comment ils ont supporté le chagrin que je leur cause.

— Je vous écrirai.

— Aussitôt arrivée, je vous donnerai mon adresse par une dépêche, et vous me répondrez sans retard, n'est-ce pas?

— Sans retard, je vous le promets.

— Maintenant, que tout est convenu, ne parlons plus de cela, et soyons tout au plaisir de notre promenade. Pourquoi l'orage ne vient-il pas?

— S'il arrivait, nous serions assez embarrassés. Où nous abriter? Il n'y a ici ni maisons, ni chalets, ni huttes.

— Alors montons; du côté de Jaman, nous trouverons des huttes.

— Oui mais aurons-nous le temps d'arriver à Jaman?

— Essayons.

De nouveau, ils se mirent en route.

Pendant leur déjeuner, la chaleur était devenue plus pesante, quelques nuages se montraient çà et là dans le ciel, et, de temps en temps, soufflait un vent chaud qui arrivait du sud.

Puis, cette rafale passée, tout rentrait dans le calme et dans le silence.

En traversant un bois de sapins, ils furent suffoqués par la chaleur: l'air qu'ils respiraient leur brûlait la gorge, leurs lèvres se séchaient; les aiguilles tombées sur la terre, qu'elles feutraient d'un épais tapis étaient glissantes au point que deux fois Carmelita faillit tomber.

Alors il s'approcha d'elle et, lui prenant le bras, il le mit sous le sien.

Elle s'appuya sur lui, et ils marchèrent d'un même pas, sans que leurs pieds fissent de bruit sur ce tapis moelleux.

Lorsqu'ils sortirent de ce bois de sapins dont les hautes branches, formant un couvert épais et sombre au-dessus de leurs têtes, leur avaient caché le ciel, ils virent que de gros nuages noirs arrivaient rapidement du côté du sud.

Et presque aussitôt une rafale s'abattit sur la montagne avec un bruit sourd: tout ce qui était immobile et mort s'anima et entra en mouvement; les feuilles arrachées des branches passèrent dans l'air, emportées par le vent.

Au loin on entendit les roulements sourds du tonnerre.

Et dans la montagne, à des distances plus ou moins rapprochées de l'endroit où ils se trouvaient, éclatèrent des sonneries de cloches se mêlant à des mugissements de vache et à des cris de berger.

Regardant autour d'eux, ils aperçurent, sur les pentes des pâturages inclinées de leur côté, des vaches qui couraient çà et là, la queue dressée, la tête basse, galopant sans savoir où elles allaient.

— Enfin voici l'orage, dit Carmelita.

— Et trop tôt pour nous, je le crains bien; aurons-nous le temps de gagner la hutte?

— Pressons le pas.

— Appuyez-vous sur mon bras.

— Ne craignez rien, je vous suivrai; marchez aussi vite que vous voudrez.

Il allongea le pas et elle l'allongea également.

Mais, à marcher ainsi côte à côte, dans ce sentier assez mal tracé, il y avait des difficultés; souvent ils étaient obligés de s'éloigner l'un de l'autre pour éviter les quartiers de roche qui barraient le chemin; d'autres fois, au contraire, ils devaient se rapprocher, et alors ils s'arrêtaient forcément durant quelques secondes.

— Voulez-vous que j'abandonne votre bras? dit Carmelita; je crois que nous marcherons plus vite séparément.

— Si vous voulez.

— Vous prenez trop souci de moi.

Elle dégagea son bras et se mit à marcher près de lui.

— Je réglerai mon pas sur le vôtre.

Il était évident que s'ils ne voulaient pas être surpris par l'orage dans ce sentier, au milieu de prés où il n'y avait pas un abri, pas un creux de rocher, pas un chalet, pas une hutte, ils devaient se hâter.

Les nuages noirs qui venaient du sud avaient envahi tout le ciel et caché le soleil quelques instants auparavant si radieux.

Maintenant c'était des sommets neigeux que venait la lumière, une lumière blafarde; du ciel, au contraire, tombait l'obscurité que des éclairs déchiraient de temps en temps pour jeter sur la terre des lueurs fulgurantes.

Lorsque subitement un de ces éclairs éclatait sur les pentes herbées de la montagne, on voyait des vaches bondir, affolées, au milieu des rochers, et le bruit grêle de leurs clochettes, succédant aux roulements du tonnerre, produisait un effet étrange et fantastique.

D'autres vaches, au contraire, réunies auprès de leur berger et formant cercle autour de lui, tandis qu'il allait de l'une à l'autre pour les flatter, restaient immobiles, rassurées, montrant ainsi toute leur confiance dans la protection imaginaire qu'elles trouvaient auprès de leur maître.

Répercutées, répétées, renvoyées par les parois des montagnes contre lesquelles elles venaient éclater, les détonations du tonnerre produisaient un vacarme assourdissant; ce n'étaient pas quelques coups roulant l'un après l'autre, c'étaient des éclats répétés, qui semblaient se heurter, pour aller se perdre dans les profondeurs des vallées ou bien pour remonter des vallées au ciel, comme s'ils ne trouvaient pas un espace libre pour se répandre en vagues sonores.

Alors, dans leur sentier où ils se hâtaient, ils étaient secoués par ces vagues qui les enveloppaient et tourbillonnaient autour d'eux.

Pour lui, il restait assez calme au milieu de ce bouleversement; mais, à chaque coup de tonnerre, Carmelita baissait la tête et levait les épaules.

— Je suis servie à souhait, dit-elle dans un intervalle de silence, et peut-être trop bien servie.

— Vous avez peur?

— Dame... oui.

— Nous approchons de la hutte.

— Combien de temps encore?

— Cinq minutes en marchant vite.

Un éclat de tonnerre lui coupa la parole; en même temps, une nappe de feu les enveloppa et les éblouit.

Instinctivement Carmelita s'était rapprochée du colonel.

Elle lui tendit la main.

— Voulez-vous me conduire? dit-elle, je n'y vois plus.

Il prit cette main dans la sienne, et une sensation brûlante courut dans ses veines, de la tête aux pieds, des pieds à la tête.

Ils se remirent en marche, lui le premier, elle venant ensuite, se laissant mener docilement comme une enfant.

Il fallait se hâter, car les rafales se succédaient presque sans interruption, et la pluie ou la grêle allait fondre sur eux d'une minute à l'autre.

Quand un coup de tonnerre éclatait, le colonel sentait la main de Carmelita serrer la sienne; puis, après cette pression, il sentait ses frémissements.

Sans les éclairs qui les éblouissaient et qui faisaient danser le sentier devant leurs yeux, ils auraient pu marcher plus vite; mais il y avait des moments où ils devaient s'arrêter ne sachant où mettre le pied, n'ayant plus devant eux que des nappes de feu, ou des trous noirs.

Alors les doigts de Carmelita, agités par des contractions électriques, se crispaient dans sa main.

Le vent les frappait dans le dos et les poussait en avant.

Tout à coup ils sentirent quelques gouttes tièdes leur piquer le cou: c'était la pluie qui arrivait.

— Heureusement voici la hutte, dit-il.

Et, de son bras étendu en avant, il désigna une masse sombre, qu'un éclair presque aussitôt vint illuminer.

Encore une centaine de mètres et ils trouvaient un abri.

Lui serrant la main, il l'entraîna rapidement.

La rafale qui avait apporté ces quelques gouttes de pluie passa, et il y eut une sorte d'accalmie.

Ils en profitèrent pour presser le pas sans parler.

Cette hutte était une sorte de construction en pierres sèches, recouverte d'un toit en planches chargées de quartiers de rocher pour les maintenir en place et faire résistance au vent. Ce n'était point un chalet, habité pendant la saison où les vaches fréquentent la montagne; c'était une simple grange, dans laquelle on abritait le foin que les vachers allaient couper à la faux sur les pentes trop rapides pour être pâturées par leurs bestiaux. Point de portes à cette grange, point de fenêtre; une seule ouverture, qui n'était fermée par aucune clôture.

Ils n'eurent donc point l'embarras de chercher comment entrer en arrivant devant cette grange, l'ouverture donnait sur le sentier; ils se jetèrent à l'abri.

Il était temps : la pluie avait commencé à tomber en grosses gouttes larges et serrées, bientôt ce fut une véritable cataracte qui fondit sur le toit de la grange ; mais ils n'avaient plus rien à craindre de l'eau, ils pouvaient respirer.

Il est vrai que ce n'était pas de la pluie que Carmelita avait peur; c'était du feu, c'est-à-dire du tonnerre; et l'orage précisément venait de se déchaîner en plein sur eux.

Jusque-là ils n'avaient eu affaire qu'à l'avant-garde des nuages, maintenant c'était le centre de la tempête qui les enveloppait.

Se heurtant contre la montagne, qui s'opposait à leur libre passage, les nuages s'étaient divisés; tandis que les uns s'envolaient par-dessus les sommets, les autres s'étaient abattus dans les vallées. De sorte que dans leur hutte, ils étaient véritablement au milieu de l'orage ; tantôt les détonations éclataient au-dessus de leur tête et semblaient devoir écraser leur toit, tantôt au contraire elles éclataient au-dessous d'eux et semblaient soulever les planches qui les abritaient.

Les nappes de feu se succédaient sans interruption, éblouissantes, aveuglantes, comme s'ils avaient été en plein dans les flammes du ciel.

Tout d'abord Carmelita avait voulu rester à l'entrée de la grange pour jouir du spectacle splendide des éclairs embrasant les montagnes; mais bientôt elle avait abandonné cette place, plus peureuse que curieuse, pour aller s'asseoir sur le foin, et se cacher la tête entre ses mains.

Pour le colonel, il s'était appuyé contre le mur, et il regardait les éclairs, ne fermant les yeux que lorsque leur clarté trop vive l'éblouissait.

Dans un court intervalle de silence, il entendit Carmelita l'appeler.

Il s'approcha d'elle.

— Je suis comme ces pauvres bêtes que nous regardions tout à l'heure et que la voix de leur maître rassurait ; il me semble que, si vous me parliez, j'aurais moins peur, car, je l'avoue, j'ai très-peur.

Il s'assit près d'elle, sur le foin parfumé, et voulut la rassurer par quelques mots plus ou moins raisonnables.

Mais une détonation formidable lui coupa la parole : la grange, secouée du haut en bas, semblait prête à s'écrouler ; des lueurs fulgurantes couraient partout, comme si les planches et le foin venaient de s'allumer.

Elle jeta brusquement ses deux bras autour des épaules du colonel, et, frémissante, éperdue, elle se serra contre lui.

Il se pencha vers elle.

Mais dans ce mouvement leurs bouches se rencontrèrent et leurs lèvres s'unirent dans un long baiser.

A son tour, il la prit dans ses bras.

XVI

Huit jours s'étaient écoulés depuis l'orage qui avait ravagé les bords du Léman, et le colonel Chamberlain avait disparu, sans que personne sût au Glion ce qu'il était devenu.

Le soir même de cet orage, il était rentré à l'hôtel avec Mlle Belmonte, et le lendemain matin, au petit jour, un garçon, en faisant les chaussures, l'avait vu sortir.

Contrairement à son habitude, le colonel n'avait pas pris le chemin de la montagne; mais, tournant à gauche, il avait suivi la route qui descend à Montreux.

Cela était si extraordinaire que le garçon l'avait remarqué.

Jamais on n'avait vu « l'Américain » aller au village, si ce n'est le jour où il avait fait un voyage à Genève.

Mais, à cette heure matinale, il était trop tôt pour prendre le chemin de fer ou le bateau à vapeur.

Alors où allait-il?

Mais le garçon ne s'était pas arrêté à cette question.

« L'Américain » avait bien le droit d'aller et de venir comme bon lui semblait, et dans ce fait d'une promenade à Montreux, il n'y avait pas de quoi provoquer bien vivement la curiosité.

C'était seulement en ne voyant pas le colonel revenir au Glion, que ce garçon avait parlé du départ matinal dont il avait été le témoin.

Car cette disparition avait provoqué, bien entendu, de nombreux commentaires.

— Comment ! le colonel Chamberlain avait quitté l'hôtel, et son valet de chambre lui-même n'avait pas été averti de ce départ ?

Mais, à côté de ces commentaires des indifférents ou des curieux, s'était manifestée l'inquiétude des intéressés.

Le prince Mazzazoli, Carmelita, la comtesse Belmonte avaient à tour de rôle interrogé Horace en le pressant de questions.

— Où était le colonel ?
— Avait-il parlé d'un prochain départ ?
— Quand et comment était-il parti ?
— Quand devait-il revenir ?

A toutes ces questions, Horace était resté sans réponses, stupéfait lui-même de ce départ que rien ne faisait prévoir.

Et alors il était entré dans des explications desquelles résultait la présomption, pour ne pas dire la certitude, que le colonel était, la veille même de son départ, décidé à prolonger son séjour au Glion.

— Cependant il était parti.
— Pour où aller ?

C'était là que s'était placé le récit du garçon d'hôtel, qui avait raconté que le colonel, au lieu de se diriger vers la montagne comme de coutume, avait pris le chemin de Montreux.

Il n'était donc pas parti pour une simple promenade ?

Et cependant il n'avait pas emporté de bagages.

Alors il allait revenir d'un instant à l'autre.

C'était ce que Carmelita s'était dit, bien qu'elle ne pût guère s'expliquer ce brusque départ, alors qu'elle avait de si puissantes raisons personnelles pour croire qu'il devait rester près d'elle.

Elle avait attendu.

Il n'était pas revenu.

Ni le soir ni le lendemain.

L'inquiétude alors avait été croissant à mesure que l'attente s'était prolongée, mais en prenant, bien entendu, un caractère différent chez chacun.

Ce que Carmelita avait éprouvé, c'avait été une stupéfaction morne ; évidemment elle ne comprenait rien à ce départ.

Comment ! il était parti ?

Comment ! il ne revenait pas ?

C'étaient là les deux phrases qu'elle se répétait toute la journée, assise à sa fenêtre, les yeux fixés sur la route par laquelle il était descendu et par laquelle dès lors il devait remonter.

Mais il ne paraissait pas dans cette route : des étrangers, des curieux, des promeneurs, des voitures, se montraient de temps en temps, et de loin lui faisaient prendre sa lorgnette, mais lui, jamais.

Parti ! parti sans un mot d'explication, alors qu'il n'avait qu'à frapper à la cloison : était-ce possible ?

Cependant cela était ; non-seulement il n'avait pas frappé à cette cloison, non-seulement il n'avait rien dit, mais encore il n'écrivait pas.

C'était donc une séparation.

C'était une fuite !

Mais Horace, comment restait-il à l'hôtel ?

Si le colonel Chamberlain avait voulu fuir, ainsi que cela paraissait résulter de l'examen des faits, comment n'avait-il pas emmené son valet de chambre ? comment n'avait-il pas depuis son départ appelé Horace auprès de lui ?

Il y avait là quelque chose de mystérieux, d'inexplicable qu'elle ne comprenait pas, et qu'elle tournait et retournait dans son esprit troublé sans arriver à une solution satisfaisante.

Vingt fois elle avait fait appeler Horace pour l'interroger.

— Pas de lettre de votre maître ?
— Non, mademoiselle.
— Pas de dépêche ?
— Non.
— Et que comptez-vous faire ?
— Attendre.
— Toujours !
— Que voulez-vous que je fasse ? où voulez-vous que j'aille ? Je suis un soldat qu'on a oublié à son poste ; je dois y rester jusqu'au jour où l'on viendra me relever.

Le prince Mazzazoli n'avait pas permis qu'on restât ainsi dans une attente indéterminée. Impatient, nerveux, affairé comme à l'ordinaire et même beaucoup plus qu'à l'ordinaire, il avait exigé qu'on fît des recherches.

— Qui pouvait savoir si le colonel n'avait pas éprouvé un accident ? Dans sa promenade du matin, il pouvait très-bien être tombé au fond d'un précipice. Cela était même beaucoup plus probable qu'un départ invraisemblable, à quelque point de vue qu'on se plaçât pour l'expliquer. Il fallait chercher ; lui-même, bien que peu propre à courir la montagne, allait s'occuper de cette recherche.

Au lieu de courir la montagne, Horace l'avait tout simplement descendue, et, à la gare du chemin de fer, où il avait été faire une enquête, il avait appris que son maître s'était fait délivrer un billet pour Genève.

Il était donc tout à fait inutile de chercher le colonel au fond des précipices des dents de Naye ou de Jaman, alors qu'il était à Genève ou tout au moins qu'il avait passé par cette ville.

Alors le prince s'était rendu lui-même à Genève ; mais ce voyage ne lui avait appris rien de précis, et malgré son habileté, malgré sa finesse, il n'avait recueilli que des renseignements contradictoires. Sur le signalement qu'il avait donné du colonel, on lui avait dit qu'une personne répondant à ce signalement avait pris, à l'heure qu'il indiquait, un billet pour Paris ; mais, en même temps, une autre personne, ressemblant jusqu'à un certain point à la première, avait pris un billet pour Saint-Jean-de-Maurienne.

Laquelle de ces deux personnes était le colonel ?

L'une allait à Paris.

L'autre allait certainement en Italie.

Était-il vraisemblable que le colonel, qui, au Glion, se trouvait à une courte distance de l'Italie par le Simplon, fût revenu en arrière pour aller passer par le mont Cenis ?

Il était donc parti pour Paris.

Cela paraissait probable, mais cependant sans nulle certitude.

Qu'irait-il faire à Paris ?

Tandis qu'il avait de bonnes raisons, ou tout au moins il devait avoir des raisons sérieuses pour aller en Italie, et notamment à Belmonte, pour faire une enquête sur Carmelita et sa famille.

Le prince était revenu au Glion sans avoir pu se fixer à un point déterminé.

Il était possible que le colonel fût à Paris, comme il était possible aussi qu'il fût en Italie, comme il était possible encore qu'il fût en Amérique. La seule chose certaine était qu'il n'y avait pas à le chercher dans les précipices des dents de Naye ou de Jaman.

Et, comme sa nièce, le prince s'était demandé ce qui avait déterminé ce brusque départ.

Mais il avait trop l'expérience des choses de ce monde pour rester court devant cette question.

Le colonel avait voulu échapper à un mariage avec Carmelita.

Cette conclusion était évidente, il faudrait être aveugle pour ne pas la voir.

Mais, comme sa nièce encore, lorsqu'il était arrivé à cette certitude, il était resté indécis devant un point obscur.

Si le colonel avait voulu fuir, comme tout l'indiquait, pourquoi n'avait-il pas emmené Horace avec lui ?

Une seule hypothèse raisonnable s'était alors présentée à l'esprit du prince.

En laissant Horace au Glion, le colonel avait voulu apprendre ce qui se passerait après son départ, et comment ce départ serait supporté.

Et si Horace paraissait stupéfait de ce départ, s'il disait ne rien savoir, il n'était pas sincère.

En réalité, il savait parfaitement où son maître était, ce qui expliquait qu'il eût déployé si peu de zèle à le chercher dans les précipices de la montagne, et chaque jour sans doute il lui écrivait.

De sa retraite, le colonel suivait donc l'effet produit par sa fuite.

C'était un homme logique que le prince Mazzaroli, et qui poussait les raisonnements jusqu'au bout.

Arrivé à cette conclusion, il ne s'arrêta donc pas en chemin, et il se dit que cette précaution, ce besoin de savoir, indiquaient sûrement une résolution indécise aussi bien qu'une conscience troublée.

S'il avait été parfaitement décidé à fuir Carmelita, le colonel ne se serait point inquiété de ce qui arriverait après son départ.

Il serait parti et il aurait emmené son valet de chambre avec lui.

De ce que celui-ci restait au Glion avec mission d'observer ce qui se passait pour en avertir son maître, on devait conclure que le colonel pouvait revenir.

Ce retour dépendait donc des lettres d'Horace.

En conséquence, il fallait que ces lettres fussent telles que le colonel, ébranlé dans son indécision et atteint dans sa conscience, fût obligé de revenir, qu'il le voulût ou ne le voulût pas.

Pour obtenir ce résultat, deux moyens se présentaient :

Acheter Horace,

Ou bien le tromper.

Le prince, quoiqu'il n'eût qu'un parfait mépris pour la conscience humaine, n'osa pas proposer d'argent à Horace pour le mettre dans ses intérêts ; ce nègre, qui était un animal primitif, serait capable de refuser l'argent et d'avertir son maître.

Il aima mieux recourir à l'habileté, ce qui d'ailleurs était plus économique.

Le lendemain, Carmelita garda le lit et l'on annonça qu'elle était malade ; on dut même envoyer chercher un médecin, et, comme le prince était sans domestiques, il pria Horace de lui rendre le service d'aller à Montreux.

Horace ne se serait jamais permis d'interroger le médecin ; mais, lorsque celui-ci sortit de la chambre de Carmelita, il entendit sans écouter une partie de la conversation qui s'engagea entre le prince et le médecin dans le vestibule.

— Eh bien ! demanda le prince, comment trouvez-vous notre malade ? Elle me paraît bien sérieusement prise.

— Ses plaintes dénotent en effet un état très-douloureux.

— La tête surtout, c'est de la tête qu'elle souffre ; la nuit a été des plus mauvaises.

— Je n'ai rien remarqué de particulier de ce côté ; pas de fièvre, et cependant une grande agitation.

Quelques questions et leurs réponses échappèrent à Horace, mais bientôt il entendit le prince qui disait :

— Ne craignez-vous pas une fièvre cérébrale ?

La réponse n'arriva pas jusqu'à lui, au moins telle qu'elle fut formulée par le médecin, mais le prince voulut bien la lui faire connaître.

On craignait une fièvre cérébrale, et le médecin était très-inquiet.

Horace se montra ému, et le prince fut certain que cette émotion allait se communiquer au colonel.

Il n'y avait qu'à attendre, en entretenant cette émotion.

Cette grave maladie, survenant tout à coup et coïncidant avec le départ du colonel, provoqua naturellement de nombreux commentaires chez ceux qui, continuant la tradition de Mlle de Ratinelle, s'occupaient de l'Américain et de l'Italienne.

— Assurément il y avait là quelque chose qui n'était pas naturel.

— Le colonel Chamberlain avait abandonné la belle Carmelita.

— De là, la maladie de celle-ci.

— Le chagrin.

— C'était le désespoir qui tuait cette belle jeune fille.

— Elle se mourait d'amour.

— Quoi d'étonnant avec une nature passionnée comme la sienne ?

Affable et poli avec tous, les grands aussi bien que les petits, le prince se faisait un devoir de répondre longuement à ceux qui voulaient bien lui demander des nouvelles de la santé de sa nièce : Il les donnait, ces nouvelles, longues, abondantes et circonstanciées.

— Ce n'était pas heureusement la fièvre cérébrale, mais cette fièvre pouvait se déclarer d'un moment à l'autre, au moins le médecin le craignait.

Alors, saluant tristement, il s'éloignait pour ne pas voir les larmes laisser qui lui montaient aux yeux. Ceux qui l'observaient crurent remarquer que sa longue taille se voûtait, courbée sans doute sous le poids du chagrin.

Et la pauvre mère, on la voyait descendre tous les jours à la gare, pour s'en aller à Saint-Maurice entendre la messe.

Il y avait des incrédules qui osaient dire tout haut qu'elle ferait mieux de rester auprès de sa fille pour la soigner.

Mais, d'un autre côté, il y avait aussi de bonnes âmes, qui étaient vivement touchées par ce zèle pieux.

— Quelle foi avoir dans la médecine? Dieu seul est tout-puissant, et c'est à lui que nous devons demander le soulagement de nos maux, en implorant l'intervention de la très-sainte Vierge et de tous les saints du Paradis.

C'était ce que faisait la comtesse Belmonte, et cela s'expliquait tout naturellement : n'était-elle pas Italienne ?

Partant de là, on comprenait même qu'il se mêlât un peu de superstition à sa foi, et qu'elle fît dire certaines prières sur des objets appartenant à sa fille, ainsi que le rapportait une personne qui par hasard avait assisté à l'une de ces messes.

Sans doute c'était là une pratique religieuse exagérée; mais, à la foi la plus ardente, se mêlent aussi chez les Italiens certaines pratiques qui après tout sont respectables : on ne saurait trop croire, on ne peut trop prier ; après la médecine, la prière.

L'objet sur lequel la comtesse Belmonte faisait ainsi dire des prières par le moine italien, qui naguère consacrait les poudres avec lesquelles elle frottait les ustensiles de tables qui servaient au colonel, était un mouchoir blanc.

Mais, chose étrange, qui eût certainement bien surpris la personne qui avait vu ce mouchoir, si elle avait pu le déplier, c'est qu'au lieu d'être marqué d'un C et d'un B, qui étaient les initiales de Carmelita, il portait, brodées à l'un de ses coins, deux petites lettres qui n'avaient aucun rapport avec le nom de la pauvre malade, un E et un C.

E C, à qui ces deux lettres pouvaient-elles s'appliquer ?

En cherchant avec un peu de sagacité, on fût peut-être arrivé à découvrir qu'elles étaient les initiales du colonel Édouard Chamberlain; mais on ne s'amusa pas à faire cette recherche, par cette bonne raison qu'on ne vit jamais les marques de ce mouchoir.

Mais, si la curiosité publique ne fit aucune découverte intéressante à propos de ce mouchoir, d'un autre côté elle fut plus heureuse, et quelques mots d'une conversation entre le prince Mazzazoli et sa nièce, qu'on surprit un jour, apportèrent un élément nouveau aux conversations des hôtes du *Ropf*.

En effet on avait l'habitude, lorsqu'on passait devant la porte de la chambre occupée par la malade, de ralentir le pas et de marcher légèrement.

Les uns prenaient cette précaution par commisération, pour ne pas troubler le repos de celle qui souffrait ;

Les autres, moins charitables et moins tendres, trouvaient qu'en ne faisant pas de bruit soi-même, on avait quelque chance d'entendre ce qui se disait derrière cette porte fermée.

Comment allait la malade ?

On pouvait ainsi s'en rendre compte en écoutant ; pas de bruit dans sa chambre, elle éprouvait un peu de calme ; du bruit, des paroles, elle avait la fièvre.

Un jour qu'un de ces curieux aux fines oreilles passait devant cette porte, il entendit une conversation à haute voix qui semblait indiquer une altercation ou tout au moins une discussion.

L'une de ces voix était celle du prince Mazzazoli, l'autre celle de Carmelita.

— ... *Una sciocca*, disait le prince ; *una sciocca*.

Celui qui écoutait, comprenant l'italien, savait ce que *sciocca* signifiait.

Pourquoi le prince disait-il à sa nièce qu'elle était « une oie ? » car c'était bien à la belle Italienne que ces paroles s'appliquaient ; s'il y avait pu exister des doutes à ce sujet, Carmelita, par sa réponse, prit soin de les dissiper.

— Pourquoi me dites-vous que je suis une oie ? répliqua-t-elle ; j'ai fait ce que vous m'avez commandé de faire.

— Maladroitement.

— J'ai dit ce que vous m'avez commandé de dire.

— Bêtement, j'en suis certain, comme une oie, comme une vraie oie !

— Si vous croyez que je suis une oie, pourquoi m'imposez-vous un rôle que je suis incapable de remplir ?

— Oui, *sciocca, sciocca, sciocca*.

Et cinq ou six fois il répéta ce mot, qui, dans sa bouche prenait un accent étrange, tout à fait caractéristique.

Un domestique, qui ouvrit la porte d'une chambre voisine, obligea le curieux à continuer son chemin et à ne pas écouter la fin de cet entretien.

Mais ce qu'il avait ainsi surpris au vol était plus que suffisant pour lui donner à réfléchir.

— Comment le prince Mazzazoli pouvait-il traiter avec cette dureté une pauvre jeune fille gravement malade ?

— Pourquoi était-elle une oie ?

— Que lui avait-il commandé de faire ?

— Que lui avait-il commandé de dire ?

Il y avait là toute une série de questions intéressantes à examiner, et qu'on examina en effet en se jetant dans des conjectures et des explications plus ou moins vraisemblables.

Cependant le temps s'écoulait, et la maladie de Carmelita prenait un caractère de plus en plus inquiétant.

Le prince paraissait accablé, et, toutes les fois qu'il parlait de sa nièce à Horace, c'était avec des tremblements dans la voix et des larmes dans les yeux, de plus en plus convaincu que ces larmes et ces tremblements passeraient dans les lettres du nègre.

— Vous aussi, disait-il, vous avez vos tourments, mon pauvre garçon, et je vous plains sincèrement d'être ainsi sans nouvelles de votre maître, que vous aimez tant.

Il y avait déjà dix jours qu'Horace « était sans nouvelles de son maître, qu'il aimait tant », lorsqu'un matin on lui remit une lourde enveloppe portant le timbre de Paris, et dont l'adresse était écrite de la main du colonel.

Dans cette enveloppe, se trouvaient quatre lettres : une pour lui, dans laquelle le colonel lui disait de venir le rejoindre à Paris ; une pour le prince Mazzazoli, une pour la comtesse Belmonte, la quatrième enfin pour Mlle Carmelita Belmonte.

XVII

Ces lettres reçues, Horace ne perdit pas son temps à se demander quel pouvait être leur contenu.

Vivement il monta à la chambre du prince, tenant les trois lettres dans sa main.

A la façon dont il frappa à la porte, le prince comprit qu'il y avait quelque chose de grave.

Son moyen avait réussi. Le colonel Chamberlain arrivait, c'était lui.

— Entrez ! dit-il.

Mais ce ne fut pas le colonel qui ouvrit la porte.

Heureusement pour le prince, la déception qu'il éprouva ne fut pas de longue durée.

— Je viens de recevoir une lettre de mon maître, dit Horace, dans laquelle étaient incluses les trois lettres que voici : une pour M. le prince, une pour Mme la comtesse, une pour Mlle Carmelita.

— Donnez, dit le prince en avançant vivement la main.

Mais aussitôt, se contenant et ne voulant pas laisser paraître l'angoisse qui lui serrait les entrailles :

— Quelles nouvelles du colonel ? dit-il d'une voix qu'il tâcha d'affermir.

— Bonnes ; mon colonel me dit de l'aller

rejoindre à Paris, et, comme il ne me parle pas de sa santé, je pense qu'elle est bonne.

— Je le pense aussi et je m'en réjouis ; au reste le colonel aura peut-être été plus explicite dans la lettre qu'il m'adresse, et c'est ce que je vais voir.

Et, prenant les lettres qu'Horace lui tendait, il congédia celui-ci d'un mouvement de main plein d'affabilité.

Enfin !

Mais, au lieu de prendre la lettre qui portait son nom, le prince ouvrit celle qui était adressée à Carmelita, pensant sans doute qu'il verrait là plus clairement ce qu'il voulait apprendre.

Il fit cela vivement, sans hésitation, comme la chose la plus juste et la plus naturelle du monde.

Carmelita ne lui appartenait-elle pas ? Que serait-elle sans lui ? Une déclassée, une pauvre fille qui n'aurait jamais pu se marier.

Tandis que par son secours tout-puissant, elle allait sans doute trouver le mari qu'elle avait si longtemps vainement attendu.

Sans lui eût-elle jamais amené toute seule le colonel Chamberlain à écrire ces lettres ?

Sans lui le colonel ne serait-il pas toujours l'amant de la marquise de Lucillière ?

S'ils touchaient au succès, qui l'avait préparé, forcé ce succès ?

Il déplia la lettre écrite à sa nièce.

N'était-il pas juste que le premier, il recueillît le fruit de ses efforts ?

Il lut :

« Mon brusque départ a dû vous bien sur-
» prendre, chère Carmelita, et, le lendemain
» du jour que nous avons passé dans la
» montagne, quand on vous a dit que j'avais
» quitté le Glion, je ne sais ce que vous avez
» dû penser de moi.
» En tous cas, quelles qu'aient été les ac-
» cusations que vous avez pu porter contre
» moi ou contre ma conduite, elles étaient
» fondées, puisque vous ignoriez à quel mo-
» bile j'obéissais en partant.
» Aujourd'hui l'heure est venue de vous
» donner les explications de cette conduite
» étrange, qui, une fois encore, a dû juste-
» ment vous indigner, et je veux le faire
» franchement, loyalement, comme il con-
» vient à un homme d'honneur qui croit de-
» voir se justifier.
» Pourquoi suis-je parti sans vous avertir ?
» Tout d'abord c'est à cette question que
» je veux répondre, car c'est la première,
» n'est-ce pas, que vous vous êtes posée ?
» En effet, n'était-il pas tout simple et
» tout naturel que, voulant partir, je prisse
» la peine de vous le dire. Pour cela qu'a-
» vais-je à faire ? A frapper deux coups à no-
» tre porte de communication, qui se serait

» ouverte devant moi et qui m'eût donné
» toute facilité pour m'expliquer.
» Je ne l'ai point fait cependant, et je dois
» vous dire pourquoi, avant d'aller plus loin.
» La facilité matérielle de m'expliquer, je
» la trouvais par ce moyen ; mais je ne trou-
» vais pas en même temps la liberté morale,
» et c'était cette liberté morale que je vou-
» lais et que j'ai cherchée, que j'ai trouvée
» dans ce brusque départ.
» Lorsque nous nous sommes séparés, en
» rentrant de notre promenade, je ne pensais
» nullement à ce départ ; bien au contraire,
» je n'avais qu'une idée, qu'un désir, qu'un
» but : rester près de vous.
» Je ne sais ce qu'a été cette nuit pour
» vous après les sensations et les émotions
» de notre journée.
» Pour moi, elle a été une nuit de réflexions
» les plus graves ; car c'était ma vie que j'al-
» lais décider, c'était en même temps la vôtre.
» Dans des conditions pareilles, direz-vous
» encore, pourquoi n'avoir pas frappé à la
» porte de communication ?
» Ma réponse sera franche.
» Parce que près de vous, chère Carmelita,
» je n'aurais pas été libre, je n'aurais pas été
» moi : j'aurais été vous.
» Parce que j'aurais subi votre influence
» toute-puissante, irrésistible, et, au lieu de
» voir par mes propres yeux, au lieu de sen-
» tir par mon propre cœur, au lieu de rai-
» sonner avec ma propre raison, je me serais
» laissé entraîner, j'aurais vu par vos yeux,
» j'aurais senti par votre cœur, je n'aurais
» pas raisonné.
» J'ai voulu m'assurer cette liberté d'exa-
» men et de décision.
» Voilà comment je suis parti, sans vous
» parler de ce départ, convaincu à l'avance
» que, si je vous disais un seul mot, je ne par-
» tirais point.
» Or il fallait, il fallait absolument, que je
» partisse, pour avoir toute ma liberté de
» conscience.
» En vous quittant, en vous serrant dans
» mes bras une dernière fois, je ne m'imagi-
» nais guère que le lendemain matin nous ne
» nous verrions plus ; mais, dans le calme et
» le silence de la nuit, la réflexion a rem-
» placé les emportements tumultueux de la
» journée, et, peu à peu, j'ai été amené à
» faire l'examen de ma situation morale dans
» le présent aussi bien que dans le passé.
» En commençant cette lettre, je vous ai
» promis une entière franchise et une abso-
» lue sincérité ; je dois donc, quant à cette
» position morale, entrer dans des détails,
» qui jusqu'à un certain point seront des
» aveux.
» Je sens combien ces aveux sont délicats
» entre nous, je sens combien ils sont diffi-

» elles ; mais je m'imputerais à crime de ne
» pas les faire.
» En ces derniers temps, j'ai éprouvé,
» chère Carmelita, une terrible douleur qui
» m'a laissé anéanti, et j'ai cru que mon cœur
» était mort pour la tendresse et pour
» l'amour, si bien mort que personne ne le
» ressusciterait jamais.
» Cet aveu vous fera comprendre comment,
» dans cette vie d'intimité qui a été la nôtre,
» jamais un mot de tendresse n'est sorti de
» mes lèvres ; jamais un regard passionné,
» jamais un geste n'est venu troubler la con-
» fiance que vous aviez en moi.
» Vous aimai-je ?
» Je ne me posais pas cette question, et
» l'idée que je pouvais encore aimer ne se
» présentait même pas à mon esprit.
» La surprise qui nous a mis dans les bras
» l'un de l'autre a été l'éclair qui a déchiré
» la nuit qui m'enveloppait. »

Arrivé à ce passage de la lettre qu'il lisait, le prince s'arrêta un moment et haussa doucement les épaules avec un sourire de pitié ; mais il ne s'attarda pas dans des réflexions oiseuses, et bien vite il reprit sa lecture au point où il l'avait interrompue.

« Les éclairs, vous avez vu, dans cette jour-
» née d'orage, les effets qu'ils produisent ; ils
» éblouissent, et, lorsqu'ils s'éteignent, l'obs-
» curité qu'ils ont pour une seconde déchirée
» et illuminée, reprend plus sombre et plus
» noire.
» Il en est dans les choses morales comme
» dans les choses matérielles.
» L'éclair qui m'avait ébloui s'étant éteint,
» je restai aveuglé.
» Sans doute il m'était facile de faire jail-
» lir de nouveau les lueurs qui avaient pro-
» jeté leur lumière dans mon âme. Pour cela,
» je n'avais qu'à venir près de vous : du choc
» de nos regards, naîtraient de nouveaux
» éclairs.
» Mais l'effet ne serait-il pas toujours le
» même, et l'aveuglement ne succéderait-il
» pas encore à l'éblouissement ?
» Ce n'était point ainsi que je devais ten-
» ter l'examen que je voulais ; ce n'était point
» près de vous, sous votre influence, sous
» votre charme.
» C'était dans la solitude, dans le calme,
» seul en face de moi-même, que je devais
» m'interroger franchement et franchement
» me répondre.
» Voilà pourquoi je suis parti.
» Ce que je voulais savoir, ce n'était point si
» j'étais capable d'être heureux près de vous.
» Cela je le savais, je le sentais, et, m'éloi-
» gnant le matin de l'hôtel où vous dormiez,
» regardant les fenêtres de votre chambre,
» pensant à notre journée de la veille, je re-
» trouvais encore dans mes veines des fris-
» sonnements de bonheur.
» Mais étais-je capable de vous rendre heu-
» reuse ? Pouvais-je vous aimer comme vous
» devez être aimée ? Cela, je ne le savais pas
» d'une manière certaine et je voulais le
» chercher.
» Cet examen, je l'ai fait en toute fran-
» chise, en toute conscience.
» Depuis que je me suis éloigné du Glion,
» il ne s'est point écoulé une heure, une mi-
» nute, qui ne vous ait été consacrée, et au-
» jourd'hui je viens vous dire que j'écris au
» prince, votre oncle, et à Mme la comtesse,
» votre mère, pour leur demander votre main.
» Voulez-vous de moi pour votre mari,
» chère Carmelita ?
» Vous prierez votre oncle de me faire con-
» naître votre réponse. »

Le prince s'arrêta de nouveau et, posant la lettre sur la table qui était devant lui, se renversant dans son fauteuil, il se mit à rire silencieusement.

Quelqu'un qui l'eût observé se fût assurément demandé s'il devenait fou ; sans une parole, sans un éclat de voix, il riait toujours, la bouche largement ouverte, la mâchoire inférieure tremblottante, les yeux remplis de larmes.

Tout à coup il s'arrêta et haussant les épaules :

— Le remords des honnêtes gens, dit-il à mi-voix.

Et il recommença à rire, mais tout haut cette fois, en prononçant des paroles saccadées et inintelligibles ; quelques mots seuls avaient un sens :

— Huit jours... lutté... réparation obligée... enfin !

Puis, son accès de joie s'étant un peu calmé, il reprit et acheva sa lecture :

« Soyez assurée que vous trouverez en moi
« un mari qui vous aimera loyalement, et
« qui tiendra fidèlement un engagement qu'il
« n'a voulu prendre qu'en connaissance de
« cause. »

Venaient ensuite quelques phrases de tendresse qui n'étaient que le développement de cette idée, mais le prince ne les lut que d'un œil distrait.

Que lui importait ? Ce n'était pas d'épanchement de ce genre qu'il avait souci, ce n'était pas l'expression d'une tendresse plus ou moins vive qu'il cherchait, mais un fait positif.

Ce fait, il l'avait trouvé : la demande en mariage.

Enfin il s'était décidé.

Mais combien longue, combien difficile à prendre avait été cette décision !

Il n'était pas nécessaire d'être un profond

psychologue pour comprendre comment les choses s'était passées, quelles avaient été ses hésitations, et enfin comment s'était formée sa résolution.

Il y avait de la franchise dans cette lettre bizarre, mais il y avait aussi des réticences, des précautions oratoires, des sous-entendus qui en disaient long à qui se donnait la peine de chercher et de lire entre les lignes.

Il ne disait pas tout, il s'en fallait de beaucoup, et ce qu'il cachait était bien significatif.

Ainsi il était bien probable que ce n'était pas seulement pour retrouver sa liberté morale qu'il était parti, de même que ce n'était pas seulement non plus pour faire librement son examen de conscience, comme il le disait.

Il était parti pour fuir Carmelita, pour échapper à un mariage qui l'effrayait.

Il avait obéi au mouvement instinctif de la peur, et il s'était sauvé.

Voilà pourquoi il avait caché son départ, pourquoi il n'avait pas frappé à la porte de communication, pourquoi il n'avait pas écrit.

S'il avait voulu simplement faire son examen de conscience dans la solitude et à l'abri de l'influence de Carmelita, qui l'empêchait d'écrire un mot et de prétexter un voyage de quelques jours ?

Mais, parti sans esprit de retour, pour fuir, pour se sauver, il ne pouvait pas écrire : de là son long silence, si mal expliqué.

Cependant, comme c'était un honnête homme que le colonel Chamberlain, il était revenu sur ce mouvement instinctif, il avait réfléchi, et le remords avait pesé sur sa conscience.

C'était alors sans doute que la maladie de Carmelita, annoncée par Horace, avait produit un effet décisif.

Car, persistant dans sa première idée, le prince croyait fermement qu'Horace avait tenu son maître au courant de ce qui se passait à Glion, jour par jour.

Sachant Carmelita sérieusement malade, connaissant mieux que personne la cause de cette maladie, le colonel avait été entraîné, et la pitié avait achevé ce que la conscience avait commencé.

Décidément, avec les honnêtes gens, il fallait toujours tenir compte de la conscience et la prendre pour auxiliaire. Que serait-il arrivé, si le colonel ne s'était point trouvé moralement engagé envers Carmelita, et par suite exposé aux reproches et aux suggestions de sa conscience ?

La réponse à cette question n'était pas douteuse.

Assurément il ne se serait jamais décidé à ce mariage.

Le plan qui consistait à obliger cette conscience à entrer en jeu était donc habile.

Et le succès venait de prouver combien cette combinaison, en apparence hasardée et dangereuse, était sûre pratiquement.

Il ne faut pas désespérer de l'humanité, que diable ! et c'est pour ne pas vouloir croire ce qu'il y a de bon en elle que tant de gens habiles d'ailleurs échouent dans leurs calculs.

Et, sur cette réflexion philosophique, le prince passa à la lettre qui lui était adressée : en gros, il savait ou tout au moins il croyait savoir comment le colonel avait été amené à cette demande en mariage, et pour le moment cela suffisait.

Maintenant il était curieux de voir comment sa lettre était rédigée.

Elle l'était de la façon la plus simple et en termes aussi brefs que possible.

« Mon cher prince,

» Je n'ai pas pu vivre dans l'intimité de
» votre charmante nièce, sans me prendre
» pour elle d'un sentiment de tendresse qui
» peu à peu est devenu de l'amour.

» J'ai l'honneur de vous demander sa main
» et je vous prie d'être mon interprète au-
» près de Mme la comtesse Belmonte, à la-
» quelle d'ailleurs j'écris directement, pour
» appuyer ma demande.

» Je ne veux aujourd'hui présenter que la
» question de sentiment ; quant à ce qui est
» affaire, nous nous en occuperons, si vous le
» voulez bien, de vive voix, lorsque nous
» aurons le plaisir d'être réunis.

» Croyez, mon cher prince, à mes meilleurs
» sentiments.

» ÉDOUARD CHAMBERLAIN. »

Autant le prince avait été satisfait de la lettre écrite à Carmelita, autant il fut mécontent de celle-là.

Vraiment ce marchand de pétrole le prenait de haut et d'un ton bien dégagé avec le dernier représentant des Mazzazoli.

N'eût-il pas pu se mettre en peine d'une lettre plus respectueuse, et garder le sentiment de la distance qui sépare la naissance de la fortune.

Riches, ils l'avaient été, les Mazzazoli ainsi que les Belmonte, et M. Chamberlain, fils d'un misérable ouvrier parisien, n'avait jamais été né.

Enfin ce serait une nuance à bien établir lorsque le mariage serait conclu; pour le moment, il y avait mieux à faire qu'à se perdre dans les détails de ce genre.

Il prit la lettre adressée à la comtesse et l'ouvrit.

Elle était à peu près la répétition de celle qu'il venait de lire, avec plus de politesse seulement et moins de sans-gêne.

Alors, réunissant ces trois lettres, il passa

dans la chambre de Carmelita, où se trouvait la comtesse.

— Je viens de recevoir une lettre du colonel Chamberlain, dit-il.

— Ah ! s'écria la comtesse.

Carmelita ne dit rien ; mais, se soulevant sur le fauteuil où elle était étendue, elle regarda son oncle fixement.

— Voici deux lettres qui vous sont adressées continua le prince.

Et il remit ces lettres, l'une à sa sœur, l'autre à sa nièce.

— Ne me faites pas mourir d'impatience, s'écria la comtesse, les mains tremblantes, parlez donc.

— Lisez, dit-il.

Carmelita n'avait point attendu ce conseil, prenant la lettre des mains de son oncle : elle en avait commencé vivement la lecture, sans faire d'observation à propos du cachet brisé.

Mais la comtesse tremblait tellement qu'elle ne pouvait lire ; alors le prince, s'approchant d'elle, lui reprit la lettre et la lui lut à mi-voix.

— Ah ! le bon garçon, s'écria la comtesse. Ah ! bon père Giorgio !

Et elle joignit les mains en marmottant quelques mots inintelligibles.

A qui s'adressait son remerciment ? Au colonel ou au père Giorgio ?

Cependant Carmelita avait achevé la lecture de sa lettre, beaucoup plus longue que celle de sa mère.

Le prince, qui l'observait, n'avait pas vu son visage pâlir ou rougir.

Mais, lorsqu'elle fut arrivée à la dernière ligne, elle se leva vivement et lançant à son oncle un regard triomphant :

— Eh bien ! dit-elle, suis-je une oie ?

Le prince fléchit un genou devant elle, et lui prenant la main avec un geste d'humble adoration,

— Un ange ! dit-il.

Et respectueusement il lui baisa la main.

A son tour, la comtesse vint devant sa fille, et lui prenant la main, comme l'avait fait le prince, elle la baisa aussi avec une génuflexion.

Ainsi sa mère et son oncle se prosternaient devant elle.

L'élan de fierté qu'elle avait eu en lisant la lettre de son mari ne tint pas contre cette humilité ; elle prit sa mère dans ses bras et l'embrassa tendrement, de même elle embrassa aussi son oncle.

Alors tous trois, en même temps, se mirent à rire silencieusement, irrésistiblement, comme le prince avait ri en lisant la demande du colonel ; puis la joie les envahissant, ils laissèrent échapper des éclats de rire mêlés à des mots entrecoupés.

— Quand retournons-nous à Paris ? demanda Carmelita, retrouvant la première sa raison.

— Rien ne presse ; ne montrons pas une hâte maladroite.

— Vous croyez-vous éternel ? s'écria la comtesse.

Sans répondre à sa sœur, le prince se tourna vers sa nièce, et avec des formes révérencieuses qu'il déployait pour la première fois, car habituellement il la traitait plus que durement :

— Je crois, dit-il en paraissant lui soumettre son idée, qu'il est bon que je réponde en quelques lignes au colonel que sa demande nous agrée, et que nous le prions de venir nous la répéter de vive voix. Il est bon qu'il revienne, humble et repentant, dans cet hôtel. Ce n'est pas seulement une satisfaction d'amour-propre ; mais cela peut être utile à votre autorité future, ma chère nièce, et à votre puissance.

— Je m'en remets à vous, mon oncle.

— Pour aujourd'hui ?

— Comme pour toujours.

— Vous êtes un ange ! ma nièce.

XVIII

Si les lettres du colonel avaient amené un changement tout à fait caractéristique dans les rapports du prince et de Carmelita, elles en avaient produit un autre, non moins sensible et non moins curieux, dans le langage de la comtesse Belmonte.

Jusqu'à ce moment, la comtesse avait eu une façon de s'exprimer particulière et bizarre.

Pour elle, tout était au passé, rien n'était au présent. Elle ne disait jamais : Je fais cela, mais toujours : J'ai fait. Aujourd'hui était supprimé, autrefois existait seul.

Mais ce qui rendait ce langage plus étrange encore, c'est qu'elle ne parlait jamais d'elle qu'à la troisième personne : « Alors la comtesse Belmonte répondit ; alors la comtesse Belmonte, qui était jeune, se mit à rire joyeusement. »

A l'entendre, sans la connaître, on pouvait croire qu'elle parlait d'une comtesse Belmonte, qui avait été son amie ou sa parente, laquelle comtesse Belmonte était morte depuis plusieurs années.

Cela était d'autant plus sensible que les histoires qu'elle racontait sur cette comtesse Belmonte étaient nombreuses, et qu'elle avait retenu, avec une mémoire merveilleuse, les moindres faits qui se rattachaient à la vie de cette fameuse comtesse, de même que ses paroles les plus insignifiantes.

Volontiers on lui eût demandé quand elle avait eu la douleur de perdre cette amie si chère et si intéressante.

Et de fait n'était-elle pas morte réellement le jour où, ruinée, elle avait disparu du monde, pour aller s'ensevelir elle-même dans son château délabré?

De la comtesse Belmonte, des princes Mazzazoli, il restait une ombre ; mais la comtesse elle-même était bien morte. Voilà pourquoi elle ne parlait des beaux jours de sa vie qu'au passé.

Mais les lettres du colonel et le prochain mariage de sa fille la ressuscitèrent.

Sa période de sommeil hivernal, si l'on peut s'exprimer ainsi, était finie ; du passé, elle entrait brusquement dans l'avenir, et les deux se soudaient solidement en supprimant le présent.

Elle avait été.

Elle serait.

Dans sa vie, la période de misère était supprimée et n'avait jamais même existé.

La comtesse Belmonte, qui avait eu des histoires si curieuses, redevenait la comtesse Belmonte et reprenait son rang dans le monde.

— La première chose à faire, dit-elle en interrompant les explications que le prince donnait à Carmelita, sera d'acheter le château de Montelupo.

Ils relevèrent la tête, tous deux interdits, car la comtesse parlait comme quelqu'un qui se réveille d'un lourd et long sommeil.

— Je dis, continua-t-elle, qu'il faudra tout d'abord acheter, coûte que coûte, le château de Montelupo ; on pourrait nous l'enlever. J'ai rêvé que Girolamo della Quercia voulait nous devancer. On rasera la tour qui domine Belmonte, et Belmonte dominera à son tour Montelupo. C'est la première chose à faire. Je pense, Carmelita, que tu auras cette fierté pour le berceau de ta famille?

— La première chose à faire, répliqua le prince en haussant les épaules, c'est le mariage.

— Il est fait.

— Pas encore, et, avant de savoir si l'on rasera la tour de Montelupo, il faut s'occuper de ce mariage et du régime qui sera adopté. J'exigerai le régime de la communauté, le seul qui soit juste et digne.

— C'est bien, répliqua la comtesse, parfaitement indifférente à cette question de régime ; j'achèterai Montelupo avec les revenus de ma pension. Je n'aurais pas cru que ma fille me refuserait la satisfaction d'un désir si légitime ; mais, puisqu'elle se laisse guider par vous, rien ne doit m'étonner, je dois m'attendre à tout.

— Avant de disposer de votre pension, attendez que vous l'ayez.

— Prétendez-vous m'en refuser une.

— Je prétends tout d'abord faire face aux engagements que j'ai pris.

— Payer vos dettes alors.

— Ces dettes sont les vôtres.

— Pas les miennes.

— C'est en vue de ce mariage qu'elles ont été contractées, c'est ce mariage qui doit les payer.

A ce mot, la comtesse se tourna vers sa fille :

— Prends garde à toi ! s'écria-t-elle.

— Mais ma mère...

— Je dis que si, tu as la faiblesse de te laisser conduire par ton oncle, tu seras perdue comme je l'ai été moi-même.

— Ce que vous dites là est une monstruosité! s'écria le prince.

— Ce sera une vérité.

— Je me suis sacrifié pour préparer ce mariage ; j'ai donné mon temps, ma peine.

— Au profit de qui ? Au vôtre. C'est pour vous que vous voulez marier Carmelita, ce n'est pas pour moi, et la preuve, c'est que vous refusez d'acheter Montelupo. Pourquoi? Parce que Montelupo me plaît. Qu'importe de prendre une petite somme sur la fortune de cet Américain du diable pour satisfaire cette envie!

— Il importe au contraire de le ménager habilement pendant les premiers temps ; plus tard, nous verrons.

— Plus tard ! Je n'ai pas comme vous la folle prétention de vivre éternellement ; ce que vous appelez plus tard d'ailleurs, je sais ce que c'est ; le jour, n'est-ce pas ? où vous aurez satisfait tous vos caprices et vous vous serez refait une fortune avec celle de mon gendre. Mais je ne le souffrirai pas, sachez-le. Ce sera mon gendre à moi !

Cet entretien, qui avait commencé par des larmes de joies, se termina par des larmes de colère.

C'était pour elle que la comtesse Belmonte mariait sa fille.

C'était pour lui que le prince Mazzazoli mariait sa nièce.

Et, partant de ce point de vue, chacun avait ses prétentions qu'il voulait faire triompher.

Au milieu de cette lutte, Carmelita restait impassible, regardant celui des deux interlocuteurs qui parlait et ne disant rien elle-même.

Enfin, profitant d'un moment où sa mère et son oncle étaient à bout de force, elle étendit la main d'un geste nonchalant, et d'une voix calme :

— Alors, dit-elle, le colonel et moi nous ne comptons pas?

— Suis-je ta mère? s'écria la comtesse.

— Suis-je ton oncle? s'écria le prince.

Sans leur répondre, elle prit son chapeau et le posant sur sa tête :
— Puisque je suis guérie, dit-elle en bouclant une mèche de ses cheveux, je vais me promener dans la montagne.
— Mais...
— Au revoir !
Et, ne voulant rien entendre, elle se dirigea vers la porte.
Mais, prête à sortir, elle se retourna, et les regardant l'un et l'autre, avec ce sourire moqueur et énigmatique qui donnait un caractère si étrange à sa physionomie :

On m'a dit qu'il ne faut jamais
Vendre la peau de l'ours qu'on ne l'ait mis par terre.

Et, ayant débité ces deux vers avec une emphase comique, elle ferma lentement la porte.

Mlle Belmonte, qu'on disait mourante, se promenant seule.

Ce fut une révolution dans l'hôtel.

Ne s'était-elle pas échappée dans un accès de fièvre chaude ?

Il y eut de bonnes âmes qui eurent l'idée d'aller prévenir la mère.

— Sans doute, elle ne savait pas que sa fille avait quitté la chambre ; peut-être la croyait-elle endormie. Quelle surprise en ne la trouvant plus dans son lit.

Cependant, d'autres âmes non moins bonnes, mais plus portées à l'observation, ayant remarqué que la malade marchait avec le plus grand calme, sans hésitation comme sans faiblesse, on se dit que c'était peut-être une promenade de convalescence qu'elle faisait.

Alors pourquoi sa mère et son oncle n'étaient-ils pas avec elle ? Après une pareille maladie, il était imprudent de la laisser sortir seule.

— Avait-elle été vraiment malade ?

Ce doute timidement émis souleva des protestations générales.

— Malade ? Elle avait été à la mort.

— Alors sa maladie, qui s'était déclarée si brusquement, s'était guérie non moins brusquement, et le second fait était encore plus surprenant que le premier.

Mais ce qui parut peut-être plus surprenant encore, ce fut le menu du dîner offert à une convalescente.

Depuis le départ du colonel, le prince Mazzazoli avait continué de prendre ses repas dans la salle commune, mais sur une table particulière, tandis que la comtesse se faisait servir dans la chambre de sa fille.

Quand les hôtes du litigi descendirent pour dîner, ils aperçurent la table du prince dressée avec un luxe qui n'était point ordinaire et qu'on n'avait même jamais vu pendant le séjour du colonel : trois couverts étaient préparés sur la nappe.

Bientôt la comtesse Belmonte entra dans la salle, et derrière parut le prince, donnant le bras à Carmelita qui, pour une convalescente, avait une mine superbe, le teint animé, les lèvres roses, les yeux brillants.

Comme elle regardait la table avec un certain étonnement :

— J'ai voulu fêter ta guérison, dit la comtesse en souriant, et je t'ai commandé un dîner qui sera de ton goût, je l'espère.

Et elle énuméra complaisamment le menu, qui, par sa composition, faisait honneur à ses connaissances gastronomiques.

— Pour moi, dit le prince, je ne me suis pas occupé du solide, mais j'ai commandé les vins.

Il n'était plus question aujourd'hui de ne dépenser que six sous pour un repas de trois personnes.

Et il n'était plus besoin de ménager les 7,500 francs si laborieusement amassés pour ce voyage en Suisse.

Encore quelques jours, et l'on tenait les millions du colonel Chamberlain.

— Je te recommande ce filet de chevreuil, dit la comtesse en servant sa fille.

— Goûte-moi ce château-margaux, dit le prince en emplissant le verre de sa nièce.

XIX

Bien que le prince Mazzazoli eût pleine confiance dans le colonel et le jugeât incapable de ne pas tenir un engagement pris, il eût désiré que le mariage de Carmelita ne se fît point à Paris.

Sans doute, au point où les choses étaient arrivées, il n'y avait guère à craindre que ce mariage manquât.

Cependant il était dans la nature du prince de craindre toujours et de rester quand même sur ses gardes.

Dans les circonstances présentes, il lui semblait que, si un danger devait surgir, c'était du côté de Paris qu'il fallait l'attendre.

— Quel danger ?

C'était ce qu'il ne pouvait pas préciser.

Il paraissait peu probable que le colonel retombât sous l'influence de Mme de Lucillière, au moins avant le mariage. Après, cela était possible, et le prince, qui avait l'expérience de la passion, admettait ce retour jusqu'à un certain point ; mais ce qui arriverait après le mariage, il n'avait pas présentement à en prendre souci.

Le baron Lazarus ne voudrait-il pas se venger de la duperie dont il avait été victime ? Cela était à présumer. Mais que pouvait-il ? Ni lui ni Ida n'étaient maintenant bien redoutables.

Enfin pouvait-on être pleinement rassuré du côté de cette jeune cousine du colonel, cette petite Thérèse Chamberlain, qu'il avait eu un moment l'intention de prendre pour femme ?

Quel que fût le plus ou moins de gravité de ces trois dangers, et à vrai dire le plus grand de tous paraissait bien peu sérieux, il y avait une chose certaine, qui était que le simple séjour à Paris du colonel et de Carmelita donnait tout de suite à ces craintes un caractère plus imminent.

Que le colonel ne rentrât pas en France et très-probablement aucun de ces dangers n'éclatait.

Au contraire, que le mariage se fît à Paris, précédé et accompagné de toute la publicité qui fatalement devait se manifester d'une façon bruyante, et aussitôt ils pouvaient devenir menaçants.

Qui pouvait savoir à l'avance les fantaisies qui passeraient par la tête de la marquise de Lucillière, lorsqu'elle apprendrait que son ancien amant allait se marier ? En voyant à qui avait profité la rupture qu'on avait eu l'habileté d'amener entre elle et cet amant, ne devinerait-elle pas quel avait été l'auteur de cette rupture ?

Que ne devait-on pas craindre d'un homme tel que le baron Lazarus, déçu dans ses espérances les plus chères, et de plus battu avec les armes mêmes qu'il avait eu la simplicité de donner.

Enfin qui pouvait prévoir ce que ferait cette Thérèse Chamberlain, alors surtout qu'on ne la connaissait pas, et qu'on ne savait rien ou presque rien de ce qu'il avait passé entre elle et son cousin le colonel ? Ce que M. Le Méhauté, le juge d'instruction, avait raconté du frère de cette jeune fille, lors de la tentative d'assassinat commise sur le colonel, devait donner à réfléchir. Il était évident qu'on avait la main hardie dans cette famille, et un Italien, si brave qu'il soit, compte toujours dans la vie avec les mains hardies qui savent manier un couteau ou un poignard. Or, si le récit du juge d'instruction était exact, on ne se faisait pas scrupule, dans la famille Chamberlain, de mettre en mouvement les couteaux et les poignards : la poitrine du colonel était là pour le prouver.

Il valait donc mieux, à tous les points de vue et aussi au point de vue des intérêts personnels du prince, que le mariage ne se fît pas à Paris.

Mais où le célébrer ?

Ce fut alors que la comtesse Belmonte triompha.

— Ah ! si on avait voulu la croire ! si tout de suite on s'était hâté d'acheter Montelupo et de raser sa tour ! Si, en même temps, on avait commencé les réparations indispensables dans le château de Belmonte ! Si on s'était occupé activement de meubler quelques pièces ! Si....

Le prince avait haussé les épaules.

Mais la comtesse avait continué :

— Le mariage se serait célébré à Belmonte, le P. Giorgio aurait officié dans la chapelle restaurée pour cette cérémonie. Que l triomphe ! quelle gloire ! Mais, lorsqu'elle avait donné ce bon conseil, on l'avait sottement dédaigné.

De guerre lasse, le prince avait répliqué que ce n'était pas en quelques semaines ni même en quelques mois qu'on pouvait restaurer Belmonte.

— En tous cas, on pouvait commencer ; maintenant il était trop tard.

Hélas ! oui, il était trop tard, et vraiment il était fâcheux que le mariage ne pût pas se célébrer au fond de l'Apennin, car on aurait eu la certitude absolue de n'y être pas dérangé.

Rien à craindre ni de la marquise de Lucillière, ni du baron Lazarus, ni de Thérèse Chamberlain, ni de celui-ci, ni de celui-là, ni de personne.

On emmenait le colonel directement du Glion à Belmonte ; le mariage n'était même pas connu à Paris, où le colonel n'avait pas son domicile légal, et, lorsque plus tard on revenait en France, Carmelita était Mme Chamberlain de par la loi et les liens indissolubles d'un bon mariage.

Malheureusement les choses ne pouvaient pas s'arranger ainsi ; car, depuis leur départ de Belmonte, le dernier débris de toit qui les avait abrités s'était effondré.

Où recevoir le colonel ?

On peut être propriétaire d'une ruine, mais il n'est pas décent de l'habiter.

Comment célébrer un mariage entre les quatre murailles croulantes d'un château chancelant, sans un toit sur la tête des invités, sans vitres aux fenêtres, au milieu des oiseaux de nuit effrayés et des bêtes immondes qui cherchent leur abri dans les décombres ?

La vue seule de cette misère ne ferait-elle pas fuir le colonel, peu sensible sans doute à la poésie des ruines ?

Il fallait donc renoncer à Belmonte, et le prince y renonça, mais non pourtant sans tenter d'écarter Paris.

Il proposa Venise, Florence, Naples, trois villes charmantes pour une lune de miel.

Mais le colonel n'accueillit point cette proposition.

Le prince Mazzazoli avait-il une habitation

à Venise? En avait-il une à Florence? une à Naples? Non, n'est-ce pas? Alors pourquoi aller à Venise ou à Naples? et pourquoi plutôt ne pas aller à Paris, où il possédait, lui, un hôtel prêt à le recevoir?

Paris était aussi une ville charmante pour une lune de miel.

Le prince résista, mais le colonel tint bon et de telle sorte, que finalement le prince céda.

Quelles raisons valables lui opposer pour refuser Paris ? Aucune en réalité ; et un refus persistant pourrait le surprendre, l'inquiéter, peut-être même donner naissance à de mauvaises pensées.

Le temps n'était pas encore venu où l'on pourrait impunément ne pas le ménager.

Il fut donc convenu qu'on rentrerait à Paris, et que ce serait à Paris que se ferait le mariage.

D'ailleurs, en veillant attentivement, on pourrait écarter les dangers, s'ils se présentaient.

Et le colonel était dans des dispositions qui ne permettaient pas de croire que ces dangers, quels qu'ils fussent, pussent être bien redoutables.

On pourrait risquer des efforts pour empêcher ce mariage, mais à coup sûr ils n'auraient aucun résultat.

Cependant, malgré cette confiance dans le succès, le prince aurait voulu tenir le mariage de sa nièce autant que possible caché, ayant pour cela de puissantes raisons qui lui étaient exclusivement personnelles.

Mais cela ne fut pas possible.

Le colonel se serait demandé ce que signifiait cet étrange mystère.

Et d'un autre côté lui-même revenant à Paris après une assez longue absence, était obligé de donner des explications à ses créanciers pour les faire patienter.

Quelle meilleure assurance pour eux d'être sûrement payés que l'annonce du prochain mariage de Carmelita avec le colonel Chamberlain?

Cette fois, il ne s'agissait plus d'un mariage plus ou moins probable; c'était un mariage arrêté, décidé, et le plus étonnant, le plus merveilleux, le plus miraculeux, le plus étourdissant, le plus triomphant, le plus beau, le plus grand, le plus riche, le plus extraordinaire, le plus brillant, le plus éblouissant, le plus digne d'envie qu'on pût rêver. Le mari, on pouvait le nommer : c'était... pour tout dire d'un seul mot, c'était l'homme le plus riche, le plus en vue, le plus à la mode de Paris, c'était le colonel Chamberlain.

Et le prince l'avait nommé tout bas, en cachette, avec prière de ne pas ébruiter cette nouvelle.

Non-seulement il l'avait nommé, mais avec quelques créanciers qui avaient payé cher le droit d'être incrédules, il avait fait plus : il avait montré la lettre écrite par le colonel pour lui demander la main de Carmelita.

C'était là une grande preuve d'estime, le témoignage de confiance le plus complet qu'il pût donner ; aussi espérait-il que par contre on lui garderait un secret absolu sur cette confidence. Pas un mot, à personne.

Bien entendu, le secret avait été promis et juré ; mais, cinq minutes après, dix personnes savaient que le colonel Chamberlain allait se marier, et qu'il épousait... qui?

— Je vous le donne en dix, je vous le donne en cent, je vous le donne en mille.

Les noms défilaient.

— Vous n'y êtes pas ; mais je ne veux pas vous faire languir, il épouse la belle Carmelita.

— La nièce du prince Mazzazoli?

— Elle-même, Carmelita Belmonte.

— Allons donc, c'est impossible !

— Impossible, invraisemblable, inimaginable, tout ce que vous voudrez, et cependant cela est.

— C'est un conte qu'on vous a donné à porter.

— J'ai vu la lettre par laquelle le colonel Chamberlain demande la main de Mlle Belmonte.

— C'est une nouvelle carotte du prince Mazzazoli.

— Je vous dis que j'ai vu la demande!

— Ouverte?

— Ouverte. Je l'ai lue, de mes propres yeux lue.

— Avec la signature du colonel ?

— Avec sa signature.

— Vraie?

— Vrai !

— Apposée sur la lettre même?

— Apposée sur la lettre même, écrite en entier de sa main.

— Je serai donc payé?

— Nous serons tous payés.

— J'ai joliment bien fait de ne pas vendre ma créance ?

— Tiens! on vous a donc demandé à l'acheter?

— Oui, à 75 0/0 de perte.

— Moi aussi, mais à 00.

— Il est probable que c'est le prince lui-même qui a ainsi fait racheter en sous-mains toutes ses créances, pour se les faire payer par le colonel Chamberlain lorsque le mariage sera conclu : ce sera la main droite qui versera à la main gauche.

— Ça n'est pas bête.

— Il aura là un joli bénéfice, car le plus grand nombre de ses créanciers ont vendu leurs créances qu'ils considéraient comme perdues.

— Moi, je ne vends jamais, c'est un système.

— C'est le bon.

— A propos, ne dites rien de ce que je vous ai raconté ; le prince m'a demandé le secret, et je le lui ai promis. Seulement, comme je connais votre discrétion, je n'ai pas hésité à vous faire part de cette bonne nouvelle.

— Soyez tranquille ; pas un mot, à personne, je vous le promets.

C'était à quatre heures de l'après-midi que le prince avait pour la première fois montré la lettre du colonel ; à sept heures, trois ou quatre cents personnes connaissaient cette nouvelle, et dans la soirée, sur le boulevard, dans les réunions particulières, dans les clubs et dans les cercles, dans les théâtres, on ne parlait que du mariage du colonel Chamberlain.

— Vous savez ?

— Le colonel Chamberlain épouse Mlle Belmonte.

— Juste.

En réalité, Paris n'est qu'une agglomération de petites villes, et les bavardages se développent dans chacune de ces petites villes avec la même ardeur que dans une bourgade de province.

Le premier créancier à qui le prince avait montré la lettre du colonel était son bijoutier, qu'il avait intérêt à ménager. Le bijoutier avait promis le secret ; mais, en rentrant chez lui, il avait joyeusement annoncé à sa femme que la créance du prince Mazzazoli serait payée, attendu... que Mlle Belmonte épousait le colonel Chamberlain. A ce moment, était entrée une des principales clientes de la maison, la charmante comtesse d'Ardisson, amie et rivale de la marquise de Lucillière.

Naturellement on lui avait conté cette grande nouvelle, qui, en conséquence de ses relations avec Mme de Lucillière, devait avoir un certain intérêt pour elle.

C'était un secret, un grand secret que personne ne connaissait encore à Paris ; car le prince et sa famille venant de Suisse avec le colonel Chamberlain, étaient arrivés le matin même.

Une fois en possession de ce secret, la comtesse d'Ardisson n'avait eu qu'un désir, l'apprendre elle-même à Mme de Lucillière, pour voir comment celle-ci recevrait cette nouvelle.

Précisément c'était jour d'opéra de la marquise de Lucillière, l'occasion était vraiment heureuse.

A huit heures, la comtesse d'Ardisson s'était installée dans sa loge, qui faisait vis-à-vis à celle de Mme de Lucillière.

La marquise n'était point arrivée et sa loge était restée vide jusqu'à la fin du premier acte de *Robert*, qu'on donnait ce soir-là.

La toile était à peine tombée que la comtesse d'Ardisson entrait dans la loge de Mme de Lucillière pour lui faire une visite d'amitié.

La marquise était gaie, souriante, de belle humeur comme à l'ordinaire, et prenait plaisir pour le moment à plaisanter le prince Seratoff, qui l'avait accompagnée.

Elle accueillit la comtesse d'Ardisson avec des démonstrations de joie affectueuse, comme une amie dont on a été trop longtemps séparée.

Après quelques minutes, le prince Seratoff sortit de la loge, les laissant en tête-à-tête.

— Vous savez la nouvelle ? demanda aussitôt la comtesse.

— Quelle nouvelle ?

— La grande, l'incroyable, la merveilleuse nouvelle : le colonel Chamberlain, qui avait disparu si brusquement, il y a quelques mois, est retrouvé.

— Était-il donc perdu ? demanda la marquise de Lucillière en pâlissant légèrement.

— Je ne sais s'il l'était pour vous, — la comtesse appuya sur ce mot, — mais il l'était pour le monde parisien ; heureusement le voici revenu, et je crois que son retour va faire un joli tapage.

Elle attendit un moment pour que Mme de Lucillière lui demandât à propos de quoi allait éclater ce tapage ; mais celle-ci, tout d'abord surprise en entendant prononcer le nom du colonel, s'était bien vite remise et maintenant elle se tenait sur ses gardes.

Évidemment ce n'était pas pour avoir le plaisir de lui faire une simple visite que sa chère amie, Mme d'Ardisson, était venue dans sa loge.

Ce n'était pas sans intention qu'elle parlait du colonel.

Que voulait-elle ?

Où allait-elle ?

C'était à voir, et Mme de Lucillière avait trop l'habitude de ces sortes d'attaques pour se livrer maladroitement ; il fallait attendre et laisser venir.

— Il y a longtemps que vous n'avez eu de nouvelles du prince Mazzazoli et de Mlle Belmonte ? demanda la comtesse d'Ardisson.

— Très-longtemps.

— Ils étaient en Suisse ; ils sont revenus aussi.

— La comtesse est rétablie ?

— Est-ce que vous croyez vraiment qu'elle a été malade ?

— Je crois toujours tout ce qu'on me dit, quand je n'ai pas de motifs pour me défier de ceux qui parlent.

— Et vous n'avez pas de motifs pour vous défier de la comtesse ou du prince ?
— Pas le moindre. Ne sont-ils pas mes amis ? Je ne me défie jamais de mes amis.
— Eh bien ! dans cette circonstance, je crois que vous avez été dupe de votre confiance.
— Vraiment ?
— Ce n'était pas pour cause de maladie que la comtesse allait en Suisse. En réalité, ce n'était pas elle qui faisait ce voyage ; c'était Carmelita. Devinez-vous ?
— Pas du tout ; vous parlez, chère amie, comme le sphinx.
— Je voulais vous ménager cette nouvelle pour qu'elle ne vous... surprît pas trop brusquement. Carmelita allait en Suisse pour rejoindre le colonel Chamberlain, qui s'était retiré sur les bords du lac de Genève en quittant Paris ; ils ont passé tout le temps de cette absence ensemble, et de ce long tête-à-tête, il est résulté ce qui fatalement devait se produire : le colonel Chamberlain épouse Mlle Carmelita Belmonte.

Bien que Mme de Lucillière eût pu se préparer pendant les savantes lenteurs de cette attaque, elle tressaillit, et sa main, qui jouait nerveusement avec son éventail, se crispa.

Mme d'Ardisson, qui l'observait, remarqua très-bien l'effet qu'elle avait produit.
— Vous ne me croyez pas ? dit-elle.
— Pourquoi ne vous croirais-je pas ?
— Je n'en sais vraiment rien, car rien n'est plus naturel, rien n'est plus explicable que ce mariage entre deux êtres qui semblent faits l'un pour l'autre ; le colonel est un homme charmant, malgré l'excentricité de sa tenue et Carmelita est la belle des belles. Ils devaient s'aimer, cela était écrit et cela s'est réalisé ; il paraît qu'ils s'adorent. En tous cas, le certain est qu'ils s'épousent.
Il fallait bien dire quelque chose.
— Et pour quand ce mariage ? demanda Mme de Lucillière d'une voix qu'elle tâcha d'affermir.
— Ah ! cela, je n'en sais rien, car ce n'est ni le colonel ni le prince Mazzazoli qui m'ont donné cette nouvelle ; je la tiens d'une personne tierce, en qui j'ai toute confiance, et qui a vu, de ses yeux vu, ce qui s'appelle vu, la lettre par laquelle le colonel Chamberlain demande au prince Mazzazoli la main de sa nièce, Mlle Carmelita Belmonte. Le mariage n'est donc pas douteux, seulement j'ignore la date ; il est même probable que cette date, vous la connaîtrez avant moi. Vous avez avec le colonel Chamberlain des relations beaucoup plus intimes que personne à Paris, et sa première visite sera assurément pour vous, sa première invitation. Mais, grâce à mon indiscrétion, vous ne serez pas surprise. Vous ne me remerciez pas ?

— Au contraire ; mais j'attendais que vous eussiez fini, afin de vous remercier une bonne fois pour toutes.

Puis, après quelque paroles insignifiantes, Mme d'Ardisson regagna vivement sa loge, et, se plaçant dans l'ombre de manière à se cacher autant que possible, elle braqua sa lorgnette sur Mme de Lucillière.

Que se passait-il en elle ?
Elle s'était observée pendant cet entretien, dont toutes les paroles portaient ; maintenant, sans doute qu'elle se croyait libre, elle allait se livrer...
Et de fait, elle se tenait la tête appuyée sur sa main, immobile, le visage contracté, les sourcils rapprochés, les lèvres serrées, les narines dilatées.
Elle aimait donc toujours le colonel ?
Et complaisamment, en souriant, Mme d'Ardisson prit plaisir à rappeler les coups qu'elle venait de porter : « Carmelita allait en Suisse pour rejoindre le colonel ; ils s'adorent, ils se marient. » Et cette allusion aux relations intimes qui existaient entre le colonel et la marquise ?... Vraiment, tout cela avait été bien filé.
A ce moment, la porte de la loge de la marquise s'ouvrit de nouveau, et le prince Seratoff parut ; mais la marquise ne le laissa pas s'asseoir.
Elle lui fit un signe, et il se pencha vers elle ; puis, après avoir dirigé ses regards vers les fauteuils d'orchestre du côté gauche, il sortit.
Abandonnant la loge de la marquise, Mme d'Ardisson braqua sa lorgnette vers la porte de l'orchestre, où bientôt se montra le prince Seratoff.
Au quatrième fauteuil, était assis le baron Lazarus, qui venait d'arriver.
Le prince se dirigea vers lui, et après quelques paroles l'emmena avec lui.
Deux minutes après, ils entrèrent dans la loge de la marquise de Lucillière, et le prince en sortit aussitôt, laissant le baron seul avec la marquise.
Que signifiait ce tête-à-tête ?
Ah ! comme Mme d'Ardisson eût voulu entendre ce qui allait se dire entre eux !

XX

Mme de Lucillière avait indiqué de la main au baron Lazarus un fauteuil dans le fond de la loge, et elle-même, reculant autant que possible celui qu'elle occupait, avait tourné le dos à la scène.
— Vous avez désiré me voir ? demanda le baron, qui paraissait assez mal à l'aise.

— Oui, monsieur le baron, et j'ai cru remarquer que vous n'accueilliez pas très-favorablement la demande de mon ambassadeur.

— Mais, madame...

— Oh! je comprends très-bien que vous ayez eu une certaine répugnance à revenir dans cette loge qui doit vous rappeler de mauvais souvenirs.

Le baron prit l'air d'un homme qui cherche vainement à comprendre ou à se rappeler ce dont on lui parle.

Bons ou mauvais, il était évident que les souvenirs auxquels on faisait allusion étaient sortis de sa mémoire.

— Cette loge? dit-il enfin (car il ne pouvait pas rester bouche ouverte sans rien dire), cette loge?...

— N'est-ce pas dans cette loge, à cette place même, peut-être sur ce fauteuil, continua la marquise, que vous avez eu avec M. de Lucillière un entretien dont je faisais le sujet.

— Un entretien, avec M. le marquis, dont vous faisiez le sujet? Mon Dieu! c'est possible, cependant je ne me rappelle pas du tout de quoi il était question.

— D'une certaine lettre anonyme.

— Une lettre anonyme?

Et le baron Lazarus parut faire un appel désespéré à sa mémoire.

Mais ce fut en vain, il ne trouva rien à propos de cette lettre anonyme.

— Ne cherchez pas, dit Mme de Lucillière avec dédain; je vois que vous ne trouveriez pas; je vais vous aider. Cette lettre anonyme parlait d'une petite porte de la rue de Valois.

— Comment? vous savez...

— Le marquis m'a tout dit; il est inutile de paraître ignorer ce que vous savez parfaitement. De mon côté, je trouve inutile de vous laisser croire plus longtemps que le prétexte mis en avant pour rompre nos relations était fondé; la vraie raison de cette rupture était cette lettre anonyme. Cela ne doit pas vous surprendre, et je présume que vous le saviez déjà; cependant j'ai tenu à vous le dire.

— Avez-vous pu supposer que je connaissais l'auteur de cette infamie?

— J'ai cru et je crois que l'auteur de cette infamie, comme vous dites, était vous.

— Madame!

— Oh! pas d'indignation, monsieur le baron; vous devez sentir que je ne m'y laisserais pas prendre. Ménagez-vous, réservez vos forces, ne prodiguez pas votre éloquence en pure perte; vous en aurez besoin bientôt, et vous trouverez à les employer plus utilement qu'avec moi.

Elle parlait avec une véhémence que le baron ne lui avait jamais vue, en contenant sa voix cependant de manière à n'être pas entendue distinctement par les personnes qui se trouvaient dans les loges voisines; mais la violence même qu'elle se faisait pour se contenir rendait son émotion plus évidente.

Aussi n'était-ce pas sans une certaine crainte que le baron l'écoutait, se demandant où elle voulait en venir, et n'augurant rien de bon d'un entretien commencé en pareils termes.

Mais que répondre?

Quelle contenance prendre?

Avec un homme, le baron, qui était brave, eût élevé la voix, et, coûte que coûte, il eût fermé la bouche qui l'insultait.

Mais avec une femme que faire?

Les moyens qu'on peut employer avec un homme ne sont pas de mise avec une femme.

Et, quand cette femme est une marquise de Lucillière, qui ne craint rien et qui est capable de toutes les extravagances, la situation est véritablement difficile.

Décidément il avait eu tort de se rendre à l'invitation du prince Seratoff, et il aurait été beaucoup plus sage à lui d'écouter son inspiration première, qui lui conseillait de rester tranquillement dans son fauteuil. Comment n'avait-il pas deviné, après la rupture qui avait eu lieu entre lui et Mme de Lucillière, qu'une invitation de celle-ci ne pouvait être que dangereuse?

Maintenant qu'il avait commis la sottise de se rendre à cette invitation et de venir dans cette loge, quand et comment en sortir?

Comme il se posait cette question, la porte de la loge s'ouvrit, et le duc de Mestosa s'avança vivement vers la marquise, en homme heureux de voir la femme qu'il adore.

Cette visite redoubla l'embarras du baron, car il connaissait Mme de Lucillière et ses habitudes : c'était toujours publiquement qu'elle s'expliquait avec les gens dont elle croyait avoir à se plaindre, et elle le faisait avec un esprit diabolique, qui lançait les allusions et les mots acérés d'une façon cruelle. Qu'elle eût tort ou raison, elle arrivait toujours à mettre les rieurs de son côté, et l'on ne sortait de ses jolies griffes roses que déchiré aux endroits les plus sensibles, avec des blessures ridicules. Que de fois n'avait-il pas ri lui-même de ces pauvres victimes!

Maintenant c'était à son tour de recevoir ces blessures sans pouvoir les rendre.

Mieux valait se sauver lâchement.

Il se leva pour céder la place au duc.

Mais de la main elle le retint.

— J'ai à peine commencé la confidence que j'ai à vous faire, dit-elle.

Puis, s'adressant au duc de Mestosa, qui restait indécis :

— J'ai une affaire importante à traiter avec

le baron, dit-elle ; voulez-vous nous donner quelques minutes encore?

Et le duc ainsi congédié n'eut qu'à quitter la loge.

Au moins l'explication n'aurait pas de témoin.

Ce fut ce que le baron se dit avec satisfaction.

— Sachant la vérité au sujet de cette lettre anonyme, continua Mme de Lucillière, vous devez vous demander comment l'idée m'est venue d'avoir une entrevue avec vous. J'avoue qu'en arrivant ce soir à l'Opéra, je ne me doutais guère que je vous ferais appeler dans ma loge, et je croyais bien que toutes relations entre nous étaient rompues. A vrai dire et pour ne pas m'en cacher, je vous considérais comme mon ennemi, et pour vous je n'avais d'autres sentiments que ceux d'une ennemie. Vous voyez que je suis franche.

— Je vois que vous ressentez comme une sorte de joie à affirmer cette hostilité.

— Parfaitement observé ; mais ce n'est pas seulement la joie qui me fait affirmer cette hostilité ; j'obéis encore, en agissant ainsi, à d'autres considérations plus importantes. Je veux, en effet, que cette hostilité soit bien constatée, bien reconnue par vous, afin que vous ne vous trompiez pas sur le traité d'alliance que je vais vous proposer.

Cette hostilité d'une part, et cette alliance d'une autre, paraissaient tellement contradictoires que le baron laissa paraître un mouvement de surprise.

— Quand je me serai expliquée, continua Mme de Lucillière, votre étonnement cessera, et ce qui vous paraît obscur en ce moment s'éclaircira. Écoutez donc cette explication, qui vous intéresse plus que vous ne pouvez le supposer, et revenons à la lettre, à votre lettre anonyme. Vous devez supposer qu'il ne m'a pas fallu de grands efforts d'esprit pour deviner le mobile qui vous a poussé à faire usage de cette lettre : vous avez voulu amener une rupture entre nous et le colonel Chamberlain.

— Laissez-moi vous dire, interrompit-il, que vous vous trompez étrangement.

— Je ne me trompe nullement. Vous désiriez cette rupture, parce que, interprétant notre intimité selon vos craintes, vous vous figuriez que, cette intimité rompue, le colonel Chamberlain deviendrait un mari possible pour votre fille.

L'occasion était trop bonne pour que le baron ne la mît pas à profit : on attaquait sa fille, il dédaignait de répondre et quittait la place. Il se leva pour sortir.

Mais la marquise semblait avoir prévu ce mouvement ; car, avant qu'il eût pu faire un pas en arrière, elle lui jeta vivement quelques mots qui l'arrêtèrent.

— Ce mari impossible alors est possible aujourd'hui, si vous voulez écouter ce que j'ai à vous dire.

Le baron hésita un moment.

— Si injustes que soient vos accusations, dit-il enfin, notre ancienne amitié me fait une loi de les écouter jusqu'au bout, pour m'en défendre et vous montrer combien elles sont fausses.

C'était là une étrange réponse, mais la marquise ne s'en préoccupa pas autrement. Ce qu'elle voulait, c'était que le baron restât, et il restait ; le reste importait peu.

Elle continua :

— L'histoire de cette lettre anonyme prouve que vous êtes doué de qualités... est-ce bien qualités qu'il faut dire ? enfin, peu importe. Vous êtes donc doué de qualités, puisque qualités il y a, que je ne possède pas ; de plus, vous avez, dans le choix des moyens auxquels vous recourez, une hardiesse d'esprit et une indépendance de... cœur qui, j'en conviens, peuvent rendre de très-utiles services. En un mot, vous êtes un homme pratique, et, voulant le succès, vous ne vous laissez point empêtrer dans toutes sortes de considérations sentimentales ou morales, qui sont un fardeau pour quiconque ne sait pas s'en débarrasser. Vous voyez que je vous rends justice.

Le baron fit la grimace.

— C'est cette... j'allais dire estime, poursuivit Mme de Lucillière, c'est ce cas que je fais de vos qualités pratiques qui m'a donné l'idée de revenir sur notre rupture et de vous proposer une alliance dans un but commun, certaine à l'avance que personne n'était capable comme vous d'atteindre un résultat que je désire, et que vous désirerez plus vivement que moi encore peut-être, quand vous le connaîtrez. Bien entendu, l'alliance dont je parle n'est point une alliance cordiale ; c'est une alliance utile, voilà tout. Vous pouvez me servir, je m'adresse à vous ; je puis vous aider, vous venez à moi. Les sentiments n'ont rien à voir dans ce pacte, ils restent ce qu'ils sont.

— Mais je vous assure...

— Je vous en prie, ne revenons point sur cette question : nos sentiments personnels n'ont rien à voir ni rien à faire dans l'œuvre commune que je veux vous proposer, ou plutôt c'est parce qu'ils sont ce qu'ils sont que précisément je vous la propose.

— J'avoue encore une fois, madame, que je ne comprends rien à ces paroles ; aussi, avant de savoir si je puis vous prêter mon concours, je vous prie de me dire ce que vous attendez de moi et quel but vous poursuivez.

— Le but, empêcher le colonel Chamberloin de devenir le mari de Mlle Belmonte ; le lé concours, chercher les moyens, les trouver, de rompre ce mariage qui est à la veille de se faire. Vous voyez que rien n'est plus simple.

— Ce mariage est à la veille de se faire ? s'écria le baron.

— A la veille est une façon de parler pour dire prochainement : l'époque à laquelle il doit avoir lieu, je ne la connais pas. Tout ce que je sais c'est que le prince Mazzazoli, accompagné de sa nièce, a été rejoindre le colonel en Suisse, où celui-ci s'était retiré en quittant Paris ; que là Carmelita ou le prince, je ne sais lequel des deux, tous deux peut-être, ont trouvé moyen d'obtenir une promesse de mariage du colonel, et qu'ils sont revenus tous ensemble à Paris pour y faire célébrer ce mariage. Existe-t-il des moyens pour rompre ce mariage, je n'en sais rien ; mais, comme j'ai de bonnes raisons pour être convaincue que vous désirez cette rupture non moins vivement que moi, je m'adresse à vous pour que vous les cherchiez de votre côté, tandis que je les chercherai du mien. Sans doute, j'aurais pu agir seule, mais je vous ai expliqué tout à l'heure que je vous reconnaissais des qualités que je n'ai pas, de sorte que je n'ai pas hésité à vous demander votre concours, en même temps que je vous proposais le mien. Il est certain que nous n'agirons pas de la même manière ; voilà pourquoi, à deux, nous serons beaucoup plus forts. Acceptez-vous ?

Le baron hésita assez longtemps avant de répondre.

— Il est évident, dit-il enfin, qu'il serait tout à fait regrettable de voir un homme tel que le colonel épouser Mlle Belmonte.

— N'est-ce pas ? J'étais sûre que ce serait là votre cri.

— J'ai pour ce cher colonel la plus vive amitié ; je l'aime comme un fils, et il me semble que c'est un devoir d'empêcher, si cela est possible, un mariage qui certainement le rendrait malheureux. Ce brave colonel vient de loin, de très-loin ; il ne connaît pas les dessous de la vie parisienne.

— Il faudrait les lui montrer.

— Tout en reconnaissant le mérite du colonel, on peut dire qu'il y a en lui une certaine naïveté qui l'expose à être dupe quelquefois de ceux qui l'entourent. J'ai été témoin de sa confiance et de sa foi.

Ce fut à la marquise de faire un mouvement qui prouva que le coup du baron avait porté.

— Il se laisse facilement tromper par son cœur : c'est une qualité sans doute, mais qui nous expose souvent à de fâcheuses déceptions. Je crois donc que dans les circonstances qui nous occupent, il aura été victime de sa confiance et de son cœur. Mlle Belmonte n'est pas du tout la femme qui lui convient, lui si droit, si franc, si tendre, car il est très-tendre.

— Mille raisons rendent ce mariage impossible.

— Ce n'est pas avec des raisons qu'on ouvre les yeux d'un homme aveuglé par la passion, et sans doute le colonel aime passionnément la belle Carmelita. Savez-vous s'il l'aime passionnément ?

Le baron posa cette question avec sa bonhomie ordinaire en regardant la marquise.

— Je ne sais pas.

— Vous ne savez pas ? Moi, non plus ; mais je trouve cette passion probable. Carmelita est assez belle pour l'avoir inspirée ; pour moi, je ne connais pas de femme plus belle, et vous ?

— Peu importe.

— Il me semble qu'il importe beaucoup ; car c'est très-probablement cette beauté qui fait sa toute-puissance. Sur cette beauté, nous ne pouvons rien, ni vous ni moi.

— Ce n'est pas avec sa beauté qu'une femme retient un homme.

— Je n'ai aucune expérience dans les choses de la passion, et je m'en remets pleinement à vous ; je veux dire seulement qu'il est bien difficile de détruire l'influence que Carmelita doit à sa beauté, surtout avec un homme tel que le colonel, qui est fidèle dans ses attachements. Croyez-vous qu'il soit fidèle ?

— Je ne sais pas.

— Moi, je crois, et il me semble qu'il n'y aurait qu'une arme qui pourrait agir efficacement sur lui.

— Laquelle ?

— Celle qui sert toujours dans ces sortes de situation : si épris que soit un amant, il s'éloigne de celle qu'il aime lorsqu'on lui donne la preuve qu'il est trompé. Quelque chose vous fait-il supposer que le colonel serait homme à s'obstiner dans sa passion, malgré une preuve de ce genre ?

Décidément le baron prenait sa revanche, et la marquise sentit que par le fait seul de l'association qu'elle venait de lui proposer, elle lui avait permis de redresser la tête : il était utile, il profitait de sa position.

— Avant de savoir si le colonel s'obstinerait ou ne s'obstinerait pas dans sa passion, dit-elle après un court moment de réflexion, il faudrait savoir si cette preuve dont vous parlez peut être fournie, et pour moi je l'ignore.

— Je l'ignore aussi.

— C'est donc ce qu'il faudrait chercher tout d'abord, il me semble.

— Et comment le découvrir ? Une jeune fille qui aurait un amant ne conduirait pas ses amours comme certaines femmes qui se font un piédestal de leurs fautes. Car il y a de ces femmes, n'est-ce pas, dans le monde parisien, même dans le meilleur ?

— Je n'ai jamais dit que Mlle Belmonte pouvait se trouver dans ce cas, bien au contraire.

— Et moi non plus, je vous prie de le bien constater.

— J'ai dit qu'il pouvait exister certaines raisons de nature à rompre son mariage ; j'ai dit qu'on pouvait, en cherchant habilement, trouver peut-être des moyens pour arriver à ce résultat, et c'est ce que je répète, sans vouloir entrer dans le détail de ces raisons ou de ces moyens. Si vous en trouvez qui vous conviennent, je crois que vous en userez, sans qu'il soit besoin de nous entendre; si de mon côté j'en trouve qui ne soient pas en désaccord avec mes sentiments ou mes habitudes, j'en userai aussi. Cependant, puisque nous formons une association en vue de ce résultat, il peut être bon que nous nous concertions quelquefois; ma porte vous sera donc ouverte quand vous vous présenterez.

Elle se tut.

Le baron se leva :

— J'aurai donc l'honneur de vous revoir, madame la marquise.

— Au revoir, monsieur le baron.

Il sortit de la loge.

Le duc de Mestosa attendait sans doute ce départ dans le corridor, car la porte n'était pas fermée qu'elle se rouvrit devant lui.

— Une nouvelle, dit-il en se penchant vers la marquise, que tout le monde répète.

Mme de Lucillière leva les yeux sur lui, il paraissait radieux.

— Et vous voulez la répéter aussi ? dit-elle; malheureusement pour vous, je la connais, votre nouvelle. Le colonel Chamberlain épouse Carmelita, n'est-ce pas ? C'est cela que vous voulez m'apprendre.

— Il est vrai.

— Et c'est pour cela que vous paraissez si joyeux ? Eh bien ! mon cher, cette joie est une injure pour moi ; cachez-la donc, je vous prie, et tâchez de prendre un air indifférent.

— Ce mariage vous peine donc bien vivement ?

— Ce que vous dites là est une nouvelle injure, et de plus c'est une niaiserie. Ce mariage ne me peine ni me réjouit. Ce qui me fâche, c'est de vous voir montrer une joie qui prouve que vous n'avez jamais ajouté foi à mes paroles, que vous avez toujours et malgré tout persisté dans vos soupçons ridicules ; si bien qu'aujourd'hui vous éclatez de satisfaction, à l'annonce ce mariage. Ce que je vous ai dit n'a servi à rien ; il vous fallait une preuve, ce mariage vous la donne. Eh bien ! mon cher, cela me blesse et me fâche. Faites-moi donc le plaisir d'aller porter ailleurs votre joie triomphante, ou plutôt cachez-la aux yeux de gens qui se moqueraient de vous.

— Mais...

— Je désire être seule. Cette nuit, vous réfléchirez, et demain matin sans doute vous aurez compris ; s'il vous faut plusieurs jours, ne vous gênez pas, prenez-les.

Et le duc sortit la tête basse, beaucoup moins fier qu'il n'était entré.

Mais Mme de Lucillière ne resta pas seule, comme elle le désirait.

Après le duc de Mestosa, ce fut le prince Seratoff qui vint lui faire visite; puis, après le prince, ce fut lord Fergusson.

Tous entrèrent avec l'air triomphant qu'avait eu le duc de Mestosa.

Tous sortirent, la tête basse, comme le duc était sorti.

Car à tous elle fit la même réponse qu'au duc.

Seulement elle la fit plus âpre et plus mordante; car la répétition de la même nouvelle, qu'on venait lui communiquer avec des attitudes de vainqueur, l'avait exaspérée.

Mais elle n'eut pas à subir ces seules visites : ce qui cependant, dans l'état nerveux où elle se trouvait, était bien suffisant.

Dans l'entr'acte, sa loge ne désemplit pas : ce fut un défilé, une procession ; tout ce qu'elle avait d'amis et surtout d'amies dans la salle voulut se donner la joie de venir lui annoncer la grande nouvelle.

— Eh bien ! le colonel Chamberlain se marie donc ?

— Avec la belle Carmelita ! Qui s'en serait jamais douté ?

— Savez-vous la date précise de ce fameux mariage ?

A ces visiteurs, elle ne pouvait pas répondre comme elle l'avait fait avec le duc de Mestosa ou avec lord Fergusson.

Il fallait sourire, bavarder, parler pour ne rien dire.

De même, il fallait encore qu'elle gardât continuellement ce sourire et ne s'abandonnât pas aux sentiments qui la troublaient; car, dans la salle, tous les yeux étaient dirigés sur elle.

Et, quand un nouvel arrivant apprenait la grande nouvelle du mariage du colonel Chamberlain, son premier mouvement était de chercher avec sa lorgnette la loge de Mme de Lucillière.

— Que dit la marquise de Lucillière de ce mariage ? était la première question que chacun se posait.

— Vous voyez, elle sourit.

— Est-ce sincère ?

— Elle a eu un long entretien avec le baron Lazarus.

— Pourquoi ?

— Je ne sais pas. En tout cas, j'ai dans l'idée qu'il se prépare quelque chose; quoi, je l'ignore, mais nous verrons bien.

XXI

Si Mme de Lucillière avait osé, elle aurait quitté l'Opéra pour se soustraire à cette curiosité et à ces visites.

Mais il ne lui convenait pas de paraître fuir.

Elle resta jusqu'au quatrième acte, et ce fut alors seulement qu'elle se retira.

Dans l'escalier, elle rencontra Serkis-Pacha, qui arrivait pour la voir.

— Eh quoi ! dit-il en l'arrêtant, vous partez ?

— Je vais voir ma mère.

— Vous savez la grande nouvelle ?

— Le mariage du colonel Chamberlain, n'est-ce pas ?

— Avec la belle Carmelita.

— Je viens de l'annoncer au baron Lazarus.

— Ah ! très-drôle ; vous êtes un démon d'esprit, un ravissant démon.

Il voulut la retenir, mais elle le quitta.

— Je suis attendue chez ma mère.

— Je vais vous conduire.

— Non, je vous remercie.

Et descendant rapidement l'escalier, presqu'en courant, elle se sauva.

Mais elle ne se fit pas conduire chez sa mère, comme elle l'avait annoncé.

La voiture qui l'attendait était le coupé noir traîné par les chevaux et conduit par le cocher anglais que le colonel lui avait donnés.

— A l'hôtel dit-elle en baissant la glace pour parler à son cocher.

Et les chevaux, touchés légèrement avec le bout de la mèche du fouet, partirent de ce train rapide qui défiait les poursuites.

En quelques minutes, ils arrivèrent rue de Courcelles.

— Ne dételez pas, dit la marquise en descendant, je vais ressortir.

En effet, elle ne resta que fort peu de temps chez elle, et sa femme de chambre, après l'avoir aidée à remplacer sa toilette de théâtre par une toilette de ville, la vit chercher dans un meuble, où elle prit une petite clef qu'elle plaça dans sa poche.

Cela fait, elle remonta en voiture.

Sans rien dire, elle fit un simple signe à son cocher.

Mais celui-ci, bien qu'il la regardât avec attention, parut n'avoir pas compris ce signe.

Alors elle le répéta et le confirma d'un mouvement de tête.

Comme le concierge se tenait appuyé contre la grande porte ouverte, regardant ce dialogue muet avec une curiosité indiscrète, le cocher ne se permit pas de préciser sa question par une parole qui aurait été entendue ; il toucha ses chevaux, qui partirent.

Mais, aussitôt qu'il eut fait quelques pas qui le mettaient hors de la portée des regards du concierge, il se pencha vers la glace restée ouverte :

— Rue de Valois ? demanda-t-il.

— Oui.

Il ne lui fallut que quelques secondes pour arriver devant la petite porte où si souvent il avait déposé et repris sa maîtresse.

La marquise, enveloppée dans un grand vêtement sombre et la tête couverte d'une épaisse voilette, descendit de voiture.

Mais, au lieu de renvoyer son cocher en lui indiquant comme à l'ordinaire l'heure à laquelle il devait venir la reprendre, elle lui dit d'attendre.

Puis, traversant le trottoir, elle introduisit sa clef dans la petite porte.

Mais, bien que la clef tournât librement dans la serrure en faisant jouer le pêne, la porte ne s'ouvrit point ; elle était fermée à l'intérieur par un verrou.

Mme de Lucillière resta un moment embarrassée devant cette porte qu'elle poussait et qui refusait de s'ouvrir.

Mais son hésitation ne fut pas longue ; comme toujours et en toutes circonstances, elle prit vivement sa résolution.

— Rentrez, dit-elle au cocher.

Bien que cet ordre eût tout lieu de le surprendre, le cocher ne répliqua point ; mettant aussitôt ses chevaux au pas, exactement comme si lui et eux eussent été des machines dont la marquise tenait dans sa main le levier de marche, il prit le chemin de l'hôtel de Lucillière.

Longeant le mur du jardin de la rue de Valois, la marquise, sans s'inquiéter de l'heure avancée et de la solitude de ce quartier désert, se dirigea vers l'entrée principale de l'hôtel Nessonvaux.

A son coup de marteau, la porte s'ouvrit et le concierge parut sur le seuil de sa porte.

— M. Horace Cooper demanda la marquise d'une voix faible.

— Vous dites, madame ? fit le concierge.

Comme la marquise était enveloppée dans un manteau et comme son visage était caché sous un voile épais, il était impossible de la reconnaître.

— Je demande à voir M. Horace Cooper, répéta la marquise ; n'est-il pas ici ?

Le concierge, sans lui répondre, se retourna vers l'intérieur de sa loge, et Mme de Lucillière entendit des éclats de rire à demi étouffés.

— Une dame demande M. Horace, dit le concierge; est-il chez lui ?

— Déjà! répliqua une voix.

— A l'hôtel, dit une autre; c'est vraiment trop fort!

— Il est chez lui, dit une autre; il s'habille pour sortir.

— Si madame veut monter à la chambre de M. Horace, dit le concierge, elle le trouvera en train de s'habiller.

Mme de Lucillière, rassurée par son voile, ne se laissa pas déconcerter.

— Faites prévenir M. Horace qu'une dame l'attend au parloir, dit-elle.

Et, en femme qui sait où elle va, elle traversa la cour pour entrer dans l'hôtel.

— Est-ce que celle-là est déjà venue? demanda une voix.

— Je ne la reconnais pas, mais elle n'a pas perdu de temps pour venir: le nègre est arrivé ce matin, et déjà j'ai reçu trois billets pour lui, l'un avec un bouquet. Si ça ne fait pas hausser les épaules.

— Mais qu'est-ce qu'il a donc pour lui, ce moricaud? demanda une voix de femme.

— Je vous le demande, mademoiselle Isabelle; ça va recommencer comme avant son départ, et on va le revoir dormir tout debout.

Cependant Mme de Lucillière avait monté le perron de l'hôtel, et la porte vitrée, tirée par un valet de pied en grande livrée, s'était ouverte devant elle.

Malgré l'heure avancée, l'hôtel était encore éclairé du haut en bas et les domestiques étaient à leur poste.

Cela inspira une certaine crainte à la marquise: peut-être le colonel était-il chez lui, alors il pouvait la rencontrer; de même quelques personnes de son monde pouvaient, en traversant le vestibule, l'apercevoir et la reconnaître.

Par un mouvement de crainte instinctive, elle serra son manteau autour d'elle; puis tout de suite, réfléchissant que c'était le meilleur moyen pour se faire reconnaître, elle le laissa retomber.

— M. le colonel n'est pas rentré, dit le domestique.

— C'est à M. Horace que j'ai affaire, dit-elle avec un accent anglais très-prononcé.

Il était plus important, en effet, de changer sa voix pour ce domestique, qui tant de fois l'avait introduite, que pour le concierge.

Puis, sans attendre de réponse, elle entra dans le parloir, rassurée jusqu'à un certain point par l'absence du colonel.

Elle attendit pendant près de dix minutes; puis enfin la porte s'ouvrit devant Horace, qui venait de s'habiller pour sortir, et portait sur sa personne, dans ses vêtements comme dans son linge, tous les parfums à la mode.

Il s'avançait vivement, les bras arrondis, le visage souriant, lorsque de la main elle lui fit signe de fermer soigneusement la porte par laquelle il venait d'entrer.

Il fit ce qu'elle lui demandait.

Mais, lorsqu'il se retourna pour revenir vers elle, il s'arrêta, stupéfait, interdit, les bras levés, la bouche ouverte.

Elle avait rejeté son voile en arrière.

Il fut un moment sans parler, tant sa surprise était violente.

Mais enfin la voix lui revint:

— Mme la marquise! s'écria-t-il.

— Moi-même, mon bon Horace.

Puis, comme il la regardait avec des yeux fixes:

— Je vous fais donc peur? dit-elle.

— La surprise, l'étonnement...

— Quand votre maître doit-il rentrer?

— D'un moment à l'autre, je pense; je l'attendais pour sortir. Il est chez...

Horace s'arrêta.

— Chez Mlle Belmonte, acheva la marquise.

— Madame la marquise sait donc?...

— Le mariage prochain du colonel avec Mlle Belmonte? Parfaitement, et voilà pourquoi il faut que je lui parle ce soir.

— Mais, madame la marquise...

— Mon bon Horace, il le faut et je compte sur vous.

Horace était resté, pour Mme de Lucillière, dans ses sentiments d'admiration et d'adoration d'autrefois; pour lui, elle était toujours la plus séduisante de toutes les femmes, et, sans savoir au juste quelles causes avaient amené une rupture entre elle et son maître, il regrettait vivement cette rupture. Bien souvent il se disait que le colonel avait peut-être été trop prompt à se fâcher; quand on a le bonheur d'être aimé par une femme telle que Mme de Lucillière, il ne faut pas être trop rigoureux et l'on doit lui passer bien des choses. C'était d'ailleurs son propre système, faible avec les femmes en proportion de leur beauté; tout est permis à une belle femme, rien ne l'est à une laide. Assurément Carmelita aussi était belle, très-belle; mais il préférait le genre de beauté de Mme de Lucillière, qui, à ses yeux, était le charme en personne, la séduction, et puis Carmelita voulait se faire épouser, et il n'était pas pour le mariage, au moins à l'âge qu'avait présentement le colonel; plus tard il serait temps. Comment consentir à n'avoir qu'une femme, quand on pouvait les avoir toutes?

C'était non-seulement au point de vue de son maître qu'il se plaçait pour condamner le mariage, mais encore au sien propre: une femme dans la maison dérangerait toutes ses habitudes et toutes ses idées, elle le gênerait aussi bien dans les choses matérielles que dans ses sentiments. Il ne pourrait jamais obéir à une femme qui parlerait au nom d'un droit et en vertu du principe d'autorité. Qu'une femme lui demandât n'importe quoi comme un service, il se jetterait à travers le feu ou l'eau pour le faire ; mais qu'elle lui demandât la même chose sans qu'il pût recevoir d'elle un remercîment ou un sourire, il ne le ferait pas.

Dans ces conditions, Mme de Lucillière l'appelant « mon bon Horace, » et lui disant : « Je compte sur vous, » devait produire sur lui une vive émotion.

Ce fut ce qui arriva.

— Que puis-je pour Mme la marquise ? dit-il en saluant.

— Une chose bien simple : me conduire dans l'appartement du colonel, où j'attendrai son retour.

Horace avait la certitude que son maître ne serait pas satisfait de trouver en rentrant, Mme de Lucillière installée dans son appartement et l'attendant.

Aussi cette demande lui causa-t-elle un véritable embarras.

D'un côté, il voulait être agréable à Mme de Lucillière ;

De l'autre, il ne voulait pas mécontenter son maître.

Comment se tirer de là ?

Avant qu'il eût trouvé un moyen et une réponse, la marquise continua :

— Il est de la plus haute importance que je voie votre maître ce soir, et vous devez bien penser que, si je suis venue ici à pareille heure, ce n'est point à la légère. Je dois vous avouer,—car je ne veux rien vous cacher et il ne me convient pas d'essayer de vous tromper,— je dois vous avouer que si j'avais prévenu votre maître de mon arrivée, il ne se serait très-probablement pas trouvé ici ; de même jo vous avoue encore que si je demandais à le voir, il s'arrangerait pour ne pas me recevoir. Il s'est élevé entre nous des difficultés fâcheuses, qui ont amené une rupture ; mais ces difficultés et cette rupture n'ont modifié en rien mes sentiments ; j'ai toujours pour lui une vive amitié, et, comme en ce moment cette amitié peut lui rendre un service capital, duquel dépendent son bonheur et sa vie, je veux lui faire une sorte de violence pour arriver auprès de lui. Il est probable que sur le premier moment il sera fâché ; mais bientôt il reviendra sur ce premier mouvement, et vous saura gré du concours que vous m'aurez prêté.

Comme Horace demeurait hésitant, elle insista :

— Vous devez comprendre que cette entrevue aurait lieu en tous les cas, alors même que vous refuseriez ce que je vous demande ; seulement il est préférable pour tous qu'elle soit secrète, et voilà pourquoi je m'adresse, je veux dire, pourquoi je me confie à vous.

Assurément on ne mettrait pas la marquise à la porte, et puisqu'elle était entrée dans l'hôtel, il importait peu en réalité que l'entretien qu'elle voulait eût lieu dans ce parloir ou dans l'appartement du colonel.

Et puis elle se confiait à lui, elle la marquise de Lucillière.

— Si Mme la marquise veut me suivre, dit-il en se dirigeant vers la porte.

Mais, avant de le suivre, Mme de Lucillière ramena son voile sur son visage et arrangea les plis de son manteau.

Deux autres domestiques étaient venus rejoindre le valet de pied dans le vestibule ; en voyant cette femme voilée monter derrière Horace l'escalier d'honneur, au lieu de prendre l'escalier de service, ils se regardèrent tous les trois avec des mines étonnées.

L'un d'eux était le maître d'hôtel.

— Voilà qui explique la puissance de ce nègre, dit-il ; il fait là un joli métier.

— Elle a demandé M. Horace Cooper.

— Précisément, comme le colonel va se marier, il veut sauvegarder les apparences ; c'est pour cela qu'on demande M. Horace Cooper.

— Si cela n'était pas impossible, je jurerais que cette femme est la marquise de Lucillière, dit le valet de pied.

— Ne jurez pas, ce serait un faux serment.

— Je ne dis pas non, mais en tous cas c'est la taille et la démarche de la marquise.

— C'est peut-être pour cette taille et cette démarche que le colonel l'a choisie.

— Pour retrouver la marquise ?

— Juste.

Cependant Mme de Lucillière, suivant Horace, était entrée dans la bibliothèque.

— J'attendrai ici, dit-elle.

Et elle s'assit sur un fauteuil, tandis que Horace arrangeait les lampes.

— Il y a une question que je n'ai pas encore pu vous faire, dit-elle : comment se porte le colonel ?

— Bien, madame la marquise ; je vous remercie.

— Il n'a pas été souffrant, à son arrivée en Suisse ?

— Souffrant, non pas précisément, cependant il n'était pas à son aise ; sans qu'on vît en lui une maladie particulière, il est certain qu'il n'était pas dans son état ordinaire.

— Se plaignait-il ?

— Oh ! jamais. On pourrait mettre mon colonel sur un gril, avec un bon feu sous lui, le tourner et le retourner, comme on a fait pour saint Laurent, il ne se plaindrait pas. Au reste, Mme la marquise l'a vu à Chalançon, elle l'a soigné, et elle sait mieux que personne si ce beau coup de couteau qui lui avait fendu la poitrine lui a jamais arraché une plainte.

— Alors à quoi avez-vous vu qu'il n'était pas dans son état ordinaire? Vous avez pu vous tromper.

— Me tromper, moi, quand il s'agit de mon colonel? Est-ce qu'une mère se trompe sur la santé de son enfant? Mieux que le médecin, elle voit s'il est malade ou s'il est bien portant. J'aime mon colonel comme s'il était mon enfant: je ne me suis pas trompé. Il ne mangeait pas, il ne dormait pas, et toujours il restait absorbé comme s'il suivait la même pensée; toujours, c'est-à-dire tant que je le voyais, car il passait ses journées entières à faire des courses dans les montagnes et souvent même il ne rentrait pas, couchant dans une grange ou un chalet.

— L'arrivée du prince Mazzazoli et de Mlle Belmonte a dû égayer cette sombre humeur?

— J'avoue que pour moi c'est avec plaisir que je les ai vus arriver; aussi j'ai tout fait pour les installer au Glion, ce qui n'a pas été facile.

— Comment! pas facile? Dans un hôtel, il est toujours facile de se loger.

— Sans doute, quand il y a de la place.

— Et il n'y avait pas de place dans votre hôtel quand ils sont arrivés?

— Non, pas une chambre.

— Le colonel ne leur avait pas retenu un appartement?

— Mais mon colonel ne savait pas qu'ils devaient venir en Suisse, et même, s'il l'avait su, il aurait quitté le Glion; c'est ce qu'il a voulu faire, quand il a appris leur arrivée.

— Et c'est ce qu'il n'a pas fait?

— Il s'est trouvé entraîné par politesse à rester.

— Je ne comprends pas bien.

— Il faut que vous sachiez que nous occupions trois chambres qui se tenaient: une pour mon colonel; une autre servait de salle à manger, car mon colonel n'avait pas voulu prendre ses repas dans la salle commune pour n'être pas dérangé par les importuns; la troisième enfin pour moi. Le prince et sa famille ne trouvant pas où se loger, mon colonel a donné sa salle à manger et ma chambre à Mme la comtesse Belmonte et à Mlle Carmelita. Cela se passait le soir. Le lendemain matin mon colonel annonça au prince son intention de quitter le Glion; tandis que, de son côté, le prince annonçait à mon colonel la même intention. Naturellement il en résulta une lutte de politesse, et personne ne partit.

— Je comprends maintenant: ce fut pour ne pas renvoyer le prince que le colonel resta.

— Précisément: le prince avait posé la question de telle sorte qu'il n'y avait pas moyen pour mon colonel de s'en aller.

— Et peu à peu il s'habitua à la présence du prince et de Carmelita?

— Cette présence lui fit du bien. Malgré lui il fut obligé de parler, de se distraire; il mangea à la même table que le prince.

— Et que Carmelita?

— Sans doute, tous ensemble enfin; et Mlle Belmonte l'accompagna souvent dans ses excursions. Elle marche très-bien, Mlle Belmonte, et les ascensions ne lui font pas peur; elle n'est pas comme son oncle, qui, j'en suis sûr, n'a pas fait cent mètres au delà du jardin de l'hôtel.

— C'était en tête à tête que le colonel et Carmelita faisaient ses excursions; cela a duré longtemps, c'est-à-dire ce séjour s'est prolongé.

— Oui, assez longtemps. Mais tout à coup, sans que rien le fasse prévoir, mon colonel a quitté le Glion.

— Et Carmelita?

— Mlle Belmonte, Mme la comtesse, le prince, moi, nous sommes tous restés, ne sachant pas ce que le colonel était devenu. La veille, par une journée d'orage terrible, le colonel et Mlle Carmelita avaient fait une longue course dans la montagne, et ils n'étaient rentrés à l'hôtel que le soir tard. Le lendemain matin, au petit jour, mon colonel partait, sans prévenir personne, sans même me laisser un mot. Nous voilà tous bien inquiets. Le prince voulait qu'on fît des recherches dans la montagne, craignant un accident; moi, j'en ai fait au chemin de fer, et j'ai appris que mon colonel était parti pour Genève. Les jours s'écoulèrent, il ne revint pas; il n'écrivait pas, ni au prince ni à moi.

— Où était-il?

— J'ai su plus tard qu'il avait été en Italie, aux environs de Florence et de Rome; puis, de l'Italie, il était revenu à Paris. Ce fut de Paris qu'il m'écrivit et m'envoya trois lettres: une pour le prince, une pour Mme la comtesse Belmonte, une pour Mlle Carmelita. Dans ses lettres, il paraît qu'il demandait Mlle Carmelita en mariage. Est-ce assez bizarre? Tout à coup il part comme s'il se sauvait; puis, au bout d'une dizaine de jours, il écrit pour demander en mariage celle d'auprès de qui il s'est sauvé.

Mais la marquise ne trouvait pas cette conduite bizarre; au contraire, elle s'expliquait très-clairement comme les choses s'étaient passées, depuis l'arrivée de Carmelita au Glion jusqu'au départ du colonel, et son expérience féminine suppléait aux lacunes qui se trouvaient dans le récit d'Horace.

La chance lui avait été favorable en ne lui permettant pas d'entrer par la petite porte.

A ce moment, une voiture roula sur le sable de la cour et s'arrêta devant le perron.

— Mon colonel, dit Horace en voulant descendre.

Mais la marquise le retint.

— Il est inutile d'aller au devant de votre maître, dit-elle vivement ; cela vous évitera de lui annoncer mon arrivée. Laissons-le entrer dans son appartement, alors seulement vous nous quitterez. Il est entendu que je me charge de tout ; je vous promets que vous ne serez pas grondé, vous serez plutôt remercié.

XXII

La marquise et Horace gardèrent le silence, écoutant.

Le colonel pouvait en arrivant entrer directement dans sa chambre ou dans la bibliothèque, les deux pièces communiquant ensemble, mais ayant chacune une porte sur le vestibule.

Le bruit des pas étant étouffé par les tapis, ils n'entendirent rien.

Mais tout à coup une serrure grinça dans la chambre, le colonel était rentré.

Sans parler, Mme de Lucillière fit un signe à Horace, et celui-ci sortit aussitôt, ouvrant et refermant la porte avec précaution.

Mme de Lucillière ramena son voile sur son visage et, s'étant enveloppée dans son manteau, elle attendit debout, les yeux fixés sur la porte de la chambre.

Mais les minutes s'écoulèrent, sans que le colonel parût, et même sans qu'on entendît aucun bruit.

Que faisait-il donc ?

Doucement et marchant sur la pointe des pieds, elle s'avança vers la porte de la chambre.

Un des battants était ouvert, mais une tapisserie fermait le passage et empêchait de voir ce qui se passait dans la chambre. Du bout du doigt, Mme de Lucillière entr'ouvrit cette tapisserie.

Assis dans un fauteuil, le colonel se tenait la tête appuyée dans sa main gauche, comme un homme qui réfléchit.

Il resta longtemps ainsi, sans faire un mouvement, absorbé dans sa préoccupation, les yeux fixés sur une fleur du tapis.

S'il avait relevé la tête, il aurait pu apercevoir la marquise ; mais il suivait sa méditation, insensible à tout ce qui l'entourait.

Évidemment cette méditation était douloureuse, et, dans le froncement de ses sourcils, on voyait clairement qu'il était arrêté par quelque difficulté ou par une pensée pénible.

Quelle était cette difficulté ?

Quelle était cette pensée ?

C'était ce que Mme de Lucillière se demandait, sans trouver une réponse, si habile qu'elle fût à lire dans cette physionomie.

Pas un mot qui sortit de ses lèvres, pas un mouvement.

Ce qu'elle voyait, c'était l'effort d'une attention intellectuelle ; mais cette attention portait-elle sur le présent, sur l'avenir ou sur le passé, c'était ce qu'il était impossible de deviner.

Une seule chose certaine : un état moral douloureux.

Et cette constatation ne pouvait pas la faire renoncer à son projet ; bien au contraire, cela valait mieux que la joie triomphante d'un amant heureux.

Le moment était donc bien choisi.

Elle écarta la portière et entra.

Le bruit de l'étoffe et le bruissement de la robe de la marquise frappèrent le colonel, qui releva lentement la tête et regarda machinalement du côté d'où venaient ces bruits.

A la vue de cette femme voilée qui s'avançait vers lui, il tressaillit.

— Qui est là ? dit-il.

Elle ne répondit pas, mais d'un geste brusque elle releva son voile ; en même temps, elle jeta loin d'elle le manteau qui l'enveloppait.

Dans tous ses mouvements, il y avait quelque chose de théâtral, et son entrée ressemblait, jusqu'à un certain point, à celle d'un premier rôle.

Mais c'est là un travers de bien des gens, même parmi les plus fins, de ne pouvoir se débarrasser des traditions dramatiques ; ils ont si souvent vu jouer la comédie, que dans les choses de la vie les plus sérieuses ils deviennent à leur insu des comédiens.

Le voile relevé d'une main, le manteau jeté d'une autre, avaient une couleur d'opéra comique qui amusait la marquise.

— Henriette ! s'écria-t-il en se levant de son fauteuil.

— Non, pas Henriette ! mais la marquise de Lucillière.

— Et que voulez-vous de moi, madame, ici ? dit-il en se remettant.

— Vous parler.

— Je croyais qu'il ne devait plus y avoir rien de commun entre nous.

Elle n'avait pas fait un mouvement depuis qu'elle avait jeté son manteau ; elle s'avança alors de quelques pas vers lui avec sa démarche onduleuse, la taille prise dans sa robe qui la modelait, la tête haute, les yeux brillants, telle enfin qu'il l'avait si souvent vue autrefois. Il détourna la tête.

Elle s'arrêta et attendit.

Bientôt il releva les yeux et pendant quelques secondes leurs regards se croisèrent.

Elle fit de nouveau deux pas en avant.

— Ah ! Edouard ! s'écria-t-elle d'une voix tremblante.

Puis elle se tut et baissa les yeux.

Mais ce n'est pas seulement avec les yeux ou avec les lèvres qu'une femme sait s'exprimer ; lorsqu'elle le veut, tout parle en elle : sa physionomie, qui traduit les émotions de son âme ; ses mains, qui se joignent ; ses épaules, qui s'avancent ; sa taille, qui s'incline ou se redresse.

— N'avez-vous pas reçu l'envoi que je vous ai fait avant mon départ ? dit-il.

— Je l'ai reçu.

— Et vous n'avez pas compris pourquoi je quittais Paris ?

— Longtemps je suis restée sans comprendre, mais enfin ma raison a pu admettre la possibilité de l'erreur dont vous étiez victime.

— Une erreur !

Elle inclina la tête par un geste qui en disait plus que toutes les paroles et qui signifiait clairement que cette erreur était si grande qu'on ne pouvait trouver de mots pour la qualifier !

— Votre buvard.

— Oui, c'est ce buvard, mais non mon buvard, comme vous dites, qui m'a fait comprendre comment vous aviez pu être trompé.

Il la regarda en face longuement, profondément ; elle ne détourna pas les yeux.

Mais au contraire, s'avançant encore et se penchant vers lui :

— Je pourrais, dit-elle, vous montrer, vous prouver combien grossière a été votre erreur ; mais ce n'est pas pour cela que je suis venue, et, comme mes moments sont comptés, je n'ai pas de temps à perdre dans une démonstration maintenant superflue. C'est de vous que je veux vous entretenir, c'est pour vous que je suis ici, pour vous seul, non pour moi, pour votre bonheur, et aussi pour le bonheur des autres.

Disant cela, elle attira une chaise et s'assit en face de lui.

Puis elle attendit en l'examinant.

Il était dans un trouble extrême, oppressé, ne respirant plus : évidemment une lutte se livrait en lui, et il était facile de deviner ce qu'était cette lutte : l'écouterait-il ou ne l'écouterait-il pas ? Elle le connaissait trop bien pour ne pas suivre sur sa physionomie convulsée les sentiments divers par lesquels il passait : voulant et ne voulant plus, puis voulant encore.

Il était certain qu'il valait mieux le laisser user son énergie dans ces mouvements contradictoires, que d'essayer de pousser son esprit dans la voie qu'elle désirait lui voir prendre, et c'était pour cela qu'elle attendait sans parler.

Quand elle jugea qu'il pouvait l'écouter sans révolte, elle reprit la parole.

— C'est ce soir, à l'Opéra, que j'ai appris votre retour et votre mariage.

Elle prononça ce mot après avoir hésité un moment et d'une voix basse.

— Il est vrai, dit-il, je me marie.

Il redressa la tête et la regarda d'un air de défi.

— Aussitôt j'ai voulu vous voir et suis venue ici.

— Et pourquoi ?

— Oh ! ne pensez pas que je me permette de blâmer votre résolution ; vous vous mariez, je trouve cela très-juste et très-légitime. Nous nous sommes aimés, vous ne m'aimez plus, vous vous mariez : il n'y a là rien que de très-simple.

— Alors permettez-moi de vous dire que je ne comprends pas le but d'une visite qui doit vous être pénible et qui pour moi est horriblement douloureuse.

— Tout à l'heure vous saurez ce qui a inspiré cette démarche, qui ne peut pas être aussi cruelle pour vous qu'elle l'est pour moi ; car enfin je rentre dans une maison d'où j'ai été chassée et je parais devant un homme qui m'a infligé l'injure la plus atroce qui puisse atteindre une femme. Je ne me suis point cependant laissé arrêter par le souvenir de cette injure, et je suis venue. Que vous vous mariez, je vous le répète, c'est bien. Je ne serais pas sincère si je vous disais qu'en apprenant cette nouvelle de la bouche de gens qui me la jetaient pour m'en accabler, je n'ai pas souffert : ma surprise a été profonde, mon saisissement a été terrible. J'ai éprouvé un moment de défaillance, et je crois que j'ai perdu un peu la tête ; mais cela est sans importance, il ne doit pas être question de moi, et, si je vous parle de ce saisissement et de ce trouble, c'est pour que vous voyez comment j'ai été entraînée dans cette démarche. Si, après m'avoir appris votre mariage, on m'avait dit que vous preniez pour femme votre jeune cousine, j'aurais continué de penser qu'il n'y avait dans ce mariage rien que de naturel. En effet, cette jeune fille est charmante, elle est douée de toutes les qualités qui peuvent rendre un homme tel que vous pleinement heureux, et de plus elle vous aime.

— Je vous prie de ne pas...

Mais Mme de Lucillière ne se laissa pas interrompre.

— Je ne parle pas à la légère, et ce que je dis, je le sais. J'ai vu cette jeune fille, je l'ai entretenue, je l'ai fait parler, je l'ai observée près de vous, j'ai vu les regards qu'elle attachait sur vous, j'ai entendu sa voix lorsqu'elle vous parlait, j'ai fait exprès l'expérience de la jalousie que je pouvais lui inspirer, et je vous répète, je vous affirme qu'elle vous aime. Soyez certain que lorsqu'une femme aime un homme d'un amour tel que celui que j'ai éprouvé pour vous, elle ne se trompe pas sur la nature des sentiments des autres femmes qui aiment sincèrement cet homme ou qui veulent s'en faire aimer : on sent une rivale et l'on ne se trompe pas. Thérèse était ma rivale, elle vous aimait, elle vous aime, et, telle que je la connais, elle vous aimera toujours. J'ai donc cru que vous l'épousiez et que vous réalisiez ainsi le vœu de votre père mourant. Mais je me trompais. Ce n'est point la jeune fille qui vous aime que vous prenez pour femme, ce n'est point Thérèse Chamberlain, la douce, l'honnête, la pure, la charmante petite Thérèse, qui offrirait sa vie pour vous donner une journée de bonheur; c'est Carmelita, c'est la nièce du prince Mazzazoli. Ce nom, quand je l'ai appris, m'a dit ce que je devais faire.

— Je dois vous avertir que ce mariage est arrêté, et que rien, absolument rien, ne changera ma résolution ; je ne suis jamais revenu sur ma parole donnée.

— Je n'ai jamais eu la prétention de changer votre résolution ; je veux l'éclairer, voilà tout. Je veux accomplir ce que je crois un devoir, et je l'accomplirai.

Il se leva.

En même temps, elle se leva aussi et se plaça devant lui.

Puis, s'approchant au point qu'il sentit son souffle :

— Emploierez-vous la violence pour me forcer à quitter cette maison ? Vous me connaissez, et vous savez si l'on peut me faire abandonner une résolution quand je l'ai arrêtée. Moi aussi, je veux ce que je veux ; je veux vous parler, et je vous parlerai ici ou ailleurs, peu importe. Aussi ce mariage ne se fera-t-il pas avant que vous n'ayez entendu ce que j'ai à vous dire.

Durant quelques secondes, ils se regardèrent, les yeux dans les yeux.

Puis il se rassit, ayant compris que quoi qu'il voulût tenter, il n'échapperait pas à cet entretien ; après tout, le mieux était de le subir et d'en finir.

Elle reprit :

— Vingt fois, cent fois, je vous ai dit que le prince Mazzazoli voulait vous faire épouser sa nièce et qu'il ne reculerait devant rien pour obtenir ce résultat. J'avoue cependant que je ne le croyais pas capable de recourir aux moyens qu'il a employés.

Le colonel ne broncha pas ; il s'était appuyé la tête sur sa main, et il restait dans l'attitude d'un homme qui écoute par convenance ce qu'on lui dit, mais qui ne l'entend pas.

— J'aurais voulu, continua Mᵐᵉ de Lucillière, ne pas revenir sur ces feuilles de buvard qui ont amené notre rupture, cependant je suis obligée de le faire.

— Je vous en prie...

— Soyez assuré que mon but n'est pas de me disculper. Au moment où ces feuilles de papier sont venues entre vos mains, j'aurais pu vouloir, si vous me les aviez communiquées, vous prouver que je n'avais pas écrit ces lettres, et cette preuve ? je vous l'aurais donnée pour assurer notre amour; mais maintenant, que cet amour est mort, qu'importe que je fasse cette preuve ? au moins qu'importe pour moi. Ai-je cherché à la faire jusqu'à ce jour ? Vous ai-je écrit en Suisse ? Ai-je été vous trouver pour vous montrer que vous étiez victime d'une infâme machination ? Non, n'est-ce pas ? Vous avez pu me soupçonner, vous avez pu admettre que j'avais écrit ces lettres ; vous avez cru vos yeux, au lieu de croire votre cœur. Vous ne m'aimiez plus ; je n'avais qu'à m'enfermer dans le silence, ce que j'ai fait. Mais, à cette heure, il ne s'agit plus de moi il s'agit de vous, et je parle.

Le bras du colonel était appuyé sur une table portant une papeterie et un encrier.

Vivement la marquise prit une feuille de papier, et, ayant trempé la plume dans l'encrier, elle traça quelques lignes.

Puis elle les tendit au colonel.

— Lisez, dit-elle.

Il lut :

« Dites-vous bien que je vous aime.
» Henriette. »

« A vendredi, votre vendredi.
» Henriette. »

« Je ne veux pas croire que vous douterez
» un moment de la tendresse, faut-il dire de
» l'amour de votre
» Henriette. »

— Vous rappelez-vous avoir déjà lu ces lignes ? demanda Mᵐᵉ de Lucillière. Oui, n'est-ce pas ? et je comprends, hélas ! que vous ne les ayez pas oubliées, ayant eu la faiblesse de croire qu'elles étaient de moi. Ces lignes étaient celles qui se lisaient sur le buvard que vous m'avez envoyé. Voulez-vous vous rappeler maintenant l'écriture de ces lignes imprimées sur le buvard et les comparer à celles que je viens de tracer sur ce papier ? Comparez, regardez.

Mais au lieu de regarder le papier qu'elle lui plaçait devant les yeux, il la regarda elle-même.

— Où je veux en arriver, n'est-ce pas, dit-elle, c'est là ce que vos yeux demandent ? A ceci : nous avons été l'un et l'autre victimes de gens qui voulaient rompre notre liaison, et vous, vous avez été leur dupe. Comment avez-vous pu vous laisser tromper de cette façon grossière? Comment avez-vous pu croire vos yeux au lieu de croire votre amour? C'est ce que je me demande, et la seule réponse, hélas! qui se présente, c'est que cet amour était bien peu puissant, puisqu'il n'a pas élevé la voix dans votre cœur pour crier: « Ces feuilles de papier mentent. Non, Henriette, celle que j'aime, celle que je connais, celle qui m'a donné tant de témoignages de sa passion; non, Henriette n'est pas capable d'avoir écrit ces lettres. » Étant à votre place et recevant moi-même les lettres qu'on m'aurait dit écrites par vous, c'est assurément le cri qui me serait échappé; jamais je n'aurais admis que l'homme que j'aimais avait pu écrire ces lettres. Tout en moi aurait protesté contre ces accusations : mon amour, ma foi en lui, le souvenir de ses caresses. J'aurais cherché qui avait intérêt à lancer ces accusations, j'aurais voulu voir sur quoi elles s'appuyaient. J'aurais examiné cette écriture, j'aurais interrogé la vraisemblance et les probabilités. Quelle idée vous faites-vous donc, je ne dis pas de moi, mais des femmes en général, pour admettre comme possible et comme vraisemblable une pareille accusation? Mais on l'eût portée contre une inconnue, cette accusation monstrueuse, que vous auriez protesté, j'en suis certaine, et, parce qu'elle s'adressait à moi, vous l'avez crue! Avais-je tort de dire tout à l'heure que cet amour était bien peu puissant. Ah! Édouard!

Et elle cacha son visage entre ses mains, étouffée par l'émotion; mais entre ses doigts, qui n'étaient pas étroitement serrés les uns contre les autres, elle regarda d'un rapide coup d'œil le visage du colonel : il était bouleversé.

De même qu'elle l'avait laissé tout d'abord à son irrésolution, elle le laissa maintenant à son trouble.

Puis, après un moment de silence assez long, elle reprit :

— Je vous demande pardon d'avoir cédé à cet entraînement; en venant ici, je ne voulais pas vous parler de moi, et je ne l'ai fait que pour appeler votre attention sur cette manœuvre et vous montrer d'où elle venait et où elle tendait. La passion, les souvenirs, la douleur, l'indignation, ont été plus forts que ma volonté; j'ai parlé de moi, de vous, de nous, de notre amour. Oubliez ce que j'ai dit, et revenons à l'auteur de cette accusation. Quel est-il? Le prince Mazzazoli.

Il leva vivement la main.

Mais plus vivement encore elle arrêta son interruption.

— Vous avez admis les accusations les plus infâmes contre moi, s'écria-t-elle; vous écouterez celles que je porte moi-même maintenant. Ce n'est pas à la lettre anonyme que j'ai recours, ce n'est pas à l'insinuation; je viens à vous franchement, à visage découvert, et je vous dis qui j'accuse. Si vous trouvez des raisons valables pour repousser mon accusation, vous me les donnerez, et je les écouterai. Que n'avez-vous fait ainsi, lorsqu'il s'agissait de moi? que n'êtes-vous venu, ce buvard à la main? Je vous aurais répondu, vous m'auriez écouté, et aujourd'hui... Mais ne cherchons pas à voir ce qui serait résulté de cette explication, puisque l'irréparable, hélas! est accompli. Je reviens encore à l'auteur de cette accusation et pour ne plus le quitter. Je vous affirme, je vous jure, vous entendez bien ? je vous jure que la main qui a écrit la lettre anonyme accompagnant les feuilles du buvard est la main du prince Mazzazoli. Vous n'avez pas plus cherché à savoir, n'est-ce pas, de qui était l'écriture de cette lettre, que vous n'avez cherché à savoir de qui était l'écriture qui avait laissé ses empreintes sur le buvard? Moi, j'ai fait cette recherche et j'ai trouvé la main du Mazzazoli. Cela, encore une fois, je vous le jure! Regardez-moi et voyez si je vous trompe.

Elle était devant lui, le bras étendu; il baissa les yeux. Elle reprit :

— Que vous n'ayez pas, au moment où vous receviez cette lettre, porté vos soupçons sur le prince, je le comprends jusqu'à un certain point; il y avait tant d'infamie dans cette lâche dénonciation, que votre cœur s'est refusé à croire qu'un homme que vous connaissiez et dont vous serriez la main pouvait en être le coupable. Malgré les charges qui, dans votre esprit, devaient s'élever contre le prince, vous avez pu, je le reconnais, conserver quelques faibles doutes; mais depuis est-ce que ces doutes n'ont pas disparu sous la clarté de l'évidence? Vous partez, vous vous cachez; personne ne sait où vous êtes. Le prince le découvre, lui. Il arrive au Glion, il s'installe près de vous; il installe sa nièce dans la chambre voisine de la vôtre, porte à porte. Quand vous voulez partir, il s'arrange pour rendre votre départ impossible; il vous force à manger à la même table que lui, près de Carmelita. Puis arrivent les promenades dans la montagne, les longs tête-à-tête, les confidences, les épanchements de cette belle fille. Que s'est-il dit dans ces tête-à-tête, quelles leçons Carmelita vous a-t-elle répétées? bien entendu, je l'ignore et n'ai point la prétention de chercher à l'apprendre. Que m'importe? Il me suffit que vous vous rappeliez, vous, ce qui s'est dit alors pour que vous trouviez vous-même l'influence, et les leçons du prince dans les paroles, comme dans les actions de son élève. Dans cette journée d'orage, que s'est-il passé encore? On ne me l'a pas dit, vous devez bien le penser; mais je le sais comme si j'en avais été témoin : Carmelita a eu peur, n'est-ce pas? et le lendemain vous êtes parti, ayant peur à votre tour. Puis, comme vous êtes un honnête homme, vous êtes revenu et vous avez voulu prendre Carmelita pour votre femme. Maintenant pouvez-vous me dire que ce n'est pas le prince Mazzazoli qui est l'auteur de notre séparation, et ne voyez-vous pas, depuis ce jour jusqu'à ce moment, le rôle qu'il a joué? C'était ce rôle que je voulais vous faire toucher du doigt. Maintenant j'ai fini et je vous prie de me conduire à la petite porte par laquelle je sortais autrefois.

Elle s'était levée.

Il hésita un moment; puis, à son tour, il se leva, et, prenant une lampe, il la précéda dans le petit escalier qui descendait à la galerie aboutissant à la rue de Valois.

Ils marchèrent, sans échanger un seul mot.

Arrivé à la porte, le colonel tira le verrou et l'ouvrit.

— Où est Tom ? dit-il.

— Tom ne m'attend pas.

— Je vais vous conduire alors.

Pendant que ces quelques mots s'échangeaient, elle était sortie sur le trottoir.

— Non, dit-elle.

Et, poussant elle-même la porte, elle la lui ferma sur le nez.

Vivement il la rouvrit, mais déjà Mme de Lucillière s'était éloignée en courant.

A son tour, il ferma la porte et de loin il suivit la marquise, qui, au lieu de se diriger vers son hôtel, descendit vers le faubourg Saint-Honoré.

Une voiture passa, la marquise l'arrêta et monta dedans. Le colonel, qui s'était approché, entendit qu'elle donnait au cocher l'adresse de la rue de Courcelles.

XXIII

En quittant le colonel sur le seuil de la petite porte de la rue de Valois, Mme de Lucillière était loin de se rendre compte de l'effet qu'elle avait produit en lui.

Comment avait-il pu écouter ses explications à propos du buvard, sans tomber à ses pieds, — où elle l'attendait ?

Comment avait-il pu la laisser partir, sans un mot, sans un geste pour la retenir ?

A chaque marche de l'escalier qu'elle descendait derrière lui, elle l'avait regardé pour voir s'il n'allait pas se retourner et la prendre dans ses bras.

Mais non, il avait suivi son chemin, portant gravement, bêtement sa lampe.

Sur le seuil de la porte de la rue de Valois, il avait eu, il est vrai, un mouvement d'élan; mais alors il était trop tard. Ce n'était pas dans la rue, même déserte, qu'elle pouvait continuer et achever ce long entretien; aussi était-ce avec un geste d'exaspération qu'elle lui avait jeté la porte sur le nez.

Décidément il était aveugle, annihilé par la passion; il aimait Carmelita. Rien à attendre de lui.

En raisonnant ainsi, elle était elle-même aveuglée par la passion qui lui avait fait faire fausse route.

L'immobilité et le silence du colonel, pendant ce long entretien, ne signifiaient point qu'il était insensible à la parole qu'il écoutait.

Bien au contraire.

C'était pour ne pas céder aux mouvements qui l'entraînaient, qu'il s'était à grande peine enfermé dans ce silence et cette immobilité.

Un geste, un mot, et il sentait qu'il se laissait emporter, sans savoir où et comment il pourrait s'arrêter.

Tout d'abord la brusque entrée de Mme de Lucillière l'avait profondément troublé : il ne s'attendait pas à la voir; il ne s'attendait pas surtout à la retrouver dans cette chambre où elle était venue si souvent, où tant de paroles passionnées avaient été échangées entre eux, où chaque meuble, chaque chose gardait son souvenir, comme si elle y eût laissé une partie d'elle-même. Ce n'est pas telle qu'elle était en ce moment qu'il la voyait, mais telle qu'elle était autrefois, alors qu'elle se jetait dans ses bras.

Elle l'avait trompé, trahi, cela était vrai et il ne l'oubliait pas; mais il était vrai aussi, et il ne l'oubliait pas non plus, qu'il l'avait aimée, passionnément aimée, et qu'elle-même l'avait aimé.

Que de joies cette apparition évoquait !

Ils n'étaient pas éteints en lui, les souvenirs de ces joies, et sous les cendres dont il les avait couverts, ils brûlaient encore ; avec son souffle, elle venait d'écarter ces cendres, et les flammes avaient jailli, projetant une lumière qui rendait au passé tout son éclat.

Que de fois s'était-elle tenue ainsi devant lui, mais alors les bras ouverts, les yeux souriants, les lèvres provoquantes !

C'était sur ce fauteuil qu'il venait s'asseoir alors que devant la glace, se préparant à partir, elle arrangeait ses cheveux épars sur ses épaules; c'était là que levant les yeux vers elle, tremblant des dernières vibrations de ses nerfs alanguis, il lui posait une question qui se répétait chaque jour, sans varier jamais :

— Quand nous reverrons-nous?

Si sa simple présence produisait ce trouble en lui, avant même qu'elle eût ouvert la bouche, quel devait être l'effet de sa parole lorsqu'elle commencerait de parler ?

Que voulait-elle ?

Qu'allait-elle dire ?

Prouver qu'elle ne l'avait pas trompé sans doute ?

Et cette pensée lui avait rendu son énergie, effaçant toutes les joies du passé, pour ne conserver visible et sensible que l'atroce douleur qui l'avait accablé, lorsqu'il avait tenu entre ses mains ces feuilles du buvard et lorsque de ses yeux il avait lu, car enfin il les avait lues, bien lues, — ces lettres écrites par elle.

C'était alors qu'il avait relevé la tête et l'avait durement regardée; ce n'était plus Henriette qu'il avait devant lui, c'était la maîtresse du duc de Mestosa, de lord Fergusson, du prince Seratoff,

Mais cette justification qu'il attendait, elle ne l'avait pas entreprise.

— Tout est fini entre nous, vous ne m'aimez plus, je ne vous aime plus, je trouve donc simple et naturel que vous vous mariiez et que vous épousiez Thérèse, qui vous aime.

Avait-elle parlé sincèrement? Était-il vrai qu'elle eût acquis la certitude de cet amour? Était-il possible que cet amour existât?

Cette dernière question, il se l'était plus d'une fois posée, et longuement il l'avait agitée en ses heures de tristesse et de solitude.

Mais il y a loin des hypothèses de l'esprit à une affirmation directe et précise telle que celle de la marquise :

— Thérèse vous aime, j'ai vu cet amour, j'ai surpris ses regards, j'ai entendu le timbre de sa voix émue lorsqu'elle vous parlait ; j'ai excité sa jalousie exprès pour obtenir la confirmation de mes doutes, et je vous dis qu'elle vous aime.

Ce n'était pas la première fois qu'elle parlait de cet amour ; autrefois elle le faisait avec des allusions et des plaisanteries; maintenant elle l'affirmait hautement.

Mais il n'avait pas pu arrêter longtemps sa pensée sur Thérèse; il avait fallu suivre la parole de Mme de Lucillière, qui enfin arrivait au buvard.

S'il était un sujet qui eût occupé son esprit et son cœur, c'était celui-là.

Pendant des journées et des nuits entières, sans repos, sans relâche, ces feuilles de buvard étaient restées devant ses yeux, sans que la volonté, la fatigue, le sommeil, sans qu'aucun moyen pût les écarter.

Tout ce que l'imagination peut inventer, il l'avait examiné; toutes les explications plus ou moins raisonnables, toutes les excuses, il se les était données.

Mais, dans ces explications, il y en avait une cependant qui ne s'était jamais présentée à son idée : c'était cette négation.

— Je n'ai point écrit les lettres dont les empreintes ont été prises par ce buvard ; ce buvard n'était pas le mien, ces lettres n'ont point été écrites par moi.

Sans doute il ne suffit pas de nier pour prouver, car rien n'est plus facile que de dire : Je ne suis pas coupable.

Mais, d'un autre côté, l'accusation non plus ne porte pas sa preuve avec elle; il faut qu'elle aussi fasse cette preuve.

La preuve, c'était le buvard.

Mais si vraiment elle n'avait pas écrit les lettres dont ce buvard avait reçu les empreintes;

Si ces lettres étaient l'œuvre d'un faussaire ?

Il y avait l'écriture.

Mais si cette écriture avait été imitée, contrefaite ?

Cette contrefaçon était-elle impossible ?

Était-elle improbable ?

Il était en face de deux affirmations contradictoires :

Celle du billet anonyme, disant : « La preuve des tromperies de la marquise de Lucillière est dans ces lettres » ;

Celle de la marquise, disant : « Ces lettres ne sont pas de ma main. »

Laquelle croire ?

En faveur de laquelle étaient les probabilités ?

Contre laquelle se dressaient les impossibilités ?

Était-il impossible que ce billet anonyme mentît ?

L'était-il que ce fût la marquise ?

En somme, il fallait arriver à un choix : le billet anonyme s'appuyant sur la copie des lettres, ou bien la marquise s'appuyant sur sa simple dénégation.

Mais, en réalité, ce n'était pas sur une simple dénégation que la marquise s'appuyait ; c'était sur une accusation directe, sur une affirmation précise : « Je jure que l'auteur du billet anonyme est le prince Mazzazoli. »

Lorsqu'on examine une accusation, le premier point à rechercher est l'intérêt que l'accusé avait à faire ce qu'on lui reproche.

Or, dans cette affaire, l'intérêt du prince Mazzazoli n'était que trop certain. Pour lui, il s'agissait d'amener une rupture entre la marquise et le colonel, afin de faire épouser sa nièce à ce dernier.

Si cet intérêt ne s'était montré au moment

de l'envoi du billet anonyme et du buvard, maintenant il était évident.

Pour le voir, le colonel n'avait pas eu besoin que la marquise le lui fît toucher du doigt, et tout ce qu'elle lui avait dit, il y avait longtemps qu'il se l'était déjà dit lui-même.

L'arrivée du prince au Glion, son installation dans l'hôtel, les promenades de Carmelita dans la montagne, la scène de l'orage, avaient jeté dans son esprit des doutes qui lui avaient fait quitter la Suisse, le lendemain matin même de cet orage.

Et s'il était revenu auprès de Carmelita, ce n'était pas parce que la réflexion avait dissipé ses soupçons, mais parce que la voix de l'honneur lui avait imposé ce devoir.

Maintenant, si l'accusation de M⁽ᵐᵉ⁾ de Lucillière était fondée, si le prince était l'auteur de ce billet anonyme, s'il avait lui-même écrit les lettres du buvard, quelle force accablante prenaient ces doutes!

C'était un enchaînement de faits qui démontraient qu'on s'était joué de lui, et que pour arriver à ce mariage on n'avait pas reculé devant aucun moyen, même le plus honteux, même le plus infâme.

Qui croire?

Où était la vérité?

Jamais il n'avait éprouvé anxiété plus poignante.

Et il restait irrésolu, incertain, n'osant aller ni d'un côté ni de l'autre, en présence de ces trois questions :

Thérèse l'aimait-elle?

La marquise était-elle innocente?

Carmelita avait-elle joué un rôle qui lui avait été imposé par son oncle?

Voilà pourquoi, au lieu de tomber aux pieds de M⁽ᵐᵉ⁾ de Lucillière, il s'était renfermé dans le silence et l'immobilité; pourquoi il l'avait précédée dans l'escalier portant « gravement, bêtement sa lampe; » pourquoi enfin, après l'avoir vu rentrer à l'hôtel Lucillière, il était revenu chez lui, et, au lieu de se coucher, il avait arpenté en long et en large son appartement pendant toute la nuit.

Où était la vérité?

Et toujours sans trêve, cette question revenait, plus exaspérante à mesure qu'elle se répétait.

XXIV

M⁽ᵐᵉ⁾ de Lucillière avait raisonné juste en pensant que le meilleur auxiliaire qu'elle pût trouver, pour empêcher ou tout au moins pour entraver le mariage du colonel et de Carmelita, était le baron Lazarus.

Dans la déception d'espérances longuement caressées, celui-ci devait puiser un désir de vengeance qui pouvait rendre d'utiles services.

Et c'était cette considération qui l'avait décidée à rechercher le concours du baron, faisant taire elle-même le désir de vengeance qui l'animait contre celui-ci.

Le plus urgent était d'agir en ce moment contre le prince Mazzazoli, et pour cela elle recherchait l'alliance du baron Lazarus.

Plus tard, le prince repoussé et battu, elle se tournerait contre l'allié qui l'aurait aidé à remporter cette victoire.

Et après sa rivale italienne viendrait le tour de sa rivale allemande.

Car son but n'était nullement d'empêcher le mariage de Carmelita, pour favoriser ensuite celui d'Ida.

Ni l'une ni l'autre ne devait être la femme du colonel.

Contre toutes deux, elle avait les mêmes motifs de haine.

Et toutes deux devaient payer la guerre qu'elles lui avaient faite : l'une par son oncle, l'autre par son père.

En empêchant ces mariages, M⁽ᵐᵉ⁾ de Lucillière n'avait pas la prétention de ramener le colonel à elle, pour reprendre leur liaison au point où elle avait été interrompue et la continuer.

Ce qui était fini, était pour elle bien fini, sans retour possible.

Malgré les lettres écrites sous les yeux du prince Mazzazoli, elle avait éprouvé pour le colonel Chamberlain une véritable tendresse et réellement elle l'avait aimé, au moins comme elle savait, comme elle pouvait aimer.

Si difficile que la conciliation de ces lettres et de cet amour puisse être aux yeux de certaines personnes, il n'en est pas moins vrai qu'elle s'était faite pour M⁽ᵐᵉ⁾ de Lucillière, qui écrivait ces lettres sans aucun scrupule, et qui cependant aimait sincèrement « son Huron. »

Seulement elle ne l'aimait point exclusivement, encore moins l'aimait-elle fidèlement.

L'amour ainsi compris peut paraître bizarre, invraisemblable, incompréhensible, monstrueux; cependant peut-être M⁽ᵐᵉ⁾ de Lucillière n'a-t-elle été la seule femme en ce monde qui n'ait pas rigoureusement pratiqué la doctrine de la fidélité.

En tous cas, elle était ainsi, et c'est un devoir pour le roman de tout peindre, ce qui est particulier, aussi bien que ce qui est général.

S'il n'y a eu qu'une marquise de Lucillière à Paris de 1867 à 1870, c'est la nôtre et nous la montrons telle qu'elle était.

Bien qu'elle eût aimé le colonel, bien qu'elle l'aimât encore, elle ne voulait point écarter Carmelita ou Ida pour prendre leur place.

Le lien qui les attachait l'un à l'autre était brisé et rien ne pourrait le rattacher : jamais sa fierté n'eût supporté les soupçons d'un amant qui pouvait à juste droit se montrer jaloux.

Elle voulait pouvoir porter la tête haute, et cela n'eût pas été possible devant des yeux qui auraient lu les empreintes du buvard.

Car elle ne se faisait aucune illusion sur les explications qu'elle avait données à propos de ce buvard; ces explications pouvaient jeter un certain trouble dans l'esprit du colonel, l'incertitude et le doute, elles ne pouvaient pas lui apporter une certitude absolue.

Or elle ne pouvait être aimée que par un homme qui aurait en elle une foi entière, ou bien cette liaison devenait une vie de querelles et de luttes qui précisément lui faisaient horreur; mieux eût valu se retirer du monde qu'accepter cette vie, et se résigner à n'être jamais aimée.

Ce n'était donc point pour elle qu'elle voulait arracher le colonel à Carmelita et à Ida.

C'était pour une autre.

Et cette autre, c'était Thérèse.

Pour bien des raisons, ce mariage lui plaisait.

D'abord il avait quelque chose d'extraordinaire, qui amusait son esprit... Une fille du faubourg Saint-Antoine femme du riche colonel Chamberlain, cela était drôle, original et romanesque.

Et puis cette jeune fille ne serait pas, aux yeux du monde, une rivale comme Carmelita ou comme Ida. On ne dirait pas : « Le colonel Chamberlain a quitté Mme de Lucillière pour épouser la belle Carmelita »; on dirait : « Le colonel Chamberlain, quitté par Mme de Lucillière, a épousé une petite cousine pauvre, que son père mourant lui avait demandé de prendre pour femme. »

Enfin à ces considérations s'en joignait une dernière, prise à une meilleure source : Thérèse lui avait plu, elle avait éprouvé pour cette petite fille une réelle sympathie, et elle voulait faire son bonheur. Évidemment cette petite aimait son cousin, et, toute question de fortune à part, elle devait rêver ce mariage, sans oser l'espérer.

Il est toujours agréable de jouer le rôle d'une bonne fée, et Mme de Lucillière voulait se donner cette satisfaction.

D'un côté, elle ferait le bien; de l'autre, elle ferait le mal. Pour elle, ce serait un bonheur complet, si elle réussissait.

Mais réussirait-elle ?

Et le baron Lazarus remplirait-il bien dans cette pièce le rôle qu'elle lui avait confié ?

La perspective de donner à sa fille le mari enlevé à Carmelita le pousserait-elle activement dans la mêlée ?

Le dépit de voir ses espérances sur le point d'être déçues le déciderait-il à agir ?

Elle le croyait, mais sans avoir une certitude à cet égard.

Si elle avait mieux connu le baron, et surtout si elle avait pu savoir quels étaient ses vrais sentiments envers le prince Mazzazoli, elle se fût rassurée sur le concours que son allié lui apporterait.

A côté du désir de voir le colonel Chamberlain devenir son gendre, et à côté de la colère qu'il ressentait en apprenant le mariage prochain de celui-ci avec Carmelita, le baron avait encore contre le prince Mazzazoli un terrible motif de ressentiment.

Ce motif avait pris naissance le jour où le baron avait été informé du départ du prince et de Carmelita, et où il avait vu que ce départ coïncidait avec celui du colonel.

Ces deux départs, à un court intervalle l'un de l'autre, n'étaient assurément pas l'effet du simple hasard : le prince, avec Carmelita, allait rejoindre le colonel, tandis que lui, baron Lazarus, restait à Paris, dupé.

Or il y avait une chose que le baron ne pouvait pas accepter et qui le poussait jusqu'à l'exaspération : c'était de reconnaître qu'on l'avait pris pour dupe.

Et c'était précisément ce qu'avait fait le prince, qui l'avait trompé, indignement trompé, et qui, de plus, s'était moqué de lui.

N'était-ce pas une raillerie en effet que ce mot dit par le prince : « Quand on veut amener une rupture entre un amant et une maîtresse qui est mariée, ce n'est pas prouver au mari qu'on le trompe, qu'il faut ; c'est le prouver à l'amant. »

Et c'était ainsi qu'avait agi le prince.

Comment, par quel moyen ? Le baron ne le savait pas ; mais il n'en était pas moins convaincu que c'était le prince qui avait amené une rupture entre la marquise et le colonel, et qui, sachant à l'avance le jour où éclaterait cette rupture, avait fait suivre le colonel, avait connu ainsi l'endroit où il se retirait, et l'avait été rejoindre.

De là ce mariage.

Mais il n'était pas encore fait, et le prince avait été vraiment bien imprudent de revenir si vite à Paris.

Les moyens qu'il emploierait pour rompre ce mariage qu'on lui annonçait comme arrêté, le baron Lazarus ne les voyait pas en sortant de la loge de Mme de Lucillière.

Mais il ne s'en inquiéta pas autrement, espérant bien trouver quelque chose avec la réflexion.

En effet, il n'était pas l'homme de l'improvisation, et il ne se lançait jamais dans une affaire avant d'en avoir examiné le fort et le faible.

Il redescendit donc à sa place, et ceux qui le virent, assis dans son fauteuil, écouter la musique de *Robert*, ne se doutèrent pas des idées qui roulaient dans sa tête.

Un mélomane ravi dans une douce béatitude, rien de plus.

— Voyez donc le baron Lazarus.

— Je croyais qu'il espérait faire épouser la blonde Ida par le colonel Chamberlain.

— S'il en était ainsi, il faut convenir que ce projet ne lui était pas bien cher, car il paraît tout à fait indifférent à l'annonce du mariage du colonel et de la belle Carmelita.

— Evidemment il ne pense qu'à la musique.

A ce moment, le baron, comme s'il eût voulu confirmer ces paroles, se pencha vers son voisin.

Robert éperdu, venait de lancer son cri désespéré :

Si je pouvais prier !

— *Tief eingreifende musick!* dit le baron.
— Profonde en effet, répliqua le voisin, admirable.

Et le baron sortit l'un des derniers, souriant à tous et donnant de cordiales poignées de main à ses amis.

— J'aurais cru que le mariage du colonel Chamberlain affecterait davantage le baron, disaient ceux-ci.

Jamais homme n'avait paru moins affligé que ce bon baron.

Il s'en alla à pied, le long des boulevards, les mains derrière le dos, donnant un coup de tête affectueux à ceux qui le saluaient.

Arrivé à la rue Scribe, il quitta le boulevard et, tournant à droite, il entra dans une boutique qui, bien que fermée par les volets, était pleine de monde; cette boutique était un café américain, un *bar*, autrement dit *the cosmopolitan*.

Devant un grand comptoir en acajou et en marbre, des gentlemen à la mine sérieuse étaient assis sur de hauts tabourets et buvaient gravement des boissons étranges avec des herbes, des fruits, de la glace; on demandait du *sherry cocktail*, du *gin cocktail*, du champagne *cocktail*.

D'autres, debout devant un gros fromage de Chester, piquaient dans la masse, de la pointe de leur couteau, et détachaient des petits morceaux qu'ils mangeaient avec des *aiberi* et des biscuits.

Il y avait là une société fort mêlée, des membres du jockey en toilette de soirée, habit noir et cravate blanche; des *bookmakers* qui engageaient des paris devant le portrait de Stockwell, le célèbre étalon anglais; des Anglais, des Américains, surtout des Américains.

Le baron jeta un coup d'œil circulaire dans la salle, comme s'il cherchait quelqu'un, et devant le comptoir il aperçut Gaston de Pompéran.

Leurs regards se croisèrent.

— Vous ici, mon cher baron ? dit Gaston. Qui diable vous amène en cette taverne?

— Je venais voir si je ne trouverais pas notre ami le colonel; j'ai appris son mariage tout à l'heure à l'Opéra, et je voulais être un des premiers à le féliciter.

— Vraiment?

— Cela vous surprend que j'aie choisi un pareil lieu ; mais je sais que quelquefois le colonel passait par ici le soir, avant de rentrer chez lui, et je me disais que je le trouverais peut-être aujourd'hui. Vous ne l'avez pas vu ?

— Pas encore, mais je le verrai demain.

— Moi aussi assurément ; mais, si vous le voyez avant moi, dites-lui bien que vous m'avez rencontré ici, où je ne venais que pour lui, et, en attendant que je puisse le complimenter moi-même, félicitez-le en mon nom. Il a fait un excellent choix ; par sa beauté, Mlle Carmelita était la femme que la Providence lui destinait, positivement.

Et, tout en se faisant servir quelques douzaines d'huîtres anglaises, qu'il avala rapidement, il continua ses compliments.

— Positivement il était enchanté.

Puis il s'en alla, comme il était venu, les mains derrière le dos, souriant de son bon sourire.

— Est-ce que vraiment ce vieux loup-cervier est enchanté ? demanda quelqu'un à Gaston.

— Dame ! il le dit, et pourquoi le dirait-il, si cela n'était pas réellement ? Je ne vois pas quel intérêt il aurait à cela.

— Je ne le vois pas non plus ; seulement je l'ai rencontré plusieurs fois dans les affaires, et, toutes les fois qu'il montrait ce sourire bienveillant, il nous en a coûté cher.

Ce désir exprimé par le baron de féliciter le colonel, à l'occasion de son mariage, n'était pas une simple phrase de politesse, dite pour être répétée.

Le lendemain en effet de bonne heure le baron se présenta à l'hôtel Nessonvaux, et, comme on ne voulait pas le recevoir ; il força la porte pour arriver jusqu'à son ami, son cher ami, le colonel Chamberlain, qu'il tenait à féliciter, à l'occasion de son prochain mariage avec la belle Carmelita.

— Enchanté, positivement enchanté. Vous êtes, vous et elle, chacun de votre côté, deux puissances, deux forces de la nature : vous par la fortune, elle par la beauté. Vous deviez donc vous allier un jour, c'était écrit, et laissez-moi vous dire, cher ami, que vous accomplissez un devoir social.

Puis il développa longuement ce compliment philosophique avec des considérations un peu obscures peut-être, mais en tout cas très-profondes.

— Quelle femme était plus digne de la fortune que Carmelita ? Il n'en voyait pas. On pouvait dire qu'elle était née pour les diamants et les pierreries, et c'était un bonheur, un vrai bonheur, une harmonie de la nature, que son mariage les lui donnât. Car, dans un autre mariage, cette loi d'harmonie eût été violée : il se fût trouvé des contre-sens entre la femme et la position. C'était pour briller, pour éblouir, que la Providence l'avait créée, et, si elle n'avait point été sur un piédestal, elle eût été déclassée. De là une vie malheureuse pour elle aussi bien que pour son mari, car elle n'eût pas pu donner à celui-ci les joies de la famille, du ménage, du pot-au-feu.

Le colonel écoutait ces félicitations avec ennui ; car, après la nuit qu'il venait de passer, il n'était pas disposé à la patience. Mais le baron était un homme qui ne se laissait pas démonter, quand il avait enfourché un dada.

Il tenait à prouver que Carmelita n'était qu'une belle statue, bonne à parer de bijoux et de pierreries, qui donnerait à son mari toutes les satisfactions de la vanité mondaine, sans rien autre chose, et il poursuivait sa démonstration assez habilement, sans rien dire de blessant, au moins d'une façon directe.

Mais il n'était pas venu seulement pour féliciter le colonel à propos de son mariage, il voulait encore le prier à dîner pour le lundi suivant : il s'agissait de fêter son propre anniversaire, et la fête ne serait pas réussie, si le colonel, si ce brave colonel, si ce cher ami, ne l'honorait pas de sa présence. Il était venu pour la fille, ne viendrait-il pas pour le père ? Et puis, au moment de ce mariage, il fallait resserrer leurs relations, afin qu'elles se continuassent après d'une façon suivie et intime ; il ne serait pas mauvais pour Carmelita de voir souvent Ida, qui serait quelquefois de bon conseil et qui en tous cas, par sa simplicité, serait de bon exemple.

Si le baron était un homme qu'il fallait écouter quand même, c'était aussi un homme qu'on ne pouvait pas refuser.

Le colonel dut, de guerre lasse, accepter cette invitation à dîner.

Et le baron s'en alla, satisfait, continuer ses félicitations auprès du prince Mazzazoli.

En agissant ainsi, il n'avait pas de but déterminé et ne savait pas trop ce qu'il cherchait ; mais il cherchait, ce qui était quelque chose.

Il chassait, il quêtait.

Ce n'était pas en restant tranquillement chez lui qu'il trouverait une bonne piste. Tandis qu'en vivant dans l'intimité du colonel et du prince, il pouvait espérer une bonne chance. Bien entendu, il ne voyait pas laquelle ; mais enfin il en espérait une quelconque. Le mariage ne devait pas se faire avant trois semaines, et en trois semaines il peut arriver bien des choses.

En regardant, en écoutant, en apostant des gens habiles dans l'art de regarder et d'écouter, il devait bien, pendant ces trois semaines, découvrir un indice sur lequel il pourrait bâtir son plan d'attaque. Si le prince possédait une grande finesse, Carmelita était assez naïve, la comtesse n'était pas très-forte, et le colonel était assez ouvert pour ne rien cacher.

La première chose à faire, c'était d'être près d'eux, prêt à profiter des occasions qui se présenteraient ou qu'on provoquerait, si elles tardaient trop à naître spontanément.

Bientôt le baron arriva aux Champs-Elysées ; mais, avant de monter à l'appartement du prince, il voulut demander quelques renseignements au concierge : on apprend beaucoup en causant avec les uns et les autres, les petits aussi bien que les grands.

Malheureusement le concierge n'était pas disposé à la conversation : c'était un personnage digne, qui ne se familiarisait pas avec le premier venu. Le baron n'en put rien tirer, si ce n'est que le prince était sorti avec la comtesse, que la vieille Marietta était dehors, et que Mlle Belmonte était seule.

Cela n'était pas pour contrarier le baron : Carmelita seule, il la ferait plus facilement parler et peut-être pourrait-il tirer quelque chose de sa naïveté.

En arrivant à la porte de l'appartement, le baron la trouva entre-bâillée.

Surpris, il s'arrêta un moment, se demandant ce que cela signifiait.

Comme il se posait cette question, il entendit un bruit de voix dans l'intérieur de l'appartement, arrivant jusqu'au palier par les portes restées ouvertes.

Une de ces voix était celle de Carmelita, qu'il reconnut facilement ; l'autre était une voix d'homme qu'il ne se souvenait pas d'avoir entendue.

On parlait sur le ton de la colère et de la dispute.

— Je vous dis que j'empêcherai bien ce mariage, criait la voix d'homme avec fureur.

— Vous ne ferez pas cela, répliquait Carmelita avec moins d'emportement.

— Je ferai, si vous ne le faites pas vous-même, je vous en donne ma parole ; réfléchissez à ce que je vous dis, vous êtes prévenue. Adieu.

Et le baron entendit un bruit de pas se dirigeant vers la porte.

Pour ne pas être surpris devant cette porte, écoutant, le baron monta rapidement quelques marches de l'escalier, comme s'il se rendait à un étage supérieur.

Presque aussitôt un homme tira la porte de l'appartement du prince et la referma aussitôt derrière lui avec fracas.

Le baron s'était à demi retourné.

Mais il ne connaissait pas celui qui venait de tirer cette porte : c'était un homme de quarante-cinq ans environ, à barbe noire très-épaisse lui couvrant le visage, ne laissant voir qu'un nez proéminent et deux yeux ardents ; il était vêtu simplement mais convenablement.

Vivement il descendit l'escalier.

Le baron le descendit derrière lui, pour demander au concierge quel était cet homme.

Mais en chemin la réflexion lui vint que le concierge ne connaissait peut-être pas cet homme, ou que le connaissant il ne voudrait peut-être pas plus parler maintenant qu'il ne l'avait voulu quelques instants auparavant.

Il renonça donc à l'interroger et se mit à suivre cet inconnu.

Marchant derrière lui, il l'étudiait et il était à peu près certain de ne pas le perdre dans la foule : il avait vu sa tête ; il le voyait de dos ; il notait sa démarche, il le reconnaîtrait sans confusion possible.

Marchant tout d'abord avec cette rapidité fiévreuse qui résulte de la colère, il avait peu à peu ralenti le pas, et, par les Champs-Élysées, il se dirigeait vers l'intérieur de Paris, sans se retourner et sans se douter assurément qu'il était suivi.

Il prit la rue Royale, le boulevard de la Madeleine, la rue Neuve-Saint-Augustin, sans que le baron le perdît de vue.

Arrivé devant une maison de cette rue, dont la porte et l'entrée étaient couvertes d'écussons et d'enseignes de commerçants, il entra dans cette maison.

Le baron arriva une minute après lui, et, ayant regardé les écussons, se dirigea vers la loge du concierge.

— Est-ce que ce n'est pas M. Durand que je viens de voir rentrer ? dit-il poliment en ôtant son chapeau.

Il venait de prendre ce nom de Durand sur un écusson.

— Non, monsieur, répondit le concierge ; c'est M. Lorenzo Beio.

— Ah ! pardon, je me suis trompé.

Et, sans en attendre davantage, sans demander si M. Durand était ou n'était pas chez lui, le baron se retira.

Il en savait assez.

Ainsi l'homme qui pouvait empêcher le mariage du colonel était Lorenzo Beio, le maître de chant de Carmelita, dont il avait souvent entendu parler.

Cela suffisait pour ce jour-là.

Plus tard, on verrait comment tirer parti de ce renseignement,

Et aussi comment utiliser ce nouvel allié.

XXV

En revenant à Paris, le colonel s'était dit que la première visite qu'il ferait, serait pour son oncle Antoine et sa petite cousine.

Il y avait si longtemps qu'il ne les avait vus.

Et, précisément par cela même que son mariage le plaçait vis-à-vis de Thérèse dans une situation fausse, il voulait être le premier à leur annoncer cette nouvelle.

C'était un devoir qu'il accomplissait envers eux, affirmant bien ainsi que les liens de parenté qui les unissaient n'étaient pas relâchés pour lui.

Ils étaient sa famille, toute sa famille ; il leur annonçait son mariage et les invitait à y assister.

Mais les paroles de Mme de Lucillière modifièrent ce projet.

S'il était vrai que Thérèse l'aimât, est-ce que ce ne serait pas cruauté d'aller annoncer à cette pauvre petite un mariage qui la désolerait ?

Sans doute elle connaîtrait ce mariage, car il était impossible de le lui cacher ; mais ce n'est pas du tout la même chose d'apprendre une pareille nouvelle par hasard, ou directement de la bouche même de celui qui se marie.

Quelle contenance prendrait-elle devant lui ? serait-elle maîtresse de se contenir ?

Lui-même, quelle attitude garderait-il vis-à-vis d'elle ?

Décidément il valait mieux ne pas aller les voir.

Il écrirait à son oncle.

Et, le coup porté par une lettre, — s'il était vrai que son mariage dût porter un coup à Thérèse, — il irait faire sa visite.

Dans les dispositions où il se trouvait, il était mal préparé pour compatir au chagrin des autres.

S'il avait pu, il aurait plutôt demandé aux autres de compatir au sien.

Mais il n'avait personne à qui s'adresser.

Car à personne il ne pouvait confesser la vérité.

Comment dire la raison vraie qui l'obligeait à prendre Carmelita pour femme ?

D'un autre côté, comment avouer la situation dans laquelle il se trouvait à l'égard de Thérèse ?

Comment avouer celle dans laquelle il était à l'égard de Mme de Lucillière ?

Tout cela était ridicule, au moins quant à lui.

Était-il rien de plus misérable que son incertitude et que son irrésolution ?

Et lui qui s'était cru un homme de volonté et d'action ! Quelle leçon ! quelle honte !

Comme on est faible, une fois qu'on se sent engagé dans une situation fausse !

Il n'alla donc point rue de Charonne,

Et il n'écrivit point non plus à son oncle.

Elle était difficile à faire cette lettre, que Thérèse lirait ; en tous cas, elle était délicate.

Il réfléchirait à la forme qu'il lui donnerait, il pèserait ses termes.

Après tout il n'y avait pas urgence à écrire un jour plutôt qu'un autre.

Demain, après-demain, plus tard.

Un matin, qu'il réfléchissait à cette lettre, — car il ne l'oubliait pas, et comme toutes les lettres retardées qu'on doit écrire et qu'on n'écrit pas, celle-là s'imposait souvent à son esprit pour le relancer et le tourmenter, — un domestique vint lui annoncer que M. Antoine Chamberlain demandait à le voir.

Son oncle !

Décidément il avait trop longtemps réfléchi.

Il descendit vivement au premier étage et courut à son oncle, les mains tendues.

— Heureux de vous voir, mon cher Édouard ! dit Antoine.

— Et moi, mon cher oncle, malgré tout le plaisir que j'ai à vous serrer la main, je suis fâché que vous m'ayez fait votre visite avant de recevoir la mienne ; je voulais vous aller voir.

— Je m'en doutais.

— Ah !

— Et c'est pour cela que je me suis justement dépêché de venir vous demander à déjeuner, si je ne vous dérange pas.

— Jamais, vous le savez bien.

— Vous n'avez pas à sortir ?

— Tantôt, oui ; pour le moment, non. Nous déjeunons donc ensemble.

— En tête-à-tête, n'est-ce pas ? comme la dernière fois.

— Vous avez à me parler ?

— Oui, et vous, de votre côté, n'avez-vous rien à me dire ?

Ces paroles d'Antoine causèrent une vive surprise au colonel. Pourquoi son oncle se doutait-il qu'il voulait l'aller voir ? et pourquoi aussi avait-il tenu à prévenir cette visite ?

Antoine le regardait en souriant avec une figure joyeuse.

— Vous paraissez heureux ? mon oncle.

— Oui, très-heureux, et j'ai plus d'un sujet de contentement. Nous allons causer de cela en déjeunant : vous savez comme la table me délie la langue.

Le colonel sonna pour donner des ordres ; puis, revenant à son oncle :

— Ma petite cousine va bien, j'espère ?

— Pas trop, mais ce ne sera rien : un peu de fièvre.

Thérèse avait la fièvre, et son père, qui l'aimait si tendrement, disait qu'il était très-heureux. Comment expliquer cela ?

Il y avait une autre question que le colonel avait sur les lèvres et qu'il retenait, ne sachant trop comment la poser ; cependant il se risqua, sachant combien vivement le sujet auquel elle se rapportait préoccupait son oncle.

— Avez-vous eu des nouvelles de l'affaire de... mon cousin ? di'-il enfin, se servant du mot « mon cousin » pour atténuer ce qu'il pouvait y avoir de pénible pour son oncle dans cette interrogation.

— Oui, et de bonnes ; au moins sont-elles bonnes pour mon égoïsme de père. On renonce à poursuivre l'affaire ; les présomptions du juge d'instruction ne reposent sur rien de précis.

— Je vous l'avais bien dit.

— On ne trouve pas de preuves, votre assassin a emporté le nom de ses complices dans sa tombe, et, comme la police n'a pas pu mettre la main sur le *Fourrier*, décidément introuvable, il n'y a pas de charges contre celui que vous appelez votre cousin ; il peut rentrer en France.

— Et doit-il rentrer ?

— Je vous le demande.

— Je n'en sais rien. Mon gérant m'a écrit qu'il avait reçu sa visite, que dans cette visite Anatole avait touché la somme mise par moi à sa disposition pour s'installer en Amérique, puis qu'il avait disparu et qu'on ne savait pas ce qu'il était devenu.

— Vous voyez ?

— Je vois que la situation que je lui offrais là-bas ne lui a pas convenu, voilà tout. Je le regrette ; mais, à vrai dire, je n'en suis pas très-surpris : il fallait travailler, et cette perspective l'a effrayé. Je crois que ce qu'il y a de mieux, c'est de le mettre en position de vivre de ses rentes.

— Parlez-vous sérieusement ?

— Sans doute. Il y a des gens ainsi bâtis, qu'on peut craindre beaucoup d'eux quand ils n'ont rien, et qui deviennent parfaitement inoffensifs du jour où ils ont quelque chose

Il faut voir si Anatole rentre dans cette catégorie. Je me ferais un scrupule de vous offrir quoi que ce soit, parce que vous ne voulez rien devoir qu'à vous seul et parce que vous tenez à honneur de travailler. Mais Anatole n'est pas dans ces idées, et il ne sera pas du tout humilié par mes propositions... si elles lui paraissent suffisantes.

A ce moment, on vint prévenir le colonel que le déjeuner était prêt, et, avant qu'Antoine eût pu répondre, ils passèrent dans la salle à manger, où le couvert était mis comme le jour où il avait été question entre eux du mariage de Thérèse avec Michel, c'est-à-dire que la table était servie de telle sorte qu'ils n'auraient pas besoin de domestiques autour d'eux, et qu'ils pourraient causer librement, en tête-à-tête, comme l'avait demandé Antoine.

Celui-ci s'assit à sa place et, ayant déplié sa serviette, il commença par se verser un plein verre de vin ; puis, emplissant aussi le verre de son neveu, il regarda un moment le colonel en souriant :

— Avant tout, dit-il en levant son verre, je veux boire à votre mariage, mon cher Édouard.

— Comment ! vous savez ?...

— Eh oui ! je sais. A votre santé, mon neveu, et à la santé de ma nièce, que je ne connais pas, mais qui, j'en suis bien certain, doit être digne de vous, et qui vous donnera le bonheur que vous méritez.

Et Antoine vida son verre, tandis que le colonel le regardait stupéfait.

— Et qui vous a appris ce mariage ? dit-il.

— Est-ce qu'il n'est pas vrai ? vous paraissez étonné.

— Étonné que vous le sachiez, car il est vrai.

— A la bonne heure, car avec votre air stupéfait vous m'aviez fait peur ; je pensais que j'avais peut-être commis quelque sottise. Vous savez, les journaux sont si trompeurs.

— Alors c'est par les journaux que vous avez appris mon mariage ?

— C'est-à-dire que ce n'est pas moi qui l'ai appris, c'est Thérèse.

— Ah ! c'est Thérèse ?.. Et qu'a-t-elle dit en lisant cette nouvelle, un peu bien surprenante, n'est-ce pas ?

— Elle n'a rien dit, et il est probable que nous ne la connaîtrions pas encore, si elle avait été seule à l'apprendre. Au reste, il vaut mieux que je vous raconte comment la chose s'est passée : ce sera encore le plus court de procéder avec ordre.

Le colonel avant tout aurait voulu savoir quel effet l'annonce de son mariage avait produit sur Thérèse, car ce que son oncle lui avait dit jusqu'à ce moment l'avait jeté dans l'incertitude. D'une part, Antoine paraissait beaucoup plus joyeux que de coutume, comme s'il lui était arrivé un grand bonheur personnel, et, d'autre part, il annonçait que Thérèse était assez mal portante. Comment concilier cela ? Était-ce l'annonce de son mariage qui causait cette joie chez Antoine ? était-ce cette annonce qui avait donné la fièvre à Thérèse ? Il était impossible de poser des questions directes à ce sujet, et en réalité le plus simple et le plus court, comme l'avait dit Antoine, était de procéder avec ordre, surtout avec patience.

— Hier soir, commença Antoine, avant le souper, Michel était sorti ; en rentrant, il rapporta un journal, et, comme le souper n'était pas tout à fait prêt, en attendant il se mit à lire son journal. Tout à coup il pousse une exclamation qui nous fait lever la tête à tous : Thérèse, Denizot, Sorieul et moi. Tous les quatre, nous le regardons, et Sorieul demande ce qu'il y a de si extraordinaire dans le journal. « Rien, répond Michel. — Allons donc, dit Denizot, on ne pousse pas un pareil cri pour rien ; il y a quelque chose que tu veux nous cacher. Si l'empereur est mort, ne mets pas les gants pour nous en faire part ; plus vite que ça, mon petit Michel, hein ! » Thérèse et moi, nous ne demandions rien : Thérèse, vous saurez pourquoi tout à l'heure ; moi, parce que chaque fois que je lis les journaux, j'ai peur d'y trouver le nom de quelqu'un que vous connaissez. Combien de fois, en commençant un article ainsi conçu : « Un crime affreux vient d'être commis », me suis-je arrêté, sans oser aller plus loin ! Enfin, Thérèse et moi, nous ne disions rien ; mais Sorieul et Denizot pressaient Michel, qui nous regardait d'un air qui me donnait froid. Sorieul voulut même prendre le journal, mais Michel ne le laissa pas faire. « C'est une nouvelle qui concerne votre neveu Édouard, » me dit-il. Vous pensez si cela me rassura. Encore un assassinat sans doute : ce fut la question que Sorieul posa tout haut et que moi je n'avais pas osé me poser tout bas.

— Mon bon oncle.

— Il ne s'agit pas d'une mauvaise nouvelle, dit Michel, au moins pour le colonel.

— Pourquoi ne dites-vous pas tout de suite que mon cousin Édouard se marie ? interrompit Thérèse. Vous pensez si à ce mot y eut des exclamations ; on voulut voir le journal, moi avant les autres. C'était vrai : je vis que vous épousiez Mlle Carmelita Belmonte, nièce du prince Mazzazoli. Là-dessus Sorieul nous dit que les princes Mazzazoli avaient joué un rôle dans l'histoire des républiques d'Italie, et il en eut pour un moment à nous citer les livres qui parlaient des ancêtres de votre futurе. Pendant qu'il faisait son récit, une réflexion me traversait l'esprit: comment Thérèse avait-elle appris votre mariage avant tout le monde?

— Il est de fait que cela est assez étrange.

— Je lui posai ma question, et elle me répondit qu'elle avait lu le matin même cette nouvelle dans le *Sport*. « Tu l'as lue ce matin, et tu ne nous l'as pas communiquée? s'écria Sorieul; voilà qui est un peu fort. » Et il se fâcha contre elle. Moi, je ne me fâchai point, mais je lui demandai pourquoi elle nous avait tu cette nouvelle, qui pour nous tous était cependant intéressante.

— Et que répondit-elle?

— C'est que je ne sais trop comment vous répéter sa réponse.

— Telle qu'elle l'a faite, mon oncle, sincèrement, sans y rien changer, je vous prie.

— Au fait, vous savez bien que Thérèse a pour vous la plus grande amitié et qu'il n'est jamais entré dans son esprit la pensée de vous blâmer en quoi que ce soit.

— J'en suis certain, mon oncle; ne craignez donc pas de me blesser ou de me peiner en me répétant cette réponse.

— Elle nous dit: « Si je ne vous ai pas parlé du mariage de mon cousin Edouard, c'est que j'ai pensé que mon cousin viendrait nous l'annoncer lui-même et qu'il serait fâché de voir qu'il avait été prévenu. — Ça c'est une raison, » répondit Sorieul. Pour moi, je ne sais pas si cette raison est bien bonne; mais enfin elle l'a été pour Thérèse, vous savez qu'elle a le caractère quelquefois bizarre et qu'elle se fait des affaires des choses les plus simples.

Le colonel ne répliqua rien, car il se demandait si cette raison était vraiment celle qui avait empêché Thérèse de parler. A la rigueur, cela était possible; mais cependant cela paraissait peu probable.

Antoine, continuant son récit, ne lui laissa pas le loisir d'éclaircir ce doute.

— Bien entendu, pendant le souper, il ne fut question que de votre mariage; chacun dit son mot, excepté Thérèse, qui ne dit rien du tout. Mais Sorieul ne la laissa pas tranquille; il se mit à la gronder, parce qu'elle lisait le *Sport*, disant qu'une fille dans sa position ne devait pas s'intéresser aux courses de chevaux, et là-dessus il prétendit que c'était vous qui l'aviez corrompue en la conduisant aux courses du bois de Boulogne.

— Vous ne croyez pas cela; je l'espère, mon oncle?

— Assurément non, c'est une idée comme il en pousse dans la tête de Sorieul, qui s'amuse à chercher la raison des choses et qui la trouve plus ou moins bien. Enfin Thérèse ne répondit rien, et la discussion finit. Après le souper, chacun sortit et je restai seul avec Thérèse; j'avais un travail pressé à écrire et je voulus m'y mettre, tandis que Thérèse s'installait comme à l'ordinaire auprès de ma table, avec sa couture. Mais je n'étais pas en train, les idées ne me venaient pas, et je ne pouvais même pas me trouver mes mots. Quand je levais les yeux de dessus mon papier, je voyais que Thérèse n'était guère en train elle-même, et qu'elle regardait plus souvent devant elle que sur sa couture.

— Etait-elle déjà souffrante?

— C'est probable, seulement elle n'en avait rien dit et elle m'avait paru dans son état ordinaire pendant la journée. Pour moi, si je ne pouvais pas travailler, ce n'était pas parce que j'étais malade, mais parce qu'une idée me bouillonnait dans la tête et m'empêchait de penser à ce que je devais faire. Je ne suis pas habitué à me laisser distraire, et habituellement mon esprit obéit à ma volonté, mais je n'avais plus de volonté. C'est que l'idée qui me tourmentait était plus puissante. Je sentis qu'il était inutile de vouloir m'obstiner dans mon travail, et, serrant mes papiers, je me tournai vers Thérèse. Vous devez bien vous douter quelle était cette idée: c'était le mariage de Thérèse. Depuis que vous aviez bien voulu venir avec nous au *Moulin flottant* pour entretenir Thérèse de mon projet, il avait été question entre elle et moi trois ou quatre fois de ce projet, et sa réponse avait été la même: « Plus tard. »

— C'est celle même qu'elle m'a faite.

— C'est celle qu'elle me faisait toujours, et de si mauvaise grâce, avec un air si malheureux, si résigné en même temps, que depuis longtemps j'avais renoncé à lui adresser de nouveau ma demande. Bien certainement j'avais toujours ce mariage à cœur, et e le désirais aussi vivement, plus vivement même que le jour où je vous avais demandé votre concours auprès de Thérèse pour la décider. Mais enfin je ne voulais pas lui faire violence, et il me semblait que si elle avait osé, elle ne m'aurait pas répondu: « Plus tard, » mais que franchement elle m'aurait dit: « Non. » Dans ces conditions, je ne voulais pas insister davantage, car, tout en souhaitant ce mariage, il ne me convenait pas de violenter le consentement de ma fille, et c'était le violenter que de lui arracher un *oui* qu'elle ne voulait pas donner librement. J'avais donc renoncé à la tourmenter, attendant que son « plus tard » fût arrivé; et cependant il faut vous dire que jamais les raisons qui me faisaient désirer ce mariage n'avaient eu autant deforce. Savez-vous que, depuis que nous nous sommes vus, j'ai été condamné à un mois de prison?

— En prison! vous, mon oncle?

— Ah! cette prison là, ça n'est pas déshonorant; seulement c'est gênant. J'ai été condamné pour politique. Le gouvernement, après avoir provoqué le mouvement ouvrier dans l'espérance de le diriger et de s'en servir pour faire peur à la bourgeoisie, a été pris de peur lui-même quand il a vu qu'il n'y aurait jamais rien de commun entre nous et lui. Vous me direz qu'il a été bien longtemps à faire cette découverte : cela est vrai, mais enfin il l'a faite, et, du jour où il a été éclairé à ce sujet, il a commencé à nous poursuivre. Bien entendu, j'ai été un des premiers pris : on m'a envoyé en police correctionnelle, et j'en ai eu pour un mois. Ce que le gouvernement favorisait la veille était devenu du jour au lendemain, coupable. Il y a comme cela des coups de lumière qui éblouissent subitement tout le monde : le chef de l'État, les ministres, les juges. Par une chance remarquable, le jour même où je sortais de prison, Sorieul y entrait à son tour, s'étant fait condamner à trois mois.

— Sorieul !

— Pas pour la même chose. Vous devez vous rappeler que Sorieul disait toujours qu'il écrirait les grandes idées qu'il roulait dans sa tête quand le moment serait venu. Il s'est enfin décidé, il a écrit une brochure portant pour titre les *Césars par un César*. C'était une critique de la *Vie de César*, par Napoléon III, et si vive, si pleine d'allusions, que Sorieul a attrapé trois mois de prison. Un peu plus, Thérèse restait seule à la maison : ce que j'avais toujours redouté, vous devez vous en souvenir. Voilà pourquoi je dis que ça été une chance que Sorieul entrât en prison, le jour même où j'en sortais. Mais ce qui avait failli arriver pouvait se réaliser une autre fois ; car la prison, j'entends la prison politique, n'a jamais guéri personne. Ce n'était pas parce que les tribunaux m'avaient condamné qu'ils m'avaient fait renoncer à la lutte : j'ai continué ma tâche, nous avons continué notre organisation en l'étendant, et en ce moment je suis sous le coup de nouvelles poursuites. Il est donc probable que prochainement je vais de nouveau quitter la maison pour entrer en prison, et ce sera ainsi jusqu'à la fin de l'Empire ou jusqu'à ma fin : au plus vivant des deux. Vous me direz qu'il est bien malade, je l'espère, mais il n'est pas mort, et il peut durer encore s'il ne lui arrive pas un accident. J'étais donc exposé à voir se réaliser mes craintes : Thérèse seule, car Sorieul est exaspéré et lui aussi ne tardera pas à se faire condamner de nouveau. La nouvelle de votre mariage m'avait inspiré l'idée de faire une nouvelle tentative auprès de Thérèse : cela me donnait une ouverture. Je lui expliquai notre situation et mes craintes, en la priant, en la suppliant de se décider enfin à me rassurer sur son avenir. Pendant longtemps elle refusa, et je dois même dire qu'elle le fit avec une violence que je ne lui avais jamais vue ; mais je ne me décourageai pas, j'insistai, et toute la soirée se passa dans cette lutte. Enfin elle céda.

— Ah ! elle a consenti !

— Elle a consenti, seulement elle veut attendre encore ; mais enfin elle a fixé une date : le 31 décembre 1870. Voilà pourquoi vous m'avez vu arriver, la figure joyeuse. On peut m'envoyer en prison ; j'espère bien que Thérèse ne m'y laissera pas entrer sans prendre Michel pour mari, et qu'alors elle ne s'en tiendra pas à sa date. J'ai bu à votre mariage ; ne boirez-vous à celui de ma fille, mon neveu ?

Et Antoine tendit son verre au colonel pour que celui-ci le remplît.

— Vous me disiez qu'elle avait la fièvre ? demanda le colonel, sans remarquer le mouvement de son oncle.

— Elle a mal dormi ; mais, après notre discussion, il n'est pas étonnant qu'elle se soit couchée agitée. Me refusez-vous un verre de vin ?

XXVI

Décidément Mme de Lucillière ne s'était pas trompée en affirmant que Thérèse aimait son cousin.

Ce refus, persistant chez elle, d'accepter Michel pour mari, qui cédait le jour même où elle apprenait que son cousin se mariait ;

Sa lutte obstinée contre la volonté de son père, que d'ordinaire elle respectait religieusement ;

Ce silence sur l'annonce de ce mariage qu'elle avait lue dans le *Sport* ;

Cette manie de lire un journal si peu fait pour sa condition ;

Enfin cette nuit agitée et cette fièvre succédant au consentement que de guerre lasse elle avait fini par se laisser arracher :

Tout cela était significatif,

Et il aurait fallu fermer obstinément les yeux à la lumière pour ne pas voir qu'il y avait dans tout cela de quoi appuyer singulièrement l'affirmation de la marquise.

Mais cet amour qu'elle avait affirmé était-il ce qu'elle avait dit ?

Sur ce point, le doute semblait permis ; car, si cet amour n'était pas un simple caprice, il ne devait pas se résigner si facilement à mourir.

Si Thérèse aimait vraiment son cousin, elle ne pouvait pas accepter sans résistance le mari qu'on lui imposait.

Antoine, il est vrai, avait dit que la lutte avait été longue et vive pour arracher cette acceptation ; mais qu'est-ce en réalité qu'une lutte qui dure quelques heures et qui, après une velléité de résistance, ne persiste pas?

Ce qui contribuait beaucoup à fortifier les doutes du colonel sur l'amour de Thérèse, c'était la secrète satisfaction qu'il éprouvait à se dire qu'il n'était pas la cause d'un chagrin bien grand et bien profond chez sa petite cousine.

On croit volontiers ce qu'on désire, et ce qu'il désirait, sans se l'avouer franchement, c'était de n'avoir rien à se reprocher en cette affaire.

Et précisément parce qu'il ne se sentait pas la conscience très-nette, il était ingénieux à trouver des raisons qui le justifiassent.

Thérèse malheureuse, il eût été malheureux lui-même ;

Tandis qu'en se disant qu'elle avait accepté sans trop souffrir le mari que son père souhaitait, il avait le cœur plus léger.

Pourquoi l'aurait-elle aimé après tout ?

Il n'avait rien fait pour cela,

Au moins rien de décisif.

Il avait eu, il est vrai, des conversations avec elle, qu'on n'a pas ordinairement avec une cousine qui ne doit être pour vous, dans le présent comme dans l'avenir, rien qu'une cousine ; mais enfin ces conversations n'avaient pas été de nature à provoquer l'amour dans cette jeune âme de jeune fille.

Il avait pris, il est vrai, plaisir à l'étudier et à plonger ses yeux dans ces beaux yeux naïfs, il avait pris plaisir aussi à tenir dans ses mains ces beaux cheveux si fins et si soyeux, il avait serré son bras contre lui plus tendrement peut-être qu'on ne serre le bras d'une petite cousine.

Mais tout cela n'était pas un engagement positif,

Et strictement il pouvait se dire qu'il n'avait rien fait pour qu'elle l'aimât.

Qu'elle eût deviné qu'à un certain moment, il avait été attiré près d'elle par un sentiment plus que tendre, cela n'était guère probable.

Et, si elle avait deviné ce sentiment, elle n'y avait pas répondu par un engagement bien sérieux.

Peut-être avait-elle alors fait des rêves et des projets de petite fille romanesque, cela était possible ; mais en tous cas ces rêves n'avaient pas tenu contre la réalité de la vie, et l'amour affirmé par Mme de Lucillière n'avait jamais existé que dans l'imagination de celle-ci.

Et vraiment il était heureux qu'il en fût ainsi.

Cela valait mieux pour tous.

Pour elle d'abord, la chère petite ;

Puis pour Carmélita,

Puis encore pour lui-même.

Car enfin, qu'eût-il fait, qu'eût-il pu faire, s'il s'était trouvé en présence d'une vraie passion chez Thérèse ?

Engagé comme il l'était envers Carmelita, il n'eût pu que regarder souffrir cette chère petite, pour laquelle il ressentait une si vive tendresse.

Oui, assurément, cette tendresse fût facilement devenue de l'amour, peut-être même ce sentiment avait-il existé dans son cœur à un certain moment ; mais maintenant le mieux était de ne pas s'en souvenir.

Il devait épouser Carmelita.

Thérèse consentait à devenir la femme de Michel.

Les choses ainsi arrangées étaient pour le mieux, — puisqu'il n'y avait pas moyen qu'elles fussent autrement.

C'était rapidement, instantanément pour ainsi dire, que ces réflexions s'étaient faites en lui.

Arrivé à cette conclusion, il éprouva un grand soulagement, et ce fut presque joyeusement qu'il remplit le verre de son oncle et le sien.

— Au mariage de Thérèse, dit-il, à son bonheur, et au vôtre, mon oncle !

Le déjeuner s'acheva plus joyeusement qu'il n'avait commencé, au moins pour le colonel, tranquillisé dans sa conscience.

— Voulez-vous annoncer ma visite à ma petite cousine pour tantôt, dit le colonel à son oncle lorsque celui-ci se leva pour se retirer ; je tiens à lui prouver qu'elle avait deviné juste en pensant que je voulais moi-même vous faire part de mon mariage.

— Et qu'appelez-vous tantôt ?

— Mais quatre ou cinq heures.

Antoine parut contrarié.

— Cette heure ne vous va pas ?

— Je ne dois rentrer que pour souper et j'aurais voulu être à la maison quand vous viendrez.

— Et moi aussi, je veux que vous soyez chez vous ; car j'ai une demande à vous adresser, qui confirmera le sentiment de ma cousine.

— Une demande, à moi ?

— Et qui doit être faite chez vous. Cependant, puisque nous en parlons, je veux bien vous dire tout de suite quelle elle est ; cela ne m'empêchera pas de vous la répéter, mais officiellement : je veux vous prier d'être un de mes témoins pour mon mariage.

— Moi ! mon chez Édouard, y pensez-vous ?

— Assurément j'y pense : n'êtes-vous pas mon oncle, mon plus proche parent?

— Vous épousez une princesse.

— Mlle Belmonte n'est pas tout à fait une princesse ; mais, quand elle serait une reine, cela empêcherait-il que vous fussiez le frère de mon père et qu'en cette qualité votre place fût près de moi. Ne me demanderez-

vous pas d'être le témoin de ma cousine ?
— Certes oui.
— Eh bien ! alors vous serez le mien ; mais nous discuterons cette question tantôt ou plutôt vous m'y répondrez. Seulement, comme je veux vous trouver chez vous, j'irai à l'heure de votre souper, et, si vous le voulez bien, je vous demanderai de partager ce souper avec vous.
— Si je le voudrai ?

Maintenant, que Thérèse se mariait, le colonel n'avait plus la même gêne à aller rue de Charonne ; et puis elle connaissait son mariage, il n'aurait donc pas à le lui annoncer.

Il arriva un peu avant l'heure du souper, et ce ne fut pas sans une certaine émotion qu'il monta l'escalier de son oncle.

Chose bizarre ! sa conscience, qu'il avait calmée à l'aide de raisonnements plus ou moins subtils, se révoltait pour protester d'une façon pour ainsi dire matérielle : son sang battait lourdement dans ses veines, il était oppressé et ne se sentait pas à son aise.

Du palier, il n'entendit aucun bruit dans l'atelier ; il poussa la porte et entra.

L'atelier était désert et sombre.

Alors il se dirigea vers la cuisine.

Mais dans l'obscurité, il accrocha un morceau de bois qui tomba et fit du bruit.

— Qui est là ? demanda une voix, celle de Thérèse.

Il allait répondre quand la porte s'ouvrit et Thérèse parut, tenant une lampe à la main.

— Ah ! mon cousin, c'est vous ! dit-elle.

C'était là le mot dont elle le saluait autrefois, mais il lui sembla qu'elle ne le jetait pas avec le même éclat joyeux.

Ils restèrent durant quelques secondes en face l'un de l'autre, sans parler.

Enfin il s'avança et lui tendit la main ; elle lui donna la sienne.

— Mon oncle m'avait annoncé que vous étiez souffrante, dit-il ; comment êtes-vous présentement ?

— Ah ! très-bien, je vous remercie. Ce n'était rien, un peu de fièvre ; j'avais eu froid et chaud sans doute, et cela me donne toujours un accès de fièvre, mais qui ne dure pas.

Cependant son aspect donnait un démenti à ses paroles : elle ne paraissait pas être très-bien, comme elle le disait, tout au contraire ; très-pâle, avec les yeux ardents.

Le colonel crut remarquer qu'elle tremblait ; mais, comme elle avait posé sur la table la lampe, dont l'abat-jour était baissé très-bas, il la voyait mal et seulement dans l'ombre.

— Mon père n'est pas encore rentré, dit-elle ; mais il m'a envoyé un mot pour m'avertir que vous veniez souper avec nous, ce qui est bien aimable à vous.

— Ah ! ma cousine !

— Alors, apprenant cela, Denizot a voulu vous servir un souper digne de vous, a-t-il dit, et il est sorti pour cela. Mon oncle Sorieul n'est pas non plus rentré, de sorte que je suis seule.

Le colonel remarqua qu'elle avait évité de nommer Michel ; cependant, en regardant sur la table qui était mise, il vit six couverts, ce qui indiquait que Michel devait souper avec eux.

Il se fit un silence entre eux, comme s'ils ne savaient, ni l'un ni l'autre, de quoi parler, ou s'ils n'osaient.

Comme ce silence devenait de plus en plus gênant, à mesure qu'il se prolongeait, le colonel aborda tout de suite le sujet de sa visite :

— Mon oncle m'a dit que vous attendiez ma visite ; je vous remercie de n'avoir pas douté de moi.

— Comment aurais-je douté de vous, mon cousin ? vous nous avez toujours témoigné une grande amitié.

— Si je ne suis pas venu plus tôt, c'est que je ne suis à Paris que depuis deux jours, et je ne sais comment cette indiscrétion, à propos de... (il entassait les mots avant d'arriver à celui qui était décisif), à propos de ce mariage, a pu être commise.

Elle ne répondit pas, et, comme il la regardait, elle leva la tête vers le plafond, de sorte qu'il ne put pas voir l'effet que ce mot avait produit sur elle.

Alors il reprit, décidé à en finir tout de suite :

— En même temps, mon oncle m'a communiqué une nouvelle qui le rend bien heureux, celle de votre mariage.

— Il est vrai, dit-elle d'une voix presque ferme, je me marie, je me suis rendue aux désirs de mon père. Vous a-t-il dit quelles étaient ses craintes et dans quelle position il se trouvait ?

— Il me l'a dit.

— J'ai voulu qu'il n'eût pas au moins d'inquiétude à mon égard, et, puisque mon mariage doit le rassurer, je me marie.

— Vous êtes un brave cœur, ma chère cousine, une bonne et tendre fille.

— Je ne suis pas la fille que vous croyez ; car, si je l'étais, je n'aurais pas attendu jusqu'à ce jour pour contenter mon père, qui souhaitait si ardemment de me voir mariée.

De nouveau il s'établit un silence, et il l'entendait respirer difficilement ; il eût voulu parler et il ne savait que dire, il n'osait même pas la regarder.

Ce fut elle cette fois qui reprit la parole la première.

— Vous souvenez-vous, dit-elle, du rêve que vous m'avez fait vous raconter, quand vous m'avez demandé de vous expliquer quel mari je prendrais : je voulais qu'il m'aimât, je voulais l'aimer, et je disais, n'est-ce pas ? que je ne me marierais jamais, si je ne sentais pas en moi ce grand amour. Comme on fait des projets quand on est petite fille ! comme on bâtit des châteaux qui sont peu solides !

— Oui, je me souviens, dit-il.

— Mais ce grand amour, c'est le rêve, n'est-ce pas, c'est la poésie, ce n'est pas la réalité. Dans la vie, on se marie parce qu'on doit se marier, et l'on peut être une honnête femme, je pense, une bonne mère, sans ces sentiments extraordinaires. Le pensez-vous aussi?

Sans répondre directement, il fit un signe affirmatif, car la gêne qu'il éprouvait en montant l'escalier lui devenait plus pénible, et sa conscience était moins ferme.

— Je vous ai dit, reprit-elle, toute l'amitié que j'éprouvais pour... Michel ; il a toujours été pour moi un camarade, un ami, un frère, et il sera désormais un mari. Je ne pouvais pas en espérer un plus honnête, un plus digne, et je crois comme mon père que notre vie sera heureuse. Je voulais des ailes à l'existence que je rêvais ; mais c'est peut-être sur la terre, terre à terre, qu'est le bonheur possible en ce monde. Il croit que je pourrai le rendre heureux, je m'y appliquerai de tout mon cœur.

Elle parlait doucement, simplement, comme si elle parlait pour elle seule, pour se rassurer, pour se persuader, pour s'expliquer à elle-même ce qu'il pouvait se trouver de bon dans ce mariage et le justifier.

Ces paroles et surtout le ton sur lequel elles étaient dites avaient profondément touché le colonel et l'avaient attendri.

Que dire ?

Il ne trouvait pas un mot.

Heureusement la porte en s'ouvrant le tira de l'angoisse qui le serrait à la gorge et l'étouffait.

C'était Denizot qui rentrait, chargé d'un immense panier.

— Ah ! colonel, dit-il en posant son panier, ça ne se fait pas ces choses-là ; les grands cuisiniers veulent être prévenus au moins vingt-quatre heures à l'avance. Vous n'allez pas trouver un souper digne de vous.

— Qu'importe ? mon bon Denizot.

— Comment, qu'importe ! et ma gloire ?

Puis, donnant une poignée de main au colonel:

— Comme homme, je suis joliment content de vous voir ; mais, comme cuisinier, vous savez, je suis vexé. Avez-vous faim ?

— Pas trop.

— Comme homme, j'en suis fâché ; mais, comme cuisinier, j'en suis bien aise.

Et clopin-clopant, il s'occupa de tirer toutes les victuailles qui étaient entassées dans son panier.

Pendant ce temps, Antoine rentra, puis Michel.

Contrairement à ce qu'il était d'ordinaire, le jeune ouvrier montra une physionomie ouverte et souriante ; ses yeux semblaient moins enfoncés et moins sombres.

Il vint au colonel et s'informa poliment, presqu'affectueusement de sa santé.

Chose bizarre, ce fut celui-ci qui eut l'attitude roide et contrainte que Michel avait autrefois avec lui.

Il dut se faire violence pour répondre convenablement quelques mots aux questions qui lui étaient adressées.

Puis il se tut, observant les regards que Michel jetait sur Thérèse.

Évidemment la joie débordait en lui ; il était plus léger, plus jeune ; ses yeux lançaient des flammes.

Quant à Thérèse, elle paraissait réellement souffrante de corps et d'esprit.

Sur son visage contracté, dans les coins de sa bouche tirés en bas, dans son regard fixe, dans toute la physionomie aussi bien que dans l'attitude de son corps, on lisait l'abattement et la tristesse.

En la regardant ainsi, le colonel constata que depuis qu'il l'avait vue, elle avait embelli ; elle n'était plus la petite fille qu'il avait trouvée, en arrivant à Paris, avec une tête trop grosse et des bras trop maigres. Ces bras avaient pris de la chair, le corsage aussi s'était formé, et maintenant tout était en harmonie en elle.

Le souper était servi sur la table.

Antoine invita son neveu à s'asseoir.

— Prenez la place de votre père, mon neveu.

A ce moment, Sorieul fit son entrée.

Sorti depuis le matin, il ignorait que le colonel dût souper avec eux, en l'apercevant, il poussa des exclamations joyeuses.

Et après avoir déposé son chapeau sur le pupitre d'Antoine et vidé les poches de son habit pleines de livres, de papiers, de journaux, de brochures, il accapara la conversation.

— Il y avait vraiment des coïncidences dans la vie ; ainsi, sans se douter le moins du monde qu'il verrait le colonel le soir même, il s'était occupé de lui pendant toute la journée.

— De moi ?

— De vous incidemment, c'est-à-dire de votre nouvelle famille, de celle dans laquelle vous allez entrer, des princes Mazzazoli et du rôle qu'ils ont joué dans l'histoire. Je me rappelais très-bien avoir vu leur nom dans Sismondi, mais je ne me rappelais pas au juste quel avait été leur rôle.

Alors il se mit à parler de l'héritage de la

comtesse Mathilde, de la guerre du sacerdoce et de l'empire, des Guelfes, des Gibelins, de la maison d'Este et de celle des Medicis, en citant Sismondi, Guicciardini, Pignotti, Quinet.

Il était ferré et prêt à coller le contradicteur qui aurait voulu l'arrêter ;

Mais il n'en trouva point, et on le laissa faire librement son cours d'histoire sur les Mazzazoli.

Sans ce nom qui le gênait chaque fois qu'il revenait, le colonel eût été très-satisfait de cette dissertation, qui le dispensait de parler lui-même et lui permettait d'observer Thérèse sans être dérangé.

Elle était à table ce qu'elle s'était montrée quelques instants auparavant : assurément elle s'imposait, à force de volonté, une attitude et une contenance ; mais malgré elle son trouble intérieur se manifestait au dehors de mille manières : ainsi elle ne pouvait avaler les petits morceaux de pain qu'elle mettait dans sa bouche qu'en les mouillant avec de l'eau rougie ; on voyait ses dents se serrer, comme si elle éprouvait du dégoût pour ce qu'elle mangeait.

Mais, à l'exception du colonel, qui la regardait de temps en temps à la dérobée, personne ne s'apercevait de cette gêne.

Michel était tout à son contentement.

Sorieul parlait, et, quand il s'écoutait, le plancher eût pu s'effondrer : il eût assurément continué son discours en dégringolant.

Antoine et Denizot suivaient attentivement ce récit, pour eux plein d'intérêt : ces villes libres tombant sous le despotisme de quelques familles princières, cela touchait Antoine.

— Partout et toujours la même chose, disait-il.

— Pour lors, interrompit Denizot à un certain moment, si j'ai bien compris ce que nous raconte Sorieul, il y aurait eu pas mal de canailles dans l'illustre maison des Mazzazoli : cet Innocenzio Mazzazoli qui assassine pour de l'argent, ce n'est qu'un fameux gredin, vous savez, et cet autre Ridolfo, qui trahit les Français qui le payaient, il ne vaut pas cher.

— Eh bien ! Denizot, interrompit sévèrement Antoine.

— Quoi donc ? ce n'est pas faire injure au colonel que de dire que dans les ancêtres de sa future femme, il y en avait qui étaient des chenapans ; si les Denizot avaient des ancêtres historiques, on en trouverait sans doute qui ne vaudraient pas cher non plus ; ce que je voulais marquer, c'est que tant de gens qui sont fiers de leur antique race feraient mieux de n'en pas parler, voilà tout. Moi, j'aime mieux descendre d'un brigand inconnu que d'un brigand illustre ; au moins ça ne me gêne pas, puisque je n'en sais rien.

La soirée ne se prolongea pas très-avant, et, quand le colonel se retira, Michel voulut l'accompagner pour l'éclairer.

Mais, arrivé au bas de l'escalier, il posa sa petite lampe sur une marche ; puis, tendant la main au colonel :

— Monsieur Edouard, dit-il, voulez-vous me permettrez de vous demander votre amitié ? Vous ne m'avez peut-être pas trouvé toujours très-poli avec vous, et j'ai à me reprocher d'avoir mal accueilli vos bons procédés ; je vous en fais mes excuses. J'avais alors du chagrin, et puis je ne vous connaissais pas. Aujourd'hui je vais devenir votre parent, puisque je serai le mari d'une femme à qui vous avez témoigné toujours une grande amitié ; je vous demande donc votre estime et un peu de cette amitié. Je vous jure que je la rendrai heureuse.

Ce discours, heureusement un peu long, permit au colonel de se remettre.

Il donna sa main à Michel ; mais, bien qu'il eût l'intention de serrer celle du jeune sculpteur, il ne la serra point.

Il se séparèrent,

Et il s'en revint à pied, le long des boulevards, réfléchissant.

— La pauvre petite ! Elle n'aimait pas le mari qu'elle acceptait, et cependant elle l'épousait. Quelle vie aurait-elle ?

Puis, abandonnant Thérèse, il fit un retour sur lui-même.

— Aimait-il Carmelita ? cependant il l'épousait. Quelle vie serait la leur ?

XXVII

Le baron Lazarus n'était pas homme à employer à l'étourdie l'arme que le hasard avait mise entre ses mains.

Avant de se servir de Lorenzo Beio et de le lancer à travers le mariage de Carmelita, il était sage de voir dans quelle mesure on pouvait user de son concours.

C'était là une grave affaire, qui demandait conseil et réflexion.

Fallait-il avertir la marquise de Lucillière de cette découverte ?

Au contraire, fallait-il la garder pour soi et l'utiliser seul ?

Déjà le baron avait fait l'expérience des alliances en s'ouvrant dans une certaine mesure au prince Mazzazoli, et cette confidence lui avait coûté cher.

Le prince avait tiré parti, pour son propre profit de ce qu'il apprenait, et il avait joué son allié.

Le même résultat pouvait se reproduire encore, et la marquise pouvait très-bien, elle aussi, duper son allié; elle était assez fine et assez habile pour inspirer une crainte salutaire.

Avant de lui faire la moindre confidence, il fallait donc examiner quel intérêt elle pouvait avoir à amener la rupture du mariage du colonel et de Carmelita.

Voulait-elle seulement se venger de celle qui lui avait enlevé son amant?

Ou bien, cette vengeance satisfaite, voulait-elle encore reprendre cet amant?

Pour la vengeance, le baron voulait bien l'aider.

Mais pour la suite c'était une toute autre affaire.

Là était donc le point difficile et délicat à examiner.

Cet examen, il le fit long et scrupuleux, pesant tout, scrutant tout.

Et la conclusion à laquelle il s'arrêta fut qu'il fallait, coûte que coûte, se concerter avec la marquise.

L'alliance avec ce Lorenzo Beio était chose trop sérieuse pour se faire sans s'être préalablement entouré de toutes les précautions.

Et puis il ne voyait pas comment la conclure, cette alliance.

Enfin il lui semblait que les chances que la marquise pouvait avoir de ramener à elle son ancien amant étaient trop faibles pour s'en effrayer, attendu que si le prince Mazzazoli avait pu amener entre eux une rupture, il avait dû employer des armes qui avaient tué Mme de Lucillière de telle sorte qu'une résurrection n'était pas à craindre: morte elle était pour le colonel, et bien morte; elle-même l'avait prouvé en n'agissant pas seule. Est-ce que si elle avait cru à son ancienne puissance, elle aurait cherché un allié? Est-ce qu'elle aurait pris surtout un homme de qui elle avait autant à se plaindre? Ce choix seul indiquait qu'elle n'avait aucune foi en elle, et qu'elle se sentait elle-même bien perdue pour jamais.

Il l'alla donc trouver.

Lorsqu'on annonça à Mme de Lucillière que M. le baron Lazarus demandait à la voir, le marquis était avec elle.

— Vous recevez cet homme? dit-il.
— J'ai besoin de lui.
— Ah! c'est une raison.
— Vous avez pu constater quelles heureuses dispositions il a pour les recherches policières; je désire l'employer conformément à son talent.
— Dès là que vous avez besoin de lui, c'est une raison suffisante; pour moi, qui n'ai rien à démêler avec lui, Dieu merci! je me prive volontiers de sa visite. Au revoir.

Et le marquis sortit par une porte, tandis que le baron entrait par une autre.

— Vous n'avez pas perdu de temps, dit Mme de Lucillière en indiquant un siège au baron à une assez grande distance de celui qu'elle occupait.

— En avons-nous beaucoup devant nous?
— Beaucoup, non; cependant nous en avons assez pour ne rien risquer dans trop de hâte.

— Je n'ai rien risqué et c'est pour avoir votre avis avant de rien entreprendre, que je viens vous soumettre quelques petits renseignements que j'ai eu la bonne fortune d'obtenir.

Alors il raconta simplement, modestement, comme il convient à un homme qui a le sentiment de sa valeur, la conversation qu'il avait eu la chance de surprendre entre Carmelita et un inconnu.

— Mais c'est le nom de cet inconnu qu'il nous faut, sans quoi cette conversation ne peut pas nous être d'une grande utilité.

— Précisément j'ai eu la bonne chance de l'obtenir.

— Ah! vraiment?
— Mon Dieu, oui, de la façon la plus simple. En le voyant sortir de l'appartement de Mlle Belmonte, je me suis dit que les paroles que je venais d'entendre par le plus grand des hasards ne nous serviraient pas beaucoup, si nous ne connaissions pas le nom de celui qui les avait prononcées. Il descendait l'escalier, et tout naturellement je l'ai descendu derrière lui. Alors, réfléchissant au moyen d'apprendre ce nom, je me suis mis à marcher derrière lui, oh! machinalement, sans intention; vous savez, quand une idée vous préoccupe. Nous sommes ainsi arrivés rue Neuve-Saint-Augustin.

— Toujours sans intention de votre part?
— Ah! assurément je le suivais sans trop me rendre compte de ce que je faisais, et comme si tout à coup, pour m'être agréable, il allait se retourner et crier son nom.

— Il s'est retourné?
— Non, il est entré dans une maison, sans parler au concierge, avec une simple inclinaison de tête, comme un homme qui va chez lui. Vous savez, les concierges parisiens aiment à parler.

— Quand on les interroge.
— Bien entendu; alors ce concierge de la rue Saint-Augustin m'a dit que cet inconnu était M. Lorenzo Beio.

— Le maître de chant de Carmelita!
— Lui-même.
— Mais alors?
— Alors vous devinez quelles raisons il peut avoir pour empêcher ce mariage? ce sont ces raisons que je viens justement vous demander.

Cela fut dit avec un air d'innocence et d'ignorance qui eût fait l'admiration d'un comédien.

— Car enfin, continua le baron, ma découverte n'a d'importance que si ces raisons sont bonnes : souvent on fait des menaces qui ne s'appuient sur rien de solide et qui ne sont que des forfanteries ; avez-vous remarqué que les Italiens sont souvent fanfarons. Vous dites donc que ces raisons vous paraissent évidentes.

— Je n'ai nullement dit cela ; seulement il me semble que si ce Lorenzo Beio s'est exprimé dans les termes que vous rapportez...

— Ce sont ses paroles mêmes, sans y changer un seul mot.

— Il me semble que cela indique qu'il est maître d'un secret qui peut perdre Carmelita dans l'esprit du colonel.

— C'est aussi ce que je pense.

— Mais quel est ce secret, c'est ce que je ne sais pas.

— Ah ! vraiment ? dit le baron d'un air désappointé; j'avais compté sur vous pour m'éclairer. Il me semblait qu'en votre qualité de femme et de Parisienne, vous deviez avoir une sorte d'intuition en ces matières, que moi, gros lourdaud d'Allemand, je n'ai pas.

— Il me paraît inutile de nous livrer à des conjectures qui ne reposeraient sur aucun fait précis.

— Et qui pourraient nous égarer.

— Ce qu'il faut maintenant, c'est découvrir ce secret.

— Cela me paraît très-bien combiné, mais comment comprenez-vous que nous arrivions à cette découverte ? Je ne vois pas le moyens à employer.

— Ni moi non plus.

— Alors ce secret, que j'étais assez fier d'avoir trouvé, ne nous servira de rien, si nous ne le complétons pas par une seconde découverte, plus difficile que la première.

— Il est probable, en effet, qu'il sera assez difficile de faire dire à Lorenzo Beio quel moyen il compte employer pour empêcher ce mariage.

— Peut-être l'emploiera-t-il tout seul.

— Peut-être, mais il n'est jamais prudent de compter sur ce qui se fait tout seul. Lorenzo Beio ne veut pas que Carmelita épouse le colonel Chamberlain ; nous, de notre côté, nous ne voulons pas que le colonel Chamberlain épouse Carmelita. Il est possible que Lorenzo Beio, agissant seul, empêche ce mariage ; il est possible aussi que nous, sans son secours, nous l'empêchions par un moyen différent du sien. Mais il est bien certain que si, au lieu d'agir séparément, nous agissions collectivement, nous aurions beaucoup plus de chances de réussir.

— D'abord, opérant avec le moyen du maître de chant, nous n'aurions pas à en chercher un autre, et ce serait un grand point d'obtenu, car enfin ce moyen, nous pouvons le trouver, mais nous pouvons aussi ne pas le trouver. Les moyens sûrs pour rompre les mariages ne doivent pas, il me semble, se rencontrer à chaque pas.

— Il faut donc avant tout chercher comment on peut obtenir ce secret de Lorenzo Beio.

— On pourrait peut-être le lui acheter ?

— La négociation serait aventureuse, tous les gens ne sont pas à vendre, et en tous cas elle serait pour celui qui s'en chargerait bien compromettante, surtout s'il y était répondu par un refus.

— En parlant ainsi, je pensais que ce Beio pouvait avoir aux mains quelque lettre significative, qui, mise sous les yeux du colonel, pourrait l'éclairer.

— Décidément vous êtes pour les lettres, monsieur le baron ; sans doute, c'est une arme, mais elle n'est pas toujours sûre, vous devez en savoir quelque chose. Dans le cas présent, une lettre mise sous les yeux du colonel ne produirait peut-être pas la clarté sur laquelle vous comptez; j'ai des raisons pour croire que le colonel se tient en garde contre les lettres. Qu'on lui en apporte une qui compromette gravement Carmelita, il répondra, de bonne foi, qu'elle est l'œuvre d'un faussaire. Il faudrait prouver qu'elle a été écrite par Carmelita même, et comment faire cette preuve ? Pour moi, je ne le vois pas.

— Si à l'avance vous refusez de vous servir des armes que peut avoir ce Beio, vous rendez notre tâche bien difficile.

— Je ne refuse rien, je vous préviens seulement de ne pas trop vous fier à des moyens dont l'efficacité serait incertaine. Beio voudrait-il vendre ces lettres si, comme vous le supposez, il en a de compromettantes entre les mains ? d'autre part, le colonel voudrait-il se décider à une rupture, sur le simple vu de ces lettres ? Voilà deux questions qui pour moi sont douteuses et qui doivent nous avertir que tout ne serait pas fini par l'acquisition de ces lettres. Maintenant, bien entendu, je ne vous empêche pas de tenter cette acquisition, si toutefois elle est possible, ce qui ne me paraît pas démontré : d'abord parce que, comme je vous le disais, Beio n'est peut-être pas à vendre, ensuite parce qu'il n'a peut-être aucune lettre en sa possession.

— En tous cas, il a un moyen pour empêcher ce mariage.

— Cela est probable, puisqu'il le dit ; mais

ce moyen ne doit pas résulter d'une lettre. Pour que cette lettre eût quelque influence, il faudrait, n'est-ce pas, qu'elle fût de Carmelita, et Carmelita, si je ne me trompe pas, n'a jamais dû écrire.

— Ah ! vraiment ?

— La femme qui écrit des lettres dans le genre de celle qui nous serait utile se reconnaît facilement : ou c'est une étourdie, ou c'est une femme qui se met au-dessus de certains préjugés. Carmelita n'est pas une étourdie ; au contraire, c'est une recueillie ; elle peut se laisser entraîner, mais de sang-froid elle pèse ce qu'elle fait. Quant à se mettre au-dessus des préjugés, cela n'est ni de son âge ni de sa position ; soyez sûr que, si Beio a un moyen pour empêcher le mariage de son élève, ce moyen ne résulte pas d'une lettre.

— Je vous admire.

— Vous êtes bien bon, en vérité.

— Mais en même temps vous m'effrayez ; car vos raisonnements, qui doivent être justes, détruisent toutes les espérances que j'avais pu fonder sur cette conversation entendue par hasard et sur la découverte de ce Beio.

— Et pourquoi ?

— Si nous ne nous servons pas de lui.

— Ai-je dit cela ?

— Cependant...

— Il faut nous servir de lui, au contraire ; seulement avant tout il faut savoir à quoi il est bon.

— Et comment cela ?

— C'est là que la difficulté de votre tâche commence. Sans doute, il y a un moyen commode de la simplifier ; c'est d'aller à Beio franchement et de lui dire : « Vous voulez empêcher le mariage de Mlle Belmonte avec le colonel Chamberlain ; moi, je veux aussi empêcher ce mariage. Vous avez un moyen pour cela, je le sais ; unissons-nous, aidez-moi, je vous aiderai. » Comment accueillerait-il cette ouverture ? Nous ne pouvons pas à l'avance le prévoir. Un refus est possible, une acceptation l'est aussi. S'il accepte, c'est bien, tout est fini ; vous n'avez qu'à marcher d'accord. Mais, s'il refuse, car enfin il peut avoir des raisons pour refuser, supposons que ce soit la vengeance qui le pousse à rompre ce mariage, — souvent la vengeance est jalouse, elle veut agir seule, sans secours étranger ; elle veut faire le mal, mais elle veut être seule à le faire ; si elle voit celui qu'elle poursuit entouré de plusieurs ennemis, elle lui vient souvent en aide contre ces ennemis, pour ne se retourner contre celui qu'elle a secouru que lorsqu'elle peut l'attaquer seule. Tel peut être le cas de Beio ; il n'est pas impossible qu'il tienne à vider sa querelle avec Carmelita en tête-à-tête.

— Peut-être aime-t-il surtout le tête-à-tête, dit le baron en riant d'un gros rire.

Mais la marquise ne partagea pas cette hilarité, elle continua :

— Si Beio vous repousse, vous ne pourrez pas revenir à la charge près de lui, et nous aurons le désagrément de voir un moyen qui pouvait nous être si utile nous échapper. Ce n'est pas ainsi que nous devons procéder.

— Je vois comme vous ce que nous devons ne pas faire ; mais ce que nous devons faire, je ne le vois pas.

— Je vous disais tout à l'heure que je ne voyais pas quel moyen employer pour arriver à savoir quelle était l'arme dont cet homme comptait se servir pour exécuter ses menaces. Mais tout à l'heure votre nouvelle me surprenait, et je n'avais pas réfléchi à ces moyens. En causant, en cherchant, il m'est venu une idée qui, je crois, peut être praticable, si vous le voulez bien.

— N'ai-je pas promis de vous aider ? Je suis à votre disposition.

— Vous intéressez-vous toujours à la petite Flavie, du théâtre des Bouffes ?

— Je ne vois pas en quoi cette question touche notre affaire.

— Vous allez le voir, si vous voulez bien me répondre ; soyez certain que je ne vous adresse pas cette demande pour savoir vos secrets ni ceux de Mlle Flavie.

— Il n'y a pas de secrets entre la petite Flavie et moi. Cette enfant était la fille de mon caissier, elle restait orpheline sans fortune et sans métier ; on disait qu'elle était jolie. Je me suis occupé d'elle pour ne pas la laisser exposée aux tentations de la misère.

— Et pour cela vous l'avez fait débuter aux Bouffes ?

— C'est bien naturel.

— Oh ! assurément rien n'est plus naturel, cela se voit tous les jours, et je savais ce que vous venez de me raconter ; seulement ce que je ne sais pas et ce que je vous demande, c'est si vous avez continué à vous occuper de cette jeune fille depuis qu'ayant un métier, elle n'est plus, comme vous dites, exposée aux tentations de la misère. Car elle n'y est plus exposée, n'est-ce pas ? Je l'ai vue hier au Bois dans un petit coupé qui ne sent pas du tout la misère.

— Je la vois quelquefois.

— Et vous pouvez lui demander ce que vous désirez ?

— J'espère qu'elle a pour moi des sentiments de reconnaissance.

— Il faut l'espérer ou bien alors ce serait à désespérer de l'humanité. Donc vous pouvez faire appel à ces sentiments de reconnaissance et vous serez écouté.

— Je le pense.

— Eh bien! ce que vous aurez à lui demander devra accroître encore cette reconnaissance déjà si grande.

— J'avoue que je ne comprends pas du tout où vous voulez arriver.

— Cela ne vous blesse point, n'est-ce pas? que je dise que cette petite Flavie n'a aucun talent; je l'ai vue deux ou trois fois, et c'est ce que ces messieurs appellent une petite grue. Elle chante comme M. Jourdain faisait de la prose, sans s'en douter; elle chante avec ses yeux qui minaudent, son nez qui se retrousse, sa poitrine qu'elle montre tant qu'elle peut, sa taille qui se tortille, enfin elle chante avec tout ce que la nature lui a donné, — une seule chose exceptée, la voix; — il est vrai que de côté la nature lui a été assez avare. Eh bien! il faut que vous lui donniez ce qui lui manque.

— La voix? moi!

— Pas la voix, mais le talent. Pas vous, car, malgré tous vos mérites, vous n'avez peut-être pas ceux d'un maître de chant; mais Lorenzo Belo, qui les possède, lui, ces mérites.

Le baron joignit les mains dans un mouvement d'admiration, car bien qu'il professât le plus profond mépris pour Mme de Lucillière, il ne pouvait pas ne pas admirer une combinaison si bien trouvée, alors surtout que cette combinaison devait lui profiter.

— Je comprends, s'écria-t-il, je comprends.

— Vous comprenez, n'est-ce pas, que vous donnez Lorenzo Belo pour professeur à Flavie? Sans doute vous pourriez tout aussi bien le donner à Ida?

— Oh! ma fille!

— Justement, je sens ce cri d'un père qui ne veut pas mêler une fille comme Mlle Ida...

— Sie ist eine engel!

— Ia, ia, c'est un ange, et puis ce serait s'engager bien à fond que d'intervenir d'une façon si directe et si personnelle; tandis que, par l'entremise de Flavie, les choses se font sans que vous y mettiez la main. C'est Flavie qui demande des leçons à Belo, et rien n'est plus naturel. Belo a chanté sur les grands théâtres du monde, et c'est parce sa voix a été perdue qu'il s'est fait professeur; les leçons qu'il donne ont pour but de former des chanteurs et des chanteuses de théâtre. Flavie, qui est une chanteuse de théâtre, — — au moins elle peut le croire, — ne veut pas rester aux Bouffes, elle veut passer à l'Opéra-Comique ou à l'Opéra, — on a vu des exemples de cette ambition chez de simples grues;—elle s'adresse à Belo pour lui demander des leçons. Vous allez la voir quelquefois chez elle, n'est-ce pas?

— Quelquefois.

— Plusieurs fois par semaine?

— Oui, souvent.

— Tous les jours?

— Je la vois souvent, mais pas régulièrement.

— Je comprends cela; enfin vous la verrez plus souvent, tous les jours. Oh! bien entendu, devant Belo. Vous assisterez aux leçons. Rien n'est plus légitime. Vous vous intéressez à cette petite fille de votre caissier, vous désirez qu'elle cultive son talent pour n'être pas exposée aux tentations de la misère, et vous surveillez vous-même ses leçons pour constater ses progrès. C'est d'un père, cette conduite; elle vous fera honneur.

— Il est certain qu'il n'y aura rien à dire.

— En assistant aux leçons, vous parlerez de temps en temps du colonel Chamberlain et de son prochain mariage. Cela encore est tout naturel puisque vous êtes l'ami du marié et de la mariée. Je crois que tout d'abord il sera bon que vous ne manifestiez pas votre sentiment sur ce mariage, afin de ne pas éveiller les soupçons de cet Italien. Ce sera peu à peu que vous les manifesterez, ces sentiments, en insistant principalement sur la certitude où vous êtes que rien ne peut l'empêcher. Sans doute, tout mariage qui n'est pas conclu peut se rompre; mais, pour que cette rupture s'accomplisse, il ne faut pas qu'il soit ardemment désiré des deux côtés, et c'est précisément ce qui se rencontre dans celui-là: par intérêt, Mlle Belmonte le veut; par amour, le colonel le désire non moins vivement.

— Parfaitement.

— Vous voyez le thème, je n'ai donc pas besoin d'insister. Il arrive un moment,—ah! nous n'avons pas besoin de nous presser; la veille, il sera temps encore;—il arrive un moment où Belo doute de l'efficacité du moyen dont il dispose; il a peur, il croit que ce mariage se fera quand même. Il a compris que vous désiriez qu'il ne se fasse pas et que vous pouvez l'empêcher; il pense qu'en réunissant vos deux actions, la vôtre et la sienne, vous serez plus puissants: il vous livre son moyen. Naturellement vous ne livrez pas le vôtre, « qui ne vaut pas le sien »; on agit, et la rupture est accomplie, sans que nulle part votre main soit visible: ce que vous devez désirez... en vue de l'avenir.

Le baron se retira en pensant que la marquise n'était vraiment pas sotte.

Mais quelle femme corrompue, bon Dieu!

Il n'y avait qu'une Française au monde capable d'inventer une pareille combinaison, et encore sans paraître y toucher.

Quelle Babylone que ce Paris!

XXVIII

Mlle Flavie Schwerdtmann, connue au théâtre sous le nom de Flavie Engel, plus facile à prononcer pour une bouche française, ou plus simplement sous celui de Flavie tout court, beaucoup plus facile encore, était ce qu'on appelait alors dans un certain monde une jeune grue, et elle n'était que cela.

Dix-neuf ans, une beauté assez pâle, pas le moindre talent, et cependant elle avait une certaine réputation.

Elle la devait, cette réputation, à l'étrangeté et à la bizarrerie qui se montraient en elle.

C'était une Allemande de la Poméranie, née d'un père et d'une mère qui l'un et l'autre étaient deux types de pure race; cette pureté de race, ils l'avaient transmise à leur fille, et celle-ci, au milieu de comédiennes françaises, frappait le spectateur le moins attentif par ses yeux bleus, ses cheveux d'un blond pâle, et tous les caractères constitutifs de la « Germaine ». C'est déjà une raison de succès de ne pas ressembler aux autres. A Berlin ou à Stettin, on ne l'eût pas regardée; à Paris, on la remarquait.

Mais à cette attraction, en réalité assez légère, elle en joignait une autre, plus puissante : Allemande de naissance, elle avait cessé de l'être par son éducation. De là en elle un curieux mélange de qualités et de défauts disparates, jurant de se trouver ensemble, et qui, précisément par cela seul, la rendaient séduisante pour certains esprits blasés, amoureux de ce qui sort du naturel.

Elle était enfant à son arrivée à Paris et orpheline de mère; son père, qui était un excellent employé, comme le sont souvent les Allemands, laborieux, exact, zélé, l'avait livrée aux soins d'une domestique par malheur richement pourvue de tous les vices; de sorte que l'éducation que la petite Flavie avait reçue avait été celle de la rue et même, pour tout dire, celle du ruisseau.

Dans son roman des *Liaisons dangereuses*, Laclos a peint une jeune fille chaste et innocente, que son amant prend plaisir à corrompre en apprenant à son écolière naïve une espèce de « catéchisme de débauche ». Sans savoir ce qu'elle dit, cette petite répète les monstruosités les plus étonnantes, et, dans la lettre où il raconte cette histoire, cet homme, qui ne se plaît plus qu'aux choses bizarres, dit que rien n'est plus drôle que l'ingénuité avec laquelle sa maîtresse se sert de la langue qu'il vient de lui apprendre, n'imaginant pas qu'on puisse parler autrement : le contraste de la candeur naïve qui est en elle avec son langage plein d'effronterie est tout à fait séduisant.

C'était une éducation de ce genre que Flavie s'était donnée, mais bien entendu en sachant très-bien « qu'on pouvait parler autrement, » et, comme avec cela elle était restée enfant pour le visage, gardant des yeux innocents, un sourire naïf, une bouche mignonne et chaste, elle produisait justement un effet de séduction provoquante, qui résultait du contraste de son apparence naïve avec son langage plein d'effronterie.

Pour certaines gens, elle était irrésistible par la façon candide dont elle récitait « son catéchisme de débauche. »

Tous ceux qui la connaissaient disaient d'elle :

— Est-elle drôle, cette Flavie ?

Et ce mot était généralement accepté.

Les jeunes beaux des avant-scènes et de l'orchestre étaient assez indifférents pour elle ; mais, parmi les hommes qui avaient passé la soixantaine, elle avait de zélés partisans. Il est vrai qu'ils ne la défendaient pas ouvertement quand on l'attaquait, mais à ces attaques ils répondaient par des haussements d'épaules ou des sourires discrets qui en disaient long pour qui savait comprendre.

Le baron Lazarus était un de ces fidèles, et de tous celui qui lui témoignait publiquement le plus d'intérêt.

— Elle était la fille de son caissier, cet intérêt n'était-il pas tout naturel ?

Si cette explication était accueillie par des sourires, il ne se fâchait pas et riait lui-même.

— Je voudrais bien, disait-il.

En sortant de chez Mme de Lucillière, il se rendit directement chez Flavie, et avec de longues circonlocutions il lui expliqua ce qu'il désirait, c'est-à-dire qu'elle prît des leçons de Lorenzo Beio.

A ce mot, Flavie se jeta à la renverse sur un canapé en riant aux éclats.

— Des leçons, dit-elle; moi, à mon âge, ah ! zut.

— Mais, ma chère petite...

Et le baron se mit à développer tous les avantages qu'il y avait pour elle à prendre des leçons de Beio. Cette idée lui était venue la veille en l'entendant chanter. Évidemment, si elle voulait, elle pouvait devenir une grande artiste; elle avait tout ce qu'il fallait pour cela. Est-ce que Mme Ugalde, Mme Cabel, Mme Sass, n'avaient pas débuté dans des cafés-concerts ?

Et, comme Flavie continuait à rire en secouant la tête :

— C'est au nom de ton père que je te parle, dit-il.

Elle se leva vivement et, se campant devant le baron, les bras croisés :
— Vous savez, dit-elle, ce n'est pas à moi qu'il faut la faire, celle-là ; bonne pour la galerie, la balançoire de la paternité. Et puis là, franchement, est-ce que si mon pauvre bonhomme de père était encore de ce monde, il ne vous casserait pas les reins, oh ! monsieur le baron ? J'ose espérer que oui, car enfin qu'avez-vous fait de la fille de mon père ? Soyez franc pendant cinq minutes, si vous pouvez.
— Je veux en faire une grande artiste.
— Il fallait commencer par là, c'était peut-être possible ; maintenant il est trop tard ; et à qui la faute ?
— Il n'est jamais trop tard.
— Ne faites donc pas le naïf avec moi, vous savez que je ne m'y laisse plus prendre. Pourquoi avez-vous eu l'idée de me faire donner des leçons par Belo ? Dites-moi la raison vraie.
— Pour que tu me donnes les nobles jouissances de l'art.
Elle se jeta de nouveau sur son canapé en riant de plus belle.
— Non, non ! criait-elle ; impayable !
Le baron vint s'asseoir près d'elle :
— Tu sais bien que je t'adore, dit-il, et je n'ai qu'un désir, qui est de t'aimer plus encore, si cela est possible. Une seule chose peut faire ce miracle : le talent.
— Ah ça ! je n'ai donc pas de talent ?
— Si, si, tu en as beaucoup, et c'est justement pour que tu en aies davantage. Cela te sera facile avec Belo ; tu iras à l'Opéra-Comique, à l'Opéra. Vois-tu l'affiche : *Débuts de Mlle Flavie Engel*. Cela ne te dit rien ?
— Après tout, pourquoi pas ?
— Un peu de travail, et tu arrives ; Belo est un excellent professeur, qui a fait des prodiges en ce genre. Jusqu'à présent tu as eu les succès d'une petite fille, mais tu vas devenir une femme ; avec l'âge, il te faut d'autres succès, plus grands, plus beaux, et, si tu le veux, tu les auras.
Elle parut réfléchir un moment ; puis, s'appuyant sur son coude et regardant le baron dans les yeux :
— Vous y tenez donc bien à ces leçons ?
— Beaucoup, je t'assure.
— Alors qu'est-ce que vous me les payez l'heure ?
— Comment ! ce que je te les paye ?
— Oui.
— A toi ?
— A qui voulez-vous les payer ? au grand Turc.
— Je les paye à Belo, il me semble que c'est lui qui les donne.
— Et qu'est-ce qui les prend ?
— Te moques-tu de moi ?

— Qu'est-ce qui aura à s'ennuyer, à travailler, à s'exterminer ?
— Mais il me semble...
— Pour qui aurai-je tout ce mal ?
— Pour toi.
— Pour vous donner les nobles jouissances de l'art, comme vous dites.
— Sans doute, mais...
— Combien estimez-vous que ça vaut ce genre de jouissances. Cher, n'est-ce pas ? Alors payez.
— Quand tu me les donneras, ces jouissances, je ne dis pas que je ne t'en récompenserai pas.
— Est-ce que vous vous figurez que c'est avec moi comme chez MM. les saltimbanques, et qu'on ne paye qu'en sortant, encore si on est content ; quand vous allez au théâtre, vous prenez votre place à l'avance, n'est-ce pas ? Alors, je vous répète ma question : Qu'est-ce que vous me payez l'heure ?
Il fallut que le baron cédât ; mais il se consola des exigences de Flavie, en se disant que Belo ne serait probablement pas long à parler et que par conséquent il n'y aurait pas trop de leçons à payer.
Ils tombèrent d'accord à 100 francs.
Seulement, comme le baron n'aimait pas à jeter son argent par les fenêtres, il voulut rattraper quelque chose sur ces 100 francs.
— Il est bien entendu, dit-il, que tu payeras Belo.
Mais, si le baron savait compter, Flavie, de son côté, avait le sens du calcul très-développé, et un crâniologiste eût remarqué chez elle une forte saillie à l'angle externe de l'orbite, autrement dit l'organe des nombres.
Une nouvelle discussion s'engagea.
— Tu comprends, dit le baron en tâchant de la prendre par la persuasion, que si je demande moi-même à Belo de te donner des leçons, il me les fera payer très-cher, sous le prétexte que je suis un financier ; tandis que toi, tu es une artiste, il te fera un prix de faveur.
— Eh bien ! je traiterai moi-même avec Belo, comme si je le payais de mon propre argent ; mais vous me rembourserez ce que j'aurai avancé.
Cette combinaison permettant au baron de ne pas trop s'avancer vis-à-vis de Belo, le décida à accéder à la demande de Flavie.
— Je fais tout ce que tu veux, dit-il.
— Ainsi vous payerez Belo ?
— Je te payerai.
— Tous les jours ?
— Tous les jours ; seulement, comme tu es une espiègle capable de me compter des leçons que tu ne prendrais pas, j'assisterai à ces leçons et je jugerai par moi-même de tes progrès.

Les choses étant ainsi convenues entre le baron et Flavie, celle-ci traita elle-même avec Lorenzo Beio; mais, au premier mot le maître de chant l'arrêta.

Son temps était pris.

En réalité, l'idée de donner des leçons à Mlle Engel, du théâtre des Bouffes, n'avait rien d'attrayant pour lui. Que ferait-il d'une pareille élève? Il choisissait ses leçons et n'acceptait pas toutes celles qu'on lui demandait, et puis, d'un autre côté, s'il n'était pas en disposition de s'occuper de ses élèves anciens, ce n'était pas pour en prendre une nouvelle.

Mais, quand Flavie voulait une chose, elle la voulait bien, et les cent francs promis par le baron lui avaient inspiré une ferme volonté : elle fit si bien qu'elle parvint à décider Beio.

Bien entendu, le baron se trouva chez Flavie lorsque Beio y arriva pour donner sa leçon.

Flavie avait été prévenue et elle savait ce qu'elle avait à faire.

Le baron était installé sur un canapé dans le salon.

Elle alla à lui.

— A mon grand regret, dit-elle, il faut que je vous fausse compagnie.

— Et pourquoi donc, petite fille?

Petite fille était un mot paternel dont il se servait en public.

— Parce que je vais prendre une leçon avec monsieur.

Alors, continuant son rôle, elle avait fait la présentation de Beio au baron, du baron à Beio.

— Comment! s'écria le baron, vous êtes M. Lorenzo Beio? Mais j'ai l'honneur de vous connaître; j'entends souvent parler de vous par la meilleure amie de ma fille, Mlle Carmelita Belmonte, dont vous êtes le professeur.

Beio, sans répondre, s'inclina.

— Mes compliments, cher monsieur, continua le baron; vous avez dans Carmelita une élève qui vous fait le plus grand honneur. Quel malheur, n'est-ce pas, qu'une organisation si splendide soit perdue pour l'art! Combien de fois, en la faisant travailler, avez-vous dû vous dire que sa place était sur la scène? Elle y eût été admirable; j'en suis certain; avec sa beauté, avec son talent, elle aurait obtenu des succès prodigieux. C'est, il me semble, un vif chagrin pour un professeur de se dire qu'un pareil talent sera ignoré; car qu'est-ce que la gloire des salons? Et puis, quand elle sera mariée, chantera-t-elle? le monde, la famille, lui en laisseront-ils la possibilité?

Lorenzo Beio se tourna vers Flavie et lui demanda si elle n'était pas prête à commencer.

— Commencez, dit le baron; ne vous troublez pas pour moi. J'ai bien souvent assisté aux leçons de cette petite fille; elle est habituée à moi.

On commença.

Mais, dans un moment de repos, le baron revint au sujet qui le préoccupait.

— Connaissez-vous le colonel Chamberlain, qui épouse Mlle Belmonte? C'est aussi un de mes bons amis, charmant garçon.

Beio répondit qu'il ne connaissait pas le colonel.

— Fâcheux, très-fâcheux. Je suis sûr que, quand vous aurez fait sa connaissance, vous regretterez moins de perdre votre élève. Il semble que ce soit, l'homme destiné par la Providence à devenir le mari de Carmelita, comme s'ils étaient faits l'un pour l'autre.

L'Italien écoutait ces paroles avec une figure sombre, en lançant de temps en temps des regards furieux au baron, que celui-ci paraissait ne pas voir, mais qu'il remarquait très-bien.

— Cependant seront-ils heureux? continua le baron, ne craignant pas de mettre une certaine incohérence dans son discours; c'est ce que je me demande. L'apparence est pour le bonheur. Mais, en regardant au fond des choses, on aperçoit des causes de trouble.

Comme Beio, à ce mot, avait fait un mouvement, le baron insista.

— Parfaitement, des causes de trouble, on peut même dire de division. Cela est sensible pour qui connaît la vie. Aussi ce mariage m'inquiète-t-il jusqu'à un certain point. J'aurais su qu'il devait se faire que j'aurais assurément présenté mes doutes et mes observations, avant qu'il fût décidé, au prince Mazzazoli aussi bien qu'au colonel. Mais à quoi bon des observations qui ne doivent servir à rien ? Ce mariage est arrêté; ce ne sont pas des observations qui maintenant pourront l'empêcher, d'autant mieux qu'il est vivement désiré des deux côtés.

Beio s'était rapproché du baron, montrant pour la première fois qu'il s'intéressait à ce qu'il entendait; mais ces derniers mots le firent se retourner vers Flavie, qui, elle, écoutait attentivement le baron, se demandant ce que signifiaient ces paroles et à quel but elles tendaient, car ce n'était assurément pas un simple bavardage.

— Je dis que ce mariage est vivement désiré des deux côté, poursuivit le baron, et c'est là ce qui me ferme la bouche. Le colonel aime passionnément Carmelita, et cette passion s'explique : Carmelita est si belle! D'autre part, le prince Mazzazoli est ébloui par la fortune du colonel, et cet éblouissement se comprend, le colonel est si riche! Le prince voulait un roi pour sa nièce : il a trouvé mieux, car le royaume du colonel

Chamberlain n'a rien à craindre des révolutions.

Le baron s'arrêta, et s'adressant à Flavie :

— Excusez-moi, chère petite fille; je vous fais perdre votre temps, je bavarde, et j'oublie que ce temps est précieux. Travaillez, mon enfant, je vous prie; si je vous interromps encore, mettez-moi à la porte.

Et le baron n'interrompit plus en effet que par quelques paroles qui se rapportaient à la leçon même.

— Très-bien, cela ira, n'est-ce pas votre avis, monsieur Beio ? Je n'en dirais pas autant pour une Française; mais cette petite fille est Allemande et, grâce à Dieu, les Allemands sont autrement organisés pour la musique que les Français.

Cette observation arriva à propos pour rendre un peu d'espérance au professeur, qui se disait déjà qu'il n'avait rien à faire avec une pareille élève. Le baron avait peut-être raison, c'était une Allemande, et, comme il partageait pleinement l'avis du baron sur le sentiment musical des Français, il se raccrocha à cette branche : il fallait voir, et ne pas renoncer dès la première leçon.

Quand Beio se disposa à partir, le baron se leva en même temps que lui et l'accompagna jusque dans la rue.

Précisément sa voiture était à la porte, l'attendant.

— De quel côté allait M. Beio ?

Justement le baron avait besoin dans ce même quartier, et il força le professeur à prendre place dans sa voiture.

En chemin, il ne parla que de musique et il en parla bien, en homme qui sait et qui sent.

Ce fut seulement quelques instants avant d'arriver qu'il glissa quelques mots personnels dans cet entretien.

— Si vous voyez le prince Mazzazoli, dit-il, je vous demande de ne pas lui dire que j'assiste aux leçons de Flavie; le monde est si méchant et si facile à tout mal interpréter. Le prince ferait des plaisanteries sur mon assiduité, il pourrait en parler devant ma fille, et je ne veux pas qu'un soupçon, si léger qu'il soit, puisse effleurer l'esprit de ma fille, une ange, monsieur, une ange.

Beio répondit qu'il n'avait pas l'habitude de parler de ses leçons au prince Mazzazoli.

— Oh ! j'en suis certain ; seulement les conditions dans lesquelles nous nous rencontrons sont telles que pour cette fois vous auriez pu faire une exception à votre règle ordinaire de conduite. Et cependant quoi de plus naturel, de plus légitime, que l'intérêt que je porte à cette petite Flavie? Elle est la fille de mon caissier, son père est mort à mon service ; j'ai des devoirs à remplir en-

vers elle. Mais à Paris on ne croit pas aux devoirs, et l'on cherche à tout de honteuses raisons. Quelle ville ! Bien charmante, cela est vrai ; mais quelle corruption !

Les leçons se continuèrent, et chaque fois le baron Lazarus y assista, trouvant toujours moyen de parler de son cher ami le prince Mazzazoli et de son autre ami, non moins cher, non moins excellent, le colonel Chamberlain.

Ses discours n'étaient guère que des répétitions de celui qu'il avait tenu au maître de chant, la première fois qu'il l'avait rencontré; seulement il mettait un peu plus de précision dans ses paroles, surtout en ce qui touchait la rupture de ce mariage.

— Ah ! si on pouvait l'empêcher. Bien certainement ce serait pour le bonheur de l'un comme de l'autre. Mais comment ?

Et alors, se conformant aux instructions de Mme de Lucillière, il insistait sur les impossibilités qu'il y avait à cette rupture : l'intérêt du prince, l'amour du colonel.

Personne ne les connaissait mieux que lui, ces impossibilités, voyant chaque jour comme il le voyait l'empressement que de part et d'autre on mettait à accomplir ce mariage.

Et en parlant ainsi, il n'avait pas besoin de se livrer à de grands efforts d'imagination ; il lui suffisait de rapporter ce qu'il remarquait et chez le prince et chez le colonel.

Car jamais il n'avait été plus assidu dans l'une et dans l'autre maison.

Ida voyait Carmelita tous les jours, souvent même plusieurs fois par jour.

Et le baron voyait lui-même le colonel tout aussi souvent.

C'était ainsi qu'il savait par le détail les cadeaux que le colonel préparait pour sa fiancée, avec une générosité qui rappelait la prodigalité orientale.

C'était ainsi qu'il savait aussi que la date primitivement fixée pour le mariage serait forcément retardée pour l'accomplissement de certaines formalités. Le père de Carmelita, le comte Belmonte, était mort en Syrie, où il avait eu l'idée d'aller chercher fortune et où il n'avait trouvé que le choléra ; son acte de décès n'était pas régulier, et il fallait le faire régulariser, ce qui, à cause de la distance, demandait des délais, et d'un autre côté, par suite du bon ordre qui règne dans les pays administrés par les Turcs, présentait des difficultés.

En même temps qu'il fréquentait le prince et le colonel, le baron, ne s'en tenant pas au seul Lorenzo Beio, poursuivait, auprès des uns et des autres, les recherches qui pouvaient lui fournir des armes nouvelles.

Il n'avait plus qu'un sujet de conversation : le mariage de Mlle Belmonte et du colonel Chamberlain.

Par malheur pour lui, il ne trouvait rien.

Tous les créanciers du prince, et ils étaient nombreux, étaient remplis de joie par ce mariage, et, bien entendu, ils n'auraient rien fait ni rien dit pour l'empêcher.

Quant aux quelques amis que le colonel avait en France, ils blâmaient bien ce mariage, ils en riaient bien, mais c'était tout.

Encore tous ne lui étaient pas hostiles, et plusieurs trouvaient que Carmelita était assez belle pour qu'on fît la folie de l'épouser.

Parmi ceux qui raisonnaient ainsi, se trouvait Gaston de Pompéran.

Comme le baron s'étonnait un jour de le voir appuyer ce mariage :

— C'est que j'aime mieux Carmelita que Thérèse, répondit Gaston ; au moins Carmelita est du monde. Je vous avoue que j'ai eu une belle peur quand le colonel a rompu avec la marquise ; j'ai cru qu'il allait retourner à sa petite cousine, ce qui était indigne, et la prendre pour femme. C'est un miracle qu'il ne l'ait pas fait, et je suis reconnaissant à Carmelita de l'avoir empêché. Voyez-vous le colonel Chamberlain marié à une ouvrière du faubourg Saint-Antoine !

Non, vraiment ; non, le baron Lazarus ne voyait pas cela.

XXIX

Cependant ces paroles de Gaston de Pompéran donnèrent à réfléchir au baron Lazarus.

Si le colonel Chamberlain avait dû, au dire de son ami, revenir à sa petite cousine après sa rupture avec Mme de Lucillière, n'y reviendrait-il pas après sa rupture avec Carmelita ?

Ce n'était pas certes pour ce résultat qu'il travaillait, le baron !

Le baron était trop au courant de ce qui touchait le colonel pour ne pas connaître cette Thérèse, que Gaston venait de lui représenter comme dangereuse ; mais le mariage de Carmelita la lui avait fait négliger, il n'avait pas même pensé à elle.

Puisque le colonel épousait Carmelita, c'était la meilleure preuve qu'il n'aimait pas cette petite faubourienne, comme on l'avait dit à un certain moment, ou que, s'il l'avait aimée, il avait maintenant rompu avec elle.

Mais les paroles de Gaston lui firent envisager la question à un point de vue moins vague.

Pour que Gaston eût ressenti « une belle peur, » à la pensée que le colonel, se séparant de Mme de Lucillière, allait retourner vers sa cousine, il fallait que le sentiment qu'il éprouvait pour cette petite fille existât toujours et fût sérieux.

Il est vrai que ce retour n'avait point eu lieu, comme Gaston le craignait et comme cela était indigne.

Qui avait empêché ce retour ?

L'habileté du prince Mazzazoli, qui avait su contrarier et finalement paralyser les dispositions naturelles du colonel.

Livré à lui-même, le colonel serait donc retourné à sa cousine.

Cela était grave.

Encore si le baron avait pu savoir quels avaient été les moyens employés par le prince Mazzazoli.

Mais, sur ce point comme sur bien d'autres, il était obligé de s'en tenir à des conjectures plus ou moins fondées.

Le seul fait certain était sa solitude en Suisse avec Carmelita, et, partant de ce fait, il était facile d'imaginer comment le colonel s'était laissé prendre aux séductions du tête-à-tête : ne voyant que Carmelita, vivant près d'elle du matin au soir, se promenant avec elle, il avait dû tout naturellement s'abandonner à un sentiment qui, n'existant pas à son départ de Paris, avait peu à peu si bien grandi qu'il l'avait amené à un mariage.

Cet isolement était sans doute un coup de maître.

Mais il s'était produit dans des conditions particulières, qu'il n'était pas facile de renouveler à volonté et au moment propice.

En rompant avec Carmelita, le colonel se sauverait-il de Paris pour s'aller cacher en Suisse ou ailleurs ?

Cette fuite, aux yeux du baron, n'était guère probable ; car pour lui ce que le colonel éprouverait en décidant cette rupture ne ressemblerait en rien à ce qu'il avait ressenti lorsqu'il s'était éloigné de Mme de Lucillière.

Les circonstances n'étaient pas du tout les mêmes, surtout les sentiments du colonel.

Lorsque le colonel avait quitté Paris, c'était sous le coup d'une profonde douleur, peut-être par crainte de faiblesse et de lâcheté de cœur, car il adorait la marquise et cette séparation devait le désespérer.

Adorait-il Carmelita ?

Le baron en doutait, et, bien qu'il répétât partout : « Voyez donc comme le colonel Chamberlain aime Mlle Belmonte ; c'est un mariage d'amour ; » il n'était nullement convaincu de l'existence de cet amour, bien au contraire.

Sans doute, le colonel prenait Carmelita pour sa femme, il n'y avait pas à le nier ; mais la raison déterminante de ce mariage, le baron ne la trouvait pas dans une grande passion ressentie par le colonel. La passion éclate aux yeux de tous, même des moins clairvoyants; elle éblouit ceux qui s'en approchent. Ces éblouissements, le baron n'en avait jamais été frappé, et cette raison déterminante, il était encore à la trouver.

Mais ce dont il était certain, ce qu'il affirmait, c'était que le sentiment que le colonel éprouvait pour Carmelita ne ressemblait en rien à celui qui l'avait fait si longtemps l'esclave de la marquise de Lucillière.

Les choses étant ainsi, — et il croyait bien ne pas se tromper, — le résultat de cette seconde rupture devait être autre que celui de la première.

Son mariage manqué, le colonel ne quitterait pas Paris,

Et, ne quittant pas Paris, il était possible, il était à craindre qu'il se rapprochât de sa petite cousine.

En même temps qu'on provoquait la rupture de ce mariage, il fallait donc s'arranger pour que le colonel n'eût pas l'idée d'aller chercher des consolations, s'il en avait besoin, auprès de Thérèse.

Déjà le baron avait travaillé utilement dans ce sens.

Le jour où le colonel n'irait plus chez le prince Mazzazoli, il devait avoir l'idée de venir dans une maison où l'on prenait à cœur de lui plaire de toutes les manières, et cette maison était l'hôtel de la rue du Colisée.

Telle était la raison qui avait inspiré les cajoleries, les flatteries, les instances, les invitations dont le baron et Ida avaient accablé le colonel depuis son retour d'Italie.

Lorsque tout à coup des habitudes prises viennent à se briser, on éprouve des moments de désœuvrement et de vague inquiétude ; quelque chose vous manque, qu'on ne sait par quoi remplacer.

Le baron comptait que dans ces moments le colonel penserait à la maison où, en ces derniers temps, il avait été si bien accueilli et que, s'il ne venait pas tout de suite demander des consolations à Ida, il viendrait au moins chercher près d'elle des distractions.

Mais ces distractions, il pouvait aussi bien avoir l'idée d'aller les chercher auprès de Thérèse Chamberlain, et il ne fallait pas que cela fût.

Séparé de Carmelita, il ne devait trouver près de lui que la seule Ida.

C'était répéter à son profit la tactique du prince Mazzazoli et s'approprier un moyen qui, ayant réussi une première fois, devait réussir encore une seconde.

Seulement les difficultés étaient grandes, car il se présentait tout d'abord une question pour laquelle l'exemple du prince Mazzazoli n'offrait pas de solution :

— Comment se débarrasser de Thérèse et qu'en faire ?

Le prince n'avait pas eu à lutter contre un danger de ce genre, puisqu'alors le colonel était seul en Suisse, loin de Thérèse.

Mais le baron n'était pas homme à se décourager devant une difficulté, si sérieuse qu'elle pût être ; jamais il n'abandonnait une partie commencée, et il allait jusqu'au bout, dût-il être battu.

Il se mit donc à étudier cette question et à chercher un moyen de la résoudre qui, tout en étant sûr, ne le compromît pas ; car il ne fallait pas s'avancer à l'étourdie en cette affaire, ni s'exposer à blesser le colonel en agissant d'une façon brutale et surtout directe contre un membre de sa famille.

Le premier point à obtenir, c'était de savoir ce qu'était cette petite Thérèse et de réunir sur elle autant de renseignements qu'il était possible, afin de chercher dans ces renseignements un moyen d'action.

Mais c'était là une tâche peu commode, au moins pour le baron, qui ne pouvait pas aller entreprendre une enquête de ce genre en plein faubourg Saint-Antoine, dans la maison d'un ouvrier, comme il avait pu en entreprendre une aux Champs-Elysées, dans la maison du prince Mazzazoli.

Heureusement cette enquête pouvait être faite par des tiers et le baron n'avait pas besoin de la poursuivre lui-même ; restant soigneusement dans la coulisse, sans même laisser voir son ombre, il devait se contenter de faire jouer cette pièce par des marionnettes qu'il ferait agir et dont il tiendrait les fils dans sa main ; il n'avait qu'à reprendre et à répéter la tactique qui lui avait si bien réussi, lorsqu'il avait voulu savoir comment la marquise de Lucillière s'introduisait la nuit chez le colonel.

Seulement cette fois ce n'était pas d'une balayeuse qu'il devait se servir.

Ce n'était pas ce que Thérèse faisait dans la rue qui l'inquiétait, c'était ce qui se passait chez elle.

C'était donc quelqu'un qui pénétrât journellement dans l'intérieur d'Antoine Chamberlain, et qui fût en relations suivies avec celui-ci, qu'il devait employer.

Pour tout autre que le baron, un agent réunissant ces conditions et de plus étant assez intelligent pour bien s'acquitter de sa mission, assez fin pour tout voir, assez discret pour ne rien dire, eût été difficile à trouver, les financiers en effet n'entretenant pas ordinairement des rapports intimes avec les menuisiers ou les ébénistes.

Mais ce qui eût été à peu près impraticable pour un financier français, anglais ou russe, ne l'était pas pour un financier allemand, ayant, comme le baron Lazarus, des relations avec la colonie allemande établie à Paris, dans celle qui habite les hôtels de la Chaussée-d'Antin, aussi bien que dans celle qui grouille dans les bouges de « la colline », ce quartier central des balayeurs hessois, ou dans ceux du quartier Saint-Marcel.

Ce n'était pas seulement sur les riches étrangers que Paris, à cette époque, exerçait une toute-puissante attraction ; de tous les coins du monde, l'ancien comme le nouveau, on accourait à Paris. Mais ce n'était pas uniquement pour y mener la vie de plaisir ; on y venait encore pour mener la dure vie du travail, pour s'enrichir ou pour gagner le morceau de pain qu'on ne trouvait pas dans son pays, trop pauvre. A tous, riches ou misérables, Paris ouvrait ses portes.

— Soyez les bienvenus, amusez-vous, travaillez ; vous êtes chez vous, nous n'avons de défiance ou de jalousie contre personne. C'est à l'entrée de Paris que devrait être accrochée cette enseigne, qu'on ne trouve plus que dans les villages perdus : *Au Soleil d'or, il luit pour tout le monde ;* cela vaudrait bien le *Fluctuat nec mergitur*.

De tous les étrangers, ceux qui avaient le plus largement profité de cette hospitalité étaient les Allemands. Combien y avait-il d'Allemands à Paris ? On ne le savait pas. Les uns disaient quarante mille ; les autres, plus de deux cent mille. Et ce qui rendait la statistique à peu près impossible, c'était que les Allemands, contrairement à ce qui se produit généralement, cachaient souvent leur nationalité. A ce moment, ils n'étaient pas encore fiers de la grande patrie allemande, et bien souvent, quand on demandait quel était leur pays à des gens qui prononçaient d'une étrange façon les p, les b et les v, ils vous faisaient des histoires invraisemblables. Si l'on avait inscrit au compte de l'Alsace tous ceux qui se disaient Alsaciens, on aurait trouvé qu'il y avait plus d'Alsaciens à Paris que dans le Haut-Rhin et dans le Bas-Rhin.

Quoi qu'il en fût du chiffre exact, il y avait un fait certain, qui était que ce chiffre était considérable : partout des Allemands. Dans la finance des Allemands ; dans le commerce d'exportation et de commission, des Allemands ; chez les tailleurs, des Allemands ; chez les bottiers, des Allemands ; dans les hôtels, comme *kellner* et comme *oberkellner*, des Allemands ; pour balayer nos rues, des Allemands ; dans le charronnage, la carrosserie, l'ébénisterie, des Allemands. Il y avait dans Paris des quartiers exclusivement occupés par des Allemands : « la colline » à la Villette ; d'autres sans nom particulier, à Batignolles, à la barrière de Fontainebleau, au boulevard Richard-Lenoir, et dans ces quartiers de grandes cours allemandes (*teutsche hofe*).

Nulle part, si ce n'est dans les villes du nord des Etats-Unis on n'aurait trouvé une pareille agglomération d'Allemands.

Le baron Lazarus bien qu'il n'occupât à Paris aucune position officielle et qu'il ne fût ni consul ni chargé d'affaires d'aucun petit prince allemand, était en relations avec le plus grand nombre de ses compatriotes : avec les uns, ceux qui formaient la tête de la colonie allemande, par les affaires ; avec les autres, ceux qui se trouvaient au bas de l'échelle, par des œuvres de bienfaisance ou de propagande religieuse ; les financiers de la Chaussée-d'Antin lui serraient la main ; les carriers de la barrière de Fontainebleau, les balayeurs de la Villette, les ouvriers du quartier Saint-Antoine, le connaissaient.

Plusieurs de ces derniers venaient même quelquefois rue du Colisée, et lorsqu'ils étaient enfermés dans son cabinet, où il les recevait seuls, son secrétaire veillait sur sa porte pour la défendre. Lorsqu'ils parlaient de lui, ils le faisaient d'une façon mystérieuse, et lorsqu'on les interrogeait sur leurs relations assez étranges avec un homme occupant une haute position sociale comme le baron, ils répondaient contradictoirement. Pour les uns, le baron était simplement un banquier qui voulait bien faire passer, généreusement et sans frais, à leur famille, l'argent qu'ils lui remettaient ; pour les autres, un peu plus francs, c'était le correspondant d'associations établies dans la mère-patrie.

Avec ces relations parmi les ouvriers parisiens, le baron pouvait organiser les recherches qu'il désirait, car plusieurs de ces ouvriers étaient les camarades et les amis d'Antoine.

Il n'eut qu'un mot à dire pour qu'on lui indiquât à qui il devait s'adresser ;

— Hermann est l'ami d'Antoine Chamberlain, il le connaît bien ; ils se voient tous les jours.

Hermann était précisément un de ces ouvriers que le baron recevait mystérieusement ou tout au moins avec lequel il s'enfermait.

Mandé par un mot pressant, il arriva le soir même rue du Colisée.

Et, en moins d'une heure, le baron connut Antoine Chamberlain, comme s'il avait été en relations avec lui depuis plusieurs années, et il comprit quel était le rôle qu'il avait joué, et il sentit quelle était son influence.

Mais Thérèse ?

Les réponses d'Hermann ne pouvaient être que plus vagues sur cette petite fille, qu'il avait bien souvent vue, mais sans jamais la regarder, et qui pour lui était sans importance. Tout ce qu'il savait, c'est qu'il était question d'un mariage entre cette jeune fille et l'associé d'Antoine, un jeune sculpteur sur bois, nommé Michel, un brave garçon aussi, et qui, comme homme, valait Antoine.

Le baron respira : si Thérèse épousait ce jeune sculpteur, cet associé de son père, elle n'était pas à craindre, et l'on pouvait ne pas s'occuper d'elle davantage.

Mais il n'avait pas pour habitude dans les affaires sérieuses de se contenter d'un on-dit ou d'un à-peu-près.

On parlait de ce mariage, mais sur quoi reposait-il ? Était-il certain ? quand devait-il se faire ? pourquoi n'était-il pas encore fait ? C'était ce qu'il fallait savoir d'une façon précise en s'en informant d'une manière adroite.

Et comme il ne convenait pas au baron de se livrer, même à ceux dont il se croyait sûr, il voulut expliquer l'intérêt qu'il portait au mariage de cette petite fille.

— Ce que vous me rapportez d'Antoine Chamberlain, dit-il; confirme pleinement ce que j'en savais déjà. C'est bien certainement un homme qui peut rendre les plus grands services à la cause à laquelle j'ai voué ma vie, et pour laquelle j'ai combattu un des derniers, avec Microlawski, à Leutershaufen et à Waghausel ; mais sa fille le gêne, il faut qu'il s'en débarrasse.

— Il ne peut pourtant pas la tuer, d'autant mieux que c'est vraiment une jolie fille.

— Assurément non, car nous ne sommes plus au temps malheureusement où Brutus faisait tuer ses deux fils pour assurer la liberté. Je comprends très-bien qu'Antoine Chamberlain ne tue pas sa fille, mais qu'il la marie.

— Il doit la marier.

— Mais quand doit se faire ce mariage ? Il faut savoir cela, mon brave Hermann, et discrètement.

Et le brave Hermann, qui, lui aussi, avait reçu du ciel d'heureuses dispositions pour faire des recherches et des enquêtes, s'occupa d'apprendre quand Thérèse devait épouser Michel.

Au reste, cela ne lui donna pas beaucoup de peine, et après avoir interrogé adroitement Antoine, qui se livra peu, Michel, qui se livra moins encore, et enfin Denizot, qui parla tant qu'on voulut l'écouter et emplir son verre, il apprit que la date de ce mariage était fixée à la fin de l'année 1870.

— Et pourquoi cette date éloignée ? demanda le baron lorsqu'Hermann, tout fier de sa découverte, lui reporta cette nouvelle.

— Une idée de la jeune fille ; son père voudrait avancer le mariage.

— C'est un brave homme.

— Il est exposé à être renvoyé un de ces jours en prison, et il voudrait marier sa fille avant ; mais la petite ne veut pas.

— Pourquoi ne veut-elle pas ?

— On ne sait pas : idée de jeune fille, sans doute, elle ne donne pas ses raisons.

Cela n'était pas pour rassurer le baron ; avant la fin de 1870, il pouvait se passer tant de choses. En tout cas, ce qui se passerait certainement ce serait la rupture du mariage du colonel et de Carmelita. Or, à ce moment, Thérèse n'étant pas la femme de l'ouvrier Michel, le colonel pouvait très-bien revenir à elle et l'épouser lui-même.

C'était cela précisément qu'il fallait empêcher, n'importe à quel prix.

Et deux seuls moyens se présentaient :

Il fallait que Thérèse fût la femme de Michel quand le colonel romperait avec Carmelita,

Ou bien il fallait qu'à ce moment elle ne fût pas à Paris.

Évidemment ni l'un ni l'autre de ces moyens n'était d'une réalisation facile.

Mais où irait-on, si l'on s'arrêtait découragé devant ce qui est difficile ?

Le baron ne s'arrêta pas,

Et bravement il résolut de poursuivre avec activité l'exécution du moyen qui, au premier abord, pouvait sembler presque impossible, et qui, en réalité, était le plus sûr et le seul praticable, — c'est-à-dire le départ de Thérèse.

Car de compter que le mariage de Thérèse serait avancé, il ne fallait pas l'espérer : combien de négociations pour arriver à cela, combien de délais. Jamais ce mariage ne pourrait se faire avant la rupture du colonel et de Carmelita, et alors il serait trop tard.

Il valait donc mieux que Thérèse quittât Paris et c'était à ce départ qu'il devait employer les ressources de son esprit, son énergie, ses relations.

D'un côté, hâter ce départ ;

De l'autre, retarder autant que possible la déclaration de guerre de Belo,

Et le succès était possible.

Sans perdre de temps il appela Hermann à son aide.

— Ce que vous m'avez dit d'Antoine Chamberlain est malheureusement vrai, j'ai appris confidentiellement qu'il allait être arrêté sous l'inculpation de société secrète. Prévenez-le qu'il ne se laisse pas prendre, mais ne lui dites pas de qui vous tenez ce renseignement.

— Antoine ne voudra pas se sauver.

— Il aura tort, et je ne saurais trop vous engager à user de tous les moyens pour l'y décider. Si votre association est d'avis qu'Antoine Chamberlain peut vous mieux servir en restant libre qu'en se laissant mettre en prison, il me semble qu'il n'aura qu'à obéir. Et cela est facile à démontrer, c'est votre affaire, mon brave Hermann. Antoine a de mauvais antécédents judiciaires ; la justice le condamnera sévèrement, il aura au moins trois ans de prison et peut-être plus. Croyez-vous qu'il ne vous manquera pas pendant ces trois ans ? Assez d'autres seront pris, qui affirmeront hautement vos droits. Antoine a trop de valeur pour être réduit à ce rôle de martyr.

— Il ne voudra jamais partir.

— Il le voudra, s'il ne peut pas refuser et surtout s'il voit qu'il peut être utile. C'est précisément ce qui aura lieu. Vous rappelez-vous ce qui s'est passé en 1867, au moment où l'on a pu craindre une guerre entre la Prusse et la France?

— Les ouvriers ont écrit et signé des adresses fraternelles qui se sont échangées entre Allemands et Français.

— Eh bien ! nous sommes peut-être à la veille d'événements plus menaçants qu'en 1867 ; la guerre est dans l'air, tout le monde la sent. C'est le moment plus que jamais de revenir à ces adresses fraternelles, Antoine Chamberlain est connu des chefs de votre association en Allemagne ; il pourra exercer une utile influence et entraîner une vigoureuse pression sur l'opinion publique, et, quoi qu'on dise, on compte toujours avec l'opinion publique. Je vous marque cela en deux mots, et laisse votre intelligence tirer les conséquences de cette indication. Antoine Chamberlain n'a aucun rôle utile à remplir à Paris, il en a un d'une importance capitale à prendre en Allemagne. Il me semble que vous devez le décider à partir. Commencez par mettre vos archives en sûreté, et vous-mêmes, mettez-vous y aussi ; au moins ceux qui le peuvent et qui le doivent.

XXX

C'était un système dont le baron Lazarus s'était toujours bien trouvé de donner, dans des circonstances graves, ses instructions d'une façon assez vague.

Il s'en rapportait à l'intelligence de ceux qu'il employait.

Si l'affaire réussissait, il en avait tout le mérite, puisqu'il l'avait inspirée ;

Si elle échouait, son agent avait toute la responsabilité de cet échec : c'était sa faute, il avait mal compris ce qui lui avait été expliqué. On ne lui avait pas noté le détail.

Mais u'importe le détail pour qui est intelligent ?

En tous cas le baron trouvait à ce système l'avantage de ne s'engager qu'autant qu'il lui convenait.

Avec Hermann, qu'il avait plus d'une fois employé, il était pleinement tranquille, et il savait que les quelques indications qu'il n'avait pas voulu préciser seraient intelligemment développées : si Antoine Chamberlain pouvait être poussé à quitter Paris et la France, il le serait sûrement par Hermann, qui s'employerait avec zèle et dévouement à cette tâche.

Depuis longtemps le baron savait par expérience que ce sont les gens de bonne foi qui peuvent rendre les plus grands services.

Hermann avait la foi, il était de plus attaché à Antoine ; il agirait sans qu'il fût besoin de le relancer.

Il n'y avait donc qu'à attendre avec patience de ce côté.

Et du côté de Belo, il n'y avait aussi qu'à le faire attendre, ce qui d'ailleurs était assez facile, puisque la date du mariage de Carmelita se trouvait retardée par l'accomplissement des formalités légales.

Retardé, le mariage n'était pas fait, et Belo pouvait espérer qu'il ne se ferait pas ; avec quelques mots vagues, prononcés comme par hasard, le baron s'appliqua à faire naître cette idée dans l'esprit du maître de chant de Flavie.

— Je n'aime pas les mariages qui traînent.

— Si la comtesse Belmonte ne pouvait pas se procurer les actes de décès de son mari, voilà qui serait bizarre ; un avocat me disait tantôt que cela pourrait indéfiniment retarder le mariage de Carmelita.

Belo ne répondait rien, mais il écoutait avec une curiosité qui en disait long.

— Il y a longtemps que vous n'avez vu Mlle Belmonte ?

— Elle n'a plus le temps de travailler.

— Est-ce bien le temps qu'il faut dire ? N'est-ce pas plutôt le goût. Enfin elle accepte très bien ces retards.

L'œil sombre de Belo s'éclairait.

— Beaucoup mieux que le colonel, qui paraît légèrement exaspéré. Mais il a beau faire, il a beau dire ; il est bien obligé de reconnaître que dans une affaire de ce genre l'argent est impuissant. Je ne crois pas que le mariage se fasse de sitôt.

— Travaillons, je vous prie, disait Belo à son élève.

— Peut-être pas avant plusieurs mois.

Pendant qu'il manœuvrait ainsi, Hermann ne perdait pas de temps et de son côté il agissait aussi.

Plusieurs fois le baron l'avait fait venir rue du Colisée tantôt sous un prétexte, tantôt sous un autre, mais en réalité pour savoir exactement en jour par jour où en étaient les choses.

Tout d'abord Antoine avait absolument refusé de quitter Paris.

— On devait l'arrêter ? eh bien ! on l'arrêterait ; il ne lui convenait pas de fuir comme un coupable.

Mais on lui avait démontré qu'il ne s'agissait pas en cette question de ce qui lui convenait ou ne lui convenait pas ; il fallait avoir souci de ce qui pouvait être utile à la cause et à l'association, rien de plus.

L'avis unanime avait été qu'il ne devait pas se laisser arrêter.

Antoine avait cédé, mais sur un point il avait été inébranlable : il attendrait qu'on eût lancé contre lui un ordre d'arrestation.

— Et si on l'arrête ? s'écria le baron, indigné de cette obstination qui dérangeait tout son plan ; car, si Antoine se laissait mettre en prison, Thérèse ne quitterait point Paris et le colonel aurait mille raisons pour la voir souvent.

— Antoine ne se laissera pas prendre.

— La police est adroite.

— Antoine n'est pas un sot, il fera bonne garde et l'on veillera sur lui.

Le baron eût voulu qu'Antoine fût moins imprudent, et que puisqu'il consentait à sortir de France, il partît tout de suite.

Mais Hermann lui représenta que cela serait impossible à obtenir : Antoine s'était prononcé nettement sur ce point, et, lorsqu'il s'était arrêté à un parti, il n'y avait pas à tenter de l'en faire revenir.

Les poursuites commencées, il partirait, puisqu'on croyait utile qu'il partît, mais non avant, car ce serait pour ainsi dire les provoquer ; qui pouvait savoir si le gouvernement oserait les commencer, ces poursuites.

Il fallut que, bon gré, mal gré, le baron s'en tînt à ce point et qu'il attendît.

Il est vrai que cette attente ne fut pas bien longue.

Huit jours après que le baron Lazarus avait annoncé à Hermann qu'Antoine Chamberlain devait être prochainement arrêté, un commissaire de police, accompagné de trois agents en petite tenue et de six agents en bourgeois, la canne à la main, se présenta rue de Charonne à cinq heures du matin : la grande porte était fermée.

Elle ne s'ouvrit pas aussitôt que la sonnette eût été tirée, et cependant le concierge s'était réveillé : un agent, qui avait collé son oreille contre la porte, entendit un bruit qui ressemblait à des pas légers courant sur le pavé de la cour.

On sonna de nouveau et plus fort, on frappa à coups de canne.

Enfin le concierge, sans ouvrir la porte, demanda qui était là.

On lui répondit par les mots sacramentels :

— Au nom de la loi, ouvrez !

— C'est bon, dit-il sans s'émouvoir, on va vous ouvrir.

Et, sans se presser, il rentra dans sa loge pour tirer le cordon.

Instantanément cinq agents se jetèrent dans la cour ; mais elle était sombre et de plus encombrée, comme à l'ordinaire, de ferraille et de pièces de bois.

Ils ne purent pas aller bien loin, il y eut une chute et des jurons.

Un agent avait une lanterne sourde, il en ouvrit les volets et la lumière se fit.

Sans rien demander au concierge, cet agent, suivi du commissaire de police, se dirigea vers l'escalier qui conduisait au logement d'Antoine.

Un agent intima au concierge l'ordre de rentrer dans sa loge et se plaça devant la porte ; d'autres agents suivirent leur chef, marchant en évitant autant que possible de faire du bruit.

Ils arrivèrent au quatrième étage, devant une porte sur laquelle se lisait, gravé dans le bois, *Chamberlain*.

Le commissaire frappa, on ne répondit pas ; il frappa de nouveau plus fort, un agent frappa à son tour avec sa canne.

Enfin, au bout de plusieurs minutes, on entendit un bruit de pas à l'intérieur.

— Qui est là ? demanda une voix d'homme.

— Au nom de la loi, ouvrez !

— Qui me dit que vous n'êtes pas des voleurs ? répondit une voix goguenarde, ça s'est vu.

Les agents se regardèrent, et l'un d'eux haussa les épaules en homme qui se dit qu'il n'y a rien à faire.

Il fallut parlementer.

Gravement le commissaire déclara qu'il avait un mandat de justice à faire exécuter, ce qui de nouveau provoqua un signe de doute chez les agents.

— La justice, on ne lui demande rien, répondit la même voix goguenarde.

— C'est elle qui va te demander quelque chose, mauvais gredin, dit un agent.

— Des sottises ! c'est la police, dit la voix, et presque aussitôt la porte s'ouvrit, tirée par Denizot, qui montra son visage narquois.

Derrière lui, se tenait Sorieul, calme et digne.

— De quel droit troublez-vous notre repos ? demanda Sorieul.

— J'ai un mandat d'amener contre Antoine Chamberlain, dit le commissaire, ouvrant son paletot et montrant son écharpe.

— Faites voir, je vous prie, dit Sorieul.

Pendant ces quelques paroles qui s'étaient échangées assez rapidement, les agents avaient envahi l'atelier et la cuisine.

— Antoine Chamberlain n'est pas ici, dit Sorieul.

— Allons donc, on a établi une surveillance ; depuis trois jours, il n'est pas sorti.

— Dites qu'il n'est pas rentré.
— C'est bien, nous allons voir.
— Faut-il donner du feu à ces messieurs? demanda Denizot, ils auront besoin de voir clair.

Comme un agent voulait ouvrir la porte de la chambre de Thérèse, Sorieul se plaça devant lui.

— C'est la chambre de ma nièce, dit-il, et vous n'entrez pas dans la chambre d'une jeune fille sans doute?

— En v'là des manières, dit l'agent, et il écarta Sorieul.

Mais, comme il mettait la main sur la clef, la porte s'ouvrit, tirée du dedans, et Thérèse parut, vêtue d'une robe passée à la hâte.

A ce moment, un agent, qui avait disparu, revint et s'adressant au commissaire de police :

— L'oiseau a déniché, dit-il ; je viens de tâter son lit, il est chaud encore.

— Que personne ne bouge, dit le commissaire, et qu'on fouille toutes les armoires.

Puis, après avoir placé deux agents en faction devant la porte, il commença ses recherches.

Mais elles n'aboutirent à aucun résultat ; on regarda sous les lits, on déplaça les panneaux de bois qui étaient entassés dans l'atelier, on fouilla les commodes et les armoires en jetant les habits au milieu de la chambre : on ne trouva pas celui qu'on venait arrêter.

— Vous n'y voyez peut-être pas assez clair, disait Denizot ; si ces messieurs veulent une autre lampe?

Les agents le regardaient de travers, mais il gardait sa figure narquoise et il tournait autour d'eux en clopinant.

Dans sa chambre, caché derrière son lit, se trouvait un grand placard posé contre la muraille, la clef n'était pas sur la porte.

— La clef? dit un agent en tirant le lit.

Denizot prit une figure navrée et leva son bras au ciel avec un geste désolé, en homme désespéré qu'on eût découvert cette cachette.

— La clef..., balbutia-t-il, la clef ; je l'ai perdue... je ne sais pas où elle est... mais il n'y a rien, je vous assure, ma parole!

— Voyons, la clef, répéta l'agent, et plus vite que ça.

Denizot se fouilla, chercha dans une poche, dans une autre.

— Enfoncez la porte, dit un agent.

En voyant qu'on allait enfoncer la porte du placard, Denizot se décida à prendre la clef à un clou où elle était accrochée, mais il parut n'avoir pas la force d'ouvrir la porte lui-même.

Il tendit la clef à l'agent.

La porte fut vivement ouverte, et Denizot partit d'un formidable éclat de rire.

Ce placard, qui était collé contre la muraille, n'avait pas dix centimètres de profondeur ; il ne renfermait que de vieux habits accrochés à des clous.

C'était une nouvelle farce que Denizot s'était amusé à jouer aux agents.

— Antoine n'est pas bien gros, dit-il ; mais, c'est égal, il aurait été aplati. Pourquoi n'avez-vous pas voulu me croire? Je vous avais donné ma parole qu'il n'y avait rien là-dedans.

Ces plaisanteries n'étaient pas très-spirituelles ; mais, telles qu'elles étaient, elles exaspéraient les agents.

Il était évident que, si ce boiteux plaisantait si tranquillement, cela tenait à ce qu'il savait celui qu'on recherchait en sûreté.

Cette jeune fille aussi était trop calme pour craindre quelque chose.

Ou la surveillance organisée dans la rue avait été en défaut,

Ou Antoine Chamberlain était caché ailleurs ;

Mais il était inutile de le chercher chez lui, où il n'était pas.

L'arrestation avait été mal combinée ; pendant tout le temps qu'on avait perdu à se faire ouvrir les portes, celle de la rue comme celle du logement de l'ouvrier, celui-ci avait très-bien pu se sauver.

On ouvrit les fenêtres, on regarda dans le chéneau, on chercha sur le toit. On ne le trouva pas, mais un agent remarqua qu'il avait pu par ce toit gagner facilement la maison voisine.

Était-il dans cette maison, était-il au contraire dans un logement de la sienne, réfugié chez un camarade? C'était ce qu'on ne pouvait savoir, mais en tous cas il n'était pas chez lui.

Ne pouvant saisir l'homme lui-même, on n'eut pas la consolation de saisir ses papiers ; son pupitre était vide et ne contenait que du papier blanc ; pas le moindre registre, pas la moindre lettre.

Pendant qu'on procédait aux dernières recherches, Denizot avait été se placer à la porte et là il attendait au port d'armes, fredonnant entre ses dents une chanson dont les paroles arrivaient aux oreilles des agents :

Zut au préfet,
Mes respects aux mouchards ;
Oui, voilà, oui, voilà Balochard.

Et, quand un agent passait devant lui pour sortir, il le saluait avec les démonstrations de la joie la plus respectueuse.

— Au revoir, disait-il, au plaisir de vous

revoir; l'escalier est mauvais, faites attention à la soixante-treizième marche.

Enfin, le dernier agent sorti, Denizot put refermer la porte, et alors il se mit à danser dans l'atelier.

— Enfoncée la police !

Et les copeaux, mêlés à la sciure de bois, soulevés par ses pieds, voltigeaient autour de lui.

Mais Sorieul l'arrêta, déclarant cette joie intempestive.

— Attends qu'Antoine soit sorti de France; s'ils n'ont pas pu le prendre ici, ils vont le chercher ailleurs. Tu n'aurais pas dû les exaspérer par tes plaisanteries.

— Je les attendrirai par mes larmes quand ils viendront vous arrêter, répondit Denizot; car on arrêtera tout le monde bientôt.

— Quand aurons-nous des nouvelles de père ? demanda Thérèse.

— Il faut attendre, répondit Sorieul; le colonel trouvera moyen de nous faire savoir indirectement ce qui se sera passé.

— Pourvu que mon cousin soit chez lui !

Une heure environ après que les gens de police eurent quitté la rue de Charonne, un commissionnaire sonna à la porte de l'hôtel Nessonvaux. Malgré l'heure matinale le concierge voulut bien ouvrir. Mais, quand il apprit qu'il s'agissait de porter une lettre à M. Horace et qu'on attendait la réponse; il poussa les hauts cris.

— Ce n'est plus seulement le soir, c'est encore le matin maintenant ; rentré à minuit, on le relance dès le petit jour, on le tuera.

Cependant il consentit à faire remettre la lettre, et dix minutes après Horace descendit pour dire au commissionnaire qu'il allait porter lui-même la réponse demandée.

En effet, il se dirigea vers un petit café de la rue du Faubourg-Saint-Honoré; là il trouva Antoine Chamberlain attablé dans un coin et tournant le dos à la lumière.

Comme il allait pousser une exclamation, Antoine mit un doigt sur ses lèvres.

Alors Horace s'avança discrètement et s'assit en face d'Antoine.

— Le colonel est-il chez lui ? demanda celui-ci.

— Oui.

— Eh bien ! je vous prie de l'éveiller et de lui dire de venir me trouver ici. On a voulu m'arrêter pour des affaires politiques, et j'ai besoin de le voir. Ne l'accompagnez pas, donnez-lui le numéro de ce café, et qu'il ne vienne qu'après avoir fait un détour, de peur d'être suivi.

Une demi-heure après, le colonel entra à son tour dans le café et vint s'asseoir à la table de son oncle.

Ils se serrèrent la main affectueusement; puis, s'accoudant l'un et l'autre sur la table qui les séparait, ils se mirent à parler à voix basse, de telle sorte que le garçon qui allait çà et là, tournant autour de ces deux consommateurs mystérieux, ne pouvait pas entendre ce qu'ils disaient.

— Eh bien ! mon oncle?

— Eh bien ! ce que je vous avais annoncé s'est réalisé, on est venu ce matin pour m'arrêter. Mais j'attendais cette descente de police et j'avais pris mes précautions en conséquence, décidé à ne pas me laisser arrêter. On faisait bonne garde autour de moi, le concierge et des amis. Quand la police a frappé à la porte de la cour, on a attendu avant d'ouvrir et pendant ce temps on est venu me prévenir; je ne me suis pas amusé à faire ma barbe. Ce n'était pas la première fois que les agents venaient dans l'atelier des Chamberlain, et je n'étais pas le premier de la famille qu'on tentait d'arrêter. Nous avons une route par le toit qui, pour ainsi dire, nous appartient: notre père l'a suivie, votre père l'a prise en 1831 ; moi, je l'ai employée plusieurs fois. Je suis sorti par la fenêtre.

— A votre âge, mon oncle?

— A mon âge, j'ai le pied sûr encore, surtout quand je sais que les agents montent l'escalier. Et puis Michel avait voulu m'accompagner; il m'a tendu la main, et le voyage, qui n'est pas long d'ailleurs, s'est heureusement accompli. Pendant qu'on m'attendait rue de Charonne, je suis tranquillement sorti par la rue de la Roquette; j'ai dit adieu à Michel, et me voilà.

— Pourquoi n'êtes-vous pas venu directement chez moi ?

— Par prudence; d'ailleurs ce n'est pas l'hospitalité que je veux vous demander, c'est plus que cela, mon intention n'est pas de rester à Paris où je n'aurais rien à faire présentement ; je veux quitter la France et passer en Allemagne, où j'ai besoin, et je viens vous demander de m'aider à franchir la frontière.

— Je suis à votre disposition, mon oncle.

— J'étais sûr de votre réponse, mon neveu, et voilà pourquoi je suis venu à vous. A Paris, je ne suis pas trop maladroit pour manœuvrer; mais, au delà des fortifications, je suis certain que je me ferais prendre tout de suite. Le gendarme me rend timide et bête.

— Et où voulez-vous aller ?

— En Allemagne, où Thérèse me rejoindra; mais la route m'est indifférente, je prendrai celle que vous me conseillerez.

Le colonel réfléchit un moment.

— Ici, dit-il, nous sommes mal pour combiner notre plan, nous n'avons pas d'indicateur; nous allons sortir. Moi, je vais rentrer à l'hôtel par la grande porte; vous, vous allez prendre la rue de Valois, à cette heure déserte. En longeant le mur de mon jardin, vous apercevrez une petite porte : elle sera ouverte. Vous la pousserez, et vous serez chez moi, où nous pourrons délibérer en paix.

Les choses s'accomplirent ainsi, et le résultat de cette délibération, tenue tranquillement dans l'appartement du colonel, fut qu'Antoine partirait le soir pour Bâle ; seulement, au lieu de prendre le train à Paris, où une surveillance pouvait être organisée, il le prendrait à Nogent. Le colonel l'accompagnerait jusqu'à Bâle.

Laissant son oncle dans son appartement, où Horace seul le servit, le colonel, pour écarter tous les soupçons, sortit comme il en avait l'habitude.

A onze heures du soir, ils montèrent ensemble en voiture, rue de Valois, et se firent conduire à l'entrée de Nogent, où ils renvoyèrent leur voiture. Ils traversèrent à pied le village et arrivèrent à la gare en temps pour prendre le train de une heure. Mais le colonel ne demanda pas des billets directs pour Mulhouse ou pour Bâle, il les prit pour Longueville ; à Longueville, il en prit d'autres pour Troyes ; à Troyes, d'autres pour Vesoul ; à Vesoul, d'autres pour Mulhouse ; à Mulhouse enfin, d'autres pour Bâle.

Si on les suivait, il serait bien difficile de se reconnaître dans cette confusion.

Mais on ne les suivait point.

Ils passèrent la frontière sans difficulté. A Saint-Louis, Antoine crut, il est vrai, qu'on l'examinait avec une attention gênante, mais ce fut une fausse alerte.

A Bâle, le colonel embrassa son oncle et le quitta, ayant hâte de revenir à Paris pour rassurer Thérèse.

Il eût voulu faire pour elle ce qu'il avait fait pour Antoine, et l'accompagner jusqu'à Bâle pour la remettre aux mains de son père qui l'attendait ; mais il n'osa pas se proposer pour ce voyage, par respect pour Michel, et ce fut Sorieul qui dut la conduire.

Il se trouva seulement à la gare de l'Est, pour lui faire ses adieux avant qu'elle montât en wagon.

Michel était là aussi.

Ces adieux furent tristes : elle partait pour l'exil. Quand se reverraient-ils ? quelle existence allait-elle mener ?

Antoine, il est vrai, lui avait dit et répété qu'il ne resterait pas longtemps en Allemagne, et qu'il rentrerait quand l'Empire serait renversé, ce qui devait arriver prochainement. Mais c'étaient là les paroles d'un fanatique qui croyait naïvement ce qu'il espérait.

Comme il témoignait ses craintes à Sorieul, tandis que Michel entretenait Thérèse :

— Soyez sûr que l'Empire n'en a pas pour longtemps, dit Sorieul ; avec ma brochure, je lui ai porté un coup dont il ne se relèvera pas.

XXXI

Exactement et régulièrement renseigné, le baron Lazarus fut informé jour par jour de ce qui se passait chez Antoine Chamberlain.

Par Hermann, il apprit la descente de police rue de Charonne, la fuite d'Antoine par les toits, le séjour chez le colonel, la conduite faite par celui-ci à son oncle jusqu'à Bâle, enfin le départ prochain de Thérèse pour aller rejoindre son père.

Il voulut même assister à ce départ, pour voir comment le colonel se séparait de sa petite cousine, et il se rendit à la gare de l'Est.

Trois quarts d'heure avant le départ du train, il vit arriver le colonel, qui se promena fiévreusement en long et en large dans la salle des pas-perdus, insensible à ce qui l'entourait, n'ayant d'attention que pour les voitures qui apportaient des voyageurs.

Il était visible que ce départ le troublait profondément ; il marchait vite, il s'arrêtait tout à coup, et ses lèvres s'agitaient comme si elles prononçaient tout bas des paroles qui de temps en temps étaient accompagnées d'un geste énergique de la main.

Assis sur un banc, dans l'ombre, et de plus cachant son visage derrière un numéro de l'*Allgemeine Zeitung*, qu'il ne pouvait pas lire, le baron ne perdit pas le colonel de vue, sans que celui-ci eût l'idée de regarder ce lecteur dont les yeux le suivaient.

Une voiture s'arrêta devant le perron et il en descendit deux hommes, un vieux et un jeune, puis une jeune fille.

Le colonel se dirigea vers eux et tendit tout d'abord la main à la jeune fille.

C'était elle.

Le baron l'étudia attentivement : elle lui parut jolie avec quelque chose d'attrayant, de charmant dans toute sa personne qui la rendait véritablement dangereuse.

Il était heureux qu'elle quittât Paris ; car, à la regarder, on comprenait très-bien que le colonel éprouvât pour elle de tendres sentiments.

Pour le moment, il lui parlait avec un embarras qui se trahissait manifestement, et elle-même, en lui répondant, paraissait assez contrainte.

Chez tous deux, il y avait assurément de l'émotion.

Il y en avait aussi, et une très-vive, chez le jeune homme qui l'accompagnait.

Le baron eût voulu entendre ce qu'ils disaient, mais il n'osa les approcher.

De même, il n'osa pas non plus les suivre

dans le vestibule de la salle d'attente, lorsqu'ils eurent pris leurs billets : il y avait trop à craindre que le colonel le reconnût.

Après tout, il en avait vu assez.

Elle partait, c'était l'essentiel. Elle ne serait pas à Paris quand la rupture avec Carmelita éclaterait, et il faudrait être bien maladroit pour laisser le colonel la rejoindre.

Ida ne commettrait pas cette sottise; à son tour, elle saurait agir sans doute.

Il attendit qu'on fermât les portes, et, quand le colonel revint avec Michel dans la salle des pas-perdus, il l'aperçut par hasard.

— Vous ici, colonel? quelle heureuse rencontre! J'étais venu accompagner un ami qui repart pour l'Allemagne.

Le colonel ne paraissait pas disposé aux longues conversations, mais il fallut, bon gré, mal gré, qu'il acceptât la compagnie du baron.

Mais en chemin le baron n'en put rien tirer : c'était à peine si le colonel répondait par un oui ou par un non aux questions qui lui étaient posées.

Il ne dit pas un mot des personnes qu'il venait de quitter, et le baron ne laissa pas comprendre qu'il connaissait ces personnes.

Le but qu'il s'était proposé en venant à la gare était atteint: il avait vu partir cette petite cousine qu'il redoutait tant, et l'effet produit par ce départ sur le colonel lui avait montré le bien fondé de ses craintes.

Maintenant il pouvait agir plus librement; et tourner toutes ses forces du côté de Beio.

Il était inutile de laisser les choses traîner en longueur, mieux valait frapper le coup aussitôt que possible.

A cela il y avait plusieurs avantages, et un entre autres, qui, bien que peu important dans une pareille affaire, touchait le baron au cœur.

C'était de ne pas payer plus longtemps les leçons que Beio donnait à Flavie et surtout celles que Flavie recevait de Beio.

Le baron était d'avis qu'il n'y a pas de petites économies en ce monde, et les 100 francs donnés à Flavie lui paraissaient de l'argent gaspillé en pure perte. Sans doute, ces 100 francs dépensés avec persévérance pouvaient lui procurer « les nobles jouissances de l'art », suivant son expression; mais ces jouissances valaient-elles les 100 francs multipliés par cette persévérance? C'était une question que le baron ne prit même pas la peine d'examiner. D'un côté, des jouissances plus ou moins problématiques; de l'autre, une économie certaine et de réalisation immédiate il n'y avait pas à balancer.

A vrai dire, il n'avait que trop tardé, et, en additionnant ces 100 francs donnés pour chaque leçon, il trouva qu'ils formaient une somme qu'on pouvait justement regretter.

Cependant cette somme n'était pas tout à fait perdue, sinon pour Flavie, — il ne s'occupait pas présentement de la « petite fille, » — au moins pour lui.

En effet, elle lui avait permis d'établir avec le professeur de chant des relations chaque jour plus intimes, et par là son rôle devenait un peu plus facile à remplir.

Dans cette fréquentation, les conversations sur Carmelita avaient continué, et peu à peu le baron avait accentué le mécontentement que lui causait ce mariage.

— Il avait la plus grande amitié pour le colonel Chamberlain; il avait la plus vive tendresse pour Carmelita, qu'il chérissait comme si elle était sa fille; mais c'était justement cette amitié et cette tendresse qui lui faisaient regretter ce mariage. Ils étaient doués l'un et l'autre de qualités tout à fait remarquables, seulement ces qualités ne s'accordaient pas; au contraire, elles s'excluaient, si bien qu'ils ne pouvaient être tous deux que très-malheureux, s'ils se mariaient. Avec un autre mari, Carmelita serait heureuse; avec une autre femme, le colonel serait assurément heureux; mariés ensemble, ce serait la guerre et la désolation. Quel chagrin de voir ainsi des gens qu'on aime courir à leur perte sans pouvoir les arrêter ! Ah ! certes, s'il apercevait un moyen d'empêcher ce double suicide, il n'hésiterait pas à l'employer, coûte que coûte. Mais quel moyen ? C'était ce qu'il ne voyait pas.

Chaque jour, il était revenu sur ce thème et l'avait développé habilement.

Une fois même il était arrivé à la leçon avec un retard assez long, et, pendant que Flavie travaillait, il avait donné des marques de préoccupation assez fortes pour que Beio dût les remarquer.

Comme à l'ordinaire, la leçon finie, ils sortirent ensemble.

Le baron paraissait si mal à l'aise que Beio s'informa poliment de sa santé.

— Ce n'est pas la santé qui va mal, c'est l'esprit. Je suis sous l'impression d'une grave contrariété et je crains bien d'avoir fait une double sottise.

Le maître de chant n'était pas questionneur, mais le baron n'avait pas besoin d'être interrogé pour parler.

— J'ai risqué un grand coup aujourd'hui; je me suis franchement expliqué avec le prince Mazzazoli d'une part, et d'autre part, avec le colonel Chamberlain, à propos de ce mariage qui me tourmente de plus en plus. En face, je leur ai dit ce que j'en pensais, tout ce que j'en pensais, c'est-à-dire tout ce que je vous ai si souvent raconté.

— Et le prince s'est fâché ? demanda Beio,

qui arrivait toujours à lâcher une question quand le baron avait fouetté sa curiosité.

— Fâché, n'est pas le mot, mais il est vivement contrarié, et il m'a donné à comprendre que je me mêlais de ce qui ne me regardait pas. Nous avons échangé quelques paroles malsonnantes. Avec le colonel, la scène a été moins vive, mais elle n'a pas produit un meilleur résultat. D'un côté comme de l'autre, il y a parti-pris, et ce mariage se fera. Pour moi, je ne m'en mêlerai plus. C'est leur affaire après tout, ce n'est pas la mienne. Je ne vais pas, par simple bonté d'âme, me jeter ainsi entre eux. Qu'ils s'arrangent. S'ils sont malheureux et ils le seront, ils ne diront pas qu'ils n'ont pas été prévenus. D'ailleurs il n'y a plus rien à faire. Il paraît que les formalités sont accomplies, et l'on va pouvoir fixer la date précise du mariage. J'avais toujours espéré qu'au dernier moment, le bienheureux hasard me fournirait un empêchement, et je vous donne ma parole que je ne l'aurais pas laissé passer sans m'en servir; mais je vois qu'il faut renoncer à cette espérance et j'y renonce.

Beio hésita un moment, le baron crut qu'il allait enfin parler; bien certainement un combat se livrait en lui. Mais, après quelques secondes, le maître de chant salua le baron et s'éloigna.

— Quel imbécile! se dit le baron; il est capable de me traîner ainsi et de me faire dépenser mon argent. J'en ai assez de ses leçons.

Deux jours après, il revint à la charge, mais cette fois en employant une autre tactique.

— Puisque les allusions et les insinuations ne réussissent pas, se dit-il, essayons d'un moyen plus direct.

Et il mit ce moyen en œuvre en sortant de chez Flavie.

Au lieu de monter en voiture, il prit le professeur par le bras, comme il aurait fait avec un intime.

— Vous voyez en moi, dit-il de sa voix la plus insinuante, un homme qui a pris une grande résolution : c'est celle de vous faire violence.

Et, comme Beio le regardait avec surprise, le baron se mit à rire d'un air bon enfant, plein de franche cordialité.

— Rassurez-vous, n'ayez aucune peur; je ne veux pas vous faire de mal, au contraire.

Et de nouveau le baron se mit à rire.

— Quels sentiments croyez-vous que je ressens pour vous, monsieur Beio? demanda-t-il en regardant le maître de chant en face.

— Mais, monsieur le baron, je ne sais en vérité que vous répondre.

— Comment, vous ne savez pas que j'éprouve pour vous une vive, une très-vive sympathie? Je suis donc bien dissimulé, ou bien vous, vous êtes donc aveugle? Il faut que je vous dise en plein visage que j'ai pour vous, non-seulement pour votre talent, que j'admire, mais encore pour votre personne, une grande estime? Eh bien! je vous le dis, puisque vous n'avez pas voulu le voir.

Beio, interloqué, répondit par quelques paroles de politesse.

— Si je m'exprime ainsi, continua le baron, au risque de blesser votre modestie, ce n'est pas, soyez-en persuadé, pour vous faire de vains compliments. Certes vous méritez tous ceux qu'on pourrait vous adresser; mais je ne suis pas complimenteur, et ma bouche ne connaît pas la flatterie. Avez-vous jamais remarqué que je flattais les gens? dites, l'avez-vous remarqué?

Beio dut répondre qu'il n'avait pas fait cette remarque.

— Soyez certain que je ne commencerais pas à remplir ce rôle méprisable avec vous, poursuivit le baron. En vous disant ce que je pense de vous, j'avais un but, qui était de vous faire comprendre une idée qui m'a germé dans l'esprit en pensant à ce maudit mariage. Savez-vous ce que je me suis dit souvent en vous regardant pendant que vous faisiez travailler Flavie. Je vais vous le répéter, parce que j'ai pour habitude de ne rien cacher; tout ce qui me passe par l'esprit, tout ce que je pense des gens, je le dis. Voilà comme je suis fait. Est-ce bien, est-ce mal; ce n'est pas la question. Je suis ainsi. Eh bien! ce que je me suis dit souvent, c'est que le mari qui convenait à Carmelita, c'était.....

Le baron fit une pause assez longue, en s'arrêtant et en forçant Beio à s'arrêter aussi et à le regarder en face.

— Je me suis dit que c'était... vous.

— Moi?

— Oui, vous, vous-même, et je vais vous expliquer comment cette idée m'est venue et sur quoi elle repose. Cela ne vous ennuie point, n'est-ce pas?

Les yeux, les lèvres, les mains tremblantes de Beio, son attitude, toute sa personne, répondirent pour lui.

— Qu'est-ce en réalité que Carmelita? continua le baron. Une créature placée par la Providence dans une classe à part et au-dessus des autres; en un mot et pour tout dire, une artiste, créée, née artiste. Qu'êtes-vous vous-même? Aussi un artiste, et des plus remarquables; mais bien différent de Carmelita, qui a reçu tous les dons dont elle est si riche de la nature, tandis que vous devez beaucoup au travail et à l'art. Mais cela importe peu, et le point de départ est l'essentiel. Ce point vous est donc commun et vous rapproche l'un de l'autre, sympathiquement il vous unit. Vous me direz que d'autre part bien des choses vous séparent. C'est juste et je n'en disconviens pas. Cependant il ne faut pas s'exagérer leur importance; au contraire, il faut reconnaître ce qu'elles ont de factice. Ainsi ne pensez pas que pour moi j'aie été dupe des raisons mises ostensiblement en avant par le prince pour expliquer le travail de Carmelita ; j'ai vu clair sous ces raisons. Le prince, désespérant de réaliser le beau mariage qu'il poursuivait depuis longtemps pour sa nièce, pensait à la faire débuter au théâtre. Est-ce vrai ?

Belo ne répondit rien à cette interrogation directe.

— Vous ne voulez pas livrer un secret qui vous a été confié, j'approuve cette discrétion ; mais, que vous confirmiez ou ne confirmiez pas ce que je vous dis là, il n'en est pas moins certain que c'est la vérité. Alors rien d'étonnant à penser, n'est-ce pas ? que Carmelita, entrant au théâtre, vous prenait pour guide et pour soutien. Toutes les raisons de famille et de noblesse, écartées de fait pour le théâtre, l'étaient naturellement pour le mariage. Mon idée n'était donc pas folle, tant s'en faut; de plus, elle reposait sur d'autres bases encore. Vous avez vu, vous voyez en ce moment que mon besoin de tout dire m'entraîne parfois à d'étranges confidences. Cette idée de mariage entre vous et Carmelita ayant poussé dans ma tête, je n'ai pas pu m'empêcher d'en parler à Carmelita en cherchant à découvrir son sentiment à ce sujet.

— Et...

— Vous connaisssez Carmelita mieux que moi, vous savez comme elle est réservée, même mystérieuse : c'est un sphinx. Elle ne m'a pas répondu franchement que j'avais raison, et je dois même, pour être sincère, vous avouer qu'elle n'est nullement désespérée de ce beau mariage.

— Elle aime la fortune.

— Sans doute. Cependant, après avoir reconnu le mauvais, je dois constater aussi le bon : c'est que ce n'est pas seulement la fortune qu'elle aime ; elle n'est pas uniquement une femme d'argent. Il y a en elle d'autres sentiments, plus nobles, plus désintéressés. Sans doute l'immense fortune du colonel Chamberlain l'éblouit, et, placée dans le milieu où elle est, avec son entourage, son oncle, sa mère, le monde qui, tous s'occupent à faire miroiter cette fortune, il n'est pas étonnant qu'elle subisse cette influence. Mais il n'en est pas moins vrai qu'au fond malgré cet éblouissement qui la trouble, elle jette des regards en arrière. Me croyez-vous sincère ?

Assurément Belo ainsi interrogé croyait le baron Lazarus sincère.

— Eh bien, je suis convaincu que si on avait fait une tentative sérieuse, ce mariage aurait été rompu, et il l'aurait été par Carmelita. Quand je dis « on » vous comprenez de qui je parle ; c'est de vous monsieur Belo. Moi, je l'ai faite, cette tentative, mais d'une façon indirecte, indécise qui ne pouvait aboutir, puisque je parlais en l'air sans pouvoir donner une conclusion à mes paroles ; et cependant l'effet que j'ai produit a été si grand que j'ai eu la conviction que le succès était encore possible. Et voilà pourquoi j'ai eu avec vous cet entretien, qui tout d'abord a dû vous surprendre, mais dont vous voyez maintenant le but. J'aime le colonel Chamberlain, j'aime tendrement Carmelita ; je crois qu'ils seront malheureux s'ils se marient. D'un autre côté, j'ai pour vous une haute estime, une vive sympathie ; je crois que vous êtes le mari qui peut donner le bonheur à Carmelita. Je me mets à votre disposition pour rompre le premier mariage et conclure le second.

Arrivé à cette conclusion, le baron s'arrêta de nouveau et abandonnant le bras du chanteur, il lui tendit la main.

Belo mit sa main dans celle du baron; mais à ce long discours, qui avait touché tant de points, il ne répondit que par quelques mots de remercîments.

Il était très-touché, très-ému.

Et ce fut tout.

Sans doute il allait se remettre de cette émotion;

Mais tout à coup, tendant à son tour la main au baron:

— Monsieur le baron, dit-il, j'aurai l'honde vous revoir.

Et il s'éloigna rapidement, comme s'il se sauvait.

— Est-ce qu'il est fou ? se demanda le baron ?

Mais non, il n'était pas fou ; troublé, bouleversé, affolé par ce qu'il venait d'entendre.

Décidément le baron avait bien fait de risquer cette tentative hardie, et qui pouvait même paraître au premier abord désespérée.

Il ne s'était point trompé dans ses observations.

Belo aimait Carmelita et il avait entretenu l'espérance de l'obtenir pour femme.

Jusqu'où avait été cet amour ?

Avait-il mis aux mains de Belo des armes suffisantes, ainsi qu'il l'avait dit, pour empêcher le mariage du colonel ?

Là désormais était la question.

Mais, étant parvenu, par ce coup de hardiesse, à la poser en ces termes, le baron avait la certitude que sa solution ne tarderait pas maintenant longtemps.

Il n'y avait qu'à attendre.

Beio n'avait pas voulu, n'avait pas pu parler.

Mais l'émotion qui avait étranglé sa voix, était un indice certain que précisément il parlerait bientôt.

Quand on offre un secours et une alliance à un homme dans sa position, on peut croire que secours et alliance seront acceptés.

Et le baron, rentrant chez lui satisfait de sa journée, alla embrasser tendrement sa fille.

— Cette chère enfant, c'était pour elle qu'il travaillait, et l'espérance de la voir heureuse lui donnait des idées. Elle aurait la fortune du colonel Chamberlain et il administrerait cette fortune. S'appuyant, se haussant sur elle, où ne parviendrait-il pas ? Et le prince Mazzazoli, qui se flattait d'avoir cette fortune ! Qu'en aurait-il fait, le pauvre homme ? Et puis, franchement, est-ce que ce brave colonel Chamberlain méritait d'avoir pour femme une Carmelita, une chanteuse ? Allons donc ! C'était venir en aide à la Providence que d'empêcher ce mariage. Avec Ida, le colonel serait l'homme le plus heureux du monde ; c'était pour le bonheur de tous qu'il agissait, au moins de ceux qui méritent le bonheur.

Il pria sa fille de se mettre au piano :

— Joue-moi du Mozart, dit-il ; j'ai besoin d'entendre une musique simple et pure.

Et, pendant une heure, il resta à écouter cette musique qui accompagnait délicieusement sa rêverie.

Le lendemain matin, à son lever, on lui annonça qu'un monsieur, dont on lui remit la carte, l'attendait depuis longtemps déjà.

monsieur, c'était Lorenzo Beio.

— Et qu'avez-vous dit ? demanda le baron.

— J'ai dit que M. le baron travaillait.

— C'est bien ; je sonnerai quand je pourrai recevoir ce monsieur.

Le baron n'avait pas l'habitude de se livrer à des mouvements de joie intempestifs, cependant il ne put pas s'empêcher de se frotter les mains.

Il avait réussi. Beio, de qui il avait si longtemps attendu une parole, était là, prêt à parler.

— A mon tour maintenant, se dit le baron, de le voir venir.

XXXII

Malgré le désir que le baron Lazarus avait d'entendre ce que Lorenzo Beio venait lui dire, il ne le reçut pas aussitôt.

Il y avait toutes sortes d'avantages à lui donner la fièvre par l'impatience de l'attente : il parlerait avec moins de retenue et se livrerait plus complétement.

Il ne fallait pas qu'il pratiquât le système des réticences dans lequel il s'était enfermé si longtemps.

Maintenant qu'il était là, il n'y avait pas à craindre qu'il partît.

Et le baron sut imposer l'attente à son impatience, pour mieux exaspérer celle de Beio.

Il se mit à décacheter son courrier, mais sans le lire, classant seulement les lettres devant lui.

Lorsqu'il eut formé des liasses assez grosses pour bien montrer qu'il avait été absorbé par le travail, il sonna.

On introduisit Beio, grave et solennel.

Se levant vivement, le baron alla au devant de lui, et s'excusa de l'avoir fait si longtemps attendre :

— Des affaires qui ne souffraient aucun retard et qu'il m'a fallu expédier tout de suite, mais au moins j'ai gagné ainsi la liberté d'être tout à vous.

Et le baron débarrassa lui-même le chanteur de son chapeau.

Puis, s'asseyant, il fit un signe pour dire qu'il écoutait avec attention.

— Monsieur le baron, dit Beio, j'ai tout d'abord des excuses à vous faire pour la façon inconvenante dont j'ai reçu hier la proposition que vous avez bien voulu m'adresser.

— Ne parlons pas de cela, je vous prie.

— J'étais en proie à une profonde émotion, à un trouble qui m'avait bouleversé ; je ne me sentais pas maître de moi, et, dans une affaire aussi grave, je ne voulais pas céder à un entraînement.

— Très-bien ! s'écria le baron en frappant plusieurs fois son bureau du plat de sa main ; vous êtes un homme de raison, monsieur Beio, et j'aime la raison par-dessus tout. Où va-t-on avec l'entraînement ?

— Vous avez bien voulu me proposer votre concours, continua Beio.

— Ce que je vous ai dit hier, je vous le répète aujourd'hui : je suis à votre disposition. Seulement permettez-moi, avant d'aller plus loin, de vous adresser de mon côté une demande : c'est de vous expliquer franchement, sans réticence. Assurément je ne veux pas provoquer vos confidences ni les pousser plus loin qu'il ne vous convient d'aller de votre propre mouvement ; vous me connaissez assez, je pense, pour me juger incapable d'une curiosité mauvaise. Moi curieux, bon Dieu !

Beio répondit qu'il estimait trop le baron pour avoir une pareille pensée.

— Si je vous invite à parler, continua le baron, c'est dans votre intérêt, pour qu'il n'y ait pas entre nous de malentendu. Il faut que vous sachiez que je ne suis pas de ces gens qui comprennent les choses à demi-mot et qui sur un signe devinent ce qu'on ne veut pas dire. Les Français nous accusent, nous autres Allemands, d'avoir l'esprit lourd; pour moi, cette accusation n'est pas tout à fait fausse, au moins en ce sens que, rétif à admettre la possibilité de certaines choses, je ne vais jamais par la pensée au delà de ce qu'on me dit. Avec ces démons de Parisiens, c'est une grande infériorité, j'en conviens; mais, que voulez-vous? je suis ainsi. Maintenant je vous écoute.

Beio resta un moment sans prendre la parole, cherchant évidemment par où commencer cet entretien.

Enfin il se décida, mais ses premiers mots furent prononcés d'une voix si basse que ce fut à peine si le baron les entendit :

— Hier vous m'avez fait part de certaines observations et de certaines suppositions s'appliquant à Mlle Belmonte et à moi. Pour répondre à l'appel à la franchise que vous venez de m'adresser, je dois déclarer que ces observations et ces suppositions sont fondées...

Le baron fit un mouvement.

— Au moins jusqu'à un certain point, continua Beio d'une voix plus ferme. Je veux dire qu'en supposant que j'avais pu m'éprendre d'un tendre sentiment pour Mlle Belmonte, vous ne vous êtes pas trompé, j'ai aimé, j'aime en effet Mlle Belmonte d'une passion profonde, absolue, folle.

Il n'avait pas besoin d'entasser ces qualificatifs les uns sur les autres ; à la façon dont il avait dit « j'ai aimé, j'aime Mlle Belmonte, » on sentait combien grand était cet amour. Jamais le baron n'avait entendu prononcer ces mots avec un accent si passionné.

— Bien, se dit-il, si malgré tout le mariage s'accomplit, le colonel ne tardera pas à être veuf ; les Italiens ont du bon.

Beio continua :

— Ce qui doit vous faire comprendre comment cet amour s'est développé, c'est cette autre remarque de votre part, qui, elle aussi, est juste, que Mlle Belmonte se destinait au théâtre. Il est certain que l'amour naît souvent sans raison; mais enfin ce n'est point une jeune fille destinée à prendre une haute position dans le monde que j'ai aimée, c'est une camarade. Ceci expliquera pour vous comment j'ai pu penser que Mlle Belmonte serait ma femme un jour, et aussi comment, sous l'influence de cette espérance, mon amour s'est développé. N'avait-il pas un but légitime ? Sans doute Mlle Belmonte pouvait arriver sans moi au théâtre, mais combien je lui rendais la route plus facile, combien je lui ouvrais de portes! En réalité elle est mon élève; pour tout dire, elle est mon ouvrage. Vous connaissez trop les choses de théâtre...

— Oh ! bien peu.

— Enfin vous les connaissez assez pour savoir qu'on n'obtient pas de grands succès seulement avec la beauté et des dons heureux ; il faut plus, beaucoup plus. Ce plus, je le donnais à Carmelita; je la soutenais et elle devenait une grande artiste. Cela valait bien un beau mariage peut-être. En tous cas, Carmelita le comprit ainsi, et je pus croire qu'elle serait ma femme.

— Pardon ! mon cher monsieur, mais je vous ai demandé de préciser autant que possible ; je ne veux pas vous obliger à entrer dans des détails, un mot seul me suffira : y eut-il engagement formel de la part de Carmelita envers vous?

Beio hésita un moment, puis il se décida :

— Il y eut engagement formel entre nous, dit-il d'une voix ferme. Vous devez comprendre alors quelle fut ma stupéfaction en entendant parler de ce mariage. Je ne crus pas cette nouvelle. Cependant je courus chez Mlle Belmonte pour avoir une explication avec elle ; je la trouvai seule et cette explication fut terrible. A mes reproches, elle ne répondit que par un mot ; elle était obligée d'obéir à son oncle. Tout ce que peut inspirer la passion et la fureur, je le lui dis. Elle s'enferma dans cette réponse; pendant une heure, il me fut impossible d'obtenir d'elle autre chose. Je la quittai fou de colère. Mais, prêt à sortir, je rentrai et lui dis que puisqu'elle était insensible à la passion, je n'avais aucun ménagement à garder envers elle et que n'importe comment j'empêcherais ce mariage, si elle ne le rompait pas elle-même. Puis je la quittai, et depuis ce jour je ne l'ai pas revue. Toutes mes tentatives pour arriver près d'elle ont été inutiles; On faisait bonne garde. Je lui ai écrit, mais j'ai la certitude que mes lettres ne lui sont pas parvenues.

— Alors vous avez renoncé à demander l'accomplissement de l'engagement pris par Carmelita?

— Non, certes ; mais, avant d'en venir à l'exécution des moyens désespérés dont je l'ai menacée, j'ai voulu attendre encore et faire une dernière tentative : c'est dans ce but que je viens vous demander votre concours.

— Que faut-il faire? je suis à vous.

Beio tira lentement une lettre de sa poche et il la tint un moment avec embarras dans sa main avant de pouvoir se décider à répondre.

— Je n'ose vraiment, dit-il enfin.

— Vous n'osez me demander de remettre cette lettre à Carmelita? dit le baron.

Beio inclina la tête et avança la main qui tenait la lettre.

Une lettre ?

Le baron eut un frisson de joie. Enfin il allait avoir cette preuve si longtemps cherchée !

Que contenait cette lettre ? La preuve, sans aucun doute, que Carmelita ne pouvait pas être la femme du colonel Chamberlain.

Il n'y avait donc qu'à la prendre, et, au lieu de la remettre à Carmelita, il n'y avait qu'à la remettre au colonel : rien n'était plus facile, plus simple. Quel triomphe !

Cependant il ne la prit pas.

Car, au moment d'avancer la main, les paroles de Mme de Lucillière lui revinrent à l'esprit, comme s'il venait de les entendre : « J'ai des raisons pour croire que le colonel se tient en garde contre les lettres; qu'on lui en apporte une qui compromette Carmelita, il répondra qu'elle est l'œuvre d'un faussaire. » Elle ne parlait pas sans savoir ce qu'elle disait, la marquise, et il fallait avoir égard à ses paroles ; d'ailleurs cette lettre n'était pas de Carmelita.

Comme le baron demeurait hésitant, Belo crut qu'il ne voulait pas se charger de cette lettre.

— Vous me refusez ? dit-il.

— Non, certes, et c'est me faire injure de croire que je puis reprendre ma parole. Je vous ai promis mon concours, je suis à vous. Si vous me voyez hésitant, c'est que je me demande si cette lettre produira l'effet que vous attendez, si elle rompra ce mariage et vous rendra Carmelita. Ecrire est bien, mais parler est mieux.

— Et comment voulez-vous que je parle ? où le voulez-vous ?

— Où ? Ici. Que diriez-vous, si je vous ménageais une entrevue avec Carmelita ?

— Vous feriez cela ?

— Oui, je le ferai. Ce n'est pas une lettre qui vous rendra celle que vous aimez et qui vous aime : il faut que vous lui parliez ; il faut qu'elle vous voie, qu'elle vous entende. Que ne peut obtenir la voix de celui qu'on aime ? Vous lui parlerez donc ici même. Comment ? je n'en sais rien encore ; mais je trouverai un moyen, soyez-en certain. Quand je l'aurai trouvé, je vous préviendrai. Jusque là, tout ce que je vous demande, c'est de vous tenir en paix et de rester à ma disposition.

— Ah ! monsieur le baron, s'écria Belo, tremblant d'émotion, comment reconnaîtrai-je jamais ce que vous faites pour moi ?

Le baron lui prit les deux mains et les lui serrant affectueusement :

— Mon Dieu ! mon ami, qu'est-ce que je veux ? Le bonheur de tous : le vôtre, celui de Carmelita, et aussi celui de mon brave et cher colonel. Que je vous voie tous heureux et je serai payé de ma peine. A bientôt !

XXXIII

Belo parti, le baron se demanda s'il avait eu raison de ne pas prendre la lettre que celui-ci voulait lui confier.

Assurément il y avait des avantages à la tenir entre ses mains ; car, sans savoir ce qu'elle contenait, il était bien certain que ce n'était point une lettre innocente. Belo parlait de son amour et de l'engagement pris par Carmelita ; assuré que Carmelita serait seule à lire cette lettre, il s'exprimait en toute franchise, entraîné par la passion.

Remise au colonel, elle serait plus que suffisante pour l'éclairer.

Et cependant il ne l'avait pas prise.

Avait-il eu raison ?

N'avait-il point eu tort ?

Et, pour chercher le mieux, n'avait-il pas laissé échapper l'occasion qui se présentait si belle ?

Il avait fallu toute la confiance que lui inspiraient l'intelligence et l'expérience de Mme de Lucillière pour retenir sa main et repousser celle que lui tendait Belo.

Mais cette détermination, prise à l'improviste et sans avoir pu la peser, sans l'examiner lentement, comme il avait coutume de faire dans les circonstances graves, n'était pas sans le jeter dans le doute et l'inquiétude.

Si le plan qu'il avait adopté si vite, sans l'avoir étudié, allait ne pas réussir ?

Il était bien hardi ce plan, et bien aventureux.

Car il ne s'agissait de rien moins que de rendre le colonel témoin de l'entrevue qui aurait lieu entre Carmelita et Belo.

A coup sûr, cela était audacieux ;

Mais aussi quel résultat décisif et triomphant !

Ce n'était plus une lettre, sur laquelle on pouvait discuter et dont il fallait prouver l'authenticité, ce qui était assez délicat, car il fallait appeler Belo en cause. Que dirait celui-ci lorsqu'il verrait l'usage qu'on avait fait de sa lettre ? Ces Italiens sont vindicatifs et ils vont loin lorsqu'ils veulent se venger ; pour eux, un coup de stylet est bien vite donné, et, s'ils ne veulent pas agir eux-mêmes, ils sont habiles à trouver des instruments dociles.

Or, bien qu'il fût brave lorsque la bravoure était absolument nécessaire, le baron n'aimait pas à se risquer inutilement.

En rendant le colonel témoin de l'entretien de Carmelita et de Belo, le baron n'avait point à courir ce danger, pas plus qu'il n'avait à intervenir directement dans des explications et des preuves plus ou moins difficiles.

Le colonel voyait, de ses propres yeux, dont il ne pouvait pas récuser le témoignage;

De ses propres oreilles, il entendait.

Et qu'entendait-il ?

Là était la question décisive.

Mais, à vrai dire, elle ne tourmentait pas beaucoup le baron.

Bien que Beio n'eût point expliqué de quelle façon il avait obtenu l'engagement de Carmelita, le baron était fixé à ce sujet. Carmelita était une fille passionnée, cela se lisait dans ses yeux noirs, dans sa bouche charnue, dans ses lèvres sensuelles ; elle avait la chaleur du Midi dans le sang ; elle était de race latine, et qui plus est encore, de race italienne. Les principes ethnographiques, auxquels il croyait fermement, indiquaient qu'elle n'avait pas du aimer Beio d'un amour idéal; c'était sur un fait matériel que cet engagement reposait. Il était donc bien certain que dans une explication comme celle qui s'engagerait entre Beio et Carmelita, se croyant seuls, il se dirait des choses suffisantes pour éclairer le colonel sur le passé de sa fiancée.

De cela le baron n'avait pas le moindre doute, la lumière serait éblouissante.

Mais ce qui le préoccupait beaucoup plus, c'était la manière d'amener et de régler cette entrevue.

Tout d'abord il fallait réunir chez lui, en même temps, Carmelita, Beio et le colonel.

Puis il fallait que Beio et Carmelita se crussent assurés contre toute surprise, de telle sorte qu'ils se laissassent entraîner à parler en toute franchise, à agir en toute liberté.

Enfin il fallait placer le colonel dans des conditions où ce serait le hasard seul qui lui ferait surprendre cet entretien.

Il y avait là un ensemble qui présentait de sérieuses difficultés, car rien ne devait manquer : au même moment, ces trois acteurs devaient se trouver nécessairement en face les uns des autres.

Mais le baron n'était pas homme à s'embarrasser des difficultés.

La première chose à faire, c'était d'arrêter le lieu où devait se passer la scène; pour cela il fallait une pièce dans laquelle Beio attendrait l'arrivée de Carmelita, puis il en fallait une seconde où l'on placerait le colonel ; enfin il en fallait une troisième, en communication avec les deux premières, où l'on ferait entrer Carmelita et où l'explication se produirait.

Malheureusement l'hôtel du baron ne se prêtait pas à cet arrangement idéal, et, du jour au lendemain, on ne pouvait pas le machiner comme un théâtre qu'on dispose selon les exigences de la mise en scène.

Le baron dut donc se contenter de ce qu'il avait, et suppléer par l'habileté à ce qui matériellement lui manquait.

Une serre occupait le milieu du jardin et s'appuyait sur l'hôtel communiquant avec le grand salon par deux larges baies qu'on tenait ouvertes ou fermées à volonté avec des portes-fenêtres ou avec des stores.

Ce fut cette serre que le baron choisit pour le lieu de la scène entre Beio et Carmelita, et ce salon pour y aposter le colonel; quant à Beio, il se tiendrait dans le jardin, caché n'importe où.

On ferait tout d'abord entrer le colonel dans le salon, dont les fenêtres en communication avec la serre seraient fermées par les stores.

Ensuite on introduirait Carmelita dans la serre, où on la laisserait seule et où Beio viendrait aussitôt la rejoindre.

Du salon, le colonel entendrait tout ce qui se dirait dans la serre, et il arriverait certes un moment où, si peu curieux qu'il fût, il voudrait voir ce qui s'y passerait.

Mais, pour mener à bien ce plan ainsi disposé, le baron avait besoin d'un aide ; il prit sa fille, seulement il ne jugea pas utile de lui expliquer à quoi il l'employait.

— Ma chère enfant, lui dit-il quand tout fut prêt, nous avons une surprise à faire à Carmelita ; quand je dis nous, il faut entendre le colonel Chamberlain, qui a besoin de lui parler en particulier et qui ne veut pas lui demander cet entretien. Il faudra donc qu'un de ces jours tu amènes Carmelita avec toi ici ; tu la feras entrer dans la serre, et, sous un prétexte quelconque, tu la laisseras seule. Le colonel, qui sera dans le salon, ira la surprendre. C'est un service qu'il m'a demandé et que je puis d'autant moins lui refuser, que je crois qu'il s'agit de choses sérieuses.

— Quelles choses ?

— Oh! je n'en sais rien, et nous ne devons même pas chercher à le deviner ; ainsi je te recommande la discrétion.

— Il n'est pas à craindre que je parle, puisque je n'ai rien à dire.

— Enfin fais ce que je te demande aussi simplement que possible. Il est possible que j'assiste à cet entretien; alors tu seras la première informée de ce qui se sera passé. J'ai comme un pressentiment que le mariage de Carmelita avec le colonel n'est pas encore fait.

— Oh ! papa.

— Chut !

Et le baron, mettant un doigt sur ses lèvres, se retira secrètement : il en avait dit assez.

Cela fait, il se retourna vers Beio et l'alla

trouver chez lui ; car, en pareille affaire, il ne lui convenait pas d'écrire : les lettres se gardent.

— J'ai arrangé les choses, dit-il, ou plutôt je les ai préparées. Voici ce que j'ai imaginé (cela n'est peut-être pas très-habile, car je reconnais que je n'entends rien à l'intrigue, mais il me semble que ce que j'ai en vue peut néanmoins réussir) : je fais venir Carmelita chez moi, et on l'introduit dans la serre, où on la laisse seule ; aussitôt vous, qui vous promeniez dans le jardin en prenant la précaution de ne pas vous laisser voir, vous vous glissez derrière elle, et, la porte de la serre refermée par vous au verrou, vous vous expliquez, sans craindre d'être entendu ou dérangé par personne. Vous trouverez dans cette serre un coin où vous serez cachés comme dans un bois : c'est auprès de la grotte, dans le fond, contre le mur de la maison. Amenez-la dans ce coin et ne craignez rien, vous y serez chez vous.

Belo trouva cet arrangement très-heureux, cependant il proposa au baron une légère modification :

Si, au lieu d'attendre l'arrivée de Carmelita dans le jardin, il l'attendait dans la serre même, caché dans la grotte ou derrière un arbuste ?

Mais le baron n'adopta pas cette combinaison, qui pouvait faire échouer son plan : en effet, Belo, s'introduisant le premier dans la serre, pouvait appeler l'attention du colonel, tandis que c'était la voix de Carmelita qui devait frapper cette attention.

— Non, dit-il, j'aime mieux le jardin ; dans la serre il y aurait préméditation de votre part et complicité de la mienne. Il vaut mieux que cette rencontre arrive par hasard ; vous voyez Carmelita entrer dans la serre, vous la suivez : rien n'est plus naturel.

Enfin le baron s'adressa au colonel pour un service à lui demander, un renseignement sur l'Amérique qui ne pouvait être précis qu'en ayant sous les yeux une masse de lettres.

Le colonel promit de se rendre le lendemain à l'hôtel de la rue du Colisée.

Mais ce n'était pas assez, il fallait préciser l'heure.

Le colonel indiqua trois heures de l'après-midi.

Aussitôt le baron prévint Belo de se tenir prêt pour le lendemain, et en même temps il envoya Ida chez Carmelita pour avertir celle-ci que le lendemain, vers deux heures et demie, elle viendrait la chercher pour sortir en voiture.

Tout était prêt.

XXXIV

Tout étant ainsi disposé, le baron Lazarus s'endormit avec le calme qui n'appartient qu'aux grands capitaines.

Il avait fait pour le succès ce qui était humainement possible, le reste était aux mains de la Providence.

Aussi, avant de se laisser aller au sommeil, l'invoqua-t-il dans une dévote prière, pour qu'elle lui donnât une victoire qu'il croyait avoir bien méritée.

C'était pour sa fille chérie qu'il se donnait tant de peine ; Dieu ne bénirait-il pas ses efforts ?

Le lendemain, avant que la bataille s'engageât, il voulut veiller lui-même aux dernières dispositions à prendre et ne rien laisser au hasard.

Tout d'abord il alla dans la serre voir si le verrou n'était pas tiré intérieurement, puis il disposa les chaises devant la grotte et tira le tête-à-tête de manière à le bien placer vis-à-vis les baies du salon.

Cela fait, il arrangea lui-même les stores du salon et les tira jusqu'en bas.

Enfin il donna des ordres pour qu'en son absence, personne ne pénétrât dans le salon ou dans la serre, afin que tout restât bien tel qu'il l'avait disposé.

A deux heures, il envoya Ida en voiture aux Champs-Elysées, en lui recommandant de rester avec Carmelita jusqu'à deux heures cinquante-cinq minutes, de manière à ne revenir avec elle, rue du Colisée, qu'à trois heures précises.

Poussé par l'impatience et la fièvre, Belo arriva un peu avant l'heure qui lui avait été fixée ; mais cela ne dérangeait en rien le plan du baron, mieux valait cette avance qu'un retard.

Par quelques paroles adroites, le baron exaspéra cette impatience du maître de chant, en même temps qu'il s'efforça d'enflammer son espérance.

Il était certain que Carmelita serait vaincue ; c'était une affaire d'entraînement, de passion. Non, jamais il ne croirait, lui, baron Lazarus, que cette charmante fille serait sourde à la voix de son cœur et n'écouterait que le tintement de l'argent. Son oncle et sa mère avaient pu la dominer ; mais, dans les bras de celui qu'elle avait aimé, qu'elle aimait, elle redeviendrait elle-même. Que fallait-il pour cela ? Assurément il n'avait pas la prétention, lui, vieux bonhomme, n'ayant jamais été entraîné par la passion, de l'indiquer. Mais, dans son cœur, M. Belo trouverait certainement des élans irrésistibles. Personne à craindre, liberté absolue.

Et, à son grand regret, le baron dut quitter M. Belo. Un rendez-vous d'une importance considérable l'appelait au dehors.

— Allons, mon cher monsieur, bon courage et bon espoir !

Et, avant de partir, le baron voulut indiquer à Belo l'endroit où il pourrait attendre dans le jardin l'arrivée de Carmelita, sans craindre d'être aperçu par celle-ci.

— A trois heures ! Prenez patience, et, aussitôt qu'elle sera entrée dans la serre, glissez-vous derrière elle, franchement et ne craignez rien.

L'affaire qui appelait le baron dehors était en effet pour lui d'une importance considérable : il ne s'agissait de rien moins que d'aller chercher le colonel.

Il ne fallait pas que celui-ci fût en retard.

Maintenant le succès tenait uniquement à une concordance parfaite dans les heures.

Belo était à son poste.

Il allait lui-même prendre maintenant le colonel et l'installer dans le salon.

Quelques minutes après, Ida amènerait Carmelita dans la serre.

Alors, du simple rapprochement de ces trois personnages, jaillirait l'explosion : c'était une sorte de combinaison chimique.

Au moment où le baron arriva chez le colonel, celui-ci allait sortir pour se rendre rue du Colisée.

— Passant devant votre hôtel, j'ai voulu voir si vous étiez encore chez vous, dit le baron.

Et il emmena le colonel dans sa voiture.

Quelques minutes après, ils arrivaient rue du Colisée.

Il était deux heures cinquante minutes.

Ida sans doute ne serait pas en retard.

Le colonel en entrant se dirigea vers le cabinet du baron mais celui-ci l'arrêta par le bras :

— J'ai installé deux comptables dans mon cabinet pour une vérification importante, dit-il ; nous ne pourrions pas parler librement devant eux. Entrons dans le salon, je vous prie ; je donnerai des ordres pour que nous ne soyons pas dérangés. Au reste, à ce moment de la journée, je ne suis visible pour personne, et Ida est sortie.

Ils entrèrent dans le salon, où, sur une table devant la cheminée, entre les deux baies communiquant avec la serre, étaient disposées des liasses de lettres.

C'étaient quelques-unes de ces lettres que le baron voulait soumettre au colonel, pour avoir son sentiment sur la solvabilité et surtout la valeur morale de ceux qui les avaient écrites.

En plus de la parfaite concordance dans l'heure, il y avait encore un point décisif dans le plan du baron : il fallait qu'au moment où Carmelita entrerait dans la serre, le colonel et lui gardassent le silence dans le salon ; car, si Carmelita entendait la voix du colonel, il était bien certain que malgré la surprise que lui causerait la brusque arrivée de Belo, elle ne parlerait pas.

Quand on se poste pour surprendre les gens, il est facile de garder le silence ; mais ce n'était point là le cas du colonel, et il était impossible de lui dire franchement : Taisez-vous.

Le baron avait prévu cette difficulté et il avait trouvé un moyen pour la tourner.

Tout d'abord, après avoir fait asseoir le colonel devant la table chargée de lettres et de manière à faire face à la serre, il prit ces lettres et d'une voix forte il adressa ses questions au colonel en lui nommant les personnes sur lesquelles il désirait être renseigné.

Il suivait l'aiguille sur le cadran de la pendule, il avait encore six minutes pour être bruyant.

Ce qui devait arriver se réalisa : le colonel répondit que parmi les noms qu'on lui citait, il y en avait plusieurs qu'il ne connaissait pas.

Le baron se montra vivement contrarié.

— Je suis un bien mauvais négociant, dit le colonel en riant, et puis ces personnes habitent Cincinnati, et mes relations avec cette ville n'ont jamais été bien fréquentes.

— Cependant vous connaissez M. Wright, le père de cette délicieuse jeune fille avec laquelle j'ai dîné chez vous.

— Sans doute, mais...

— Est-ce que M. Wright ne pourrait pas vous renseigner à ce sujet, interrompit le baron, pressé par l'heure.

— Ah ! assurément, et je lui demanderais volontiers ce que vous désirez savoir.

— Si vous vouliez...

— Quoi donc ?

— Me donner une lettre d'introduction auprès de M. Wright, je lui demanderais moi-même ces renseignements.

— Vous n'avez pas besoin d'une lettre d'introduction, il me semble.

— Si, je préfère une lettre non-seulement d'introduction, mais encore de recommandation ; cette affaire est pour moi capitale, ma fortune est en jeu.

— Alors je vous ferai cette lettre.

— Voulez-vous la faire tout de suite ? dit le baron, tendant une plume pleine d'encre.

— Volontiers.

Et le colonel se mit à écrire.

Il était deux heures cinquante-huit minutes.

Le baron tenait ses yeux attachés sur la

pendule, et, malgré son flegme ordinaire, il était agité par des mouvements impatients.

Trois heures sonnèrent, le colonel écrivait toujours.

A ce moment, le baron entendit un bruit de pas sur le gravier de la serre, puis presqu'aussitôt une porte se referma dans un châssis en fer et un verrou glissa dans une gâche.

Belo était entré derrière Carmelita.

Instantanément un cri retentit :

— Lorenzo !

Le colonel leva brusquement la tête, la voix qui avait crié était celle de Carmelita.

— Oui, moi, répondit une voix que le baron reconnut pour celle de Belo.

— Ici !

— Vous n'avez pas voulu me recevoir chez vous, vous n'avez pas répondu à mes lettres ; je vous ai suivie, et me voilà. Maintenant nous allons nous expliquer.

— Et quelle explication voulez-vous ?

— Une seule : que vous me disiez pourquoi vous ne voulez pas pour votre mari celui que vous avez bien voulu pour votre amant.

Le colonel s'était levé et il se dirigeait vers la serre.

Le baron le retint par le bras :

— Ecoutez, dit-il.

Mais le colonel se dégagea.

— Je vous ai dit que j'empêcherais ce mariage, continuait la voix de Belo, et je l'empêcherai, dussé-je aller dire au colonel Chamberlain que vous êtes ma maîtresse !

Le colonel était arrivé contre le store ; d'un brusque mouvement, il le remonta.

Devant lui, se tenaient Belo et Carmelita en face l'un de l'autre.

A la vue du colonel, ils reculèrent tous deux de quelques pas, et Carmelita se cacha le visage entre ses mains.

Le colonel, l'ayant regardée durant quelques secondes, se tourna vers Belo.

— Le colonel Chamberlain vous a entendu, dit-il ; vous n'aurez pas besoin d'aller à lui pour accomplir votre lâche menace.

Puis, revenant à Carmelita :

— Vous donnerez à votre oncle, dit-il, les raisons que vous voudrez pour expliquer que vous refusez d'être ma femme.

Et, sans un mot de plus, sans un regard pour Carmelita, il rentra dans le salon.

Alors, s'adressant au baron :

— Nous reprendrons cet entretien plus tard, dit-il.

Le baron courut à lui, les deux bras tendus ; mais déjà le colonel avait ouvert la porte.

Il sortit sans se retourner.

XXXV

Le baron resta interloqué devant cette brusque sortie.

— Pourquoi le colonel s'était-il tant hâté d'intervenir comme un diable à surprise ? En écoutant sans se montrer, on en aurait entendu long, car Belo avait bien commencé.

Et le baron regretta que cette scène, qui débutait si franchement, eût été interrompue.

Combien de révélations instructives avaient été perdues !

Comment Carmelita était-elle devenue la maîtresse du chanteur ?

Quand cette liaison avait-elle commencé ? dans quelles conditions ?

Tout cela était fort intéressant à apprendre, surtout de la bouche de Carmelita.

Et, par sa violence, le colonel était venu couper cette confession dès son début.

Sans doute, il n'avait point voulu écouter aux portes et surprendre ainsi les secrets de celle qu'il aimait.

Cette façon d'agir pouvait être délicate, le baron n'en savait rien ; mais, à coup sûr, elle était niaise.

Est-ce que ces secrets n'étaient pas les siens ? Assurément le baron, à sa place, n'eût pas relevé le store, et il eût écouté cette scène jusqu'à la fin, sans se montrer, en se contentant de risquer un œil.

Qui pouvait savoir si la conclusion de cette explication, qui débutait par la fureur, n'eût pas été instructive ?

Heureusement le colonel en avait assez entendu pour connaître celle qu'il allait prendre pour femme : la maîtresse d'un comédien, ni plus ni moins.

Et, pensant à ce triomphant résultat, le baron se consola du brusque départ qui venait si maladroitement tromper sa curiosité.

Ce qu'il avait voulu et cherché, ce n'était pas le récit des aventures amoureuses de Carmelita ;

C'était la rupture de son mariage.

Et cela, il l'avait obtenu.

Là était le point capital.

Le reste importait peu.

C'était en suivant le colonel jusqu'à la porte de sortie du salon que ces idées avaient traversé l'esprit du baron ; la porte fermée, il revint vers la serre.

Carmelita et Belo étaient restés en face l'un de l'autre, sans bouger, sans parler, comme s'ils avaient été pétrifiés par cette apparition du colonel, ses paroles et son départ.

Le baron s'avança vers Carmelita ; elle le

regarda venir en attachant sur lui des yeux qui jetaient des flammes.

— Vous plaît-il que je vous reconduise chez vous? dit-il.

Sans lui répondre, Carmelita resta les yeux posés sur lui avec une fixité si grande que malgré son assurance, il se sentit troublé.

— Quel guet-apens infâme! dit-elle enfin en étendant son bras vers le baron par un geste tragique.

Puis, détournant la tête avec dégoût :

— Lorenzo, dit-elle.

A cet appel, le maître de chant eut un frisson, car la façon dont elle avait prononcé ce nom lui rappelait sans doute d'heureux souvenirs.

— Lorenzo! répéta-t-elle.

Et cette fois elle mit encore plus de douceur dans son intonation.

Il s'avança d'un pas vers elle.

— Voulez-vous me reconduire chez ma mère? dit-elle.

Et elle passa devant le baron en détournant la tête et le corps tout entier, avec un mouvement d'épaules qui manifestait le dédain et le mépris le plus profonds.

Lorsqu'elle fut sortie de la serre, elle prit le bras de Belo, et le baron les vit s'éloigner, marchant d'un même pas.

— Eh bien! elle n'a pas été longue à prendre son parti, se dit-il; le prince prendra-t-il le sien aussi facilement?

Mais cette pensée ne l'occupa pas longtemps, il avait un devoir à remplir envers sa fille et il n'oubliait jamais ses devoirs.

Ne lui avait-il pas promis de l'avertir de ce qui se serait passé dans cette entrevue?

Il entra chez elle.

Ida se tenait, le front appuyé contre une fenêtre de son appartement qui donnait sur le jardin.

— Le colonel parti seul! s'écria-t-elle; Carmelita partie avec M. Belo! Qu'est-ce que tout cela signifie? Le colonel a-t-il vu Carmelita? l'a-t-il entretenue comme il le désirait? sommes-nous arrivés trop tard?

— N'anticipons pas, dit le baron en riant, et avant tout, chère fille, parle-moi franchement? Que penses-tu du colonel?

— C'est la troisième fois que tu me poses cette question : la première fois, tu me l'as adressée lors de l'arrivée du colonel à Paris; la seconde, un peu avant le départ du colonel pour la Suisse; enfin voici maintenant que tu veux que je te répète ce que je t'ai déjà dit. A quoi bon?

— Dis toujours. Si le colonel me demande la main un de ces jours, dois-je répondre oui ou non? Il faut que je sois fixé.

— Que s'est-il donc passé?

— Il s'est passé que le colonel vient de rompre avec Mlle Belmonte.

— Rompre! en si peu de temps!

— Quelques paroles ont suffi.

— Le colonel avait donc bien peu d'affection pour Carmelita?

— Je crois en effet qu'il ne l'a jamais aimée, et qu'il avait été amené malgré lui à ce mariage par les intrigues de Mazzazoli. Voilà pourquoi je désire savoir ce que je dois répondre au colonel, si un jour ou l'autre il me demande ta main; car j'ai de bonnes raisons pour croire qu'il m'adressera cette demande.

— Quelles raisons, cher papa?

— Nous parlerons de cela plus tard, le moment n'est pas venu. Sache seulement que si le colonel n'avait pas pensé à toi, il n'aurait pas rompu avec Carmelita.

— Ah! papa!

— J'ai vécu, en ces derniers temps, assez intimement avec le colonel pour connaître l'état de son cœur; ne doute pas de ce que je te dis et réponds-moi franchement.

— Ma réponse aujourd'hui sera celle que je t'ai déjà faite deux fois; je n'ai pas changé.

Le baron prit sa fille dans ses bras et l'embrassa tendrement.

Puis, ayant essuyé ses yeux mouillés de larmes, il la quitta; car il n'avait pas le loisir, hélas! de se donner tout entier aux douces joies de la tendresse paternelle.

Avant tout les affaires.

Il lui fallait voir le colonel.

Dans quelles dispositions celui-ci était-il, et comment avait-il accepté cette rupture?

La question valait la peine d'être examinée de près.

Surtout il importait de découvrir ce qu'il pensait de l'intervention du baron et de la rencontre de Belo avec Carmelita dans un endroit où il devait entendre et voir ce qui se passerait entre eux.

Sans savoir si le colonel était rentré chez lui, le baron se rendit à l'hôtel Nessonvaux.

A ses questions, le concierge répondit que le colonel venait de rentrer.

Alors, sans en demander davantage et sans parler à aucun domestique, le baron, en habitué, en ami de la maison, se dirigea vers l'appartement du colonel et, après avoir frappé deux petits coups, il entra dans la bibliothèque.

Le colonel était assis devant son bureau, la tête appuyée dans ses deux mains.

Ce fut seulement lorsque le baron fut à quelques pas de lui, qu'il abaissa ses mains et releva la tête.

— M. le baron Lazarus!

Assurément ce cri n'était pas encourageant et il y avait autant de mécontentement que de surprise dans son intonation.

Mais le baron ne voulut voir que la surprise.

— J'ai cru, dit-il, que vous seriez curieux de savoir ce qui s'est passé après votre départ.

Le colonel le regarda un moment, comme s'il ne comprenait pas ; puis levant la main :

— Avant tout une question, je vous prie monsieur le baron.

— Dites mon ami, dites.

— Vous avez voulu me faire assister à l'entretien de Mlle Belmonte et de cet homme.

Le baron leva les bras au ciel dans un mouvement d'indignation.

Cependant il ne se laissa pas emporter ; mais, se calmant presque aussitôt :

— Je pourrais, dit-il d'une voix que l'émotion rendait tremblante, je pourrais vous répondre catégoriquement ; mais j'aime mieux que cette réponse vous vous la fassiez vous-même. Vous savez quelle est ma tendresse pour ma fille, n'est-ce pas ? Vous savez dans quels sentiments d'honnêteté et de pureté je l'élève ? Pensez-vous que si j'avais su que Mlle Belmonte était... mon Dieu ! il faut bien appeler les choses par leur nom, si vilain que soit ce nom ; pensez-vous que si j'avais su que Mlle Belmonte était la maîtresse de son professeur de chant, j'aurais toléré qu'elle fût la compagne, l'amie de ma fille ? Dites, le pensez-vous ? Non, n'est-ce pas ? Alors, si je ne savais pas cela, comment voulez-vous que j'aie eu l'idée de vous faire assister à l'entretien de Mlle Belmonte avec ce professeur de chant ? Dans quel but, aurais-je agi ainsi ?

Le colonel ne répondit pas.

— Voici comment cet entretien a été amené, continua le baron — au moins ce que je vous dis là résulte de ce que j'ai entendu après votre départ : ce professeur de chant, nommé Lorenzo Belo, un ancien chanteur, un comédien, ce Belo était désespéré du mariage de celle qu'il avait cru épouser ; il la poursuivait partout, le prince faisait bonne garde et l'empêchait d'arriver jusqu'à Carmelita. Tantôt il l'a vue sortir avec Ida, il l'a suivie, et, quand Carmelita est entrée dans la serre, tandis que ma fille allait changer de toilette dans son appartement, il est entré avec elle : de là cette surprise chez Carmelita ; mais, pour être complet, je dois dire que cette surprise s'est bien vite calmée. Après votre départ, je suis allé dans la serre pour offrir à Mlle Belmonte de la reconduire chez elle. Elle ne m'a pas répondu ; mais, détournant la tête, elle a pris le bras de ce... comédien et elle est partie avec lui : la paix était faite. Soyez donc rassuré sur celle que vous vouliez élever jusqu'à vous. Voilà ce que j'ai voulu vous apprendre, afin de n'avoir plus à revenir sur ce triste sujet. Maintenant un mot encore, un seul : si vous avez quelque affaire à traiter avec le prince Mazzazoli, je me mets à votre disposition et vous demande d'user de moi ; c'est un droit que mon amitié réclame, et puis, pour cette pauvre fille, il vaut mieux que personne autre que moi ne sache la vérité. Pour le monde, nous verrons à arranger les choses de manière à la ménager autant que possible.

XXXVI

Malgré les ménagements que le baron Lazarus avait promis d'apporter « dans l'arrangement des choses, » la rupture du mariage arrêté entre le colonel Chamberlain et Mlle Carmelita Belmonte produisit une véritable explosion dans Paris, lorsque la nouvelle s'en répandit.

Il est vrai que le premier qui la divulgua fut le baron Lazarus, et il le fit de telle façon qu'une sorte de curiosité de scandale se joignit à l'intérêt que cette nouvelle portait en elle-même.

Quand on lui demanda pourquoi cette rupture avait lieu, il refusa tout d'abord de répondre.

On insista.

Il persista dans son refus avec fermeté ; mais cependant de manière à laisser entendre que s'il ne parlait pas, ce n'était point par ignorance, mais que c'était par discrétion.

— Vous savez, moi, je n'aime pas les propos du monde, et d'ailleurs je n'admets que ce que j'ai vu. J'ai vu le colonel rompre avec Mlle Belmonte et j'affirme cette rupture ; mais les causes de cette rupture, c'est une autre affaire.

De guerre lasse, il s'était décidé non à expliquer ces causes clairement et franchement, mais à les laisser adroitement entendre.

Le colonel avait fait d'étranges découvertes sur le compte de sa fiancée. Il y avait dans cette affaire un maître de chant, Belo, l'ancien chanteur, dont le rôle n'était pas beau ; il est vrai qu'il ne fallait pas oublier que Carmelita était Italienne, ce qui peut-être diminuait l'importance du rôle joué par Belo. Enfin le colonel avait cru devoir rompre, et, pour qui le connaissait, parfait gentleman comme il était, incapable de se décider à la légère, cette rupture était grave, alors surtout qu'il s'agissait d'un mariage aussi avancé ; encore quelques jours, et il était conclu.

Le baron n'avait pas pu se retenir d'aller à l'Opéra le soir même de la rupture pour l'annoncer à Mme de Lucillière qu'il espérait rencontrer.

En effet, la marquise était dans sa loge, et, en voyant le baron entrer, elle avait deviné, à son air diplomatique, qu'il avait quelque chose d'intéressant à lui apprendre; malgré la gravité de sa tenue, le triomphe éclatait dans toute sa personne.

Ce qu'il y avait de remarquable dans le pouvoir que Mme de Lucillière exerçait sur ceux qui étaient de sa cour, c'est qu'elle se faisait obéir instantanément, sans la plus légère marque d'hésitation ou de révolte.

Lors de l'entrée du baron elle était en compagnie de lord Fergusson et du duc de Mestosa; elle leur fit un signe imperceptible, aussitôt ils sortirent.

— Vous avez quelque chose à m'apprendre? dit-elle vivement.

— Je viens vous dire que vos habiles combinaisons ont réussi.

— Réussi ?

— C'est un devoir que j'accomplis pour la forme, car cette nouvelle est insignifiante; vous m'aviez si bien tracé mon plan, que vous deviez attendre le succès pour un jour ou l'autre, sans avoir le moindre doute à son sujet; peut-être même trouvez-vous qu'il a beaucoup tardé. Sans doute c'est ma faute, mais je suis si maladroit en ces sortes d'affaires.

— Ne soyez pas trop modeste, monsieur le baron.

— Ce n'est pas modestie, c'est simple franchise; il y aurait outrecuidance de ma part à prendre pour moi un succès qui n'appartient qu'à vous: je n'ai été qu'un instrument, vous avez été la main; encore l'instrument a-t-il été bien insuffisant.

La marquise ne pouvait pas être dupe de cette humilité dans le triomphe.

— Vous avez donc bien peur d'être responsable de ce succès devant le colonel? dit-elle en riant. Il faut vous rassurer, monsieur le baron, et ne pas trembler ainsi; je ne trahis pas mes alliés. Vous êtes tellement troublé que vous ne pensez pas à me dire ce qui s'est passé.

— Mon Dieu! rien que de simple et de naturel: il paraît que Mlle Belmonte avait pris l'engagement de devenir la femme de son maître de chant.

— Ah! vraiment?

— Mon Dieu! oui.

— Et comment cela?

— C'est justement ce que je vous demande, car pour moi je ne comprends pas qu'une jeune fille dans sa position se soit laissée ainsi entraîner. Mais je connais si peu les femmes, et puis Paris est si corrupteur!

— Il me semble que Mlle Belmonte n'est pas Parisienne; elle est Italienne, comme Mlle Lazarus est Allemande.

— Enfin ce Belo, qui n'est qu'un grossier personnage, a fait une scène violente à Mlle Belmonte, en lui reprochant de ne pas vouloir prendre pour mari l'homme qu'elle avait bien voulu prendre pour... amant.

— Ah !

— Il a dit le mot, et précisément, par un malheureux hasard,—en disant malheureux, je pense au prince Mazzazoli,— le colonel l'a entendu.

— Le colonel assistait à cette scène?

— C'est-à-dire qu'il n'y assistait pas; seulement ce Belo, se croyant encore au théâtre sans doute, dans une de ses scènes à effet des opéras italiens, criait de telle sorte que sa voix est arrivée jusqu'aux oreilles du colonel.

— Ces oreilles n'étaient pas bien loin, je suppose, de l'endroit où se passait cette scène.

— C'est-à-dire que le colonel était avec moi dans mon salon, et Belo, qui, depuis plusieurs jours, poursuivait Mlle Belmonte, avait rejoint celle-ci dans ma serre, où elle s'était réfugiée.

— Je comprends: le colonel dans le salon, Carmelita dans la serre, et les stores baissés sans que les fenêtres fussent fermées, n'est-ce pas? Mais cela était adroitement combiné.

— Le hasard seul a ces adresses, et c'est à lui qu'il faut faire nos compliments. Quoi qu'il en soit, le colonel a entendu les paroles de Belo; je crois même qu'il en aurait entendu bien d'autres encore, et de très-instructives, s'il avait écouté quelques minutes encore; car ce comédien était lancé. Mais vous connaissez le colonel mieux que moi; vous savez comme il est délicat, chevaleresque même. Il n'a pas voulu surprendre les secrets de M. Belo et de Mlle Belmonte, alors même que ces secrets le touchaient si profondément; il a brusquement remonté le store...

— Et qu'a dit Mlle Belmonte?

— Ce n'est point elle qui a parlé, c'est le colonel; il n'a dit que ces simples mots, les adressant à Mlle Belmonte : « Vous donnerez à votre oncle les raisons que vous voudrez pour expliquer que vous refusez d'être ma femme. »

— Et... ?

— Et il est sorti simplement, dignement.

— Et qu'a dit Mlle Belmonte?

— Mon Dieu! vous savez que Mlle Belmonte parle peu, elle agit. Comme je lui proposais de la reconduire chez elle, elle ne m'a pas répondu; mais, prenant le bras de son... Belo, elle est sortie avec lui.

— Voilà qui est assez crâne.

— Crâne! je ne comprends pas bien; vous

voulez dire, n'est-ce pas, que cela est scandaleux ? C'est aussi mon sentiment.

— Si Mlle Belmonte parle peu, son oncle parle, lui, et il agit. Qu'a-t-il fait ? qu'a-t-il dit ?

— Ce qu'il a dit lorsque sa nièce est rentrée, je n'en sais rien, et j'avoue même que je le regrette, car cela a dû être original ; mais ce qu'il a fait est beaucoup plus original encore.

— Voyons.

— C'est à trois heures aujourd'hui que cette scène s'est passée entre le colonel, Belo et Mlle Belmonte. Vers six heures, le hasard m'a conduit aux Champs-Elysées, et qu'est-ce que j'ai vu ? Le prince Mazzazoli, la comtesse Belmonte, Carmelita et leur vieille servante, montant dans un omnibus du chemin de fer de Lyon, chargé de bagages.

— Ils partent ?

— Leur position eût été assez embarrassante à Paris ; il eût fallu répondre à bien des questions ; et puis, d'un autre côté, le prince eût été obligé à régler des affaires pénibles avec le colonel, car vous savez que celui-ci avait envoyé la corbeille à sa fiancée : diamants, bijoux, cadeaux de toutes sortes. Alors le prince a préféré ne pas restituer lui-même ces cadeaux ; il les renverra d'Italie ; c'est plus simple.

La marquise voulut réitérer ses compliments au baron, mais celui-ci les refusa obstinément ; il n'avait rien fait, à elle toute la gloire du succès ; et il la quitta avec la même physionomie discrète.

Insinuée par le baron dans l'oreille de quelques intimes, répétée franchement par la marquise, la nouvelle de la rupture du mariage du colonel eut bientôt fait le tour de la salle.

— Était-ce possible ?

— Surtout était-il possible que le prince eût ainsi quitté Paris ?

— Parbleu ! avec les diamants du colonel.

— Et en laissant ses créanciers derrière lui.

Sans doute, cette rupture causait une grande joie à la marquise ; mais tout n'était pas dit pour elle.

Il fallait maintenant que le colonel ne se laissât pas prendre aux séductions d'Ida et qu'il revînt à sa petite cousine.

Pendant que le baron travaillait à cette rupture, la marquise avait eu la pensée d'aller voir Thérèse ; mais, emportée dans son tourbillon, elle avait toujours retardé l'exécution de ce projet, qui d'ailleurs était assez aventureux.

Elle avait attendu aussi, en espérant qu'une bonne idée lui viendrait.

Mais, la rupture accomplie, il n'y avait plus à attendre.

Le lendemain de la communication du baron, elle se rendit rue de Charonne, bien qu'elle ne sût pas l'adresse précise d'Antoine Chamberlain.

En passant sur le boulevard Beaumarchais, elle fit demander cette adresse par son valet de pied chez un fabricant de meubles, et bientôt elle arriva devant la porte sur laquelle était écrit le nom de Chamberlain.

Ce fut Denizot qui la reçut dans l'atelier désert, et il est vrai de dire que tout d'abord il la reçut assez mal ; mais, quand elle se fut nommée, il lui donna toutes les explications qu'elle pouvait désirer.

Malheureusement ces explications venaient ruiner tout son plan : Thérèse était en Allemagne avec son père, et depuis son départ elle n'avait pas écrit.

Thérèse en Allemagne, comment lutter contre Ida ?

La marquise se retira déconcertée.

N'avait-elle aidé à détruire Carmelita que pour assurer le triomphe d'Ida ?

Maintenant quelles armes employer contre le baron.

XXXVII

Le colonel, qui avait longtemps hésité avant d'aller annoncer son mariage à Thérèse, se décida tout de suite à lui apprendre que ce mariage était rompu.

Et, comme Antoine ne lui avait point écrit depuis le retour de Soricul, et que par conséquent il ignorait où Thérèse pouvait se trouver en ce moment, il se rendit rue de Charonne pour avoir l'adresse de son oncle.

Pendant deux jours, à la suite de la scène de la rue du Colisée, il était resté enfermé chez lui, ayant donné l'ordre de ne recevoir personne, à l'exception du prince Mazzazoli, qu'il attendait, mais qui n'était pas venu.

Il avait besoin de sortir, de marcher, de se secouer, pour échapper aux pensées, qui plus noires les unes que les autres troublaient son esprit et son cœur.

Cette maison, où les ouvriers travaillaient encore à tout préparer pour ce mariage qui ne se ferait pas, lui pesait sur la poitrine, leurs coups de marteau l'exaspéraient.

Quand parfois il traversait les pièces où ils achevaient leur besogne, il lui semblait qu'ils cessaient de chanter pour le regarder d'une façon étrange : les uns comme s'ils le plaignaient, les autres comme s'ils se moquaient de lui.

Dehors il serait plus libre, il respirerait.

Au moins il ne verrait plus ces objets destinés à une femme qui s'était jouée de lui et qui à chaque pas, le faisaient rougir d'humiliation.

Comme il s'était laissé entraîner et dupé!

Il l'avaient donc jugé bien simple et bien aveugle?

Avaient-ils eu tort? et cette simplicité n'avait-elle pas été jusqu'à la niaiserie, cet aveuglement n'avait-il pas dépassé ce qui humainement est croyable?

Mais ce qu'il avait espéré ne se réalisa pas; au dehors au contraire, ce sentiment d'humiliation lui devint plus vif et plus pénible.

Il était parti de chez lui à pied, et, par le boulevard Haussmann et les boulevards, il s'était mis en route pour le faubourg Saint-Antoine.

C'était l'heure où le *tout Paris* qui respecte les exigences de la tradition et les observe religieusement comme article de foi, se dirige vers le bois de Boulogne.

Le colonel n'avait pas fait cinq cents pas, qu'il avait croisé vingt voitures dans lesquelles se trouvaient des personnes qui l'avaient salué; car il faisait lui-même partie de ce *tout* Paris, dont il était une des individualités les plus connues, et les gens du monde qui n'avaient point eu de relations intimes avec lui savaient au moins qui il était.

Tout d'abord il avait rendu ces saluts, sans y apporter grande attention; mais bien vite il avait croisé remarqué qu'on le regardait avec une curiosité peu ordinaire: les yeux s'attachaient sur lui avec fixité; on se penchait vers son voisin pour l'entretenir à l'oreille, les femmes souriaient.

Bien évidemment on s'occupait de lui et l'on parlait de son mariage manqué.

Que disait-on?

Il fut bientôt à peu près fixé à ce sujet.

En arrivant à la place de la Madeleine, un personnage pour lequel il avait fort peu de sympathie, malgré les protestations d'amitié dont celui-ci l'accablait en toutes circonstances, le vicomte de Sainte-Austreberthe, lui barra le passage et l'aborda presque de force.

— Eh bien! mon cher colonel?

— Eh bien! monsieur le vicomte? répondit froidement le colonel.

— Voyons, ce n'est pas indiscret, n'est-ce pas?

— Qui est indiscret?

— De vous adresser mes félicitations?

— Et à propos de quoi, je vous prie?

— A propos de votre mariage... qui ne se fait pas.

Le colonel se redressa et regarda Sainte-Austreberthe de telle sorte que tout autre, à la place de celui-ci, eût été déconcerté et peut-être même jusqu'à un certain point inquiété.

Mais le vicomte ne s'était jamais laissé déconcerter par rien ni par personne, et de plus il n'avait jamais pensé qu'on pouvait avoir l'idée de l'intimider : l'herbe n'avait pas encore poussé sur la tombe du dernier adversaire, M. de Mériolle, qu'il avait tué dans un duel célèbre (1), et le moment eût été mal choisi pour vouloir le faire reculer.

Il se mit à rire, et prenant les deux mains du colonel en lui faisant presque violence:

— Soyez convaincu, dit-il, que je ne parle pas à l'étourdie, pour le plaisir de bavarder. C'est sincèrement que je vous félicite, sinon en me plaçant à votre point de vue, au moins en restant au mien. Faut-il vous dire que votre mariage avec Mlle Belmonte me désolait?

— Et pourquoi cela, monsieur?

— Je vais vous, le dire, mon cher colonel; car je sens que mes paroles ont besoin d'être expliquées. D'abord je dois protester de mon admiration pour Mlle Belmonte, la plus belle, la plus séduisante femme que j'aie vue; quand je la regardais, je me demandais si le conte si connu ne s'était pas réalisé pour elle, et si toutes les bonnes fées ne s'étaient réunies autour de son berceau pour la combler de leurs dons.

— J'avoue que je ne vous comprends pas, et je vous serais reconnaissant, puisque vous tenez tant à me donner une explication que je ne demande pas, à la limiter à ce que vous jugez indispensable.

— Par où allez-vous? demanda Sainte-Austreberthe, sans se laisser rebuter par cet accueil si peu encourageant.

— Je vais à la Bastille.

— A pied?

— A pied.

— Alors je vais vous accompagner un moment; en causant, j'achèverai mon explication.

Et, d'un air dégagé, il se mit à marcher à la droite du colonel.

— Si je vous ai tout d'abord fait part de mon admiration pour Mlle Belmonte, dit-il, c'est pour que vous compreniez bien que dans la satisfaction que j'éprouve à voir que son mariage ne s'accomplit pas, il n'y a chez moi aucune animosité contre elle. Je n'ai qu'un reproche à lui adresser, mais il est, à mes yeux, d'une gravité capitale : elle est Italienne, et justement celle que vous devez épouser, c'est une Française.

— Alors mon mariage devient une affaire nationale?

— Mais assurément. Pendant les premiers temps de votre séjour à Paris, alors qu'on avait quelque raison de croire que vous ne

---

(1) Voir *Un mariage sous le second Empire*.

pensiez pas à vous marier, naturellement on ne s'occupait pas de votre mariage et l'on ne cherchait pas à faire pour vous ce que vous ne faisiez pas vous-même. Mais, quand on vous a vu revenir à Paris et qu'on a appris que vous alliez prendre Mlle Belmonte pour femme, ça été une explosion générale de regrets. On avait cru en effet que vous vouliez redevenir Français; si vous épousiez une Italienne, c'en était fait, et je vous avoue que pour ma part j'ai été désolé. On ne perd pas, de gaieté de cœur, un compatriote tel que vous.

— Vous oubliez que je suis citoyen des Etats-Unis d'Amérique.

— N'êtes-vous pas né d'un père français?

— Sans doute; mais on perd la qualité de Français en prenant du service à l'étranger, et vous savez peut-être que ce cas est le mien.

— Je le sais, mais je sais aussi que rien ne vous serait plus facile que de reprendre cette qualité de Français, et voilà pourquoi je vous félicite de la rupture de votre mariage. Maintenant, si vous vous mariez, j'espère que vous choisirez une Française.

Disant cela, Sainte-Austreberthe passa son bras sous celui du colonel.

— Tenez, je veux être franc jusqu'au bout et ne vous rien cacher. Eh bien! on a parlé de vous hier soir en haut lieu, et une grande dame, une très-haute et très-puissante dame, a justement agité cette question de mariage.

— Mais qui a dit que je voulais me marier, je vous prie?

— Personne; seulement on a dit que si vous vous décidiez maintenant, vous deviez prendre une Française; voilà tout. Vous êtes une puissance en ce monde, mon cher colonel; on doit compter avec vous. Eh bien! est d'une bonne politique de vous attirer et de vous gagner; je vous assure qu'on est disposé à faire beaucoup pour cela. Ne résistez pas. Ce n'est pas officiellement que je parle, c'est officieusement; mais cependant soyez assuré que mes paroles sont sérieuses. On a pour vous de hautes visées. Puis-je dire que je vous ai sondé à ce sujet et que je n'ai pas trouvé vos oreilles fermées? Je sais de source certaine qu'on désire vous adresser une invitation. Êtes-vous présentement en disposition de l'accepter? Vous voyez que je parle net et sans détour. Que dois-je répondre?

— Que vous avez trouvé un homme très-touché de la sollicitude qu'on lui témoigne et très-reconnaissant qu'on pense à lui, mais en même temps vous avez trouvé aussi un homme incertain sur ce qu'il va faire, et qui ne sait pas en ce moment si demain il ne sera pas en Allemagne, où une affaire importante l'appelle; dans ces conditions, la réponse que vous lui demandez est impossible à formuler, aussi vous a-t-il prié d'attendre son retour.

Et sur ce mot le colonel, ayant vivement dégagé son bras, salua Sainte-Austreberthe et le quitta.

Il était furieux.

Ce n'était pas en effet la première fois qu'on abordait ce sujet avec lui. Dès les premiers temps de son arrivée à Paris et pendant sa liaison avec Mme de Lucillière, on lui avait adressé des communications tout aussi officieuses que celle de Sainte-Austreberthe, mais tout aussi précises; des gens considérables l'avaient, eux aussi, voulu « sonder. » Alors il avait répondu en riant qu'il ne songeait pas pour l'heure présente à se marier et qu'il verrait plus tard.

Mais, dans la disposition où il se trouvait en ce moment, il n'avait plus le rire sur les lèvres.

De quel droit se mêlait-on ainsi de ses affaires?

Il lui avait fallu se faire violence pour ne pas répondre franchement à cet étrange ambassadeur et ne pas lui cracher à la figure toute son indignation.

Mais quelle rage ont donc les gens de s'occuper ainsi du mariage de ceux qui ne leur demandent rien?

Question de patriotisme!

Vraiment, oui.

Quelle jeune fille plus ou moins compromise voulait-on lui faire prendre pour femme?

Quelles influences voulait-on servir avec sa fortune?

A cette pensée, il voulut retourner sur ses pas pour retrouver Sainte-Austreberthe et à son tour l'interroger.

Le marché devait être curieux à connaître.

Il apportait sa fortune, que lui offrait-on en échange?

A quel prix l'estimait-on?

Ah! chère petite Thérèse, quelle différence entre toi et tous ces gens!

Depuis trois ans, depuis qu'il était en France, elle était vraiment la seule qui n'eût point visé cette fortune que tant d'autres avaient poursuivie ou qu'ils poursuivaient encore par de si honteux moyens.

Et précisément parce qu'il avait bien conscience que maintenant elle était à jamais perdue pour lui, il osa pour la première fois s'avouer en toute franchise le sentiment qu'elle lui avait inspiré et le reconnaître pour ce qu'il était.

Non, ce n'était point seulement de la sympathie, de l'affection, de la tendresse, de l'amitié.

Ah! comme il l'aurait aimée, si elle avait pu être sa femme!

Mais il avait commis la sottise, la faute, le crime de la laisser s'engager envers un autre.

Ah! comme il avait follement gaspillé sa vie, gâté le présent, sacrifié l'avenir.

Et pourquoi?

Dans quel but?

Réfléchissant ainsi, et passant d'autant plus rapidement d'une idée à une autre que celle qu'il abordait ne lui était pas moins pénible que celle qu'il venait de rejeter, il arriva rue de Charonne.

En traversant la cour, il revit Thérèse marchant légèrement, joyeusement près de lui, le jour où il était venu la prendre en voiture pour la conduire aux courses.

Comme elle était charmante alors!

Et cependant, ce jour-là même, il avait trouvé de bonnes raisons pour ne pas s'abandonner librement au sentiment qu'il éprouvait.

Il avait voulu attendre.

Cela était plus sage.

Belle sagesse, en vérité, et qui l'avait conduit à un beau résultat.

En arrivant devant la porte sur laquelle on lisait : Chamberlain, il entendit le bruit d'une voix qui paraissait lire dans l'atelier.

Il frappa.

— Entrez, dit la voix en s'interrompant dans sa lecture.

Il poussa la porte.

Denizot, perché sur l'établi d'Antoine et portant son pierrot sur sa tête, faisait à haute voix la lecture d'un livre à Michel, qui travaillait.

— Ah! monsieur Edouard, s'écria Denizot en dégringolant si vivement de son établi que l'oiseau, effrayé, s'envola; en voilà une surprise, et une bonne!

Michel, non moins vivement, quitta son travail pour venir tendre la main au colonel; la surprise paraissait être tout aussi heureuse pour lui que pour Denizot.

— Ma foi! dit Denizot, il était écrit que nous devions nous voir aujourd'hui, car je devais aller chez vous ce soir; j'y serais même allé dans la journée, si je n'étais pas resté pour faire la lecture à Michel pendant qu'il travaille. Voyez-vous, le temps nous est long maintenant, et les livres nous aident à le passer moins tristement. Nous avons des nouvelles d'Antoine.

— Ah!

— Et j'avais prié Denizot de vous porter la lettre que nous avons reçue ce matin, pensant qu'elle vous intéresserait, dit Michel.

— C'était précisément pour vous demander des nouvelles de mon oncle et... (il s'arrêta) que je venais vous voir.

— Voici la lettre, dit Michel.

Et, comme le colonel restait hésitant, le bras à demi tendu :

— Oh! vous pouvez la lire, continua Michel.

Alors le colonel l'ouvrit et la lut :

» Mon cher Michel,

« Je voulais t'écrire par une occasion sûre,
» ce qui m'aurait permis de causer avec vous
» en toute liberté; mais, cette occasion tar-
» dant à partir, je ne veux pas te laisser plus
» longtemps sans nouvelles; car, depuis que
» tu sais que nous avons quitté Bâle, sans
» savoir aussi ce que nous sommes devenus,
» tu dois te tourmenter d'autant plus que la
» patience n'a jamais été ta première vertu.
» J'use donc tout simplement de la poste,
» comme tout le monde; seulement, n'ayant
» en elle qu'une faible confiance et croyant
» qu'il est très-possible, très-probable même
» que les lettres qui arrivent rue de Cha-
» ronne adressées à ton nom sont soumises à
» une surveillance destinée à fournir à la
» police des renseignements qui heureuse-
» ment lui manquent, je suis obligé de gar-
» der certaines précautions assez gênantes,
» mais que je crois nécessaires présentement.
» Au reste, je pourrai, je l'espère, t'écrire
» bientôt sans crainte que ma lettre passe
» sous des yeux indiscrets, et je te donne-
» rai alors tous les détails que je suis obligé
» de taire aujourd'hui.

» Nous sommes restés à Bâle le temps né-
» cessaire pour recevoir les réponses aux
» lettres que j'avais écrites; ces réponses
» ont été telles que l'on devait les attendre
» des braves cœurs auxquels je m'étais
» adressé. Alors nous sommes partis pour
» notre voyage, pour notre exil en Allema-
» gne.

» Maintenant nous voilà installés aussi
» bien que nous pouvons l'être, et nous
» avons trouvé ici un accueil qui aurait
» fait revenir des préventions que tu nourris
» contre les Allemands, si tu avais pu en
» être témoin.

» Il ne faut pas juger les Allemands à Pa-
» ris, vois-tu, par ce qu'on dit d'eux, par
» ce qu'on peut remarquer en étudiant ceux
» qu'on rencontre; c'est en Allemagne, c'est
» chez eux qu'il faut les connaître.

» Par nos rencontres dans nos congrès avec
» nos frères Allemands, j'étais arrivé à me
» débarrasser de certains préjugés français,
» mais j'étais loin de soupçonner la vérité.

» Particulièrement en ce qui nous touche
» le plus vivement, les Allemands sont plus
» avancés dans nos idées que nous ne le
» sommes en France; ici ce ne sont pas seu-
» lement les ouvriers des villes qui pensent
» à une réorganisation sociale, les paysans
» (au moins dans le pays où je suis), sont
» leurs alliés, au lieu d'être leurs ennemis.

» De cette communauté de croyance, il est

» certain qu'il naîtra un jour un grand mouvement, qui sera irrésistible et qui provoquera en Allemagne une révolution plus terrible et plus complète que ne l'a été la révolution française.

» Quand éclatera ce mouvement? Bien entendu, je n'ai pas la sotte prétention de vouloir le prédire; je ne connais pas assez le pays pour cela, et d'ailleurs il faudrait entrer dans des considérations, trop longues pour cette lettre écrite à la hâte, car il est bien entendu que les choses n'iront pas toutes seules; il y aura des résistances. Déjà elles s'affirment, et il est à craindre que ceux qui dirigent les affaires publiques ne jettent leur pays dans des aventures et dans des guerres pour tâcher d'enrayer ou de détourner ce mouvement; mais, quoi qu'on fasse, il reprendra son cours et sa marche, car l'avenir lui appartient.

» Pour ma part, je vais employer le temps de mon exil à pousser à la roue dans la mesure de mes moyens, car notre cause est au-dessus des nationalités et nous devons travailler à son succès aussi bien en France qu'en Allemagne, aussi bien en Allemagne qu'en Angleterre.

» Nous avons ici un journal, le *Volkstaat*, ce qui veut dire le *gouvernement du peuple*, dans lequel on me demande des articles qu'on traduira; je vais les écrire. En même temps, je fournirai des notes à son rédacteur en chef, un de nos frères, qui écrit une histoire de la *révolution française*, car partout notre *révolution* doit être un enseignement pour les peuples qui veulent s'affranchir.

» Voilà pour un côté de notre vie. Quant à l'existence matérielle, n'en sois pas inquiet; je travaille ici dans l'atelier d'un tourneur qui est un des chefs du mouvement social en Allemagne.

» Je voudrais que tu le connusses: c'est le meilleur homme du monde, le plus doux et le plus ferme. Nous demeurons porte à porte, et Thérèse passe une partie de la journée à apprendre le français à ses deux petites filles...

» Si nous étions en France et réunis nous pourrions dire que nous sommes pleinement heureux.

» En attendant une plus longue lettre, sois donc rassuré sur nous. Cette lettre te dira comment m'écrire et sous quel nom. Ne sois pas inquiet pour me tenir au courant de mon procès, je lis les journaux français.

» Je te serre les mains, ainsi que celles de Sorieul et de Denizot. Thérèse embrasse son oncle et vous envoie ses amitiés.

» ANTOINE. »

Antoine était tout entier dans cette lettre, avec ses aspirations et son enthousiasme, mais aussi avec sa négligence des choses pratiques.

— Mais cela ne m'apprend pas où se trouve mon oncle, dit le colonel en rendant cette lettre à Michel, et c'était là justement ce que je voulais savoir.

— Vous voyez, il m'annonce une nouvelle lettre; aussitôt que je l'aurai reçue, je vous la communiquerai.

— Quand vous l'aurez, dit Denizot, voudrez-vous la communiquer aussi à une dame de vos amies qui est venue pour voir Thérèse?

— Une dame de mes amies! Et qui donc?

— Mme la marquise de Lucillière.

— Mme la marquise de Lucillière!

— Oui, elle est venue ici hier pour voir Thérèse, m'a-t-elle dit. Que lui voulait-elle? Naturellement je ne le lui ai pas demandé. Je lui ai dit ce que nous savions, que Thérèse était en Allemagne; voilà tout.

Le colonel quitta la rue de Charonne, fort intrigué par cette nouvelle.

Mme de Lucillière cherchant Thérèse, qu'est-ce que cela signifiait?

XXXVIII

Parmi les questions qu'on se pose dans un examen de conscience, il n'en est pas de plus grave que celle qui tient dans ces trois mots:

— Que faire maintenant?

Ce fut cette question que le colonel se posa en revenant chez lui, mais sans trouver une réponse, c'est-à-dire un but.

Que faire?

Où aller?

Quel parti prendre?

C'était la première fois qu'il se trouvait réellement livré à une complète incertitude, sans que rien en lui le fit pencher d'un côté ou d'un autre, sans qu'aucun désir s'éveillât à son appel, sans qu'aucun ressort résistât sous sa main.

Ses années de jeunesse avaient été remplies par la guerre avec ses angoisses ou ses enthousiasmes, et les jours avaient succédé aux jours, sans qu'il eût jamais une minute pour se demander ce qu'il ferait le lendemain.

Après la mort de son père, il avait trouvé des affaires considérables à arranger, qui avaient pris tout son temps et largement occupé son esprit.

Puis il était venu à Paris, mais avec un but précis et déterminé: celui de voir s'il pourrait accomplir la dernière volonté de son père et prendre pour femme sa cousine Thérèse. Il y avait là une curiosité, un intérêt, quelque chose de vivant qui ne laissait place ni à l'indifférence ni à l'ennui.

Amant de Mᵐᵉ de Lucillière, il avait été emporté dans un tourbillon ; ce n'est pas quand les heures et les journées du temps présent sont trop courtes qu'on s'inquiète du lendemain et qu'on prend souci de son avenir. Savait-il d'ailleurs ce que serait ce lendemain, s'il serait vide ou rempli, puisqu'il dépendait du caprice de sa maîtresse ; ce qu'il ferait, il n'en savait rien, mais qu'importait ? quoi qu'elle voulût, quoi qu'elle lui fît faire, il serait heureux.

Cette liaison brisée, il n'était point tombé dans le vide ; il vivait, il se sentait vivre, puisqu'il se sentait souffrir.

Et puis d'ailleurs tout n'était pas fini du côté de Thérèse ; elle n'était point engagée d'une façon formelle et irrémédiable envers un autre. Qui pouvait savoir ce qui se passerait plus tard, et ce mot seul, plus tard, était une aurore qui s'entr'ouvrait sur l'avenir.

Mais, après sa rupture avec Carmelita, il n'y avait pas de plus tard, pas d'aurore, pas d'avenir, pas de lendemain.

Il n'était pas plongé dans la douleur ; car, n'ayant pas désiré ce mariage, l'ayant subi et non recherché, il n'éprouvait aucun chagrin à le voir se rompre.

Un sentiment de mépris et de honte avait rempli son cœur, voilà tout ; mais, si l'on vit par la douleur, on ne vit pas par le mépris quand il ne s'élève pas jusqu'à la haine.

Et il ne haïssait pas Carmelita ; la pauvre fille, il l'aurait volontiers plutôt plainte. Qu'avait-elle été ? Un instrument entre des mains habiles ; ce qu'elle avait fait, on lui avait dit de le faire, et, plus ou moins docilement, plus ou moins passivement, elle avait obéi.

Ainsi, de quelque côté qu'il se retournât, il ne trouvait plus rien maintenant qui pût le retenir, l'attirer ou même simplement l'occuper.

La fortune ? — Quel plaisir éprouverait-il à ajouter quelques millions à ceux qu'il possédait ? il n'était déjà que trop riche.

L'ambition ? — Quelle ambition lui était permise ? Il n'était pas propre au métier de soldat, et il n'y avait plus de soldats dans son pays ; les deux seuls commandements que conserve la république étaient remplis et bien remplis, il n'était ni Sherman ni Sheridan.

L'amour ? — Il venait de tenter une double épreuve, et l'une aussi bien que l'autre l'avaient laissé brisé, et, ce qui est autrement grave, découragé, écœuré.

Autour de lui, il ne voyait qu'une femme qui eût pu le relever, et précisément cette femme ne pouvait être la sienne ; il l'avait perdue par sa propre faute, parce qu'il avait bien voulu la perdre.

Comment prendre la vie ?

Par le côté sérieux ou par le côté plaisant ?

A trente ans, devait-il, pouvait-il entrer délibérément dans l'hiver ?

Des questions de ce genre ne se résolvent point par cela qu'on veut les résoudre. On les tourne, on les retourne, on les agite sans cesse, et, plus on les creuse, plus leur solution apparaît difficile et même impossible.

Que faire demain ?

Toujours la réponse est la même.

Rien.

Et l'on se laisse vivre, enveloppé, momifié, dans les banalités de la vie courante.

Ce fut cette existence qu'il accepta, ou plus justement qu'il se laissa imposer, n'ayant ni le désir ni la force d'en choisir une autre.

Sans doute il aurait pu voyager, mais où aller, puisque précisément l'Allemagne lui était interdite et que c'était en Allemagne seulement qu'il désirait aller ?

Voyager pour changer de place et dévorer l'espace ne lui disait absolument rien ; par là il n'était pas Américain et il ne ressentait pas cette fièvre de locomotion qui pousse tant de ses compatriotes en avant, sans leur donner le temps de rien voir ; il ne comprenait le voyage qu'avec l'étude des pays qu'on visite, avec l'histoire, les monuments, les tableaux, les objets d'art, et il se trouvait dans des dispositions où il lui était impossible d'ouvrir un livre. Alors que ferait-il en voyage ? La mélancolie des soirées dans les pays inconnus l'effrayait.

Autant rester à Paris.

Où pouvait-il être mieux pour s'étourdir ?

La plupart de ceux avec qui il était en relations se trouvaient dans des conditions qui, jusqu'à un certain point, ressemblaient aux siennes : combien n'avaient pas plus de volonté, plus de ressort, plus d'initiative que lui, et cependant ils acceptaient la vie, se laissant porter par elle.

Il ferait comme eux : à côté de ceux qui jouent un rôle actif dans la comédie humaine, il y a les simples spectateurs ; il serait de ceux-là.

Et justement les pièces qu'on jouait en ce moment sur le théâtre du monde ne manquaient pas d'un certain intérêt ; peut-être n'étaient-elles pas d'un genre très-élevé et se rapprochaient-elles trop de la féerie et de l'opérette ; mais, telles qu'elles étaient, elles pouvaient amuser les yeux.

Jamais Paris n'avait été plus brillant, plus bruyant ; il ressemblait à ces apothéoses qui terminent les pièces à spectacle, avec flammes de Bengale, lumière électrique et galop final. Qui pensait au lendemain ? On se ruait au plaisir, on jouissait de l'heure présente comme si l'on avait le pressentiment que demain n'existerait pas.

Il est vrai que, de temps en temps, éclatait dans cette musique dansante une note triste : on entendait un roulement sur des tambours drapés de noir.

On parlait de grèves d'ouvriers qui s'étaient terminées par des coups de fusil ; il y avait de nombreuses arrestations politiques, des procès, des condamnations ; on rapportait des paroles révolutionnaires prononcées dans des réunions publiques. Après dix-neuf années de sommeil, il y avait des gens qui se réveillaient et qui essayaient de construire des barricades ; on prononçait de nouveau avec un certain effarement les noms de faubourg du Temple et de Belleville. En s'entretenant avec leurs riches clients, les armuriers disaient qu'ils n'osaient pas avoir de grandes provisions d'armes chez eux, de peur d'être pillés.

Mais il n'y avait pas là de quoi s'inquiéter sérieusement : la France était tranquille, le gouvernement était fort.

Au contraire, la note grave se mêlant quelquefois à la note joyeuse, mais sans étouffer celle-ci, cela avait du piquant.

Quoi de plus curieux que d'assister, pendant la journée, à l'enterrement de Victor Noir, la plus grande manifestation populaire des vingt dernières années, et le soir à la représentation du *Plus heureux des trois*, la comédie la plus gaie du répertoire du Palais-Royal ? Profondément saisissante, la face pâle et convulsée de Rochefort ; mais, d'un autre côté, bien drôle la physionomie de Geoffroy, le mari trompé, caressé et content.

On se plaisait aux contrastes, et les fêtes dans lesquelles les femmes du plus grand monde n'étaient reçues que déguisées en grisettes obtenaient le plus vif succès C'était admirable ! On s'extasiait, sans se demander si les fêtes dans lesquelles les grisettes n'auraient été reçues que déguisées en femmes du monde n'auraient pas été presque aussi réussies.

Le colonel accepta cette vie et se laissa engourdir dans sa monotonie, prenant les jours comme ils venaient et s'en remettant au hasard pour le distraire ou l'ennuyer.

Il prit la tête du *tout Paris*, fut de toutes les fêtes, de toutes les réunions ; on le vit partout, et les journaux à informations parlèrent de lui si souvent qu'on aurait pu, dans leurs imprimeries, garder son nom tout composé ; on citait ses mots, et, lorsqu'on avait besoin d'un nom retentissant pour lui faire endosser une histoire, on prenait le sien, comme trente ans plus tôt on avait pris celui de lord Seymour.

Cependant, si cette vie usait son temps, elle n'occupait ni son cœur ni son esprit. Il en était de lui comme de ces rois de féérie qui, après la phrase traditionnelle : « Et maintenant que la fête commence! » assistent à cette fête avec un visage d'enterrement. Partout il portait une indifférence que le jeu lui-même, avec ses alternatives de perte et de gain, ne parvenait pas à secouer, et c'était avec le même calme qu'il gagnait ou qu'il perdait des sommes considérables.

— Quel estomac ! disait-on.

Et l'on se pressait autour de lui pour le voir jouer ; mais ce qui faisait l'admiration de la galerie faisait son désespoir.

Ne prendrait-il donc plus jamais intérêt à rien ?

Un seul mot, un seul nom plutôt avait le pouvoir d'accélérer les battements de son cœur : celui de Thérèse.

Mais la reverrait-il jamais maintenant ?

Après sa première visite à Michel, ne recevant de nouvelles ni d'Antoine, ni de Sorieul, ni de Michel, ni de Denizot, il était retourné rue de Charonne.

Mais il avait trouvé la porte close, et, en mettant son oreille à la serrure, il n'avait entendu aucun bruit dans cet atelier où autrefois les chants se mêlaient aux coups de marteau.

Le concierge qu'il avait interrogé en redescendant, lui avait donné les raisons de ce silence. Denizot s'était fait prendre derrière la barricade du faubourg du Temple, et Michel avait été arrêté le lendemain à l'atelier ; quant à Sorieul, il n'avait plus reparu et l'on ignorait ce qu'il était devenu. Il n'était point arrivé de lettres, portant le timbre d'un pays étranger, à l'adresse de Michel ou de Sorieul, et le concierge commençait à être inquiet pour le payement de son terme.

En apprenant cette double arrestation, le colonel avait voulu savoir s'il ne pouvait pas être utile à Denizot et à Michel, mais on lui avait répondu qu'ils étaient au secret à Mazas, et que pour communiquer avec eux, il fallait attendre que l'instruction fût terminée.

A qui s'adresser pour avoir des nouvelles de Thérèse ? Comment Antoine ne lui écrivait-il point ? Que se passait-il donc de mystérieux ?

Il pensa à interroger le baron Lazarus ; car, dans la lettre qu'il avait lue, il y avait un nom qui pouvait servir d'indice pour découvrir la ville où Antoine s'était réfugié : c'était le titre du journal dans lequel Antoine écrivait.

Il alla trouver le baron, rue du Colisée, — ce qu'il n'avait pas voulu faire depuis la scène dont il avait été témoin, résistant quand même à toutes les instances dont il avait été accablé : invitations à dîner, demandes de services, et autres prétextes plus ou moins habilement mis en avant.

Quel rôle le baron avait joué dans cette scène? C'était ce qu'il ignorait, et même il ne lui convenait pas d'examiner de près cette question, répugnant à revenir sur ce qui s'était passé alors et à réveiller des souvenirs qui le gênaient et l'humiliaient.

Mais, en cette circonstance, il fit taire ce sentiment de répugnance, et, comme de toutes les personnes qu'il connaissait à Paris, le baron Lazarus était celle qui pouvait le mieux le renseigner sur ce qu'il désirait apprendre, il n'hésita pas à s'adresser à lui.

Lorsqu'on l'annonça au baron, celui-ci ne put retenir un soupir de soulagement :

— Enfin tout n'était pas perdu !

Car il ne gardait plus qu'une bien faible espérance de revoir le colonel rue du Colisée. Quelqu'un avait parlé sans doute, la marquise de Lucillière probablement, et le colonel savait comment avait été préparée et amenée la rencontre de Belo et de Carmelita. De là à deviner l'intérêt qui avait cherché cette rencontre, il n'y avait qu'un pas qui avait dû être facilement franchi, et c'était ce qui expliquait pourquoi le colonel avait obstinément refusé toutes les invitations, repoussé toutes les avances, toutes les prévenances, toutes les flatteries qui lui avaient été adressées.

Vivement le baron se leva de sa chaise pour courir au devant de lui, les deux mains ouvertes.

— Ce cher ami !

Une joie pleine d'effusion.

— Savez-vous, dit le baron, que je désespérais presque de vous revoir ici ; vous aviez refusé mes invitations avec une telle persévérance que je vous croyais fâché.

Le colonel essaya de sourire pour cacher son embarras.

— Je me disais, continua le baron, ce brave colonel est gêné avec moi, il voit en moi un témoin de cette terrible découverte, et voilà pourquoi il veut rompre nos relations. Je souffrais beaucoup de cette pensée ; car j'ai pour vous une affection dont vous ne doutez pas, je l'espère. Cependant je ne pouvais pas vous en vouloir, car le sentiment que je vous prêtais, je l'aurais peut-être éprouvé moi-même. Heureusement je me trompais, puisque vous voilà. Soyez le bienvenu, mon cher ami.

Le baron par un geste qui lui était familier, mit sa large main sur son cœur, et à deux reprises il répéta ces trois mots :

— Soyez le bienvenu, soyez le bienvenu.

Devant un pareil accueil, le colonel n'osa pas avouer tout de suite la raison vraie qui l'amenait rue du Colisée.

Il causa de choses insignifiantes, et, quand le baron lui demanda s'il ne voulait pas, avant de se retirer, faire une visite de quelques minutes à sa chère Ida, il ne put pas refuser.

Il fit donc cette visite, qui ne fut pas de quelques minutes, comme l'avait proposé le baron, mais de près d'une heure ; car, chaque fois qu'il voulut se lever, le baron ou Ida abordèrent un nouveau sujet qui l'obligeait à rester.

Ce fut seulement quand le baron le reconduisit à la porte de sortie qu'il put aborder le sujet qui l'avait amené :

— A propos, connaissez-vous un journal allemand portant pour titre le *Volkstaat* ?

Le baron ouvrit la bouche pour répondre ; mais, se ravisant, il la referma aussitôt et parut chercher.

— Le *Volkstaat*, le *Volkstaat*, dit-il.

— C'est je crois un journal ouvrier, fait par les ouvriers pour les ouvriers.

— Ah ! très-bien, vous me mettez sur la voie ; je crois, en effet avoir vu le nom de ce journal quelquefois. Où donc paraît-il ?

— Je n'en sais rien, et c'est ce que je vous demande.

— Cela vous intéresse beaucoup ?

— Mais oui, assez.

— Combien je suis fâché de ne pouvoir pas vous répondre d'une manière satisfaisante ; il me semble cependant qu'il doit paraître en Saxe. Vous me dites, n'est-ce pas, que vous tenez beaucoup à avoir ce renseignement ?

— Oui, j'y tiens.

— Eh bien! il y a un moyen très-simple pour l'avoir, c'est que j'écrive à mes correspondants de Dresde et de Leipzig. C'est aujourd'hui lundi ; j'écris ce soir, je reçois les réponses vendredi, et vous venez dîner avec nous samedi, certain d'avoir vos renseignements.

Comme le colonel répondait par un refus aussi poli que possible:

— Me suis-je trompé ? dit le baron, êtes-vous réellement fâché contre moi ?

— Mais comment pouvez-vous penser ?...

— Non, vous n'êtes pas fâché. Alors vous venez dîner, c'est chose convenue, ou bien, si vous refusez, je n'écris pas. Faut-il écrire ?

— Ecrivez, je vous prie.

— Alors, à samedi, en tout petit comité, deux amis seulement et nous.

Ceux que le baron appelait des amis étaient à proprement parler des compères, dont le rôle consistait à rendre le dîner attrayant : l'un, homme d'esprit et du meilleur ; l'autre, gourmet célèbre. Tous deux allant en ville et jouant chaque soir admirablement leur rôle, sans jamais un moment de lassitude, celui-ci mettant les convives en belle humeur, et celui-là les mettant en appétit ; avec cela depuis longtemps insensibles aux séductions féminines, et par là incapables de provoquer la jalousie.

Dès que le colonel arriva, le baron le prit dans un coin pour lui communiquer les renseignements qu'il venait de recevoir.

— Il ne s'était pas trompé : c'était bien en Saxe que paraissait le *Volksstaat*, à Leipzig. C'était un journal socialiste, qui, fondé depuis peu de temps, exerçait une grande influence dans les classes laborieuses, sur les ouvriers des villes aussi bien que sur ceux des campagnes. En quelques mois, il avait fait le plus grand mal. Mais le gouvernement averti s'était décidé à le poursuivre à outrance ; son rédacteur en chef venait d'être emprisonné, et des étrangers qui collaboraient à sa rédaction étaient en fuite : on les recherchait pour les arrêter. On était décidé à en finir avec ces misérables socialistes, qui menaçaient de corrompre tout le pays.

Le colonel se déclara satisfait par ces renseignements, mais en réalité il l'était aussi peu que possible, désolé au contraire et tourmenté.

Parmi ces étrangers qu'on disait en fuite, se trouvait Antoine sans aucun doute.

Où s'était-il réfugié ?

Comment le savoir ? Comment avoir des nouvelles de Thérèse ?

Condamné en France, par défaut, à cinq années d'emprisonnement, poursuivi en Allemagne, dans quel pays Antoine allait-il se retirer ? comment trouverait-il à travailler ? N'était-ce pas une vie de misère qui commençait pour lui et pour Thérèse ? Pas d'asile, pas de pain peut-être, et avec cela impossibilité de les chercher, sous peine d'aider la police à les trouver.

Ces préoccupations nuisirent au dîner du baron.

Et le colonel ne fut pas aussi sensible qu'il l'aurait été dans d'autres circonstances à l'esprit de l'homme d'esprit et à la gourmandise du gourmet.

Cependant, le baron l'ayant interrogé plusieurs fois sur sa santé et Ida lui ayant demandé en souriant dans quel pays il voyageait présentement, il voulut réagir contre sa maussaderie ; puisqu'il avait accepté ce dîner, il devait y apporter une figure et des manières convenables. Évidemment sa tenue était grossière et ridicule, il réfléchirait plus tard.

Placé près d'Ida, il se tourna vers elle et tâcha de la convaincre qu'il ne voyageait pas pour le moment dans des pays chimériques, mais qu'il savait où et près de qui il était.

De là s'ensuivit une conversation animée, qui chassa les préoccupations sérieuses et tristes que le baron avait fait naître.

D'ailleurs il avait toujours éprouvé une assez vive sympathie pour cette jeune fille qui ressemblait si peu à celles qu'il voyait chaque jour.

Sa beauté lui plaisait ; il avait toujours pris plaisir à regarder ses beaux cheveux blonds et ses yeux candides.

Il y avait en elle un singulier mélange de sentiments poétiques et pratiques, se heurtant à chaque pas et finissant cependant par s'amalgamer quand même, qui l'avait toujours intéressé.

Elle savait tout : science, histoire, poésie, musique.

Et il était vraiment curieux de comparer aux élèves des couvents parisiens, qui ne parlaient guère que de la dernière opérette ou du dernier sermon à la mode, cette jeune fille, qui jugeait les religions au point de vue de la science et de la raison pure, et dans la bibliothèque de laquelle, à côté de la *Dogmatique chrétienne dans son développement historique et dans sa lutte avec la société moderne*, du docteur Fr. Strauss, on trouvait les *Lettres physiologiques* de Carl Vogt.

XXXIX

Ces dîners « de toute intimité, » comme les qualifiait le baron Lazarus, se renouvelèrent souvent, et insensiblement ils devinrent de plus en plus fréquents.

Chaque fois, le baron avait d'excellentes raisons pour appuyer son invitation, et chaque fois le colonel, de son côté, n'en avait que de mauvaises pour la refuser.

D'ailleurs, dans le vide qui remplissait son existence, ces dîners n'avaient rien pour lui déplaire, loin de là.

En effet, quand il ne prenait point part à un dîner de gala ou quand il n'en donnait point un lui-même, il mangeait le plus souvent à son restaurant ou à son cercle, et le brouhaha des grandes réunions lui était tout aussi désagréable que le silence de la solitude.

Chez le baron, il trouvait ce qu'il ne rencontrait pas ailleurs.

Il y a longtemps qu'on a dit que le plaisir de la table est une sensation qui naît de l'heureuse réunion de diverses circonstances, de choses et de personnes.

Cette réunion de choses et de personnes se rencontrait à la table du baron, où la chère, préparée par un cuisinier parisien et non allemand, était exquise, et où les convives étaient habilement choisis pour se faire valoir les uns les autres.

Il a été un temps où les dîners de ce genre ont été en honneur à Paris; malheureusement ils ont peu à peu disparu, à mesure que tout le monde a voulu faire grand, et ils ne sont conservés que dans de trop rares maisons.

Celle du baron était de ce nombre, et pour le colonel c'était une véritable détente, un repos et un charme, que ces dîners intimes. On y causait librement, spirituellement on y mangeait délicatement, et, en même temps que le cerveau s'y rafraîchissait, l'esprit s'y allumait : on en sortait dans un état de bien-être général tout à fait agréable.

Il semblait que le baron eût apporté dans le monde les qualités innées qu'ont ses compatriotes pour la profession d'hôte ou plus justement de maître d'hôtel, profession pour laquelle les Allemands ont incontestablement, comme le savent tous ceux qui ont voyagé, des aptitudes remarquables.

A côté des dîners, vinrent les soirées ; car le colonel ne pouvait dîner chaque semaine rue du Colisée, sans faire une visite au baron et à Ida.

Bien entendu, pour ces visites, il avait choisi le jour de réception du baron ; mais il n'en était pas de ces réceptions comme des dîners, elles n'avaient aucun caractère d'intimité. S'y montraient tous ceux qui étaient en relations d'amitié ou d'affaires avec le baron Lazarus, des Allemands, beaucoup d'Allemands, presque exclusivement des Allemands.

Alors bien souvent la conversation prenait une tournure qui gênait le colonel, tant on disait du mal de la France. C'était à croire que tous ces gens, qui pour la plupart habitaient Paris, étaient des ennemis implacables du pays auquel ils avaient demandé l'hospitalité, le travail ou la fortune : on ne parlait que de la corruption de « la grande Babylone, » de ses ridicules, de son immoralité, de ses vices, de sa pourriture. Pourquoi se serait-on gêné devant le colonel Chamberlain ? N'était-il pas citoyen des Etats-Unis ?

Mais ce citoyen des Etats-Unis se laissa aller un jour à répliquer à ces litanies :

— Si la France est le pays d'abomination que vous prétendez, dit-il, pourquoi y venez-vous ou plutôt pourquoi y restez-vous ?

On se mit à rire de ce rire bruyant et formidable qui n'appartient qu'à la race germanique.

Alors le correspondant d'un journal de Berlin, qui ne manquait jamais d'annoncer, dans ses revues du monde parisien, que Mlle Ida Lazarus « avait été la reine de la soirée, » prit la parole :

— Personne ne conteste les qualités de la France, dit-il avec un flegme imperturbable, et tous nous reconnaissons qu'elle est le premier pays du monde pour les couturières, pour les coiffeurs, pour les cuisiniers, pour les modistes, pour les jolies petites dames, pas bégueules du tout.

Les rires recommencèrent de plus belle.

— Et les soldats ? dit le colonel agacé.

Les rires s'arrêtèrent, mais on se regarda avec des sourires discrets.

Le baron, qui n'avait rien dit, voyant le colonel piqué leva la main et tout le monde garda le silence.

—Cela, dit-il, c'est une plaisanterie; soyez sûr que nous rendons justice aux Français, et il serait à souhaiter que les Français fussent aussi équitables pour nous que nous le sommes pour eux. Nous les traitons en frères et eux nous regardent comme des ennemis qu'ils dévoreront un jour ou l'autre ; quand nous nous plaignons de la France, c'est que nous avons peur d'elle.

Mais, ne s'en tenant pas à ces paroles d'apaisement, il voulut prendre ses précautions pour l'avenir et ne pas exposer le colonel à entendre des propos qui pouvaient le fâcher. Quand celui-ci se leva pour se retirer, il l'accompagna.

— Pourquoi donc venez-vous nous voir le mardi ? dit-il ; c'est mon jour de réception, et vous vous rencontrez avec une société mélangée que mes affaires m'obligent à recevoir. Le jeudi et le samedi, au contraire, je reste en tête-à-tête avec ma fille ; c'est la soirée de la famille. Quand vous serez libre et que vous voudrez bien nous faire l'amitié d'une visite, venez un de ces jours-là ; nous serons tout à fait entre nous. Il y a des heures où il me semble qu'on doit avoir besoin de calme sans solitude.

Ah ! certes, oui, le colonel avait des heures, et elles sonnaient souvent pour lui, où il éprouvait ce besoin de calme dont parlait le baron.

Abandonnant le mardi, il vint donc rue du Colisée le jeudi ou le samedi, quelquefois même le jeudi et le samedi.

Peu à peu, il s'était pris d'amitié pour Ida, et il avait pour elle les attentions et les prévenances qu'un grand frère a pour une sœur plus jeune.

Il se livrait d'autant plus librement à ce sentiment, qu'il était bien certain que ce n'était et que ce ne pouvait être qu'une amitié fraternelle.

De l'amour, un amour sincère et profond, allons donc ! son cœur était bien mort.

Rien ni personne ne le ressusciterait.

De cela, il avait une certitude basée sur l'expérience.

Mort pour le présent et l'avenir, aussi bien que pour le passé.

Plusieurs fois, la femme qu'il avait passionnément aimée, Mme de Lucillière, sa chère marquise, sa chère Henriette, avait paru vouloir rappeler ce passé à la vie ; il avait fermé les yeux et les oreilles aux avances franches et précises qu'elle lui avait faites. Elle avait insisté. Dans une maison où ils se rencontraient, elle était venue à lui, la main tendue : il s'était incliné, et, sans prendre cette main, il avait reculé. Un autre soir, elle avait manœuvré de manière à le trouver seul dans un boudoir, et vivement, en quelques mots, elle lui avait dit qu'elle avait à lui parler. Aussi poliment que possible, mais avec une froideur glaciale, sans émotion et sans trouble, il avait répondu qu'il n'avait rien à attendre d'elle, et il s'était retiré, dégageant avec fermeté son bras, qu'elle avait pris.

Non, il n'aimerait plus, et il n'y avait pas à craindre que le sentiment amical qu'il éprouvait pour Ida se changeât jamais en une tendresse passionnée.

Il pouvait la voir, souvent, chaque jour, en toute sécurité.

Il était de ceux qui croient qu'on peut être l'ami d'une femme ou d'une jeune fille, sans que l'amour se mêle jamais à cette amitié.

En sa jeunesse, dans son pays, il avait eu ainsi des amies dont il n'avait jamais été que l'ami.

Et il était parfaitement assuré de n'être que cela pour Ida.

Quand il se rappelait les paroles de Mme de Lucillière et ses avertissements à propos des projets du baron, il haussait doucement les épaules.

En quoi ces projets s'étaient-ils jamais affirmés. Pendant un moment, il avait pu se tenir en défiance ; mais maintenant ? Ces avertissements étaient tout simplement la manifestation d'une jalousie qui ne voulait pas se montrer franchement. Moi jalouse, disait Henriette, je n'ai jamais ressenti ni compris la jalousie. En cela comme en bien d'autres choses elle avait plus d'habileté que de sincérité.

Les semaines, les mois s'écoulèrent, et l'on gagna l'été sans que les dîners ni les soirées s'interrompissent.

Un soir de juillet, qu'il se rendait à pied rue du Colisée pour faire sa visite du samedi, marchant doucement, il croisa, en arrivant devant la porte du baron Lazarus, son ami Gaston de Pompéran, et naturellement tous deux s'arrêtèrent en même temps pour se serrer la main.

Après quelques mots insignifiants, Gaston se mit à sourire en montrant du doigt les arbres du jardin du baron.

— Vous allez là ? dit-il.
— Oui, je vais faire visite au baron.
— Et à sa fille ?
— Et à sa fille.

— Alors c'est vrai ?
— Qui est vrai ?
— Voyons, mon cher Edouard, ne faisons pas de diplomatie. Il y a longtemps que j'ai envie de vous adresser une question ; l'occasion se présente de le faire, j'en profite. Le permettez-vous ?
— Je ne comprends pas qu'ayant une question à m'adresser, vous ayez attendu pour cela une occasion, comme vous dites.
— Mon cher Edouard, vous auriez parfaitement raison de me faire ces reproches, si ma question était correcte ; mais elle ne l'est pas. A vrai dire même, elle est indiscrète.
— Alors ne la faites pas.
— Je le voudrais ; mais, d'un autre côté, je voudrais aussi savoir ce que j'ai envie d'apprendre.
— Alors faites-la, dit le colonel en riant. Il en est des lèvres comme des portes, il faut qu'elles soient ouvertes ou fermées. Que décidez-vous ? ouvrez-vous les vôtres ou bien les fermez-vous ?
— Je les ouvre.
— Et moi, je vous écoute.
— Est-il vrai, — je reprends ma question où je l'ai interrompue, — est-il vrai que vous épousez Mlle Lazarus ?

A ce nom, le colonel fit deux pas en arrière et frappa le pavé du pied.

— Vous voyez bien, mon cher Edouard, que ma question était indiscrète et que j'avais raison d'hésiter à vous l'adresser.
— C'est qu'aussi ces questions à propos de mariage sont vraiment irritantes. Certes je ne dis pas cela pour vous, mon cher Gaston, et, si quelqu'un a le droit de m'interroger à ce sujet, c'est vous, vous seul. Que cela soit bien entendu, et ne concluez pas de mon mouvement d'impatience que je suis fâché contre vous.

Disant cela, le colonel tendit la main à Gaston.

— Si ce mouvement m'a échappé, dit-il en continuant, c'est que déjà plusieurs fois on est venu me parler de mariage, et que ce mot seul m'exaspère.
— Combien je suis désolé !
— Et vous ne pouviez pas savoir l'effet que ce mot produit sur moi.
— Sans doute, mais j'aurais dû en tous cas retenir une question que je le sentais très-bien était indiscrète et inconvenante. Si j'ai été amené à vous l'adresser, c'est que de tous côtés on me l'adressait à moi-même. « Vous qui êtes l'ami du colonel Chamberlain, dites-nous donc s'il est vrai qu'il épouse Mlle Lazarus ? » Je répondais que je n'en savais rien. Mais on ne voulait pas me croire, on me harcelait, on se moquait de ma discrétion.
— Et qui vous adressait cette question ?

— Mais tout le monde, tout Paris.

— Et qu'ai-je fait à Paris pour qu'il s'occupe de moi, de ma personne, de mes affaires, ou de mon mariage ? Ne me laissera-t-on pas en paix une bonne fois ?

— Il faut dire, pour excuser cette curiosité qui vous fâche, que jusqu'à un certain point vous l'avez excitée par votre assiduité chez le baron.

— N'ai-je pas le droit d'aller dans une maison, sans épouser les jeunes filles qui s'y trouvent ? Cela est ridicule.

— Je ne dis pas non ; on a remarqué que vous dîniez chaque semaine chez le baron, et que de plus vous passiez chez lui, en sa compagnie et en celle d'Ida, une partie de vos soirées. De là, à conclure à un mariage, il n'y a qu'un pas.

— Eh bien ! on s'est trompé. Il n'a jamais été question de mariage entre Ida et moi, je n'en ai même jamais eu la pensée ; cela est précis, n'est-ce pas ?

— Assurément et je vous crois, mais vous diriez cela à d'autres que vous ne seriez pas cru ; au lieu de s'en rapporter à votre parole, on s'en tiendrait au fait matériel, c'est-à-dire à votre assiduité dans cette maison.

— Je n'ai pas souci des autres ; je ne m'occupe pas d'eux, qu'ils ne s'occupent pas de moi : c'est tout ce que je leur demande.

— Encore une fois, vous ne m'en voulez pas de ma sotte question ?

— Pas du tout, cher ami.

— Alors au revoir.

— Au revoir.

Tout en causant, le colonel avait accompagné Gaston. Il le quitta et revint sur ses pas, marchant rapidement sous le coup de l'exaspération ; car, s'il n'était pas fâché contre Gaston, il l'était contre « les autres, » dont il disait ne pas prendre souci.

Cette question de mariage le poursuivrait donc toujours et sans relâche ?

Cependant il fallait reconnaître que dans cette circonstance il y avait un fait matériel, ainsi que disait Gaston : son assiduité auprès d'Ida.

Et « les autres » n'étaient peut-être pas aussi ridicules dans leurs prévisions qu'il le prétendait.

Evidemment cette assiduité avait surpris le monde ; on lui avait cherché une explication, et l'on avait pu conclure à un mariage sinon arrêté, au moins projeté.

A vrai dire, on ne pouvait guère arriver à une autre conclusion.

Il était même heureux, au moins pour Ida, que ce fût celle-là qu'on eût adoptée, et non une autre : on va vite quand on s'amuse à chercher des explications et les imaginations pas plus que les langues, ne s'arrêtent guère.

Raisonnant ainsi, il était arrivé devant la porte du baron. Il s'arrêta un moment avant d'entrer ; puis tout à coup, au lieu de franchir cette porte, il continua son chemin.

Les paroles de Gaston, qui tout d'abord n'avaient excité que sa colère, méritaient d'être sérieusement examinées : elles étaient graves, très-graves, sinon pour lui, en tous cas pour Ida.

En venant chez le baron Lazarus, il n'avait fait que se rendre aux invitations de celui-ci, à ses instances ; sa responsabilité n'était donc pas engagée.

D'ailleurs il n'avait jamais eu la pensée qu'on donnerait à son assiduité dans cette maison d'autre explication que la vraie.

C'est-à-dire qu'il venait dans cette maison parce qu'il trouvait plaisir à y venir.

Mais, en raisonnant ainsi, il partait d'un point qui, étant parfaitement connu par lui, ne l'était pas par le monde.

Il savait qu'il n'aimait pas et ne pouvait pas aimer Ida ; de cela il y avait une certitude absolue.

Mais le monde, qui n'avait pas fait avec lui l'examen de son état moral, n'avait pas et ne pouvait pas avoir cette certitude.

Si le plaisir qu'il éprouvait à fréquenter la maison du baron provenait de la réunion de certaines circonstances qui justement tenaient à cet état moral, le monde, lui, ne les connaissait pas ces circonstances.

Il ne voyait qu'un fait.

Un homme jeune encore allant fréquemment dans une maison où se trouvait une jeune fille.

Et de ce fait il tirait une seule conclusion : entre cet homme et cette jeune fille : il y avait un projet de mariage.

En réalité cela n'était ni ridicule, ni absurde, bien au contraire.

Pourquoi le monde ne croirait-il pas que le colonel Chamberlain prenait pour femme Mlle Lazarus ?

Il n'y avait, en apparence au moins, aucune impossibilité à ce mariage.

Ida était assez jolie, assez charmante, pour qu'on l'aimât et l'épousât.

Qui avait eu l'idée de ce mariage ? Tout le monde, tout Paris, disait Gaston.

Devant cette unanimité il ne fallait pas se fâcher ; au contraire, il fallait réfléchir et raisonner de sang-froid.

Pour lui, ces propos étaient ennuyeux, et ils pouvaient bien lui attirer des désagréments comme celui qu'il venait de subir, c'est-à-dire qu'ils pouvaient l'exposer à répondre à des interrogations du genre de celle de Gaston.

Mais cela n'allait pas plus loin ; un moment d'agacement et de mauvaise humeur, voilà tout.

Pour le baron et surtout pour Ida ils pouvaient avoir des conséquences beaucoup plus graves.

Ce n'est pas impunément qu'on parle du mariage d'une jeune fille.

Quand ce mariage se fait, ces bavardages ne sont pas bien compromettants; mais quand il ne se fait pas, ils prennent une importance considérable, qui peut avoir une influence désastreuse sur toute la vie de cette jeune fille.

Par les propos qui lui étaient revenus plus ou moins directement depuis sa rupture avec Carmelita, le colonel savait mieux que personne tout le mal que pouvaient faire des interprétations malveillantes reposant sur un fait certain.

Si Carmelita, après leur rupture, était restée à Paris, elle n'aurait jamais trouvé un mari; pour tout le monde, elle avait été la maîtresse du colonel Chamberlain, et c'était parce qu'il était fatigué d'elle que celui-ci ne l'avait pas prise pour femme. Voilà ce que le monde avait dit et répété tout haut.

Or, comme il n'épouserait pas plus Ida qu'il n'avait épousé Carmelita, il ne fallait pas qu'on dît de l'une ce que l'on avait dit de l'autre.

En tous cas, il ne fallait pas que par sa conduite il donnât un fondement à de pareils propos.

Déjà, sans en avoir conscience, il n'avait été que trop imprudent; il aurait dû savoir qu'à Paris des relations comme celles qui s'étaient établies entre lui et Ida ne passeraient pas inaperçues, et qu'étant remarquées, elles seraient interprétées dans le sens que Gaston venait de lui expliquer.

Il avait été par trop Américain en allant chez le baron, et celui-ci avait été de son côté par trop Allemand en l'attirant. Quand on vit dans un pays, il faut accepter les mœurs de ce pays et se conformer aux règles conventionnelles qu'elles imposent : en France, on ne *flirte* point, ou bien la réputation d'une jeune fille ne sort point immaculée d'une longue *flirtation*.

Il aurait dû réfléchir à cela, si de leur côté le baron et Ida n'y réfléchissaient pas.

Il ne lui convenait pas d'empêcher Ida de se marier.

Et il ne lui convenait pas davantage de la prendre pour femme, parce qu'elle ne pourrait pas trouver d'autre mari que celui qui aurait compromis sa réputation.

Précisément parce qu'il avait de la sympathie et de l'amitié pour elle, il voulait qu'elle fît un heureux mariage,

Et précisément aussi parce qu'il n'avait pas l'amour pour elle, il ne voulait pas être l'homme de ce mariage.

Cela lui créait une situation délicate et difficile.

Mais si difficile qu'elle fût à dénouer d'une façon satisfaisante pour tous, il ne devait pas la laisser se prolonger plus longtemps, et le mieux était, quant à lui, d'en sortir le plus tôt possible.

Pour cela il n'avait qu'un moyen à sa disposition : une explication franche avec le baron.

Et, revenant sur ses pas, il franchit la grande porte et sonna à la grille de l'hôtel Lazarus, décidé à provoquer cette explication ce soir même.

XL

Ce n'était pas chez lui que le baron avait coutume de recevoir, le colonel, c'était chez sa fille.

En effet, c'était pour sa fille qu'il restait à la maison; il était donc tout naturel que ce fût chez sa fille qu'il passât la soirée, dans cette pièce où le colonel avait été reçu dès le second jour de son arrivée à Paris, et qui, par sa disposition comme par son ameublement, son aquarium, sa volière, sa bibliothèque de littérature et de musique, son piano, son orgue, ses chevalets, ses tableaux, ses objets de ménage, présentait une si étrange réunion de choses qui juraient entre elles.

Chaque fois qu'il arrivait, le colonel trouvait le baron assis dans un large fauteuil, devant une table sur laquelle était servi un plateau avec un cruchon plein de bière et deux verres; installée devant le piano ou devant l'orgue, Ida faisait de la musique pour son père, qui, renversé dans son fauteuil, les jambes posées sur un tabouret, suivait en l'air les dessins capricieux de la fumée de sa pipe.

Il était impossible de voir à Paris un tableau de la vie de famille plus patriarcal. Évidemment cette bonne fille serait un jour la meilleure femme qu'un mari pût souhaiter; en elle, tout se trouvait réuni : les talents les plus variés, et avec cela l'ordre, la complaisance, l'indulgence, la simplicité, heureuse d'un rien, heureuse surtout du bonheur qu'elle donnait.

Quand elle disait *Lieber papa*, sa voix était une suave musique.

Et il était impossible d'être plus gracieuse qu'elle quand, penchée devant son père, elle lui tendait un papier roulé pour qu'il allumât sa pipe.

Où aurait-on trouvé à Paris une jeune fille qui aurait permis que son père fumât chez elle, et la pipe encore?

Pour elle, au contraire, cela était tout simple; elle ne pensait qu'aux plaisirs des autres, et, pour son odorat, la fumée de la pipe paternelle ne pouvait que sentir bon.

Quand le colonel entra chez Ida, celle-ci était au piano en train de jouer une sonate de Mendelssohn, et le baron, sa pipe allumée, était assis dans son fauteuil.

Au bruit que fit la porte en s'ouvrant, Ida tourna la tête ; mais vivement le colonel lui fit signe de ne pas s'interrompre.

Quant au baron, il ne bougea pas ; on pouvait croire qu'il était absorbé dans une sorte de ravissement. Renversé dans son fauteuil, les yeux perdus dans le vague, il n'était plus assurément aux choses de la terre : était-ce la musique, était-ce le tabac qui produisait cette extase ? les deux peut-être.

Le colonel, sans faire de bruit, s'assit sur le premier siége qu'il trouva à sa portée et attendit que la sonate fût finie.

Le dernier accord plaqué, Ida quitta vivement son tabouret et vint à lui en courant, les mains tendues :

— Vous êtes en retard, dit-elle ; voilà pourquoi j'ai joué cette sonate à papa. Voulez-vous que je la recommence pour vous ?

Le baron était enfin sorti de son état extatique.

— Oui, dit-il, recommence, je te prie ; le colonel sera heureux de l'entendre, j'en suis certain.

— Mais très-heureux assurément.

— Tu as joué comme un ange.

Mais le colonel n'était pas en disposition d'écouter la musique avec recueillement, même quand c'était un ange qui était au piano.

Il resta immobile sur son siége, n'écoutant guère et suivant sa pensée intérieure d'autant plus librement qu'il ne se croyait pas observé.

Ida jouait.

Le baron écoutait.

Il était pleinement libre.

Mais Ida, qui jouait de mémoire, jetait les yeux de temps en temps de côté sur une glace, dans laquelle elle suivait les mouvements de physionomie du colonel et voyait sa préoccupation.

Quant au baron, par suite d'une heureuse disposition particulière dont l'avait doué la nature et qu'il avait singulièrement développée par l'usage, il pouvait voir ce qui se passait autour de lui, sans paraître le regarder ; si bien qu'il remarqua aussi, à l'air sombre et recueilli du colonel, qu'il devait être arrivé quelque chose d'extraordinaire.

Cela troubla sa jouissance musicale, et, au lieu d'écouter religieusement la sonate de Mendelssohn, il se demanda curieusement ce qu'avait le colonel.

Quel nouveau danger avait surgi ?

Contre quoi, contre qui fallait-il lutter et se défendre ?

Bien entendu, quand la sonate fut terminée, il n'adressa pas au colonel la question qu'il venait de se poser : son principe en effet était qu'on questionne les gens toujours trop tôt, et qu'on a tout à gagner à les laisser s'expliquer eux-mêmes, on les voyant venir. Si, au moment de partir, le colonel n'avait rien dit, il serait temps encore de l'interroger ; il n'y avait aucun péril à attendre.

Plusieurs fois, dans le cours de la soirée, qui se passa assez tristement, Ida fit un signe furtif à son père pour lui montrer le colonel ; mais le baron répondit toujours en mettant un doigt sur ses lèvres.

— Tout à l'heure, il ne fallait pas ainsi être impatiente ; il avait vu que le colonel était soucieux, il le ferait parler.

Mais il n'eut pas besoin d'en venir là : ce qu'il avait prévu se réalisa, et ce fut le colonel lui-même qui prit les devants.

— Voulez-vous me donner M. votre père pendant quelques instants ? dit-il en s'adressant à Ida. J'ai à l'entretenir d'une affaire pressante, pour moi très-importante, que je ne voudrais pas vous imposer l'ennui de l'entendre ; c'est déjà bien assez de vous prendre M. votre père.

— Il est de fait, dit-elle en riant, que les affaires devraient bien respecter les soirées ; elles prennent déjà les journées, que nous reste-t-il ? Allez, messieurs, mais c'est un compte à régler entre papa et moi. Si demain j'ai besoin de lui pendant la journée, je ne me gênerai certes pas pour l'aller trouver.

— C'est entendu, dit le baron.

Et tous deux sortirent pour passer dans le cabinet du baron.

Lorsqu'ils furent entrés, le colonel se retourna pour s'assurer que la porte était fermée.

— Alors c'est très-grave ? demanda le baron en souriant.

— Très-grave pour moi, et même jusqu'à un certain point pour vous.

— Ah ! mon ami, parlez vite ; vous m'effrayez.

Parler vite, le colonel l'eût voulu, ne fût-ce que pour en finir promptement ; mais, pour parler vite, il faut bien savoir ce qu'on veut dire, et ce n'était pas son cas. Jamais au contraire il n'avait été plus embarrassé et ne s'était senti plus hésitant.

Cependant, comme il ne pouvait pas reculer, il se décida.

— Je pense, dit-il en parlant lentement, cherchant, choisissant ses mots, que mon assiduité dans votre maison vous a prouvé tout le plaisir que j'éprouvais à vous voir, ainsi que Mlle Lazarus.

— Plaisir partagé, mon cher ami, dit le baron en mettant la main sur son cœur, soyez-en convaincu ; nos réunions ont été un vrai bonheur pour moi, aussi bien que pour ma fille.

— Isolé à Paris, continua le colonel, n'ayant que quelques amis dont les plaisirs étaient quelquefois pour moi une fatigue, j'étais heureux de trouver une maison calme...

— Avec la vie de famille, acheva le baron ; dites-le franchement, mon ami. C'est là en effet ce que nous pouvions vous offrir.

— Et ce que vous m'avez offert avec une cordialité que je n'oublierai jamais.

Le baron suivait ce discours avec anxiété, se demandant où il devait aboutir, et pressentant, au ton dont il était prononcé, à l'embarras qui se montrait dans le choix des mots, enfin à mille petits faits résultant de l'attitude et des regards du colonel, que sa conclusion ne pouvait être que mauvaise.

Ces paroles furent pour lui un trait de lumière, qui illumina tout ce qui avait été dit d'obscur jusqu'à ce moment par le colonel et en même temps le but encore éloigné auquel il tendait.

C'était un adieu que le colonel lui adressait.

Cela était certain et résultait jusqu'à l'évidence de cette précaution oratoire consistant à rappeler une assiduité pleine de plaisir, « pour finir par cette protestation de n'oublier jamais ce qu'on lui avait offert. »

On n'oublie pas ce qu'on continue.

Donc le colonel ne devait pas continuer des relations dont il rappelait tristement les joies passées.

Ainsi s'expliquait sa gêne : il ne savait comment les rompre, ces relations ; mais sa décision était prise et il n'hésitait que sur la voie à suivre pour arriver à un but bien arrêté.

De cela le baron eut une perception claire et nette, comme si une indiscrétion l'avait mis au courant des secrètes pensées du colonel.

Comment celui-ci en était arrivé là, qui l'avait poussé ? il n'en savait rien ; mais présentement ce n'était qu'une question accessoire qu'il serait temps d'examiner plus tard.

Là n'était pas l'urgence.

Instantanément son plan fut tracé avec une sûreté de coup d'œil qui lui rendit sa présence d'esprit, un moment troublée.

Le colonel avait fait une pause, comme s'il s'attendait à être aidé par le baron ; mais, celui-ci étant resté silencieux, les yeux fixés sur lui, il continua :

— Ceci dit, et il fallait le dire pour qu'il n'y eût pas de malentendu entre nous, j'arrive à la partie difficile de la demande que j'ai à vous adresser, et pour laquelle, vous le voyez, je cherche mes mots sans les trouver.

Le baron se mit à rire de son gros rire bon enfant.

— Comment ! mon cher ami, vous cherchez vos paroles avec moi et pour une demande telle que celle que vous avez à m'adresser ? Allons donc ! Pourquoi ne pas parler tout simplement, franchement, sans détours et sans ambages ?

— Assurément vous avez raison, dit le colonel, surpris de cette gaieté ; mais...

— Mais, quoi ! croyez-vous que je ne sache pas ce qu'il y a dans votre demande ?

— Vous savez ?

— Parbleu ! Et vraiment, dans les termes où nous sommes, cela n'est pas bien difficile à deviner. Je ne suis pas un grand sorcier ni un grand diplomate ; je suis un bon père, voilà tout ; un homme qui aime sa fille et auquel l'amour paternel donne une certaine clairvoyance.

Il se tut pour regarder le colonel avec une bonhomie pleine d'émotion.

— Voyons, dit-il en poursuivant, si je ne m'étais pas aperçu depuis longtemps de ce dont il s'agit, je ne serais pas le père que vous connaissez.

Contrairement à ce qu'avait fait le colonel, le baron parlait d'une voix forte et rapide, de telle sorte qu'il était à peu près impossible de l'interrompre.

— Savez-vous ce que j'ai fait, lorsqu'il y a quelques mois j'ai commencé à me douter de quelque chose ? Non, n'est-ce pas ? Eh bien ! je vais vous le dire pour que vous compreniez ce que je suis et pour que vous me jugiez tout entier. Je me suis adressé à ma fille, là tout franchement, directement. Je vois que ça vous étonne ? Eh bien ! cependant, je crois que je n'ai pas eu tort. Au reste, j'aurais voulu agir autrement que je n'aurais pas pu. Quand on est franc, si l'on veut biaiser avec sa franchise, on ne fait que des maladresses, maladresses de paroles et, ce qui est plus grave, maladresses de conduite. Vous me direz que j'aurais pu m'adresser d'abord à vous. Cela est vrai, mais avec ma fille j'avais une liberté que je n'aurais pas eue avec vous. Je me suis donc adressé à elle et je lui ai dit : « Ma chère fille, je ne suis pas soupçonneux et n'ai aucune des qualités d'un juge d'instruction ou d'un limier de police, cependant je vois autour de moi les choses qui me touchent au cœur ; je vois ce qui se passe, mais je ne sais pas quels sont les sentiments, et je viens à toi franchement pour que tu me les dises. » Je dois vous confesser qu'elle a été émue et troublée en m'entendant parler ainsi. Alors j'ai continué : « Je ne désapprouve rien, et avant tout je dois te déclarer, ce que tu sais déjà, mais enfin il est bon que cela soit nettement exprimé, je dois te déclarer que j'ai pour le colonel Chamberlain la plus haute estime et la plus chaude sympathie ; en un mot, c'est l'homme selon mon cœur. » Je vous demande pardon de vous dire cela en face, mon cher ami ; mais, puisque telles ont été mes paroles, je dois les répéter sans les altérer.

Le colonel, qui tout d'abord, et aux premiers mots significatifs de ce discours, avait voulu l'interrompre, écoutait maintenant, bouche close, se demandant avec stupéfaction ce que tout cela signifiait.

Le baron poursuivit :

— « Maintenant que tu connais mes sentiments à l'égard du colonel, dis-je à ma fille, je te prie de me faire connaître les tiens en toute sincérité, en toute franchise. » Vous pouvez vous imaginer quel trouble cette question directe lui causa. Je voulus alors venir à son aide. « Ce n'est point une confession que j'espère de toi, c'est un mot, un seul mot, mais net et précis : si le colonel Chamberlain me demande ta main, que dois-je lui répondre ? »

A ce mot, le colonel se leva ou plus justement sauta de dessus le fauteuil qu'il occupait.

— Eh quoi ! s'écria-t-il, vous avez...

Mais de la main, le baron, par un geste paternel et avec un bon sourire, lui imposa silence :

— Je vois que cela vous étonne, dit-il, mais je suis ainsi fait ; quand je veux savoir une chose, je ne trouve pas de meilleur moyen que de la demander tout naïvement. Si ma question vous surprend maintenant, elle ne surprit pas moins ma chère Ida. En parlant, je la regardais ; je vis son front rougir, puis son cou ; ses yeux s'emplirent de larmes ; ses lèvres frémirent, sans former des mots, et elle détourna la tête ; mais presque aussitôt, relevant les yeux sur moi et me lançant un coup d'œil qui me troubla moi-même profondément, tant il trahissait de joie et de bonheur, elle se jeta dans mes bras et cacha sa tête sur ma poitrine. Je n'insistai pas, vous le comprenez bien ; ce que je venais de voir était la réponse la plus précise que je pusse désirer. Vous voyez, mon ami, que vous pouvez m'adresser votre demande sans crainte ; je l'attendrai et je suis prêt à y répondre : oui, cent fois, mille fois, oui.

Et, comme le colonel se tenait devant lui, dans l'attitude de la stupéfaction :

— Ce n'est pas quand je sais qu'elle vous aime que je peux dire non, n'est-il pas vrai ? alors que le *oui*, m'est si doux à prononcer.

Le colonel restait toujours immobile, sous le regard souriant du baron.

Alors celui-ci parut remarquer cette immobilité et cette stupéfaction ; son sourire s'effaça, et peu à peu, mais rapidement cependant son visage prit l'expression de la surprise.

— Eh quoi ! dit-il, que se passe-t-il donc en vous ? qu'avez-vous ? pourquoi ce regard troublé ? qui cause cette émotion ? Vous vous taisez ? Ah ! mon Dieu !

Et le baron, à son tour, se leva vivement.

— Voyons, mon ami, dit-il, mon cher ami, vous m'avez bien dit, n'est-ce pas, que vous aviez une demande à m'adresser ?

— Oui.

— Eh bien ! alors c'est à cette demande que j'ai répondu. Que trouvez-vous dans cette réponse qui ne vous satisfasse pas ? Elle est à vous, je vous répète que je vous la donne.

Le colonel, gardant le silence, baissa la tête.

Le baron parut le regarder avec une surprise qui croissait de seconde en seconde ; tout à coup il se frappa la tête, et prenant le colonel par la main :

— Cette demande, dit-il, — sur votre honneur, répondez franchement, colonel ; — cette demande ne s'appliquait donc pas à ma fille ? Sans pitié, sans ménagement, sans circuit, un oui ou un non ; répondez, colonel, répondez.

— Je venais vous dire qu'en présence de certains propos qui couraient dans le monde et que mon assiduité chez vous paraissait justifier, je vous demandais à suspendre nos relations.

Le baron tomba affaissé sur son fauteuil, comme s'il venait de recevoir un coup de massue qui l'avait assommé.

Il se cacha la tête entre ses deux mains.

— Ah ! mon Dieu ! dit-il, ma pauvre enfant !

Et, à plusieurs reprises, il répéta ces trois mots avec un accent déchirant : il était accablé.

Bientôt il redressa la tête, et, à plusieurs reprises, il passa ses deux larges mains sur son visage en les appuyant fortement comme pour comprimer son front ; puis, se levant et croisant ses bras, il vint se placer vis-à-vis le colonel, à deux pas.

— Et vous m'avez laissé parler ? dit-il. Ah ! colonel.

Ce n'était pas de la colère qu'il y avait dans ces paroles ; c'était une profonde douleur, un morne désespoir.

— Moi, dit-il, j'ai mis à nu devant vous le cœur de ma fille.

Et de nouveau, sous l'impression de l'humiliation et de la honte, il se cacha la tête.

Un temps assez long se passa, sans qu'ils prissent ni l'un ni l'autre la parole.

Le colonel ne savait que dire, et le baron attendait qu'il commençât.

Enfin le baron se décida.

— Qui aurait cru, dit-il, qu'une pareille douleur me viendrait de vous? Ah! monsieur, vous auriez dû m'arrêter, vous n'auriez pas dû laisser ma naïveté commettre cette faute. Ce n'est pas pour moi que je parle, c'est pour elle. Pourquoi, au premier mot, ne m'avez-vous pas fermé la bouche? Mais il est trop tard, et tous reproches sur ce sujet seraient inutiles. D'ailleurs c'est à ma faiblesse, à ma simplicité, que je dois tout d'abord m'en prendre. Peut-être n'avez-vous pas plus compris quelle serait la conclusion de mes paroles que je n'ai compris moi-même quelle allait être cette demande que vous m'annonciez? Je n'ai vu qu'une chose : ce que je désirais, et, dans mon trouble de joie, j'ai voulu aller au devant de vous pour vous montrer que nous étions en communion d'idées et de désirs. J'ai été coupable, mais aussi comment imaginer que je pouvais me tromper? Pour moi, cette assiduité dans cette maison dont vous parliez au commencement de cet entretien n'avait qu'une cause, votre tendresse, votre amour pour ma fille ; en vous voyant avec elle ce que vous étiez, j'ai cru que vous l'aimiez, et tout père l'eût cru à ma place. Cet amour m'agréant pour les raisons de sympathie et d'estime que je vous expliquais tout à l'heure, je vous ai attiré chez moi au lieu de vous tenir à l'écart. Vous connaissant comme je vous connaissais, je savais que vous ne pouviez avoir que d'honnêtes pensées. S'il ne parle pas, me disais-je, c'est qu'il est encore sous le coup d'une déception douloureuse — ce que j'appelais en moi-même une sorte de veuvage moral, — et je comprenais très-bien que vous voulussiez laisser s'écouler un certain délai avant de contracter un engagement. Ce délai écoulé, vous êtes venu à moi, vous m'avez parlé d'une demande ; tout naturellement je me suis imaginé qu'elle allait être ce que je désirais, et, avant que vous eussiez fini de la formuler, je vous ai répondu. Voilà quelle a été ma faute ; grande, j'en conviens, et terrible par ses conséquences. Mais la vôtre, monsieur, combien plus grande encore et plus terrible!

Le colonel voulut répondre, mais le baron ne se laissa pas interrompre.

— En venant dans cette maison, n'avez-vous donc pas pensé, dit-il, aux propos que votre présence assidue auprès de ma fille susciterait dans le monde ? Qu'a dit le monde ? que vous alliez épouser Mlle Lazarus. Ces propos, je les ai entendus de tous côtés et je ne les ai point hautement démentis, puisque je les jugeais fondés. Vous-même vous les avez entendus aussi, vous venez de me le dire, et pour cela vous me demandez de suspendre nos relations. Maintenant que va dire le monde ? Il dira que Mlle Lazarus est abandonnée, comme l'a été Mlle Belmonte, et il jugera l'une comme il a jugé l'autre. Quel avenir pour ma fille ? je vous le demande. Voilà votre faute, monsieur ; croyez-vous que ses conséquences ne seront pas terribles ?

Le baron se tut, mais presque aussitôt reprenant la parole :

— Ne me répondez pas, dit-il ; nous ne sommes point en état de nous expliquer en ce moment. Vous réfléchirez de votre côté ; moi, je réfléchirai du mien, et tous deux, en hommes d'honneur, nous chercherons un moyen pour sortir de cette terrible situation. En attendant, je vous prie de ne pas interrompre vos visites et je vous demande d'être pour ma fille ce que vous avez été. Il ne faut pas qu'elle apprenne la vérité par un coup brutal ; elle en mourrait, ne l'oubliez pas. Je la préparerai; nous chercherons, nous verrons. Je compte donc sur vous pour notre dîner de mardi. Vous viendrez?

— Je viendrai.

Quand le colonel se fut retiré, le baron rentra chez sa fille, se frottant les mains à se les brûler.

— Eh bien ! papa ? dit Ida.

— Eh bien ! mon enfant, le colonel cherche en ce moment une bonne formule pour me demander ta main ; viens que je t'embrasse.

XLI

Rares sont les gens qui, se trouvant dans une situation fausse, ne sont pas bien aises de profiter de tout ce qui peut leur faire gagner du temps.

Le temps cependant n'est pas une solution, pas plus que pour les débiteurs il n'est un payement ; mais c'est un délai. Il permet de se retourner, de réfléchir, de voir, de chercher ; pendant qu'on attend, qui sait ce qui peut arriver.

Il faut dans la vie faire la part de l'imprévu, et ceux-là sont aussi fous qui ne veulent pas admettre l'intervention du hasard que ceux qui attendent tout de cette intervention.

Le colonel avait éprouvé un véritable soulagement à voir comment son entretien avec le baron s'était terminé.

Sans doute rien de décidé, mais il avait du temps ; il réfléchirait, il aviserait, il chercherait un moyen quelconque pour sortir au mieux de cette étrange situation.

Quant au baron, ce qu'il avait voulu en remettant à plus tard le parti à prendre, ce n'était pas que le colonel pût sortir de cette situation; c'était au contraire qu'il s'enfonçât si bien dedans, qu'il lui fût impossible de se dégager des liens qui allaient l'envelopper.

Dans toutes les paroles du baron, il y en avait quelques-unes de parfaitement sincères : c'étaient celles qui célébraient l'honnêteté du colonel. Ce n'étaient point de vains compliments : bien réellement le baron croyait le colonel un homme d'honneur, plein de droiture et de délicatesse.

C'était même sur cette droiture et cette délicatesse que son plan était fondé : le colonel, se sachant aimé par Ida et reconnaissant qu'il avait provoqué cet amour, se trouverait moralement engagé à prendre pour femme celle qui par son fait se trouvait dans l'impossibilité de pouvoir faire un autre mariage.

Si tout d'abord le colonel avait brusquement reculé à cette pensée, il y viendrait peu à peu ; il n'y avait qu'à le prendre doucement, à le pousser adroitement, et on l'amènerait où il fallait. Seulement, pour cela, les ménagements étaient nécessaires.

Or la douceur, l'adresse, les ménagements ne sont possibles qu'avec du temps, et c'était pour cela justement que le baron avait remis à plus tard l'explication décisive qui devait avoir lieu entre le colonel et lui.

Irrésolu, embarrassé, retenu par les reproches de sa conscience, contre lesquels il aurait à combattre, le colonel ne hâterait point l'heure de cette explication, et pendant ce temps Ida agirait et manœuvrerait habilement.

Mais ce plan hardi ne se réalisa pas tel qu'il avait été conçu, il lui manqua la condition sur laquelle le baron comptait le plus : le temps, et le hasard, que le baron n'avait pas admis dans ses calculs, vint bouleverser ses savantes combinaisons.

L'année 1870 n'est pas si loin de nous qu'on n'ait encore présent à la mémoire le mouvement de surprise et de stupéfaction qui s'empara de tout le monde, lorsqu'au mois de juillet on s'aperçut tout à coup que la guerre entre la France et la Prusse pouvait faire explosion d'un moment à l'autre.

En disant que tout le monde fut surpris, le mot n'est peut-être pas tout à fait juste.

Il y avait en effet, en France, des gens que la marche du gouvernement épouvantait, et qui se disaient que ce gouvernement aux abois, après avoir essayé de tous les expédients et tenté toutes les aventures, se jetterait, un jour ou l'autre, dans une nouvelle guerre pour retrouver là quelques mois de force et de puissance qui lui permissent de résister à la liberté.

D'autres, qui connaissaient la Prusse et qui savaient quel formidable engin de guerre elle avait entre les mains, se disaient que sûrement elle voudrait s'en servir avant qu'il se fût rouillé, et établir ainsi sa domination dans toute l'Allemagne sur la défaite de la France.

De là des points noirs, comme on disait alors, c'est-à-dire des nuages chargés d'orages qui, se rencontrant et se choquant, devaient fatalement allumer la foudre.

Mais ces nuages, qui, en ces dernières années, avaient souvent menacé de se rencontrer, paraissaient pour le moment éloignés l'un de l'autre ; le ciel était serein, le baromètre était au beau, et les esprits timides avaient fini par se rassurer. Ce ne serait pas pour cette année.

Le baron Lazarus lui-même, qui savait bien des choses et qui, par ses relations multiples aussi bien en France qu'en Allemagne, était en mesure d'être bien informé, répétait comme beaucoup d'autres : Ce ne sera pas pour cette année.

Si, pour certaines raisons, cette croyance le satisfaisait, pour d'autres non moins sérieuses elle le désespérait ; car, depuis longtemps averti et convaincu de l'imminence de la guerre, il était à la baisse dans toutes ses spéculations. Au lieu du trouble qui devait rétablir ses affaires, il voyait de nouveau s'établir une tranquillité qui les ruinait ; encore quelques mois de paix et il était perdu. C'était même cette expectative terrible qui, en ces derniers temps, lui avait fait si ardemment désirer de marier sa fille au colonel : la guerre ou la fortune du colonel, Si les deux lui manquaient, c'en était fait de lui.

Tout à coup cette guerre, qu'il croyait écartée pour l'année présente, se montra menaçante, et en quelques jours les chances de paix parurent disparaître complètement, tant des deux côtés on était disposé à saisir les occasions de lutte qui se présentaient ou qu'on pouvait faire naître.

On sait comme les événements se précipitèrent, la rente, qui était à 72 60 le 5 juillet, était à 67 40 le 14.

C'était la fortune pour le financier, mais d'un autre côté c'était la ruine des espérances du père.

En effet, si la guerre éclatait, il ne pouvait pas rester à Paris, et alors que devenait son plan, qui devait si habilement amener le colonel à prendre Ida pour femme ?

Il fallait donc, s'il était obligé de quitter Paris, que le colonel le quittât en même temps.

Aussitôt que les bruits de guerre s'élevèrent, et ce fut justement le lendemain du jour où avait eu lieu leur entretien et « où le cœur d'Ida avait été mis à nu, » le baron s'occupa de préparer le colonel à ce départ.

Au dîner qui suivit cet entretien, le colonel eut pour voisin de table un médecin qui disait-on, connaissait admirablement les eaux minérales de toute l'Europe. Plusieurs fois il sembla au colonel que ce médecin le regardait avec attention, comme s'il voulait l'étudier.

Après le dîner, ce voisin peu agréable ne le lâcha pas et, se cramponnant à lui presque de force, l'attira dans un coin.

Il mit la conversation sur les maladies de foie, et cita des cures merveilleuses obtenues par les eaux minérales.

Puis tout à coup, quittant les sujets généraux pour en prendre un particulier, il se mit à interroger le colonel comme dans une consultation.

— Vous devez souffrir d'obstruction du côté du foie ; j'en suis aussi certain que si vous m'aviez longuement raconté ce que vous éprouvez.

Et, se tenant à des indications assez vagues, il décrivit les différents états par lesquels le colonel passait dans la digestion.

— Est-ce exact ?
— Très-exact.
— Eh bien ! mon cher monsieur, si j'étais à votre place je n'hésiterais pas une minute ; je partirais pour Carlsbad, Marienbad, Kissingen ou Hombourg dont les eaux vous débarrasseraient rapidement. Sans doute votre état n'est pas grave, cependant je suis convaincu qu'une médication fondante et résolutive vous serait salutaire. Il ne faut pas garder cela, voyez-vous ; pris en temps, ce n'est rien, tandis que quand on a attendu, il est souvent trop tard lorsqu'on veut agir. Les eaux allemandes, c'est non-seulement un conseil d'ami, c'est encore un ordre de médecin, si vous me permettez de parler ainsi.

Quelques instants après que le médecin se fut éloigné, le baron se rapprocha du colonel.

— Eh bien ! dit-il, que me raconte donc le docteur Pfœfœrs ? Il vous ordonne les eaux dans notre pays. Si je puis vous être utile, je me mets à votre disposition.

— Je vous remercie, je ne puis pas quitter Paris en ce moment.

— Même quand la science l'ordonne !
— Il m'est impossible d'obéir à la science.
— Mais c'est une horrible imprudence.
— Plus tard, je verrai.

Il fut impossible de le décider ou de l'ébranler ; il avait trop souvent vu la mort pour avoir peur des médecins, et leurs arrêts le laissaient parfaitement calme quand il n'en riait pas.

Il fallut se tourner d'un autre côté, et ce fut Ida qui dut essayer de décider le colonel à faire un voyage en Allemagne.

Mais pour cela il aurait fallu du temps, et précisément le temps manquait.

De jour en jour, d'heure en heure, la guerre devenait plus menaçante, et, par ce qui se passait à Paris, au moins par ce qu'on voyait, il était évident que le gouvernement français cherchait à provoquer les sentiments guerriers du pays, comme pour lui faire prendre une part de responsabilité dans la déclaration de la guerre.

Paris présentait une physionomie étrange, où les émotions théâtrales se mêlaient aux sentiments les plus sincères.

On a la fièvre ; on sort pour savoir, pour respirer. Sans se connaître, on s'aborde, on s'interroge, on discute ; les boulevards sont une cohue, et, tandis que les piétons s'entassent sur les trottoirs, les voitures sur la chaussée s'enchevêtrent si bien qu'elles ne peuvent plus circuler. De cette foule, partent des vociférations ; on crie : « Vive la guerre ! A bas la Prusse ! » tandis qu'à côté on répond : « Vive la paix ! » On chante la Marseillaise, les Girondins, le Chant du départ, et pour la première fois depuis vingt ans, Paris entend : « Aux armes, citoyens ! » sans que la police lève ses casse-tête ; elle permet qu'il y ait des citoyens.

L'heure s'avance, la foule s'éclaircit, l'encombrement des voitures diminue ; alors sur la chaussée on voit s'avancer des gens en blouses blanches, qui forment des sortes d'escouades ayant à leur tête un chef qui porte une torche allumée.

— A Berlin ! à Berlin ! Vive la guerre !

Dans la foule, tandis que quelques enthousiastes faciles à enflammer répètent « A Berlin ! » on se regarde en voyant passer ces comparses, on sourit ou bien on hausse les épaules, et quelques voix crient : « A bas les mouchards ! »

Un soir, que le colonel regardait ces curieuses manifestations, il aperçut, dans une calèche découverte qui suivait ces blouses blanches, un homme que depuis longtemps il n'avait pas vu : le comte Roqueblave. De temps en temps, le comte se penchait en dehors de la calèche, qui allait au pas, et, le visage souriant, — s'il est permis de donner le nom de sourire à la grimace qui élargissait cette face épaisse, — il applaudissait des deux mains en criant : « Bravo, mes amis, bravo ! » Assise près de lui, se trouvait une personne d'apparence jeune, qui, la tête tournée du côté opposé à celui où se trouvait le colonel, criait à pleine voix : « A Berlin ! Vive l'empereur ! » Tout à coup ce jeune homme, dont la voix dominait le tumulte, se redressa pour se pencher vers le comte Roqueblave, et le colonel recula d'un pas, stupéfait.

C'était Anatole !

Anatole frais, élégant, bien peigné, bien cravaté, bien ganté ;

Anatole assis auprès du comte Roqueblave, dans la voiture d'un sénateur ;

Anatole en France.

Instinctivement le colonel regarda autour de lui pour voir s'il ne devait point parer quelque coup de couteau, mais il n'aperçut que de bons bourgeois qui applaudissaient ou qui huaient cette manifestation courtisanesque d'un personnage dont le nom circulait dans les groupes.

Comme le comte, penché en dehors de la calèche, répétait : « A Berlin! » un gamin, qui se trouvait au premier rang des curieux sur le trottoir, descendit sur la chaussée, et, s'avançant de deux ou trois pas vers la voiture, il se mit à crier avec cette voix grasse et traînante qui n'appartient qu'au voyou parisien :

« A Chaillot, le père noble ! Oh ! la la ! »

Et la calèche s'éloigna au milieu des rires, des huées et des applaudissements confondus, sans qu'Anatole eût aperçu et reconnu son cousin, le colonel Chamberlain, perdu dans la foule.

Pendant quelques jours, ces manifestations continuèrent plus ardentes ou plus tranquilles, selon que les chances de paix ou de guerre s'accentuaient.

Un jour, les canons étaient chargés ; le lendemain, la paix n'avait jamais été sérieusement menacée ; hier les Prussiens étaient nos amis, aujourd'hui ils étaient nos ennemis, demain ils redeviendraient nos amis, et, dans le gouvernement, deux ou trois comédiens, aux reins souples et au cœur léger, faisaient des passes et des poses avec le drapeau de la France ; ils le dépliaient, ils le repliaient, ils l'agitaient furieusement, ils le remettaient dans leur poche en souriant. C'était éblouissant.

Cependant les événements avaient marché, et comme de chaque côté on les avait arrangés et exploités en vue de certains intérêts particuliers, ils étaient fatalement arrivés à la guerre : l'ambassadeur français avait reçu ses passe-ports et l'ambassadeur de Prusse avait quitté Paris.

Le soir de ce départ, comme le colonel allait sortir de chez lui, on lui annonça M. le baron Lazarus.

Bien que la Bourse eût de nouveau baissé et que la rente fût à 65 fr. 50, ce qui faisait gagner des sommes considérables au baron, celui-ci entra avec une figure grave et sombre ; car, si le financier était plein de joie, le père, par contre, était plein d'inquiétude.

Qu'allait-il advenir de son plan et comment maintenant décider le mariage de sa fille ? Le colonel, qui pendant cette quinzaine était venu plusieurs fois rue du Colisée, ne s'était pas prononcé et même il n'avait fait aucune allusion à leur entretien.

— Je viens vous apprendre, dit le baron en s'asseyant, que M. le baron de Werther est parti ce soir, avec tout le personnel de l'ambassade, par le train de cinq heures.

— Alors tout est fini ?

— C'est-à-dire que tout commence. La France a voulu la guerre, elle l'a. Maintenant c'est la question de la prépondérance de la France ou de l'Allemagne en Europe qui est engagée : la Providence seule sait quand et comment elle se résoudra. Mais les intérêts généraux ne doivent pas nous faire oublier les intérêts particuliers ; je viens donc vous demander à quoi vous vous êtes arrêté.

Le colonel regarda le baron comme pour le prier de préciser sa question.

Celui-ci s'inclina et continua :

— Il est à craindre, dit-il, que nous ne soyons nous-mêmes obligés de quitter Paris, car la guerre va prendre un caractère implacable ; si cela se réalise, je désire savoir quelles sont vos intentions.

— Mais je n'ai pas de raisons pour quitter Paris, tout au contraire.

— Pas de raisons pour quitter Paris ? pas de raisons pour venir en Allemagne ?

— Oubliez-vous que je suis Français d'origine ? ne savez-vous pas que je suis Français de cœur. Je ne peux pas, pendant la guerre, aller chez les ennemis de mon pays.

— Je vois que vous avez oublié notre entretien.

— Ah ! certes, non, et je vous jure que vous ne devez douter ni de ma sympathie ni de mon amitié pour Mlle Lazarus ; mais....

Il hésita.

— Mais ?... demanda le baron.

— Mais la sympathie et l'amitié, si vives qu'elles soient, ne suffisent pas pour faire un mariage.

Le baron se leva avec dignité.

D'un geste rapide, le colonel le pria de ne pas se retirer ; car, bien qu'il n'eût rien à dire, il eût voulu dire quelque chose.

— Il me semble que ces événements, dit-il enfin, ont au moins cela de bon, qu'ils couperont court aux propos du monde, dont l'autre jour vous vous préoccupiez si justement.

— Je vois que vous savez tirer parti de ces événements, dit-il en se dirigeant vers la porte.

Mais, prêt à sortir, il se prit la tête dans ses deux mains et murmura :

— Oh ! ma pauvre enfant !

Le colonel, qui le suivait de près, fut profondément ému par ces paroles.

Le baron s'était arrêté tout à coup il releva la tête.

— Colonel, dit-il, j'ai une demande à vous adresser, et, bien qu'elle me coûte cruellement, je ne dois penser qu'à ma fille. Après avoir longuement et douloureusement réfléchi, mon intention n'est pas de lui avouer la vérité, au moins présentement ; je désire lui laisser croire que vous restez à Paris par patriotisme, et que cette raison est la seule qui vous empêche de nous accompagner en Allemagne. Plus tard, lorsque le temps aura apporté un certain apaisement à son chagrin, je la préparerai peu à peu à la vérité ; mais, pour que ce plan réussisse, il me faut votre concours. Je compte quitter Paris dans deux ou trois jours : voulez-vous m'accompagner à la gare et m'aider à tromper cette pauvre enfant ? Sans doute il vous faudra feindre des sentiments que vous n'éprouvez pas, mais la pitié vous inspirera.

Le baron essuya sa joue du bout de son doigt : il pleurait, le pauvre père !

Bien entendu, le colonel promit ce qui lui était demandé ; pouvait-il refuser ?

Il voulut même faire davantage, et, le lendemain soir, il se rendit rue du Colisée.

La maison était bouleversée. Une escouade d'ouvriers emballeurs entassait, dans des caisses en bois, tous les objets de valeur qui garnissaient les appartements : les tableaux, les bronzes, les livres, les porcelaines et les meubles assez légers pour être emportés.

— Savons-nous quand nous reviendrons et ce que nous retrouverons ? dit le baron.

Ida, prenant le colonel par la main, le conduisit devant la volière et l'aquarium.

— J'ai compté sur vous, dit-elle tristement : je ne puis emporter ni mes oiseaux ni mes poissons, et j'ai peur qu'on ne les laisse mourir ici. Voulez-vous que je les fasse porter chez vous demain matin. En les regardant, vous penserez quelquefois à l'exilée.

Puis, le baron les ayant laissés seuls, elle lui prit la main et la lui serrant fortement :

— C'est bien, dit-elle ; en restant à Paris vous faites votre devoir. La France n'est-elle pas votre patrie ?

Elle paraissait émue, mais en même temps cependant soutenue par une volonté virile.

Leur départ était fixé au mercredi. Ce jour-là, le colonel, comme il l'avait promis arriva rue du Colisée pour monter en voiture avec eux et les accompagner à la gare.

Il n'avait pas besoin « de feindre des sentiments qu'il n'éprouvait pas, » selon le conseil du baron ; il était réellement sous une impression pénible.

La gare était encombrée d'Allemands qui quittaient la France ; c'était un entassement, une cohue. Mais, devant M. le baron Lazarus, les portes secrètes s'ouvrirent, et le colonel accompagna Ida jusqu'au wagon retenu pour elle.

Pendant que le baron s'installait dans son compartiment avec l'aide de son secrétaire, Ida prit le bras du colonel et l'emmenant quelques pas plus loin :

— Vous souviendrez-vous ? dit-elle.

Et elle lui tendit une petite branche de *vergissmein nicht* qu'elle tira de son corsage.

Avant que le colonel eût répondu, le baron appela sa fille ; alors il serra la main d'Ida.

Ils revinrent vers le wagon et elle monta en voiture.

Le baron tendit la main au colonel :

— Au revoir !

— Au revoir !

On sonna le départ, la machine siffla, le train s'ébranla lourdement, et dans la fumée, le colonel, resté sur le quai, aperçut un mouchoir blanc qui voltigeait, — celui d'Ida.

Il sortit de la gare tant bien que mal, au milieu des pauvres gens qui, moins puissants que le baron, n'avaient pas pu partir.

Si les Allemands quittaient la France pour retourner dans leur pays, les Français qui étaient en Allemagne n'allaient-ils pas revenir en France, même les proscrits et les condamnés politiques ?

Et Thérèse ?

QUATRIÈME PARTIE.

THÉRÈSE.

I

Celui qui, sorti de Paris, le 1er août 1870, par la barrière de Vincennes, se serait présenté à cette barrière le dimanche 28 du même mois, aurait pu croire que le cocher qui conduisait sa voiture l'avait mené dans un pays inconnu ou bien que lui-même voyageait dans le pays des rêves.

Plus de barrière en effet, mais une porte.

Plus de large avenue.

Là, où quelques jours auparavant, courait librement la large route de Vincennes, s'élevait une demi-lune qui barrait complètement le passage et, avec un chemin couvert, aboutissait à une place d'armes sur laquelle s'ouvraient deux ponts-levis avec tablier et herse.

Les talus en terre de cette demi-lune étaient recouverts de planches à clous et d'abattis de bois.

Les hautes grilles en fer qui autrefois fermaient la barrière étaient blindées avec des plaques de tôle, et les pavillons de l'octroi avaient été chargés d'une couche de terre assez épaisse pour les mettre à l'abri de la bombe.

En avant de la demi-lune, dans les contre-allées, on avait creusé des trous à loup, c'est-à-dire des excavations dont le fond était garni de pieux appointis par leur bout supérieur, de manière à déchiqueter les maladroits qui se laisseraient tomber dans ces trous : belle invention du moyen-âge, qui s'était perpétuée par la tradition pour prendre place à côté des planches à clous qui recouvraient les talus de la demi-lune.

En dehors des glacis, dans une zone assez étendue, toutes les constructions, murs de jardins, maisonnettes, hangars, avaient été jetées à bas et leurs matériaux jonchaient le sol.

Les arbres de l'avenue avaient été sciés par le pied.

Enfin les fortifications commençaient à recevoir ce qu'en style militaire on appelle leur armement de sûreté ; des embrasures avaient été ouvertes dans le parapet et garnies de clayonnages, et quelques canons se dressaient çà et là sur leurs affûts.

C'est que pendant ces vingt-huit jours il s'était passé des événements qui avaient bouleversé la face de la France et l'avaient atteinte jusque dans les sources mêmes de la vie.

Le 2 août, en effet, l'armée française, qui, pour la plus grande partie, avait quitté Paris quinze jours auparavant en chantant la *Marseillaise* et la *Casquette du père Bugeaud*, avait pris l'offensive, et franchissant la frontière, elle avait envahi le territoire de la Prusse.

On avait fait de cette entrée en campagne un pompeux récit.

Malgré la résistance des Prussiens, nos soldats et notre artillerie n'avaient pas tardé à chasser l'ennemi, et l'élan de nos troupes avait été si grand que nos pertes n'avaient été que légères. L'empereur Napoléon III assistait à cette opération qui ouvrait la campagne par une victoire, et le prince impérial qui l'accompagnait partout, avait reçu, sur le premier champ de bataille de la campagne, le baptême du feu ; il avait conservé une balle tombée tout auprès de lui, et des soldats avaient pleuré en le voyant si calme.

Mais, la victoire qui nous ouvrait en chantant la barrière, s'était bien vite tue. Le 4 août, le général Abel Douay avait été battu et tué à Wissembourg ; le 6, Mac-Mahon avait été écrasé à Reichshoffen ; le même jour, Frossard avait été défait à Forbach, et alors instantanément, sous les coups écrasants de ces échecs successifs, Paris avait perdu sa foi en notre invincible armée et en nos braves généraux d'Afrique.

On avait pris soin, il est vrai, de le rassurer et d'atténuer autant que possible ces nouvelles foudroyantes : l'empereur avait envoyé une série de dépêches officielles pour dire que *tout pouvait se rétablir*, que *la situation n'était pas compromise*, et qu'il *allait se placer lui-même au centre de la position*.

Mais cette promesse, bien faite pour calmer les angoisses patriotiques de ceux qui connaissaient le génie militaire de Napoléon III, n'avait point suffi pour relever la confiance. C'était l'invasion, et à un moment donné, le siège de Paris : voilà ce qu'on avait compris. La patrie était en danger.

Une immense clameur s'était élevée et l'on avait annoncé que l'on allait mettre les fortifications en état de soutenir un siège en règle.

Mais, après le premier mouvement d'épouvante passé, combien avaient cru que ce siège n'était pas possible.

Investir Paris, mais pour cela il faudrait des millions d'hommes.

Et puis, ces hommes arriveraient-ils jamais d'ailleurs sous les murs de Paris ? Qui les arrêterait ? On ne le savait pas précisément, mais on comptait sur un miracle : ils seraient engloutis par le sol français qu'ils avaient l'audace de fouler.

Partant de cette idée, certains journaux avaient inventé des histoires prodigieuses, dans lesquelles on voyait des armées prussiennes tout entières s'abîmer au fond d'immenses carrières ou se noyer au milieu de marais inconnus.

Un ministre lui-même aidait à propager ces contes absurdes. A la tribune, il s'enfermait dans un silence qui pouvait passer pour prudent, et qui s'expliquait d'autre part par une balle qu'il avait, disait-il, dans la gorge ; mais dans le particulier, avec ses amis et ses confidents, il risquait des demi-indiscrétions :

— Je ne peux rien dire ; mais, si Paris savait ce que je suis obligé de taire, il illuminerait ce soir.

Et l'on avalait ces récits avec béatitude ; il y avait des gens qui achetaient des drapeaux et des lanternes vénitiennes pour n'être pas pris au dépourvu quand la grande nouvelle serait officiellement publiée. Un ministre, un vieux soldat ; sa parole était sûre. Comme il devait en coûter à son patriotisme de se taire !

Cependant les travaux des fortifications avaient continué avec plus ou moins d'activité.

Et les mauvaises nouvelles, en se succédant, avaient fini par persuader les plus incrédules de l'imminence du siège. L'armée de Metz était bloquée après avoir perdu plusieurs grandes batailles ; celle de Châlons errait à l'aventure, sans que les stratégistes les plus habiles pussent comprendre à quelle inspiration répondaient ses mouvements. Où allait-elle ? que voulait-elle ? Ne se repliait-elle pas sur Paris pour manœuvrer autour de ses forts ?

Pendant qu'elle hésitait, qu'elle allait en avant, qu'elle allait en arrière, l'ennemi, que rien ne détournait et qui connaissait son objectif, s'avançait vers Paris par une marche régulière.

L'armée du prince royal de Prusse n'était plus qu'à dix journées de marche de Paris.

Elle n'était plus qu'à huit journées.

On avait vu des uhlans dans la Brie.

Encore quelques jours, et ces fameux uhlans, au nombre de quatre, pas un de plus, pas un de moins, s'arrêteraient à portée de canon de nos forts.

Ce qu'il y avait de certain, c'était que les populations de l'Est, fuyant devant l'invasion ou devant la peur de l'invasion, se mettaient en route pour venir demander un asile à P... et se mettre à l'abri derrière ses murailles.

T... les villes, à l'exception des places fortes ... l'Alsace et de la Lorraine, ouvraient leurs portes ; Paris tiendrait bon sans doute et résisterait.

Après avoir voulu cacher ou atténuer la vérité, on avait été pris par la panique : les Prussiens arrivaient ; il n'y avait qu'à coller son oreille sur la terre, on entendait le roulement de leurs canons sur toutes les routes de l'Est. On minait les ponts sur la Marne et sur la Seine pour les faire sauter d'un jour à l'autre ; toutes les moissons, tous les fourrages, toutes les récoltes des fermes de Seine-et-Marne, de Seine-et-Oise et des environs de Paris, blés, avoines, foins, qui n'auraient pas été rentrés dans la capitale, seraient brûlés, afin de ne pas servir à l'alimentation des armées ennemies.

Ces avertissements plus ou moins officiels avaient été le coup de grâce, et toutes les routes qui aboutissaient à Paris s'étaient couvertes de voitures qui se suivaient à la file pour rentrer dans Paris ces fourrages qu'on menaçait de brûler, et le mobilier des habitants de la banlieue.

Le gouvernement avait parlé par la voix de ses ministres : « L'armée du prince royal de Prusse, qui avait paru s'arrêter, avait repris sa marche ; le devoir du gouvernement était d'en prévenir le pays et la population de Paris. » Par l'intermédiaire des préfets et des maires, on avait fait prévenir les populations des départements voisins de Paris que le gouvernement achèterait les grains et le bétail qu'on lui amènerait.

Le dimanche 28 août, ces nouvelles et ces avertissements avaient produit leur effet, et la large route de Vincennes à Paris était encombrée de voitures de toutes sortes; aussi loin que la vue pouvait s'étendre, on n'apercevait que des voitures et des chevaux : tapissières, voitures à bras, carrioles, charrettes de ferme, calèches, cabriolets, omnibus, tombereaux, tout ce qui a un nom dans la carrosserie ou le charronnage se trouvait réuni là et enchevêtré.

On sait que cette route est formée par la réunion de plusieurs autres routes, qui à Nogent, Joinville et Vincennes, viennent aboutir à une unique avenue, pour entrer dans Paris par ce qu'on appelle le cours de Vincennes.

En temps ordinaire, il se produit très-fréquemment des encombrements de voitures sur cette avenue.

Mais ce jour-là, hélas ! on n'était pas en temps ordinaire, et à l'entassement résultant de la réunion dans un même confluent de tous les courants qui arrivaient de divers côtés, se joignait la confusion résultant des travaux de fortification qui fermaient l'avenue.

Après avoir cheminé sur plusieurs files, les voitures se trouvaient arrêtées par la demi-lune, et là il fallait qu'elles prissent la queue les unes derrière les autres pour suivre le chemin couvert.

Comme si ce n'était pas assez de ce défilé pour produire une inextricable confusion, les employés de l'octroi venaient ajouter leurs exigences aux difficultés de la situation matérielle.

Pas une voiture n'entrait dans Paris sans qu'on n'en eût visité le contenu.

Et quel contenu ?

Tout ce qu'on pouvait emporter dans un rapide déménagement, qu'on faisait en tournant à chaque instant la tête pour voir si les uhlans ne vous arrivaient pas sur le dos, était entassé dans les voitures : meubles, provisions, fourrages, bestiaux, poules, lapins ; tout cela arrangé tant bien que mal avec des matelas et des bottes de paille sur lesquels les femmes et les enfants se tenaient juchés.

Que de matelas ! Au loin, se détachant sur le fond jaune de la paille, on ne voyait que des carreaux rouges et bleues, des toiles à matelas.

Dans leur impossibilité à trouver des voitures pour apporter leur mobilier à Paris, il y avait des gens qui avaient loué des corbillards ; ce jour-là les morts devaient attendre et ne venir qu'après les déménagements.

Vers trois heures de l'après-midi, les ouvriers qui travaillaient aux terrassements de la demi-lune remarquèrent un curieux qui, depuis assez longtemps déjà regardait ce triste défilé, se promenant en long et en large sur les contre-allées, et examinant attentivement les travaux de fortification qu'on exécutait là.

Un ouvrier avait vu qu'en passant à côté d'un trou à loup, il avait fait un mouvement, comme s'il haussait les épaules par un geste de mépris et de dédain.

Allant un peu plus loin, il avait adressé la parole à un ouvrier qui était en train de placer des pieux effilés au fond d'un de ces trous.

— Est-ce que vous croyez qu'on se laissera tomber là-dedans? avait-il demandé.

— Pardi! bien sûr, puisque c'est fait pour ça.

Il n'avait pas paru convaincu par ce raisonnement, et il avait continué sa promenade et son examen.

C'était un homme d'une trentaine d'années, de haute taille, aux épaules larges, souple et dégagé dans sa démarche; il portait toute sa barbe et des cheveux longs qui s'enroulaient en boucles fauves sur le collet de son vêtement; ce vêtement était élégant, mais sans rien de prétentieux ou de recherché.

On ne parlait en ce moment dans les journaux que d'espions prussiens qui se glissaient partout, même dans nos forts, et tous les journaux de ce même jour, 28 août, racontaient l'exécution d'un lieutenant de l'armée prussienne, nommé Harth, qui la veille, à six heures du matin, avait été passé par les armes dans la cour des grenadiers, à l'Ecole militaire.

L'ouvrier, qui avait vu ce curieux hausser les épaules en passant auprès d'un trou à loup, alla trouver celui auquel il avait adressé la parole.

— Qu'est-ce qu'il t'a demandé, ce particulier qui t'a parlé tout à l'heure?

— Si je croyais qu'on pouvait se laisser tomber là-dedans.

— Et comment t'a-t-il demandé ça?

— Avec sa langue, pardi!

— Oui, mais quelle est sa langue? parle-t-il comme toi et moi, n'a-t-il pas un accent? Il faut se défier.

— M'est avis qu'il a un accent de quelqu'un qui ne serait pas de Paris.

— Je gage que c'est un Prussien!

— Un espion?

— Il n'y en a pas peut-être?

— Faut voir ça alors. Ce qu'il y a de sûr, c'est qu'il a eu l'air de blaguer les travaux de la défense, et ça n'est pas d'un Français.

Le second ouvrier, sortant de son trou, se joignit au premier, et tous deux s'enfoncèrent dans le chemin couvert.

Au bout de dix minutes, ils revinrent, suivis d'un groupe d'ouvriers, en tête duquel marchait un brigadier de l'octroi.

Le curieux n'avait point quitté la contre-allée; il regardait l'entassement des voitures, et, à la vue des enfants qui dormaient ou qui pleuraient sur leurs matelas, des femmes couvertes de poussière, des pauvres chevaux morts de fatigue, en un mot au spectacle de cette misère, son visage avait pris une expression de douleur attendrie.

Les ouvriers, précédés de leur brigadier, s'approchèrent de lui, sans qu'il les remarqua; lorsqu'ils ne furent plus qu'à quelques pas, le brigadier se retourna et fit un signe à sa troupe, qui aussitôt se divisa : tandis que trois ou quatre hommes restaient avec lui, deux passèrent derrière le curieux.

Alors le brigadier s'avança franchement.

— Pardon, monsieur, dit-il, peut-on vous demander ce que vous faites ici?

— Parfaitement, vous le voyez d'ailleurs, je regarde.

— Justement, et c'est là ce qui paraît louche; il y a autre chose à faire en ce moment qu'à regarder ceux qui travaillent.

— Et à blaguer la défense, dit l'ouvrier du trou à loup.

— Vous avez des papiers? demanda le brigadier.

— Non.

— Et vous vous appelez?

— Le colonel Chamberlain.

— Un colonel! Ah! malheur, encore un *feignant*.

— Pourquoi qu'il n'est pas avec son régiment, ce colonel?

— Parce que mon régiment est en Amérique, dit colonel sans se fâcher.

— Vous voyez bien que c'est un Prussien, dit un ouvrier.

— Oui, oui! A bas le Prussien! c'est un espion.

Et une douzaine de poings crispés entourèrent la tête du colonel.

Mais celui-ci ne se troubla point.

— C'est vous qui êtes chargé de m'arrêter? dit-il au brigadier?

— Oui.

— Eh bien! arrêtez-moi; je n'ai pas envie de me sauver, et j'avoue même que je n'ai que ce que je mérite.

Un rassemblement s'était formé en quelques secondes autour du colonel et de ceux qui l'arrêtaient; on criait : « A l'espion! mort au Prussien! »

Le brigadier prit le colonel par un bras, un ouvrier le prit par l'autre, et, au milieu de la foule, après avoir reçu quelques bousculades, on fit entrer dans un pavillon de l'octroi « l'espion prussien, » et on l'interrogea.

Pas de papiers. Américain, il avait longuement examiné les travaux de défense; son affaire était mauvaise. On décida de le garder et de le remettre aux mains de qui de droit.

On l'enferma dans une sorte de réduit obscur, et l'on voulut bien lui donner une chaise pour s'asseoir en attendant.

Il attendit trois heures.

Au bout de ce temps, la porte s'ouvrit, et il parut devant une autorité compétente.

Heureusement cette autorité, représentée par le secrétaire du commissaire de police, connaissait de vue M. le colonel Chamberlain, et, se tournant avec sévérité vers le brigadier, elle lui adressa quelques paroles bien senties sur les dangers de la précipitation. Sans doute, il fallait faire bonne garde; mais encore il ne fallait pas arrêter tout le monde, et moins que personne un homme tel que le colonel Chamberlain.

— Tous les torts sont de mon côté, dit le colonel, et pas du tout du côté de ces messieurs; j'étais venu visiter les travaux de défense et mes allures ont pu très-justement paraître suspectes.

L'expérience que le colonel venait de faire avait suffi pour qu'il n'eût point envie de la recommencer.

D'ailleurs qu'avait-il à voir? Toujours le même défilé, le même spectacle lugubre et navrant.

Au lieu de retourner à la demi-lune, en sortant du pavillon de l'octroi, il se mit en route pour rentrer à Paris par la barrière du Trône.

Sur la chaussée, les voitures se suivaient en une longue file, et sur les trottoirs marchaient des gens courbés sous le poids des paquets qu'ils portaient; des femmes traînaient des enfants par la main, d'autres s'avançaient lentement, le bras passé dans des draps ou dans des châles liés aux quatre bouts et formant ainsi d'énormes paquets dans lesquels on avait entassé tout ce qu'on avait de précieux.

Le colonel Chamberlain, qui n'avait rien à porter, dépassait ces pauvres gens; il dépassait même la plupart des voitures, car les chevaux, épuisés de fatigue, n'allaient guère vite.

Il remarqua entre toutes l'une de ces voitures: c'était évidemment un petit chariot lorrain ou alsacien, ce qu'on appelle un char à échelles, monté sur quatre roues légères et recouvert d'une toile grise posée sur des cercles. Les roues gardaient encore autour de leur moyeu des plaques de boue rouge, le cheval paraissait ne plus pouvoir se traîner, et son conducteur avait si bien conscience de la lenteur avec laquelle il marchait, qu'au lieu de suivre la file, il avait pris un bas-côté où il pouvait cheminer à son pas.

En regardant de dos ce conducteur, qui marchait à pied, tirant et soutenant son cheval par la bride, le colonel eut un mouvement de surprise.

Était-ce possible?

Si cet homme n'avait pas été vêtu d'une blouse bleue et coiffé d'un vieux feutre gris, il aurait juré qu'à l'allure et à la carrure, il ne se trompait pas.

Vivement il fit quelques pas en avant de manière à dépasser la voiture et à voir le visage de son conducteur.

Alors un cri lui échappa.

— Mon oncle!...

Le conducteur se retourna vivement.

— Edouard!...

En même temps, une voix sortit de dessous la toile de la voiture:

— Oh! mon cousin.

II

Le cheval n'étant plus tiré en avant, s'arrêta.

Et le colonel, abandonnant la contre-allée, descendit sur la chaussée.

— Mon oncle! comment c'est vous?

Le conducteur de la voiture avait avancé de deux pas.

Ils se serrèrent les mains avec effusion.

Mais une tête de jeune fille s'était montrée sous la toile;

Puis, profitant de l'arrêt du cheval, cette jeune fille avait vivement sauté à bas.

Mais, avant qu'elle eût touché le sol, le colonel l'avait reçue dans ses bras.

— Oh! ma chère Thérèse, dit-il, combien je suis heureux de vous revoir!

— Et moi donc! mon cousin, dit-elle en rougissant.

Il la regarda alors un peu plus attentivement.

Elle était vêtue d'une robe de toile usée jusqu'à la corde; son teint était noirci par le hâle et le soleil, ses cheveux étaient cendrés par la poussière.

En tout l'apparence de la misère, de la fatigue et de la souffrance.

Pendant qu'il la regardait ainsi, son attention fut attirée par deux têtes d'enfant qui s'étaient levées dans la voiture; près de ces têtes aux cheveux jaunes, ébouriffés, se montrait la face pâle d'une femme dont la ressemblance avec les deux enfants disait, sans qu'il fût besoin d'explication, qu'elle était leur mère.

Mais cela importait peu au colonel pour le moment, et ce qui pour lui avait besoin d'être expliqué, c'était l'arrivée de son oncle Antoine et de sa cousine Thérèse, en compagnie de ces gens et dans cet accoutrement.

Que s'était-il passé?

D'où venaient-ils?

Ils avaient donc cruellement souffert?

Toutes ces questions et bien d'autres se pressaient dans son esprit.

Mais la place n'était guère bonne pour des questions et des explications.

Quoiqu'on eût autre chose à faire, en cette journée troublée, que de s'occuper de ses voisins ou des passants, la curiosité ne perd jamais ses droits ; il y avait des gens qui s'étaient arrêtés sur la contre-allée et qui regardaient avec étonnement cette voiture qui, par elle-même, était déjà un spectacle.

N'était-il pas étrange en effet de voir un homme de mise et de tournure élégante, comme le colonel, en conversation intime avec ce paysan aux vêtements dépenaillés et tenant dans ses mains celles de cette jeune fille qui, pour être jolie, n'en était pas moins singulièrement attifée.

— On nous regarde, dit Antoine en baissant son chapeau sur ses yeux, et cela est mauvais pour moi ; il pourrait se trouver des gens qui me reconnaîtraient parmi ces curieux. Si vous voulez marcher près de moi, nous allons nous remettre en route.

Et, sans attendre une réponse, il reprit le cheval par la bride.

— Allons, pauvre vieux, encore un peu de courage; te voilà arrivé.

Comme s'il avait compris ces paroles, « le pauvre vieux » fit un effort et la voiture recommença à rouler lentement.

— En marchant, dit Antoine, on nous remarquera moins, bien qu'il soit peu naturel qu'un homme comme vous s'entretienne avec des misérables de notre espèce.

— Voulez-vous que je vous quitte? demanda le colonel, qui comprenait toute la justesse de cette observation.

— Non pas tout de suite; je ne sais pas s'il y aurait en ce moment un agent de police qui oserait mettre la main sur un homme qui revient de l'étranger pour défendre son Paris; mais c'est possible, et le mieux est de ne pas risquer l'aventure; voilà pourquoi je prends cette précaution. L'Empire est encore debout, n'est-ce pas?

— Mais oui, dit le colonel en souriant.

— Il est donc sage de ne se fier à rien.

— Pourquoi êtes-vous rentré en France?

— A cette heure, pouvais-je rester à l'étranger? On m'a relâché juste à temps.

— Vous avez été emprisonné?

— En Allemagne, en France, partout, les gouvernements sont les mêmes.

— Et vous, n'est-ce pas? vous avez été en Allemagne ce que vous étiez en France?

— Mais sans doute; c'était pour poursuivre notre but que j'avais consenti à m'exiler.

— Vous avez souffert, mon oncle.

— Qu'importe! Je ne regretterais pas ce que j'ai enduré, si mes souffrances avaient servi à quelque chose. Mais voilà la guerre déclarée entre les Allemands et les Français. De nous, je ne sais pas ce qu'il adviendra ; mais, pour l'Allemagne, il est bien sûr que la puissance militaire qu'elle vient d'acquérir étouffera la liberté pour longtemps.

Ces paroles étaient un peu vagues pour la curiosité impatiente du colonel.

— Et vous, ma cousine? dit-il en se tournant vers Thérèse, qui marchait près de lui.

— Oh! moi, je n'ai pas été emprisonnée.

— Elle a trouvé de braves cœurs qui l'ont aidée et qui avec elle ont travaillé à ma libération, dit Antoine.

— Comment ne m'avez-vous pas écrit? demanda le colonel.

— Et vous, mon cousin, comment ne nous avez-vous pas donné de vos nouvelles? dit Thérèse.

— Où vous aurais-je écrit? Je n'ai lu qu'une lettre de mon oncle, et tellement pleine de réserve qu'il était impossible de deviner où vous étiez.

— Michel ne vous a rien dit?

— Je n'ai pas revu Michel depuis le jour où il m'a communiqué cette lettre, ni Denizot ni M. Sorieul. Quand je suis allé rue de Charonne, Denizot et Michel étaient arrêtés, et M. Sorieul avait disparu sans qu'on sût ce qu'il était devenu. J'ai fait des démarches pour voir Michel et Denizot, ils étaient au secret.

— Voilà donc pourquoi vous ne nous avez pas écrit? dit Thérèse.

— Avez-vous pu penser, ma cousine, que c'était par négligence que je ne vous écrivais pas?

— Non par négligence.

— Par quoi alors?

Elle ne répondit pas; mais son père, en prenant la parole, empêcha le colonel de revenir sur sa question.

— Quand j'ai été libre, dit-il, la guerre était déclarée, et naturellement je n'ai eu qu'une pensée: revenir à Paris. Mais cela n'était pas facile. Les chemins de fer étaient réservés pour les transports militaires, et puis nous n'avions que peu, que très-peu d'argent. Nous nous sommes mis en route, et, tantôt en voiture, tantôt, pour une petite distance, en chemin de fer, le plus souvent à pied, nous avons repris le chemin de la France. Heureusement Thérèse et moi, Thérèse mieux que moi, nous avions appris quelques phrases d'allemand, et nous avons pu ainsi traverser presque toute l'Allemagne.

Le colonel se tourna vers Thérèse.

— Je sais marcher, dit-elle en souriant à cette muette interrogation.

— Marcher n'était pas la grande affaire; c'était manger, c'était surtout coucher. Vous savez que l'Allemagne est le pays des hôtels et des auberges, mais pour ceux qui ont la poche garnie. Enfin nous sommes arrivés à la frontière. C'était là que le danger devait commencer pour moi ; mon signalement avait sûrement été donné aux commissaires de police comme aux gendarmes, et je ne voulais pas me faire arrêter.

— Il me semble qu'à Paris le danger est plus grand encore.

— Oh ! à Paris, c'est différent ; je n'ai pas l'intention de me cacher, je veux au contraire m'expliquer. La patrie est en danger, je viens pour la défendre ; si le gouvernement ne veut pas de mon bras, il me fera arrêter, j'aurai fait mon devoir. J'avais donc peur de la frontière. Mais, hélas ! il n'y a plus de frontière. Où commence la France, où finit-elle aujourd'hui ? on ne le sait pas. Nous avons librement continué notre route en traversant les pays qui venaient d'être ravagés par la guerre. Ah ! quel spectacle, mon cher Edouard ! Que de ruines, que de douleurs ! Un jour nous avons rejoint sur la route cette voiture conduite par la femme que vous voyez là avec ses deux enfants ; son mari avait été fusillé par les Prussiens, sa maison avait été brûlée. Alors avec le cheval et la voiture qui lui restaient, elle avait quitté son pays pour venir se réfugier à Paris auprès de son frère qui habite la Villette, où il est marchand de fourrages. Nous avons associé nos misères, elle a donné une place à Thérèse dans la voiture près d'elle, et moi j'ai conduit le cheval. Voilà comment nous avons fait la dernière partie de notre voyage.

Parlant ainsi, ils étaient arrivés à la barrière du Trône, pour aller à la Villette, la voiture devait passer par les anciens boulevards extérieurs.

— Mon oncle, dit le colonel, voilà ce que vous allez faire ? Rentrer chez vous serait imprudent ; on ne vous laisserait pas vous expliquer comme vous le désirez, et puis qui trouveriez-vous ? Personne. Vous allez donc venir chez moi ; mais comme vous devez conduire cette pauvre femme à la Villette ; ma cousine et moi, nous allons prendre les devants. Vous nous rejoindrez. Il vaut mieux que nous n'entrions pas à Paris ainsi groupés, car on nous regarde.

— Mais, mon cousin... interrompit Thérèse en faisant un geste énergique pour refuser cet arrangement.

— Voulez-vous donc exposer mon oncle à se faire arrêter ? dit vivement le colonel. Soyez certaine que s'il rentre rue de Charonne, c'est par là qu'on commencera. On ne croira pas qu'il vient pour défendre son pays, on croira qu'il revient pour aider à renverser le gouvernement. Il faut en ce moment agir avec prudence. Laissez-moi, je vous prie, vous diriger, et vous, mon oncle, ne craignez pas de vous confier aux conseils d'un homme mieux en état que vous présentement de juger la situation.

— Je m'en rapporte à vous, dit Antoine.

Puis, s'adressant à sa fille :

— Vas avec ton cousin, dit-il ; dans deux ou trois heures, je vous rejoindrai.

Thérèse embrassa les enfants, qui, voyant qu'elle les quittait, se mirent à pleurer.

Puis, tandis que la voiture tournait à droite pour prendre le boulevard de Charonne, Thérèse et le colonel montèrent dans un fiacre.

III

En refermant la portière de sa voiture sur cet homme élégamment vêtu, qui s'asseyait à côté de cette jeune fille misérable, le cocher de fiacre les avait regardés en haussant les épaules.

Et s'adressant à l'un de ses camarades :

— Si ça ne fait pas pitié, avait-il dit en montant sur son siège.

Mais ils n'avaient pas plus remarqué ce mouvement qu'ils n'avaient entendu cette réflexion inspirée par la morale.

Tous deux s'étaient assis sans rien dire, et la voiture avait roulé assez longtemps sur le macadam avant que ni l'un ni l'autre n'eussent pris la parole.

Et cependant que de choses à se dire, que de questions à se poser !

Le colonel était resté, les yeux attachés sur le visage de Thérèse.

Et, sous ce regard qui l'oppressait, elle n'avait pas même osé lever les yeux.

— Vous me trouvez changée, n'est-ce pas ? dit-elle enfin.

— Oui, maigrie.

— Le voyage a été dur, car notre pauvre cheval était si fatigué que j'avais remords à me faire traîner par lui ; alors je descendais et je marchais.

— Il me semblait que ce n'était pas la fatigue seule qui avait dû donner à vos traits cette expression de souffrance. Avez-vous donc été malade ?

— Non, pas malade, dit-elle vivement, mais terriblement tourmentée par l'emprisonnement de mon père. Qu'adviendrait-il de lui ? On parlait d'une pénalité sévère, plusieurs années de prison ; et j'étais à l'étranger. Les amis de mon père ne m'abandonnaient pas, il est vrai ; ils s'ingéniaient à m'encourager, à m'aider. Mais eux-mêmes craignaient pour eux ; plusieurs, et des plus intimes, de ceux sur lesquels je comptais le plus, ont été emprisonnés aussi, d'autres ont été obligés de s'expatrier. Et puis avec tout cela le travail m'était difficile, et cependant il fallait travailler ; si vous saviez combien est misérable en Allemagne le travail d'une femme.

— Et vous ne m'avez pas écrit? dit-il en lui prenant la main. Cela est mal; si quelqu'un devait vous aider, n'était-ce pas moi, votre ami..., votre cousin ?

— Comment pouvais-je vous écrire quand je ne savais pas où vous étiez, si vous étiez resté à Paris ou bien si vous étiez parti pour... l'Italie.

Elle prononça ce dernier mot à voix basse, comme si elle avait honte de cette allusion pleine de choses douloureuses pour elle.

— Si vous me reprochez de ne pas vous avoir écrit, ma cousine, ce reproche, je vous le jure, n'est pas fondé ; j'ai tout fait pour savoir où vous étiez, mais inutilement. Denizot et Michel, qui auraient pu me renseigner sans doute, s'ils ont reçu vos lettres, étaient au secret, comme je vous l'ai dit, et il m'a été impossible de communiquer avec eux; j'attendais leur jugement, et c'est il y a quelques jours seulement qu'il a été rendu. Le connaissez-vous ?

— Nous l'avons lu dans un journal à Nancy : Michel, quinze ans de détention pour attentat contre la sûreté de l'État ; Denizot, trois ans de prison pour menace à des agents dans un mouvement insurrectionnel. Est-ce terrible, quinze ans ?

— Terrible en effet.

Mais le colonel ne voulut pas rester sur ce sujet, car il ne s'y trouvait pas à son aise. Cette condamnation en effet à quinze années de détention, n'était-ce pas la rupture du mariage de Michel et de Thérèse. On n'attend pas quinze ans pour se marier, et Michel sans doute serait le premier à renoncer à l'engagement que Thérèse avait pris envers lui. Si profondément touché que pût être Antoine par cette condamnation pour une cause qui était la sienne, il n'imposerait pas assurément une attente de quinze années à sa fille pour la marier ; dans ces conditions, Thérèse devenait donc libre comme il l'était lui-même.

C'était cette liberté qui lui fermait la bouche en ce moment ; car, si la sienne était complète, celle de Thérèse ne l'était pas. Elle dépendait de Michel et elle dépendait d'Antoine.

Ce n'était donc pas d'une façon incidente et par surprise qu'il devait aborder un pareil sujet.

Avant tout, il devait s'expliquer avec son oncle.

Il le devait par respect pour celui-ci, il le devait surtout par respect pour Thérèse.

Il refoula les paroles qui lui montaient aux lèvres, et, posant sa main sur son cœur, il s'efforça d'en comprimer les battements trop précipités.

L'avenir était à eux maintenant.

Elle serait sa femme.

Mais, s'il put imposer silence à sa voix, il ne put voiler ses yeux ; il la regarda si ardemment qu'elle détourna la tête confuse et troublée.

Pendant quelques minutes, ils gardèrent l'un et l'autre le silence.

Puis il reprit la parole :

— Voulez-vous me permettre de vous adresser une question ? dit-il.

— Est-ce que vous avez vraiment besoin de ma permission pour cela, mon cousin ? répondit-elle en tâchant de sourire.

— Non, sans doute ; mais j'ai besoin que vous me promettiez de me répondre sincèrement.

— Je vous promets de répondre en toute sincérité à votre question, à moins que... je ne puisse pas y répondre du tout.

— Ne croyez pas, ma chère Thérèse, que je puisse avoir la pensée de vous interroger sur un sujet où vous auriez embarras pour répondre ; je veux vous demander pourquoi, tout à l'heure, vous avez paru ne pas vouloir venir chez moi, quand je vous en priais. Est-ce que vraiment ma proposition vous gênait ?

— Ce n'était pas pour moi que je parlais.

— Mais elle ne pouvait, il me semble, gêner en rien mon oncle ; au contraire elle ne peut que lui être utile. Si Michel a été condamné à quinze ans de détention, il ne faut pas oublier que mon oncle a été condamné à cinq ans de prison, et qu'il y a danger qu'on l'arrête.

— Ce n'était ni à moi ni à mon père que je pensais.

— A qui donc ?

— Mais...

— Vous ne voulez pas répondre ?

Elle hésita un moment ; puis, levant les yeux sur lui et d'une voix alternée :

— Il me semble, dit-elle, que nous ne sommes guère en état d'être reçus dans une maison comme la vôtre.

Disant cela, son regard s'abaissa sur sa mauvaise robe.

— Dans ma maison ? dit-il.

— Vous n'avez donc pas des yeux pour voir ? demanda-t-elle.

— C'est justement parce que j'ai vu, qu'il importe peu, il me semble, que je voie chez moi. Une fois de plus, une fois de moins, qu'importe ?

— Mais, si cela importe peu pour vous, par contre, cela importe beaucoup pour d'autres. Croyez que si je n'avais pas craint de vous fâcher et que si, en même temps, je n'avais pas pensé à la sûreté de mon père, je n'aurais jamais consenti à paraître dans cet état devant... la maîtresse de cette maison.

— Mais il n'y a pas de maîtresse dans cette maison, chère enfant ! s'écria-t-il.

Sous le hâle qui avait rougi son teint, elle pâlit au point de devenir presque blanche.

— Votre mariage a été retardé ?
— Mon mariage ne s'est pas fait.
— Ah !
— Et il ne se fera pas.
— Il ne se fera pas ! balbutia-t-elle.
— Michel ne vous a donc pas écrit que je ne me mariais pas ?
— Michel ne nous a pas parlé de vous.
— Alors vous ne saviez pas...

Elle ne répondit pas ; mais, comme il la regardait il vit ses lèvres agitées par un tremblement.

Alors elle détourna la tête pour cacher son trouble et son émotion.

Mais cette émotion se trahissait dans toute sa personne, et il n'était pas besoin de voir son visage pour deviner les mouvements qui l'agitaient : sa main tremblait, et ses épaules se soulevaient rapidement, comme si elle étouffait.

Lui-même, en voyant cette émotion, était profondément troublé : n'était-elle pas un aveu, et le plus précis, le plus éloquent qu'il pût désirer ?

Pourquoi la rupture de ce mariage l'aurait-elle ainsi bouleversée, s'il n'y avait eu dans son cœur qu'un sentiment d'amitié ?

L'amitié, la seule amitié, lui eût inspiré un mot de sympathie ou de regret sans doute ;

Tandis que ce qui se montrait en elle en ce moment, ce n'était certainement ni une douloureuse sympathie ni des regrets.

Alors ?

Il fut entraîné à aller plus loin.

— Ce mariage, dit-il, m'avait été imposé par des raisons auxquelles je ne pouvais honnêtement me soustraire ; il était une nécessité dont je souffrais, mais que le devoir m'obligeait à subir. Sa rupture n'a pas été un chagrin pour moi ; au contraire, elle a été un soulagement, une délivrance : je retrouvais ma liberté.

Comme elle ne répondait pas et restait la tête à demi tournée vers la glace de la voiture, les yeux baissés, il lui prit la main et l'attira doucement de son côté.

— Vous voyez, chère Thérèse, que vous pouvez, sans appréhension d'aucune sorte, venir chez moi ; vous y serez chez... vous.

Disant cela, sans avoir bien conscience de ce qu'il faisait, entraîné par un élan spontané, il passa son bras par-dessus l'épaule de Thérèse.

Mais, au moment même où il l'attirait contre lui, sans qu'elle lui résistât, le cocher frappa contre la glace.

Intrigué par le tête-à-tête de cet homme et de cette jeune fille, qui lui avaient paru si peu faits pour monter dans une même voiture, il s'était souvent baissé pour les surveiller.

— Où est-elle, cette petite porte ? cria-t-il en arrêtant ses chevaux.

Ils étaient arrivés rue de Valois.

IV

C'était, en effet, rue de Valois que le colonel s'était fait conduire, voulant introduire Thérèse chez lui par le passage du jardin, afin qu'elle échappât à la curiosité de ses domestiques, qui, dans l'état où elle était, l'eût assurément gênée et humiliée.

Mais, la petite porte ouvrant sur cette rue n'ayant pas de numéro, il n'avait pas pu donner ce numéro au cocher, et il avait dû se contenter d'une indication assez vague :

— Une petite porte, dans le mur d'un jardin, rue de Valois.

Le cocher venait de s'arrêter devant le mur de ce jardin.

Le colonel sauta à terre et prenant Thérèse par la main, il la fit descendre.

Le soir tombait, la rue était déserte.

Il mit une pièce d'argent dans la main du cocher ; mais celui-ci ne bougea pas ; il voulait voir ce qui allait se passer.

Il se passa une chose en apparence fort simple, mais qui cependant en disait long pour celui qui savait comprendre et interpréter ce qu'il voyait. Or ce cocher appartenait à cette catégorie d'observateurs ; c'était un cocher littéraire, c'est-à-dire qu'il avait lu les feuilletons du *Petit Journal* et de la *Petite Presse*, et savait comment les séducteurs et les débauchés procèdent à l'égard des filles du peuple.

Une rue déserte, une petite porte dans le mur d'un jardin : le lieu de la scène était vraiment bien choisi.

L'inconnu, qui portait un costume élégant, tira une clef de sa poche, et, s'étant approché de la muraille, il ouvrit une porte qui disparaissait dans l'épaisseur de la maçonnerie. Cette porte roula silencieusement sur ses gonds bien graissés. Il était évident qu'elle s'ouvrait ainsi souvent devant les malheureuses victimes que le vampire attirait dans son antre.

La porte ouverte sur un couloir sombre, l'inconnu s'approcha de la jeune fille.

Celle-ci fit un pas en arrière pour reculer.

Elle avait compris sans doute où on la conduisait et ce qu'on voulait faire d'elle.

Mais l'inconnu la prit par le bras.

Elle se tourna vers lui; alors il la regarda avec un ricanement sombre et murmura quelques mots qu'on n'entendit pas.

Un ordre sans doute ou bien une terrible menace.

Elle baissa la tête et, passant la première, elle entra dans le couloir sombre.

Le cocher n'entendit qu'un mot:

« Mon père ! »

Sans doute, c'était un appel désespéré de cette victime infortunée; mais il n'eut pas le temps de voler à son secours, car déjà la porte s'était refermée avec un bruit sourd. Il était trop tard !

Son cœur sensible fut ému, mais que pouvait-il pour cette pauvre fille? La rue était déserte, et, comme toujours quand on a besoin d'elle, la police était absente. Seul il ne pouvait pas enfoncer cette porte solide. Appeler au secours, à quoi bon? Il sortirait sans doute par cette porte une armée de laquais, qui le bâtonneraient, ainsi que cela se voit toujours.

Alors il descendit de son siège et, ayant fouillé dans sa poche, il en tira un couteau à manche de corne, qu'il ouvrit. Avec la pointe de ce couteau, il fit une croix sur le bois de la porte.

Avec cette croix, il serait bien sûr, le jour où l'on ferait des recherches, de retrouver la porte par laquelle était entrée la victime du vampire.

Et, la conscience tranquille, il remonta sur son siège : il tenait la clef d'une histoire mystérieuse, un drame de Paris.

Cependant, la porte fermée, Thérèse et le colonel s'étaient trouvés dans une complète obscurité.

— Voulez-vous prendre mon bras? dit-il, je vous conduirai.

— Et où donc sommes-nous ?

— Chez moi, seulement, au lieu d'entrer par la grande porte de l'hôtel, j'ai préféré vous introduire par ce passage, qui me sert pour sortir et pour entrer quand je ne veux pas qu'on sache ce que je fais. J'ai cru qu'il vous serait plus agréable de ne point passer, avec ce costume négligé qui vous gêne, sous les yeux des domestiques.

Elle ne répondit rien, mais elle lui pressa doucement le bras de manière à lui faire comprendre qu'elle était sensible à cette attention.

— A propos de ce costume, dit-il en continuant d'avancer doucement en la dirigeant, est-ce qu'il serait possible d'envoyer quelqu'un rue de Charonne pour vous apporter ce qui vous serait nécessaire pour changer?

— Mais non, dit-elle; quand mon père a été condamné, Denizot nous a envoyé toutes nos affaires en Allemagne.

— Alors il est inutile d'envoyer rue de Charonne. Est-ce que ce costume vous gêne vraiment beaucoup.

— Mais oui, beaucoup, autant et même plus que possible.

— Alors il faut trouver un moyen pour le quitter.

— Demain.

— Non, aujourd'hui.

— Mais aujourd'hui, c'est dimanche ; les magasins sont fermés, et d'ailleurs je ne peux pas sortir ainsi.

— Je le peux, moi.

— Vous, mon cousin ?

— Eh oui ! sans doute, moi ; je n'accepte pas d'observations sur ce point, et je vous demande la permission, puisque j'ai le plaisir de vous recevoir chez moi, de vous traiter à mon gré. Dans l'antiquité il était d'usage de mettre des vêtements à la disposition de l'hôte qu'on recevait, et cet usage s'est continué dans les pays de l'Orient; laissez-moi faire ainsi, je vous prie.

Ils avaient traversé la galerie et ils étaient arrivés dans un salon du rez-de-chaussée.

Le colonel poussa le bouton d'une sonnerie et, en attendant qu'on vînt, il continua :

— Il vous sera agréable, n'est-ce pas, d'être logée auprès de votre père ?

— Mais, oui, très-agréable.

— Alors je vais vous mettre au second.

A ce moment, Horace entra dans le salon; mais en apercevant cette jeune fille qu'il ne reconnut pas tout d'abord, il fit un pas en arrière, tant sa surprise fut grande.

Ce fut seulement lorsque Thérèse lui eut souri qu'il se remit.

— Ah ! Mlle Thérèse ! s'écria-t-il.

Mais le colonel ne lui donna pas le temps de manifester son étonnement.

— Tu vas m'envoyer Mme Benard et ensuite tu iras voir si rien ne manque dans les appartements du second : celui de droite est pour ma cousine; celui de gauche, pour mon oncle qui va arriver bientôt et à la disposition duquel tu le mettras.

Deux minutes après cet ordre, Mme Benard, qui était la femme de charge, entra dans le salon; bien qu'elle fût digne et habituellement maîtresse de son émotion, elle ne put retenir un mouvement de surprise, à la vue de Thérèse.

— Madame Benard, dit le colonel, voici ma cousine qui arrive d'un long et terrible voyage, dans quel état, vous le voyez; elle n'a pas un bagage avec elle. Il lui faut donc des vêtements pour changer de toilette tout de suite. Voulez-vous m'obliger de prendre la grosseur de son cou, de ses épaules et de sa taille; puis la longueur de ses bras, de son corsage et de sa jupe?

Malgré sa stupéfaction, la femme de charge fit ce qui lui était demandé avec une promptitude qui prouvait que le colonel avait l'habitude d'être obéi chez lui.

— Maintenant, dit-il, conduisez ma cousine à son appartement et tenez-vous, je vous prie, à sa disposition.

Puis, tendant la main à Thérèse :

— A bientôt, ma petite cousine. Si mon oncle arrive avant mon retour, dites-lui qu'Horace lui donnera le linge et les vêtements qui lui seront nécessaires.

Bien que Thérèse fût venue plusieurs fois chez son cousin, elle ne connaissait pas les appartements du second étage.

La femme de charge, passant devant elle, l'introduisit dans une grande et belle chambre, meublée d'un meuble Louis XV, avec des tapisseries d'après Watteau, aux couleurs fraîches et claires, dans lesquelles dominaient le vert et le rose. A cette chambre, attenait un vaste cabinet de toilette; puis, au cabinet de toilette, une salle de bain dont les murailles étaient couvertes de faïences fleuries; au-dessus d'une baignoire en marbre d'Aspin, brillait un gros cylindre en cuivre rouge, dans lequel l'eau était chauffée par un appareil à gaz.

La femme de charge qui la précédait s'arrêta devant cette baignoire.

— Si mademoiselle est fatiguée, dit-elle, un bain la rafraîchirait et la reposerait.

— Un bain demanderait trop de temps pour être chaud.

— Quelques minutes à peine.

Et, sans attendre une réponse, la femme de charge alluma le gaz sous l'appareil.

Dix minutes après, Thérèse, toutes les portes closes, se laissait glisser dans l'eau parfumée de la baignoire en frissonnant, bien que cette eau fût à la température voulue.

Mais ce n'était pas le froid qui lui causait ce frissonnement, pas plus que ce n'était à un sentiment de bien-être qu'elle était sensible.

Ce n'était point d'une sensation de bonheur matériel que dans son repos, après tant d'épreuves et tant de fatigues, elle jouissait.

Elle était chez lui !

Il n'était pas marié.

Et ce mariage lui avait été imposé ! Comment ? par qui ? Elle ne se le demandait pas ; qu'importait.

Sa rupture, avait-il dit, avait été pour lui un soulagement et une délivrance.

Et, fermant à demi les yeux, elle s'engourdit dans cette rêverie.

Mais tout à coup elle les rouvrit brusquement en battant l'eau de ses deux mains :

Et Michel ?

N'avait-elle pas consenti à l'accepter pour son mari ?

V

Cependant le colonel, après avoir de nouveau recommandé à Horace d'attendre son oncle devant la porte de l'hôtel, de façon que celui-ci ne fût point exposé à quelque rebuffade du concierge, était monté en voiture et avait dit à son cocher de descendre vivement dans Paris.

Bien que ce fût un dimanche, ainsi que l'avait fait remarquer Thérèse, il espérait trouver quelques magasins ouverts, dans lesquels il pourrait acheter les vêtements et les objets nécessaires à la toilette de sa cousine.

Mais ces magasins, il les trouva tous fermés.

Il semblait que dans la grande ville, il n'y eût plus de vie que dans les cafés, qui regorgeaient de monde, et sur les trottoirs des boulevards, où l'on s'entassait pour s'interroger et se communiquer les nouvelles des journaux.

Comme il courait d'un magasin à l'autre, trouvant partout les volets de tôle abaissés, le hasard le fit passer devant la maison habitée par l'illustre couturier Fauguerolle, et, en levant les yeux, il vit que les fenêtres du premier étage de cette maison étaient éclairées.

Il monta et sonna. Tout d'abord personne ne lui répondit ; mais, ayant recommencé sa sonnerie de telle sorte qu'on devait croire que le feu était à la maison, la porte fut ouverte par Fauguerolle lui-même, qui, en voyant le colonel, recula étonné.

Le colonel entra et referma la porte vivement.

— Vous pouvez me rendre un grand service.

— Je suis tout à votre disposition.

Et Fauguerolle fit entrer le colonel dans la pièce où il travaillait. Sur une immense table, étaient étalés des livres de commerce et des paquets de lettres classés par ordre.

— Vous voyez, dit-il, je tâche de découvrir où j'en suis. L'heure de la liquidation générale a sonné, et je crains bien qu'elle ne soit terrible pour moi. Ah! si j'étais sûr de toucher seulement la dixième partie de ce qu'on me doit ! Que pensez-vous de la situation, vous, un militaire ?

Mais le colonel n'était pas venu pour écouter des lamentations ni donner des consultations militaires.

Il expliqua en quelques mots le service qu'il venait demander.

Une jeune parente lui était arrivée, ayant perdu tous ses bagages. Il lui fallait, à n'importe quel prix, de quoi l'habiller pour ce soir même; demain on aviserait. Mais tous les magasins étaient fermés, il ne savait où aller.

— Il y a un mois, je n'aurais pas pu vous venir en aide, mais aujourd'hui rien n'est plus facile ; plus d'une commande qui m'avait été faite n'a pas pu être livrée par suite d'un départ précipité. Que vous faut-il ?

Le colonel expliqua ce qu'il voulait et donna les mesures prises par la femme de charge sur Thérèse.

Faire habiller sa petite cousine par l'illustre Fauguerolle, c'était là une idée si bizarre que le colonel ne put s'empêcher de rire tout seul : c'était plus qu'une bizarrerie, c'était une révolution.

Parmi les merveilles que Fauguerolle lui offrit, le colonel choisit une robe montante en soie grise, aussi simple que possible, mais d'une simplicité élégante, digne du génie de l'illustre couturier.

— Il est certain, dit Fauguerolle que cette robe n'ira pas comme si elle avait été essayée, mais enfin elle se rapproche autant que possible des mesures que vous me donnez. Tout ce que je vous recommande, c'est de ne pas dire qu'elle vient de chez moi : je serais déshonoré.

C'était beaucoup d'avoir une robe, mais ce n'était pas tout ; il restait encore la question de la lingerie, non moins difficile.

Mais Fauguerolle, qui n'avait rien à refuser au colonel,—ainsi qu'il le disait lui-même dans ses protestations, — trouva un moyen de surmonter cette difficulté.

On lui avait livré, la veille, un trousseau pour une jeune Péruvienne, afin qu'il le fît partir avec ses robes. Il proposa au colonel de choisir dans ce trousseau tout ce qui pouvait lui convenir ; le lendemain, il s'entendrait avec la lingère pour remplacer ce qui aurait été pris, et, si la jeune Péruvienne recevait son trousseau et ses robes un peu trop tard, ce serait un accident : elle attendrait.

Dix minutes après, le colonel avait peine à s'asseoir dans son coupé, encombré de boîtes et de cartons. Mais peu importait : il avait réussi. Quelle surprise pour Thérèse !

Quand il rentra à l'hôtel, Horace lui apprit que son oncle venait d'arriver et qu'on l'avait conduit dans son appartement.

Alors le colonel appela la femme de charge et la pria de monter les boîtes et les cartons dans l'appartement de Thérèse.

— Vous expliquerez à ma cousine que c'est tout ce que j'ai pu trouver aujourd'hui, et vous lui direz qu'elle me fera plaisir en voulant bien revêtir cette lingerie et cette robe, alors même que tout cela lui déplairait.

Jamais on n'avait vu le colonel aussi actif, aussi affairé, aussi gai : ce fut la réflexion que Mme Bénard communiqua à Horace.

— Qu'a donc monsieur aujourd'hui ?

— Il est content de retrouver ses parents, son oncle et sa cousine.

— Cela lui fait honneur, répliqua la femme de charge, qui, au fond du cœur, se disait que si elle avait des parents dans cette situation, elle n'éprouverait pas tant de joie à les retrouver ; car enfin ce n'étaient que des ouvriers du faubourg. Il est vrai que « monsieur » aussi était du faubourg, et l'on ne peut pas se débarrasser complètement de ses défauts ou de ses infirmités d'origine.

Quand Thérèse ouvrit les boîtes et les cartons, et aperçut la robe de soie grise et les lingeries garnies de dentelles, elle poussa les hauts cris.

Mais aussitôt Mme Bénard intervint et lui répéta textuellement les paroles du colonel en les accompagnant d'une pantomime qui ne permettait pas la résistance.

Il est vrai de dire que cette velléité de résistance ne persista pas chez Thérèse : quelle jeune fille a jamais refusé d'être belle une fois dans sa vie ?

Pour elle, son cousin le colonel ressemblait jusqu'à un certain point à la fée de Cendrillon, qui n'a qu'à toucher les citrouilles de sa baguette enchantée pour les changer en carrosse, les souris en chevaux, les rats en cochers, les lézards en laquais, et les guenilles en habits d'or et d'argent tout chamarrés de pierreries.

Tout enfant elle avait entendu faire des récits merveilleux de sa fortune, et dans son imagination elle l'avait toujours vu comme une sorte de génie ou de magicien.

S'habillant avec l'aide de Mme Bénard, qui lui était d'un grand secours, car elle ne savait trop comment arranger ces belles choses qu'elle voyait pour la première fois, elle se demanda tout bas si elle n'allait pas trouver dans un carton ces fameuses pantoufles de verre, « les plus jolies du monde, » qui avaient fait le mariage de la petite Cendrillon avec le fils du roi.

Comme elle rêvait à cette fantaisie, on frappa à la porte et une femme de chambre entra.

Précisément elle apportait ces fameuses pantoufles de verre, car le colonel se rappelant que dans les boîtes et les cartons de Fauguerolle ne se trouvaient ni bottines ni souliers, avait voulu réparer cet oubli, et, dans une vitrine de curiosités, il avait été chercher des babouches turques ornées de roses en pierreries, qu'il envoyait à sa cousine.

— M. le colonel m'a recommandé de prévenir mademoiselle, dit la femme de chambre, qu'il l'attendait au salon, où il la priait de descendre quand elle serait prête.

Thérèse n'avait jamais marché avec des babouches, pas plus qu'elle n'avait tiré derrière elle la traîne d'une robe ; mais l'art de la toilette est inné chez la femme, comme celui de la natation l'est chez les oiseaux aquatiques, qui font les plus gracieux plongeons du monde en sortant de leur coquille.

Comme un papillon aux ailes diaprées qui vient de laisser à terre sa laide chrysalide, Thérèse descendit légèrement l'escalier et entra dans le salon.

Pendant qu'elle s'habillait, le salon, lui aussi, s'était mis en toilette, et les lampes, le lustre et les girandoles, avaient été allumés.

Se promenant en long et en large, le colonel l'attendait.

Il vint au devant d'elle.

— Ah ! mon cousin, dit-elle, vous avez donc voulu jouer à la poupée avec moi ? me reconnaissez-vous ?

Il ne répondit rien, mais longuement il la regarda.

Puis, d'une voix que l'émotion rendait frémissante :

— Je vous retrouve telle que bien souvent je vous ai vue, dit-il.

Elle le regarda, sans comprendre ce qu'il disait ; mais lui se comprenait parfaitement.

C'était en effet ainsi que bien souvent il l'avait vue, aux heures où il se disait qu'elle aurait été sa femme, s'il n'avait point si follement mené sa vie.

Et, par suite d'un merveilleux hasard, ce rêve, qu'il avait fait si souvent en ces derniers mois, se réalisait maintenant ; elle était là devant lui, telle qu'elle aurait été s'il avait su la prendre pour sa femme : ravissante, pleine de grâce et d'aisance, avec cet air de timidité enjouée et de simplicité candide qui étaient son charme.

La prenant par la main il la fit asseoir près de lui dans un grand fauteuil où elle disparaissait presque toute entière.

Bien qu'il eût mille choses à lui dire, il resta à la regarder sans parler, ne sachant ou plutôt n'osant commencer.

A ce moment, la porte du salon s'ouvrit.

C'était Antoine qui entrait, et lui aussi était transfiguré, grâce aux vêtements que le colonel avait fait mettre à sa disposition.

— Que va dire mon père en me voyant ainsi ? demanda Thérèse, moitié inquiète, moitié souriante.

— Restez, je vous prie, répondit-il.

Et, se levant, il alla au devant de son oncle.

Antoine s'était arrêté auprès de la porte, et de sa fille, cachée dans le fauteuil, il n'avait vu qu'une traîne de soie grise étalée sur le tapis.

— Soyez le bienvenu, mon oncle, dit le colonel en lui serrant la main.

— Voulez-vous me présenter à votre femme, mon cher Edouard ?

Le colonel leva la tête stupéfait ; mais, comprenant bien vite l'erreur de son oncle, il se mit à sourire silencieusement, et, le prenant par la main, il l'amena à quelques pas du fauteuil ; alors s'arrêtant :

— Mon oncle, voici ma femme, dit-il.

Thérèse tourna la tête vers son père, et celui-ci, qui s'inclinait, s'arrêta bouche béante, les bras étendus.

— Thérèse !

VI

Cette reconnaissance avait été un vrai coup de théâtre pour Antoine.

Mais, pour le colonel et pour Thérèse, cette présentation fut la cause d'une profonde émotion.

Ce mot : « Voici ma femme ! » il l'avait dit en riant pour s'amuser de la surprise de son oncle.

Mais il est des mots qu'on ne prononce pas impunément ; leur musique seule, même en dehors du sens qu'on y attache, trouble l'esprit et remue le cœur.

Ce fut ce qui se produisit pour tous deux : le rire s'arrêta instantanément sur leurs lèvres et la rougeur empourpra leurs joues.

Heureusement Antoine vint en aide à leur confusion.

— Comment ! c'est toi, dit-il, en grande dame ?

— J'ai vu que ma cousine était mal à son aise dans ses vêtements fatigués, et je lui en ai cherché d'autres : voilà tout ce que j'ai trouvé.

— Il est de fait, dit Antoine en se regardant, que je suis moi-même déguisé en monsieur.

Et il se mit à rire.

Mais presque aussitôt, regardant autour de lui :

— Et ma nièce, dit-il, ne nous la ferez-vous pas connaître ?

Cette fois, le colonel n'osa pas prononcer le mot qui était sur ses lèvres :

— Votre nièce, c'est votre fille.

C'eût été appuyer plus qu'il ne convenait en ce moment.

— Le mariage dont je vous avais parlé, dit-il sérieusement, ne s'est pas fait et il ne se fera pas.

— Je vous demande pardon, mon neveu.

— Rassurez-vous, mon oncle ; vous n'avez pas, par votre demande, éveillé de pénibles souvenirs pour moi. Je n'ai pas été fâché de la rupture de ce mariage, que j'avais dû accepter contre mon gré.

Antoine regarda son neveu, se demandant, dans sa simplicité primitive, comment on pouvait se marier contre son gré ; mais il ne risqua pas tout haut cette question, son neveu était d'âge à savoir ce qu'il faisait.

La porte de la salle à manger s'ouvrit à deux battants : le dîner était servi.

Le colonel tendit la main à Thérèse.

La table, dressée pour trois couverts seulement, paraissait toute petite au milieu de cette vaste pièce dont les boiseries noires étaient à demi noyées dans l'ombre : toutes les lampes et toutes les bougies du lustre avaient été cependant allumées, mais leur lumière se concentrait sur la table, et, tombant en plein sur les pièces d'argenterie, les cristaux et la nappe blanche, elle produisait un foyer de rayons éblouissants. Dans l'air flottaient de suaves odeurs de roses et d'héliotropes.

S'appuyant sur le bras de son cousin, Thérèse eut un moment de trouble délicieux ; elle marchait dans un rêve.

Ce fut sans trop bien savoir ce qu'elle faisait qu'elle prit place à table : ces senteurs l'enivraient, ces lumières l'aveuglaient.

La voix de son cousin la ramena dans la réalité.

— Eh bien ! mon oncle, ne fait-il pas meilleur ici que sur la route d'Allemagne ? dit-il.

— Assurément je ne suis pas gourmand, dit Antoine, mais j'avoue sans honte que l'odeur de ce potage me réjouit.

Et, comme un naufragé qui a supporté un long jeûne, Antoine avala son potage cuillerée sur cuillerée.

Le colonel le regardait en souriant :

— Vraiment, dit-il, c'est un plaisir de vous voir manger.

Et il fit un signe au maître d'hôtel pour qu'on emplît le verre de son oncle.

— Ah ! du vin français, dit Antoine, et rouge encore.

— Je n'aurais pas été assez maladroit pour vous faire servir du madère et encore moins du Rüdesheim ou du Markobrunnen.

— Je vous assure que je n'ai pas été gâté par les vins du Rhin, que je ne connais guère que de vue ; si je n'en ai pas bu, j'en ai cependant vu boire. Mais, c'est égal, il me semble qu'il y a cent ans que je n'ai respiré le bouquet du bordeaux.

— Et en chemin ?

— En chemin, il a fallu s'observer ; sans doute cette pauvre femme avait des provisions qu'elle offrait de partager avec nous, mais c'eût été un crime d'accepter. Nous avons vécu comme nous avons pu.

— Nous avions 16 francs en passant la frontière, dit Thérèse.

— Et combien vous restait-il en arrivant à Paris ? demanda le colonel.

— Sept sous.

— De sorte que, si vous aviez eu deux jours de retard, vous mouriez de faim, et, sur vos seize francs, vous n'avez pas pu prendre un franc pour m'envoyer une dépêche et me dire d'aller au devant de vous ? Mon oncle, je ne vous pardonnerai jamais cela.

— J'ai eu cette idée, mais Thérèse était convaincue que vous n'étiez pas à Paris.

Il se tourna vers elle ; mais elle baissa les yeux sur son assiette, comme si elle était attentive à chercher une arête dans sa truite.

Antoine aurait voulu que le colonel le mît au courant de ce qui s'était passé en France depuis la déclaration de guerre, mais d'un coup d'œil celui-ci lui montra les domestiques qui circulaient autour d'eux, et ce fut Antoine alors qui raconta ce qui leur était arrivé depuis qu'ils avaient quitté Paris,— ses espérances, ses déceptions, son emprisonnement, sa libération et enfin leur retour.

Ce fut seulement quand, le dîner fini, on rentra dans le salon, que le colonel consentit à satisfaire la curiosité de son oncle ; encore prit-il soin auparavant de renvoyer le maître-d'hôtel, qui voulait servir le café.

— Posez votre plateau sur cette table, dit le colonel, et laissez-nous.

Puis, pendant que le maître-d'hôtel sortait, s'adressant à Thérèse :

— Ma chère cousine, dit-il, voulez-vous remplir le rôle de la maîtresse de la maison et offrir une tasse de café à votre père ?

Alors, toutes portes closes, il se tourna vers son oncle :

— Pardonnez-moi, dit-il, de n'avoir pas tout de suite répondu à votre question sur ce qui s'est passé en votre absence ; soyez persuadé que je sentais combien devait être impatiente votre patriotique curiosité, mais j'ai cru que la prudence exigeait de ne rien dire devant les domestiques qui nous servaient. Sans doute, je me crois sûr d'eux et leur intérêt n'est pas de me trahir ; mais enfin il aurait pu vous échapper des observations ou des cris d'indignation qu'il vaut mieux qu'on n'entende pas.

Et longuement, avec des détails précis, il fit le récit des événements qui s'étaient succédé depuis la déclaration de guerre jusqu'au jour où ils étaient.

Mais si attentif qu'il fût à ne rien négliger

dans ce récit, il ne quittait guère Thérèse des yeux.

Comme elle avait été charmante dans ce rôle de maîtresse de maison qu'il avait pris plaisir à lui faire jouer!

Et maintenant comme elle était gracieuse, assise dans un fauteuil, le coude posé sur la table, le menton appuyé sur sa main repliée, écoutant ce récit!

Qui fût entré et l'eût vue pour la première fois, sans rien savoir d'elle, eût cru assurément qu'elle était née et qu'elle avait été élevée dans ce salon; au moins il le croyait, lui, et c'était ainsi qu'il la jugeait.

Son récit le colonel l'avait fait en soldat, c'est-à-dire en homme qui juge les événements militaires dans leurs causes et dans leurs résultats; il n'avait rien caché, rien atténué, et il avait fait de la situation présente un tableau désolant, mais par malheur rigoureusement exact dans toutes ses parties.

Antoine l'avait écouté d'un air sombre, sans l'interrompre, laissant échapper seulement des exclamations de douleur.

— Ainsi, dit-il quand le colonel se tut, pour vous, tout est perdu?

— Mon oncle, je vous ai parlé en toute sincérité, et comme je n'aurais parlé à personne dans cette grande ville; car c'est un des mauvais côtés des Parisiens, et des plus fâcheux, de ne pas vouloir écouter ce qui les blesse ou les peine. Il y a des gens qui voient tout en noir; eux voient tout en rose; c'est, je le pense, affaire de tempérament. En temps ordinaire, c'est une charmante disposition que celle-là; en temps de crise et dans des circonstances aussi graves, c'en est une bien dangereuse. Ici il faut mentir et arranger d'agréables histoires pour cacher les malheurs. Dire la vérité, c'est montrer des sentiments hostiles et se conduire en ennemi. Au contraire, tromper, inventer des récits fantastiques qui feraient hausser les épaules à des niais désintéressés, c'est agir en ami. On n'admet que ce qui est agréable, et il faut que ce qu'on entend ou ce qu'on lit soit de nature à flatter les illusions, sans quoi on n'écoute pas ou on ne lit pas. Depuis trois semaines, j'ai vécu ici sans parler. Mais je vous estime trop, mon oncle, pour croire que vous n'êtes pas de taille à supporter la vérité. Je vous l'ai dite ou tout au moins ce qui pour moi est la vérité. Mais, précisément parce que j'ai parlé en toute sincérité, vous devez vous tenir en garde contre mes appréciations.

— Et pourquoi donc?

— Parce que ce sont celles d'un soldat qui juge la guerre méthodiquement. La guerre telle qu'elle se fait maintenant et surtout telle que la font les Prussiens est une opération mathématique. Elle se décide sur le terrain, comme une partie d'échecs sur l'échiquier. Les Prussiens ont joué trois coups : Wœrth, Forbach et les batailles autour de Metz, et en trois coups ils ont mis leur adversaire dans l'impossibilité de jouer à son tour; pour lui, il ne restait qu'une chance, ramener à Paris l'armée de Châlons et s'appuyer sur Paris pour résister. Ce n'est point ce qui a été fait; par des raisons qui m'échappent, parce que sans doute ce sont des raisons politiques ou dynastiques, cette armée s'en va à l'aventure et elle sera prochainement détruite, si elle ne l'est déjà. Vous aviez deux armées; l'une est bloquée, sans espoir de percer les lignes qui l'enferment; l'autre est ou sera détruite. Avec quoi voulez-vous continuer la guerre? Voilà le raisonnement d'un soldat; mais, à côté de ce raisonnement mathématique, il y a l'imprévu que je n'ai pas fait entrer en ligne de compte, et c'est pour cela que je vous avertis de vous tenir en garde contre mes appréciations.

Antoine secoua tristement la tête.

— Votre père, mon cher Édouard, dit-il après un moment de méditation, eût moins savamment raisonné que vous, mais il eût admis cet imprévu que vous écartez et il se fût appuyé dessus pour ne pas désespérer. Dites-moi que l'Empire est perdu, c'est possible; mais la Nation!

— Je vous parle armée, dit le colonel, et vous me répondez nation. Nous pourrons discuter longtemps sans nous entendre, mon cher oncle, puisque nous ne nous servons pas de la même langue.

— Vous ne croyez pas à la nation armée?

— Nous ne sommes pas en 92, ni pour l'invasion ni pour la résistance; ce n'est pas le duc de Brunswick que vous avez devant vous.

— Si nous ne sommes pas en 92, il faut y revenir.

— Et comment?

— En renversant l'Empire.

— Croyez-vous donc que vous n'aurez qu'à souffler dessus pour qu'il s'écroule? Si l'Empire est faible contre les Prussiens, il peut être encore assez fort pour résister à la révolution; soyez sûr que s'il lui reste une seule mitrailleuse, il la tournera sans scrupule contre ceux qui voudront l'attaquer. Craignez qu'on invente une émeute pour avoir une bonne occasion de se débarrasser, en une seule fois, des ennemis de la dynastie!

— Il est bien certain, n'est-ce pas? que si quelqu'un doit être l'ennemi de l'Empire, c'est moi; car, à côté des raisons de principes et de foi qui me font le détester, j'ai par malheur des raisons personnelles assez puissantes pour souhaiter sa chute. Sans parler de moi, qui suis condamné à cinq années de prison, nous sommes tous plus ou moins ses victimes : Sorieul a été obligé de passer en Angleterre, où il vit en donnant des leçons de français; Michel est condamné à quinze ans de détention, et Deuizot à trois ans d'emprisonnement ; si bien que l'atelier de la rue de Charonne, qui, depuis quatre-vingts ans, avait toujours travaillé sous tous les gouvernements, est aujourd'hui fermé. Eh bien ! malgré ces justes motifs de haine, je vous jure que je suis prêt à me ranger sous le drapeau de l'Empire pour défendre le pays; mais pour cela il faut que lui-même n'ait pas d'autre but que cette défense. Est-ce là ce qu'il fait présentement ?

— Je crois qu'il veut défendre le pays, mais je crois aussi qu'avant tout il veut se défendre lui-même.

— Et voilà pourquoi, n'est-ce pas ? l'empereur, au lieu de revenir à Paris avec l'armée qui pouvait sauver la France, s'est jeté dans l'aventure que vous nous expliquiez tout à l'heure. Eh bien ! alors je dis que le pays n'a qu'une chose à faire, c'est de commencer par se débarrasser d'abord de ceux qui gênent sa défense. Les généraux renvoient l'empereur comme un embarras; le pays doit renvoyer l'Empire autrement embarrassant, autrement dangereux.

Longuement Antoine développa ce raisonnement, et le colonel l'écouta sans l'interrompre.

Qu'aurait-il dit d'ailleurs ?

Ce fut seulement quand Antoine affirma sa volonté d'agir dans le sens de ses idées qu'il prit la parole.

— Savez-vous à quoi je pense en vous écoutant ? dit-il.

— Aux malheurs de la patrie.

— A la patrie, sans doute, car vous connaissez mes sentiments ; mais aussi je pense à vous, mon oncle.

— Et que pensez-vous de moi ?

— Je pense que j'ai peut-être eu tort de vous empêcher de parler pendant notre dîner, et que, si un de mes domestiques avait été répéter ce que vous nous dites en ce moment, cela aurait été un bien pour vous au lieu d'être un mal.

— Vous ne parlez pas sérieusement, j'espère ?

— Je pense aussi qu'en vous empêchant de rentrer rue de Charonne j'ai cru être très-prudent, tandis qu'au contraire j'ai contribué par mon intervention à augmenter singulièrement les dangers qui vous entourent.

Pendant la longue discussion politique qui s'était engagée entre son père et son cousin, Thérèse avait gardé le silence, les écoutant tous deux religieusement et aussi attentivement l'un que l'autre ; mais à ce mot elle intervint.

— Que voulez-vous dire, mon cousin ? dit-elle.

— Une chose bien simple : si mon oncle était rentré chez lui, il est à peu près certain pour moi qu'il n'aurait point passé la nuit entière dans son lit et qu'il aurait été arrêté.

— Eh bien ! alors ?

— Eh bien ! cela aurait mieux valu pour lui que s'il se fait arrêter demain ou dans quelques jours, ce qui certainement arrivera si, comme je n'en doute pas, mon oncle poursuit l'exécution de ses idées.

— Et pourquoi cela aurait-il mieux valu ? demanda Antoine.

— Parce qu'on vous aurait emprisonné en vertu d'une condamnation pour un fait déterminé ; vous auriez eu devant vous cinq années de prison en perspective...

— Vous trouvez que ce n'est rien que cinq années de prison, mon cousin ? Mais je vois bien que vous ne parlez pas sérieusement.

— Si mes paroles ne sont pas sérieuses, mes craintes le sont, croyez-le, ma chère petite cousine, et ce sont elles qui me font tenir ce langage. Je dis qu'au cas où, dans un jugement contradictoire, la peine de mon oncle n'aurait pas été abaissée, il n'aurait jamais eu que cinq ans de prison, tandis que s'il est arrêté demain ou après-demain, qu'aura-t-il ? Croyez-vous que, dans la situation où il se trouve, le gouvernement sera tendre pour ceux qui auront tenté de le renverser ? Pour moi, je m'attends à des fusillades, et j'ai peur. On traite avec les Prussiens, on ne traite pas avec la Révolution.

— Vous voyez bien que vous croyez que l'Empire ne défendra pas la France, s'écria Antoine.

— Je ne pense pas aux Prussiens en ce moment

— C'est à eux seuls qu'il faut penser.

— Je pense à vous, et je vous adjure d'être prudent ; certes je ne parle pas ainsi pour vous empêcher de faire ce que vous regardez comme votre devoir, je sais que toutes les paroles du monde ne vous arrêteront pas ; mais je vous avertis des dangers de la situation pour que vous preniez vos précautions.

Antoine tendit la main à son neveu et la lui serra fortement.

— Maintenant, continua le colonel, j'ai encore une demande à vous adresser, et je compte que vous ne la repousserez pas ; elle vous montrera dans quel sens il faut comprendre les paroles que tout à l'heure ma cousine croyait n'être pas sérieuses. Retourner rue de Charonne est impossible ; je vous répète que demain vous seriez arrêté, et, bien que je considère que cette arrestation vous mettrait en ce moment dans l'impossibilité de courir des dangers plus sérieux, je ne peux pas la souhaiter. D'un autre côté, aller tout simplement réclamer votre inscription dans la garde nationale, en disant que vous rentrez en France pour défendre votre pays, est tout aussi impraticable; on vous répondrait de commencer par faire votre prison. Vous avez donc des précautions à prendre, si vous ne voulez pas être arrêté dès votre arrivée à Paris. Voilà pourquoi, mon oncle, je vous prie de considérer ma maison comme la vôtre. Je crois que vous y serez plus en sûreté que partout ailleurs. Et d'autre part, en attendant que vous repreniez votre travail, votre place est ici ; ce serait me faire injure que de ne pas accepter ma proposition.

Comme Antoine avait fait un geste pour interrompre :

— Je sais ce que vous allez me dire : que vous avez besoin de votre liberté. Elle sera complète ; vous serez chez vous, et s'il ne vous convient pas de vous exposer à la curiosité de mes domestiques, qui, j'en conviens, pourrait être gênante pour vous, voici la clef du passage de la rue de Valois : par là vous pourrez entrer et sortir, sans que personne s'inquiète de vous. Ma cousine a-t-elle des objections contre cet arrangement ?

Disant cela, il la regarda en souriant.

Elle voulut soutenir un moment ce regard, mais elle sentit la rougeur lui brûler les joues ; elle baissa les yeux.

— C'est à mon père de répondre, dit-elle.

— Et je réponds en acceptant cette offre comme vous la faites, dit Antoine, de bon cœur.

Alors Thérèse se mit à sourire et levant la main :

— Une question me sera-t-elle permise ? demanda-t-elle.

— Je vous écoute.

Elle prit sa jupe des deux mains et l'écartant de toute la longueur de ses bras :

— Est-ce là l'uniforme de la maison ? dit-elle.

— Demain matin, ma chère cousine, je ferai des recherches que le dimanche rendait impossibles aujourd'hui ; soyez tranquille, il ne sera fait aucune violence à vos goûts de simplicité. Votre uniforme sera celui que vous adopterez.

Il commençait à se faire tard ; le colonel eût volontiers prolongé la soirée, mais il n'oubliait pas que la journée avait été longue et fatigante pour Thérèse ; d'ailleurs il voulait entretenir son oncle en particulier.

— A quelle heure vous êtes-vous levée ce matin ? demanda-t-il en s'adressant à Thérèse.

— Un peu avant le soleil, quand la fraîcheur du matin est venue m'éveiller sous la toile de notre voiture.

— Alors il n'est pas trop tôt, n'est-ce pas, pour vous dire que je me ferais scrupule de vous garder plus longtemps ? A demain.

Antoine s'était levé en même temps que sa fille.

Le colonel lui fit un signe pour le prier de rester encore ; mais ce ne fut pas Antoine qui saisit ce signe, ce fut Thérèse.

Alors le colonel, voyant qu'il était découvert précisément par celle dont il aurait voulu se cacher, prit bravement son parti.

— Mon oncle, dit-il, voulez-vous me donner encore quelques minutes avant de gagner votre chambre?

— Tant que vous voudrez, mon cher Édouard ; bien que j'aie peu dormi depuis trois semaines, je vous assure que je ne pense guère au sommeil.

Thérèse, ayant embrassé son père et serré la main que son cousin lui tendait, sortit du salon.

Alors Antoine, s'avançant vivement vers le colonel et baissant la voix :

— L'avez-vous vu ? dit-il, et est-ce de lui que vous voulez me parler ?

Il n'y avait pas à se tromper : lui, c'était Anatole.

— Je l'ai vu, dit-il ; mais ce n'est pas de lui que j'ai à vous parler, c'est de Thérèse. Seulement, pour ce que j'ai à vous dire, je serais plus libre dans mon cabinet. Voulez-vous m'y suivre ?

VII

Quand on connaissait Antoine, on savait combien tendrement il aimait sa fille, et personne n'aurait jamais cru qu'il pouvait rester insensible à ce qui la concernait.

Cependant, lorsqu'il fut arrivé dans le cabinet de travail où le colonel l'avait conduit, ce ne fut pas de Thérèse qu'il parla, ce fut d'Anatole.

Thérèse, il la quittait, et, malgré ce que le colonel venait de lui dire, il n'éprouvait aucun souci pour elle. Si le colonel voulait lui parler d'elle, sans doute c'était à propos de son installation et de son séjour dans cette maison : sujet intéressant assurément, mais qui n'offrait rien de pressant.

Combien au contraire étaient pleins d'angoisses les soucis que lui inspirait Anatole !

Où était-il ?

Que faisait-il ?

Qu'était-il devenu depuis plus de deux années, qu'il était sans nouvelles de lui ?

Qu'était-il résulté des poursuites ou plus justement des soupçons du juge d'instruction ?

Toutes ces questions se pressaient, se heurtaient confusément dans son esprit.

— Vous l'avez vu ? dit-il, où ?
— Ici, à Paris.
— Quand ?
— Il y a six semaines.
— Parlez-moi de lui, je vous prie vous; me direz après ce qui concerne Thérèse. Pour elle, je ne suis pas inquiet, la chère enfant, tandis que pour lui je tremble.

Et de fait ses mains étaient agitées d'un frémissement fébrile; son visage, malgré le hâle qui l'avait tanné, avait pâli.

Il se tenait debout, appuyé contre la table de travail du colonel, dans l'attitude d'un coupable qui attend sa condamnation.

Le colonel alors raconta comment il avait aperçu Anatole dans les manifestations qui avaient précédé la déclaration de guerre, assis à côté du sénateur comte Roqueblave.

— Quels sont donc les liens qui l'attachent à ce personnage ? demanda Antoine.

Le colonel répondit qu'il ne connaissait pas ces liens.

— Le comte criait : « A Berlin ! » et Anatole, penché de l'autre côté de la voiture, criait : « Vive l'empereur ! »
— Et je suis son père, il porte notre nom !
— Bien que la calèche dans laquelle il se trouvait ait passé tout près de moi, il ne m'a pas aperçu.
— Mais comment est-il en France ?
— Cela, je n'en sais rien.
— Je veux dire : comment n'est-il pas inquiété à propos de... la tentative d'assassinat dont vous avez été victime ?
— Sans dire que je l'avais vu, j'ai interrogé le juge d'instruction qui s'était occupé de cette affaire; mais M. Le Méhauté n'est plus juge d'instruction, il vient d'être nommé conseiller. Il m'a dit qu'on avait renoncé à poursuivre les complices du pauvre diable que j'ai tué, attendu que celui qui paraissait être le plus sérieusement compromis, ce fameux Fourrier, de qui je vous ai parlé, avait disparu, sans qu'il fût possible de savoir ce qu'il était devenu. Quant à Anatole, M. Le Méhauté n'a fait aucune difficulté de reconnaître qu'il s'était trompé à son égard; il n'y avait pas de charges contre lui, mais seulement des inductions plus ou moins problématiques.

Un soupir s'échappa de la poitrine gonflée d'Antoine.

— Pendant longtemps, M. Le Méhauté s'était obstinément cramponné à ces inductions; mais à la fin il avait dû céder à l'évidence. Anatole était pleinement innocent, et il paraît même que ce comte Roqueblave s'est très-activement occupé d'établir cette innocence; c'est à ses démarches qu'est due la disparition des soupçons du juge d'instruction. Vous voyez qu'Anatole peut être attaché au comte Roqueblave par le lien de la reconnaissance. Enfin vous voyez que j'avais raison de me refuser à admettre les soupçons qu'on élevait contre lui, et que son innocence était certaine; elle éclate aujourd'hui.

Antoine, au lieu de manifester toute sa joie à cette bonne nouvelle, resta sombre, les yeux attachés sur une fleur du tapis.

Puis tout à coup, relevant la tête :

— Elle éclate, pour vous ? dit-il d'une voix sourde.
— Mais certainement.
— Sans doute aucun ?
— Voulez-vous que je sois plus incrédule qu'un juge d'instruction, alors que ce juge est M. Le Méhauté, le soupçon incarné ?
— Oh ! ce juge d'instruction !
— Eh bien ! quoi ?
— Je ne sais pas; mais vous avez raison, je dois croire que vous avez raison.

Et il se secoua brusquement en se passant à plusieurs reprises les mains sur les yeux, comme pour chasser une vision qui s'imposait à lui.

Puis, ayant fait à grands pas le tour de la pièce, il revint devant son neveu, et s'asseyant violemment :

— Parlez-moi de Thérèse, je vous prie; d'elle on peut tout dire, et à l'avance je sais que je peux tout entendre. Je vous écoute.

Pour ce qu'il avait à dire, le colonel aurait désiré des dispositions plus calmes chez son oncle; mais il avait demandé lui-même cet entretien, et il ne pouvait pas maintenant le retarder.

Il fallait donc se décider.

— Avant de vous parler de ma cousine, dit-il après s'être recueilli un moment, j'ai à vous entretenir de moi et de mon père. Je vous ai raconté comment, à son lit de mort, mon pauvre père m'avait parlé de vous, en quels termes affectueux et avec quelle sollicitude; mais je ne vous ai pas tout dit. Voici ses dernières paroles que je dois maintenant vous répéter textuellement : « Si je suis devenu un homme, c'est à mon frère Antoine que je le dois; Antoine est un modèle de droiture, d'honneur et de dévouement... »

— Brave frère.

— Ce sont ses propres paroles, il faut que vous les connaissiez. » Il continua : « Si les circonstances de la vie nous ont séparés et si je ne l'ai pas revu depuis trente ans, il n'en est pas moins pour moi un frère chéri, mieux qu'un frère, un père... »

— Oui, nous nous sommes bien aimés.

— « Antoine a une fille, me dit-il, qui en ce moment doit être âgée d'environ quinze ans. Vas à Paris, vois cette enfant, et si elle te plaît, épouse-la; tu payeras ma dette envers mon frère. »

— Comment! s'écria Antoine, il a dit cela, il a eu une pareille idée?

— Je vous rapporte les mots mêmes dont il s'est servi; il ajouta: « Ce n'est point un ordre que je te donne ni une volonté que je t'impose. Je ne sais ce qu'est ma nièce, si elle peut te plaire ou si elle est digne de toi. Antoine n'a pas eu comme moi la chance de faire fortune, il est resté ouvrier; mais, quelle que soit sa position, je suis sûr qu'il a élevé sa fille dans des idées de devoir et d'honneur, qu'il en a fait une honnête fille, une femme de cœur, à moins d'avoir rencontré en elle une mauvaise nature, ce qui n'est pas probable. Va donc à Paris, vois Thérèse, et ne te marie pas avec une autre sans savoir si celle-ci peut être ta femme. » Je vins à Paris, et si je ne vous rapportai point alors ces paroles, c'est que j'avais des raisons pour les cacher pendant quelque temps. Ces raisons.....

— Il suffit, interrompit Antoine.

— Non, il ne suffit pas; il faut que vous les connaissiez. Ces raisons ou plutôt cette raison consistait en ceci : que je voulais avant tout voir celle que mon père souhaitait que je prisse pour femme et l'étudier. J'avais jusqu'à ce jour fort peu pensé au mariage, mais cependant j'avais à ce sujet une idée bien arrêtée : je voulais aimer celle que j'épouserais et je voulais qu'elle m'aimât. M'était-il possible d'aimer ma cousine? était-il possible qu'elle-même m'aimât? C'était ce qu'avant tout je tenais à examiner; c'était d'ailleurs le conseil de mon père que je suivais en agissant ainsi, car il ne m'avait pas dit : « Tu épouseras la fille d'Antoine », mais : « Tu verras si tu peux l'épouser. » Je crus donc être sage et prudent en me faisant une loi de cet examen, je fus fou. Je vis Thérèse, je la trouvai charmante, et, bien qu'elle ne fût qu'une enfant, il ne me parut pas du tout impossible, dès notre première entrevue, qu'elle fît naître en moi l'amour que je voulais avant tout trouver dans mon cœur. Ce sentiment s'accrut vite, et bientôt il devint une véritable tendresse. Mais en même temps que j'apprenais à connaître Thérèse, je faisais la connaissance de quelqu'un qui la touchait de près. Ici, mon cher oncle, je suis obligé d'aborder un sujet pour vous cruel; mais il faut que je vous impose cette douleur. Je connus Anatole ; j'eus peur, et je me demandai si... la sœur ne pouvait pas ressembler au frère.

— Vous avez eu cette pensée? Oh! Edouard!

— Je ne vous connaissais pas, je ne connaissais pas Thérèse; quelle était cette jeune fille de seize ans? Que serait-elle quand elle aurait l'âge de son frère? Avant d'engager ma vie, je voulus éclaircir ce point pour moi effrayant, et je résolus d'attendre. Mais je ne fus qu'un mauvais juge. Cette tendresse dont je vous parlais tout à l'heure devenait de jour en jour plus vive, et ce n'était pas avec les yeux d'un homme qui ne cherche que la vérité que je regardais Thérèse. Près d'elle, je n'étais maître ni de ma raison ni de mon sang-froid. Je voulus alors m'éloigner, non pour renoncer à elle, mais pour attendre et ne pas céder au sentiment qui m'entraînait vers elle sans que je pusse y résister et qui m'aveuglait. Je m'éloignai en effet de vous, mais ce que j'avais cru n'être qu'un simple caprice devint une passion. Ce qu'il advint de cette passion, je vous demande à ne pas le dire. Elle s'est rompue et, libre, j'ai pu revenir à celle que je n'avais jamais cessé d'aimer et que je connaissais maintenant, que je jugeais, que j'appréciais comme elle le mérite. Voilà pourquoi, mon cher oncle, obéissant au désir de mon père et en même temps obéissant aussi à mon amour, je vous demande de me donner Thérèse pour femme et de m'accepter pour fils.

VIII

Antoine avait écouté la fin de ce discours, sans laisser échapper une seule interruption, avec un visage sombre sur lequel la surprise se mêlait à une profonde contrariété.

Quand le colonel se tut en lui tendant les deux mains, il laissa tomber ses bras le long de son corps par un geste désespéré.

— Vous voulez prendre Thérèse pour femme? s'écria-t-il, vous!

Il avait prononcé ces quelques mots comme s'il se les adressait à lui-même pour se préciser une idée confuse que son esprit refusait d'admettre.

— Je l'aime.

— Vous l'aimez!

Le colonel, en homme qui ne se sent pas la conscience nette, avait glissé rapidement sur les explications destinées à faire comprendre pourquoi et comment il s'était éloigné de Thérèse; il crut que c'était à cette explication que répondait l'exclamation de son oncle, qui n'admettait pas cet amour.

— Vous ne croyez pas à mon amour pour Thérèse? demanda-t-il.

— Je ne dis pas cela.

— Ne trouvez-vous pas que je puis la rendre heureuse?

— Mon cher Edouard, j'ai pour vous autant d'estime que d'amitié; vous êtes le meilleur cœur, le caractère le plus loyal et le plus droit que je connaisse. A mes yeux, vous n'avez qu'un défaut : votre fortune.

Le colonel se mit à sourire.

— Ce défaut est grave pour moi, ne riez pas ; avec mes idées, vous devez comprendre, sans qu'il soit besoin d'explication, que la grande fortune m'éloigne d'un homme au lieu de me rapprocher de lui.

— Je comprendrais cela, s'il s'agissait d'une fortune dont l'acquisition aurait abaissé mon caractère ou tué mon honnêteté ; mais ce n'est pas là mon cas, vous le savez bien.

— Je ne pense pas à l'acquisition de cette fortune, je pense à son usage, je pense à la position qu'elle vous donne dans le monde.

— Ma position sera la vôtre. Si mon père a désiré ce mariage, c'est qu'il a considéré que c'était le seul moyen pratique de vous faire partager cette fortune, et je me conforme à ses idées en vous disant que ma position sera la vôtre, par cela seul que ma fortune sera la vôtre. Croyez bien que mon intention n'est pas de me marier avec Thérèse sous le régime de la séparation de biens, je veux entre nous une union complète : union dans la vie, dans les sentiments aussi bien que dans les choses matérielles, c'est-à-dire dans la fortune. Il me semble que plus d'une fois vous avez dû désirer la fortune pour l'application de vos idées et l'organisation pratique de vos projets ; cette fortune, je vous l'apporte.

Antoine étendit ses deux bras en avant et détourna la tête, comme pour repousser et ne pas voir cette fortune apportée devant lui.

— Il ne s'agit pas de cette fortune, dit-il, et j'avoue même que ce n'est point elle qui pèse sur ma détermination ; car vous n'êtes point un riche comme il y en a tant, et, bien que, dans nos situations respectives votre fortune soit un obstacle à un mariage entre une fille telle que Thérèse et un homme tel que vous, ce n'est point elle qui me fait vous répondre que ce mariage est impossible.

— Impossible !

— Avez-vous donc oublié que Thérèse n'est pas libre.

— Michel ?

— Michel a ma parole, il a la parole de Thérèse elle-même.

— Michel, lorsque vous avez pris cet engagement, pouvait se marier ; aujourd'hui il ne le peut pas. Cet engagement n'existe donc plus.

Antoine secoua la tête à plusieurs reprises.

— Quand vous avez arrangé ce mariage, dit vivement le colonel, vous vouliez, n'est-ce pas assurer l'avenir de Thérèse, c'est-à-dire ne pas la laisser seule en ce monde pour le cas où vous viendriez à disparaître ? C'est au moins ce que vous m'avez expliqué.

— Cette raison était une de celles qui me faisaient presser ce mariage.

— C'était la principale : vous vouliez une assurance ; vous vouliez, ce que je comprends parfaitement, un résultat immédiat. Est-ce vrai ?

— Sans doute.

— Enfin vous vouliez pouvoir risquer librement votre vie quand il le faudrait, sans avoir souci de votre fille, que vous laissiez derrière vous, et qui alors ne restait pas seule.

— Certainement.

— J'ai si bien senti toute la force de cette raison que je ne vous ai pas dit alors : Attendez. Vous m'avez demandé d'être votre avocat auprès de Thérèse, qui ne voulait pas consentir à ce mariage, et, bien que l'aimant, j'ai accepté ce rôle terrible de plaider la cause d'un rival. Qui m'a convaincu ou plutôt entraîné ? Cette raison d'un mariage immédiat. Croyez-vous, mon oncle, que j'aie usé de toute l'influence que je pouvais avoir sur Thérèse pour lui arracher un consentement qu'elle ne voulait pas donner ; dites-le, croyez-vous.

— Je le crois, mais j'étais loin de connaître vos vrais sentiments.

— Je ne vous reproche pas d'avoir réclamé mon concours, et, si je vous rappelle dans quelles conditions je vous l'ai donné, c'est pour que vous compreniez bien à quelles considérations j'ai cédé : un mariage certain dans un délai rapproché. Mais aujourd'hui ce mariage ne peut plus avoir lieu : Michel est condamné à quinze années d'emprisonnement, et vous ne voudrez pas, je pense, que Thérèse attende quinze années pour se marier. D'ailleurs la raison qui vous avait fait rechercher ce mariage n'existe plus : Michel ne peut pas protéger Thérèse, si elle vous perd, et, si cette raison était sur vous toute puissante il y a quelques mois, combien aujourd'hui doit-elle être plus forte ! Il y a quelques mois, nous étions dans une situation calme, et les chances que vous pouviez avoir de risquer votre vie étaient bien faibles. Aujourd'hui nous sommes dans la situation la plus critique que la France ait traversée depuis la grande révolution, et les chances pour un homme tel que vous de se faire tuer soit par une balle française, soit par une balle ennemie sont si nombreuses que mon amitié ne peut les envisager sans frémir. Que deviendrait Thérèse ?

— Dans tout ce que vous dites, il n'y a qu'une chose que vous oubliez.

— Laquelle ?

— Mon engagement envers Michel : oui ou non, lui ai-je promis ma fille ?

— Vous aviez promis votre fille à un homme qui pouvait l'épouser, et Michel n'est plus cet homme.

— M'a-t-il dégagé?

— Sa condamnation vous dégage; vous trouveriez-vous engagé, s'il était mort? Non, n'est-ce pas? Eh bien! Il est mort, au moins pour le mariage. Quinze années, n'est-ce pas la mort?

— La situation dans laquelle vous vous trouvez trouble votre esprit, ordinairement si juste, mon cher Edouard, et jamais, j'en suis certain, vous n'auriez tenu un pareil langage, si votre tendresse, si votre amour, ne vous avaient entraîné. Vous trouvez que je suis dégagé de ma parole par cette condamnation; vous pensez que je puis trahir la foi que cet homme a en moi. Non, vous ne le pensez pas; car, j'en suis certain, qu'on interroge Michel, et il vous répondra qu'il n'a jamais douté de ma parole et qu'il compte sur mon engagement.

— Michel est un homme de cœur; il vous le rendra, cet engagement, et je ne crois pas qu'il consente jamais à exiger sa rigoureuse exécution.

— Je ne sais pas ce que pense Michel ni ce qu'il fera; mais moi je sais que je ne manquerai jamais à ma parole. Je suis engagé avec Michel; je resterai engagé jusqu'au jour où il me rendra ma liberté, s'il me la rend.

— Il vous la rendra.

— Je ne la lui demanderai certes pas.

— Mais moi je la lui demanderai, Thérèse la lui demandera.

— N'oubliez pas que ces quinze années dont vous parlez peuvent ne pas durer quinze jours. Qui sait ce qu'il va advenir de l'Empire? S'il s'écroule dans cette catastrophe, les portes de la prison de Michel s'ouvriront, et alors il pourra venir réclamer l'exécution de l'engagement que Thérèse et moi avons pris envers lui. C'est la fin de l'année courante qui a été fixée par Thérèse elle-même pour l'époque de son mariage, et il n'est pas du tout impossible qu'avant cette époque Michel soit sorti de prison. Cela, ni vous ni moi, nous ne pouvons le savoir.

Le colonel se leva, et silencieusement, les bras croisés sur la poitrine, il fit plusieurs fois le tour de la bibliothèque à grands pas; puis, revenant se placer devant Antoine et lui prenant les deux mains :

— Mon oncle, dit-il, vous avez parlé en homme de cœur; oubliez ce que je vous ai dit. J'ai été entraîné, j'ai subi l'influence du sentiment qui me domine et qui m'a aveuglé, je n'ai pensé qu'à Thérèse; vous m'avez rappelé à la justice. Evidemment nous ne pouvons, ni vous ni moi, savoir ce qui va se passer : ou Michel restera en prison ou il recouvrera la liberté. S'il reste en prison, j'irai m'expliquer avec lui; s'il redevient libre, eh bien! Thérèse prononcera entre nous deux. Ce sera une lutte dans laquelle il aura pour lui la parole donnée et dans laquelle j'aurai mon amour; nous verrons qui des deux l'emportera. Un mot seulement : si vous n'étiez pas engagé envers Michel, me donneriez-vous Thérèse?

— Oh! mon cher Edouard, s'écria Antoine en prenant le colonel dans ses bras, oh! mon cher fils.

— Eh bien! ce mot que votre cœur prononce suffit. Attendons. Je vous jure que, jusqu'au jour où vous m'en donnerez la permission, je ne parlerai pas de mon amour à Thérèse, et qu'elle n'entendra pas de ma bouche d'autres paroles que celles que peut dire un ami, un cousin, un frère. Vous avez confiance en moi, n'est-ce pas, mon oncle? n'est-ce pas... mon père?

— Pleine confiance, mon fils.

Et, s'étant en même temps tendu les deux mains, ils se les étreignirent fortement.

— Maintenant, mon oncle, regagnez doucement votre chambre pour que Thérèse ne se demande pas ce que nous avons pu nous dire dans ce long entretien. A demain.

IX

Tous ceux qui ont vécu en France à cette époque savent ce que fut cette semaine du 28 août au 4 septembre 1870, — une agonie.

Il semblait qu'on fût dans une maison où le chef de la famille allait mourir.

On parlait bas.

On s'abordait avec des figures inquiètes et affligées.

On se serrait la main en s'interrogeant, mais d'une façon discrète, en gens qui n'osent pas dire tout ce qu'ils savent ou tout ce qu'ils pensent.

— Eh bien?

— Il paraît qu'il n'a pas pu passer le ravin.

Il, c'était Bazaine, en qui on avait confiance, sans trop savoir pourquoi, mais par cette raison toute-puissante qu'on avait besoin d'espérer et de se fier en quelqu'un. Le ravin, c'était une dépression de terrain pleine de précipices, qu'on croyait exister entre Metz et Verdun, et qui seul avait empêché l'armée du Rhin de se replier; car de supposer que le général qui commandait cette armée pouvait être assez misérable pour sacrifier la France à son ambition personnelle, on n'en avait même pas l'idée. C'était ce ravin qui l'avait arrêté et paralysé, ce ravin expliquait tout; sans ce ravin, il aurait depuis longtemps déjà rejoint l'armée de Châlons.

Quant à cette seconde armée, cette dernière armée de la France, on en parlait mysrieusement, comme autrefois, dans les jours de tempête, au moment des naufrages, on parlait du *navire-fantôme*.

Où était-elle ?

Insaisissable, introuvable.

Bien qu'elle fût à quarante ou cinquante lieues à peine de Paris, personne à Paris ne savait où elle était ni ce qu'elle faisait.

Si le gouvernement le savait, il se gardait bien de le dire ; le ministre qui dirigeait les affaires militaires ne parlait plus d'illuminer, mais c'était seulement parce que la balle qu'il avait dans la gorge devenait de plus en plus gênante. Maudite balle !

Quelques gens, il est vrai, assuraient encore qu'il fallait s'attendre à des choses prodigieuses de la part de cette armée, qui romprait quand elle le voudrait, les lignes de Steinmetz, ce qui changerait la situation du tout au tout en notre faveur : les Allemands alors seraient perdus. Mais ces assurances, ils ne les donnaient que timidement, déconcertés, ébranlés eux-mêmes par l'inquiétude générale.

Quant aux journaux français, ils ne savaient absolument rien, et chaque jour ils se livraient à de nouveaux efforts de rédaction pour dire qu'ils n'avaient rien à dire.

« Aucune nouvelle n'est venue modifier la situation militaire (20 août).—Toujours même disette de nouvelles (30 août).— On s'attend à d'importantes nouvelles d'un moment à l'autre (31 août).— Paris est dans la fièvre de l'attente » (1er septembre).

C'était là le mot vrai et juste de la situation : on avait la fièvre ; c'était avec fièvre qu'on discutait les événements, c'était avec fièvre et les mains tremblantes qu'on assiégeait les kiosques pour avoir les journaux, qui auraient dû paraître d'heure en heure, pour satisfaire la curiosité.

Et cependant c'était toujours la même phrase qu'ils donnaient en tête de leur bulletin : « L'attente se prolonge. »

Ceux qui lisaient les journaux étrangers en savaient, il est vrai, un peu plus long, mais ils se refusaient à croire ce qu'ils apprenaient ou bien, si timidement ils l'admettaient pour une faible partie, ils n'osaient le répéter : n'était-il pas de notoriété publique que tous les journaux étrangers étaient achetés par Bismarck ?

Nulle part cette fièvre de l'attente et de l'angoisse n'était plus vive qu'à l'hôtel Chamberlain.

Mais à ces angoisses patriotiques s'ajoutaient des angoisses personnelles, au moins pour Thérèse et le colonel.

Dès le lendemain de son arrivée, Antoine avait commencé ses courses dans Paris.

Où allait-il ?

Ni le colonel ni sa fille ne lui adressaient cette question, mais ils n'avaient pas besoin de ses réponses pour savoir ce qu'il faisait pendant ses absences.

Il ne mangeait pas à l'hôtel et, sortant le matin de bonne heure, il ne rentrait que le soir tard, quelquefois à une heure très-avancée dans la nuit.

Alors Thérèse et le colonel l'attendaient.

Ils restaient en tête-à-tête dans le grand salon du rez-de-chaussée.

Tant que l'heure n'était pas très-avancée, ils causaient assez librement ; Thérèse racontait les incidents de son séjour en Allemagne ; le colonel parlait de l'Amérique qu'elle était curieuse de connaître.

Ou bien plus souvent encore elle l'interrogeait sur les choses de la guerre.

Il y avait un mot qu'elle ne prononçait pas, mais qui était au fond de toutes ses paroles :

— L'Empire allait-il s'écrouler ?

Lui-même n'abordait jamais franchement cette question, mais elle était le sujet sur lequel roulaient ses réponses.

Cependant ni l'un ni l'autre ne s'étaient entendus, c'était la fatalité des circonstances qui les entraînait à sonder un avenir duquel leur vie dépendait.

Après avoir longuement expliqué la situation désespérée des armées françaises, il arrivait toujours à cette conclusion qu'il pensait que l'empereur allait faire la paix.

— Et s'il ne la fait pas ?

— Alors qui peut prévoir ce qui arrivera ? tout est possible.

Tout ; cela est bien vague ; pour elle cela était précis.

Cependant les minutes et les heures s'écoulaient les unes après les autres, le timbre de la pendule résonnait fortement dans le silence de la nuit ; ils se taisaient ; ils ne se regardaient point, mais souvent, tous deux en même temps, ils levaient les yeux pour voir les aiguilles sur le cadran, et alors, d'un mouvement de tête, mais sans échanger une parole, ils se disaient leurs craintes.

Pourquoi n'était-il pas encore rentré ? l'avait-on arrêté.

Un bruit de pas résonnait dans le vestibule sonore : c'était lui.

Ou bien, lorsqu'il était très-tard, on entendait une porte s'ouvrir du côté de la serre.

Il rentrait par le passage de la rue de Valois.

Il allait à eux, embrassant sa fille, serrant la main de son neveu.

— Vous m'avez attendu, mes enfants ?

— Nous avons bavardé.

Mais il n'était pas dupe de cette parole, et il leur expliquait qu'il n'avait couru aucun danger ; on ne soupçonnait pas sa présence à Paris, et d'ailleurs le gouvernement impérial avait bien autre chose à faire en ce moment que de prendre souci d'Antoine Chamberlain.

— Soyez donc tranquilles.

Puis, si avancée que fût l'heure, il voulait que le colonel lui traduisît les dépêches des journaux anglais.

Mais il était trop Français, trop Parisien, pour admettre les mauvaises nouvelles sans se révolter.

Pendant toute la journée, il avait parlé de la patrie, le sentiment national s'était exalté, et maintenant, mis face à face avec la vérité, il reculait, il se débattait, et n'osait la regarder telle qu'elle était, horrible et terrifiante.

— Votre impression ?—disait-il en s'adressant au colonel pour se cramponner à une dernière espérance, — que pensez-vous ?

Le colonel secouait la tête.

Alors Antoine cherchait des objections pour prouver, et surtout pour se prouver à lui-même, que les choses n'étaient pas désespérées.

Mac-Mahon ne pouvait-il pas être Dumouriez ? l'Argonne n'était-elle pas là ? n'était-ce pas autour de Valmy qu'on manœuvrait.

Alors le colonel ouvrait une carte, et montrait que l'armée française, ayant abandonné son mouvement sur Paris qui pouvait la sauver, était poursuivie par deux, peut-être par trois armées allemandes, qui, se rejoignant, devaient l'écraser dans un étau.

Mais Antoine ne se rendait pas.

— Après avoir battu la première, elle battra la seconde : c'était ce que Napoléon 1er faisait. Les soldats de Mac-Mahon valent bien les conscrits de 1814.

— Napoléon 1er est remplacé aujourd'hui par Napoléon III, et Blucher, par M. de Moltke.

Le samedi 3 septembre, la nouvelle s'était vaguement répandue dans Paris d'un grand désastre ; on parlait de plusieurs batailles qui, commencées depuis trois ou quatre jours, s'étaient terminées autour de Sedan. Quel en était le résultat ? On ne savait, on n'osait le dire. On ne s'interrogeait plus avec inquiétude, mais avec fureur, les poings crispés, prêts à se lever.

Ce fut le soir seulement que courut la terrible nouvelle : l'armée détruite et prisonnière, l'empereur ayant capitulé !

Aussitôt que le colonel apprit cette catastrophe, il quitta son cercle et courut chez lui.

Thérèse était seule ; Antoine n'était pas rentré depuis le matin.

Mais presqu'aussitôt il arriva.

Lui aussi savait la vérité, et maintenant il n'était plus possible de la repousser.

— Mon neveu, dit-il, vous avez des armes ? Je viens vous les demander.

— La maison vous appartient.

Le colonel avait en effet une magnifique collection d'armes qui garnissaient un long vestibule conduisant à son appartement particulier.

Ils montèrent dans ce vestibule, et Antoine se mit à décrocher des panoplies tous les revolvers.

— Il me faudrait une valise, dit-il.

Le colonel alla lui-même chercher un sac de voyage en cuir.

Antoine y mit autant de revolvers qu'il put, et il le chargea sur ses épaules.

— Maintenant, dit-il, c'est à la nation de prendre en main ses destinées, l'Empire a vécu.

Et, ayant embrassé Thérèse, ayant serré la main de son neveu dans une étreinte puissante, il sortit par le passage de la rue de Valois.

Thérèse et le colonel restèrent en face l'un de l'autre, se regardant sans échanger un mot.

Enfin, parlant pour elle autant que pour lui :

— Cette nuit, dit-il, la république va être proclamée à Paris.

X

Ce ne fut pas dans la nuit que la république fut proclamée ; ce fut le lendemain, dans la journée.

Il n'entre pas dans le plan de ce récit de raconter le 4 septembre ni les événements historiques qui ont suivi cette révolution ; ces événements ne figureront dans ce roman qu'autant qu'ils auront exercé une influence directe sur ses personnages.

Antoine avait quitté l'hôtel de son neveu le samedi, dans la soirée, chargé de la valise pleine de revolvers et de cartouches qu'il devait distribuer à ses amis.

Il n'avait reparu ni dans la nuit, ni dans la matinée, ni dans la journée, ni dans la soirée du dimanche.

Et, pendant cette journée, un empire qui avait vu sa puissance confirmée par une immense acclamation du pays s'était écroulé en quelques minutes, sans que rien restât de lui, pas même un débris ou une épave. Ceux qui auraient dû le diriger et le soutenir avaient disparu, frappés de panique et de vertige, n'osant pas plus résister que ne l'avait osé leur chef deux jours auparavant, abandonnant tout pour se sauver au plus vite, oubliant tout, ne pensant à rien ni à personne, excepté à leur peau et à eux-mêmes.

Bien que Thérèse ne fût point un caractère pusillanime, elle avait passé cette journée dans l'angoisse, car elle savait que le premier coup de feu qui serait tiré le serait par son père.

Où était-il ?
Que faisait-il ?
Que se passait-il ?

Ce qui se passait, elle l'avait su à peu près par les rumeurs contradictoires qui arrivaient jusqu'à elle.

Mais aux deux questions qui touchaient personnellement son père, personne n'avait pu répondre.

Dix fois le colonel était sorti et rentré, et, d'heure en heure pour ainsi dire, il lui avait raconté la marche des événements.

Mais le rôle que jouait Antoine dans ces événements, il l'ignorait.

Cependant il s'était efforcé de la rassurer : puisqu'il n'y avait pas ou la plus légère tentative de résistance, il n'y avait pas eu un seul coup de fusil tiré. Antoine n'avait donc couru aucun danger : les défenseurs du gouvernement avaient disparu comme des ombres impalpables.

Mais à cela elle répondait que Paris est grand, et que s'il n'y avait pas eu de coups de fusil aux Tuileries, il n'en était peut-être pas de même dans les faubourgs.

Elle aurait voulu sortir, chercher elle-même, voir et s'informer ; mais où aller ? Et puis son père ne pouvait-il pas revenir d'un moment à l'autre ?

Le soir seulement, elle avait appris quelque chose de précis, qui avait calmé son angoisse.

Depuis qu'Horace n'était plus valet de chambre, il avait pris des habitudes d'indépendance qui, selon son sentiment, étaient une des prérogatives de ses fonctions d'intendant : il allait, venait et sortait sans s'astreindre à aucune règle, et l'on n'était certain de le trouver que de dix heures à midi, à son bureau, quand il recevait ses fournisseurs. Le reste du temps il l'employait selon sa fantaisie, demeurant à l'hôtel quand il était fatigué, se promenant ou faisant des visites quand il était reposé. Ainsi le dimanche il avait pour principe d'assister à la messe de midi à la Madeleine, et rien n'eût pu l'y faire manquer. La Madeleine n'était pas sa paroisse, mais c'était son église de choix ; il l'aimait non pour elle-même, mais pour la société qu'il y rencontrait. Très-attentif et très-recueilli pendant la messe, il sortait de l'église aussitôt l'Ite missa est, et, posté sur une marche de l'escalier, la poitrine bombée, la tête haute, il prenait un plaisir extrême à voir les femmes descendre les marches. Plus d'une, en passant devant lui, regardait ce beau nègre qui souriait en montrant ses dents blanches. C'était pour celles-là, qu'il se mettait en frais d'élégance et de coquetterie, se ruinant chez le tailleur, le chemisier et le parfumeur. Ah ! s'il pouvait se faire décorer d'un ruban quelconque, bien voyant, rose, blanc ou bleu, rien ne manquerait à son bonheur, il serait le plus heureux du monde.

Suivant sa coutume, il s'était rendu ce dimanche-là à la Madeleine ; mais alors un bataillon de la garde nationale campait devant l'église, un autre arrivait sur le boulevard, enveloppé dans une foule compacte qui criait « la déchéance, » et il s'était trouvé pris dans cette manifestation, qui l'avait entraîné place de la Concorde, puis ensuite au Corps législatif, si bien qu'il n'avait pas assisté à la messe.

Lorsqu'il rentra le soir à l'hôtel, il demanda où était Mlle Thérèse ; on lui dit qu'elle était dans le grand salon du rez-de-chaussée avec le colonel, alors il entra dans ce salon.

— Peut-être mademoiselle est-elle inquiète de M. Antoine ? dit-il en s'adressant à Thérèse avec son meilleur sourire.

— Tu as vu mon oncle ? s'écria le colonel.
— Je n'ai vu que lui.
— Je vous en prie, dit Thérèse.

— Oui, mademoiselle, je vais tout vous raconter ; seulement, si vous voulez, je vais commencer par le commencement pour ne pas m'embrouiller, après vous avoir assuré qu'il va bien, ce qui est l'essentiel, n'est-ce pas ?

Cela dit, Horace, ayant pris la pose d'un homme qui va faire un long récit, se recueillit un moment et commença.

— J'étais sorti pour aller à la Madeleine, dans l'intention d'assister...

Il allait dire « à la messe, » mais il regarda son maître du coin de l'œil et s'arrêta, craignant que celui-ci ne se permît quelque réflexion.

— J'étais donc allé à la Madeleine, dit-il en continuant, mais, en arrivant devant l'église, je rencontrai des gardes nationaux et une grande foule ; on criait : « La déchéance ! » et l'on se dirigeait vers la place de la Concorde Je suivis la foule, — ce qui est bien naturel, n'est-ce pas ? — curieux de voir ce qui allait se passer. On causait dans cette foule, et en écoutant j'appris qu'on avait proposé dans la nuit de voter la déchéance de l'empereur et de sa dynastie: le Corps législatif s'était ajourné à midi pour examiner cette proposition, et l'on venait voir, la garde nationale et le peuple, ce que le Corps législatif allait décider ; il y avait dans la foule qui disaient que la déchéance suffisait, d'autres qui voulaient la République.

— C'est bien, dit le colonel, passe-nous ces détails et arrive à mon oncle.

— Tout de suite; seulement vous savez que, si vous voulez me faire aller trop vite, j'irai plus doucement parce que jo m'embrouillerai, il vaut donc mieux me laisser vous conter les choses telles que je les ai vues.

— Je sais que mon père est en vie, dit Thérèse, cela est le point capital, faites donc votre récit comme vous voudrez.

— N'est-ce pas, mademoiselle? dit Horace en se redressant, tout fier de cette approbation féminine, et en regardant son maitre pour voir si celui-ci oserait répliquer.

Mais le colonel n'ayant point répliqué, Horace continua :

— La place de la Concorde, les Champs-Élysées, les rues voisines, les quais, ne tardèrent pas à être remplis par la foule et par la garde nationale; au bout du pont de la Concorde, on apercevait des gendarmes à cheval, qui empêchaient de passer. Mais on ne paraissait pas pressé de passer; on s'entassait sur la place et l'on défilait autour de la statue représentant la ville de Strasbourg, qui portait un drapeau dont la hampe était terminée par un aigle. J'étais venu me placer auprès de cette statue pour voir le défilé. Autour de moi, il y a des personnes qui disent qu'il ne faut pas laisser l'aigle au drapeau. Aussitôt un gamin escalade la statue et jette le drapeau à bas. Mais on le ramasse. Celui qui le ramasse, c'était M. Antoine. Il est entouré d'amis qui lui font la courte échelle, si bien qu'à son tour il escalada la statue presque aussi légèrement que le gamin. Il tient le drapeau d'une main. Arrivé en haut de la statue, il s'arrête, et, agitant le drapeau, il dit qu'il faut que la brave ville de Strasbourg soit couverte par le drapeau de la France, mais qu'il ne faut pas qu'elle soit déshonorée par l'aigle impériale, et il arrache l'aigle, qu'il jette à bas. Puis, ayant fixé le drapeau, il crie d'une voix qui est entendue au loin : « A bas l'Empire! vive la République ! » Et d'autres voix répondent : « Vive la République ! » Mais pas tout le monde. Là-dessus les sergents de ville...

Thérèse laissa échapper un mouvement de crainte.

— N'ayez pas peur, mademoiselle, poursuivit Horace; il n'est rien arrivé de mal à M. Antoine. Je vous disais donc qu'un poste de sergents de ville établi au coin de la rue de Rivoli, entendant crier : « Vive la République ! » se jette sur la foule; mais on ne les laisse pas avancer, on les entoure, on les prend au collet, on leur arrache leurs épées, on déchire leurs habits, et, pendant qu'ils se sauvent, on dépose leurs épées devant la statue: « Pour la première fois, depuis vingt ans, dit M. Antoine parlant à la foule, la police se sauve devant les citoyens; l'Empire est mort, vive la République ! » Et cette fois presque tout le monde crie avec lui: « Vive la République ! » Il parait que la fuite des sergents de ville avait donné de la voix à ceux qui tout d'abord n'avaient pas osé crier, et ils en ont même tant retrouvé, qu'ils se mettent à chanter la *Marseillaise*. Mais M. Antoine n'a pas quitté la statue; alors il se met à adresser un discours à la foule.

Horace parut chercher un moment dans sa mémoire les paroles mêmes de ce discours; mais, ne les trouvant pas sans doute ou bien craignant d'être trop long, il se contente de le résumer :

— Il dit que la France doit se lever en masse pour repousser l'invasion; mais que la première chose à faire pour le moment et à faire vite, c'est d'en finir avec le gouvernement qui a jeté le pays dans cette guerre folle et qui est incapable de le défendre. On l'applaudit. On crie : « A bas l'Empire! vive la République ! » Et voyant les courages et les enthousiasmes excités, M. Antoine entraine ceux qui l'écoutent vers le pont de la Concorde. Bien entendu, je le suis. Je me doute bien de ce qui va arriver : on va vouloir forcer le passage du pont, la gendarmerie va vouloir le défendre, et pif paf! J'ai vu dans les poches de M. Antoine deux crosses de revolver qu'il m'a semblé reconnaitre ; mais ce n'est pas une raison pour m'arrêter. Mon colonel sait bien que je n'ai pas peur des balles, et je serais flatté s'il voulait bien le dire à Mlle Thérèse.

— C'est vrai, dit le colonel, pris ainsi à témoin ; tu es un brave garçon, tout le monde le sait.

— Oui, mais cela me flatte que mademoiselle le sache, parce qu'elle est la fille du plus brave homme que j'aie jamais vu. Nous arrivons donc au pont, mais les gendarmes ne veulent pas nous laisser passer ; ils ont une consigne, et, sans s'inquiéter des cris, ils entendent la faire exécuter. Je trouve qu'ils ont raison, et j'ouvre les oreilles pour écouter les pif paf! mais pas du tout. M. Antoine parle à ceux qui l'entourent, et il me semble qu'il les engage à ne pas mettre leurs mains dans leurs poches; puis il s'éloigne, mais en faisant signe à ses amis de rester. Je pense qu'il est bon de rester aussi et je ne bouge pas. Au bout d'un certain temps, voilà deux bataillons de la garde nationale qui arrivent et qui poussent les gendarmes ; ceux-ci veulent tenir bon, mais ils sont emportés. Et de loin j'aperçois M. Antoine, qui est au premier rang ; je comprends qu'il a été chercher la garde nationale, ce qui a empêché les coups de fusil de partir.

— Mais vas donc ! dit le colonel.

— Je m'étais promis autant que possible de ne pas perdre M. Antoine de vue ; je le suis donc d'aussi près que je peux, et nous arrivons devant le péristyle du palais, qui est couvert de monde criant : « Vive la garde nationale ! » Celle-ci, flattée de ces cris, se range sur le quai. Mais M. Antoine ne perd pas son temps, il a aperçu à moitié ouverte une grille donnant dans une cour ; il entre par là. Le gardien veut l'arrêter ; ils se prennent au collet, des soldats accourent d'un côté, des gardes nationaux de l'autre ; il y a un moment de bagarre, et nous entrons. On referme la grille derrière nous, mais cela m'est bien égal. Un officier s'avance, comme pour arrêter M. Antoine, mais celui-ci parle aux soldats, qui mettent la crosse en l'air. Pendant ce temps, la grille se rouvre, et en quelques secondes le péristyle et la cour sont envahis. Je suis toujours M. Antoine, tantôt de près, tantôt de loin, et nous nous trouvons dans une belle salle où il y a des statues.

— Et l'on ne te dit rien ? demanda le colonel.

— Si, il y a un garde national qui me dit : « Qu'est-ce qu'il vient faire ici, ce moricaud ? » A quoi un autre garde national répond : « Qu'il n'y a plus de moricauds, que tous les hommes sont frères ; » ce que je trouve pour moi très-bien répondu. Cependant il y a des députés qui veulent nous empêcher d'aller plus loin. Il en vient un petit gros, souriant, l'air malin et moqueur, qui nous supplie d'attendre patiemment que le Corps législatif ait voté sur la demande presque unanime de la population. « Vous n'osez donc pas prononcer le mot de déchéance ? » crie M. Antoine, et le député souriant ne dit plus rien. Un autre député le remplace ; celui-là est grand avec une belle figure et une voix superbe, il dit qu'il faut que tous les démocrates soient unis en face de l'ennemi. « Ils le sont, crie M. Antoine, pour la déchéance et la République. » Alors un grand cri s'élève qui couvre la voix des députés : « La déchéance ! » Un petit vieux ratatiné monte sur une banquette ; c'est encore un député, mais il n'a pas du tout de voix. Heureusement je me trouve tout près de lui : « Au nom des saintes libertés, dit-il, ne compromettez point ce que nous désirons tous voir proclamer. « Le nom de république ne peut donc pas sortir de vos lèvres ? » crie M. Antoine. Et tout le monde se met à crier et à applaudir, car c'est vraiment le mot de la situation. Ils parlent bien tous ces députés ; seulement ils font des phrases et ils tournent autour de ce qu'il y a à dire, comme s'ils n'osaient pas le dire.

— Ils se souviennent du 2 décembre, interrompit le colonel.

— Voilà un autre vieux député à cheveux blancs, à figure rouge, rasée comme celle d'un évêque, qui arrive entouré d'officiers de la garde nationale ; on me dit que c'est le président. Il veut faire un discours, et il dit qu'il a toujours été dévoué à son pays, ce qui lui donne le droit de faire entendre quelques conseils : il faut laisser le Corps législatif délibérer en paix sur la question qui préoccupe tout le monde, afin que la chambre ne paraisse pas délibérer sous la pression du peuple. — En entendant parler de la question qui préoccupe tout le monde, on se met à rire, car en voilà encore un qui ne veut pas appeler les choses par leur nom. Puis, après avoir ri, on siffle, et le mot que le président n'a pas voulu dire, c'est la foule qui le prononce ; on crie « Vive la République ! » si bien que le président s'en va, voyant qu'il n'a rien à faire. Il s'élève un grand tumulte : M. Antoine monte sur une banquette, et avec un morceau de crayon, il écrit en grosses lettres sur la muraille : « Déchéance et république immédiate ! » On applaudit ; cela rétablit un peu de calme. Un nouveau député en profite pour nous dire qu'il faut attendre en paix les résolutions que les députés vont prendre ; il faut que les députés puissent discuter librement sur la proposition que l'on se répète depuis ce matin. Là-dessus vous pensez si les cris et les sifflets éclatent, c'est décidément un parti-pris de ne pas prononcer les mots dangereux. Cependant un député plus décidé dit qu'il faut attendre que la déchéance soit votée ; qu'il suffit de quelques instants de calme, qu'elle va l'être.

— Encore si tu savais les noms, dit le colonel.

— Les noms, je ne les ai pas entendus ou je les ai oubliés. Enfin celui-là a parlé comme on voulait. Il engage une discussion avec M. Antoine, qui n'arrive pas jusqu'à nous ; mais on comprend bientôt ce qu'ils ont dit, car voilà que tout à coup M. Antoine, qui avait été le plus ardent pour entrer, se met devant la porte, dit qu'il faut laisser la chambre voter la déchéance, et il défend la porte contre tout le monde. Je vous assure que, s'il avait été chargé de défendre la grille, personne ne serait entré. Cependant la foule était devenue de plus en plus compacte : on se tassait, on se poussait, on criait, et il fallait une terrible énergie à M. Antoine et à ses amis pour défendre la porte. J'avais à côté de moi un monsieur qui ne criait jamais, mais qui riait souvent et qui paraissait n'être venu là que pour s'amuser : « Voilà un brave homme, » dit-il en montrant M. Antoine, « qui ne comprend pas la situation ; il ne comprend donc pas que ces députés veulent être violés. S'ils n'ont pas l'excuse de la violence, ils ne voteront jamais la déchéance. » Moi, je comprenais cela, parce que je sais qu'il y a des personnes qui ont envie de céder et qui cependant...

Mais Horace s'arrêta dans son explication devant un coup d'œil expressif de son maître; après un court moment de repos, il reprit:

— Il faut croire que M. Antoine comprit la situation ou bien qu'on la lui expliqua, car tout à coup lui et ses amis cessèrent de défendre la porte; alors la foule tumultueuse se précipite dans des salles et des corridors: on est poussé, emporté; on enfonce des portes à coups de crosses. Enfin, après avoir été ballotté, écrasé, j'arrive dans une grande salle, qui est celle des séances: elle est pleine. Il y a des gardes nationaux, des gardes mobiles le sac au dos, des bourgeois, des ouvriers, et, dans les tribunes, des dames en toilette. Il n'y a plus de président, mais à sa place une douzaine de gardes nationaux. Un député est à la tribune. On me dit le nom de celui-là, et je l'ai retenu : Gambetta. Il parle et on l'écoute; il dit : « Nous déclarons que Louis-Napoléon Bonaparte et sa dynastie ont à jamais cessé de régner sur la France ! » Une immense acclamation s'élève avec des applaudissements et des cris de « Vive la République! » Un tambour bat aux champs. J'aperçois M. Antoine debout sur un banc; il crie: « Maintenant proclamez la République ! » Un autre député monte à la tribune, une figure longue avec des cheveux blancs; je n'entends pas ce qu'il dit. M. Gambetta le remplace bientôt et dit d'une voix qui domine le tumulte : « Oui, vive la République! Allons la proclamer à l'Hôtel de Ville ! » Il se fait un grand mouvement de sortie; je suis porté dehors. Là je me trouve auprès de M. Antoine; il me reconnaît. « Si vous rentrez, me dit-il, annoncez à ma fille que la République est proclamée. » Et il me donna une poignée de main à me briser les doigts. Alors je veux rentrer pour rassurer mademoiselle; mais je rencontre M. Faugueroles sur la place de la Concorde, et alors nous entrons aux Tuileries. Plus personne: l'impératrice est partie, tout le monde l'avait abandonnée; elle n'a eu qu'un ami particulier pour l'accompagner. Est-ce triste cela? Si elle avait eu un noir dans sa maison, il serait resté près d'elle. Voilà tout ce que je veux dire.

XI

Horace parti, le colonel et Thérèse discutèrent les différents incidents de ce récit, mais tous deux se gardèrent de dire un seul mot de la chute de l'Empire.

Il semblait qu'une convention avait été conclue entre eux à ce sujet, et qu'ils avaient l'un et l'autre, et autant l'un que l'autre, le même désir de l'observer.

En effet, que pouvaient-ils dire dans la situation où ils se trouvaient?

Thérèse ne pouvait pas parler de son prochain départ, car maintenant il n'y avait plus de raisons qui l'empêchassent, son père et elle, de rentrer rue de Charonne.

De son côté, le colonel ne pouvait pas faire allusion à la prochaine, la très-prochaine libération de Michel, car c'était s'engager sur un terrain qu'il s'était promis de respecter.

La soirée s'écoula donc lentement, lourdement, pour eux.

A minuit, Antoine n'était pas rentré, et il était assez probable qu'il ne rentrerait pas dans la nuit.

Ce fut ce que le colonel expliqua à Thérèse en lui disant que sans doute Antoine avait des mesures d'organisation à prendre; les députés, surpris par l'envahissement de la chambre, pouvaient, après le premier moment d'effarement, essayer une résistance; le gouvernement devait penser à se joindre à eux; enfin il était raisonnable de croire que l'Empire, qui pendant vingt ans s'était montré si redoutable, n'allait pas s'évanouir en fumée. Antoine devait faire ce raisonnement, et avec ses amis il devait s'occuper de soutenir, si besoin était, leur succès de la journée.

Il était donc inutile de l'attendre davantage.

Et il engagea Thérèse à se retirer.

Antoine ne revint point dans la nuit, et la moitié de la journée du lendemain s'écoula sans qu'on le vît paraître.

Les nouvelles étaient de nature à rassurer pleinement Thérèse: jamais révolution ne s'était accomplie d'une façon plus pacifique; pas un coup de fusil n'avait été tiré, puisqu'il n'y avait pas eu de résistance.

Si le Corps législatif avait disparu devant une invasion, le Sénat s'était envolé sous le souffle de la panique; quant aux ministres, on ne savait ce qu'ils étaient devenus. Cela ressemblait à une scène d'escamotage; jamais on avait vu un aussi misérable évanouissement, et l'on se demandait si tout à coup ils n'allaient pas sortir de la boîte à surprises dans laquelle ils avaient cru habile de s'enfermer. Assurément c'était une ruse; tous ces bravaches n'avaient pas dû avaler complètement les lames de sabre avec lesquelles ils avaient jonglé et paradé pendant vingt ans.

C'était ainsi que raisonnaient bien des gens, c'était ainsi particulièrement que raisonnait Thérèse; aussi désirait-elle voir son

son père, elle se disait que, s'il ne pouvait pas venir à elle, c'était à elle de venir à lui.

Voyant qu'il ne rentrait pas, elle fit part de son désir au colonel en lui annonçant son intention d'aller rue de Charonne: son père devait s'y trouver; en tous cas, il avait dû y venir.

— Je vais aller avec vous, dit le colonel.

— Vous voyez bien que vous craignez quelque chose, répliqua-t-elle.

— Je ne crains rien, je vous assure; Paris n'a jamais été plus tranquille. Il ne pense qu'à la joie, toutes ses frayeurs d'hier sont dissipées, on dirait que les Prussiens n'existent plus et que le souffle seul de la révolution les a renversés. Mais ce n'est pas une raison parce que vous n'avez rien à craindre pour que je ne vous accompagne pas; moi aussi, je désire voir mon oncle. Ne trouvez-vous pas mon désir tout naturel?

— Je vous demande pardon, mon cousin; je n'ai pas réfléchi à mes paroles.

Pour lui, il avait réfléchi aux siennes et il les avait pesées; aussi n'avait-il pas donné toutes les raisons qui le poussaient à accompagner Thérèse.

Il avait vu dans les journaux qu'on avait délivré quelques condamnés politiques, peut-être Michel était-il de ce nombre et se trouvait-il déjà en liberté.

Dans ce cas, il avait dû certainement accourir rue de Charonne, où on lui avait dit assurément que Antoine et Thérèse étaient de retour à Paris. Peut-être même était-il avec Antoine?

Alors le colonel voulait voir comment Michel allait accueillir Thérèse et comment Thérèse allait accueillir Michel.

D'un autre côté il ne voulait pas que Thérèse restât rue de Charonne, et, pour empêcher cela, il fallait qu'il fût présent, tout prêt à engager une discussion avec Michel, si cette question se présentait, ce qui était probable.

Lorsqu'ils sortirent, le coupé vint se ranger devant la marquise; mais Thérèse s'arrêta sur la première marche:

— Si vous vouliez? dit-elle.

— Quoi, ma cousine?

— Nous irions à pied.

— Vous avez envie de voir Paris aujourd'hui?

— Oui, et puis j'ai encore une autre raison, faut-il la dire?

— Mais, sans doute, il faut toujours tout me dire; vous ne sauriez croire comme j'aime la franchise et la sincérité.

— Eh bien! cela me gênerait de descendre de ce beau coupé devant notre pauvre porte.

— Est-ce que cela vous a été une gêne de monter en calèche devant votre pauvre porte, quand nous avons fait notre promenade à Longchamps?

— Oh! alors...

Elle n'acheva point.

Et il ne demanda pas ce qu'il y avait dans cet *alors*, une réponse les eût entraînés sur un terrain qu'il s'était lui-même interdit en donnant sa parole d'honneur à son oncle de ne pas dire à Thérèse d'autres paroles que celles que pouvait prononcer un ami ou un frère.

Ils partirent donc à pied.

Le colonel avait tenu son engagement et, le lendemain de l'arrivée de Thérèse, il lui avait envoyé une couturière et une modiste qui l'avaient habillée aussi simplement qu'elle avait voulu.

Cependant, comme alors elle devait rester chez son cousin, Thérèse n'avait pas poussé cette simplicité jusqu'aux dernières limites.

Il ne fallait pas lui faire honte.

Et vraiment, ceux qui avaient des yeux, en ces jours de fièvre, pour regarder les femmes, devaient trouver que cette jeune fille, vêtue d'une toilette simple mais de bon goût, ne faisait pas honte au grand gaillard sur le bras duquel elle s'appuyait légèrement.

En tous cas, celui-ci paraissait fier de sa compagne: il marchait à demi penché vers elle et presque constamment il la regardait, ne la quittant pour ainsi dire pas des yeux. Pour elle, elle relevait souvent la tête vers lui, et ils avançaient ainsi à travers la foule, les yeux dans les yeux.

Pour ceux qui faisaient attention à eux, c'étaient deux amoureux.

Cependant ce n'étaient pas des paroles d'amour qu'ils échangeaient; mais il est des circonstances où les paroles n'ont aucune importance et où ce ne sont pas les mots mêmes qu'on entend qui font battre les artères et bondir le cœur: un regard, un sourire, une inflexion de voix, une pression de main, ont alors une puissance autrement entraînante que les plus éloquents discours.

Ils étaient alors précisément dans ces conditions. En eux, il y avait deux personnes, ou plutôt il y avait l'esprit et le cœur complètement indépendants l'un de l'autre: l'esprit, sensible à ce qui se passait sous ses yeux et à ce qui frappait ses oreilles; le cœur, sensible à une seule chose, la joie d'être ensemble.

Ce n'était donc pas d'eux-mêmes qu'ils parlaient, c'était de ce qui les entourait.

Et le spectacle de la rue était vraiment curieux.

Autant Paris était sombre deux jours auparavant, autant il était joyeux; plus de Prussiens, plus de siège. Un miracle semblait avoir supprimé ces deux dangers menaçants.

Toute l'activité s'était concentrée dans

deux opérations opposées. On collait des affiches sur toutes les murailles, et l'on arrachait, on déclouait les lettres, les écussons, les armoiries, qui parlaient de l'Empire ; les trottoirs étaient encombrés d'échelles sur lesquelles des ouvriers travaillaient à détruire tout ce qui pouvait rappeler ce régime méprisé. Les marchands qui, quelques jours auparavant, étaient fiers de leur titre de *fournisseur de Sa Majesté l'empereur*, présidaient eux-mêmes à cette destruction ; il fallait au plus vite effacer de leur devanture ce souvenir qui déjà était complétement effacé dans leur conscience.

En passant devant la boutique d'un pharmacien, ils trouvèrent le trottoir barré par deux échelles sur lesquelles des ouvriers étaient montés, arrachant avec précaution les écussons impériaux ; au pied de l'échelle, un petit homme, coiffé d'un képi de garde national, leur donnait ses instructions.

— Ne cassez rien, mais enlevez-moi au plus vite ces insignes infâmes.

Et, se tournant vers des badauds qui examinaient curieusement cette opération :

— Notez, dit-il, que je n'ai jamais rien fourni à l'empereur ; seulement, quand il était président de la République, il avait fait une note chez moi, et, pour me la payer, il m'avait donné ce titre de *fournisseur de Sa Majesté l'empereur*, que j'ai été obligé de prendre. Oui, messieurs, obligé, sous peine d'être persécuté.

Puis s'adressant aux ouvriers :

— Faites attention ! cria-t-il.

A ce moment les ouvriers étaient en train de descendre un écusson doré représentant les armes impériales : soit maladresse, soit hasard, soit intention de s'amuser, ils le laissèrent tomber sur le trottoir où il se cassa en morceaux.

— Vous fichez-vous de moi ? cria le pharmacien furieux ; je vous dis de faire attention, et c'est comme cela que vous travaillez !

— Vous voulez donc le garder pour le faire servir plus tard ? dit une voix dans la foule.

Et ce fut une explosion de rires auxquels le pharmacien jugea prudent de se soustraire en rentrant chez lui.

La course est longue du faubourg Saint-Honoré à la rue de Charonne ; ils la firent sans se presser.

Lorsque Thérèse demanda si son père était venu, le concierge poussa les hauts cris ; il avait peine à reconnaître dans cette élégante jeune fille la petite Chamberlain.

Mais sa femme, qui savait voir et comprendre, lui imposa silence et, s'adressant poliment au colonel, elle répondit que M. Chamberlain était venu, mais qu'il était parti sans dire s'il rentrerait ni où il allait.

Une question était sur les lèvres de Thérèse.

Le colonel devina ce qui se passait en elle et lui vint en aide.

— Mon oncle n'a pas dit où on pouvait le trouver ? demanda-t-il.

— Non.

— Il n'a pas dit non plus où devraient l'aller chercher ceux qui viendraient pour le voir ?

— Non, seulement il l'a peut-être dit au manchot.

Thérèse eut une contraction.

— Ah ! Denizot est libre ? demanda le colonel.

— Oui, il est en haut ; vous n'avez qu'à monter, vous allez le trouver.

Ils montèrent sans parler.

— Et Michel ?

C'était la question qui se posait, mais ils l'évitèrent l'un et l'autre.

Peut-être allait-il leur ouvrir lui-même la porte.

La clef était sur la serrure.

Ils entrèrent.

Au bruit de leurs pas, une voix s'écria :

— Qui est là ?

Cette voix, qui était celle de Denizot, partait de la cuisine.

Ils se regardèrent.

— C'est moi, répondit Thérèse.

— Thérèse ! s'écria Denizot.

Et il ouvrit la porte de la cuisine ; mais, en apercevant le colonel, il recula d'un pas.

— Et Edouard ? s'écria-t-il ; tous les bonheurs à la fois : l'Empire à bas, la liberté, Thérèse et Edouard, en voilà une fête. Il ne manque que Michel.

Il leur serra la main ; puis, se mettant à tourner sur lui-même en sautant :

— Non, c'est trop fort ; il faut que je danse un pas.

Et clopin, clopant, il se mit à danser.

Mais tout à coup il s'arrêta :

— Ma colle qui va brûler ! s'écria-t-il.

Et il courut au poêle qui était allumé et sur lequel une grande marmite bouillait.

— Vous savez, dit-il gravement, la patrie avant tout.

Et sérieusement, comme s'il accomplissait une cérémonie, il se mit à tourner la cuiller de bois qui trempait dans la marmite.

— Vous avez vu mon père ? demanda Thérèse, pendant qu'il tournait sa cuiller.

— Je crois bien que je l'ai vu, et une bonne poignée de main que nous nous sommes donnée ; car on m'a délivré ce matin. Si Michel avait été en prison à Paris, il serait libre aussi ; mais il faut le temps qu'il revienne de province. Il va bientôt arriver, j'espère; seulement je n'aurai pas le plaisir de le voir, car je pars.

— Et où allez-vous ? demanda le colonel.

— Où la patrie m'appelle ; je ne sais trop vous dire dans quel pays, mais un peu partout, je pense.

Et, comme il comprit lui-même que ces paroles n'étaient pas très-claires, il s'empressa de les expliquer.

— Voilà ce que c'est : vous pensez bien que maintenant, que nous sommes en république, les choses ne peuvent pas se passer comme sous l'Empire. Les peuples sont faits pour s'entendre, n'est-ce pas, comme les souverains sont faits pour se quereller et se dévorer ? ça c'est logique.

Il ajouta un peu d'eau dans sa marmite et remua plus vivement.

Puis il continua :

— Partant de ce principe, on a décidé d'adresser une proclamation au peuple allemand pour lui faire entendre la voix de la fraternité ; la voici, cette proclamation.

Disant cela, il prit une affiche dans un tas de papier encore tout humide qui était posé sur la table et, ayant trempé un gros pinceau dans sa marmite, il colla rapidement cette affiche sur un panneau de bois.

Bien que n'ayant qu'un bras, il fit cette opération presque aussi vivement qu'un colleur de profession.

— N'est-ce pas que ce n'est pas mal collé pour un manchot ? dit-il en admirant son ouvrage.

— Très-bien !

— Quand j'en aurai collé seulement une douzaine, ça ira ; seulement il ne faut pas de vent. Voilà donc la proclamation qu'on adresse aux Allemands.

Et lui-même se mit à lire tout haut :

Au peuple allemand.

« Tu ne fais la guerre qu'à l'empereur et point à la nation française, a dit et répété ton gouvernement.

» L'homme qui a déchaîné cette lutte fratricide, qui n'a pas su mourir et que tu tiens entre les mains, n'existe pas pour nous.

» La France républicaine t'invite, au nom de la justice, à retirer les armées ; sinon, il nous faudra combattre jusqu'au dernier homme et verser à flots ton sang et le nôtre. »

— Comment trouvez-vous cela ? demanda Denizot avec enthousiasme ; n'est-ce pas que c'est cela qu'il faut dire ?

Et, ayant passé quelques lignes, il continua d'une voix plus forte :

» Repasse le Rhin !

» Sur les deux rives du fleuve disputé, Allemagne et France, tendons-nous la main ; oublions les crimes militaires que les despotes nous ont fait commettre les uns contre les autres.

» Proclamons la liberté, l'égalité, la fraternité des peuples !

» Par notre alliance, fondons les États unis d'Europe.

» *Vive la république universelle !* »

— Voilà, dit Denizot, voilà.

— Eh bien ? demanda le colonel.

— Eh bien ! quand je suis arrivé, sortant de ma prison, on allait envoyer cette proclamation à l'imprimerie ; alors j'ai demandé à m'en charger. Qu'est-ce que vous voulez que fasse, pour la défense de la patrie, un homme dans ma position ? Un bras de moins, une jambe avariée, je ne suis pas propre à grand'chose, un fusil à la main. Il n'y avait que la police de l'Empire pour dire sans rire que j'étais un dangereux émeutier : émeutier, oui, et je m'en honore ; mais dangereux, malheureusement non. Enfin, si je ne peux pas rendre des services en marchant dans les rangs, je peux m'employer autrement ; car le moment est venu, n'est-ce pas ? où tout le monde doit donner son intelligence, son sang, ses forces ou son argent à la patrie. Moi, je n'ai à lui offrir que mes forces ; car, pour l'argent et l'intelligence, je ne suis pas millionnaire. On donne ce qu'on a.

— Et c'est la meilleure offrande.

— Enfin, voilà ce que je vais faire. Je prends ce paquet d'affiches et je le mets sur mon dos. Dans ce grand seau que vous voyez là, je verse la colle que je suis en train de faire ; car c'est de la colle, ne vous y trompez pas, ce n'est pas de la bouillie ; c'est de la belle et bonne colle de pâte préparée par Denizot lui-même pour qu'elle soit meilleure, et je m'en vais au-devant des Allemands. Le premier que je rencontre, halte ! et je lui braque mon affiche sous le nez. On dit que tous les Allemands savent le français ; il la lit ou se la fait traduire, et voilà. S'ils continuent d'avancer, je recule en collant mes affiches ; s'ils s'en vont, je les suis en collant toujours. Mais, assez causé ; ma colle est prise, il n'y a pas un moment à perdre, car, si les Allemands ne sont pas autour de Paris, ils sont en France, et nos frères de la province ont à subir leur invasion.

— Et c'est avec cette affiche que vous comptez arrêter la marche des armées allemandes ? demanda le colonel.

— Mais sans doute ; ce sont des hommes comme nous, sensibles à la voix de la justice et de la fraternité.

Le colonel allait répliquer, mais il se tut. Avait-il le droit, au nom de la critique, de combattre cet enthousiasme ?

Au lieu de parler, il prit la main de Denizot, et la lui serrant chaleureusement :

— Vous êtes un brave cœur, dit-il. Allez, c'est avec la foi qu'on se sauve.

Denizot regarda le colonel d'un air étonné.

— Je ne vois pas trop pourquoi je suis un brave cœur, dit-il ; mais, c'est égal, votre poignée de main me donnera des jambes le long du chemin. Si je vous disais que c'était un chagrin pour moi de ne pas aller vous voir, vous et Thérèse, avant mon départ ? Antoine m'avait dit d'aller vous trouver ; mais, vous savez, la patrie avant tout, et il n'y a pas de temps à perdre.

Tout en parlant, il avait fait ses préparatifs de départ ; il avait placé ses affiches dans une serviette en serge qu'il avait nouée aux quatre coins en se servant de sa main et de ses dents ; puis il avait enfoncé son pinceau dans son seau à colle, et il s'était chargé, son paquet d'affiches sur ses épaules, son seau à son bras.

— Maintenant il faut se séparer, dit-il, et au revoir !

Ils descendirent l'escalier.

Dans la cour, Thérèse interrogea Denizot pour savoir où pouvait se trouver son père ; mais Denizot n'en savait rien.

— Il travaille pour la patrie, dit-il ; ne vous inquiétez pas.

Pendant ce temps, le colonel expliquait au concierge qu'il fallait envoyer chez lui les personnes qui viendraient demander Antoine Chamberlain ou Thérèse, et il donnait une de ses cartes.

Denizot était impatient de partir.

Il serra une dernière fois la main du colonel et de Thérèse, et, clopin, clopant, ses affiches sur le dos, il s'éloigna, montant la rue de Charonne, s'en allant ainsi gaillardement au devant du peuple allemand.

XII

Après avoir vu Denizot disparaître dans la foule, Thérèse et le colonel descendirent la rue de Charonne en se dirigeant vers la Bastille.

La rue avait son aspect des dimanches : des groupes encombraient çà et là les trottoirs au point que la circulation était quelquefois difficile : il était évident que les ateliers étaient déserts et qu'on ne travaillait point.

On causait, on discutait, et devant les portes des marchands de vin se tenaient des sortes de réunions publiques ; point d'inquiétude sur les visages, mais plutôt de la confiance et de l'allégresse. Des orateurs expliquaient la situation et ils le faisaient de la façon la plus rassurante : il n'y avait plus de danger, les Prussiens n'oseraient pas attaquer la République. On applaudissait, et, s'il s'était trouvé un esprit chagrin pour soulever une contradiction ou simplement un doute, il se serait fait mettre en morceaux.

Plusieurs fois, le colonel et Thérèse s'arrêtèrent pour écouter ces discours, qui tous roulaient sur le même thème.

— Maintenant il n'y avait plus à s'occuper des Prussiens.

Plusieurs fois elle avait regardé son cousin, comme pour lui demander ce qu'il pensait de cette confiance joyeuse, mais elle n'avait pas osé formuler sa question.

Enfin elle se décida.

— C'est de la folie, dit-il, mais c'est avec la folie qu'on fait des choses extraordinaires ; il est certain que, s'il se trouve des hommes capables d'employer cet enthousiasme, le monde sera étonné. Voyez Denizot, qui, boiteux et manchot, s'en va bravement au devant des Prussiens avec son pot à colle et son affiche. Il y a plus d'un Denizot à Paris, et il n'en faut pas beaucoup pour donner une puissante impulsion au sentiment national. Seulement il faut que cette impulsion soit dirigée, et désormais toute la question est là : qui va prendre cette direction ? Sans direction, cet enthousiasme, qui peut devenir héroïque, se perdra en paroles et en fanfaronnades.

Cependant, autour de ces groupes, on voyait des femmes, avec des enfants dans leurs bras, qui ne paraissaient nullement enflammées par des sentiments héroïques.

C'est que déjà pour elles, sans doute se présentait la question du travail, c'est-à-dire de la misère et de la faim : sans se laisser griser par ces fumées, elles sondaient l'avenir et elles avaient peur pour leurs enfants. Pas de travail, pas de pain.

Comme ils quittaient la place de la Bastille pour prendre le boulevard Beaumarchais — car ils étaient comme des écoliers qui recherchent les chemins les plus longs — le colonel entendit prononcer son nom derrière lui.

On l'appelait.

Il se retourna.

D'une voiture de place, descendait un de ses anciens compagnons de plaisir, le baron d'Espoudeilhan, qui, des mains, lui faisait des signes pour l'engager à s'arrêter.

Le baron était en costume de voyage, chapeau rond et sac en bandoulière.

Vivement il s'avança vers le colonel et, bien qu'il parût fortement surexcité, il salua Thérèse avec toutes les démonstrations de la plus exquise politesse, s'excusant d'aborder ainsi son ami Chamberlain et de les déranger.

— Nous parcourons Paris, ma cousine et

moi, dit le colonel; vous ne nous dérangez nullement, mon cher baron.

— Alors je demande pardon à....

Il hésita un moment, ne sachant s'il devait dire madame ou mademoiselle.

— Mademoiselle Thérèse Chamberlain, dit le colonel.

— Je demande pardon à mademoiselle de vous entretenir d'affaires. Voici de quoi il s'agit : Je quitte Paris, car vous comprenez bien, mon cher, que je ne vais pas être assez simple pour m'enfermer avec un tas de républicains.

— Vous savez que je fais partie de ce tas?

— Oh ! vous êtes un original. Je quitte donc Paris. J'ai fait transporter à la gare de Lyon une certaine quantité de bagages que je veux emporter avec moi; mais, au moment où l'on pèse ces bagages, on me dit que j'ai pour quinze cents francs d'excédant. Je n'ai sur moi qu'un billet de mille francs, et il faut que j'aille rue de la Paix, chez mon banquier, pour prendre de l'argent. C'était ce que je faisais quand je vous ai aperçu. Avez-vous cinq cents francs sur vous?

Le colonel s'était mis à rire.

— Vous trouvez cette situation plaisante? dit d'Espoudeilhan.

— J'avoue que quinze cents francs d'excédant, cela est assez drôle.

— Croyez-vous que je vais laisser les objets auxquels je tiens à la disposition de ces brigands?

Tout en parlant, le colonel avait ouvert son portefeuille, et il en avait tiré un billet de mille francs.

— Non, merci ; cinq cents francs me suffisent, j'ai des traites sur Nice.

Le colonel lui tendit un billet de cinq cents francs.

— Bien obligé, cher ami ; je vous devrai de n'avoir pas manqué le train. Et vous, où allez-vous ?

— Je reste ici.

— Ici? Vous allez vous ennuyer comme un prisonnier : il n'y a plus personne à Paris. Quel original vous faites! Adieu.

— Au revoir!

Après avoir respectueusement salué Thérèse, le baron d'Espoudeilhan remonta dans sa voiture, très-satisfait de ne pas être exposé à faire manquer le train à son excédant de bagages.

— Vous avez donc la main toujours ouverte, mon cousin ? dit Thérèse en se remettant en route.

— C'est une nécessité de la fortune.

— Ah !

— Vous trouvez que je n'aurais pas dû prêter ces 500 francs ? C'est là ce que veut dire votre ah ! n'est-ce pas ?

— Je trouve.... mais non, je ne trouve rien.

— Alors vous ne voulez pas me dire tout ce que vous pensez?

— Ah ! tout ?

— J'entends ce qui me touche.

— Eh bien ! je trouve que moi j'aurais mieux aimé offrir ces 500 francs à Denizot qui peut en avoir besoin, qu'à votre ami, qui n'est pas du tout intéressant avec ses bagages.

— Ma jolie petite cousine, il faut que je vous gronde.

— Pour ma franchise ?

— Non, pour votre défaut de franchise, tout au contraire. Comment ! vous avez cette pensée à propos de Denizot, et vous ne me la communiquez pas ?

— Je n'ai pas osé.

— Pour qui n'avez-vous pas osé? pour Denizot ou pour moi ?

— Je suis sûr que Denizot n'aurait pas refusé un argent qui ne devait pas servir à ses besoins personnels ; sa fierté n'aurait pas été blessée d'accepter ce qui pouvait l'aider dans sa tâche.

— Alors vous avez cru que moi je refuserais de donner cet argent ?

— Non, assurément ; mais je n'ai pas osé, par peur d'indiscrétion, vous adresser cette demande.

— Eh bien ! vous avez eu grand tort ; vous m'auriez donné un plaisir, tandis que vous me laissez sous l'impression d'un remords.

— Je vois que je vous ai fâché.

— Oui, ma petite cousine, vous m'avez fâché contre moi-même, mais non contre vous; aussi je pense qu'à l'avenir vous n'aurez plus peur des indiscrétions de ce genre.

Ils marchèrent durant quelques minutes sans parler, puis tout à coup il se pencha vers elle :

— Je crois que j'ai trouvé un moyen d'adoucir le regret que me cause mon oubli envers Denizot.

— Vous ne pouvez pas courir après lui.

— Ce n'est pas à cela que je pense. Quand on a fait le mal, on peut racheter sa faute en faisant le bien, n'est-ce pas ?

— Mais oui, il me semble.

— Vous rappelez-vous l'expression inquiète qu'avaient les visages de ces femmes que nous venons de voir tout à l'heure, rue de Charonne, avec des enfants dans leurs bras ?

— Je les vois encore.

— Savez-vous à quoi elles pensaient ? Moi, je crois l'avoir deviné. A la misère, à la faim pour leurs enfants. Si nous empêchions cette misère?

— Est-ce possible ?

— Possible de l'empêcher dans les circonstances présentes, non, je ne le crois pas;

mais possible de la soulager, oui, je le crois, au moins dans une certaine mesure. Dans quel arrondissement est la rue de Charonne ?
— Le XI°.
— Et où est la mairie de cet arrondissement ?
— Boulevard du Prince-Eugène.
— Eh bien ! allons boulevard du Prince-Eugène ; nous verserons une certaine somme pour les femmes et les enfants des ouvriers qui sont dans le besoin, et nous chargerons la mairie de faire distribuer cette somme.

Ils prirent la rue du Chemin-Vert.

— Est-ce que cela ne vous est pas une satisfaction, ma cousine, continua le colonel, de marquer cette journée par un bon souvenir dans lequel nous serons associés l'un et l'autre ?
— Oh ! moi, qu'ai-je fait ?
— Tout, chère Thérèse, car c'est vous qui m'avez suggéré cette idée par votre réflexion à propos de Denizot, et l'inspiration, n'est-ce pas tout en ce monde, pour le bien comme pour le beau ? Que suis-je en ceci ? La main qui exécute ; vous, ma cousine, vous êtes le cœur. Je ne saurais vous dire combien je suis heureux que cette idée vous soit venue. Ce quartier est celui où a vécu mon père, et c'est un devoir envers sa mémoire de venir en aide aux enfants de ceux qui ont peut-être été ses camarades, peut-être même ses amis.
— Mon cousin ! dit-elle faiblement.

Il la regarda et vit ses yeux troublés par l'émotion.
— Est-ce que cela vous fâche qu'on vous remercie ? dit-elle.
— C'est selon.
— Voulez-vous au moins me permettre de vous dire que je suis bien heureuse ?
— Chère enfant !

Il s'arrêta et s'efforça de sourire pour cacher son trouble ; les paroles lui montaient du cœur, brûlantes et passionnées.

Ils arrivèrent bientôt à la mairie ; mais, comme ils allaient entrer, un employé les arrêt.

— Et où allez-vous comme ça, je vous prie ?
— Je voudrais voir le maire.
— Vraiment ! vous n'êtes pas gêné.
— Ou bien un adjoint.
— Pourquoi pas ?
— Enfin un chef de bureau.
— Les bureaux ferment à quatre heures. Si vous êtes pressés de vous marier, il faudra revenir demain, à neuf heures.

En toute autre circonstance, le colonel aurait rudement remis cet employé à sa place, mais ce mot « vous marier » lui ferma la bouche.

Sur son bras, il avait senti la main de Thérèse agitée par un frémissement.
— C'est bien ! dit-il.

Et ils s'éloignèrent sans parler.

Bien que le colonel voulût chasser toute pensée de nature à émouvoir son cœur, il ne put s'empêcher de se rappeler cette soirée où, se promenant avec Thérèse sous les galeries de la place Royale, un passant leur avait dit d'un ton moqueur : « Eh bien ! ne vous gênez pas les amoureux. »

Ils étaient donc bien évidemment destinés l'un à l'autre par la nature, que tout le monde les prenait pour des amants.

Et cependant...

Cependant Michel à cette heure devait être libre, et, d'un moment à l'autre, il allait venir réclamer « sa femme. »

Sa femme ! Ah ! certes non, elle ne serait pas la femme de Michel, et maintenant il ne la céderait à personne.

Il l'aimait.

Et elle-même ne l'aimait-elle pas ?

N'était-ce pas l'amour qui donnait cette expression de tendresse à son regard allangui, qui rendait sa voix si douce, qui faisait trembler sa main ?

Il n'avait qu'un mot à dire pour le savoir.

Emue, troublée, heureuse, comme elle paraissait l'être, elle ne résisterait pas.

Il s'arrêta brusquement.

Alors elle leva les yeux vers lui, et ils restèrent durant quelques secondes se regardant comme s'ils avaient été seuls en pleine campagne.

— Voulez-vous que nous montions en voiture ? dit-il d'une voix saccadée.
— Et pourquoi ? Ne sommes-nous pas bien ainsi ? N'ayez pas peur que je me fatigue, je suis aguerrie à la marche.
— Vous avez raison, dit-il, il vaut mieux marcher ; marchons.

Et, rappelé au sentiment de la réalité, il s'appliqua à ne parler que de choses insignifiantes ou tout au moins qui ne devaient pas les ramener sur cette pente dangereuse.

Le reste de la route se fit plus tranquillement.

En rentrant à l'hôtel, il pria Thérèse de monter avec lui dans son cabinet.

— La sottise de cet employé de la mairie ne doit pas nous faire abandonner notre projet, dit-il ; au contraire, elle nous donne un moyen de le perfectionner.

Disant cela, il ouvrit un tiroir, d'où il tira un petit livre, dans lequel plusieurs feuillets avaient été coupées.

— Connaissez-vous un chèque, ma cousine ? Non, n'est-ce pas ? Eh bien ! c'est un bon qu'on détache d'un livre à souche et qui est payable à vue par le banquier chez lequel on a un compte. Ainsi, si j'écris sur une feuille de ce petit livre un bon de 20,000 francs et que j'envoie ce bon à une personne, cette personne n'a qu'à se présenter à l'*American Bank* pour toucher les 20,000 francs. C'est ce que nous allons justement faire. Je vais écrire un bon que nous enverrons au maire du XI° arrondissement, et le maire pourra dès demain commencer la distribution.

Son chèque écrit, le colonel ouvrit un plan de Paris.

— Je vois sur ce plan, dit-il, que les maisons du côté gauche de la rue du Faubourg-Saint-Antoine sont dans le XI° arrondissement et que celles du côté droit sont dans le XII°; de sorte que des enfants auraient à manger à gauche, tandis qu'à droite ils mourraient de faim. Cela n'est pas juste, n'est-ce pas ?

— Comment faire ?

— Le moyen est bien simple : envoyer au maire du XII° arrondissement la même somme qu'au maire du XI° : rien n'est plus facile. Comme cela il n'y aura pas de jaloux. Mon père pouvait tout aussi bien avoir des camarades dans les numéros pairs que dans les numéros impairs. Décidément cet aimable employé a bien fait de nous mal recevoir.

Et il fit un second chèque.

— Maintenant, dit-il, à vous. Votre tâche commence ; pour que notre association soit complète, il faut que vous écriviez les lettres aux maires.

— Moi, vous voulez...?

— Mais certainement, ne sommes-nous pas associés ? et puis il faut que vous preniez l'habitude de... m'aider. C'est bien simple d'ailleurs : vous direz que vous envoyez deux chèques que votre cousin le colonel Chamberlain met à votre disposition pour que les sommes en provenant soient employées comme nous en sommes convenus. Allons, prenez ma place et écrivez.

— Je n'oserai jamais ; au moins, me permettez-vous de faire un brouillon ?

— Pour cette fois, oui ; mais seulement pour cette fois.

Antoine ne rentra pas pour le dîner.

Et ils dînèrent en tête-à-tête, vis-à-vis l'un de l'autre, comme mari et femme.

Ne pouvaient-ils pas jusqu'à un certain point s'imaginer qu'ils l'étaient ? Ils se parlaient librement, ils se regardaient sans contrainte, et, dans les moments de silence, ils sentaient l'accord parfait de leurs cœurs dans un sentiment de joie et d'allégresse.

Cependant il y avait une chose qui les retenait à la terre et les ramenait dans la réalité ; chaque fois qu'un domestique ouvrait la porte pour son service, le colonel tournait vivement la tête, et Thérèse, sans qu'il fût besoin d'explication, comprenait pourquoi il faisait ce mouvement. N'était-ce point l'arrivée de quelqu'un, de Michel, qu'on venait lui annoncer ?

A dix heures du soir, comme ils étaient dans le grand salon du rez-de-chaussée, regardant ensemble des photographies donnant des vues de villes et de paysages d'Amérique, un domestique ouvrit la porte.

Tous deux en même temps levèrent la tête ; mais, au lieu de regarder le domestique qui s'avançait, ils se regardèrent.

— M. Sorieul, dit le domestique, désire...

Thérèse n'en écouta pas davantage.

— Mon oncle ! s'écria-t-elle, ah ! quel bonheur !

Ah ! oui, quel bonheur ! car ce n'était pas le nom de Sorieul qu'ils attendaient.

Thérèse s'était levée vivement et elle avait couru à la porte, où Sorieul se présentait.

Elle se jeta dans ses bras.

Il l'embrassa tendrement sur les deux joues ; puis, s'étant dégagé, il vint vers le colonel les mains tendues.

C'était toujours le même Sorieul, il n'avait pas changé, il portait toujours son éternel habit noir, qui semblait une seconde peau pour lui. Seulement il avait remplacé son chapeau par un képi de garde national, qui, posé sur ses longs cheveux plats, tout au haut de la tête, lui donnait une physionomie hétéroclite.

— Ce cher Édouard ! s'écria-t-il de sa voix profonde, suis-je heureux de le revoir ? Eh bien ! que vous avais-je dit la dernière fois que nous nous vîmes et que nous nous séparâmes à la gare de l'Est, que je lui avais porté un coup dont il ne se relèverait pas. Eh bien ! est-ce vrai ? s'est-il relevé ? Le coup était-il appliqué à la bonne place ?

Puis, ce juste hommage rendu par lui-même à lui-même, il demanda des nouvelles d'Antoine, de Denizot, de Michel.

— Comment ! Michel n'est pas encore en liberté, s'écria-t-il ; à quoi donc pense le nouveau gouvernement ? J'irai demain matin lui présenter mes observations à ce sujet.

Pour lui, c'était à Londres qu'il avait appris la révolution, et il était parti aussitôt.

— Ce n'est pas seulement la joie de respirer l'air natal qui m'a donné des ailes, c'est encore le sentiment du devoir, il faut être là. Ce n'est pas que je considère la situation comme désespérée, tant s'en faut. Je crois même que les Prussiens sont dans de plus mauvaises conditions que nous, ils sont épuisés par leur victoire ; et puis la diplomatie va agir, l'Europe ne va pas permettre la continuation de cette guerre.

— Alors vous ne croyez pas au siège de Paris ? demanda le colonel.

— Peut-être le tenteront-ils, mais ils seront

forcés d'y renoncer bien vite; en tout cas, j'ai pris mes précautions.

Disant cela, il tira de la poche de son habit un fort revolver de marine.

—Voilà, dit-il en ajustant le lustre, je suis toujours sûr d'en tuer six ! Avec 100,000 gaillards déterminés comme je le suis, nous tuons 600,000 Prussiens : c'est mathématique.

En parlant, il faisait jouer la batterie de son revolver. Tout à coup, une explosion retentit, accompagnée d'un horrible tapage, comme si le plafond s'écroulait.

Un coup était parti, et la balle, traversant le lustre, avait brisé plusieurs pièces de cristal, qui en tombant avaient produit ce vacarme.

Effrayé, Sorieul avait lâché son revolver.

Revenu de son premier mouvement de surprise, il voulut faire ses excuses au colonel et expliquer comment le coup était parti.

Ce n'était pas sa faute, car il connaissait à fond le maniement des armes à feu ; ce n'était pas non plus la faute du revolver, qui était une arme de précision. Seulement...

— Seulement, interrompit le colonel en souriant, je crois qu'en attendant que les Prussiens soient à bonne portée, vous feriez bien de ne pas garder votre revolver chargé.

—Peut-être bien.

XIII

Ce que le colonel voulait, c'était n'être pas surpris par la brusque arrivée de Michel, qui maintenant ne pouvait pas tarder beaucoup.

Il donna des instructions en conséquence aux gens de sa maison.

Le concierge ne laisserait passer personne, sans demander qui l'on était et pour qui l'on venait. Aussitôt et au moyen de l'appareil acoustique qui mettait son pavillon en communication avec le vestibule d'entrée, il transmettrait le nom du visiteur au valet qui était de planton dans ce vestibule, et ce valet sans perdre une seconde communiquerait ce nom au colonel.

Par ce moyen, il était à peu près certain que Michel serait annoncé avant qu'il eût monté la première marche du perron, de sorte qu'on pourrait le recevoir ou tout au moins se trouver auprès de Thérèse quand il entrerait.

Les choses s'arrangèrent conformément à ces prévisions.

Le lendemain, comme le colonel se levait, on entra vivement dans sa chambre pour lui annoncer que M. Michel venait d'arriver.

— Qui a-t-il demandé ?
— M. Antoine.
— Mon oncle est-il rentré ?
— Non, monsieur.
— Alors ?
— Alors M. Michel a demandé Mlle Thérèse.
— Et qu'a-t-on répondu ?
— Je ne sais pas ou plutôt on n'a pas répondu.
— C'est bien, faites entrer M. Michel dans le salon de la serre.
— Et Mlle Thérèse ?
— Ne vous occupez pas de Mlle Thérèse, je vais la faire prévenir.

Aussitôt que le domestique fut sorti, le colonel passa un veston et descendit au jardin par le petit escalier de son cabinet de toilette.

Du jardin, il entra dans la serre, qui, par une porte vitrée, communiquait directement avec le salon où il avait dit d'introduire Michel.

Au moment où il arrivait dans la serre, Michel entrait dans le salon, et, de derrière le feuillage touffu d'un bambou, il put le regarder un moment, sans être vu.

Vraiment, c'était un beau garçon. La prison l'avait maigri et pâli, ce qui lui avait fait perdre un peu de son air sombre et dur; cependant ses yeux avaient conservé leur éclat. Il était évident, à le regarder, qu'une lutte avec lui serait pénible et demanderait de l'énergie.

Il était resté debout, tournant sur lui-même, parfaitement insensible à ce qui l'entourait ; à son piétinement, aux mouvements de ses doigts, aux froncement de ses sourcils se crispant à chaque instant, il était facile de deviner son impatience fiévreuse.

Le colonel, suivant l'allée courbe qui aboutissait à la porte de la serre, entra dans le salon.

— Ah! monsieur Michel, dit-il allant à lui; nous vous attendions.
— Monsieur Edouard...

Et, sans trouver d'autre mot, Michel, surpris, salua assez gauchement.

Cependant, avant son emprisonnement, il avait pris l'habitude de tendre la main au colonel.

Après un moment de réflexion, il la lui tendit.

Alors tout de suite, pour échapper à l'embarras qui l'étreignait, il dit qu'il venait de la rue de Charonne où on lui avait appris que Antoine, Thérèse et Sorieul étaient chez M. le colonel Chamberlain.

— Nous n'avons pas vu mon oncle depuis samedi soir, répondit le colonel; Sorieul est sorti ce matin de bonne heure ; quant à ma cousine, — il insista sur ce mot, — elle est dans son appartement. Je vais la faire prévenir de votre arrivée.

Il sonna.

— Prévenez Mlle Thérèse, dit-il au domestique qui se présenta, que M. Michel est arrivé et qu'il l'attend ici.

Puis, revenant vers Michel :

— Nous vous attendons ainsi depuis hier, dit-il.

— C'est hier soir seulement que j'ai été mis en liberté ; j'ai pris le train de nuit et ne suis arrivé à Paris que ce matin. Je suis allé rue de Charonne.

— Où vous avez été bien heureux d'apprendre le retour en France de mon oncle Antoine et de ma cousine.

— Oui, bien heureux, dit Michel d'un air qui, jusqu'à un certain point, démentait ses paroles.

— Nous avons voulu vous prévenir de ce retour ; mais il n'était pas prudent de vous faire parvenir, dans votre prison, une lettre qui serait lue, et qui donnerait des renseignements sur un homme se trouvant dans la position de mon oncle. Cette considération nous arrêta.

— Il y a longtemps qu'Antoine est en France ? Je vous demande pardon de vous interroger, mais je ne sais rien, je n'ai échangé que quelques paroles avec le concierge.

— Il y a dix jours qu'ils sont arrivés, le dimanche 28. Précisément j'étais allé à la barrière de Vincennes, voir les travaux de fortifications qui ont transformé cette barrière en une porte ; en revenant à pied à Paris, sur le cours de Vincennes, j'ai vu une pauvre petite voiture lorraine traînée par un misérable cheval épuisé, que conduisait un homme qui de dos ressemblait singulièrement à mon oncle. Je me suis approché, c'était bien lui ; dans la voiture, se trouvait Thérèse.

— Etrange rencontre.

— Curieuse en effet. Alors, comme vous devez le penser, je n'ai pas voulu les laisser aller rue de Charonne, où mon oncle se serait fait tout de suite arrêter, et je les ai amenés ici.

A ce moment, la porte s'ouvrit et Thérèse parut.

— Au reste, continua le colonel, voici ma cousine, qui vous expliquera tout cela mieux que moi.

Il s'était éloigné de deux pas pour faire place à Thérèse.

Elle vint vivement à Michel et lui tendit la main.

Le colonel ne les quittait pas des yeux ; il vit Michel pâlir, comme si son sang venait de s'arrêter au cœur.

Ah ! comme il l'aimait.

Quant à Thérèse, il y avait dans son accueil presque autant de contrainte que de joie. Assurément elle était heureuse de le revoir, mais ce bonheur n'était pas sans mélange.

C'était le camarade, l'ami qu'elle était heureuse de retrouver ; c'était le mari qui l'épouvantait.

Au moins c'était ainsi que le colonel raisonnait.

Il n'avait point l'intention d'assister à l'entretien de Thérèse et de Michel, il y aurait eu là une indiscrétion trop brutale ; ce qu'il avait vu suffisait.

Il s'approcha et, tendant la main à Michel :

— Nous déjeunons à onze heures, dit-il ; j'espère que vous nous ferez l'amitié de déjeuner avec nous. Je pense que mon oncle sera rentré et que vous pourrez le voir. Quant à Sorieul, il m'a formellement promis d'être ici à dix heures et demie ; il est sorti pour s'occuper de vous, il aura bien des choses à vous dire.

Et, sans attendre une réponse, le colonel, ayant adressé un signe de main affectueux à Thérèse, sortit du salon.

— Enfin, dit Michel, je vous revois ; mais pourquoi est-ce ici ?

— Espériez-vous donc nous revoir chez vous ?

— Non, je n'espérais pas cela, puisque je ne savais pas votre retour en France. En allant rue de Charonne, je n'avais qu'une idée, chercher où vous pouviez être pour courir auprès de vous, si vous étiez encore en Allemagne. Quand le père Croche m'a dit que vous étiez à Paris, je vous jure que j'ai été bien heureux ; mais, quand il a ajouté que je vous trouverais ici, chez M. le colonel Chamberlain, mon bonheur s'est évanoui.

— Où donc devais-je être ? demanda Thérèse en baissant les yeux.

— Je vais vous dire où j'aurais été, moi, si j'avais été vous. La révolution accomplie, j'aurais pensé, si j'avais été vous, que Michel allait être mis en liberté et qu'il s'empresserait de revenir à Paris. Alors j'aurais voulu qu'en arrivant, il me trouvât rue de Charonne, dans l'atelier, chez moi, chez vous ; et je vous jure qu'en l'attendant je n'aurais pas dormi, que j'aurais reconnu son pas dans l'escalier et que je lui aurais ouvert moi-même la porte. Voilà ce que j'aurais fait, si j'avais été vous, et voilà pourquoi une plainte m'est échappée en vous retrouvant ici. Pardonnez-la moi, n'y voyez que l'injustice d'un amour qui a souffert, cruellement souffert pendant cette longue séparation. Vous reverrais-je jamais ?

— Mon cousin ne vous expliquait-il pas tout à l'heure que nous n'étions pas rentrés rue de Charonne, parce que mon père aurait été immédiatement arrêté ?

— C'était ce qu'il me disait, et je comprends que vous ne vous soyez pas exposés à ce danger tant que l'Empire était debout, mais depuis dimanche l'Empire est mort, et c'est aujourd'hui mardi.

— Depuis samedi soir, mon père est sorti et nous ne l'avons pas vu.

Comme Michel avait fait un geste elle crut qu'il était inquiet d'Antoine.

— Oh! n'ayez pas de crainte, dit-elle; nous avons eu de ses nouvelles dimanche par Horace, l'intendant de mon cousin, qui l'a suivi pendant presque toute la journée, et hier par Denizot, qui l'a vu; car Denizot aussi est en liberté.

Et elle expliqua avec une grande abondance de paroles, comme si elle était heureuse de trouver un sujet sur lequel elle pouvait s'étendre librement, comment Denizot était parti avec ses affiches.

Mais ce n'était point à Antoine que Michel pensait; par le père Croche, le concierge de la rue de Charonne, il avait eu des nouvelles qui lui avaient ôté toute inquiétude à ce sujet.

— Ainsi, dit-il après un moment de silence, vous êtes restée ici depuis samedi?

Thérèse ne voulut pas comprendre ce qu'il y avait dans ces paroles, qui étaient bien plus un reproche qu'une interrogation.

— Hier, dit-elle, nous sommes sortis et nous sommes allés rue de Charonne.

— Vous et le colonel?

— Mais sans doute; mon cousin, lui aussi, avait le désir de voir mon père.

— Et de vous accompagner?

Elle regarda Michel en face et une légère rougeur empourpra ses joues.

Elle garda néanmoins le silence pendant quelques secondes; mais Michel, lui aussi, la regardait, et le choc de ces deux regards fit jaillir la flamme qu'elle avait voulu contenir.

— Depuis que vous êtes entré, dit-elle, et me suis efforcée de ne pas comprendre vos paroles; mais ce serait lâcheté de reculer plus longtemps; qu'avez-vous? de quoi vous plaignez-vous? Expliquez-vous franchement, et, si vous avez des reproches à m'adresser, faites-le tête haute, en face, et non par des insinuations ou des allusions.

— Ah! Thérèse! s'écria-t-il désespérément, Thérèse!

Elle fut émue par ce cri passionné et touchée de pitié pour cette douleur.

— Il y a cinq minutes à peine que nous sommes ensemble, dit-elle doucement, presque tendrement, et nous nous querellons!

— Pourquoi?

— Ah! ne cherchons pas pourquoi ni à qui la faute; au contraire, cherchons à ne pas penser que nous avons pu avoir des motifs de querelle.

— Je ne suis pas digne de vous, dit-il pardonnez-moi.

Puis, s'asseyant brusquement sur un canapé, — car toute cette scène s'était passée debout, — il la força à s'asseoir près de lui.

— Racontez-moi comment vous avez quitté l'Allemagne, dit-il.

— Et vous, vous me parlerez de votre emprisonnement.

— Oh! cela n'est rien. Ce qui était terrible, c'était cette condamnation à quinze ans, si elle avait dû s'exécuter jusqu'au bout. Quinze ans! l'éternité pour moi.

Il y avait près de deux heures qu'ils étaient en tête à tête, sans que personne fût venu les déranger, quand Sorieul entra avec fracas.

— On me dit que tu es arrivé, s'écria-t-il; viens dans mes bras.

Et il embrassa Michel.

— Cela est bon, n'est-ce pas, de se retrouver sur le sol natal? A vrai dire, tu ne l'as pas quitté; mais une prison, ce n'est plus la patrie. Pour moi, mon cher ami, j'étouffais en Angleterre: comprends-tu des originaux qui boivent à fond sans parler et sans écouter ceux qui leur parlent. A propos, j'étais sorti pour m'occuper de toi, car je n'oublie pas mes amis; mais le décret était rendu, tu devais être en liberté, m'a-t-on dit, et tu l'es. Cela prouve que la machine gouvernementale fonctionne régulièrement, j'en suis bien aise.

Puis, s'adressant à Thérèse:

— Petite, j'ai une bonne nouvelle à te donner, j'ai vu ton père.

— Comment est-il?

— Rajeuni de dix ans. Ce que c'est que la joie du triomphe! Mais tu vas le voir, il va venir déjeuner avec nous. Je voulais l'amener avec moi, mais je n'ai pas pu lui faire manquer un rendez-vous qu'il avait donné. Il sera ici à 11 heures. Va-t-il être content de voir ce brave Michel! Car tu déjeunes avec nous, n'est-ce pas? Je vais te faire inviter par Edouard.

— Je vous remercie, le colonel a bien voulu m'inviter lui-même.

— Eh bien! tu vas voir que l'ordinaire du colonel vaut mieux que celui de la prison: excellente cuisine, mon cher; quant aux vins, exquis. Hier, pour souper, j'ai vidé une bouteille de bourgogne délicieuse; tu comprends que, pour un homme qui ne buvait plus que de la bière anglaise, je lui ai fait fête.

Tout en parlant, Sorieul se promenait dans le salon, les mains derrière le dos, le képi sur la tête, dans l'attitude d'un officier qui passe une revue.

Tout à coup, il s'arrêta devant une fenêtre; car il venait d'apercevoir le colonel, qui, avec deux domestiques, mesurait le jardin; au moyen d'un cordeau, il prenait la longueur et la largeur.

— Que diable ! faites-vous là ? s'écria Sorieul.

— Vous voyez, je prends des mesures.

— C'est pour ce que vous voulez faire construire ?

Le colonel ne répondit point.

Mais Sorieul n'était pas homme à se fâcher pour si peu.

— J'ai vu Antoine, dit-il ; il va venir déjeuner avec nous.

— Ah ! très-bien !

Cette nouvelle était sans doute très-intéressante pour le colonel, car il abandonna aussitôt son arpentage pour venir dans le salon.

— A quelle heure mon oncle doit-il arriver ? demanda-t-il à Sorieul.

— A 11 heures, et, vous savez, avec lui il n'y a pas de danger d'attendre ; je ne sais pas comment il fait, il trouve toujours moyen d'être exact. Est-ce curieux !

Maintenant, que Sorieul était en tiers dans le tête-à-tête de Thérèse et de Michel, le colonel pouvait sans indiscrétion rester avec eux; il y aurait même eu une sorte d'affectation de discrétion à se retirer.

D'ailleurs ce qui se disait n'avait aucun caractère intime : Sorieul expliquait la situation à Michel, la situation intérieure aussi bien que la situation extérieure, parce qu'en prison on est mal placé pour savoir ce qui se passe, n'est-il pas vrai ? tandis qu'à l'étranger, on voit les choses de haut, dans leur ensemble, de sorte qu'on peut les juger.

C'était ce que Sorieul avait fait. Il avait un jugement sur tout, les choses aussi bien que les hommes, et ce jugement, il le communiquait généreusement à son jeune ami, n'étant pas de ces égoïstes qui, ayant découvert la vérité, la gardent pour eux seuls ; il ne gardait rien pour lui-même, ni ses propres affaires ni celles des autres, ni ses secrets ni ceux d'autrui.

Michel écoutait avec impatience et ses yeux se tournaient plus souvent vers Thérèse que sur son interlocuteur.

Mais Sorieul n'était pas un homme auquel on échappait facilement, s'il voyait l'attention de Michel faiblir, il allait à lui et le secouait par le bouton de son paletot.

Pour le colonel, il s'entretenait librement avec Thérèse, mais en examinant avec attention l'attitude de Michel; car pour lui la lutte avec le jeune ouvrier allait commencer et elle devrait se poursuivre jusqu'à la fin, sans une minute de trêve, ouvertement, comme à chemin couvert.

Il vint un moment où, dans ses explications, Sorieul éprouva le besoin de faire la démonstration du mécanisme de son revolver.

Mais à ce moment le colonel intervint en riant :

— Est-il toujours chargé ? demanda-t-il.

Sorieul ne se fâcha pas.

— Je crois, dit-il sérieusement, qu'une arme sans munition n'est d'aucune utilité.

— Assurément.

— Aussi, pour tout concilier, l'intérêt de la défense nationale et la sûreté des particuliers, j'ai déchargé mon revolver, — un malheur est si vite arrivé, même entre les mains les plus habiles, — seulement je porte mes munitions sur moi.

Et des profondeurs de ses poches il tira des poignées de cartouches.

Antoine arriva à 11 heures.

Sorieul avait dit vrai : il paraissait rajeuni de dix ans, une espérance virile enflammait son regard.

En entrant, il alla tout d'abord à Michel, avant même d'embrasser sa fille.

— Mon brave Michel, dit-il, te voilà enfin ; quinze ans, tu vois ce que ça dure : l'exil, la prison, et nous voilà tous réunis cependant.

On passa dans la salle à manger.

Le colonel plaça Michel à la gauche de Thérèse, car il entrait dans son plan d'éviter avec soin tout ce qui pouvait ressembler à de la jalousie ou à de l'exclusion.

C'était la première fois que Michel s'asseyait à la table du colonel ; il y apporta une certaine contrainte.

Non-seulement il souffrait moralement, mais encore il se sentait mal à l'aise. Ce luxe le gênait, la présence de Thérèse surtout le troublait ; elle paraissait avoir été élevée dans cet hôtel, pour cette grande existence. Non, elle n'était pas faite pour devenir la femme d'un ouvrier.

Heureusement Sorieul, en accaparant la conversation, lui permit de se taire.

— Eh bien ! dit Sorieul, s'adressant à Antoine, j'espère que maintenant tu vas t'occuper de la question sociale.

— La question sociale, c'est la question du pot-au-feu, et pour ceux qui ne savent jamais s'ils mangeront le lendemain, si leurs femmes et leurs enfants ne mourront pas de faim, si leurs filles ne leur seront pas enlevées par la misère ; elle est intéressante assurément. Mais en ce moment la question du pot-au-feu n'est plus la première pour qui a du cœur.

Là-dessus Sorieul expliqua comment Paris devait se défendre, et il en eut pour jusqu'à la fin du déjeuner.

Quand on se leva de table, le colonel prit son oncle par le bras et l'emmena dans une pièce écartée.

Le moment était venu d'engager franchement la lutte avec Michel, et il ne fallait pas laisser à celui-ci l'avantage de la commencer.

XIV

Surpris par les façons mystérieuses de son neveu, Antoine se hâta de l'interroger.
— Que se passe-t-il donc?
— Avez-vous une heure à me donner? demanda le colonel.
— Oui, si cela presse; non, si cela peut être différé.
— Il vaut mieux ne pas attendre; cependant, si vous ne pouvez pas me donner cette heure immédiatement, dites-moi quand vous serez libre et quand vous rentrerez.
— Quelle heure est-il? demanda Antoine.
Le colonel tira sa montre.
— Midi et demi.
— J'ai rendez-vous au faubourg à deux heures, et précisément c'est pour représenter à nos amis qu'on perd beaucoup trop de temps, et qu'au lieu de s'amuser à jeter des aigles à bas ou autre chose de même importance, il vaudrait beaucoup mieux s'organiser. Si je me mets moi-même en retard, je serai mal venu à présenter mes observations; il faut commencer par donner soi-même l'exemple.
— Je vous ferai conduire en voiture, vous pouvez donc me donner largement l'heure que je vous demande. Au reste, je peux vous dire tout de suite, pour rassurer votre conscience, qu'il ne s'agit point d'une chose nous étant purement personnelle, mais bien utile à tous.
— Je vous écoute, dit Antoine, en s'asseyant.
— Avant tout, permettez-moi une question, mon oncle: quelles sont vos intentions?
— Comment?
— C'est-à-dire que comptez-vous faire présentement? Vous ne pensez pas reprendre votre travail, n'est-ce pas?
— Ah! certes, non; il y a mieux à faire que de manier un ciseau.
— En vous adressant ma question, je prévoyais votre réponse: vous ne pensez donc pas retourner rue de Charonne?
— Mais au contraire j'y pense; il n'y a plus de raisons maintenant pour que je ne rentre pas chez moi, et c'est ce que j'aurais déjà fait, si depuis deux jours j'avais eu une minute à moi.
— Permettez-moi de vous dire, mon oncle, qu'il y a au contraire des raisons, de très-fortes raisons, pour que vous ne retourniez pas chez vous avec l'intention de vous y installer.
— Comment cela?
— C'est précisément pour vous l'expliquer que je vous ai demandé cet entretien.

Antoine avait jusque là écouté en homme préoccupé, qui pense à autre chose qu'à ce qu'on lui dit et qui voudrait bien s'en aller; ces derniers mots le rendirent attentif. Sa préoccupation était remplacée par de la curiosité.

— Hier, commença le colonel, nous sommes allés rue de Charonne, Thérèse et moi, pour vous voir ou tout au moins pour savoir si l'on avait de vos nouvelles. Nous avons trouvé une grande animation dans les rues, et nous avons, en écoutant les groupes, entendu d'étranges choses; il semble qu'il n'y a plus de Prussiens et que le souffle de la République les a balayés jusqu'au fond de l'Allemagne.

Antoine haussa les épaules.
— Je pense que ce n'est point là votre sentiment? continua le colonel.
— Ne prenez point la folie de quelques-uns pour le sentiment de tous, mon cher Édouard, et, pour savoir l'opinion générale, ne vous en tenez point à ce que vous entendez dans les rues: les gens qui éprouvent le besoin de crier si fort leur opinion ont l'enthousiasme facile. Soyez certain que tous les esprits ne se laissent pas griser ainsi par les illusions. Nous autres, vieux républicains, qui avons le droit de parler de la république, nous savons bien que ce mot seul ne fera pas rentrer nos ennemis en terre; nous comprenons aussi que 92 n'est pas facile à recommencer et que ce n'est pas aujourd'hui, au point où a été porté l'art de la guerre, qu'on improvise, du jour au lendemain, des armes et des armées; enfin nous savons encore qu'il faut compter avec l'influence pernicieuse que l'Empire a exercée pendant vingt ans sur la nation entière. Vous voyez donc que nous croyons au danger et que nous le regardons en face tel qu'il est, c'est-à-dire terrible.
— Alors vous croyez au siége de Paris?
— Certes, oui.
— Et vous ne vous imaginez point que c'est avec des phrases, fussent-elles les plus éloquentes du monde, ni avec des sentiments, fussent-ils les plus nobles, qu'on va arrêter les armées allemandes. Soyez sûr que l'Allemagne est à son tour emportée par le vertige de la conquête, et qu'elle ne consentira pas à une paix juste ou raisonnable: elle ira jusqu'au bout. Et le bout présentement, c'est le siège de Paris. L'Empire, pour se sauver, aurait pu payer sa rançon avec une portion de territoire et une grosse somme d'argent; la nation ne peut céder une portion d'elle-même, si petite qu'on l'exige, que si elle est

complétement épuisée et absolument incapable de continuer la lutte.

— Nous n'en sommes pas là : le pays va se lever, la résistance va s'organiser ; nous ne céderons rien que notre vie.

— C'est bien ainsi que je l'entends, et voilà pourquoi je dis que la guerre va continuer, et que dans quelques jours les Prussiens seront ici. Car il leur faut prendre Paris ; pour eux, c'est une condition fatale, au moins pour la Prusse, et c'est la Prusse qui mène la guerre. L'unité allemande a commencé à Wœrth, elle ne peut s'achever que sous les murs de Paris ; la politique, aussi bien que le sentiment national, exigent ce siége.

— Je sens cela.

— Qu'adviendra-t-il de ce siége ?

Antoine ne pensait plus à partir.

— Oui, dit-il, qu'adviendra-t-il ? Vous êtes un soldat, parlez en soldat.

— Précisément parce que je suis un soldat, je suis, jusqu'à un certain point, je le reconnais, incapable de vous donner une opinion juste. En effet, je vois d'un côté un des combattants admirablement organisé au point de vue militaire, possédant tout ce qui assure le succès : un général, des armes et des soldats ; et, de l'autre, je vois son adversaire ne possédant rien de tout cela. Vous devez donc comprendre que moi, soldat, et précisément parce que je suis soldat, je n'ai pas, en présence d'une pareille situation, toute l'impartialité nécessaire : l'influence du métier pèse sur moi. D'un côté, je vois une force connue, — l'armée prussienne, — que je peux peser et dont je peux jusqu'à un certain point calculer la puissance ; de l'autre, je suis en face d'une force inconnue, — l'élan national, — dont je ne peux pas calculer la résistance. En conséquence, il ne faut pas attacher trop d'importance à mes jugements : je vous l'ai déjà dit, mon oncle, je vous le répète. De plus, je suis encore influencé par des entretiens que j'ai eus avec plusieurs de vos généraux, qui, par malheur, n'ont pas foi dans la résistance de Paris. A une armée telle que sera celle de Paris, il faudrait des enthousiastes, et elle a pour la commander des critiques.

— C'est votre opinion que je demande, dit Antoine, et non celle de ceux avec qui vous avez pu vous entretenir.

— Ce que je viens de vous dire n'a d'autre but que de vous mettre en garde contre cette opinion dans ce qu'elle peut avoir d'excessif.

— Alors vous croyez donc que les Prussiens pourront entrer dans Paris ?

— Je crois qu'ils le pourraient s'ils l'osaient. Depuis que le siége est imminent, j'ai chaque jour parcouru l'enceinte et ses environs, étudiant les chances de l'attaque aussi bien que celles de la défense. Eh bien ! je suis convaincu que si, le lendemain de l'investissement, l'ennemi réunit la nuit une vingtaine de mille hommes en infanterie, artillerie et cavalerie, à Sèvres et à Meudon, il peut, en lançant hardiment cette troupe, prendre de vive force la porte du Bas-Meudon ; le fossé n'a pas deux mètres de large, et, en jetant un pont en madriers sur ce fossé, le passage serait facile. Pendant que l'artillerie s'établirait sur le chemin de fer de ceinture, la cavalerie courrait le long des bastions de Vaugirard sans qu'on puisse l'arrêter.

— Et vous n'avez pas dit cela aux généraux que vous connaissez ? s'écria Antoine.

— Je l'ai dit. Savez-vous ce qu'on m'a répondu ? « Les Prussiens entreront dans Paris quand ils le voudront ; nous ne pourrons que nous faire tuer. »

— Vous disiez tout à l'heure que les Prussiens pourraient tenter cette attaque, s'ils l'osaient.

— Oui, et je crois qu'ils ne l'oseront point. Il n'entre pas dans les habitudes du sage et prudent esprit qui les dirige de risquer des coups incertains ou imprudents ; il n'avance que sûrement et ne prend que ce qu'il sait pouvoir prendre. D'ailleurs cette tentative, qu'on pourrait risquer avec des troupes françaises, n'aurait pas les mêmes chances de réussite avec des troupes allemandes, qui n'ont pas l'élan furieux des soldats qui sont entrés et se sont maintenus dans Malakoff. Je ne crois donc pas à une attaque de vive force ; mais je crois à un siége plus ou moins long, avec toutes les conséquences d'un siége, batailles, bombardement, et voilà pourquoi j'ai voulu vous entretenir, voilà pourquoi je vous ai dit qu'il ne s'agissait point d'une chose qui nous fût exclusivement personnelle. Ce n'est pas d'aujourd'hui que je suis arrivé à la conviction que je viens de vous exprimer ; mais c'est depuis votre retour à Paris que m'est venue l'idée que je veux vous soumettre, et pour l'exécution de laquelle j'ai besoin du concours de Thérèse.

— Thérèse ! s'écria Antoine, stupéfait et ne comprenant pas comment Thérèse pouvait surgir tout à coup au milieu d'un pareil sujet.

— Oui, Thérèse. Lorsqu'on a vu que le siége devenait menaçant, certains esprits auraient voulu qu'on fit sortir de Paris les femmes, les enfants, les vieillards, et tous ceux qui ne pouvaient pas devenir de véritables soldats : cela aurait éternisé la défense. Mais cela n'a pas été fait : les femmes sont restées. Il faut les utiliser, et elles peuvent rendre plus de services qu'en s'organisant en bataillons d'amazones. Mon intention est de former une ambulance ici, et j'ai besoin

de Thérèse; à vrai dire même, cette ambulance n'est possible qu'avec Thérèse
— Mais....

Le colonel ne se laissa pas couper la parole.

— Avant de me répondre, dit-il, je vous prie de m'écouter jusqu'au bout; si vous avez des objections à faire à mon projet, attendez que vous connaissiez ce projet dans son entier et que vous ayez pu le juger dans son bon comme dans son mauvais.

— Ce n'est point votre projet que je veux juger.

— Ecoutez-moi, mon oncle : si le siége de Paris est ce que j'imagine, il est certain qu'il n'y aura pas assez d'ambulances, et que l'initiative privée devra venir en aide à ce qui existe en ce moment. D'ailleurs les ambulances, telles qu'on les comprend en France, laissent beaucoup à désirer, et nous autres Américains, nous avons fait pendant notre guerre des expériences que je trouve utile d'introduire ici. Je veux donc couvrir mon jardin d'ambulances sous tentes.

— Sous tentes! mais nous allons bientôt entrer dans la période des mauvais temps, ne l'oubliez pas.

— Ne craignez rien; nos ambulances telles que nous les construisons défient tous les mauvais temps, même le froid le plus âpre. Si les minutes ne nous étaient pas mesurées, je vous donnerais à ce sujet des explications qui vous convaincraient; mais ce n'est pas de cela qu'il s'agit pour le moment.

— Vous parliez de Thérèse.

— Justement. Les blessés n'ont pas besoin seulement de soins matériels, de bons lits, de pansements habiles, de bonne nourriture; il leur faut encore des distractions et de la gaieté, une sorte d'hygiène morale. Je vous en parle en connaissance de cause, moi qui ai passé trois mois sous une tente sans pouvoir sortir. Ces soins moraux ce sont les femmes seules qui peuvent les donner. Vous ne sauriez croire combien un sourire de femme est doux pour un pauvre diable de blessé que la tristesse et le désespoir abattent. Il arrive souvent qu'un blessé à qui on a coupé un bras ou une jambe est plus malade moralement que physiquement; il réfléchit qu'il a vingt ans, qu'il est estropié, et que la vie, quelle quelle soit, aura des tristesses pour lui, et il passe ainsi des heures qui ne sont pas gaies. Alors il a besoin, sous peine d'être empoigné et même emporté par la fièvre, d'être égayé et réconforté. Une femme s'approche de lui, elle lui parle, elle lui sourit, elle le sauve. J'ai vu cela en Amérique. Combien cet effet ne doit-il pas être plus puissant en France, où les Français sont beaucoup plus sensibles à l'influence féminine que les Américains. Je veux que cette influence s'exerce dans mon ambulance, et vous voyez comment j'arrive nécessairement à Thérèse.

— Oui, je vois, mais....

— Vous me direz que j'ai ma femme de charge. Sans doute, Mme Bénard est une excellente femme, et je compte bien qu'elle nous rendra de grands services par son esprit d'ordre et d'organisation. Mais, en dehors de ces deux qualités, très-grandes chez elle et qui nous seront très-utiles, elle n'a rien de ce que je veux, surtout de ce que voudront nos blessés, c'est-à-dire de la bonté, de la douceur, de la gaieté, en un mot du charme. Vous êtes assez artiste, mon oncle, pour savoir combien la grâce ou la beauté exerce d'influence en ce monde, et précisément Thérèse possède au plus haut point cette grâce et ce charme.

Tout en parlant et en pesant ses paroles, le colonel observait avec soin la physionomie de son oncle, pour voir quel effet ce discours produisait sur lui; car c'est un vrai discours qu'il avait préparé, aussi bien dans la partie qui s'applique à la guerre, et qui avait pour but de toucher le sentiment patriotique du vieux républicain, que dans celle qui s'appliquait à Thérèse et qui avait pour but d'émouvoir le père.

Il le vit sourire.

Alors il continua plus vivement :

— Une autre raison qui rend encore la présence de Thérèse indispensable ici, c'est une raison d'ordre et de convenance. Il n'entre pas dans mes vues, en effet, de m'enfermer dans cet hôtel pour me faire ambulancier; je crois que je pourrai être plus utile ailleurs, et tout à l'heure je vous expliquerai mes intentions à ce sujet. Ce que je veux dire en ce moment, c'est que puisque je ne puis pas rester ici; il faut que je sois représenté par quelqu'un qui ait le droit de parler avec autorité, et Thérèse aura ce droit.

— Une petite fille.

— Cette petite fille est ma cousine, et par cela seul on écoutera ce qu'elle dira et on lui obéira. Vous voyez donc, mon oncle, quels services Thérèse peut rendre, et je crois que nulle part ailleurs elle ne pourrait remplir un rôle plus utile : c'est pour la patrie que je vous la demande.

— Lui avez-vous parlé de ce projet?

— Certes non, et avant tout j'ai voulu vous le soumettre. Il n'y a qu'une personne avec laquelle je m'en sois expliqué; cette personne, c'est Sorieul. Hier soir, ne vous voyant pas venir et ayant là Sorieul, c'est-à-dire l'oncle de Thérèse, qui, en cette qualité, a de certains droits sur elle, je l'ai consulté, car mon projet demande à être mis vivement à exécution et tout retard lui est préjudiciable. Je lui ai dit ce que je voulais faire et lui ai expliqué quels services Thérèse pouvait nous rendre. Il a pleinement approuvé mon projet, et si bien approuvé même, qu'il veut se consacrer aussi, au moins en partie, à son exécution : il a pris son appartement ici.

— Ah !

— Et je suis assuré de son concours. Maintenant, mon oncle, c'est le vôtre que je demande Au commencement de notre entretien, vous me disiez que vous aviez l'intention de retourner rue de Charonne. Pourquoi faire ?

— N'est-ce pas chez moi ? Où voulez-vous que j'aille ?

— Je veux que vous restiez ici ou plutôt que vous considériez que c'est ici qu'est votre chez vous. Que feriez-vous rue de Charonne, puisque vous n'allez pas travailler ? Je ne sais comment vous comptez employer votre énergie pendant le siège ; mais, quelle que soit votre résolution, il vous faut toujours un domicile. Ici vous serez avec votre fille, avec votre beau-frère, — et voulez-vous me permettre d'ajouter, mon cher oncle ? — chez votre fils.

Ils se serrèrent la main.

— Sans doute, continua le colonel, je sais que vous avez de bonnes raisons pour retourner rue de Charonne, au milieu de vos amis ; mais j'en vois de meilleures pour que vous restiez ici.

— Je vous demandais tout à l'heure si vous aviez parlé de votre projet à Thérèse.

— Et je vous ai répondu : non.

— Mais il y a encore une autre personne qui doit être consultée, c'est...

Antoine hésita un moment.

— C'est Michel, n'est-ce pas ? interrompit vivement le colonel.

— Sans doute.

— Je m'attendais à votre réponse et je n'ai pas d'objection à y faire. Je suis tout prêt à soumettre ce projet à Michel, non pas pour lui demander Thérèse, elle n'est pas encore sa femme ; mais pour voir s'il s'opposera à ce qu'elle remplisse le rôle patriotique que je lui destine. Il y a là une nuance, mon oncle, que je vous prie de remarquer. Si Michel approuve ce projet, comme je crois qu'il l'approuvera, rien ne sera plus simple ; au contraire, s'il le repousse, ce sera à vous, le père de famille, de prononcer en dernier ressort, et alors je plaiderai moi-même ma cause contre Michel. Mais, comme cette plaidoirie peut en ce moment être inutile, ce n'est pas la peine de l'entamer.

Si résolu qu'on soit, on accepte volontiers tout ce qu'on peut vous tirer d'une situation difficile et délicate.

Antoine, après avoir pris en main la cause de Michel, se dit qu'après tout on pouvait tenter auprès de celui-ci l'expérience que le colonel demandait.

Évidemment c'était un moyen qui simplifiait les choses.

— Allons trouver Michel, dit-il.

— Voudrez-vous me laisser prendre la parole ? demanda le colonel.

Cela encore ne pouvait pas contrarier Antoine, assez embarrassé de ce qu'il devrait dire.

— Parfaitement.

Ils revinrent dans le salon, où Michel et Thérèse écoutaient plus ou moins attentivement les considérations diplomatiques que Sorieul faisait valoir en faveur de l'équilibre européen.

— Ma chère cousine, dit le colonel en s'adressant à Thérèse, qui le regardait comme si elle espérait lire dans ses yeux ce qui venait de se dire dans ce long entretien, nous avons tenu un conseil de guerre, mon oncle et moi, mais sans pouvoir nous mettre d'accord ; nous avons besoin de nous adjoindre deux nouveaux membres. Voulez-vous nous céder ces messieurs ?

Et au regard inquiet qu'elle attachait sur lui, il répondit par un sourire qui disait :

— Ne craignez rien, tout va bien, comptez sur moi.

— Alors à tout à l'heure, dit-elle.

— A bientôt.

Et elle sortit.

XV

Il n'entrait pas dans les intentions du colonel d'aborder tout simplement et tout franchement avec Michel la question qu'il voulait poser à celui-ci.

En effet, il était à peu près certain que si l'on demandait brusquement à Michel : « Vous plaît-il que Thérèse habite l'hôtel de son cousin le colonel, pour diriger une ambulance que celui-ci désire établir ? » la réponse serait : « Non. »

Pour espérer le contraire, il aurait fallu croire qu'il n'y avait pas plus d'inquiétude que de jalousie dans le cœur de Michel, et le colonel savait mieux que personne à quoi s'en tenir sur l'existence de cette inquiétude et de cette jalousie.

Il n'avait pas oublié quelle avait été l'attitude de Michel à son égard, alors qu'il était entré dans la maison de son oncle, et que des relations de jour en jour plus amicales s'étaient établies entre Thérèse et lui.

De jour en jour aussi, à cette époque l'humeur de Michel était devenue plus sombre, et son attitude était devenue de plus en plus caractéristique : la fièvre de la jalousie le dévorait.

Les manières de Michel n'avaient changé avec lui que le jour où, revenant de Suisse, il avait été rue de Charonne pour faire part à Thérèse de son prochain mariage avec Carmelita. C'était ce jour-là et ce jour-là seulement que Michel lui avait demandé son amitié, et encore en quels termes ? De leur conversation au bas de l'escalier, il lui était resté dans la mémoire un mot significatif : « Je vous jure que je la rendrai heureuse. »

Combien ce sentiment d'amitié avait-il persisté ? Cela était difficile à savoir. Mais ce qu'il y avait de certain, c'était qu'il n'existait plus aujourd'hui.

Pour comprendre ce qui se passait présentement dans le cœur de Michel, il n'y avait qu'à se rappeler la façon hésitante et contrainte dont il avait avancé la main quand le colonel l'avait abordé.

Il n'y avait aussi qu'à se rappeler ses sombres regards pendant le déjeuner, allant alternativement de Thérèse au colonel et du colonel à Thérèse.

Évidemment il n'était plus au temps où il disait : « Voulez-vous me permettre de vous demander votre amitié ? J'ai à me reprocher d'avoir mal accueilli vos bons procédés, je vous en fais mes excuses. » Ce n'était certes pas à des excuses qu'il était disposé présentement.

Dans ces conditions, exprimer franchement le désir de garder Thérèse, c'était courir au devant d'un refus.

Dans quels termes ce refus serait-il formulé ? c'était ce qu'on ne pouvait prévoir, mais le refus lui-même n'était pas douteux.

Pour accepter une pareille combinaison, il aurait fallu l'abnégation d'un ange, et Michel était un jaloux.

En soi, cette jalousie n'était pas désagréable au colonel, car elle était une sorte d'affirmation des sentiments de Thérèse, mais en ce moment elle était véritablement gênante.

Cependant il fallait prendre un parti, et il n'y avait pas de temps à donner aux longues réflexions.

Heureusement il savait se décider dans les circonstances décisives, et bravement se jeter en avant, en se servant des armes qu'il avait aux mains.

Au moment où son oncle, voyant qu'il ne disait rien, allait tout simplement expliquer à Michel ce qui les amenait près de lui, il prit la parole.

— Tout à l'heure, dit-il, j'expliquais à mon oncle un projet d'ambulance dont je m'occupe ; mais avant, de vous le soumettre, je voudrais vous consulter sur une autre question, plus urgente peut-être.

— Cependant les ambulances, dit Sorieul sentencieusement, doivent incontestablement préoccuper les amis de l'humanité.

Antoine ne dit rien, mais il regarda son neveu avec surprise, se demandant ce que signifiait ce brusque changement d'idées.

Pour Michel, il resta impassible, ne se doutant pas qu'il était l'acteur principal dans la scène qui s'engageait.

Le colonel continua :

— J'ai envoyé ce matin une dépêche à Birmingham pour acheter cinq cents fusils à tir rapide avec un approvisionnement de munitions. J'ai donné toute latitude pour le prix, et n'ai mis qu'une condition au marché pour la livraison, qui doit m'être faite ici le 12, avant midi. Nous sommes aujourd'hui le 7, je ne crois pas que les armées allemandes aient commencé l'investissement de Paris à cette époque, il faudrait pour cela une rapidité de marche qui n'est pas dans leurs habitudes. Achetées aujourd'hui à Birmingham, expédiées par grande vitesse, les armes et les munitions doivent donc pouvoir m'être livrées. Mon intention était de les offrir aussitôt que je les aurais reçues, au gouvernement, car il n'y a pas d'offrande plus utile à faire à la France en ce moment.

— Voilà une idée virile, s'écria Sorieul, digne d'une âme patriotique. Mon cher Édouard, permettez-moi de vous adresser mes félicitations : vous faites un noble usage de votre fortune.

— Au moment où j'ai envoyé ma dépêche, reprit le colonel, mon intention, je viens de vous le dire, était d'offrir ces fusils au gouvernement ; mais certaines paroles de Sorieul pendant le déjeuner m'ont donné à réfléchir, en me montrant qu'il règne en ce moment une certaine désorganisation dans les bureaux.

— Ils n'ont pas l'esprit méthodique, dit Sorieul.

— D'autre part, poursuivit le colonel, vous nous avez expliqué, vous, mon oncle, qu'il y avait un assez grand nombre de gens de bonne volonté qui n'ont pas pu encore, malgré leurs démarches, se faire incorporer dans la garde nationale. De telle sorte que quand mes fusils arriveront, il pourra se produire ceci : on ne les distribuera pas, et cependant il y aura des mains tendues qui ne demanderaient pas mieux que de les recevoir pour s'en servir courageusement. Cela est à craindre, n'est-ce pas ?

— Assurément, dit Sorieul, et si vos fusils arrivent...

— Quand je vous dis que mes fusils arriveront avant l'investissement de Paris, je parle avec certitude, répondit le colonel, et vous pouvez être pleinement rassurés à cet égard. En effet, voici une réponse à mon télégramme qui me dit que si je veux payer trois cents Remington, à raison de 100 francs le fusil — ce qui est à peu près le double de la valeur réelle — on prend l'engagement, sous peine d'un fort dédit, de me livrer ces trois cents fusils ici, avec un approvisionnement de cinq cents cartouches par fusil, le 12, avant midi. Je suis tout prêt à ce sacrifice.

— Cependant... interrompit Sorieul.

— Nous n'avons pas le temps de marchander ; d'ailleurs, il faut considérer que pour me faire cette livraison, on rompt peut-être des marchés conclus, ce qui entraînera des dommages-intérêts ; le télégramme n'entre pas dans des détails, il me pose des conditions qui sont à accepter ou à refuser. Pour mon compte, je suis tout disposé à les accepter ; seulement je voudrais être certain qu'une fois mes fusils ici, je trouverai à les placer rapidement et utilement.

— Cela est juste, dit Sorieul.

— Je ne veux pas qu'on me réponde que, l'armement se composant de fusils chassepot, à tabatière ou à piston, mes remingtons seraient une complication de plus.

— Ce serait une trahison, s'écria Sorieul.

— Trahison ou non, cela peut arriver, et je ne veux pas rester avec trois cents fusils dont je serais fort embarrassé : voilà pourquoi je vous consulte.

Antoine, Sorieul et Michel, se regardèrent tous trois en se demandant ce qu'ils pouvaient répondre en pareille circonstance.

— Faites toujours venir les fusils, dit Antoine ; quand vous les aurez, nous trouverons à les employer.

— J'avais pensé un moment, dit le colonel en voyant qu'on ne répondait pas à sa question dans le sens qu'il désirait, j'avais pensé à former un corps francs.

— Excellente idée, dit Sorieul.

— Sans doute c'est une idée qui a du bon, mais elle a aussi du mauvais.

— Je ne vois pas.

— Au moins pour moi.

— En quoi donc ?

— Vous oubliez, n'est-ce pas, que je ne suis pas Français ?

— Légalement.

— C'est évident ; de cœur, je le suis et je vous le prouverai. Mais légalement il me serait difficile, à moi, colonel des États-Unis, d'organiser un corps franc dont je prendrais le commandement. Avec le système d'indiscrétion que les journaux pratiquent à mon égard, cela serait bien vite de notoriété publique et amènerait des complications que je désire éviter. Je puis d'autant mieux parler ainsi que, si ce corps se formait, je suis prêt à m'engager dedans, mais comme simple soldat.

— Vous, un colonel, simple soldat !

— Je crois que les colonels de cavalerie n'auront pas un service bien actif à faire pendant le siège ; d'ailleurs il y aura bien assez de gens, si je ne me trompe, qui seront heureux et fiers de cavalcader à cheval. Simple fantassin, je serai plus utile. Et puis laissez-moi dire entre nous qu'il ne me conviendrait pas d'accepter un grade dans un corps que j'aurais armé et habillé : il me semblerait que j'aurais acheté mon grade.

— Très-bien ! dit Antoine.

— Et cela pourrait être aussi l'opinion de mes soldats, ce qui nécessairement produirait un effet fâcheux.

Jusque-là Michel avait écouté, sans se permettre la plus légère interruption.

Il leva la main.

— Ce corps que vous ne voulez pas organiser ne peut-il pas être formé par d'autres ? dit-il.

— Mais sans doute.

— J'arrive à Paris comme si je tombais des nues, et je ne sais rien ; mais, par ce que j'entends, il me semble qu'il y a encore bien des gens qui ne concourent pas à la défense. Ainsi nous sommes quatre ici, et tous les quatre nous n'avons rien à faire ; beaucoup d'autres doivent être dans le même cas.

— Assurément, dit Antoine, et plusieurs de nos amis qui se sont mis dans la garde nationale voudraient prendre une part plus active à la défense.

— C'est à ces amis qu'il faut s'adresser, dit Sorieul.

Le colonel n'avait plus rien à dire : l'idée qu'il venait de suggérer était adoptée, elle marchait toute seule.

On ne fut pas longtemps à s'entendre et à se mettre pleinement d'accord.

Il fut convenu qu'Antoine et Michel allaient s'occuper de réunir ceux de leurs amis qui voudraient s'engager dans ce corps.

— Prévenez tous ceux qui vous répondront affirmativement, dit le colonel, qu'ils seront armés et habillés ; mais en même temps prévenez-les aussi que le service qu'on leur demandera sera celui des avant-postes, c'est-à-dire pénible et dangereux.

— Il faudrait trouver un beau nom pour ce corps, dit Sorieul, qui n'oubliait jamais le côté littéraire.

— Le nom importe peu.

— Cependant...

— Il en est du nom comme du costume, ce qui sera le plus simple sera le meilleur.

— Enfin j'y réfléchirai, ne livrons rien à l'improvisation, conclut Sorieul.

Sorieul aurait voulu qu'on fixât l'effectif à trois cents hommes ; mais le colonel fit observer que n'ayant que trois cents fusils, il fallait garder une réserve, et que deux cent cinquante hommes suffiraient.

— Il est de fait que deux cent cinquante hommes bien choisis, dit Sorieul, et bien dirigés peuvent faire une utile besogne.

Le temps avait marché pendant cette discussion, mais Antoine ne pensait plus à l'heure.

Quant au colonel, il avait obtenu ce qu'il désirait et son plan avait réussi; maintenant il pouvait aborder la question de l'ambulance.

— Ce premier point décidé, dit-il, j'arrive au second, c'est-à-dire à l'ambulance.

Puis se tournant vers Michel et s'adressant exclusivement à lui :

— Il faut que vous sachiez, dit-il, que j'ai soumis un projet d'ambulance à Sorieul, qui m'a promis son concours, et à mon oncle, à qui j'ai demandé celui de ma cousine.

Michel leva brusquement la tête.

— Voici ce dont il s'agit, continua le colonel sans paraître remarquer ce mouvement : je veux organiser une ambulance dans mon jardin, d'après le système en usage pendant notre guerre ; lequel système est selon moi excellent et peut rendre de grands services pendant le siége.

— Le colonel m'a expliqué ce système, dit Sorieul, et je peux vous affirmer qu'il est vraiment parfait.

— Il consiste à élever dans ce jardin des tentes imperméables, de manière à recevoir ici cent cinquante blessés. Mais, pour que cette ambulance fonctionne régulièrement et donne tout ce que j'attends d'elle, il faut qu'une femme se trouve chargée de la direction de certains services. J'ai déjà le concours de Sorieul...

— Mais je ne peux pas faire partie en même temps de l'ambulance et du corps des volontaires, interrompit Sorieul, tirant son revolver de sa poche.

— Vous seriez sans doute très-utile parmi les volontaires, mais vous serez plus utile encore ici ; c'est donc ici que votre devoir vous attache. D'ailleurs j'ai votre promesse.

— Je ne résiste pas, j'obéis ; seulement je regrette d'obéir.

Et il fit jouer la batterie de son revolver.

— J'ai donc le concours de Sorieul, maintenant il me faut celui de ma cousine.

Michel regarda Antoine ; mais le colonel, qui ne le quittait pas des yeux, ne lui laissa pas le temps de poser une question.

— Thérèse et Sorieul ici, dit-il vivement, d'un ton dégagé ; mon oncle là où il sera le plus utile, vous et moi aux avant-postes : nous voilà tous employés selon nos aptitudes.

Présentée dans ces conditions et en ces termes, la question ne ressemblait plus à celle qu'Antoine voulait adresser à Michel.

En effet, il ne s'agissait plus de lui demander s'il voulait laisser sa fiancée en tête-à-tête avec le colonel.

Ce tête-à-tête était écarté, puisque le colonel, au lieu d'habiter son hôtel, suivrait le bataillon de volontaires qui allait se former, et le service de ce bataillon ne serait pas celui de la garde nationale ; on ne rentrerait pas coucher chez soi, on mènerait la rude existence du soldat en campagne.

Il n'y avait plus de raisons maintenant pour que Thérèse rentrât rue de Charonne.

Qu'y ferait-elle toute seule ?

Évidemment elle serait beaucoup plus utile dans cette ambulance que dans leur logement, où elle n'aurait rien à faire.

— Quand je dis que nous serons tous employés selon nos aptitudes, reprit le colonel comme pour réparer un oubli, je pense aussi à Denizot. Le brave garçon ne collera pas toujours ses affiches, il rentrera à Paris un jour ou l'autre. Que ferait-il ? Ainsi qu'il me le disait lui-même, il n'est pas en état de tenir un fusil, tandis qu'il sera parfaitement à sa place dans notre ambulance : avec sa gaieté, avec son entrain, il distraira les blessés, et lui sera heureux d'accomplir une tâche utile dans la mesure de ses moyens.

— Vous êtes un homme unique, dit Sorieul ; vous pensez à tout et à tous.

Il était difficile de dire le contraire.

Aussi Michel ne dit-il rien.

Il ne lui avait pas été posé de question directe l'obligeant à répondre.

On avait discuté devant lui une combinaison qui le blessait et le peinait.

Mais cette combinaison se présentait dans des conditions qui ne lui permettaient pas de la combattre franchement et à visage découvert.

Pouvait-il dire qu'il ne voulait pas que Thérèse remplît la mission de dévouement qui lui était offerte ?

Non assurément.

Jamais il n'eût voulu se charger d'une pareille responsabilité ; devant lui-même comme devant les autres, il eût rougi d'un pareil refus.

Il pouvait souffrir et il souffrait en effet de cet arrangement, qui, pour son amour jaloux, paraissait plein de danger ; mais il ne pouvait pas le repousser.

Il n'avait qu'une chose à faire, le subir en silence, et ce fut ce qu'il fit.

Le colonel attendit quelques secondes ; puis voyant que Michel ne disait rien, il reprit la parole pour ne pas lui donner le temps de trouver des arguments de résistance.

— Voilà donc qui est bien entendu, dit-il ; le conseil est unanime, n'est-ce pas ?

— Comment voulez-vous qu'il ne le soit pas ? s'écria Sorieul, nous serions de mauvais citoyens si nous n'applaudissions pas vos projets des deux mains.

C'était le mot de la situation : celui qui n'approuvait pas était un mauvais citoyen. Michel ne pouvait pas ne pas approuver.

— Ainsi, continua le colonel, c'est à l'unanimité que nous décidons la formation d'un bataillon de volontaires et l'établissement d'une ambulance. A vous, mon oncle, à vous, Michel, de vous occuper du recrutement des volontaires ; à moi, de m'occuper des fusils, de l'équipement et de tout ce qui est nécessaire à l'ambulance. Nous n'avons pas de temps a perdre. Mon oncle, quand vous voudrez partir, je suis à votre disposition.

— Tout de suite.

— Et vous, Michel ?

Mais Michel n'accepta pas.

Il voulut donner des explications pour justifier son refus ; le colonel n'écouta pas.

— Très-bien ! dit-il, au revoir. Nous dinerons à 7 heures.

— Heure militaire, cria Sorieul.

Antoine et le colonel montèrent en voiture, et pendant quelques minutes ils restèrent à côté l'un de l'autre sans parler.

Ce fut Antoine qui, le premier, rompit ce silence.

— Mon cher Edouard, dit-il, vous m'avez fait, il y a quelques jours, une promesse.

— Au sujet de Thérèse, n'est-ce pas ?

— Oui.

— Eh bien ! mon oncle, je l'ai tenue, et je vous jure que je la tiendrai jusqu'au bout.

— Je ne me permettrais pas de vous poser une question à ce sujet, je vous estime trop pour croire que vous pouvez manquer à votre parole ; c'est cette estime qui me fait vous demander en ce moment un nouvel engagement.

— Lequel ?

— Promettez-moi que d'ici la fin de la guerre, il n'y aura aucune rivalité entre vous et Michel.

— Cette rivalité existe sans notre volonté, mon oncle.

— Je veux dire qu'il n'y aura aucune querelle, aucune discussion, aucune explication.

— Mais...

— En échange de cet engagement, j'en prendrai un envers vous, c'est de ne pas consentir au mariage de Thérèse avant la fin du siége. Je veux que vos luttes particulières ne nuisent pas à la défense de la patrie ; il ne doit plus y avoir place dans nos cœurs que pour un seul sentiment, — le sentiment patriotique. Voulez-vous prendre cet engagement ?

— Dans les termes que vous venez de fixer, oui, mon oncle, je le prends. Ainsi je vous promets, d'une part, que je ne dirai pas un mot d'amour à Thérèse, et, d'autre part, qu'il n'y aura aucune querelle ni aucune explication entre Michel et moi à ce sujet. Mais, pour la rivalité, je ne prends aucun engagement ; je veux que Thérèse soit ma femme et je ferai tout pour la gagner.

XVI

Quand Antoine et le colonel eurent quitté le salon où s'était tenu ce conseil de guerre, Michel resta un moment immobile dans l'attitude d'un homme qui réfléchit et hésite, ne sachant quel parti prendre.

— Eh bien ! dit Sorieul, est-ce que ton intention n'est pas de t'occuper dès maintenant de la formation de votre bataillon ?

— Sans doute.

— Le temps presse, comme l'a dit le colonel.

— Oui, c'est vrai.

— Sais-tu que le colonel est vraiment généreux. 300 fusils à cent soixante francs, cela fait près de soixante mille francs sans parler des munitions ; l'armement de chaque homme coûtera bien deux cents francs, n'est-ce pas ? Cela fait cinquante mille francs à ajouter à soixante mille. Maintenant combien dépensera-t-il pour son ambulance ? Personne ne pourrait le dire aujourd'hui, mais cela sera considérable. Je trouve que c'est user noblement de la fortune, et je le soutiendrai contre tout le monde. N'est-ce pas ton avis ?

— Mais assurément.

— Tu me réponds comme si tu n'écoutais pas ce que je te dis.

— Je vous écoute.

Mais cela n'était pas très-sincère : ce n'était pas à ce que Sorieul lui disait qu'il pensait, c'était à Thérèse.

Devait-il lui parler de cette ambulance ?

A quoi bon ? que pourrait-il lui dire ?

S'expliquer franchement ?

C'était impossible.

Il ne pouvait pas plus s'expliquer sur cet arrangement qu'il n'avait pu le repousser.

Maintenant encore il fallait le subir silencieusement.

Au moins, dans son angoisse, il avait une consolation : le colonel serait avec lui aux avant-postes.

Il fallait donc au plus tôt organiser cette compagnie de volontaires, car aussitôt qu'elle serait formée, le colonel serait obligé de quitter Paris.

Il se dirigea vers la porte de sortie.

— Où vas-tu ? demanda Sorieul.

— Voir ceux de nos amis qui sont libres de s'engager avec nous.

— Je vais avec toi ; s'il faut quelques paroles chaleureuses pour les décider, je leur parlerai. Tu m'as entendu autrefois, mais tu ne sais pas quelle éloquence vous donnent la liberté, la patrie, la défense nationale, l'étranger. Quels sujets, mon ami !

Ils sortirent.

Quand, trois heures après, le colonel rentra à l'hôtel et qu'il s'informa de Thérèse, on lui dit qu'elle était seule.

Il monta à son appartement.

— Eh bien ! ma cousine, dit-il, comment trouvez-vous notre projet ?

— Quel projet ?

— Michel ne vous a rien dit ?

— Je n'ai pas vu Michel depuis que vous avez tenu votre conseil de guerre.

Cette réponse lui donna un mouvement de joie : il était heureux d'apprendre lui-même à Thérèse l'arrangement qui avait été arrêté.

— Ce conseil de guerre, dit-il, avait pour objet de s'occuper de vous.

Elle ne dit pas franchement : Parlez vite, mais son regard le dit pour elle. Sa curiosité était en effet vivement surexcitée.

Que s'était-il passé ?

Pourquoi ce conseil de guerre qui ressemblait tant à un conseil de famille ?

On s'était occupé d'elle.

En quoi ?

Qu'avait-on décidé ?

Pourquoi s'était-on caché d'elle ?

Toutes ces questions, elle les agitait dans son esprit depuis le moment où, sortant du salon, elle était remontée chez elle.

— Dans une chose qui vous touchait personnellement, dit-il, j'aurais voulu tout d'abord vous consulter ; mais des raisons de convenances, dont vous sentirez toute la valeur quand vous saurez ce dont il s'agit, m'ont obligé à m'ouvrir d'abord à votre père, lequel a voulu mêler votre oncle et... Michel à notre entretien. Voilà comment il se fait, ma cousine, que vous apprenez la dernière ce que vous auriez dû être la première à connaître.

— Mais quoi ? dit-elle, ne pouvant plus retenir cette question qui lui brûlait les lèvres.

— Que diriez-vous d'un projet qui vous ferait rester ici, tant que durera le siège.

— Ici... chez vous ? demanda-t-elle d'une voix que l'émotion rendait tremblante ?

Il la regarda longtemps sans répondre, ému lui-même par ce trouble qu'il voyait en elle.

— Voici ce dont il s'agit, dit-il ; j'ai eu l'idée d'établir une ambulance ici, et c'est à vous que je veux en confier la direction.

— La direction d'une ambulance à moi ? Vous n'y pensez pas, mon cousin.

— Quand je dis direction, il faut nous entendre : vous ne serez pas chargée de commander au nombreux personnel que cette organisation va réunir, médecins, infirmiers, cuisiniers, lingères, domestiques ; mais vous serez la maîtresse de cette maison, celle à laquelle on devra s'adresser dans les cas extraordinaires, enfin celle qui inspirera ce service.

— Mais je ne sais pas ce que c'est qu'une ambulance.

— Dans le rôle que je vous destine, il n'est pas besoin de savoir ; le cœur suffit.

— Mais...

— Encore un *mais* ! je rencontre chez vous plus d'objections que je n'en ai trouvé chez votre père, chez votre oncle et chez Michel. Vous n'avez donc pas été heureuse de notre association hier ?

— Je n'ai rien fait.

— Et vous repoussez aujourd'hui une nouvelle association dans laquelle vous avez le rôle actif ! Mais c'est là le principe même de l'association : un jour c'est un associé qui donne le plus, le lendemain c'est l'autre.

— Je ne repousse pas votre projet, croyez-le bien ; mais je me demande, ou si vous le voulez bien, je vous demande à vous comment vous avez eu la pensée de mettre dans un poste de cette importance une pauvre fille comme moi, qui ne sais rien, qui n'ai jamais commandé à personne ?

— J'ai pensé à vous, ma chère... cousine, parce que j'ai foi en votre bonté et confiance en votre activité, et ce qu'il faut avant tout dans ce poste qui vous effraye, c'est de la bonté ; puis, avec la bonté, de l'activité, du zèle, du dévouement.

— Mais vous, mon cousin ?

— Moi, je ne serai pas ici.

— Ah !

Et elle le regarda avec stupéfaction.

— Vous partez ? dit-elle, ne pouvant retenir cette question.

Il laissa échapper un geste de contrariété.

— Je viens de vous fâcher ? dit-elle.

— Un peu ; comment pouvez-vous admettre que je parte et que je vous laisse ici ?

— Je n'admets rien, je cherche et ne comprends pas.

— J'ai eu tort de me fâcher ; pardonnez-moi, j'aurais dû vous expliquer les choses plus clairement.

Et il lui fit part du projet de formation d'une compagnie de volontaires.

Elle l'écouta en ne le quittant pas des yeux, pesant chacune des paroles qu'elle entendait et cherchant à comprendre ce qu'on ne lui disait point.

Cela était d'autant plus difficile qu'il évitait avec soin de parler de Michel, ne prononçant son nom que lorsqu'il était impossible de faire autrement.

Quant à l'opposition que son oncle avait craint de rencontrer dans Michel, bien entendu il n'en dit pas un mot : c'était là un sujet interdit entre eux. Pour l'aborder, il aurait fallu parler de la promesse de mariage qui liait Thérèse à Michel, et, depuis qu'ils étaient réunis, il n'avait jamais été fait la plus légère allusion à ce mariage.

Thérèse n'en pouvait pas parler,

Et, de son côté, il n'en pouvait rien dire, puisqu'il avait pris l'engagement de ne pas laisser échapper une parole d'amour.

Enfin, tant bien que mal, il résuma l'entretien qui avait eu lieu entre Antoine, Sorieul, Michel et lui.

— Voilà donc notre situation à tous, dit-il en terminant ce récit : vous et votre oncle Sorieul ici ; votre père où il aura besoin d'être, Michel et moi aux avant-postes. Comprenez-vous maintenant pourquoi j'ai voulu vous avoir ici. Ne pouvant rester dans cette maison où j'aurais peut-être rendu de plus utiles services que là où je serai, j'ai voulu que ma place fût tenue par...

Il hésita un moment :

— ... Par celle qui est... mon associée, par ma cousine, ma petite cousine, que je sais bonne, dévouée, courageuse, en qui j'ai confiance et foi.

Puis, ne voulant pas se laisser entraîner par l'émotion qui gonflait son cœur et par celle qu'il voyait dans les yeux de Thérèse :

— Est-ce que ce n'est pas une bonne idée? dit-il en riant; allons, félicitez-moi donc un peu. Comment ? vous, élève de Sorieul, vous restez court? Je vous assure que votre maître, lui, a trouvé des paroles pour qualifier cette idée, et de belles et de longues.

Thérèse n'était point de ces jeunes filles qui, au mot guerre, entrent en émoi et volent mort celui qu'elles aiment. Enfant, elle avait été habituée à entendre parler de devoir, de patrie, de sacrifice à ses idées, et, quand son père agitait la question de savoir si l'on tenterait bientôt une révolution, il n'était jamais question de danger ou de mort, on ne s'occupait pas de cela ; ce n'était pas le principal.

Ce n'était donc pas la pensée des dangers auxquels son cousin allait s'exposer aux avant-postes qui troublait ses yeux et rendait ses lèvres tremblantes.

Elle leva sur lui ses yeux, qui jetaient des flammes.

— Si j'osais ? dit-elle d'une voix vibrante.

Et elle s'arrêta.

Au contact de ce regard, il sentit un frisson courir dans ses veines et vivement il se rapprocha d'elle.

— Eh bien ! dit-il en tendant les deux mains vers elle.

Elle recula vivement et détourna la tête.

Mais presqu'aussitôt elle revint vers lui, le visage souriant.

— Eh bien ! ce que je n'ose pas vous dire, c'est que vous êtes un magicien.

Il sentit ce qu'il y avait dans ce sourire, qu'elle avait eu la force de mettre comme un masque sur son visage pour cacher les vrais sentiments qui l'animaient, et lui aussi rentra dans la réalité.

Il avait pris un engagement.

Elle était sa cousine.

Elle serait sa femme.

— C'est moins long que Sorieul, dit-il en s'efforçant de prendre un ton enjoué, mais je suis satisfait.

Puis, après un moment de silence qui lui permit de se remettre tout à fait :

— Ainsi il est bien entendu, n'est-ce pas, que vous prenez ma place et que vous l'occupez, comme si vous étiez moi. Chaque fois qu'une difficulté se présentera, vous n'aurez qu'une question à vous poser : « Que ferait mon cousin ? » Et vous me connaissez assez, je l'espère, pour n'être jamais embarrassé de la réponse. Maintenant il pourrait très-bien arriver qu'étant ici, je me trouvasse moi-même embarrassé ; alors je vous consulterais. Vous devrez donc, en vous déterminant d'après ce que vous savez de mon caractère et de mes idées, avoir égard aussi à vos propres suggestions. Comme cela, nous serons intimement unis d'esprit et de cœur, si bien qu'étant séparés, nous serons cependant ensemble comme...

Il avait beau faire, les mots dangereux arrivaient malgré tout sur ses lèvres.

Il s'arrêta, et se reprenant :

— ...Nous serons deux associés, deux amis. Avant de quitter cette maison, je donnerai des ordres et des instructions pour que vous soyez reconnue comme la maîtresse à qui tous doivent respect ou obéissance.

Il hésita encore durant quelques secondes; puis, se disant qu'il y avait une affectation plus dangereuse que la franchise même à éviter certains mots qui se présentaient fatalement, il continua :

— Vous serez ici comme si vous étiez ma sœur ou bien — pourquoi ne pas dire le mot ? — comme si vous étiez ma femme.

Elle pâlit au point qu'il crut qu'elle allait défaillir.

Elle balbutia quelques mots qu'il n'entendit pas, soit qu'ils fussent inintelligibles, soit qu'il fût lui-même trop troublé pour les comprendre.

Alors il se hâta de continuer, parlant rapidement pour s'étourdir et s'entraîner par le bruit de ses propres paroles.

— Il est bien entendu encore que vous aurez près de vous des personnes en qui vous pourrez mettre votre confiance : les médecins que je vais choisir, votre oncle ; Mᵐᵉ Bénard qui est une digne et brave femme, pleine d'honnêteté et de droiture ; enfin Horace, qui vous sera dévoué comme il me l'est à moi-même ; car il aime qui j'aime, et je vous... et j'ai pour vous une profonde tendresse, ma chère Thérèse. Mais, quel que soit le mérite de ces personnes, j'entends que vous vous déterminiez toujours d'après vos propres inspirations et que vous ne fassiez jamais rien contre ce que vous savez être mes idées.

— Mais...

— Encore un *mais !* Cela vous paraît difficile, n'est-ce pas ? C'est là ce que vous voulez dire ? Pourtant il me semble que rien n'est plus facile. Vous avez entendu parler des spirites, n'est-ce pas, et des médiums ?

— Oui.

— Eh bien ! pourquoi ne feriez-vous pas comme les spirites, qui croient pouvoir entrer en communication avec les esprits des morts ? Je ne serai pas mort, je ne serai qu'absent. Est-ce que, quand vous voudrez communiquer avec moi pour me consulter sur une décision qui vous embarrassera, vous ne pourrez pas évoquer mon esprit et l'interroger ?

— Mais oui, il me semble.

— Moi, je suis certain que là-bas, aux avant-postes, quand je vous évoquerai, je vous verrai comme si vous étiez devant moi en personne, je vous parlerai et je vous entendrai. Pour cela, il n'y a qu'à penser fortement à ceux qu'on...

Une fois encore, un mot trop fort se présenta, qu'il dut refouler.

— ... A ceux avec lesquels on est en communion d'idées et de sentiment. Est-ce que vous croyez que vous ne pourrez pas penser à moi aussi ?

Elle joignit les mains sans répondre.

— Voulez-vous que je vous indique un moyen qui vous rendra cet effort d'imagination plus facile ?

Elle continua de le regarder sans parler, les yeux éperdus.

— Quand vous serez la maîtresse de cette maison, vous ne recevrez pas ceux qui auront affaire à vous dans cet appartement.

— Et pourquoi ?

— Parce que ce serait compliquer le service, parce qu'il faut, autant que possible, éviter aux gens la fatigue et les marches d'escalier ; enfin parce que cet appartement est votre chambre de jeune fille, dans laquelle les indifférents ne doivent pas pénétrer. Elle n'a été, elle ne sera habitée que par vous. Vous recevrez donc dans mon cabinet de travail.

— Oh ! mon cousin.

— Il faut bien que je vous installe quelque part. Tout le rez-de-chaussée sera réservé l'ambulance et à ses services, les tentes que je vais faire dresser dans le jardin seront habitées par les blessés, les appartements du rez-de-chaussée appartiendront aux convalescents, mon cabinet de travail et la bibliothèque seront à vous. Eh bien ! dans ce cabinet, vous avez peut-être remarqué qu'il y a un portrait de moi assez ressemblant ; lorsque vous voudrez me consulter, vous n'aurez qu'à regarder ce portrait, et je me figure que mes yeux vous répondront. Voilà mon moyen.

— Ne pourrai-je pas vous écrire ?

— Mais je l'espère bien ; sans doute le service de la poste ne se fera pas, aussi devrons-nous le remplacer par un messager particulier qui m'apportera votre lettre et vous rapportera ma réponse. Seulement je vous demande instamment de ne pas attendre cette réponse pour vous décider ; car ce que je désire, ce que je veux, — si vous me permettez de parler ainsi, — c'est qu'en tout vous fassiez acte de maîtresse de maison, d'associée. Ce n'est pas seulement un labeur que je vous impose : en établissant cette ambulance, je désire goûter la satisfaction qu'on éprouve à faire un peu de bien. Cette satisfaction, je veux que vous la goûtiez avec moi ; il me plaît que nous soyons associés. Cela ne vous plaît-il pas aussi ?

Elle voulut répondre, mais des larmes lui montèrent aux yeux, et elle se tut, étouffée par la joie.

— Pour faire acte de maîtresse de maison, dit-il, il faut être vraiment maîtresse, et pour cela je ne connais qu'un moyen tout à fait décisif, c'est de tenir la clef de la caisse ; vous ne sauriez croire comme on obéit à l'argent et comme on le respecte. Je ne veux pas vous donner les tracas de la comptabilité et de la dépense de cette maison, ce qui sera assez lourd et surtout compliqué ; Horace sera chargé de ce soin avec des employés que je lui choisirai. Mais je veux que dans les grandes circonstances, alors qu'il ne s'agira pas de choses ordinaires et courantes, vous interveniez et fassiez parler votre autorité, qui, ne l'oubliez pas, sera la mienne. Pour cela, j'ai été vous choisir ce petit livre.

Disant cela, il tira de sa poche un carnet semblable à celui qu'il avait pris dans son bureau pour envoyer des chèques aux maires.

— Vous reconnaissez ce livre, n'est-ce pas ?

— C'est un livre de chèques.

— Précisément ; je l'ai pris à votre intention en vous faisant ouvrir un compte à l'*American Bank*. Votre crédit est illimité ; vous pourrez donc écrire sur ce petit livre aussi souvent que besoin sera, ses feuillets s'épuiseront, mais le crédit ne s'épuisera pas ;

quand le livre sera fini, vous en ferez demander un nouveau.

— Mais je n'aurai pas besoin d'argent, il me semble?

— Vous vous trompez, et, si vous voulez agir pour moi, vous en aurez au contraire souvent besoin. Ainsi laissez-moi vous citer un exemple : Plus d'un de nos blessés guérira, je l'espère ; en sortant d'ici, où ira-t-il? S'il est complétement rétabli et sain et sauf, il retournera à son régiment ; alors il n'aura pas besoin d'un grand secours, car le soldat qui a sa poche pleine est bien souvent un mauvais soldat. Mais il ne sera pas toujours sain et sauf; il sera quelquefois estropié d'un bras, d'une jambe, et il ne retournera pas à son régiment. Que deviendra-t-il? Vous l'aurez fait causer pendant sa convalescence, vous le connaîtrez, vous saurez quels sont ses besoins et ceux de sa famille. C'est alors que vous vous servirez de ce petit livre ; vous écrirez sur une feuille la somme que vous jugerez nécessaire à notre blessé, vous détacherez cette feuille, et vous la lui donnerez en lui indiquant l'adresse de l'*American-Bank*. Une fois sorti, le pauvre garçon ouvrira son petit morceau de papier, et son cœur vous bénira. Vous voyez bien que vous aurez besoin de ce livre, quand ce ne serait que pour vous éviter les scènes de remerciments quelquefois gênantes.

— Et moi, dit-elle, comment vous remercierai-je jamais?

— Me remercier, mais vos yeux ne font que cela ; il n'est pas besoin de paroles entre nous, chère... cousine, puisque nous nous comprenons.

XVII

Lorsque le soir venu, le colonel, seul avec lui-même, examina les incidents de sa journée et se rappela les paroles de son long entretien avec Thérèse, il se demanda s'il avait bien tenu son serment.

Assurément le mot « amour » ne s'était pas trouvé une seule fois dans ses paroles.

A chaque instant, ce mot lui était monté du cœur aux lèvres, mais toujours il avait su le retenir et le refouler.

Par là, ses efforts pour obéir à l'engagement qu'il avait pris envers Antoine avaient été méritants, et jusqu'à un certain point il pouvait se dire qu'il avait été fidèle à cet engagement.

Mais cette fidélité n'avait-elle pas été plus dans l'apparence que dans la réalité?

Le mot amour n'avait pas été prononcé, cela était l'exacte vérité ;

Mais vingt fois, mais cent fois cet amour qu'il n'avait pas voulu nommer avait été affirmé sous toutes les formes, développé de toutes les manières.

Cela aussi était la vérité, et non moins exacte, non moins indéniable.

Il n'est pas nécessaire que nos lèvres prononcent les mots mêmes « Je vous aime ! » pour avouer et confesser notre amour : un regard, une intonation, un geste, le silence, ont souvent plus d'éloquence que les paroles les plus ardentes et les plus passionnées.

Ces regards, ces intonations, ces gestes, ne les avait-il pas eus vingt fois en s'adressant à Thérèse? Combien souvent même ces silences, qui en disent tant, n'étaient-ils pas venus le trahir !

Son affectation à remplacer les mots trop significatifs par d'autres plus vagues n'avait-elle pas été un aveu?

Thérèse n'était pas aveugle, elle n'était pas sourde, elle voyait, elle entendait, elle sentait.

Qu'avait-elle dû penser de ce mélange de tendresse et de retenue, de ces élans et de ces réticences se mêlant et se succédant ?

Tout cela n'était-il pas inexplicable pour elle?

Et l'inexplicable ne devait-il pas la jeter dans le doute et dans la souffrance?

Ne pouvait-elle pas croire qu'il se jouait d'elle, et qu'il en serait de ces nouveaux témoignages de tendresse comme il en avait été des premiers? Un beau jour, sans raisons appréciables pour elle, à l'affection la plus vive succéderaient l'indifférence et l'abandon.

Assurément cette idée d'abandon s'était présentée à elle, lorsqu'elle lui avait dit : « Vous partez? »

Et c'était lui qui s'était fâché, alors qu'elle-même avait tant de justes motifs pour laisser échapper ce cri : puisqu'il s'était éloigné d'elle une fois, pourquoi n'admettrait-elle pas qu'il pouvait s'éloigner encore?

Son attitude n'était-elle pas celle d'un homme qui a peur de s'engager de telle sorte qu'il ne lui sera plus permis de se retirer ?

Pouvait-elle deviner l'engagement qu'il avait pris?

Décidément, pour elle, pour lui, et enfin pour cet engagement même qu'il voulait tenir, il était bon qu'il ne provoquât pas des entretiens tels que celui de cette journée.

Plus il l'aimait, plus il devait s'enfermer rigoureusement dans une prudente retenue; car, à chaque instant, il avait été sur le point de se laisser entraîner, et c'était un miracle qu'il eût pu résister à la prendre dans ses bras.

De sang-froid, il pouvait réfléchir et raisonner; près d'elle, il ne serait pas maître de lui.

Devait-il sacrifier les joies de l'avenir à l'ardent désir de l'heure présente?

Elle serait sa femme, voilà le mot qu'il devait se dire et se répéter.

Qu'adviendrait-il d'un moment d'oubli?

Car, s'il était engagé envers Antoine, elle-même était liée à Michel par une promesse formelle, et elle avait l'âme trop haute pour supporter la trahison. Entraînée, elle pouvait l'être dans une minute d'égarement passionné; mais à coup sûr, si elle succombait, elle ne se le pardonnerait jamais et sa vie pour toujours serait chargée d'un lourd remords.

Non, ce n'était point ainsi qu'elle devait être déliée de sa promesse,

Et précisément parce qu'il se croyait, parce qu'il se sentait aimé, il devait tout faire pour ménager cet amour.

Il avait dans ses mains leur bonheur à tous deux, le sien comme celui de Thérèse, ce serait l'acte d'un enfant ou d'un fou de céder à l'envie de le cueillir hâtivement, au lieu de le laisser s'épanouir dans sa pleine floraison.

Plus de ces entretiens dangereux,

Plus de ces tentations!

Heureusement les circonstances dans lesquelles il se trouvait étaient favorables à l'exécution de cette résolution.

En effet, l'organisation du bataillon de volontaires d'une part, et celle de l'ambulance, d'autre part, étaient d'assez grosses affaires pour prendre tout son temps et ne pas lui laisser le loisir de s'entretenir de choses intimes avec Thérèse.

Pour le recrutement de ce bataillon, il s'en était entièrement remis à son oncle et à Michel; mais il lui était resté l'équipement, c'est-à-dire la partie la plus difficile de la tâche, celle qui exigeait le plus de soin et de peine.

Il fallait examiner des chaussures, comparer des étoffes, essayer leur solidité, compter les fils, et tout cela rapidement, en quelques mois; pressant l'activité des fournisseurs, modérant leur rapacité.

Mais ce travail n'était que de peu d'importance, comparé à celui qu'exigeait l'ambulance.

Car non-seulement il fallait organiser matériellement cette ambulance, c'est-à-dire élever les tentes, établir leur chauffage, acheter leur ameublement, mais encore il fallait choisir son personnel en médecins, infirmiers, lingères, gens de service; puis, en même temps, il fallait passer des marchés pour son approvisionnement en vivres et en chauffage pendant tout le temps du siège.

Précisément parce qu'il ne pouvait pas être chez lui, le colonel ne voulait pas laisser une aussi grosse question que celle des vivres et du chauffage, pendant un siège qui pouvait devenir un blocus, à la charge de Thérèse : c'était une responsabilité trop lourde et qui l'eût écrasée ; aussi préférait-il la remettre à des fournisseurs qui, en vue de bénéfices certains, consentaient à l'assumer et à signer des marchés dont l'exécution était assurée par des dédits considérables.

L'habileté et l'intelligence des ouvriers parisiens sont assez universellement reconnues pour qu'il ne soit pas nécessaire d'en parler ; cependant il est des cas où, chose étrange, cette habileté et cette intelligence sont plutôt un désavantage qu'un avantage. Précisément parce qu'il a conscience de sa valeur, l'ouvrier parisien est peu disposé à écouter ce qu'on lui explique. « Très-bien ! j'ai compris, ça suffit » sont ses premières paroles, avant même qu'on ait fini de lui dire ce qu'on veut. Et il va de l'avant, non d'après les explications qu'il n'a pas pris la peine d'écouter, mais d'après sa propre inspiration. Pour être exact, il faut dire que cette inspiration est parfois excellente et qu'elle conduit à des résultats étonnants. ; mais parfois aussi elle est malheureuse, et elle arrive à des résultats désastreux. Cela surtout se produit lorsqu'il s'agit de choses complètement nouvelles ou qui sont tout à fait en dehors des usages et de la tradition. Alors on va à l'aventure, avec le hasard seul pour guide.

Or ce que le colonel demandait pour la construction de ses tentes était justement en dehors des usages et de la tradition.

— Mettre des blessés sous des toiles, dans un jardin, au commencement de la mauvaise saison, quand on pouvait les installer dans de bons appartements bien clos, avec un plancher sous les pieds et un plafond sur la tête !

Ce fut la réponse que lui firent toutes les personnes raisonnables auxquelles il fut obligé de s'adresser : son architecte, ses entrepreneurs de charpente et de fumisterie.

— Je savais bien qu'il était original, le colonel ; mais voilà une idée qui dépasse tout ce qu'on peut peut imaginer.

— Il est fou.

— Est-ce qu'il se figure que les Français sont bâtis comme les Esquimaux ?

— Je plains les pauvres diables qu'on lui confiera.

— Ne croyez-vous pas plutôt qu'on ne sera pas assez barbare pour lui en confier ? Ce serait un crime contre l'humanité.

— Je lui ai dit mon opinion à ce sujet.

— Et moi aussi, soyez-en sûr.

— Est-ce que vous avez refusé son travail ?

— Non.

— Ni moi non plus, parce que le travail ne se refuse pas en ce moment ; mais c'est égal, c'est absurde.

— Pourquoi ne pas faire comme tout le monde ?

Heureusement pour le projet du colonel le matériel d'ambulance exposé en 1867 par une société américaine était resté à Paris; il put le faire visiter par ses entrepreneurs ainsi que par ses ouvriers, et ses explications devinrent plus facilement compréhensibles.

— Cela ne cessait pas d'être absurde, mais enfin cela était possible.

Et l'on s'était mis au travail dans le jardin bouleversé et transformé.

De toutes les personnes qui l'entouraient, le colonel n'en avait trouvé qu'une seule qui ne lui avait pas fait une opposition obstinée : c'était Sorieul.

Sorieul, en effet, aimait tout ce qui était nouveau, et il suffisait souvent qu'une chose fût inconnue pour qu'il l'adoptât avec passion, — il la démontrait et la faisait connaître ;— elle lui appartenait, elle devenait sa chose à lui. Volontiers il se figurait, de la meilleure foi du monde qu'il l'avait inventée, en tous cas qu'il l'avait prodigieusement perfectionnée, et personne n'avait plus le droit d'y toucher, pas plus pour la critiquer que pour l'approuver. La critique, il ne la supportait pas; l'approbation, il s'en chargeait de telle sorte qu'il eût été vraiment superflu de lui venir en aide.

Ce fut ce qui arriva avec le projet du colonel : une fois qu'il l'eut compris et étudié, il se l'assimila si complétement qu'il devint le sien.

En l'entendant parler, on aurait pu croire qu'il avait passé tout le temps de la guerre de sécession dans les hôpitaux de Chesnuthill, de Washington ou de Point-Lookout, et qu'il les avait étudiés à fond.

Mais où il était tout à fait admirable, c'était lorsqu'on le contredisait :

— Vous me dites que nos blessés auront froid, s'écriait-il; c'est bien là votre question...

— Il me semble que sous une toile, à cette saison.

— Très-bien! ils doivent avoir froid. Vous ne voyez que la question du froid et pas celle de l'aération. Alors dites tout de suite que vous ne connaissez pas les exhalaisons des blessés et l'odeur qui s'échappe de la sécrétion de leurs plaies pour développer dans l'atmosphère des miasmes dans lesquels prennent naissance des maladies terribles : la résorption purulente, la pourriture d'hôpital, l'érysipèle, la pyohémie, le typhus.

Et il allait ainsi, défilant un chapelet de maladies plus effroyables les unes que les autres.

— Vous ne savez donc pas que dans les hôpitaux les blessés meurent, tués plutôt par l'hôpital que par la blessure même; les murs, les plafonds, les planchers de ces hôpitaux ne tardent pas à s'imprégner de miasmes qu'on ne peut chasser, et qui font sans cesse de nouvelles victimes. Sous nos tentes, rien de cela n'est à craindre : pas d'infection, une ventilation parfaite.

A ce mot, il ne fallait pas dire que peut-être cette ventilation était trop parfaite.

— Je vois que vous voulez revenir à la question du froid. Revenons-y. Je pourrais vous répondre que le froid est quelquefois salutaire aux blessés; je ne le ferai pas, parce que cela nous entraînerait trop loin. Je veux seulement vous prouver que sous nos tentes nous avons tout autant de chaleur aussi bien que tout autant de froid que nous voulons, et que nous n'avons jamais d'infection. Venez avec moi.

Si c'était à l'autre bout de Paris qu'on avait eu l'imprudence de soulever cette discussion, il vous prenait le bras, et, de gré ou de force, il vous forçait « à venir avec lui. »

— Voyez comment sont construites mes tentes : la charpente se compose de deux mâts verticaux et d'une poutre transversale; sur cette charpente, nous établissons deux tentes en étoffe de coton très-serré, que nous appelons *cotton duck*, et qui sont recouvertes d'un enduit qui les rend imperméables. Entre chacune de ces tentes, nous laissons un vide dans lequel s'établit un matelas d'air; de place en place, dans la toiture, sont des ouvertures par lesquelles se fait la ventilation. Comment trouvez-vous cela ?

Il fallait répondre qu'on trouvait cela parfait, et c'était le plus souvent ce qu'on faisait de très-bonne foi.

— Maintenant, que vous pouvez juger de l'aération, qui est la question capitale, voyons la question du chauffage, qui vous préoccupe tant. Au-dessous du sol sur lequel notre tente est bâtie, règne un système de tuyaux en poterie qui d'un côté vont s'adapter à un poêle placé en dehors de la tente, et de l'autre à un tuyau qui sert à la fumée. La chaleur et la fumée passent ainsi sous le sol, qu'elles sèchent parfaitement, et elles échauffent assez l'air de la tente pour qu'un thermomètre y monte à 18 ou 20 degrés dans les grands froids. Cette chaleur, venant d'en bas, s'élève naturellement, et, par les ouvertures du toit, emporte miasmes et odeurs. Si par hasard une des maladies dont je vous parlais tout à l'heure se déclarait, rien ne serait plus facile que d'isoler notre malade, et de l'ventiler complétement la tente : nous n'aurions qu'à la relever.

Mais il ne s'en tenait pas à cette démonstration :

— Qui a inventé ce système? des savants? Non, monsieur; de simples soldats. Tant il est vrai que la nécessité est la grande éducatrice. De malheureux soldats blessés étaient dans une presqu'île de la Virginie, manquant de tout et souffrant du froid. Pour chauffer leurs tentes, ils construisirent des tuyaux avec de la terre glaise et des branches d'arbres; puis, pour garder un peu de chaleur, ils placèrent deux tentes l'une par dessus l'autre. Ils ne firent pas le raisonnement scientifique du matelas d'air, ils firent tout bêtement celui de l'homme qui a froid et qui met deux paletots. Voilà le point de départ de notre système, et, grâce aux tentes et aux baraques en planches, les Américains ne perdirent que 6 pour cent de leurs blessés, ce qui ne s'était jamais vu.

Au point de vue pratique, une pareille collaboration ne rendait pas de grands services au colonel; mais, sous d'autres rapports, elle lui était cependant utile : elle l'avait notamment débarrassé des explications à donner aux incrédules et des luttes à soutenir pour la défense de son idée.

Sorieul ne supportait pas l'incrédulité, et, si l'on avait l'imprudence de vouloir lutter contre lui, on était bien vite réduit à capituler ou à prendre la fuite.

Avec un pareil joueur de flûte devant lui, le colonel pouvait s'occuper tranquillement de l'exécution matérielle de son projet.

— Vous croyez que cela présentera des inconvénients: allez trouver mon ami Sorieul, il vous prouvera le contraire.

Et Sorieul faisait cette démonstration d'une façon victorieuse.

Le plaisir de démontrer avait pour lui tant de charmes que lorsqu'il n'avait pas une oreille attentive pour l'écouter, il prodiguait ses démonstrations au colonel lui-même.

— Il est certain, cher ami, que ce que je vous explique là, disait-il, vous le savez aussi bien que moi. Cependant vous n'avez peut-être pas considéré la question à ce point de vue, ce qui vous a empêché de découvrir les avantages qu'elle comporte... Ainsi...

Et tout en écoutant avec plus ou moins d'attention le développement des nouveaux points de vue inventés par son collaborateur, le colonel s'occupait d'un petit détail insignifiant pour celui-ci, mais cependant important.

Et ces détails qui échappaient au coup d'œil de Sorieul étaient infinis.

Après avoir organisé l'ambulance elle-même, il fallait organiser ses services : voitures pour aller chercher les blessés sur les champs de bataille, brancardiers, cochers, et il fallait organiser aussi le logement de ce matériel et de ce personnel, son équipement, sa nourriture.

L'activité qui régnait à l'hôtel Chamberlain contrastait singulièrement avec le calme qui était descendu sur ce quartier naguère si brillant, aujourd'hui désert et mort : plus d'équipages, plus de fenêtres illuminées; le silence et la nuit; quelques domestiques se montraient seulement çà et là, se réunissant pour causer devant les portes des hôtels confiés à leur garde.

Parmi les hôtels qui n'étaient pas inhabités se trouvait celui du marquis de Lucillière; le marquis, il est vrai, était passé en Angleterre avec son haras et son écurie de courses qui courait en ce moment même dans toutes les réunions où elle pouvait avoir des engagements, gagnant ainsi à son propriétaire quelques jolies sommes, que celui-ci n'était pas homme à dédaigner. Mais la marquise était restée à Paris. Pourquoi serait-elle partie? Elle n'avait peur de rien ni de personne, et puis un siége, pour elle c'était le nouveau et l'inconnu: il fallait voir ça.

Ses amis intimes, qui avaient quitté Paris, avaient voulu l'emmener: elle avait résisté à leurs prières aussi bien qu'à leurs colères.

— Non, je veux voir ça.

Et elle était restée après avoir envoyé son fils en Bretagne.

Un jour, en passant devant son hôtel, le colonel avait vu au-dessus de la porte cochère un immense drapeau à la croix rouge qui flottait au vent.

Elle aussi avait voulu avoir son ambulance, seulement elle avait pris moins de peine que le colonel pour l'organiser: sous les combles, dans l'appartement de son fils, elle avait disposé six lits « où les blessés seraient tout à fait bien et pas gênants du tout. »

C'était Horace qui avait donné cette nouvelle au colonel et qui lui avait répété ces paroles, qui étaient celles mêmes de la marquise.

Car il avait eu l'honneur de voir Mme de Lucillière, qui avait même bien voulu l'arrêter dans la rue pour lui demander « quelles étaient ces machines que le colonel faisait élever dans son jardin. »

Il avait donné à la marquise toutes les explications possibles, et elle avait paru vivement s'intéresser à tout ce qu'il lui avait dit.

Il croyait même avoir remarqué que la marquise était curieuse de visiter cette organisation; cependant elle ne l'avait pas demandé, et lui de son côté ne s'était pas permis de le lui proposer, parce que... Enfin il ne se l'était pas permis.

La marquise chez lui, vraiment la visite eût été heureuse.

Et cependant elle était femme à risquer cette visite.

N'avait-elle pas été chez Thérèse?
Dans quel but?

XVIII

Bien des raisons obligeaient le colonel à reconnaître à chaque instant qu'il serait plus utile chez lui qu'aux avant-postes : aux avant-postes, il serait une machine ; chez lui, il était une direction.

Et plus il avançait dans l'organisation de son ambulance, plus ces raisons prenaient de force et d'évidence.

Il était effrayé à la pensée de laisser cette lourde tâche, qui exigeait tous ses efforts, aux faibles mains de Thérèse.

Ne serait-elle pas abattue et écrasée sous le fardeau dont il la chargeait?

Sans doute il trouvait en elle le zèle et le dévouement sur lesquels il avait compté, et, au lieu de tromper ses espérances, elle les dépassait.

Elle avait voulu étudier chacune des parties du rôle qu'elle avait à remplir, et elle l'avait fait avec une merveilleuse activité, voyant tout, examinant tout, dans l'ensemble aussi bien que dans le plus petit détail ; rien ne la rebutait, rien ne lui paraissait indifférent, rien ne la fatiguait : de corps, d'esprit, toujours dispose. Mais ce qu'elle avait surtout réussi c'avait été la conquête de ceux avec lesquels elle allait se trouver en contact.

Le médecin et le chirurgien chargés de la direction de l'ambulance avaient fait son éloge au colonel de telle sorte qu'il était évident qu'elle les avait charmés.

Mme Bénard, ordinairement réservée dans ses appréciation et n'osant pas plus se prononcer en bien qu'en mal, déclarait franchement au colonel « que Mlle Thérèse était une jeune fille tout à fait accomplie. »

Quant à Horace, il ne déclarait rien du tout, étant trop respectueux pour se permettre de juger la cousine de son maître ; mais son attitude avec elle était suffisamment significative pour qu'on devinât ce qu'il pensait.

Lorsqu'elle lui adressait la parole, il commençait à sourire, les coins de sa bouche se tiraient en arrière, ses dents blanches se découvraient, ses paupières inférieures se plissaient, ses yeux devenaient brillants ; puis, à mesure qu'elle avançait dans ses explications son sourire se changeait en rire véritable, ses yeux pétillaient, il s'épanouissait en large ; sa bouche, son nez, se dilatant, et toute sa physionomie prenait l'expression de la joie. Et cependant il l'écoutait, n'oubliant rien de ce qu'elle lui avait dit.

Le comptable qui devait l'aider dans l'administration générale de l'hôtel et de l'ambulance, homme grave et réfléchi, digne élève de M. Prudhomme, de qui il avait reçu les principes de Brard et de Saint-Omer, était émerveillé de son aptitude à comprendre la comptabilité ; « sans doute elle ne savait pas, mais elle avait le sens de la chose, ce qui est bien rare avec les personnes du sexe. »

Les gens de service eux-mêmes paraissaient bien disposés en sa faveur, gagnés qu'ils étaient par sa simplicité et sa politesse.

Il était donc à peu près certain qu'elle n'aurait que de bonnes relations avec tout ce personnel, du plus élevé au plus humble.

Mais qui pouvait savoir ce qui arriverait lorsqu'il ne serait plus là pour fortifier de sa présence l'autorité de cette jeune fille de vingt ans, en ce moment respectée parce qu'elle n'avait pas encore eu à parler fermement, mais qui pourrait bien être méconnue le jour où elle serait seule à commander.

Dans des circonstances critiques, ne perdrait-elle pas la tête, la pauvre enfant?

En mettant les choses au mieux et en supposant que ces circonstances ne se présentassent point, ne succomberait-elle pas à la fatigue physique ou aux inquiétudes morales ?

Elle allait avoir sans cesse sous les yeux le spectacle de la douleur et de la maladie dans ce qu'elles ont de plus affreux.

Et en même temps elle allait aussi se trouver en contact avec des gens plus ou moins mal élevés, plus ou moins reconnaissants des soins qu'elle leur donnerait.

Qui pouvait savoir quelle forme prendrait l'expression de cette reconnaissance ? Pour un honnête homme, combien de vainqueurs ?

Assurément il n'éprouvait aucune jalousie, mais devait-il l'exposer à des outrages qui l'humilieraient et la blesseraient ?

Toutes ces raisons lui faisaient envisager son départ avec des craintes sérieuses.

Mais ce qu'Horace lui avait dit de Mme de Lucillière venait encore aggraver ces craintes, leur donner un caractère d'inquiétude personnelle qu'elles n'avaient pas eu jusque là.

C'était pour Thérèse qu'il avait eu peur en pensant qu'il allait la laisser seule ; mais l'intervention menaçante de Mme de Lucillière lui faisait maintenant redouter un danger pour lui-même.

Dans quel but s'était-elle rendue rue de Charonne?

Que voulait-elle?

Quel besoin avait-elle de voir Thérèse?

Cette visite ne pouvait s'expliquer que par quelque machination mystérieuse.

A quoi tendait cette machination ?

La marquise savait qu'il aimait Thérèse ; elle savait aussi que Thérèse l'aimait, au moins elle le disait. N'était-il pas probable qu'elle voulait se jeter au travers de cet amour pour le contrarier et le briser?

Que ne pouvait-elle pas tenter lorsqu'il serait parti aux avant-postes?

Et cependant il fallait qu'il partît quand même.

Les raisons qui plaidaient en faveur de Thérèse étaient impuissantes à le retenir, aussi bien que celles qui plaidaient en faveur de lui-même et de son amour.

Il avait pris un engagement envers Michel, et malgré tout il devait le remplir loyalement.

Alors même qu'il voudrait y manquer, Antoine serait le premier à lui rappeler leur accord.

C'était un devoir de délicatesse et d'honneur.

Peut-être avait-il été imprudent en arrangeant cette combinaison, qui tout d'abord lui avait paru excellente; mais, quelles que fussent les conséquences de cette imprudence, il n'était pas possible maintenant de revenir sur ses pas, il fallait marcher de l'avant jusqu'au bout.

Il fallait donc laisser Thérèse seule,

Et la laisser exposée aux entreprises de Mme de Lucillière, s'il était vrai, ce qui paraissait probable, que celle-ci voulût entreprendre quelque chose, alors qu'elle aurait toute liberté de le faire.

Pendant qu'il organisait l'ambulance, Antoine et Michel, de leur côté, organisaient le bataillon de volontaires.

Les engagements avaient été vite remplis, et ils avaient trouvé le contingent nécessaire presque entièrement parmi leurs amis ou leurs camarades.

Michel, il est vrai, s'était employé à cette organisation avec une activité fiévreuse.

Il avait hâte de quitter Paris,

Il avait hâte surtout que le colonel s'éloignât de Thérèse.

Les fusils étaient arrivés au jour fixé, et les objets d'équipement et de fourniment avaient été livrés dans les délais convenus.

On avait pu procéder à l'élection des officiers et des sous-officiers.

Ce jour-là, Michel avait convoqué le colonel, mais celui-ci ne s'était pas rendu à cette convocation, et il avait chargé son oncle d'expliquer à Michel les causes de son absence.

Bien qu'il eût voulu dissimuler autant que possible son rôle dans la formation de ce bataillon, ce n'était un secret pour personne qu'il avait fait les frais de son armement et de son équipement; on pouvait vouloir l'en récompenser en lui conférant un grade quelconque, peut-être même celui de commandant. Or, pour les raisons qu'il avait déjà données, il ne lui était pas permis d'accepter un grade, et par convenance il ne voulait pas avoir à refuser ce grade. Il ne contracterait donc son engagement que quand les officiers seraient nommés, et il ne prendrait place dans les rangs que le jour où le bataillon quitterait Paris. Il connaissait encore assez son métier de soldat pour qu'on le dispensât des exercices, et, le jour où il faudrait aller de l'avant, il saurait marcher, sans qu'on eût besoin de lui marquer le pas. D'ailleurs il avait besoin chez lui en ce moment, où il était plus utile qu'il ne le serait sous le feuillage des arbres du quai Bourdon à faire tête droite et tête gauche.

Il avait fallu que Michel se contentât de cette réponse, et l'on avait procédé aux élections, sans que le colonel figurât sur les rôles de la compagnie.

Michel avait été sergent-major; on le connaissait comme un homme ferme et droit, plein de courage; il avait formé le bataillon. C'étaient là des titres sérieux pour qu'on lui conférât un grade; mais, parmi ces titres, il en avait un qui primait tous les autres : sa condamnation à quinze ans de prison, qui en ce moment eût pu lui tenir lieu de bien des qualités; il fut nommé commandant.

Antoine, malgré son âge, avait tenu à s'engager dans un bataillon qui irait au feu mais, à l'exemple de son neveu, il ne voulut aucun grade, et il fut obligé de solliciter ses amis et ceux sur lesquels il avait de l'influence pour empêcher qu'on le nommât officier.

Ce n'était pas le temps où l'on attendait tranquillement que les régiments et les bataillons eussent parfait leur éducation militaire pour les mettre en service actif.

Les Prussiens avançaient toujours, suivant, sans que rien ne les arrêtât, leur marche régulière, si ce n'est quelques viaducs et quelques ponts sautés. Ils étaient à Compiègne, à Château-Thierry, à Provins, à Nangis, à Meaux, à Melun, et chaque jour leur cercle se rapprochait, chaque jour les chemins de fer de l'Est et du Nord annonçaient qu'ils diminuaient leur parcours: on n'allait plus que jusqu'à Creil, puis jusqu'à Pontoise seulement, puis jusqu'à Saint-Denis.

Ils arrivaient.

Un soir, le concierge de l'hôtel Chamberlain vit passer devant son pavillon un homme boiteux et manchot, couvert de boue comme un chien perdu qui aurait erré sur les chemins par un temps de pluie; il paraissait accablé de fatigue, épuisé de besoin.

Il demanda le colonel Chamberlain.

Le concierge avait vu venir, en ces derniers temps, des gens d'aspect si étrange, qui avaient été reçus par le colonel, qu'il n'osa pas mettre ce misérable à la porte.

Qui pouvait savoir?

Et de fait il avait eu raison, car ce misérable était Denizot, qui fut reçu affectueusement par le colonel et tendrement par Thérèse.

— Eh bien! vous voyez, dit-il en se laissant tomber sur une chaise, je n'ai plus mon pot à colle : je l'ai abandonné quand je n'ai plus eu d'affiches. Ah ! j'ai joliment collé, et j'étais parvenu à coller tout aussi bien qu'un afficheur de profession; mais ça n'a servi a rien. Je suis allé au devant d'eux, mais les brigands m'ont épargné la moitié du chemin : il a fallu reculer. Je collais toujours. Hier encore j'ai collé ma dernière affiche à Lagny, mais elle a failli me coûter cher. J'étais en train de passer mon pinceau sur le papier, quand des uhlans sont arrivés sur moi. Je me suis retourné vers eux et je leur ai dit un mot allemand que j'ai appris : *lesen sie das*, ce qui signifie « lisez cela. » Savez-vous ce qu'ils m'ont répondu ? Il y en avait un qui avait une espèce de long pistolet; il m'a ajusté avec et m'a dit : « Si tu ne me fiches pas le camp, mauvais manchot, je te fusille. » Le brigand parlait français comme vous et moi. Alors il a fallu battre en retraite, et me voilà. A quoi est-ce que je vais être propre maintenant ? Tout le monde a un fusil, et je ne peux pas en tenir un. Rien à faire. Malheur !

Mais le colonel le consola en lui disant qu'il allait lui donner quelque chose à faire en le mettant dans un poste où il pourrait rendre d'utiles services.

— Où faut-il aller ? demanda Denizot en se levant comme s'il n'était pas fatigué.

— Rester ici.

Et il lui expliqua quels services il pouvait rendre dans l'ambulance.

— Avec Thérèse ?

— Avec Thérèse.

— En voilà un bonheur !

Pendant la formation du bataillon de volontaires, Michel était venu trois fois seulement à l'hôtel Chamberlain, et encore n'avait-il fait que paraître et disparaître; il semblait même qu'il ne voulût pas avoir d'entretien particulier avec Thérèse : quelques mots d'affaires à la hâte et c'était tout. Il faisait cela sans bouderie, sans mauvaise humeur, non comme un jaloux, mais comme un homme qui ne veut rien donner d'un temps qui ne lui appartient pas.

Pendant que Denizot racontait les incidents de sa malheureuse campagne, Michel arriva.

Ce fut pour Denizot une grande joie de revoir son ami, mais Michel ne s'abandonna pas dans l'expansion de son amitié; après quelques courtes paroles d'affection, il vint au sujet qui l'amenait.

— J'ai enfin reçu notre ordre de départ, dit-il sans s'adresser à personne directement.

Le colonel s'attendait à cette nouvelle d'un moment à l'autre, Thérèse l'attendait aussi ; cependant ils se regardèrent.

— Et quand partez-vous ? demanda Sorieul.

— Demain matin, à neuf heures : nous nous réunissons boulevard Bourdon; tous les hommes sont prévenus.

— Et où allez-vous ? demanda Sorieul

— On nous envoie dans le bois de Vincennes; là on nous désignera notre poste.

Il se fit un moment de silence.

Michel affecta de ne pas adresser ces paroles au colonel, comme s'il ne voulait pas lui rappeler qu'il y avait engagement de sa part de se joindre au bataillon, le jour de l'entrée en campagne.

Mais celui-ci ne se méprit pas sur cette réserve.

— Vous dites à neuf heures, n'est-ce pas, au boulevard Bourdon? demanda-t-il. C'est bien, j'y serai.

— Mais, mon cher Edouard, s'écria Sorieul, c'est impossible; nous avons besoin de vous ici. Rappelez-vous que vous avez des rendez-vous fixés pour demain.

— Vous expliquerez pour quelle cause je les manque.

— Sans doute je peux, comme vous, discuter avec les entrepreneurs; mais, c'est égal, puisque vous avez commencé cette affaire, il vaut mieux que vous la terminiez.

— Je vais vous laisser une note écrite.

Sorieul n'insista pas auprès du colonel, mais il se tourna vers Michel.

— Est-ce que le colonel ne pourrait pas retarder son départ jusqu'à après demain ? Vous n'allez pas, que diable! échanger des coups de fusil avec les Prussiens dès votre arrivée sur le terrain; d'ailleurs vous ne trouverez pas de Prussiens, et, pourvu que le colonel arrive avant eux, cela suffit, il me semble.

— Le colonel est parfaitement libre, dit Michel.

La tentation était grande : un jour encore, un jour de plus.

Un jour pour arranger toutes les affaires en train.

Un jour pour Thérèse.

Mais le colonel ne se laissa pas entraîner par cette perspective.

Il leva la main.

Tous les yeux se tournèrent vers lui, et dans ces yeux il lut les sentiments qui les animaient; chez Thérèse, l'angoisse; chez Michel, l'inquiétude de la jalousie.

— Mais, non, je ne suis pas libre, dit-il; j'ai pris un engagement, je dois le tenir.

— Cependant..., objecta Sorieul.

— Il ne faut pas pour la discipline que mon absence soit excusée par l'amitié de notre chef, cela serait d'un mauvais exemple. Je vous remercie, mon cher Michel ; mais je n'accepte pas la faveur que vous me permettez ; vous pouvez compter sur moi demain, à neuf heures.

Il se leva.

— Je vous demande maintenant la permission de vous quitter, j'ai des ordres à donner et des instructions à écrire. Sorieul, voulez-vous venir avec moi, et vous aussi, Denizot, que je vous fasse conduire à la chambre que je vous ai réservée, car je vous attendais.

Il laissa ainsi Thérèse et Michel en tête-à-tête.

Ils restèrent pendant assez longtemps en face l'un de l'autre, sans parler, Michel les yeux attachés sur Thérèse, celle-ci les yeux baissés.

— Vous ne me dites rien ? demanda-t-il enfin d'une voix que l'émotion rendait hésitante.

Elle leva les yeux sur lui.

— En venant ici, dit-il, je m'étais promis de ne pas aborder de sujets douloureux pour vous comme pour moi ; mais ces promesses qu'on prend seul avec soi-même sont bien faibles, je vous vois et je ne suis pas maître de retenir les paroles qui me montent du cœur.

— Pourquoi les retenir ? dit-elle.

— Parce qu'il est lâche de parler pour vous adresser la demande qui me brûle les lèvres, que je voudrais refouler, et que cependant je ne peux pas ne pas dire.

Elle le regarda tristement avec un sourire désolé, et lui tendant la main :

— Parlez, dit-elle, pauvre ami, parlez.

— Thérèse, nous allons nous séparer, sans savoir quand nous nous reverrons, si nous nous reverrons.

Elle fit un geste pour l'interrompre, mais il poursuivit vivement :

— Soyez certaine que ce n'est pas la peur de la mort qui me fait parler ainsi, — nous sommes à un moment où chacun a dû faire à la patrie le sacrifice de sa vie, et pour moi ce sacrifice est fait ; — c'est la peur de l'incertain.

— L'incertain ?

— Je m'explique mal sans doute, et ce n'est pas ce mot qu'il faudrait employer ; mais vous allez me comprendre : il y a bientôt un an, vous avez pris l'engagement de devenir ma femme.....

— Je l'ai pris et ne l'ai point oublié.

— Vous aviez fixé pour la date de notre mariage la fin de la présente année. Votre père, il y a quelques jours, m'a demandé de reculer cette date ou plus justement de ne plus tenir à une date fixe, mais de remettre notre mariage au moment où la guerre sera terminée. Pour cela, il ne m'a donné que de bonnes raisons : ce n'est pas en ce moment qu'on doit penser à la joie et au bonheur. Cela est juste, et je n'ai rien eu à répondre. Mais à vous, Thérèse, je voudrais adresser une question.

— Je vous écoute, prête à vous répondre.

— Est-ce vous qui avez eu l'idée de reculer cette date ?

— Non ; j'ignorais même que mon père vous eût fait cette demande.

Un éclair de joie traversa son visage sombre, mais presque aussitôt il reprit son expression d'anxiété.

— Encore une question, dit-il, une seule : l'engagement que vous avez pris il y a un an, êtes-vous encore aujourd'hui décidée à le tenir ?

Elle hésita un moment : elle avait pâli et sa poitrine se soulevait haletante.

— Vous hésitez ? s'écria-t-il. Un mot, un seul, franchement, loyalement : oui ou non.

— Oui, dit-elle faiblement.

Puis, avec plus de force :

— Toujours !

XIX

Le colonel avait une importante question à décider avec Sorieul, qu'il n'avait point encore osé aborder :

C'était celle de la direction de l'ambulance en son absence.

Sorieul en effet se considérait, de la meilleure foi du monde, comme le maître de la maison.

Il croyait avoir tout fait, et c'était avec une entière conviction, naïvement, sans aucune forfanterie, qu'il lui arrivait souvent de dire :

— Voici un arrangement qui m'a coûté fort cher, mais aussi je prétends qu'il est parfait. En pareille circonstance, fallait-il faire des économies ? Non, n'est-ce pas ? C'est que j'ai pensé. Certainement je suis pour les économies, mais encore faut-il qu'elles soient bonnes : il y a certaines économies apparentes qui coûtent plus cher que des dépenses.

Comment dire à un homme aussi pleinement convaincu de l'importance de son rôle qu'il allait avoir quelqu'un au-dessus de lui, dans cette maison, devenue la sienne ?

Et qui serait ce quelqu'un ?

Une petite fille de vingt ans,

Sa nièce, qu'il traitait toujours en enfant, son élève.

Heureusement le colonel commençait à bien connaître l'oncle de Thérèse et à savoir par quels côtés il fallait prendre ce caractère.

— Est-ce que vraiment vous partirez demain matin ? demanda Sorieul en suivant le colonel dans son cabinet de travail.

— Mais sans doute.

— Permettez-moi de vous dire que je trouve cela excessif. Quel raisonnement avez-vous fait pour me garder ici quand je voulais, comme Antoine, comme vous, comme Michel, aller aux avant-postes ?

— Quel raisonnement ?

— Oui, quel raisonnement ? Vous m'avez représenté, n'est-ce pas, que je pouvais rendre ici plus de services que là-bas, et je me suis laissé convaincre par cet argument dont je reconnaissais la justesse ; et cependant j'avais un extrême désir d'aller aux avant-postes et de voir un peu les Allemands de près. C'était dans ce but que j'avais acheté ce revolver.

Il sortit de la poche de son habit son revolver, qu'il portait constamment sur lui.

— Qu'ai-je fait ? J'ai sacrifié mon désir personnel à l'intérêt général. Eh bien ! en ce moment, laissez-moi vous dire, avec ma sincérité brutale, au risque de vous blesser, que vous sacrifiez l'intérêt général à des convenances particulières.

— Vous croyez ?

— C'est évident ; c'est un fait physiologique qui se passe en vous, et qui est facile à reconnaître dans ses causes et dans ses effets pour qui sait observer, et j'ai, vous le savez, cette prétention. On ne trompe pas un esprit rompu aux méthodes philosophiques. Voulez-vous que je vous dise votre cas, il est des plus simples. Vous ne vous fâcherez point, n'est-ce pas ?

— Vous savez bien que je ne me fâche jamais.

— Eh bien ! voici ce qui se passe en vous : vous sentez comme moi la nécessité de votre présence ici. Cela vous ne le contestez pas, n'est-il pas vrai ? Je vous ai bien observé, et je vous citerais vingt faits, cent faits, qui prouveraient l'évidence de ce que j'avance, si vous souleviez la plus légère contradiction. En soulevez-vous une ?

— Non.

— Bien. Alors le fait m'est concédé. Je m'établis donc dessus victorieusement. Vous avez besoin ici, vous le reconnaissez, vous l'avouez, et cependant vous partez. Pourquoi ?

— Parce que j'ai pris un engagement que je dois tenir.

— Sans doute. Mais ce que je demande ce n'est pas que vous manquiez à cet engagement. Je ne suis point homme à demander rien de pareil, vous le savez. Je voudrais tout simplement que vous différassiez votre départ, ce qui est bien différent. Notez la distinction, elle est capitale. Vous persistez néanmoins dans votre résolution de départ. Pourquoi ?

Vous voyez comment, de déduction en déduction, nous arrivons logiquement à la découverte de la vérité. Vous voulez partir, parce que vous avez senti l'odeur de la poudre ; comme un cheval de bataille qui entend la trompette, vous allez prendre votre rang. Voilà, voilà la vérité.

Le colonel ne pouvait pas entrer en explications avec Sorieul, il ne répliqua rien.

Mais celui-ci n'était pas homme à triompher silencieusement et à ne pas écraser un adversaire qu'il avait terrassé.

— Voulez-vous que je vous dise ce que je pense de cela ? fit-il du ton d'un juge qui rend un arrêt. Eh bien ! c'est qu'en vous le soldat l'emporte sur le citoyen. Notez que je ne vous en blâme pas ; je constate le fait, voilà tout, et même je reconnais volontiers qu'étant donnée votre éducation, et considérant le milieu dans lequel vous avez vécu, cela est logique. Vous avez subi l'influence militaire, qui a détruit en vous les principes naturels. Ce qui m'étonne seulement, c'est que cela se produise chez un Américain. C'est là une découverte qui me servira désormais pour étudier et juger les mœurs de votre pays.

Il ne déplaisait point au colonel de voir Sorieul se réjouir de sa découverte. Cette satisfaction, au contraire, avait du bon ; il est toujours plus facile de faire accepter une mauvaise nouvelle par un homme bien disposé que par un mécontent.

— Quoi qu'il en soit, dit-il, je pars demain matin, et c'est pour régler ce départ, ou plus justement ce qui se passera ici après mon départ, que je vous ai prié de m'accompagner.

— Je vous écoute, mon cher Édouard, répondit Sorieul, qui n'était pas fâché d'avoir un moment de repos pour savourer son triomphe, et applaudir intérieurement chacun des arguments victorieux dont il venait de faire usage ; je vous écoute.

— Vous savez à quelle pensée j'ai obéi en organisant notre ambulance ? dit le colonel.

— A une pensée d'humanité ; vous avez voulu venir en aide à nos glorieux blessés.

— J'ai voulu aussi que cette ambulance vulgarisât en France un système que je crois excellent et en bien abandonner un qui me paraît condamné par les mauvais résultats qu'il a constamment donnés.

— En un mot, remplacer les hôpitaux permanents par des hôpitaux temporaires, lesquels ont cet immense avantage....

Sorieul allait attaquer le thème sur lequel il était habitué à exécuter ses variations ordinaires, mais le colonel lui coupa la parole en lui faisant doucement remarquer que ces avantages, il croyait les connaître.

— C'est juste, dit Sorieul, vous les connaissez parfaitement.

— Je voudrais maintenant que cette ambulance devînt un exemple dans un autre ordre d'idées.

— Je ne comprends pas.

— Je vais m'expliquer. Depuis quelques jours, nous avons entendu, n'est-il pas vrai ? toutes sortes de théories nouvelles sur le rôle de la femme pendant le siége. Il y a des gens qui ont proposé de former des bataillons d'amazones et qui ont rappelé l'exemple de Beauvais, de Saragosse et de Missolonghi. A Saragosse, les femmes ont eu des occasions de défendre leur ville qu'elles n'auront sans doute pas à Paris. Je ne suis donc pas pour les amazones. Mais cela ne m'empêche pas de penser ou plutôt cela me fait penser que les femmes peuvent rendre les plus grands services pendant ce siége, et des services égaux à ceux des hommes. Ainsi, pour ne pas m'égarer dans des considérations étrangères à mon sujet, pourquoi ne les emploierait-on pas plus activement dans les hôpitaux, auprès des malades et des blessés ? On confie les hôpitaux et les hospices aux hommes, pourquoi ? Est-ce que les hommes s'entendent aux choses du ménage, à l'ordre, à la propreté, à la direction d'une maison ?

— Moins bien que les femmes assurément.

— Eh bien ! alors, pourquoi ne pas remplacer partout où cela peut se faire les hommes par des femmes ? Voilà mon idée, celle que je veux appliquer ici. Notez qu'elle n'est pas nouvelle, et rappelez-vous la mission de miss Nightingale pendant la guerre de Crimée ; rappelez-vous les hôpitaux organisés et dirigés par elle à Scutari et à Balaclava. Afin de frapper les esprits et provoquer l'exemple, comme je vous le disais tout à l'heure, je voudrais que Thérèse dirigeât notre ambulance. Que pensez-vous de cela ? Ne trouvez-vous pas que voilà une idée émancipatrice pour la femme ?

— Mais...

— Bien entendu Thérèse serait sous votre haute direction, vous resteriez près d'elle; seulement, avec le tact qui vous caractérise, vous auriez soin de dissimuler votre influence, de sorte que pour tous ce serait Thérèse qui serait la maîtresse et la directrice; Thérèse, votre nièce, votre élève.

Sorieul réfléchit un moment avant de répondre.

Cette proposition le prenait à l'improviste et le déroutait; ce n'était point ce rôle amoindri qu'il croyait avoir à remplir.

Mais, après un premier mouvement de désappointement, il se laissa séduire et entraîner; le colonel avait adroitement employé les mots qui pouvaient le toucher.

Eh ! oui, c'était là une idée émancipatrice: une jeune fille dirigeant une ambulance. Cette jeune fille, sa nièce, son élève. Lui en réalité le vrai maître, mais cachant son autorité avec tact.

Tout à coup il claqua des mains, et se levant dans un mouvement d'enthousiasme irrésistible :

— Sublime, magnifique ! s'écria-t-il; positivement, mon cher, vous êtes un homme original et pratique. Notre idée amènera une révolution dans le monde, c'est moi qui vous le dis; vous vous souviendrez un jour de ma prophétie. Thérèse est absolument la femme qui nous est nécessaire; c'est mon élève, je vous réponds d'elle. Quant à moi, vous avez bien voulu rendre justice à mon tact; vous verrez que je ne vous ferai pas mentir.

— Ainsi voilà qui est entendu : je remets mon autorité à Thérèse; pour tout le monde, vous et moi exceptés, elle est la maîtresse, c'est elle qui commande, c'est elle qui dirige. Seulement, vous restez près d'elle et vous êtes... comment dirai-je bien ? vous êtes sa conscience.

— En un mot, son génie.

— Précisément.

Cette affaire terminée de cette heureuse façon, le colonel put s'occuper de toutes celles qu'il avait à régler avant son départ.

Jusqu'à une heure assez avancée dans la nuit, il écrivit des lettres et des instructions; puis, quand il n'entendit plus de bruit dans l'hôtel et fut certain de n'être pas dérangé, il prit dans son bureau une feuille de papier timbré et dans la bibliothèque un code qu'il ouvrit au chapitre des dispositions testamentaires.

Ce n'était pas la première fois qu'il entrait en campagne, et jamais il n'avait pensé à faire son testament; mais les conditions n'étaient plus les mêmes.

S'il était tué, c'était son oncle qui était son héritier; puis, quand son oncle mourrait, Anatole et Thérèse hériteraient de leur père.

Anatole héritier pour moitié de sa fortune, ah ! non, mille fois non !

Le code est d'une parfaite clarté dans les articles qui règlent les testaments; mais, par peur de formalités qu'il ne connaissait pas, le colonel n'osa pas faire un testament comme il aurait voulu, avec des legs pour des institutions ou des personnes qui, à un titre quelconque, lui étaient chères.

Il se contenta de suivre les prescriptions de la loi, mot à mot.

L'article 970 dit que le testament doit être écrit en entier, daté et signé de la main du testateur, et qu'il n'est assujetti à aucune autre forme.

Il se conforma à ces exigences et il écrivit :

« Je donne, par ce testament, tout ce que
» je possède à ma cousine Thérèse Chamber-
» lain.
» Paris, 15 septembre 1870.
» Edouard Chamberlain. »

Cela écrit, il relut le code et son testament.
Il lui parut qu'il n'avait rien oublié.
Cependant, comme cela était un peu sec, il voulut y joindre une lettre.

« Ma chère Thérèse,
» Vous trouverez ci-joint mon testament.
» Si je suis tué dans cette guerre, ce qui, à
» dire vrai, ne me paraît pas probable, mais
» enfin ce qui est possible, je vous prie d'ac-
» cepter ma fortune, que, vivant, je vous au-
» rais demandé de partager avec moi en de-
» venant ma femme.
» Car je vous aime, chère Thérèse, et si je
» ne vous ai pas avoué mon amour en vous
» demandant votre main, cela tient à des cir-
» constances que votre père vous expliquera.
» Aujourd'hui, au moment de m'éloigner,
» je veux vous donner ma dernière pensée,
» et vous dire que, tout le temps que durera
» mon absence, mon esprit et mon cœur se-
» ront avec vous.
» Si je reviens, ma première parole sera
» une parole d'amour.
» Si je ne reviens pas, ma dernière parole
» aura été une parole d'amour.
» Je vous aime ; ma vie désormais sera
» dans ces trois mots, qu'elle soit longue ou
» qu'elle soit brusquement abrégée.
» J'aurais voulu, dans mon testament, ins-
» crire quelques legs, mais je m'en remets à
» vous pour distribuer une part de ma for-
» tune, le quart, si vous le voulez bien, en-
» tre les institutions utiles de la France et
» de mon pays natal. Pour faire cette attri-
» bution, vous n'aurez qu'à vous inspirer de
» mes idées, et, tout bien réfléchi, ce m'est
» une satisfaction de penser qu'elle se fera
» par votre main.
» Adieu, chère Thérèse, et encore une fois,
» la dernière peut-être, recevez l'assurance
» de la profonde tendresse et de l'amour de
» votre ami, de votre mari,
» Edouard Chamberlain. »

Il mit la lettre et le testament dans une enveloppe qu'il cacheta, puis il se coucha gaiement.

Peut-être ne trouverait-il pas un lit de sitôt, il fallait profiter de cette dernière nuit.
Et il en profita.

Cependant il ne fut pas nécessaire de le réveiller.

A six heures, il était levé, et, laissant de côté ses vêtements habituels, il endossait l'uniforme des volontaires : le pantalon à bandes rouges, la vareuse et le képi. Ayant décidé lui-même l'équipement, il avait voulu qu'il se rapprochât autant que possible de celui de la garde nationale ; seulement il avait tenu à ce qu'il fût plus solide et plus comfortable : le drap de l'étoffe était de première qualité, les chemises de flanelle remplaçaient la toile ou le coton, des bottes étaient substituées aux souliers, enfin une ceinture de laine s'enroulait par-dessus la vareuse.

Comme il achevait d'enrouler cette ceinture, Horace entra dans sa chambre.
Il était vêtu, comme son maître, du pantalon à bandes rouges et de la vareuse.
Le colonel le regarda un moment étonné.
— Eh bien ! qu'est-ce que c'est que ce costume ?
— C'est celui du bataillon.
— Où l'as-tu eu ?
— Je l'ai commandé et payé de mon argent.
— Et pourquoi faire ?
— Voyons, mon colonel, ce n'est pas possible, n'est-ce pas, ce que vous m'avez dit ? Vous n'allez pas me laisser ici quand vous partez ?
— Qu'est-ce que je t'ai demandé ?
— Je sais bien, et je vous avais promis ; mais je ne peux pas, non, je ne peux pas vous laisser partir. Qu'est-ce qui a été près de vous dans vos campagnes ? Horace. Et vous voulez maintenant qu'il vous abandonne ? Non, vous ne ferez pas cela !
Si Horace riait facilement, il pleurait de même ; ses yeux s'étaient emplis de larmes et toute sa physionomie portait l'empreinte d'un violent chagrin.
— Veux-tu m'être utile ? demanda le colonel ; veux-tu chercher ta propre satisfaction ou la mienne ?
— La vôtre.
— Eh bien ! il faut que tu restes ici ; je te confie la garde de ma cousine, tu veilleras sur elle et tu ne la quitteras pas. Songe qu'elle va, elle jeune fille, vivre au milieu de soldats ! Tu dois être sans cesse à ses côtés. Tu me comprends ? Ce n'est pas un ordre que je te donne, c'est un service que je te demande : tu me refuseras-tu ?
— Et si vous êtes blessé ?
— Veux-tu bien ne pas dire de bêtises comme cela ? D'ailleurs, si je suis blessé, je me ferai rapporter ici et tu me soigneras. Quitte cet uniforme.
Il fallut bien qu'Horace se résignât.
Quand le colonel descendit dans la salle à manger, il trouva Thérèse qui l'attendait ; elle avait fait servir un déjeuner froid.
— Vous avez déjà commencé à remplir vos devoirs de maîtresse de maison, je vous re-

mercie. J'allais vous faire prier de descendre ; je suis heureux de vous trouver ici, car j'ai ceci à vous remettre.

Disant cela, il lui remit l'enveloppe qu'il avait préparée dans la nuit.

Et comme elle le regardait, se demandant ce qu'elle devait faire de cette enveloppe:

— Serrez cela avec soin, dit-il ; il y a là-dedans des papiers importants que je vous confie. Si... mon Dieu ! il faut tout prévoir, si je ne revenais pas, vous ouvririez cette enveloppe et vous liriez ces papiers. Seulement, ne les lisez pas avant, je vous prie.

Puis, comme il la voyait tremblante d'émotion :

— C'est la recommandation de Barbe-Bleue partant en voyage, dit-il avec un sourire.

A ce moment, Antoine, Sorieul et Denizot entrèrent dans la salle à manger ; Antoine, lui aussi, avait revêtu son uniforme.

On se mit à table, mais le colonel remarqua que Thérèse ne mangeait point ; pour lui il déjeuna joyeusement et de bon appétit, ne prêtant qu'une oreille distraite aux discours que Sorieul lui adressait sur l'hygiène du soldat en campagne.

Le moment du départ était arrivé.

— Mon brave Denizot, dit le colonel en donnant une poignée de main au manchot, j'ai un service à vous demander, c'est de nous servir de courrier ; vous avez de bonnes jambes, quoique boitant un peu.

— Un peu, excusez du peu.

— Enfin vous marchez bien ; voudrez-vous, toutes les fois que cela sera possible, m'apporter une note que ma cousine m'enverra sur notre ambulance ; vous lui rapporterez ma réponse.

— C'est entendu, comptez sur moi ; au moins j'aurai le plaisir de vous voir.

Pendant qu'il adressait cette demande à Denizot, Antoine embrassait sa fille, qui se tenait auprès de la porte.

Le colonel, ayant bouclé son sac et passé la bretelle de son fusil sur son épaule, était arrivé devant Thérèse.

Elle lui tendit la main.

Mais il ne la prit point.

— Comment, dit-il, vous allez laisser partir votre cousin sans l'embrasser ?

Un flot de sang empourpra son visage ; elle fit cependant effort pour ne point détourner la tête, essayant de tenir les yeux levés sur les siens, mais son regard était agité par une étrange mobilité.

Il se pencha vers elle.

Alors vivement elle l'embrassa au front, et recula de deux pas, sans doute pour qu'il ne pût pas lui rendre ce baiser.

Mais en eût-il eu le désir, qu'il eût été empêché par Sorieul, qui lui avait pris le bras.

— Ceux qu'il faudrait applaudir, disait-il, ce sont ceux qui restent ; je vous envie, vous qui allez faire l'histoire.

— En route, mon oncle, dit le colonel.

Puis, cherchant une dernière fois le regard de Thérèse :

— Au revoir, ma cousine ; je ne dis pas à bientôt, mais au revoir.

Une heure après, ils arrivaient place de la Bastille, et de loin ils voyaient quelques hommes de leur bataillon qui étaient déjà rassemblés.

A ce moment, Antoine fut arrêté par un de ses amis, et le colonel, continuant son chemin, arriva auprès de ses nouveaux camarades.

Comme il ne les connaissait point, il s'adossa contre un arbre.

Il était là depuis quelques minutes, lorsqu'un sergent s'approcha de lui.

— Qu'est-ce que vous faites là ? demanda le sergent.

— Vous voyez, j'attends.

— Tâchez donc de prendre une autre tenue ; vous n'êtes pas encore parti et vous vous appuyez contre cet arbre, comme si vous étiez éreinté.

Il se redressa, et, portant la main à son képi en faisant le salut militaire :

— Oui, mon sergent, dit-il.

XX

A mademoiselle Thérèse Chamberlain,
rue de Courcelles.
Paris.

Bois de Vincennes, 21 septembre 1870.

Ma chère cousine,

Ce brave Denizot a-t-il pu, selon sa promesse, se mettre en route pour nous chercher ? Je n'en sais rien ; mais ce qu'il y a de certain, c'est que nous ne l'avons pas vu.

A cela il n'y a rien d'étonnant, car depuis notre départ de Paris nous ne sommes guère restés en place, et, avec le désarroi qui règne partout, je comprends très-bien qu'il lui ait été impossible de nous trouver.

S'il a couru après nous, le pauvre garçon doit être bien fatigué, car nous n'avons pas eu le temps de nous arrêter, et c'est là ce qui vous expliquera que je ne vous aie pas encore donné de nos nouvelles.

Tout d'abord, soyez rassurée : ces nouvelles, pour ceux à qui vous vous intéressez, sont aussi bonnes que possible. Votre père, Michel et moi-même, nous allons bien.

Je profite d'un moment de repos pour vous

écrite cette lettre, comptant sur un heureux hasard, à défaut de Denizot, pour vous la faire parvenir.

Je dois vous dire tout d'abord que je suis très-satisfait de la tenue de mes camarades. Je crois que ce sont de braves gens, et que Michel, ainsi que mon oncle, ont fait de bons choix.

Ça été, je vous l'avoue, avec une certaine inquiétude que j'ai abordé notre bataillon, me demandant comment des hommes réunis depuis si peu de temps allaient débuter dans la carrière militaire.

Heureusement il y a parmi nous un certain nombre de vieux soldats, et ceux de nos hommes qui n'ont pas servi se modèlent sur ceux qui ont passé par le régiment.

Cela a été sensible pour moi dès la première heure de notre réunion.

Mon oncle a eu la bonne idée de me faire incorporer dans sa compagnie; lorsque nous nous sommes alignés, j'ai voulu tout naturellement me placer près de lui.

Mais mon oncle m'a donné un voisin qui n'avait jamais tenu un fusil entre ses mains et qui n'avait jamais marché au pas ; de l'autre côté, j'avais une second voisin dans le même cas.

Si bien que, quand nous nous sommes mis en marche, ceux qui ne savaient pas ce qu'ils avaient à faire ont pris exemple sur ceux qui savaient manœuvrer. Pour mon compte, j'étais flanqué de deux voisins qui répétaient de leur mieux tous mes mouvements. Je crois que si je m'étais mouché d'une certaine manière, ils se seraient mouchés comme moi.

Quant à Michel, qui a été soldat, il est parfaitement à son aise à la tête de son bataillon, et il nous commande comme s'il n'avait fait que cela toute sa vie, d'une bonne voix résonnante que tout le monde entend, avec un air calme et résolu qui doit donner du courage à ceux dont le cœur bat un peu trop vite ; je crois que nous avons en lui un excellent commandant, et je suis heureux de vous le dire après l'avoir vu à l'œuvre.

Nous avons aussi six bons clairons qui savent sonner et qui font du bruit comme s'ils étaient quinze.

Aussi, bien commandés, bien enlevés par nos clairons, nous n'avons pas trop mal défilé, et ceux qui étaient sur les trottoirs pour nous voir monter le faubourg Saint-Antoine n'ont pas dû avoir trop mauvaise opinion de nous. Ce qu'on disait, je n'en sais rien; mais l'on ne se moquait pas, ce qui est beaucoup avec des Parisiens.

Où allions-nous ? Je l'ignorais.

On nous arrêta au milieu du bois de Vincennes, où l'on nous fit faire halte à côté d'autres troupes arrivées là avant nous. Pendant la première heure ; on ne dit rien; on était bien aise de se reposer, et, bien que la course ne soit pas longue de la Bastille à la pyramide de Vincennes, il y avait plusieurs de nos hommes qui, n'étant pas habitués au sac et au fusil, éprouvaient déjà une certaine lassitude et n'étaient pas fâchés de faire halte.

Mais, la halte se prolongeant, on commença à murmurer.

— Est-ce qu'on allait rester là ?
— Pourquoi ne nous conduisait-on pas au devant des Prussiens.
— C'était pour arrêter les Prussiens qu'on s'était mis en route, et non pour venir se promener dans le bois de Vincennes.

Je commençai à voir que ce n'était pas seulement par les jambes et par les bras que mes camarades n'étaient pas des soldats.

Mais ce qui avait été murmures tout d'abord se changea en clameurs quand l'ordre vint de nous établir dans des baraques élevées sur ce terrain.

— Ce n'était pas la peine de quitter Paris.

Notre commandant (c'est Michel que je désigne et désignerai désormais ici) me fit appeler ; je le trouvai dans une petite baraque avec deux de nos capitaines auprès de lui et mon oncle.

C'était d'une sorte de conseil de guerre qu'il s'agissait.

Le commandant me dit que voulant mettre à profit mon expérience de la guerre, il me priait d'assister à la réunion et de donner franchement mon avis.

Il avait été trouver le général sous les ordres duquel nous étions placés et il lui avait demandé quelles étaient ses intentions à notre égard.

Le général l'avait interrogé et, en apprenant comment et depuis quand nous étions organisés, il lui avait répondu que ce que nous avions de mieux à faire, c'était de rester aussi longtemps que possible dans ce campement pour nous exercer.

A cette communication je répondis que le général me paraissait sage et que c'était vraiment folie d'envoyer au devant de l'ennemi des gens dont plusieurs ne savaient même pas tenir un fusil ; qu'il fallait pour former des soldats exercer non-seulement leurs bras et leurs jambes, mais encore leur moral ; qu'il n'était pas naturel de marcher contre des canons qui vomissaient la mort ou de se tenir immobiles sous une pluie d'obus, qu'on n'arrivait à cela que par une éducation progressive.

On me laissa terminer mon discours ; mais je vis qu'il avait produit le plus mauvais effet sur les deux capitaines, qui se demandaient assurément si j'avais fait cet apprentissage des obus et si je n'étais pas un colonel en chambre ou d'antichambre.

Mon oncle me soutint, le commandant parut hésitant; mais finalement les deux capitaines l'emportèrent en disant que rien ne serait plus mauvais pour le moral de nos hommes que d'arrêter notre élan.

Il fut donc décidé que le commandant et les deux capitaines retourneraient auprès du général et insisteraient pour qu'on nous employât aussitôt que possible d'une façon active.

En attendant, je fus désigné par le sort pour remplir les fonctions de cuisinier, et je ne m'en acquittai pas trop mal, si j'en juge par les compliments de mes camarades.

Il y avait autrefois dans la vie militaire un moment désagréable pour certaines personnes, c'était celui du repas, quand il fallait plonger sa cuiller dans la gamelle commune; heureusement nous avons chacun notre gamelle et nous pouvons manger notre soupe plus ou moins proprement, sans porter préjudice à l'appétit de notre voisin.

Manger, dormir, marcher, se battre, l'existence du soldat en campagne tient dans ces quatre mots. Nous avions mangé, nous n'avions plus qu'à dormir. Au moins je le croyais, et c'était une tâche assez difficile pour des gens qui étaient habitués à passer la nuit dans leur lit et qui se trouvaient couchés sur des planches ou sur la terre. Il en est de dormir comme de marcher ou de se battre, il faut un apprentissage.

On dormait tant bien que mal, plutôt mal que bien, quand on nous réveilla.

Il fallait partir; le général avait consenti à employer tout de suite « notre élan. »

On charge les armes.

Nous voilà en marche, il est deux heures du matin.

Où allons-nous? un colonel a le droit de poser une pareille question; un soldat va où ses chefs le conduisent.

Cependant mon oncle, qui reçoit les confidences de notre commandant, m'apprend que dans la journée des éclaireurs à cheval, exécutant une reconnaissance, ont eu un engagement avec des hussards prussiens, et qu'on nous envoie fouiller le terrain compris entre la Marne et la Seine.

Mes camarades sont heureux de marcher au feu; pour moi, je ne suis nullement rassuré. Que va-t-il se passer, si nous sommes salués par un coup de fusil, un seul? Il fait nuit; le silence emplit le bois, troublé seulement par le bruit de nos pas; dans l'obscurité les arbres prennent des formes fantastiques. Je sais par expérience ce que sont les effarements de l'ombre.

Nous avançons en assez bon ordre et après avoir traversé le village de Charenton, nous passons la Marne; au loin l'on aperçoit les lumières de Paris. Ce signe de vie rend la parole à ceux qui depuis le départ gardaient un silence plein de réflexions.

Mais le pont fut bien vite passé, et de nouveau nous entrâmes dans l'ombre et dans le silence.

Nous avons avec nous deux compagnies de ligne; pendant qu'elles suivent la grande route, nous tournons à gauche et nous prenons des chemins qui longent la Marne.

Nous avançons lentement; on parle peu et à voix basse; il semble que la Marne était la frontière, et que la rivière passée nous sommes en pays ennemi. En réalité, ne pouvons-nous pas, d'un instant à l'autre, nous trouver en présence de cet ennemi.

Jusqu'au matin, nous continuons d'avancer, mais sans faire beaucoup de route; les yeux tâchent de percer l'obscurité. On s'arrête pour écouter: on ne voit rien, on n'entend rien; pas une fenêtre qui s'ouvre sur notre passage, pas un chien qui nous salue de ses aboiements, pas un coq qui chante. On est dans le pays des morts; les maisons, les étables sont désertes; gens et bêtes, tout a fui devant l'invasion. On frappe aux portes, personne ne répond. Où sont les Prussiens?

Cependant une lueur blanche emplit le ciel du côté de l'Orient, c'est le jour qui va venir. Mais la lumière douteuse du matin donne aux choses qui nous entourent des formes encore plus capricieuses qu'elles n'en avaient dans la nuit: un léger brouillard flotte sur les buissons, les grandit et les anime.

Un coup de fusil éclate brusquement dans le silence, et il est aussitôt suivi d'une fusillade à peu près générale.

Qui a tiré? sur qui a-t-on tiré? On n'en sait rien, et chacun tire parce qu'il a entendu tirer, droit devant lui, sans viser; on charge et on décharge son fusil avec frénésie, on ne recule pas; il est vrai que personne ne tombe, et l'on tire toujours.

Au bout de quelques minutes, les officiers, allant d'homme à homme, font entendre leurs voix et parviennent à arrêter le feu.

On se regarde: personne n'est mort, personne n'est blessé.

On s'explique, et l'on trouve celui qui a tiré le premier: il a tiré parce qu'il a vu un uhlan qui l'ajustait. Il est sûr de l'avoir touché, le uhlan est tombé à la renverse.

On cherche le uhlan à l'endroit où il a dû tomber, et l'on trouve un gros saule percé de balles.

Tout le monde, bien entendu, ne croit pas au saule. Sans doute il y a un saule frappé de balles; mais, derrière ce saule, il y avait un uhlan, et ceux qui ont tiré avec conviction cherchent aussi avec conviction leur uhlan.

Mais cette fausse alerte n'a rien de grave : en réalité, personne ne s'est sauvé, et, dans des circonstances pareilles, j'ai vu des hommes, plus vieux soldats que nous ne sommes, leur coup de fusil tiré, jeter leurs armes pour courir plus vite. On n'a pas jeté ses armes, on est resté en place : cela me donne bon espoir pour l'avenir.

Nous nous remettons en marche. Le jour se lève et nous montre la plaine déserte : pas de Prussiens, pas de Français non plus ; nous sommes les seuls êtres vivants dans ces riches campagnes, hier pleines de mouvement et d'activité.

Après avoir longtemps côtoyé la rivière, nous nous rapprochons de la grande route et rejoignons une des compagnies de ligne, avec laquelle nous arrivons à un plateau d'où la vue s'étend au loin sur une vaste plaine que ferment, à une assez grande distance, des collines boisées. Ce plateau est celui de Montmesly, ces collines sont celles de Boissy-Saint-Léger.

Nos regards s'étendent jusqu'à ces collines et nous n'apercevons pas d'ennemis ; mais, sur la route qui court devant nous, nous voyons des voitures, des charrettes et des groupes de gens qui se dirigent en toute hâte vers Paris : les chevaux galopent, les gens marchent à grands pas.

— Les voilà ! crient les gens de la première voiture qui passe.

Et ils fouettent leur cheval, sans vouloir s'arrêter ; ils sont affolés, éperdus par la peur.

On barre la route et on arrête de force la charrette qui suit : il faut que, bon gré, mal gré, les gens qui y sont entassés répondent :

— Les Prussiens ont couché à Boissy-Saint-Léger, ils arrivent.

Et le cheval repart au galop.

Cependant un brave homme, qui ne se hâtait pas trop et qui marchait chargé d'un panier dans lequel il portait des pots de fleurs qu'il rentrait à Paris, veut bien causer un peu plus longuement.

En nous apercevant, il laisse même paraître un geste de satisfaction.

— A la bonne heure ! mes enfants, dit-il aux soldats de la ligne ; je vois donc des pantalons rouges, ça réjouit le cœur ! Les Prussiens me suivent ; ils ont couché cette nuit, au nombre de cinquante au moins, dans ma petite maison, brisant tout, dévastant tout : je n'ai pu sauver que ces pots de fleurs. Arrêtez-les ; vous êtes en bonne position, tapez dessus.

Mais nous n'avions pas l'ordre sans doute de taper dessus, car nous reprimes la route que nous venions de parcourir.

Ce fut seulement quelques heures plus tard que cet ordre nous arriva.

Après avoir marché en avant, puis marché en revenant sur nos pas, on nous fit de nouveau marcher en avant pour éclairer une colonne qui voulait tenter une reconnaissance offensive.

Cette fois l'heure de la bataille avait vraiment sonné, et ce n'était plus contre des saules qu'il fallait tirer.

Comment allaient se comporter nos camarades ?

Arrivés sur les hauteurs que nous venions de quitter quelques heures auparavant, nous trouvâmes un grand changement dans cette plaine qui nous avait paru déserte : au milieu des bouquets d'arbres, sur la route et dans la plaine, on aperçoit confusément des troupes d'infanterie, disposées çà et là, des batteries d'artillerie galopant à travers les champs, et la cavalerie, qui marchait en tête, se replie sur le corps d'armée qu'elle précédait.

Placés sur un terrain qui s'en allait en descendant, nous aurions été dans une admirable position pour voir le combat ; mais nous avions autre chose à faire qu'à voir.

Bientôt une batterie d'artillerie vient prendre position derrière nous et ouvre le feu ; des bois qui nous font vis-à-vis, au delà de la plaine, les Prussiens répondent.

Les obus passent et sifflent par-dessus nos têtes, la fusillade s'engage entre les tirailleurs.

Et les tirailleurs étaient nous, nous parmi lesquels se trouvaient des gens qui n'avaient jamais entendu les obus siffler, et qui avaient tiré leur premier coup de fusil dans la nuit même, sur notre fameux saule.

Il faut avouer qu'il se produisit un certain effarement, et, un obus ayant éclaté à une vingtaine de mètres devant nous, plus d'un se jeta à terre.

Mais notre commandant était resté debout.

— Allons, mes amis, ce n'est rien, cria-t-il.

D'autres aussi, parmi lesquels se trouvait mon oncle, n'avaient pas baissé la tête, et ils excitaient ceux qui avaient été surpris.

Un autre obus éclata derrière nous, à courte portée, cependant sans tuer ni blesser personne.

Mais à la guerre rien n'est plus fâcheux qu'un bruit qui vous surprend par-derrière, et l'on peut presque dire que le soldat qui tourne la tête pour voir ce qui lui arrive dans le dos est à moitié démoralisé.

S'il y avait eu un moment d'émotion au premier obus, il y eut une certaine panique au second.

Par bonheur, un long mur se trouvait là, derrière lequel ceux d'entre nous qui avaient les nerfs trop fortement ébranlés purent se mettre à l'abri.

Ce n'est pas ce qu'on peut appeler de la

lâcheté, mais de la surprise : ce que j'avais craint, hélas ! se réalisait ; on avait voulu marcher au feu, sans savoir ce que c'était que le feu.

Notre commandant, quelques officiers, votre père coururent à ceux qui s'étaient abrités sans trop savoir ce qu'ils faisaient.

Pendant ce temps la position devenait critique ; car l'ennemi s'apercevant que les tirailleurs avaient ralenti leur feu, pouvait marcher sur l'artillerie.

Un soutien nous fut envoyé, et peu à peu nos camarades revinrent prendre leur place, le mouvement nerveux était calmé ; ils revenaient un peu honteux, mais résolus cette fois.

Jusqu'à la fin de l'engagement, c'est-à-dire pendant près de deux heures, nous gardâmes notre position.

Je ne saurais vous dire, ma chère Thérèse, combien je suis heureux de cette première expérience. Nos hommes sont de braves gens qui deviendront de bons soldats ; encore deux ou trois épreuves pareilles et ils ne baisseront pas plus la tête que ne l'ont baissée notre commandant et votre père.

Il paraît que le but que se proposaient nos généraux n'était pas d'arrêter le passage de l'ennemi (ce qui, laissez-moi vous le dire, est bien regrettable ; car, en engageant plus de troupes, on aurait, je crois, obtenu ce résultat d'une importance capitale). On nous donna l'ordre de battre en retraite, et, à six heures du soir, nous reprenions notre campement dans le bois de Vincennes.

Tel a été notre premier combat, duquel ceux qui vous aiment sont sortis sains et saufs. Notre bataillon n'a eu que cinq blessés que j'aurais bien voulu vous envoyer ; mais ce qui m'a été impossible, car je n'avais pas le temps de m'occuper du service d'ambulance. Si j'avais quitté le feu n'aurait-on pas pu dire justement que je n'avais pas fait mon apprentissage des obus ?

Le lendemain de cette expédition, nous avons été envoyés à Joinville, où nous nous sommes établis dans les jardins qui bordent la Marne, et dans la journée nous avons échangé des coups de fusil avec l'ennemi par-dessus la rivière.

Cette fois il n'est pas venu tomber d'obus devant ou derrière nous, et tout s'est très bien passé ; d'ailleurs, abrités derrière des murs, nos hommes étaient dans les meilleures conditions pour s'aguerrir au feu, et ils ont conservé tout leur calme, s'appliquant à tirer de leur mieux.

Dans la nuit d'hier, nous avons fait une petite expédition le long de la Marne, et après une fusillade assez vive, mais peu dangereuse — car on tirait au hasard, faisant plus de bruit que de mal, — nous avons obligé l'ennemi à abandonner son poste et à repasser rapidement la rivière.

C'était votre père qui nous guidait, et, comme il connaît admirablement cette contrée qu'il a parcourue si souvent la nuit, nous n'avions pas à craindre de nous égarer.

On peut dire que c'est à lui que revient le succès de cette expédition.

Nous voici maintenant revenus à notre campement, d'où je vous écris cette longue lettre.

Allons-nous y rester ?

On nous dit qu'il est question de faire rentrer toutes les troupes dans Paris.

Est-ce possible ?

On craint, paraît-il, une attaque de vive force sur ce plateau de Vincennes, où l'ennemi aurait grand intérêt à s'établir, et, comme on a peu confiance en nous (nous et les autres troupes), on pense à nous faire replier sur Paris, abandonnant ainsi les redoutes de Gravelle et de la Faisanderie, qui ne sont pas encore armées.

Je ne peux croire que nos généraux soient si prudents, et j'espère quand même qu'on nous permettra de nous défendre, alors que la défense est si facile et que la retraite aurait des conséquences si désastreuses.

Envoyez-nous donc Denizot sur le plateau de Vincennes, et, avec un peu de persévérance, il a chance de nous trouver là ou dans les environs.

Je ne saurais vous dire combien je suis impatient d'avoir de vos nouvelles, et je serai vivement reconnaissant à Denizot de tout ce qu'il entreprendra pour calmer cette impatience.

Il faut se rendre à l'appel, et malgré tout je dois vous quitter.

Je ne peux plus ajouter qu'un mot, c'est pour vous assurer de la tendre affection de votre ami, de votre cousin,

ÉDOUARD CHAMBERLAIN.

XXI

A monsieur Édouard Chamberlain.

Paris, 24 septembre.

Mon cher cousin,

Votre lettre, datée du 21, m'arrive ce matin seulement.

Je n'ai pas besoin de vous dire, n'est-ce pas, avec quelle joie je la reçois et la lis ?

Depuis neuf jours que vous êtes partis, nous étions sans nouvelles, car je ne peux pas appeler nouvelles les quelques renseignements que Denizot nous apportait, renseignements contradictoires d'ailleurs et sans aucune valeur, puisque dans ses voyages il n'avait pas pu vous voir, et que ce qu'il apprenait et nous répétait, ce n'étaient que de simples on-dit sur vous tous.

Est-ce terrible? vous êtes à deux lieues de Paris, et nous restons neuf jours sans pouvoir communiquer ensemble!

Enfin il faut espérer qu'après ce premier moment de désarroi, la situation va s'améliorer; Denizot d'ailleurs s'organise, et il prétend que maintenant il ne lui faudra jamais plus de deux jours pour vous trouver.

Il était désespéré, et, chaque fois qu'il rentrait sans nouvelles, j'étais obligée de le consoler et de le réconforter. Il disait qu'il fallait choisir un autre messager, qu'il n'était qu'un maladroit, qu'une autre aurait réussi à sa place; enfin tout ce que peut dire un homme désolé, qui souffre de n'avoir pas réussi dans la tâche qu'il désirait vivement accomplir.

Quand je lui ai dit ce matin que j'avais une lettre de vous, il s'est arraché les cheveux. Une lettre! Et il ne l'avait pas apportée! Je suis bien certaine que celle-ci vous sera remise, et que n'importe comment il vous trouvera, dût-il rester jusqu'à ce moment sans manger et sans dormir.

Ce n'était pas seulement l'absence de nouvelles directes et précises de vous qui nous tourmentait, c'était encore ce que nous apprenions par les journaux ou par les rumeurs qui arrivaient jusqu'à nous.

Car nous savions qu'on se battait autour de Paris, et nous savions aussi que vous aviez pris part au combat du 17, aux environs de Créteil.

On parlait de morts et de blessés en grand nombre, sans pouvoir dire quels régiments avaient fait le plus de pertes.

Jugez de mes angoisses.

Mon oncle, qui heureusement a des connaissances partout, parvint à voir quelques-uns des blessés de votre combat, et il sut d'une manière à peu près certaine que nous n'avions rien à craindre pour cette fois.

Mais nous n'étions pas plutôt rassurés de ce côté que de nouvelles inquiétudes vinrent s'abattre sur nous.

Nous avions été avertis qu'une affaire se préparait au sud de Paris, et le matin, Horace était parti avec les voitures de l'ambulance pour Montrouge.

Votre bataillon devait-il prendre part au combat? Nous n'en savions rien.

La veille au soir, Denizot avait appris à Vincennes que vous étiez partis pour une expédition, sans qu'on pût lui dire de quel côté vous vous étiez dirigés.

Il fallait attendre.

Tout le personnel de l'ambulance était à son poste.

Pour moi, j'étais dans la lingerie, mais les bandes que je roulais tremblaient dans mes mains.

Vers une heure, on vint nous dire que tout était perdu. On avait vu des zouaves se sauver en hurlant dans les rues de la rive gauche, les Prussiens les suivaient, avant le soir ils seraient maîtres de Paris.

A deux heures, la première voiture d'ambulance arriva, apportant deux blessés : l'un, grièvement à la jambe; l'autre, à la main. Il fallut s'occuper de ces malheureux.

Cependant je ne pus pas m'empêcher de leur adresser une question, non à celui qui avait la jambe cassée,— il souffrait trop pour que j'eusse la cruauté de l'interroger,—mais à celui qui était blessé à la main.

— Où avez-vous reçu cette blessure?
— A Châtillon.
— Les *volontaires de Paris* étaient-ils avec vous?

Mais il ne connaissait pas les *volontaires de Paris*, il n'avait vu que des régiments de ligne et de la mobile: tout le mal venait des zouaves, qui au premier coup de canon avaient lâché pied en poussant des cris de sauvages; alors les Prussiens avaient avancé, et il avait fallu reculer pour n'être pas enveloppé.

J'étais folle de vouloir faire parler ce pauvre garçon, qui évidemment ne pouvait savoir que ce qu'il avait vu, et encore!

Horace rentra dans la soirée avec les deux autres voitures, ramenant aussi deux blessés en bien mauvais état.

Il nous rassura sur votre bataillon en nous affirmant qu'il n'avait pas été engagé; il avait parlé avec un officier de l'état-major et il savait quelles troupes avaient pris part à l'action : toute troupe de ligne et un bataillon de mobiles.

Mais il ne nous rassura pas sur la bataille elle-même, qui, paraît-il, a été perdue ; de telle sorte que toutes les défenses du Sud ont été emportées par l'ennemi jusqu'aux forts, et même peut-être plus loin.

Ne soyez pas surpris du petit nombre de blessés qui nous a été amené après ce combat, qui, hélas! a dû être très-meurtrier; toutes les routes étaient encombrées de voitures sur lesquelles on avait arboré le drapeau à la croix rouge. Chacun voulait avoir son blessé, et on se les disputait, on se les arrachait pour ainsi dire.

Horace, qui, vous le savez, ne perd jamais le sentiment des choses drôles, dit que c'était un spectacle curieux.

— Venez avec moi, disaient ceux-ci; vous aurez du bon bordeaux.

— Venez chez moi, disaient ceux-là; vous serez dans une bonne maison.

Et chacun faisait ses offres de services devant sa voiture.

Sur nos quatre blessés, Horace n'en eut qu'un seul de bonne volonté, celui qui a reçu une balle dans la main; les trois autres, frappés aux jambes, ont été ramassés par les brancardiers et emportés, sans avoir la possibilité de choisir leur ambulance.

Ces histoires d'Horace, si drôles qu'elles fussent, ne pouvaient pas cependant nous arracher aux angoisses de la situation, et pour moi, je vous assure que j'ai peu dormi cette nuit-là, et d'un sommeil nerveux; il me semblait entendre le tambour et la fusillade, avec le roulement des canons : les Prussiens étaient dans Paris. C'était ce que tout le monde avait dit dans la soirée.

Mais c'est vraiment une chose salutaire que d'avoir à s'occuper des autres. Que serais-je devenue dans notre logement de la rue de Charonne, seule avec moi-même? Ici je n'ai pas le temps de m'abandonner à mes angoisses ni de suivre mes pensées. Combien je vous remercie de m'avoir associée à votre œuvre!

Aussitôt après le pansement de mes blessés, je suis entrée dans leur tente et je suis restée avec eux une partie de la journée.

Ils m'ont conté leurs affaires, et j'ai écrit des lettres pour eux.

Il fallait voir comme ils étaient heureux! Ce sont de braves garçons, tout pleins de cœur et de bons sentiments.

L'un est de Paris, les autres sont de la province; ils appartiennent à différents régiments.

Celui de Paris, — c'est le plus sérieusement blessé, et il est possible qu'on lui coupe la jambe aujourd'hui ou demain, — n'a pas voulu que j'écrive pour lui. Il a fini par me donner l'explication de cette résistance : il était le soutien de sa mère et de quatre autres frères et sœurs, trop jeunes pour travailler. Quel coup pour la pauvre mère que cette lettre!

C'est parole par parole que je lui ai arraché son histoire; alors j'ai compris ce qu'il désirait et je lui ai promis d'aller moi-même porter cette triste nouvelle à sa mère.

Si vous aviez vu sa joie.

Puis je lui ai dit encore que l'homme généreux qui avait établi cette ambulance voulait que les malades qu'il recevait trouvassent chez lui tout ce qui pouvait assurer leur guérison, aussi bien physiquement que moralement. De sorte qu'il ne devait pas se tourmenter pour sa mère; si elle était dans le besoin, je prenais l'engagement de lui venir en aide. Il devait donc n'avoir d'autre souci que sa guérison.

Ai-je bien fait?

Il me semble que vous m'approuverez et que vous me direz que j'ai agi d'après votre inspiration. En tout cas, si je me suis trompée, il faut que je dise pour ma défense que je n'ai point regardé votre portrait. Ce n'était pas possible; j'étais penchée sur le lit de ce pauvre garçon, dont les yeux fiévreux ne me quittaient pas.

Dans la journée les nouvelles nous sont arrivées sur le combat de la veille un peu moins effrayantes.

Et le gouvernement lui-même a pris soin de nous rassurer; il paraît « que si notre aile droite s'est retirée avec une regrettable précipitation, cela n'a pas empêché nos troupes de se concentrer définitivement dans Paris, et d'obtenir des résultats considérables. »

On ne comprend pas très-bien; mais enfin il y a une chose heureusement certaine, c'est que l'ennemi n'a pas poursuivi ses avantages. Les Prussiens ne sont pas dans Paris, ils se sont arrêtés.

J'aurais voulu accomplir ma promesse et aller voir la mère de notre blessé, mais il m'a été impossible de le faire aussitôt et j'ai dû attendre deux jours.

D'ailleurs j'avais en outre une trop bonne raison pour différer cette démarche : on devait décidément lui couper la jambe et je voulais pouvoir dire à la pauvre femme comment son fils avait supporté cette opération.

C'est avant-hier qu'il a subi cette amputation qui a très-bien réussi, et c'est hier seulement que j'ai fait ma visite rue des Lions-Saint-Paul, où demeure sa mère.

J'avais demandé à Mme Bénard de venir avec moi, et elle avait bien voulu m'accompagner.

Tout ce que le pauvre garçon m'avait dit était parfaitement vrai, mais il avait atténué la vérité plutôt qu'il ne l'avait exagérée; il s'était engagé, et depuis son départ sa mère, n'ayant plus de travail, était tombée dans une effroyable détresse; peu à peu elle avait vendu les différentes pièces de son mobilier pour manger, et, n'ayant plus rien à vendre, on ne mangeait plus, ni les enfants ni elle.

Alors je me suis rappelé vos recommandations, et Mme Bénard et moi nous sommes allées chez un marchand où nous avons acheté des lits, des matelas, du linge, des couvertures, et nous avons fait porter le tout rue des Lions-Saint-Paul, devant nous.

Puis j'ai dit à la pauvre femme que j'étais chargée, par une personne généreuse, de secourir ceux qui étaient dans le besoin, et que jusqu'au jour où son fils pourrait travailler, elle recevrait cinq francs par jour, qu'elle toucherait toutes les semaines en venant voir son fils.

Cinq francs, c'est peut-être beaucoup, d'autant mieux que nous avions déjà dépensé une grosse somme pour le mobilier; mais aussi pourquoi avez-vous commis l'imprudence de me confier ce livre de chèques?

Je n'ai pas pensé à l'argent, je n'ai pensé qu'à vous.

Elle a voulu savoir le nom de cette personne généreuse, et je lui ai dit qu'elle s'appelait Edouard Chamberlain.

Il était alors environ trois heures de l'après-midi; est-ce qu'à ce moment vous n'avez pas ressenti un mouvement de satisfaction? le bonheur de cette femme n'a-t-il pas été faire battre votre cœur?

Il semble qu'il doit se faire de ces communications mystérieuses.

En tout cas, comme les riches peuvent être heureux du bonheur qu'ils donnent!

Pour moi, qui ne suis que la main par laquelle passent vos générosités, je suis toute fière d'avoir été choisie par vous pour faire du bien à ceux qui souffrent.

Quand nous sortîmes de la rue des Lions-Saint-Paul, on n'entendait plus dans le sud les détonations du canon et des mitrailleuses qui toute la matinée avaient ému Paris.

On ne se battait plus.

Que s'était-il passé?

Rue de Rivoli, nous vîmes défiler des canons et des mitrailleuses; les pièces étaient noircies par la fumée, les hommes et les chevaux étaient blanchis par la poussière. C'était le retour de la bataille: les chevaux marchaient la tête basse, les hommes regardaient autour d'eux d'un air morne.

Instinctivement je serrai la main de Mme Bénard, et elle n'eut pas besoin de mes paroles pour comprendre quels étaient mes pressentiments et mes angoisses.

— Nous avions eu encore le dessous.

Nous nous étions arrêtées, et nous regardions ce défilé, le cœur serré, n'osant interroger ceux qui nous entouraient.

Mais bientôt un bataillon d'infanterie arrive; son drapeau est orné d'un gros bouquet de fleurs fraîches.

— Nous sommes vainqueurs!

Et nos mains se pressent chaleureusement. Au loin les clairons sonnent.

On voit sans doute sur notre visage combien vivement nous désirons apprendre ce qui s'est passé, et un monsieur nous adresse la parole:

— Encore une journée comme celle-là, et l'armée prussienne est disloquée. Nous venons de lui tuer 10,000 hommes à Villejuif et de lui faire 25,000 prisonniers; les mitrailleuses ont tout fauché.

Nous nous hâtons de rentrer pour porter cette bonne nouvelle à nos blessés, qui se mettent à rire et à chanter, même notre pauvre amputé, qui chante: *Mourir pour la patrie!* et qui crie: « En avant! »

Aujourd'hui il faut en rabattre. On n'a pas tué 10,000 hommes et on n'a pas fait 25,000 prisonniers; mais enfin on a repoussé l'ennemi et repris une partie des positions perdues quatre jours auparavant.

Il me semble que c'est quelque chose et même que c'est beaucoup.

Il n'est donc plus question de se concentrer dans la ville.

On avance, et par suite on élargit le cercle qui nous enserre et veut nous étouffer.

Il est probable que, si ce mouvement se continue, — et il faut espérer qu'il va se continuer, — cela va rendre l'échange de nos lettres de plus en plus lent, en augmentant les difficultés que Denizot aura à vous trouver.

Mais, si douloureuse que soit cette privation de nouvelles, je ne pourrai pas m'en plaindre, si elle est causée par notre marche en avant. Ce n'est pas par nos sentiments intimes que nous devons nous laisser inspirer en ce moment, au moins quant à ce sujet.

En avant! C'est en vous qui combattez qu'est l'espoir de Paris et l'honneur de la France!

Il n'est pas possible que des gens qui se battent pour leurs femmes et leurs enfants, pour l'honneur et la liberté de leur patrie, ne se battent pas bien.

C'est grande hardiesse à moi d'avoir un sentiment contraire au vôtre; mais il me semble que, dans vos craintes au sujet de ces jeunes soldats qui n'ont pas l'éducation militaire, vous vous laissez peut-être dominer par votre éducation militaire.

Si l'on veut qu'ils restent alignés sous le feu, ces jeunes soldats peut-être se tiendront-ils mal, puisqu'il faut pour cela une habitude qu'ils n'ont pas pu acquérir; mais si on les fait courir au feu, ils courront peut-être de façon à étonner ceux qui savent rester immobiles.

Je vous demande pardon d'oser avoir une opinion en pareille matière; en réalité, ce n'est pas une opinion, c'est une confiance instinctive; c'est la foi, la foi aveugle et irréfléchie, si vous voulez. Mais je voudrais que cette foi passât un peu en vous, pour affaiblir les préventions de l'homme de métier; surtout je voudrais qu'elle passât en ceux qui nous dirigent, et qui, je le crains bien, ont encore de plus grandes préventions que vous. Que faire, si ceux qui sont chargés de la défense n'ont pas confiance dans la défense?

Enfin je parle là de choses qu'il ne m'appartient pas de traiter, et si je vous les dis, c'est parce qu'elles m'obsèdent l'esprit et me serrent le cœur.

Et, pendant que je m'étends, j'oublie de vous donner une nouvelle qui sans doute vous intéressera.

Avant-hier, j'ai reçu la visite de Mme la marquise de Lucillière.

Elle s'est présentée pour examiner l'ambulance et elle a demandé à me voir.

Naturellement je l'ai accompagnée dans sa visite.

Elle a voulu tout examiner : les tentes, la pharmacie, la cuisine, la lingerie, les voitures.

Elle a organisé aussi une ambulance chez elle, et elle voulait, m'a-t-elle dit, s'inspirer de ce que vous aviez fait, bien que cette ambulance ne ressemble nullement à la vôtre, puisqu'elle est installée dans des appartements de l'hôtel Lucillière.

Elle a été enthousiasmée par ce qu'elle a vu, et si je vous répétais tout ce qu'elle a dit, vous en rougiriez assurément ; pour moi, j'étais confuse, car elle m'a adressé des compliments que je ne méritais pas et que je ne pouvais pas accepter.

Cependant, malgré son enthousiasme pour notre ambulance, et malgré la conviction qu'elle paraissait ressentir que les blessés devaient être beaucoup mieux traités chez vous qu'ils ne le seraient chez elle, elle a voulu nous enlever un de nos blessés.

Elle n'en a pas encore et elle est désolée ; elle prétend que son cocher, qu'elle avait envoyé à Montrouge le jour du combat de Châtillon, n'est qu'un maladroit.

— Donnez-m'en un, disait-elle à chaque instant.

De guerre lasse et ne sachant plus comment trouver de nouvelles formules de refus, je lui ai dit d'adresser elle-même sa demande à celui qui est blessé à la main, — le seul qui soit en état de quitter l'ambulance.

Si vous saviez comme elle l'a cajolé pour le décider à la suivre.

Mais il ne s'est pas laissé toucher.

A toutes les offres que Mme de Lucillière lui faisait, il riait et il répondait :

— Non, merci ; je suis bien ici, je ne peux pas faire à cette demoiselle l'injure d'abandonner sa cuisine pour une autre. Et puis qu'est-ce que diraient les camarades, si je les plantais là ? Nous sommes déjà amis ; ils s'ennuieraient de moi et moi je m'ennuierais d'eux. Merci bien. D'ailleurs il faut dire que la demoiselle (la demoiselle, c'est moi) nous a commencé la lecture d'un livre qui m'intéresse, et j'ai envie de savoir la suite.

Tout a été inutile ; il a persisté dans son refus, riant toujours, mais toujours refusant. Voilà, j'espère, un triomphe.

La visite de Mme de Lucillière a duré près de deux heures, et elle m'a longuement parlé de vous, comme vous devez bien le penser.

Ce qu'elle m'a dit, je ne pourrais pas vous le répéter ; mais ce qui résulte de cette longue conversation, c'est qu'elle éprouve pour vous une vive affection.

Je voudrais entrer dans quelques détails, mais l'heure me presse ; il faut que j'aille reprendre ma lecture « qui intéresse mes blessés, » et, si j'étais en retard, ils s'impatienteraient.

Ils vont aussi bien que possible, et dans l'hôtel tout marche admirablement, comme si vous étiez au milieu de nous. Cela tient sans doute à ce que votre esprit y est resté pour nous diriger et nous inspirer.

Pour moi, je n'ai qu'à me louer de tout le monde, et particulièrement d'Horace, qui est le dévouement même.

Tranquillisez-vous donc de ce côté, et ne soyez pas inquiet de ceux que vous laissez derrière vous, quand vous marcherez en avant.

Croyez à toute l'affection de votre dévouée,

THÉRÈSE.

XXII

Cette lettre de Thérèse, écrite le 24, fut remise au colonel le 25.

Plus heureux cette fois que dans ses précédentes expéditions, Denizot parvint à sortir de Paris et à trouver les *volontaires* dans le bois de Vincennes, où ils s'exerçaient au tir à la cible, devant l'une des buttes adossées aux tribunes des courses.

Mais au moment où Denizot arriva auprès du bataillon, le colonel, un genou en terre, le fusil en joue, était en train d'ajuster la cible ; près de lui, Antoine attendait son tour pour tirer.

Avant de remettre les lettres dont il était porteur, il lui fallut attendre que l'exercice fût terminé.

Cependant il put échanger quelques paroles rapides avec le colonel.

— Comment va Thérèse ?
— Bien.
— Et l'ambulance ?
— Tout marche à merveille. Et vous ?
— Tous vivants.

Enfin l'exercice se termina et le colonel put ouvrir sa lettre.

C'était la première fois que Thérèse lui écrivait.

Ceux de ses camarades qui l'observaient, le virent à plusieurs reprises sourire avec un air de contentement et d'allégresse.

Mais tout à coup son front se plissa, et les feuilles de papier tremblèrent dans sa main nerveuse.

La marquise !

Ce qu'il avait craint s'était réalisé.

Elle avait voulu voir Thérèse, et elle l'avait vue.

Que s'était-il passé entre ces deux femmes ?

Il ne le comprit pas bien tout d'abord.

Il relut tout le passage qui parlait de Mme de Lucillière, en étudiant chacun des mots significatifs qui pouvaient lui donner quelque éclaircissement :

... Une visite de deux heures ... parlé de vous... ne peux pas répéter ce qu'elle a dit... vive affection.

Il se doutait bien que dans cette visite de deux heures Mme de Lucillière avait parlé de lui, mais dans quel sens, et qu'avait-elle dit ?

Et Thérèse, qui ne pouvait pas le répéter.

Pourquoi ?

Mais rien ne pouvait le guider dans cette recherche.

Il allait d'induction en induction, au hasard, sans rien de certain.

Car ce n'était pas une certitude que cette affirmation d'une « vive affection. »

Il était évident que Mme de Lucillière n'avait pas pu dire à Thérèse : « Je veux me venger du colonel, qui a été mon amant, et je m'adresse à vous pour que vous m'aidiez dans cette vengeance. »

Si elle voulait se servir de Thérèse, et telle paraissait être son intention, elle n'irait pas montrer le but auquel elle tendait ; ce serait par des chemins détournés qu'elle marcherait à ce but, adroitement, sourdement, avec ces grâces félines qui chez elle faisaient partie de sa nature.

Elle s'attacherait à gagner la confiance de Thérèse, et, cette confiance obtenue, ce qui ne serait ni long ni difficile pour elle, elle agirait.

Alors comment se défendre ?

Cette situation était pour lui terrible.

Incapable de trouver dans la lettre de Thérèse un indice suffisant pour le guider, il voulut interroger Denizot.

Mais encore ne put-il pas le faire franchement ; car, bavard comme il était, Denizot, en rentrant à Paris, ne manquerait certes pas de répéter à Thérèse tout ce qu'il avait fait dans cette excursion, aussi bien que tout ce qu'on lui avait dit ou demandé. Par expérience, il savait comment Denizot comprenait les récits.

Il fut donc obligé de procéder prudemment.

Mais Denizot ne savait rien ; il n'était pas à l'hôtel quand Mme de Lucillière était venue, et il n'avait entendu parler de cette visite que par le blessé qu'elle avait tenté d'enlever.

— Mais il a résisté. Et, voyez-vous, cela fait honneur à votre ambulance et à Thérèse aussi, parce que la marquise de Lucillière est une femme qui doit faire faire aux gens tout ce qu'elle veut. Je ne l'ai vue qu'une fois, quand elle est venue rue de Charonne, et j'ai compris cela tout de suite.

Comment parer aux dangers qu'il pressentait, sans pouvoir découvrir au juste quels ils étaient présentement et quels ils seraient dans un avenir plus ou moins prochain ?

Écrire à Thérèse ?

Sans doute cela était possible ; mais comment s'expliquer dans une lettre, surtout comment la forcer à s'expliquer elle-même ? Ils s'écriraient vingt lettres sans arriver à rien de précis.

Il n'y avait qu'une chose à faire :

Aller à Paris et la voir.

En l'interrogeant, en la confessant, elle se laisserait bien aller sans doute à répéter ce que la marquise lui avait dit.

Et alors il pourrait aviser.

En tout cas, il pourrait mettre Thérèse sur ses gardes et l'empêcher de devenir la dupe de « cette vive affection. »

Évidemment il n'y avait que cela de pratique.

Il fallait aller à Paris, ne fût-ce que pour une heure.

En partant immédiatement, il serait revenu avant le soir, rassuré pour le reste du siège.

Rien de grave ne se passerait dans la journée, il régnait un calme parfait : pas une détonation de près ou de loin, pas de ces petits nuages blancs qui, en ces derniers jours, indiquaient, alors qu'on n'entendait aucun bruit, qu'un combat se livrait à une certaine distance.

Les Prussiens célébraient le repos du dimanche, et, si l'on n'avait pas su qu'ils formaient un cercle de fer autour de Paris, on n'aurait pas pu soupçonner leur présence.

Il n'y avait donc aucun inconvénient à abandonner son poste en ce jour de parfaite tranquillité ; les exercices étaient terminés, rien à faire qu'à manger et à dormir.

Tandis qu'il y avait véritablement urgence pour lui à courir à Paris pour voir Thérèse pendant quelques instants.

C'étaient son bonheur, son avenir, qui étaient en jeu.

Il ne pouvait pas les sacrifier ainsi.

Et puis, à la raison qui le poussait vers Paris, se joignait maintenant le sentiment : il allait la voir et son sang courait plus vite dans ses veines.

— Est-ce que vous ne me donnez pas une réponse ? demanda Denizot, voyant qu'il ne se disposait pas à écrire.

— La réponse, je vais la porter moi-même en allant avec vous.

— En voilà une bonne idée ! C'est Thérèse qui va être contente !

Il ne pouvait pas partir ainsi ; il était soldat, il lui fallait la permission de son commandant.

Son commandant, Michel.

Là commençait déjà ce qu'il y avait de pénible dans l'exécution de son projet.

Cependant il ne se laissa pas arrêter par la répugnance qu'il éprouvait à aller demander cette permission.

Michel se promenait devant le campement avec l'un de ses capitaines.

Le colonel marcha à lui et, portant la main à son képi :

— Mon commandant, dit-il, je viens vous demander un moment d'entretien ; pouvez-vous me l'accorder ?

— Tout de suite, répondit Michel.

Et le capitaine s'éloigna.

Ils restèrent en face l'un de l'autre.

— Je viens de recevoir une lettre de... ma cousine, dit enfin le colonel.

— J'ai aussi reçu quelques lignes de Thérèse, dans lesquelles elle me dit que tout va bien à l'ambulance.

Ainsi leur antagonisme se marquait dans les paroles les plus simples : tandis que le colonel était obligé d'appeler celle qu'ils aimaient l'un et l'autre « ma cousine, » Michel affectait de l'appeler « Thérèse » tout court.

Mais, tandis que Michel ne pouvait parler que de quelques lignes, le colonel serrait dans sa main les cinq feuilles de papier qu'il venait de lire.

— Bien que je sois sans inquiétude du côté de l'ambulance, dit-il, je viens cependant vous demander la permission d'aller à Paris.

— A Paris !

Cette exclamation s'échappa si irrésistiblement du cœur de Michel, qu'il ne put pas la retenir.

— Il s'agit d'une courte absence; je reviendrai ce soir.

Michel avait repris son sang-froid, et, de ses yeux sombres, il regardait son rival sans parler, sans répondre.

N'ajoutant pas un mot à ce qu'il avait dit, le colonel attendait.

La situation était difficile.

Ils ne pouvaient ni l'un ni l'autre dire les paroles qui se pressaient sur leurs lèvres.

Et ils se regardaient.

— Vous voulez voir Thérès ? disaient les yeux de Michel.

— Oui, je veux la voir, disaient ceux du colonel.

— Vous savez que je suis maître de vous retenir ici, disait Michel.

— Je le sais, mais vous ne l'oserez pas.

Et de fait, après quelques instants d'un silence terrible pour tous deux, Michel se décida enfin à répondre.

Il avait réfléchi et par suite réagi contre son premier mouvement.

— Dans les conditions où nous sommes placés vis-à-vis l'un de l'autre, dit-il, je ne puis pas vous refuser cette permission.

La réponse était telle que le colonel se redressa sous le coup qui venait de l'atteindre.

Mais la réflexion lui vint aussi et ferma ses lèvres.

Que dire, à moins de tout dire ?

Et précisément il avait promis qu'il n'y aurait aucune querelle ni aucune explication entre Michel et lui.

Allait-il manquer à son engagement ?

A son tour, Michel attendait dans l'attitude d'un homme prêt à engager la lutte.

Il fallait se taire et baisser la tête.

Le seul coupable en cette affaire, c'était lui, qui n'avait pas su résister à la tentation d'aller à Paris.

Il devait porter le poids de sa faute.

— J'attends cette permission pour partir, dit-il d'une voix qu'il tâcha de rendre calme.

Michel fut évidemment stupéfié par cette réponse, et longuement, profondément, il regarda cet homme qu'il avait cru brave.

— C'est bien, dit-il ; venez avec moi, je vais vous l'écrire.

Le colonel le suivit, et en chemin ils n'échangèrent pas une seule parole ni un seul regard.

Au moment d'écrire la permission, Michel releva la tête :

— Pour combien de jours voulez-vous cette permission ? demanda-t-il.

Il poursuivait son avantage.

— Je vous ai dit que je rentrerais ce soir, répondit le colonel.

— C'est bien ; alors j'écris sous votre dictée.

Et il tendit la permission, que le colonel prit sans un seul mot.

Ayant salué en soldat, et pour bien marquer qu'il n'était à cette heure qu'un soldat, sortit.

Comme il se dirigeait vers l'endroit où il avait laissé Denizot, il aperçut celui-ci qui venait à lui avec Antoine.

En approchant d'eux, il lui sembla lire une sombre préoccupation sur le visage de son oncle.

Il sut bientôt la cause de cette préoccupation.

— Est-ce vrai ce que me dit Denizot ? demanda Antoine.

— Antoine ne veut pas croire que vous rentrez avec moi à Paris, s'écria Denizot ; il prétend que vous vous êtes moqué de moi.

— Je ne rentre pas à Paris comme le dit Denizot, répliqua le colonel.

— Ah ! s'écria Antoine.

— Seulement je vais passer une heure à Paris pour une affaire importante.
— Là, qu'est-ce que je disais ? s'écria Denizot en riant. Est-ce vrai ? s'est-on moqué de moi ?
— Vous avez une permission du commandant ? dit Antoine.
— Je viens de la lui demander.
— Et il vous l'a donnée ?
— La voici.

Antoine parut réfléchir un moment profondément, comme s'il cherchait à comprendre ce qu'on lui disait.

Puis tout à coup, prenant le bras de son neveu et l'entraînant à l'écart :
— Mon cher Edouard, dit-il, je vous prie, n'allez pas à Paris.
— Mais, mon oncle....
— Oui, c'est comme votre oncle que je vous parle, comme votre ami, pour vous demander de renoncer à ce départ.
— Mais, je vous répète qu'il s'agit pour moi d'une affaire très-importante.
— Eh bien ! remettez cette affaire. Vous ne savez pas quelles conséquences votre départ peut amener.
— Mais il ne se passera rien ; les Prussiens font le dimanche.
— Et s'il devait se passer quelque chose, si l'on entendait le canon, partiriez-vous ?
— Mais...
— Ce n'est pas mais que vous voulez répondre, c'est non, j'en suis certain. Si l'on nous donnait l'ordre de nous mettre en marche, vous n'iriez pas à Paris, vous marcheriez dans nos rangs, n'est-ce pas ?
— Assurément ; mais on ne nous donnera pas cet ordre avant mon retour, soyez-en certain. Une heure pour aller, une heure pour revenir, une heure à Paris ! vous voyez que je serai ici avant ce soir, tout prêt à marcher dans vos rangs.
— Vous le dites vous-même, vous n'abandonneriez pas votre poste si l'on se battait. Eh bien ! l'abandonner en ce moment est peut-être plus grave.
— Mais, mon cher oncle.
— C'est par patriotisme que vous vous êtes engagé parmi nous, vous qui pouviez très-bien ne pas prendre part à cette guerre ; c'est à ce patriotisme que je fais appel en ce moment, et vous m'entendrez. Croyez bien qu'il m'en coûte de vous faire cette violence et de me jeter ainsi au travers de vos projets, mais j'obéis à un devoir qui m'oblige à parler et à tout faire pour vous retenir.

Le colonel fut ébranlé par cette persistance et surtout par l'accent de son oncle.
— Que voulez-vous donc ? dit-il.
— Que vous n'alliez pas à Paris. Depuis ce matin, Michel a reçu plus de vingt demandes de nos camarades. Le dimanche, le beau temps, surtout la conviction où l'on était qu'on ne ferait rien aujourd'hui : tout cela avait éveillé les esprits. Et puis dans ce bois, il semblait qu'on était à la promenade. Enfin il y avait des gens qui avaient sérieusement besoin d'aller chez eux, pour voir si leurs femmes et leurs enfants avaient de quoi manger. Il y a un de nos camarades qui a quitté sa petite fille mourante, et qui depuis qu'il est sorti de Paris ne sait pas s'il l'a perdue ou si elle est sauvée ; celui-là aussi a demandé une permission. A tous, aussi bien à celui-là qu'aux autres, à ceux qui voulaient se promener comme à ceux qui voulaient aller au secours de leur famille, Michel a refusé cette permission ; car il ne pouvait pas en accorder une seule, sous peine d'être entraîné à en accorder dix, à en accorder cent. Tout à l'heure Denizot a dit que vous partiez avec lui.
— Pourquoi Denizot a-t-il parlé ?
— Pourquoi avez-vous parlé vous-même ? Quoi qu'il en soit, Denizot a été entendu, ses paroles ont été répétées, et il s'est élevé une sorte de rumeur dans tout le bataillon. Les uns disaient que le commandant ne peut pas vous refuser la permission que vous lui demandez, attendu que vous n'êtes pas un simple volontaire comme nous tous.
— Mais si, j'ai toujours voulu n'être que cela, et partout, en tout, je n'ai été que cela, vous le savez, vous l'avez vu.
— Les autres, au contraire, disent qu'il n'y a pas de raisons pour vous traiter autrement qu'ils n'ont été traités eux-mêmes, que nous sommes tous égaux devant la discipline, et que si vous ne vouliez pas vous soumettre à cette discipline, il ne fallait pas vous engager.
— Ils ont raison.
— Vous le reconnaissez. Mais reconnaîtrez-vous aussi qu'ils ont raison de dire que si vous allez à Paris avec une permission, ils iront eux, avec ou sans permission, attendu que la loi est faite pour tout le monde et que tout le monde doit s'y soumettre ou tout le monde peut y manquer.
— Mais on fait des exceptions aux règles les plus strictes, quand ces exceptions sont justifiées par les circonstances.
— Il est peut-être permis de faire ces exceptions dans des corps où les chefs ne sont pas les égaux de leurs soldats ; mais chez nous, mon cher Edouard, vous comprenez, sans qu'il soit besoin d'explication, que cela est impossible. Quelle autorité aurait notre commandant ? Voulez-vous le perdre ?
— Vous savez bien que j'ai été le premier à demander que nous soyons de vrais soldats.
— C'est justement pour cela que je vous adresse ma question. C'est au soldat que je

parle; c'est à l'homme qui, depuis qu'il est dans nos rangs, s'est efforcé par ses paroles aussi bien que par ses actes de nous inspirer l'esprit militaire. Je vous jure que si vous allez à Paris, Michel est perdu parmi nous. Il sait se faire obéir, il sait même faire respecter son autorité; on ne lui obéira plus, et l'on se moquera de lui. Ce n'est pas là ce que vous avez voulu, n'est-ce pas?

— C'est vous, mon oncle, qui me parlez ainsi !

— Oui, j'ai tort. Vous êtes, je le sais mieux que personne, incapable d'un pareil sentiment. Vous n'avez pas réfléchi, n'est-ce pas, à la composition de notre bataillon et à la position que vous occupez parmi nous. Peut-être pardonnerait-on à Michel d'accorder une permission à un ami personnel après avoir refusé ses camarades. Cela amoindrirait son autorité, mais ne la démolirait pas. Mais vous, on ne vous regardera pas comme l'ami personnel de Michel; on vous regardera comme son chef, comme son maître. N'est-ce pas vous qui avez armé et équipé le bataillon à vos frais. Le bataillon vous appartient, et vous le prouvez. Voilà ce qu'on prétendra; je ne dis pas tout le monde, mais il suffit que quelques-uns le disent pour que dans huit jours notre bataillon soit disloqué.

Le colonel réfléchit un moment; puis, prenant la permission qui était dans la poche de sa vareuse, il la déchira en quatre morceaux.

— Mon oncle, dit-il, je vous remercie. Je n'avais pas réfléchi en effet. Vous m'avez fait entendre la voix de la raison, du devoir et de l'honneur; je n'irai pas à Paris.

Antoine serra fortement la main de son neveu.

— Maintenant, dit-il, j'ai encore une demande à vous adresser, une prière : permettez-moi de dire tout haut que Michel vous a refusé cette permission.

A cette demande, le colonel répondit par un geste de refus qui lui échappa; mais presque instantanément cette révolte se calma.

— Je le dirai moi-même.

— Ah ! mon neveu, vous êtes un homme de cœur.

— Dites de volonté, mon oncle. Vous ne savez pas ce que me coûtera le sacrifice que je viens de vous faire; c'est mon bonheur que j'expose et que peut-être je perds.

Puis, se tournant vers Denizot, qui s'était rapproché :

— Je ne vais pas avec vous, mon brave Denizot. Si vous voulez attendre quelques instants encore, vous emporterez une lettre.

Mais dans cette lettre il ne pouvait pas parler de ses craintes.

Que dire de Mme de Lucillière en effet?

Rien.

Thérèse devait rester exposée aux entreprises de la marquise, sans qu'il fût même possible de l'avertir de se tenir sur ses gardes.

Elle et lui étaient désormais entre ces jolies griffes félines, sans armes et sans défense.

XXIII

*A Mademoiselle Thérèse Chamberlain,
rue de Courcelles,
Paris.*

La Varenne, 20 novembre 1870.

Ma chère Thérèse,

Enfin je vais pouvoir causer avec vous un peu longuement, sans être étranglé dans ces courts billets que depuis trop longtemps j'étais obligé de vous écrire en courant, sans pouvoir vous dire autre chose que je suis vivant.

Sans doute c'est là un point intéressant, et qui a sa valeur, aussi bien pour celui qui écrit que pour celle qui lit; mais enfin ce n'est pas tout, alors qu'on a tant de choses à se dire.

Maintenant me voilà installé devant une table, assis sur une chaise, ayant devant moi du papier et une plume; au-dessus de la tête, un toit ; sous les pieds, un tapis, dans des conditions enfin à bavarder avec vous jusqu'à ce soir.

Si je ne dis pas jusqu'à demain, c'est qu'il nous est interdit, sous peine de bombardement, d'avoir de la lumière la nuit et du feu le jour.

Je vous expliquerai tout à l'heure à quoi tient cette interdiction; car il ne faut pas anticiper sur les événements, comme on disait dans les romans que je lisais lorsque j'étais enfant.

Vous rappelez-vous ma première lettre, il y a bientôt deux mois? Je vous disais que nous allions sans doute rentrer dans Paris pour nous enfermer dans son enceinte.

Heureusement il n'en a pas été ainsi; peu à peu, après le premier moment de découragement passé, la confiance est revenue à nos généraux, et, au lieu de rentrer dans Paris, nous avons poussé en avant; sans doute nous n'avons pas été bien loin, puisqu'en deux mois nous ne sommes encore arrivés qu'à la Varenne, c'est-à-dire à dix ou douze kilomètres de Paris; mais enfin c'est quelque chose.

Qui voudra jamais croire qu'il a été un moment question d'abandonner toutes les défenses extérieures, au nombre desquelles se trouvaient des forts comme ceux de la Faisanderie et de Gravelle, pour s'abriter derrière les murailles de Paris, où d'ailleurs on n'aurait pas été du tout abrité ? Et cependant ceux qui avaient accepté la tâche de nous défendre ont eu cette pensée.

Enfin on ne l'a pas réalisée, et voilà comment il se fait qu'aujourd'hui je vous écris de la Varenne, où nous voilà installés après avoir tant couru sur les bords de la Marne, de côté et d'autre, en bataillant.

C'est peut-être un endroit agréable que la Varenne pendant l'été. Je l'ignore puisque je suis entré dans ce village pour la première fois par un triste jour d'hiver, où il tombait des flots de pluie en même temps qu'une grêle de balles ; mais présentement c'est un maussade séjour.

Cependant, au point de vue militaire, ce séjour est enviable, car c'est nous qui avons l'honneur de pénétrer le plus avant dans l'armée allemande.

Vous qui connaissez la Marne mieux que moi, ma chère cousine, vous savez qu'avant de se jeter dans la Seine, elle fait un large détour en forme de fer à cheval, qu'on appelle la boucle de la Marne, et qui, commençant à Joinville, vient se terminer à Gravelle. Dans cette boucle, se trouvent de nombreux villages : Saint-Maur, la Varenne, Port-Créteil.

Le terrain sur lequel ces villages sont bâtis est peu élevé au-dessus du cours de la rivière, et toute cette boucle n'est guère que plaine plate.

Au contraire, les villages qui se trouvent sur la rive opposée sont groupés sur des collines qui s'élèvent brusquement : Champigny, Chennevières, etc.

Si j'entre dans ces détails topographiques, c'est pour que vous compreniez une aventure assez désagréable qui a failli me coûter cher, le jour même de mon installation dans la jolie maison de campagne qui me sert d'habitation.

Nous arrivons, à la nuit tombante, devant la grille de cette maison ; les balles ne sifflent plus au-dessus de nos têtes, mais la pluie verse toujours. Belle apparence, jardin en bon état, maison coquette. Nous frappons par acquit de conscience. Personne ne répond : ce q... ne nous surprend pas, puisque le village e.. désert. Nous forçons la grille, ce qui est vite fait, et nous entrons dans le jardin ; du jardin, nous pénétrons dans la maison en enfonçant la porte, ce qui est vite fait aussi.

D'ailleurs nous n'avons pas de temps à perdre, nous sommes transpercés jusqu'aux os par la pluie et nous mourons de faim ; nous avons hâte de nous abriter et de faire cuire la viande crue qu'on vient de nous distribuer.

Un de nos camarades allume une allumette et nous voyons que la maison n'a été que très-imparfaitement déménagée ; on a enlevé seulement les objets de valeur. Les gros meubles, tables, chaises, lits, glaces, sont restés.

Sur la cheminée du salon, des bougies sont restées dans les flambeaux ; on les allume.

On pense à s'organiser pour la nuit. Il y a longtemps que nous n'avons été à pareille fête : des chaises, des tables, des lits. Comme il y a près de deux mois que je n'ai dormi sur un matelas, je me réjouis à l'idée de la bonne nuit que je vais passer, sans bottes à mes pieds, un oreiller sous la tête.

On a allumé toutes les bougies, et l'on cherche du bois pour faire cuire notre souper : on n'en trouve pas ; mais bien vite on s'en procure en faisant sauter quelques frises de parquet, qu'on casse et qu'on entasse dans la cheminée.

Je ne peux que regretter les dévastations que nous faisons subir aux maisons dans lesquelles nous passons ; car enfin il faut bien que nous nous procurions du bois pour faire cuire notre viande et nous réchauffer quand nous rentrons d'une faction de quatre heures, sous la pluie, dans un trou ou au pied d'un arbre, et, comme depuis que nous sommes en campagne, on ne nous a jamais fait une seule distribution de bois, nous prenons celui que nous avons sous la main ou plutôt sous les pieds, c'est-à-dire celui des parquets.

Sans doute la propriété est chose respectable, mais la vie des hommes qui défendent cette propriété a droit aussi à quelques égards.

Le feu flambe dans la cheminée et éclaire tout le salon de grandes lueurs capricieuses ; le bois est sec, il brûle bien, et nous allons pouvoir faire rôtir notre morceau de cheval, tout en nous séchant.

La fête sera complète.

Mais tout à coup un bruit que nous connaissons tous maintenant frappe nos oreilles : c'est le sifflement d'un obus qui arrive ; nous levons la tête ; les vitres de nos fenêtres craquent, l'obus a éclaté dans le jardin.

Si, à Montmesly, quelques-uns de nos camarades allaient s'abriter des obus derrière les murs, maintenant ils ne se dérangent plus pour si peu de chose.

Nous continuons à nous chauffer.

Mais un second sifflement se fait entendre, et un second obus éclate dans le jardin, un peu plus près de la maison.

Un troisième arrive presque aussitôt, et cette fois le haut d'une de nos fenêtres est démoli par un éclat, les carreaux tombent dans le salon.

Comme je n'avais qu'à me chauffer, je pouvais réfléchir, et il ne m'est pas difficile de comprendre d'où nous vient ce bombardement.

— Les Prussiens qui sont sur la colline, en face, voient notre feu, et ils veulent nous empêcher de nous établir ici.

— On y est bien cependant.

— Et le rôti commence à sentir bon.

— Nous n'avons qu'une chose à faire, c'est de passer de l'autre côté de la maison ; nous sommes au sud, allons au nord ; justement il y a une très-belle chambre où nous serons admirablement. Les Prussiens, ne voyant plus notre feu, puisque nous allons éteindre celui du salon, croiront que nous nous sommes sauvés, et ils nous laisseront tranquilles pendant toute la nuit dans notre belle chambre.

Cet avis est adopté. Nous déménageons vivement, et nous nous installons dans la chambre dont les fenêtres ouvrent vers le nord; puis nous allumons de nouveau un feu superbe, c'est à peine si notre rôti a eu le temps de refroidir.

Nous sommes pleinement rassurés ; les ennemis qui nous voyaient ne peuvent plus nous apercevoir, puisqu'il y a une muraille qui nous cache.

Mais, au moment où les flammes commencent à jeter leurs lueurs dans la chambre, une vitre tombe à terre avec fracas et un coup mat retentit dans la muraille opposée.

Cette fois, on ne nous bombarde plus, mais on nous fusille avec des fusils de rempart ; un lingot de fer est incrusté dans la muraille.

Après un premier mouvement de surprise, il est facile de comprendre notre situation. Cette presqu'île de Saint-Maur s'avance comme un bastion, comme un coin au milieu de nos ennemis, qui, de tous les côtés, un seul excepté, nous enveloppent, et ceux qui viennent de nous bombarder sont peut-être à trois ou quatre kilomètres de ceux qui viennent de nous fusiller. Ils ne se sont point donné le mot; mais, voyant un feu, ils ont tiré dessus ceux qui sont éloignés avec du canon; sur ceux qui sont rapprochés, avec des fusils. Mais, pour nous, peu importe le genre de projectile! Ce qu'il y a de certain, c'est que nous devons éteindre notre feu au plus vite et renoncer à notre rôti, renoncer même à notre souper ; nous devons nous coucher sans lumière. Les parquets du propriétaire sont sauvés.

Cette mésaventure, plus drôle que grave, doit vous faire voir mieux que mes explications quelle est notre position.

La nuit, nous ne pouvons pas avoir de feu ni de lumière, et, pour faire cuire nos aliments, nous devons nous cacher dans des caves, afin qu'on ne nous fusille pas à la lueur de notre cuisine.

Mais, me direz-vous, pourquoi, comme tout le monde, ne faites-vous pas cette cuisine le jour ? Parce qu'il n'y a pas de feu sans fumée, et qu'aussitôt que le plus léger filet de fumée s'élève, dans le jour, au-dessus d'une cheminée, la maison qui surmonte cette cheminée reçoit un obus qui renverse les marmites et tue les cuisiniers.

Oh ! nos ennemis qui se sont établis à la base, sur les pentes et au sommet des collines qui nous entourent, font bonne garde et ils ont la facilité de nous envoyer leurs balles et leurs obus, comme s'ils nous les offraient de la main à la main ; ils n'ont qu'à se pencher sur nous.

Ils ont le bras suspendu au-dessus de nos têtes, et ils n'ont qu'à le laisser tomber, comme le chat sa patte sur les souris qu'il guette.

Si cette situation est désagréable pour faire la cuisine ou pour se réunir le soir autour d'un bon feu, elle n'est pas moins fâcheuse dans le jour pour la promenade et la circulation.

Aussitôt qu'on paraît dans une rue bien exposée, on est salué par une balle qui casse une branche au-dessus de votre tête ou qui vous couvre du plâtre qu'elle a détaché d'un mur.

Il faut certaines précautions pour marcher, et les carrefours de notre village sont plus dangereux que ceux des boulevards : on se défile en rasant les murs, dans lesquels nous avons percé des brèches qui font communiquer toutes les propriétés entre elles.

Tel est le joli village de la Varenne, cher aux Parisiens, que nous habitons pour le moment et probablement même pour longtemps, car il est très-important pour les opérations futures de l'armée, si elle en fait, que l'ennemi ne puisse pas s'établir dans cette presqu'île, d'où il pourrait nous inquiéter sérieusement le jour où nous voudrons passer la Marne à Joinville ou à Créteil, pour aller l'attaquer et rompre son cercle d'investissement.

Il faut donc que nous la gardions.

Cependant notre mission ne consiste pas à la défendre contre une attaque en règle. Nous ne sommes pas en force pour cela, et nous n'avons pas d'artillerie avec nous; notre rôle se borne à faire bonne garde, à surveiller tous les mouvements de l'ennemi, et à avertir notre ligne de défense en nous repliant sur elle.

C'est là une mission peu brillante et qui n'excite guère l'enthousiasme de nos camarades; mais, à la guerre, on fait ce qu'on doit et non ce qu'on veut.

Cette vérité, si difficile à faire entrer dans une tête parisienne, commence à être comprise par les plus rétifs d'entre nous, et je suis certain que, le jour où l'on voudra nous employer d'une façon plus active, nous marcherons tous au feu comme de vieux soldats.

Si un général venait nous passer en revue, il ne croirait jamais qu'il y a deux mois beaucoup d'entre nous ne savaient pas ce que c'était qu'un fusil.

Mais je crains bien que cette satisfaction nous soit refusée; car nous n'avons pas encore vu le général qui nous commande, si toutefois nous avons un général, ce que j'ignore.

Enfin nous n'en faisons pas moins soigneusement notre service sous les ordres de notre commandant, qui, je tiens à vous le dire, se montre un excellent chef, estimé de tous, plein de courage et en même temps de prudence.

Et ce service est, je vous l'assure, des plus durs, au moins la nuit.

Car, pour le jour, nous sommes de simples vigies, n'ayant qu'à observer ce qui se passe chez nos adversaires ; pour cela nous nous installons dans les greniers des maisons en bonne position, nous soulevons une tuile et nous regardons devant nous. Cela, vous le voyez, n'est ni bien pénible ni bien dangereux. Seulement il faut se contenter de risquer un œil; car, si nous nous avisons de mettre le nez à une lucarne, nous sommes sûrs de recevoir une fusillade, nos ennemis trouvant indiscret qu'on regarde chez eux, et, comme ils ont aussi des vigies, le curieux imprudent ne tarde pas à être puni de sa curiosité maladroite.

Mais, la nuit, ce système assez commode n'est plus possible vous le comprenez facilement; aussitôt que l'ombre s'épaissit, il faut abandonner les greniers et placer le long de la rivière des sentinelles assez rapprochées les unes des autres pour que personne ne puisse aborder sur la berge sans être vu par elles.

C'est là que commence la partie désagréable de notre tâche : quatre heures contre le tronc d'un arbre, au coin d'un mur ou dans un trou creusé en plein champ, cela peut paraître assez court à celui qui envisage cette position tranquillement, les pieds sur ses chenets; mais celui qui est contre l'arbre ou dans le trou trouve le temps moins rapide.

Qu'il pleuve, qu'il vente, qu'il gèle : il faut rester là immobile, l'œil sur la rivière.

Quelquefois un éclair jaillit sur les eaux noires, c'est un coup de fusil qu'on envoie à l'une de nos sentinelles; une détonation retentit, et, après un moment de brouhaha, le silence se rétablit, car il faut dire que ces fusillades font plus de bruit que de mal.

Alors on a tout le temps de reprendre le cours de ses réflexions jusqu'à la fin de sa faction. Chose curieuse, quand je vois un de ces traits de feu courir sur la rivière, mon esprit remonte toujours dans le passé, au jour où, pour la première fois, je me suis promené sur les bords de cette Marne, alors si tranquilles, si différents de ce qu'ils sont aujourd'hui, et une vision passe devant mes yeux, celle de ce martin-pêcheur qui s'est envolé devant nous, aussi rapide que ces jets de poudre. Vous rappelez-vous ce martin-pêcheur, chère Thérèse? Moi, je me plais dans ce souvenir qui m'aide à abréger ma faction Aussi dirai-je franchement que je souhaite ces coups de fusil ; ils me donnent la note et, m'enlevant aux tristesses de l'heure présente, ils me reportent brusquement dans le passé.

Il arrive cependant quelquefois que mes souhaits sont trop bien réalisés.

Ainsi cela s'est produit hier ; c'était mon tour de faction, que je devais prendre, lorsque la nuit serait venue, dans un joli trou creusé sur la berge même de la rivière. A l'heure dite, il faisait noir à ne pas voir à cinq pas devant soi. Je me dirige vers mon trou en marchant avec précaution sur l'herbe, pour ne pas attirer l'attention de nos ennemis, qui devaient se trouver embusqués dans une petite île. Mais, au moment où j'approche de mon trou, voilà que je marche sur une plaque de tôle qui se met à résonner; je saute de côté, je bouscule une vieille casserole, qui, elle aussi, chante une note fêlée. Je ne prends pas le temps de réfléchir et vivement je me jette à plat ventre. Cette inspiration était heureuse, car l'île s'illumine et trois ou quatre balles me passent à un pied au-dessus du dos; si j'étais resté debout, je les recevais dans le ventre. Sans me relever, je me traîne jusqu'à mon trou, écartant doucement avec la main une autre plaque de tôle que je trouve sur mon passage.

Une fois dans mon trou, je peux tranquillement réfléchir.

Qui a placé ces plaques de tôle et ces casseroles de manière que j'avertisse moi-même nos ennemis de mon arrivée ? Avons-nous des espions parmi les rares habitants qui sont restés dans le village ? Ce trou gêne-t-il nos ennemis plus qu'un autre ?

Il n'est pas facile de trouver des réponses à ces questions, et mes quatre heures de faction se sont passées à chercher une explication de cet incident, sans arriver à rien de satisfaisant.

La seule chose certaine, c'est que ces plaques ne sont pas tombées du ciel autour de mon trou et qu'elles ont été disposées là par quelqu'un ; aussi, en sortant, lorsque ma faction a été finie, ai-je marché à quatre pattes pour rejoindre au coin d'un mur ceux qui venaient me relever. Avec mes mains, je tâtais autour de moi sur l'herbe, étant beaucoup plus adroit à me servir de cette partie de mon corps, à laquelle le tact donne des yeux, que de mes pieds.

Voilà, chère Thérèse, quelle est notre position et quelles sont nos occupations.

Combien de temps resterons-nous là, c'est ce que bien entendu je ne peux pas vous dire ; cependant il me semble que nous ne devons pas être bien éloignés d'une action décisive, à laquelle sans doute nous prendrons part.

Tout indique qu'il va se passer quelque chose prochainement.

Je le désire pour la défense, mais personnellement je le désire aussi pour nous tous et surtout pour mon oncle, car il se dévore dans cette sorte d'inaction qui nous est imposée. Sans cette fièvre impatiente, je n'aurais que de bonnes nouvelles à vous donner de lui. Il supporte toutes nos fatigues mieux que beaucoup d'autres qui sont plus jeunes que lui.

Écrivez-moi aussi longuement que vous pouvez, et prenez quelques heures à nos blessés pour me les donner.

Ne me parlez pas seulement de notre ambulance ; causez longuement, librement, comme si nous étions au coin du feu.

Et votre oncle Sorieul ? il y a longtemps que vous ne m'en avez rien dit. Ne vous aide-t-il plus ?

Et Mme de Lucillière ? Ne l'avez-vous pas revue depuis la visite où elle vous a parlé de moi « avec une vive affection ? » Que vous a-t-elle donc dit que vous ne pouvez pas le répéter à votre ami ?

ÉDOUARD CHAMBERLAIN.

XXIV

En écrivant à Thérèse, le colonel ne pouvait pas ne point parler de Michel, et il le faisait toujours d'une manière incidente, dont la lettre qu'on vient de lire peut donner une idée.

Jamais il ne manquait de rendre justice aux qualités « de son commandant, » reconnaissant ses mérites, célébrant son courage et sa prudence.

De ce côté, il agissait avec une parfaite loyauté, sans le moindre sentiment de jalousie : Michel était un bon chef, estimé de ses soldats, brave au feu, ménageant la vie de ses hommes, veillant à leur santé, prenant soin de leurs besoins, et il le disait.

Mais il ne disait que cela,

Et son silence sur tous les autres points était significatif.

Thérèse le comprenait, et elle s'efforçait de lire entre les lignes des lettres qu'elle recevait aussi bien de son futur mari que de son cousin.

Car Michel aussi lui écrivait et dans toutes ses lettres il parlait « de votre cousin Édouard. »

Mais il parlait « du cousin Édouard » exactement comme celui-ci parlait « du commandant Michel. »

Jamais il ne manquait de rendre justice aux qualités du soldat admirable qu'il avait sous ses ordres, alors que lui-même eût dû être sous les ordres de ce soldat devenu leur chef.

De ce côté, il agissait, lui aussi, avec une parfaite loyauté et sans laisser paraître le moindre sentiment de jalousie : M. Édouard était le meilleur soldat du bataillon, adoré de ses camarades, intrépide au feu, infatigable, toujours prêt pour toutes les besognes, aussi bien celles où il fallait verser son sang que celles où il fallait verser sa sueur ; ce qui n'est pas moins méritant souvent, mais ce qui est beaucoup plus rare, — et il le disait.

Mais, lui aussi, il ne disait que cela.

Et Thérèse avait beau chercher entre les lignes, elle ne parvenait pas à découvrir autre chose que ce silence, voulu d'un côté comme de l'autre, pour l'éclairer et lui montrer ce qui se passait entre eux.

Elle avait interrogé Denizot aussi adroitement qu'elle avait pu ; mais Denizot appartenait à la classe des braves gens qui voient ce qu'on leur montre, sans jamais rien deviner de ce qu'on leur cache, ne soupçonnant même pas qu'on peut leur cacher quelque chose.

— Il est certain, disait-il, qu'il n'y a pas dans toute l'armée de Paris beaucoup de bataillons comme celui des *volontaires*, avec un commandant tel que Michel et des soldats tels qu'Antoine et M. Édouard. Est-ce curieux vraiment que ce soit Michel qui commande et M. Édouard qui obéisse ? et l'un commande aussi bien que l'autre obéit. Tous frères, quoi ! Il n'y a que le grade qui mette l'un au-dessus de l'autre ; car pour l'estime, vous savez, M. Édouard est estimé tout autant que Michel, si bien que, si Michel venait pour une raison ou pour une autre à ne plus être commandant, ce serait M. Édouard qu'on voudrait. Dame ! c'est naturel, chacun sait ce qu'il vaut, on l'a vu à l'œuvre. Et il faut dire que cela est d'autant plus beau que dans le commencement, on se défiait de lui. Pourquoi n'avait-il pas voulu être officier ? C'était ce qu'on se demandait. Et il y en avait qui disaient que c'était un feignant qui voulait se mettre au repos où à l'abri. D'autres aussi se tenaient sur leurs gardes, à cause de sa fortune ; on croyait qu'il allait faire sa tête et mettre des gants. Ah! bien, oui, feignant! ah bien, oui, des gants. Il n'a rechigné devant rien, et il a fait la cuisine, aussi bien que le reste, tout comme un autre. Alors, quand on vu ça et qu'on a vu aussi que devant les Prussiens, il était toujours le premier, avec des inventions plus malignes les unes que les autres, le vent a changé, et dans le bataillon, quand il lève la main, tout le monde répond : « Je le jure! »

Ce flux de paroles enthousiastes de Denizot n'expliquait qu'une chose à Thérèse, — les mérites de son cousin.

Et cela précisément, elle n'avait pas besoin qu'on le lui dit.

En réalité, elle eût même voulu ne pas l'entendre.

Ces mérites, elle les connaissait et même elle ne les connaissait que trop.

Il était donc irrésistible pour tout le monde, comme pour elle.

Et ces conquêtes, ce n'était pas à la fortune qu'il les devait.

C'était....

C'était à des qualités qu'il n'était pas nécessaire qu'on lui expliquât; avant qu'il partît, elle savait bien qu'il serait tel qu'il venait de se montrer.

Elle eût voulu qu'on lui parlât de Michel, puisque c'était Michel qu'elle devait épouser, qu'elle devait aimer.

N'était-elle pas engagée envers lui? n'avait-elle pas encore, dans leur dernière entrevue, librement renouvelé cet engagement?

Pourquoi de tous côtés s'entendait-on pour mettre son cousin au premier rang? car, il n'y avait pas à s'y méprendre, c'était lui qui était le vrai commandant du bataillon; c'était en lui qu'on avait confiance, c'était sur lui qu'on comptait.

— Non-seulement il devrait être chef du bataillon, disait Denizot, mais encore général de toutes les armées à la place de Trochu, qui est démonétisé, parce que, voyez-vous, Trochu, il parle bien, mais enfin c'est... enfin c'est un Sorieul.

Mais ce n'était pas cela qu'elle demandait : ce qu'elle voulait savoir, c'était ce qui s'était passé, ce qui se passait entre eux, et cela précisément, personne ne pouvait le lui dire.

Il s'était passé ce qui devait fatalement résulter de la réunion de ces deux rivaux; leur antagonisme, tout d'abord soigneusement contenu par l'un aussi bien que par l'autre, était devenu une inimitié déclarée.

Le premier chagrin de Michel avait été causé par ces lettres que Thérèse écrivait au colonel.

Et il avait d'autant plus cruellement souffert qu'il ne pouvait se plaindre à personne, pas plus à Antoine qu'à Thérèse elle-même; ne devait-elle pas rendre compte de ce qui se passait dans l'ambulance qu'elle dirigeait à celui qui avait organisé cette ambulance et qui, malgré son absence, en était resté le véritable maître?

Mais ne parlait-elle que de l'ambulance dans ses lettres?

Dans ses réponses, le colonel ne s'occupait-il que de ses blessés?

Quelles facilités ne trouvait-il pas dans ces lettres pour entretenir Thérèse de tout ce qu'il voulait?

Presque toujours, quand il avait reçu une lettre, il en parlait à Michel et lui répétait ce que Thérèse disait de l'ambulance, mais jamais il ne parlait de ce qu'il avait répondu.

Et ce qu'il y avait de terrible, c'était que Michel ne pouvait pas se plaindre de cette façon de procéder. En parlant de ce que Thérèse lui disait, le colonel faisait plus que strictement il ne devait, et, en ne parlant pas de ce que lui-même disait, il obéissait à un sentiment de convenance que tout le monde aurait approuvé.

Pour tous, cette conduite était parfaitement naturelle, — pour tous, excepté pour lui, pour lui passionnément jaloux.

Et comment ne l'eût-il pas été, alors que tout semblait se réunir pour exciter cette jalousie?

Ce n'était pas seulement auprès de Thérèse qu'il avait à lutter contre l'influence du colonel, c'était encore dans son bataillon même et auprès de ses amis.

Du matin au soir, dans toutes les circonstances, à propos des choses importantes comme des choses insignifiantes, on l'écrasait avec le nom d'Edouard.

Antoine, ses officiers, ses soldats, ses camarades: tout le monde avait ce nom dans la bouche.

Il émettait une idée, on répondait que c'était l'avis d'Edouard.

Il était embarrassé, on lui disait qu'il fallait consulter Edouard.

Il y avait une mission difficile à remplir, on lui conseillait d'en charger Edouard.

— Si Edouard avait su cela...

— Si Edouard avait été là...

— Il n'y avait rien à craindre, c'était Edouard qui était là.

Le vrai commandant du bataillon, c'était le colonel avec sa vareuse de simple soldat.

Cependant il fallait reconnaître que ce commandant de fait ne se permettait jamais la moindre critique des actes ou des paroles du commandant de droit: on l'interrogeait, il donnait simplement son avis; on ne l'interrogeait pas, il ne disait rien, n'approuvant pas, mais ne blâmant pas davantage.

Cet uniforme en drap fin que Michel portait, cette épée qu'il tenait dans sa main, lui étaient une souffrance; n'était-ce pas le colonel qui les avait payés, et qui, par une sorte d'ironie, n'avait voulu pour lui-même qu'une vareuse en drap grossier et qu'une simple baïonnette.

Cette position respective des deux rivaux amenait entre eux des froissements continuels, où l'avantage restait presque toujours au colonel.

En plus de toutes les supériorités que lui donnaient la fortune et l'attitude qu'il avait su prendre, n'avait-il pas encore celle que lui donnaient l'éducation et le savoir-vivre?

Il avait pu étudier, il avait pu voir les choses et les hommes; Michel n'avait pu que travailler.

Sans aucune forfanterie, et avec la conscience de ce qu'il était et de ce qu'il valait lui-même, Michel se croyait son égal pour le cœur et le caractère; mais, pour tout le reste, combien lui était-il inférieur!

Combien de fois n'avait-il pas la douleur de constater lui-même cette infériorité.

Sans revenir sur l'incident de la permission d'aller à Paris, refusée après avoir été obtenue, le colonel n'avait pas renoncé à ce voyage.

Trop de causes l'appelaient rue de Courcelles, pour qu'il n'y courût point le jour où cela serait possible : Mme de Lucillière, Thérèse, Thérèse surtout.

Mais il ne lui convenait pas, après ce qui s'était passé, de demander une nouvelle permission, qui serait encore une exception faite exclusivement en sa faveur.

Il voulait attendre que plusieurs de ses camarades eussent obtenu cette permission.

Alors il aurait les raisons les meilleures du monde pour demander ce qui aurait été accordé à d'autres.

Mais Michel, comme s'il prévoyait cette combinaison, annonça que tant que durerait le siège, ou plutôt tant qu'ils seraient aux avant-postes, il n'accorderait de permission à personne pour aller à Paris. Denizot, venant souvent et retournant à Paris, se chargerait de toutes les commissions qu'on voudrait lui confier, porterait les lettres, remettrait l'argent de la solde aux femmes et aux enfants qui en auraient besoin; mais personne, absolument personne, ne rentrerait dans l'enceinte. Ceux qui ne voulaient pas accepter cette loi n'avaient qu'à quitter le bataillon tout de suite et à s'enrôler dans un autre corps ou dans les compagnies de guerre de la garde nationale.

On avait murmuré contre la dureté de cette exigence du commandant; mais, après avoir plus ou moins librement exhalé sa colère, personne n'avait quitté le bataillon : il valait mieux attendre et voir. Ce refus de permission ne tiendrait pas toujours sans doute.

Plus que personne, le colonel avait souffert de cette mesure, qu'il sentait prise à cause de lui et contre lui; mais il était le dernier de ceux qui pouvaient quitter le bataillon, et il avait subi cet ordre comme les autres.

A ce moment, les nuits déjà fraîches étaient devenues vraiment froides, et la vareuse avec la capote n'avaient plus été suffisantes pour protéger des hommes qui ne trouvaient que très-rarement de la paille pour se coucher.

Un matin, on avait vu arriver de Paris deux voitures chargées de peaux de mouton, et l'on avait fait la distribution de ces peaux à tous les hommes du bataillon.

Comme c'était Denizot qui amenait ces voitures, on avait tout de suite su à qui l'on devait ce cadeau, le plus utile et le plus enviable qu'on pût recevoir.

On en avait remercié le colonel, et, en face des indiscrétions de Denizot, il n'avait pu repousser ces remercîments et les renvoyer à un autre.

— Je les voulais avec des poches, dit-il, mais on a mal compris ce que j'avais demandé : voilà ce que c'est que de ne pas pouvoir aller à Paris.

Naturellement ce mot fut rapporté à Michel, et il n'améliora pas leurs rapports.

C'était la première fois que le colonel se permettait d'émettre tout haut un blâme, et il avait tout le monde avec lui : il y avait eu vraiment maladresse à l'empêcher d'aller à Paris; il eût été beaucoup plus plus habile de paraître lui offrir une occasion d'y aller, en s'arrangeant pour qu'il ne pût pas accepter cette offre.

Mais ces habiletés de conduite, Michel ne les avait pas, et c'était après coup qu'il les trouvait, alors que la maladresse était faite et irréparable.

Cependant, malgré tout ce qu'il y avait de mauvais dans sa situation, Michel n'avait jamais admis un seul instant qu'il devrait se retirer devant ce rival.

Il lutterait, il lutterait jusqu'au bout.

En somme, il avait aux mains une arme puissante : le double engagement pris par Antoine et par Thérèse.

Cet engagement, Thérèse l'avait renouvelé et affirmé le jour où ils s'étaient séparés.

Et avec Antoine, s'il n'avait pas demandé la confirmation de cet engagement, c'était parce qu'il savait cette confirmation parfaitement inutile.

Thérèse avait pu changer de sentiment, et il y avait intérêt à savoir que ceux qu'elle éprouvait présentement étaient les mêmes que ceux qui l'avaient fait accepter ce mariage.

Mais la parole d'Antoine ne changeait pas, il n'était pas homme à la reprendre après l'avoir donnée.

C'était là la force de Michel, et elle était grande.

Il pouvait s'inquiéter des agissements de son rival et en souffrir ;

Mais en réalité il était dès maintenant le mari de Thérèse, et, dans sa jalousie, c'était plutôt sa femme qu'il défendait que sa fiancée.

Cette force, le colonel la connaissait tout aussi bien que lui, et la lutte sourde qui existait entre eux, depuis leur réunion dans ce bataillon, la lui montrait plus redoutable qu'il ne l'avait cru tout d'abord.

Il n'était plus au temps où il disait à Antoine : « J'irai trouver Michel, je m'expliquerai avec lui, et je lui demanderai Thérèse ; il ne pourra pas me la refuser. »

Il était convaincu maintenant qu'il la lui refuserait parfaitement, et même, à vrai dire, il n'aurait plus osé lui adresser une pareille demande, certain à l'avance de la réponse :

— Vous aimez Thérèse, c'est bien ; vous aime-t-elle ? Interrogeons-la.

Et tant que Thérèse ne serait pas libre, c'est-à-dire tant que son père ne lui dirait pas qu'il l'était lui-même, elle n'avouerait jamais assurément l'amour qui était dans son cœur et qui pour elle était un amour coupable.

Comment leur rendre à l'un comme à l'autre cette liberté ? c'était ce qu'il ne voyait pas, et ce qu'il cherchait sans trouver des moyens acceptables.

Évidemment la situation était difficile et jusqu'à un certain point sans solution efficace.

Une seule se présentait, brutale, mais simple.

Il fallait que l'un d'eux disparût.

Pourquoi cela n'arriverait-il pas un jour ou l'autre ?

Ils étaient en guerre, aussi exposés l'un que l'autre à la mort.

Pourquoi l'un d'eux ne serait-il pas tué par une balle prussienne ?

Cette solution radicale tranchait rapidement toutes les difficultés.

Deux hommes se présentaient pour épouser Thérèse : l'un disparaissait, elle devenait la femme de celui qui restait.

Une pareille idée aurait pu paraître monstrueuse à un honnête bourgeois qui l'aurait eue en rêvant à sa fenêtre, devant les étoiles.

Mais le colonel n'était point un bon bourgeois, il était soldat, et dès sa jeunesse il s'était habitué à l'idée de la mort, faisant bon marché de sa vie comme de celle des autres.

Il y avait un résultat important à obtenir, c'était avec la vie humaine qu'on l'achetait et qu'on le payait.

Cette monnaie qu'on appelle la vie humaine change considérablement de valeur selon qu'elle est dans telles ou telles mains ; les uns en sont avares, les autres en sont prodigues : cela dépend des éducations.

Pendant quatre années, le colonel l'avait chaque jour largement dépensée, et il avait pris là des habitudes de prodigalité qui avaient influé sur son caractère.

— En avant, et au plus heureux des deux !

La bonne chance avait voulu que jusque-là il fût le plus heureux.

Ce n'était pas au devant de Michel qu'il devait maintenant s'élancer, comme au temps où il chargeait les sudistes ; c'était à ses côtés qu'il marchait. Mais cela n'empêchait pas la bonne chance de se prononcer encore, la devise était la même : Au plus heureux des deux.

Aussi, plus que personne, regrettait-il d'être enfermé dans cette boucle de la Marne, où les occasions de marcher au feu seraient rares.

Être tué au coin d'un mur ou dans un trou, seul, bêtement, tristement : cela ne rentrait plus dans son programme.

Le résultat, il est vrai, n'en existait pas moins.

Que ce fût lui qui fût tué dans son trou ou bien que ce fût Michel qui reçût une balle au coin d'un mur, en faisant une ronde, dans l'un comme dans l'autre cas, Thérèse devenait libre, et le rival avait disparu.

Mais ce n'était point ainsi qu'il comprenait cette disparition.

Quand cette idée se présentait à son esprit, il ne l'admettait qu'avec une sorte de lutte chevaleresque.

— En avant ! pour Thérèse.

Et la main de Thérèse devenait le prix de ce tournoi.

Mais, hélas ! quand pourrait-il pousser ce cri « En avant ! » Ce n'était pas en allant s'embusquer dans un trou, au bord de la rivière, comme un chasseur de canards, ou bien en soulevant une tuile dans un grenier.

Comme il se disait que le siège se passerait peut-être tout entier sans que cette occasion se présentât, l'ordre arriva de se tenir prêt à marcher.

Tandis qu'une compagnie du bataillon devait rester dans la boucle pour garder ses positions, une autre devait participer d'une manière active à une expédition qui se préparait.

Et justement ce fut la compagnie à laquelle il appartenait qui fut désignée pour marcher, avec Michel comme commandant.

Enfin !

XXV

L'ordre de marche disait que la compagnie devrait être à Joinville le 29 novembre, à cinq heures du matin.

On se mit en route à trois heures et demie, sans bruit.

Le temps était doux, et la nuit annonçait une belle journée d'hiver.

A chaque instant, des lueurs fulgurantes éclairaient le ciel, et des détonations lointaines ou rapprochées éclataient de tous côtés; il semblait que, sur tout le périmètre de l'enceinte, les forts avaient commencé la canonnade des positions de l'ennemi.

Une grande bataille se préparait-elle ou bien était-elle déjà engagée?

On savait que depuis la veille la circulation au dehors de la place était interdite, et c'était une mesure qui indiquait des opérations militaires.

« Enfin ! »

C'était le mot que chacun répétait d'une voix vibrante.

— Il se décide donc à dire : En avant ! le général *De profundis*.

— Vous voyez bien que vous aviez tort de l'accuser d'irrésolution.

Il se préparait.

Et l'on marchait gaillardement.

Cependant il y avait des esprits sceptiques qui disaient qu'on ne ferait encore rien, et qu'après une reconnaissance, on rentrerait « dans les lignes, » le but qu'on se proposait ayant comme toujours été atteint.

Mais ceux qui parlaient ainsi ne le faisaient que timidement : l'heure de la critique était passée, celle de la confiance avait sonné.

On ne voulait plus écouter ceux qui doutaient.

En arrivant à Joinville et après avoir lu les proclamations du gouvernement et du général Ducrot, il n'y a plus que des enthousiastes; les incrédules gagnés et entraînés crient plus fort que les autres.

— Vous voyez bien.

— C'est la grande trouée.

— Le moment est venu de rompre le cercle de fer qui nous entoure.

— Ce n'est pas avec 400 canons et 150,000 hommes qu'on fait une reconnaissance.

— Mort ou victorieux !

Tous les cœurs sont gonflés de joie et d'espérance ; rares, très-rares sont ceux qui osent dire à mi-voix que ce qui se prépare, c'est une leçon assez solide pour que le peuple en garde la mémoire.

Toutes les troupes sont concentrées et les forts continuent leur terrible canonnade ; c'est une succession sans relâche de détonations, plusieurs centaines de canons tirent en même temps ; le ciel est plein de flammes, comme dans une nuit d'orages une fumée rougeâtre enveloppe Paris; c'est à peine si, de temps en temps, les batteries prussiennes répondent a cette attaque, et c'est seulement à l'approche du jour qu'on aperçoit quelques jets de feu s'abattre vers Paris.

Quand l'action s'engagera-t-elle ?

On attend, et tout le monde est prêt à marcher ; jamais armée assurément n'a été plus impatiente de faire parler la poudre.

Cependant l'aube blanchit et l'ordre n'arrive pas de marcher en avant.

Lentement le jour se fait et les forts environnants activent leur feu.

Dans le sud, la fusillade et les mitrailleuses se mêlent aux détonations du canon.

A Joinville, où le bataillon des *volontaires* avait fait halte, on pouvait croire qu'une grande bataille était engagée sur les bords de la Seine et au sud de Paris.

Alors que font-ils à Joinville ?

Cependant ceux qui sont bien informés ou qui se disent bien informés prétendent que ces attaques dans le sud ne sont qu'une feinte ; la lutte principale aura lieu sur les bords de la Marne, de Chennevières à Villiers. Toute l'armée est concentrée dans le bois de Vincennes et sur les coteaux de Fontenay, n'attendant que le signal pour engager la vraie bataille.

Mais pourquoi ne s'engage-t-elle pas ?

Les heures s'écoulent ; on reste en place.

De vagues rumeurs se répandent ; on dit que les ponts sur lesquels on devait passer la Marne se trouvent trop courts. Ils ne sont pas trop courts, mais ils ont été emportés par une crue subite de la rivière. — Une crue, il n'y en a pas ; la rivière coule dans son lit comme à l'ordinaire. — Ce n'est pas une crue, c'est le vapeur qui devait remorquer les chalands qui se trouve trop faible pour remonter le courant.

Ce qu'il y a de certain, c'est qu'on ne traversera pas la Marne ce jour-là.

Alors une clameur générale s'élève : il y aura donc toujours incurie ou incapacité ? quand ce n'est pas d'un côté, c'est de l'autre ; si les généraux sont prêts, les ingénieurs ne le sont pas. On crie à la trahison : plus l'élan a été puissant, plus l'arrêt est violent ; plus l'enthousiasme a été grand, plus la colère qui le remplace est furieuse.

Quelques-uns pourtant se consolent en disant que ce qui est manqué un jour peut se reprendre le lendemain ; mais on répond que maintenant l'ennemi est averti, que déjà ses renforts sont en marche et que le lendemain, si on risque l'attaque, on marchera à un échec certain.

Cependant on la risqua le lendemain, cette attaque, et, comme on devait le prévoir, on trouva les Allemands prêts à se défendre vigoureusement, bien préparés, bien approvisionnés.

Tous ceux qui, dans l'armée française, avaient le sens de la guerre, ou qui simplement connaissaient le pays, savaient quelle résistance ils allaient rencontrer : au-delà de la rivière, une plaine dans laquelle l'ennemi, contrarié par les obus des forts, n'avait pas pu s'établir solidement ; mais, au delà de cette plaine, une série de coteaux défendue par des tranchées et des batteries fixes, des ouvrages en terre, des villages, des maisons, des murs crénelés.

Au nombre de ceux qui comprenaient les dangers de l'entreprise, se trouvaient le colonel et son oncle : le colonel, parce qu'il avait l'expérience et la science de la guerre ; Antoine, parce qu'il avait cent fois parcouru ce pays et qu'il savait tous les avantages qu'il pouvait offrir à une défense habile.

Ils avaient couché dans une maison abandonnée avec une partie des hommes de leur compagnie, entassé quarante ou cinquante dans une petite salle à manger où, en temps ordinaire, douze convives se seraient trouvés trop serrés.

A deux heures du matin, le canon et les obus les réveillèrent.

Les forts avaient repris leur canonnade et la redoute de la Faisanderie tirait par-dessus leur tête.

Couchés à côté l'un de l'autre, ils s'éveillèrent en même temps.

— Est-ce décidément pour aujourd'hui ? demanda Antoine.

— Allons voir ce qui se passe.

Comme ils n'étaient pas éloignés de la porte, ils purent sortir sans écraser trop de mains et sans heurter trop de jambes.

Devant la maison, s'étendait un jardin qui descendait à la rivière, ils gagnèrent une terrasse d'où la vue n'était plus bornée par les maisons.

Le ciel était en feu et l'on voyait tous les forts et les batteries de Nogent, d'Avron et de la Faisanderie lancer leurs flammes sur la rivière, qui par moment s'illuminait de lueurs rapides ; dans le Sud, on ne voyait pas les feux, mais on entendait les détonations qui roulaient sans interruption.

Dans le village même et au delà, dans le bois, s'élevaient de vagues rumeurs.

— Eh bien ? demanda Antoine d'une voix émue.

— Eh bien ! je crois que c'est pour aujourd'hui.

Depuis près de trois mois, c'est-à-dire depuis qu'ils avaient quitté Paris, ils n'avaient pas échangé une seule parole se rapportant au mariage de Thérèse : c'était un sujet que par un accord tacite, ils s'étaient interdit.

— Après la guerre, avait dit Antoine dans leur dernier entretien sur ce sujet.

Et le colonel avait religieusement observé cette règle du silence.

Ce fut Antoine qui y manqua le premier.

Pendant que le colonel regardait la rivière, tâchant de voir, à la lueur des coups de canon, si plusieurs ponts avaient été établis, il se sentit prendre la main.

C'était son oncle qui la lui serrait.

— Mon neveu, dit Antoine, l'heure est venue de nous faire nos adieux ; car plus d'un parmi nous ne verra pas la nuit de demain.

— Mais, mon cher oncle...

— Cela n'amollit pas le cœur ; au contraire, cela le raffermit. Vous savez bien que j'ai toujours eu le besoin d'arranger mes affaires, en vue du départ, celles du cœur surtout. Si nous ne nous revoyons pas, je veux que vous sachiez que j'avais pour vous l'amitié d'un père et que j'étais fier de vous ; oui, Edouard, fier de vous, comme l'eût été votre père.

— Mais nous nous reverrons, mon cher oncle ; je me suis trouvé à vingt combats. quatre grandes batailles, et me voilà !

— J'espère aussi que nous nous reverrons ; mais enfin j'ai voulu vous dire ce que j'avais sur le cœur. Si cependant nous ne nous retrouvons pas, je confie Thérèse à votre loyauté.

— Elle sera ma sœur jusqu'au jour où elle sera ma femme. Embrassons-nous, mon oncle !

Ils s'embrassèrent.

Antoine tournait le dos à la rivière et faisait face par conséquent à la redoute : l'éclair d'un coup de canon le frappa en plein visage, et le colonel vit ses yeux brillants de larmes.

L'émotion de cet homme énergique le toucha au cœur et le paya, en une seconde, de la cruelle contrainte que depuis de longs mois il s'imposait.

— Allons rejoindre nos camarades, dit-il, et apprêtons-nous à marcher.

Le colonel était un homme pratique. Pendant que la plupart de ses camarades dormaient encore, il força son oncle à partager avec lui une tranche de lard.

— Déjeunons ! dit-il.

Et gaiement il mangea un morceau de lard avec une grosse miche de pain.

Puis, ayant remis ce qu'il lui restait de pain dans son sac :

— Maintenant, dit-il, je marcherai jusqu'à demain, s'il le faut ; à la guerre c'est l'estomac qui donne du cœur, et je vous assure que, quand on marche contre une batterie, ceux qui ont mangé marchent mieux que ceux qui sont à jeun.

Plusieurs ponts ayant été établis, la rivière fut facilement et rapidement franchie par une partie de l'armée. La terrible canonnade de la nuit avait refoulé les Prussiens et les avait obligés à abandonner la plaine, qui se trouvait balayée par les canons des forts; le carrefour de la Fourche de Champigny, qu'ils avaient toujours et malgré tout occupé, était lui-même libre.

Mais, à une petite distance de la Fourche, se trouve un bois dans lequel ils s'étaient retranchés en construisant des barricades qui fermaient la route.

Des barricades, pour des Parisiens c'était un plaisir.

Le bois fut vivement emporté.

Michel marchait en tête de la compagnie; mais il n'avait pas besoin d'exciter ses hommes, l'élan de tous était irrésistible, et il fallait plutôt les avertir de se modérer que les pousser en avant.

Avec son oncle et quelques-uns de ses camarades, le colonel s'était jeté dans le bois, au lieu d'attaquer la première barricade de front.

Surpris par cette irruption, quelques Allemands n'eurent pas le temps de se replier et furent entourés.

— Rendez-vous ! cria Antoine.

— Jetez vos fusils, cria le colonel en allemand et sans s'arrêter.

Quelques-uns obéirent, mais un sous-officier ajusta Antoine.

D'un bond, le colonel, la tête baissée, sauta sur lui et tous deux roulèrent à terre.

Le coup de fusil était parti, mais il n'avait blessé personne.

— Ne le touchez pas, cria le colonel à ses camarades ; c'est un brave homme, vous auriez fait comme lui.

Puis, s'adressant en allemand à son adversaire :

— Vous voyez bien que la résistance est impossible, dit-il.

Et de fait, maintenu par les bras et par les pieds, le pauvre diable ne pouvait plus bouger.

Cinq ou six baïonnettes en plus étaient abaissées sur lui.

Il fallait se diriger vers la route pour remettre les prisonniers à ceux qui pouvaient les emmener.

Au moment où ils sortaient du bois, un officier d'état-major arriva au galop.

— Qui a fait ces prisonniers ? cria-t-il.

— C'est Édouard, répondent quatre ou cinq voix.

Mais, comme s'il n'écoutait pas cette réponse, l'officier donne l'ordre aux hommes qui l'entourent de débarrasser les avenues et la route des obstacles qui les barrent, pour faire passage libre aux troupes qui arrivent, ainsi qu'à l'artillerie, dont on entend le formidable cliquetis à une courte distance.

Mais, tout en ne paraissant pas attentif à la réponse qu'il avait provoquée, il l'avait parfaitement entendue.

— Où est-il, Édouard ? demanda-t-il en regardant autour de lui.

À ce moment, le colonel fit deux pas en avant et, portant la main à son képi :

— Le voilà ! dit-il.

L'officier, qui ne l'avait pas vu jusque là, le regarda avec stupéfaction; puis, levant les bras au ciel avec un mouvement de surprise :

— Comment ! vous ? s'écria-t-il.

— Et oui, moi ! mon cher Gaston.

— Vous soldat !

— Au bataillon des *volontaires de Paris*, 1re compagnie.

Et ils se serrèrent la main avec joie, heureux de se retrouver sur ce champ de bataille.

Mais il n'y avait pas de temps à donner aux épanchements ni aux bavardages de l'amitié.

La terre tremblait sous le roulement de l'artillerie, qui, les ponts traversés, arrivait au galop pour prendre position.

Les coteaux de Joinville et de Nogent étaient noirs de troupes.

Et à chaque extrémité, d'un côté la Faisanderie, de l'autre Nogent et Avron, apparaissaient enveloppés dans des nuages de fumée blanche, tirant avec rage sur les batteries allemandes.

Dans le ciel radieux, les obus faisaient entendre leurs sinistres sifflements, comme si une tempête venait de se déchaîner.

Les détonations des grosses pièces de marine, le roulement des canons sur la terre sonore, la fusillade, les cris des hommes, le souffle des obus, tout se réunissait en un fracas formidable qui assourdissait l'oreille.

— À ce soir ! cria Gaston de Pompéran.

— Au revoir.

Et, après s'être serrés la main, ils se séparèrent.

— En avant, mes enfants, cria Gaston aux troupes qui arrivaient.

Et les volontaires, s'étant débarrassés de leurs prisonniers, s'élancèrent au pas de course pour rejoindre leur compagnie, qui avait continué d'avancer rapidement, sans rencontrer nulle part une résistance sérieuse capable d'arrêter leur élan.

Cependant les Allemands ne se sauvaient point, mais — pour employer un mot dont on si souvent abusé dans cette guerre, — ils se repliaient.

Ce terrain sur lequel on les attaquait n'était point, en effet, celui sur lequel ils voulaient accepter la lutte; c'était celui des grand'gardes, qui devaient non combattre, mais se retirer sur la ligne de bataille, située à 1,000 ou 1,500 mètres, sur un terrain découvert et battu de tous côtés. En arrière de cette ligne, s'en trouvait une autre, la ligne de retraite, établie de telle sorte qu'on ne pût l'attaquer et la contre-battre en même temps.

Pour ceux qui connaissaient ces dispositions des Allemands, ce premier avantage n'avait pas grande signification, puisqu'il n'y avait pas eu véritable résistance; mais, pour la plupart des soldats, il avait au contraire une importance morale considérable. On avançait, l'ennemi se retirait, et il y avait si longtemps que dans l'armée française on ne connaissait plus ce mot si français : « En avant ! »

Après le bois, se trouvait le talus du chemin de fer; il fut emporté, comme l'avait été le bois, et bientôt les premiers coteaux pris d'assaut furent couronnés par l'artillerie et l'infanterie.

Mais c'était là que la résistance réelle devait commencer. En arrière de ces coteaux, se trouvaient des ouvrages défensifs qui ouvrirent un feu terrible, les balles et les obus arrivent comme un nuage de grêle. Un mouvement d'arrêt se produit. On est en face des tranchées allemandes, d'où part une terrible fusillade. Quelques soldats éperdus redescendent le coteau plus vite qu'ils ne l'ont monté; les généraux, les officiers, quelques hommes de cœur se précipitent, sur eux pour les retenir; car, si ce mouvement se généralise, toutes les troupes qui ont passé la Marne vont être repoussées et jetées dans la rivière.

Aux premiers rangs de ceux qui résistent, se trouvent Michel, Antoine et le colonel, qui, à peu près abrités derrière un caisson d'artillerie, répondent à la mousqueterie des tranchées, Michel s'étant armé d'un fusil.

Ce n'est point le lieu de raconter ici les phases de cette bataille. Le mouvement de recul ne se continua pas, au contraire on avance de nouveau : d'un côté, Champigny est emporté; de l'autre, Petit-Bry est pris à la baïonnette; puis il est repris par les Allemands, puis repris une fois encore par les Français. On se bat dans les rues, dans les jardins, dans les maisons.

Michel, Antoine et le colonel, sont ensemble: le colonel, toujours en avant, entraînant ses camarades par la voix et plus encore par l'exemple.

A un certain moment, quand l'ennemi accentue son mouvement offensif, il sort de derrière le mur qui l'abritait, et seul, quelques pas en avant, tirant sans relâche et appelant ses camarades, montrant par l'exemple que les balles ne sont pas à craindre.

Cependant il faut se rapprocher du mur, alors une main le prend par le bras et l'attire.

Il regarde, cette main est celle de Michel.

— Vous voulez donc vous faire blesser quand même? dit Michel.

— Et vous, réplique le colonel, vous ne voulez donc pas vous faire tuer?

Ces deux exclamations ont jailli de leurs bouches, sans qu'ils aient conscience de ce qu'ils disaient.

Mais les paroles sont à peine prononcées qu'elles sont comprises par l'un et par l'autre dans toute leur étendue.

Un moment ils se regardent.

Mais aux balles qui sifflent autour d'eux, il faut répondre par des coups de fusil; ce n'est point l'heure des explications personnelles.

Et ils reprennent la lutte.

De nouveau nos pièces se portent en avant, accompagnées par l'infanterie.

Mais le soleil s'est abaissé, l'ombre tombe sur la campagne, les feux des canons deviennent de plus en plus clairs.

Tout à coup le colonel sent son fusil lui glisser dans la main, le sang coule entre ses doigts: il est blessé.

Cependant, comme il ne sent aucune douleur, il continue de tirer.

Le feu dure encore quelques minutes, puis des deux côtés il s'éteint brusquement.

On peut regarder autour de soi et se tâter, la bataille est suspendue par la nuit.

On se réunit, on se groupe, on s'interroge.

— Eh bien?

— Eh bien! dit le colonel, répondant à cette question de son oncle, je crois que je suis blessé.

— Blessé!

— Oh! légèrement, je ne sens aucune douleur et mes doigts remuent facilement.

Il fait déjà sombre, on allume des allumettes : c'est au bras qu'est la blessure, une balle a déchiré les chairs qui saignent.

Attiré par la lumière, Michel s'approche.

— Blessé? dit-il, il faut vous faire conduire à l'ambulance.

Mais le colonel a examiné sa blessure, qui n'a pas pénétré profondément; les chairs sont seulement écorchées.

— A l'ambulance? dit-il; vous ne voudriez pas, mon commandant.

Et, ayant atteint son mouchoir, il pria son oncle de le plier pour lui bander le bras.

Pendant que cela se fait, les soldats ont allumé des branches qui flambent; il fait froid, la bise est glacée.

Le colonel s'approche du feu et s'assoit sur son sac.

XXVI

C'est une vérité incontestée que celui qui couche sur le champ de bataille a beaucoup moins froid que celui qui couche à côté.

L'orgueil de la victoire réchauffe le sang.

— On les avait donc vaincus, les vainqueurs de Sedan !

Et, bien que presque tous les régiments n'eussent pas de couvertures, ordre ayant été donné de ne pas s'en alourdir, on trouvait la bise beaucoup moins âpre que si l'on avait été reprendre le bivac dans le bois de Vincennes.

Chacun se racontait ce qu'il avait fait, ce qu'il avait vu :

— C'avait été dur, mais enfin on en était venu à bout.

On ne pensait qu'au triomphe, on oubliait les pertes.

Et cependant, sur les coteaux, on voyait des lumières indécises et faibles courir çà et là comme des feux follets : c'étaient les ambulanciers qui recherchaient les blessés qui n'avaient pas pu encore être recueillis et pansés. Combien de morts, hélas ! couchés sur la terre !

Ils sont là étendus, roides, la tête sur leur sac, les yeux ouverts comme s'ils regardaient le ciel. Beaucoup ont conservé dans la mort l'expression de leur physionomie vivante : c'est qu'ils ont été frappés de mort subite, atteints d'une balle au cerveau ou au cœur. Il y en a qui n'ont même pas lâché leur fusil, le tenant dans leurs mains, dont les muscles sont restés contractés.

Mais la bataille durcit le cœur et ceux qui ont encore dans le sang la fièvre de la poudre ne se laissent pas facilement apitoyer.

On a faim, on a froid; on mange et l'on se chauffe.

Assis sur son sac, le colonel achève sa miche et sa tranche de lard en exposant alternativement l'une ou l'autre de ses mains au feu, qui donne plus de fumée que de flamme : il a eu soin de se placer au vent. Ceux de ses camarades qui n'ont pas pris cette précaution reçoivent la fumée en pleine figure quand le vent incline sa colonne rougeâtre sur eux, et alors ils toussent comme s'ils allaient rendre l'âme.

Son souper fini, il s'enveloppe dans sa peau de mouton et, reculant un peu son sac, il pose sa tête dessus en allongeant les pieds vers le feu. La journée du lendemain sera rude, il faut dormir avant que le froid du matin ne vienne chasser le sommeil.

Mais, au moment même où il se renverse, il aperçoit un visage noir qui se penche sur lui. C'est Horace.

— Ah ! mon colonel, enfin je vous trouve ! Ce n'est pas sans peine. Pas blessé ?
— Une écorchure.

Mais Horace n'est pas homme à se contenter de cette réponse. Une écorchure ! Il veut voir ce qu'est cette écorchure.

Et, presque de force, il relève la manche de la vareuse.

Le sang a traversé le mouchoir.

— Mais vous êtes blessé, vraiment blessé ! Je vais vous emmener à Paris ; il faut que vous soyez pansé, que vous soyez soigné. C'est Mlle Thérèse qui va être contente !
— Contente que je sois blessé ?
— Non, mais heureuse d'avoir à vous soigner, et bien soigné que vous serez par elle, par moi, par nous tous.

C'était sur le ton de la plaisanterie que le colonel avait répondu à Horace, mais en réalité il était ému par ce nom de Thérèse ainsi prononcé. Eh ! oui, sans doute, il serait bien soigné par elle. Si elle devait être heureuse d'avoir à le soigner, comme disait Horace, lui-même ne serait-il pas heureux de l'avoir près de lui ? Quelle douceur dans cette intimité !

Mais il ne s'abandonna pas longtemps à cette pensée. C'était lâcheté de songer à rentrer à Paris en ce moment : la bataille ne reprendrait-elle pas le lendemain plus acharnée ?

Tout ce qu'Horace put obtenir, ce fut d'emmener le colonel dans une maison où des chirurgiens avaient établi une ambulance. On le panserait, et le lendemain il pourrait se servir de son bras, qui, s'il restait enveloppé avec ce mauvais bandage, serait certainement paralysé dans la nuit.

C'était là le langage de la raison. Horace ajouta que la maison n'était pas éloignée. Le colonel le suivit. Ce serait vite fait.

Mais, en arrivant à cette maison à moitié démolie par les obus, il ne put pas se faire panser aussitôt : d'autres blessés, arrivés avant lui, attendaient leur tour.

Il y avait là des soldats de ligne, des mobiles, des artilleurs ; il y avait même un Saxon, coiffé d'une casquette ronde et vêtu d'une grande houppelande verte à boutons de cuivre.

Blessé à la jambe, il était étendu sur le sol, et comme il parlait français, d'autres blessés, ses adversaires quelques heures auparavant, ses camarades maintenant, l'interrogeaient curieusement.

— Voyons, vous n'en avez pas assez de cette guerre ? demandait un mobile.
— Je ne l'ai pas désirée.
— Pourquoi faites-vous les affaires des Prussiens, qui se moquent de vous ?
— Ah ! pourquoi ?
— Vous n'êtes donc pas maigre ; vous ne

mourez donc pas de faim dans vos tranchées? demanda un autre mobile français.

— Voyons, dit un troisième, vous devez bien avoir un journal dans ce sac? donnez-nous-le, on le fera traduire.

— Non, je n'en ai point; hier soir, on a donné l'ordre de les brûler.

— On savait donc que nous allions attaquer?

— Vous voyez bien qu'ils ont peur que nous apprenions que les armées de province arrivent; ils se sentent fichus : pas de nouvelles, bonnes nouvelles.

Enfin le tour du colonel arriva; il présenta son bras au chirurgien.

— Allez vous-en à Joinville, dit celui-ci; vous trouverez les bateaux-mouches qui vous porteront à Paris.

— Mais je ne veux pas rentrer à Paris; mettez-moi une bande là-dessus, et je rejoins mon bataillon.

— Remuez les doigts, dit le chirurgien; bon ; pliez le bras : bien; et vous tenez à rejoindre votre bataillon?

— Mais oui, si cela est possible.

— Sans doute, cela est possible ; seulement vous feriez mieux de rentrer à Paris. L'inflammation va se déclarer, et votre blessure, légère, il est vrai, va devenir le siège d'élancements douloureux.

— Pourrai-je me servir de mon bras demain ?

— Je n'en sais rien : il est possible que oui, il est possible que non.

Certes la tentation était grande.

Pendant quelques secondes le colonel resta hésitant.

Il était à Paris, près de Thérèse ; il reviendrait au bataillon après l'avoir vue et avoir paré aux dangers qui pouvaient arriver du côté de Mme de Lucillière.

— Eh bien? demanda le chirurgien.

A ce moment, un blessé qui attendait son tour se mit à dire tout haut :

— Nom de Dieu! ne pas être là demain ; faut-il avoir peu de chance.

— Bandez mon bras, pour que je retourne à mon bataillon, dit le colonel.

Le pansement fut vite fait, et, une fois qu'ils furent sortis de l'ambulance, Horace recommença ses instances pour décider son colonel à rentrer à Paris.

Mais le colonel répondit de telle sorte qu'il fallut renoncer à cette espérance ; l'heure de l'hésitation était passée.

Ils regagnèrent le bivac.

— Le commandant vous a fait demander, dit au colonel un de ses camarades, et on lui a répondu que vous étiez à l'ambulance.

— Eh bien! me voilà revenu parmi vous, si toutefois vous voulez bien me faire une petite place auprès du feu.

On lui fit cette place, mais petite, toute petite.

Déjà quelques hommes dormaient, ils grognèrent lorsqu'on les repoussa.

— Si vous voulez tous dormir, dit Horace, je vais vous entretenir votre feu pendant la nuit; reposez-vous, moi je n'aurai rien à faire demain.

La proposition fut acceptée, et Horace, qui avait remarqué, en allant à l'ambulance, une maison qui s'était écroulée sous le bombardement, alla voir s'il ne trouverait pas là quelques morceaux de bois. Il en rapporta quelques chevrons qui, placés sur le feu, ne tardèrent pas à donner une belle flamme claire et chaude. Puis, dans un second voyage, il rapporta un morceau de toiture en zinc, qu'il plaça derrière son colonel, de manière à abriter celui-ci de la bise. Il inclina ce toit improvisé au-dessus de son maître, si bien que celui-ci put dormir les pieds au feu et la moitié du corps abritée. A voir de loin ce grand nègre que le feu éclairait de lueurs capricieuses, allant, venant, s'empressant autour de ce brasier, on eût pu croire qu'on assistait à quelque scène fantastique et mystérieuse dans cette nuit de mort.

Profonde fut la stupéfaction de tous quand, le lendemain matin, l'ordre n'arriva pas de recommencer le feu et de marcher en avant.

— Comment! on ne se rempoignait pas?

On sait que cette journée fut employée à enterrer « religieusement les morts, » suivant une expression officielle.

On sait aussi que la lutte ne reprit que le 2 décembre par une attaque des Allemands.

On sait enfin qu'après cette seconde bataille, plus meurtrière que la première, nos troupes couchèrent encore sur leurs positions, qu'elles n'évacuèrent que le lendemain, au milieu du brouillard, sans être d'ailleurs sérieusement inquiétées par l'ennemi.

Dans cette seconde bataille, les personnages de cette histoire se battirent bravement comme le premier jour; mais le colonel ne se fit pas blesser de nouveau, pas plus que Michel ne se fit tuer.

Il fallut rentrer dans la boucle de la Marne et reprendre le service monotone des avant-postes, les marches silencieuses, les factions de quatre heures au coin des murs ou dans les trous de la berge.

L'effet de cette retraite fut désastreux pour le moral de plus d'un soldat.

Quelle confiance pouvait résister à cette reculade, quand ceux qu'on faisait reculer se croyaient vainqueurs, et quand on leur disait « que cette seconde journée était d'un effet bien plus décisif que la première ».

Quelle espérance était possible maintenant?

A quoi bon tenter un nouvel effort et se faire tuer ?

Chez ceux dont la foi avait été la plus ardente, la conviction s'était établie qu'on ne profiterait pas plus d'un effort nouveau, qu'on n'avait su ou pu profiter de celui qui venait d'échouer.

Chez ceux qui avaient dit, le jour où le mouvement avait commencé, « qu'on voulait tout simplement donner au peuple une leçon assez solide pour qu'il en gardât la mémoire, » la défiance justifiée par les événements était devenue une certitude, et ils avaient repris la parole en élevant furieusement la voix.

Que répondre aux uns et aux autres ?

Qu'il ne fallait pas désespérer pour un échec ou pour une défaillance.

C'était ce que beaucoup faisaient.

Et parmi ceux qui parlaient ainsi se trouvaient Antoine et Michel ; rien n'avait pu, rien ne pourrait ébranler leur foi.

— Il n'y a qu'une chose à faire, disaient-ils, se battre ; au Nord, au Sud, à l'Est, à l'Ouest, le jour, la nuit, se battre. On s'est battu à Champigny, c'est bien ; mais ce n'est pas assez, il faut recommencer. On fera tuer du monde, c'est vrai ; mais on leur en tuera. Leurs pertes ont été égales aux nôtres. Ce qui ne sera pas tué par le feu mourra de fatigues et de maladies, les alertes continuelles les épuiseront ; nous sommes en meilleure situation qu'eux pour résister et durer.

Ce langage, toujours le même, toujours ferme, toujours résolu, contrastait singulièrement avec celui du colonel, qui, depuis le commencement du siège, avait constamment varié : à l'arrivée des Allemands sous Paris, il avait cru que la ville ne résisterait guère ; après Coulmiers, l'espérance lui était venue ; après la reddition de Metz elle s'était éteinte, pour renaître après le premier jour de la bataille de Champigny, et s'éteindre de nouveau après la retraite.

C'était là une différence à coup sûr curieuse que celle qui existait entre ces trois hommes, dont l'un était soldat, tandis que les deux autres connaissaient à peine les choses de la guerre : le doute chez celui qui savait, la foi chez les ignorants.

Lorsqu'ils se trouvaient réunis, cette diversité de sentiments amenait des discussions qui presque toujours s'envenimaient entre le colonel et Michel.

De là une difficulté de plus dans leurs relations.

Et le temps traînait en longueur.

Rien de nouveau, si ce n'est le froid qui se faisait plus âpre et la neige qui couvrait la terre.

Toujours des factions dans des trous d'où l'on enlevait la neige avec ses mains rapprochées en forme de pelle.

Pas d'activité possible pendant le jour, et pas de feu dans les maisons, où l'on s'ennuyait en gelant ; la nuit, pas de lumière pour ceux qui ne se résignaient pas à demeurer dans les caves.

Les seules distractions du colonel étaient les lettres qu'il recevait de Thérèse et celles qu'il lui écrivait.

Jamais il n'avait écrit si longuement, ses lettres étaient des volumes.

Occupée par l'ambulance, Thérèse était nécessairement plus brève ; cependant elle trouvait moyen, dans ses lettres à son cousin, de dire à peu près tout ce qui pouvait avoir de l'intérêt pour lui.

Une de ces lettres, prise au hasard, donnera une idée suffisante de cette correspondance et de l'état de leur esprit en ce moment :

« Paris, 10 décembre 1870.

» Vous me reprochez, mon cher cousin, de
» vous avoir écrit une lettre trop courte ; vous
» avez pleinement raison, et je suis bien fâ-
» chée de n'avoir pas pu ce jour-là causer avec
» vous comme je l'aurais voulu. Mais j'ai eu
» des empêchements de toute sorte, que je
» veux vous expliquer aujourd'hui, afin de
» vous prouver qu'à ma faute il y avait des
» circonstances atténuantes.

» Vous savez quelle est maintenant la si-
» tuation de l'ambulance : toutes les tentes
» sont occupées, car vos batailles de Cham-
» pigny nous ont amené bien des blessés.
» Vous-même, n'avez-vous pas failli être
» parmi eux ? Mais vous n'avez pas voulu
» quitter le champ de bataille, quoique bien
» d'autres, à votre place, et des plus braves,
» l'eussent fait, m'a dit Horace.

» Pour tous ces blessés, ç'avait été une
» grande joie que la dépêche du gouverneur
» de Paris dans laquelle il disait « que cette
» dure journée était d'un effet moral bien
» plus décisif que la première. » C'était leur
» récompense que cette parole, et pas un ne
» regrettait son sang versé. Si vous aviez vu
» quelle joie ! On m'avait demandé des plans
» et sur la carte, on arrangeait et on suivait
» votre sortie ; mais quand on apprit que
» l'armée était entrée dans le bois de Vin-
» cennes pour s'y concentrer, la colère et la
» douleur furent aussi grandes que l'avaient
» été la joie et l'espérance. J'étais précisé-
» ment en train de vous écrire. Tout à coup
» j'entendis une clameur sous les tentes.
» J'abandonnai votre lettre et courus voir ce
» qui se passait, plein d'inquiétude. C'était
» une véritable émeute. « Ma jambe ! » criait
» celui-ci. « Mon bras ! » criait celui-là. Je vous
» supprime quelques jurons et les injures. Je
» m'efforçai de calmer toutes ces colères ; car

» il fallait éviter toute cause de fièvre. Mais,
» comme vous devez bien le penser, je n'y
» arrivai pas facilement. Que répondre à ce-
» lui qui me disait : « J'aurais bien donné
» mon bras sans me plaindre, pour sauver
» Paris ; mais, puisqu'on rentre à Paris, qu'on
» me rende mon bras? »

» Enfin j'essayai de tous les moyens, et,
» allant d'une tente à l'autre, je n'eus pas le
» temps de retourner à votre lettre. J'espé-
» rais l'achever le soir tranquillement ; mais,
» au dîner, mon oncle Sorieul me dit qu'il
» avait disposé de ma soirée.

» — Tu ne m'as pas encore entendu, po-
» lite, je t'emmène ce soir ; je veux que tu
» saches comment ton oncle parle et que tu
» juges toi-même si je mérite la réputation
» d'éloquence que l'on me fait.

» Car vous savez que mon oncle est main-
» tenant un des orateurs les plus écoutés des
» clubs, ce qui fait qu'il a été obligé de né-
» gliger un peu l'ambulance.

» Je veux me défendre ; mais on ne résiste
» pas à mon oncle, et puis d'ailleurs je vois
» que je le fâcherais en persistant dans mon
» refus. Tout ce que je lui dis est inutile :
» nos blessés, nos écritures, etc., il veut que
» je l'entende.

» Nous partons donc avec Mme Bénard pour
» le club de la Revendication, passage du
» Génie, tout au haut du faubourg Saint-
» Antoine ; c'est là que mon oncle doit
» parler.

» Quand nous arrivons, la salle est à peu
» près remplie, et il y a beaucoup de fem-
» mes qui, je crois bien, sont là pour
» trouver un peu de chaleur et fuir la mai-
» son, où il n'y a ni lumière ni feu ; peut-
» être même n'y a-t-il guère à manger, car
» tous ces visages sont pâlis, ces mines
» d'enfants sont tristes, ces yeux sont cer-
» clés de noir. Ah ! quelle horrible chose que
» la misère, et pendant ce terrible siège sur-
» tout. N'est-il pas admirable que ceux qui
» souffrent le plus cruellement des priva-
» tions, de la faim, du froid, de la maladie,
» ne fassent pas entendre un mot pour de-
» mander que ce siège se termine au plus
» vite par la paix?

» Nous nous installons dans un coin, Mme
» Bénard et moi, et après que l'orateur qui
» occupait la tribune est descendu, mon oncle
» y monte. Avant qu'il ait parlé on l'applau-
» dit ; « C'est Sorieul ; bravo ! Sorieul. Mettez-
» nous un peu de cœur au ventre. »

» Sur ce mot, mon oncle commence son
» discours, et dit que malheureusement il ne
» peut pas en ce moment apporter des paro-
» les de joie à ceux qui souffrent, car jamais
» les circonstances n'ont été plus terribles et
» elles exigent de nouvelles souffrances, de
» nouveaux sacrifices. C'est parce qu'on n'a

» pas envisagé tout d'abord la situation d'un
» œil assez résolu, qu'elle s'est aggravée ; cela
» paraissait curieux, un siége, mais on ne
» comprenait pas à quelles résolutions il fal-
» lait élever ses cœurs. Ce qu'il fallait tout
» d'abord, c'était creuser le *tombeau des Prus-
» siens* ; dans cette zone désolée qui s'étend
» entre l'enceinte et les forts, il fallait à l'a-
» vance creuser d'immenses fosses communes
» pour y ensevelir nos ennemis après l'héca-
» tombe. Leurs éclaireurs auraient vu ces
» préparatifs, et, quand ils auraient expliqué
» aux leurs quelles étaient nos occupations,
» ceux-ci auraient compris qu'un peuple qui
» prépare le tombeau de son ennemi ne veut
» pas mourir et qu'il ne mourra pas.

» Ici un tonnerre d'applaudissements écla-
» ta ; mon oncle continua :

» Voilà ce qu'il fallait faire pour l'exté-
» rieur ; mais à l'intérieur il fallait aussi faire
» quelque chose, il fallait faire beaucoup ;
» avant tout, il fallait nous imposer un *carê-
» me patriotique*. Que font les dévots ? Ils
» jeûnent pour leur religion, n'est-ce pas ?
» ils font abstinence à certains moments, ils
» se privent de certaines choses. Eh bien ! il
» fallait que pour la patrie tout le monde
» jeûnât.

» Quelques voix protestèrent :

» — Croyez-vous que nous ne jeûnons pas ?

» — Qu'on m'assure seulement du pain
» avec des pommes de terre, et je veux bien
» me priver de viande.

» Ce que j'entends dire, continua mon on-
» cle, c'est que tout le monde devait, dès le
» premier jour, se restreindre à ce qui était
» strictement nécessaire pour vivre, les ri-
» ches comme les pauvres, ceux qui ont
» comme ceux qui n'ont pas ; et alors nous
» aurions économisé les vivres qui ont été
» gaspillés. Calculez un peu ce qu'on aurait
» conservé, si chaque jour on s'était privé
» de la moitié de ce qui a été absorbé en
» superflu. Les Prussiens n'auraient pas eu
» plus de chance de prendre Paris par la fa-
» mine qu'ils ne le prendront par la force.

» Les applaudissements éclatèrent de nou-
» veau mêlés aux cris :

» — Ils ne le prendront pas !

» — Nous faisons le carême patriotique,
nous.

» Mon oncle parla ainsi pendant plus de
» deux heures, et, quand il se tut, on leva
» la séance.

» Il était tard, quand nous rentrâmes à
» l'hôtel, et voilà pourquoi ce jour-là je vous
» écrivis si brièvement. Vous me direz, dans
» votre prochaine lettre, si vous avez ac-
» cepté mes explications et mes excuses.

» J'ai suivi exactement vos instructions
» pour les distributions de couvertures aux
» enfants ; il y a déjà 1,200 couvertures de

» distribuées, et, selon votre ordre, il en
» sera donné tant qu'il en sera nécessaire. Ce
» service est organisé de manière qu'elles
» aillent en bonnes mains; les mères vous
» bénissent.

« Et moi, mon cousin, moi, je vous envoie
» l'assurance de mon affection dévouée,

» THÉRÈSE. »

XXVII

Bien qu'on vécût dans une sorte d'inaction tranquille, c'est-à-dire en n'ayant à faire un jour que ce qu'on avait fait la veille et ce qu'on faisait le lendemain, Michel avait persisté à ne pas accorder de permissions pour aller à Paris.

Il savait tous les murmures que cette rigueur provoquait, et c'était précisément sur ces murmures qu'il s'appuyait pour ne pas revenir sur une résolution dont il sentait lui-même l'injustice.

— Je ne veux pas céder à la menace, disait-il; d'ailleurs je n'ai pris personne en traître, on a été prévenu.

Cependant malgré cette raison qu'il se donnait plus encore qu'il ne la donnait aux autres, il n'était pas sans blâmer lui-même son entêtement.

Il comprenait qu'il avait tort et que ce qu'il faisait là était aussi injuste que misérable, car il appliquait à tous une mesure qui n'était prise que contre un seul;

Et, même restreinte à un seul, cette mesure était indigne d'une conscience honnête et droite.

Ce n'était point avec de telles armes qu'on devait combattre.

Mais malgré tout ce qu'il pouvait se dire et tout ce qu'il se disait réellement, il lui était impossible d'admettre l'idée que le colonel retournait à Paris auprès de Thérèse, tandis que lui-même restait à la Varenne.

A cette pensée, tous les justes reproches que lui adressait sa conscience étaient étouffés par la jalousie.

— Que se passerait-il dans cette entrevue ?

Il devenait lâche et il se disait qu'il ne fallait pas que cette entrevue eût lieu.

Avec quel prestige le colonel ne reparaîtrait-il pas devant sa cousine, alors que depuis son départ il n'avait pour ainsi dire pas laissé passer un jour, sans inventer quelque don nouveau, quelque générosité nouvelle, pour en confier l'organisation et la distribution à Thérèse ?

N'avait-elle pas été fascinée et ravie par ce moyen de séduction, si puissant sur une âme tendre et généreuse ?

N'était-il pas tout naturel qu'elle succombât ? Cela était fatal et personne ne pouvait lui en faire un crime.

Seule à Paris, livrée à ses pensées, quelles comparaisons ne devait-elle pas faire entre ces deux hommes qui l'aimaient!

Et il reconnaissait lui-même qu'il eût fallu qu'elle fût aveugle ou insensible pour ne pas donner tout l'avantage à son cousin.

Que n'avait-il pas pour lui cet homme qui se présentait comme un héros de roman ? Le rayonnement de la fortune ne le couronnait-il pas d'une sorte d'auréole ? N'avait-il pas l'attrait mystérieux de l'inconnu ?

Aimée de ce colonel Chamberlain dont tout Paris s'était si longtemps occupé, et par qui tant de jeunes filles, parmi les plus célèbres, avaient voulu se faire épouser.

Quel cœur pourrait ne pas se laisser emporter par ce rêve ? quels yeux pourraient ne pas se laisser éblouir par ce mirage ?

Pour que Thérèse restât la tête ferme et le cœur froid, il faudrait que son cœur fût protégé par un grand amour.

Et de ce côté il devait reconnaître encore que cela n'était pas.

Ce n'était pas ce grand amour qui avait décidé Thérèse à devenir sa femme.

C'était la raison, c'étaient les sollicitations de son père; c'était....

Il n'osait se dire formellement que c'était le chagrin de voir son cousin devenir le mari de Mlle Belmonte.

Mais, autour de cette vérité qu'il pressentait vaguement, il tournait avec angoisse.

En tous cas, il y avait une chose certaine contre laquelle il ne pouvait pas protester : ce n'était point l'amour qui avait obtenu le consentement de Thérèse.

De l'amitié, de la tendresse fraternelle, de l'estime, oui, elle en avait pour lui; il le savait, il le voyait; mais de l'amour, elle n'en avait pas, elle n'en avait jamais eu.

Assurément, dans de pareilles conditions, il n'y avait pour lui qu'à renoncer à ce mariage.

C'était là ce que disaient la raison, le bon sens, la sagesse.

Mais ce n'était pas d'aujourd'hui que l'on a dit que la raison n'est pas ce qui règle l'amour.

Or il aimait Thérèse, il l'adorait; depuis qu'elle n'était plus un enfant il ne vivait que par elle et que pour elle.

Et, si la raison lui disait qu'il devait arracher cet amour de son cœur, l'expérience qui, elle aussi, sait se faire entendre, lui criait que ce sacrifice était au-dessus de ses forces.

Il voulait, il ne pouvait pas.

Vingt fois il était parti pour aller trouver Antoine et lui dire: « Je vous rends votre parole; » vingt fois il s'était arrêté en chemin trop faible pour pousser la porte derrière laquelle son sort allait se décider irrévocablement.

Pourquoi renoncer à l'engagement pris par Antoine et par Thérèse ? lui disait une voix contre laquelle il ne pouvait pas se défendre, pourquoi ne pas attendre ? qui sait ce qui peut arriver ?

Ce qui pouvait arriver, c'était que le colonel fût tué par une balle ou par une fluxion de poitrine.

Parmi toutes ses qualités, il ne possédait pas celle de l'immortalité ; il avait déjà été blessé, il pouvait l'être plus grièvement, ne paraissait-il pas chercher les blessures ?

Alors qu'arriverait-il ?

Thérèse ne serait-elle pas dans les conditions où elle s'était trouvée, le jour où elle avait cru que son cousin devenait le mari de Mlle Belmonte ?

Cela était misérable, cela était lâche : il se le disait, il se le répétait ; mais enfin cela était ainsi et il était disposé à subir toutes les lâchetés qu'impose la passion.

Thérèse pouvait être à lui.

Il ne renoncerait pas à elle.

Et, pour empêcher qu'elle pût succomber aux tentations toutes puissantes auxquelles elle serait exposée si le colonel allait à Paris, il retiendrait celui-ci à la Varenne.

Au moins, quand il savait son rival en faction au bord de la Marne, il avait quelques heures de tranquillité.

Que ne souffrirait-il pas s'il le savait à Paris, quand lui-même serait retenu à la Varenne?

Il l'empêcherait donc d'aller à Paris malgré tout et malgré tous.

Cependant ce n'était pas sans de cruelles luttes avec lui-même qu'il persistait dans sa résolution.

Et ce n'était pas non plus sans être profondément peiné de l'attitude qu'Antoine prenait avec lui;

Car, bien que celui-ci n'eût jamais franchement critiqué cette sévérité à l'égard des permissions, il était aisé de voir et de comprendre qu'il la blâmait.

Tout d'abord il avait approuvé qu'on ne laissât pas les hommes aller à Paris : c'était une mesure de discipline utile à prendre et à maintenir rigoureusement, afin de plier à l'esprit militaire des gens qui se croyaient libres de faire ce que bon leur semblait, allant et venant comme ils voulaient, et dont quelques-uns même demandaient à quoi pouvait servir la discipline, puisque les batailles de Reichshoffen et de Sedan avaient été perdues par des soldats disciplinés. Mais maintenant, que le bataillon tout entier s'était formé à l'esprit militaire, il semblait qu'on

pouvait être moins rigoureux avec des hommes qui, pour la plupart, avaient femme et enfants, et qui voyaient les autres bataillons jouir d'une liberté presque complète.

Ils ne seraient pas perdus pour aller à Paris, et il n'y aurait pas à craindre qu'à leur retour ils abandonnassent leur poste, s'ils le trouvaient exposé au froid ou au feu.

Le temps s'écoulait, le siège se prolongeait, et il eût été d'une bonne politique de s'arranger pour maintenir les hommes dans de bonnes dispositions morales, au lieu de les exposer à l'ennui et au découragement.

A plusieurs reprises, il avait même abordé ce sujet avec Michel, d'une façon incidente, il est vrai, mais enfin assez clairement pour laisser entendre quel était son sentiment.

Michel avait toujours feint de ne pas comprendre ou bien il avait détourné la conversation.

Une fois cependant, une seule, il avait répondu directement, mais de telle sorte qu'Antoine s'était promis de ne plus revenir à la charge.

— Voulez-vous donc aller à Paris ? demanda Michel.

— Peux-tu penser que je parle pour moi ?

— Non pour vous, mais pour quelqu'un qui voudrait me faire revenir sur ma détermination ; si vous le voulez, je donnerai une permission à qui vous me désignerez, mais je ne la donnerai que sur votre demande.

Antoine avait été pour faire à cette étrange réponse la réplique qu'elle semblait mériter, mais il avait compris que, si Michel parlait ainsi, c'était parce qu'il se figurait que sous cette demande il était question du colonel, qui voulait aller à Paris, et alors il avait gardé le silence.

Ce n'était point le moment de soulever de questions irritantes.

Et puis d'ailleurs Michel n'avait-il pas droit à quelque indulgence?

Les choses avaient donc continué comme elles allaient, les jours succédant aux jours, les heures d'ennui aux heures d'ennui, les fatigues aux privations, les privations aux fatigues, et l'on était arrivé au 1er janvier 1871 sans que la situation eût changé et sans que rien annonçât qu'elle dût changer un jour ou l'autre.

Ce jour-là, Antoine et le colonel étaient libres de tout service et ils s'étaient retirés dans la maison qu'ils occupaient avec deux autres de leurs camarades, en ce moment de garde.

Antoine paraissant triste, son neveu lui avait proposé de passer la soirée ensemble ; ils causeraient intimement au coin du feu, ils souperaient en tête-à-tête.

La nuit était venue de bonne heure, car tout semblait se réunir pour rendre cette journée, ordinairement si pleine de joies, maussade et lugubre.

Ils s'étaient installés dans leur sous-sol, devant un bon feu qui les rechauffait et les égayait, mais cependant sans chasser la préoccupation d'Antoine.

Au moment où ils allaient mettre leur souper sur le feu, le colonel entendit une voix qui l'appelait au dehors.

— Mais c'est Denizot, s'écria Antoine en se levant vivement.

Plus prompt que lui, le colonel avait ouvert la porte de l'escalier.

— Il fait si sombre, dit Denizot au haut de l'escalier, que je ne retrouvais pas mon chemin.

Et les marches en bois craquèrent sous ses pas : Denizot n'était pas seul.

— Qui donc est avec toi? demanda Antoine.

Mais on ne répondit pas.

Antoine alors prit sur la table la bougie plantée dans une bouteille qui les éclairait, et la leva ; la lumière courut dans l'escalier.

— Thérèse !

Ce nom s'échappa en même temps de la bouche du père et du cousin.

C'était Thérèse en effet qui sauta au cou de son père ; puis, l'ayant tendrement embrassé, elle tendit ses deux mains à son cousin.

— Puisque vous ne pouviez pas venir à Paris, dit-elle, c'était à moi de venir à la Varenne.

— Je ne voulais pas l'amener, dit Denizot, et j'ai fait tout ce que j'ai pu pour résister ; mais il n'y a pas eu moyen, elle voulait venir seule.

— Et je l'aurais fait.

— Alors j'ai pensé qu'il valait mieux céder ; nous avons pris les bons chemins, ceux où les obus ne tombent pas.

— Est-ce que tu pouvais penser, dit Thérèse, que je laisserais passer cette journée sans t'embrasser ?

— Assurément mon oncle ne vous attendait pas, ma chère cousine, car il était bien triste et je crois que je me serais évertué en vain à le distraire.

— C'est égal, dit Denizot, je suis curieux de savoir ce que le commandant va dire quand il va apprendre qu'une jeune fille est venue passer la soirée aux avant-postes ; nous allons voir l'homme de la discipline.

— Quoi qu'il dise, il aura raison, répondit Antoine ; cependant, pour moi, je suis si heureux que je ne peux pas gronder.

— D'autant mieux qu'il y a autre chose à faire, dit Denizot, posant sur la table un panier qu'il avait apporté ; c'est très-bon de s'embrasser quand on ne s'est pas vu depuis plus de trois mois, mais c'est bon aussi de bien dîner. Que dites-vous de cela ?

Et, d'un air de triomphe, il tira de son panier une petite dinde qu'il leva en l'air.

— Mon Dieu ! oui, il ne faut pas croire que vous rêvez, c'est bien une dinde, et elle n'est pas en carton comme au théâtre ; elle est en chair et en os, pas très-grosse, j'en conviens, ce qui n'empêche pas qu'elle coûte juste 100 francs. Maintenant voilà un morceau de beurre frais pour l'arroser, pas bien gros non plus, mais il coûte 35 francs la livre. Maintenant, faites-moi place un peu devant le feu, que je m'occupe de la cuisine ; il ne faut pas que vous regrettiez votre bouilli de cheval.

— Il faut aller chercher Michel, dit Antoine en se levant.

Ils allaient donc rester ensemble durant quelques minutes.

Cette pensée empêcha le colonel de dire à son oncle qu'il allait lui-même prévenir le commandant.

Antoine partit, et ils restèrent dans un coin de la cuisine, tandis que Denizot embrochait sa dinde avec un morceau de bois.

Mais tout d'abord ils ne parlèrent que de choses qui ne les touchaient pas personnellement, au moins dans leurs sentiments intimes.

Et il fallut des préparations, des détours, pour que le colonel abordât le sujet qui depuis si longtemps le préoccupait.

Cependant il devait se hâter ; car Michel habitait une maison qui était mitoyenne avec la leur, et il pouvait arriver d'une minute à l'autre.

— Et Mme de Lucillière, dit-il enfin, vous ne l'avez pas revue ?

— Non, pas depuis sa visite, qui a été la première et la dernière.

— Et que vous a-t-elle donc dit de moi que vous n'ayez pas voulu me l'écrire ?

Il la vit baisser les yeux d'un air contraint et embarrassé.

— Je voudrais ne pas insister, dit-il en continuant ; mais Mme de Lucillière est parfois... si bizarre, que j'ai grande curiosité de savoir en quelles dispositions elle était ce jour-là, bonne ou mauvaise, j'entends pour moi.

— Bonnes, je vous assure.

— C'est-à-dire que vous croyez ; mais il arrive quelquefois que sous une apparence bienveillante se cachent des intentions perfides, vous savez cela comme moi. Mais vous ne connaissez pas Mme de Lucillière comme moi, de sorte qu'il vous est difficile d'apprécier la sincérité de dispositions qui vous ont paru bonnes et qui peut-être sont mauvaises.

— Ne croyez pas cela ; je vous assure que Mme de Lucillière ne m'a parlé de vous qu'en bons termes et avec amitié.

— Mais encore qu'a-t-elle dit ?

De nouveau Thérèse, baissa les yeux et garda le silence ; mais bientôt elle releva la tête, donnant à son visage un air souriant que démentait le tremblement de ses lèvres.

— Il y a des choses, n'est-ce pas, dit-elle, qui sont embarrassantes à répéter pour une jeune fille ? Eh bien ! je vous promets que, quand je ne serai plus jeune fille, je vous raconterai tout ce que Mme de Lucillière m'a dit.

— Mais, ma chère Thérèse....

— Je vous en prie, n'insistez pas ; vous voyez comme vous me mettez mal à l'aise. Plus tard, je vous le promets, vous saurez tout.

Que signifiaient ces étranges paroles ?

Mais il n'eut pas le temps de le demander : un bruit de pas retentit dans l'escalier, Michel et Antoine arrivaient.

Pendant que Thérèse allait au devant de Michel, il réfléchit à ce qu'elle venait de lui dire. Sans doute, tout cela était bien vague ; cependant il y avait un fait intéressant à noter : Mme de Lucillière n'avait pas renouvelé sa visite, ce qui indiquait qu'elle n'était pas bien attachée aux idées de vengeance qu'il lui avait prêtées, ou bien, si ces idées existaient, elle avait dû se décourager en voyant qu'elle perdrait son temps avec Thérèse.

En tout cas, sa visite n'avait pas eu une influence fâcheuse sur les sentiments de Thérèse, qu'il retrouvait tels qu'ils étaient le jour où il s'était éloigné de Paris : en elle, le même regard doux et tendre, le même sourire affectueux ; dans sa voix, le même accent de sympathie et d'amitié.

La conversation devint générale. Que de choses à se dire depuis qu'on était séparé ! Ce qui s'était passé à l'ambulance, ce qui s'était passé aux avant-postes.

Pendant ce temps, Denizot veillait à la cuisson de la dinde, qui rôtissait devant la cheminée et répandait dans la cuisine un fumet que Michel, Antoine et le colonel, n'avaient pas respiré depuis de longs mois.

On se mit à table, et le nuage sombre qui, pendant toute la journée, avait assombri le front d'Antoine se dissipa.

— C'est un dîner de la Marne, dit Denizot ; il me semble que nous sommes au *Moulin-Flottant.*

Il y avait quelque chose cependant qui disait qu'on n'était pas au *Moulin Flottant :* c'étaient, de temps en temps, les sourdes détonations des canons prussiens ; car ce n'était plus nous qui tirions sur l'ennemi, c'était l'ennemi qui tirait sur nous, préludant, avec son artillerie de siège, maintenant en position, au bombardement de Paris.

Quand l'entretien s'égayait un peu, un coup de canon le ramenait au ton grave.

Cependant Denizot, après avoir soigné la dinde, soignait le feu.

— Vous êtes habitués au froid, disait-il ; mais Thérèse va s'enrhumer. Je réponds de sa santé.

Et il jetait dans la cheminée des frises de parquet les unes par-dessus les autres.

— Tu vas mettre le feu à la cheminée, dit Michel.

— La cheminée n'est-elle pas bonne ?

— Je n'en sais rien ; mais, si les Wurtembergeois voient s'élever des flammes ou des étincelles, ils vont nous envoyer des obus, et la santé de Thérèse pourrait être alors plus sérieusement compromise que par un rhume.

— Pas de danger, répondit Denizot ; les cheminées, ça me connaît.

Et il continua à entasser du bois dans le foyer.

Mais ce que Michel avait craint se réalisa ; tout à coup on entendit un ronflement et la flamme s'éleva plus rapidement : le feu était dans la cheminée.

Vivement on jeta un seau d'eau sur le foyer, mais cela ne pouvait pas éteindre le feu qui était dans le conduit.

— Sortons d'ici, commanda Michel.

Comme ils arrivaient dans le jardin, ils entendirent un sifflement qui arrivait : c'était un obus.

Le colonel saisit Thérèse par la main et la jeta à terre en se plaçant devant elle.

L'obus était tombé dans la rue, où il avait éclaté.

Mais bientôt un second sifflement se fit entendre, et cette fois l'obus tomba sur le toit même de la maison qu'il effondra.

Ils étaient sortis à temps.

Et maintenant il fallait s'éloigner.

— Ai-je été bête ! disait Denizot ; heureusement il ne reste plus que les os de la dinde.

Mais ce qui était plus grave, c'était que le dépôt de cartouches se trouvait dans la maison habitée par Michel et contiguë à celle qu'on bombardait.

Trois ou quatre obus suivirent celui qui avait crevé le toit, et bientôt aux flammes qui sortaient de la cheminée se joignirent d'autres flammes sortant du toit : un obus avait mis le feu à la maison.

Il fallait l'éteindre ou bien il fallait déménager le dépôt de cartouches, si l'on ne voulait pas le voir sauter.

— Aux cartouches ! cria Michel à quelques hommes qui étaient sortis des maisons voisines.

Puis s'adressant à Thérèse :

— Éloignez-vous avec Denizot.

Les obus arrivaient toujours ; les Wurtembergeois, voyant le succès de leur bombardement, continuaient de tirer sur la maison qui leur offrait un but lumineux.

Comme Thérèse allait s'éloigner avec Denizot, qui la tirait par le bras, le colonel s'approcha d'elle :

— Venez avec moi, dit-il.

Elle fut surprise de l'entendre parler ainsi.

— Comment ! il ne courait pas aux cartouches !

Cependant elle le suivit.

A deux cents mètres environ de l'incendie, se trouvait un hangar effondré.

Le colonel s'arrêta :

— Restez, dit-il ; il n'y a pas de danger ici.

Et il se mit à ramasser des morceaux de bois ; puis, quand il en eut fait un petit tas :

— Allumez votre mouchoir avec une allumette, dit-il à Thérèse, et placez-le sous ce bois.

Et, sans attendre l'exécution de cet ordre, il se mit à fendre des morceaux de bois avec son sabre.

Bientôt la flamme s'éleva de ce petit foyer ; alors il jeta dessus tout le bois qu'il avait trouvé en disant à Denizot de l'imiter.

— Maintenant sauvons-nous, dit-il en prenant Thérèse par la main.

Il n'avaient pas fait cent mètres en courant, qu'ils entendirent un sifflement derrière eux ; un obus arrivait sur le hangar. La ruse avait réussi : les Allemands, croyant avoir allumé un second incendie, le bombardaient pour qu'on ne pût pas l'éteindre.

On put alors procéder plus tranquillement au sauvetage des cartouches.

Quand elles furent en sûreté, Thérèse entendit un homme dire :

— C'est encore Edouard qui nous a sauvés de ce danger.

Et elle avait cru qu'il voulait s'éloigner !

XXVIII

Depuis que les *volontaires* étaient dans la boucle de la Marne, leurs officiers ne cessaient de demander qu'on les envoyât dans un poste où ils pourraient faire un service plus actif.

Les hommes étaient aguerris, bien exercés, rompus à la fatigue, habitués à la dure et aux privations ; ils pourraient ailleurs être plus utiles que dans cette vaste guérite, où il leur était défendu de prendre l'offensive.

A rester toujours dans la même position, à faire toujours la même chose, ils perdaient peu à peu les unes après les autres quelques-unes de leurs qualités.

Assurément ils étaient loin d'être au mois de janvier ce qu'ils étaient à la fin de novembre.

Pour un certain nombre, le doute et le découragement étaient venus amenant avec eux ce mot terrible : « A quoi bon ? »

D'autres, exaspérés par la sévérité de Michel avaient « pris la permission à la semelle de leurs souliers » et seraient rentrés à Paris sous un prétexte ou sous un autre, sans esprit de retour.

Il était temps de les faire agir.

Et le temps s'écoulait, et l'on ne faisait rien ; car c'était ne rien faire que d'endurer stoïquement les décharges des canons ou des fusils de rempart des Wurtembergeois, quand il plaisait à ceux-ci de jouer avec les souris qu'ils avaient sous la patte.

On s'irritait, on s'exaspérait à entendre les batteries prussiennes bombarder les forts de Nogent et de Rosny, et à compter les coups qui partaient régulièrement, réglés qu'ils étaient avec une précision chronométrique, afin de donner à l'acier des pièces le temps de se reposer.

La nuit on s'inquiétait quand on voyait l'ennemi allumer des feux de joie dans toutes ses lignes et quand on l'entendait pousser des hourras. Que se passait-il donc en province ? Quels triomphes sur les armées de secours annonçaient ces manifestations ?

Puis, de la colère et de l'inquiétude, on tombait naturellement dans l'apathie et dans l'affaissement, qui, selon le ressort du caractère, duraient plus ou moins longtemps.

Les uns croyaient à l'incapacité, les autres criaient à la trahison ; rares étaient ceux qui persistaient quand même et malgré tout dans leur foi des premiers jours. Encore cette foi était-elle plutôt affaire de tempérament que de raisonnement : on croyait parce qu'on croyait, ce qui, à vrai dire, est la bonne manière de croire.

Telle était leur situation au milieu de janvier, lorsque l'ordre de quitter la boucle de la Marne, leur arriva.

Où allaient-ils ?

Ce fut la première question qu'on se posa. Une nouvelle action se préparait-elle ?

Ils allaient dans les environs de Ruell et ils devaient traverser Paris.

Les préparatifs de départ furent vite faits et ce fut gaiement que l'on se mit en route.

Ceux qui avaient persévéré quand même dans l'espérance relevèrent la tête et accablèrent ceux qui doutaient.

Partis le matin de la Varenne avant le lever du jour, ils n'arrivèrent que le soir aux environs du Mont-Valérien, car ils trouvèrent sur leur passage de grands mouvements de troupes et des encombrements qui les retardèrent.

Décidément c'était une action sérieuse qui allait s'engager.

On parlait de Versailles comme objectif.

Les autres disaient qu'on devait rejoindre l'armée du Nord, qui était arrivée sur les derrières des Allemands; — ce n'était pas l'armée du Nord, c'était celle de Chanzy.

Enfin, quoi qu'il en fût, il était certain qu'on était à la veille d'une bataille, et, si ce n'était pas la sortie en masse dont on avait si souvent parlé, c'était au moins un formidable effort; car, pour la première fois, la garde nationale était appelée à combattre réellement à côté de l'armée et de la garde mobile; les régiments de ligne et de mobiles devaient s'incorporer les bataillons de la garde nationale mobilisée.

En traversant Paris, ils avaient marché à côté de ces bataillons, qui se dirigeaient vers le pont de Courbevoie.

C'était la première fois que le colonel voyait cette garde nationale mobilisée, dont il avait si souvent entendu parler depuis quelques mois, et d'une façon si contradictoire, — par quelques militaires, avec le plus parfait mépris, comme d'un joujou dangereux pour la main qui voulait s'en servir; par des gens qui ne subissaient pas les préjugés professionnels avec confiance, comme d'une force dont on pouvait tirer grand parti, si l'on voulait l'employer d'une façon intelligente.

Il fut surpris de la tenue de plusieurs des bataillons qu'il vit de près.

Ce n'étaient plus les bruyants fanfarons du commencement de septembre : les physionomies étaient graves et fermes; c'étaient des hommes, et beaucoup étaient déjà des soldats.

Que n'eût-on pas pu faire de cette armée, si, dès les premiers jours du siége, on avait eu confiance en elle, et si l'on avait voulu l'organiser et l'exercer, au lieu de l'user dans la garde des remparts ou de la laisser dans l'oisiveté.

Maintenant était-il temps encore de la conduire au feu?

En tous cas, ceux qui passaient devant ces nombreux bataillons, où toutes les classes sociales se trouvaient représentées, se sentaient réconfortés. Si ces hommes ne se battaient pas bien, au moins ils se battraient bravement, et, pour tirer d'eux tout ce qu'ils pouvaient donner, il n'y avait qu'à les engager dans des conditions où la fermeté et le courage tiendraient lieu d'expérience.

— Eh bien! dit Antoine à son neveu, vous les voyez, ces Parisiens dont vous doutiez.

— Oui, et, si l'on n'avait pas fait la sottise de les mélanger aux troupes, je me sentirais plein de confiance. Ce mélange est peut-être fraternel, mais c'est un contre-sens.

— Encore! dit Antoine.

— Hélas! oui encore, puisque toujours c'est la même chose.

Mais il ne voulut pas insister, pas plus que pendant ces cent vingt-cinq jours de siége il n'avait insisté dans ses critiques. A quoi bon dire ce qui lui semblait mauvais et ce qui l'effrayait, puisque ses paroles ne devaient avoir aucun effet utile?

Il valait mieux se taire et ne pas ôter la foi à ceux qui, après tout ce qui s'était passé depuis trois mois, étaient assez heureux pour croire encore.

D'ailleurs, combien de fois n'avait-il pas vu ses pressentiments démentis par les faits?

Est-ce que le jour où il avait pris ce fusil qu'il portait sur son épaule, il avait cru qu'il le garderait pendant quatre mois entre ses mains ; cependant il le tenait encore, et il allait s'en servir une nouvelle fois : on verrait bien.

Et puis, personnellement il ne pouvait qu'être heureux de prendre part à cette bataille.

C'était une occasion pour que leur sort à tous se décidât par la main du hasard.

Il était certain que les Allemands feraient une terrible résistance dans les formidables positions qu'ils occupaient, et que plus d'un parmi ceux qui marcheraient bravement à l'attaque de ces positions ne rentrerait pas à Paris.

Qui resterait sur ces coteaux de Saint-Cloud et de Buzenval ?

Pour cela aussi, on verrait bien.

Après les froids de la fin de décembre et du commencement de janvier, le temps s'était sensiblement amolli, et, si les terres n'avaient pas été détrempées le coucher en plein air n'eût point été pénible, au moins pour des troupes aguerries.

D'ailleurs ce coucher, pour un certain nombre de bataillons, parmi lesquels se trouvait celui des volontaires, ne se prolongea pas bien avant dans la nuit.

L'ordre avait été donné de se mettre en marche longtemps avant le jour.

Et l'on était parti par des chemins glissants, où l'on tombait à chaque instant dans des ornières pleines d'eau.

On avançait lentement, deux à deux sans trop savoir où l'on allait, si ce n'est qu'on allait à la bataille.

A droite, se dressaient des coteaux dont les crêtes se découpaient en noir sur le ciel ; à gauche, courait une large bande blanchâtre, qui était la Seine ; au delà, quelques rares lumières indiquaient l'emplacement de Paris.

Toute la campagne est pleine de troupes ; à chaque instant, dans l'ombre, on aperçoit des masses noires; ce sont des régiments qui attendent l'ordre de marcher en avant.

Les bataillons de la garde nationale se distinguent de loin, avant même qu'on puisse les voir, par un murmure joyeux qui s'élève de leurs rangs ; ceux-là certainement sont heureux d'aller au feu, ils ont l'entrain.

— En avant ! crient-ils à ceux qui passent devant eux, tandis qu'ils restent l'arme au pied.

Souvent il faut s'arrêter pour laisser le passage libre à des troupes qui arrivent de Paris et qui vont occuper leurs positions.

Il semble qu'il règne un certain désordre et qu'on ne sait pas trop où l'on doit se rendre ni ce que l'on doit faire ; les officiers d'état-major jurent plus qu'ils ne parlent et font des gestes désespérés. On a sans doute négligé de prendre pour guides des gens du pays, qui pourtant eussent été faciles à trouver.

— Je ne sais pas,
— Où vous voudrez,

Sont les mots qu'on entend le plus souvent dans les colloques dont on saisit quelques bribes au passage.

Cependant après avoir piétiné et glissé dans les terres grasses, on arrive dans des vignes, où l'on fait halte pour attendre le jour, c'est à dire le moment de l'attaque.

On est à quelques de l'ennemi, et le silence s'est fait de lui-même dans les rangs, sans que les officiers le commandent : on sent qu'une parole trop haute peut être saluée par une balle.

A la pâle clarté du matin qui se lève, on voit des troupes couchées ou accroupies dans les vignes ; les hommes, espacés en tirailleurs, ont le fusil entre les mains.

D'un instant à l'autre l'attaque va commencer.

Au delà de Paris, le ciel s'emplit d'une lueur blanche, et les monuments de la grande ville se détachent en noir, dessinant nettement leurs silhouettes sur ce front lumineux — c'est le jour.

Le moment est solennel et une émotion patriotique serre les cœurs.

Un signal part du Mont-Valérien, aussitôt les détonations pétillent sur les coteaux et dans les bois, la bataille est commencée.

Sur qui tire-t-on ?

On ne voit pas l'ennemi.

On tire devant soi.

Cependant ce n'est pas un ennemi imaginaire qu'on fusille ; car les balles commencent à siffler autour des assaillants, et, dans l'obscurité du matin, on aperçoit des lueurs qui arrivent en face.

Michel est en tête de ses compagnies et, abrité derrière un mur au-dessus duquel il montre seulement son képi, il dirige le feu de ses hommes.

Antoine et le colonel sont à côté l'un de l'autre, mais ils tirent peu et seulement quand ils voient une casquette noire et rouge surgir au-dessus d'un mur.

La fusillade continue assez longtemps, mais sans produire grand effet d'un côté comme de l'autre.

Pendant qu'elle se prolonge ainsi, d'autres troupes ont avancé à droite et à gauche ; une sorte de mouvement tournant s'est prononcé, c'est le moment d'agir.

— En avant ! crie Michel ; à la baïonnette ! et maintenant ou jamais.

On le suit : les balles sifflent, quelques hommes tombent ou s'arrêtent ; mais bientôt on est au milieu de la position. Les clairons sonnent.

L'ennemi a disparu, quelques traînards jettent leurs fusils.

C'est bien commencer la journée ; mais, pour avancer davantage, pour attaquer les retranchements derrière lesquels les Prussiens font un feu nourri, il faut de l'artillerie et on doit l'attendre.

On l'attendit longtemps.

Comme on ne pouvait avancer, comme on ne voulait pas reculer, on tâcha de s'établir le mieux possible dans quelques maisons à demi ruinées, pour répondre efficacement et sans trop de pertes à la fusillade de l'ennemi.

Tout d'abord Antoine et son neveu se trouvèrent dans la même maison.

Mais ensuite ils se séparèrent : Antoine restant dans cette maison, le colonel poussant un peu plus en avant avec quelques hommes.

Et pendant plusieurs heures ils tiraillèrent ainsi, attendant toujours le concours de l'artillerie, tandis qu'autour d'eux se livrait la bataille : ordre leur avait été donné de tenir là tant qu'ils pourraient, et ils tenaient, se désespérant de ne plus pouvoir avancer.

La place était mauvaise ; quelques hommes avaient été blessés, et ceux qui restaient se croyaient abandonnés et sacrifiés.

Enfin, après plusieurs heures d'attente, une détonation retentit derrière eux : l'artillerie était arrivée.

Mais la réplique ne tarda pas : une grêle d'obus tomba sur les quelques maisons où ils s'étaient retranchés, et sans doute sur les pièces qui venaient d'arriver.

Tant que les Prussiens n'avaient été attaqués que par la fusillade, ils avaient répondu par la fusillade ; le canon s'en mêlait, ils faisaient à leur tour parler le canon.

Si la position était mauvaise quand il n'y tombait que des balles, elle devint intenable quand il y tomba des obus.

Cependant il fallait tenir.

A ce moment, Michel arriva dans la maison où le colonel s'était, tant bien que mal, abrité avec quelques-uns de ses camarades, dont deux déjà étaient hors de combat.

— Je vous cherchais, dit Michel.

— Vous voyez, j'étais là.

— Il faut tenir.

— Nous tiendrons.

Et, sans plus de paroles, il continua de tirer par un trou de mur.

En reculant un peu pour prendre des cartouches, il aperçut Michel, qui s'était armé d'un fusil et qui tirait par la fenêtre.

Les obus continuèrent de pleuvoir autour d'eux, éclatant avec fracas, brisant, pulvérisant tout.

Trois de leurs camarades furent blessés, et bientôt ils ne furent plus qu'eux deux en état de tirer.

On n'entendait plus les détonations de l'artillerie qui était venue les soutenir; sans doute les pièces s'étaient retirées ou elles avaient été démontées par le bombardement qui s'était abattu sur elles.

Cependant Michel et le colonel, ayant pris les cartouches de leurs camarades blessés, continuaient de tirer rapidement.

— Il faut nous faire tuer ! cria Michel.
— Tous deux ?
— Oui, tous deux.

Et ils s'arrêtèrent de tirer pour se regarder.

L'un et l'autre en étaient arrivés, par des routes différentes, à la même conclusion : « Au plus heureux des deux ! »

Et Michel, avec sa violence habituelle de sentiment, laissait échapper son secret.

En même temps, ils détournèrent les yeux et recommencèrent à tirer.

Mais leurs fusils étaient les seuls dont ils entendissent les détonations : les maisons environnantes étaient abandonnées par leurs camarades, soit que ceux-ci se fussent repliés, soit qu'ils eussent été blessés.

Et c'était sur eux maintenant que se concentrait la fusillade.

L'ennemi se rapprochait, et il était évident que d'un moment à l'autre, il allait revenir en force pour éteindre cette résistance.

Que faire alors ?

Se faire tuer, comme avait dit Michel.

Tout à coup celui-ci s'affaissa.

— Blessé ! s'écria le colonel.
— Oui, allez-vous-en ; ne nous faisons pas tuer tous les deux, un seul suffit. Le sort a voulu que ce soit moi, partez.
— Sans vous ? jamais !

Et vivement le colonel s'accroupit devant Michel.

— Essayez de monter sur mon dos, je vous emporterai.
— Non.
— Montez où je vous prends dans mes bras, allons, essayez. Bien ! Passez votre bras autour de mon cou, mais ne serrez pas trop.

Il fallait sortir de la maison.

Heureusement il y avait une porte de derrière ou plutôt une large ouverture faite par un obus.

Le colonel, chargé de son fardeau, se mit à courir aussi vite qu'il lui fût possible.

Un obus éclata à quelques pas.

— Pas blessé ? demanda le colonel.
— Non.
— Tenez-vous bien !

Mais il fallait trouver son chemin au milieu de ces décombres, il fallait ne pas glisser sur la terre glaise.

Et les balles et les obus continuaient de siffler autour d'eux.

Ils étaient sortis des maisons, et ils allaient entrer dans les vignes où le matin ils avaient passé.

A une assez courte distance devant lui, le colonel apercevait les lignes françaises qui se repliaient.

Mais il commençait à être fatigué ou tout au moins à bout de souffle.

Il ralentit le pas.

— Abandonnez-moi là, dit Michel ; les brancardiers viendront me chercher.
— Quand ? Souffrez-vous beaucoup ?
— Non, pas trop.
— Alors continuez de vous tenir bien cramponné.

Mais les champs étaient coupés de fossés, qu'il fallait traverser ; heureusement les balles ne les poursuivaient plus.

Au moment où le colonel, descendu dans un de ces fossés, essayait de gravir la pente opposée, il aperçut, à une courte distance, deux hommes en blouses blanches blottis derrière un buisson, deux brancardiers assurément.

— A moi ! cria-t-il.

Et il resta, le corps à moitié sorti du fossé, attendant qu'on vînt lui donner la main.

Les deux hommes s'étaient levés, l'un était de grande taille, large d'épaules ; l'autre était moins vigoureux, mais, chose étrange, il ressemblait à Anatole Chamberlain.

Ils avaient fait quelques pas pour venir au fossé ; tout à coup ils s'arrêtèrent, et une voix — qui ressemblait à celle d'Anatole — dit :

— Oui, c'est bien lui.

Alors le colonel vit l'homme de grande taille étendre vivement vers lui une main dans laquelle brilla un revolver, et trois coups de feu retentirent.

Il se laissa glisser au fond du fossé et Michel roula près de lui.

— Restez là, dit le colonel.

Et, s'armant de son revolver, il leva la tête au-dessus du fossé.

Mais les deux brancardiers avaient disparu.

Alors il revint à Michel.

— Êtes-vous donc encore blessé ?
— Je ne crois pas.

Puis tout de suite :

— Vous l'avez reconnu ? demanda Michel.

— Qui ?
— Anatole.
— Ni vous ni moi, nous ne devons l'avoir reconnu.

Et de nouveau, ayant chargé Michel sur ses épaules, il put se rapprocher des lignes françaises.

XXIX

Le colonel était vigoureux, cependant le poids qu'il portait commençait à devenir lourd pour lui.

La terre était glissante, et il avait peine à détacher ses pieds de la glaise dans laquelle ils enfonçaient.

Mais ce qui surtout le gênait, c'était la façon dont Michel se tenait. Il est assez facile de porter un homme sur son dos, et tous ceux qui ont gardé souvenir des jeux de leur enfance savent qu'on peut marcher longtemps avec un pareil fardeau; mais c'est à cette condition que celui qui se fait porter veuille bien s'aider des bras et des jambes : des bras, en pesant également sur les épaules et la poitrine; des jambes, en serrant sa monture au-dessus des hanches.

Or ce n'était pas là ce que faisait Michel : il embrassait bien le colonel avec ses bras, mais il ne le serrait pas avec ses jambes.

De là une position qui, à la longue, devenait extrêmement pénible pour l'un comme pour l'autre.

Michel se sentait glisser à terre et le colonel se sentait étrangler.

Celui-ci s'arrêta un moment.

— Je vous étouffe ? dit Michel.
— Un peu; mais ne pourriez-vous pas me serrer avec les jambes?
— Cela m'est impossible. Je puis me servir d'une jambe, mais non de l'autre ; sans doute elle est cassée.
— Cassée ?
— Elle pend, sans que je puisse la relever.
— Souffrez-vous ?
— Beaucoup. Laissez-moi glisser à terre, je vous prie.
— Mais je ne veux pas vous abandonner.
— Ce n'est pas m'abandonner maintenant. Déposez-moi là, et vous enverrez des brancardiers me chercher.
— Je vous porterai bien; permettez-moi de respirer un peu seulement.

Michel, desserrant les bras, avait glissé à terre, se tenant sur sa jambe solide; il pria le colonel de lui tendre la main, et avec son aide il s'étendit sur la terre.

— Envoyez-moi des brancardiers, dit-il ; il me trouveront là.

Le colonel voulut insister, mais Michel déclara qu'il ne se laisserait pas porter plus loin; ses souffrances, lorsqu'il était ainsi ballotté, étaient intolérables.

— Et si les Prussiens avancent ? dit le colonel.

Michel se souleva sur le coude, et, regardant du côté des coteaux :

— Ils ne se montrent pas, dit-il, et d'ailleurs vous ne me laisserez pas là assez longtemps pour qu'ils m'emportent.

Leurs regards se croisèrent, et le colonel comprit ce qu'il y avait sous ces paroles.

— Non certes, dit-il.

Et, sans ajouter un mot, il se mit à courir vers les lignes françaises.

Avant d'arriver, il vit des hommes venir au devant de lui.

Avec eux il retourna vers Michel et ils purent se rapporter : la fusillade redoublait d'intensité sur la gauche, mais le pli de terrain dans lequel ils étaient ne se trouvait point exposé à son feu.

Il fallait trouver une voiture d'ambulance pour emporter Michel à Paris.

On fit un assez long trajet, sans trouver cette voiture, le colonel marchant au côté de Michel ; mais à la fin, en questionnant, en cherchant, on en rencontra une.

Au moment où l'on déposait Michel sur une banquette, Antoine arriva.

Ce fut un soulagement pour le colonel, qui était très inquiet de son oncle, dont il était séparé depuis plusieurs heures.

Et, malgré le triste état de Michel, ce fut aussi un soulagement pour Antoine de les retrouver tous deux, l'un en bonne santé, l'autre blessé, il est vrai, mais enfin vivant, alors qu'il les croyait morts, tués par les obus ou par les balles.

Pendant cette recherche de la voiture, la nuit était venue et elle avait éteint le feu, qui peu à peu avait cessé.

Quel était le résultat de la bataille ? On n'en savait rien. Sur certains points, on avait été repoussé ; sur d'autres, on avait gardé ses positions.

En tous cas, la bataille était interrompue.

— Je vais accompagner Michel à Paris, dit le colonel à son oncle ; venez-vous avec moi ?

— Non ; la bataille reprendra demain.

— Eh bien ! demain, avant le jour, je serai là ; je veux installer moi-même notre commandant dans notre ambulance.

Et il monta à côté du cocher.

La nuit était sombre ; tout le champ de bataille était enveloppé dans une épaisse obscurité, que trouaient seulement quelques feux de bivac qui éclataient çà et là : le silence avait succédé à la canonnade et à la fusillade, le mont Valérien se taisait, et sur la route on n'entendait que le roulement des voitures qui se dirigeaient vers Paris.

Il était tard lorsqu'ils arrivèrent devant la porte de la rue de Courcelles.

Cependant cette porte était grande ouverte et la cour était éclairée par deux lampes qui donnaient une clarté suffisante pour qu'on pût se diriger.

La voiture vint se ranger devant le perron.

A ce moment, Thérèse, attirée sans doute par le roulement de la voiture, parut dans le vestibule.

Vivement le colonel sauta à bas de son siège et courut à elle.

Enfin l'apercevant, elle poussa un cri étouffé et s'arrêta :

— Michel blessé... légèrement, dit-il; votre père sain et sauf.

On s'était empressé autour de la voiture pour descendre Michel étendu.

Il se souleva sur son coude.

— Ce n'est rien, dit-il en tendant sa main qui était libre à Thérèse.

Puis, comme elle s'était approchée de lui, il ajouta à mi-voix :

— C'est vous qui allez me soigner.

Et son visage, que la douleur avait contracté, s'illumina d'un sourire.

Cependant le colonel s'était informé pour savoir dans quelle tente on pouvait installer le blessé, et il avait donné des ordres pour qu'on le transportât avec précaution.

Cela fut vite fait, et le chirurgien arriva aussitôt.

Denizot et Sorieul étaient aussi entrés dans la tente, celui-ci en poussant des exclamations appropriées à la circonstance, Denizot les larmes aux yeux.

Le moment était venu d'examiner la blessure, Thérèse sortit de la tente.

Le colonel se demanda ce qu'il devait faire : s'il sortait, Michel ne croirait-il pas qu'il voulait rejoindre Thérèse; s'il restait, ne croirait-il pas que c'était pour savoir quelle était la gravité de la blessure.

Les infirmiers s'occupaient de déshabiller le blessé.

— Docteur, dit Michel, je dois vous prévenir avant tout que je veux garder ma jambe.

— Vous ne savez pas quelle est votre blessure.

— Je n'ai pas besoin de le savoir ; je vous préviens que je ne veux pas qu'on me coupe la jambe, même quand ce serait pour me sauver la vie.

— Mais, mon cher ami, s'écria Sorieul, ce langage n'est pas frappé au coin de la raison; il peut être nécessaire de faire une amputation.

— Précisément, je n'en veux pas.

Pendant que ces paroles s'échangeaient, la jambe avait été mise à nu et les infirmiers s'étaient empressés de laver le sang autour de la blessure.

Le chirurgien put alors l'examiner.

Michel ne broncha pas, et les explorations du chirurgien ne lui firent pas pousser un cri.

Quand le chirurgien releva la tête pour le regarder, il desserra les lèvres.

— Eh bien ? demanda-t-il.

— Il y a fracture de l'os...

— Et votre avis? demanda Michel sans écouter.

— Mon avis est que l'amputation est nécessaire et qu'elle doit être faite.

— Et, si elle ne se fait pas, puis-je guérir?

— Mais....

— Ai-je une chance, si faible qu'elle soit, une seule?

Sorieul voulut intervenir, Denizot aussi s'approcha; quant au chirurgien, il paraissait irrité par cette obstination d'un blessé qui se plaçait au-dessus des lois de la chirurgie.

Pour le colonel, se tenant à l'extrémité de la tente, il ne disait rien, car il comprenait très bien la pensée qui inspirait cette obstination.

Si on lui coupait la jambe, Michel ne pouvait plus être le mari de Thérèse, et, en présence de ce danger, il jouait sa vie pour garder sa jambe : la vie sans Thérèse, il n'en voulait pas.

— Je vois, dit Michel, que mon obstination vous étonne tous ; cependant c'est bien simple : j'aime mieux mourir que de me laisser couper la jambe. Si vous pouvez me guérir, je suis prêt à endurer sans me plaindre tout ce qu'il faudra souffrir; si vous ne pouvez pas me guérir, laissez-moi mourir.

— Mais, commandant, dit le chirurgien, qui ne comprenait rien à cette défense désespérée, la souffrance d'une amputation...

— Ce n'est pas la souffrance que je crains, je veux ma jambe et j'ai bien le droit de la défendre, il me semble ; votre responsabilité est dégagée.

Le colonel s'avança :

— Ne serait-il pas possible de procéder à un pansement provisoire? dit-il.

— Qu'on me panse, qu'on me fasse tout ce qu'on voudra, dit Michel, mais qu'on ne me coupe pas la jambe.

Le colonel attira le chirurgien en dehors de la tente.

Thérèse était là, debout, dans le jardin, attendant pour savoir.

— Eh bien ! s'écria-t-elle en étouffant sa voix, quelle blessure?

— Il faut lui couper la jambe, mais il s'y refuse.

— Il est fou, dit le chirurgien ; la bataille et la fièvre l'ont exalté.

— Peut-être y a-t-il exaltation, dit le colonel ; mais de sang-froid il persisterait dans sa résolution. Une seule personne pourrait le faire changer.

— Faut-il que j'essaye ? demanda Thérèse.

— Il s'agit de sa vie, dit le chirurgien.

— J'y vais, s'écria Thérèse.

Mais, comme elle faisait un pas pour entrer dans la tente, le colonel la retint par le bras.

— Ma chère cousine, dit-il, un mot, une question : Croyez-vous que je veuille sauver Michel ?

— Comment ! si je le crois !

— Le croyez-vous ?

— Mais oui, assurément.

— Eh bien ! ne faites pas auprès de lui la tentative que vous voulez, peut-être ne comprendrait-il pas le sentiment qui vous inspire.

— Mais, mon cousin, c'est moi qui ne vous comprends pas.

Le chirurgien comprenait encore bien moins toutes ces paroles obscures, et ses regards allaient du colonel à Thérèse et de Thérèse au colonel. Assurément il y avait dans tout cela un mystère. Lequel ? Il n'avait pas à le chercher.

— Michel est désespéré de sa blessure, continua le colonel, et j'oserais presque dire qu'il est encore plus malade moralement que physiquement ; ayons donc grand soin de ne faire rien qui puisse aggraver cet état moral. Voilà pourquoi je crois que vous ne devez pas lui demander de consentir à cette amputation. En disant tout à l'heure qu'une seule personne pourrait le décider à cette amputation, j'allais ajouter que par malheur cette démarche était impossible ; vous m'avez interrompu.

— Mais alors que faire ? s'écria Thérèse.

— Est-il donc condamné à mort, demanda le colonel, si vous ne lui coupez pas la jambe ?

— Condamné, fatalement condamné, non ; mais enfin l'amputation est indiquée et elle devrait être faite. Mais ce n'est pas à dire qu'il ne puisse pas guérir ; il est jeune, vigoureux, sain : tout est possible. Seulement, les probabilités, je dois le dire, ne sont pas pour la guérison. Il va courir des risques très-graves, et cette amputation que nous ne ferons pas aujourd'hui, il faudra la faire sans doute dans quelque temps.

— Oh ! dans quelque temps, dit le colonel, les circonstances ne seront plus ce qu'elles sont aujourd'hui, et alors il acceptera peut-être cette amputation.

— Il est bien certain, dit le chirurgien, que nous ne pouvons pas l'exécuter comme un condamné.

Et il rentra dans la tente, tandis que le colonel et Thérèse restaient dans l'allée.

Pendant quelques secondes, ils gardèrent l'un et l'autre un silence gênant.

Puis Thérèse demanda comment Michel avait été blessé.

Alors le colonel lui fit le récit de la lutte qu'ils avaient soutenue, mais en arrangeant les choses et sans rapporter les paroles de Michel ; de même il tut aussi les coups de revolver.

— Et vous l'avez porté ? s'écria-t-elle ; c'est vous qui l'avez sauvé ?

Elle prononça ces quelques mots avec un accent qui frappa le colonel ; il lui sembla que s'il y avait de l'admiration dans cet accent, il y avait aussi de la surprise.

Pourquoi cette surprise ?

Le croyait-elle capable d'abandonner son rival aux mains de l'ennemi ?

Mais c'était là une question qu'il ne pouvait pas lui adresser.

D'ailleurs l'eût-il voulu, que Thérèse ne lui en laissa pas le temps.

— Voulez-vous voir si je puis entrer dans la tente ? dit-elle.

Et, quelques instants après, il revint la chercher pour l'amener auprès du blessé.

Alors tous ceux qui n'étaient plus utiles dans la tente, sortirent.

Michel et Thérèse restèrent seuls, n'ayant avec eux qu'un infirmier, qui allait çà et là, remettant toutes choses en bon ordre.

Il la prit par la main et l'attira près de lui, de manière à pouvoir lui parler à l'oreille, sans craindre d'être entendu.

— Vous étiez dans l'allée tout à l'heure quand le chirurgien et le colonel ont sortis ? demanda-t-il.

— Oui, j'attendais pour savoir ce qu'on pensait de votre blessure.

— Et le chirurgien vous a dit, n'est-ce pas, qu'il fallait me couper la jambe ?

— Mais... oui.

— Et il vous a dit aussi que si je ne consentais pas à cette amputation, je ne devais pas guérir ?

— Il a dit...

Elle hésita, n'osant répéter les paroles du chirurgien et ne voulant pas non plus les altérer.

— Je vous en prie, dit Michel en insistant du regard et de la main.

— Il a dit que les probabilités n'étaient pas pour la guérison ; mais que cependant, comme vous étiez jeune et vigoureux, la guérison était possible.

— Ah ! il a dit cela ? s'écria Michel, il a dit cela ?

Et doucement il pressa la main de Thérèse ; puis, revenant à ses questions :

— Et c'est le colonel, n'est-ce pas, qui a décidé le chirurgien à ne pas me couper la jambe ?

— Le colonel a dit qu'il ne fallait rien faire qui pût aggraver votre état moral.

— C'est bien cela, et il a parlé pour qu'on ne me coupe pas la jambe? C'était cela que je voulais savoir.

Thérèse le regarda un moment sans comprendre, puis tout à coup joignant les mains :

— Oh! Michel, dit elle, n'est-ce pas lui qui vous a sauvé?

— Et cela est héroïque, n'est-ce pas; mais il y a des héros qui savent très-bien calculer.

Elle ne répondit rien, mais doucement elle retira sa main.

Et pendant quelques minutes ils restèrent sans parler.

— Voulez-vous donc me laisser seul? dit-il.

— Non, mon intention est de rester près de vous jusqu'à ce que vous dormiez.

— Et si je ne dors pas?

— J'attendrai.

— Est-ce que le colonel reste ici?

— Je ne crois pas; je l'ai entendu tout à l'heure donner des ordres pour qu'on selle deux chevaux.

Ces paroles parurent calmer Michel.

— Voulez-vous me donner votre main? dit-il.

— Oui, mais à une condition, c'est que vous ne parlerez plus; il vous faut du calme.

— Je ne parlerai plus, mais je vous regarderai; restez là, près de moi, plus près encore! Ah! Thérèse, comme il y a longtemps que nous ne nous sommes vus!

Pendant ce temps, le colonel, accompagné du chirurgien et de Sorieul, visitait les tentes de l'ambulance, qu'il voyait pour la première fois; car, lorsqu'il était parti, le service n'était pas complètement organisé et elles n'avaient pas encore reçu de blessés.

— Eh bien! disait Sorieul, êtes-vous content, mon ami? trouvez-vous que j'ai bien organisé tout cela?

Mais, peu sensible aux éloges que Sorieul se décernait, le colonel écoutait ceux que le chirurgien décernait à Thérèse.

— Elle a été admirable, cette jeune fille, infatigable, pleine de prévenances, de soins, et avec cela d'une douceur angélique: on peut dire qu'elle a été l'âme de cette ambulance.

— Certainement, disait Sorieul, elle s'est très-bien pénétrée de notre esprit; vous savez, l'impulsion première, tout est là: aussi, cette impulsion donnée, j'ai pu me relâcher dans mon activité ici et l'employer ailleurs. Vous avez assurément entendu parler de mon influence dans les clubs. Je crois que j'ai rendu quelques services à l'hygiène de l'esprit public: soutenir les cœurs, élever les âmes, c'était une belle tâche à remplir.

Sa visite terminée, le colonel voulut monter dans son appartement, ayant encore quelques instants à lui avant de partir.

Et puis son appartement, son cabinet de travail, n'est-ce pas celui de Thérèse depuis quatre mois?

Au moment où, arrivant au haut de l'escalier, il allait entrer dans le vestibule qui précède cet appartement, il aperçut Denizot qui semblait se promener là en long et en large d'un air triste et inquiet.

Le colonel ne se demanda pas ce que signifiaient cette tristesse et cette inquiétude, elles étaient bien naturelles chez un ami de Michel.

Comme il allait entrer dans le vestibule, Denizot l'arrêta.

— J'aurais un mot à vous dire.

— Eh bien! entrons.

— Non; avant d'entrer, si vous voulez bien.

— Mais, mon brave Denizot, je veux tout ce que vous voulez.

— Voilà ce que c'est: je ne vous ai pas dit, n'est-ce pas, que j'ai amené Pistolet avec moi.

— Votre pierrot?

— Oui, mon pierrot; j'ai laissé les deux autres à un ami, mais Pistolet, je l'ai amené ici parce que je ne pouvais pas m'en séparer; mais, quand je m'en allais à la Varenne, j'en étais assez embarrassé, parce que j'avais peur pour lui, rapport à des inimitiés qu'il s'est attirées dans l'hôtel, et puis rapport aussi à ce qu'il se serait peut-être sauvé pour rejoindre ses camarades. Alors j'ai eu l'idée de le mettre, quand je partais, dans la volière du vestibule où il y avait des oiseaux des îles.

Le colonel avait complètement oublié qu'il y eût une volière dans le vestibule: c'était celle que Ida, au moment de quitter Paris, avait fait apporter chez lui.

— Bon! Je mets donc Pistolet dans la volière et je pars; mais, à mon retour, qu'est-ce que je trouve?

Denizot leva son bras au ciel et baissa la tête.

— Eh bien!

— Eh bien! ce méchant Pistolet avait tué tous les oiseaux des îles, et lui-même était à moitié mort; une bataille terrible. Pistolet a guéri et s'est remplumé, mais je n'ai pas pu ressusciter les oiseaux des îles. Voilà le malheur que je vous avais toujours caché, mais que je dois vous avouer, au moment où vous allez rentrer chez vous. Excusez-nous, lui et moi.

Le colonel se mit à sourire.

— Si vous saviez ce que Pistolet a fait, dit-il, vous seriez moins désolé, mon pauvre Denizot. Ces oiseaux des îles étaient des Prussiens ou plus justement ils appartenaient à une jeune Allemande, qui me les avait confiés.

— Pistolet a battu les Prussiens, s'écria Denizot en sautant.

— C'est très-beau sans doute, mais cependant je suis fâché de cette victoire ; j'aurais voulu rendre ces oiseaux à leur maîtresse. Si l'on vous tuait Pistolet, ne seriez-vous pas peiné ?

— Oh ! une Allemande ! dit Denizot.

Et il grimpa l'escalier pour aller embrasser son héros.

XXX

Il faisait encore nuit noire quand le colonel, de recherche en recherche, envoyé à droite, envoyé à gauche, parvint à retrouver son bataillon, logé dans les maisons de Suresnes.

Le premier homme qui vint au devant de lui fut son oncle.

— Eh bien ? demanda celui-ci.

— Michel a la jambe cassée.

Et il raconta comment Michel n'avait pas voulu qu'on lui coupât la jambe.

Mais il n'expliqua pas à Antoine les raisons pour lesquelles Michel s'était refusé à une amputation.

— Quels ordres avons-nous ? dit-il en terminant son récit.

— Pas d'ordres ; nous attendons.

On attendit longtemps, sans savoir ce qu'on ferait ; le jour se leva, et l'on resta en place.

Cependant le Mont-Valérien et quelques batteries avaient recommencé la canonnade.

On sait que cette bataille, engagée le 19 janvier et interrompue par la nuit, ne fut pas reprise le 20, ni le 21, ni plus tard.

Après avoir lu sur toutes les murailles de Paris, le 19, qu'on était décidé à « souffrir et à mourir, s'il le fallait, mais à vaincre, » on lui, le 20, qu'il fallait envoyer sur le champ de bataille beaucoup de brancardiers ainsi que des voitures solidement attelées, et en même temps parlementer d'urgence pour un armistice de deux jours qui permette l'enlèvement des blessés et l'enterrement des morts. »

Deux jours ! quelle stupeur ! Les morts et les blessés étaient donc au nombre de plusieurs milliers !

C'est le commencement de la fin.

Le 27, on se décide à annoncer que, les chances de la guerre ayant refoulé les armées de province, « le gouvernement avait le devoir absolu de négocier. »

Quelques esprits se demandent si cela est possible, et ils répètent ce mot : « Notre gouverneur ne capitulera jamais. »

D'autres, qui se résignent à voir clair, comprennent qu'on veut frapper d'épouvante une population courageuse, à laquelle jusqu'à ce jour on a caché la vérité.

Dissimulée sous le nom « d'armistice général », elle fut signée le 28, cette capitulation.

C'était fini, bien fini, — la mort pour le porte-drapeau de la France.

Quelques bataillons, un certain nombre d'officiers et de soldats de toutes les armes, dans la marine, dans la ligne, dans la garde nationale, entraînés par leur patriotisme, voulurent continuer la lutte et sortir de Paris ; mais ces protestations individuelles ne purent rien changer à la fatalité.

Au lieu de sortir de Paris, on y rentra.

Dès le 29, la rentrée des troupes commença sur tout le périmètre de la place, et, pour la première fois depuis le commencement du siège, ceux qui, depuis cent trente-sept jours, se battaient se virent face à face avec ceux qui voulaient qu'on se battît encore, et ce ne furent point des regards fraternels que leurs yeux échangèrent.

Au moment où les hommes du bataillon des *volontaires* allaient se séparer, le capitaine qui avait remplacé Michel comme commandant fit former le carré, et il annonça que, tant que le travail n'aurait pas repris, chacun toucherait sa solde, comme s'il était encore en campagne, et que cette solde serait payée à partir du jour où le gouvernement supprimerait celle qu'il donnait.

Il ne dit point qui ferait les fonds de cette paye, mais il n'était pas besoin d'explications à ce sujet.

On chercha Edouard Chamberlain, on ne le trouva point, et l'on sut qu'il venait de s'éloigner avec son oncle pour rentrer chez lui.

Elle fut lugubre, cette rentrée, et, pendant toute la route, ils n'échangèrent pas un seul mot, marchant côte à côte en silence, sans lever les yeux sur les gens qui les regardaient.

En arrivant, Antoine courut au lit de Michel et ce fut avec des larmes dans les yeux que ces deux hommes s'embrassèrent.

Si Sorieul n'avait pas assisté au dîner, on n'eût pas dit un mot, et l'on aurait mangé, la tête basse, son morceau de pain noir qui se collait entre les dents ; mais Sorieul avait des paroles appropriées à toutes les circonstances, même les plus tristes, et ce fut presque un soulagement d'entendre sa voix : au moins cela empêchait de penser.

Ce ne fut pas seulement la tristesse qui abrégea le dîner, ce fut encore la fatigue ; Antoine et le colonel étaient harassés.

Cependant, au moment où celui-ci se retirait dans sa chambre, son oncle le suivit.

— Mon cher Edouard, j'ai à vous parler.

— Asseyez-vous, mon oncle.

— Bien que les circonstances ne permettent guère qu'on s'occupe d'affaires particulière, il y cependant urgence pour nous à établir dès maintenant notre situation respective. J'ai pris un engagement envers vous, et vous en avez pris un envers moi.

— Je vous ai promis qu'avant la fin de ce siége, je n'adresserai pas un mot d'amour à ma cousine, et d'autre part je vous ai promis encore que jusque là il n'y aurait aucune explication ni aucune querelle entre Michel et moi.

— Et moi, je me suis engagé à ne pas consentir au mariage de Michel et de Thérèse avant la fin du siége.

— Le siége, il me semble, peut être considéré comme fini depuis hier.

— Hélas ! Je pourrais vous répondre que c'est un armistice qui a été signé; mais, si le gouvernement veut continuer à endormir la population, je ne veux pas me tromper moi-même. Oui, le siége est fini; cependant je viens vous demander de prolonger encore votre engagement.

— Mais, mon oncle...

— Dans l'état où est Michel, voulez-vous engager une lutte avec lui ? ne trouvez-vous pas juste de lui laisser au moins la liberté de se défendre ?

— Mais c'est cet état précisément qui me parait vous dégager.

— Michel n'est pas mort.

— S'il ne meurt pas, il sera à coup sûr estropié ; donnerez-vous votre fille à un invalide ? Michel, sortant du lit sur lequel il est couché en ce moment, aura-t-il le droit de vous dire : « Me voici, je suis l'homme à qui vous avez promis la main de votre fille ? »

— J'ignore ce que Michel me dira, mais je désire que le jour où il parlera, il puisse le faire librement, et je veux pouvoir lui répondre librement aussi. En ce moment vous devez comprendre que ma réponse ne serait pas libre, puisque je l'adresserais à un mourant.

Le colonel réfléchit un moment avant de répondre.

Évidemment ce que son oncle lui demandait était juste, ce n'était pas dans l'état où Michel se trouvait qu'on pouvait traiter avec lui cette question de mariage. Ou bien il mourrait de sa blessure, ce qui, au dire du chirurgien, était probable, et alors il était cruel de lui imposer une souffrance inutile, ou bien il guérirait, et alors il serait temps d'engager une lutte qu'on pourrait poursuivre sans ménagements.

— Vous ne me répondez pas ? dit Antoine en insistant.

— J'ai voulu réfléchir et, en un pareil sujet qui me touche si vivement au cœur, ne pas parler à la légère. Il me parait que vous avez pleinement raison, et je vous demande même pardon de n'avoir pas senti tout d'abord et au premier mot, combien vous aviez raison. Je prends donc l'engagement que vous désirez, c'est-à-dire que de nouveau je consens à ne pas adresser une parole d'amour à ma cousine, et d'autre part je consens aussi à ne provoquer aucune explication avec Michel jusqu'au jour où il sera en état de se défendre; je penserai que le siége a duré quelques semaines de plus.

— Je comptais sur votre réponse, mon neveu.

— Laissez-moi vous dire, mon cher oncle, que vous comptez toujours beaucoup trop sur mes réponses. J'aime Thérèse ; je l'aime plus aujourd'hui que je ne l'aimais hier, comme je l'aimais plus hier qu'il y a trois mois ; c'est un sacrifice très-douloureux que je m'impose et que je vous fais de ne pas lui parler de mon amour. Vous ne savez pas à quelles tentations j'ai dû résister pour tenir ma parole, et je prévois que les tentations nouvelles qui se présenteront ne seront pas moins cruelles. Cependant je consens à prendre cet engagement ; mais cette fois j'y mets une condition, qui est que Thérèse reste ici.

— Nous ne pouvons pas demeurer chez vous.

— J'espère bien que vous y demeurerez, cependant ; mais, en attendant que cela soit, vous sentez que Thérèse ne peut pas abandonner l'ambulance.

— Mais, si Michel...

— Il me semble qu'elle soigne Michel.

— Je voulais dire que si Michel demandait à quitter l'ambulance....

— Michel ferait ce qu'il voudrait ; je demande seulement que Thérèse ne la quitte pas. Si Michel se sent gêné ici, il peut se faire transporter dans une autre ambulance. Je m'opposerai autant que possible à son départ, mais enfin je ne lui ferai pas violence pour le garder. Pour Thérèse, c'est différent : le jour où il serait question qu'elle sortît d'ici, je parlerais ; je lui dirais que je l'aime, que je lui demande d'être ma femme, et nous verrions alors si elle sortirait. D'ailleurs, à la jalousie de Michel devez-vous sacrifier la joie de tous ces pauvres blessés dont Thérèse est la Providence? Que deviendraient-ils si elle partait?

— Elle restera, dit Antoine.

Le colonel n'avait point imaginé que les choses s'arrangeraient ainsi, et lorsqu'il avait su qu'il allait rentrer à Paris, il n'avait eu qu'une pensée, — entretenir Thérèse de son amour et lui demander si elle voulait l'accepter pour mari. Michel n'avait point occupé son esprit ; d'ailleurs était-il encore en vie, ou, s'il vivait, ne devait-il mourir un jour ou l'autre? Il n'y avait plus à compter avec lui.

Ce n'était pas lui qui avait eu la chance d'être le plus heureux des deux, et la chance s'était montrée si favorable au colonel qu'elle lui avait permis de tendre la main à son rival.

La communication de son oncle le surprit donc désagréablement; mais, après le premier moment de déception passé, il se dit qu'après tout, ce retard dans l'accomplissement de ses désirs n'était pas bien grave : ne verrait-il pas Thérèse chaque jour ? ne vivraient-ils pas de la même vie, sous le même toit ?

Le lendemain matin, sa première sortie fut pour aller chez Mme de Lucillière.

Il lui en coûtait de se présenter dans cette maison, où il s'était bien juré de ne jamais remettre les pieds; mais il avait un trop vif désir de savoir ce qui s'était dit entre la marquise et Thérèse, ou plutôt ce que la marquise avait dit à Thérèse, pour rester enfermé dans ce serment.

Il la ferait parler, il tâcherait de savoir, enfin il verrait.

Mais il ne sut rien et ne vit rien; car Mme de Lucillière, profitant la première de l'ouverture des portes, avait quitté Paris la veille. Elle en avait assez de ce siège qui lui avait paru devoir être amusant et curieux. Curieux, oui assurément; mais amusant, non, mille fois non. Du pain noir, pas de gaz, ses chevaux mangés; mais c'était une abomination. Et elle s'était échappée au plus vite, exaspérée contre ceux qui parlaient de se défendre à outrance. Paris s'était défendu, cela suffisait; il arrive un moment où l'on peut se rendre honorablement, — les peuples comme les individus.

Il ne put donc pas apprendre ce qu'il avait si grande envie de savoir; mais à sa déception il y eut au moins cette compensation, qu'il fut à l'abri des machinations de la marquise, et c'était quelque chose qui avait bien son prix.

Si les derniers temps du siège avaient été durs à passer, les premiers jours qui suivirent la conclusion de l'armistice furent lugubres pour Paris : c'était un anéantissement de toutes les forces, une morne douleur, un dégoût amer pour tout et pour tous.

Pour se soustraire à cette tristesse, le colonel s'empressa d'accomplir les formalités qui devaient lui permettre de sortir de Paris, et presque chaque jour il s'en alla faire de longues courses dans la banlieue pour visiter les travaux des Prussiens.

Enfermé dans la boucle de la Marne, il n'avait presque rien vu du siège et il avait maintenant la curiosité d'examiner ce qu'avait été ce cercle de fer, que nos généraux avaient considéré comme infranchissable.

Il était redevenu le colonel Chamberlain en quittant son uniforme de volontaire, c'est-à-dire citoyen américain, et ces visites lui étaient plus faciles qu'elles ne l'eussent été pour un officier français ; le président de l'Union ne venait-il pas de se montrer habile courtisan de la fortune en adressant ses compliments et ses éloges au nouvel empire d'Allemagne ?

Ce n'était guère que le soir qu'il rentrait à l'hôtel pour l'heure du dîner : ainsi il échappait aux difficultés d'un tête-à-tête avec Thérèse. A table, en présence d'Antoine ou de Sorieul, il pouvait se montrer affectueux pour sa cousine, sans se laisser entraîner par des élans de tendresse qui eussent bien vite compromis son engagement.

De temps en temps seulement, il allait faire une visite à Michel et toujours cette visite était courte.

— Je viens prendre des nouvelles de votre santé.

— Je vous remercie.

Et c'était à peu près tout.

Sans être bonne, cette santé n'était pas aussi mauvaise que le chirurgien l'avait craint tout d'abord. Les complications graves qu'on redoutait ne s'étaient point réalisées, et il semblait possible maintenant que Michel sauvât non-seulement sa vie, mais encore sa jambe : sa jeunesse, et sa vigueur avaient donné un démenti aux lois de la médecine, et c'était en souriant qu'il racontait à ses camarades l'histoire d'un fou qu'il avait lue dans un livre. Ce fou, qui s'était cassé la jambe, avait profité de l'absence des infirmiers pour défaire l'appareil qu'on avait posé sur sa fracture, et il l'avait appliqué sur sa jambe saine ; puis cela fait, il avait enveloppé sa jambe malade dans un oreiller de plume, et il était resté sur son lit sans vouloir qu'on le visitât. C'était seulement longtemps après qu'il avait permis cette visite, et alors on avait trouvé sa jambe guérie et dans une rectitude parfaite.

— Si j'avais voulu laisser couper ma jambe, disait Michel, j'aurais peut-être succombé à l'amputation, et, en tous cas, je n'aurais plus ma jambe, tandis que je l'ai et ne suis pas mort. Voilà pour le présent; pour l'avenir, nous verrons bien.

Ces paroles donnaient à réfléchir à Denizot.

— Voilà ce que c'est que d'avoir du caractère, disait-il. Moi, j'ai eu la faiblesse d'écouter les médecins et je n'ai plus de bras ; ils m'ont dit : « Il faut couper, » et j'ai cru être brave en leur répondant : « Coupez ! » Bête que j'ai été !

Il avait tout d'abord été convenu que Sorieul, Antoine et Denizot, s'arrangeraient ensemble pour que l'un d'eux restât toujours auprès de Michel afin de le distraire.

Mais cette convention n'avait pas été fidèlement exécutée pendant longtemps.

Sorieul, qui était candidat dans les élections, — « candidat de lui-même, » comme il disait, — ne pouvait guère rester à l'hôtel ; il avait des démarches à faire, des réunions à préparer, des discours à prononcer, qui prenaient tout son temps.

Repris par la vie politique, Antoine n'avait guère plus de liberté.

Si bien que, de tous ses amis, Michel n'avait de fidèle près de lui que Denizot.

Mais, loin de se plaindre de cet abandon, il s'en réjouissait ; car il lui permettait de passer plusieurs heures par jour en tête-à-tête avec Thérèse, ce qui ne lui eût pas été possible, si Sorieul ou Antoine avaient tenu leur engagement. Denizot était sans conséquence, on l'envoyait faire une course ou simplement se promener, et le tête-à-tête était obtenu.

C'étaient les bonnes heures de son existence que celles qu'il passait ainsi, ayant Thérèse près de lui, lisant ou causant.

Cependant jamais il ne lui adressait une parole d'amour, et jamais même il ne faisait l'allusion la plus légère à leur mariage.

Mais il la regardait, il la voyait tourner légèrement dans la tente, c'était de sa main qu'il prenait le verre ou la tasse qu'elle lui préparait, et il était heureux, il lui souriait.

Pourquoi cette réserve et ce silence?

C'était la question que Thérèse se posait sans lui trouver une réponse ; chaque jour, elle s'attendait à ce qu'il rompît ce silence, et jamais elle n'entrait dans la tente sans se demander si ce ne serait pas pour ce jour-là.

Ce qui l'étonnait le plus dans Michel, c'était le mélange de joie et de tristesse qu'elle remarquait en lui, la joie, elle se l'expliquait ; mais la tristesse, elle croyait ne rien faire qui pût la provoquer. Alors pourquoi existait-elle? Dans les premiers temps, elle était facile à comprendre : il se croyait perdu, et à son âge il était permis de regretter la vie. Mais, à mesure que le mieux se prononçait et que les craintes diminuaient, cette tristesse augmentait.

Pourquoi ?

Combien de fois, après être restée une partie de la journée près de lui, causant librement, presque joyeusement, l'avait-elle vu s'assombrir lorsque tombait le soir. Il ne parlait plus : elle-même se taisait. Alors, quand on apportait la lampe, elle remarquait souvent que ses yeux semblaient gonflés par des larmes qui roulaient entre ses paupières sans couler.

Pourquoi cette morne douleur? Elle n'osait le demander.

Cependant les jours, les semaines s'étaient écoulés.

Sorieul n'avait point été nommé aux élections pour les députés, et il n'avait même obtenu qu'un petit nombre de voix, ce qui l'avait stupéfié.

— Comment ! lui, pas nommé par ce Paris dont il avait si souvent réchauffé le cœur? C'était à n'y rien comprendre.

Puis les jours et les semaines avaient recommencé leur cours et l'on était entré dans la seconde quinzaine de mars.

La Commune s'était établie à Paris et dans les nouvelles élections qui l'avaient constituée, Sorieul, plus heureux cette fois, avait été nommé.

On avait voulu porter Antoine comme candidat dans son arrondissement; mais il avait obstinément refusé, en publiant dans les journaux une lettre qui l'avait fâché avec le plus grand nombre de ceux auprès desquels il avait pendant si longtemps lutté.

Dans cette lettre, il disait qu'au lieu de prendre les armes il fallait les déposer et se contenter, pour le moment, de poursuivre par l'association le triomphe de l'organisation du travail, et longuement, éloquemment, il avait développé les raisons qui selon lui rendaient à cette heure une insurrection criminelle.

Reproduite et commentée dans tous les journaux, cette lettre avait soulevé contre lui les colères de ses anciens amis.

— C'est une ganache.

— C'est un traître.

— La fortune de son neveu l'a corrompu ; riche, il raisonne maintenant comme les riches.

D'un autre côté elle lui avait valu les applaudissements de ses anciens adversaires :

— Voyez Antoine Chamberlain.

— Ecoutez ses paroles.

— C'est un honnête homme.

XXXI

Lorsqu'il avait vu quelle tournure prenaient les événements, le colonel s'était empressé de faire partir pour Versailles les blessés de l'ambulance qui étaient en état de supporter le voyage.

Il leur donnait des vêtements civils et veillait lui-même à leur faire franchir une porte de Paris; plusieurs fois il les accompagna jusqu'à Versailles.

Il ne garda dans l'ambulance que ceux qui étaient encore trop grièvement malades pour être exposés à se voir incorporer de force ou de bonne volonté dans les bataillons de la commune.

De ce nombre était Michel, qui n'avait pas encore quitté son lit.

Cependant une grande amélioration s'était

produite dans son état, et il était bien certain, depuis longtemps déjà, qu'on ne serait pas obligé de lui couper la jambe.

Toute la question pour lui consistait désormais à savoir s'il serait ou ne serait pas boiteux quand il marcherait.

Après avoir déclaré, au nom de la science, qu'il fallait couper cette jambe, le chirurgien avait reconnu qu'on pourrait peut-être la conserver, mais que dans ce cas elle serait complètement inutile au blessé, qui ne pourrait jamais s'en servir. Plus tard, il avait été moins affirmatif; mais cependant il avait continué à déclarer, parlant de plus en plus au nom de la science, que le blessé serait certainement atteint de claudication.

Qu'il dût ou ne dût pas être boiteux, il y avait cependant, vers la fin de mars, une chose certaine, qui était que Michel se trouvait, moralement et physiquement, en état de soutenir toutes les discussions qu'on voudrait engager avec lui; le moment était donc venu pour le colonel de rompre le silence auquel il s'était condamné.

Bien des raisons l'engageaient à quitter Paris, et il ne voulait partir qu'en emmenant Thérèse, sa femme, avec lui.

Cette révolution qui commençait lui inspirait des craintes qu'il ne se précisait point, mais qui cependant l'inquiétaient.

Il avait peur pour son oncle, qu'on accusait de plus en plus violemment d'être un traître;

Il avait peur pour Thérèse,

Et même il avait peur pour lui.

Les coups de revolver qui avaient accueilli son appel dans le fossé du champ de bataille de Saint-Cloud lui avaient enfin ouvert les yeux sur Anatole, et il était à peu près convaincu que l'homme qui avait tiré ces coups de revolver n'était autre que ce fameux *Fourrier*, dont M. Le Méhauté, le juge d'instruction, lui avait si souvent parlé lors de la tentative d'assassinat de la forêt de Marly. C'était bien l'homme répondant au signalement qui lui avait été alors donné: grande taille, large poitrine, physionomie arabe. Comment Anatole et le *Fourrier* se trouvaient-ils sur le champ de bataille? Étaient-ils là pour lui envoyer une balle dans le dos? Il n'en savait rien, mais cela était possible; en tous cas, ils avaient assez vivement saisi l'occasion qui se présentait à eux de lui envoyer cette balle dans la poitrine pour qu'on crût que cette rapidité de décision indiquait un accord arrêté depuis longtemps. Si cet accord existait au mois de janvier 1871, il avait pu exister plusieurs années auparavant, c'est-à-dire quand le juge d'instruction l'avait affirmé, et il pouvait exister encore maintenant. Or, dans les conditions qui se préparaient pour Paris, l'association de ces deux hommes était véritablement redoutable, et ce n'était point pusillanimité que d'en avoir peur. Les deux tentatives manquées, celle de Marly et celle de Saint-Cloud, étaient là pour dire combien vivement ils convoitaient l'héritage du colonel et quels moyens ils employaient pour l'obtenir. Quoi de plus facile pour eux que de profiter d'une émeute populaire, qui assurément se présenterait un jour ou l'autre, pour accomplir leur dessein? Qui les empêcherait, le jour où cette émeute éclaterait, de pénétrer avec quelques bandits dans l'hôtel, et de tuer tous ceux qu'ils trouveraient, Antoine et Thérèse, en même temps que le colonel. Du coup, Anatole se trouvait l'héritier de cette fortune. Anatole était-il capable d'un pareil crime? le colonel ne voulait pas le croire; mais il suffisait que son associé, le terrible *Fourrier*, en eût l'idée. Anatole n'aurait rien fait, et il hériterait tranquillement. N'était-ce pas la combinaison qui avait mis un couteau aux mains de l'assassin de la forêt de Marly.

Précisément parce qu'il était brave, le colonel trouvait que c'était une puérilité de s'exposer, soi et les siens, à un danger inutile.

Quel intérêt avait-il à rester à Paris?

Aucun.

Qu'y faisait-il de bon?

Rien.

Il valait donc mieux s'éloigner tant que durerait la tourmente, et se mettre tous à l'abri, Antoine, Thérèse et lui-même.

Arrêté à ce parti, il le communiqua à son oncle, mais, bien entendu, sans lui parler d'Anatole, du *Fourrier* et des dangers qu'il prévoyait.

On pouvait maintenant traiter une affaire sérieuse avec Michel: le moment était donc venu d'aborder franchement la question du mariage de Thérèse.

Mais, pour Antoine, c'était là une question terrible, à laquelle il n'osait même point penser.

Plus il connaissait son neveu, plus il le voyait, et plus il l'aimait. C'était son fils: comment n'eût-il pas été heureux de lui donner Thérèse?

Mais il était engagé envers Michel, pour lequel il avait aussi une vive amitié: comment lui reprendre Thérèse?

Aux premiers mots de son neveu, il voulut se rejeter encore en arrière.

Mais le colonel n'écouta rien.

— Je comprends, mon cher oncle, combien votre position est délicate et difficile; mais, quand nous attendrions encore et puis encore, cela ne la rendrait pas plus facile. Il faut vous décider.

— Mais je n'ai pas à me décider; je suis engagé envers Michel, je ne puis pas lui demander de me rendre ma parole.

— Assurément, et ce n'est pas là, soyez-en certain, ce que j'attends de vous. Je vous ai, moi aussi, donné ma parole, je vous demande de me la rendre.

— Mais que voulez-vous ?

— Dire à Thérèse que je l'aime et lui demander d'être ma femme.

— Thérèse a pris un engagement envers Michel.

— Vous savez aussi bien que moi, mon oncle, comment cet engagement a été pris ; Thérèse alors n'aimait pas Michel.

— Elle a consenti à l'accepter pour mari.

— Sans l'aimer, et ce consentement, elle l'a donné parce que vous le lui avez arraché. Aujourd'hui le donnerait-elle ? croyez-vous qu'elle le donnerait ?

— Mais...

— Non, vous ne le croyez pas, et moi, je suis sûr qu'elle ne le donnerait pas. Je pense que vous ne douterez pas de moi, si je vous dis que j'ai tenu mon engagement et que je n'ai pas adressé une seule parole d'amour à Thérèse ; cependant j'ai de bonnes raisons pour croire qu'elle connaît cet amour et... qu'elle n'y est pas insensible. Les choses étant ainsi, voulez-vous qu'elle devienne quand même la femme de Michel, parce que vous êtes engagé envers celui-ci ? Cela est-il juste ? cela est-il sage ? Ferez-vous le malheur de votre fille ? Car ce serait faire son malheur que de la donner à un homme qu'elle n'aime pas, alors qu'elle en aime un autre. Je vous demande donc de me rendre ma parole et de me permettre de m'expliquer loyalement avec Thérèse ; si elle m'aime elle sera ma femme ; si elle ne m'aime pas elle sera celle de Michel. Il est temps que cesse une situation qui est intolérable pour nous tous, pour vous, mon oncle, pour Thérèse, pour moi, et pour Michel lui-même. En agissant comme je l'ai fait, je vous ai donné, mon oncle, la preuve de mon respect et de ma tendresse.

— Pauvre Michel !

— Oui, plaignez-le ; je vous assure que je le plains moi-même, car je sens que si j'étais à sa place, je souffrirais cruellement de renoncer à Thérèse. Mais, si cette renonciation est douloureuse pour lui, je crois qu'en tout cas elle ne le frappera pas à l'improviste. Depuis plus de deux mois, Michel vit en tête-à-tête avec Thérèse, et vous me rendrez cette justice que je n'ai point été un rival soupçonneux ou gênant. J'ai habité cette maison aussi peu que possible ; j'ai laissé Thérèse soigner Michel du matin au soir, sans prendre jamais une heure au malheureux blessé ; je me suis contenté de ce que Thérèse devait donner à un étranger ou plus justement au maître de la maison qu'elle habitait. Eh bien ! il me semble que Michel, pendant ces deux mois, a dû voir quels étaient les sentiments de Thérèse pour lui.

— Elle l'aime.

— D'amitié, oui, mon oncle ; d'amour, non ; et Michel, j'en suis presque sûr, pense comme moi à ce sujet.

— Mais alors.....

— Alors, mon cher oncle, le moment est venu de demander à Michel s'il persiste à réclamer de vous l'exécution de votre parole. Il est possible qu'il vous réponde qu'il y renonce ; car, si Michel est l'homme que je crois, il ne voudra pas essayer de devenir le mari d'une femme qui ne l'aimerait pas ; d'un autre côté, il est possible aussi qu'il vous réponde qu'il réclame cette exécution. Dans le premier cas, vous n'aurez rien à dire ; dans le second, au contraire, vous aurez à lui répondre que vous voulez consulter Thérèse, car c'est elle, elle seule, qui doit prononcer entre nous deux. Je veux donc bien ne pas parler à Thérèse avant que vous n'ayez eu un entretien décisif avec Michel ; mais, je vous en prie, mon oncle, ne différez pas cet entretien.

Antoine fut obligé de reconnaître que cette attente, pénible pour tous, ne devait pas se prolonger plus longtemps, et il promit d'avoir le lendemain avec Michel l'explication décisive que son neveu demandait.

Il était bien évident qu'il fallait se décider à en finir.

Jamais Antoine n'avait éprouvé embarras pareil à celui qu'il ressentait le lendemain matin en entrant dans la tente de Michel : que dire ? comment commencer l'entretien ?

— Comment as-tu passé la nuit ?

— Mais très-bien, je vous remercie.

— Très-bien ! tu es tout à fait bien ?

— Comme vous me dites ça. Qui donc vous inquiète ?

— Rien.

— Que ce ne soit pas moi au moins ; je vous assure que je ne me suis jamais senti aussi bien. Je crois que j'aurais même pu me lever depuis deux ou trois jours déjà, si le docteur l'avait permis ; mais il se venge de ce que je n'ai pas voulu me laisser couper la jambe en me condamnant au repos forcé.

— Alors tu es bien, tout à fait bien ?

— Aussi bien qu'un homme dans ma position peut l'être.

— De sorte que tu peux, n'est-ce pas, t'occuper d'affaires sérieuses ?

— Mais oui, si vous voulez.

— Ah ! si tu ne te sens pas en état, nous pouvons remettre à demain ou à un autre jour l'entretien que je désire avoir avec toi.

Michel avait jusque là répondu avec une sorte d'enjouement, mais ces paroles lui firent lever la tête et montrer dans ses yeux un mouvement d'inquiétude.

— Un entretien ? Parlez, je vous en prie ; je vous assure que je suis en état de vous entendre et de vous répondre.

— C'est relativement à... Thérèse et à... notre situation l'un envers l'autre.

Si Antoine n'avait pas tenu les yeux baissés en parlant, il aurait vu l'inquiétude qui avait contracté le visage de Michel, se changer en une expression désolée.

Michel resta un moment sans répondre ; puis, d'une voix qui tremblait légèrement :

— Je comprends ce que vous voulez, dit-il ; mais, avant d'avoir avec vous cet entretien, j'ai besoin d'en avoir un avec Thérèse. Voulez-vous me donner jusqu'à... jusqu'à lundi ?

— Mais tout ce que tu voudras.

— Eh bien ! lundi nous reprendrons cette entretien, et je vous répondrais relativement à Thérèse, ainsi qu'à notre situation l'un envers l'autre. A lundi.

En apprenant ce nouveau délai, le colonel laissa échapper un geste de mécontentement ; cependant il n'insista pas. Après avoir tant attendu, il pouvait bien attendre quatre jours encore.

Jamais Michel ne s'était montré aussi triste qu'il le fut pendant ces quatre jours.

Thérèse commença à s'inquiéter. Qu'avait-il ? Elle interrogea le docteur, qui répondit que son blessé allait aussi bien que possible et qu'il se lèverait prochainement.

Le dimanche, en effet, lorsqu'elle entra dans sa tente, elle le trouva revêtu de son uniforme et étendu sur un fauteuil mécanique. Son uniforme avait été bien brossé, les boutons avaient été soigneusement astiqués ; il avait fait couper sa barbe et ses cheveux.

Elle vint à lui vivement et joyeusement :

— Quelle surprise ! s'écria-t-elle.

— Je voulais vous la faire depuis quelques jours déjà, mais j'ai attendu pour être sûr de pouvoir aller jusqu'au bout de ce que j'ai à vous dire ; car j'ai à vous parler, si vous voulez bien m'entendre et me donner quelques instants.

Elle pâlit ; l'heure était venue.

Il n'y avait pas à s'y tromper : il était guéri ; c'était de la date de leur mariage qu'il allait lui parler.

— Je suis à vous, dit-elle en s'asseyant.

— D'une amitié profonde, je vous le jure.

Il l'avait attentivement regardée, et il resta les yeux attachés sur elle, pendant quelques instants encore, avant de prendre la parole. Enfin il se décida :

— Ce que j'ai à vous dire, je vous l'aurais dit depuis longtemps, si ma guérison avait marché plus vite ; mais, par un sentiment que vous comprendrez tout à l'heure, je ne voulais pas que ce fût un mourant ou un estropié qui eût avec vous cet entretien, et mourant je ne le suis plus, pas plus que je ne serai estropié. Le docteur prétend que je marcherai droit comme tout le monde, et je le crois.

Qu'allait-elle répondre, quand il lui demanderait de fixer elle-même la date de leur mariage ? Ah ! son beau rêve.

— Cet entretien, comme vous devez bien le deviner, dit-il en continuant, doit avoir pour sujet notre mariage.

Elle inclina la tête pour dire qu'elle l'avait en effet deviné.

— La date de notre mariage avait été fixée par vous à la fin de 1870 ; puis, la guerre déclarée, cette date a été reportée à la fin du siège ; puis, par suite de ma blessure, elle a été reportée encore au moment de ma guérison. Me voici guéri. L'heure serait donc venue d'arrêter le jour de notre mariage, si, pendant ces délais successifs, il n'était pas survenu une série de faits qui rendent une explication nécessaire entre nous.

Elle le regarda avec une expression d'angoisse, mais il détourna les yeux.

— Quand vous avez consenti à devenir ma femme, vous ne m'aimiez point, et vous ne donniez ce consentement que par tendresse pour votre père et par amitié pour moi ; car, si vous ne m'aimiez point d'amour, vous m'aimiez au moins d'amitié.

— Oh ! je vous crois, et ce fut cette amitié dont vous me donniez à chaque instant des preuves qui me fit espérer que vous pourriez m'aimer réellement un jour ; ce fut elle qui me fit persévérer dans mon projet de mariage, car moi je vous aimais !...

Il s'arrêta.

— ..... Je vous aime passionnément. Cet amour pouvait-il naître dans votre cœur ? Je le pensais alors, et je me disais : « Je l'aimerai tant qu'elle finira par m'aimer. » Cela se fût-il réalisé ? Je le crois, et ce sera ma consolation de continuer à le croire. Mais pour cela il eût fallu que personne ne vînt se placer entre nous, et ce ne fut pas ce qui arriva. Lorsque vous aviez donné votre consentement à notre mariage, votre cœur n'était pas libre...

Elle leva la main pour l'interrompre, mais il continua :

— Ne craignez pas, je ne dirai rien que vous ne puissiez entendre ; je ne veux ni vous peiner ni vous blesser ; vous allez le voir tout à l'heure. Vous n'étiez pas libre ; votre cœur, à votre insu et sans que vous en ayez conscience, s'était donné. Mais celui que vous aimiez, sans vous l'avouer, ne pouvait pas alors être votre mari, puisqu'il allait devenir celui d'une autre femme.

Elle se cacha la tête entre ses deux mains.

— Par suite de circonstances que je ne connais pas, ce mariage ne se fit pas, et la guerre nous réunit tous. Si je ne me trompe, il avait déjà ressenti pour vous une vive tendresse ; à vivre près de vous, à vous voir continuellement, à vous connaître, cette tendresse se changea bien vite en amour.

— Michel, je vous en prie, murmura-t-elle.

— Oh! ne me dites pas non ; j'ai suivi avec des yeux trop clairvoyants ce qui s'est passé alors en lui comme en vous, et il faut bien que je vous l'explique pour vous faire comprendre et pour me faire pardonner les paroles cruelles et injustes qui, à ce moment, m'ont plus d'une fois échappé. J'étais jaloux, et quand je songeais à ce qu'il était et à ce que j'étais moi-même, je souffrais horriblement. Comment ne l'auriez-vous pas aimé? N'avait-il pas tout pour vous éblouir, pour vous séduire, même la délicatesse, même la noblesse du cœur? Il pouvait rester près de vous, il ne le fit pas, et, pour son sacrifice même, vous avez dû l'aimer. Je ne faisais que mon devoir ; lui faisait plus qu'il ne devait. Nous partîmes ensemble : moi son chef, lui mon soldat, mais par cela seul à vos yeux, héros. Il le fut réellement, je dois le dire, et, par son courage, par l'éloge unanime que vous avez entendu faire de lui, par les bénédictions que vous avez recueillies pour sa générosité, vous n'avez pu que l'aimer davantage. Qu'étais-je auprès de lui ? La lutte cependant était si ardente entre nous qu'il m'a entraîné à la bataille pour me faire tuer, et que je l'y ai mené à mon tour pour le faire tuer lui-même.

Elle releva la tête par un geste d'épouvante et d'horreur.

— Sur le champ de bataille, j'ai aussi été, comme toujours et partout, le vaincu. J'ai reçu cette blessure. Il pouvait m'abandonner et revenir ici près de vous, débarrassé de moi ; il ne l'a pas fait, et courageusement, noblement, il a risqué sa vie pour sauver la mienne! En rentrant ici, sous l'influence de la fièvre et du désespoir, j'ai prononcé une parole indigne, qui rend cette explication nécessaire : il a risqué sa vie pour moi, son rival. Voilà la vérité. Depuis, sa délicatesse ne s'est pas démentie ; chaque jour, quand vous êtes entrée ici, j'ai cherché dans vos yeux s'il vous avait parlé de son amour, et, à la loyauté de votre regard, à la pression de votre main, j'ai vu qu'il n'avait pas parlé. Pour reprendre la lutte, il a voulu attendre ma guérison. Eh bien ! aujourd'hui, que je suis à peu près guéri, c'est moi qui la commence. Thérèse, levez les yeux sur les miens, je vous en prie, et dites-moi si, après les paroles que vous venez d'entendre, vous me croyez capable d'exiger l'accomplissement de la promesse que vous et votre père m'avez faite.

Comme elle ne répondait pas :

— Dites, le croyez-vous ? Non, n'est-ce pas ? Eh bien cette promesse, je vous la rends. J'aurais été heureux, ah ! oui, bien heureux, Thérèse, chère Thérèse, de devenir votre mari. Vous étiez tout pour moi, le passé, le présent, l'avenir ; je n'avais vécu, je ne vivais que pour vous. Ah ! je vous aimais!...

Il s'arrêta un moment, étouffé par l'émotion.

— ..... Je vous aimais ! Je vous aime assez pour vouloir votre bonheur, et près de lui vous serez heureuse! Vous aimera-t-il plus que je ne vous aime ? Non, je vous le jure. Mais vous, vous l'aimerez ; tandis que moi, vous ne pourriez pas m'aimer. Au moins vous me donnerez votre amitié, et, pensant au sacrifice que je vous fais, vous n'aurez pour moi qu'un tendre souvenir.

Les yeux baignés de larmes, elle lui tendit les deux mains :

— Oh! Michel, s'écria-t-elle, mon ami, mon frère!

Pendant plusieurs minutes, ils restèrent sans parler.

Le premier, il reprit l'entretien :

— Demain, dit-il, je quitterai cette maison.

— Eh quoi!

— Ah ! je ne suis pas un saint : je souffrirais trop de voir... son bonheur.

— Mais qui vous soignera ? où irez-vous ?

— Je pense que Denizot voudra bien venir à moi. Nous retournerons dans notre maison du faubourg, celle qui a été la vôtre, j'habiterai votre chambre, je vivrai où vous avez vécu, où je vous ai vu grandir, où je vous retrouverai à chaque pas. Il a bon cœur ; Denizot : me voyant seul... et triste, je pense qu'il viendra avec moi. Nous parlerons de vous, toujours.

XXXII

C'était le dimanche matin qu'avait eu lieu cet entretien entre Michel et Thérèse.

En choisissant ce jour, Michel avait voulu se mettre en état de répondre le lundi à Antoine, ainsi que cela avait été convenu entre eux.

Le colonel n'était pas alors à l'hôtel ; il était parti le matin pour aller à Versailles prendre des mandats de poste qu'il envoyait à plusieurs de ses blessés.

A ce moment, pour se rendre de Paris à Versailles il fallait faire un véritable voyage. Tout d'abord, on allait à Saint-Denis, qui était occupé par les Prussiens ; à Saint-Denis, on trouvait des voitures pour Maisons-Laffitte qui passaient par Epinay et Argenteuil, car les obus pleuvaient dans la presqu'île de

Mais s'il était vrai qu'il fût encore en vie, pourquoi ne donnait-il pas de ses nouvelles?

Est-ce qu'il était parti pour ne pas voir Michel, guéri, devenir le mari de celle qu'il aimait?

Car elle admettait maintenant cet amour, comme elle avait elle-même celui qu'elle ressentait pour lui.

Ah! s'il avait parlé?

Ah! s'il avait su la vérité?

Et elle se reprochait de l'avoir éloigné par sa froideur.

C'était en la voyant si calme, si résignée, acceptant sans résistance ce mariage, qu'il était parti, blessé, fâché.

Mais alors il était vivant.

Vivant, oui, mais en ce cas perdu pour elle assurément.

N'était-il pas parti en Allemagne pour épouser Mlle Lazarus, qui, lui avait-on dit, allait devenir sa femme quand la guerre avait éclaté.

C'était ainsi que de tous côtés elle ne trouvait que des motifs de craintes, n'espérant que pour désespérer aussitôt.

Les choses en étaient là, lorsqu'un matin Mme Bénard, entrant dans le cabinet de travail du colonel,—où elle se tenait maintenant pendant presque toute la journée, les yeux attachés sur le portrait de son cousin,—lui dit qu'un homme demandait à la voir et voulait lui parler sans témoin.

— Quel homme?

— Pas un homme de bonne figure, et qui inspire plutôt la terreur que la confiance: voilà pourquoi je ne voulais pas le laisser entrer, et lui demandais de me dire ce qui l'amenait; mais il n'a pas voulu. Il a à vous parler, dit-il, et à vous seul. Si vous ne voulez pas le recevoir, vous vous en repentirez.

— Amenez-le, dit-elle.

— Mais, mademoiselle, s'il est vraiment ce qu'il paraît être, cela n'est pas prudent. Voulez-vous que je place M. Horace dans la chambre de monsieur? Il sera à portée de votre voix et viendra, si vous l'appelez.

— Il y a des sonnettes.

— On peut vous empêcher de toucher au bouton.

— Ne placez pas Horace dans la chambre de mon cousin, car il ne faut peut-être pas que ce que cet homme veut me dire soit entendu; mais enfin qu'on se tienne en garde, de manière à venir, si j'appelle. Seulement, je vous en prie, ma bonne Mme Bénard, veillez vous-même à ce qu'on n'écoute pas aux portes.

Assez émue par ce mystère, elle attendit l'arrivée de cet homme, assise à portée du bouton de la sonnerie.

Elle vit entrer un homme d'assez mauvaise mine, à l'aspect rampant, vêtu comme presque tout le monde l'était à ce moment: du pantalon à bandes rouges et de la vareuse des gardes nationaux.

— Vous avez à me parler? dit-elle.

— Oui, si vous me jurez que personne ne nous écoute.

— Je vous le promets.

— Ce n'est pas assez: il faut lever la main et jurer que c'est la vérité.

Elle leva la main.

— Je jure qu'on ne nous écoute pas; cependant, si j'appelais, on serait à portée de m'entendre et de venir à mon secours, je vous en préviens.

— Je ne vous veux pas de mal; au contraire; vous allez voir ça tout à l'heure.

— Alors que voulez-vous? Parlez vite.

Elle avait le pressentiment qu'il allait être question de son cousin; mais, au lieu d'espérer, elle craignait: la mine de cet homme lui faisait peur, et il lui semblait que de cette bouche aux lèvres minces il ne pouvait pas sortir une bonne parole.

— C'est-y vrai, dit-il, que vous pouvez me payer tout de suite 10,000 francs en or?

Elle avait entendu parler de réquisitions qui se faisaient en ce moment, elle crut qu'il s'agissait d'une opération de ce genre.

— Non, dit-elle; je n'ai pas 10,000 francs en or.

— Je m'en doutais, j'ai été rudement bête de me déranger. Mais, vous savez, tant pis pour vous, puisque vous n'avez pas d'argent, vous n'aurez pas les lettres.

— Quelles lettres?

— Des lettres que je suis chargé de vous remettre par quelqu'un qui m'envoie ici.

Un mouvement d'espérance la souleva.

— De qui ces lettres? s'écria-t-elle.

— Je vous le dirai, si vous me promettez les dix mille francs. Pour vous remettre ces lettres, je risque ma vie. S'ils découvrent que c'est moi qui ai porté ces lettres, mon affaire est sûre: fusillé. On en a fusillé pour moins que ça. Je veux bien risquer ma vie, mais pas à l'œil; donnant, donnant. Dites-moi que vous pourrez trouver les dix mille francs en or, et je vous remets un billet qui vous commande de me les payer; sans cela, je m'en vais.

Un billet commandant de payer dix mille francs: il n'y avait que son cousin qui pût écrire un pareil billet. Il était donc en vie?

— Vous aurez ces dix mille francs! s'écria-t-elle.

— Quand?

— Bientôt. Donnez ce billet.

— Il n'y a pas de bientôt; c'est tout de suite, de la main à la main.

— Eh bien! je vais les envoyer chercher; donnez vite.

— Je vous ai dit, donnant, donnant, et de la main à la main.

— Vous devez comprendre que je n'ai pas dix mille francs dans ma poche, et en or encore ? Il faut donc que je les envoie chercher.

— Non, je n'ai pas confiance.

— Mais que craignez-vous donc ?

— Je ne sais pas, mais je vous ai dit que je risquais ma vie. S'il faut aller chercher les dix mille francs, allons-y ensemble seuls tous deux ; comme cela, je serai sûr que vous ne voulez pas me jouer un mauvais tour.

— Et qui me dit que vous ne voulez pas m'en jouer un vous-même ?

— Le billet.

— Où est-il, ce billet ?

— Dans ma poche.

— Eh bien ! montrez-le moi, donnez-moi la preuve que je dois vous payer ces dix mille francs, et nous allons ensemble les chercher ; vous n'avez pas confiance en moi, quelle confiance voulez-vous que j'aie en vous ?

Ce raisonnement parut toucher le garde national, qui réfléchit un moment.

— Et où devons-nous aller chercher l'argent ? dit-il.

— Rue de la Paix, à l'*American-bank*.

— Et là on nous donnera les 10,000 francs en or, tout de suite ?

— On nous les donnera ; voyons le billet ?

Il se décida enfin à chercher ce billet, et pour cela il déboutonna la ceinture de son pantalon à bandes rouges. Sous ce pantalon, il avait une cotte bleue ; dans la poche de cette cotte, il prit un billet plié en quatre qu'il tendit à Thérèse.

Vivement elle l'ouvrit.

Son écriture ! c'était bien son écriture.

« Veuillez payer 10,000 francs en or au porteur de ce billet ; en échange, il vous remettra une lettre cachetée pour vous et une autre pour Michel.

» ÉDOUARD CHAMBERLAIN.

» 20 avril 1871. »

Vivant !

— Où est-il ? s'écria-t-elle.

— Ça, la lettre vous le dira quand vous aurez payé les 10,000 francs.

— Partons, dit-elle ; vite, venez.

Et elle sortit si brusquement qu'elle faillit jeter la porte sur Mme Bénard, qui se promenait dans le vestibule.

— Vivant ! ma chère madame Bernard ! s'écria-t-elle, j'ai une lettre !

A ces mots prononcés d'une voix vibrante, Michel et Horace sortirent de la chambre du colonel.

Elle courut à Michel, qui se tenait appuyé sur ses deux béquilles.

— Vous aviez raison, dit-elle ; oh ! mon bon Michel !

Et elle lui tendit le billet.

— Et où courez-vous ainsi ? dit-il après avoir lu le billet.

— A l'*American-bank* pour donner les dix mille francs à cet homme.

— Envoyez Horace.

— Non, il veut que j'aille avec lui.

— Prenez Horace avec vous au moins.

— Il veut que je sois seule avec lui.

Les craintes de Michel s'éveillèrent ; il voulut la retenir, mais elle n'écouta rien.

— Je reviens tout de suite, dit-elle.

Et, s'adressant au garde national, qui se tenait collé entre la porte, une main dans la poche de sa vareuse, comme s'il était sur la défensive :

— Partons, dit-elle.

A peine avaient-ils descendu quelques marches de l'escalier, que Michel se tourna vers Horace :

— Prenez un revolver, dit-il, et de loin, sans vous montrer, suivez-les.

— Ne craignez rien, dit Horace ; avant qu'on touche à Mlle Thérèse, on m'aura tué.

XXXIII

Lorsque Thérèse sortit de l'hôtel, accompagnée de son garde national, la canonnade se faisait entendre sans relâche du côté des Ternes, de Neuilly et d'Asnières ; aux roulements des mitrailleuses, se mêlaient les feux de peloton et les détonations de l'artillerie. Le Mont-Valérien bombardait Neuilly, les pièces du rempart lui répondaient sans grand effet utile, et des combats de mousqueterie se livraient dans le parc de Neuilly et sur les bords de la Seine ; dans la rue du Faubourg-Saint-Honoré, on rencontrait des bataillons de garde nationale et des voitures d'ambulance qui se rendaient sur le lieu du combat.

Thérèse marchait si rapidement, que son compagnon, qui venait derrière elle, avait peine à la suivre.

— N'ayez donc pas peur, dit-il ; les obus des Versailleux ne viendront pas jusqu'ici.

Elle ne répondit pas et continua d'avancer ; ses pieds posaient à peine sur l'asphalte des trottoirs.

— Vous savez, dit le garde national ; je ne peux pas vous suivre.

— Vous n'êtes donc pas pressé de toucher vos 10,000 francs ?

— Si, mais enfin il faut pas se faire mourir.

Marchant ainsi, ils arrivèrent à la rue Castiglione; le garde national avait fini par rejoindre Thérèse, et de temps en temps, et en homme communicatif qu'il était, il lui faisait part de ses observations.

En apercevant l'énorme barricade précédée d'un large fossé qui obstruait la rue, il laissa échapper un geste d'admiration.

— Voilà de la belle ouvrage ! dit-il.

Puis en passant devant la colonne, il lui montra le poing.

— Vous savez, dit-il, on va lui enlever le ballon.

Mais Thérèse n'écoutait pas; elle allait toujours de son pas léger, respirant à peine.

Ils arrivèrent à la porte de la maison de banque.

La grande inquiétude de Thérèse était de savoir si elle trouverait quelqu'un pour lui répondre.

Il n'y avait pas un seul client dans le grand salon, autrefois plein d'étrangers qui venaient là lire les journaux et faire leur correspondance, mais quelques employés étaient à leur poste.

Parmi eux Thérèse reconnut un jeune Américain qui souvent était venu à l'ambulance, elle alla à son guichet.

— Pouvez-vous me payer en or un chèque de 10,000 francs ? demanda-t-elle.

L'employé salua poliment, et dit qu'il allait voir si ce payement était possible; presque aussitôt il revint dire que les 10,000 francs étaient à la disposition de Mlle Chamberlain.

Elle prit les dix rouleaux dans ses deux mains et les déposant sur une table :

— Les lettres ? dit-elle.

— C'est vrai tout de même, dit le garde national avec un geste d'étonnement.

Et de nouveau, ayant déboutonné la ceinture de son pantalon, il prit dans sa poche deux lettres qu'il déposa sur la table.

Vivement Thérèse les saisit et chercha celle qui lui était adressée; puis, après avoir mis celle de Michel dans sa poche, elle ouvrit d'une main tremblante celle qui portait son nom, et, sans faire attention à son garde national qui engouffrait ses rouleaux dans sa poche, elle commença à lire debout au milieu du salon.

« Prison de Mazas, cellule n° 40.
19 avril 1871.

» Chère Thérèse,

» Après un si long silence, je puis enfin » vous écrire avec l'espérance que ma lettre » parviendra entre vos mains.

» Qu'avez-vous pensé de ce silence ? Par » quelles inquiétudes, par quelles angoisses » avez-vous passé, vous et mon cher oncle ? » J'ai le cœur serré en pensant à ce que » vous avez dû souffrir, n'apprenant rien de » moi, malgré vos recherches — car je suis » bien sûr que vous m'avez cherché.

» Vous m'avez cru mort, n'est-ce pas ?

» J'espère même que vous, ma chère petite » Thérèse, vous n'avez pu avoir une autre pensée, et que si cruelle que cette » pensée ait pu être pour vous, elle l'a encore été moins que si vous aviez cru que » je vous oubliais.

» Non, je ne vous oubliais point, et depuis » notre séparation je puis dire que vous avez » été constamment, le jour comme la nuit, » ma consolation et mon soutien dans mes » tourments ; d'esprit et de cœur, j'ai vécu » avec vous.

» C'est vous qui m'avez donné la force de » supporter sans trop de colère et de rage » les tortures du *secret*, auxquelles j'ai été » et je suis encore condamné.

» — Mais comment ? allez-vous dire. Pour» quoi ?

» Pourquoi j'ai été arrêté et mis au secret ? » je ne saurais trop vous l'expliquer.

» Mais comment ? le voici, et mon récit » est plus facile à faire.

» Vous savez que, le jour où j'ai disparu, » j'étais parti le matin pour aller à Versailles.

» Après avoir pris mon billet pour Saint-» Denis, j'étais entré dans la salle d'attente, » où ne se trouvait personne. Il me sembla » que quelques gardes nationaux venaient » regarder dans cette salle et fixaient leurs » regards sur moi ; mais je n'y pris pas au» trement attention.

» Un officier galonné, ouvrant la porte sur » le quai vint à moi et me demanda si j'étais » bien le colonel Chamberlain. Sur ma réponse affirmative, il me pria de le suivre » pour un renseignement qu'on avait à me » demander. Sottement, et me figurant qu'il » s'agissait de quelqu'un qui se réclamait de » moi, je le suivis.

» Nous sortîmes de la gare, lui en tête, moi » derrière lui.

» Il me conduisit à une courte distance de » là, dans une sorte de bureau de police où » se trouvaient des gardes nationaux qui » jouaient aux cartes, et, s'approchant d'un » autre officier plus galonné encore, il lui » parla à l'oreille.

» Alors celui-ci, venant à moi vivement, » me dit que j'étais accusé d'entretenir des » intelligences avec Versailles, et qu'il allait » me conduire à la préfecture de police, où » je m'expliquerais.

» Je protestai vigoureusement, et ma première pensée fut de résister ; mais je n'a» vais pas d'armes. Sur un signe de leur chef, » quelques gardes nationaux avaient pris » leurs fusils et s'étaient placés devant la » porte; j'eus la faiblesse de céder.

» On me fit monter dans un fiacre; un gar-
» de national s'assit à mes côtés, un autre
» devant moi, et auprès de celui-là l'officier
» qui était venu me chercher dans la gare.

» Lorsqu'il fut assis, il prit dans sa cein-
» ture rouge un des deux revolvers qui s'y
» trouvaient, et le tenant à la main, le canon
» dirigé sur moi :

» — Si vous voulez vous échapper, me dit-
» il poliment, je vous brûle la cervelle.

» Je n'avais rien à répondre ; je regardai
» par la portière sans m'occuper de mes gar-
» diens.

» Arrivés à la préfecture, on me conduit
» dans un bureau où se trouvait un chef de
» bataillon, qui était en train de peigner sa
» barbe devant une glace :

» — Que voulez-vous que je fasse de ce
» coquin-là ? dit-il sans tourner les yeux de
» mon côté.

» Mon officier, qui avait laissé ses hommes
» à la porte lui parla à l'oreille pendant quel-
» ques instants, et ses paroles furent assez
» intéressantes pour arracher le chef de ba-
» taillon à sa contemplation.

» — Ah ! vous conspirez avec l'infâme
» gouvernement de Versailles ? me dit-il,
» alors votre affaire est faite : bon à tuer. En
» attendant, je vas vous visser un écrou qui
» sera serré.

» Et il me vissa cet écrou en écrivant quel-
» ques mots sur une feuille de papier.

» — Enlevez, dit-il, c'est pesé.

» De nouveau, je voulus protester et m'ex-
» pliquer, mais il me coupa la parole.

» — Videz vos poches, me dit-il, ou je vous
» fais fouiller.

» Je boutonnai mon paletot ; mais il appe-
» la ses hommes, et, ne voulant pas engager
» une lutte, je vidai mes poches.

» J'avais quelques billets de banque et
» mes lettres préparées pour nos soldats. Il
» saisit les lettres et les parcourut, alors, se
» mettant à rire :

» — Vous ne soutiendrez pas que vous ne
» conspiriez point ? dit-il.

» Puis, ayant compté mon argent, il m'en
» donna un reçu, mais il ne me le rendit
» pas.

» — Il ne faut pas exposer les surveillants
» à la tentation, dit-il ; demain vous vous
» expliquerez avec le juge d'instruction.
» Allez.

» Et, les gardes nationaux m'ayant entouré,
» on me conduisit au dépôt.

» J'étais résigné à subir ce qu'on m'impo-
» serait ; puisque je devais paraître devant le
» juge d'instruction le lendemain, ce n'était
» qu'un jour et une nuit à passer.

» Après tout je n'avais jamais vu une pri-
» son : cela pouvait être intéressant.

» Je me mis à examiner la cellule où l'on
» m'avait enfermé : elle était assez convena-
» blement meublée cette cellule : un lit en
» fer, scellé au mur ; une table pliante, scellée
» aussi au mur par une chaîne solide, et sur
» une tablette un gobelet en fer, une cuiller
» en bois et un bidon plein d'eau ; avec cela,
» un parquet ciré et les murs peints à l'huile.

» Je venais de passer quatre mois aux
» avant-postes dans de moins bonnes condi-
» tions ; mais ce que nous avions aux avant-
» postes et ce que je ne trouvais plus dans
» ma prison, c'était la vue et l'air, car la
» fenêtre s'ouvrait en vasistas et ses vitres
» étaient en verre rayé ; pas même la vue du
» ciel pour distraction.

» C'était à mourir d'ennui dans ces quatre
» murs ; heureusement je n'avais qu'un jour
» à y rester.

» A 3 heures, on m'apporta un pain bis et
» une portion de haricots servis dans une ga-
» melle en fer : ce n'était pas un dîner bien
» confortable ; mais cela importait peu ; je
» tâchai de faire causer le gardien, mais il me
» répondit brutalement que j'étais au secret
» et qu'il n'avait rien à me dire.

» Lorsque la nuit tomba, il vint m'allumer
» le gaz, sans prononcer une parole.

» Ce que j'avais de mieux à faire, c'était de
» me coucher et de dormir. Mais moi, qui ai
» dormi partout, à cheval, sous la pluie, dans
» la neige, dans la boue, sous les balles et
» sous les obus, je ne pus pas trouver le som-
» meil dans cette prison : les plus légers
» bruits, me faisaient sursauter, comme
» si j'avais été frappé par une commotion
» électrique ; dans le milieu de la nuit, j'en-
» tendis deux détonations qui me jetèrent à
» bas de mon lit.

» J'écoutai, l'oreille collée à la porte : il me
» sembla entendre des gémissements. Mais
» je ne pus pas découvrir d'où ils venaient ;
» de mon imagination surexcitée peut-être.

» Je m'attendais à paraître le lendemain
» devant le juge d'instruction. La journée
» s'écoula, sans que vint mon tour d'être ap-
» pelé ; et cependant nous avions une son-
» nette dans notre corridor, qui tinta sou-
» vent, mais ce ne fut jamais pour moi.

» Combien longue cette journée !

» Le soir, quand le gardien vint allumer
» mon bec de gaz, je lui demandai si je ne
» pouvais pas avoir du papier et une plume
» pour écrire ; il me dit que ceux qui étaient
» au secret n'écrivaient pas, et il referma ma
» porte sans rien vouloir entendre de ce que
» je lui disais.

» Je ne dormis pas cette nuit-là, mieux
» que j'avais dormi la première, car l'in-
» quiétude que j'avais tout d'abord voulu
» chasser pesait sur moi du lourd poids d'un
» cauchemar : si ce juge d'instruction ne me
» faisait pas appeler, si je ne pouvais pas

» écrire, je resterais donc enfermé dans cette cellule.

» Et ce n'était pas seulement à moi que je pensais ; c'était encore à vous, chère Thérèse. Combien grande devait être votre inquiétude ! Où alliez-vous me chercher ? Pas dans cette prison, puisque personne ne savait que j'avais été arrêté.

» Dans la nuit, j'entendis encore des détonations. D'où venaient-elles ? pourquoi, sur qui tirait-on ?

» Au milieu du silence, ces questions étaient horribles à examiner.

» Je ne veux pas vous décrire jour par jour mes angoisses et mes émotions pendant le temps que je passai dans cette cellule.

» Dès le second jour, je ne croyais plus au juge d'instruction, comme vous devez bien le penser, et je n'avais plus qu'une idée, c'était de trouver un moyen pour vous faire savoir que j'avais été arrêté et où j'étais emprisonné. Alors, par votre oncle, il serait possible sans doute de me faire paraître devant un juge quelconque.

» Et puis vous sauriez que je n'étais pas mort.

» J'essayai tous les moyens de séduction auprès de mes gardiens ; un seul consentit à m'écouter, mais sans vouloir donner le papier et le crayon que je lui demandais.

» — On vous a fouillé, n'est-ce pas ?

» — Oui.

» — On sait donc que vous n'avez ni papier ni crayon ; si je vous en procurais, il ne serait pas difficile de découvrir que vous les tenez de moi, et, pour toutes les fortunes du monde, je ne veux pas m'exposer à être fusillé. Vous savez les chassepots parlent vite en ce moment.

» Je voulus qu'il allât vous prévenir de mon arrestation.

» — Attendez, me disait-il, patientez ; ça va changer, ça ne peut pas durer comme ça.

» Attendre, patienter, cela était facile à conseiller, mais difficile à pratiquer.

» Cependant l'espèce de sympathie que ce gardien me témoignait me fit du bien, et ce me fut un chagrin quand son tour de service l'éloigna ; j'attendis son retour avec impatience, et je recommençai à tâcher de le gagner.

» Je crois que j'allais le décider à vous porter la nouvelle de mon arrestation, quand un matin, on ouvrit ma porte et l'on me dit de faire mon paquet, parce que j'allais être transféré.

» Mon paquet, je n'en avais pas à faire, puisque j'étais arrivé à la Conciergerie, les mains vides, n'ayant pour tout linge que celui que je portais sur moi et dont, bien entendu, je n'avais pas pu changer.

» — Transféré où ?

» Mais on ne répondit pas à ma question, et l'on me fit descendre dans une cour où se trouvait une voiture cellulaire ; le cocher était sur son siège et il n'attendait plus que moi pour partir.

» Des yeux, je cherchais autour de moi à qui m'adresser pour vous envoyer une parole, mais je ne trouvais que des gens en qui je ne pouvais avoir confiance ; d'ailleurs on ne me laissa pas le temps de faire un choix.

» — Montez, allons, montez vite.

» Une seule cellule était ouverte, mais elle était occupée ; je voulus reculer, on me poussa par-derrière et l'on me ferma la porte sur le dos. La voiture se mit à rouler.

» — Asseyez-vous sur mes genoux, me dit mon compagnon ; toutes les cellules ont deux voyageurs.

» Il fallait faire ce qu'il me disait, car ces cellules sont très-petites, et en restant debout je gênais autant que j'étais gêné moi-même.

» Je m'assis donc sur ses genoux, mais je me relevai aussitôt car j'avais rencontré un corps dur qui m'avait produit une étrange sensation ; il me semblait que je m'étais, sur la peau d'un animal, un éléphant ou un hippopotame.

» — Qu'est-ce donc que cela ? dis-je.

» — C'est mon tablier de cuir, parce que, de mon état, je suis cordonnier, et, quand on m'a arrêté, on ne m'a pas laissé même le temps de mettre mes habits. Il y a huit jours que je suis au secret, et vous ?

» Puis il me raconta qu'il avait été emprisonné parce qu'il avait refusé le grade de capitaine, ne voulant pas servir la commune, bien qu'il fût pour le peuple et républicain.

» — Il y en a d'autres que moi qui ne veulent pas marcher avec eux, ainsi Chamberlain...

» Il connaissait votre père, chère Thérèse ; nous fûmes tout de suite amis, quand je lui eus dit qui j'étais. Mais nous arrivâmes à Mazas et nous fûmes séparés ; car on me plaça dans une cellule d'attente, et lui dans une autre.

» Je restai près de deux heures dans cette cellule, et l'on vint me chercher pour me conduire à la cellule que je devais occuper définitivement.

» Comme je ne devais pas être plus mal à Mazas que je ne l'avais été à la Conciergerie, je n'étais pas fâché de ce changement.

» Assurément Mazas n'est pas un plaisant séjour ; mais enfin c'était autre chose, et j'espérais trouver là une occasion pour vous écrire.

» Je commençai par demander le direc-

» teur; le surveillant me dit qu'il le ferait
» prévenir, et me ferma ma porte.
» J'étais dans une nouvelle prison ; celle-là
» ressemblait à celle de la Conciergerie, seu-
» lement elle était glaciale. Le lit était rem-
» placé par un hamac et, ce qui me parut
» bien comfortable, l'escabeau par une chaise.
» Un autre différence, désagréable celle-là,
» était le remplacement du parquet par un
» pavage en briques, ce qui contribuait à aug-
» menter le froid de cette glacière et rend la
» marche très-pénible. J'ai déjà usé mes
» bottes.
» En attendant le directeur, s'il devait
» venir, je me mis à tourner autour de mon
» appartement ; mais c'est là un exercice
» abrutissant dans un si petit espace. Cepen-
» dant je le continuai autant pour passer
» les heures de l'attente que pour me ré-
» chauffer.
» Enfin ma porte s'ouvrit.
» — Attention, citoyen, me dit le surveil-
» lant ; voilà monsieur le directeur.
» Le directeur me demanda ce que je vou-
» lais. Je lui répondis : Deux choses, paraître
» devant un juge d'instruction d'abord, en-
» suite écrire à ma famille.
» Il me répondit qu'il serait fait droit à
» mes demandes.
» Et il se retira.
» Aussitôt je vous écrivis, et par prudence
» je ne vous dis que quelques mots : j'étais à
» Mazas et je vous priais d'en avertir So-
» rieul.
» Puis, ma lettre prise par le gardien, j'at-
» tendis plus tranquillement ; mon horrible
» cellule était moins froide, je n'étais plus
» seul.
» Mais les heures et les jours s'écoulèrent
» sans que je visse paraître un juge d'ins-
» truction et sans que rien vînt me dire que
» vous aviez reçu ma lettre.
» J'écrivis de nouveau, mais avec moins de
» confiance cette fois.
» Je demandai aussi à revoir monsieur le
» directeur.
» Mais il ne se rendit pas à ma demande,
» et l'exaspération de l'attente recommença
» à me tourmenter : il était évident qu'on
» voulait me maintenir au secret.
» Si je voulais vous faire parvenir de mes
» nouvelles, il me fallait gagner un gardien.
» Avec celui qui nous surveille, il n'y avait
» rien à tenter ; c'est un homme à mine ré-
» barbative, qui assurément est geôlier par
» tempérament ; il aime à faire souffrir les
» prisonniers et à les tourmenter.
» Je l'appelle « la petite poste, » parce que
» quand nous sortons de notre cellule pour
» nous rendre au promenoir, il nous force à
» courir, afin que nous ne soyons pas vus par
» les détenus devant les cellules desquels

» nous passons, et il nous crie d'une voix fu-
» rieuse : « Allons, la petite poste ! » La pe-
» tite poste, comme vous l'imaginez, c'est un
» trot allongé.
» Heureusement, dans le surveillant du
» promenoir, je trouvai un homme qui de-
» vait se laisser gagner, si l'offre le tentait.
» En passant près de lui, je m'approchai
» et lui dis à mi-voix :
» — Dix mille francs pour vous, si vous
» me portez une lettre rue de Courcelles.
» Il fut ébloui : l'offre, en effet, était belle,
» mais ce n'était pas le moment de lésiner.
» J'étais entré dans le promenoir ; j'y res-
» tai le temps permis, et, en sortant, je m'ar-
» rêtai auprès de mon homme en me bais-
» sant comme si j'avais laissé tomber quel-
» que chose.
» — En or ? me dit-il.
» — En or.
» — Faites votre lettre pour après-demain,
» et un bon pour les 10,000 francs.
» Voilà, chère Thérèse, comment je suis
» parvenu à vous écrire cette lettre, qui, je
» l'espère, arrivera entre vos mains.
» Mais ce n'est pas seulement pour vous
» dire où je suis, et pour que vous avertissiez
» votre oncle de mon arrestation, que je vous
» écris ; c'est encore pour vous adresser une
» prière.
» Et cette prière, ma chère Thérèse, je
» vous demande, au nom de notre amitié, de
» l'écouter. Cette lettre reçue, quittez Paris
» et emmenez votre père avec vous ; il est en
» danger ici. Je ne puis vous expliquer en
» ce moment quels dangers il court, mais
» plus tard je vous les dirai. Pensez seule-
» ment à mon compagnon de la voiture cel-
» lulaire.
» Vous ne me refuserez point, et vous au-
» rez égard à la première prière que je vous
» adresse : il faut que vous et votre père,
» vous quittiez Paris sans retard. Ne vous
» inquiétez pas de moi, la protection de vo-
» tre oncle me suffira ; emmenez, emmenez
» votre père.
» J'ai encore mille choses à vous dire, et
» celles-là plus sérieuses que toutes celles
» que je viens de vous écrire ; mais il me ré-
» pugne de les toucher en ce moment, car je
» ne veux pas que plus tard se mêle à leur
» souvenir une impression pénible.
» Cependant, comme je veux appuyer ma
» prière sur un droit qui vous oblige à faire
» ce que j'exige de vous, je vous demande
» d'ouvrir le paquet que je vous ai remis au
» moment de mon départ pour les avant-
» postes.
» Vous verrez là, chère Thérèse, au nom
» de quels sentiments je vous parle en ce
» moment, et vous y verrez aussi un témoi-
» gnage de ma vive tendresse pour vous.

» Pensez à moi, comme je pense à vous.
» ÉDOUARD CHAMBERLAIN.

» Une dernière fois, laissez-moi vous re-
» commander encore d'emmener votre père
» en dehors de Paris.

» Faites cela, et vous m'aurez donné la
» preuve que nos cœurs, comme nos volontés
» et nos désirs, sont unis. »

XXXIV

Thérèse avait lu cette longue lettre debout, au milieu du salon ; lorsqu'elle leva les yeux, sa lecture achevée, elle aperçut Horace devant elle.

— En bonne santé ? demanda-t-il.
— Emprisonné à Mazas.
— Ah ! mon Dieu.
— Nous allons le faire délivrer, je vais à l'hôtel de ville parler à mon oncle. Voulez-vous rentrer et porter cette lettre que mon cousin écrit à Michel ?
— Je le voudrais, mademoiselle ; mais j'ai promis à M. Michel de ne pas vous perdre de vue. Je ne peux pas porter cette lettre, si vous allez à l'hôtel de ville ; je vais l'envoyer.
— Mais je n'ai pas besoin de vous, mon bon Horace.
— J'ai promis, et, quand même je n'aurais pas promis, je ne vous laisserais pas aller seule.

Thérèse connaissait l'obstination d'Horace, elle savait qu'elle n'obtiendrait rien en insistant ; il valait donc mieux accepter son secours que d'engager une discussion avec lui : ce serait du temps perdu, et elle n'en voulait pas perdre.

D'un autre côté, elle ressentait une certaine inquiétude à la pensée de confier à un commissionnaire une lettre dont l'affranchissement avait coûté 5,000 francs : bien certainement, si le colonel écrivait à Michel, c'était pour une chose importante.

Elle s'approcha du guichet, derrière lequel se trouvait le commis auquel elle s'était adressée en entrant :

— Pourriez-vous, dit-elle, envoyer quelqu'un de sûr à l'hôtel Chamberlain, porter une lettre écrite par le colonel.

On savait à la banque la disparition mystérieuse du colonel ; en entendant parler d'une lettre écrite par lui, on interrogea Thérèse, et elle dit que le colonel était à Mazas.

— A Mazas !

Ce fut une explosion d'exclamations.

Le premier mouvement de surprise passé, le commis auquel Thérèse parlait dit qu'il allait lui-même porter cette lettre.

Alors Thérèse la lui donna en y joignant deux lignes pour dire à Michel qu'elle partait pour l'hôtel de ville, afin de voir son oncle.

Depuis que Sorieul avait été nommé membre de la commune, il ne demeurait plus à l'hôtel Chamberlain, ses électeurs ne lui eussent pas pardonné d'habiter un hôtel du faubourg Saint-Honoré, et d'autre part les discussions qui s'étaient élevées entre Antoine et lui rendaient une intimité impossible entre les deux beaux frères. Il avait donc repris son logement de la rue de Charonne.

Si Thérèse ne le trouvait pas à l'hôtel de ville, elle irait rue de Charonne ; mais, l'hôtel de ville étant sur son chemin, c'était par là qu'elle devait commencer ses démarches.

En route, elle raconta à Horace l'arrestation du colonel, son emprisonnement à la Conciergerie et son transfèrement à Mazas.

Horace était indigné, et quand il rencontrait un garde national, il lui lançait des regards furibonds en les accompagnant de geste qui n'avaient pas besoin de la parole pour être compris.

— Si c'est ainsi que vous me protégez, dit Thérèse, il vaut mieux me laisser aller seule.

— C'est juste, mademoiselle ; pardonnez-moi, mais la colère m'emporte. Arrêter mon colonel, les gredins !

Ils arrivèrent à la place de l'Hôtel-de-Ville, sur laquelle étaient alignés des canons et des mitrailleuses ; des clairons sonnaient, des tambours battaient aux champs, et sur le quai, dans la rue de Rivoli, des cavaliers vêtus d'une chemise rouge et la tête empanachée de plumes galopaient sans crier gare ; leurs sabres sautaient de çà de là avec un bruit de ferblanterie, et, à les voir lever la tête en jetant à droite et à gauche des regards de vainqueurs, on sentait combien ils étaient glorieux de ce tapage.

Thérèse, suivie d'Horace, pénétra assez facilement dans l'hôtel de ville, mais bientôt un factionnaire lui barra le passage avec son fusil, et prit un air redoutable pour lui demander si elle avait un laissez-passer.

Elle fut obligée de déclarer qu'elle n'en avait point ; mais elle venait voir son oncle, le citoyen Sorieul, et elle avait cru qu'elle n'avait pas besoin de permission pour entrer.

— Le citoyen Sorieul s'occupe du peuple, il n'a pas le temps de recevoir les femmes ; ça serait du propre. Allons, passez au large !

N'était-elle venue jusque là que pour échouer. Le temps pressait.

Heureusement, à ce moment même, arrivait un ancien ami de son père qui, lui aussi, était membre de la commune.

Elle courut à lui ; mais tout d'abord il ne la reconnut pas, bien qu'il l'eût vue cent fois rue de Charonne, au temps où il venait aux réunions d'Antoine Chamberlain.

— Et que voulez-vous ici, mon enfant ?
— Voir mon oncle Sorieul.
— Montez avec moi.

Toujours accompagnée d'Horace, elle le suivit dans une grande salle encombrée de paille, de fusils, de sacs, de couvertures, de tables, et de gardes nationaux qui dormaient, mangeaient, jouaient ou buvaient.

Deux huissiers, assis gravement au milieu de cette foule, répondirent que le citoyen Sorieul n'était pas encore arrivé.

Le parti de Thérèse était pris : ne trouvant pas son oncle, elle voulut demander la liberté du colonel à cet ancien ami de son père.

— Pouvez-vous m'entendre pendant quelques minutes, dit-elle.
— Mais, mon enfant, je n'ai pas le temps.
— Il s'agit de sauver la vie de mon cousin, arrêté depuis plus de quinze jours et au secret; je vous en prie.

Il y avait tant d'éloquence dans ce cri qu'il se laissa toucher.

— Venez avec moi, dit-il.

Horace voulut les suivre, mais elle lui fit signe d'attendre.

Lorsque la porte de la pièce dans laquelle elle était entrée fut refermée, elle commença le récit de l'arrestation et de l'emprisonnement du colonel, et, sans se reprendre, sans s'interrompre, debout, parlant dans les yeux de celui qui l'écoutait, elle dit tout ce qu'il était utile de dire, et elle termina en demandant un ordre pour la mise en liberté immédiate de son cousin.

Mais les choses ne pouvaient marcher avec cette rapidité et cette simplicité.

— Votre cousin, ma chère enfant, est un otage; son arrestation et sa mise au secret sont, j'en conviens, indignes, et je ne sais qui s'en est rendu coupable. Je vous promets que cette mise au secret va cesser. Mais, pour sa libération, c'est au ro chose. Versailles nous fait une guerre de sauvages, il assassine nos femmes et nos soldats; il faut que nous nous défendions et que nous prenions nos sûretés; depuis qu'on sait que nous avons des otages aux mains, on a peur; nous ne pouvons pas renoncer à nos moyens de défense.

Sorieul, en arrivant, interrompit ce discours, que Thérèse écoutait avec stupéfaction.

Lorsqu'il apprit que le colonel était arrêté, il ne prit pas cette nouvelle comme son collègue.

— Il faut que je sache qui s'est permis de faire arrêter mon ami, s'écria-t-il ; car tout le monde sait que le colonel Chamberlain est mon ami. Il sera mis en liberté ce soir, j'en fais mon affaire personnelle; compte sur moi.

Thérèse eût voulu avoir un permis d'entrer à Mazas ; mais, à ce mot, Sorieul se récria :

— Ce n'est pas d'un permis pour entrer à Mazas qu'il s'agit, mais d'un permis pour en sortir, et je te donne ma parole d'honneur de te conduire Édouard avant ce soir; rentre chez toi, et attends-le.

— Pourquoi ne voulez-vous pas que je lui porte cette bonne nouvelle ?

— Parce que je vois dans cette affaire une sorte de mystère qui m'inquiète, or les mystères doivent être traités au grand jour; n'ébruitons rien avant que le frappe le coup décisif; As-tu confiance en ton oncle? le crois-tu capable de manquer aux lois sacrées de l'amitié ? Tu vas voir comme je sers mes amis.

Il fallut qu'elle se contentât de ces grands mots et rentrât à l'hôtel.

— A ce soir, dit Sorieul, et fais préparer un bon dîner pour ton cousin.

Pendant que Thérèse faisait cette visite à l'hôtel de ville, Michel lisait la lettre du colonel, qui lui avait été apportée par le commis de l'*American bank*.

Elle était ainsi conçue, cette lettre :

» Mazas, 20 avril 1871.

» Cette lettre est pour vous seul.

» Veuillez donc, si on vous la remet devant
» mon oncle et ma cousine, ne pas la laisser
» lire par eux.

» En même temps que je vous écris j'écris
» à Thérèse, et je lui raconte en détail com-
» ment j'ai été arrêté et successivement em-
» prisonné à la Conciergerie et à Mazas, avec
» secret absolu.

» Si ces détails vous intéressent, faites-
» vous les conter par Thérèse ; entre nous il
» ne doit être question que de choses plus
» graves, car ce n'est pas pour moi que je
» vous écris, c'est pour Thérèse et c'est pour
» mon oncle, qui l'un et l'autre sont en grand
» danger.

» C'est de ce danger que je viens vous de-
» mander de les sauver.

» Vous n'avez pas oublié, n'est-ce pas ? les
» coups de revolver qui ont été tirés sur nous
» ou plutôt sur moi ? Ces coups de revolver
» faisaient suite au coup de couteau que
» j'avais reçu dans la forêt de Marly. Mainte-
» nant mon arrestation fait suite à ces deux
» tentatives d'assassinat et à quelques autres
» commises pendant la guerre.

» On veut me tuer pour avoir ma fortune.

» Je n'ai pas besoin de vous nommer ce on,
» vous l'avez vu et reconnu.

» Est-ce lui qui a eu l'idée de ce meurtre
» Je ne le crois pas, mais il est sous la domi-
» nation d'un homme capable de tous les
» crimes et qui a combiné cette affaire. C

» homme, qu'on appelle le *Fourrier* ou la
» *Prestance*, est un bandit célèbre dont vous
» avez dû entendre parler.

» La combinaison de ce bandit est des plus
» simples : si je suis tué, ma fortune revient
» à mon oncle, et de mon oncle elle passe
» aux mains de Thérèse et de... celui que
» vous avez vu.

» Entre ma fortune et ce dernier, il y a
» donc trois personnes : moi d'abord, puis
» mon oncle, puis Thérèse.

» Le premier à frapper, c'est donc moi.

» Puis viendront mon oncle et Thérèse.

» Est-il possible qu'un pareil projet ait pris
» naissance dans la tête de celui qui a été
» votre camarade et votre ami ?

» Vous vous refuserez à le croire, je pense.

» Moi-même j'ai été longtemps sans vou-
» loir admettre la possibilité d'une pareille
» combinaison, et, lors de la tentative de
» Marly, j'ai même combattu, de toutes mes
» forces, les soupçons du juge d'instruction,
» qui avait très-finement trouvé le mobile de
» cet assassinat.

» Si je ne voulais pas croire qu'un cousin
» pouvait faire assassiner son cousin, à plus
» forte raison je ne pouvais pas admettre
» qu'un fils pouvait faire assassiner son père ;
» un frère, sa sœur.

» Après tout ce qui s'est passé, je ne le
» crois pas encore.

» Mais, depuis que je tourne dans ma cel-
» lule, j'ai eu le temps de réfléchir, et mon
» esprit, toujours tendu sur une même idée,
» est arrivé à une clairvoyance qui, j'en suis
» certain, ne m'abuse pas et ne m'égare pas.

» Ce n'est pas lui qui a eu l'idée de l'as-
» sassinat de la forêt de Marly.

» Et présentement il n'a pas davantage
» l'idée de l'assassinat de son père et de sa
» sœur :

» C'est son complice, son associé qui a ces
» idées et qui poursuit leur exécution.

» Peut-être celui dont il s'agit admet-il la
» nécessité de ma mort, et cela, je le croirais
» volontiers.

» Mais celle de son père et de sa sœur ne
» s'est pas probablement présentée à son es-
» prit ; en tout cas, on n'aura pas dû la lui
» présenter. On lui aura dit que moi mort,
» il était l'héritier certain de ma fortune, et
» qu'alors il lui serait facile d'escompter cet
» héritage.

» Mais ce calcul n'est pas, j'en suis cer-
» tain, celui du *Fourrier* ; ce qu'il veut, ce
» qu'il poursuit, c'est notre mort à tous, la
» mienne d'abord, celle de mon oncle et de
» Thérèse ensuite, et enfin celle de son as-
» socié si celui-ci ne lui fait pas sa part
» assez belle.

» Pour ma mort, je pense qu'il obtiendra
» ce qu'il cherche : il m'a déjà fait emprison-
» ner, comment ? je n'en sais rien ; mais sa
» main est dans mon arrestation, j'en suis
» certain, et ce commencement est déjà un
» succès pour lui.

» Sans doute, on cherchera à me faire met-
» tre en liberté ; mais je doute qu'on réus-
» sisse, car le motif de mon arrestation est
» bien trouvé : intelligences avec le gouver-
» nement de Versailles, ce que je ne peux
» pas nier ; de plus je suis un otage, et cela
» réuni suffit pour qu'on me garde.

» Pendant que je serai enfermé, ne se pré-
» sentera-t-il pas quelque soulèvement po-
» pulaire, quelque grande catastrophe qui
» poussera au massacre des prisonniers ?
» Cette éventualité me paraît probable.

» Alors il est bien certain que je serai un
» des premiers massacrés, sans que la com-
» mune soit absolument responsable de ma
» mort, autrement que par mon arresta-
» tion.

» Vous voyez que je raisonne avec calme
» et sans passion ; cela doit vous convaincre
» que je ne me trompe pas.

» Mais, si je suis tué, et je ne vois pas par
» quel moyen échapper à la mort, il ne faut
» pas que mon oncle et ma cousine soient
» exposés au même danger ; car il me paraît
» certain qu'en même temps qu'on me fera
» disparaître, on tâchera de se débarrasser
» d'eux.

» S'ils restent à Paris, croyez-vous que
» cela soit difficile dans une catastrophe
» comme j'en pressens une ? Non, n'est-ce
» pas ?

» Il ne faut donc pas qu'ils restent à Paris.

» Et c'est pour cela que je vous écris, c'est
» pour que vous les emmeniez hors Paris.

» J'ai déjà écrit à Thérèse dans ce sens,
» en lui demandant de faire sortir de Paris
» son père, qui me paraît menacé d'arres-
» tation.

» Mais je ne sais si elle réussira et je vous
» prie d'unir vos efforts aux siens.

» Quels moyens emploierez-vous ? je ne
» les vois pas, car il est bien entendu que
» vous ne pouvez pas expliquer à mon on-
» cle les dangers que je redoute pour lui et
» pour Thérèse. Il est déjà assez malheureux
» par son fils, sans encore jeter de pareilles
» idées dans son esprit.

» Cherchez, usez de votre influence ; récla-
» mez, comme un service personnel, que mon
» oncle et Thérèse vous accompagnent. Enfin
» sortez au plus vite de Paris tous les trois.

» Surtout tâchez de les empêcher de s'oc-
» cuper de moi, et représentez-leur qu'ils ne
» peuvent rien ; tandis que Sorieul, qui peut
» beaucoup, fera tout au monde pour me
» sauver, s'il a seul la responsabilité et la
» gloire de ma délivrance.

» Comme j'ai longuement réfléchi à ce triste

» sujet, et avec une application d'esprit que
» vous pouvez comprendre sans qu'il soit
» utile que j'insiste, je crois avoir à peu près
» tout prévu.

» J'ai donc dû admettre que vous ne réus-
» siriez pas dans vos tentatives auprès de
» mon oncle, qui malgré tout voudrait s'oc-
» cuper de ma délivrance.

» Dans ce cas, emmenez au moins Thé-
» rèse.

» Puis, pour diminuer les dangers que
» courra mon oncle, employez, je vous prie,
» un subterfuge qui m'est venu à l'idée.

» Ce qui inspire le plan du *Fourrier*, c'est
» la pensée que mon héritage doit nécessai-
» rement revenir à mon oncle ; s'il me savait
» un autre héritier plus proche, la vie de
» mon oncle et de ma cousine serait peut-
» être sauvée.

» Faites donc copier par Horace les quel-
» ques lignes suivantes, en forme de lettre :
» J'ai reçu par votre gardien de Mazas le
» testament que vous m'aviez envoyé ; il
» est en sûreté, selon votre désir, je vous
» en donne l'assurance. En même temps, per-
» mettez-moi de vous adresser mes féli-
» citations pour ce que vous faites en faveur
» de votre jeune enfant ; bien que non re-
» connu, il n'en est pas moins votre fils, et
» vos parents dans la ligne paternelle, — je
» veux dire votre oncle et votre nièce, — se-
» ront bien assez riches de la rente viagère
» que vous leur laissez. »

» Au bas de cette lettre, vous apposerez
» une signature à peu près illisible ; puis
» vous ferez mettre la lettre à la poste,
» adressée en mon nom, à Mazas.

» Cette lettre sera lue, et comme elle preu-
» vera que, malgré le secret rigoureux qui
» m'a été imposé, j'ai trouvé moyen de com-
» muniquer avec l'extérieur, elle fera un
» certain bruit dans la prison, où le *Four-
» rier* doit avoir des complices.

» En voyant son plan renversé, peut-être
» renoncera-t-il à en poursuivre l'exécution,
» et, s'il me fait tuer, ce ne sera plus que
» pour se venger d'avoir échoué et aussi
» pour que je ne dénonce pas, quand la mar-
» che des choses sera rétablie, celui qui m'a
» envoyé trois coups de revolver à Saint-
» Cloud.

» En tout cas, mon oncle et Thérèse seront
» sauvés : ce que nous devons l'un et l'autre
» chercher avant tout.

» Dans mon inquiétude, qui est grande, ce
» m'est un soulagement de penser que vous
» êtes près d'eux pour les défendre.

» Car je sais que leurs vies ne peuvent être
» mises en des mains plus courageuses et
» plus loyales que les vôtres. Ce qui humai-
» nement peut être fait sera fait par vous,
» j'en suis certain.

» Et, cette lettre écrite, je me sens presque
» rassuré en vous adressant mes adieux.

» ÉDOUARD CHAMBERLAIN. »

Cette lettre jeta Michel dans une terrible angoisse, car l'idée ne lui vint pas de consi- dérer un seul instant les craintes du colonel comme exagérées.

Il connaissait Anatole mieux que personne et savait de quoi il était capable. Jusqu'où n'avait-il pas pu aller, entraîné par un hom- me tel que ce *Fourrier*? S'arrêterait-il devant l'assassinat de son père et de sa sœur? Cela n'était pas aussi certain pour Michel que pour le colonel.

Il fallait donc au plus vite emmener An- toine et Thérèse hors de Paris.

Mais comment ?

Les difficultés étaient grandes ; car il était bien certain qu'on ne pouvait pas parler à Antoine ni à Thérèse des dangers qui les menaçaient, et l'un et l'autre, l'oncle comme la cousine, voudraient rester à Paris pour essayer de sauver le colonel.

Quand Thérèse revint de l'hôtel de ville, il ne s'était encore arrêté à rien ; des moyens se présentaient à son esprit, mais pas un seul n'était tout-puissant.

— Il sera libre ce soir ! s'écria Thérèse dès la porte.

Et elle raconta son entretien avec son on- cle, la colère de celui-ci en apprenant l'ar- restation du colonel, ses promesses.

Mais Michel connaissait Sorieul et sa puis- sance d'illusion.

Sans doute, Sorieul allait faire tout ce qu'il pourrait pour obtenir la mise en liberté du colonel, et il n'y avait pas à craindre qu'il épargnât sa peine et ses paroles.

Mais que pouvait-il ? quelle était son in- fluence ?

Toute la question était là, et pour le mo- ment elle se résumait à savoir si ceux qui avaient fait arrêter le colonel n'étaient pas plus forts que Sorieul. Si au moins on avait pu savoir quels ils étaient, mais justement on ne le savait pas.

Michel était loin de croire, comme on le di- sait à Versailles, que tous les membres de la commune étaient des coquins ; mais, d'un autre côté, il ne croyait pas davantage que tous étaient des honnêtes gens. Pour lui, il y avait de l'une et l'autre sorte : ceux qui se fai- saient les instruments d'Anatole et du Four- rier étaient assurément des coquins dignes de ceux qui les inspiraient ; mais là était précisément le danger, car, dans une lutte entre un coquin et Sorieul, les chances n'é- taient pas pour celui-ci.

— J'ai aussi reçu une lettre du colonel, dit Michel, dans laquelle il me charge de vous emmener hors Paris, vous et votre père ;

il me donna la responsabilité de votre salut, et vous devez sentir que, dans les conditions où nous sommes vis-à-vis l'un de l'autre, je dois tout faire pour lui prouver que je suis digne de cette marque de confiance. Je compte donc sur vous pour me faciliter ma tâche et m'aider à décider votre père.

— Mais nous partirons tous ensemble demain, et ce sera le colonel lui-même qui décidera mon père.

Fallait-il avouer ses craintes et dire que le colonel ne serait probablement pas libre le soir comme elle l'espérait? Il ne l'osa pas.

D'ailleurs Thérèse n'était pas en disposition de l'entendre; elle avait hâte de s'enfermer dans le cabinet de son cousin pour ouvrir cette enveloppe dont il lui parlait dans sa lettre.

Combien de fois, pendant le siège, l'avait-elle prise dans ses mains et regardée! Que d'heures elle avait passées ainsi en pensant à lui! Qu'y avait-il dans cette enveloppe mystérieuse? Quels doux rêves! et comme alors le temps fuyait vite en laissant en elle de tendre souvenirs.

Enfin elle allait savoir.

Cependant son cœur se serra en déchirant le papier de l'enveloppe.

Elle renfermait une feuille de papier timbré, avec quelques lignes d'écriture, et une lettre.

Elle laissa la feuille de papier timbré et vivement elle prit la lettre.

« ..... Je vous aime, chère Thérèse, je vous aime; ma vie désormais sera dans ces trois mots..... Recevez l'assurance de ma profonde tendresse et de l'amour de votre ami, de votre mari. »

Sa femme! elle?

Et elle se laissa aller dans le fauteuil sur lequel elle était assise, défaillante de joie, étouffée par une émotion délicieuse et mortelle.

Sa femme!

Et ce soir même il allait revenir près d'elle.

Ensemble, pour toujours!

XXXV

Les premières heures d'attente furent courtes pour Thérèse.

Elle avait la lettre de son cousin, sa lettre, la lettre de son mari, qu'elle relisait et qui la transportait sur des sommets radieux où tout était lumière et joie, sans que les bruits et les fumées de la terre pussent s'élever jusqu'à elle.

Son rêve s'était réalisé, l'impossible était atteint, le ciel s'ouvrait jusqu'en ses profondeurs bleues.

Il allait arriver.

Jusqu'au soir elle attendit sans s'impatienter et sans s'inquiéter.

Il y avait des démarches à faire, des formalités à accomplir, et elle comprenait très bien qu'il était plus facile et plus prompt d'arrêter les gens que de les mettre en liberté: il n'eût pas été sage de raisonner autrement. Son oncle était membre du gouvernement, et s'il avait promis la libération du colonel, c'était qu'il savait pouvoir l'obtenir, n'en avait-il pas fait son affaire personnel.

Et puis d'un autre côté elle avait à s'occuper pour que le colonel rentrant chez lui trouvât l'hôtel riant à ses yeux.

Dans sa lettre, il se plaignait de la tristesse de la prison; elle voulut qu'en arrivant il ne vît que des choses gaies; elle chargea donc Horace de faire apporter autant de fleurs qu'il en pourrait trouver, et elle voulut les disposer elle-même, dans le cabinet de travail, dans la salle à manger, dans le salon.

Dès le vestibule, il devait être saisi par le parfum des violettes.

Cela ne lui rappellerait-il pas le temps où il l'avait vue, sur les bords de la Marne, au milieu des fleurs qu'elle venait de cueillir?

Mais les heures s'écoulèrent, sans qu'elle le vit paraître.

Son père rentra; aussitôt elle courut à lui pour lui lire la lettre du colonel et pour lui raconter sa visite à l'hôtel de ville.

Mais, si Antoine fut heureux d'apprendre enfin que son cher Édouard était vivant et bien portant, il resta froid quand elle lui parla de l'engagement pris par Sorieul.

— Oh! père, tu doutes de mon oncle! s'écria-t-elle.

— Non, mon enfant; au moins je ne doute pas de ses intentions et je suis pleinement convaincu qu'il veut ce qu'il t'a promis. Mais je doute de sa puissance; il n'est pas le gouvernement, et, bien qu'il fasse partie de ce gouvernement son influence y est nulle. Ton oncle n'est pas un homme d'action, il n'a pas d'ambition personnelle; il est satisfait quand on l'écoute, et on l'écoute, mais c'est tout.

Les craintes d'Antoine étaient fondées; car, au moment où il achevait ces mots, Sorieul arriva seul.

Le colonel n'était pas avec lui.

— Non-seulement on n'a pas voulu le mettre en liberté, s'écria Sorieul, mais je n'ai pas pu le voir; on m'a empêché de communiquer avec lui, moi membre de la commune. Et savez-vous pourquoi? Parce que le colonel Chamberlain est le prisonnier particulier du délégué à la sûreté générale. Ainsi ce monsieur a des prisonniers qui sont à lui que personne puisse communiquer avec eux.

Jamais Sorieul n'avait été dans un pareil état d'exaspération.

— Mais cela va changer, je vous le promets, ou je donne ma démission. Ma nièce, je te jure de te rendre ton cousin.

Et il partit comme il était arrivé.

En le voyant s'éloigner, Thérèse ne put retenir ses larmes.

Quelle chute !

Son père voulut la consoler.

— Je vais unir mes efforts à ceux de Sorieul, dit-il, et je vais voir ceux qui ont été mes amis autrefois : ils ne supporteront pas une pareille injustice.

Mais pour Thérèse cette parole était un nouveau sujet d'inquiétude : son cousin ne lui demandait-il pas qu'elle emmenât son père hors de Paris.

Que faire ?

Si elle lui obéissait, elle l'abandonnait, sans faire tout ce qui était humainement possible pour le sauver ;

Si au contraire elle ne lui obéissait pas, elle compromettait la liberté de son père en laissant celui-ci tenter des démarches qui pouvaient le faire arrêter à son tour.

Comme elle hésitait, Michel, qui jusqu'alors, n'avait rien dit, lui vint en aide.

— Je ne crois pas, dit-il en s'adressant à Antoine, que votre intervention en faveur du colonel produise un bon effet ; bien au contraire. Ce qu'on appelle votre... défection a exaspéré contre vous ceux de vos amis qui se sont jetés dans la commune. Pour eux, la cause de cette défection est dans vos relations et votre intimité avec votre neveu. C'est donc lui qui en est responsable. Cette responsabilité deviendra, il me semble, bien plus lourde, si c'est vous précisément qui allez plaider pour lui.

De tous les arguments qu'on pouvait présenter à Antoine, alors qu'on ne lui disait pas toute la vérité, celui-là était précisément le plus efficace.

Par son intervention, Antoine devait-il agraver la situation de celui qu'il voulait sauver ?

— Le colonel a si bien senti le danger qu'il y aurait pour lui, dit Michel, dans des démarches faites par vous, qu'il désire que vous quittiez Paris au plus vite.

— Jamais tant qu'il ne sera pas en liberté.

— Mais de quel secours lui êtes-vous ? demanda Michel.

— Pourquoi ne pas lui donner la tranquillité de te savoir en sûreté ? dit Thérèse.

Mais tout fut inutile : Antoine déclara qu'il ne quitterait point Paris, et que s'il n'agissait point lui-même sur ceux qui pouvaient mettre le colonel en liberté, il ferait agir des amis dont il était sûr, malgré les dissentiments qui les divisaient en ce moment.

Comment changer cette résolution ?

Michel ne trouva aucun moyen.

Un seul se présentait : montrer le rôle joué par Anatole et par le *Fourrier*. Mais il n'était pas possible de l'employer ou tout au moins Michel se sentait incapable de dire à Antoine : « Fuyez Paris, où votre fils vous fera assassiner. »

Il fallait n'en venir là que si le danger se montrait menaçant, et Michel ne croyait pas que présentement les choses en fussent arrivées à cette extrémité.

On pouvait attendre quelques jours et, pendant ces quelques jours, chercher.

D'ailleurs il était sage de voir ce que les promesses de Sorieul produiraient.

Mieux que personne Michel savait l'importance qu'il fallait ordinairement attacher aux paroles de Sorieul ; mais on n'était point en ce moment dans des conditions ordinaires, Sorieul aimait vraiment le colonel, et il était certain qu'il ferait pour la libération de celui-ci tout ce qui serait humainement possible.

Qu'il obtînt cette libération, Michel en doutait ; mais d'un autre côté il croyait qu'on obtiendrait sans doute la levée du secret.

Or c'était pour le moment tout ce qu'il fallait : le secret levé, on pourrait communiquer avec le colonel ; celui-ci verrait son oncle, et alors on aviserait à trouver en commun une combinaison qui permît de faire sortir Antoine de Paris, sans lui révéler la vérité.

En attendant ce résultat, qui ne pouvait pas beaucoup tarder, Michel fit écrire par Horace la lettre dont le colonel lui avait donné le modèle et il l'adressa le soir même à Mazas.

Quand Horace lut le modèle de cette lettre, il se livra à une pantomime des plus drôles : « Comment son maître avait un enfant, et il ne connaissait pas la mère de cet enfant ?... Mais bientôt, comprenant la vérité, il resta frappé d'admiration.

— Est-ce bien trouvé ? s'écria-t-il glorieusement ; n'est-ce pas qu'il n'y a que mon colonel pour avoir des idées pareilles ?

Michel avait eu raison de croire que Sorieul n'épargnerait pas ses démarches pour obtenir la mise en liberté du colonel ; mais ce qu'il n'avait pas prévu, c'était que les circonstances elles-mêmes leur seraient favorables.

L'arrestation arbitraire et la mise au secret du colonel n'étaient pas des faits isolés et exceptionnels ; bien d'autres avaient été arrêtés sans raison ; bien d'autres avaient été maintenus au secret, sans même avoir été jamais interrogés. Une opposition très vive, une réprobation énergique s'étaient formées contre ce système.

Quand Sorieul chercha des adhérents pour appuyer sa protestation, il en trouva plusieurs qui lui demandèrent eux-mêmes d'appuyer les leurs. Cette affaire des arrestations et de la mise au secret occupa plusieurs séances de la commune; des membres demandèrent à entrer dans les prisons, « même en forçant les portes; » d'autres protestèrent contre le secret, « comme un reste de barbarie auquel il fallait mettre un terme; » et, bien que ces attaques contre ce système eussent été combattues par cette raison (incroyable quand on la lit aujourd'hui) « qu'on pouvait se laisser attendrir par les paroles du détenu, par des questions de famille ou d'humanité, » on décida que les membres de la commune auraient le droit de visiter tous les détenus.

Ce vote amena des changements de personnes dans ce qu'on appelait alors « la sûreté générale »; mais ces changements de personnes ne firent pas mettre en liberté le colonel Chamberlain : les influences qui avaient décidé cet emprisonnement restant toutes puissantes, sans que Sorieul pût découvrir quelles elles étaient.

D'ailleurs, par le seul fait de cet emprisonnement, le colonel était devenu un otage. Peut-être n'eût-on pas pensé à lui; mais on l'avait sous clef, on tenait à le garder. Et même ceux qui n'avaient aucunes raisons personnelles de lui en vouloir trouvaient qu'il était d'une bonne politique de ne pas relâcher un homme qui était une sorte de personnage : comme otage, il avait assurément plus de valeur qu'un tas de pauvres diables qu'on gardait par cela seul qu'on les avait.

Tout ce que Sorieul put obtenir, ce fut donc de voir le colonel dans sa prison, et ce fut aussi d'obtenir des laissez-passer pour qu'Antoine et Thérèse le vissent.

Sans doute c'était peu après ses superbes promesses, mais enfin c'était quelque chose.

D'ailleurs Antoine, qui savait ce qui s'était passé ne pouvait pas accuser son beau-frère; celui-ci ne s'était pas ménagé, et même il s'était compromis d'une façon dangereuse, à un moment où l'on s'arrêtait volontiers les uns les autres, par cette seule raison qu'on n'était pas du même avis.

Mais Thérèse, qui était restée sous l'impression des promesses de son oncle, n'accepta pas cette déception sans laisser échapper quelques plaintes.

— Veux-tu que je donne ma démission? s'écria Sorieul. Je t'ai promis de la donner si je ne te rendais pas la liberté de ton cousin; et je suis prêt à tenir mon serment; seulement je crois que je pourrai être plus utile à notre ami en ne la donnant pas; au moins je serai en position de le défendre avec autorité si quelque danger le menaçait.

— Mais quel danger peut le menacer; est-il donc possible qu'on le traite comme un otage, lui qui a donné sa vie, sa fortune pour la France...

— Non, mon enfant, cela n'est pas possible; mais enfin il vaut mieux que je sois en position de le défendre, que de ne rien pouvoir pour lui.

Thérèse ne tenait pas du tout à ce que son oncle donnât sa démission.

C'était bien à son oncle qu'elle pensait.

Elle voulut elle-même préparer un nécessaire de toilette et une valise de linge pour les porter à Mazas; puis elle y joignit un petit bouquet de violettes, qu'elle se hâta de cueillir dans le jardin, pendant qu'on attelait les chevaux.

Sorieul avait une manière de se présenter qui lui était personnelle.

En arrivant à Mazas, il revêtit ses insignes de membre de la commune et, interpellant rudement le gardien qu'il trouva devant lui :

— Vous me connaissez, n'est-ce pas? dit il.

— Non, citoyen.

— Je suis Sorieul, vous entendez bien, Sorieul.

Et il détacha chacune des lettres de son nom.

— Ouvrez-moi les portes ou bien je les force.

Comment Sorieul entendait-il forcer les portes de Mazas, qui, comme chacun sait, sont assez solides? Ce fut ce qu'il ne prit pas la peine d'expliquer, et ce que d'ailleurs il n'eut pas besoin de tenter, le gardien ne lui ayant opposé aucune résistance.

— Si vous voulez me suivre au greffe? dit-il.

— Ce n'est point au greffe que je veux aller, mais à la cellule numéro 40; conduisez-nous, et plus vite que ça.

Puis, se tournant vers Thérèse :

— Tu vois, petite, que j'ai le droit de commander ici, dit-il à mi-voix, et, si je donnais ma démission, je n'aurais plus de prestige.

Il est de fait que parlant avec des éclats de voix et la tête haute, en scandant chaque parole d'un geste énergique, il se faisait écouter. On ne savait pas que cet homme à l'air redoutable était un être parfaitement inoffensif, plus doux qu'un jeune enfant.

Il exerçait le prestige de la terreur, et il n'était pas médiocrement fier de faire peur à quelqu'une fois dans sa vie.

Et devant sa nièce encore, surtout devant Antoine.

Mazas a eu deux directeurs pendant cette période, un doux et un féroce; c'était le doux qui était encore en fonction en ce moment. On était allé le prévenir de l'arrivée de Sorieul et il était accouru.

Il voulut bien s'opposer au projet de Sorieul de pénétrer dans la cellule même du colonel, accompagné d'Antoine et de Thérèse;

Mais Sorieul, sans rien vouloir entendre, le foudroya de son prestige.

— Conduisez-nous, dit-il.

Et ils se dirigèrent vers le n° 40 de la 3e division, au rez-de-chaussée.

Pour Sorieul et pour Antoine, qui avaient plusieurs fois été emprisonnés, la prison ne produisait pas un effet de crainte et de froid ; mais Thérèse avait le cœur serré et respirait à peine.

Et cependant elle allait le voir.

Ils s'arrêtèrent devant une porte percée d'un guichet, et, cette porte ayant été ouverte par un gardien, ils aperçurent le colonel qui était occupé à lire, assis sur sa chaise, accoudé sur sa table.

Au bruit de la porte qui s'ouvrait, il avait relevé la tête ; ce fut Sorieul qui se présenta le premier à ses yeux, mais derrière il aperçut tout de suite Thérèse.

D'un bond il fut près d'elle, et, sans prendre les mains que Sorieul lui tendait, il la saisit dans ses bras.

— Chère Thérèse ! dit-il.

Cela s'était si vite fait qu'Antoine et Sorieul n'avaient pas bien compris ce qui se passait sous leurs yeux.

Pour Thérèse, elle avait penché sa tête sur le cœur de son cousin et elle restait là, le visage caché.

Il se pencha vers elle, et, d'une voix douce et tendre, si faible que Thérèse seule entendit nettement les mots qu'il prononça :

— Ma femme, ma chère petite femme, murmura-t-il.

Puis alors il tendit la main à son oncle et à Sorieul, mais sans desserrer les bras qui étreignait Thérèse.

— Mon ami, mon cher ami, dit Sorieul avec émotion, je suis heureux que mon influence vous donne cette joie.

Le colonel le regarda avec surprise.

— Hélas ! dit Antoine, qui comprit ce regard, nous venons vous voir, nous ne venons pas vous chercher.

— Cela sera pour dans quelques jours, dit Sorieul ; présentement je n'ai pas pu obtenir votre liberté, mais je l'obtiendrai, soyez-en sûr. J'ai déjà par mon influence, aboli le secret et forcé le délégué à la sûreté générale à donner sa démission; comptez sur moi.

Et Sorieul se mit à raconter longuement, compendieusement, ce qu'il avait fait, aussi bien que ce qu'il n'avait pas pu faire.

Pendant ce récit, le colonel avait fait asseoir Thérèse sur sa chaise, et, s'appuyant lui-même sur la table, il avait gardé les mains de sa petite cousine, de sa petite femme, dans les siennes, ne la quittant pas des yeux.

A la fin Sorieul, arriva au bout de son long récit, et le colonel, après quelques mots de remerciements, put s'entretenir avec Thérèse et avec Antoine.

Que de choses à se dire, que de questions de part et d'autre !

Et puis Thérèse avait hâte de lui montrer les objets qu'elle avait apportés et de lui offrir son bouquet de violettes qui allait mettre un peu d'air et de parfum dans cette cellule si froide, où l'on étouffait.

De son côté, le colonel avait hâte aussi d'aborder avec Antoine et Thérèse la question, capitale pour tous, de leur sortie de Paris.

— Pourquoi n'êtes-vous pas encore partis ?

— Parce que nous voulions vous voir avant répondit Thérèse.

— Parce que je ne veux pas vous abandonner, dit Antoine.

— Et pourquoi voulez-vous qu'Antoine quitte Paris ? demanda Sorieul, n'est-il pas mon beau-frère ? Croyez-vous que malgré nos dissentiments, on oserait toucher à un homme qui est mon beau-frère ?

Le colonel n'avait pas prévu cette complication désastreuses; il fit des signes désespérés à Sorieul, mais ce n'était pas par des signes qu'on arrêtait l'éloquence de Sorieul.

Il fallut se résigner et pour cette fois renoncer à presser ce départ.

Le temps s'écoula, et le moment de la séparation arriva ; triste moment qui, pendant tout le temps de l'entrevue, avait pesé sur le cœur de Thérèse ; car, sans pouvoir s'abandonner à la joie de l'heure présente, elle pensait au départ.

— A demain ! dit Antoine.

— A demain ! dit Thérèse.

Et la porte fut refermée.

Mais, au moment où ils s'éloignaient, le colonel s'approcha du guichet et appela Sorieul.

Celui-ci revint.

— Quand vous aurez quitté mon oncle et Thérèse, dit le colonel, revenez me voir, je vous prie, il s'agit de leur vie et de la mienne.

Sorieul parut épouvanté.

— Revenez, dit le colonel.

Et il attendit. Une heure après environ, la porte de sa cellule s'ouvrit devant Sorieul.

— Que m'avez-vous donc dit ? s'écria-t-il ; leur vie, la vôtre, qu'est-ce que cela signifie ?

Alors le colonel lui raconta ce qu'il avait écrit à Michel.

Plusieurs fois Sorieul voulut l'interrompre, mais il alla jusqu'au bout ; s'il n'accusa pas Anatole, il accusa formellement celui ou ceux entre les mains desquels Anatole était un jouet.

— Mais c'est impossible, s'écria Sorieul ; comment voulez-vous que de pareils brigands aient une influence quelconque ? Ne nous jugez pas avec cette injustice, mon ami ; nous sommes des honnêtes gens.

— Je ne dis pas que ces brigands ont de l'influence, bien qu'il suffise d'anciennes relations avec quelque personnage ayant l'autorité en mains pour la leur donner, cette influence ; je dis seulement qu'ils ont eu l'adresse de me faire arrêter, ce qui d'ailleurs n'était pas bien difficile, puisqu'aux yeux de votre gouvernement je suis coupable. Une fois arrêté, une fois dans cette prison d'où vous ne pouvez pas vous-même me tirer, je suis en plein au milieu du danger, et j'entraîne avec moi Thérèse et mon oncle. En ce moment, j'en conviens, ma vie n'est pas menacée ; je suis pour vous une sorte de bouclier, vous nous tenez ajustés pour qu'on ne fusille pas ceux des vôtres qu'on fait prisonniers.

— Nous prenons nos sûretés.

— Précisément ; mais il viendra un jour où les fusils que vous tenez en ce moment braqués sur nous partiront d'eux-mêmes, que vous le veuilliez ou que vous ne le veuilliez pas. Vous serez débordés, entraînés, fusillés vous-mêmes peut-être, et nous, nous serons massacrés dans cette prison. C'est là une loi fatale. Eh bien ! ce jour-là, les brigands dont nous parlons ne m'oublieront pas ; je serai une des premières victimes, et leur besogne faite ici, ils iront l'achever là où ils sauront trouver mon oncle et Thérèse.

— Je vous dis que cela est impossible, s'écria Sorieul.

— Et moi, je vous affirme que cela sera ; mais, quand ce danger, au lieu d'être certain, comme je le vois, ne serait que probable, pourquoi le faire courir à Antoine, à Thérèse et même à moi. De quelle utilité leur présence est-elle à Paris ? Si je puis être mis en liberté, ce ne sera pas par eux, n'est-ce pas ? ce sera par vous.

— Assurément.

— Eh bien ! ne les laissez pas à Paris. Rien n'est plus facile pour vous. Au lieu de dire à Antoine qu'il n'a rien à craindre, dites-lui au contraire que vous le savez menacé.

— Mon beau-frère ?

— Puisque c'est pour le sauver ; faites rendre, s'il le faut, un ordre d'arrestation ; mon oncle l'a tout aussi bien mérité que moi. Vous le déciderez alors à partir et vous aurez beaucoup plus de facilités pour agir en ma faveur ; je crois que vous m'enverrez bientôt les rejoindre. Réfléchissez à cela. D'un côté, aucun avantage à retenir Antoine et Thérèse à Paris...

— Cela est certain.

— De l'autre au contraire, notre salut à tous à les faire partir.

— Me donnez-vous jusqu'à demain ?

— Oh ! parfaitement ; je ne pense pas qu'à moins d'un désastre pour vos forces, le danger soit immédiat. Ce désastre est-il probable en ce moment ? C'est un homme au secret depuis longtemps qui vous pose cette question.

— C'est pour Versailles qu'il est certain.

— Eh bien ! alors différez jusqu'à demain votre résolution.

XXXVI

Le colonel attendit Sorieul le lendemain, mais sans le voir venir.

Il eut seulement la visite de Thérèse et de son oncle, exceptionnellement autorisés à pénétrer dans sa cellule et amenés par le directeur lui-même, mais il resta sans nouvelles de Sorieul.

Pourquoi ce silence, pourquoi cette absence ?

Cela ne laissait pas que d'être inquiétant.

Depuis qu'il n'était plus au secret, il avait appris où en étaient les choses. Il avait vu les prêtres et les religieux qui étaient enfermés à Mazas, et il avait appris que des gendarmes, des sergents de ville, des soldats, des personnes de toutes les classes étaient emprisonnées à la Roquette, ainsi que dans d'autres prisons. Ce grand nombre d'otages rendait la situation plus grave ; il était évident qu'à un certain moment il y aurait fatalement des exécutions et des massacres ; il était impossible qu'il en fût autrement et se faire illusion à ce sujet eût été aveuglement ou folie.

Quand arriverait ce moment ? Toute la question était là désormais.

Sorieul prétendait que c'était la défaite de Versailles qui devait se produire et non celle de la commune ; mais, sans bien savoir les choses, le colonel ne raisonnait pas ainsi.

Aussi était-ce avec angoisse qu'il attendait Sorieul pour apprendre que le départ de son oncle et de Thérèse était décidé.

Ce ne fut pas Sorieul qui lui apporta la nouvelle de ce départ, ce fut Thérèse elle-même.

Le surlendemain, il fut grandement surpris de la voir entrer seule dans sa cellule.

— Et mon oncle ?

Ce fut le premier mot qui lui échappa.

— Mon père est sous le coup d'un ordre d'arrestation ; mon oncle est venu nous l'apprendre aujourd'hui, de grand matin ; mon père voulait se laisser arrêter, mais nous sommes parvenus à le décider à quitter Paris. En attendant que nous partions ensemble, il est chez un de ses amis, où je dois le rejoindre ; nous sortirons par le chemin de fer de Vincennes. Oh ! mon cousin, pourquoi voulez-vous que nous vous abandonnions ? Au moins permettez-moi de rester. Une femme n'est exposée à aucun danger à Paris. Je vous verrai tous les jours ; vous ne voulez donc pas de moi, votre petite Thérèse, votre cousine, votre amie ?

— Et...

Elle détourna la tête pour cacher sa rougeur.

— Vous vous taisez, dit-il, pourquoi chère mignonne n'achevez-vous pas ? Pourquoi aux titres que vous avez pour me demander une chose n'ajoutez-vous pas le plus doux et le plus sacré. Vous dites que vous êtes ma petite Thérèse, ma cousine, mon amie ; pourquoi ne dites-vous pas encore ma femme ?

— Oh ! mon cousin.

— Ne voulez-vous pas l'être ? Dites, chère mignonne ; regardez-moi, relevez les yeux sur les miens, et répondez franchement, ne le voulez-vous pas, ne le direz-vous pas ?

Il l'avait attirée près de lui et, tandis qu'il la tenait d'une main, de l'autre il lui poussait doucement le front pour l'obliger à relever la tête et à le regarder.

— Eh bien ! ce mot, ne le direz-vous pas, chère Thérèse ?

Peu à peu sa tête s'était redressée ; elle releva en même temps les paupières, et, le regardant avec des yeux éperdus :

— Votre femme, murmura-t-elle.

Il la prit dans ses bras et se baissant vers elle, il l'embrassa sur les cheveux.

Après un long moment de silence et de trouble, elle se dégagea doucement,

Et le regardant tendrement :

— Si je suis votre femme, dit-elle, ne voulez-vous pas me permettre de vous adresser une prière ? Gardez-moi à Paris. La place d'une femme n'est-elle pas à côté de son mari ?

Il n'était pas en disposition de rien refuser à celle qui lui parlait ainsi ; mais, hélas ! ce qu'elle lui demandait était justement la seule chose qu'il ne pouvait pas lui accorder.

— Avez-vous confiance en moi, chère petite femme ? dit-il.

— Vous le demandez !

— Je veux dire, croyez-vous d'une part que je ne peux exiger de vous qu'une chose raisonnable, et d'autre part croyez-vous que je serais heureux de vous voir chaque jour ? Oui, n'est-ce pas, vous le croyez ? Eh bien ! soyez convaincue aussi que, si je vous demande de quitter Paris, vous et votre père, c'est que ce départ, ce double départ est indispensable. Nous sommes tous, mon enfant, sous le coup de la fatalité, et vous ne pouvez vous y soustraire, vous et votre père que par la fuite. Vous ne pouvez m'y soustraire moi-même qu'en partant au plus vite. Je sais que je parle d'une façon inintelligible...

— Vous m'épouvantez.

— Plus tard je pourrai sans doute vous expliquer ce terrible mystère. Pour le moment, ayez assez confiance en moi pour faire ce que je vous demande, sans engager une lutte qui me déchire le cœur. La plus grande preuve de tendresse que vous pouvez me donner, la plus grande marque... d'amour, c'est de partir.

Elle le regardait en tâchant de deviner ce qu'il y avait sous ces paroles étranges, mais il veillait sur lui-même de façon à ne rien dire qui pût le trahir.

Longtemps ils s'entretinrent ainsi : lui, la priant de partir ; elle, le suppliant de la garder.

Mais à la fin elle dut céder, sentant elle-même combien devait être cruel pour lui le sacrifice qu'il lui imposait.

— Nous avons été séparés quatre mois, dit-il ; c'est quelques jours encore de séparation, quelques semaines au plus ; vous me saviez au milieu du danger, et ici je n'ai à craindre que l'ennui. Avec une lettre de ma petite femme...

— Mais me sera-t-il possible de vous écrire ?

— Assurément ; par la protection de votre oncle, tout sera possible et je pourrai aussi vous répondre.

Le temps s'écoula vite pour eux ; c'était la première fois qu'ils restaient seuls en tête-à-tête, libres de parler franchement ; mais les murs qui pesaient sur eux imposaient à leurs sentiments une contrainte plus étroite que celle qu'ils avaient jamais subie.

— Si c'était aussi la dernière fois ! se disait le colonel.

Et, de peur de céder à son émotion, il tâchait de plaisanter.

C'était en jouant qu'il l'aidait à disposer sur les tablettes tous les objets et toutes les provisions qu'elle lui avait apportés.

— Une bonne femme doit connaître les manies de son mari, disait-il.

— Vous avez donc des manies ?

— Et vous ?

Puis tout à coup ils s'arrêtaient ; le sourire de leurs lèvres se changeait en une contraction, et l'émotion qui les étreignait l'un et l'autre se trahissait dans leurs regards.

— Nous reverrons-nous ? disait-il tout bas.

— Quand nous reverrons-nous ? disait-elle.

Ce fut lui qui fut obligé de la renvoyer, mais après combien d'efforts, combien de paroles !

Il voulait se montrer ferme et confiant,

mais, si elle n'avait pas été elle-même affolée par l'angoisse, elle eût vu combien il était en réalité faible et chancelant.

Vingt fois il la poussa vers la porte :

— Partez, chère Thérèse.

Vingt fois il la ramena dans ses bras :

— Reste près de moi, chère petite femme.

Enfin, s'approchant du regard du guichet, il appela le gardien.

Bientôt un bruit de pas retentit dans le corridor.

Alors il la saisit vivement dans ses bras, et l'étreignant avec force sur sa poitrine tandis qu'elle se renversait, il l'embrassa longuement, aspirant l'âme de sa femme sur ses lèvres entr'ouvertes et lui donnant la sienne.

La porte s'ouvrit, quelques paroles s'échangèrent : elle se referma. Il était seul, et tout son être frissonnait des vibrations de ce baiser, le premier qu'il lui donnait et le dernier peut-être.

Il resta longtemps, bien longtemps assis sur sa chaise, la tête cachée entre ses mains, et il était encore dans cette position, quand des pas s'arrêtèrent devant la porte de sa cellule; le verrou fut tiré.

C'était Sorieul.

Mais ce n'était plus le superbe vainqueur qu'il avait vu quelques jours auparavant; plus d'insignes de membre de la commune, plus de paroles hautes, plus de prestige, la tête basse, les traits tirés. En tout, un homme qui vient d'être écrasé par un coup terrible.

Il tendit tristement la main au colonel.

— Mon pauvre ami, dit-il, mon pauvre ami !

Plein de l'idée qui le hantait nuit et jour, le colonel pensa à son oncle.

— Mon oncle ! s'écria-t-il.

— Oh ! ce n'est pas sur lui que je m'attriste, c'est sur moi-même, et voilà pourquoi vous me voyez si accablé.

En tout autre moment, le colonel n'eût pu s'empêcher de rire de cette manière de se plaindre, mais le temps n'était pas à la plaisanterie.

— J'ai commencé l'enquête que vos paroles m'obligeaient à faire, continua Sorieul, et j'ai découvert des choses terribles.

— Quelles choses ?

— Mon ami, permettez-moi de garder le silence; tout ce que je puis vous dire, c'est qu'à partir d'aujourd'hui, je ne suis plus membre de la commune que de nom ; je me retire dans mon arrondissement, où, si je ne peux pas faire un peu de bien, je pourrai peut-être empêcher de faire beaucoup de mal. Soyez certain que je ne vous abandonnerai pas et que nous veillerons sur vous.

C'était là une promesse qui n'était pas de nature à rassurer le colonel. Alors que Sorieul se croyait tout-puissant, il n'avait pas pu lui rendre la liberté : que pourrait-il maintenant qu'il ne serait plus rien ?

Mais ce n'était pas à lui qu'il pensait en écoutant ces paroles, c'était à Anatole. Il ne put retenir son nom.

Sorieul refusa de répondre et secoua la tête.

— Tout ce que vous imaginerez sera au-dessous de la réalité ; vous savez d'ailleurs que j'ai fait partir Antoine, cela doit tout vous dire.

Puis, revenant au sujet qui évidemment était pour lui le plus douloureux :

— J'aurais donné ma démission, dit-il, si nous n'étions pas à l'heure du danger. J'ai accepté cette fonction quand je croyais au succès, je ne veux pas l'abandonner quand j'aperçois la défaite.

— Mais vous acceptez ainsi la responsabilité de faits auxquels vous n'aurez coopéré en rien ?

— Et cette responsabilité sera lourde, hélas ! je le sais ; mais, que voulez-vous ? je me suis engagé dans cette voie sans savoir où nous allions. J'ai cru qu'étant en tête, je donnerais moi-même la route, et, en réalité on nous a menés où l'on a voulu ; d'autres, comme moi, porteront la peine de leurs erreurs. Et cependant nos intentions étaient bonnes !

Pendant longtemps Sorieul pleura ainsi sur lui-même, et ce fut le colonel qui fut obligé de le réconforter.

— Ce qui me peine le plus, répétait Sorieul, c'est de ne pas pouvoir vous rendre la liberté. Mais ne craignez rien, de loin je veillerai sur vous. Au revoir ! Je reviendrai bientôt.

Cette promesse de veiller sur le colonel, il l'avait faite aussi à Thérèse en quittant celle-ci :

— Compte sur moi, petite ; tu laisses ton mari entre mes mains, je te le rendrai. Je veux que tu sois Mme la colonelle Chamberlain ; pars tranquille.

Et Thérèse était partie, non tranquille, mais cependant confiante dans la promesse de son oncle, qu'elle croyait en position de protéger le colonel.

Elle avait aussi emporté une autre promesse, en laquelle elle avait grande foi, bien que celui qui la lui eût donnée ne fût pas en position de parler avec l'autorité de Sorieul.

C'était celle de Michel.

Car Michel n'avait pas voulu quitter Paris.

— Ma place est pas près de vous, dit-il en répondant aux instances que faisait Thérèse pour le décider à partir. Vous ne savez pas comme l'esprit s'inquiète et se tourmente facilement, lorsqu'on est en prison et quelles chimères on voit. Tout d'abord on les repousse, mais elles reviennent, et, quoi qu'on veuille, quoi qu'on sache, elles finissent par s'imposer. J'ai passé par là.

Thérèse fut pour répondre que son cousin était au-dessus de la jalousie, mais elle retint heureusement cette parole. Ce n'était pas à elle à faire souffrir ce pauvre Michel en établissant des comparaisons entre lui et le colonel.

En agissant ainsi, ne donnait-il pas une marque d'abnégation et de générosité dont elle devait lui savoir gré. Assurément ce n'était pas pour son propre plaisir qu'il restait à Paris.

Il continua :

— Je ne vous serais pas utile en vous accompagnant, tandis qu'ici je pourrai veiller sur lui.

— Vous ferez cela! s'écria-t-elle; vous, Michel?

— Ah! Thérèse, comme vous me connaissez mal et comme vous savez peu combien je vous aime. Comprenez donc que je n'ai qu'un but dans la vie, vous voir... non pas vous voir, car je ne vous verrai pas, mais vous savoir heureuse, et, si vous êtes heureuse par moi, ce me sera un bonheur. Comment donc vous expliquez-vous que j'aie renoncé à vous, si vous ne sentez pas cela ?

— Pardonnez-moi, dit-elle.

— Sans doute, la protection d'un homme comme moi, qui n'est rien et qui de plus ne marche qu'avec des béquilles, est peu de chose; mais il peut arriver un moment où elle est cependant utile. Nous nous entendrons tous les trois, Horace, Denizot et moi, pour faire bonne garde autour de lui. Comptez sur nous, comptez sur moi. Quand vous saurez où vous vous fixez, faites-moi parvenir une lettre, et je vous écrirai ; par moi, vous aurez de ses nouvelles.

L'intention d'Antoine, en quittant Paris, était d'aller se fixer à Gournay ou au Moulin flottant, si le Moulin flottant n'était point coulé, et d'attendre là la fin de la tempête.

C'était pour cela qu'il avait décidé de sortir de Paris en prenant le chemin de fer de Vincennes, qui devait les conduire à Nogent, d'où ils iraient à pied à Gournay.

Sans doute il était assez aventureux de recourir à ce moyen de sortir, dans un quartier où il était connu, mais on ne devait pas savoir encore qu'il devait être arrêté.

Lorsqu'il arriva au haut de l'escalier de la gare, un garde national qui barrait la porte des salles d'attente l'arrêta.

— Tiens, c'est toi, Antoine; où donc vas tu ?

Thérèse tressaillit, mais Antoine ne se laissa pas troubler.

— Tu vois, répondit-il, au Moulin flottant.

— Comment! tu vas pêcher à la ligne quand on se bat dans Paris ?

— Tu sais, moi, je n'en suis pas de cette bataille.

— Ah! si je n'avais pas besoin de mes trente sous ! dit le garde national en leur livrant le passage.

Ils retrouvèrent le Moulin flottant tel qu'ils l'avaient quitté, la dernière fois qu'ils y étaient venus, car les obus d'Avron n'avaient pas pu aller plus loin que le pont de Gournay ; mais ils n'y purent pas rester, comme ils en avaient eu le désir. Au Moulin flottant, on était à cinq cents lieues de Paris pour les nouvelles, bien qu'on entendît la canonnade des forts de Montrouge et d'Issy.

Ni le père ni la fille n'étaient en disposition d'attendre tranquillement la fin de la tempête, sans savoir les phases qu'elle traversait.

Ils partirent donc pour Versailles, où ils s'installèrent : là au moins ils suivraient la marche des événements.

Pendant plusieurs jours, ils restèrent sans aucunes nouvelles du colonel ; mais enfin ils parvinrent à organiser un service à peu près régulier qui portait leurs lettres rue de Courcelles et rapportait celles que leur écrivaient le colonel, Michel et Horace.

Sans doute c'était quelque chose, c'était même beaucoup ; mais combien peu cependant pour leur angoisse.

Les journées étaient éternelles ; le temps ne marchait pas, et cependant ils se demandaient s'il n'allait pas encore trop vite; que devaient-ils souhaiter, le triomphe de Versailles ou celui de Paris ?

C'était Antoine surtout qui se posait ces questions avec épouvante; car, bien que l'ordre d'arrestation pris contre lui eût, jusqu'à un certain point, détourné ses soupçons, il n'avait pas supprimé tous ses doutes et toutes ses craintes.

Pourquoi le colonel, pourquoi Michel avaient-ils voulu si obstinément le faire sortir de Paris ?

Et alors, à cette question, s'en enchaînaient immédiatement d'autres qu'il n'osait même pas examiner, mais qui flottaient devant son esprit comme de sinistres fantômes qu'on ne peut chasser.

Un jour le messager qui leur apportait leurs lettres de Paris arriva, accompagné d'une jeune femme qui paraissait sous le coup d'une exaltation douloureuse.

Elle leur remit une lettre de Sorieul, dans laquelle celui-ci priait Antoine de s'entendre avec cette femme, qui pouvait sauver le colonel.

— Et comment ?

— Mon amant, qui est chef de bataillon dans la garde nationale, a été fait prisonnier : obtenez qu'on me le rende, et en échange je vous fais rendre le colonel Chamberlain.

— Et par quel moyen obtiendrez-vous la mise en liberté du colonel, quand personne n'a pu l'obtenir ?

— Ça, c'est mon affaire, et vous comprenez bien que je ne vais pas vous dire mon moyen. Donnant, donnant ; rendez-moi mon amant, je vous rends votre colonel. C'est Sorieul qui m'envoie à vous.

Antoine connaissait quelques députés de Paris avec lesquels il avait eu des relations politiques, et parmi eux il s'en trouvait même deux qui avaient été ses amis.

Il courut à eux pour leur demander d'arranger cet échange, qui pour lui était la chose la plus simple et la plus naturelle : un prisonnier, pour un prisonnier ; le colonel Chamberlain, contre un pauvre diable de chef de bataillon inconnu qui n'avait pour lui que le dévouement d'une femme qui l'aimait.

Mais, à sa grande surprise, cette chose simple et naturelle pour lui, ne l'était pas pour les autres.

On venait de proposer un échange autrement important : celui de l'archevêque de Paris, de ses prêtres, de Chaudey et de plusieurs otages encore contre le seul Blanqui, et l'on avait refusé.

Etait-il probable qu'on acceptât celui du colonel Chamberlain contre ce chef de bataillon ?

— Mais c'est là précisément ce qui rend cet échange sans importance, dit Antoine ; le colonel n'est rien, il n'appartient à aucun parti, on ne pourrait pas en faire un martyr.

Cependant, quelque zèle qu'eussent mis les amis d'Antoine pour négocier cet échange il fut refusé : il y avait un parti pris. Est-ce que ces communards existaient ? est-ce qu'on devait leur parler autrement qu'à coups de fusil ? Ils étaient perdus. On les empêcherait bien de faire le mal qu'ils voulaient. Pas de négociations, pas de faiblesses.

— Eh bien ! sachez seulement où mon amant est emprisonné, dit la jeune femme lorsqu'on lui transmit le résultat de ces négociations ; qu'on ne le maltraite pas, qu'on adoucisse son sort, et je vous promets que je ferai adoucir celui de votre colonel ; si vous voulez qu'on le transfère dans une prison où il sera moins mal qu'à Mazas, on le transférera où vous voudrez ; je m'en charge.

Pour Antoine, c'était là un point d'une importance capitale, car il était loin de penser à l'égard des communards comme ceux qui étaient sûrs de les empêcher de faire le mal.

Il savait au contraire qu'ils avaient la puissance de faire ce mal, et il craignait un massacre des otages.

Si le colonel pouvait être transféré dans une prison où il n'y avait pas d'otages, il serait donc à peu près sauvé, ou tout au moins ses chances se trouveraient-elles singulièrement accrues.

Cette nouvelle négociation eut un meilleur résultat que la première ; on voulut bien tirer le chef de bataillon de la cave dans laquelle il étouffait, pour le transférer dans une vraie prison où sa maîtresse put le voir.

Et, quatre jours après, Thérèse reçut une lettre de son cousin, datée de Sainte-Pélagie, où il avait été transféré.

Pour elle, qui ne connaissait pas les craintes de son père, ce transfèrement n'avait d'autre importance que d'améliorer la la situation du colonel ; mais pour Antoine il fut un véritable soulagement.

S'il y avait des massacres dans les prisons de Paris, celle de Sainte-Pélagie qui, croyait-il, ne renfermait pas d'otage, serait préservée.

XXXVII

Dans la soirée du jour où le colonel Chamberlain avait été transféré de Mazas à Sainte-Pélagie, deux hommes étaient venus arrêter et occuper une chambre dans une maison meublée de la rue du Puits-de-l'Ermite, qui se trouve en face de l'entrée de la prison.

Ils avaient voulu une chambre au premier étage avec fenêtres sur la rue.

L'un de ces hommes marchait en se soutenant sur des béquilles, l'autre était boiteux et manchot.

Assurément ce n'étaient point des réfractaires se cachant pour échapper au service de la garde nationale : qu'en eût-on fait ? A eux deux ils ne valaient pas un homme.

Celui qui marchait avec des béquilles ne sortait jamais, et pendant toute la journée il restait assis devant sa fenêtre, les yeux fixés sur la porte de la prison, examinant curieusement les entrées et les sorties, et paraissant prendre intérêt à ce qu'il entendait ; en tous cas, aussi attentif des yeux que des oreilles.

Pendant ce temps, le manchot sortait.

Ils ne recevaient aucunes visites.

Et personne dans le quartier ne les connaissait.

Tout d'abord le propriétaire de la maison avait cru qu'il logeait des gens qui avaient des amis ou des parents emprisonnés.

Mais il avait bientôt abandonné cette idée, car jamais ni l'un ni l'autre n'avait pénétré dans la prison et n'avait demandé de renseignements sur les prisonniers aux surveillants qui venaient boire dans le débit de vins établi au rez-de-chaussée.

Si le locataire aux béquilles paraissait attentif à ce qui se passait devant la porte de la prison, c'était pour se distraire, ce qui après tout était bien naturel chez un homme qui ne pouvait pas quitter sa chaise.

Cependant, en examinant plus soigneusement l'homme aux béquilles, on eût pu voir qu'il échangeait des signes avec un beau nègre qui venait tous les matins à la prison, et aussi avec un surveillant, toutes les fois que celui-ci sortait.

Mais pour cela il eût fallu se tenir en observation à la porte même de Sainte-Pélagie, et ce n'était pas le cas du propriétaire de la maison meublée.

D'ailleurs ayant touché son loyer d'avance, il n'avait pas à s'inquiéter de ce que faisaient ou ne faisaient point ses locataires.

L'homme aux béquilles était Michel,
Le manchot était Denizot,
Le beau nègre qui venait tous les matins à la prison était Horace.

Quant au surveillant qui échangeait des signes avec Michel, c'était tout simplement un gardien qui, moyennant la promesse d'une belle récompense, s'était engagé à soigner le colonel et à lui ouvrir la porte de sa cellule le jour où éclaterait le danger d'un massacre.

C'était en prévision de ce danger que Michel était venu se loger en face Sainte-Pélagie; dans ces conditions, il pourrait pénétrer dans la prison en même temps que la foule qui l'envahirait, courir au colonel, le protéger, lui donner des armes et sans doute le sauver.

De là l'active surveillance qu'il exerçait sur la grande porte de la prison, afin de ne pas se laisser surprendre.

Quant à penser qu'on pouvait exécuter un otage régulièrement, judiciairement pour ainsi dire, il n'en avait pas même eu l'idée.

Pour lui un massacre populaire était possible, mais une exécution isolée ne l'était pas.

Or ce massacre ne se produirait pas spontanément; il serait préparé par quelque catastrophe, il s'annoncerait à l'avance.

Il n'y avait donc qu'à faire bonne garde pour n'être pas surpris.

Et cette bonne garde, il la faisait.

En même temps, il s'entourait de précautions pour cacher sa présence rue du Puits-de-l'Ermite, et ne pas éveiller la défiance de ceux qui pouvaient avoir un intérêt personnel à faire disparaître le colonel.

C'était dans ce but qu'il n'avait pas voulu pénétrer dans la prison, et c'était dans ce but aussi que Denizot n'abordât le gardien qui leur avait promis son concours que lorsque celui-ci ne pouvait pas être surveillé.

C'était le 15 mai que le colonel avait été transféré à Sainte-Pélagie, et, depuis ce jour jusqu'au 22, rien n'était venu avertir Michel que la catastrophe qu'il prévoyait fût proche.

Mais ce jour-là, Denizot, sorti le matin, comme à l'ordinaire, rentra peu d'instants après en lui annonçant qu'on disait que les troupes avaient pénétré dans Paris.

Cette nouvelle était-elle vraie ?

Déjà plusieurs fois elle s'était répandue, et bientôt après elle avait été démentie.

Ce qui la rendait vraisemblable ce jour-là, c'était la furieuse canonnade que depuis quelques jours on entendait du côté de Vaugirard et d'Auteuil, et qui assurément annonçait une action décisive.

Mais la rue du Puits-du-l'Ermite est bien à cent lieues d'Auteuil, et l'entrée des troupes françaises dans Paris était connue en Amérique longtemps avant de l'être dans ce quartier perdu.

Cependant le moment était venu de redoubler de vigilance et de prendre ses précautions.

Sous le matelas de son lit, Michel avait un chassepot et trois revolvers; il sortit ces armes de leur cachette et les chargea à nouveau. Le chassepot et deux revolvers étaient pour lui ; le troisième était pour Denizot, qui, de son bon bras, pouvait très-bien se servir d'un revolver.

Tandis qu'il était occupé à emplir ses poches de munitions, on frappa à la porte qui, par précaution, avait été fermée au verrou; ils se regardèrent avec inquiétude, mais la voix qui leur dit d'ouvrir les rassura, c'était celle d'Horace.

La nouvelle de l'entrée des troupes était vraie. Horace avait vu les pantalons rouges ; l'armée s'avançait dans Paris, mais elle ne marcherait sans doute que lentement, et serait obligée d'enlever à l'insurrection chaque quartier l'un après l'autre, car les barricades étaient nombreuses et la défense paraissait s'organiser vigoureusement.

Il avait eu les plus grandes peines à traverser Paris pour arriver à Sainte-Pélagie, ce n'avait été qu'après de nombreux détours ; plusieurs fois il avait été arrêté, et on lui avait mis le fusil à la main pour défendre les barricades près desquelles il avai eu l'imprudence de passer : de là le temps qu'il avait mis pour venir, car il était parti la veille au soir de la rue de Courcelles.

Ils tinrent une sorte de conseil pour savoir ce qu'ils devaient faire et il fut décidé qu'Horace irait comme à l'ordinaire à la prison, afin de prévenir le colonel de l'entrée des troupes, pour que celui-ci pût se tenir sur ses gardes. Sans doute c'était le jeter dans l'angoisse, mais en tous cas il valait mieux qu'il fût averti.

Horace se présenta donc à la porte de la

prison; mais, bien qu'il eût un laissez-passer, elle ne s'ouvrit pas devant lui comme à l'ordinaire ; les anciens laisser-passer avaient été annulés, il fallait en obtenir de nouveaux.

Cette mesure ne fit que les confirmer dans leurs craintes : il fallait veiller.

Denizot alla chercher deux pains de quatre livres ; ces provisions faites ; ils fermèrent leurs persiennes, mais en laissant les fenêtres ouvertes et l'un d'eux se mit en sentinelle, les yeux attachés sur la porte de la prison.

Pendant toute la journée, il y eut un grand mouvement d'allée et venue, mais cependant sans rien d'extraordinaire, et il en fut de même dans la journée du lendemain. Mais, dans la soirée ils crurent qu'ils s'étaient laissés surprendre et que l'assassinat du colonel s'était accompli.

Entre dix et onze heures du soir, il s'était fait un grand mouvement à la porte de la prison, et Denizot, dont c'était en ce moment le tour de garde, les avait éveillés.

Un officier qui portait le costume de chef d'escadron d'état-major sortait de la prison en vociférant, criant :

— Vous n'êtes que des lâches.

A qui s'adressaient ces paroles ?

Bientôt ils le devinèrent, car ce même officier ne tarda pas à revenir avec une bande de gardes nationaux, dont plusieurs marchaient en titubant, qu'il fit entrer dans la prison. Puis la porte se referma.

Ils étaient tous trois à la fenêtre, et une même question leur vint aux lèvres :

— Pourquoi ce renfort ? qu'allait-il se passer ?

Dans la nuit, on entendait au loin des détonations, et le ciel était rouge, comme si Paris brûlait.

Comment pénétrer dans la prison et porter secours au colonel ? la porte était fermée. Ce n'était pas là ce que Michel avait prévu.

— Cette bande est-elle un peloton d'exécution ?

— Ils ne sont pas assez nombreux.

— Pas assez nombreux pour un massacre général, mais bien assez pour l'exécution d'un seul prisonnier.

A ce moment, des détonations éclatèrent dans l'intérieur de la prison, suivies, à un court intervalle, d'un dernier coup, — le coup de grâce.

Evidemment on venait d'exécuter un prisonnier, et ceux que le chef d'escadron avait appelé des lâches, c'étaient les gardes nationaux du poste, qui n'avaient pas voulu sans doute être les bourreaux de cette exécution.

Quelle en avait été la victime ?

Horace voulait sauter dans la rue, Michel le retint ? que faire contre des murailles et une porte fermée.

Bientôt, — mais pour eux ce bientôt fut terriblement long, la porte se rouvrit, et la bande qui était entrée sortit dans la rue.

— Il est tout de même bien mort, dit une voix avinée.

Mort ! qui était mort ?

— Pourquoi qu'il a fait tirer sur le peuple au 31 octobre ? dit une autre ; tant pis pour lui.

Ce n'était pas le colonel qui avait fait tirer sur le peuple au 31 octobre. Ils respirèrent, car ils étaient dans un de ces moments où l'on ne pense pas aux autres.

Ce n'était pas le colonel qu'on venait d'assassiner, pour eux tout était là.

Cependant ils ne se rendormirent point : Michel, qui avait cru son plan excellent, reconnaissait par cette expérience combien au contraire il était défectueux.

Sans doute, le massacre des prisonniers pourrait se faire par une troupe qui envahirait la prison, et au milieu de laquelle on pourrait se faufiler.

Mais il pouvait se faire aussi par une petite bande qui n'exécuterait que quelques prisonniers.

Pendant toute la nuit, Michel chercha par quels moyens son plan pouvait être amélioré ; mais il n'en trouva point.

Au petit jour, le bruit de la bataille recommença, les enveloppant de tous les côtés, au nord comme au sud, à l'est comme à l'ouest. Quelle en était l'issue ? C'était ce qu'ils ne savaient pas d'une manière certaine. Dans le débit de vins où Denizot descendait quelquefois pour avoir des nouvelles, les uns disaient que tout allait bien, d'autres au contraire disaient que tout était perdu pour la commune. Quant à eux, ils n'avaient, pour se guider dans leurs appréciations, que le bruit des détonations des canons et des mitrailleuses ; dans l'ouest et dans le sud, ces détonations se rapprochaient sensiblement, et le moment semblait proche où l'armée allait arriver. Des gens qui, les jours précédents, portaient superbement l'uniforme de la garde nationale, se montraient maintenant avec des vêtements de travail. C'était encore là un indice qui avait son importance.

Cependant, si l'armée se rapprochait, elle n'arrivait pas, et, dans l'est comme dans le nord, la canonnade se faisait entendre toujours dans les mêmes directions et aux mêmes distances.

La prison continuait d'être calme, et le surveillant leur avait fait le signal convenu pour dire que le colonel allait bien.

Ils commençaient à se rassurer et à croire que les prisonniers n'avaient plus rien à craindre, lorsqu'une petite troupe de gardes nationaux parut au bout de la rue du Puits-de-l'Ermite.

Elle était étrangement composée, cette troupe : des gamins, des vieillards avinés, deux femmes, le chassepot en bandoulière, et seulement trois ou quatre vrais gardes nationaux.

C'était Michel qui se tenait en ce moment à la fenêtre ; vivement il entre-bâilla la persienne pour mieux voir au loin. En tête de la troupe, marchaient deux officiers au képi galonné : l'un, grand de taille et large d'épaules, était l'homme qui avait tiré les coups de revolver de Saint-Cloud ; l'autre était Anatole.

Au mouvement qu'avait fait Michel, Horace et Denizot, dont l'attention avait d'ailleurs été éveillée par le bruit des pas, s'approchèrent de la fenêtre.

— Anatole ! s'écria Denizot.
— Donne-moi mon chassepot, dit Michel.
— Vas-tu le tuer ?
— Pas lui, mais le *Fourrier*.

Le plan de Michel était en effet de tuer le *Fourrier* au moment où celui-ci ferait entrer sa troupe dans la prison ; car, il n'y avait pas de doute possible, c'était bien pour assassiner le colonel que cette troupe arrivait.

— Chacun à sa fenêtre, commanda Michel, et ne tirez que quand on attaquera notre maison ; surtout qu'on ne tue pas Anatole. Une fois le *Fourrier* mort, Anatole ne sera plus à craindre.

Pendant que ces quelques paroles s'échangeaient rapidement à mi-voix, la troupe était arrivée devant la prison.

— Halte ! commanda le *Fourrier*, et que personne ne s'éloigne ; je reviens tout de suite avec le prisonnier.

La troupe n'allait donc pas entrer dans la prison. Le plan de Michel fut une fois encore modifié : si le *Fourrier* devait revenir avec le prisonnier, il ne fallait pas le tuer tout de suite ; car, une fois le colonel sorti pour le transférer dans une autre prison sans doute, il y avait des chances pour le sauver.

— Ne tirez pas ! dit Michel à voix basse.

Au lieu d'entrer dans la prison, le *Fourrier*, prenant Anatole par le bras, s'était rapproché de la maison dans laquelle Michel, Horace et Denizot, se tenaient embusqués.

— Décidément tu ne veux pas entrer avec moi, ma belle, dit le *Fourrier*.
— Non, répondit Anatole d'une voix qui tremblait ; je vais à la Roquette, tu me rejoindras.
— Quelle poule tu fais, mais, tu sais, une belle poule !

Et il se mit à rire de sa plaisanterie.

— Quand je te rejoindrai, l'affaire sera faite et tu seras roi de Paris.

Anatole s'éloigna à grands pas en portant ses deux mains sur ses oreilles, comme s'il avait peur d'entendre, et sans se retourner, comme s'il avait peur de voir.

Débarrassé de son ami, le *Fourrier* s'était retourné vers sa troupe et, sur ses trois gardes nationaux, il en avait pris deux ; les précédant, il entra avec eux dans la prison.

Horace occupait une fenêtre, Michel et Denizot occupaient l'autre.

— J'en connais un, dit Denizot, se haussant jusqu'à l'oreille de Michel.
— Qui ?
— Crépin, le grand qui est à la porte.
— Eh bien va vite le trouver ; fais-le parler, s'il sait quelque chose. Le *Fourrier* ne doit pas te connaître, il peut donc te voir.

Denizot dégringola rapidement l'escalier, et ils le virent se diriger vers Crépin ; il marchait comme s'il avait été ivre.

— Tiens ! c'est Crépin, dit-il ; bonjour, Crépin. Qu'est ce que tu fais là donc, Crépin ?
— Tu vois, nous venons chercher un prisonnier pour le transférer à la Roquette, où l'on va le *flingoter*
— Tiens ! qu'est-ce qu'il a donc fait ?
— Ah ! je ne sais pas.
— Eh bien ! je vas aller avec vous autres, je veux voir ça.
— Si ça te dit ?...
— Mais oui, ça me dit ; seulement, tu sais, je n'ai pas de *flingot*.

Denizot avait parlé haut, pour que Michel et Horace l'entendissent. Il était évident que Denizot, au milieu de la bande, pouvait être utile ; il n'y avait qu'à s'en rapporter à lui ; en tous cas, le colonel, prévenu qu'on veillait sur lui, se tiendrait sur ses gardes.

Michel appela Horace près de lui :
— Nous allons les laisser emmener le colonel ; dit-il en route, nous tomberons dessus. Nous avons à nous deux une vingtaine de coups de revolver à tirer, nous en viendrons à bout.
— Oui, oui, bataille, dit Horace.
— Denizot de son côté nous aidera ; il est homme à brûler la cervelle au *Fourrier* à bout portant.

La porte de la prison s'ouvrit, et le colonel parut. Ses bras étaient attachés avec une cordelette, il était flanqué de chaque côté d'un garde national ; derrière lui, marchait le *Fourrier*, son sabre de commandant à la main. Enfin, à une courte distance, venait le gardien, qui levait les bras d'un air désespéré.

— A vos rangs ! commanda le *Fourrier*.

La troupe se groupa autour du prisonnier qui, en apercevant Denizot, avait laissé échapper un mouvement de surprise et de joie.

Le *Fourrier* avait vu aussi Denizot, il alla à lui :

— Qu'est-ce que vous faites là, vous ? dit-il durement.

— Je suis avec mon ami Crépin, répondit Denizot, de plus en plus ivre.

— Oui, dit celui-ci, c'est mon ami, c'est un bon.

— Eh bien! alors filez votre chemin.

— Mon chemin, c'est d'aller à la Roquette; j'y vas avec mon ami Crépin.

Le *Fourrier* le regarda un moment; puis il haussa les épaules, comme un homme qui se dit qu'il n'a rien à craindre d'un pareil invalide.

— Descendons, dit Michel à Horace.

— Pourrez-vous marcher?

— Je l'espère; d'ailleurs nous n'irons pas bien loin.

Quand ils arrivèrent dans la rue, la bande qui emmenait le colonel venait de se mettre en marche, descendant la rue du Puits-de-l'Ermite.

— Appuyez-vous sur moi, dit Horace à Michel; vous vous fatiguerez moins.

La bande heureusement ne marchait pas vite; après avoir descendu la rue du Puits-de-l'Ermite, elle tourna à droite, s'engageant dans un dédale de petites ruelles qui se trouvent derrière la Pitié.

Ces ruelles, en tout temps peu fréquentées, étaient en ce moment désertes.

C'était là que Michel devait tenter de délivrer le colonel; car, une fois arrivés à la rue de Buffon et au pont d'Austerlitz, ils seraient entourés par la foule, et ce n'était pas sur la foule que Michel comptait pour cette délivrance, bien au contraire.

Mais, au lieu de tourner pour descendre la rue Daubenton, le *Fourrier* la remonta.

Il n'allait donc pas à la Roquette, comme Crépin l'avait dit, ou bien alors il voulait prendre le pont de Bercy. Pourquoi ce détour?

Voulait-il fusiller son prisonnier en route? « Quand je te rejoindrai, l'affaire sera faite, » avait-il dit à Anatole.

Précisément ils arrivaient dans une rue bordée de longs murs, dans laquelle il n'y avait ni maisons ouvertes ni passants.

— Hâtons-nous, dit Michel.

Et ils se rapprochèrent un peu de la bande; justement, à ce moment même, elle s'arrêta, et le *Fourrier*, se plaçant devant elle, lui adressa la parole.

Que disait-il? Ils n'entendirent point.

Mais ils n'avaient pas besoin d'entendre, ils voyaient: on avait poussé le colonel vers le mur.

— Courez et tombez dessus, commanda Michel, s'adressant à Horace.

Pour lui, au lieu de courir, il se mit dans l'embrasure d'une porte, et, épaulant son fusil, il visa le *Fourrier*. Le coup partit. Le *Fourrier* tomba en avant, les bras étendus.

En même temps, cinq ou six coups de revolver retentirent; c'étaient Denizot, puis Horace qui se jetaient dans la lutte.

Elle ne fut pas longue. Quand Michel arriva sur le lieu du combat, le colonel, Horace, Denizot et son ami Crépin, étaient seuls au milieu de la rue; la troupe s'était sauvée, et, à côté du *Fourrier* étendu la tête dans la poussière, gisaient les deux gardes nationaux qui avaient voulu se défendre.

Michel marcha au colonel, dont les cordes avaient été coupées.

— Ma dette de Saint-Cloud est payée, dit-il en lui tendant la main; maintenant ne restons pas là, la place est mauvaise.

Mais, si cette place était mauvaise, où était la bonne? Cela était assez difficile à dire. Tout autour d'eux, on se battait; il fallait se replier du côté de l'armée, mais sans se laisser mettre entre deux feux et surtout sans se faire prendre par les gens de la commune.

Autant qu'on en pouvait juger par le bruit de la bataille, le Panthéon, la Glacière et la halle aux vins, étaient aux mains de l'armée; les Gobelins, la Maison-Blanche, la Bastille, Bercy, appartenaient à l'insurrection; le ciel était noir de fumée, Paris brûlait.

— Que faut-il faire? demanda le colonel, s'adressant à Michel; commandez.

L'avis de Michel fut de se diriger vers le Panthéon, et de tâcher de trouver une maison dans laquelle ils attendraient l'arrivée des troupes.

Ils se mirent en route, Michel s'appuyant sur le bras d'Horace.

Mais ils ne purent pas aller bien loin; à la façon dont quelques passants les avaient regardés, il était certain qu'ils allaient se faire arrêter.

Une maison en construction et bien entendu abandonnée se trouvait à une courte distance; ils se dirigèrent vers elle et descendirent dans les caves.

— Maintenant, que personne ne parle, commanda Michel.

La nuit vint, ils la passèrent dans cette cave.

Le matin, de bonne heure, la fusillade reprit et se rapprocha rapidement, l'armée avançait, bientôt elle arriva.

Ils sortirent de leur cave. Mais ils n'avaient pas fait deux pas dans la rue, qu'ils furent enveloppés avec de grands cris.

— Au mur! crièrent quelques voix.

Des soldats leur sentaient les mains; d'autres tiraient leurs habits et leurs chemises pour voir si le fusil n'avait pas laissé des traces rouges à l'épaule sur laquelle on l'appuie pour tirer.

Cependant le colonel protestait vigoureusement disant qu'il était un prisonnier échappé de Sainte-Pélagie, et que ses compagnons l'avaient délivré.

Un officier arriva.

— Eh bien ! on va vous y conduire à Sainte-Pélagie, et si ce que vous dites n'est pas vrai, vous serez aussi bien fusillé là-bas qu'ici. En route.

Mais, à Sainte-Pélagie, il ne fut plus question de fusillade ; la prison venait d'être occupée par les troupes, et les premières personnes que le colonel aperçut furent Thérèse et Antoine, en compagnie de Gaston de Pompéran.

Quelle joie !

À la nouvelle de l'entrée des troupes Thérèse et son père avaient quitté Versailles à pied pour venir à Sainte-Pélagie ; mais ils avaient été arrêtés au Panthéon par les fédérés et délivrés par l'armée.

Ils arrivaient à l'instant même.

— C'est à Michel que je dois la vie, dit le colonel, répondant à leurs questions précipitées, sans lui je serais fusillé.

— Eh bien ! et moi ? s'écria Denizot ; je n'ai donc rien fait ?

XXXVIII

La vie de Paris avait repris son cours.

Sur les pavés, lavés et remis en place, les voitures roulaient comme autrefois, et même peut-être plus vite, car les misérables chevaux d'autrefois avaient été mangés et remplacés par d'autres, qui n'avaient pas encore eu le temps de prendre l'allure cahotante du fiacre parisien.

Dans les magasins, les étalages se montraient riches et brillants derrière les glaces, dont plusieurs étaient maintenues par des bandes de papier blanc collées sur les fêlures et les trous étoilés faits par les balles.

Dans les rues, sur les boulevards, on se hâtait aux affaires, au travail ou au plaisir ;

Car Paris vivait encore.

Quatre mois de guerre étrangère, deux mois de guerre civile, la misère, la faim, la maladie, le bombardement, l'incendie, le canon prussien, le pétrole français, n'avaient pas pu le tuer.

Il était resté debout, et maintenant ses ruines étaient une attraction comme autrefois l'avaient été ses monuments.

Elles avaient même leur beauté, ces ruines toutes neuves, et, si devant elles le patriote humilié hâtait le pas en détournant les yeux, l'artiste s'arrêtait et levait la tête pour admirer leur horreur grandiose.

Le temps, la nature, n'étaient pour rien dans cet immense effondrement, qui était tout entier l'ouvrage de l'homme, et en s'éloignant on se répétait tout bas ces deux mots de la foi moderne : civilisation, humanité.

Dans les quartiers industriels, le travail avait repris, les cheminées des usines fumaient, les machines faisaient trembler les murs des ateliers, et, en passant sur les trottoirs, on entendait sortir des cours le ronflement des volants ou le tapage des marteaux. Cependant plus d'un établi était inoccupé, plus d'un étau restait silencieux, plus d'un métier se rouillait, car les bras qui les faisaient marcher autrefois, manquaient maintenant : les uns avaient été cassés par les balles, les autres s'étiolaient dans l'oisiveté des prisons.

Plus heureux que bien d'autres l'atelier, de la rue de Charonne, dans lequel se sont passés plusieurs événements de ce récit, n'était point silencieux ; et comme autrefois on y entendait le bruit du maillet. Michel s'était remis au travail ou plutôt il s'y était jeté avec l'ardeur de la fièvre.

— Il faut rattraper le temps perdu, disait Denizot qui était revenu s'établir près de lui ; ça c'est juste. Mais il faudrait voir pourtant à ne pas s'en faire mourir : le matin, le jour, le soir, c'est trop.

Michel ne répondait rien, mais il continuait de travailler, et le lendemain matin il ne restait pas cinq minutes de plus au lit.

Un lundi du mois de juillet, un coupé attelé de deux beaux chevaux s'arrêta devant la grande porte, et Thérèse sauta vivement à terre, soutenue par la main du colonel.

— Quand rentrerez-vous ? demanda celui-ci.

— Mais quand voulez-vous que je rentre ?

— Ce n'est pas cela que je veux dire. Je vous demande par simple curiosité si vous savez quand vous rentrerez.

— Mais, non, je n'en sais rien.

— Alors à ce soir.

Et le coupé s'éloigna, tandis que Thérèse entrait dans la cour de la maison où elle était née et où son enfance s'était écoulée.

Bien qu'elle descendît d'une voiture élégante, sa toilette était des plus simples et plutôt celle d'une ouvrière que d'une femme qui se promène dans un équipage traîné par des chevaux de trente mille francs la paire : elle portait une robe de toile écrue avec un mantelet de même étoffe, et son chapeau, sans plumes et sans fleurs, était orné d'un ruban uni.

Après avoir franchi la grande porte, elle s'était dirigée vers la loge du concierge.

— Tiens, s'écria celui-ci, c'est Thérèse !

Mais sa femme s'empressa de lui couper la parole. Moins primitive que son mari, elle trouvait cette familiarité déplacée avec une jeune personne qui devait le lendemain même épouser le riche colonel Chamberlain.

— Bonjour, mademoiselle, s'écria-t-elle vivement d'une voix glapissante ; vous allez bien, mademoiselle Thérèse ?

Et, ayant rudement repoussé son mari, elle prit sa place près de la porte ; au moins elle l'empêcherait bien ainsi de commettre quelque nouvelle sottise ; appeler « Thérèse » tout court une jeune fille qui allait être *millionnaire*, et cela parce qu'il l'avait vue jouer dans la cour étant enfant ! Eh bien ! après ; qu'est-ce que cela prouve ?

— Qu'est-ce qu'il y a pour votre service, mademoiselle Chamberlain ? continua la concierge.

— Savez-vous si Michel est à l'atelier ?

— Non, mademoiselle Chamberlain, M. Michel est sorti, à preuve que je lui ai rendu son salut ; mais M. Denizot est là-haut. M. Antoine se porte bien, n'est-ce pas ?

— Très-bien ! je vous remercie.

— Ah ! il doit être bien heureux ! Pour moi, je suis bien heureuse rapport à votre mariage ; mon époux aussi est bien heureux, mademoiselle Thérèse ; tous nos souhaits de bonheur, mademoiselle.

Thérèse monta rapidement l'escalier qu'elle avait gravi tant de fois.

En arrivant sur le palier, elle entendit Denizot qui chantait à tue-tête dans l'atelier.

Elle poussa la porte ; mais Denizot, qui s'écoutait chanter, n'entendit pas le bruit du pêne.

Ce fut son pierrot, comme toujours perché sur sa tête, qui, par des piaulements et des battements d'ailes, le força à se retourner.

En apercevant Thérèse, il poussa un cri :

— En v'là une surprise, et Michel qui n'est pas là !

— Il me semble que son absence ne vous attriste pas.

— C'est-à-dire que, comme Michel n'aime pas qu'on chante quand il est là, parce que ça l'agace, vu qu'il est devenu nerveux, je profite de son absence pour me dérouiller la voix, parce que le chant c'est un bon exercice pour les poumons ; ça les fortifie. Mais c'est ce pauvre Michel qui va être fâché.

— Est-ce qu'il ne doit pas rentrer ?

— Si, mais je ne sais pas quand.

— Eh bien ! je vais l'attendre ; je venais justement passer la journée avec vous.

— Ça c'est gentil, bien gentil ; mais ce qui serait tout à fait gentil, ce serait de rester à souper. J'ai un bœuf à la mode, il faut voir ça. Sûrement le chef de la rue de Courcelles a du talent ; mais, quand il voudra concourir pour le bœuf à la mode, je suis son homme.

— Eh bien ! je resterai à souper.

Elle ôta son chapeau et son mantelet.

Alors elle entra dans la cuisine, où tout était exactement dans le même état qu'autrefois ; il n'y avait qu'un seul changement, et tout de suite, il lui sauta aux yeux ; le portrait d'Anatole qu'elle avait accroché elle-même à la muraille, le jour où le colonel l'avait rapporté du Havre, n'était plus à sa place. Pourquoi ? Elle n'osa le demander. Car il s'était établi, à propos de son frère, un mystère qu'elle avait peur de pénétrer, et que l'enlèvement de ce portrait rendait plus effrayant encore. Qu'avait-il donc fait pour que Michel, qui s'était toujours montré si indulgent pour lui, eût enlevé ce portrait, alors qu'il avait religieusement conservé l'aspect de ce logement ?

— Vous voyez, dit Denizot, qui ne s'aperçut pas de ce qui se passait en elle, tout est ici comme autrefois ; Michel seulement a pris la chambre d'Antoine.

— Et la mienne ? demanda-t-elle.

— Oh ! on n'y a pas touché ; entrez donc, vous allez voir ; c'est la chapelle.

La grande table en bois blanc, sur laquelle elle travaillait autrefois, était toujours à la même place ; les rideaux en perse fleurie étaient tirés devant le lit ; les livres étaient rangés sur les rayons de la bibliothèque, et le carreau rouge était aussi soigneusement frotté, aussi brillant qu'il l'avait jamais été. Tous les objets nécessaires à la peinture sur porcelaine n'avaient point été enlevés, mais à côté d'eux se trouvaient un encrier plein d'encre, des crayons, et une pancarte, qui indiquaient qu'on travaillait là.

— C'est là que Michel fait ses croquis, dit Denizot, et, quand il est enfermé, personne n'a le droit de le déranger.

Thérèse se détourna du côté de la fenêtre et regarda la plate-forme qui avait été autrefois son jardin ; elle était nue, sans plantes et sans fleurs.

Alors une idée se présenta à son esprit :

— Est-ce que Michel doit bientôt rentrer ? demanda-t-elle.

— Pas avant une heure.

— Nous avons donc le temps d'aller au Château-d'Eau et d'en revenir avant son retour ; c'est aujourd'hui marché aux fleurs, je voudrais lui faire la surprise de lui arranger son jardin.

— Ça, c'est encore très-gentil, s'écria Denizot, et vous pouvez être certaine à l'avance que vous le rendrez bien heureux.

Elle reprit son mantelet et son chapeau, et ils partirent pour le marché aux fleurs du Château-d'Eau.

En chemin, Denizot, qui avait ordinairement la langue bien pendue, garda un silence embarrassé, comme s'il avait à dire quelque chose qu'il n'osait pas dire.

Ce fut seulement au moment d'arriver qu'il se décida.

— Vous ne m'en voudrez point, n'est-ce pas, dit-il, si je ne vais pas demain à la cérémonie ?

— Et pourquoi donc ne viendrez-vous pas ?

— Parce que Michel ne peut pas y aller, rapport aux idées qu'il a eues autrefois ; alors je ne voudrais pas le laisser seul ; il me semble que si je lui tiens compagnie, il sera moins triste. Nous irons au *Moulin flottant.*

— C'est vous qui avez eu cette idée du *Moulin flottant ?*

— Non, c'est lui.

— Eh bien ! allez au *Moulin flottant.* Bien loin de vous en vouloir, je vous remercie pour votre bonne pensée.

Le marché aux fleurs n'était pas aussi riche en plantes exotiques qu'aux beaux jours d'autrefois ; la gelée, pendant le siège, avait fait de terribles ravages dans les serres sans feu ; mais enfin il avait encore des plantes rustiques, qui, pour être plus communes, ne sont pas moins belles.

Thérèse trouva facilement une collection de rosiers en boutons, et Denizot fut l'homme le plus heureux du monde quand elle consentit à y joindre un myrthe.

Ils revinrent rue de Charonne, et ils eurent le temps d'arranger les rosiers sur la plateforme, avec de la mousse, avant le retour de Michel. Le lendemain, quelle surprise pour lui !

Cela fait, Denizot s'occupa de mettre la table ; mais brusquement il se donna sur le crâne un coup de poing.

— Qu'est-ce qu'il y a donc ? demanda Thérèse.

— Il faut que vous sachiez que Michel se sert maintenant de votre couvert et de votre couteau ; je viens de les mettre à sa place, tandis que c'est à vous que je dois les donner.

— Non, dit-elle ; laissez-les à Michel.

Et, une fois encore, elle se détourna pour cacher son trouble.

Bientôt on entendit un bruit de pas dans l'escalier : c'était Michel qui rentrait.

— Ne bougez pas ! dit Denizot, je vais lui faire une surprise.

Et vivement il passa dans l'atelier, dont il repoussa la porte.

— Eh bien ! tu es en retard, dit-il d'un ton de reproche ; quand tu verras qui nous avons à souper, tu en seras fâché.

— Nous avons quelqu'un à souper ? dit Michel d'une voix mécontente.

— Entre.

Et Denizot ouvrit la porte.

— Thérèse !

— J'étais venue pour passer ma dernière journée avec vous et, ne vous trouvant pas, je suis restée à souper.

Michel s'était appuyé contre le mur et il avait pâli, au point qu'on pouvait croire qu'il allait défaillir.

Mais peu à peu il se remit.

— Votre dernière journée ? dit-il machinalement et sans trop savoir ce qu'il disait.

— Oui, nous partons après-demain pour l'Italie, nous nous embarquerons à Marseille sur un vapeur que.... mon cousin a fait acheter en Amérique ; de l'Italie, nous passerons en Grèce, puis en Egypte, puis dans l'Inde, puis en Chine, puis en Californie, et, pendant que notre vapeur fera le tour de l'Amérique, nous visiterons les Etats-Unis et nous nous embarquerons enfin à New-York pour revenir au Havre. C'est un voyage de deux ou trois ans.

Elle avait débité ce petit discours assez lentement, comme pour donner à Michel le temps de reprendre son calme ; mais ce ne fut point ce qui se produisit.

— Et votre père ? dit-il.

— Mon père devait venir avec nous, mais décidément il part pour l'Allemagne ; il veut reprendre sa tâche, que la guerre a interrompue. Il vous verra d'ailleurs et vous expliquera ses idées ; il n'est nullement découragé.

Il se fit un silence.

— A table ! dit Denizot.

Et ils se mirent à souper, comme bien souvent ils avaient soupé autrefois tous trois ensemble, lorsque Antoine se trouvait retardé.

Peu à peu le trouble de Michel s'apaisa ; alors il put jouir du bonheur de l'heure présente.

Il n'avait pas cru la revoir, et elle était devant lui, souriante, affectueuse ; elle avait voulu lui donner cette journée.

Ils parlèrent du passé. Que de souvenirs il y avait en lui ! Elle était émerveillée de tout ce qu'il lui rappelait.

Les heures s'écoulèrent vite.

Elle dut penser à rentrer.

— Êtes-vous fatigués ? dit-elle.

Ils répondirent qu'ils ne l'étaient pas.

— Alors voulez-vous me reconduire, nous nous en irons à pied ?

Denizot, voulant les laisser seuls, déclara qu'après tout c'était bien loin. Mais Michel ne lui permit pas de rester, il sentait bien que ce n'était pas un tête-à-tête qu'elle avait voulu.

Ils descendirent ; elle prit son bras et ils se mirent en route par la rue Saint-Antoine et la rue de Rivoli.

Bien que la course soit longue de la rue de Charonne au parc Monceaux, elle fut si courte pour Michel, qu'il s'arrêta stupéfait en arrivant aux Champs-Élysées.

Eh quoi ! déjà !

Alors il ralentit le pas, et, à mesure qu'ils approchèrent de la rue de Courcelles ils allèrent moins vite.

Ils ne parlaient plus, et de temps en temps seulement ils prononçaient quelques mots.

Au moment où ils arrivaient devant l'hôtel, Thérèse, qui tenait toujours sa main posée sur le bras de Michel, sentit tomber sur son poignet une goutte chaude.

Il fallut se séparer.

Ce fut Michel lui-même qui poussa la porte devant Thérèse;

Puis, lorsqu'elle fut entrée et lui eut fait un signe de tête — le dernier, — ce fut lui qui referma cette porte.

C'était fini : il était seul et désormais il vivrait seul.

Le lendemain soir, à la même heure, l'hôtel Chamberlain était resplendissant de lumière, et, par les grandes portes, ouvertes à deux battants, les voitures venaient déposer devant le perron, orné de fleurs, les invités du colonel.

Précisément parce qu'il partait le lendemain pour un voyage de plusieurs années, le colonel avait voulu célébrer son mariage par une fête de nuit, et, bien que tous ceux avec lesquels il avait été en relations depuis son arrivée en France ne fussent point encore rentrés à Paris, les salons de son hôtel se trouvaient trop étroits pour contenir ceux qui avaient répondu à son invitation.

C'était la première fête qu'on donnait à Paris depuis la guerre, et puis on avait la curiosité de voir cet hôtel, qui venait d'être restauré et entièrement meublé à neuf ; enfin on allait savoir au juste ce qu'était cette cousine que le colonel choisissait pour femme.

Chose étrange! il y avait pour ainsi dire unanimité dans les sentiments exprimés: l'hôtel était merveilleux de luxe et de goût; la femme était vraiment charmante, si séduisante même, que ceux qui ne connaissaient pas intimement le colonel refusaient de croire que cette jeune femme fût la fille d'un ouvrier.

Jusque vers minuit, le colonel montra à ses invités un visage souriant, plein de joie et de bonheur ; mais à ce moment ceux qui le regardaient virent son front s'obscurcir.

Il venait d'apercevoir le baron Lazarus qui se dirigeait vers lui.

— Combien je remercie la Providence, s'écria le baron, de me permettre d'arriver à temps pour vous apporter en personne mes félicitations le jour même de votre mariage ; je ne suis à Paris que depuis ce matin, et ma première visite est pour vous.

Le colonel devait parler d'Ida, il le fit avec un certain embarras.

— C'est elle précisément qui a retardé mon retour ou plutôt ce sont les préparatifs de son mariage.

— Ah ! elle se marie?

— Mon Dieu! oui ; elle accepte le grand-duc de Wuestegiersdorf. C'est un mariage magnifique, qui fera d'elle une altesse ; mais néanmoins elle a eu grand'peine à se décider, elle a obéi à la raison. Un autre mariage que je vous annonce aussi, c'est celui de Mlle Belmonte ; en tous cas, elle a débuté à l'Opéra de Vienne sous le nom de Carmelita Belo. Quelle chute après de si orgueilleuses visées.

Mais le colonel n'en entendit pas davantage ; car il venait d'apercevoir s'avançant dans le salon au bras de M. Le Méhauté, la marquise de Lucillière.

Si l'apparition du baron l'avait gêné, celle de la marquise l'effraya. Que voulait-elle? Pourquoi se présentait-elle dans une maison où elle n'avait point été invitée, et où tout lui faisait une loi de ne pas se montrer? Avec une tête telle que la sienne, toutes les craintes étaient permises.

Cependant elle continuait de s'avancer, répondant par des sourires aux regards étonnés qui la suivaient.

Elle vint ainsi jusqu'au colonel, et avec une aisance pleine de grâce elle lui tendit la main.

Tous les yeux étaient fixés sur eux, car tout le monde savait quelle avait été leur intimité.

— C'est un remerciment que je viens chercher, dit-elle.

— Un remerciment?

— Comment ! vous ne l'avez pas préparé ¿ Eh bien ! pensez-y, vous me l'adresserez tout à l'heure, — elle baissa la voix, — quand ces regards curieux qui nous dévisagent seront occupés ailleurs.

Et elle alla s'asseoir auprès de Thérèse, à laquelle elle débita un chapelet de compliments et de chatteries.

Inquiet, le colonel se rapprocha d'elles pour entendre ce qui se disait, car c'était avec angoisse qu'il se demandait quelle perfidie pouvait se cacher sous cette amabilité.

Au bout de quelques instants, la marquise l'appela d'un signe de tête.

— Cette chère enfant vous a-t-elle répété ce que je lui ai dit dans une visite que j'ai eu le plaisir de lui faire pendant le siège? demanda-t-elle.

Thérèse parut confuse.

— Non, répondit le colonel, dont l'inquiétude allait croissant.

— Comment, non? Eh bien ! il faut alors que je vous l'apprenne moi-même ; voulez-vous me donner votre mari pour une minute, ma chère belle?

Sans attendre la réponse de Thérèse, elle prit le bras du colonel.

Traversant l'enfilade des salons au milieu de la stupéfaction générale, ils gagnèrent le jardin.

— Avouez que vous avez une belle peur, dit la marquise lorsqu'elle put parler sans crainte d'être entendue. Eh bien ! vous vous trompez, quand je suis venu voir votre petite cousine, je ne lui ai dit qu'une chose, qui était que vous l'aimiez et qu'elle devait sans contrainte s'abandonner au sentiment de tendresse qu'elle éprouvait pour vous. Maintenant commencez-vous à comprendre que vous avez eu tort de me juger comme vous l'avez fait ? Toujours et en tout, je n'ai voulu que votre bonheur, parce que... parce que je vous aimais. Mais vous ne l'avez pas cru. Le croirez-vous maintenant ? Quand vous penserez à moi, rappelez-vous ma vengeance.

Le colonel ne savait que répondre ; par bonheur, M. Le Méhauté en s'approchant d'eux le tira d'embarras.

— Ah ! voici notre président, s'écria la marquise ; je vous   avec lui. Il a, paraît-il, des choses im   tantes à vous dire.

Et elle rentra.

Ce que M. Le Méhauté avait d'important à lui apprendre, le colonel croyait le savoir, c'était le résultat des démarches qu'il lui avait demandé de faire en faveur de Sorieul emprisonné.

— Il n'y a pas de charges graves contre M. Sorieul, dit M. Le Méhauté, et il paraîtra devant le conseil de guerre comme accusé d'usurpation de fonctions, ce qui lui vaudra trois mois ou six mois de prison au plus. Mais j'ai une nouvelle autrement sérieuse à vous apprendre, depuis longtemps la police était sur la trace de... mon Dieu ! il faut bien l'appeler par son nom, d'Anatole Chamberlain. En effet, il était caché chez Raphaëlle depuis la fin de mai. On l'a arrêté ce matin.

— Hélas !

— Rassurez-vous, il ne passera pas en justice ; il s'est empoisonné et il est mort en arrivant au dépôt. Il savait ce qui l'attendait ; sa complicité était prouvée dans les incendies et dans l'exécution des otages, particulièrement dans celle du malheureux Jecker. Au point de vue historique, le jugement eût été curieux ; on eût peut-être découvert pourquoi ce banquier suisse, qui savait tant de choses, a été assassiné.

— Comme nous partons demain, dit le colonel, je pourrai sans doute cacher cette mort à ma femme : c'était son frère après tout, et de lui elle ne connaissait que ses années d'enfance.

La fête se prolongea longtemps après que le maître et la maîtresse de la maison se furent retirés, et ce fut devant Horace, veillant au bon ordre, que les derniers invités défilèrent.

Quand celui-ci eut refermé la porte du vestibule, il se dirigea vers l'escalier pour monter à sa chambre ; mais à ce moment le maître d'hôtel l'arrêta :

— Pourquoi n'avez-vous pas été vous coucher, monsieur Horace ? Vous serez bien fatigué tantôt pour vous mettre en voyage.

— Je ne pars plus. Mon colonel, avant de se retirer, m'a dit qu'il me laissait à Paris pour régler des affaires importantes qui se présentent à l'improviste.

Cela n'arrangeait pas le maître d'hôtel qui avait espéré diriger la maison pendant la longue absence du colonel.

— Vous devez être bien fâché ? dit-il.

— Oui et non. Oui, parce que cela me peine de me séparer de mon colonel ; non, parce que cela me séduit de rester à Paris. Pendant la guerre et la commune, j'ai eu bien peur que Paris ne soit perdu ; on parlait d'un tas de réformes effrayantes. Mais je vois que les choses reprennent leur cours. Il y aura encore de beaux jours pour ceux qui veulent s'amuser : Vive Paris !

FIN DE L'AUBERGE DU MONDE

TABLE

	Pages.
PREMIÈRE PARTIE. — Le colonel Chamberlain	1
DEUXIÈME PARTIE. — La marquise de Lucillière	102
TROISIÈME PARTIE. — Ida et Carmelita	223
QUATRIÈME PARTIE. — Thérèse	352

A NOS ABONNÉS.

PUBLICATIONS DE LA LIBRAIRIE DU SIÈCLE.

Œuvres complètes de Voltaire (édition du *Siècle*), annotées par G. AVENEL. — 9 beaux volumes in-4° de 1000 pages à 2 colonnes. — Prix : 3 fr. le volume broché. Ajouter 1 fr. 75 par chaque volume pour les recevoir par la poste. Port de l'ouvrage complet, par la poste, 15 fr.; par les messageries, 7 fr. 50.

Atlas géographique du SIÈCLE, par G. PAGÈS. — Prix, 4 fr. broché, et 5 fr. 50 c. cartonné, au lieu de 7 fr. 75 et 9 fr. — Par la poste, 1 fr. pour le premier, 1 fr. 50 pour le second. Cet atlas comprend 75 cartes dressées avec le plus grand soin.

Mémoires sur Carnot, par SON FILS. — 4 volumes in-8°. — Prix, 8 fr. Ajouter 2 fr. 70 par la poste.

La Révolution, par EDGARD QUINET. — Deux grands volumes in-8°. — Prix, 7 fr. 50 au lieu de 15 fr. — Par la poste, 9 fr. 50.

Histoire de France, par J. MICHELET. — 17 beaux volumes in-8°. L'ouvrage pris dans nos bureaux, 68 fr. au lieu de 102 fr.; envoyé par la poste, 78 fr.; par les messageries, 72 fr. 50.

Histoire de la Révolution Française, par J. MICHELET. — 6 beaux volumes in-8°. — Prix, 22 fr. au lieu de 36 fr. — Pour recevoir par la poste, ajouter 75 c. par volume. Port de l'ouvrage complet, par les messageries, 2 fr. 50 c.

Histoire de la Révolution Française, par LOUIS BLANC. — 13 forts volumes, format Charpentier. — Prix, 26 fr. au lieu de 46 fr. 50 c. — Pour les recevoir par la poste, 5 fr. 50; par les messageries, 3 fr. 50.

Journal officiel de la Commune. — Collection complète du Journal officiel de la Commune. Un très-beau volume in-4°. — Prix, 4 fr. 50 broché, et 5 fr. 50 cartonné, au lieu de 8 et 10fr. — 1 fr. 50 en plus pour le port.

Papiers et correspondances du second Empire (Dixième édition). Imprimée sur papier de belle qualité, elle forme un volume grand in-8° de 443 pages, contenant en outre de nombreux *fac-simile*. Le prix pour Paris est de 2 fr., au lieu de 6 fr., et pour les départements, par la poste, 2 fr. 75.

Cours d'agriculture, par DE GASPARIN, 6 volumes in-8°, avec 233 gravures. Prix, 45 fr. broché; net, 20 fr. Ajouter 7 fr. pour recevoir franco par la poste, 3 fr. 75 par les messageries. — On peut se procurer cet ouvrage par fraction de trois volumes.

L'Écho de la Sorbonne. Cours complet d'enseignement secondaire en trois années, pour les deux sexes, 12 volumes grand in-4° à deux colonnes, 39 fr. au lieu de 72 fr. Chaque année formant 4 volumes 13 fr. Ajouter 3 fr. pour recevoir une année par la poste, et 2 fr. par les messageries. — L'ouvrage complet, 9 fr. par la poste, et 5 fr. par les messageries.

Œuvres complètes de Shakespeare, traduction de BENJAMIN LAROCHE. Deux volumes grand in-4°, à deux colonnes, illustrés, 6 fr. au lieu de 13 fr. Ajouter 2 fr. pour les recevoir par la poste, et 1 fr. 75 par les messageries.

Les grands Poëtes français, par ALPHONSE PAGÈS. Un très-beau volume grand in-4° orné de portraits, au lieu de 15 fr. 7 fr. Ajouter 1 fr. 20 pour le recevoir par la poste.

Paris — Imprimerie J. Voisvenel, rue Chauchat, 14.

A NOS ABONNÉS.

PUBLICATIONS DE LA LIBRAIRIE DU SIÈCLE.

Œuvres complètes de Voltaire (édition du *Siècle*), annotées par G. AVENEL. — 9 beaux volumes in-4° de 1000 pages à 2 colonnes. — Prix : 3 fr. le volume broché. Ajouter 1 fr. 75 par chaque volume pour les recevoir par la poste. Port de l'ouvrage complet, par la poste, 15 fr.; par les messageries, 7 fr. 50.

Atlas géographique du SIÈCLE, par G. PAGÈS. — Prix, 4 fr. broché, et 5 fr. 50 c. cartonné, au lieu de 7 fr. 75 et 9 fr. — Par la poste, 1 fr. pour le premier, 1 fr. 50 pour le second. Cet atlas comprend 75 cartes dressées avec le plus grand soin.

Mémoires sur Carnot, par SON FILS. — 4 volumes in-8°. — Prix, 8 fr. Ajouter 2 fr. 70 par la poste.

La Révolution, par EDGARD QUINET. — Deux grands volumes in-8°. — Prix, 7 fr. 50 au lieu de 15 fr. — Par la poste, 9 fr. 50.

Histoire de France, par J. MICHELET. — 17 beaux volumes in-8°. L'ouvrage pris dans nos bureaux, 68 fr. au lieu de 102 fr.; envoyé par la poste, 78 fr.; par les messageries, 72 fr. 50.

Histoire de la Révolution Française, par J. MICHELET. — 6 beaux volumes in-8°. — Prix, 22 fr. au lieu de 36 fr. — Pour recevoir par la poste, ajouter 75 c. par volume. Port de l'ouvrage complet, par les messageries, 2 fr. 50 c.

Histoire de la Révolution Française, par LOUIS BLANC. — 13 forts volumes, format Charpentier. — Prix, 26 fr. au lieu de 46 fr. 50 c. — Pour les recevoir par la poste, 5 fr. 50; par les messageries, 3 fr. 50.

Journal officiel de la Commune. — Collection complète du Journal officiel de la Commune. Un très-beau volume in-4°. — Prix, 4 fr. 50 broché, et 5 fr. 50 cartonné, au lieu de 8 et 10fr. — 1 fr. 50 en plus pour le port.

Papiers et correspondances du second Empire (Dixième édition). Imprimée sur papier de belle qualité, elle forme un volume grand in-8° de 443 pages, contenant en outre de nombreux *fac-simile*. Le prix pour Paris est de 2 fr., au lieu de 6 fr., et pour les départements, par la poste, 2 fr. 75.

Cours d'agriculture, par DE GASPARIN, 6 volumes in-8°, avec 233 gravures. Prix, 45 fr. broché; net, 20 fr. Ajouter 7 fr. pour recevoir franco par la poste, 3 fr. 75 par les messageries. — On peut se procurer cet ouvrage par fraction de trois volumes.

L'Écho de la Sorbonne. Cours complet d'enseignement secondaire en trois années, pour les deux sexes, 12 volumes grand in-4° à deux colonnes, 39 fr. au lieu de 72 fr. Chaque année formant 4 volumes 13 fr. Ajouter 3 fr. pour recevoir une année par la poste, et 2 fr. par les messageries. — L'ouvrage complet, 9 fr. par la poste, et 5 fr. par les messageries.

Œuvres complètes de Shakespeare, traduction de BENJAMIN LAROCHE. Deux volumes grand in-4°, à deux colonnes, illustrés, 6 fr. au lieu de 13 fr. Ajouter 2 fr. pour les recevoir par la poste, et 1 fr. 75 par les messageries.

Les grands Poëtes français, par ALPHONSE PAGÈS. Un très-beau volume grand in-4° orné de portraits, au lieu de 15 fr. 7 fr. Ajouter 1 fr. 20 pour le recevoir par la poste.

Paris — Imprimerie J. Voisvenel, rue Chauchat, 14.

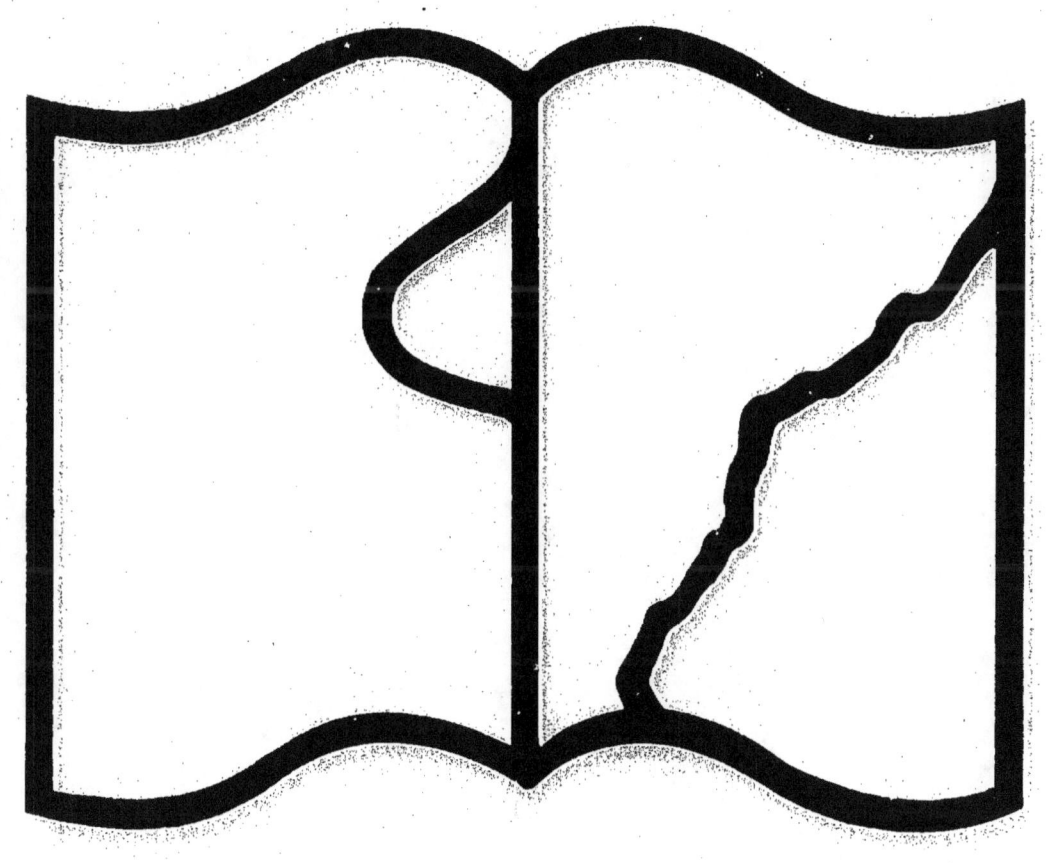

Texte détérioré — reliure défectueuse

NF Z 43-120-11

www.ingramcontent.com/pod-product-compliance
Lightning Source LLC
Chambersburg PA
CBHW060221230426
43664CB00011B/1502